U0809906

大名县志

DA MING XIAN ZHI

（1979—2005）

大名县地方志编纂委员会　编

方志出版社
Publishing House of Local Records

图书在版编目（CIP）数据

大名县志．1979—2005 / 大名县地方志编纂委员会编．
-- 北京：方志出版社，2018.9
ISBN 978-7-5144-3198-8

Ⅰ.①大… Ⅱ.①大… Ⅲ.①大名县—地方志—1979-
2005 Ⅳ.①K292.24

中国版本图书馆CIP数据核字（2018）第195492号

大名县志（1979—2005）

编　　者：大名县地方志编纂委员会
责任编辑：王　俊

出 版 人：冀祥德
出 版 者：方志出版社
地址　北京市朝阳区潘家园东里 9 号（国家方志馆4层）
邮编　100021
网址　http://www.fzph.org
发　　行：方志出版社图书经销中心
电话（010）67110500
经　　销：各地新华书店
印　　刷：山东黄氏印务有限公司

开　　本：889×1194　　1/16
印　　张：59.25
字　　数：1329千字
版　　次：2018年9月第1版　　2018年9月第1次印刷
印　　数：0001～3000册

ISBN 978-7-5144-3198-8　　定价：598.00元

·版权所有　翻印必究·

大名县地方志编纂委员会

名誉主任	房延生
主　　任	苏雷芳
副 主 任	郭　涛　李志学　朱献东　王江波　苗振华　刘振勇
委　　员	段洪舟　张胜利　叶营生　冯振海　司　锋　韩付昌　巩书月
	申益民　许永刚　赵依新　康玉娥　田志江　樊喜民　刘伍安
	赵现杰　庞小龙　陈庆田　董振东　段东芹　霍建华　李　超
	冯　明　张殿英　李延广　霍亚涛　张付运　王丽娟　陈爱敏
	赵运岭　沙　雷　高宪章　庞志国　孙俊广　翟俊卿　曹　杉
办公室主任	韩付昌
办公室副主任	王海忠
成　　员	鉴东民　王晨辉　张守义　刘志勇

《大名县志》编纂委员会历任成员

名誉主任	董海林　贾红军　王晓桦　房延生
主　　任	张贵堂　武金良　乔朝英　房延生　苏雷芳
副 主 任	沙启峰　刘江峰　张宝兴　胡章海　龚瑞林
	梁振江　孟凡雄　李学军　杨万春　李志海　郭振朝
委　　员	县直有关部门一把手、各乡镇党委书记
办公室主任	冯克军　杨　达　刘　冰
办公室副主任	姬振东　桂士辉
成　　员	鉴东民　张守义　王晨辉　王家川　刘志勇　马宇章
	成永娜

《大名县志》编辑部

主　　编　杨　达
常务副主编　韩付昌
副 主 编　王　拯　冯克军　李文军　姬振东　刘　冰
编　　辑　冯春堂　闫守明　王青山　王俊法　苏自锋　蒋林魁　董俊义
魏复秦　岳邯春　许文国　韩　深　张学军　贾志钧　郝洪奎
尹洪玉　郑　山　赵章颂　成玉良　袁玉玲　鲍玉峰　邓子涛
殷　瑛　栗丛森　许洪峰　孙绍亭
特邀编审　申凤鸣
图片总纂　刘志勇
编　　务　鉴东民　王晨辉　张守义　王家川　刘志勇　马宇章　成永娜

《大名县志》二审人员

尹延奇　申凤鸣　李春社　杜晓艳　刘增才　王学贵

《大名县志》三审人员

杨富中　于伟平　杨洪进　丁爱军　任根珠　王卫明　王广才　任丽英
贾辉铭　孙继胜　闫雪卿

《大名县志》终审人员

杨洪进　王广才　徐振田　阴记东　王　蕾　赵俊丽　任丽英　杨胜旗

序

“郡邑之有志，犹如国之有史。”《大名县志》第二卷历时16年的广泛征集，精心编纂，终于付梓了，这是大名人民政治生活中的一件大事，也是大名科学文化史上的盛举。在此，向广大地方志工作者，特别是编纂人员的辛勤笔耕、无私奉献的精神表示诚挚问候和衷心的感谢！

盛世修志，以史为鉴，这是中华民族的优良传统，它对于记载历史、服务现实、垂鉴后世、育人兴邦都具有十分重要的意义，是一项功德无量、名垂青史的大好事。

大名历史悠久、文化底蕴深厚。有7000年文明史、3500多年建城史、160多年都城（陪都）史，两作国都，六为陪都，素有“河朔重镇”“北门锁钥”之称。几千年的历史沧桑，风云变幻，勤劳勇敢的大名人民战天斗地，奋发图强，以聪明才智描绘美好家园，使大名发生了翻天覆地的变化，政治、经济、科学、文化等方面都取得可喜成绩。特别是中共十一届三中全会以后，大名人民高举社会主义旗帜，走中国特色社会主义道路，坚持科学发展观，大刀阔斧地进行改革开放，工农业生产阔步前进，文化教育事业蓬勃发展，县城建设日新月异，宋府明城开发方兴未艾，正如伟大领袖毛泽东在《浪淘沙·北戴河》中所说：“萧瑟秋风今又是，换了人间。”

“述前世之成败，考当今之得失。”《大名县志》采用编、章、节、目体例，用述、记、志、传、图、表、录等撰写方式，记述了大名历史文化、物产资源、风土人情、体育卫生、名人古迹，科学地反映了历史沿革、经济发展、文化繁荣、社会变革等进程，详略得当、记述公允，是一部集史料性、文化性、科学性于一体的大名“百科全书”，是大名20多年政治、经济、文化发展的真实记载，也是全县历史全貌的客观反映。历史是现实的镜子，它将有助于我们了解社会前进的脉搏，掌握历史发展的规律，以史为鉴，探索出又快又好发展的新路。

“俱往矣，数风流人物，还看今朝。”愿全县人民凝心聚力、奋勇拼搏，在漳卫两岸建设经济繁荣、人民富裕、生态良好、社会和谐的美好家园而做出更大贡献。

中共大名县委书记

2017年10月

序

承载着厚重的大名历史文化，凝聚着众多修志人员心智和汗水的第二轮《大名县志》，在硕果累累的金秋时节大功告竣。这是大名人民政治经济生活中一件盛事。在其即将付梓面世之际，谨代表中共大名县委、大名县人民政府表示热烈的祝贺！对在县志编纂过程中，国家、省、市有关领导、专家、学者的悉心指导，各级组织和社会贤达的大力支持，全体修志人员付出的辛劳，深表谢忱！

编修地方志，是中华民族的优秀文化传统。由于地方志书具有其他著述不可替代的特殊功能，向为历代政府所重视。大名从现存明朝正统年间（1436—1449年）编纂第一部《大名府志》开始，至1994年，共编修了十余部府、县志。这些志书，为我们了解和研究大名的历史文化，提供了十分有益的帮助。

中华人民共和国成立后，我们于20世纪90年代初编纂的第一部社会主义新方志，在全县的经济发展和社会进步中发挥了重要作用，而今更是出现了一志难求的局面。可见，对于一地的历史和文化，只有通过记载才能得到传承，只有通过传承才能弘扬光大。对历史的经验，只有通过科学总结才能成为精神财富，对后人才能有所教益和借鉴。正是鉴于此种认识，我们适时启动了中华人民共和国成立以来的第二轮《大名县志》编纂工作。编纂第二轮《大名县志》，既是上级党委、政府的要求，也是历史和时代赋予我们的重要职责，更是大名80余万人民的殷切期盼。

中共十一届三中全会以来，我国进入一个改革开放的新时期。在党的改革开放政策指引下，大名县以农业家庭联产承包责任制为发端，尔后在政治、经济、文化、教育等各个方面进行深化改革，并取得了丰硕的成果。第二轮《大名县志》，正是全面、系统、客观、翔实地记录了改革开放以来大名县发生的翻天覆地变化。

纵览全志，我认为：志书内容全面、资料丰富，既记载了改革开放取得的物质和精神文明成果，也直书了改革开放中出现的问题和不足。虽难免也有一些不足，但瑕不掩瑜，仍不失为一部具有“存史、资政、教化”功能的好书。它的出版发行，对我们今后做好各项工作，均有一定的借鉴价值。

修志为用，是编纂志书的目的。希望大家学好它、用好它，让它在人民的政治经济生活中发挥更大的作用。

让《大名县志》伴随着大名人民走向更加美好的未来！

大名县人民政府县长 张雷肖

2017年10月

明清大名府古城西门外广场（2014 年摄）

明清大名府古城鸟瞰图（2013 年摄）

县城西环岛全景（2016 年摄）

县城西环岛夜景（2016 年摄）

三里店环岛雕塑
（2014 年摄）

园东路城标（2014 年摄）

鼎鼎大名雕塑
（2013 年摄）

天雄路（2016 年摄）

五得利大街（2007 年摄）

邯大高速大名北口
（2014 年摄）

大广高速大名口
（2013 年摄）

邯济铁路大名段
（2014 年摄）

大名汽车客运站
（2012 年摄）

大名森林生态园全景（2017 年摄）

五鹿公园全景（2017 年摄）

凤凰城小区（2016 年摄）

祥云府邸小区（2017 年摄）

银河花园小区（2016 年摄）

名城首府小区（2017 年摄）

宋代故城文化层（2004 年摄）

河北大名府酒业有限责任公司（2004 年摄）

城内西大街古槐（2005 年摄）

卫河龙王庙石灰窑（1998 年摄）

大名县电影院（1983 年摄）

水利工程建设（1986 年摄）

中共大名县委机关大门（2003 年摄）

宣圣会医院旧址（1992 年摄）

大名县人民政府机关大门（2003 年摄）

引河扩挖工程（1993 年摄）

大名县民政局大门（1982 年摄）

农业生产（1979 年摄）

万堤镇孙村牌坊
（2017 年摄）

回乡小镇：营镇乡东营镇村（2017 年摄）

丽君小镇：大街镇邓台村文化广场（2017 年摄）

丽君小镇：大街镇邓台村全景（2017 年摄）

红庙乡富硒桃（2015 年摄）

黄金堤乡葡萄种植（2016 年摄）

机械化收割小麦
（2005 年摄）

现代化养鸡场（2012 年摄）

五礼记碑（2005 年摄）

朱熹写经碑（2005 年摄）

临济宗兴化寺（2017 年摄）

唐宋大名府故城西城墙遗址（2005 年摄）

大名天主教堂内景（2005 年摄）

狄仁杰祠堂碑（2005 年摄）

大名一中
（2012 年摄）

大名二中
（2017 年摄）

大名三中（2005 年摄）

大名中学操场（2016 年摄）

大名县人民医院
（2017 年摄）

大名县精神病院
（2017 年摄）

大名县中医院
（2016 年摄）

大名妇幼保健院
（2017 年摄）

河北文勇机械车间
（2016 年摄）

五得利集团大名六分厂
（2007 年摄）

河北子丰生物科技有限公司
（2017 年摄）

河北滴溜酒业
（2017 年摄）

荣凯生物质能壁炉公司（2012 年摄）

华正塑编包装车间（2012 年摄）

冀宝采暖设备有限公司
（2017 年摄）

大名经济开发区
（2016 年摄）

舞龙（2015 年摄）

擢杆（2015 年摄）

划旱船（2015 年摄）

舞狮（2015 年摄）

原城瓮城与护城河桥

原大名府城墙

原大名府南关成基命墓前牌坊

原大名府北街董家牌坊

原大名府南街张家牌坊

原大名府东街李景元牌坊

原大名府城东城墙及附近街景

原大名府城内街道

乡村街道

木匠拉锯

磨坊

耕地

农村牛车

原大名府东大街街景

凡 例

指导思想 以马克思列宁主义、毛泽东思想、邓小平理论、“三个代表”重要思想、科学发展观、习近平新时代中国特色社会主义思想为指导，遵循历史唯物主义和实事求是原则，力求全面、系统、准确地记述大名县政区内自然与社会的历史和现状。

时间断限 上限起于1979年，下限止于2005年，个别重要内容追溯至事物发端，彩页图片上溯至民国时期，下沿至2017年10月省终审前。

记述范围 以大名县2005年的行政区域为记述范围。

体例层次 坚持“横分门类、综述史实”和“横不缺要项、纵不断主线”原则，采用编章节目结构形式。编下设章，章下设节，节下设目，部分含量大的条目下设子目。

体裁运用 采用现代汉语规范的语体文，以志体为主。同时采用述、记、志、传、图、表、录等体裁。志首设概述、大事记，以反映所记事物的整体性及相关联系。大事记又分历史大事记略和限内大事记，均采用编年体，兼用纪事本末体。图、表、录随文附于相关内容中。

使用文字 以国家语言文字工作委员会正式公布的规范汉字为准。对于人名、地名、书名及古籍文句中个别使用简化字可能引起歧义者，保持原来使用的繁体字或异体字。

纪年方法 清代及其以前采用历史纪年，括注公元纪年；民国时期采用民国纪年，括注公元纪年，必要时直接采用公元纪年；1949年10月1日中华人民共和国成立后，采用公元纪年。凡以“年代”表述时间未注明世纪者，均指20世纪XX年代。

标点、数字、计量单位用法 标点符号、数字用法，均按照2011年国家标准《标点符号用法》《出版物上数字用法》书写。计量单位（除引文外）执行国家计量单位标准；为照顾读者习惯，个别计量单位沿用当时叫法。如：“亩”“斤”“公里”等。

人地称谓 人名、地名、机构、官职、党派名称均按当时称谓，不加褒贬。遇古地名加注今名或今属地域。对频繁使用的名称，首次用全称，括注简称后可用简称。如“中华民国”简称“民国。”“中国共产党”简称“中共”。1978年12月召开的中国共产党第十一届中央委员会第三次全体会议简称“中共十一届三中全会”等。

入志人物 坚持“生不立传”原则，收录标准以人物对社会发展的影响和作用为依据。收录对象以本籍为主，兼收在大名影响较大的客籍人物，以卒年为序。官职名录以任职先后为序。在世人物的重要业绩采用以事系人方法进行记述。

入志资料 取自1994年版《大名县志》、档案、专著、报刊，各单位提供的资料及搜集整理的口碑资料。入志前均加以考证，除个别引文注明出处外，余不加注。对确需注明的引文、辅文和需说明的专用名词、特定事物，采取随文括注。统计数据原则上以统计部门的数据为准；统计部门没有的，以主管单位的统计数据为准。凡因统计口径不一致出现数字出入的，原则上不变。

目 录

第四编　改革开放

第五编　经济综览

第六编 第一产业

第七编 第二产业与民营企业

第八编 第三产业

第九编　党政群团

第十编　政务综合管理

第十一编　法治　军事

第十二编　教育　科技

第十三编　卫生　体育

第十四编　文 化

第十五编　地方特色文化

第十六编　民情习俗

第十七编　人　物

附　录

概　述

大名，鼎鼎大名。

一部《水浒》，让世界知道了大名；一部《水浒》，让大名走向了世界。

作为北宋陪都的北京大名府，曾建立在大名境域这块富饶美丽的土地上。

一

大名县，是河北省东南端、冀鲁豫三省交界处的一个传统农业大县。她东与山东省冠县、莘县接壤，南与河南省南乐县相连，西部、北部与河北省的魏县、广平县、馆陶县毗邻。介于北纬36° 05′ 05″ ~36° 30′ 05″ 、东经 114° 58′ 32″ ~115° 28′ 28″ 之间。面积 1052.98 平方千米，2005 年人口 76 万人，辖 6 镇、14 乡、651 个行政村。

大名区位独特，交通方便快捷。大名三省通衢，交通便利，距河北邯郸、山东聊城、河南濮阳均在 70 千米左右，距石家庄、济南、郑州三个省会城市均在 200 千米左右。地处京津冀经济圈、中原经济圈、山东半岛经济圈三大“经济圈”之间。106 国道、215 省道纵穿南北，邯济铁路、313 省道横贯东西，形成“一铁三线”（邯济铁路，106 国道、215 省道、313 省道）的大交通网络。

大名县属黄河冲积平原，黑龙港流域，温带大陆性季风气候，漳河、卫河、马颊河横贯全境，地势平坦，土地肥沃，资源丰富，适合小麦、玉米、花生等多种农作物和各类干鲜果品的种植。优越的自然条件是大名经济发展的基础，改革开放的春风是大名经济腾飞的动力。1979—2005 年的 26 年间，一顶顶桂冠戴在大名的头上。她是国家小麦商品粮生产基地，全国食品工业强县，全国粮食生产先进县，首批河北省扩权试点县，被誉为“中国面粉之都”“中国花生之乡”“中国小磨香油之乡”。

二

大名历史悠久，文化底蕴深厚。展开大名的历史，便是一幅波澜壮阔的历史长卷。上古时期的黄帝部落在此生息，大禹在此治水。春秋属卫国，是历史上著名的“五鹿城”。西汉初年始建元城县，曹魏建阳平郡，北周为魏州。唐德宗建中三年（782），魏博节度使田悦叛唐称王，改魏州为大名府，此为“大名”称谓之始。大名作为黄河以北区域中心，时长 1700 余年。控扼中原，历为郡、州、道、府、路所在地，八次相当于省级。为大小朝廷国都八次和陪都七次，史有“乱世雄藩，治世重镇”“北门锁钥”之称。贤哲辈出，代不乏人。这方热土，哺育了大批思想家、政治家、军事家和文学大师。古有孙膑、王莽、束皙、郭震、刘安世、柳开、宋白、刘筠、潘美、卢世荣、黄立极、成基命、成克巩；近有郭隆真、冯品毅等。他们的英名像璀璨的繁星，闪烁在历史的天空。当代民族学家杨堃、20

世纪 90 年代曾同期的三任中共省（自治区）委书记岳岐峰、赵富林、田成平和更多翘楚才俊在各个战线为祖国建设贡献聪明才智。他们的业绩和精神，将成为国家和人民的永久记忆。

大名人胸怀博大，包容进取。祖祖辈辈，与回族等十多个少数民族和睦相处，共谋发展；佛教、道教、伊斯兰教、天主教、基督教五大宗教兼收并蓄。悠久丰厚的历史积淀形成大名独特的运河文化、武术文化、革命文化、饮食文化、宗教文化、草编文化等六大文化脉系。有国家级非物质文化遗产 1 项（草编），省级 4 项，市级 26 项，县级 63 项；有国家级文物保护单位大名府故城、五礼记碑和宠爱之母大教堂等 3 处，省级文物保护单位有郭彬墓、罗让神道碑、明大名城址等 9 处，市县级文物保护单位有郭隆真故居、兴化寺遗址等 50 余处。

三

大名有着多方面优势，但在以阶级斗争为纲的年代，落后的生产关系制约着大名的经济发展。交通便利，却难以物流其畅；土地富饶肥沃，却生产力低下；人民勤劳智慧，却生活不能温饱。分配制度上的平均主义，严重挫伤了广大群众的生产积极性，全县农业发展缓慢。再加上大名作为漳河、卫河两大河流的泄洪区，中华人民共和国成立至 20 世纪 70 年代末，就承担了 5 次大的分洪泄洪任务，为确保京津和山东半岛的汛期平安做出了巨大牺牲，更影响了农业和工业的发展。直到 1978 年，人均口粮只有 347 斤，人均收入只有 35 元 6 角钱。大名成了“国家级扶贫开发重点县”。

人民群众迫切要求改变这种状况。

1977 年秋，大名县万堤公社万北大队第一生产队在全县率先实行家庭联产承包责任制。开了全国农业联产承包责任制的先河。由于“左”的思潮还束缚着人们的头脑，有人说联产承包责任制是“走回头路”，是“倒退”。对于来自各方的压力，敢于担当的县委书记侯顺德挺身而出，“有了问题我负责！”中共十一届三中全会胜利召开以后，才使联产承包责任制遍地开花。1979 年 9 月，土地承包责任制在全县 651 个生产大队普遍推广。1984 年，将土地承包期延长至 15 年。1997 年，针对承包地块过于零散、人地矛盾突出等问题，对农村承包地进行调整。1999 年 7 月，第一轮承包期结束，采取平常过渡的方法，顺延至第二轮承包期，并与农户签订 30 年不变的承包合同，稳定的土地承包体制在全县建立。各种以协会为主要形式的新型合作组织应运而生。至 2005 年，全县各类协会达到 195 个，带动农户 8.8 万户，为农村经济组织在产前、产中、产后服务中发挥了重要作用。

四

大名经济发展，得益于改革开放及党和政府给予的优惠政策。大名县作为国家扶贫开发重点县、河北省首批扩权县，具有较明显的政策优势，省赋予与设区市相同的部分经济和社会管理权限，享有项目直接申报、用地直接报批、证照直接发放等 11 个方面 70 余项管理权限。大名借助党的优惠政策，坚持改革开放，政治、经济、文化和社会各项事业均取得了巨大成就。

经济体制改革不断深化。大名人把农业联产承包制的成功经验引进企业。1984 年，对县属企业管理体制和产权制度进行改革，普遍推广党委领导下的厂长负责制，对企业实行目标管理、厂长任期目标管理责任制，承包人责、权、利紧密结合，在一定程度上刺激了企业生产。1996 年 9 月，对企业进行股份制改造，加快企业经营机制转换，企业逐步建立地产权清晰、权责明确、政企分开、管理科学的现代企业制度。外贸、物资、商业、供销及粮油等流通领域的改革逐步进行，适应市场经济发展。随着工商企业改革，对计划、税收、财政、物价、金融等部门的经营体制也及时进行改革。原有的计划经济管理模式被打破，社会主义市场经济逐步建立。

政治体制改革日见成效。1981 年 1 月，大名县第七届人民代表大会召开，撤销大名县革命委员会，恢复大名县人民政府。1984 年 5 月，撤销公社管理委员会，改称乡、镇人民政府，同时撤销村生产大队管理委员会，改称村民委员会。进一步完善人民代表大会制度和政治协商制度，人大常委会和人民政协的工作日趋制度化、规范化、经常化和法律化。村民委员会的产生由过去的任命制逐渐过渡到推选制，2002 年开始实行村民直接选举。1996、2002、2005 年，对全县党政机构进行改革，撤并一些直接管理企业的政府部门，精简一些超编人员，将 6 区 6 镇 33 个乡合并为 6 镇 14 乡，转变政府职能，为经济发展创造了宽松环境。加快干部人事制度改革，1984 年后，逐步完善干部考核、考查、奖惩、任用制度，强化干部激励机制。1996 年 12 月，在全县开始实行国家公务员制度，到 2005 年，全县有 3099 人被录用为公务员。司法体制改革同步进行，坚持公正执法，严格执法，依法治县，为经济发展起到保驾护航作用。

社会保障体制和社会事业单位改革日渐完善。大名县社会保障体制改革始于 1986 年，先后围绕建立企业事业单位之外的养老保险、公费医疗、工伤保险、城镇住房、最低生活保障制度等进行系列改革，逐步形成制度规范化，管理服务化，资金来源多元化。全县由企业负担的社会保险事务逐步转为社会机构管理，社会保障待遇实行社会化发放，社会保障对象管理有所规范和改善。至 2005 年年底，全县国有企业、集体企业和部分个体企业的职工，自收自支、差额拨款的事业单位，机关合同制工人均按要求纳入养老社会统筹。参保人员 11137 人，其中离退休人员 3362 人，在职人员 7775 人。教育、科技、文化、卫生等系统紧紧围绕业务实际，深入细致地进行改革。调整教育结构，改善办学条件，提高师生素质。发展民营科技，活跃科技市场，为非公职人员评定职称。整合剧团演出市场，提高电影放映场次，改善放映业务，实行文企联姻，丰富群众文化活动。进一步调整卫生机构，改革医院产权制度，改善医生医德医风，缓解了群众看病难、看病贵问题。

五

26 年的改革开放，在大名这块富饶美丽的土地上结出了丰硕成果。面粉、花生、香油三大传统产业蓬勃发展，新兴产业正在兴起。位于县城东部 215 省道两侧总规划面积 31.34 平方千米的大名县工业园区，已经建成 11.8 平方千米，“食品加工区、装备制造区、商贸物流区、塑编包装产业区、新材料产业区和纺织服装产业区”六大功能区的园区已入驻企业达 90 余家。

第一产业成效显著。1979—2005 年，大名县种植业先后被评为全国粮食生产先进县、国家商品小麦生产基地县、全国棉花百强县、国家优质棉生产基地县，河北花生之乡、中国花生之乡。畜牧业被评为国家瘦肉型商品猪基地县、邯郸市建设畜牧强县先进县；林业多次被评为全国平原绿化先进单位、全国治沙先进县、全国造林绿化百佳县。1988—2005 年，全县农业开发总面积 1.922 万公顷，其中中低产田改造 1.482 万公顷，沙荒改造 0.44 万公顷，总投资 5152 万元。

第二产业快速增长。1979 年，全县工业总产值仅 3768 万元，占工农总产值的 33.5%。随着改革开放不断深入，“三资”企业、私营企业、个体企业等非公有制企业迅速崛起。1990 年乡镇企业占主体地位，企业个数、产值水平均明显超过国有和县办集体企业。1995 年，全县工业总产值 97555 万元，占工农业总产值的 59.4%。1998 年，全县工业总产值 155501 万元，占工农业总产值的 63.4%。县委、县政府进一步加大招商引资力度，一批较大投资项目陆续建成投产，2005 年，全县工业总产值 559346 万元，占工农生产总值的 65%。建筑业方面，1990 年全县有各种建筑企业 31 家，从业人员 4000 余人。到 2005 年，全县有各种建筑企业 62 家，从业人员 8 万余人。

文学艺术重放异彩。相继成立文学、戏剧、曲艺、美术、摄影、音乐、书法、青少年书画社、诗词学会等九个协会、学会，拥有创作演出骨干 417 名。各种体裁的文学作品不断在国家及省级报刊发表，美术书法作品多次参加全国及省级美展、书展，并多次获奖；文艺演出多次参加省级以上调演、汇演，民间文学搜集整理工作获省、市好评，文学艺术取得丰硕成果。文化实体蓬勃发展。1982 年普遍建起乡镇文化站，1993 年县文化馆被文化部评为“标准文化馆”;1989 年电影观众人次达到高峰;个人著述类别繁多，质量上乘。文化市场逐渐规范，文化事业出现繁荣局面。

城乡总体形象得到改观，城市功能不断完善。交通事业发展步伐明显加快。1993 年年底，全县基本实现乡乡通油路。2005 年年底，县内国道、省道、县道、乡道及村道里程达 1084 千米，基本实现干支相连、内外相接、纵横交错、四通八达的现代公路交通网络，公路客运量达 36780 千人次，货运量达到 387.2 千吨。电力事业发展迅速。1979 年，全县有 641 个行政村通电。1992 年，651 个行政村全部通电。农民年人均纯收入逐年增加，1979 年农民年人均纯收入不足 40 元，2005 年达到 3270 元。

大名有优势，也有短板，如人均耕地少，没有地下矿产资源等。勤劳智慧的大名人，决心扬长避短，为全面建设小康社会而努力奋斗。

大名，充满希望；大名，明天更美好！

大名腾飞城标（2005 年摄）

大 事 记

历史大事记略

始设郡州道府县

汉高祖十二年（前 195），置魏郡，建元城县（今大名县），县境属魏郡；汉元帝初元元年（前 48），元城县委粟里的王政君被封为孝元皇后，而后王氏家族受封有十侯五大司马，委粟里改称贵乡。

前燕建熙元年（360），置贵乡郡，分元城县一部置贵乡县。

北周静帝大象二年（580），置魏州，治所在贵乡，县属魏州。

唐太宗贞观元年（627），置河北道，治所魏州（今大名）。

后唐庄宗同光三年（925）三月，东京兴唐府改为邺都兴唐府。

后晋高祖天福元年（936），改邺都兴唐府为邺都广晋府，治所在元城县，改兴唐县为元城县，县属广晋府。

后汉乾祐元年（948），改邺都广晋府为邺都大名府，治所在元城，广晋县改为大名县，此即为大名作为府县同名之始。

为狄仁杰、何进滔建祠立碑

唐武德四年（621），武阳郡改为魏州，治所在元城（今大名境），县属魏州。

武后万岁通天元年（696），契丹攻陷冀州，河北震动，提升狄仁杰为魏州刺史，契丹不敢进犯，百姓安居乐业。武后圣历元年（698），魏州治所百姓为狄仁杰立生祠，后毁。唐宪宗元和七年（812），田弘正重建祠堂及祠堂碑。祠堂早已毁，碑现为省级文物。

唐肃宗乾元元年（758），魏州置魏博节度，辖魏、博、贝、卫、澶、相六州，并置大都督府。

唐代宗广德元年（763），田承嗣为魏博节度使，私自组建万名强健兵士，号称牙军，代宗宠其军，曰天雄。

唐德宗建中三年（782），魏博节度使田悦拒绝听命于唐王朝，自称魏王，并将魏州改为大名府。

文宗开成五年（840），采巨石为魏博节度使何进滔立德政碑。宋大观二年（1108），将此碑改刻为五礼之记，从此称五礼记碑。明建文三年（1401），漳、卫泛滥，此碑淤埋于地下。明嘉靖二十七年（1548年），知府顾玉柱将碑挖出，碑已断为几块，龟头遗失。1985年将残碑运至大名县石刻博物馆，1989年修复立起，是全国最大的古石碑。1982年，此碑被定为省级重点文物。2004年10月，该碑被公布为第六批全国重点文物保护单位。

唐僖宗文德元年（888），魏博节度使乐彦祯修魏州大城，方圆八十里，是当时最大的城池。

北宋大宗大平兴国二年（977），河北道分河北路与河北南路。

大宗雍熙四年（987）三月，分河北路为东西两路。河北路、河北南路、河北东路治所皆为大名府。

改府为都

北宋太宗太平兴国五年（980）十一月，契丹南侵，宋太宗亲自驻防大名府。

北宋真宗景德三年（1006），寇准主持天雄军，称大名为“北门锁钥”。

北宋仁宗庆历二年（1042），宋仁宗采纳吕夷简的意见，建大名府为陪都——北京，称北京大名府。

南宋高宗建炎四年（1130），金人立刘豫为儿皇帝，国号大齐，年号“阜昌”，建都大名府。

《明史·地理》记载：洪武三十一年（1398），大名府城圮于卫河。

元明灾异

元仁宗延佑六年（1319）六月，大名路大水，淹坏民田一万八千顷。

元顺帝至正十二年（1352），元城等11县水、旱、饥，民饥。

明建文三年（1401），都指挥使吴成在艾家口镇建新大名府城。

明宣德八年（1433），大名府所属州县，自上年冬至至是年六月未雨，麦禾枯死。

明正统十三年（1448）六月，河决口，淹三百余里，坏庐舍二万余间，淹死千余人。

明天顺五年（1461），大丰收，麦多两穗（指分蘖），秋禾有一茎两穗三穗者。

明成化二十一年（1485），自正月至三月，风霾不止；三月戊子，自辰时至申时（7：00—17：00），红黄满空，天黑如夜，不久雨沙，数日乃止；四月壬辰，黑云起西北，化为五色，须臾日晦如夜。

明成化二十二年（1486），大旱，大灾荒，人相食。

明弘治十五年（1502）九月，地震，震坏城墙和房屋。

明正德九年（1514），雨雹伤麦，其形如卵如拳，大者如碗，人畜死者甚多。

明嘉靖二十三年（1544），黑风昼晦，著物皆火。夏连绵大雨，大水，灾荒。

明嘉靖三十年（1551），漳、卫两河同时决口，平地水深数尺，淹死人无数。

明嘉靖三十一年（1552），疫疠大作，死徙相继，又大水。

明万历十五年（1587）三月，地震起自西北，移晷乃止。夜复大震，宿鸟齐鸣。大旱，田禾枯死。

明万历十六年（1588）春，大旱，灾荒，大疫，人死强半，升米值钱二百无市者。夏麦丰收委弃在地里，无人收割。

明万历十八年（1590）三月，有黑风起西北，咫尺不辨，天色乍赤，行人或堕井或冻死，自午时至酉时（11：00—19：00）始定。

明崇祯十三至十四年（1640—1641），大旱，飞蝗食麦，疫气盛行，斗米逾千钱。灾荒，民饥，互杀食，人死大半。

直隶改省

清顺治六年（1649），特设三省总督驻大名，节制直隶、山东、河南三省。县属大名府。

清顺治十六年（1659），改直隶为直隶省，设巡抚驻大名，是河北省有省会之始。

清乾隆二十三年（1758），魏县并入大名县和元城县，大名县治所移入府城。

耶教新派传入大名　石狮子运到北京

民国 9 年（1920），耶教新派宣圣会由美国教士孔彼德传入大名。耶教新派清洁会由美国教士北福德从濮阳传入大名。

是年，王洪钧复居大名，将南宫碑书法艺术传入大名县。

是年，大名镇守使王怀庆，将大名临济寺门前的一对石狮子，运至北京临时大总统府门外（现存北京市中山公园中山堂门外）。

直隶七师成立　郭隆真加入中共

民国 12 年（1923）7 月，成立直隶省立第七师范学校，谢台臣为校长，学校暂借大名县立一高为临时校址。1924 年 7 月 1 日迁至北关。1928 年改为河北省立第七师范学校（以下简称七师）。

是年，郭隆真在法国由周恩来介绍加入中国共产党，是河北省第一位女共产党员。民国 20 年（1931）4 月 5 日，共产党早期活动家，妇运、工运、学运杰出领导人郭隆真在济南被军阀残酷杀害。

“省立五女师”成立　建立中共党团组织

民国 13 年（1924）春，改大名女子师范讲习所为省立第五女子师范学校（以下简称五女师）。

民国 15 年（1926）10 月，大名第一位加入中国共产党的冯品毅（1922 年入党），在七师发展 5 名中国共产党党员，随后建起了党团两个特别支部，直属中央领导，是大名县最早的党团组织。

民国 16 年（1927）4 月，中共大名县地方执行委员会和中国共产主义青年团大名县地方执行委员会成立，隶属北方区委，机关设在七师，同时，七师党、团特支撤销。

省立五女师大门旧址（摄于 2004 年）

日本侵略军占领大名　大名军民奋起抗日

民国26年（1937），“七七事变”后，七师流亡至河南省舞阳县北五渡村。11月12日，日本侵略军在大名城西遭到国民党一七九师抵抗，经激战，一七九师撤离。11月13日，日本侵略军占领大名；12月，成立大名抗日救国会。

民国27年（1938）1月，日本侵略军建立伪县政府。是月，中共直南特委在清丰县梁村成立清（丰）、南（乐）、大（名）抗日救国会。3月，建立抗日武装——大名县第四区抗日游击大队。4月，大名县第四区抗日政府成立。4月10日，日本侵略军火烧旧治，杀死无辜村民13人，烧毁房屋900余间。

民国28年（1939）12月，八路军一二九师政委邓小平在大名县善乐营（今大名县营镇乡东、西营镇村）召开会议，分析当时形势，发动群众开展抗日斗争。

民国29年（1940）2月，中国共产党成立大名县抗日民主政府。3月，大名县（四区）青救会组织武装小队——青年连。6月，原大名县划分为大名、魏县、元城三个县。大名县、元城县属冀南一专署。6月25日，粉碎日伪军3000余人对大名以北地区“六二五”大扫荡，共毙敌500余人。八路军二十三团政委史钦深及127名指战员壮烈牺牲。11月，元城县青救会组建青年连。是年，元城县先后建3处抗日高小。

民国30年（1941）8月，八路军夜袭康堤口据点，击毙日伪军7人，生俘10余人。

民国31年（1942），冀南军区司令员陈再道指挥元城战役，8月16日，袭击南李庄据点，毙伤伪军280余名。30日，强攻金滩镇，歼灭伪军一个团，生俘汉奸朱利轩。8月16日，南李庄据点遭袭后，日伪军烧毁南李庄房屋百余间，杀死8名无辜村民。中秋节，从善楼建起小型兵工厂。9月，大名、元城县为统一领导，实行精兵简政，农、青、妇、文救国会合并为抗日联合会（简称抗联）。

民国33年（1944年）4月，大名、广平1000余名日伪军合击大名县北部元寨一带，抓去大名公安局长等3名干部及数十名群众，掠走大批牲畜物资。6月，大名县、元城县改属冀南三专署；8月，大名县抗日民主政府领导群众开展赎地运动。冬季，大部分农村成立农会，建立“三三制”政权。

民国34年（1945）1月16日，在八路军二十三团配合下，原日伪“东亚同盟自治军”军长王天祥策动旧部突击团在大名起义。5月4日，日伪军向安阳逃窜，大名县、元朝县全部解放。

成立大名市

民国34年（1945）7月7日，成立大名市（县级市），县市分开。

民国35年（1946）1月上旬，大名市改为县直辖市。10月14日，大名县抗日民主政府更名为大名县政府。

1948年大名市委一班人　后排左五为大名市市长孙行之

参军支前

民国36年（1947）1月1日，国民党军队占领大名县城及周围20华里以内村庄。地主组织还乡团进行反攻倒算，抓捕共产党员、村干部。1—2月，八路军某部在东门口附近埋伏阻击国民党军队。2月6日，国民党军队弃城逃窜前，用活埋、枪杀等手段杀害共产党员、村干部和无辜群众42人。之后，大名城再次解放。3月22日，大名、元朝两县出动1200余副担架支援豫北反攻战役。6月底，大名县、元朝县抽调第一批干部，随刘邓大军挺进大别山。11月，掀起参军热潮，大名县参军470名，元朝县参军300名，大名市参军336名，其中南关130名回民组成一个“回民连”。

整党土改

民国37年（1948）1月，大名、元朝两县干部分别在肥乡、柳林参加整党会议。3月，元朝县全体干部学习贯彻土地法大纲。4月，三地委组织干部、台臣中学师生在大名县搞土改复查试点。6月，大名县培训土改工作队，全面开展土改复查运动。6月8日，大名市退还私营工商业者房产。10月，元朝县全面开展土改复查运动。

1949年年初，向农民颁发土地证，结束了两千年的封建土地私有制，土地成为劳动者个体所有。8月7日，大名市改为城关区。8月，大名、元朝两县拆并。元朝县除王奉、张鲁2个区划归山东省外，其余全部并入大名县。县属邯郸行署。

召开四个代表会议

1949年10月1日，中华人民共和国成立。5000人在五女师操场隆重集会热烈庆祝，会后进行了游行。10月15—29日，县召开第一次党员代表会议，号召全县人民一定要搞好冬季生产和救灾工作。10月，大名县召开第一次妇女代表大会。11月21—28日，大名县召开第一届第一次各界人民代表会议，研究生产度荒和冬季具体工作。12月，大名县召开第一次共青团代表大会。

成立互助组　合作社

大名县从1950年开始的互助合作化运动成绩斐然，到年末，全县建立互助组6789个。1951年6月26日，张希顺上书毛泽东主席，报告互助成绩。11月，北李庄任成修互助组经上级批准，成立了全县第一个初级农业生产合作社。12月16日，中共大名县委批准张希顺、裴星辰、贾建明等13人领导的互助组改为合作社；12月，全县有互助组14544个、初级社186个。

1952年4月13—17日，河北省政府主席杨秀峰到娘娘庙农业合作社调研，并组织大名县与饶阳县开展互助合作、劳动模范、增产三项竞赛。7月15日，县委发布《关于加强党对农村生产合作社、互助组的领导与建立党的组织的指示》，决定：“凡合作社内党员在3人以上10人以下的，均应建立党小组，10人以上建立总支部和分支部。”7月，省委工作组根据在大名县进行的典型调查，向全省介绍了张遂学农业合作社“地尽其力”、杨文选社“人尽其才”的经验及张希顺社“奖励劳动分红办法”。7月21—25日，省委副书记马国瑞到大名县检查互助组合作运动。鼓励大名县干部群众“百尺竿头，再进一步”。是年，全县有互助组7841个，初级社338个。

成立回族乡镇

1953年4月30日，县政府公布《关于划乡工作计划（草案）》，决定划清乡界，组成临时乡人民政府。4月，大名县成立1个回族镇、4个回族乡，即城关回族镇，七里店、马时庄、金滩镇、营镇4个回族乡。9月，县政府决定自常马庄魏大交界处起，至馆陶齐固馆大交界处止，挖一条全长20千米的排水渠。同时，对邯大、金滩镇至大名等4条共长71.4千米路面进行修筑。

万名民工参加升斗铺分洪工程

1954年春，在升斗铺村修漳河分洪口门。5月28日漳河疏浚工程完工；7月6日，设立大名升斗铺分洪工程施工所。工程于7月6日动工，8月1日竣工。10000余名民工、200名技工参加施工；8月11日和9月4日，升斗铺两次分洪，淹地6万多亩。8月上旬，魏大馆排水工程竣工。

按地名命名区公所

1955年6月10日，县人委（人民委员会，1955年2月6日由政府改称）启用省发的铜质中型国徽圆形章，印文：“大名县人民委员会”。9月20日，县人委遵照省人委通知精神，确定大名县各区公所名称按区公所驻地命名：一区为大名县杨桥区公所，二区为大名县万堤区公所，三区为大名县东老堤区公所，四区为大名县龙王庙区公所，五区为大名县北峰区公所，六区为大名县金滩镇区公所，七区为大名县马陵区公所。

建立高级农业生产合作社

1955年11月，北李庄任成修初级农业生产合作社，第一个建成高级农业生产合作社。至11月26日，全县共有1644个新老初级社。

1956年1月15日，全县高级社发展到153个，参加高级社的社员达70786户，占总农户的88.5%；2月1日，全县由原有的1700个农业初级社扩大合并为61个高级社（多村一社），社员80243户，占总农户的99.15%，全部实现高级农业生产合作化。1957年12月8日，根据中共河北省委“一村一社比较容易办”精神，将全县61个高级社分建为488个高级社。

抗洪救灾

1956年6月23日，漳河北堤于常马庄决口。省水利厅、邯郸地区和大名县领导亲自指挥264名干部和1600名民工堵口抢险，连堵3次，终于堵住决口。8月4日，卫河、马颊河、漳河泛滥成灾，484个村受灾，其中153个村被洪水淹没，淹地736800余亩，倒塌房屋73600余间。8月10日，省、地委灾民慰问团，先后到大名县各区慰问，同时拨付大名县15万元救灾款，并派来7只橡皮船抢救灾民脱险。党中央派飞机1架，两次在县城内投放大、小米86包，计5514斤。9月中旬，首都北京30名医疗队员，携带大批药品、器材，分赴大名县进行免费治疗。同时，北京军区慰问团一行7人到大名县灾区慰问，并捐献一部分棉衣、棉被。10月27日，全县6万名民工开赴东风渠施工工地，动土方315.15万立方米，提前1个月完成了任务。

“大跃进”大办钢铁　大办人民公社

1958年5月，大名师范学校开展教育大革命运动，强调学生参加政治斗争，参加社会实践，参加生产劳动。学生在校内外大办工厂、农场，并参加了炼钢运动。8月7日，县委发出通知，决定举办农忙食堂。随后生产队成立集体食堂，全队社员一起吃饭。8月15日，县钢铁厂（在磁县办）建成19座土坯式铁炉并投产，随后社社建炼铁炉，户户献铁，形成大炼钢铁运动，结果炼出一堆堆废铁渣。8月，撤24个乡、1个城关镇，5天时间内将498个高级农业合作社建成了6个农村人民公社，即杨桥、万堤、城关、龙王庙、束馆、金滩镇人民公社。社下设管理区34个，实行政社合一。9月，深翻土地运动在全县展开，几万翻地大军吃住田间，昼夜鏖战。是月，搞“一平二调”，其中金滩镇公社平调生产队土地7139亩、劳力12620人次、粮食25万千克。10月，魏县并入大名，全县共12个人民公社，下设70个管理区。1960年12月21日，集中力量帮助县、社两级揭发、批判、清算1958年以来的“五风”（共产风、命令风、瞎指挥风、特殊风、浮夸风）。

大名、魏县分设

1961年4月，全县12个大公社分为75个公社，并将12个大公社改为12个工作委员会。5月31日，大名、魏县分设，6月1日起正式分开办公。大名县辖39个公社，6个工作委员会。

基础设施建设

1962年3月4日，沙堤变电站动工兴建，1963年2月9日投入供电，是全县第一座35千伏变电站，主变容量1800千伏安。

1963年5月，开通大名经龙王庙、埝头至束馆客运路线，全长35千米。5月上旬，大名农用飞机场在北王庄动工，10月底完工。占地45435平方米。于1964年4月启用，停落治蝗飞机。

1964年3月2日，漳河北堤复堤开始，施工民工按军事化编成团、营、连。3月，国家投资92.7439万元，修筑加固泛区救生台。共完成土方335.9577万立方米，面积64.8653万平方米；4月，常马庄和辛庄两座漳河木桥竣工。是年，窑厂扬水站建成，是卫河上第一座扬水站。

1965年9月上旬，大名1300多名民工和150名在职干部，到邢台地区新河县开挖滏东排河，这是大名县首次参加根治海河施工。是年，大名师范建立廉山庄农场，面积640亩。农林局建万堤良种场，面积400余亩。1971年迁至张王胜滩，1976年又迁至大李庄农场，面积970亩。

1966年3月13日，石槽坊110千伏变电站动工，1969年7月6日建成。该站供河北、河南两省8个县用电。是年，大名县在五里屯附近建火化场，1967年建成，1970年开始使用。

1967年4月20日，国家投资171.7万元，出动1万余名民工，对马颊河干、支流工程进行治理，5月23日完工。11月29日，京大（北京—大名）公路路基土方工程开工，大名段工程任务长29.07千米，1万余名民工参加施工，动土方22万多立方米。

1968年5月10日，县境内老柴河、洪雁江治理第一期工程开工，5月31日收工。二期工程6月20日开工，7月10日收工。5月25日，建冢北泄水闸。7月底完工，该闸最大泄水量15立方米/秒，排涝面积119.3平方千米；9月5日，马颊河干流和骨干渠系开始配套，1969年12月完工。国家投资130万元，共建交通桥35座、泄水涵洞15座。秋，京大公路大名段铺筑沥青路面，是大名县第一条沥青路面。

1969年10月，卫河龙王庙大桥工程动工，次年7月竣工，是全县第一座钢筋混凝土跨河桥梁，其桥身长112.8米，宽8.5米。1982年接长后桥身总长487.72米。

1970年11月13日，小引河开挖工程动工，出动劳动力3万余人，完成土方130万立方米，全长30千米。

为叶洪海等人庆功

1970年12月5日，县革命委员会、县武装部召开万人大会，庆祝中共中央军委授予叶洪海“模范饲养员”称号。

1971年8月2日，段村公社中学生程春法为救人献出年轻生命。次年3月13日，段村公社召开大会追认程春法为中国共产主义青年团团员。

1971年8月6日，大名籍解放军战士祖彬，为保卫战友安全和保护国家财产不受损失，被大火严重烧伤，抢救无效，于8月15日牺牲。解放军总后勤部为他追记一等功。

建成第一座漳河大桥

1975年7月，邯大公路常马庄漳河钢筋混凝土大桥建成，桥身长151.6米，宽8.5米，是大名县漳河上第一座大桥。

实行农业生产责任制

1978年7月30日，县委派出30人的调查组到万堤公社调查农民负担情况。9月23日，县委常委程廷雪在万堤公社万北大队第一生产队（以下简称万北一队），召开全区片“大田管理责任制”现场会。

9月28日，县委召开电话会议，万堤公社万北一队介绍生产责任制的经验。从此，中共中央、省、地多次派人到万北一队进行调查和考察。

限内大事记

1979年

3 月 15 日，金滩镇卫河大桥开工，次年 10 月 14 日竣工。

同日，中共中央组织部为原直隶省立第七师范（大名师范前身）学校校长谢丕阁（谢台臣）平反。

3 月，大名县建设银行筹建，6 月开办业务。

是月，恢复县教师进修学校。

是月，县酒厂制曲车间主任王新民成功试制新糖化菌 UY-11 优良菌种，用于白酒生产，与老曲相比，淀粉出酒率提高 75%。

5 月 10—17 日，县直各单位开展财经大检查。

6 月 6—20 日，水电部、省、地海河指挥部领导视察大名县境内的卫河治理工程。

6 月，县委组织干部认真学习贯彻“中共十一届三中全会精神”，县委书记侯顺德向全县干部群众发出公开信，号召大家放心大胆搞生产责任制。

6 月底，县委提出，要把推行万北一队的责任制当成一场革命来抓。

7 月上旬，全县有 881 个生产队实行了生产责任制。

9 月 24 日，省革委命名大名县物资局为“大庆式企业”。

是月，县直幼儿园被中华全国妇女联合会命名为全国“三八”红旗集体。

10 月，县委做出《关于为“中国青年党”假案平反的决定》。

是月，大名县托辊厂向联邦德国出口第一批托辊。

是年，省政府命名大名县为畜牧先进县。

1980年

1 月，中共河北省委、省革委授予大名酒厂“大庆式企业”称号。

2 月，县农业学大寨办公室撤销。

3 月 8 日，《人民日报》第 3 版刊发《郭隆真烈士》一文，介绍了郭隆真烈士的事迹。

4 月，县委提出“工农兵学商，农林牧副渔，不吃大锅饭，都搞责任制”的口号。4 月 1—12 日，国务院抗旱工作组来大名县察看旱情。

5 月 28 日，县革委召开尖子户代表“献经”“比赛”大会，参加代表 202 名，均为 1979 年家庭副业收入户均 1000 元以上、人均 200 元以上。

是月，5 万余亩农田发生蝗灾。

6 月 30 日，儒家寨小学四年级 12 岁女学生赵麦香为抢救落水儿童光荣牺牲，团县委授予她“优秀少先队员”称号。

8月12日，恢复因“文化大革命”而中断的回族开斋节。

9月9日，县委决定，全县95个缺粮队自1980年起，实行粮食不购不销三年不变的政策。

是月，大名至和寨公路线上的万堤、杨桥段油路改造工程开工建设，1981年5月工程完成，全长9千米。

11月9日，《人民日报》第2版发表《给金娃娃“落户”》理论文章，以大名县万北一队搞责任制发展农业生产的事实，阐明农业承包责任制是“金娃娃”而不是“私生子”。作者方放。

12月，县法院恢复人民陪审员制度。

是年，全县6个区改为6个办事处。

1981年

1月4—12日，政协大名县第四届委员会第一次会议召开。1月5—11日，大名县第七届人民代表大会第一次会议召开。会议通过《同心同德，奋发努力，为迅速改变我县贫困面貌而奋斗》的工作报告。

大名县第七届人大常委会组成人员合影

4月5日，解蕴山烈士灵位迁入晋冀鲁豫烈士陵园。

5月4日，东门口卫河大桥工程开工，次年8月15日竣工。桥长510.7米，宽7米。

8月，农业联产承包责任制在全县普遍推开。大名县联产承包责任制四种形式所占比例分别为：责任到劳（人）83%、包产到户13%、专业承包1%、小段包工3%。

9月1日，全县林木确权发证。

11月9日，日本神荣株式会社井上幸一郎和松村昌信，到大名县副食品加工厂交流烤花生工艺技术，并进行业务洽谈。

12月24日，县委做出《关于给所谓“为五三年事件翻案”的同志平反决定》《关于为刘玉明、叶守真、卢云发、高梦僧、曹殿岭、孔德梅等同志平反的决定》。

是年，龙王庙二大队曹妹云搞起家庭副业，主要饲养土元、全蝎、水貂、鸡、鸭、鹅，年收入4.6万元，成为全县第一个万元户。

是年，县民政局对全县1396名烈士进行普查核对，并印制了《大名县烈士英名录》。

1982年

2月26日，县委为1968年5—7月“教师火线学习班”、1968年4月“文艺学习班”、1968年春“党政干部学习班”、1968年秋至1969年秋在“五七”干校遭受迫害的教师、文艺工作者和党政干部平反。

2月27日至3月2日，河北省水利厅在大名县召开“平原地区打井抗旱、机井管理现场会”。

2月，河北省委、省政府授予大名县酒厂王新民1981年度河北省劳动模范称号。

3月，开展土壤普查，编写《大名县土壤志》。

是月，省科学院微生物研究所助理研究员、固氮室主任牛福文到大名县，协助搞花生根瘤菌发展研究，成果获1982年省科委农业发展研究与大面积示范试验三等奖。

4月4日，日本（株）大荣公司仓又宽芳、江本良行到大名县副食品加工厂，考察花生加工工艺流程、商品质量，并进行业务洽谈。

4月15日，龙王庙卫河大桥修建工程开工，12月15日竣工。桥身长487.72米，宽7米。

是月，发生小麦蚜虫，百株麦苗有虫3万头以上。

5月27日，县政府就部分社队更名和新建居民村命名发出通知，全县有4个公社、63个大队更名。新命名东护城、西护城、东门外3个居民村。马陵公社更名为西付集公社，段村公社更名为西未庄公社，西司庄公社更名为沙圪塔公社，马头公社更名为北马头公社。

6月14日，段村周围降下冰雹，大的如鸟卵，部分农作物受害。

7月1日，全国第三次人口普查开始。

7月23日，大名县罗让碑、马文操神道碑、朱熹写经碑、五礼记碑、狄仁杰祠堂碑、万堤古墓等6处文物被河北省列为重点文物保护单位。

是月，省、地公安机关工作组到大名县开展打击人口贩子工作。

8月，金北等7个清真寺陆续对外开放。

9月1—10日，大名回族女少年沙建芳在第二届全国少数民族传统体育运动会上，荣获国家纪念奖。

12月3—4日，中共河北省委书记高扬到大名县检查工作。

是年，全县普遍实行家庭联产承包责任制，土地归集体所有，生产由个体经营。大名县粮、棉、油大幅度增产，农业总产量翻了一番，为全国47个翻番县之一。县农业局技术人员撰写的《棉虫综合防治示范》一文，经省农业厅审定，被授予技术推广二等奖。县草辫厂的提篮、地席、屏风等100多个花色品种，畅销国内13个省、市和国外60多个国家和地区。

1983年

3月16日，县委、县政府代表省政府，向全县300名拥有30年教龄的老教师颁发光荣证。

3月26日，县草辫厂发生重大火灾，损失达23.87万余元。

3月31日，中国人民保险公司大名县代理处成立开业。

是月，县政府采取大户承包办法，将3万余亩沙荒地承包给农民。

4月23日，中纪委王从吾、马国瑞到大名县视察工作。

是月，县文教局干部荆盛谦获全国先进儿童少年工作者称号，大名镇大寺小学教师徐志杰获全国优秀班主任称号。

6月，龙王庙至束馆油路工程全线完工，全长23.3千米。

7月16日，日本夕川三商会取缔役（在日本，公司董事会称为“取缔役会”）营业所长狄谷弘康一行到大名县副食品加工厂，参观咸蒜生产和考察产品质量。

是月，县委向农民颁发长期承包土地使用证。规定延长土地承包期 15 ~ 20 年。

8 月 1 日，省少年篮球比赛在大名县举行。

8 月 27 日，副省长杜竞一到大名岔河嘴扬水站和黄河故道视察。

9 月 22 日，《人民日报》第 1 版发表《落实三中全会以来党的农村政策，充分发挥群众聪明才智，47 个县工农业年总产值翻一番》一文，大名县位列其中。

是月，全国妇联授予大名县县直幼儿园全国“三八红旗集体”称号，授予曹妹云、韩群芝全国“三八红旗手”称号，授予王玉梅、张风云、杨清娥三家家庭为全国“五好家庭”称号。

10 月 18 日，大名县师范学校（即大名县教师进修学校，县办，不同于“河北大名师范学校”）建立。

10 月 20 日，大名师范学校召开纪念七师（大名师范学校前身）建校 60 周年纪念大会。

10 月 21 日，联邦德国大陆公司黄季铨携同该公司的美国用户 T · M 汤普森、R · J 伯格兰两名工程师，到大名县托辊厂参观，并洽谈有关事宜。

12 月 31 日，大名县副食品加工厂出口的烤花生，获国家经贸部颁发的“优质产品”证书。

是年，托辊厂向联邦德国出口 23.8 万元的托辊，向美国出口 23 万元的托辊。

是年，南关二铺村沙怀恩被评为全国千名优秀辅导员之一，并获纪念、物质奖。

是年，草辫厂试制出 104 种草辫制品，畅销日、美、英、法、澳、瑞、新加坡等国家，创外汇 21 万元。

是年，中医院筹建，次年竣工开业。

1984年

2 月，大名县被确定为全国改灶节柴试点县，至年底共改灶 4.2 万个。

3 月 6 日，日本加商（株）村上英明、田烟繁、大城康治一行 3 人，到县副食品加工厂交流烤花生加工技术，并进行贸易洽谈。

3 月 23 日，大名县政府农业技术顾问团成立，北京林学院教授孙时轩任名誉团长。

3 月 26 日，乡级机构改革结束。全县 39 个人民公社改为乡（镇）人民政府。

是月，革命烈士郭隆真纪念室在金滩镇金北村建成。

4 月 20—23 日，河北省武术比赛在大名县举行。

5 月 22 日，大名县电视差转台建立。

5 月 24 日夜 22 时许，营镇乡东营镇村发生一起特大凶杀案。村民杨某某一家 6 口被杀死 5 口。凶手朱某某、金某某在 1 个月内相继落入法网，案件告破。

6 月 8 日，大名县设 5 个镇、1 个回族乡，即城关镇、杨桥镇、万堤镇、龙王庙镇、金滩镇和营镇回族乡。

7 月 10 日，束馆乡改为束馆镇，全县 6 个办事处全部改为区公所，原办事处党组改为区党委。

是月，大风灾，全县受灾粮田 9 万亩，倒塌房屋 2424 间。

8 月，大名县民政局出席全国“双拥”会议，被民政部、总政治部评为拥军优属、拥政爱民工作先进单位。

9月1日，冢北乡冢北村13户群众承包的苹果园被本村群众哄抢。县委、县政府召开群众大会及时作了处理。

10月29日，延庆、定县、大名3县书法联展在大名县举行。

是月，国营企业全面实行利改税。

11月12日，在全县开展文物普查工作。

12月14—18日，大名县政协第五届委员会第一次会议召开。

12月15—18日，大名县第八届人民代表大会第一次会议召开。

是月，建立大名人民广播电台，频率为90.1兆赫。

是年，县副食品加工厂生产的咸脆烤花生，获对外经济贸易部荣誉证书。

是年，县妇幼保健站与城关医院合并，改称大名县妇幼保健院。

大名县第八届人大常务会组成人员合影

1985年

3月3日，全县开展建设“千元田”活动。

3月24日，允许个体开业行医。

5月7日，物价改革后，政府对职工、市民实行生活补贴。

5月16日—6月10日，县直机关开展整党工作。

6月4日，县工商局推广使用“法人授权委托书”签订经济合同。

是月，县开工修建郭隆真烈士纪念馆和纪念碑，康克清题词“向郭隆真烈士学习”。

8月7日，北峰乡后北峰村烧鸡被奇异变形杆菌污染，造成23人食物中毒。

9月21日，开展城镇房屋普查。

10月4日，农村中小学教育费附加开始征收。

10月15日，县政府评定并授予11人乡镇工业技术职称。

是年，全县旱灾严重。自上年11月至是年4月基本无雨，6月份又无雨，旱灾面积达86万亩，其中成灾67万亩，因灾缺粮村达550个，占全县行政村的84.5%。

是年，县民兵训练基地建成。

1986年

1月1日，农村中小学教育经费包干下放到区、乡（镇）管理使用。

1月2—4日，中共大名县第三次代表大会在北关电影院召开。

1月7日，大名县被国家农牧渔业部定为“1986年部级发展瘦肉型猪基地县”。

1月20日，中共大名县委公布《关于村级整党工作安排意见》。

1月22日，实行新制杆称法定计量单位。

3月25日，统配化肥分配由原来用于奖售农副产品，变为主要奖励粮棉油生产。

4月5日，金滩镇金北村回民小学被县委、县政府命名为隆真回民小学。中共河北省委副书记李文珊、邯郸行署专员郭洪岐到大名参加纪念郭隆真英勇就义55周年纪念大会。省委、省政府在县烈士陵园为郭隆真烈士立纪念碑。

4月23日，县政府投资30万元建设花生基地。同时建设小麦生产基地。

5月8日，县政府发出《关于加强流行性出血热防治工作的通知》。2月份以来，流行性出血热在大名县不断发生，至4月底，全县累计发生12例，死亡1人。

5月9日，县政府发出《关于迅速开展一抗双保的紧急通知》。自上年10月中旬以来，大名县200多天时间内无雪雨，冬旱连春旱，时间长、面积大、程度重，为1963年以来所仅有。

5月11日，中共河北省委书记邢崇智到大名检查指导工作。

7月1日，大名人民广播电台试播。后于1989年1月1日正式开播。

7月7日，杨桥、万堤、城关、金滩镇4个区发生严重蟋蟀虫灾，面积约30万亩；蝗灾（土蝗）发生于漳河南、北大堤，魏大馆排水渠、卫河、马颊河两岸及附近村庄农田，面积约5万亩。

8月5日，县政府确定关闭全县36个基层供销社中的13个“空壳社”。

8月13日，全县劳动制度改革，招用新工人一律实行劳动合同制，1971年年底以后参加工作的计划内临时工全部改为合同制工人。

8月26日，河北省省长张曙光在邯郸地委书记李树春陪同下，到大名县检查指导工作。

9月1日21时，部分乡村遭受特大风雹袭击，数万亩农作物严重受灾。

9月5日，县委、县政府发出通知，重申超生子女不分承包土地的政策。1983年，县委曾出台相关具体规定。

10月20—26日，国家教委在大名一中召开全国学校建立体育卫生机构交流论证会。

11月12日，大名县被省政府批准为粮食生产基地。

12月9—11日，大名县基督教第一届代表会议召开。大名县基督教三自爱国运动委员会和大名县基督教协会成立。

是年，大旱，全年降雨量仅228毫米，全县受灾85.4万亩。

是年，集资建成顺道店至从善楼乡级油路。

1987年

1月3日，县委、县政府对区、乡（镇）实行干部目标管理责任制。

1月10日，对国有、集体企业实行厂长任期目标责任制。

3月20日，试行计划内外钢材、木材统一市场价格。

4月3日，对新提拔领导干部实行实习一年制度。

5月1—4日，召开大名县第九届人民代表大会第一次会议，同期召开政协大名县第六届委员会第一次会议。

1—5月，全县无有效降雨，春旱严重。

6月26日，县委发出通报，号召全县党员干部向主动辞去杨桥镇党委书记、专抓乡镇企业，为乡镇改革做出表率的冯春堂同志学习。

7月10日，孙甘店乡前营村农民所承包的果园被本村部分村民哄抢，损失价值1万余元。县委政府及时做出处理。

是日，省政府批准大名县为全省扶贫重点县。

7月16日，大名县农田发生虫灾，其中蟋蟀虫灾26万亩，土蝗虫灾5万亩。

7月20日，大名县工商业联合会恢复工作。

8月26日，西付集乡刮起龙卷风，在长15000多米、宽200多米的龙卷风经过地带内，造成30人受伤，房塌70多间，树木被刮断800多棵，排子车被卷走23辆，2辆汽车被毁。

9月1日，大风夹带冰雹肆虐，全县305个行政村受灾，25万亩庄稼减产。

9月5日，各乡镇撤销联社，建立经委，实行政企分开。

秋季，大旱，全县受灾面积50余万亩。

12月底，全县有95%以上的村建起合作经济组织。

是年，县城北关邯大路段加宽，改建为“大名府路”。

1988年

1月9日，全县清理非农业建设占地，并确权颁发土地使用证和宅基地使用证。

2月20日，中共河北省委副书记岳岐峰在中共邯郸地委副书记、行署专员郭洪岐等陪同下，到大名县视察工作。

3月16—17日，大名县第九届人民代表大会第二次会议在北关电影院召开。此次会议选出省七届人大代表6人。

5月16日，教育费附加费实行县统管。

5月24日，开展争创乡镇企业先进乡（镇）、先进村、名优企业、明星产品和争当农民企业家活动。

5月28日，在农村开展“双带”（带头发展商品经济，带头帮助群众致富）活动。

是月，小麦白粉病大面积发生，卫河以西较重，小麦亩减产25千克左右。

6月20日，县政府出台引进人才、引进技术优惠办法。

6月25日，县政府出台地下水资源管理规定。

是月，全县发生麦场火灾11起，损失小麦56300千克。

7月11日，撤销区级行政机构，全县6个区委、区公所改为联络组，为县委、县政府的派出机构。

7月24日，县委颁布实行土地有偿承包的暂行规定。

是月，全县出口商品企业发展至27家、32个品种。

8月1日至9月底，全县开展计划生育“六查”活动。查早婚早育、查超生、查外孕、查节育措施、查罚款兑现、查婚育不正之风。

11月24日，县颁发居民身份证领导小组成立，是年冬至次年春，全县开展颁发居民身份证工作。

12月4日，县政府决定：护城河不经县政府批准不准搞建设。同意公共住宅向个人出售。

是年，在马颊河上建冢北节制闸（以闸带桥）。

1989年

3月22日，县对农民在自留地、承包地内乱占宅基、乱挖土行为进行全面检查。

4月10日凌晨6时15分至30分，气温骤降至-3℃，地表温度降至-4.4℃，部分麦田遭受严重冻害，受害面积达12.8万多亩。

4月18日，成立房地产开发公司，城镇居住商品化、住房制度改革开始。

5月10日，开办劳务市场。

5月13日，县机械厂因累计亏损20多万元倒闭。

5月，小麦白粉病、条锈病大面积发生。

6月4日，西店乡店北村籍战士王玉文在执行制止政治风波任务救护伤员途中遭围困、殴打，周身挫裂伤达103处。国务院和中央军委授予其“共和国卫士”荣誉称号。10月10日，县委做出向王玉文学习的决定。

6月18日，连降大雨，造成50万亩小麦在场、地霉烂发芽，损失857万千克。

8月15日，全县推广“小麦根际固氮菌”技术。

是月，张铁集乡、普明滩乡发生“02号”病。

9月22日，乡镇企业建立养老保险制度。

10月12日，为配合中原石油勘探局物探公司勘探队在大名施工，成立了县支援石油勘探工作领导小组。

10月29日—11月1日，中共大名县第四次代表大会在北关电影院召开，出席大会代表183名。选举产生中共大名县第四届委员会，通过《关于加强党的建设，致力改革开放，夺取我县各项事业的更大胜利》报告。

11月14日，县成立经济体制改革委员会。

11月25日，召开全县计划生育工作会议，贯彻《河北省计划生育条例》。是日至12月25日，全县开展计划生育突击活动。

是年，邮电局安装1000门纵横自动电话交换机，自此，城内电话改手摇程控电话。

1990年

1月3日，县委从县直单位抽调50名干部，进驻43个后进村任职。

3月10日，大名县残疾人联合会成立。

3月19日，县政府制定1990年县直部门经济目标管理奖惩责任制实行办法。

4月，北京农大开始对卫东10万亩沙荒，开展故河道细质沙土以调控水肥条件为主的粮、油、果高产高效综合技术研究工作。

5月5—8日，大名县第十届人民代表大会第一次会议在北关电影院召开。同期召开政协大名县第七届委员会第一次会议。

5月25日，县成立对外开放办公室。

是月，小麦白粉病大发生。

6月初，夏收期间发生11起火灾，烧毁小麦5.6万千克。

6月23日，束馆、冢北等5个乡（镇）41个村遭受冰雹袭击，3.8万亩棉花受灾。

7月20日，大名县政府与山东省莘县政府、冠县政府联合勘测，确定冀鲁两省行政区域界线大莘段工作方案和大冠段工作方案。

8月9日，县委、县政府印发《关于实行全方位对外开放的意见》。

8月15日，开始在卫东建设花生生产基地。

9月10日，大名县1000瓦电视转播台安装调试完毕，进入试播。

10月，河北省政法函授大学大名分校开办。

12月16日，县公产住宅向个人出售。

是月，呼中汉主编的《直南一个革命策源地——大名七师》由中共党史出版社出版，32开本，印数4000册。

1991年

1月25日，县农业局技术站副站长杨书军被国家有关部门授予“全国优秀大学毕业生”称号。

4月7日，《人民日报》报道：北京中山公园社稷坛南门外的一对石狮子，经考证是晚唐时期的产物，迄今已有1000多年的历史，出土于河北省大名县护国临济寺（又说为清康熙9年御制石狮）。

6月5日，大名县被国务院列入全国重点扶持的214个贫困县之一。

6月24日，位于城北七里店村的11万伏输变电站线路架设和安装工程开工。

是月，干旱，小麦白粉病严重。

7月8日，普明町、从善楼、上马头、张集等乡镇遭受严重雹灾。

7月12日，县政府提出：继对大名府路东段拓宽改建后，对1975年修建的大名府路西段1100米公路改建为20米宽路面。

7月16日，《人民日报》第3版刊载《继承大名七师革命传统 弘扬谢台臣教育思想——中共党史出版社等举行座谈会》一文。同日，呼中汉主编的《直南一个革命策源地——大名七师》一书，首次与读者见面。

是日至7月17日，全县39个乡镇全部成立乡镇计生委。

是日，金滩镇、上马头、普明町、冢北、从善楼等乡镇暴雨成灾，涝灾总面积达3万多亩。

7月25日，农村教育费附加实行乡征县管。

7月30日，县委四届八次全委（扩大）会召开，审议通过《中共大名县委关于积极扶持大力发展乡镇企业的若干政策规定》《中共大名县委关于迅速掀起乡镇企业发展高潮的决定》。

8月3日，大名县荣获全国绿化委员会、林业部和人事部授予的全国治沙先进单位称号。

是月，《中国共产党河北省大名县组织史资料（1926—1987）》由河北人民出版社出版，孙志勇主笔，16开本，印数1500册。

是年秋，旱、病、虫、雹、涝灾严重。

9月11日，全县农村社会主义思想教育（简称社教）动员大会召开，此次社教为期3年。

10月7日，县红十字会成立。

是月，由张少逸、陈献德等人断注的民国程廷恒本《大名县志》印制完毕，全书分上、中、下三册，16开本，印数3000套。

是年，修建城西路（今府西街）中段道路。南起大名府路，北至迎宾街（今天雄路），长800米、宽9米，沥青混凝土路面。

是年，大名县被确定为“全国优质棉生产基地县”。

1992年

2月15日，县委决定，利用3—5月三个月时间，在全县乡镇机关普遍开展社会主义思想教育活动。从县直机关抽调120名干部，组成乡镇机关社教工作队，向每个乡镇派驻工作组。

4月6日，县级机构改革领导小组成立，开展机构改革工作。

4月9日，全县改革开放工作会议召开，《对外开放建功立业考评办法》公布施行。

4月13日，县政府制定出台《个体开业行医、联合诊所、民办医院管理暂行规定》。

4月15日，全县遭到寒流袭击，卫河以东19个乡（镇）麦田受到严重冻害，卫河以西有零星冻害。成灾面积达933353亩。

5月7日，县委、县政府印发《关于引进项目、资金、人才、技术的意见》等改革开放4个专门文件。

5月10日，大名府工业品专业市场开始建设。

5月28日，县委、县政府对乡镇和县直党政主要领导干部实行有限目标考核奖惩制度。

5月下旬，全县麦田大面积遭受第一代棉铃虫危害，受灾面积达40万亩。

6月9日，赵站乡遭到6 ~ 7级大风袭击，涉及6个村，作物受灾面积6100亩，经济损失达100万元。

6月15日，开始对106国道拓宽改造。此线由北向南经大名县东部，县境内长31.7千米。

6月19日，公安部新闻发言人宣布：经国务院批准，大名等45个市、县列入对外国人开放地区。

6月27日，县委、县政府成立大名县双百工程建设指挥部、大名县蔬菜服务协会、大名县养殖服务协会和大名县农田基本建设服务协会。

10月5日，县委、县政府出台《关于建立农村合作基金会的意见》。

12月9日，县政府发出《关于严格制止乱占、滥用耕地的紧急通知》。指出大名县1949年农业人口人均占有耕地3.81亩，目前减少至人均1.8亩。

是年，南李庄花生专业市场建成投入使用。建设投资83万元，占地10余亩，建筑房屋200余间，集收购、储存、出售于一体，以先经营、后收费的形式租赁给个人经营使用。

1993年

2月21—23日，中共大名县第五次代表大会在北关电影院召开。

3月3—6日，政协大名县第八届委员会第一次会议召开。同期，大名县第十一届人民代表大会第一次会议召开，选举产生了出席河北省第八届人民代表大会代表6名。会议一致同意，以“麒麟”作为县城城标。

3月11日，开始在全县实行农村宅基地有偿使用制度。

3月15日，县委、县政府决定，4月至国庆节前，在全县乡科级领导班子中组织开展“为加快建设大名建一功”活动。

4月14日，县委、县政府对全县各乡（镇）实行财政下放、分灶吃饭。

5月1日起，放开全县粮食价格。

5月18日，成立大名县职业技术教育中心。

5月19日，县住房制度改革领导小组成立。

5月24日21时，北峰、冢北、从善楼等乡镇突遭冰雹袭击，受灾农田面积达51350亩，小麦成灾面积达25600亩，其中北峰乡受灾最重。

6月7日，邯郸地直31个单位、93名干部进驻大名，开展扶贫帮县工作。

6月20日，县政府决定，将位于南大街东侧的“青少年之家”（原基督教教产“公会堂”），于6月底前退还基督教会。

7月23日，县政府研究同意，县经委化肥厂、冶金矿山机械厂、二轻经理部、糠醛厂、经销公司、烟花爆竹厂、物资局综合经营部、商业局糕点公司8个单位破产还贷。

8月8日零时30分，特大暴雨夹冰雹肆虐，冰雹直径最大达1厘米左右，持续20多分钟，农作物受损严重，几近绝收。儒家寨乡、西店乡、北马头乡、兆固乡4个乡受灾面积达5.8万亩。其中兆固乡受灾最重，全乡1.8万亩农作物，有1.76万亩受灾。

9月3日，邯郸——济南铁路工程建设正式立项。该铁路全长234千米，途经大名县沙圪塔乡元寨村，并设县级客货车站。9月24日，邯济铁路大名段工程建设指挥部成立。

9月7日，县政府决定筹建大名古城碑廊。

9月8日起，开展第三产业普查工作，后于1994年年底结束。

9月13日凌晨3时，北堤乡、红庙乡、上马头乡等10个乡镇遭受特大风雨雹灾害。持续40多分钟，较大冰雹直径约4厘米。受灾22万亩，成灾15.4万亩，直接经济损失3692万元。

10月6日，开始对全县企业、事业单位、社会团体颁发代码标识。

10月18日，县委发布《关于向王好臣同志学习的决定》。王好臣系大名县崔岳村乡王屯村人，生前长期担任村党支部书记，在1993年4月底开始的“建功”活动中积劳成疾，6月1日病逝于他负责的本乡“建功”项目——高庄固恒温库修缮启用岗位上。

11月17日，引河改造工程开工。引河全长31.5千米，此次开挖29千米，全县出动10万多民工，完成土方79.5万立方米，12月5日竣工。

是年，棉铃虫大发生，造成棉花大幅度减产。

1994年

1月16日，中共大名县委五届三次全体（扩大）会议召开，审议通过《关于大力发展个体私营经济的决定》《关于加快建设小康村小康乡的决定》。

3月14日，县政府发出《加强农村宅基地管理制止乱批乱占土地及毁田起土的紧急通知》。

4月5日，县城管监察中队成立，负责县城规划控制区内城建违章行为监察和纠正工作，归属县建委领导。

是月，第一部社会主义新方志——《大名县志》由新华出版社出版，主编陈奇龄，常务副主编陈献德，16开本，1300千字。

5月3日，经县政府同意，金滩镇政府开始对金奉公路过往车辆收取通行费还贷。该路由金滩镇政府集资，1993年4月5日开工建设，当年9月25日竣工通车。

6月10日，县委选调部分乡（镇）机关国家干部到农村担任党支部书记，并实行县直部门对口包村制度。

6月，《大名县志》荣获河北省第三届地方志优秀成果一等奖。

7月12日，县委、县政府批转《关于行政、企事业单位负责人离任、年度审计的暂行规定》。

7月14日，县外贸局下辖的土畜产品出口公司实行破产。

7月27日，县政府颁布施行《建设用地管理暂行规定》。

8月18日，县委、县政府出台《大名县农村小康建设规划纲要》。

8月24日，县委、县政府决定，全县33个特困村由省、市有关部门对口帮扶，70个贫困村由市直部门对口帮扶25个、县直部门对口帮扶45个。

是月，龙王庙医院主治医师万保生参加在美国洛杉矶举办的国际中西医结合学术大会，其论文《癫痫病治疗四十年之经验》获大会中医国际金奖。万保生还在洛杉矶参加世界中医学会成立大会，并成为该会会员。

9月28日，《1994—2000年大名县七年经济发展纲要》印发实施。

10月22日，县农机修配厂和县托辊厂合并为县输送设备总厂。

11月20日，大名电视台成立。

1995年

1月6日，县委制定《加强农村基层组织建设三年（1995—1997）规划》和《培养、选拔和使用领导干部意见》。

1月14日，岔河嘴扬水站开工建设，11月14日竣工。

2月22日，在全县范围内实行排污申报登记制度。

2月24日，县委、县政府授予金滩镇金中村党支部书记李建堂等“创业先锋”称号。

3月20日，县商业局百货公司破产。

4月，万堤镇发现小麦吸浆虫，且危害严重，部分地块几乎绝收。

6月25日，开展第三次全国工业普查。

7月10日，县委决定，在全县范围内开展“人人争当创业者”活动，并制定了实施意见。

7月12日，县委决定，选派557名干部组成工作组，进驻142个基层组织建设薄弱、经济发展缓慢的农村指导工作，包村时间为一年。

8月28日，县委印发《在全县农村开展进一步加快大名发展大讨论的实施方案》。

9月26日，县委转发《大名县地方病防治工作七年规划（修订稿）》。

是日，撤销县有限目标考核委员会及其办公室，成立县干部考核委员会及其办公室。

10月18日，县委、县政府出台《关于对农民负担进行监督管理的十条规定》。

10月30日，开始对乡镇计划生育工作实行直查直处。

11月1日，全县各乡镇开始建立农村合作基金会。

11月10日，兴县工程会战指挥部成立。

11月20日，《民办武术馆（校）管理细则》印发实施。

11月29日，《在全县农村开展“五好”教育活动的方案》公布实施。

12月25日，《关于办事处、乡（镇）和县直单位党政班子与领导成员实绩考核的试行意见》公布施行。

是月，大名县部分老干部事迹简介《创业者的足迹》出版，主编陈奇龄，53万字，32开本。

是月，《中国共产党河北省大名县组织史资料（1987—1993）》出版，阎殿芳主编，32开本。

1996年

1月23日，撤销杨桥、万堤、城关、龙王庙、束馆、金滩镇6个办事处，同时将全县39个乡（镇）合并为20个乡（镇）。

1月31日，县武装部收归军队建制。

3月11日，在全县开展“万人内联引资竞赛，争当千名能人、百强标兵”活动。

4月26日，全县普降中到大雨。是自上年冬季以来6个多月无有效降水后的第一次有效降水，缓解了旱情。

5月4日，全县气温骤然下降，致使6万亩小麦不孕，成灾面积达8000多亩。

5月8日，大莘（大名—莘县）公路筹建工程指挥部成立。

5月26日傍晚，全县普降中到大雨，并伴有狂风，9个乡、247个村小麦倒伏21万亩，成灾面积16万亩。

6月28日，在全县农村全面开展计划生育“三结合”工作，即计划生育工作与发展经济相结合、与公民勤劳致富奔小康相结合、与建设文明幸福家庭相结合。

8月2日，县委五届九次全会通过《关于大力发展乡镇企业的决议》《关于在全县干部群众中开展“争当振兴大名‘奠基者’活动”的决议》。

8月5日—9月2日，大名县遭受50年一遇的洪涝灾害，全县损失总价值159175.72万元。县委、县政府全力组织抗洪救灾，灾后提出了重建、修复计划。

10月21日，《人民日报》刊发“扶贫干部在大名”一文，介绍中共中央党校在大名县扶贫的事迹。

11月1日，县委、县政府出台县直超编单位、有混岗人员单位组建经营公司的有关28条规定。

是日，在县委、县政府机关各建1个行政事务管理局，为二级事业局。

12月1日，县委批转《政协大名县委员会关于政治协商、民主监督、参政议政的规定》，同时县委作出《关于进一步加强人民政协工作的决定》。

12月5日，县政府作出《坚决取缔、关停重污染小企业，防止死灰复燃的决定》。

12月7日，大名县推（试）行国家公务员制度。

12月12日，县委办公室、县政府办公室分别将县委和县政府所属单位已审定的职能配置、内设机构和人员编制方案通报全县。

12月13日，县委办公室印发各乡镇党委、政府职能配置、内设机构和人员编制方案。

1997年

2月24日，县人大常委会审议批准《大名县城总体规划》。

3月9日，政府县长王春良主持召开“大莘公路”西段施工前期工程专题会议，决定3月29日—4月15日突击完成西段工程的拆、迁、占任务。

3月13日，县政府将市下达大名县的国家专项储备救灾粮1.21万千克玉米分配到受灾的10个乡镇。

3月20日，县政府制定《大名县收费管理办法》。

3月21日，县委、县政府印发《关于机构改革控编减员工作有关问题的通知》，全县与财政脱钩327人。

3月25日，县委、县政府将75个重点前期项目谋划，30个重点建设项目分解到各乡镇和县直单位。

5月15日，县政府将市下达的救济粮17万千克和第二批国家专项储备救灾粮133万千克，分配到有关乡镇。

5月18日，县政府发布施行《大名县残疾人劳动就业实施办法》。

6月25日，县委决定在全县开展向田会忠学习活动。田会忠系杨桥镇樊河道村人，生前任该村党支部书记，带领群众创业致富，建教学楼，开发漳河故道栽果树、建鱼塘等，因劳累过度，积劳成疾，于1997年6月17日不幸病故。

7月4日，全县农村普遍开展“财务收支、定购提留、宅基分配、各业承包、电价电费、婚姻生育、干部责任目标”为主要内容的村务“七公开”和“民主议政日”活动。

9月10日，农村社会保障制度建设基本方案实施。

10月7日，空军政治部原顾问裴志耕将军因病医治无效，在北京逝世，享年90岁。裴志耕是大名县人，1927年入党、1938年入伍、1955年被授予少将军衔。

1998年

1月19日23时24分—40分，旧治、埝头两个乡遭受冰雹袭击，其间伴有狂风暴雨，受灾区域由东北至西南呈条带状分布，总面积9000多亩，成灾面积3000亩，绝收面积150亩，经济损失37.5万元。

2月16—18日，中共大名县第六次代表大会召开。

2月26—28日，政协大名县第九届委员会第一次会议召开。审议通过《关于向丹志民委员学习的决定》。同期，大名县第十二届人民代表大会第一次会议召开。

3月17日，开展“321”（即三讲两创一促进：讲学习、讲政治、讲正气，创建优秀领导集体、创建“三讲”文明机关，促进本单位各项工作开展）活动，公布实施方案。

6月5日，常马庄—元寨公路改建工程开始。

6月12日，县建筑公司破产。

7月25日，县委召开六届二次全体（扩大）会议，通过《推进民营经济进一步加快发展的决议》。

8月10日，在全县范围内对计划外生育费开展专项清理活动，对1996年1月1日以来的计划外生育进行外生费清理、征收。

8月21日傍晚，发生暴风雨灾，万堤、红庙、旧治、西未庄等乡镇的40多个村庄农作物大面积严重倒伏。

8月29日，县委从县直、乡（镇）党政机关选派108名国家干部到农村（企业）任职，并实行县直部门对口帮扶制度，任职期限为2年。

8月31日—9月4日，中央电视台制作的大名县花生扶贫广告，先后在中央电视台二、三、四、七、八套节目中播出。广告持续播放3个月。

10月9日，县委、县政府印发《机关干部离岗办实体工作管理办法》。

11月28日，县委、县政府印发《关于切实做好农村土地延包和发证工作的实施意见》。

12月15日，《大名县体育经营活动管理办法》发布施行。

1999年

1月5日，设立龙王庙——金滩镇民营经济示范区，实行“保税免费”特殊扶持政策。

1月15日，县委六届三次会议召开，审议通过《关于加快发展畜牧养殖业的决定》。

3月11日，在全县范围内开展清理干部违纪超生、瞒报出生人口、计划外生育费征收不到位和节育措施不落实集中治理活动。

4月19日，县委、县政府印发《大名县党风廉政建设责任制实施细则》。

4月20日，在全县开展以消灭蚊虫为中心的夏季爱国卫生运动，创建省级卫生县城。

8月26日，县政府印发进一步加强宅基地管理的通知。

9月30日，全县开展农村集体财务清理整顿工作。

10月12日，县政府印发建立大名县互联网的通知。

10月19日，县委、县政府出台《关于依法清收借欠农村合作基金意见》。

是月，《大名县改革开放二十年》出版发行，主编冯克军，25万字，32开本，印数2000册。

11月15日，县政府印发《关于治理大气污染的紧急通知》。

2000年

1月20日，县汽车站与黑龙江佳木斯天杰中巴有限公司合作的大名县公共汽车公司成立。

3月4日，成立县城城建十大工程总指挥部及其办公室和各工程指挥部。十大工程分别是：4万吨水厂一期工程、绿化工程、引河公园建设工程、县城亮化硬化排水工程、广晋路建设工程、兴大路南延工程、元城路南延工程、城标建设工程、中心文化广场工程、绿苑小区工程。

3月13日，县委、县政府印发《关于进一步加大殡改工作力度的安排意见》。

3月15日，县领导班子、领导干部“三讲”教育（以“讲学习、讲政治、讲正气”为主要内容的党性党风教育）动员大会召开，中共邯郸市委副书记孙士彬到会并讲话。

4月初至5月底，全县开展“严打整治”专项斗争。

4月8日，县委、县政府印发《关于组织各级干部职工参与举办养殖、种植园区的规定》。推行“三三制”工作法，即：三分之一的人员搞种养加、三分之一人员的跑项目争资金、三分之一的人员留机关工作，决定抽一部分人员创办、领办养殖、种植园区。

4月10日，全县小麦大面积发生纹枯病。

5月6日，县政府发布县城建设征地及房屋拆迁补偿标准暂行规定。

8月10日，龙王庙——七里店110千伏线路工程实施。

是日，取消村级招待费开支项目，实行派饭制。

9月26—28日，举办“中国大名首届花生节”。

秋，全县农作物早期旱灾严重，中期遭受狂风暴雨袭击，116个村受灾，农作物大面积严重减产，受灾人口33万人，成灾人口9万人。

10月31日零时，对环保验收未能稳定达标或部分车间偷开偷排的企业、“十五小”企业实施强行关闭停产。供电部门拉闸断电，执法部门封存机器、厂房，拆除反弹“十五小”企业的机器设备。

12月11日，《人民日报》第11版发表“特色产业富大名”一文，作者桂士毅。

2001年

1月17日，县委印发《关于制定国民经济和社会发展第十个五年计划的决议》。

2月19日，全县开展“三个代表”重要思想学习教育活动。分两个层次进行。第一层次是乡镇、县直部门，第二层次是村级班子。每个层次用时8个月，2002年6月底结束。

3月26日，县设立收费大厅，对全县收费、罚款实行统一管理。

3月28日，县委、县政府召开优化环境、扩大开放、加快民营发展动员大会，印发了《关于进一步加快民营经济发展若干意见》。

6月5日，由县劳动人事局统一管理社会保障工作，将县民政局、卫生局等有关部门管理的农村社会保险、医疗保险的职能、机构、编制及人员划归县劳动人事局，实行各种社会保险和农村保险工作统一管理。

6月，邯大公路龙家段改建工程开工，全长22千米。

7月20—30日，全县开展帮助特困学生的“大手拉小手”活动。

8月23—28日，经广西壮族自治区人大常委会主任赵富林（大名县万堤镇前桥村人）引荐，以县长赵书林为团长的10人考察团，赴宁夏吴忠市利通区，对畜牧养殖业进行考察。

10月1日，全县所有行政事业单位实行报账制，由县财政局集中支付中心统一核算，集中支付。

10月25日，县委、县政府出台对拖欠农村合作基金会借欠款人员处理的暂行规定。

11月1日，《大名县残疾人事业“十五”计划纲要》印发执行。

11月18日，县政府出台《大名府商贸城综合批发市场优惠政策的若干规定》。

2002年

1月，由县委宣传部主办的周报《大名时报》创刊，设计为4开4版。

3月21日7时58分41秒，西未庄乡未城村东一带发生里氏3.5级地震。

3—4月，部分乡镇发生小麦吸浆虫灾。

春，旱灾。

5月20日，县政府印发《大名县职工购房补贴发放和管理暂行办法》。

6月1日，全县所有参加基本养老保险社会统筹的企事业单位离退休人员养老金实行社会化发放。

6月5日，乡镇机构实行改革，行政编制由795名缩减为628名，精减21%。

6月26日，县委表彰20名“勤政廉政好干部”。

是月，县政府进行机构改革，保留部门12个，更名部门6个，新组建部门3个，调整部门2个。

8月5日，县委、县政府制定《大名县农村扶贫开发规划（2001—2010）》。决定对全县137个扶贫开发重点村分三批进行扶持。

是月，县人民广场落成。广场占地面积80亩，工程总投资850万元。

9月25日，农村税费改革试点方案实施。

是月，《大名英才》第一集出版发行。主编冯克军、姬振东，21.6万字，32开本。

9月26日，位于大名府路西端、西环岛中央的“腾飞”城标落成。

11月，《中国共产党河北省大名县组织史资料（1993.2—1998.2）》第3卷出版，主编潘澜润，16开本，50万字。

12月20日，县委、县政府印发《关于开展续修〈大名县志〉工作的通知》。

12月29日，县环中机械有限公司破产。

2003年

1月24日，中共中央党校常务副校长虞云耀、副校长王伟光在中央党校分别会见中共大名县委书记董海林和政府县长张贵堂，并就大名扶贫开发工作讲了意见。

2月18日1时20分，营镇一带发生里氏2.5级地震，震中位于北纬36° 28′、东经115° 18′。

2月25日，大名开通城区公交车，第一批白色小面包车50辆，上车收费1元，也称一元公交车。

3月3日，设立城建工程指挥部及北二环和西环北延、迎宾大街“两延”、城标环岛花园、大名府路等街道拆墙透绿6个工程建设分指挥部。

春，旱情严重。

4月18日，成立大名县防治非典型性肺炎工作领导小组及其办公室，自是日起至6月下旬，全县开展防治非典型性肺炎（简称“非典”）工作。

4月23日，龙束（龙王庙——束馆）公路开始拆迁、兴建，全长24千米。

4—5月，全县有20万亩小麦不同程度发生小麦吸浆虫害。

5月17日，沙圪塔乡东庄村村委会主任祖峰在抗击“非典”斗争中，因身体严重透支，突发急性心肌梗塞，不幸殉职。次日，县委、县政府作出向祖峰学习的决定。

5月22日，邯郸市房地产公司聂铭江向大名县防治“非典”办公室捐款10万元，是大名“抗非”期间收到的最大一笔个人捐款。

6月12日，沙圪塔乡部分村庄遭受冰雹袭击，其中元寨村较严重。

7月18日，举行全县公路项目“三开一通”典礼仪式。庆祝106国道大修、马颊河大桥建设、龙束公路翻建三项工程正式开工和龙冢公路竣工通车。

7月21—22日，中共大名县第七次代表大会召开。

7月30日，中共中央党校副校长王伟光，秘书长、组织部部长郝时晋等一行11人，在省、市领导陪同下，考察大名县扶贫工作。并参加了中央党校智力扶贫工作——县委党校远程网络教室落成揭牌仪式。

8月5日，县委对连续任职30年以上实绩突出的30名农村党支部书记进行表彰，决定在全县开展向束馆镇胡气村党支部书记王秀峰学习活动。

8月15—17日，政协大名县第十届委员会第一次会议召开。

8月15—18日，大名县第十三届人民代表大会第一次会议召开。

9月2日，全省公路系统绿色覆盖工程暨行风建设现场观摩会在大名县召开，现场观摩大名交通局公路站未庄养护中心和省道215线公路绿化工作。

9月23日，县委书记贾红军等县领导到对口扶贫单位中央党校汇报工作，受到中共中央委员、中央党校常务副校长虞云耀等接见。虞云耀对进一步加强中央党校与大名之间的关系提出：“大名不脱贫，党校不走人；即使大名脱了贫，也要像走亲戚一样经常来往。”

10月1日，大名县京府商贸城、新国人商场开业。京府商贸城是省重点建设项目，占地140亩，建筑面积3万平方米，投资3000多万元。

10月8日，县委、县政府印发《2003—2005年“三项民心工程”（村村吃甜水、村村通油路、联村办学校消危房）实施方案》，是日召开动员会，做出具体安排。

10月16日，大名县“环境兴县办公室”挂牌成立。

10月30日，邯郸师专大名分校（原七师）举办建校80周年庆典。国家新闻出版署外交司司长谢爱纬（谢台臣孙女）及来自全国各地的校友2000余人出席。

11月8日，县工业园区举行得利城（投资2亿元，占地140余亩）、咖啡花生露、大名府江南苑一期3个项目开工奠基仪式。

11月14日，中共河北省委书记白克明在邯郸市委书记张力、市长聂辰席等陪同下到大名视察工作。

11月26日，中国粮食协会会长白美清在县领导陪同下，视察了五得利面粉集团公司。

11月26—27日，中共中央党校办公厅副主任、校扶贫领导小组常务副组长王桂英等一行10人，到大名考察扶贫工作。

12月22日，县委、县政府印发《大名县城区失地农民补偿安置暂行办法》。

12月24日，河北省“普九”检查验收团认定大名县“普九”巩固提高工作验收合格。

是年，大名县被农业部授予“全国粮食生产先进县”称号。

2004年

2月2日，中共大名七届县委三次全体（扩大）会召开。提出要加快建设“三大基地、一个中心”（全国最大的面粉加工基地、最大的花生集散地、最大的小磨香油加工销售基地和三省交界物流商贸中心）。

2月8日，举行电力调度通信大楼奠基仪式，大楼后于2005年7月竣工。

2月19日，县政府召开全县防治高致病性禽流感紧急会议。要求全面加强畜禽粪便的无害化处理和畜禽类强制免疫，对散养乱跑鸡鸭等禽类进行捕杀。

3月5日，县委、县政府印发《关于进一步加大扶贫开发力度的意见》。

4月8日，邯郸市中级人民法院和中共大名县委、大名县人民政府联合召开表彰大会，表彰大名县人民法院优秀法官成可芹。

6月25日，国家粮食局局长聂振邦到大名县检查指导粮食收储工作。

8月5日，邯郸市民族乡村工作会议在大名县召开。

9月19日，《河北日报》刊发：大名五得利面粉集团获两项殊荣：被评为产业化国家重点龙头企业，“五得利”牌小麦面粉被评为中国名牌产品。

9月29日，中共邯郸市委、邯郸市人民政府专信向河北五得利面粉集团有限公司致贺，并奖励五得利面粉集团50万元。

10月9日，举行新建大名县人民医院奠基仪式。

10月17日，在中共中央党校援助下，总投资37万元的大街乡联村“饮水工程”竣工，打400米深井1眼，并配齐水泵等设施，结束了3000余人饮用苦水的历史，增加灌溉面积200亩。

是月，农业部、国家体育总局、中国农民体育协会向大名镇颁发全国亿万农民健身活动“先进乡镇”奖。

11月1—4日，全县干部职工为修筑北城门古城楼捐款，五得利面粉集团捐款20万元。

11月12日，在河北省扶贫办主任李正文、中共邯郸市委副书记李石、陈会新等陪同下，中共中央党校副校长孙庆聚、中央电视台副台长王庚年到大名县视察扶贫开发工作。

是月，大名县杨桥镇前齐庄村民韩同虎被农业部评为“全国种粮大户”，县农机局为其申请农机具补贴5000元，成为大名县“机补”受益第一人。

是月，大名县人民法院行政庭被最高人民法院评为全国行政审判先进集体。

12月9日，举行大名香油城兴建奠基仪式，中共邯郸市委副书记陈会新出席。

是日，五得利面粉集团总裁丹志国进京参加全国“十大杰出青年农民”颁奖仪式。

12 月 11 日，元泰出租车有限公司成立。

12 月 22 日，县民宗局主持召开县天主教会议，选举产生了县天主教教务委员会和县天主教爱国会。

是年，全县开始对种粮农民实行粮食补贴。

是年，大名县被农业部授予“全国粮食生产先进县”称号，被中国特产之乡推进委员会命名为“中国花生之乡”“小磨香油之乡”称号。

是年，中共大名县委统战部被中共中央统战部评为“中国统一战线宣传先进单位”。

是年，大名县计划生育局被国家人口计生委评为“全国人口和计划生育系统作风建设先进单位”。

是年，河北凯发面业集团董事长兼总经理马国强获“全国农村青年创业致富带头人”称号。

是年，县电影公司经理付金明被文化部评为“农村电影优秀放映员”。

是年，规划县城面积由 12 平方千米调整为 30 平方千米，划分为五个区，即东部高新工业区、西部文化教育区、中部商贸住宅区、南部民族小吃区、北部行政办公区。

2005年

1 月 17 日，县民宗局与基督教“两会”签订解决教产协议书。

1 月 21 日，中共中央党校常务副校长虞云耀、副校长王伟光等在中央党校分别会见中共大名县委书记贾红军、大名县政府县长武金良，就进一步做好扶贫工作进行了交流。

1 月 31 日，县保持共产党员先进性教育活动动员大会召开。活动时间一年半，分三批进行，从 2005 年 1 月开始，至 2006 年 6 月结束。

是月，大名县被河北省政府确定为第一批 22 个扩权试点县之一。省政府赋予扩权县与设区市部分相同的经济和社会管理权限。

3 月 16 日，河北省扶贫开发办主任扈双龙到大名县检查指导扶贫开发工作。

3 月 23 日，大名县疾控中心建成。

3 月 29 日，以河北省建设厅总经济师夏洪普为组长的省扩权县督导组到大名县督导扩权县工作开展情况，听取对扩权强县政策的意见和建议。

4 月 5 日，在县烈士陵园举行公祭革命先烈活动，并举行解蕴山烈士纪念碑揭碑仪式。烈士生前战友代表、烈士亲属、市有关部门领导、县四套班子领导等 1000 余人参加。

4 月，县政府出资 100 万元，重奖 27 家对外开放先进单位。

是月，在“四帮一”（一个省直部门、一家大中型企业、一所大专院校、一个经济强县对口帮扶一个县）活动中，中共河北省委、河北省人民政府安排省直工委、省人行、邯钢集团、邯郸学院、武安市等 7 个部门帮扶大名县，由省直青年工委书记董晓萌带队，并担任挂职县委副书记，开始为期 3 年的“四帮一”扶贫工作。

5 月 8 日，为大名县“万名干部结对救助贫困生活动救助日”，全县有 9013 名贫困生得到救助慰问，发救助金 31 万元，慰问品 700 件。

是日，杨桥——郑时庄乡道改建工程开工，全长 15 千米，总投资 750 万元，7 月 31 日竣工。

5 月 18 日，“一村一名大学生工程”启动。县政府提出当年目标是培养 117 名农村大学生。

5月20日，《大名县城镇失地农民补偿安置保障暂行规定》公布实行。

5月28日，中共中央党校财务行政管理局局长赵晓光一行到大名县考察工作，并向大名县捐赠一批微机和图书。

6月5日，313省道大名县城南环段大修工程正式开工。全长8.3千米，二级油路标准，路基宽12米，路面宽9米，总投资800万元。9月竣工通车。

6月16日，粮食直补款发放工作全面展开。

6月27日，大名优质小麦生产基地建设项目被国家发改委审批通过。

6月30日，大名县全部免除农业税。

是月，五得利面粉集团向大名一中新校区建设捐款100万元。

7月2日，杨桥镇降特大暴雨。11时35分开始降雨,2小时降水240毫米。12时左右降雨量最大，10分钟降水量达100毫米以上。

7月5日，国家档案局局长毛福民等到大名县考察指导档案工作。

7月20日，大名县被确定为中央财政农机具购机补贴重点县。为河北省25个县、邯郸市3个国补县之一。

7月21日，大名县人民法院裁定：县商业局肉类联合加工厂破产还债。

7月22—23日，大名县普降暴雨，造成西付集乡、埝头乡、束馆镇、孙甘店乡、张铁集乡5个乡镇严重内涝，受灾面积达9.1万亩。

7月23日，县道从顺线（顺道店—从善楼）改建工程开工，全长16.17千米，12月23日竣工。

7月27日，邯郸市直22个部门组成的扶贫工作队抵达大名，分赴8个乡镇、22个扶贫开发重点村，进行为期3年的对口扶贫。

8月26日，大名县第一中学举行纪念建校60周年庆祝大会。中共邯郸市委副书记陈会新、县四套班子领导和来自全国各地的部分校友，共庆大名一中60华诞。

是月，黄金堤乡闫桥村农民通过机具补贴，购买了全县第一台自走式玉米联合收割机。

是月，215省道大名段罩面中修工程动工，全长32千米，总投资1150万元，10月竣工。

10月20日，县政府出台《关于招商引资优惠政策的暂行规定》。

10月22日，举行京府工业城十大项目奠基仪式。十大项目分别是：华正塑编、大江制衣、马泰鞋业、邯雪扩建、振华彩印、鲲鹏饲料、正大饲料、彩板钢构、朝阳建材、施必丰复合肥。总投资2.5亿元。

10月26日，中共中央党校帮扶大名10周年纪念活动在大名县隆重举行。中共中央党校副校长王伟光，中共河北省委党校常务副校长梁志忠，河北省扶贫办主任扈双龙，中共邯郸市委书记聂辰席及县领导等出席纪念活动。

11月1日，明清大名府古城东城门楼修复工程开工建设。

是日，水利部和国家发改委批复大名蓄滞洪区应急撤退路工程项目。建撤退路6条，16.5千米，项目总投资923万元，其中中央资金308万元，地方配套615万元。建设期限为2006年3月至12月。

11月23日，第二代身份证换发工作在全县正式开始。

11月29日，《农村居民最低生活保障实施细则》下发施行。标准确定为每人每年720元。

12月13日，大名县工业城三路东延和东侧南北道路连接三路东延工程破土动工。

12 月 30 日，中共中央党校帮扶大名 10 周年成果图片展在中共中央党校档案馆大厅举行。中共中央党校常务副校长虞云耀，副校长李君如、孙庆聚，国务院扶贫办对外联络司副司长江烈，中共邯郸市委副书记杨慧及大名县领导出席开展仪式。

是年，县网通公司将 3.6 万门 NEC 交换机更换为 4.1 万门华为交换机，通信质量进一步提高。全县 86.6% 的交换点具备了宽带接入能力，年底宽带客户达 1573 户。

第一编　建置区划

大名历史悠久。汉高祖十二年（前 195）建元城县，为今大名县建县之始。嗣后，多次与魏县、元城县分分合合，最后形成今天之疆域。1945 年 5 月，大名城解放，7 月建大名市。翌年元月，降大名市为大名县辖市。1949 年 8 月，大名市改为城关区。中华人民共和国成立后，1958 年 10 月，废魏县入大名县；1961 年 6 月，魏县复置。其后，大名县先后隶属于邯郸专区、邯郸地区。1993 年 7 月，邯郸地市合并，大名县隶属于邯郸市。至 2005 年，大名县县境总面积 1052.98 平方千米，辖 20 个乡镇、651 个行政村（街），人口 76.2 万人。

第一章　建　置

第一节　境域变迁及建置沿革

地理位置

大名县位于河北省东南部，河北、山东、河南三省交界处，北纬 36° 05′ 07″ ~36° 30′ 10″ 、东经 114° 58′ 11″ ~115° 28′ 28″ 之间，东与山东省冠县、莘县毗邻，南与河南省南乐县相连，西与魏县交界，西北与广平县为邻，北与馆陶县接壤。广 45.45 千米，袤 37.58 千米。县治驻大名镇，北距省会石家庄 247 千米，西北距邯郸市区 73 千米，西南距河南省安阳市 92 千米，南距河南省濮阳市 75 千米，东距山东省聊城市 92 千米，东北距山东省临清市 101 千米。县境总面积 1052.98 平方千米。

境域变迁

大名县历史上数次与元城县、魏县分分合合。今之大名县境包括历史上的大名、元城两县的绝大部分，以及魏县东部的部分疆域。

汉高祖十二年（前 195 年），建元城县，县境无考。前燕建熙元年（360），从元城县分出贵乡建贵乡县，不久又并入元城县，当时县境四至无考。

南北朝时期东魏孝静帝天平二年（535），复置贵乡县。北齐天保七年（556），魏县及元城县俱废，并入贵乡县。此时县境包括今魏县及大名县所辖乡村。

隋朝时，复置魏县、元城县。唐初，废元城县入贵乡县。不久复置元城县。五代十国时期，后唐同光元年（923），改元城县为兴唐县，改贵乡县为广晋县。后晋天福二年（937），改兴唐县为元城县。汉乾祐元年（948），改广晋县为大名县，宋承唐制，境域未变。

据明朝正德元年（1506）《大名府志》载：大名县在府城南8里，东抵元城、西抵魏县、南抵内黄、北抵元城，广70里，袤60里。

清初承明制。乾隆二十三年（1758），裁魏县，十之九入大名，十之一入元城，此时疆域包括魏县漳河南北306村及明朝时的疆域，共518村。

民国3年（1914），复置魏县，不久元城、魏县俱废，并入大名县，此时大名县疆域包括今魏县及大名县的全部村庄，县域广120余里、袤90里。

民国29年（1940）5月，分大名县为大名、魏县、元城3个县，大名县疆域恢复至清初。1945年3月，元城县与山东省朝城县的王奉、张鲁两个区合并，建元朝县。1945年5月，大名城解放，7月划城周围建大名市（县级市），大名市的疆域包括今大名镇、大街乡、旧治乡、西未庄乡。1945年10月，大名县和魏县部分村庄实行区域调整：将原魏县的22个村划归大名县，分别是：高寨、门外村、武马庄、孙马庄、高马庄、大韩道、小韩道、李未城，中未城、吴未城、苗未城、双未城、杨未城、白水潭、刘堤口、赵家庄、贾小庄、老堤南、许家堤、曹庄、朱洼、未庄。将原大名县的87个村划归魏县，分别是边马集、边小屯、王庄、江庄、王井、东吕村、冯堤、高堤、东田教、南辛庄、紫岗、东楼底、西楼底，朱家村、李家庄、东石固、任庄、于家村、罗胜屯、东扬善、范骈村、西郭村、东郭村、辛刘庄、邓村、寺李村、寺南村、楼寺头、张庄、张村、梁庄、旦幢南、旦幢北、三马村、二马村、小马村、西疃、大马村、曹堤、董庄、任庄、八里庄、简庄、木顶寺、东候村、王野冲、张野冲、赵野冲、西侯村、耿庄、西辛庄、杨庄、张辉屯、牙里集、张大堡、胡村店、效化村、南长兴、西长兴、卞村、苏庄、赵庄、安庄、张二庄、西吕村、宋屯、军寨、前普安、后普安、崔庄、北善村、南平村、北平村、中烟、西烟、东中烟、刘庄、北留固、第六店、大严屯、田教、礼教、南英封、北英封、张汪、潮汪。

1946年1月上旬，降大名市为大名县辖市。1949年8月，元朝县的元城部分并入大名县，王奉、张鲁2个区划归山东省，大名县始形成现今之版图。

中华人民共和国成立后，1958年10月，废魏县入大名县。1961年6月，复置魏县，此后至2005年，大名县疆域未变。

建置沿革

大名县位于河北省邯郸市东南部，冀鲁豫三省交界处，今天的大名县境，包括历史上的大名县和元城县全境，以及魏县东部的部分村庄。历为郡、州、道、府、路治所及国都、陪都所在地，作为黄河以北的区域中心长达1700余年。史有“乱世雄藩，治世重镇，北门锁钥”之称。

据民国23年（1934）《大名县志》、1994年版《大名县志》和2015年版《邯郸市志》记载：今大名县境春秋属卫；战国属魏，是魏武侯公子元的食邑；秦属东郡；汉高祖十二年（前195），建元城县，境属魏郡（治邺，辖18县）；三国曹魏黄初二年（221），元城县成为于当年设立的阳平郡（辖7县）治所；南北朝时期，前燕建熙元年（360），在境内分置贵乡郡和贵乡县，郡寻省，县属昌乐郡，后亦废。东魏孝静帝天平二年（535），分馆陶西界于古赵城置贵乡县。北齐天保七年（556），魏县及元城县一并废入贵乡县。北周大象二年（580），贵乡县治移于孔思集寺（今大名县大街镇大街村一带）。同年，设立魏州（辖 14 县），治所设在孔思集寺。

隋代，先为州县两级制，后为郡县两级制。隋文帝开皇三年（583），魏州辖贵乡县、武阳县、聊城县、昌乐县、卫国县、乐平县等 6 个县。隋文帝开皇六年（586），析贵乡县复置元城县，析昌乐县复置魏县，又析元城县置马陵县。隋炀帝大业初年（605），废马陵县入元城县，废平邑县入贵乡县。隋炀帝大业初年（607）改魏州为武阳郡，治所在贵乡县。

唐高祖武德四年（621），改武阳郡为魏州。武德十七年（634），废元城县入贵乡县。唐高宗龙朔二年（662），改魏州为冀州，咸亨三年（672），冀州复改为魏州。武后圣历二年（699），复分贵乡莘地置元城县，治王莽城。玄宗开元中，元城县治所移于魏州城治所，与贵乡县同为附郭县。从此，元城县永为附郭首县。开元二十一年（733），分全国为十五道，各道置采访使，河北道采访使治魏州。玄宗天宝初，魏州改为魏郡，治元城。肃宗乾元元年（758），魏郡复改为魏州，于魏州置魏博节度，署大都督府，管辖魏、博、贝、卫、澶、相六州，节度所管辖地域称为节镇，也称道。广德二年（764）正月，魏博节度使田承嗣奏名所管曰天雄军，朝廷依准。自此，大名始有天雄之代称。德宗建中三年（782），魏博节度使田悦拒命称魏王，僭改魏州为大名府。不久，复改为魏州。

五代十国时期，后唐同光元年（923）四月二十五日，晋王李存勖在魏州称帝，升魏州为兴唐府，都名东京。改元城县为兴唐县、贵乡县为广晋县。同光三年（925），改东京为邺都（陪都）。天成四年（929）罢都，还曰魏州，不久复为邺都。后晋天福二年（937），改兴唐府为广晋府，兴唐县为元城县。三年（938），复以广晋府为邺都。开运二年（945），复置天雄军于此。后汉乾祐元年（948），改广晋府为大名府，改广晋县为大名县。此为大名县的名称在历史上第一次出现。后周显德元年（954），复罢邺都为天雄军，而大名府如故。

北宋时期，实行路、府、县制，大名府先属河北路，后属河北东路，路、府的治所均在大名县和元城县附郭的孔思集寺（今大名县大街镇大街村）。宋仁宗庆历二年（1042），升大名府为北京，成为东京汴梁（今河南省开封市）的陪都。《水浒传》中的大名府指的就是这里。神宗熙宁六年（1073），省大名县入元城县。哲宗绍圣二年（1095）复置。徽宗政和六年（1116），移大名县治于南乐镇（今大名县旧治乡旧治西、旧治中、旧治东村）。

金设大名路、大名府，治元城。南宋高宗建炎四年（1130），金人立刘豫为齐帝，以大名府为都城。绍兴七年（1137），金人废刘豫，仍为大名府，亦曰天雄军。

元设中书省大名路。至元二年（1265），省元城县入大名县，不久复置元城县。

明设中书省大名府。洪武十年（1377）五月，省大名县入魏县，洪武十五年（1382）二月复置。洪武三十四年、建文三年（1401），漳河、卫河同发大水，大名府城被淹没，都指挥使吴成将大名府治所迁于艾家口镇（今大名县大名镇）。至此，做为国家级、省级、市级和县级的治所，就从 580 年魏州设立之初的孔思集寺（今大名县大街镇大街村），迁移至艾家口镇（今大名县大名镇）。孔思集寺因是原四级治所的大街最繁华地带，人们习惯以大街呼之，逐渐更名为大街村。

清顺治六年（1649），在大名府城内设直隶、山东、河南三省总督府。顺治十六年（1659），改设直隶行省大名府。乾隆二十三年（1758），省魏县 306 个村入大名县、31 个村入元城县。

民国 2 年（1913），设直隶冀南道。民国 3 年（1914），设直隶大名道。同年，复置魏县。不久，元城县、魏县俱废入大名县，原魏县划为大名西区，原大名县为大名中区，原元城县为大名东区。民国 17 年（1928），设河北省大名专区。民国 25 年（1936），设行政督察专员区大名专区。民国 26 年

（1937），设河北省十六督察区。是年 11 月 12 日，日本侵略军攻占大名，城内建日伪政府，城外成无政府状态。1938 年 5 月，国民党丁树本、陈明韶接受共产党联合抗日主张，在龙王庙镇北张村建立大名县抗日政府，属冀南区。1940 年 1 月，丁树本南逃。2 月，在中国共产党领导下建立大名县抗日民主政府。是年，分大名县为元城县、大名县、魏县 3 个县，属冀鲁豫边区冀南区十专区。1945 年 3 月，山东省朝城县西北部张鲁、王奉 2 个区并入元城县，遂改元城县为元朝县。1945 年 5 月，大名城解放。7 月，划城周围建大名市（县级），市、县分治，均属冀南区三专区。1945 年 10 月，大名县和魏县部分村庄实行区域调整：将原魏县的 22 个村划归大名县，将原大名县的 87 个村划归魏县。

1946 年 1 月上旬，降大名市为县辖市。1948 年，属华北行政区冀南区三专区。1949 年 8 月，大名市（县辖市）改为城关区。同时，废元朝县，将元朝县原为山东省的张鲁、王奉 2 个区划归山东省莘县，原元城县全部并入大名县，属河北省邯郸专区。

中华人民共和国成立后，1958 年 10 月，废魏县入大名县。1961 年 6 月，复置魏县。此后，大名县建置未变。

第二节　行政区划

明清时期的行政区划

据明正德元年（1506）《大名府志》载：大名县辖十九里、一镇、六集，即在城里、留犊里、里仁里、贤相里、孝义里、美化里、马村里、吕村里、张辉里、边马里、兆固里、新安里、新兴里、善教里、善政里、阜平里、保安里、安庆里、吴家庄里；艾家口镇；富厚集、丰润集、大严集、牙里集、边马集、吴家集。

元城县辖七乡、三十三里、六坊、二镇、六集、二店，即太平乡、泉源乡、孝义乡、令公乡、清平乡、在城乡、七里乡；太平里、西付里、付通里、孝廉里、万惠里、德化里、泉源里、解家里、儒家里、安村里、齐固里、孝义里、河东里、司从里、杜家里、和固里、赵家里、劝善里、龙化里、霍遇里、寺庄里、清平里、辛安里、从政里、淳化里、李宁里、安贤里、尚义里、安仁里、崇仁里、崇德里、从化里、安平里；宜春坊、敬忠坊、善教坊、居贤坊、归德坊、阜民坊；小滩镇、束馆镇；户村集、西付集、万家堤集、黄金堤集、冢北集、儒儿寨集；孙甘店、西店。

清初承明制，乾隆二十三年（1758），裁魏县，魏县十之九入大名，十之一入元城。划拨后，大名县 65 里，元城县 39 里。

大名县有：在城里、美化里、孝义里、贤相里、马村里、张辉里、吴家庄里、新安里、善教里、阜平里、安庆里、里仁里、留犊里、吕村里、边马里、兆固里、新兴里、善政里、保安里、在坊里、得政里、仁义里、孝义里、西善里、柏村里、沙口里、杨庄里、东罗里、生熟里、泉源里、清化里、东善里、集贤里、马庄里、路固里、教义里、韩道里、南仕望里、康疃里、圪塔里、北于里、北皋里、柴曲里、陈善里、泊儿里、张固里、烦城里、方里、茜善里、集贤里、旧魏里、集村里、口儿里、清化里、上村里、仕望里、南康里、永丰里、顺庆里、永宁里、屯卫里、安乐里、长乐里、兴政里、增福里。

元城县有：张铁集、束馆集、小滩镇、西付集、付通固、杏现集、司从楼、冢北集、孙甘店、李宁集、杨家桥、王胜疃、长屯村、忠心阁、岔道店、李家庄、消灾村、北峰村、西店集、儒家寨、草庙村、枣家村、黄金堤、万家堤、横堤村、河道村、范家湾、娘娘庙、户村集、北杨村、旧现集、谢儿寨、和儿寨、沙圪塔、董家庄、齐固村、曲六店、北门口、沙河岸口。

民国时期的行政区划

自元城县、魏县并入大名县以后，大名县分为三大区，原大名县为中区，原元城县为东区，原魏县为西区。民国 18 年（1929），奉省命，大名县共分 10 个小区：一区辖 55 乡、1 镇、154 村，区驻地在城内道前街关帝庙；二区辖 43 乡、76 村，区驻地在边马集；三区辖 33 乡、45 村，区驻地在牙里集；四区辖 47 乡、113 村，区驻地在沙口集；五区辖 72 乡、72 村，区驻地在方里集；六区辖 73 乡、73 村，区驻地在魏镇；七区辖 69 乡、69 村，区驻地在西店集；八区辖 61 乡、61 村，区驻地在城内；九区辖 68 乡、68 村，区驻地在金滩镇；十区辖 40 乡、40 村，区驻地在束馆镇。上述 10 个区中，一、二、三小区属中区，四、五、六小区属西区，七、八、九、十小区属东区。此时大名县共 561 乡、3 镇、771 村、98213 户、536366 人。

民国 23 年（1934）2 月，大名县将 10 个区划为 5 个自治区。第一自治区由原第一、二、三小区合并而成，共计 275 村，区公所设在旧县治（今旧治乡旧治东、中、西村）；第二自治区由原第四区大王村以南 24 村与原第五小区 72 村合并，共计 96 村，区公所驻地在双庙集；第三自治区由原第四区李家口村以北 89 村与原第六小区原有 73 村合并，共计 162 村，区公所驻地在魏镇；第四自治区由原第七、八两小区合并而成，共计 130 村，区公所驻地在万家堤；第五自治区由原第九、十小区合并而成，共计 108 村，区公所驻地在孙甘店。

1940 年，元城县、大名县、魏县分治，大名县辖 6 个区、345 村，元城县辖 6 个区、209 村。1945 年 3 月，元城县与山东朝城县的张鲁、王奉 2 个区合并为元朝县，下辖 8 个区。1945 年 7 月，划大名县城周围建大名市（县级市），大名县辖 5 个区。1946 年 1 月上旬，大名市改为县辖市，大名县辖 5 个区、1 个县辖市。1949 年 8 月，元朝县的张鲁、王奉 2 个区划归山东省莘县，其余并入大名县，下辖 7 个区、1 个镇。

中华人民共和国成立后的行政区划

建国初承前制，1953 年 4 月，区下设乡，大名县设 7 区、一镇、93 乡、600 村。即：一区辖 17 乡、103 村，区公所驻地在杨桥；二区辖 15 乡、97 村，区公所驻地在万堤；三区辖 13 乡、106 村、区公所驻地在老堤；四区辖 11 乡、52 村，区公所驻地在龙王庙；五区辖 12 乡、63 村，区公所驻地在后北峰；六区辖 13 乡、91 村，区公所驻地在金滩镇；七区辖 12 乡、59 村、区公所驻地在江马陵；城关镇辖 29 个街（村），镇政府驻城内张小街。

1958 年 4 月，撤销原来的 7 个区，将大名县划分为 24 个乡、1 个镇。即：关岳村乡、西司庄乡、杨桥乡、西马头乡、黄金堤乡、马时庄乡、万堤乡、七里店乡、油粉滩乡、旧治乡、殷李庄乡、龙王庙乡、大龙乡、孙甘店乡、江马陵乡、埝头乡、束馆乡、后北峰乡、上马头乡、张铁集乡、金滩镇乡、徐杨庄乡、北门口乡、西营镇乡及城关镇。

1958 年 8 月，根据上级指示精神，撤销 24 个乡和 1 个镇，成立 6 个农村人民公社，辖 34 个管理区。各人民公社所辖管理区如下：

杨桥公社下设 6 个管理区：西司庄、儒家寨、杨桥、关岳村、西马头、铺上。

万堤公社下设 6 个管理区：兆固、黄金堤、王乍村、田六店、北门口、万堤。

城关公社下设 4 个管理区：七里店、殷李庄、旧治、城关。

龙王庙公社下设 4 个管理区：赵站、龙王庙、孙甘店、大龙。

束馆公社下设 6 个管理区：从善楼、冢北、北峰、束馆、埝头、马陵。

金滩镇公社下设 8 个管理区：营镇、北堤、金滩镇、红庙、上马头、后消灾、张铁集、普明滩。

1958 年 10 月，根据上级重新调整划分行政区域、小县并入大县的指示精神，魏县并入大名县，全县划分 12 个人民公社、下设 70 个管理区。

1961 年 4 月，根据中共中央颁布《六十条》体制下放的指示，全县由 12 个大公社划分为 75 个公社，并将 12 个大公社改为 12 个工作委员会。

1961 年 6 月 1 日，根据上级指示精神，大名县、魏县分治。大名县下设 6 个工作委员会（简称工委），39 个人民公社。即：

杨桥工委辖 7 个公社：即杨桥公社、西司庄公社、儒家寨公社、王村公社、西店公社、西马头公社，铺上公社。

万堤工委辖 6 个公社：即万堤公社、兆固公社、黄金堤公社、王乍村公社、田六店公社、北门口公社。

城关工委辖 6 个公社：即大街公社、殷李庄公社、旧治公社、未城公社、段村公社、七里店公社。

龙王庙工委辖 6 个公社：即龙王庙公社、赵站公社、南李庄公社、孙甘店公社、大龙公社、鲍庄公社。

束馆工委辖 6 个公社：即束馆公社、埝头公社、马陵公社、冢北公社、北峰公社、从善楼公社。

金滩镇工委辖 7 个公社：即金滩镇公社、红庙公社、营镇公社、北堤公社、张铁集公社、上马头公社、普明滩公社。

1 个城镇公社：即城关镇公社。

1962 年 4 月，根据上级指示精神，社上建区，大名县将原来的工委改为区，下属公社不变，城关镇公社改为城关镇政府。

1968 年 4 月，根据省、地革命委员会的指示，将全县 6 个区撤销，县政府直辖 39 个人民公社。

1970 年春季，为便于工作，大名县革命委员会在原来 6 个区的所在地设立了 6 个办事组，后来改称办事处，仍辖原来区属各公社。

1979 年，大名县下设 39 个人民公社，分别为杨桥、西司庄（沙圪塔）、儒家寨、王村、西店、北马头、铺上、万堤、兆固、黄金堤、王乍村、崔岳村、北门口、城关镇、大街、殷李庄、旧治、未城、段村（西魏庄）、七里店、龙王庙、赵站、南李庄、孙甘店、大龙、鲍庄、束馆、埝头、马陵（西付集）、冢北、北峰、从善楼、金滩镇、红庙、营镇、北堤、张铁集、上马头、普明滩人民公社。

1984 年 3 月，将原来的 39 个人民公社分别改为乡镇。6 月 8 日，大名县设 5 个镇、1 个回族乡，即城关镇、杨桥镇、万堤镇、龙王庙镇、金滩镇和营镇回族乡。7 月 10 日，束馆乡改为束馆镇。

1996 年 2 月，根据上级扩乡并镇的指示精神，将全县 39 个乡镇合并为 6 个镇 14 个乡。分别是：大名镇与七里店乡合并为大名镇、杨桥镇与北马头乡合并为杨桥镇、龙王庙镇与赵站乡合并为龙王庙镇、万堤镇与崔岳村乡合并为万堤镇、束馆镇与冢北乡合并为束馆镇、金滩镇与上马头乡合并为金滩镇。沙圪塔乡与儒家寨乡合并为沙圪塔乡、王村乡与西店乡合并为王村乡、铺上乡与兆固乡合并为铺上乡、黄金堤乡与王乍村乡合并为黄金堤乡、大街乡与北门口乡合并为大街乡、西魏庄乡与未城乡合并且更名为西未庄乡、旧治乡与殷李庄乡合并为旧治乡，孙甘店乡与南李庄乡合并为孙甘店乡、西付集乡与鲍庄乡合并为西付集乡、埝头乡与大龙乡合并为埝头乡、北峰乡与从善楼乡合并为北峰乡、张铁集乡与普明滩乡合并为张铁集乡、红庙乡与北堤乡合并为红庙乡，营镇回族乡保持不变。

2005年1月，大名县成为河北省扩权试点县。总人口762097人，下辖20个乡镇，分别是：大名镇、杨桥镇、龙王庙镇、万堤镇、束馆镇、金滩镇、沙圪塔乡、王村乡、铺上乡、黄金堤乡、大街乡、西未庄乡、旧治乡、孙甘店乡、西付集乡、埝头乡、北峰乡、张铁集乡、红庙乡，营镇回族自治乡。

第三节　治　所

今之县城，原名艾家口镇。明建文三年（1401），因原大名府城圮于水，乃迁移于此。历经明、清、民国，至2005年，已有600年的历史。据旧志记载，此城初建时为土城，周长九里，高三丈五尺，广二丈五尺，外有深四丈五尺，阔九丈的护城河。凡四门：东“体仁”，西“乐义”，南“崇礼”，北“端智”，门有瓮城，外各置桥。明成化八年（1472），知府熊祥在城门上建角楼，弘治年间（1488—1505），御史韩福、石禄相继将城墙加高加厚，并修葺女墙、警铺、角楼；嘉靖四十四年（1565），知府姚汝循用国库银包修城墙，以石为基，基石五尺以上用砖砌，始成为坚固的城围。此城一直持续至1945年大名解放，为防止国民党军重新占领，始由群众拆除。

大名古城历史上一直是冀南政治、军事、文化、商贸中心。明、清时期，古城不仅是府县官署驻地，而且设过察院、直隶总督府、兵备道、大名镇总兵署、大名道台署等军政机关。在文化上，明正德十五年（1520）建元城书院（今县前街），清康熙九年（1670）建天雄书院（今县前街）。道光五年（1825）建大名书院，同治十一年（1872）建贵乡书院（今西街路北），光绪十六年（1890）建广晋书院（今道前街路北）。同时有过儒学（今实验学校）、府学（今南关）、县学（今县前街）。宣统元年（1909），还在道前街关帝庙内创建宣讲阅报所等。城内先后建有普照寺（明初建，在今大寺街）、临济寺（在城内西北角）、金佛寺（在今南关）、吕祖寺（在今道前街）、文庙（在今实验学校）等庵观寺庙多处，均以建筑宏伟精巧著称。历经战乱，多已先后废毁。

民国时期，除府、县官署外，并有河北省高等法院第二分院，常年有驻军镇守。民国9年（1920）后，天主教、耶稣教先后在城内建天主教堂、宣圣会、清洁会等。1921年，天主教会在城内东大街路南建成“宠爱之母”大教堂，占地1220.39平方米，教堂的钟楼高47米，其报时的钟声夜静时可传到城周围10余华里的村庄。此时期，城内商业逐渐繁华。据民国23年（1934）《大名县志》载：“近年以来，城中商业之发达，有如朝暾初升，蒸蒸日上。”南街有恒通洋货庄、复盛隆绸缎店等36家，北街有豫丰酒饭馆、晋丰茶叶庄等8家，张小街有隆泰昌洋布庄等5家，西大街有恒裕当店、德兴粮行等14家，道前街有五百居香肠铺、雅圆澡堂等5家，东大街有恒聚号酱菜园、益源煤油公司等。教育事业“虽不普及，较胜往年”。民国12年（1923）7月，建直隶省立大名师范（后为河北省立第七师范），民国13年（1924），建直隶省立大名女子师范（后为河北省立第五女子师范）。光绪二十九年（1903），建大名府官立中学堂，民国5年（1916）改为直隶省立大名中学校（后为河北省立第11中学）。并有教会办四维中学、益大小学及县立第一、第二完全小学、女子完全小学等。日伪时期，古城遭到摧残，商业萧条，七师、五女师学校均遭破坏停办，但教会办的四维中学、益大小学及一、二高等小学仍存在。

中华人民共和国成立后，特别是中共十一届三中全会以后，振兴经济，发展教育，加强县城建设，大名古城展现新姿。至2005年，城区规划面积达30平方千米。

县城布局

大名县城自明建文三年（1401）建城至中华人民共和国成立前，一直是明、清两朝政治、经济重镇，曾为河北省省会所在地。中华人民共和国成立后，大名县党政机关集中在这座老城内办公。1980年后，因县委、县政府、汽车站等设在老城区以北的大名府路一带，为办公和交通方便，县直单位陆续从老城迁出，向北部、东部建设搬迁，形成“北扩东延”。2005年，县城规划区面积由1979年的12平方千米，增至30平方千米。至2005年年末，先后建有人民广场、西环岛城标、天池公园、引河公园等休闲娱乐场所；新建天雄路、北京路、阳平路、广晋路、京府街、贵乡街、平安街、兴大街、元城街等主干道和街区道路，同时大名府路东延、万大街北延、五得利街改建，城区道路、绿化、城市照明、给排水等基础设施建设取得了长足发展。

2005年，县城常住人口104898人，其中农业人口36300人；非农业人口39323人，外来流动人口29275人。外来流动人口主要来源于在大名县从事商业活动人员、部队武警和在校学生等。

随着县城“北扩东延”的建设与发展，逐渐形成了新、老两个城区。

新城区道路

1979—2005年，大名县新城区先后形成大名府路等主干道5条、万大街等街区道路10条。2005年11月5日，县政府发布《关于对大名城区部分街道重新命名的通告》，将原“迎宾大街”更名为“天雄路”，将原“北二环路”更名为“北京路”，将原“南环路”更名为“阳平路”，将原“215省道城区段”更名为“五得利街”，将原“贵乡路”更名为“贵乡街”，将原“城东路”更名为“府东街”，将原“万大路”更名为“万大街”，将原“育才路”更名为“京府大街”，将原“城西路”更名为“府西街”，将原“元城路”更名为“元城街”，将原“兴大路”更名为“兴大街”，将原“西环路”更名为“平安街”。

大名府路西段（摄于2005年）

东西路（自南向北排列）

阳平路 东西走向，建于1997年，初名南环路，2005年改建。西起平安街，东至五得利街，道路全长4500米，宽12米。因三国曹魏黄初二年（221）大名境内曾为阳平郡治所而得名。

大名府路 东西走向，原为邯郸至大名公路（313省道）县城段，1987年拓宽改造并命名为县城大名府路。后于

1991 年、1997 年、1998 年、2002 年多次进行改造，成为西起平安街、东至五得利街的城区主要交通干道。道路全长 4200 米，宽 21 米。因历史上大名多次设府而得名。

广晋路　东西走向，建于 2000 年，西起府西街，东至万大街，全长 896 米，路宽 12 米。因大名在后唐时期为广晋县、后晋时期为广晋府而得名。

天雄路　东西走向，始建于 1995 年，2002 年再修，初名北环路，2002 年更名为迎宾大街，2005 年 11 月 5 日更名为天雄路。西起平安街，东至五得利街，道路全长 4000 米，宽 23 米。因唐代大名曾设藩镇“天雄军”及宋代名相寇准在大名为官曾撰联“东郡股肱今右辅，北门锁钥古天雄”而得名。

北京路　东西走向，始建于 2003 年，初名北二环路。西起平安街，东至五得利街，全长 4000 米，主路面宽 23 米。因大名宋代曾为陪都“北京”而得名。

南北街（自西向东排列）

平安街（原名西环路）　南北走向，1997 年修建，南起阳平路，北至天雄路，全长 2000 米，路面宽 15 米。位于城区西侧，因防洪确保城区平安而修建，故名。

兴大街（原名兴大路）　南北走向，1996 年修建，2003 年北延续建，南起大名府路，北至北京路，全长 830 米，路面宽 12 米。取“振兴大名”之意。

元城街（原名元城路）　1996 年修建中段，2003 年修建南段，南起阳平路，北至天雄路，长 2850 米，路面宽 18 米。因大名汉代建县之始名元城县，至 1949 年前又多以元城为县名而得名。

府西街（原名城西路）　南北走向，1991 年修建中、北段，1996 年翻建南段，南起阳平路，北至天雄路，全长 2810 米，宽 9 米。因位于明代大名府城西侧而得名。

京府大街（原名育才路）　南北走向，1994 年修建，2003 年北延续建，南起大名府路，北至天雄路，全长 800 米，宽 15 米。因位于城区中心，北通北京路，南穿大名府北城门，取“北京大名府”中的“京”“府”二字而得名。

万大街（原名万大路）　南北走向，1994 年修建，2003 年北延续建，南起大名府路，北至天雄路，全长 830 米，宽 15 米。因是万堤镇通往大名县城的交通要道得名。

府东街（原名城东路）　南北走向，初建于 1987 年，1999 年对北部重修，南起大名滴溜酒厂，北至大名一中，全长 1000 米，主路面宽 5 米。因位于明代大名府城东侧而得名。

贵乡街（原名贵乡路）　南北走向，1995 年修建，2003 年北延续建，南起大名府路，北至北京路，长 1950 米，宽 15 米。因大名历史上曾置贵乡县、贵乡郡而得名。

引河东街　修建于 1999 年，南起大名府路，北至天雄路，全长 1000 米，宽 5 米。因地处引河东侧而得名。

五得利街　南北走向，初建于 1994 年，为“215”省道大名城区段，原名东环路。全长 3000 米，宽 12.9 米。因全国闻名的“五得利面粉集团”总部驻于此地而命名。

老城区主要道路、街区

县城老城区共有 29 个行政村、街，以县城中间十字街口为中心，分东、西、南、北 4 条大街，其余村、街环绕四周。1979—2005 年，29 个行政村、街名称未变，部分街区道路进行了修整。

东西走向（自南向北排列）

道前街　西起寺胡同，东至南大街，修建于 1997 年，全长 400 米，沥青路面，宽 4 米。1999 年路面翻建为混凝土路面，中为盖板式排水沟，总投资28.8万元。

西大街　西起西关桥，东至十字街，修建于1986年，全长600米，沥青混凝土路面，宽5米。1998年路面翻建为混凝土路面，两侧为盖式排水沟。

东大街　西起十字街，东至东关桥，全长550米，宽4米。1999年翻建为混凝土路面，路中间为盖板式排水沟。

黄小街　西起北大街，东至满洲街，修建于1987年，全长450米，宽5米，沥青混凝土路面，后翻建为混凝土路面，路中间为总抽式排水沟。

南北走向（自西向东排列）

寺胡同　南北走向。南起南顺城街，北至西大街，全长500米，宽3米。1999年路面翻建为混凝土路面，路中间为盖板式排水沟。

南大街　南起南城门，北至十字街，全长600米，路面宽5米。1996年翻建为混凝土路面，两侧为盖板式排水沟，总投资96万元。

北大街　南起十字街，北至北城门，全长600米，宽5米。1996年翻建为混凝土路面，宽5米，两侧为盖板式排水沟，总投资112万元。

满洲街　南起东大街，北至大名府路，修建于1987年，全长640米，宽5米，为沥青混凝土路面。1999年翻建为混凝土路面，中间为盖板式排水沟。

（注：以上各街道修建均指路面硬化建设）

附：

大名曾做过十六次国都陪都

蒋林魁

大名东接齐鲁，西连秦晋，北靠燕赵，南控楚魏，有古黄河（古黄河历史上曾五次流经大名）、古大运河（今卫河就是隋大运河的永济渠段）、漳河（隋、唐、宋、元有多次关于漳河漕运之记载）水运之便，乃形胜之地也。历史上大名曾十六次作为大小朝庭的国都陪都。

第一次　夏朝·扈国国都

夏朝扈国都城。

《古史记年》引《广韵》云："魏州，名（名：大。名的意思指魏州为当时的上等大型州府），夏观扈之国。盖魏与扈其初本为戎有，及禹灭之后以封其支庶耳"。《谷梁传》：（庄公）二十有三年，十有二月甲寅公会齐候盟于扈城。"（昭公）二十有七年，秋，晋士鞅，宋乐祁犁，卫北宫喜，曹人，邾人，滕人会于扈。"《元和郡县图志》：魏州，《禹贡》冀、兖二州之域。在夏为观扈之国。《文献通考·舆地考三》魏州：夏，观扈之国。《太平寰宇记》曰："《禹贡》冀、兖、豫三州之域，在夏为观、扈之国，星分毕昴。"《九域志》：大名府，古观扈国，亦商之旧都商城。《读史方舆纪要》曰："大名府，夏为观、扈之国。”《说文》:“扈，夏后启的庶兄所封”。《通志·氏族略二》:“扈氏，姒姓，夏时诸侯也，国亡，子孙以国为氏。”咸丰《大名府志·年纪》有多国诸侯多次在扈这个地方会盟的记载:“周匡王元年(前612)己酉冬十一月，诸侯同盟于扈。”“周匡王三年(前610)辛亥春，晋、卫、陈、郑伐宋，夏，会于扈”。“周匡王七年(前606)辛酉秋九月，晋、宋、卫、郑、曹会于扈。”《春秋左传注疏》曰:“扈，在元城县。”

由此可知，夏朝的扈国在大名，大名东部有前中后三户(扈)村，疑为扈国都城之遗址。观国都城在今清丰城南。观、扈二国，都城相近，辖区接壤，又同为魏州地，故史籍记载常常相提并论为观、扈之国。

第二次　商朝·都城

商朝初期在哪里?就在大名、魏县和成安等县一带。那时，漳河从太行山和沙麓山对峙的平原中流淌，古称东西流向为横流，便把漳河一带称为衡(横)漳。《康熙字典》《说文解字》皆曰古“商”字通“章”。今邯郸东南部既是契助禹治水之地，又与漳(滴)河结缘，便称为商地(赵明信《大名历史说从头》)。《史记·殷本纪》云:“契长，佐禹治水有功。帝舜乃……封于商，赐姓子姓。”契因帮大禹治水有功，被封在商。对于商的地望，北京大学教授孙淼在文物出版社1987年12月第一版《夏商史稿》267页中作了分析，他认为:“无论从天文学、考古学和文献记载几方面进行考查，情况都是一致的，所以把商的起源地定在漳水流域，还是比较合适的。”现代史学界越来越多的人都认为先商生活在太行山的东麓。商地的战略位置极为重要，契之子孙便把今河北省南部连成一片，图谋发展，逐渐产生入主中原之志。到契的第十四代孙成汤时，商族部落的军事经济实力逐渐超过夏。《孟子》曰:“伊尹耕于有莘之野，而乐尧舜之道。”《周礼·秋官》曰:“县士掌野”。注云:“地距王城二百里以外至三百里曰野”。莘国王城(今曹县莘冢集)距今莘县也就是二百多里，故历代史学家认定伊尹躬耕之处即今莘县之城北。《词源》《辞海》莘的解释:“古史称商汤娶有莘氏之女，即其国。”商汤迎娶地处今莘县、大名东部一带之有莘国的公主为妃。“即其国”就是到其国，进其国，借其地之意。《孟子·万章》说伊尹“以尧舜之道要汤”、“而说之以伐夏救民”。汤王与有莘国联姻后，组成坚实的军事同盟阵营，实力大增，商汤以莘地(大名东南部古殷城)为基地，操练军马，囤积粮草。先后攻灭葛(今商丘宁陵)、韦(今滑县)、顾(今鄄城)、昆吾(今濮阳)等国，而后又发动十一次大的战役，练成一支无坚不摧的铁军，天下无敌，鸣条(今山西夏县)决战后，灭夏建商。

北宋·王存主编《元丰·九域志》、南宋·王应麟撰《诗地理考·卫》卷一皆曰:“大名府，古观扈国，亦商之旧都商城。武王伐纣，立武庚于此。傅氏曰:封武庚不于纣都朝歌”而封于大名府。明正德《大名府志》大名府条曰:“本商旧都，周克商以封康叔为卫地。”明嘉靖工部尚书雷礼撰《修建大名府砖城记》、民国《大名县志》载:“大名本是殷商旧都”。商朝国都因水患曾屡次迁徙，有前八后五之说，大名之古殷城就是十三处商都之一，是没有问题的，具体是哪位商王在大名建都，存续了多少年，尚不明朗，有待进一步考证。

第三次　周朝·邶都

邶国（公元前1046—前1039年），又称殷后、后殷，周代初期诸侯国，国君武庚，子姓，商纣王之子，又名录子、录子耿、录子听、禄父、王子禄父、武庚禄父、太子听、天子听。国都古殷城，在大名东南部山岳、文集村一带。

北宋·王存主编《元丰·九域志》载曰："大名府，古观扈国，亦商之旧都商城。武王伐纣，立武庚于此。傅氏曰：封武庚不于纣都朝歌"。南宋王应麟撰《诗地理考·卫》卷一："殷墟以北，为邶；以南为鄘；以东为卫。周武王伐纣，以其京师封纣子武庚，为殷后。"邶，即今大名地。

《诗经·国风·邶鄘卫》曰："邶，以封纣子武庚；鄘，管叔尹之；卫，蔡叔尹之。"周武王灭商之后，为了控制商朝统治的中心地区和安置殷商遗民，听取周公旦建意"以殷治殷"的政策，美其名曰"灭国不绝祀"，将商朝畿辅之地分为邶、鄘、卫三国，封商纣王之子武庚于大商旧地殷城（今大名古殷城）为诸侯，重建邶国，是为邶君，又称殷侯、殷伯，利用他统治殷民，允许他保有大商太庙，祭祀商的先祖，延续香火。邶国管辖区域大约在殷墟以北的邯郸、邢台，以东的大名、莘县、临清、南乐、清丰、濮阳一带。

第四次　战国·别都

周威烈王姬午八年，魏文侯姬斯七年（前418）得魏地（《史记地名考》：魏地有二，一为黄河北故城之魏，今山西芮城县东北；一为河北省之大名、魏县、临漳一带）。魏武侯姬击元年（前386）建别都（即陪都）于大名，并封公子姬元食邑于此，命其镇守别都。此即为元城地名的由来，最早的元城遗址就在未城一带。至秦始皇二十二年（前225）秦灭魏，别都在大名长达161年。《汉书·地理志》第八上应劭曰："魏武侯别都"。《明志》载："魏武侯城在旧府城南十里"。《大明一统志》：故城今大名县西。今府城西南十里，数村布列，皆名魏城，疑即其墟。

第五次　战国·燕都

周赧王姬延四十三年，燕惠王姬乐资七年（前272），孙燕在安贤镇建都登基，称燕王。《史记·燕召公世家》记载，燕国被齐国击败后，燕昭王姬平"卑身厚币以招贤"，并以妹妹燕丹公主许配给燕国相成安君孙操，镇守南疆，并命名驻地为安贤镇，为安置贤能之意。燕都治所在今大名县束馆镇。

第六次　隋朝·许都

唐高祖李渊武德元年（618）9月，右屯卫将军、丞相宇文化及在巩县为李密所败，率众二万余，号称十万，北趋魏县，自知必败，叹曰："人生故当死，岂不一日为帝乎"？即鸩杀恭帝杨浩（隋炀帝之侄），僭称皇帝于魏县（治今大名县城南魏店村），国号"许"，建元"天寿"，建都置百官 。《隋书·本传》载：攻元宝藏于魏州，四旬不克，反为所败，亡失千余人。武德二年正月七日元宝藏举魏州降唐。18日，唐淮安王李神通为山东安抚大使，大败宇文化及，斩首二千余，拔魏县。化及东走聊城，为窦建德所擒。

第七次　唐朝·周都燕都

唐肃宗李亨乾元元年（758）12月下旬拔魏州（今河北大名），乾元二年正月初一己巳朔，史思明于魏州城北筑坛，僭称“大圣周王”，建元“应天”，不久又自称“大圣周皇帝”。三月向西进兵解安庆绪邺城（今河南安阳）之围，遂杀安庆绪，四月，更国号大燕，自称应天皇帝。五月改年号顺天，范阳改称为燕京，洛阳为周京，长安为秦京。改所辖诸州为郡，魏州改为魏郡。《旧唐书》卷十载：“二年春正月，史思明自称燕王于魏州”。

第八次　唐朝·魏都

唐德宗李适建中三年（782）十一月一日，田悦在魏州城西筑坛祀天，遂称魏王，建魏国，置百官，并把魏州改为大名府（此即是大名府一名的来历）。以长子为兵马元帅 、大名府留后，扈萼为留守。唐德宗兴元元年（公元784年）春正月大赦天下。命给事中孔巢父为使持节至河北宣劳，诏至河北，田悦自去王号，诏加田悦检校尚书右仆射、封济阳郡王（见民国程廷恒断注本《大名县志》484页、《旧唐书·田悦传》卷一四一）。

史学界对称为国都的条件有四大要素：

1.自称王或帝。田悦等依东周之制奉大唐为正朔，不改年号，自称魏王、建国、自设百官。

2.霸占国土。田悦不但占有六州四十三县之地，还连年发动战争，四周扩充地盘。

3.传位于子孙。从前任节度使田承嗣去世前，就选定田悦为自己的接班人，要不是被田绪所杀，肯定于百年之后会把王位传给自己的子孙的。

4.宗庙在焉。国家的执政形象标准，必须有宗庙的春秋大祭。在上届节度使田承嗣时不但设有宗庙，还在宗庙内加供四圣像与牌位（四圣指安禄山、安庆绪、史思明、史朝义），到田悦称魏王时就更不必说了，肯定有。

这四个标准田悦完全符合，魏州自然就是国都无疑了。田悦是按照战国时的诸侯国标准建国的，东周诸侯国其中就有赵都邯郸，所以，只要符合四大要素，无论建国的时间长短，皆可称为国都。

第九次　后唐·国都

唐哀帝李柷（zhu）天祐二十年，后梁太祖朱温龙德三年（923），晋王李存勖夺得幽、镇、魏等州，尽有河北土地甲兵，在晋梁之争中占居优势。四月在魏州牙城之南筑坛登基自立为皇帝，国号“大唐”（史称后唐），改元同光，建都魏州称东京，设三省六部置百官，是为唐庄宗。

《新五代史·唐本纪》第五载曰：同光元年夏四月己巳，即皇帝位，大赦天下，改元，国号唐。行台左丞相豆卢革为门下侍郎，右丞相卢程为中书侍郎，同中书门下平章事、中门使郭崇韬，昭义监军张居翰为枢密使。以魏州为东京，太原为西京，镇州为北都。闰月，追尊祖考为皇帝，妣为皇后；

曾祖执宜、祖妣崔氏皆谥曰昭烈，庙号懿祖；祖国昌、祖妣秦氏皆谥曰文景，庙号献祖；考谥曰武，庙号太祖。立庙于太原，自唐高祖、太宗、懿宗、昭宗为七庙。

东京旧址在今大名县大街、双台一带。

第十次　后唐·邺都

《新五代史·唐本纪》载：同光元年十月后唐军攻取开封，灭梁，迁都洛阳。东京兴唐府降为陪都，改称为邺都兴唐府。

同光二年春正月癸酉，各臣上尊号曰昭文睿武光孝皇帝。癸未，立刘氏为皇后。

同光三年灭蜀，统一黄河流域。三年春正月庚子，如东京，毁即位坛为鞠场。二月己巳，聚鞠于新场。乙亥，射雁于王莽河。辛巳，射雁于北郊。乙酉，射鸭于郭泊。

同光四年为乱军流矢所中，死。谥曰“光圣神闵孝皇帝”，庙号为唐庄宗。

终唐一代，历经后唐庄宗、后唐明宗、后唐愍帝、后唐废帝一直为邺都。邺都遗址在今大名县大街、双台一带。

第十一次　后晋·邺 都

后唐末帝李从珂清泰三年（936），石敬瑭起兵造反，后唐军兵围太原，石敬瑭向契丹求援，割让幽、涿、蓟、檀、顺、瀛、莫、蔚、朔、云、应、新、妫、儒、武、寰十六州于契丹，并每年献帛三十万匹。十一月十二日受契丹册封为帝，是为后晋高祖，己亥，大赦，改元，年号天福，建都汴京。《通鉴》卷二八零载：天福元年十二月改东京兴唐府为邺都广晋府。

第十二次　后汉·邺都

后晋出帝石重贵天福十二年（947），刘知远为河东节度使，累封至北平王。时契丹灭后晋，刘知远看准时机，他乘人民抗击契丹军时，在太原称帝，是为后汉高祖，国号大汉，建都汴京，史称后汉。次年正月改元乾祐，更名暠，当月去世，时年54岁。改邺都广晋府为邺都大名府，仍为陪都

其子刘承祐继位，是为隐帝。后汉隐帝元年三月改广晋府为大名府，改广晋县为大名县（《旧五代史》卷一百）。由于朝廷激烈的内争，乾祐三年邺都留守郭威和侍卫步军都指挥使王殷等举兵攻入开封，隐帝刘承祐被杀，后汉灭亡，凡四年。邺都遗址在今大名县大街、双台一带。

第十三次　后周·邺都

公元951年正月丁卯日，郭威代汉称帝，国号大周，改元广顺，史称后周，是为后周太祖。建都汴京。大名仍为邺都大名府。过继妻侄天雄牙军都指挥使郭荣（原名柴荣）为养子。郭威生性节俭、虚心纳谏、努力革除积弊，重用有才德的文臣，使北方的经济、政治形势渐渐趋向好转。显德元年（公元954年）正月太祖病死。，郭荣登基，是为周世宗，改元显德，元年正月下诏：废邺都依旧

为天雄军，大名府在京兆府之下《周书·太祖纪第四》。

邺都遗址在今大名县大街、双台一带。

第十四次　北宋·北京

宋仁宗赵祯庆历二年（公元1042年）契丹集重兵于幽、蓟，辽兵一路南侵，声言南下攻宋，仁宗召集文武官员紧急商讨对策。官员中有三派不同意见：一派是逃跑，主张避开契丹锋芒迁都到洛阳；一派是主和，主张派员向契丹求和、割地、赔款；三是主战，以吕夷简为代表，主张迎敌北上，建大名为北京，敌若南犯，就御驾北京，亲自指挥抗战。仁宗采纳了吕夷简的主张，遂于庆历二年五月把大名建为陪都—北京。诏真定府、定州、天雄军、澶州各备兵马十万人，储粮够二年之用，及器甲五万副，密修战备。又诏河北诸州择强劲者刺手背为义勇军。

《宋史·地理志》曰："出内库钱十万，大修行宫，三省六部一应俱全，略如东京开封。魏县地称为京郊。京城周长四十八里二百零六步，门十七，宫城周长三里一百九十八步，原为宋真宗驻跸行宫。宫城南三门：中为顺豫门，东为省风门，西为展义门。东一门，为东安门。西一门，为西安门。顺豫门内东西各一门，为左、右保成门。次北班瑞殿，殿前东西门二：东为凝祥门，西为丽泽门。殿东南时巡殿门，次北时巡殿，次靖方殿，次庆宁殿。时巡殿前东西门二：东为景清门，西为景和门。外城亦称罗城，周四十八里二百六步。南面有三道门，名为南河、南砖、鼓角门；北面两门，名为北河和北砖门；东面两门，为冠氏和朝城门；西面两门，为魏县和观音门；还有上水关和下水关。熙宁九年（公元1076年），改正南南河门为景风门，南砖门为亨嘉门，鼓角门为阜昌门。正北北河门为安平门，北砖门为耀德门。正东冠氏门为华景门，冠氏第二重门为春祺门，子城东门为泰通门。正西魏县门为宝成门，魏县第二重门为利和门，子城西门为宣泽门。东南朝城门为安流门，朝城第二重门为巽齐门。西南观音门为安正门，观音第二重门为静方门。上水关为善利，下水关为永济。内城创置北门为靖武门。元丰七年，废善利、永济关。"

《大名县志》载："外城周四十八里二百有六步，南面三门：正南曰南河，东曰南砖，西曰鼓角；北面二门：正北曰北河，其西曰北砖；东面二门：正东曰冠氏，东南曰朝城；西面二门：正西曰魏县，西南曰观音。又上水关曰善利，下水关曰永济。"

第十五次　大齐·国都

宋建炎四年、金天会八年（1130）七月二十七日，金遣大同尹高庆裔、知制诰韩昉备玺、绶及宝册，立刘豫为"大齐"皇帝。九月，刘豫正式登基为大齐皇帝，十一月改年号阜昌，建都大名府，都名北京，设三省六部置百官。张孝纯等为宰相，弟刘益为北京留守，母翟氏为皇太后，妾钱氏为皇后。钱氏，宣和内人也，因知宫廷礼仪故立之。儿子刘麟为尚书左丞相、诸路兵马大总管《金史》。名泉阜昌通宝、元宝、重宝皆铸于此时的大名。 统治黄河以南、淮河以北地区，后又加山西、陕西地区。齐都北京在今大名县大街、双台一带。

第十六次　大齐·北都

大齐阜昌三年，宋绍兴二年（1132）四月初五日迁都东京（今开封），改名汴京，东平府改为东京，北京大名府改号北都。刘豫当子皇帝共八年，其中以大名作国都三年，大名改名北都后，又作副都六年。至此，北京一名又用了三个年头。从庆历二年（公元1042年）大名建号北京始，至阜昌三年（公元1132年）改名北都止，北京一名前后陆续用了九十一年。

齐陪都北都在今大名县大街、双台村一带。

第二章　乡（镇）村庄

1979年，大名县下设39个人民公社；1984年，将公社改为乡镇；1996年2月，实行并乡扩镇，将39个乡镇合并为20个乡镇（6镇、14乡），至2005年年底，全县辖20个乡（镇）、651个行政村。

第一节　大名镇

镇政府驻地位于天雄路中段北侧、人民广场东邻。东邻大街乡，东南和南部与旧治乡接壤，正北与万堤镇相连，西北与铺上乡毗邻，西与西未庄乡交界。总面积33平方千米，辖46个行政村、街，2005年全镇21678户、60120人；其中乡村人口31070人，人口密度为1822人/平方千米。耕地38518亩，土质以轻壤、中壤为主；农村人口人均占有耕地1.2亩。全镇2005年农业总产值12983万元，农民人均收入3000元，居全县第2位。漳南渠从镇西北部通过，引河、岔河咀总干渠从东部绕过。大名镇原是一个农村集镇，名艾家口，明建文三年（1401）大名府城沦于水患，府（县）城迁建于此。1945年曾在此建大名市，1949年8月废市并入大名县城关区；1958年大公社时期隶属城关公社；1961年9月体制变更建镇，镇政府驻地原在南大街，因地处县城，故名城关镇；1983年3月更名为大名镇，1994年建迁现址。1996年2月七里店乡并入大名镇。大名县人民政府驻此镇。

农业　2005年，全镇农机总动力为30928千瓦，比1979年增长4.05倍。20世纪末，该镇引导群众打破常规种植，调优品种结构，加快科技兴农步伐，大搞农田水利基础建设，全镇机井达到1000眼，岳庄、升斗铺等村铺设了地下防渗管道，提高了灌溉能力；依托五得利、邯雪、大名府等面粉集团发展订单农业，重点推广了8901专用小麦品种；引导群众调整农业产业结构，瞄准县城居民需求，实施“餐桌工程”，发展大棚蔬菜，形成了以岳庄为主的蔬菜种植专业村。2005年该镇有效灌溉面积为38238亩，占总耕地的99.2%。农业播种总面积72428亩，复种指数为1.85。其中粮食播种总面积54428亩，粮食总产21825吨。播种花生7000亩，花生总产1816吨；升斗铺、谷营、七里店等村依托漳河河套优势，大力发展林果业，2000年，从山东引进新优品种，形成了优质苹果、杏、桃生产区。2005年，该镇实有林地4750亩，实有果园5373亩，年产鲜果1105吨；进入21世纪以来，该镇按照一村一品的思路积极发展畜牧业，形成了以王庄、付桥为主的蛋鸡养殖专业村，以付桥、匡公堤为主的肉牛养殖村，以程堤、铁窗口为主的养猪专业村，以七里店为主的养羊专业村，以一铺、七里店、金家坛为主的牛、羊屠宰专业村。2005 年，全镇大牲畜存栏 7099 头，出栏 6186 头。

乡镇企业　至 2005 年年底，全镇共有企业摊点 3000 多个，从业人数 12880 人。营业收入 195837 万元，完成税金 1846 万元。较大企业有五得利面粉集团公司、邯雪面粉集团公司、大名府面粉公司、西杨村纺织袋厂、永红机械厂、福利水泵厂、岳庄砖瓦厂、成营砖厂、油粉町砖厂、二铺砖厂。五得利面粉集团公司创建于 1989 年，下辖河北大名面粉有限公司、深州面粉有限公司，山东东明面粉有限公司、齐河面粉有限公司，河南新乡面粉有限公司、周口面粉有限公司。成为日处理小麦 9000 吨的全国最大面粉加工集团。五得利牌面粉获首批食品类国家免检产品、中国名牌等荣誉称号。产品销往北京、天津、广州、乌鲁木齐等 300 个大中城市，并出口俄罗斯、蒙古、缅甸、朝鲜等国家和地区。

文教卫生　2005 年有中学 2 所，小学 12 所，教职工 491 名，在校中学生 420 名、小学生 4729 名。有镇卫生院 1 所，医护人员 70 名；村办卫生室 50 所，不脱产医护人员 70 名。

基础设施　该镇交通发达，215 省道、313 省道在此交汇，是大名县的交通枢纽。全镇 46 个行政村、街，实现了村村通油路，各村主要街道实现了硬化。电力除县属电力站、所外，有镇电力站、所，已于二十世纪六七十年代实现了村村通电，高低压线路密布城乡，并在 21 世纪初完成了低压线路整改。固定电话普遍入户，光缆、宽带全部入村，大部分农户装有固定电话，普及了手机。

文物古迹　革命文物有直隶省立第七师范学校旧址、谢台臣纪念碑、大名县烈士陵园、郭隆真纪念碑。其他文物有西街卧龙古槐等。古遗址有位于范店、付桥一带的汉代黄河金堤，铁窗口村唐代兴化寺，城内西大街明代刘家花园旧址。古墓群有康堤口村唐代墓葬群。古建筑有位于城内东大街的天主教堂、位于县城北关的宣圣会医院旧址（以上文物古迹详见本志“文物古迹”条目）。

2005 年大名镇行政村（街）一览表

表 1-1

序号	村（街）名称	村（街）名称来历	总户数	总人口	耕地（亩）
1	北关	因地处明清大名府城北门外，故名北关	139	719	68
2	北大街	因位于明清大名府城十字街口以北，故名北大街	113	626	650
3	南大街	因位于明清大名府城十字街口以南，故名南大街	172	297	185
4	东大街	因位于明清大名府城十字街口以东，故名东大街	99	445	93
5	西大街	因位于明清大名府城十字街口以西，故名西大街	122	454	411
6	一铺	因地处南关，距离县城较近，历史上曾是商业区，买卖铺面较多，故名南关一铺	280	1501	1195
7	二铺	因紧邻一铺村，故名南关二铺	308	1670	1474

续表 1-1

序号	村（街）名称	村（街）名称来历	总户数	总人口	耕地（亩）
8	三铺	因紧邻一铺、二铺村，故名南关三铺	140	1189	1332
9	匡公堤	因明朝万历初年大名府知府匡铎在该地筑堤，村建于旧堤之上，故称匡公堤	120	464	480
10	金家潭	因旧时明清大名府城南门外有一黑龙潭，金姓定居于该地，故名金家潭	218	1164	894
11	西杨村	因早年村民多杨姓，名杨村，又因东部还有一个杨村，为示区别，故名西杨村	315	1190	1178
12	大寺街	宋代时该处有一佛寺名曰普照寺，规模宏大，街因寺而得名	95	236	154
13	寺胡同	因该处系通往普照寺的一条胡同，故名	65	193	190
14	县前街	因位于旧县衙南边，故名县前街	120	388	300
15	道前街	因位于旧道台衙门前，故名道前街	87	238	148
16	张小街	因明代街南头居一张姓大户，官府将此街命名为张小街	86	271	243
17	东关	因地处明清大名府城东城门外，故名东关	159	730	275
18	西关	因地处明清大名府城西城门外，故名西关	120	957	1026
19	羊市街	此处原为集贸市场中的羊市，故名羊市街	118	444	171
20	油坊街	古时这里的油坊很有名，故名油坊街	75	253	56
21	马厂街	清代此地西边是练武场，练武者均拴马于此，故名马厂街	128	461	117
22	北城隍庙街	历史上此处有座城隍庙，位置靠北城，故名北城隍庙街	109	499	397
23	吴水坑	因村北有一吴姓大水坑，故名	55	181	131.4
24	黄小街	街名来历不详	118	665	138
25	菜园街	古时这里种植菜园的较多，故名菜园街	85	301	75
26	玉带街	因该街呈环状，形若玉带，故名	55	161	80
27	满洲街	清顺治五年（1468），清政府的满洲八旗兵驻扎在这里，故名满洲街	89	394	134
28	南刘庄	明末，刘姓在此建一墓地，该村在墓地以南，故名南刘庄	230	1224	1024
29	北刘庄	该村在刘姓墓地以北，故名北刘庄	119	524	395

续表 1-1

序号	村（街）名称	村（街）名称来历	总户数	总人口	耕地（亩）
30	七里店村	因位于距县城北部 7 华里处，早年多客商店铺，故名七里店。该村东部曾为原七里店人民公社所在地	530	2306	4468
31	柳林村	因此处柳树较多，形成林带，建村后称柳林村	185	761	1498
32	十里铺村	因该村在距县城北部 10 华里处，早年多客商店铺，故名十里铺	160	737	1524
33	康堤口村	此处原是一段古黄河残堤的豁口，后有康姓到此定居，故名康堤口村	177	846	1505
34	北刘堤口	因此处原为古黄河残堤，后有刘姓定居，故名刘堤口。又因与他村重名，1982 年 5 月更名为北刘堤口	130	441	1080
35	岳庄	村名来历有二：其一曰岳姓最早在此定居，故名岳庄。其二曰村名与汉成帝御赐惬山有关。县志载：西汉建始四年（前 29）秋，河决东郡金堤，“河堤使者”王延世“以竹篓长四丈、大九围，盛以小石，两船夹载而下之，三十六日而堤成。”不仅塞堵了决口，而且还筑得像一座小山似的屹立在金堤之上，此土石堆御赐“惬山”。为纪念王延世功德，人们在惬山顶上建造王延世祠堂，后惬山脚下形成村落。因惬山高大，得名岳庄	230	1042	2179
36	牛谷村	在县城东北 5.5 千米处。因牛姓、谷姓最早在此定居，故名牛谷村	35	332	706
37	铁窗口村	该村地处宋代大名府城西门，因防水患，西门常年不开，用铁栅栏挡在门外，形似铁窗，故名铁窗口村	220	964	2099
38	北王庄	因王姓最早在此定居，故名王庄。后又因与县内其他村重名，为示区别，1982 年 5 月更名为北王庄	85	333	718
39	程堤村	此处原是黄河残堤，因程姓在此定居，故名程堤	95	399	858
40	付桥村	古时，此处有座桥，村在桥旁，且村民付姓较多，故名付桥村	143	613	1134
41	范店村	地处古官道旁，早年开有多家饭店，后成村落，“饭店”演变为“范店”	120	473	1026
42	油粉滩村	元朝时该村名为“油盆里”，后演变为“油粉滩”	242	1125	1808
43	升斗铺村	古时，该村以做升斗（旧时木质量具，3 市斤为一升，30 市斤为一斗）而闻名，开有多家经营升斗的店铺，故名升斗铺	262	1114	1926
44	谷营村	相传，北宋时朝廷与辽兵作战，此为一兵营驻地，后有谷姓定居，故名谷营	146	623	1299
45	程营村	村名来历见谷营村，因程姓在此定居，故名程营	143	495	950
46	窦营村	村名来历见谷营村，因窦姓在此定居，故名窦营	116	393	795

第二节　杨桥镇

杨桥镇位于大名县偏西北部，镇政府驻杨桥村南，距县城 16.8 千米。明代漳河流经此地，邻村一杨姓大户在此建桥一座，人称杨家桥，渐成村落，后简化为杨桥村。1953 年此地建乡政府后，因交通便利优势发展为集镇，1984 年 4 月改为建制镇。1996 年 2 月北马头乡并入杨桥镇。杨桥镇东与黄金堤乡交界，东南和南部与铺上乡相连，北部及西北部与沙圪塔乡毗邻，西部与王村乡接壤。总面积 62.97 平方千米，人口密度为 675.5 人 / 平方千米，辖 40 个行政村。2005 年年底，全镇共有 10665 户、42535 人，其中乡村人口 40846 人。耕地 72904 亩，农村人口人均占有耕地 1.8 亩；有效灌溉面积 59085 亩，占耕地面积的 81%；土质以中壤、重壤为主，农业总产值 16845 万元，农民人均收入 2280 元，居全县第 9 位。

农业　2005 年，全镇农机总动力 74251 千瓦，比 1979 年增长 10.52 倍，居全县第 1 位。农业播种总面积 13.148 万亩，复种指数为 1.80。其中粮食播种总面积 9220 亩，比 20 世纪 90 年代播种面积减少近 1 万亩，粮食总产 3.336 万吨；花生播种面积 2.3 万亩，花生总产 4600 吨。实有林地 2125 亩，实有果园 2117 亩，年产鲜果 1095 吨。大牲畜存栏 7800 头，出栏 3218 头。

乡镇企业　2005 年，全镇共有企业摊点 1258 个，从业人员 12961 人，年营业收入 91814 万元。较大企业有镇办纺织浆料厂、玉米淀粉厂、白庄纺纱厂、益民面粉有限公司等。益民面粉有限公司投资 1800 万元，日产面粉 250 吨，销往张家口、山西等地。全镇有砖厂 5 处：杨桥镇砖厂、大霍庄砖厂、后海子砖厂、西马头砖厂、乔庄砖厂。预制件厂 5 处：其中杨桥村 2 处、程子村 1 处、后海子村 1 处、东海子村 1 处。

文教卫生事业　全镇有中心卫生院 1 处，医护人员 36 名；镇卫生院 1 所，医护人员 13 名；村办卫生室 36 所，不脱产医护人员 42 名。镇中心校有教职工 336 名，村办小学校 17 所，在校学生 2700 名；中学 2 所，在校学生 1300 名。

基础设施建设　杨桥经万堤至大名县城公路沟通东部村庄；杨桥经常马庄至大名县城公路纵穿该镇南北；杨桥至广平县公路连通北部村庄；村与村之间均有油路相通。境内有变电站 1 座，并已完成低压线路改造。镇政府驻地有邮政、电信支局，村村通电信光缆、宽带，固定电话进入大部农家，手机成为企业、商铺及广大群众普遍使用的通信工具。

2005 年杨桥镇行政村一览表

表 1-2

序号	行政村名称	村名来历	总户数	总人口	耕地（亩）
1	杨桥村	明代漳河流经此地，邻村一杨姓大户在此建桥一座，人称杨家桥，渐成村落，后简化为杨桥村	651	2794	4017
2	樊河道村	因村庄地处古漳河的支流—俗称樊河故道旁，故名樊河道村，当地群众习惯称为“房头”村	460	2326	2463
3	程子村	因程姓最早在此定居，故称程子村	336	1551	2318

续表 1-2

序号	行政村名称	村名来历	总户数	总人口	耕地（亩）
4	前黄庄	因建村时村民都姓黄，原称黄庄，后分为前后两村，此村在南部，称前黄庄	149	692	1362
5	后黄庄	村名来历同前黄庄，此村在北部，称后黄庄	129	576	881
6	西白庄	因建村时村民多为白姓，故取村名为白庄。后因重名村较多，1982 年 5 月更名为西白庄	451	1956	3479
7	前齐庄	古时村庄靠近漳河故道，屡遭水患，村民齐心协力搬迁于高埠之上，为纪念这一壮举，故将村命名为齐庄。后分为前后两村，此村在南部，称前齐庄	243	1013	1017
8	后齐庄	村名来历同前齐庄，该村在北部，称后齐庄	239	1037	1806
9	沐浴庄	早年村西有一条河，水浅且清，盛夏人们常在此处洗浴，故名沐浴庄	127	607	982
10	赵家庄	相传，明初赵姓迁于此地定居，故名赵家庄	160	735	1260
11	冯屯	早年冯姓最先迁于此地定居，故名冯屯	237	1026	1930
12	马村	马姓最早迁于此地定居，故名马村	339	1579	2774
13	边村	早年村名为草村，因多发死亡事故，术士说因东邻马村的“马”吃“草”，遂改为“鞭村”，后演化为“边村”	324	1376	2429
14	李村	早年李姓迁于此地定居，故名李村	122	668	912
15	前桑圈村	宋代时这里是富人的场院，周围尽是寨桑，后因战争，人去地荒，寨桑尚存。明初迁民于此，因村周围有许多寨桑树，故名桑圈。后分为前后两村，该村在南部，称前桑圈	246	1129	1693
16	后桑圈村	村名来历同前桑圈，因该村在北部，故称后桑圈	210	991	1907
17	李马寨	相传北宋时此地为骑兵营寨，后李姓迁于此地定居，故名李马寨	249	1111	2668
18	刘马寨	村名来历同李马寨。后刘姓迁于此地定居，故名刘马寨	83	370	950
19	胡马寨	村名来历同李马寨。后胡姓迁于此地定居，故名胡马寨	122	544	1589
20	黄马寨	村名来历同李马寨。后黄姓迁于此地定居，故名黄马寨	46	201	615
21	程马寨	村名来历同李马寨。后程姓迁于此地定居，故名程马寨	88	451	999
22	小庄	因村小人少，故名小庄	74	367	817

续表 1-2

序号	行政村名称	村名来历	总户数	总人口	耕地（亩）
23	东司庄	早年这一带有两个较大的寺院，称东寺、西寺。该村邻东寺，称东寺庄，后演变为东司庄	318	1189	2664
24	北马头村	相传，古时此地为运河码头，故村名以码头称之，后演变为马头村。有三个村并存，因该村在北部，故名北马头。1958 年至 1983 年 3 月，此村为马头人民公社驻地。1983 年 3 月至 1996 年 2 月，为马头乡驻地	231	960	2192
25	西马头村	村名来历同北马头。因该村在西部，故称西马头	292	1260	2351
26	南马头村	村名来历同北马头。该村在南部，故称南马头	167	851	1540
27	祝村	因历史上该村祝姓较多，故名祝村	80	320	508
28	黄安庄	村名取吉祥平安之意，历史上该村黄姓较多，故名黄安庄	83	457	670
29	乔庄	明初乔姓迁于此地定居，村以姓氏而得名	124	595	1409
30	魏庄	明初迁民至此地时，魏姓居多，村以姓氏得名	56	290	744
31	大王庄	村名来历不详	182	858	2051
32	安庄	明初有温姓迁于此地，时称温庄；后又迁入安姓，人口逐渐发展为多数，村名遂改为安庄	102	469	1276
33	小霍庄	明初霍姓迁于此地定居，当时人数较少，故称小霍庄	75	451	853
34	大霍庄	明初数十户霍姓人家迁于此地定居，因与小霍庄毗邻，故称大霍庄	405	2008	3848
35	东周庄	明代从外地迁入周姓定居，分驻东西两村，该村在东部，故称东周庄	280	1237	2330
36	西周庄	村名来历同东周庄，该村在西部，故称西周庄	59	267	510
37	前海子	明代漳河流经此地，有一较大面积积水，望之如海，俗语称海子。该村在海子南边，故称前海子	310	1555	2324
38	东海子	村名来历同前海子，该村在海子东边，故称东海子	166	748	1129
39	后海子	村名来历同前海子，该村在海子北部，故称后海子	407	1818	3181
40	武庄	明代有武姓迁于此地定居，村以姓而得名	216	1056	1972

第三节　万堤镇

万堤镇位于大名县城北部，漳河行洪区内。镇政府驻万南村，原名万家堤。古代时此处为黄河流域，村民为防黄河水泛滥，在此修筑堤防，后有万姓人定居于此，因姓而得名。1953 年建乡后成为集镇，1984 年 4 月改为建制镇。1996 年 2 月，崔岳村乡并入万堤镇。镇政府距县城 11.5 千米，境域南与大名镇、大街乡接壤，西邻铺上乡，东邻红庙乡，北邻黄金堤乡。215 省道纵贯南北，万金（万堤—金滩镇）公路横贯东西，村村通有柏油路。辖区面积 54 平方千米，人口密度为 591 人 / 平方千米，城镇面积 16 平方千米，辖 41 个行政村。2005 年全镇有 8118 户、31915 人；其中乡村人口 30027 人，耕地 46397 亩，人均耕地 1.5 亩。该镇地下水资源丰富，有效灌溉面积达 100%，是闻名全县旱涝保收的产粮基地。2005 年，全镇工农业总产值 91785 万元，其中农业总产值 14885 万元；农民人均收入 2420 元。并乡扩镇以来，以农业种植结构调整为基础，实施科技兴镇战略，建设沿 215 省道经济长廊，确定了东部种植大蒜、中部养殖、南部种植小麦玉米的发展格局。

农业　2005 年，全镇农机总动力为 33353 千瓦，比 1979 年增长 253.4%。农业播种总面积 89974 亩，其中粮食播种 71798 亩，粮食总产 28219 吨；花生播种 7300 亩，总产 1825 吨；在蔬菜种植上发展地膜覆盖、日光温室、塑料大棚栽培，全镇种植蔬菜 9943 亩，以大蒜、莲藕为主，总产达 23342 吨；产品远销石家庄、北京、深圳、香港等城市和地区。实有林地 4956 亩，比 1979 年的 548 亩增加了 8 倍；实有果园 2121 亩，年产鲜果 502 吨。畜牧业以邯郸正大饲料有限公司和大名县智诚饲料有限公司为依托，大力发展养殖业，形成“公司 + 基地 + 农户”的经营模式。全镇大牲畜存栏 7525 头，出栏 4715 头。全镇有 6 个养猪专业村，投资 200 万元，建成 15 个标准化养猪场。万北村建立了种猪场，种猪存栏 100 头，年供商品仔猪 3000 余只，收入 50 余万元。该村 220 户农户，出栏商品猪 6000 头，获利 120 余万元，仅此一项人均获利 1336 元。

乡镇企业　2005 年较大企业有：邯郸正大饲料有限公司、大名县智诚饲料有限公司、前屯机械厂、万堤恒温库、高庄固恒温库、绿荫花卉有限公司（北方菊业）、大名金马面粉厂、中大花木公司大名第三分公司等，还有万北、万中、前屯三个大型集贸市场。全镇有 780 家商业、企业及服务业厂（店），从业人员 4470 人。

文教卫生及基础设施建设　2005 年，全镇有小学 41 所、中学 2 所，教职工 260 名，在校学生 5100 名；有 41 个村级卫生所，中心卫生院 1 处、镇卫生院 1 处，医护人员 61 名，其中镇中心卫生院医护人员 20 名。有 41 个村级文化宣教中心；41 个行政村中有 40 个村通公路，并硬化了街道；村村改造了电网，照明、动力用电充沛；大部分农户安装了电话，手机已经普及。

景观及文物　位于漳河南岸新生农场内的唐代何氏墓群，分布面积约 2 平方千米，为已知县境内规模最大的古墓葬群，是唐代魏博节度使何弘敬之宗茔。一号墓为何弘敬墓，出土国内至今已发现的最大墓志铭 1 盒，以及石、木质器件。其他墓葬面目如旧，封存于地下。

2005 年万堤镇行政村一览表

表 1-3

序号	行政村名称	村名来历	总户数	总人口	耕地（亩）
1	万南村	原名万家堤。古代时此处为黄河流域，村民为防黄河水泛滥，在此修筑堤防，后有万姓人定居于此，因姓而得名。该村在万家堤南部，故称万南村	270	1113	1623
2	万中村	村名来历同万南村，该村在万家堤中部，故称万中村	230	958	1644
3	万北村	村名来历同万南村，该村在万家堤北部，故称万北村	220	898	1110.6
4	前屯村	历史上村民人少姓杂，故称屯。村北有同名村庄，为示区别，取名前屯	453	1801	3051
5	后屯村	村名来历同前屯村，村南有同名村庄，为示区别，取名后屯	300	1208	1974
6	郭村	明代有一郭姓在此地定居，后成村庄，村以姓得名	154	635	1307
7	孙村	早年有一孙姓在此地定居，后渐成村，故名	77	315	505
8	二集村	宋代，村西有一座大庙，农历逢二集会，故名二集	105	428	635
9	西冯村	明代，冯姓在此地定居，形成村落，村以姓得名，原名冯村，因与本县有重名村，1982 年 5 月更名为西冯村	90	395	573
10	北辛庄	明代一林姓迁入该村，时称新庄，后演变为辛庄，因与本县有重名村，1982 年 5 月更名为北辛庄	232	978	1579
11	黄炉村	北宋时期，宋军为修造兵器在此建有大量烘炉，加之该村黄姓为大户，故称黄炉村	370	1588	2330
12	徐山庄	古时村边有一古塚，塚基高大，像座小山，人称山塚，村以塚得名，为山塚村，后演化为山庄村。又因此村多徐姓，故称徐山庄	104	459	672
13	李山庄	村名来历同徐山庄，因此村多李姓，故称李山庄	63	294	555
14	廉山庄	村名来历同徐山庄，因此村多廉姓，故称廉山庄	160	710	1336
15	前桥村	宋代，此处有座漳河桥，该村在桥南，故称前桥	105	461	882
16	后桥村	村名来历同前桥村，该村在桥北，故称后桥	146	672	751
17	潭口村	古代黄河在村东决口，冲成一个巨大水坑，名为潭坑，又称潭口，村以此而得名	135	640	930
18	杨庄	明代杨姓迁于此地定居，发展成村，故名杨庄	92	429	824
19	张家庄	明代张姓迁于此地定居，渐成村落，故名张家庄	199	917	1644
20	西潘庄	明代潘姓迁于此地定居，后成村落，村以姓而得名	106	451	666
21	大李庄	明代有两户李姓在此定居，一东一西，后均发展成村，有大小（东西）李庄之称。1958 年公社化时，两村合建为一个大队，定名为大李庄	215	971	1342
22	代庄	明代有代姓迁于此地定居，后渐成村，故名代庄	179	819	1412
23	王屯	因村中居民多姓王，故名王屯	74	320	650

续表 1-3

序号	行政村名称	村名来历	总户数	总人口	耕地（亩）
24	张屯	因村民张姓占多数，故称张屯	118	523	1285
25	连屯	因村民中连姓居多，故称连屯	71	319	604
26	史家村	明代史姓迁于此地定居，后渐成村，故名史家村	266	1099	1507.4
27	崔岳村	因是由原崔堤、岳村两个相邻的小村合并为一个村庄，故称崔岳村	99	452	898
28	南冯庄	因村民多姓冯，村北也有一个较大的同名村，时称小冯庄，1958 年改名为南冯庄	150	619	1325
29	北杨庄	早年有两户杨姓在此定居，后发展为村落，又因与县中其他村重名，该村在北边，故称北杨庄	93	423	880
30	冀台村	早年冀姓在此定居，历史上出过官员，村名曾被称为冀家堂。因村内地势较高，俗语称“土台子”，加之“堂”“台”谐音，1949 年后改称冀台	92	422	609
31	李炉村	明代，该村李姓村民曾建有 12 盘烘炉，为一方有名的铁匠作坊，故名李炉	136	630	947
32	北苏庄	早年苏姓在此定居，又因与县中其他村重名，该村在北边，故名北苏庄。后有一个称“大刀苏现”的人带头造反，失败后为避官府剿杀，隐姓埋名，改姓陈。而今村民多姓陈，村名仍称苏庄	56	256	549
33	北郭庄	因郭姓最早在此定居，又因与县中其他村重名，该村在北边，故名北郭庄	82	388	670
34	粟庄	因村民均姓粟，故名	128	586	868
35	韩六店	古时，该村紧靠漳河拐弯处，村名称为曲流店。后因村内韩姓居多，改称韩曲流店，演变为韩六店	71	307	520
36	吴六店	村名来历同韩六店，因村民中吴姓居多，故称吴六店	131	606	906
37	田六店	村名来历同韩六店，因村民中田姓居多，故称田六店	303	1401	2549
38	后张庄	该村原为农村集市，因村民多姓张，又因与县中其他村重名，故名后张庄	203	900	1654
39	高庄固村	早年村东有一片坟地，地势较高，取村名高塚固，后演变为高庄固	145	669	1124
40	皂庄	明代，该村有一座寺院名曰枣中寺，村以寺得名，因“枣”“皂”同音，后村名演变为皂庄	81	360	650
41	魏县屯	明代，该村为魏县的寄庄地（封建社会中地主在本籍以外置备土地，设庄收租，谓之寄庄），故名魏县屯	92	413	857

第四节　龙王庙镇

龙王庙镇位于大名县偏东南部，镇政府驻龙王庙三村，距县城 9.6 千米。据民国 23 年（1934）《大名县志》记载：“城东南 18 里处有一个三角潭，方圆百亩，久而不涸，以为龙湫，建龙王庙于其上，后人定居，故名‘龙王庙’。”此地古为水陆码头，商贾云集之地，群众具有浓厚的经商意识，为大名县早期集市名镇，1984年4月改为建制镇。1996年2月，赵站乡并入龙王庙镇。

龙王庙镇南与河南省南乐县接壤，东与埝头乡、县林场、孙甘店乡为邻，北与金滩镇相接，西北与大街乡、正西与旧治乡毗邻，成为冀豫两省交界的黄金地带。辖区面积58平方千米，辖27个行政村，总户数11192户，总人口48150人，人口密度830人/平方千米。其中乡村人口45934人，少数民族（回族）450人；2005年年底全镇农业总产值14453万元，人均收入2300元，位居全县第8位。总耕地40564亩，人均占有0.9亩，低于全县平均占有量44%；耕地中有效灌溉面积33604亩，占耕地的82.3%。

农业　2005年，全镇农机总动力为35155千瓦，比1979年增长5.36倍。农业以粮食作物种植为主，主要农作物为小麦、玉米、花生。农业播种总面积为71320亩，其中播种粮食37714亩，总产13904吨。播种花生27000亩，总产5130吨。蔬菜栽培面积6606亩，总产15514吨，甘庄的大葱，石槽坊、东高村的大棚蔬菜已初具规模。该镇地处黄河故道，土壤以沙土、沙壤土为主，故道多、沙丘多，宜林地面积大。全镇有林地9580亩，其中果园3617亩，年产鲜果1937吨，林业的发展改善了生态环境，昔日沙随风走的现象一去不复返。全镇大牲畜存栏8293头，出栏3373头。畜牧业产值在农业总产值中的构成中成为重要组成部分。

乡镇企业　2005年年底，全镇共有企业摊点1836处，其中集体6处、联办8处、个体1822处，从业人员5671人；乡镇企业营业总收入85760万元，实现利润2600万元，上缴税金542万元。重点企业星光化工厂2004—2005年连续两年被评为大名县十佳民营企业。赵站旧货市场辐射周边上百千米。总投资500多万元的龙王庙卫东果蔬批发市场生意兴隆。东木堤村、西木堤村的条编，龙王庙、甘庄的农机，石槽坊的金三角、苑湾的打井业等为全镇经济注入了生机与活力，促进了第三产业的发展和繁荣。

文教卫生　全镇有中学2所、联办小学19所，中小学在校生4700人、教职工280名，另有私立学校4处；有镇人民医院1处、村级卫生所27个，医护人员83人。龙王庙镇医院与邯郸市第二人民医院合作，引进大型医疗设备B超机、X光机、脑地形图设备等，有床位80个、专家6名，能承接骨、外科等大型手术，解决了周边群众看病难、看病贵问题。

基础设施建设　全镇有25个村通柏油路。2004年，西范堤、北张、东范堤、中范堤、西高村、双庙、新苑湾、寨里8个村投资100多万元，通油路20千米。106国道、215省道、313省道从该镇纵横穿过。村村通程控电话和宽带，普及了手机，高低压线路覆盖全镇。

2005年龙王庙镇行政村一览表

表1-4

序号	行政村名称	村名来历	总户数	总人口	耕地（亩）
1	东木堤村	相传，古时黄河在此决口，人们运来木桩、门板堵住决口，形成一段木堤，后有人迁于此地定居，故取村名木堤。后分东、西两村。因该村在东，故称东木堤	573	2734	2341
2	西木堤村	村名来历同东木堤村，因该村在西。故称西木堤	541	2380	2310
3	双庙村	明代初期，有一户人家从山东小兴州迁于木堤村南，时称前木堤。明中期，该村张崇公在朝居二品官，因村东有两座大庙，将村名改为双庙村	420	1744	2082

续表 1-4

序号	行政村名称	村名来历	总户数	总人口	耕地（亩）
4	北张村	村名来历不详。与河南省南乐县南张村仅一路之隔，该村在路北，属河北省，当地有“一路隔两省”之说	280	1349	1227
5	西范堤村	早年因村址坐落于旧黄河残堤上，老户人家多姓范，故取村名为范胜堤，简化为范堤。后因村大人多，分为东、中、西三个村。该村在西部，故称西范堤	526	2621	2238
6	中范堤村	村名来历同西范堤，因该村在中部，故称中范堤	387	1790	1376
7	东范堤村	村名来历同西范堤，因该村在东部，故称东范堤	380	1870	1782
8	西高村	相传，明代有高姓迁于此地定居，后渐成村落，取名为高村。中华人民共和国成立后，因村大，以村中心的玉皇庙为界，分为东、西两村。该村在西部，故称西高村	228	1047	831
9	东高村	村名来历同西高村。因该村在东部，故称东高村	181	834	581
10	石槽坊	相传，汉代村东有一座庙，庙前有一口井，井两边各有一个大石槽。刘秀被王莽兵所追路过此地时，曾用井水和石槽饮马。刘秀称帝后，村民引以为荣，取村名为石槽坊	492	2240	1666
11	三角店	村名来历有二：一说村里有一处古莲花池，池内常年积水，形若一个大三角，旧名三角淀，后“淀”演变为“店”。一说历史上该村曾有三家人分别在东、西、南三处开设饭店，故有三角店之称	297	1160	1515
12	郑村	村名来历不详	452	2100	2292
13	龙王庙一村	据民国 23 年（1934）《大名县志》记载：“城东南 18 里处有一个三角潭，方圆百亩，久而不涸，以为龙湫，建龙王庙于其上，后人定居，故名‘龙王庙’。”后因村大人多，按自南至北顺序，分为一、二、三、四村。该村在最南部，为龙王庙一村	321	1549	678
14	龙王庙二村	村名来历同龙王庙一村	229	1086	590
15	龙王庙三村	村名来历同龙王庙一村	261	1110	581
16	龙王庙四村	村名来历同龙王庙一村	252	1240	682
17	甘庄	相传，甘姓迁于此地定居最早，故名甘庄	482	2604	2061
18	东曹口村	明代嘉靖年间，此地开有官渠，时称饮牛口。因历史上曹姓为该村大户，又临近大道口，故改村名为曹道口，后简化为曹口。1948 年分为东、西两村，因该村在东部，故称东曹口	432	2013	2848
19	西曹口村	村名来历同东曹口村。因该村在西部，故称西曹口	412	1814	1736
20	花二庄	相传，早年村民多姓霍，时称“霍儿庄”，后演变为花二庄	433	2035	2151
21	赵站前街	因该村紧靠卫河东岸，历史上为水路交通的一个站点，加上村民多姓赵，故名赵站。后因村大，分为赵站前街、冀家拐、寨里三个村。原赵站人民公社驻赵站前街	377	1635	1419
22	冀拐村	村名来历同赵站前街。因此处原为赵站一条小街，村民多姓冀，故称冀家拐，简称为冀拐	279	1255	1198
23	寨里村	村名来历同赵站前街。因地处赵站东部和北部，故称寨里	417	1659	1602
24	小王庄	因历史上村小，村民多姓王，故称小王庄，也称王庄	299	1229	1482
25	东苑湾村	因历史上村民苑姓较多，又位于卫河东岸拐弯处，故称苑湾。后分为东、西两个村，该村在东部，故称东苑湾村	382	1611	1609

续表 1-4

序号	行政村名称	村名来历	总户数	总人口	耕地（亩）
26	西苑湾村	村名来历同东苑湾村。因该村在西部，故称西苑湾	207	877	967
27	新苑湾村	1979 年卫河开挖时，西苑湾部分村民迁移至卫河以西建村，取名为新苑湾	204	805	719

第五节　金滩镇

金滩镇位于大名县东北部，镇政府驻金南村，距县城 18 千米。东与山东省莘县接壤，北与红庙乡相邻，西靠卫河，南邻龙王庙镇。106 国道贯穿南北，顺从（顺道店—从善楼）公路、万金（万堤—金滩镇）公路、金奉（金滩镇—山东莘县王奉）公路连接东西。镇域面积 60.65 平方千米，人口密度为 758.5 人 / 平方千米，耕地面积 64309 亩，人均耕地 1.5 亩。2005 年全镇辖 23 个行政村，11870 户、46005 人；其中乡村人口 43995 人。工农业生产总产值 128031 万元，其中农业生产总值 15164 万元，农民人均收入 3100 元，位居全县第 1 位。金滩镇原来是卫河的一个渡口，后聚集为村落，因处于河滩上而得名小滩。此地位于大运河畔，河运繁忙，舟船辐辏，逐渐发展成为一个大集镇。旧时依据水旱码头优势发展商业，有“日进斗金”之誉。清同治年间（1862—1874），礼部尚书毛昶熙乘船路经此地，题写“金滩镇”三字，作为村名沿用至今。1953 年建乡，1958 年成立人民公社，1984 年 4 月改为建制镇，1996 年 2 月上马头乡并入金滩镇。

农业　1979 年该镇实有林地 4036 亩，苗圃 97 亩，有少量零散枣树、毛桃等，年产鲜果 237 吨。20 世纪 80 年代经过大搞农田林网建设，宜林地种树和栽植经济林，1990 年林地发展到 23500 亩、果园 2808 亩，年产鲜果达 990 吨。至 2005 年，林地面积稳定在 20345 亩；果园 3028 亩，年产鲜果 2903 吨；大牲畜存栏 7503 头，出栏 3296 头；全镇农机总动力 34266 千瓦，比 1979 年增长 3.9 倍；农业播种面积 112808 亩，其中粮食播种面积 70843 亩，总产 23461 吨，播种花生 37000 亩，总产 9095 吨。先后建成北沙窝庙、金东、金中、焦庄波尔山羊、小尾寒羊养殖村，程庄、顺道店、焦庄、前消灾养鸡专业村，辐射带动了全镇养殖业的发展，仅此人均增收 500 余元。

乡镇企业　2005 年，全镇拥有集体、个人企业摊点 1000 个，从业人员 5136 人。其中规模较大的有：复兴面粉公司、吉祥面粉公司、康乐面粉公司、顺达面粉公司、程庄空心砖厂、金滩镇钢碴砖厂、黄庄砖厂、上马头砖厂以及棉短绒厂、塑料合金厂等。乡镇企业总收入 93618 万元，位居全县第 9 位。实现利润 6341 万元，上缴税金 862 万元。

文教卫生及基础设施建设　2005 年全镇有 2 处中学、21 所小学，2 处私立学校，教职工 408 人，在校生 5450 人。有镇办卫生院 1 处，医护人员 31 人，其中医生 19 人，被省政府命名为一等甲级医院；村级卫生室 25 处，乡村医生 47 名；有镇文化站 1 处，村级文化宣教中心 23 处。

106 国道纵贯南北，金滩镇至山东王奉公路横穿东西；邯郸至金滩镇的长途客车及大名至金滩镇的城乡公交车，方便了群众出行。纵横交错的公路网，保证了客货运输的便捷。23 个村全部架设高压电力线路，完成低压线路整改。村村铺设通信光缆，安装固定电话和宽带，移动电话已普及。

2005 年金滩镇行政村一览表

表 1-5

序号	行政村名称	村名来历	总户数	总人口	耕地（亩）
1	金南村	金滩镇原是卫河的一个渡口，后聚集为村落，因处于河滩上而得名小滩。隋炀帝疏浚开凿永济渠（大运河的一部分）后，此地河运繁忙，舟船辐辏，逐渐发展成为一个大集镇。旧时依据水旱码头优势发展商业，有“日进斗金”之誉。清同治年间，礼部尚书毛昶熙乘船路经此地，题写“金滩镇”三字，作为村名沿用至今。1949 年后分为南、北、中、东四个村。该村在金滩镇南部，故称金南村	329	1533	1629
2	金中村	村名来历同金南村，该村在金滩镇中部，故称金中村	319	1531	1500
3	金东村	村名来历同金南村，该村在金滩镇东部，故称金东村	477	2247	2410
4	金北村	村名来历同金北村，该村在金滩镇北部，故称金东村	646	2850	3129
5	焦庄村	早年焦姓迁于此地定居，后成村落，故名焦庄	114	606	697
6	豆腐巷村	历史上该村曾以做豆腐闻名，村内尽是小巷，故名豆腐巷	173	783	1039
7	北沙窝庙村	因该村位于古沙麓山北端，俗称沙窝。后在此建有庙宇，又称沙窝庙	177	800	1393
8	东龙化村	古时村状酷似龙形，人们崇龙，认为是龙之化身，故取村名龙化，后分为东、中、西三村。该村在东部，故称东龙化	417	1800	3281
9	中龙化村	村名来历同东龙化村，该村在中部，故称中龙化	275	1276	2780
10	西龙化村	村名来历同东龙化村，该村在西部，故称西龙化	231	1380	2566
11	后消灾村	相传古时这里有一庙宇，颇有灵验，远近乡里多有人到此祈神消灾，故名消灾。后分为前后两村。该村在北部，称后消灾	353	1731	2958
12	前消灾村	村名来历同前消灾村，因该村在南部，故称前消灾	255	1144	2171
13	小丈村	村名来历不详，原名小漳村，简化为现名	199	927	1580
14	上马头村	西汉以前黄河曾流经此地，当时这里系一渡口，又称码头。因北部娘娘庙村也有一个黄河码头，该村在上游，故称上码头，后演变为上马头。1961 年至 1996 年 2 月，此村为上马头人民公社、乡人民政府驻地	321	1390	4223
15	辛庄村	村名来历不详	264	1200	2548
16	娘娘庙村	原名下码头，后改为娘娘庙。村名来历传说有三：一说早年该村有贾氏民女被选入宫，执事者索贿未遂，馋于上，言贾字不吉，遂废。该女忧郁而死，族人立庙以祀，称娘娘庙。二说古时该村有一座三皇姑庙，亦称娘娘庙。三说古时卫河决口，有一女奋身跳入，为堵决口献身，后人修庙供奉，称娘娘庙。村因庙而得名	1047	5616	6817
17	顺道店村	该村地处古代官道的分岔处，原名岔道村。后认为此名不雅，加上这里官道旁建有店房，故改名为顺道店	915	4250	4935.6
18	窑厂村	历史上该村以烧制陶盆闻名乡里，有“窑厂村，三里长，家家户户盆垒墙”的顺口溜，故名窑厂村	511	2470	2170
19	程庄	村名来历不详	401	1920	3578

续表 1-5

序号	行政村名称	村名来历	总户数	总人口	耕地（亩）
20	石家寨	俗称东土山，又称沙邱堰，相传此处为古沙麓山遗址。范鉴古《沙丘堰记》记载“东土山在石家寨之西门外，以香火会名于遐迩。东土山者，后魏郦道元《水经注》所谓沙丘堰，大河所经，以沙麓山而名。”村西有高阜建庙，又称泰山奶奶庙，该庙相传为周穆王所建。每年农历二月中旬有香火大会，会期数天	511	2444	3974.5
21	北李庄	村名来历不详	351	1550	3224
22	黄庄	早年有黄姓在黄河故道岸边定居，后渐成村，故名黄庄	268	1202	2541
23	郑寨	早年有郑姓迁于此地定居，后渐成村，村周有寨墙，故名郑寨	374	1350	3152

第六节　束馆镇

束馆镇位于大名县东南部，镇政府驻地在西束馆村北，距县城 25.8 千米。地处冀、鲁、豫三省交界处，东接山东省莘县，南与河南省南乐县毗邻，西与本县埝头乡接壤，北与本县北峰乡相连。总面积 53.64 平方千米，辖 31 个行政村（24 个自然村），7834 户，36850 人，其中乡村人口 35856 人。人口密度为 687 人 / 平方千米。耕地 58965.8 亩，土质以沙土、沙壤土为主，人均耕地 1.6 亩。2005 年农业总产值 16989 万元，农民人均收入 2140 元，并列全县第 12 位。马颊河在该镇东南部自南向东北斜穿而过进入山东省境内，老柴河自西向东在中部横穿而过。两条河流的过境解决了该镇内涝排水。束馆镇原名安贤镇。尚书郎束皙是西晋著名的文学家、史学家，辞官后回故里安贤镇设馆教书，死后葬于此地，门生及故人为其修墓立碑建束公祠堂，为纪念他，将安贤镇改名为束馆镇，沿用至今。该镇 1953 年建乡后形成集镇，1984 年 6 月改为建制镇。1996 年 2 月，塚北乡并入束馆镇。

农业　2005 年全镇农机总动力 39413 千瓦，比 1979 年增长 6.7 倍；全镇有效灌溉面积为 58965.8 亩，耕地全部实现水利化。农业播种总面积 104713 亩，复种指数为 1.77。粮食播种总面积为 57713 亩，总产 21589 吨，播种花生 42000 亩，总产 10400 吨，居全县第四位。蔬菜播种面积 5000 亩，总产 11555 吨；实有林地 10670 亩，果园 4907 亩，年产鲜果 2489 吨；大牲畜存栏 15515 头，出栏 7901 头。

乡镇企业、文教卫生、基础设施建设　乡镇企业 2005 年营业总收入 87125 万元，增加值 2.2 亿元，从业人员 3728 人，上缴税金 550 万元；有中学 2 所、小学 16 所，教职工 206 名，在校中学生 818 名、小学生 2236 名。全镇有镇卫生院 1 所、医护人员 40 名。村办卫生室 31 所，不脱产医护人员 31 名；境内有西至大名、北至从善楼、东南至山东省卞辛庄公路。每天有发往邯郸的长途客运班车及通往大名县城的乡村班车；有变电站 1 处，2002 年全镇 31 个行政村即全部完成低压线路改造；有邮政所、电信支局各 1 处。固定电话、手机在各行政村基本普及。

2005 年束馆镇行政村一览表

表 1-6

序号	行政村名称	村名来历	总户数	总人口	耕地（亩）
1	北束馆村	束馆镇原名安贤镇。晋尚书郎束皙是西晋的文学家、史学家，辞官后回故里安贤镇设馆教书，死后葬于此地，门生及故人为其修墓立碑建束公祠堂，为纪念他，将安贤镇改名为束馆镇，沿用至今。该村在北部，故名北束馆	272	1247	1674.4
2	西束馆村	村名来历同北束馆村，该村在西北部，故名西束馆	396	1667	2382.4
3	南束馆村	村名来历同北束馆村，该村在南部，故名南束馆	488	1737	3255
4	东束馆村	村名来历同北束馆村，该村在东部，故名东束馆	343	1561	2623
5	西何家村	始名罗庄。明代，有纪姓、何姓迁至此地定居，何姓人多住于西部和南部，纪姓住于东部，1940 年后各自成村。该村在西，故称西何家	204	961	1549
6	前何家村	村名来历同西何家。该村在中部和偏南部，故称前何家	211	845	1269
7	东纪家庄	村名来历同西何家。该村在东，又多姓纪，故称东纪家庄	152	581	1157
8	花园头村	早年这里是个花园，后有人定居建村，故名花园头	373	1519	2473
9	刘辛庄	明初，有一个叫刘佩的人，从山西洪洞县挑着担子迁民至此定居，后成村庄。为不忘当初之苦，取村名为刘辛庄	352	1439	2662
10	东刘村	明代，刘姓从山西迁民至此建村，故名刘村。因与本县西部刘村重名，1982 年 5 月 27 日改为东刘村	152	671	998
11	唐村	明代，有 4 户唐姓从山西迁于此地定居，故名唐村	283	1267	2137
12	东魏村	明代，有一个叫魏中仁的人，从山西迁民至此定居，后渐成村，故名魏村。因与本县西部魏村重名，1982 年 5 月 27 日改为东魏村	244	1166	2165
13	杏园村	相传，早年此处是一片杏树果园，后有人迁于此地定居，发展成村，故名杏园村	147	630	1040
14	阎庄	明代，有一个叫阎小刚的人从山西迁于此地定居，后渐成村，故名阎庄	265	1270	2775
15	大李家村	明代，有李姓兄弟二人从山西迁于此地定居，后分开居住，均发展成村，兄住村名大李家	112	455	925
16	小李家村	明代，有李姓兄弟二人从山西迁于此地定居，后分开居住，均发展成村，弟住村名小李家	59	288	539
17	杨家村	明代，有杨姓和张姓人从山西迁于此地定居，后杨姓人发展较快，张姓断绝，村名故称杨家村	101	422	866
18	后王家村	明代，有个叫王赞臣的人从山西迁于此地定居，故村名为王家。因南部山东省也有一个王家村，为示区别，改称后王家	79	340	926

续表 1-6

序号	行政村名称	村名来历	总户数	总人口	耕地（亩）
19	东堤上村	该村建在一段残堤上，周围地势较低，故称堤上。因地处大名县东部，故称东堤上	283	1201	1952
20	胡气村	村名来历不详	700	2905	4248
21	东安庄	原名安庄，村名来历不详。因大名县西部有重名村，1982 年 5 月 27 日更名为东安庄	249	1033	1554
22	小营村	早年，该村因制作纸扎（丧葬用品）的较多，名纸扎营。后因村小人少，故称小营	299	1352	2296
23	冢北村	村南半华里有太子冢（一说为卫太子伋之墓，一说为魏太子申之墓），因该村在此冢的北部，故称冢北村。又因早年这里曾为一大集镇，古黄河、马颊河从镇旁流过，曾名双河镇。但因“冢北”流传久远，此名没叫多久即止。1961 年曾在此地设冢北人民公社，1984 年改为冢北乡人民政府，1996 年 2 月并入束馆镇	560	2770	3830
24	十字路村	村名来历不详	345	1489	2700
25	南小丈村	村名来历不详	344	1491	2384
26	黄葛村	自古名为葛村，1949 年后按姓氏分为黄、胡、房三个葛村。该村黄姓较多，故称黄葛村	260	1089	1651
27	胡葛村	村名来历同黄葛村，该村胡姓较多，故称胡葛村	129	579	780
28	房葛村	村名来历同黄葛村，该村房姓较多，故称房葛村	118	504	625
29	前寺头村	早年此处有一座大寺院，村以寺得名。后分为前、后、东三个村。该村地处南部，故称前寺头	179	779	1627
30	后寺头村	村名来历同前寺头村，该村地处北部，故称后寺头	172	784	1982
31	东寺头村	村名来历同前寺头村，该村地处东部，故称东寺头	220	982	1921

第七节　沙圪塔乡

沙圪塔乡位于大名县西北部，乡政府驻沙圪塔村南、邯（邯郸）馆（馆陶）公路北侧，距县城 26 千米。东北与馆陶县交界，东与黄金堤乡相连，南与杨桥镇接壤，西南与王村乡毗邻，西部和西北部与广平县相接。总面积 58.59 平方千米。2005 年辖 27 个行政村、9358 户、37927 人；其中乡村人口 37083 人，人口密度为 647 人 / 平方千米。耕地 70254.2 亩，土质以中壤、重壤为主，农村人均耕地 1.9 亩。农业总产值 14587 万元，农民人均收入 2140 元，并列全县第 12 位。沙东干渠自西向东穿越。沙圪塔村地处古漳河故道的沙丘旁，当地称沙丘为“沙疙瘩”，故取村名为沙疙瘩村，后人们嫌“疙瘩”二字含义不好，改称沙圪塔村。1953 年原建乡于西司庄村，1961 年为西司庄人民公社，1974 年 5 月迁至沙圪塔村现址，1982 年 5 月 27 日更名为沙圪塔公社，1984 年 4 月更名为沙圪塔乡人民政府。1996 年 2 月，儒家寨乡并入沙圪塔乡。

农业　2005 年全乡农机总动力 63889 千瓦，比 1979 年增长 1.04 倍，居全县第 2 位。农业以粮食生产为主，主要农作物为小麦、玉米、花生、棉花等。2005 年，全乡共有机井 894 眼，并全部实行机电配套，有效灌溉面积 68485 亩，占总耕地面积的 97%。农业播种总面积 111740 亩，复种指数为 1.58。其中粮食播种总面积 71965 亩，粮食总产量 28221 吨，播种花生 27000 亩，花生总产 6214 吨；实有林地 2229 亩，果园 2107 亩，年产鲜果 708 吨；大牲畜存栏 6707 头，出栏 4096 头。2002—2005 年建有冀南牛业有限公司，投资 230 万元，饲养肉牛存栏 200 余头，并建有屠宰分割生产线，为邯郸市农业产业化龙头企业。随着农林牧业的发展，在小康村建设中已有郭鸭窝（1995 年）、东屯（2000 年）、老陶营（2001 年）、北贾庄（2002 年）先后达到小康村建设标准。

乡镇企业　至 2005 年年底，全乡共有企业摊点 711 个，其中较大企业有：沙圪塔乡办砖厂，总投资 1000 万元，主要以生产建筑用红砖为主，年产红砖 1000 万块，年产值 180 万元；赵鸭窝村砖厂，总投资 900 万元，年产红砖 900 万块，年产值 162 万元；元寨村砖厂，总投资 960 万元，年产红砖 1000 万块，年产值 180 万元；北贾庄村砖厂，总投资 850 万元，年产红砖 800 万块，年产值 144 万元；儒家寨砖厂，总投资 1000 万元，年产红砖 1100 万块，年产值 198 万元；和寨奶牛厂，总投资 50 万元，存栏奶牛 80 头，日产纯奶 240 千克，年产值 18 万元；西屯副食品厂，总投资 200 万元，年产辣椒酱 5000 吨，年产值 50 万元。至 2005 年，全乡乡镇企业从业人员 3390 人，营业收入 82716 万元，上缴税金 827 万元。为方便群众日常生活及农产品交易，2004 年在沙圪塔村南建成了沿路农贸市场，该市场占地 38 亩，门市 200 间。东屯村是风筝加工专业村。后辛寨村有加工小磨香油的传统，至 2005 年，该村的小磨香油加工从开始的小作坊，发展成为机械化生产、芝麻流通、香油加工、销售为一体。个体香油加工延伸到全国 50 多个地、市，并远销国外。

文教卫生、基础设施建设　全乡有中学 2 处、小学 21 所、学前班 1 处，教职工 228 名，在校中小学生 2468 名；有乡卫生院 1 处、村级卫生所 32 处、医护人员 40 名；有乡文化站 1 处、村级文化宣教中心 27 处；乡境内邯馆（邯郸—馆陶）公路横贯东西，常元（常马庄—元寨）公路纵贯南北，邯济（邯郸—济南）铁路大名站坐落在元寨村北，27 个行政村全部通公路，全部完成低压线路整改，农副产品加工全部实现机械化，电视普及。所有行政村接通电话光缆和宽带，大部分农户安装固定电话，移动手机基本普及，一部分家庭安装了电脑。

文物景观　儒家寨南街有泰山行宫（青云寺）一座。历史悠久，香火旺盛。据传始建于唐高祖武德年间（618—626），有人工筑起的一座长 200 余米、宽 150 余米、高 10 余米的土台，后人称之为“土山”。寺庙建于其上，建有山门、前后大殿、中殿、东西配殿及廊房等，殿堂红墙金顶，飞檐走兽；寺庙中古树参天，碑石林立，颇为壮观。因战乱频繁，曾数次颓废，几经修复。1942 年被日本侵略军的飞机炸为一片废墟，遗址尚存旧寺庙部分柱基、石阶、石造像及其他建筑构件。中共十一届三中全会后，当地群众捐资重修寺庙，陆续建起大殿、中殿、山门、围墙等设施。1991 年，泰山行宫庙（青云寺）被大名县政府列为县级文物保护单位。

2005年沙圪塔乡行政村一览表

表1-7

序号	行政村名称	村名来历	总户数	总人口	耕地（亩）
1	西司庄	唐代，这一带有2个较大寺院，分别称为东寺和西寺。因该村位于西寺附近，故称西寺庄，后演变为西司庄	275	1200	2793.8
2	东屯村	北宋时，官兵在此安营屯粮，原村名予庄屯；明代改为于儿庄屯；清末称于庄屯，分为东、西两村；中华人民共和国成立后，简化为东、西屯。因该村在东部，故称东屯	156	632	1247
3	西屯村	村名来历同东屯。因该村在西部，故称为西屯	204	940	1570
4	屯头村	相传原为宋代一个大村的北头，故称屯头	310	1297	3194
5	老陶营村	相传北宋时此地是一个兵营，首领是一位姓陶的老将，故称老陶营，后渐成村落	350	1500	2798
6	前于旺庄	明代，王姓等从山西迁民于此建村，取兴旺发达之意，名于旺庄。后发展为南北两村，该村在南部，故称为前于旺庄	200	815	1876
7	后于旺庄	村名来历同前于旺庄。因该村在北部，故称后于旺庄	172	816	2018
8	漳迩庄	该村在古漳河附近，因“迩”为近之意，取村名为漳迩庄	370	1700	3341
9	郭鸭窝村	早年，漳河流经此地，因地势低洼，常年积水，野鸭很多，时称鸭窝。后郭姓迁于此地建村，故名郭鸭窝	210	945	2230
10	赵鸭窝村	村名来历同郭鸭窝村，因村民多赵姓，故名赵鸭窝	365	1665	3433.1
11	和寨村	相传，北宋时辽军在此安营扎寨，被宋军烧毁，后有人定居，称村名火寨。因附近村名为鸭窝，鸭喜水，与火不利，改村名为和寨	350	1585	2781.6
12	后沙圪塔村	地处古漳河故道的沙丘旁，当地称沙丘为“沙疙瘩”，故取村名为沙疙瘩村，后人们嫌“疙瘩”二字含义不好，改称沙圪塔。因村大人多，1958年按方位分为后、北、东、南四个村，该村在东北部，故称后沙圪塔	264	1170	2510.8
13	北沙圪塔村	村名来历同后沙圪塔村，该村在西北部，故称北沙圪塔	135	572	1424
14	东沙圪塔村	村名来历同后沙圪塔村，该村在东北部，故称东沙圪塔	170	714	1569.2
15	南沙圪塔村	村名来历同后沙圪塔村，该村在南部，故称南沙圪塔	80	342	968
16	元寨村	相传，北宋时宋军元帅曾于此地安营扎寨驻防，成村后故称元寨	570	2670	5557
17	谢寨村	相传，北宋时此地为驻军营寨，后谢姓人最早迁于此地定居，故取村名为谢寨	550	2475	5449.3

续表 1-7

序号	行政村名称	村名来历	总户数	总人口	耕地（亩）
18	儒家寨东街	此处原是一座城堡，明初迁民于此建村，因迁民中读书人较多，尊崇孔孟，故取村名为儒家寨堡。万历年间，将堡字去掉，名为儒家寨。后分为东、西、南三个村，该村在东部，故称儒家寨东街	254	1041	2001
19	儒家寨西街	村名来历同儒家寨东街。因该村在西部，故称儒家寨西街	215	962	1823
20	儒家寨南街	村名来历同儒家寨东街。因该村在南部，故称儒家寨南街	185	900	1556
21	北贾庄	此处原为古漳河北部的一处高岗，人称“北庄上”，明代迁民定居后，因贾姓较多，故称贾庄，后因南部有重名村，故称为北贾庄	320	1510	2832.8
22	南贾庄	明初迁民于此建村，时村南龙渊寺碑刻记载村名为贾儿庄，后在书写时略去儿字为贾庄，因北部还有一贾庄，故名为南贾庄	470	2068	4073.8
23	东庄	明初迁民于此建村，时佛爷庙大钟铸村名为“众仙固”，明末演变为“仲厢固”。中华人民共和国成立后，分为东、西两村。该村在东部，简化为东庄	310	1450	3118
24	西庄	村名来历同东庄。因该村在西部，故称西庄	495	2072	3580
25	后辛寨村	明代有辛姓迁于此地定居，村周有寨墙，故名为辛寨。后分为南、北两村，该村在北部，称后辛寨	411	1900	3352
26	西马寨村	北宋时，此处曾为官府骑兵营寨，明代迁民于此时，村中天爷庙大钟铸村名西马寨，沿用至今	242	1115	1784
27	西程庄	明代迁民于此时，因陈姓较多、程姓次之，故取村名为陈庄。后因西南部还有一个陈庄，又改名为西程庄	167	674	1373

第八节　王村乡

王村乡位于大名县西部偏北，乡政府驻地在王村集，距县城 25 千米。东北与沙圪塔乡相连，东与杨桥镇为邻，东南与铺上乡交界，南与魏县毗邻，西北与广平县接壤；总面积 48.32 平方千米。2005 年辖 32 个行政村（30 个自然村），9478 户、39914 人；其中乡村人口 38899 人。人口密度为 826 人 / 平方千米。耕地 55988 亩，北部土质以中壤为主，重壤次之；东南部土质以轻壤为主，沙壤、中壤次之。农村人均耕地 1.4 亩；农业总产值 13738 万元，农民人均收入 2180 元，居全县第 11 位。西部有三干渠，沙东渠、民有渠在乡域内由西南向东北穿过，东南部有漳河故道。乡政府驻地原名大王村，清代发展为集市，更名为王村集。1953 年建乡，1958 年 9 月为王村公社驻地，1984 年 4 月改为王村乡人民政府。1996 年 2 月，原西店乡并入王村乡。

农业　2005 年，全乡农机总动力 29505 千瓦，比 1979 年增长了 3.73 倍；有机井 1200 眼，其中深井 18 眼。有效灌溉面积 48290 亩，占总耕地的 86%。农业播种总面积 95350 亩，复种指数为 1.70。其中粮食播种总面积 70480 亩，粮食总产 28850 吨。因地制宜进行农业结构调整，改变过去单一的粮食种植模式，推行一村一品、一区一品，实行区域化、规模化经营管理。韩庄、魏庄、店北等几个村地处黄河古道，土壤以沙壤为主。引导群众种植花生，2005 年花生播种量达 18000 亩，花生总产

4280吨。东王二庄、西王二庄、陈庄、前申桥等村群众有丰富的蔬菜种植技术，引导群众发展大棚蔬菜、错季蔬菜，在棚内冬养蘑菇、春种蔬菜，一年两茬，既有效利用了耕地，又增加了收入，2005年发展大棚300多个，年产蘑菇300多万斤，蔬菜25万千克，此项收入人均增收1500多元；实有林地2280亩、果园5517亩，年产鸭梨等鲜果5713吨，形成以铁炉庄、东王村、西王村、柏村为主的梨树种植专业村，被称为大名县的“鸭梨之乡”；大牲畜存栏6448头。

乡镇企业　2005年，全乡共有成型企业45家，各类门市摊点1500多处，从业人员5270人，年营业收入90262万元，创利税488万元。在发展经济的同时，积极组织劳务输出，鼓励村民外出务工经商，在外经商务工人数达8500多人，占全县外出人数的近1/10。在外经营香油加工销售者达600多户、2000多人，全乡32个村每个村都有外出经营香油的户，其中以铁炉庄、前辛寨两个村最多。铁炉庄村在外经商务工的500多人中，有近三分之二的人从事香油生意，达60多户，油房100多处，年收入300多万元，香油加工成为该村的重要支柱产业，部分经营户已在当地购买商品楼。前辛寨村全村670口人，在外经营香油生意的就达近300人，近一半是全家外出，该村仅此一项纯收入每年可达200多万元，香油成为该村经营收入的主要来源。

文教卫生　2005年，全乡有中学2所、小学17所、教职工261名，在校中学生1350名、小学生2246名，配备微机150台。初中入学率100%，初中升高中率达35%以上；有乡卫生院1所，医护人员11名，村办卫生室36所，不脱产医护人员36名。

基础设施建设　公路与魏县、广平县相连通。2004年修通王村至马头8千米的柏油路面后，筹资1100万元，修乡村路54.5千米；2005年又修建4个村的道路，全乡实现村村通油路。并完成低压线路整改。通信光缆连通各村，大部分农户安装了固定电话，多数人家用上了手机。

2005年王村乡行政村一览表

表1-8

序号	行政村名称	村名来历	总户数	总人口	耕地（亩）
1	王村集	因历史上王姓最早在此定居，取名王村。后这里发展为一大集市，改称王村集	370	1442	1940
2	西王村	位于王村集东南，原名前王村。1960年分为东、西两村。该村在西部，故称西王村	110	358	293
3	东王村	村名来历同西王村。该村在东部，故称东王村	198	853	672
4	西赵庄	相传唐代建村，早年村民刘姓居多，村名刘家台。后赵姓发展为大户，在村中间修庙一座，以庙为界，分为东西两村。该村在庙西，故称西赵庄	215	791	927
5	东赵庄	村名来历同西赵庄。该村在庙东，故称东赵庄	162	720	604
6	柏村	明代有柏姓人最早在该村定居，故称柏村	665	2905	3921
7	段庄	因段姓最早在该村定居，故称段庄	205	810	1190
8	西陈庄	该村陈姓较多，又处于大名县西部，故称西陈庄	235	1040	1520

续表 1-8

序号	行政村名称	村名来历	总户数	总人口	耕地（亩）
9	西王二庄	以居住者王姓得名。当地口语带儿化韵，原称王儿庄，后将“儿”改为“二”，分东、西两村，该村在西部，故称西王二庄	340	1405	2264
10	东王二庄	村名来历同西王二庄，该村在东部，故称东王二庄	200	836	1573
11	前申桥村	从前，古漳河流经此地，当地建有过河桥梁，又因村民多姓申，故称申桥。该村在南部，称前申桥	275	1170	1732
12	后申桥村	村名来历同前申桥，该村在北部，称后申桥	192	865	1262
13	店西村	古漳河流经此地，岸边建有店铺，明初称西河小店，渐成集市，名为西店集。后发展为东、西、南、北四个村，该村在西部，称店西。1961 年至 1996 年 2 月，这里曾为西店人民公社、乡政府驻地	223	1028	1553
14	店东村	村名来历同店西村，该村在东部，故称店东	215	938	1477
15	店南村	村名来历同店西村，该村在南部，故称店南	285	1286	1826
16	店北村	村名来历同店西村，该村在北部，故称店北	335	1375	2213
17	未庄	古漳河流经此地，因地势较高，位置稳定，古时称“位庄”，后演变为未庄	270	1265	1959
18	西韩庄	因韩姓最早在该村定居，时称韩庄。又因东部有相同村名，为示区别，更名为西韩庄	438	1960	3407
19	前辛寨村	明代有辛姓迁于此地定居建村，村周有寨墙，名辛寨。后分为南、北两村，该村在南部，称前辛寨	150	630	1058
20	杨固村	原在村东二里处，因地势低洼，屡遭水患，后迁至现址。当时杨树较多，为祈盼能在新址稳固定居，取村名为杨固	265	1188	2451
21	大李凝	村名来历不详。早年村东有一条小河南北向流过，村东名称为小河东，1961 年并入大李凝	428	1950	4166
22	小李凝	村名来历不详。地处大李凝西边，人口较少，故称小李凝	160	746	1114
23	田固村	历史上村中田姓较多，故名田固	165	1240	2329
24	西杨庄	早年村中有一妇女孤独养子，教子有功，受过封赏，命村名养儿庄，后演变为杨庄。又因地处大名县西部，为区别东部重名村，1982 年 5 月更名为西杨庄	295	1260	2106
25	西安村	早年此地荒凉，明代迁民定居，建村时取平安吉祥之意，名安村。后分为东、西两村，该村在西部，称西安村	128	461	807
26	东安村	村名来历同西安村。该村在东部，故称东安村	275	1230	1919
27	任岳村	相传宋代民族英雄岳飞曾在此地驻扎抗拒金兵，村民引以为荣，取村名为岳村。又因村民任姓居多，故名任岳村	194	930	1526

续表 1-8

序号	行政村名称	村名来历	总户数	总人口	耕地（亩）
28	马岳村	村名来历同任岳村，因历史上村民马姓居多，故称马岳村	237	980	1604
29	关岳村	村名来历同任岳村，因历史上村民关姓居多，故称关岳村	257	1280	1869
30	李岳村	村名来历同任岳村。因村民李姓居多，故称李岳村	96	438	680
31	孟村	明代迁民定居时，因孟姓居多，故称孟村	272	1370	2287
32	铁炉庄	北宋时，官军在此地修造兵器，安有很多铁炉，成村后故名铁炉庄	245	1120	1740

第九节　铺上乡

铺上乡位于大名县偏西北部，乡政府驻铺上村东、常元公路东侧，距县城 10 千米。西南与魏县接壤，西北与王村乡相连，北与杨桥镇相接，东北与黄金堤乡为邻，东与万堤镇、大名镇相通，东南与西未庄乡交界。面积45.79平方千米，人口密度为656人/平方千米。2005年辖25个行政村，7266户、30059 人，其中乡村人口 29137 人。耕地 45376.8 亩，人均耕地 1.6 亩。农业总产值 12580 万元，农民人均收入 1900 元。1953 年建乡，1961 年成立人民公社，1984 年 4 月改为乡人民政府。1996 年 2 月，原兆固乡并入铺上乡。

农业　2005 年，全乡农机总动力 33113 千瓦，比 1979 年增长 4.47 倍。有机井 1036 眼，配套 1036 眼。有效灌溉面积 36285 亩，占耕地的 80%。农作物播种面积 77403 亩，其中粮食播种 50310 亩，总产 19360 吨。花生播种 13000 亩，总产 2990 吨；蔬菜以大葱、辣椒为主，年种约 10000 亩，总产 21715 吨；实有林地 3280 亩，果园 3281 亩，年产鲜果 952 吨；大牲畜存栏 3559 头。有高寨、西李二庄、郝马庄、后宋庄、蔡屯、宿庄为主的 6 个养鸡专业村。

乡镇企业　2005 年，全乡有企业、摊点、店铺 500 余家，从业人员 1870 人，年产值 75314 万元，上缴税金 629 万元。较大企业有：河北永发面业集团有限公司、郝马庄预制件厂、后兆固预制件厂、铺上纯净水厂、兆固农具机械厂、后兆固灰沙砖厂、前兆固灰沙砖厂、铺上木器厂、铺上砖厂、兆固砖厂、高寨砖厂等。坐落于名鼎化工厂北侧的永发面业集团始建于 1995 年，占地 2500 平方米，员工 150 名，有三条面粉生产线、一条挂面生产线，资产 3600 万元。主要生产“蓝天”品牌系列面粉和挂面，产品销往北京、石家庄、天津、张家口、呼和浩特、沈阳、长春、哈尔滨等大中城市。

文教卫生、基础设施建设　全乡有中学 2 所、完全小学 11 所，在校生 2278 人。其中中学生 608 人，小学生 1670 人。教职工 209 人，其中专科以上 145 人，高级职称 2 人，中级职称 106 人，初级职称 88 人，适龄儿童入学巩固率达 100%。有乡卫生院 1 所、村卫生所 25 个，医疗人员 153 名；常马庄至元寨公路纵穿全乡，万堤至杨桥镇公路途经东北部村庄。各行政村之间均有柏油路相连。城乡公交开通；村村通电，低压线路整改完成；通信光缆铺设到各村，大部分农户安装了固定电话，多数人用上了手机。

2005 年铺上乡行政村一览表

表 1-9

序号	行政村名称	村名来历	总户数	总人口	耕地（亩）
1	铺上村	古时，这里有座烽火台，俗名烟墩。村在其侧，且有很多店铺，故村名烟墩铺，后简化为铺上	465	2023	3172.3
2	东南屯村	位于乡域东南部，早年村西北有一低洼地大面积积水，人们称之为屯水，故名为东南屯	297	1355	2255
3	蔡屯村	早年村周常有积水，人们称为屯水，又因村中蔡姓居多，故名蔡屯	377	1658	2509
4	常马庄	相传北宋时这一带为官军骑兵驻地，故村名为马庄。又因该村常姓居多，故称常马庄	251	1112	1211.5
5	郑马庄	村名来历同常马庄，该村郑姓居多，故称为郑马庄	237	1042	1848
6	郝马庄	村名来历同常马庄，该村郝姓居多，故称为郝马庄	280	1272	2470
7	豆庄	相传，明代燕王扫北（碑）时曾在此作为军马草料场，所储存草料多为豆秸。大军离开后，所剩豆秸曾留人看守，故称村名为豆庄	170	792	2101
8	西李二庄	相传，最早迁于此地定居的两户人家都姓李，故名李二庄。因与东部村重名，1982 年 5 月改名为西李二庄	378	1778	2965
9	李二庄	该村在西李二庄东部，仍称李二庄	158	762	1238
10	宿庄	相传，汉代刘秀被王莽追杀时曾潜宿于此，刘秀称帝后，村民引以为荣，故取村名为宿庄	168	712	1213
11	圈里村	早年古漳河流经此地时，从村南一分为二，绕该村一圈于村东交汇，故称圈里	248	1192	1732
12	罗庄	古时该村罗姓较多，故称为罗庄	424	1799	2785
13	高寨村	该村历史上高姓较多，村周建有寨墙，故名为高寨	360	1678	3051
14	前宋庄	古村名为宋庄，清代漳河决口，村被水淹，村民分别搬迁至南北两个高阜处重建家园，该村在南部，称前宋庄	252	1084	1607
15	后宋庄	村名来历同前宋庄。因该村在北部，故称后宋庄	155	707	963
16	小屯村	早年因人少村小，故名小屯	256	709	1052
17	前兆固村	兆固系吉祥类名称，意为安定。因临近两村都名兆固，该村在南部，故称前兆固	105	451	786
18	后兆固村	村名来历同前兆固，因该村在北部，称后兆固	301	1312	2485
19	石家庄	因石姓最早在该处定居建村，故称石家庄	248	1022	1873
20	申庄	清代中期，有几户申姓人家迁于此地定居，渐成村落，故名申庄	104	506	1158
21	西连庄	早年连姓迁此定居，后成村落，加之东部有连庄村，故名西连庄	136	586	1002
22	北韩庄	韩姓最早迁于此地定居建村，原名韩庄，因与附近村名重名，1982 年 5 月更名为北韩庄	101	461	886

续表 1-9

序号	行政村名称	村名来历	总户数	总人口	耕地（亩）
23	田水坑村	早年此处地势低洼，常年积水，后有田姓在附近高阜处定居，渐成村落，故称田水坑	199	985	1576
24	前磨庄	村名来历不详	158	715	1764
25	后磨庄	村名来历不详	183	817	1675

第十节　黄金堤乡

黄金堤乡位于大名县北部，乡政府驻黄金堤二村，距县城 20 千米。北与广平县、馆陶县相邻，东连营镇回族自治乡，南邻万堤镇，西与杨桥镇、沙圪塔乡接壤。面积 54.06 平方千米，人口密度为 600 人 / 平方千米，耕地面积 56994 亩，人均耕地 1.8 亩。2005 年全乡辖 29 个行政村，7526 户、32416 人；其中乡村人口 31977 人。农业总产值 15539 万元，农民人均收入 2120 元。乡政府驻地原系汉代古黄河残堤上的一个村庄。新朝皇帝王莽时期称黄河下游大名段堤防为金堤，寄寓了人们对黄河堤防坚固不溃的美好愿望。民国 23 年（1934）《大名县志》记载："金堤为汉时旧堤，势如冈陵，绕古黄河历开州（今濮阳）、清丰、南乐入县境，东北趋山东馆陶（今河北馆陶），计长二百余里。"大名县境内这一段残断连绵 20 千米的长堤，就是汉代金堤遗址。王莽深知黄河洪水泛滥的利害，建立新朝后加大对黄河堤防的治理，多次对金堤进行加筑，使百姓鲜受灾害。为纪念王莽筑堤之功，加上大名县（当时称元城县）是王莽家乡的缘故，民间又称之为王莽堤。北宋时称寸金堤，村名仍称黄金堤。1953 年建乡，1961 年改为人民公社，1984 年 4 月改为乡人民政府。1996 年 2 月原王乍村乡并入黄金堤乡。

农业　2005 年，全乡农机总动力为 29895 千瓦，比 1979 年增长了 4.42 倍；有效灌溉面积 56994 亩，占总耕地的 100%。农业播种总面积 105112 亩，复种指数为 1.84。其中粮食播种总面积 73215 亩，粮食总产 26495 吨，花生播种 2 万亩，总产 4007 吨，蔬菜 11000 亩，通过选用地膜覆盖、日光温室、塑料大棚等科技手段，总产达到 22030 吨，并建成邢村、吴毕庄等 10 个大蒜专业村；有林地 8970 亩、果园 1460 亩，年产鲜果 279 吨；大牲畜存栏 5202 头，出栏 3176 头。畜牧业形成以马时庄养牛，黄金堤三村、四村养羊，二村、三村养鸡为中心的多个养殖专业村，带动了周边村庄养殖业发展，仅养殖业一项达到养殖户人均增收 500 元。2005 年 7 月，乡政府引进农作物秸秆养殖地龙（蚯蚓）项目，建起"大名县兴华地龙繁育服务中心"。以中国农业大学、河北工程学院和永年生态农业高新技术产业区为技术依托，利用财政科技扶贫资金实施。项目区位于翟龙化村南，占地 30 亩，有技术员 9 名，工人 6 名。第一期投入 110 万元，至 2005 年年底生产鲜地龙活体 1 万千克。

乡镇企业　2005 年全乡企业摊点 862 个，从业人员 5120 人，其中规模较大的企业有曹龙化砖厂、翟龙化砖厂、王乍村砖厂、马时庄砖厂及瑞丰饲料有限公司。营业收入 105754 万元，上缴税金 696 万元。

文教卫生、基础设施建设　全乡有 2 所中学、14 所小学、1 所学前班；教职工 204 人，在校学生 2640 名。有乡卫生院 1 处、村级卫生所 23 所，医护人员 30 名。乡文化站 1 处、村级文化宣教中心 29 处；邯馆（邯郸—馆陶）公路在乡北部东西穿越，215 省道在乡中部南北贯通，各行政村之间均有油路或水泥路相连。29 个行政村全部架设高压电线，并完成低压线路整改。村村铺设通信光缆，大部分农户安装了固定电话、拥有了手机。

文物古迹　包头村是南北朝时期贵乡县（大名县前身）治所所在地，东魏天平二年（535）建县，历时 43 年，周建德七年（578），因这里庳湿，县城向东南迁至孔思集寺（今大街乡大街村、双台村一带）；黄金堤二村村南的古墓葬群占地约 2.6 万平方米，从暴露出的墓室结构判断，墓葬延续时代较长，为唐、宋、元、明、清时期之墓群，保存完好。

2005 年黄金堤乡行政村一览表

表 1-10

序号	行政村名称	村名来历	总户数	总人口	耕地（亩）
1	黄金堤一村	原系汉代古黄河残堤上的一个村庄。新朝皇帝王莽时期称黄河下游元城县（今大名县的一部分）段堤防为金堤，建立新朝后多次对金堤进行加筑，民间称之为王莽堤。村名称黄金堤。后来从北至南分为 4 个村，该村在最北部，称黄金堤一村	272	1391	2458
2	黄金堤二村	村名来历同黄金堤一村	410	1919	3657
3	黄金堤三村	村名来历同黄金堤一村	233	1133	2233
4	黄金堤四村	村名来历同黄金堤一村，该村在最南部，称黄金堤四村	315	1443	2882
5	包头村	该村在黄金堤四村以南，村庄把古黄河残堤挡住，故名包头	157	715	1324
6	郑时庄	原名后时庄。相邻还有一个阎时庄，因村小人少，中华人民共和国成立后并入该村，又因郑姓居多，统称郑时庄	385	1762	3909
7	马时庄	原称前时庄，因村内马姓较多，中华人民共和国成立后改为马时庄	390	1935	4122
8	张王胜滩村	此地原为漳河故道，沙滩较多，相传北宋时辽军在此与宋军作战，一番王得胜，故名王胜滩。后有孟姓迁此定居，渐成村落，村名为孟王胜滩。中华人民共和国成立后孟姓断绝，张姓发展为大户，改村名为张王胜滩	133	622	1643
9	范王胜滩村	村名来历同张王胜滩村，因该村范姓居多，故称范王胜滩	110	524	1024
10	郭王胜滩村	村名来历同张王胜滩村，因该村郭姓居多，故称郭王胜滩	72	381	863
11	翟龙化村	汉代此地有一个大水洼，常年积水，时称龙洼，后有翟姓在龙洼附近定居，称翟龙洼，后演化为翟龙化	338	1534	3572
12	赵龙化村	村名来历同翟龙化村，因最初赵姓到洼东定居，故名赵龙化	85	369	1221
13	曹龙化村	村名来历同翟龙化村，因最初曹姓到此定居，故名曹龙化	193	898	2440
14	庞龙化村	村名来历同翟龙化村，因最初庞姓到此定居，故名庞龙化	234	1179	2417

续表 1-10

序号	行政村名称	村名来历	总户数	总人口	耕地（亩）
15	南盘村	汉代这里为黄河大堤拐角处，名盘龙堤。北宋时有董姓迁于此地定居，命村名董盘。后因附近馆陶县有一村名叫北盘，故该村改名为南盘	665	2778	4323
16	迤庄	明初由山西迁民于此，原村落在今村东三百多米处，因地势低洼，屡遭漳河水患，后村庄迁移，称移庄，演变为迤庄	400	1895	2557
17	西赵家庄	明代有两户赵姓人家迁于此地定居，分住东西两处，后均发展成村落，分别称东、西赵家庄。该村在西部，称西赵家庄	80	392	500
18	东赵家庄	村名来历同西赵家庄，该村在东部，称东赵家庄	128	628	920
19	王店村	明末清初，官道途经此地，有王姓在道旁开店，人称王店，后成村落，故名	208	991	956
20	大冯庄	明初，有一个叫冯义美的人迁于此地定居，后发展成为一个大村，全村均姓冯，故名大冯庄	289	1475	1765
21	王乍村	据传，明末有皇帝路过此地，曾在此住宿，古时天子曰“兆民”，故称王兆村，后演变为王乍村。也有传说这里曾是汉代元城县治所。1961 年至 1996 年 2 月，为王乍村人民公社和乡政府驻地	263	1266	2364
22	黄庄	明初，黄姓迁于此地定居，后成村落，故名黄庄	48	236	355
23	阎桥村	漳河在村东部流过，早年村边建有一座桥梁，因村民阎姓居多，故名阎桥	215	988	1956
24	邢村	早年有姓邢的迁于此地定居，后成村落，故名邢村	188	968	1740
25	北魏村	早年有魏姓人家迁于此地定居，后成村落，故名魏村。因大名县南部还有一个魏村，为示区别，1982 年 5 月更名为北魏村	162	631	1130
26	崔庄	明初崔姓迁于此地定居，后渐成村，故名崔庄	280	1296	1769
27	陈庄	明初陈姓迁于此地定居，后渐成村，故名陈庄	131	554	962
28	张王庄	早年有张、王两姓迁于此地定居，原为张庄、王庄两个村，1961 年公社化时两村合建为一个大队，两村也逐渐连成一村，故称张王庄	108	505	765
29	吴毕庄	早年有吴、毕两姓迁此定居，原为吴庄、毕庄两个村，1961 年公社化时两村合建为一个大队，两村也逐渐连成一村，故称吴毕庄	192	840	1167

第十一节　西未庄乡

西未庄乡位于县城西部和西南部，乡政府驻地在西魏庄村南、邯大（邯郸—大名）公路北侧。东邻大名镇和旧治乡，北连铺上乡，西部和南部与魏县接壤。2005 年辖 34 个行政村（30 个自然村），6973 户、28309 人，其中乡村人口 27683 人；总面积 43.44 平方千米，人口密度为 637.3 人 / 平方千米。耕地 45133 亩，农村人口人均占有耕地 1.6 亩。农业总产值 15596 万元。农民人均收入 2540 元。漳河流经乡西北部，韩道渠自西南向东贯穿乡中部，布袋河、小漳河分布于乡南部。乡政府驻地原在段村，1953 年建段村乡，1961 年改为段村人民公社，1963 年漳河决口时迁至现址，但仍称段村公社，

1982年5月27日改为西魏庄公社，1984年4月改为西魏庄乡人民政府。1996年2月原未城乡并入西魏庄乡，更名为西未庄乡。

农业 2005年，全乡农业机械总动力为62536千瓦，比1979年增长919.3%；有效灌溉面积43125亩，占耕地总面积的95.5%。农业播种总面积87275亩，复种指数为1.93。粮食播种总面积62881亩，总产22700吨。花生播种面积15000亩，总产2950吨。种植蔬菜8910亩，总产19169吨；实有林地3478亩，果园3633亩，年产苹果、桃、李等鲜果1072吨；大牲畜存栏3939头。

乡镇企业 2005年，全乡有企业摊点1190个，从业人员4500人，营业收入98446万元，上缴税金422万元。较大企业有：钱氏中医精神病院、刘军庄砖厂、小韩道砖厂、段村砖厂、白水村砖厂、李未前砖厂、大名县卫生陶瓷厂等。卫生陶瓷厂属乡办集体企业，1995年建厂，总投资441万元，其中固定资产原值380万元，占地6600平方米，建筑面积3500平方米，主要设备25台（套），产品质量均达到国家规定标准，主要生产卫生瓷系列产品，年生产能力24万件（套），2004年总产值640万元，利税78万元，为省和国家改水改厕定点生产厂家。

文教卫生、基础设施建设 2005年，全乡有中学2所、教职工77名、在校中学生850名。村小学或联办小学11所，教职工136名、在校学生1789名。乡卫生院1处，医护人员11名，床位4个；村卫生室28所，医护人员28名。邯大公路横贯北部，从峰公路在南部穿越，连村道路全部硬化，与魏县接壤的村实现道路互通。农村电网改造完成，实现村村通电。大部分农户安装了固定电话，拥有了小灵通、手机。

2005年西未庄乡行政村一览表

表1-11

序号	行政村名称	村名来历	总户数	总人口	耕地（亩）
1	西魏庄	相传宋代有魏姓在此定居，故名魏庄。因城东还有一个魏庄，为示区别，更名为西魏庄	125	502	840
2	韩道一大队	明代韩姓迁此定居，后发展为一个大村，称大韩道。1961年公社化时分为一、二、三、四4个大队（村）。该村为一大队	212	936	1812
3	韩道二大队	村名来历同韩道一大队	280	1240	2268
4	韩道三大队	村名来历同韩道一大队	224	1011	1837
5	韩道四大队	村名来历同韩道一大队	191	931	828
6	小韩道村	该村位于大韩道村西北部，人少村小，故称小韩道	270	1203	1760
7	段村	该村位于城西旧官道旁，早年段姓人家在官道边开设店铺，时村名称段村铺。随着交通道路变化，此处行人减少，店铺关闭，村名也略去“铺”字，称段村。1953年至1963年这里曾为段村乡、人民公社驻地，后因水患，乡治迁往西魏庄	299	1369	2522
8	西漳河涯	该村位于古漳河岸边，名漳河涯（当地发声为yai），有东西两村。该村在西，故称西漳河涯	126	451	943
9	东漳河涯	村名来历同西漳河涯，该村在东，故称东漳河涯	129	451	805
10	魏村	因魏姓最早到此定居，故名魏村	137	612	1373

续表 1-11

序号	行政村名称	村名来历	总户数	总人口	耕地（亩）
11	西刘村	因刘姓最早在此定居，故名刘村。又因东部还有刘村，为示区别，1982 年 5 月更名为西刘村	107	453	849
12	西王庄	明代，大名府城四个方向各建一王庄，因该村在西，故称西王庄	147	646	792
13	刘窑村	相传，明代有刘姓大户在此建一砖窑，称刘窑，后在窑东形成村庄，故称刘窑	98	468	450
14	阎小庄	原村名为郭小庄，因清朝后期阎姓发展成多数，1976 年改为阎小庄	116	443	790
15	刘军庄	宋代，此处为军屯（屯兵于田）之地，后有刘姓定居，故名刘军庄	208	924	1385
16	王军庄	村名来历同刘军庄。该村王姓最早在此定居，故称王军庄	275	1275	2308
17	高马庄	北宋时，此处为官军骑兵营地，后高姓在此定居，渐成村庄，故名高马庄	132	588	691
18	武马庄	北宋时，此处为官军骑兵营地，后武姓在此定居，渐成村庄，故名武马庄	84	384	662
19	杨未前	村名来历说法有二：其一，明建文三年（1401），因旧大名府城沦于水患后，官府计划迁城于此，杨未城之处为南门。后因土质原因，规划之城未能实现，人称未城。其二，明《大名府志》载：（魏武侯城遗迹）在旧府城南十里；应部曰：魏武侯别都，今城南十里，数村并列，皆名魏城，疑即其墟。后来“魏城”演为“未城”。后欧阳氏在此定居，村名欧阳未城，因欧阳姓断绝，改村名为杨未城。1947 年土地改革时，分为前后两村。因该村在前，故名杨未城前村，简称杨未前	194	838	1530
20	杨未后村	村名来历同杨未前村，因该村在北部，故名杨未后。该村 1953 年至 1996 年 2 月期间，为未城乡人民公社、乡人民政府驻地	346	1477	2596
21	双未城村	村名来历同杨未前村，规划双未城之处为东门，又因从前该村有两座大庙（奶奶庙和南海观音庙），称双庙未城，后简化为双未城	231	836	1536
22	吴未城村	村名来历同杨未前村，规划吴未城之处为北门。明代有吴姓从山西迁于此地定居，故名吴未城	317	1303	2856
23	苗未城村	村名来历同吴未城村，该村原是吴未城的一部分，后苗姓居多，独立成村，故名苗未城	152	669	1002
24	中未城村	村名来历同杨未前村，因规划中未城之处为城中心，故名中未城	62	290	632
25	李未前村	原名李未城，村名来历同杨未前村，明代有李姓从山西迁于此地定居，规划李未城之处为西门。后分为前、后两村。该村在南部，称李未前	81	534	895
26	李未后村	村名来历同李未前村，该村在北部，称李未后	148	682	1649
27	赵庄	明代有赵姓迁于此地定居，故名赵庄	115	475	710
28	白水潭村	古时村南有一大水坑，常年不枯，水质清澈，称为白水潭，村以此得名	195	853	1348

续表 1-11

序号	行政村名称	村名来历	总户数	总人口	耕地（亩）
29	南刘堤口村	该村在古黄河残堤决口处，后刘姓定居于此，渐成村落，故称刘堤口。因北部还有重名村，为示区别，更名为南刘堤口	128	515	820
30	许堤村	该村在古黄河残堤上，因许姓居多，故称许堤	112	452	706
31	白水村	村名来历不详	295	1235	2586
32	朱洼村	该村原邻一片洼地，因朱姓居多，故称朱洼	85	383	652
33	老堤南村	明嘉靖年间，漳、御（卫）水逼县城，旧堤崩毁，人们又在护城堤外重筑一道大堤（亦名二道堤）以御水患，后此堤附近渐成村落，分堤南、堤北两村。该村在南，故称老堤南	82	369	689
34	老堤北村	因该村在老护城河堤的北部，故称老堤北	123	518	1009

第十二节　旧治乡

旧治乡位于县城南部和东部，乡政府驻地在旧治西村，距县城 3.8 千米。东北与大街乡交界，东与龙王庙镇接壤，南与河南省南乐县毗邻，西与西未庄乡相连，北与大名镇交错。乡域面积 58.5 平方千米。2005 年辖 50 个行政村，10714 户、42412 人；其中乡村人口 41423 人。人口密度为 725 人 / 平方千米。耕地 66173.7 亩。土质以重壤、中壤为主，轻壤次之，东部盐碱地面积较大，农村人口人均占有耕地 1.6 亩。农业总产值 14132 万元，农民人均收入 2680 元，居全县第 5 位。旧治原名南乐镇。北宋徽宗政和六年（1116），大名县治从府城（今大街乡大街村）迁至南乐镇（今旧治村），历经北宋末期、金朝、元朝初期，历时 136 年。元宪宗二年（1252），县治从南乐镇迁回府城，府县同廓，历时 20 年。元世祖至元九年（1272），县治从府城复迁至南乐镇，历经元朝中后期和明朝初期。明洪武三十一年（1398），县治从南乐镇迁回府城，历时 126 年。永乐九年（1411），县治又从府城迁回南乐镇，历经明朝和清朝初期。乾隆二十三年（1758），县治从南乐镇复迁回府城，历时 347 年。这里先后三次为大名县治所，共历时 609 年。1758 年后，这里不再为大名县治所，故名为旧治村。1953 年建旧治乡，1961 年成立旧治人民公社，1984 年 4 月改为旧治乡人民政府。1996 年 2 月，原殷李庄乡并入旧治乡。

农业　2005 年，全乡农机总动力 44256 千瓦，比 1979 年增长 5.86 倍；有效灌溉面积 41285 亩，占总耕地的 62.2%。农业播种总面积 115000 亩，复种指数为 1.72。其中粮食播种总面积 100000 亩，粮食总产 37979 吨。播种花生 5000 亩，花生总产 1400 吨；有林地 6300 亩、果园 4355 亩，年产鲜果 973 吨；大牲畜存栏 7000 头，出栏 5300 头。

乡镇企业、文教卫生、基础设施建设　2005 年，全乡共有企业摊点 362 处，从业人员 5000 人；年营业收入 134825 万元，居全县第二位，上缴税金 449 万元；全乡有中学 2 所，小学 13 所，教职工 263 名，在校中学生 840 名，小学生 1956 名。乡卫生院 2 所，医护人员 26 名，村办卫生室 50 所，不脱产医护人员 78 名；与河南省南乐县、河北省魏县及大名县县城均有公路相通，村与村之间通柏油路。高压线路通至各村，低压线路接通到户。通信光缆联通所有行政村，大部农户安装了固定电话、用上了手机等通信工具。

2005年旧治乡行政村一览表

表1-12

序号	行政村名称	村名来历	总户数	总人口	耕地（亩）
1	旧治西村	原名南乐镇，这里先后三次为大名县治所，共历时609年。1758年以后，县治迁回府城，故名旧治村。中华人民共和国成立后，分为东、中、西三村。该村在西，故称旧治西	199	952	1790
2	旧治东村	村名来历同旧治西村，因该村在东，故称旧治东村	151	646	1285
3	旧治中村	村名来历同旧治西村，因该村在中部，故称旧治中	80	379	749
4	康庄	村名来历不详	125	651	832
5	高庄西村	早年高姓在此定居，村名高庄。后分为东、西二村，因该村在西，故称高庄西村，简称高西村	170	798	1508
6	高庄东村	村名来历同高庄西，因该村在东部，故称高庄东，简称高东	510	1996	1716
7	大王村	村名来历不详	324	1517	2348
8	未店村	早年此处是交通要道，有未姓在此开店铺，后成村落，称未店	239	1410	1896
9	宋曲村	村名来历不详	304	1444	2176
10	逯堤南村	逯堤原为堤名。旧志载：逯堤在大名旧县（今旧治）东南三里。相传古时戚里逯氏居此，有堤以避水患，故名逯堤。后渐成村落。1959年分为南、北、中三村。该村在南部，故称逯堤南	333	1488	2761
11	逯堤中村	村名来历同逯堤南。因该村在中部，故称逯堤中	362	1424	2127
12	逯堤北村	村名来历同逯堤南。因该村在北部，故称逯堤北	207	957	1435
13	小逯堤村	该村在古逯堤之小段上，因堤得名，称小逯堤	165	757	1049
14	胡庄	因历史上胡姓较多，故称胡庄	63	303	459
15	徐楼村	早年这里有徐姓地主颇有家财，盖有高大楼房，人称徐家楼，久之成为村名	126	646	1356
16	邱堤村	此处原是一段残堤，有邱、贾二姓在此定居，名邱贾堤村。后贾姓渐衰，改为邱堤村	182	806	1148
17	西任庄	古时该村任姓居多，称任庄。后因东北部还有一个任庄，1982年5月更名为西任庄	144	679	856
18	张潭村	早年村旁有一个深水坑，常年不枯，称为潭。村中张姓居多，故称张潭	132	611	1115
19	崔庄	该村历史上崔姓居多，故称崔庄	78	372	481
20	东老堤村	因地处一段老堤之上，西部也有以老堤命名的村，为示区别，故名东老堤	44	173	241
21	颜场村	相传，明代此处是颜姓的打谷场，后成村落，故名颜场	49	202	264
22	潘场村	明代此处是潘姓的打谷场，后成村落，故名潘场	131	659	698

续表 1-12

序号	行政村名称	村名来历	总户数	总人口	耕地（亩）
23	纸坊村	清末，该村有一叫郑国栋的人，造纸手艺较高，他将技术传授给很多村民，以致全村尽是造纸作坊。郑国栋死后，人们为纪念他，称村名为纸坊	75	363	405
24	豆腐营村	历史上该村做豆腐远近闻名，故称豆腐营	138	647	788
25	菜园村	此地先有周姓定居，明代是郭增光（曾任明万历朝都察院长官，称督堂。因被免官，隐居大名）的菜园，后成村落，故名菜园村	61	267	689
26	东樊庄	相传古时该村群众曾组织起来对抗官府，官府称之为“反庄”，村民取其谐音称为樊庄。后分为东、西两村。该村在东，故称东樊庄	356	1567	2836
27	西樊庄	村名来历同东樊庄。因该村在西部，故称西樊庄	380	1630	3210
28	南周庄	因周姓最早在此定居，原村名为周庄。又因北部有重名村，为示区别，1982 年 5 月更名为南周庄	84	364	431.5
29	东王庄	原村名称沙窝，后王姓在此定居，嫌村名不雅，改为东王庄	77	343	420
30	东杨村	该村原建有玉皇阁，距县城 7 里，时称七里阁。后杨姓居多，改村名为东杨村	272	863	1602
31	李一牌村	此地早年屡遭水患，元朝时孝子李茂率众筑成一条防洪堤，人们为纪念他，称李茂堤。后因长达十多里的李茂堤上自西向东坐落了九个村庄，人们按序号称为李茂堤一至九牌。该村序号为一，故称李茂堤一牌，简化为李一牌。该村许姓较多，别名许牌	180	829	1238
32	李二牌村	村名来历同李一牌，该村一度韩姓居多，别名韩牌	58	289	450
33	李三牌村	村名来历同李一牌，该村李姓较多，别名李牌	230	1016	1874
34	李四牌村	村名来历同李一牌，该村一度曹姓较多，别名曹牌	281	1185	2048
35	李五牌村	村名来历同李一牌，该村一度曹姓较多，也称曹牌	110	426	1026
36	李六七牌村	村名来历同李一牌，该村一度阎姓、石姓居多，别名阎牌、石牌	437	2187	3332
37	李八牌村	村名来历同李一牌，该村一度张姓居多，别名张牌	114	545	1014
38	李九牌村	村名来历同李一牌，该村一度马姓居多，别名马牌	128	525	1030.7
39	于夹河村	古时此处低洼，积水如河，中间有一高阜夹在积水之间，后有于姓到此定居，取村名为于夹河	559	2478	4571
40	吴村	明初有吴姓迁于此地定居，故名吴村	67	271	626
41	砖桥村	该村在旧大名府南门外，早年南门外有一座砖桥。村在桥旁，故名砖桥	136	592	1413
42	程辛庄	最早马姓在此定居，村名为马庄。后程姓迁入，发展较快，拟改名为程庄，为示废旧立新，村名为程新庄。后“新”演化为“辛”，就成了程辛庄	140	639	1384
43	秦庄	明初，有秦姓从山西迁于此地定居，故名秦庄	40	188	341
44	南韩庄	明初，有韩姓从山西迁入此地定居，渐成村落，故村名为韩庄。后因县内北部有重名村，故改名为南韩庄	110	465	1197

续表 1-12

序号	行政村名称	村名来历	总户数	总人口	耕地（亩）
45	郭场村	明代郭增光曾任明万历朝都察院长官，因被免官，隐居大名，此地曾是郭增光的打谷场，故称郭场	98	429	1145
46	殷李庄	明代有李姓迁于此地定居，村名为李庄。清代又有殷姓从本县升斗铺村迁于此地，且发展较快，后改名为殷李庄。此处 1953 年曾建殷李庄乡，1961—1970 年为殷李庄人民公社驻地	70	366	1057
47	前南门口村	该村在宋大名府南门附近，名南门口。又因附近两村均称南门口，该村在前，更名为前南门口	65	268	626
48	孔庄	明初有巩姓到此定居，原名为巩庄。若干年后，巩姓断绝，外人称之为“空庄”。后又有人来此定居，嫌“空”字不吉利，因“空”与“孔”谐音，改名为孔庄	130	596	995
49	东陈庄	明代上叶，有陈姓来此定居，故名为陈庄。因西部还有一个陈庄，为示区别，1982 年 5 月更名为东陈庄	106	455	822
50	三里店村	早年有人在此处开设店铺，且距县城三里，故称三里店。后渐成村落，遂成为村名	200	793	1118

第十三节　大街乡

大街乡位于县城东北部，乡政府驻地在大街村南，距县城 5.8 千米，东北与红庙乡交界，东与金滩镇为邻，东南与龙王庙镇相连，南与旧治乡接壤，西与大名镇毗邻，北与万堤镇相接，面积 63.86 平方千米。2005 年辖 54 个行政村，9349 户、38839 人；其中乡村人口 37827 人。人口密度为 608 人 / 平方千米。耕地 74368.6 亩，土质以中壤、轻壤为主，重壤、沙壤次之，盐碱地面积较大；农村人口人均耕地 2 亩。农业总产值 15695 万元，农民人均收入 2000 元，为全国重点扶贫乡之一。大街乡是旧大名府府治所在地，至今尚存唐、宋代城墙残垣、五礼记碑、狄仁杰祠堂碑等古迹。明建文三年（1401），大名府城淹没于水，迁至今大名镇。因该村位于旧大名府城的中心大街，故名大街。1953 年建大街乡，1961 年成立大街人民公社，1984 年 4 月改为大街乡人民政府。1996 年 2 月原北门口乡并入大街乡。

农业　1988 年被列入国家黄淮海平原农业开发区，1995 年被列入国家重点贫困乡、中共中央党校对口帮扶乡，2001 年被列入新时期扶贫开发重点乡、中共中央党校重点帮扶乡。2005 年，全乡农机总动力 35452 千瓦，比 1979 年增长 5.53 倍。农业以粮食生产为主，主要农作物为小麦、玉米、花生、棉花等。有卫河扬水站点 5 处，机井 697 眼，有效灌溉面积 53160 亩，占总耕地的 71%，农业播种总面积 117774 亩，复种指数为 1.58，其中粮食播种总面积为 88422 亩，粮食总产 29439 吨。播种花生 18000 亩，花生总产 4360 吨；实有林地 8899 亩，有果园 1453 亩，年产鲜果 559 吨；大牲畜存栏 4669 头，出栏 2672 头。

乡镇企业、文教卫生、基础设施建设　2005 年，全乡共有企业摊点 968 个，其中工业企业 60 个，从业人员 7845 人。企业总收入 86620 万元，上缴税金 580 万元；2005 年，全乡有中学 2 所、小学 16 所，教职工 304 名，在校中学生 856 名、小学生 1904 名。1995 年中央党校投资 20 万元，为大街乡中学建教室 35 间，改善了该中学的教学条件。1995—2004 年，中央党校先后投资 85 万元，为大街村希望小学建教学楼 2 栋及附属设施；有乡文化站 1 处，村级文化宣教中心 54 处，其中北门口西村是省文化宣教示范村；有乡卫生院 1 所、村卫生所 63 所，医护人员 75 名；215 省道及邢九（邢村——九里沟）乡道贯穿南北，北峰至县城的公路自东向西穿过。全乡 54 个行政村中有 49 个村通油路，18 个村硬化了部分街道。国道、省道、县乡公路四通八达；电力建设完成低压线路整改，村村通电；村村通电讯光缆，大部分农户安装了固定电话、配备了手机，有的还利用宽带上网。

2005 年大街乡行政村一览表

表 1-13

序号	行政村名称	村名来历	总户数	总人口	耕地（亩）
1	大街村	原是宋代北京大名府城的中心大街，明建文三年（1401），大名府城湮于水，府城迁移，此地遂成为村庄，故名为大街村	345	1343	3108
2	后南门口村	在宋代大名府城南门附近，名为南门口。又因紧邻两村均称南门口，该村在北部，更名为后南门口	200	738	1658
3	摆渡口村	古时此处是河道的渡口，村在其旁，故名摆渡口	132	600	1419
4	苏庄	因历史上苏姓居多，故名苏庄	168	694	1146
5	王楼村	明末清初，有王姓知府携眷到大名，并定居于此，建有楼房，民称“王楼”，村以楼得名	106	460	736
6	路庄	明代，有路姓人家从山西迁于此地定居，故名为路庄	123	514	1095
7	前刘庄	因刘姓最早迁于此地定居，原村名为刘庄。后因与县内有重名村，1982 年 5 月更名为前刘庄	100	307	750
8	范庄	明代有范姓迁于此地，定居建村，故名范庄	162	693	1481
9	李庄	明初有李姓人家从山西迁于此地定居，来时带有一鹅一猫，时称鹅猫李家，后改为李庄	186	690	1805
10	蒋庄	史上蒋姓最早迁于此地定居，故名蒋庄	172	683	1430
11	前东门口村	因位于宋代大名府城东门附近，名东门口。又因相邻两村均称此名，该村在南部，故名前东门口	280	1066	1905
12	后东门口村	村名来历同前东门口，因该村在北部，故称后东门口	400	1431	3230
13	红寺村	古时该村东北角有一寺院，名红罗寺，后简称红寺，村以寺而得名	140	566	1495
14	菅庄	因该村初为菅姓定居，故名菅庄	478	1880	4014
15	双台村	俗称台上，曾是闻名一方的百花坞。据《大名县志》记载：“百花坞，北宋王拱辰留守时建，堆石为坞，遍植花草，故名，土人呼为看花台。”为当时大名府城内一景，登得台上，不仅可以看到各类花草，还可俯视全城。水灾后，在残留的高台上形成村落，故名台上。又因宋代该处位于大名府城中心，建有两个上马台，称为双台，后成村落，故名双台	454	1706	3594

续表 1-13

序号	行政村名称	村名来历	总户数	总人口	耕地（亩）
16	鱼营村	北宋时，此处在大名府城内，御林军兵营设在这里，时称御营。城毁后建成村落，仍称御营。后人为书写方便，久之演变为鱼营	364	1460	3143
17	教善村	古时村北有一座杏黄寺，附近村民多来此烧香拜佛，曰“教人向善”，故名教善	134	626	1418
18	沙堤村	系古黄河泥沙淤积而成的一条沙质堤埝，人居其上，植树种麻、插桑养蚕，变沙堤为一道绿色长堤，极具诗情画意。后人们在此堤附近定居建村，故名沙堤	225	1004	2026
19	五里屯村	因村距明代县城五（华）里，故名五里屯	65	264	544
20	东魏庄	因该村魏姓最早在此定居，原名魏庄。后因城西还有一个魏庄，为示区别，更名为东魏庄	150	553	954
21	北门口西村	位于宋代大名府城北门附近，故名北门口。后分为北、西、东三村。该村在西，称北门口西村。1953年曾在此建乡，1961年成立北门口人民公社，1984年4月至1996年2月，为北门口乡人民政府驻地	340	1280	2878
22	北门口北村	村名来历同北门口西村，该村在北部，故称北门口北村	110	515	1003.4
23	北门口东村	村名来历同北门口西村，该村在东，故称北门口东村	254	1025	2197
24	陈坟村	该村为明世宗（嘉靖皇帝）孝洁皇后故乡，其父陈万言坟墓在此，村以坟而得名，故名陈坟	159	704	1429
25	白杨庄	早年杨姓从南刘店迁于此地定居，原村名为杨庄。因附近叫杨庄的村较多，后村民又多为白姓，故名白杨庄	115	523	1328
26	玉皇阁村	明代，该村有座玉皇庙，庙前有阁，故名玉皇阁	95	428	847
27	贾许村	明代，有贾姓、许姓迁于此地定居，原村名贾村、许村，后合并为一个行政村，称贾许村	150	546	1266
28	连庄	早年连姓迁于此地定居，后渐成村，故名连庄	165	648	1476
29	阮村	明代，有阮姓兄弟三人迁于此地定居，后渐成村，故名阮村	60	276	713
30	吴李村	明代，有吴姓、李姓迁于此地定居，原村名为吴村、李村，后合并为一个行政村，称吴李村	178	702	1156.2
31	大董村	清代，有户孟姓之人畏罪潜逃此地，伪称董姓，后发展成村，名董村。后为和本乡另一董村加以区别，改名为大董村	129	448	888
32	范村	明代，有范姓迁于此地定居建村，故名范村	92	429	854
33	邓台村	明代，有邓姓迁于此地定居建村，又因村内地势较高，形状如台，故名邓台	148	510	977
34	曹桂村	明代有曹姓、桂姓迁于此地定居，原村名曹村、桂村，后合并为一个行政村，称曹桂村	90	423	969
35	巩台村	明代有巩姓最早迁于此地定居，这里原是一片土台，后渐成村，故名巩台	42	202	466
36	张谷村	明代，有张姓、谷姓迁于此地定居，原村名张村、谷村，1984年后合并为一个行政村，称张谷村	159	710	1627

续表 1-13

序号	行政村名称	村名来历	总户数	总人口	耕地（亩）
37	阎沙岸村	明代原名考老将村，中华人民共和国成立后，因阎姓居多，村址又在古沙河岸边，故名阎沙岸	67	270	577
38	薛村	明代薛姓迁于此地定居，后渐成村，故名薛村	52	215	510
39	潘村	明代有潘姓迁于此地定居，后渐成村，故名潘村	105	405	747
40	井曹村	明代，有井姓、曹姓迁于此地定居，原名井村、曹村，后合并为一个行政村，故名井曹村	83	302	639
41	张郭村	明代，有张姓、郭姓迁于此地定居，原村名张村、郭村，后合并为一个行政村，故称张郭村	180	670	1380
42	西曹村	明代，有曹姓迁于此地定居，后渐成村，故名曹村。后因东边还有一个曹村，为示区别，更名为西曹村	90	390	770
43	王董村	明代，有王姓、董姓、程姓、李姓迁于此地定居，以王姓、董性为多。原村名王村、董村、程村、李拐，后合并为一个行政村，定名为王董村	327	1450	2444
44	大桂村	明代，有几户人家迁于此地定居建村，因桂姓居多，取名桂家村。后为与本乡桂村加以区别，更名为大桂村	187	775	1541
45	林侯村	明代，有林姓、侯姓迁于此地定居，原村名林村、侯村，后合并为一个行政村，故名林侯村	93	383	678
46	张周村	明代，有张姓、周姓迁于此地定居，原村名张村、周村，后合并为一个行政村，故名张周村	78	295	606
47	北郑村	明代，有郑姓迁于此地定居建村，故名郑村。因县内有重名村、为示区别，1982 年 5 月更名为北郑村	80	300	600
48	苏肖村	明代，有苏姓、肖姓迁于此地定居，原村名苏楼、肖村，后合并为一个行政村，故名苏肖村	176	640	1397
49	韩赵村	明代，有韩姓、赵姓迁于此地定居，原村名韩村、赵村，后合并为一个行政村，故名韩赵村	130	549	1465
50	卞村	明代，有卞姓迁于此地定居建村，故名卞村	65	316	666
51	后安庄	因位于宋代大名府城西护城河堤外，曾名堤上村。清代改名为安二庄，以示安全吉利。中华人民共和国成立后分为前后两村，该村在北，称后安庄	42	213	575
52	前安庄	村名来历同后安庄。该村在南部，故称前安庄	130	535	1202
53	堤上村	位于宋代大名府护城河堤外，故名堤上村	120	540	1052
54	城角村	位于宋代大名府城外西北城角外，故名城角村	65	255	494

第十四节　西付集乡

西付集乡位于大名县东南部，乡政府驻地在西付集村，距县城 21 千米。东部和南部与河南省南乐县毗邻，北部和西北部与大名县埝头乡接壤，马颊河从南部穿过，面积 54.4 平方千米。2005 年辖 36 个行政村 9149 户、42179 人，其中乡村人口 41554 人。人口密度为 775.4 人 / 平方千米。耕地

59745.2 亩，土质以沙壤为主，南部多为盐碱地。农村人口人均耕地 1.4 亩。农业总产值 17885 万元，农业人口人均收入 2300 元，并列全县第 8 位。西付集乡原名马陵公社，1953 年建乡，1961 年成立人民公社，驻地在马陵村。因马陵历史上曾为一重镇，是大名县东南部较大的集市。后将集市的一部分向西部迁移，作为马陵集市的附属，故称西付集。1982 年 5 月 27 日，马陵公社因驻西付集村改为西付集公社，1984 年 4 月改为西付集乡人民政府。1996 年 2 月，原鲍庄乡并入西付集乡。

农业　2005 年全乡农机总动力为 34436 千瓦，比 1979 年增长 4.81 倍。有效灌溉面积为 46968 亩，占总耕地的 78.6%。农业播种总面积 107811 亩，复种指数为 1.80。其中，粮食播种总面积 62275 亩，粮食总产量 23664 吨。播种花生 41000 亩，花生总产 11726 吨，居全县第 2 位。对适合种植小麦的前户村、小寨、郭马陵、刘马陵、后大江、西付集等村 8000 亩农田进行规划，统一铺设防渗管道、统一购种、统一管理，建成高标准优质小麦示范基地，优质麦价值比普通小麦高 0.10 元，亩收入直接增收达百元；有林地 10400 亩，果园 2718 亩，年产鲜果 1965 吨；大牲畜存栏 11000 头，出栏 4164 头。

乡镇企业　2005 年，全乡共有中型企业 28 家，各类门市摊点 1600 多处，从业人员 3510 多人，营业收入 108000 万元，创税金 913 万元。西付集、户村两个集贸市场聚集了全乡 70% 的固定摊点，流动摊点达 480 多个。两个集市平均日交易额 30 多万元。全乡在外经商务工人数达 1900 多人。中大江、西大江两个村，积极引导群众发展木材市场，从周边地区收购废旧木材，创出了特色产业。有从业人员 500 多人，大小市场 30 多个，年加工木材 65000 多吨，仅此一项增收 1300 万元。2004 年，三兴草制品有限公司投资 100 万元，从青岛引进装饰品加工项目；东郭蒋村投资 50 万元建起免烧砖厂；瑞恒化工厂年产值 3500 万元，户村糠醛厂年产值 2500 万元。

文教卫生、基础设施建设　2005 年，全乡有中学 2 所、小学 21 所，教职工 251 名，在校中学生 1050 名，小学生 2146 名，中学入学率 100%，初中升高中率达 35% 以上。有乡卫生院 1 处，医护人员 3 名；有村卫生室 46 所，不脱产医护人员 79 名。2004 年修通户村至马陵 10 千米的柏油路面，全乡群众筹措资金 980 万元修通乡村道路 67 千米。2005 年又修通了 3 个村的公路，使全乡达到村村通油路。村村通电，并完成低压线路整改。电信光缆连通各村，大部农户拥有固定电话和手机。

2005 年西付集乡行政村一览表

表 1-14

序号	行政村名称	村名来历	总户数	总人口	耕地（亩）
1	李马陵村	相传，此地为战国前期孙膑射杀庞涓的马陵道。隋朝时曾在这里设置马陵县，建马陵城。附近以马陵命名的村有 6 个，该村李姓居多，故名李马陵	171	895	1155
2	郭马陵村	村名来历同李马陵村，该村郭姓居多，故名郭马陵	201	901	1274
3	刘马陵村	村名来历同李马陵村，该村刘姓居多，故名刘马陵	184	824	1070
4	江马陵村	村名来历同李马陵村，该村江姓居多，故名江马陵	455	1899	2640
5	棘固村	相传很早以前此处有一个湖泊，名棘湖。该村在湖边，因此得名棘湖。后湖干涸，人们误读“涸”为“固”，故名棘固	300	1305	2367

续表 1-14

序号	行政村名称	村名来历	总户数	总人口	耕地（亩）
6	后大江村	很早以前，此处有条宽大的朱家河，时称大江，村以此得名大江村。以大江命名的有 4 个村。该村在北部，称后大江	370	1618	2569
7	前大江村	村名来历同后大江村，该村在南部，故称前大江	160	740	1338
8	中大江村	村名来历同后大江村，该村在中部，故称中大江	245	1081	1845
9	西大江村	村名来历同后大江村，该村在西部，故称西大江	314	1477	2309
10	东杨庄	1958 年前是前大江的一部分，公社化后独立成大队（村），因杨姓较多，故称杨庄。又因大名县有重名村，1982 年 5 月更名为东杨庄	120	539	995
11	王小楼村	明代，有王、魏、赵三姓人士结伴从山西迁居于此，分别在东、西、南三处为邻，后发展为三个村。该村王姓居多，盖有小楼房，故名王小楼	353	1635	2859
12	魏小楼村	村名来历同王小楼，该村魏姓较多，故称魏小楼	164	770	787
13	赵小楼村	村名来历同王小楼村，该村赵姓较多，故称赵小楼	168	834	1300
14	西付集村	原名马陵村，是原马陵公社驻地。因马陵历史上曾为一重镇，是大名县东南部较大的集市。后将集市的一部分向西部迁移，作为马陵集市的附属，故称西付集	395	1676	2010
15	大寨村	早年，该村周围建有土寨墙，又因村东 1 里有个小寨村，此村人口比小寨多，故名大寨	296	1437	1925
16	小寨村	村西 1 里有大寨村，故名小寨村	320	1411	1766
17	集北头村	原村名为李家杨现，因地处西付集北半里，习惯称集北头	200	927	1165
18	马封固村	村名来历有二：其一说，庞涓在马陵道兵败自刎后，齐军非常痛恨庞涓泯灭人性，恩将仇报，残害朋友。为防备其托生害人，就将他五马分尸，裂为六块，分别在六个地方挖坑深埋、严封永固，土堆高大，上植荆棘，于是后来就形成了冯、郭、马、王、白、于等 6 个封固村；其二说，古时人们为图村庄兴旺发达，受到严实保护，安全永固，取名封固。因该村村民多姓马，故名马封固	320	945	1450
19	王封固村	村名来历同马封固村，该村王姓居多，故名王封固	122	633	898
20	于封固村	村名来历同马封固村，该村于姓居多，故名于封固	210	988	1205
21	文集村	明代，有文姓从山西迁于此地定居，后渐成村，又因村内成有集市，故名文集	420	1918	2826
22	东冯村	明代，有冯姓迁于此地定居，后渐成村，故名冯村。又因县内有重名村，为示区别，1982 年 5 月更名为东冯村	380	1628	2408
23	朱家村	清道光十二年，有户朱姓从棘固村迁于此地定居，后渐成村，故名朱家村	370	1680	3201

续表 1-14

序号	行政村名称	村名来历	总户数	总人口	耕地（亩）
24	后杨村	相传，因杨姓迁于此地定居最早，村名杨村。后发展为南北两村。该村在北部，故称后杨村	193	924	1082
25	前杨村	村名来历同后杨村。该村在南部，故称前杨村	284	1304	1907
26	东韩庄	历史上该村韩姓居多，原村名韩杨现。后因周围有多个杨现村，改名为韩庄。又因县内有重名村，1982 年 5 月更名为东韩庄	199	875	1263
27	杨现村	明代，因刘姓、杨姓迁于此地定居建村，原村名刘杨现，后改为杨现	220	1100	1486
28	前辛庄	村名来历不详。原村名辛庄，因县内有几个重名村，1982 年 5 月更名为前辛庄	143	744	890
29	前鲍庄	相传很早以前，该村有八条好汉威震一方，他们用暴力对抗官府，维护村庄，众称暴庄。后“暴”演变为“鲍”，又分南北两村，该村在南部，故称前鲍庄。该村 1953 年至 1996 年 2 月，为鲍庄乡、鲍庄人民公社、鲍庄乡人民政府驻地	365	1701	2405
30	后鲍庄	村名来历同前鲍庄，该村在北，故称后鲍庄	140	650	927
31	前户村	村名曾为杨月集。历史上村民尹姓较多，相传尹姓中有 80 条好汉参加了钟大王的义军，后义军失败，尹氏被剿。为避祸，因“尹”与“户”字相仿，村民重新登记户籍时改名为户村。近代分为前、中、后三村。该村在南，故名前户村	260	1150	1449
32	后户村	村名来历同前户村，因该村在北部，故称后户村	216	1176	1532
33	中户村	村名来历同前户村，因该村在中部，故称中户村	445	2010	2496.2
34	西郭蒋村	该村原名太平里。明代有郭姓、蒋姓族人迁于此地定居后，改村名为郭蒋，后逐渐形成三个村庄，因该村位于西部，故名西郭蒋	162	687	897
35	中郭蒋村	村名来历同西郭蒋。该村位于中部，故称中郭蒋	150	688	937
36	东郭蒋村	村名来历同西郭蒋。该村位于东部，故称东郭蒋	175	784	1064

第十五节　孙甘店乡

孙甘店乡位于大名县东部，乡政府驻地在孙甘店村西，距县城 20 千米。该乡地处黄河故道的沙荒中心地带。东与北峰乡、南与埝头乡、西与龙王庙镇、北与张铁集乡为邻。面积 52.07 平方千米，人口密度为 691 人 / 平方千米，耕地面积 51860 亩，人均耕地 1.48 亩，全部为沙地，适宜花生种植。辖 22 个行政村，2005 年农业户数 7707 户，人口 34992 人，农业总产值 14699 万元，人均收入 2800 元。1953 年建孙甘店乡，1961 年成立孙甘店人民公社，1984 年 4 月改为孙甘店乡人民政府。1996 年 2 月，原南李庄乡并入孙甘店乡。

农业　2005 年，全乡农机总动力 23831 千瓦，比 1979 年增长 409.5%。针对全乡耕地全部是沙土和沙壤土，漏水、漏肥、抗旱能力差的特点，在确保粮食生产增收的前提下，突出花生种植、加工、销售一体化。农业播种面积91380亩，复种指数为1.76。粮食播种面积46280亩，总产166585吨。播种花生面积41000亩，其中地膜覆盖8165亩，花生总产8200吨。并出现了以种植芦笋为主业的专业村——北石冲村；该乡因地处黄河故道中心区，防风固沙是保证农业增产增收的首要措施。历届乡政府在农田林网建设上狠抓了条粮间作、林粮间作，同时采取四旁植树、发展速生丰产林、宜林地建设果园等防风固沙措施，促进了林果业发展。2005年全乡林地面积19200亩，果园6669亩，年产鲜果2692吨。并形成了南石冲村的日本甜柿种植、西劝庄村的柳编专业村。2005年全乡大牲畜存栏4820头。有孙甘店村养鸡、前营村养牛专业村。

乡镇企业　2005年，全乡有企业摊点2357家，从业人员4289人，增加值36420万元，营业收入114960万元，列全县第3位，上缴税金1150万元。南李庄花生专业批发市场、绿特食品公司、康宏食品公司、得乙龙食品公司、京华生态科技养殖园等，成为该乡的龙头企业。南李庄花生专业批发市场，位于大名县花生产区中心，313省道与106国道交界处，距邯济（邯郸——济南）铁路20千米。市场占地100亩，固定资产投资1500万元，有交易门店450间，建筑面积12000平方米，年交易额10.6亿元。自1992年建成后，迅速发展成为孙甘店乡花生产业的龙头市场，是华北地区较大的花生果仁批发、仓储、销售交易市场之一。原料收购辐射长江以北所有花生主产省区，花生及花生制品远销北京、天津、上海、哈尔滨等国内大中城市，并出口到俄罗斯、西欧、日本、东南亚等国家和地区。是山东鲁花、青岛嘉里、山东龙大等大型油脂企业的主要原料采集地。2005年被全国城市农贸中心联合会评为2004年度全国农产品批发市场综合市场100强中的第20强。绿特食品公司、康宏食品公司、得乙龙食品公司等花生加工企业，年产烤花生8000吨，产品供不应求，创造了良好的经济效益和社会效益。生态农业项目京华生态科技养殖园完成投资800万元，种植果树10多种，散养蛋鸡2000只，养牛600头，栽植了速生杨等多种植物。

文教卫生、基础设施建设　2005年，全乡有学校24处，其中中学2处，小学22处（含私立学校2处），联办小学4处；教职工315名，其中中学60名，小学255名；在校学生3000名，其中中学生700名，小学生2300名。乡级卫生院2处，村级卫生所22个，医护人员46名，新建成的孙甘店卫生院占地3600平方米，其中新建门诊病房综合楼建筑面积1300平方米，改善了孙甘店乡医疗卫生条件；313省道贯穿该乡东西，106国道在西部通过，村村通油路，乡辖区内有变电站1处，高低压线路遍布各村，完成了低压线路整改。建有网通营业厅1处、移动营业所1处、联通营业厅1处、移动信号塔2处、联通信号塔1处。

2005年孙甘店乡行政村一览表

表1-15

序号	行政村名称	村名来历	总户数	总人口	耕地（亩）
1	东劝庄	原村名劝庄，1945年以村中间南北街为界，分为东、西两村。该村在东，称东劝庄	190	900	1154
2	西劝庄	村名来历同东劝庄，该村在西部，故名西劝庄	270	1180	1466
3	孙甘店村	相传，汉代有户姓孙的人家在此开店，只留宿不卖饭，群众习惯称之为干店，演变为“甘店”，后成村庄，称孙甘店	460	1935	2223

续表 1-15

序号	行政村名称	村名来历	总户数	总人口	耕地（亩）
4	孝廉村	相传，很早以前该村有几位孝廉（孝指孝悌者，廉指清廉之士，为古代统治阶级选拔人才的科目，明清演变为对举人的称呼）奉养一位孤寡老人，后人为赞誉此事，改村名为孝廉村	530	2114	3390
5	前刘万税村	相传，汉代刘秀起事之初曾在此留宿，刘秀称帝后，村民引以为荣，称村名刘（留）万岁，后官府令其改名为刘万税。至今当地口语仍称“税”为“sui”。因村大，后分为前、中、后三个村。该村在南，称前刘万税	366	1636	3010
6	中刘万税村	村名来历同前刘万税村，该村在中部，故称中刘万税	240	1000	1865
7	后刘万税村	村名来历同前刘万税村，该村在北部，故称后刘万税	159	706	1077
8	石槽村	相传很早以前，有一支以钟大王为首的农民起义军骑兵驻扎于此地，从附近找来很多石槽喂马，人走后，石槽仍留在原地，村以此而得名	420	1725	2908
9	前营村	相传，早年以钟大王为首的农民起义军曾在此安营扎寨，名铁卜营。后有人迁于此地定居，并发展为前后两村，村仍名为铁卜营，现简化为前营、后营。该村在南，称前营	315	1390	2484
10	后营村	村名来历同前营村，该村在北部，称后营	357	1640	2473
11	马牧地村	相传，早年以钟大王为首的农民起义军曾在此放牧马匹，后渐有人定居，故名马牧地	360	1720	2312
12	陈道仙村	相传，早年此地有一个姓陈的人出家修道，很有名气，取“成仙了道”之意，故村名为陈道仙	334	1400	2193
13	程甫村	原村名为程望甫，村名来历不详，后简化为程甫	385	1695	2657
14	南石冲村	早年，古黄河流经此地，时为一个渡口，为防被水冲毁，砌有很多石头。后有人定居建村，该村在渡口南部，称南石冲	500	2239	2825
15	北石冲村	村名来历同南石冲村，该村在渡口北部，故称北石冲	320	1350	1964
16	小湖村	此处是古黄河的一段河身，经常积水。1937 年 7 月，大雨和洪水在该村西部冲成一个 1 里宽、5 里长的坑塘，水落后留下一潭死水，积存多年，形似湖泊，故名小湖，村以湖而得名	410	1892	2643
17	小村	早年村中肖姓居多，名肖村。后肖姓断绝，又因村小，故名小村	485	2070	3367
18	南李庄前村	该村历史上李姓居多，名李家庄。因北部还有一个李家庄，为示区别，故名南李庄。后发展为前、东、西三个村。该村在南部，称南李庄前村。1961—1996 年 2 月是南李庄人民公社、南李庄乡人民政府驻地	321	1410	1989
19	南李庄东村	村名来历同南李庄前村，该村在东部，故称南李庄东村	400	1650	3019
20	南李庄西村	村名来历同南李庄前村，该村在西部，故称南李庄西村	365	1130	2138

续表 1-15

序号	行政村名称	村名来历	总户数	总人口	耕地（亩）
21	南沙窝庙村	早年，此地方圆数十里荒无人烟，时有强人劫路作乱。明万历四十二年（1615），有陈姓县官议在此建村，奏请上允，45 顷土地不纳皇粮，并修庙立碑为记。因陈氏主持，曾名陈留村，后因地处沙漠，改名沙窝庙村，因北部有重名村，更名为南沙窝庙村	350	1600	2582
22	方道村	村名来历不详	170	758	1122

第十六节 埝头乡

埝头乡位于大名县偏东南部，乡政府驻埝头村南，距县城 25 千米。此处原是古河道岸上的埝子（用土筑成的小堤或副堤，土埂），后有人定居建村，取名埝头村。此地 1953 年建乡，1961 年成立人民公社，1984 年 4 月改为埝头乡人民政府，1996 年 2 月原大龙乡并入埝头乡。北与孙甘店乡接壤，东与束馆镇毗邻，南连西付集乡，西接龙王庙镇。马颊河跨越南此，老柴河横穿东西。面积 42 平方千米，辖 30 个行政村，2005 年全乡有 9005 户、45739 人，人口密度为 1089 人 / 平方千米，耕地 62192 亩，工农业总产值 83480 万元，其中农业总产值 24877 万元，农民人均收入 2240 元。

农业　2005 年，全乡农机总动力 29989 千瓦，比 1979 年增长了 3 倍。该乡大力发展规模种植，形成西部花生、中部棉花蔬菜、东部小麦玉米为主的三大基地种植模式。农业播种总面积 110669 亩，其中粮食播种面积 63624 亩，总产 25809 吨。播种花生 4.2 万亩，总产 12469 吨。利用地膜覆盖和大棚栽培技术，栽培蔬菜 3935 亩，总产 8527 吨；林地 18611 亩，果园 9614 亩；果树品种在原来的桃、杏、苹果的基础上，2000 年开始引进甜李，形成了以曹仁村、大龙村、刘胜村、杏现村为中心的“李子基地”；鲜果产量 3741 吨；埝头乡由于地处黄河、柴河故道，饲草资源丰富，养殖业历史悠久，拥有养牛、羊、猪、鸡的习惯和畜禽防治技术，形成毛苏村、高庄、绳庄、白丰固等 6 个养牛专业村，达到人均一头牛；毛苏村、宋尧、朱村、埝头、东马陵、刘庄、张庄等 10 个村成为肉鸡大棚养殖专业村。2005 年，大牲畜存栏 12602 头，出栏 7260 头。畜牧业产值成为该乡农业总产值的主要组成部分。

乡镇企业　2005 年，全乡企业摊点发展到 80 个，从业人员 6587 人，总收入 101962 万元，居全县第 7 位，上缴税金 1529 万元。乡镇企业中规模较大的有山岳凯发面粉有限公司、小龙面粉厂、乡纸厂等。凯发面粉有限公司占地 9800 平方米，建筑面积 8200 平方米，公司员工 300 名，其中技术人员 50 名，日加工小麦 500 吨，主要生产高筋特精粉，高筋富强粉、专用饺子粉、面包粉。产品畅销国内石家庄、北京、张家口、承德、沈阳、长春、哈尔滨、拉萨、乌鲁木齐、广西等地集贸批发市场。2002 年后先后被命名为“全国守信用企业”、邯郸市“十强农业产业化龙头企业”。2003 年 9 月“凯发”商标荣获“河北省著名商标”“河北省优质产品”，2004 年 9 月荣获中国粮食行业协会“放心面”称号。又建成了小龙面粉加工厂，日加工小麦 200 吨；另有冯丰固“古情酱油醋厂”、山岳“宴美酱菜厂”。20 世纪 90 年代后期建起了 5 个中小型造纸厂。

文教卫生、基础设施建设　2005 年，全乡有 2 所中学、23 所小学、2 所学前班，教职工 203 名，在校学生 4750 名。有乡卫生院 1 处，村级卫生所 53 处，医护人员 76 名。乡文化站 1 处，村级文化宣教中心 30 处。龙王庙至束馆两条公路干线从乡境穿过，行政村之间均有油路相连。县、乡、村公路成网，邯郸至束馆的客运班车及大名县城至束馆的公交车均途经埝头。有变电站 1 处，高低压线路遍布各行政村，低压线路整改已完成。电信光缆铺设到各行政村，50% 以上的农户拥有固定电话和手机。

2005 年埝头乡行政村一览表

表 1-16

序号	行政村名称	村名来历	总户数	总人口	耕地（亩）
1	山岳村	传说这一带是马陵（土山名）的最高峰，由此村名定为“山岳”	383	1841	3366
2	绳庄	早年村名曾为马庄，村民有马、苗二姓。人们迷信，认为马吃苗，将导致苗姓衰败，因苗姓当时人数占主导，于是改村名为绳庄（意为绳拴马）	144	665	660
3	高庄	相传早年此地是绳庄的一个菜园，后高姓迁入定居建村，故名高庄	287	1341	1331
4	毛苏村	1947 年前，该村是大苏村的一部分，后独立建村，称小苏村。因村民毛姓居多，又改称为毛苏村	157	676	667
5	大苏村	原名苏村，因村西部的一部分独立建村，时称小苏村，该村更名为大苏村	443	2050	2009
6	华庄	因华姓最早迁于此地建村，故名华庄	160	731	1177
7	朱村	早年有朱姓迁于此地定居，后渐成村，故名朱村	502	2165	3401
8	宋尧村	因历史上宋姓在此建造过一座砖瓦窑，很有名声，故名宋窑。后为书写方便，演变为宋尧	430	2106	2757
9	东马陵村	相传，此地为战国前期孙膑射杀庞涓的马陵道，附近以马陵命名的村有六个，该村在东部，故称东马陵	356	1645	2916
10	西马陵村	村名来历同东马陵村。该村在西部，故称西马陵	290	1270	2525
11	邱庄	因邱姓最早在此定居建村，故名邱庄	230	1100	2199
12	纪家庄	因纪姓最早在此定居建村，故名纪家庄	195	1020	1650
13	埝头村	此处原是古河道岸上的埝子（用土筑成的小堤或副堤，土埂），后有人定居建村，取名埝头村。系埝头乡政府所在地	264	1260	2312
14	杏现村	古时这里杏树很多，村以树而得名	433	2061	3048
15	后刘胜村	该村原名刘仕成，后“仕成”音韵化为“胜”，名刘胜。因有南北两村，该村在北，故称后刘胜	173	753	1294
16	前刘胜村	村名来历同后刘胜。该村在南部，故称前刘胜	186	762	1162
17	东刘庄	相传，宋代刘姓到此定居建村，名刘庄。时有《水浒传》中的卢俊义在该村西部建有卢家庄，与该村相距 300 米。卢俊义被朝廷杀害后，卢家庄日渐衰落，到清朝中后期只剩下 8 户人家，人们不堪盗匪骚扰，向东部搬迁，与刘庄合并为一个村庄。后又因本县有多个刘庄，为示区别，1982 年 5 月更名为东刘庄	187	854	904
18	油坊村	此处原是东刘庄的一个油坊，后有人定居，发展成村，故称油坊村	109	500	643

续表 1-16

序号	行政村名称	村名来历	总户数	总人口	耕地（亩）
19	南王庄	早年此处是油坊村的一个菜园，有一王姓乞丐定居于此，后渐成村，时名王庄。又因本县有多个王庄，1982 年 5 月更名为南王庄	125	592	784
20	东张庄	早年张姓迁于此地定居，后渐成村，时称张庄。因有重名村，1982 年 5 月更名为东张庄	106	457	561
21	丁庄	早年丁姓迁于此地定居建村，故名丁庄	213	936	1447
22	郭封固村	村名来历有二。其一说为：该村在古马陵道附近，战国时期庞涓被孙膑包围兵败自刎后，齐军非常痛恨庞涓泯灭人性，恩将仇报，残害朋友。为防备其托生害人，就将他五马分尸，裂为六块，分别在六个地方挖坑深埋、严封永固，土堆高大，上植荆棘，于是后来就形成了冯、郭、马、王、白、于等 6 个封固村。其二说为：古时人们为图村庄兴旺发达，受到严实保护，安全永固，取名封固。因该村村民多姓郭，故名郭封固	267	1169	1757
23	冯封固村	村名来历同郭封固村，因该村村民冯姓居多，故名冯封固	231	1039	1845
24	白封固村	村名来历同郭封固，因该村村民白姓居多，故名白封固	248	1047	1608
25	大龙村	村名来历不详。1953 年至 1996 年 2 月，为大龙人民公社、大龙乡人民政府驻地	528	2726	3295
26	小龙村	村名来历不详	297	1468	1872
27	前沙河路村	早年村名为沙河楼，后演变为沙河路，并分前后两村。该村在南部，故称前沙河路	649	2798	4164
28	后沙河路村	村名来历同前沙河路村，因该村在北部，故称后沙河路	414	1905	2607
29	曹任村	该村历史上曹姓为大户，故名曹任村	565	2628	3223
30	魏任村	该村历史上魏姓为大户，故名魏任村	433	1960	2417

第十七节　北峰乡

北峰乡位于大名县东北部，乡政府驻地在后北峰村西，距县城 25 千米。东、南与束馆镇、西与孙甘店乡为邻，西北与张集乡交界，东北与山东省莘县王奉、张鲁镇接壤。面积 51.63 平方千米，人口密度为 623 人 / 平方千米。其中耕地面积 49214 亩，土质以沙土、沙壤土为主，人均耕地 1.6 亩。辖 22 个行政村，2005 年全乡有 6838 户、32145 人，其中农业人口 31264 人，农业总产值 12861 万元，人均收入 2100 元。1953 年在后北峰村建北峰乡，1961 年成立北峰人民公社，1984 年 4 月改为北峰乡人民政府。1996 年 2 月，原从善楼乡并入北峰乡。

农业　2005 年，全乡农机总动力 31471 千瓦，比 1979 年增长 7 倍。该乡 1990 年度列入国家黄淮海农业开发区，1995 年度列入国家贫困乡，2005 年度列入新时期扶贫开发重点贫困乡，市、县重点帮扶乡。有机井 968 眼，并实行全部机电配套，有效灌溉面积 38305 亩，占总耕地的 77%；农业播种总面积 86648 亩，复种指数为 1.76。播种粮食 45648 亩，总产 15131 吨。播种花生面积 36000 亩，其中地膜覆盖4600亩，总产7416吨；有林地23150亩，果园5958亩，鲜果产量1847吨；大牲畜存栏9756头，出栏5015头。

乡镇企业　2005年，全乡共有企业摊点955家，其中工业企业19家，从业人员4268人，增加值23100万元，营业收入79970万元，居全县第17位，税金890万元。

文教卫生　全乡有学校23处，其中中学2处，小学21处，中学在校生1500名，小学在校生2690名，教师242名。有乡卫生院2处，村卫生所27个，医护人员33人。

基础设施建设　从善楼至束馆公路自北向南纵贯该乡东部；大名至冢北（313省道）公路横穿全乡，并直达山东莘县。各行政村之间皆有油路相连接。各行政村全部通电、通电信光缆，固定电话基本普及。县联通公司2001年投资80万元，架起高55米的联通信号塔，手机已进入多数普通农家。

2005年北峰行政村一览表

表1-17

序号	行政村名称	村名来历	总户数	总人口	耕地（亩）
1	后北峰村	宋仁宗至和二年（1055），此地创建一座寺院，名曰碧峰寺，明万历年间扩建，殿宇金碧辉煌，柏荫环绕，规模宏大，每年农历二月二日有香火大会。寺北建村，因寺定名碧峰，演变为北峰村，又分前后两个北峰村。该村在北部，故称后北峰	536	2298	2788
2	前北峰村	村名来历同后北峰村，该村在南部，故称前北峰	345	1556	2496
3	果子园村	因村中早年果树较多，故名果子园	326	1466	2617
4	宋营村	历史上村民多姓宋，故名宋营	198	818	1526
5	炉里村	相传该村历史上曾建有72座铁匠炉，远近闻名，故名炉里	470	1919	3197
6	刘庄	该村早年刘姓为大户，故名刘庄	422	1648	3007
7	前现城村	此处曾为旧元城县故址。旧县志记载，元城湮之迹有六："西城、故城、双城、莽城、陷城、五孝城，并在城东，今俱为村。"后"陷城"演变为"现城"，分前后两村，该村在南部，称前现城	536	2247	3894
8	后现城村	村名来历同前现城村，该村在北部，故称后现城	270	1090	2021
9	秦洼村	历史上村民都姓秦，又因村周地势低洼，故名秦洼	112	428	529
10	南司家庄	古时该村司姓较多，故名司家庄。又因北部有重名村，故更名为南司家庄	304	1302	2346
11	各姓固村	旧时该村有土阜隆起，形状如牛，身躯首尾毕肖，名黄牛岗。后不知何故改为现村名	410	1652	3228
12	和固村	村名来历不详	435	1913	3806
13	前从善楼村	相传，明初燕王（朱棣）扫北（碑）时，将该地的于家店、东店、南高庄、田园四个村的人杀得所剩无几，后四村并为一村，取名四从楼。清朝末年，四从楼有个叫赵金生的人组织人们抗捐抗税，杀了县官。民国25年（1936），马润昌任大名县长时，取"去恶从善"之意，将该村名改为从善楼。该村在南，故称前从善楼。1953年至1996年2月，为从善楼乡人民公社、乡政府驻地	445	2100	4373

续表 1-17

序号	行政村名称	村名来历	总户数	总人口	耕地（亩）
14	后从善楼村	村名来历同前从善楼村，因该村在北部，故名后从善楼	174	705	1323
15	前东旺村	村名来历不详	312	1381	2147
16	后东旺村	村名来历不详	202	925	1228
17	马程村	村名来历不详	303	1170	1655
18	黄程村	村名来历不详	82	338	454
19	刘程村	村名来历不详	102	447	726
20	前夹河村	该村东邻老柴河，西靠鸿雁江，把村夹在中间，故村名为夹河村。因有三个同名村，该村在南，故称前夹河	228	945	1780
21	东夹河村	村名来历同前夹河村，因该村在东，故称东夹河	338	1188	2296
22	西夹河村	村名来历同前夹河村，因该村在西，故称西夹河村	225	920	1786

第十八节 张铁集乡

张铁集乡位于大名县东部，乡政府驻地张铁集村，距县城 22 千米。东与山东省王奉乡毗邻，北部和西北部与县内金滩镇接壤。辖 28 个行政村（28 个自然村）。2005 年全乡有 8130 户、36743 人。面积 58 平方千米，人口密度为 633.5 人 / 平方千米。耕地 6.1 万亩，土质以沙壤为主，农村人口人均占有耕地 1.5 亩。农业总产值 14785 万元，农民人均收入 1660 元。1953 年建乡，1961 年成立人民公社，1984 年 4 月改为张铁集乡人民政府。1996 年 2 月，原普明滩乡并入张铁集乡。

农业　2005 年，全乡农机总动力 33430 千瓦，比 1979 年增长 423%；有效灌溉面积 46360 亩，占总耕地的 76.1%。农业播种面积 92720 亩，复种指数为 1.83。其中，粮食播种面积 42795 亩，粮食总产 21650 吨。播种花生 37000 亩，花生总产 1.5 万吨，居全县第一位；有林地 9774 亩，果园 1131 亩，年产鲜果 1965 吨；大牲畜存栏 10700 头，出栏 4164 头。

乡镇企业　2005 年，全乡有中小企业 11 家，各类门市摊点 1400 多处，从业人员 3110 多人，年收入 9970 万元，创利税 813 万元。张集、前滩、南刘店三个集贸市场聚集了全乡 60% 的固定摊点，流动摊点达 780 多个，平均日交易额 40 多万元。

文教卫生　全乡有中学 2 所、小学 17 所，教职工 173 名，在校中学生 970 名，小学生 2045 名。有乡卫生院 1 处、村办卫生室 36 所，不脱产医护人员 69 名。

基础设施建设　该乡公路与大名县通往山东的金奉公路相连。筹资 800 余万元，重建从峰公路；实现了村村通油路，近一半的村主要街道硬化。完成低压线路整改。通信光缆连通各村，固定电话和手机已普及。

2005年张铁集乡行政村一览表

表1-18

序号	行政村名称	村名来历	总户数	总人口	耕地（亩）
1	张铁集村	村名来历不详	588	2641	4234
2	后庄	该村在张铁集村北，故名后庄	152	622	1254
3	甘露村	很早以前，此地有一甘露寺，村以寺而得名	445	1980	2820
4	白果村	早年该村有白果树，村以树而得名	456	2307	3875
5	东小滩村	该村因处在小滩（金滩镇）的东边，故名东小滩	358	1725	3504
6	东张村	该村位于张铁集村的北面，原名北张集。1958年分为三个村，该村在东，故称东张村	123	478	821
7	中张村	村名来历同东张村。该村在中部，故称中张村	166	776	1671
8	西张村	村名来历同东张村。该村在西部，故称西张村	94	414	932
9	东孟村	原名孟村，1961年分为东、西两个村，该村在东部，故称东孟村	303	1235	2408
10	西孟村	村名来历同东孟村，该村在西，故称西孟村	149	593	1311
11	前官庄	元代，贵族官员圈占民田为狩猎练兵场所，后在此地形成两个村，名官庄，该村在南部，称前官庄	340	1267	2148
12	后官庄	村名来历同前官庄。该村在北部，故名后官庄	80	363	825
13	翟滩村	村名来历不详	274	1249	3390
14	固城村	相传此地为汉代元城县城，后成村落，名“故城”“古城”，演变为固城	605	2578	3879
15	前寺庄	古时，该村叫寺马庄，因黄河泛滥，村庄被淹，东迁一千米高阜处定居，后逐渐发展为两个村庄，该村在南，称前寺庄	360	1450	2105
16	后寺庄	村名来历同前寺庄。该村在北部，故称后寺庄	408	1692	2740
17	前劝善	相传，早年有一支以钟大王为首的农民起义军在这一带活动，失败后官府在此进行封建伦理道德教育，名曰“劝人去恶向善”，村以此得名劝善。以劝善命名的村有前、东、西三村，该村在南，称前劝善	230	1041	1760
18	东劝善	村名来历同前劝善，该村在东部，故称东劝善	489	2165	3666
19	西劝善	村名来历同前劝善。该村在西部，故称西劝善	275	1231	1934
20	前普明滩	相传，早年此处有一座普安寺，村处寺南，称前普明滩。又传，一天黑风突起，飞沙掩盖寺门，并埋住佛像的头，因此别名又称“土闷头”村。该村1953年至1996年2月，为普明滩乡、人民公社、乡人民政府驻地	365	1795	2908
21	后普明滩	村名来历同前普明滩村，因村处寺北，故称后普明滩	119	592	1126
22	小固滩村	村名来历不详	210	900	1317
23	南庄	村名来历不详	213	920	1584

续表 1-18

序号	行政村名称	村名来历	总户数	总人口	耕地（亩）
24	北刘店村	明代时村名柳店，后演变为刘店，并分为南北两村，该村在北，故称北刘店	354	1474	3226
25	南刘店村	村名来历同北刘店，该村在南部，故称南刘店	555	2330	3786
26	司庄	早年有一家司姓迁于此地定居，后渐成村，名司家庄。因与县内有重名村，1982 年 5 月更名为司庄	104	460	791
27	石庄	因该村石姓居多，原名石家庄、石贾庄。后为避重名，1982 年 5 月更名为石庄	149	600	1317
28	贾庄	该村与石庄原是一村，称石贾庄，后贾姓集居在村西南部，单独成村，称贾庄	38	168	392

第十九节　红庙乡

红庙乡位于大名县东北部，乡政府驻地在西红庙村，距县城 16 千米。东北与山东省冠县、莘县相邻，东部与县内金滩镇相邻，南部与大街乡交界，西部与万堤镇相连，北部与营镇回族乡接壤。面积 46.52 平方千米，辖 37 个行政村（38 个自然村），2005 年全乡有 8835 户、35510 人，其中乡村人口 34753 人；人口密度为 763 人 / 平方千米。耕地 46582.7 亩，农村人口人均占有耕地 1.3 亩。农业总产值 13882 万元，农民人均收入 2240 元，并列全县第 10 位。1961 年成立红庙人民公社，1984 年改为红庙乡人民政府。1996 年 2 月，原北堤乡并入红庙乡。

农业　2005 年，全乡农业机械总动力 26357 千瓦，比 1979 年增长 3.5 倍；有效灌溉面积 36009 亩，占耕地总面积的 77.2%。农业播种总面积 85205 亩，复种指数为 1.83。粮食播种总面积 59255 亩，粮食总产 23613 吨。花生播种 18010 亩，花生总产 4300 吨；有林地 15540 亩，果园 3633 亩，年产苹果、桃等鲜果 1072 吨；大牲畜存栏 8568 头，出栏 3729 头。东潘庄村是养殖专业村，1999 年引进黄牛养殖项目，2005 年全村牛存栏 186 头，户均 1.5 头，养殖业成为该村群众收入的主要来源。

乡镇企业　2005 年，全乡共有企业 15 家，各类门市摊点 800 多处，从业人员 5740 多人，年营业收入 97880 多万元，创利税 898 万元。徐杨庄村集贸市场聚集了全乡 70% 的固定摊点，流动摊点达 300 多个。大名县亚基饲料有限责任公司始建于 1999 年，位于红庙乡政府西侧，占地 14 亩，总投资 380 万元，建有猪、鸡两条饲料生产线，年产饲料 1.2 万吨。地处胡家湾村北的邯郸大发裘皮有限公司始建于 1988 年 8 月，厂区面积 46 亩，建筑面积 15800 平方米，职工 500 名，年加工羊皮 30 万张，成品 180 万平方尺，年产值 6000 万元，有独立的进出口权。金沙酒厂、名威食品有限公司、皮革厂等均为该乡知名企业。

文教卫生　2005 年，全乡有中学 3 所、联办小学 9 所，教职工 258 名，在校中学生 1650 名，小学生 1900 名。有乡卫生院 1 所，医护人员 13 名，床位 30 张，村办卫生室 37 所，不脱产医护人员 37 名。乡卫生院 2005 年新建门诊楼及住院部，配备先进的检查检测设备。

基础设施建设　106 国道纵穿东部，乡政府驻地公路与大名至金滩镇的公路相连，实现村村通公路。电力高低压线路连通各行政村，低压线路整改工作于 2005 年完成。电信光缆进入各村，大部分农户安装了固定电话、配备了手机。

2005 年红庙乡行政村一览表

表 1-19

序号	行政村名称	村名来历	总户数	总人口	耕地（亩）
1	东红庙村	因早年这里有座庙宇，庙内外墙壁均为红色，故称红庙。后分成东、西两村。该村在东，故称东红庙	175	799	926
2	西红庙村	村名来历同东红庙村，因该村在西部，故称西红庙	233	1037	1128
3	北红庙村	该村原是东红庙村的一部分。1979 年卫河扩挖时，东红庙部分村民搬迁至村北一千米处，另成村落，取名北红庙	110	460	556
4	范王庄	早年村名王庄，后因范姓发展为多数，更名为范王庄	210	871	902
5	老庄	村名来历不详	150	679	816
6	朱庄	朱姓最早在此定居，故名朱庄	85	332	642
7	郭庄	村中郭姓是大户，故名郭庄	190	879	1922
8	东任庄	历史上该村任姓占多数，名任庄。因与西部村重名，1982 年 5 月更名为东任庄	340	1537	2377
9	三里庄	早年，该村只有三户人家，都姓李，又因距金滩镇十字街三华里，故名三里（李）庄	100	293	487
10	王家庄	因王姓最早迁于此地定居建村，故名王家庄	52	273	492
11	西桥口村	从前，此地是一个摆渡口，渡口两边各有一村，称南、北桥口。1979 年卫河扩挖时，因河道顺直，将村分为东、西两部分，该村在西，故称西桥口	63	169	225
12	东桥口村	村名来历同西桥口村，因该村在东部，故称东桥口	145	592	557
13	西房庄	早年村中房姓居多，名为房庄。1979 年卫河截弯扩挖时，以河为界，分建东、西两村。该村在西，称西房庄	80	304	338
14	东房庄	村名来历同西房庄。该村在东，故称东房庄	110	476	539
15	西横堤村	卫河西大堤原在此处向西转弯，形成一段东西向的横堤，村庄在这段横堤的南侧，故名横堤。因并排有两个村，该村居西，故名西横堤。1979 年卫河西移，仍名西横堤	96	369	502
16	东横堤村	村名来历同西横堤，该村在东，故名东横堤	80	290	765
17	苗庄	因历史上苗姓居多，故名苗庄	195	918	1510
18	店上村	村名来历不详	250	985	985
19	徐杨庄	原名徐庄，中华人民共和国成立后与杨庄并为一村，更名为徐杨庄	283	1115	1955

续表 1-19

序号	行政村名称	村名来历	总户数	总人口	耕地（亩）
20	马庄	明朝嘉靖年间，有户姓马的人家从河南省许昌县灵井村逃荒至此，在村外看菜园的土屋里定居下来，后发展成村落，取名马庄	117	517	580
21	阎庙村	村民阎姓居多，村中有一座大庙，故名阎庙	340	1595	1931.7
22	赵桥村	村民赵姓居多，村庄紧靠引河桥，故名赵桥	200	749	1100
23	西呼庄	早年有呼姓兄弟二人迁于此地定居，兄居西村，名大呼庄，弟居东村称小呼庄。该村在西，1958 年更名为西呼庄	165	710	1451
24	东呼庄	村名来历同西呼庄，该村在东，1958 年更名为东呼庄	125	467	817
25	东潘庄	历史上村民潘姓居多，迁于此地最早，故名潘庄。后因西部有重名村，1982 年 5 月更名为东潘庄	210	931	1536
26	刘安庄	刘姓最早在此定居，后渐成村，原名刘庄。后又有安姓到此定居，更名为刘安庄	188	739	1390
27	总管坟村	因该村临近元代吉州路总管刘执中坟墓，故名总管坟	298	1066	2275
28	厂门村	相传，历史上此地有个屯粮厂，后有人在厂门前定居，渐成村落，故名厂门	62	221	229
29	胡家湾村	此村建在卫河拐弯处，胡姓迁来最早，故名胡家湾	345	1373	1503
30	东宋庄	该村原名宋二庄。1958 年成立人民公社时，以村中大水坑为界，分为东、西两个大队（村）。该村在东，故称东宋庄	460	1895	3565
31	西宋庄	村名来历同东宋庄。因该村在西，故称西宋庄	480	2147	3985
32	北堤村	早年此处是黄河故道的一段残堤，堤中间有一条东西向的道路，该村位于残堤路口北部，故名北堤。1953 年至 1996 年 2 月，为北堤人民公社驻地、北堤乡人民政府驻地	480	2095	3304
33	南堤村	村名来历同北堤村。该村位于残堤路口南部，故称南堤村	253	1045	1101
34	朝固村	村名来历不详	200	830	1332
35	冠厂村	此处原为卫河东岸的一个码头，为山东省冠县的寄庄村，冠县交送税粮从这里集中外运，时称冠县粮厂。1958 年划归大名县管辖，更名为冠厂	221	911	1281
36	沈庄	历史上该村沈姓居多，故名沈庄	370	1296	1380
37	陶庄	早年有陶姓、周姓从沈庄迁出，另建村落，因陶姓居多，取村名为陶庄	133	551	588

第二十节　营镇回族乡

营镇回族乡位于大名县东北部，乡政府驻地在西营镇村南1千米处，距县城31千米。东南与红庙乡为邻，东面、北面与山东省冠县接壤，西北与馆陶县交界，正西和万堤镇、黄金堤乡相连，正南与红庙乡相通。卫河从东部贯穿，漳河、引河从西部流经，并相汇于该乡的最北端入卫河，使该乡置于小引河、漳河、卫河夹角之处。中华人民共和国成立后，这里是个农村集镇，更名为“营镇”，沿用至今。以卫河为界，分为东营镇、西营镇两个村。1939年11月15日，邓小平在善乐营（现营镇村）召开地方党政军领导会议，传达党中央指示并讲话，为根据地军民的抗日斗争指明了方向。刘伯承、宋任穷、陈再道等曾亲临善乐营会议。乡域面积19.71平方千米，人口密度880.1人/平方千米。耕地19280亩，人均占有耕地1.1亩，土质以重壤、中壤为主。辖17个行政村（18个自然村），其中有东营镇村和西营镇村2个回族村；2005年年底总户数3806户，总人口16944人，其中回族人口4116人。农业生产总值8223万元，农民人均收入2760元。

农业　2005年，全乡农业机械总功率为3052千瓦。营镇乡的农业种植结构由以粮为纲逐步转变为以蔬菜种植为主。1979年种植蔬菜774亩，其他全部是小麦、玉米，粮食总产3104吨。由于种植结构单一，导致增产不增收。1995年后，该乡明确了“以蔬菜加工企业为龙头，以蔬菜种植为重点，以市场贸易为突破口”的思路，调整农业结构和种植模式，2005年全乡农业播种面积38559亩，其中粮食播种面积13971亩，粮食总产4900吨。全乡采用地膜覆盖、日光温室、塑料大棚等新技术，发展蔬菜种植，蔬菜种植面积增至22588亩，总产达60635吨；自然形成了以前常庄为主的芹菜批发市场和以何庄为主的黄瓜批发市场。由于蔬菜产业的发展，该乡被命名为全县高效蔬菜基地和蔬菜之乡；除河流堤岸外，该乡宜林地面积很少。1979年后，在抓好农田林网建设的同时，狠抓四旁植树及堤岸绿化，1990年林地发展至1500亩，2000年后稳定在8520亩。2005年果园发展至775亩，鲜果产量188吨。2005年聘请辽宁果树研究所教授赵青海，在前常庄村发展大棚油桃种植技术，当年推广油桃种植100亩；2005年全乡大牲畜存栏3766头，出栏1245头。

乡镇企业　2005年，全乡有企业摊点761处，从业人员2519名，营业总收入44468万元，实现利润1840万元，上缴税金460万元。1991年投资180万元在乡政府北侧建成全县第一个脱水菜厂，产品远销日本、韩国、朝鲜、菲律宾、印尼、新加坡等十几个国家和地区。1990年后，全乡恒温库发展迅速，至2005年年底，共投资750万元建成何庄建华冷库，张金庄兴彬冷库，赵庄冷库，后常庄冷库等，库容量达750吨，总产值300万元。

文教卫生　全乡有初中1所（回族中学），小学6所，其中完全小学2所，教职工112人，在校生1530人。乡中心幼儿园1所，教职工12人，学生248人。乡卫生院1所，医护人员3人，村办卫生院、卫生室24所，不脱产医务人员29人。

基础设施建设　106国道在乡东部穿过，营镇经红庙至大名县城的公路纵贯乡中部。各村之间有油路或水泥路相通。17个村全部架设高压线，完成低压线路整改；通信光缆进村入户，全乡70%的户安装了固定电话或用上了手机。

2005 年营镇回族乡行政村一览表

表 1-20

序号	行政村名称	村名来历	总户数	总人口	耕地（亩）
1	东营镇村	据碑文记载，唐朝魏博节度天雄军司马宗庠，字得元，其夫人郭氏死于此地，故名“宗固村”，因其乐善好施，后更名为“善乐营”。中华人民共和国成立后，这里是个农村集镇，更名为“营镇”，沿用至今。以卫河为界，分为东营镇、西营镇 2 个村。该村在东部，故称东营镇	353	1419	1828
2	西营镇村	村名来历同东营镇村，该村在西部，故称西营镇	678	2597	3525
3	北周庄	明代，有周姓从山东茌平迁于此地定居，后渐成村，故名周庄。后因与大名县其他村重名，1982 年 5 月更名为北周庄	211	734	601
4	何庄	明代，有何梁、何檩二兄弟从山西迁民到此建村，故名何庄	239	1086	1302
5	张金庄	明初，有张、金两姓人士从山西迁于此地定居建村，故名张金庄	243	1144	1130
6	前常庄	明初，有常姓从山西迁于此地定居建村，名常庄。后北部又有山东常姓迁来建村，故更名为前常庄	122	521	468
7	后常庄	明代，有常姓从山东寿张县大李庄迁于此地定居，后渐成村，因村南已有一个常庄，为示区别，故名后常庄	180	727	685
8	赵庄	明初，有赵姓从山西迁于此地定居，后渐成村，故名赵庄	276	1185	1070
9	前王庄	明初，王姓从山西迁于此地定居建村，村名王庄，后分为前后两村。该村在南部，故称前王庄	86	341	545
10	后王庄	村名来历同前王庄，该村在北部，故称后王庄	125	457	926
11	谢庄	明末，该村有谢氏富户盖有楼房，村名谢家楼。后因周围村都称 xx 庄，故更名为谢庄	79	330	530
12	白庄	明初，有白姓从山西迁于此地定居，后渐成村，故名白庄	249	1051	1571
13	张庄	明初，有张姓从山西迁于此地定居建村，故名张庄	185	821	1047
14	后刘庄	明初，有刘姓从山西迁于此地定居，后渐成村，名刘庄。后因与其他乡的村名相重，1982 年 5 月更名为后刘庄	52	203	229
15	和庄	明初，有杨姓族人迁于此地定居建村，因村东有一座文庙，取村名为文庄。后又有和姓在文庙东部定居建村。两村因建房逐渐连在一起，成为一个村。因和姓人口较多，更名为和庄	174	651	642
16	北黄庄	明初，有黄姓从山西迁于此地定居，因当时此处有五棵大柳树，取村名五柳村。后又有他姓迁入，但因黄姓迁来最早，故更名为黄庄。1982 年 5 月更名为北黄庄	376	1499	1916
17	金庄	明初，有金姓从山西迁于此地定居建村，故名金庄	223	896	1255

附 1：

《唐宗庠墓志》

《唐故魏博节度天雄军司马南阳郡宗府君（庠）墓志》，简称《唐宗庠墓志》，1976 年出土于大名县东营村，现藏于大名县石刻博物馆。墓志刊刻于唐懿宗咸通九年（868），志石 60 厘米见方，厚 15.8 厘米，阴刻志文 27 行，每行 18 ~ 34 字不等，行书。盝顶盖，60 厘米见方，厚 15 厘米，顶面篆书“司马南阳郡宗公墓铭”，3 行 9 字，有界格，四杀为四神纹。

《隋唐五代墓志汇编·河北卷》（第一册）首发拓片。《全唐文补遗》（第四辑）首发录文。

唐故魏博节度天雄军司马南阳郡宗府君墓志铭并序

司马姓宗氏，名庠，字得元，南阳人也。有姬受命，是卜永年，封建子弟，用藩周室，既居上卿，为大宗伯，因官为氏。洎秦至唐，代不乏贤。贻厥之美，至于皇祖讳希峤，皇考讳昇，并文可经邦，武能戡难，幕八公之遗范，仰四皓之全真，高尚遁迹。有子四人，府君即仲子也。

幼习文武，长攻郡艺，性孤且直，有古人之风。方伯知贤，起家授奉义郎、试左武卫长史，判献奉作坊事。一临剧务，人讶清廉，掌出纳而人不我欺，口回邪而力有余勇。魏帅以忠勤可录，改摄天雄军骑曹参军。分条列政，佣课尤佳。子饯宽和，随会柔真。居历星岁，丁外氏忧，哀感之情，追乎灭性。大丞相以其欲选忠臣，必求孝子，义从抑夺，特变礼经，因起复依旧天雄军骑曹参军，三命而乃承命。未几，加节度要籍，司掌钱谷，王黑居官，扬雄任秩，公奉以廉恪，加于利用，启闭有节，出纳无欺。加节度随军、天雄军司马，主务殷繁，军司最大，六州枢要，咸莫由斯。公为政清通，皆得其所。既而地居显要，履行益恭。岂期政成而子产云亡，功立而孔明谢世。以大中六年闰七月十四日，遘疾终于魏州贵乡县履信坊之私第，享年五十有五。

公先婚晋阳郡郭氏夫人，不幸早丧。今夫人太原王氏，贞规懿范，继治公室。有子二人：长曰继常，遗荣落彩，驰豫桑门，为空文受印之贤，作释父传灯之使；次曰绍存，业勤文武，任用公门。有女二人：长适太原王氏，次适安平焦氏。

公之令弟，奉义郎，试太常寺丞、节度要籍兼支计押司曰文度，文为世匠，武作人杰。以仁兄云亡，岁逾星纪，龟筮未协，不遑迁厝。口宅兆有期，乃命继常、绍存举府君之灵，以郭氏夫人，用咸通九年正月十口日，祔于馆陶县遵隗乡宗固村之大茔平原，礼也。虑陵谷更变，刊石铭之：

韡韡宗氏，姬娃之亲。因官命族，代生哲人。

爰洎祖考，明时隐伦。至于司马，文武立身。

忠义奉主，宽裕佐民。方伯念劳，司武雄镇。

位当贰职，廉格逾勤，魏绛和戎，子产鸿勋。

时隔千祀，馨香亦口，善积有余，神道何昏？

人谢千古，德义如存。王氏夫人，懿德氤氲。

玉洁冰寒，令范早闻，贻厥子孙，摭抚口口。

常也国宝，绍乃家珍。宅兆协卜，泣诉穹旻。

风怨白杨，月吊孤坟，式刊岖石，记此芳尘。

附 2：

大名县部分专业村

打井专业村——苑湾

龙王庙镇苑湾分为东苑湾、西苑湾、新苑湾三个村，总人口 3252 人，从事专业打井的达 800 人以上，成立了 6 个专业钻井公司，足迹遍布全国各地。最先发起于 20 世纪 80 年代初期石油勘探的需要，后扩大到居民生活用水和生产用水等领域，带动了加工业、服务业发展，成为农民收入的支柱产业。

风筝生产专业村——东屯

沙圪塔乡东屯村是县政府表彰命名的“风筝生产专业村”。全村 156 户，有近 150 户长年从事风筝制作，风筝年产销量 40 余万只，年产值近 40 万元，很多农户靠扎制风筝年收入万元以上。东屯村扎制风筝的历史相传始于明朝永乐年间。党的十一届三中全会后，由年产几千只逐步扩大至年产 40 多万只的风筝生产基地；由传统工艺的绵纸裱糊、手工绘画发展为利用服装衬纸或尼龙布作面、丝网制版印刷的现代工艺；由单一的蝴蝶图案发展为雄鹰、金鱼、五福图、悟空、秦琼、仙女、十二生肖等系列造型，还有春燕、蜈蚣、巨龙腾飞等高档特型风筝。该村的风筝以用料考究、价格低廉、外观优美、品种繁多、易升空、飞得高等特征，深受人们喜爱，拥有广泛的市场，给东屯的群众带来了巨大的收益。

小磨香油加工专业村——后辛寨

沙圪塔乡后辛寨村，411 户，1900 人。1979 年后，该村群众依靠传统的小磨香油加工工艺，不断创新，2005 年发展成为机械化生产，形成集芝麻流通、香油加工、销售为一体的专业生产框架。该村群众香油加工作坊遍布国内 50 多个地市，并远销国外。2005 年，全村香油加工户 300 多户，占全村的三分之二，向全国各地输出劳动力 1000 多人，带动了周围十几个村的经济发展。2005 年全村人均收入 2250 元，比 2002 年翻了一番。

养牛专业村——马时庄

黄金堤乡马时庄村是一个回族聚居村庄，全村 387 户，1923 口人。2000 年以来，该村依托群众自家养牛和牛羊肉屠宰加工的优势，大力发展肉牛养殖产业。2005 年，全村有 130 户、养牛 800 余头，其中养 10 头牛以上的大户 40 户，年产优质牛肉 5 万千克，养牛户人均增收 800 元。

养鸡专业村——南盘

南盘村位于黄金堤乡最北端，与蛋鸡养殖县馆陶相连。该村巧借馆陶金凤市场鸡蛋输出地的环境优势，走出了一条由贫困农村向蛋鸡养殖专业村转型之路。2005 年该村 2754 人，平均每人养鸡 90 只，2000 只以上的养殖户 50 户，万只以上的养鸡场 4 家，饲料加工、鸡病防疫、蛋品收购等专业户 15 家。蛋鸡存栏 25 万只，纯收入 280 万元，人均收入 1016 元。

养猪专业村——小李凝

小李凝村是王村乡有名的养猪专业村。该村1999年投资60万元建成占地30亩的现代化“红昌种猪养殖基地”。生产二元、三元型猪，与天津肉联厂签有长期供销合同，比市场价高0.2—0.4元。2005年基地种猪存栏800头。该村群众以养殖基地为依托，大力发展养殖业，村内人均养猪2头，养殖业成为该村群众增收的主要来源。

蔬菜专业村——何庄

何庄位于营镇乡北部，全村239户，1086人，耕地面积1302亩。1990年后，大棚种植面积达500余亩，人均约0.5亩，形成户户有大棚，家家种蔬菜的局面,2005年，全村大棚亩收入达5000元。

蔬菜专业村——前常庄

前常庄村位于营镇乡政府驻地东南，全村122户，耕地面积468亩。自1989年开始发展温室大棚芹菜种植，到2000年该村芹菜种植面积已达130亩，户均1.06亩。每到冬季，魏县、馆陶、山东冠县、莘县等地客商纷纷前来收购。

大蒜专业村

黄金堤乡东部邢村、未村、黄庄、陈庄、小陈庄、崔庄、闫桥、张王庄、吴毕庄、王乍村等10个村，依照当地传统种植大蒜的习惯，逐步走出了一条生产无公害大蒜基地的致富之路。10个村共种植地膜大蒜6000余亩。每亩收入6400元，亩纯收益4500元。

第二编　自然环境与人口

大名县坐落于华北大平原南端，地势较为平坦，土壤肥沃，自然资源丰富。大名县属北温带半湿润大陆性季风气候，气候温和，四季分明；雨热同季，干寒同期。优越的自然条件，为居民的生存提供了良好环境。中华人民共和国成立后，由于生活条件改善和科技进步，人口预期寿命逐年提高。

第一章　自然环境

大名县属古河道冲积平原，地势较为平坦，地形不复杂，卫河、漳河、马颊河三条河流穿境而过，为北温带半湿润大陆性季风气候，土壤比较肥沃。全县具有比较丰富自然资源。改革开放后，大名按照可持续发展要求，对土地资源、水资源、生物资源，进行有效保护、开发利用。

第一节　地质地貌

地　质

大名县属华北地台断坳带的一部分，处在内黄隆起与临清坳陷交界处，具有第四系继承老构造的断坳特点，故地势由西南向东北倾斜。这里原是一个海湾，由于漳河、古黄河的高速冲积沉淀而于新第三系的中新世形成陆地。此后，随着漳河、古黄河的频繁改道和冲刷，沉积层越来越厚。据北京农业大学1988年出版的《黄淮海平原农业图集》中“黄淮海平原沉积层厚度图”测算，大名县的垂直沉积厚度为5600米，以下为岩石层。埋深400～600米，是冲积湖积—冰水沉积物。岩性特征为红色、紫色、紫灰色或灰绿色黏土及砂黏土夹沙层，黏土细腻，有灰白条纹和斑点。埋深360～420米，为冲积洪积沉积物。岩性特征上段为锈黄、红色、棕褐色黏土夹灰黄色砂层，土层内见长石及钙质小白点，具有黄土状碎块结构；下段为棕红、棕褐色黏土夹砂层。埋深120～260米，为冲积洪积沉积物，岩性特征为灰黄、棕黄色或棕褐色砂黏土及黏砂土夹砂层黏土，具黄土状结构。埋深10～70米，为冲积洪积、冲积湖积的沉积物，岩性特征以灰黄、褐黄色砂黏土及砂黏土夹砂层为主，另有黑色淤泥质黏土夹粉细砂层，结构疏松。

地　貌

平原　大名县坐落于华北大平原南端，属掩埋古河道的壤质土冲积平原。海拔最高点是王村乡田固村，为 49.29 米，最低点是营镇乡漳、卫河汇流处南侧，为 39.8 米，高差 9.49 米；坡降比约为 1∶4000。以卫河为界，卫西地带为漳河冲积扇的边缘，土质粘重；卫东地带由古黄河冲积物形成，土质以沙为主。全县地带大平小不平，但平原是构成大名地貌的主体，占总面积的 90% 以上。

沙丘　沙丘主要分布在卫东黄河故道，龙王庙、北峰、张铁集等乡镇较多。其中三角店、曹任村、魏任村、大龙、小龙、前沙河路、后沙河路、刘万税等村以及卫河东边黄河故道上较为集中，而且高大，沙丘一般高 2 ~ 7 米，总面积 3.5 万亩。1979—2005 年，沙区群众在县委、政府领导下，采取修建防风墙、植防风林带、栽植片林、在泛风地种白蜡条等各项固沙措施，取得了明显的防风固沙效果。后来沙丘经人力搬运被充分利用，卫东沙丘绝大部分已被改造为良田。

河　流

卫河　源于太行山南端山西省南部山区的晋城等县和河南省北部山区的博爱县、武陟县及辉县等县，由山间泉水汇流而成。该河经新乡、汲县、浚县、滑县、汤阴、内黄、魏县、南乐县，汇合了思德河、淇河、汤河、安阳河等支流，进入大名县龙王庙镇，转而向北经大街乡、金滩镇、红庙乡、营镇乡等乡镇，到馆陶县徐万仓与漳河汇合后称卫运河，至天津子牙河汇于海河入渤海。卫河原名御河，又称白沟。汉朝末年曹操将淇水（淇河）、汤河、安阳河引入白沟，以便运粮。隋朝大业年间（665—618），隋炀帝再次开挖白沟，并改称永济渠。自汉以来，卫河便成为沟通大名南北的水上交通要道，自古有运粮河之称。卫河在大名境内河道长 48.5 千米，左堤长 38.3 千米，右堤长 31.79 千米。因河窄、堤小，汛期常常发生水灾。1978 年经国务院批准，对原河道进行了顺直和开挖，河道长度和左右堤长度均有所减少，行洪能力由原来的 800 立方米 / 秒提高到 2500 立方米 / 秒，达到 50 年一遇标准。

卫河大名段（2005 年摄）

漳河　源于山西省晋东南地区。流经涉县、磁县、临漳、魏县，进入大名县西未庄乡，向东北跨越铺上、万堤、黄金堤、营镇等乡镇，至馆陶县的徐万仓汇入卫河。该河历史上曾是黄河的一条支流，已有 4000 余年的历史。县境内河道长 27 千米，左堤长 22.65 千米、右堤长 29.78 千米，

漳河（摄于 2005 年）

行洪能力为 700 立方米 / 秒。

马颊河　是一条平原排涝河道。源于河南省濮阳，经清丰、南乐进入大名县西付集乡，向东北经束馆镇入山东省莘县，经聊城、高唐县至埕口入渤海。县境内河道长 25.2 千米。1971 年对该河进行了治理，使行洪能力达到 246 立方米 / 秒。

附：

古河道

大名县的古河道主要是黄河故道及漳河故道。黄河故道主要有 4 条。即当地俗称的老柴河、洪涯江、张铁集渠及南起三角店北至北堤沿卫河东岸的古河道。漳河故道有 7 条，其中较大的有 3 条。一是从王村乡段庄，经西店、韩庄，进入杨桥镇的白庄西地、程子南地、杨桥北地、樊河道西地，转而向北经沙圪塔乡的漳尔庄、鸭窝北地，进入馆陶县；二是从王村乡杨固北地向东，经沙圪塔乡西庄、东庄向南，经后辛寨转而进入王村乡，至未庄到韩庄一带；三是从铺上乡高寨向东北经罗庄、圈里、西李二庄，进入杨桥镇，经南马头、魏庄、小霍庄，进入黄金堤乡郭王胜滩，向东直至王店。

第二节　气　候

大名县属温带半湿润大陆性季风气候区。总的气候特点是：四季分明，气候温和，光照充足，雨量适中，雨热同季，无霜期长，干寒同期。即春季干燥多风，夏季炎热多雨，秋季凉爽宜人，冬季寒冷少雪。全年的主导风向为南风，其次是北风，出现东风、西风的机会较少。大名县全年日照时数为 2355.4 小时，平均每天日照时数为 6.5 小时，日照百分率为 53%。2 月份日照时数最少，为 162.5 小时；5 月份日照时数最多，为 247.3 小时。

1979 年与 2005 年大名县日照时数各月分布对照一览表

表 2-1

年份	月 日照时数	1	2	3	4	5	6	7	8	9	10	11	12	全年
1979	时数（小时）	157.3	184.2	210.6	293.7	309.7	286.1	224.2	225.5	226.7	282.6	223.7	153.5	2697.8
	占（%）	51	61	54	49	76	66	51	54	61	81	73	51	61
2005	时数（小时）	163.7	162.5	195.8	225.2	247.3	228.3	197.8	213.1	202.2	195.8	194.0	154.5	2355.4
	应照时数（%）	53	53	53	57	57	52	45	51	54	57	55	52	53

1979 年与 2005 年大名县各月太阳辐射量对照一览表

表 2-2　　　　单位：千卡 / 平方厘米

年份	辐射＼月	1	2	3	4	5	6	7	8	9	10	11	12	全年
1979	辐射量	5.027	6.773	9.288	9.894	15.766	13.897	12.036	11.420	10.558	8.432	7.165	4.626	114.882
	占全年 %	4.376	5.896	8.085	8.612	13.724	12.097	10.477	9.941	9.190	7.340	6.237	4.027	100
2005	辐射量	5.001	5.992	8.562	11.006	12.412	11.160	10.391	10.500	9.480	7.840	5.564	4.454	102.362
	占全年 %	4.886	5.854	8.364	10.752	12.126	10.902	10.151	10.258	9.261	7.659	5.436	4.351	100

说明：采用气候计算方法

气　温

年平均气温　1979—2005 年，历年平均≥ 0℃积温为 5038.8℃、≥ 5℃积温为 4806.7℃、≥ 10℃积温为 4612.8℃、≥ 15℃积温为 3856.2℃。年平均温度为 13.5℃，平均最高温度为 19.5℃，平均最低温度为 8.4℃，极端最高温度为 41.5℃（2002 年 7 月 15 日），极端最低温度为 -17.1℃（1984 年 12 月 29 日）。最冷月是 1 月份，月平均温度为 -1.8℃；最热月是 7 月份，月平均温度为 27.0℃。

1979 年与 2005 年大名县各月气温对照一览表

表 2-3　　　　单位：℃

年份＼积温＼月	1	2	3	4	5	6	7	8	9	10	11	12	年平均
1979	-1.3	2.3	7.1	12.1	19.7	26.3	26.5	25.3	19.6	16.2	5.3	1.5	13.0
2005	-2.2	-1.1	6.8	16.9	20.3	27.7	27.3	25.3	21.1	14.7	9.5	-1.5	13.7
历年平均	-1.8	1.7	7.4	14.7	20.2	25.7	27.0	25.4	20.8	14.6	6.6	-0.1	13.5

四季温差　大名县四季温差均在 10℃以上，其中春夏两季温差为 11.9℃，夏秋两季温差为 12.0℃，秋冬两季温差在 14.1℃，春冬两季温差在 14.2℃。这种季节的温差变化对于作物的生长发育、物质积累、品质优劣影响显著。

界限温度（积温）　界限温度指五天滑动日平均气温稳定通过各个界限温度时的温度，反映不同的作物和不同生育期对热量条件的要求。界限温度间的活动积温就是其间累加日平均气温的总和，它反映出温度强度及持续时间，是衡量热量条件的重要指标。

2005 年大名县各界限温度一览表

表 2-4

界限温度	始现日期				终现日期				间隔日数			
	平均	最早	最晚	80%	平均	最早	最晚	80%	平均	最长	最短	80%保证率
0℃	7/12	20/11	29/12	22/11	22/2	3/2	14/3	13/3	289.7	321	266	267
5℃	17/11	7/11	27/11	8/11	13/3	19/2	29/3	25/3	249.8	275	229	231
10℃	29/10	10/10	9/11	16/10	5/4	17/3	29/4	15/4	207.5	233	193	194
15℃	8/10	23/9	22/10	25/9	29/4	14/4	27/5	15/5	163.1	178	138	142
20℃	13/9	22/8	29/9	30/8	18/5	28/4	7/6	6/6	118.6	142	92	95

2005 年大名县各界限温度的活动积温一览表

表 2-5　　单位：℃

界限温度	0℃	5℃	10℃	15℃	20℃
活动积温	5038.8	4806.7	4612.8	4083.5	3213.0

霜　冻

以地面温度≤0℃为准作为霜冻期，大名县无霜期平均为 215 天，最多年份 230 天，出现在 1983 年；最少年份 173 天，出现在 1988 年。全县初霜平均日期为 10 月 26 日，最早日期为 1989 年 10 月 13 日，最晚为 1984 年 11 月 12 日，全县终霜平均日期为 4 月 10 日，最早日期为 2004 年 3 月 3 日，最晚日期为 1980 年 4 月 14 日。历年 5 厘米地温平均为 14.9℃，稳定通过 12℃的平均日期为 3 月 30 日，稳定通过 14℃平均日期为 4 月 12 日。历年 10 厘米地温平均 14.8℃、15 厘米地温年均 15.2℃。

1979—2005 年大名县初终霜的平均起止时期统计表

表 2-6

年份	1979	1980	1981	1982	1983	1984	1985	1986	1987	1988	1989	1990	1991	1992
初霜	28/10	21/10	25/10	23/10	2/11	12/11	20/10	1/11	29/10	25/10	13/10	1/11	25/10	19/10
终霜	9/4	14/4	26/3	25/3	26/3	19/3	4/4	19/3	13/4	26/3	25/3	12/3	1/4	24/3
年份	1993	1994	1995	1996	1997	1998	1999	2000	2001	2002	2003	2004	2005	
初霜	23/10	29/10	29/10	1/11	26/10	25/10	27/10	29/10	1/11	29/10	26/10	22/10	12/11	
终霜	18/3	26/3	12/3	2/4	20/3	11/3	22/3	22/3	28/3	6/3	27/3	3/3	5/3	

地 温

大名0厘米地面温度年平均为15.8℃，一年中6月最高，平均30.1℃；一月最低，平均-1.9℃。历年5厘米地温年均为14.9℃，稳定通过12℃的平均日期为4月6日，最早年份是1959年3月26日，最晚年份是1965年4月29日；稳定通过14℃日期为4月16日，最早为1961年3月29日，最晚是1965年5月10日。历年10厘米地温年均14.8℃，15厘米地温年均15℃。

风向 风速

风向 历年以偏南风最多，其次是北风，东、西风很少。

风速 年平均风速为3.5米/秒。年内分布以4月最大，平均3.6米/秒。以8、9月份最小，分别为2.1、2.2米/秒。历年中有记录的最大风速曾达到20.0米/秒（2003年10月11日）。全年出现大风（≥8级、≥17米/秒）的日数为14天（1981年）；其中3月份3天，5月份8天。

1979年与2005年大名县各月平均风速对照一览表

表2-7 单位：米/秒

月份 年份	1	2	3	4	5	6	7	8	9	10	11	12	年平均
1979	4.2	4.1	3.4	3.4	3.4	3.7	2.8	2.5	2.5	3.0	3.5	3.3	3.3
2005	1.5	2.1	2.3	2.9	2.5	2.9	2.3	2.1	1.8	2.0	2.0	1.9	2.2
历年平均	2.4	2.8	3.4	3.6	3.2	3.2	2.5	2.1	2.2	2.5	2.6	2.4	2.7

干热风及高温天气

干热风 干热风一般出现在5月份，据1979—2005年统计资料，大名县出现中等及强干热风的次数一共7次：其中1979年5月31日、1981年5月24日、1994年5月28日、2001年5月28日出现了中等强度的干热风；1980年5月31日、1982年5月25日、2002年5月31日出现了强干热风。

高温天气 据大名县1979—2005年的历史资料，大名县几乎每年都有高温天气出现，1981年6月14—16日出现38～40℃的高温，1988年6月12—14日出现37～39℃的高温，其中1979年6月13日、1986年7月14日、1997年6月23日出现超过40℃的高温天气。

降 水

大名境内年际间降水量差异较大，季节分布不均匀。据县气象局1979—2005年降水量资料统计，历年平均降水量为504.9毫米。全年降水主要集中在6—8月，平均降水量为307.1毫米；冬季12至次年2月降水稀少，以雪为主，平均为16.1毫米；春秋两季的降水量变化较大且不稳定。降水最大年份是2003年，降水量为702.6毫米；降水最小年份1992年，降水量为193.6毫米。年降水量变率为23.9%。年降水量在300～800毫米的，占85.2%。降水频率在83%以上的降水量是在700毫米以下，降水频率在73%以上的降水量在400毫米以上。

1979 年与 2005 年大名县平均各月降水量对照一览表

表 2-8　　单位：毫米

年份	月 / 降水量	1	2	3	4	5	6	7	8	9	10	11	12	年合计
1979	降水量	8.5	21.7	48.7	52.8	25.2	54.0	137.0	120.0	50.2	0.1	0.4	19.0	537.6
	占全年 %	1.581	4.036	9.059	9.821	4.688	10.045	25.484	22.321	9.338	0.019	0.074	3.534	100%
2005	降水量	0.0	15.2	0.06	4.3	56.3	93.1	189.9	46.4	145.1	21.3	3.5	1.3	577
	占全年 %	0.000	2.634	0.104	0.745	9.757	16.135	32.912	8.042	25.147	3.692	0.607	0.225	100%
历年平均	降水量	4.9	6.5	14.8	23.0	44.4	72.2	128.5	106.4	54.3	31.7	12.9	5.1	504.9
	占全年 %	0.970	1.287	2.931	4.555	8.794	14.300	25.451	21.073	10.755	6.278	2.555	1.010	100%

1979—2005 年大名县逐年降雨量表

表 2-9　　单位：毫米

年份	降雨量	年份	降雨量	年份	降雨量	年份	降雨量
1979	537.6	1986	288.6	1993	702.6	2000	705.4
1980	556.7	1987	565.1	1994	596.7	2001	207.3
1981	392.8	1988	482.1	1995	465.5	2002	358.5
1982	513.3	1989	534.4	1996	515.7	2003	807.6
1983	560.3	1990	582.9	1997	258.7	2004	389.4
1984	630.2	1991	515.2	1998	583.6	2005	577
1985	619.9	1992	193.6	1999	492.1		

第三节　自然灾害

气象灾害

洪涝　1989 年 6 月 18 日，连降大雨，造成 50 万亩小麦在麦场、田地发芽霉烂，损失 857 万千克。1996 年 8 月 5 日大名县遭受 50 年一遇的洪涝灾害，处在漳、卫河"两水"夹击之中。特大洪灾造成全漳河大堤内 6 万余亩农作物绝产，全县损失总价值达 159175.72 万元。县委、县政府积极组织抗洪救灾，灾后提出了重建、修复计划。

大名县抗洪救灾（摄于 1996 年）

旱灾　1985 年大名县大旱，除 5、7、8、9、10

月5个月份外，其他月份基本无雨。全县旱灾面积近80万亩，因灾减产粮食4239.5万千克，减产棉花484万千克，减产油料819万千克，因灾缺粮村达550个，占全县行政村的84.5%。1986年大旱，1、2、3、4、11、12月6个月份基本无雨，7、8、9、10月4个月份降雨量不及常年的1/3。全年总降水量228毫米，仅为常年降水量的40%，全县受灾面积达84.2万亩。1987年大旱，1—5月降水很少，形成春旱，9月初至10月中旬40天无雨；春苗晚播又遇秋旱，受灾面积达50万亩，成灾面积（减产30%以上）为32.75万亩。1991年，发生旱灾6.12万亩，成灾3.81万亩。2000年秋，全县农作物早期旱灾严重，中期遭受狂风暴雨袭击，杨桥、王村、西未庄、大街、大名镇、旧治、龙王庙、万堤等乡镇的116个村受灾严重，部分玉米、谷子等农作物大面积严重减产，受灾人口达33万人，成灾人口9万人。2002年春季亦发生旱灾。

风灾　1984年大风灾。7月，大名县因风受灾达9万亩，成灾面积为6.5万亩。波及11个乡镇，15个村，3185户、100835人。因灾损失粮食约193.5万千克，死亡1人，倒塌房屋2424间，死猪12口、羊12只、大牲畜2头；1987年9月1日，遭受大风袭击，同时夹带冰雹。大名县有22个乡、305个村因风受灾，25.25万亩农作物不同程度减产，倒房34间、损坏房屋73间。灾后，大名县人民政府采取了应急措施，并发放了粮款；1992年6月9日，赵站乡遭到一场6～7级大风袭击，风灾涉及该乡6个村，作物受灾面积6100亩，经济损失达100万元；1996年5月26日傍晚，全县普降中到大雨，伴有狂风，致使9个乡、247个村的小麦倒伏达21万亩，成灾面积16万亩；1997年8月21日傍晚，风雨交加，致使万堤、红庙、旧治、西未庄等乡镇40多个村庄的农作物大面积严重倒伏，减产上千万斤。

冰雹　1982年6月14日，西魏庄乡段村周围降冰雹，小者如豆粒，大者如鸟卵，部分作物叶片被打碎；1986年9月1日晚9点，全县遭受特大风雹袭击，数万亩农作物因灾减产；1989年6月23日，束馆、冢北等5个乡（镇）、41个村，遭受冰雹袭击，3.8万亩棉花受灾；1990年夏，全县2万亩农作物遭受大风夹冰雹危害；1993年5月24日21时，北峰、冢北、从善楼等乡突遭冰雹袭击，受灾农田面积达51350亩，小麦成灾25600亩，其中北峰乡受灾最重；1993年8月8日零时30分，一场特大暴雨夹着冰雹由县西北向东南方向袭来，冰雹直径1厘米左右，持续了20多分钟，农作物被打成光杆。致使儒家寨、西店、北马头、兆固等乡镇受到严重灾害。其中兆固乡受灾最重，全乡1.8万亩农作物有1.76万亩受灾。4个乡受灾面积达5.8万亩；1993年9月13日凌晨3时，北堤、红庙、上马头等10个乡镇遭受罕见的特大风雨雹灾害。风雨雹持续了40多分钟，较大冰雹直径约4厘米。受灾22万亩，成灾154080亩，直接经济损失达3692万多元；1998年1月19日晚23时24分至23时40分，旧治、埝头两乡遭受冰雹袭击，其间伴有狂风暴雨，致使这两个乡镇的部分村庄的农作物、树木、蔬菜等遭受重大损坏。受灾区域呈东北至西南方向条带状，受灾面积达9000多亩，成灾3000亩，绝收150亩，经济损失达37.5万元；2003年6月4日，沙圪塔乡部分村遭受冰雹袭击，其中元寨村较严重。

冻害　1989年4月10日凌晨6时15分至30分，气温降至 -3℃，地表温度降至 -4℃，致使部分水肥条件较差、耕作粗放的麦田受到严重冻害。束馆、龙王庙、金滩镇3个区受害面积达12.8万多亩，占3个区播种面积的40%。其中轻度冻灾减产30%～50%的43900亩，重度冻灾减产50%以上的44959亩，绝收面积39510亩，占受害面积的30.96%；1992年4月15日，全县遭到寒流袭击，卫河以东19个乡（镇）麦田受到严重冻害，卫西也有零星冻害。成灾面积达933353亩；1996年5

月 4 日，全县气温骤然下降，致使全县 6 万亩小麦不孕，成灾面积达 8000 多亩。

霜冻　1979 年 10 月降霜，杨桥、上马头两乡 1630 亩晚秋作物因霜冻减产；1991 年，霜冻及其他灾害 40.8 万亩，成灾 25.4 万亩；2005 年春，大名镇西街 400 余亩小麦遭受春霜冻，减产 40% ~ 50%。

龙卷风　1987 年 8 月 26 日，龙卷风自西付集乡中大江东地形成，经东杨庄、后大江、赵园、东冯村、江马陵、刘马陵、郭马陵、埝头乡的郭封固，到白封固村止，南北长 30 华里，东西宽 190 ~ 290 米，共 10 个村遭受袭击。龙卷风中心所经之地农作物全部扭伤倒伏，造成减产或绝收面积达 3650 亩；有 30 人受伤；后大江、郭马陵等村倒塌房屋 73 间，郭马陵砖场房屋全部倒塌、砖坯损失大部；后大江村所辖的赵园村（自然村）倒房最多。本次风灾 800 多株大树被刮断，42 根电线杆和 1 台 3000 瓦变压器被刮坏，23 辆排子车被风卷走，刮毁汽车 2 部，损失达 50 万元。

生物灾害

农业虫灾　小麦蚜虫　1982 年、1986 年、1987 年、1989 年每年均有 60 ~ 70 万亩小麦发生蚜虫灾害。百株有蚜虫达 3000 ~ 6000 头，1982 年最高达 3 万头以上，每年均造成不同程度的减产。

蟋蟀　1985—1987 年连续 3 年蟋蟀大发生，每年发生面积为 50 万亩左右，每平方米达 100 余只。城关、万堤、杨桥 3 个区较重，将白菜、萝卜菜心啃掉。后用药物防治，效果显著。从 1988 年开始逐年控制了蟋蟀为害。

蝗虫　1986 年 7 月 16 日，全县大秋作物有 5 万亩发生土蝗虫害，最高密度达 100 只 / 平方米。县政府发出通知，要求限期除治。蝗虫主要分布在漳南、漳北大堤间的闲杂地，马颊河两岸及卫东林场。20 世纪 90 年代，以改造蝗区生态环境，抑制蝗虫发生为主，蝗虫发生面积基本控制在 2 万亩左右，发生程度为中偏轻发生。

棉铃虫　棉铃虫每年都有不同程度的发生。1992 年 5 月下旬，全县棉田大面积遭受第一代棉铃虫危害，受灾面积为 40 万亩。1993 年，大名县棉铃虫再次大发生，棉花整个育期都有棉铃虫发生，各代发生不整齐，夏播棉甚至出现了五代棉铃虫，造成棉花大幅度减产，由 1992 年的亩产 46 千克下降至亩产 14.9 千克。

小麦吸浆虫　1994 年 4 月，首次在万堤镇发现小麦吸浆虫，且危害严重，部分地块几乎绝收。2002 年 3—4 月，部分乡镇发生小麦吸浆虫害。2003 年 4—5 月，全县有 20 万亩小麦不同程度发生小麦吸浆虫害。

粘虫　1979 年、1980 年、1983 年、1987 年分别有 4 次粘虫大发生，发生面积少者五六万亩，多者达 20 万亩以上。

玉米螟　玉米螟也叫玉米钻心虫，是危害玉米的主要害虫。2000 年以前主要采用点心防治，常年防治面积 30 万亩以上，基本控制了玉米螟的危害。

农业病害　小麦白粉病　1988 年，小麦白粉病大发生。卫西较重，病叶率 100%，严重率 50% ~ 80%，亩减产小麦 25 ~ 35 千克。1989 年 5 月，小麦白粉病、条锈病大面积发生，受灾面积 72 万亩，减产 1% ~ 2% 的 39.6 万亩，3% ~ 5% 的 28.8 万亩，5% ~ 8% 的 3.6 万亩，共影响产量 2500 万千克。1990 年 5 月小麦白粉病大发生。卫东较重，病叶率达 100%，严重率达 50% 以上，小麦减产 10% 以上。

小麦纹枯病　1999 年 4 月和 2000 年 4 月，全县小麦大面积发生小麦纹枯病，程度重、来势猛、发生时间早。县政府办公室发出《关于迅速除治小麦纹枯病的紧急通知》，要求限期除治。

小麦赤霉病　2004 年小麦赤霉病在大名县大面积发生，发生面积 50 万亩以上。当时大名县小麦当家品种抗病能力都不强，严重的周麦 16、濮 7 发病率在 70% 以上，给小麦生产带来巨大损失，2005 年后花期前后预防，基本控制了小麦赤霉病的发生。

地震　2002 年 3 月 21 日 7 时 58 分 41 秒，西未庄乡未城村东一带发生里氏 3.5 级地震。微观监测震中位于北纬 36° 10′、东经 115°　05′（魏县大马村）。有震感范围涉及大名县旧治乡、西未庄乡、大名镇、万堤镇、铺上乡、大街乡、龙王庙镇等 7 个乡镇的 175 个村。方向东北—西南，长轴 40 千米，短轴 20 千米。地震未造成灾害；2003 年 2 月 18 日凌晨 1 时 20 分，营镇一带发生里氏 2.5 级地震，震中位于北纬 36°　28′、东经 115°　18′。地震未造成灾害。

第二章　自然资源

第一节　土地资源

土壤类型及分布

根据《河北省第二次土壤普查工作分类暂行方案》，大名县的土壤共分 2 个土类（褐土、潮土），5 个亚类（褐土性土、潮褐土、潮土、褐土化潮土、盐化潮土）。褐土性土亚类本亚类只有 1 个土属 1 个土种，即沙质褐土性土。主要分布在龙王庙、大龙、孙甘店、南李庄、赵站、北峰、从善楼、张铁集、普明滩、上马头、北堤、金滩镇等乡镇黄河故道的沙丘上，面积 35767.7 亩，占农业、林业、难利用土地的 2.78%；潮褐土亚类本亚类有壤质潮褐土和粘质潮褐土两个土属 12 个土种。主要分布在铺上、北马头、杨桥、儒家寨一线的西边。海拔在 45.5 米以上，面积 79791.3 亩，占农业、林业、难利用土地的 6.2%；潮土亚类本亚类有沙质潮土、壤质潮土和粘质潮土 3 个土属，共 1034491.46 亩，占农业、林业、难利用土地的 80.32%，其中沙质潮土 76955.1 亩，主要分布在卫东，其他两个土属主要分布在卫西；褐土化潮土亚类在大名县为 1 个土属，即壤质褐土化潮土，有 6 个土种共 68639 亩，占农业、林业、难利用土地的 5.3%。主要分布在埝头、大龙、孙甘店、西付集、鲍庄等乡的河流自然堤上，地貌属缓岗；盐化潮土亚类大名县共分 2 个土属（氯化物硫酸盐盐化潮土、硫酸盐氯化物盐化潮土），9 个土种。共有 69256 亩，占农业、林业、难利用土地的 5.4%。主要分布在大街、殷李庄、旧治、西付集、黄金堤和上马头乡，铺上、北马头、大名镇、西未庄、兆固、张铁集乡也有零星分布。

土壤肥力

通过土壤普查，对大名县 0 ~ 20 厘米耕层 1194 个土样及 75 个主剖面养分的化验，共获得有效数据6452个。在耕层土壤中有机质平均为0.9%（5级）、全氮0.070%（5级），碱解氮59ppm（5级）、速效磷7.7ppm（4级）、速效钾129ppm（3级）。据此，大名县的土壤养分状况是：少氮、缺磷、中钾、有机质缺乏。微量元素大名县土壤中铁、铜含量较高；锰大多数都在三级以上，个别地块为四级；锌大都处于4～5级，含量较低。

土地占用

1990年，大名县土地总面积1575977.7亩。其中，耕地1210166.40亩，占土地总面积的76.79%；园地28541.70亩，占土地总面积的1.81%；林地72363.40亩，占土地总面积的4.59%；居民点及工矿用地170150.00亩，占土地总面积的10.80%；交通用地24601.00亩，占土地总面积的1.56%；水域53760.40亩，占土地总面积的3.41%；未利用土地16394.80亩，占土地总面积的1.04%。1995年开始进行年度土地监测调查，至2005年年底，大名县土地总面积1580828.1亩。其中，耕地1146296.1亩，占土地总面积的72.5%；园地63986.7亩，占土地总面积的4.05%；林地87745.5亩，占土地总面积的5.55%；其他农用地55105.1亩，占土地总面积的3.49%；居民点及工矿用地183435.6亩，占土地总面积的11.61%；交通用地8687.4亩，占土地总面积的0.55%；水利设施用地（2005年更名）7740.7亩，占土地总面积的0.49%；未利用土地14282.3亩，占土地总面积的0.9%；其他土地13548.4亩，占土地总面积的0.86%。大名县土地面积在1990年进行土地详查时，外业调查面积为1575977.7亩，1991年年底与周边各县接完边界后，核实全县土地实际面积为1580828.1亩。根据土地详查有关规定，接边后的面积应为大名县的实际面积。

耕地变化

随着人口的增长、城镇的发展，国民经济基本建设用地越来越多，人口与耕地的剪刀差越来越大。从人口增长看，大名县自1949年（292279人）至1990年（670152人），41年间净增377873人，是中华人民共和国成立初期总人口的2.29倍，平均每年增加9216人。1990—2005年，15年间净增91945人，年均增加6130人。2005年总人口762097人，是1990年的1.14倍，是1949年的2.61倍。1949年农业人口人均耕地3.8亩，1990年农业人口耕地1.9亩，仅为1949年人均耕地的49.6%；2005年农业人口人均占有耕地1.6亩，是1949年人均占有量的42.1%。

1979—2005年大名县人均占有耕地统计表

表2-10　　　　单位：亩

年份	农业人口	总耕地	人均耕地
1979	511886	1107800	2.1
1980	528326	1104463	2.1
1981	540285	1104463	2.0
1982	551092	1104463	2.0
1983	559081	1104463	2.0
1984	566391	1099134	1.9

续表 2-10

年份	农业人口	总耕地	人均耕地
1985	574245	1100146	1.9
1986	582768	1099842	1.9
1987	590223	1099632	1.9
1988	612441	1099576	1.8
1989	619487	1099010	1.8
1990	628231	1099010	1.8
1991	649750	1099004	1.7
1992	659955	1098916	1.7
1993	665919	1098896	1.7
1994	666840	1100955	1.7
1995	666446	1100190	1.7
1996	665181	1097131	1.7
1997	672143	1096589	1.6
1998	679010	1094378	1.6
1999	683116	1093756	1.6
2000	688750	1086436	1.6
2001	690020	1086440	1.6
2002	694032	1086184.3	1.5
2003	701143	1086184.3	1.5
2004	704724	1039641.7	1.5
2005	714882	1141710	1.6

2005 年大名县各乡镇人均占有耕地一览表

表 2-11　　单位：亩

乡镇名称	农业人口	耕地	人均耕地
大名镇	33082	38518.8	1.2
杨桥镇	40846	72904.0	1.8
万堤镇	30027	46397.0	1.5
龙王庙乡	45934	40564.0	0.9
束馆镇	35856	58965.8	1.6
金滩镇	43995	64309.9	1.5

续表 2-11

乡镇名称	农业人口	耕地	人均耕地
沙圪塔乡	37083	70254.2	1.9
王村乡	38899	55988.0	1.4
铺上乡	29137	45376.8	1.6
黄金堤乡	31977	56994.0	1.8
西未庄乡	27683	45133.0	1.6
旧治乡	41423	66173.7	1.6
大街乡	37827	74368.6	2.0
孙甘店乡	34992	51860.0	1.48
西付集乡	41438	59745.2	1.4
埝头乡	44773	62192.0	1.4
北峰乡	31264	49214.0	1.6
张铁集乡	36949	61722.0	1.7
红庙乡	34753	46582.7	1.3
营镇乡	16944	19280.0	1.1

2005 年大名县人均耕地不足 1 亩的行政村（街）一览表

表 2-12

乡镇名称	村庄名称	人口	耕地（亩）	人均耕地（亩）
大名镇	一铺	1501	1195	0.796
	金家潭	1164	894	0.768
	县前街	388	300	0.773
	南大街	297	185	0.623
	西杨村	1190	1178	0.990
	二铺	1670	1414	0.847
	大寺街	236	154	0.653
	道前街	238	148	0.622
	张小街	271	243	0.897
	西大街	454	411	0.905
	羊市街	444	171	0.385
	油坊街	253	56	0.221
	寺胡同	193	190	0.984

续表 2-12

乡镇名称	村庄名称	人口	耕地（亩）	人均耕地（亩）
大名镇	马厂街	461	117	0.254
	北关	719	68	0.095
	北城隍庙街	499	397	0.796
	吴水坑	181	131.4	0.726
	黄小街	665	138	0.208
	菜园街	301	75	0.249
	玉带街	161	80	0.497
	东大街	445	93	0.209
	东关	730	275	0.377
	满洲街	394	134	0.340
	南刘庄	1224	1024	0.837
	北刘庄	524	398	0.760
龙王庙镇	西高村	1047	831	0.794
	东高村	834	581	0.697
	北张	1349	1227	0.910
	西范堤	2621	2238	0.854
	中范堤	1790	1376	0.769
	东范堤	1870	1782	0.953
	石槽坊	2240	1666	0.744
	东木堤	2734	2341	0.856
	西木堤	2380	2310	0.971
	庙一大队	1549	678	0.438
	庙二大队	1086	590	0.543
	庙三大队	1110	581	0.523
	庙四大队	1240	682	0.550
	西曹口	1814	1736	0.957
	赵站前街	1635	1419	0.868
	冀拐	1255	1198	0.955
	寨里	1659	1602	0.966
	东苑湾	1611	1609	0.999
	新苑湾	805	719	0.893

续表 2-12

乡镇名称	村庄名称	人口	耕地（亩）	人均耕地（亩）
金滩镇	金中	1531	1500	0.98
	窑厂	2470	2170	0.879
王村乡	西王庄	358	293	0.818
	东王庄	853	672	0.788
	东赵庄	720	604	0.839
黄金堤乡	王店	991	956	0.965
西未庄乡	韩道四大队	931	828	0.889
	刘窑	468	450	0.962
埝头乡	绳庄	665	660	0.992
	高庄	1341	1331	0.993
	毛苏村	676	667	0.987
	大苏村	2050	2009	0.980
红庙乡	东桥口	592	557	0.941
营镇乡	北周庄	734	601	0.819
	张金庄	1144	1130	0.988
	后常庄	727	685	0.942
	前常庄	521	468	0.898
	赵庄	1185	1070	0.903
	和庄	651	642	0.986

1979—2005 年大名县人均耕地减少 0.5 亩以上的行政村（街）一览表

表 2-13

村街名称	村街名称
大名镇马厂街	大名镇东关
大名镇黄小街	大名镇东大街
大名镇北刘庄	大名镇北关

矿产资源

全县主要矿产资源有砖瓦用黏土、地热、矿泉水等。砖瓦用黏土主要用于烧制黏土砖瓦，全县各乡镇均有分布。据 2005 年年底统计，全县共有 80 余处砖瓦厂，年产黏土砖 6 亿块左右，主要用于民用建筑。2001 年，大名县第一眼地热温泉在县水利局打井站院内投入使用后，截至 2005 年年底，已陆续建成地热井 10 眼，主要分布在县城区周围，其中用于洗浴 4 眼，用于地热取暖 6 眼。地热井深

1600 米左右，水温 50℃ ~ 57℃。地热是具有广泛开发利用前景的新能源。矿泉水，至 2005 年年底尚未开发利用。

第二节　水资源

地表水

年降水　全县及各分区年降水以实测资料用泰森多边形图量算。年降水频率计算，经验频率点据采用数学期望公式计算；理论频率线型采用皮Ⅲ型，均值采用算术平均值，Cv 及 Cs/Cv 值在计算成果的基础上，用适线法确定。经计算全县 1979—2005 年平均降水量为 551.1 毫米。

1979—2005 年大名县平均年降水量一览表

表 2-14

水资源分区	面积（平方千米）	多年平均		Cv	Cs/Cv	不同保证率年降水量			
		降水量（毫米）	总量（108 米）			20%	50%	75%	95%
漳卫河平原	610	554.8	3.38	0.3	2.0	687.8	538.3	433.8	312.1
黑龙港平原	81	532.6	0.43	0.35	2.0	679.9	511.0	396.4	267.3
马颊河平原	365	547.7	2.00	0.32	2.0	687.0	529.1	419.9	298.6
全县	1056	551.1	5.82	0.3	2.0	683.2	534.7	430.9	310.0

1979—2005 年大名县平均地表水资源一览表

表 2-15

水资源分区	面积（平方千米）	多年平均		Cv	Cs/Cv	不同保证率年降水量（104 立方米）			
		（毫米）	（104 立方米）			20%	50%	75%	95%
漳卫河平原	610	5.5	338	1.9	2	506	65	3	0
黑龙港平原	81	11.7	94	1.24	2	156	40	9	0
马颊河平原	365	5.6	204	1.95	2	302	40	3	0
全县	1056	6	636	1.76	2	992	174	21	0

入境水资源　入境水资源包括漳河、卫河、马颊河三部分。卫河径流量采用楚旺站（1979 年后改为元村站）实测年径流系列，扣除河南、魏县（军留站抽水）工农业用水量，算得卫河多年平均入境水量为 14.03 亿立方米。漳河在岳城水库建成以前常年有水，1961 年岳城水库建成以后，漳河下游受到控制，成为季节性河道，只有汛期才有短时间的弃水现象，遇干旱缺水年份，全年甚至几年无来水，故仅计算其多年入境水量。由上游蔡小庄水文站径流量资料，扣除沿途用水量和各种损失量，算得漳河多年平均入境水量为 1.67 亿立方米。马颊河由河南进入大名县，上游有南乐县平邑闸控制，

基本常年干枯，是一条平原排涝河道。有时仅在汛期有弃水现象，1988—2005 年均无来水，此次直接采用“邯郸市水资源评价与水长期供求计划”的计算成果，即多年平均入境水量为 3042 万立方米。

地下水

地下水资源是指现状条件下与大气降水、地表水体有直接联系的中浅层淡水及微咸水。淡水矿化度小于 2g/L，微咸水矿化度 2 ～ 3g/L。根据《河北省各县（市）地下水资源量成果表》及期间大名县地下水综合情况确定，全县淡水区面积区 99.3 万平方米，其中漳卫河区 55.6 万平方米，黑龙港区 7.6 万平方米，马颊河区 36.1 万平方米。全县咸水区面积 0.8 万平方米均分于漳卫河区。

总补给量　总补给量包括降水及渗补给、河道渗漏补给、渠系渗漏补给、渠灌田入渗补给、井灌回归补给、坑塘渗漏补给、蓄水闸渗漏补给等。由于坑塘渗漏补给量和蓄水闸渗漏补给量数量较小，没有计算其补给量，经计算：全县降水入渗补给量为 10926 万立方米，河道渗漏补给量 2300 万立方米，渠系渗漏补给量 112 万立方米，渠灌田补给量 58 万立方米，井灌回归补给量 1146 万立方米。根据上述各项补给量进行汇总，全县总补给量为 14542 万立方米，其中黑龙港区 857 万立方米，漳卫河区 9335 万立方米，马颊河区 4350 万立方米。

地下水资源量　地下水资源量是从总补给量中扣除重复量，即扣除井灌回归量，地下水资源量不仅限于浅层淡水，进入 21 世纪，大名县对 2 ～ 3 克 / 升的微咸水也已开采利用，因此，微咸水也列入地下水资源量。经汇总，全县地下水资源量为 13396 万立方米，其中黑龙港区 760 万立方米，漳卫河区 8649 万立方米，马颊河区 3987 万立方米。

地下水可开采量　地下水资源可开采量为可开采系数与总补给量的乘积，可开采系数应为总补给量与侧向流出量、潜水蒸发量之差与总补给量的比值。经计算，全县矿化度小于 2 克 / 升及 2 ～ 3 克 / 升的淡水及微咸水可开采量为 13301 万立方米。其中，黑龙港区 754 万立方米，漳卫河区 8588 万立方米，马颊河区 3958 万立方米。

自产水资源总量　自产水资源总量为地表水资源量与地下水资源量之和，扣除各项重复计算量（重复计算量包括：河道渗漏补给量、渠系、渠灌田间渗漏补给量），自产水资源总量即为地表水资源量与降水入渗补给量之和，扣除由降水入渗形成的平原河川基流量。全县自产水资源总量为 11562 万立方米。

地下水库

据河北省地理研究所 1979 年出版的《河北平原地下水库》载：大名县境内有 3 座地下水库。即万堤地下水库、赵站地下水库、马陵地下水库。万堤地下水库库区面积 46.42 平方千米，水容量 4100 万立方米；赵站地下水库库区面积 67 平方千米，水容量 5600 万立方米；马陵地下水库库区面积 44 平方千米，水容量 3100 万立方米。上述 3 座地下水库，均埋有较好砂层，给水度大，是较为理想的地下水库。万堤地下水库位于大名城北 12 千米的万堤镇境内，处于漳河冲积扇前缘，漳河滩地之下。西接漳河，东连卫河。它是由古代黄河、清河、漳河古河道带形成的。因此沙层好，地下水资源丰沛。1978 年，河北省地理研究所对万堤地下水库做了初步勘探，对所取得的各种特征、水位、库容作了初步估算。勘探数据表明，万堤地下水库沙层底板埋深 56 ～ 48 米。顶板埋深 30 米。每平方千米地下水库的静储水量 500 万立方米以上，经计算万堤地下水库所储水量，每年除保证库区内 5.22

万亩地的需水量外，还可通过渠道垄沟浇库区外耕地 4.63 万亩。该地下水库储量有很大潜力，尚待开发利用。

地热水

区域地热地质条件及开发利用现状　区域地热地质条件：区域地质条件和 21 世纪以来大名完工的温泉井的探采资料表明，大名县城区所处位置具有良好的地热地质条件。热储盖层。大名县区域上广泛分布第四系、第三系地层，其中第四系地层厚度约 400 ~ 520 米，第三系明化镇组上部地层厚约 400 ~ 500 米，其岩性主要为黏土、粉砂、细砂等组成。它所表现的特征是沉积层松散、孔隙度大、密度小、热导率低，源自地下深处的地热能途径。盖层传导时，因热流量减小致使地温相对变低、地温梯度逐渐变小。该段地层不仅能阻断浅层冷水与地下热水的水力联系，而且起到隔热保温作用，为区域内良好的隔热、储水保温盖层。热储层。热储性能的好坏与岩层的岩性特征有关，并受岩性、岩层厚度及分布范围和构造等因素的制约。县城所在区域主要是第三系砂岩、砂砾岩热储，属凹陷盆地传导型热储。热源。根据县城区及附近地温场的分析，该区地下热能一是来自地壳深部软流层热（即幔源热），通过各种岩石的传导或者通过裂隙中的载热流体将深部地热量带地下，使上第三系明化镇组、上第三系馆陶组地层中形成了地下热水；二是来自中上元古界和太古界变质岩中放射性元素蜕变生产的热量；三是大名位于冀南沉降区临清断陷的南部临漳—大名断层的影响带上，在原地热场的基础上叠加了沿深部断裂上涌的热水间对流，形成了该区的地热异常特征。地热资源开发利用现状：大名县地热开发始于 20 世纪末，其势方兴未艾，至 2005 开发成功 10 眼地热井。其中 4 眼主要用于商业洗浴，其他主要是单位家属楼冬季供暖和洗浴。

地热井深度和地热水水量　地热井深度：根据大名县已有地热井揭露的实际地质资料，上第三系馆陶组砂岩热储赋存厚度为 160 ~ 200 米，砂岩孔隙度为 25% ~ 30%，渗透系数 0.371 ~ 0.406 米 / 吨　，预计出水量 50 ~ 70 立方米 / 小时，最高可达 100 立方米 / 小时。地热水水温：大名县地热井井温点测数据平均如下：100 米处，28.5℃；200 米处，31℃；300 米处，32℃；400 米处，33.1℃；500 米处，34.5℃；600 米处，36℃；700 米处，37.5℃；800 米处，39.5℃；900 米处，40.6℃；1000 米处，41.6℃；1100 米处，43℃；1200 米处，44℃；1500 米处，50.5℃；1585 米处，51.9℃。据已有资料分析，大名县地下热水开采深度定为 1550 ~ 1600 米为宜，地温梯度值按 3.1℃ /100 米计算，开采范围地温值为 54.831℃ ~ 64.131℃，因此，井口出水温度应在 58℃ ~ 61℃范围内，根据以往施工地热井的经验值，地下热水抽至井口会产生一定的温度损失，因此，井口出水温度可达到 55℃ ~ 60℃。地热水水质：地热井热水物理感观性状良，口感适中，清澈透明无异物。矿化度在 2.25 ~ 2.50g/L，属微咸水。水化学类型属 CLSO4—Na 型水，水中含偏硅酸、偏硼酸、氟、碘离子及锂锶元素，具有医疗保健作用。水中有害元素未检出，说明在 1500 ~ 1800 米深度地下水未受污染。

第三节　动植物资源

植　物

林木主栽树种　毛白杨、新疆杨、小青杨、小叶杨、箭杆杨、大官杨、银白杨、沙兰杨、意 214

杨、意69杨、加杨、毛白杨易县雌株、北京杨、旱柳、龙爪柳、垂柳、杞柳、簸箕柳、柽柳、泡桐、梧桐、法国梧桐、香椿、臭椿、落叶松、雪松、罗汉柏、大叶黄杨、白蜡树、榆树、黑榆、槐树（龙爪槐、紫穗槐、刺槐）、火炬树、银杏。

果树主栽树种　紫枣、马牙枣、圆铃枣、小铃枣、布袋枣、老婆枣、十月青、冬枣、杜梨、红霄梨、白梨、面梨、鸭梨、雪花梨、莱阳梨、伏梨、黄冠梨、黄金梨、苹果（白龙、元帅、金冠、红玉、国光、红富士、短枝富士、新红星等）、桃（毛桃、深州蜜桃、大久保、五月鲜、北京二号、雪桃、新天王桃、早露蟠桃）、杏（金太阳杏、凯特杏）、李（安哥李娜、盖县大李、大石早生李、黑宝石李）、葡萄、石榴、黑枣、盘柿、方柿、日本甜柿、家桑、花椒、核桃、猕猴桃。

农作物主栽品种　粮食作物：小麦、玉米、大豆、谷子、高粱、绿豆、赤小豆、红薯、稻子、黍子；蔬菜作物：白菜、白萝卜、胡萝卜、茄子、黄瓜、西红柿、土豆、南瓜、西葫芦、甘蓝、冬瓜、小油菜、芹菜、菠菜、韭菜、香菜、芥菜、黄花菜、辣椒、甜椒、蘑菇、芸豆、苦瓜、生姜、洋姜、茴香、豌豆、扁豆、莴苣、茼蒿、丝瓜、菜瓜、山药；经济作物：花生、大蒜、棉花、大葱、油菜、芝麻、向日葵、甜瓜、西瓜、打瓜、甘蔗、蓖麻、烟叶；药材类：莱菔子、甘遂、马齿苋、鬼灯笼、赖草、车前、木贼、白头翁、茴茴蒜、王不留、地黄、草柏枝、灯芯草、草香附、知母、天门冬、白芷、当归、蛇床、防风、柴胡、远志、黄芪、皂荚、米口袋、草决明、牛膝、忍冬、杜仲、重穗珍珠菜、泽泻、枸杞、曼陀罗、荆三菱、薄荷、夏枯草、荆芥、益母草、丹参、紫花地丁、菟丝子、打碗花、艾、蒲公英、苍耳、小蓟、牛蒡、苣荬菜、茵陈蒿、鬼针草、乌蔹莓、瓦松、栝楼、蒺藜、土大黄；花草：木槿、花红、海棠、冬青、合欢（绒花树、马缨花）、毛竹（南竹）、无花果、小叶黄杨、一串红、一品红、紫叶小檗、夹竹桃、玉兰、紫薇、紫罗兰、虎刺梅、半支莲、美女缨、马缨丹、山茶、凤仙花、芍药、牡丹、广玉兰、桂花、紫丁香、迎春、茉莉、马蹄莲、兰、凤尾竹、仙人掌、仙人球、蟹爪兰、令箭荷花、小石榴、水仙、晚香玉、葱莲、君子兰、朱顶红、龙舌兰、石竹、醉蝶花、长春花、西番莲、百合、玉簪、萱草、风信子、万年青、文竹、吊兰、芦荟、郁金香、剑叶兰、金橘、佛手、仙客来、铁树、千日红、雁来红、鸡冠花、杜鹃花、紫藤、紫荆、含羞草、桔梗、石竹、朝天椒、龙葵、金莲花、剑兰、倒挂金钟、美人蕉、虎刺、满天星、四季秋海棠、丁香、旱伞草、三色堇、瓜叶菊、金盏花、菊花、邹菊、秋菊、翠菊、百日菊、大丽花、臭芙蓉、夜来香、紫茉莉、凌霄、爬山虎、扶桑、木芙蓉、熟季花、睡莲、蜡梅、月季、玫瑰、樱花、虞美人；杂草：播娘蒿、荠菜、风花菜、地锦、铁苋菜、灯笼草、马鞭草、节节草、星星草、芦苇、臭草、茅草、野燕麦、抓地秧、稗草、牛筋草、野黍、狗尾草、小无心菜、臭黄菇、杏仁菜、鸡眼草、草木犀、紫苜蓿、棒槌草、龙葵、小灯笼、猪殃殃、拉拉秧、三棱草、香附子、灯笼棵、鸭跖草（茴茴菜）、大苗花、圆叶牵牛、臭蒿、刺儿菜、勿忘草、蒺藜、牛舌头草、麦穗花、猪毛菜、藜（灰菜）。

动　物

家养动物　马（蒙古马、伊犁马、三河马、本地马等）、骡子（俗称驴骡）、驴（关中驴、渤海驴、太行驴）、黄牛（冀南黄牛、鲁西牛、蒙古牛、南阳牛、短角牛、海福特牛、奶牛等）、山羊（波尔奶山羊等）、绵羊（大尾寒羊、小尾寒羊、细毛羊等）、犬、猪（约克夏、内江、巴克夏、金华猪、长白猪、本地猪等）、家兔（青紫兰兔、长毛兔、獭兔等）、猫、梅花鹿、水貂、麝鼠、鹅、家鸭（以麻鸭为主）、鸡（来航鸡、澳洲黑、芦花洛克、洛岛红鸡、九斤黄、星杂288、星杂579、京白Ⅱ系、尼克、泰和等)、雉(通称“野鸡”)、家鸽、鹦鹉、百灵、朱雀、黄雀、画眉、八哥、蜜蜂、虾。

野生动物 猫头鹰、鸿雁、鸢(“老鹰”)、鸮、斑鸠、鹌鹑、大杜鹃(亦称“郭公”“布谷”)、啄木鸟、喜鹊、麻雀、家燕、乌鸦、白脸山雀、鹧鸪、麻蜥、游蛇、壁虎、青蛙、蟾蜍、蚯蚓、蚰蜒、蜗牛、叶螨(“红蜘蛛”)、圆网蛛、蝇虎、蝎虎、蝎、蜘蛛、麦园背肛螨(麦园蜘蛛)、麦蚜螨(麦长腿蜘蛛)、潮虫、家鼠、鼢鼠、仓鼠、刺猬、狐狸、黄鼬(黄鼠狼)、蝙蝠、欧兔(“草兔”、野兔)。

昆虫 农业害虫:蝗虫、蝼蛄、蟋蟀、棉盲蝽、金针虫、黑盖子虫、金龟甲、绿豆象、灰飞虱、蚜虫、红铃虫、麦蛾、大豆食心虫、玉米螟、棉大卷叶螟、灰螟、粘虫、棉铃虫、棉小造桥虫、银纹夜蛾、地老虎、豆天蛾、玉米耕葵粉蚧、花生新黑地蛛蚧、小麦吸浆虫、甜菜夜蛾、甘蓝夜蛾、甘薯天蛾、甘薯小象甲、韭蛆、麦叶蜂、麦蜘蛛、玉米红蜘蛛、菜蛾、菜螟、菜粉蝶、斜纹夜蛾、豆天蛾、豆芫菁、豆荚螟、麦蛾、长角谷盗、麦秆蝇、谷象、谷蛾、地鳖、棉叶螨、棉叶蝉、棉红铃虫、棉金刚钻(俗称钻心虫)、棉盲椿象、烟草夜蛾、高粱条螟(亦称甘蔗条螟,俗称高粱钻心虫);农业益虫:茧峰、赤眼蜂、纹胡蜂、红腰泥蜂、草蛉、中华草蛉、豆娘、桃蚜、蜻蜓、瓢虫、黑圆熊蜂、沟叩头虫、金龟子;林果害虫:梨木虱、梨实蜂、梨星毛虫、梨大食心虫、梨小食心虫(桃折心虫)、榆叶甲、蜣螂、苹果棉蚜、苹果蠹蛾、苹果巢蛾、苹果小吉了虫、白杨透翅蛾、青杨天牛、芳香木蠹蛾、杨毒蛾、柳毒蛾、榆毒蛾、杨潜叶金花虫、杨干象鼻虫、杨白潜叶蛾、杨银潜叶蛾、柳干木蠹蛾、柳天蛾、大袋蛾、榆天社蛾、槐尺蠖、黄刺蛾、云斑天牛、桃小食心虫、蚱蝉、天幕毛虫、杨天蛾、桃蛀螟、桑天牛。(4)其他昆虫:苍蝇、蚊子、跳蚤、牛皮蝇、黑青小蜂、种蝇(幼虫称根蛆)、萤火虫;鱼类:鲢鱼、鲫鱼、鲤鱼、团头鲂(武昌鱼、团头鳊)、草鱼、金鱼、罗非鱼、中华鲟、泥鳅、鳖。

第三章 人 口

中华人民共和国成立后,由于生活条件改善和科学技术的极大提高,到1979年,全县人口达535590人,人口自然增长率为5.2‰,人口总量是1949年292279人的1.83倍,30年间净增243311人。以后,计划生育被定为基本国策,全县人口无序增长趋势逐步得到控制。2005年全县总人口762097人,人口自然增长率为7.83‰。1979—2005年,大名县人口自然增长率最高的年份是1990年,人口自然增长率为31.7‰,此后由于计划生育政策严格实施,人口自然增长率迅速下降,1995年人口自然增长率为2.69‰,是中华人民共和国成立以来大名县人口自然增长率最低的一年,这期间,全县人口自然增长率呈现不规则状态、起伏较大。

第一节 人口总量及变动

自然变动

出生 1979年,全县总人口535590人,年内出生6389人,出生率为12‰。此后一直到1990年,出生率逐年递增。1990年,全县总人口670152人,年内出生24506人,出生率为36.6‰,比

1979年纯增134562人。出生绝对数和出生率均为改革开放以来最高值。是年，全县死亡人数3256人，死亡率为4.86‰，人口自然增长率也成了历史之最，达到31.7‰。自1991年以后，每年人口出生绝对数和出生率依次下降。1995年内出生5325人，出生率为7.59‰，人口自然增长率为2.69‰，出生绝对数、出生率和自然增长率均为改革开放以来最少的年份。2000年，全县人口为731817人，年内出生7986人，出生率为10.9‰，人口自然增长率为5.71‰，比1979年增加196227人。2002年出生人口的性别比极不平衡，这一年，男性出生2615人，女性出生5837人，新生婴儿的男女性别比为100：223，超出正常范围，为历史罕见。2005年全县人口为762097人，年内出生9352人，出生率为12.27‰，人口自然增长率为7.83‰，比1979年增加226507人，人口总量增加了42.3%。

死亡　20世纪60年代之前，大名县人口死亡率大都在10‰以上。1979—2005年间，人口死亡率都在7‰以下，26年间累计死亡89089人，年均死亡3300人。1979年死亡3598人，死亡率为6.72‰，为26年间死亡率最高的年份。1990年以后人口死亡率最高的是2004年，这一年死亡4187人，人口死亡率为5.58‰。人口死亡率最低的年份是2003年，人口死亡率为3.7‰。人口死亡率平稳下降的原因，主要是经济发展、人民生活水平提高和医疗卫生条件改善。除因病医治无效造成人口死亡外，因交通、施工等事故造成的非正常死亡现象呈上升趋势。

1979—2005年大名县人口自然变动统计表

表2-16

年份	总人数			出生				死亡				自然增长率‰
	合计	男	女	合计	出生率‰	男	女	合计	死亡率‰	男	女	
1979	535590	267101	268489	6389	11.928901	—	—	3598	6.717825	—	—	5.21
1980	546367	272567	273800	6355	11.631376	—	—	3619	6.623753	—	—	5.01
1981	559282	278872	280410	11494	20.55135	—	—	3685	6.588805	—	—	13.96
1982	572367	286152	285215	9565	16.711306	—	—	3437	6.004888	—	—	10.71
1983	581535	283997	297538	9087	15.625887	—	—	3116	5.358233	—	—	10.27
1984	589046	287166	301880	8140	13.818955	—	—	3479	5.90616	—	—	7.91
1985	598233	299456	298777	9703	16.219433	—	—	3159	5.280551	—	—	10.93
1986	609113	304839	304274	8955	14.701706	4623	4744	2896	4.754454	1576	1320	9.95
1987	618176	310148	308028	9876	15.976033	5132	4744	2609	4.220481	1451	1158	11.76
1988	639680	321326	318354	22062	34.48912	11158	10904	2858	4.467859	1561	1297	30.02
1989	648019	325173	322846	9587	14.794319	4791	4796	2958	4.564681	1652	1306	10.23
1990	670152	336576	333576	24506	36.567823	12405	12101	3256	4.858599	1787	1469	31.71
1991	682650	343446	339204	16210	23.745697	8309	7901	3286	4.813594	1819	1467	18.93
1992	691772	347446	344326	10555	15.257917	5471	5084	3641	5.263295	1963	1678	9.99

续表 2-16

年份	总人数			出生				死亡				自然增长率‰
	合计	男	女	合计	出生率‰	男	女	合计	死亡率‰	男	女	
1993	697523	351175	346348	9014	12.922871	4835	4179	3084	4.42136	1648	1436	8.50
1994	699690	349973	349717	5360	7.6605354	2848	2512	3310	4.730666	1730	1580	2.93
1995	701911	353149	348762	5325	7.5864319	2867	2458	3434	4.892358	1765	1669	2.69
1996	704253	352606	351674	5748	8.1618396	2917	2831	3405	4.83491	1770	1635	3.33
1997	711412	357096	354316	5553	7.8056035	2839	2714	3440	4.835454	1815	1625	2.97
1998	718518	358359	360159	5933	8.257274	3023	2910	3158	4.395158	1632	1526	3.86
1999	723104	362337	360767	6192	8.5630836	3292	2900	3251	4.495895	1672	1579	4.07
2000	731817	367924	363893	7986	10.912564	4196	3790	3807	5.20212	1942	1865	5.71
2001	735171	369899	365272	6779	9.220984	3655	3124	3178	4.322804	1641	1537	4.90
2002	740376	375329	365047	8452	11.415821	2615	5837	3090	4.173555	1656	1434	7.24
2003	748742	377932	370830	11339	15.144068	6170	5169	2772	3.70221	1491	1281	11.44
2004	750480	380113	37367	12322	16.418825	6736	5586	4187	5.579096	2283	1904	10.84
2005	762097	386513	375584	9352	12.271404	5117	4235	3385	4.441692	1803	1582	7.83

机械变动

迁入　1986 年，全县迁入人口 12333 人，为迁入人口最多的一年，占人口总数的 20.25‰；1990 年迁入人口 5820 人；1998 年迁入人口 8024 人；1996 年，全县迁入人口数为 2460 人，是迁入人口最少的一年，不足 1986 年迁入数的五分之一。2000 年迁入人口 5331 人；2005 年迁入人口 6315 人。迁入人口数量整体呈波浪形变化，1986—2005 年 20 年间，全县合计迁入人口 81145 人，平均每年迁入近 4057 人。人口迁入的来源，主要是婚姻、接收安置大中专毕业生和复员转业军人。

暂住　1990 年，全县暂住人口为 12480 人，为暂住人口最多的一年，2000 年全县暂住人口为 2181 人，2005 年全县暂住人口为 2991 人。1992 年，全县暂住人口为 62 人，为暂住人口最少的一年，不到 1990 年的 1/200。1990—2005 年，全县暂住总人口为 26019 人，1991 年后，全县暂住人口每年都超不过 3000 人，平均每年 2001 人。

迁出　1986—2005 年 20 年间，全县合计迁出人口 67784 人，比迁入人口少 13361 人，每年平均迁出 3389 人，比每年平均迁入少 668 人。1986 年迁出人口 7018 人，为 20 年来的最高点，1997 年迁出人口 2622 人，为 20 年来的最低点，2000 年后，迁出人口高于迁入人口。迁出人口的去向，主要是升学、参军及婚嫁。20 世纪 90 年代末以来，每年迁到外地的大中专学生都有千人左右。

1986—2005 年大名县人口机械变动一览表

表 2-17

年份	迁入			迁出			暂住
	省内	省外	合计	省内	省外	合计	
1986	11091	1242	12333	6912	106	7018	—
1987	6119	885	7004	4662	595	5257	—
1988	—	—	—	—	—	—	—
1989	6440	966	7406	5314	723	6037	—
1990	4996	824	5820	4280	657	4937	12480
1991	3705	593	4298	4126	598	4724	3000
1992	4167	510	4677	3923	542	4465	62
1993	3470	441	3911	3648	442	4090	—
1994	3574	194	3768	3268	399	3667	—
1995	3470	227	3697	2939	267	3206	—
1996	2339	121	2460	3385	260	3645	2558
1997	6633	1035	7668	2349	273	2622	2459
1998	6902	1122	8024	3230	463	3693	2083
1999	4798	607	5405	3377	383	3760	2244
2000	4178	1153	5331	3440	757	4197	2181
2001	2375	506	2881	2667	537	3204	2898
2002	2776	331	3107	3745	554	4299	2800
2003	3051	467	3518	3187	532	3719	3160
2004	2435	424	2859	3201	872	4073	2645
2005	4838	1477	6315	2643	803	3446	2991

第二节　人口分布

人口密度

1979 年，全县人口达到 535590 人，人口密度为每平方千米 509 人，是 1949 年的 1.8 倍。进入 20 世纪 90 年代，人口自然增长率降低，但人口密度仍在增加。1990 年全县人口达到 670152 人，全县平均人口密度为每平方千米 636 人；2000 年全县人口达到 731817 人，全县平均人口密度为每平方千米 695 人；2005 年全县人口达到 762097 人，全县平均人口密度为每平方千米 724 人，比中华人民共和国成立初期增了 469818 人，全县平均人口密度增长 2.6 倍。

大名镇是全县人口密度最高的镇，因该镇作为大名县政府所在地，人口增加一直高于其他地区。

1979年，该镇人口25829人，人口密度为1677人/平方千米。随着工商业的发展和外来人口增加，1990年人口普查，大名镇全镇人口达到32091人，密度为2084人/平方千米。1996年大名县“实行撤区并乡”政策，原七里店乡合并到该镇。2000年，该镇人口50658人，人口密度为1535人/平方千米。2005年，该镇人口60120人，人口密度为1822人/平方千米；人口密度第二高的镇是龙王庙镇，因龙王庙镇位于卫河东岸，是古大运河边的一个重要水旱码头，自古以来商贾云集，各业兴旺，故人口较多。1979年，该镇人口21631人，人口密度为784人/平方千米。20世纪80年代后，随着卫运河停运，该镇已不再有以往的辉煌，1990年人口普查，龙王庙镇人口达到28032人，密度为1016人/平方千米。1996年大名县“撤区并乡”，赵站乡合并到该镇。2000年，该镇人口47411人，人口密度为940人/平方千米。2005年，该镇人口48150人，人口密度为830人/平方千米；人口密度较高的还有营镇乡，因位于卫运河两岸，东、西营村是古大运河边的一个重要水旱码头，自古以来水陆交通便利，故人口较密集。1979年，该乡人口12227人，人口密度为620人/平方千米；1995年，全乡人口达到15395人，密度为781人/平方千米。1996年大名县“撤区并乡”，营镇乡是唯一未被撤除、也未合并其他乡镇的乡，故总人口数较少。2000年，该乡人口15878人，人口密度为806人/平方千米。2005年，该乡人口17350人，人口密度为880人/平方千米。

黄金堤乡是全县人口密度最小的乡，该乡位于漳卫河蓄滞洪区，故人口较少，人口密度较低。1979年，该乡人口13680人，人口密度仅为416人/平方千米。1995年，全乡人口达到18228人，密度为554人/平方千米。1996年大名县“撤区并乡”，王乍村乡被合并到该乡，2000年，该乡人口31543人，人口密度为583人/平方千米。2005年，该乡人口32416人，人口密度为600人/平方千米；人口密度较小的乡还有大街乡，1979年人口13726人，人口密度仅为419人/平方千米，1995年全乡人口达到17522人，人口密度为535人/平方千米。1996年大名县“撤区并乡”，北门口乡被合并到该乡，2000年，该乡人口36961人，人口密度为579人/平方千米。2005年，该乡人口38839人，人口密度为608人/平方千米。

城乡人口分布

1979年，大名县仅有县城所在地城关镇为镇建制。城区人口不足15000人，不到全县人口的3%。2000年，全县建制镇达到6个，由于城镇工商企业和多种公共设施增多，城镇规模迅速扩大，城镇人口迅速增加。2005年，全县镇区人口近15万人，占全县总人口的19%。作为全县政治、经济、文化中心的大名镇，城镇人口增加最快。随着县城开发区的建立，至2005年年底，原来不相连的范店村、油粉滩村、东魏庄、三里店、西王庄、刘窑村、西未庄、刘村、闫庄村、东王庄、东西漳河沿等村，与县城连为一体，使城区人口近12万人。（不含农村到城镇居住人数）

第三节　人口构成

民族构成

大名县是一个多民族的县份。1982年全国第三次人口普查时，大名县境内共9个民族，汉族为543899人，占97.1%。少数民族16258人，其中人口最多的是回族，16220人，占总人口的2.89%。

少数民族在原来基础上又增加了藏族、壮族、白族、水族4个，计14人，少数民族占总人口的2.9%。另有外国人（日本人）加入中国籍3人。

1990年全国第四次人口普查时，大名县境内共12个民族，比1982年增加了苗、瑶、哈尼、土、塔塔尔5个民族，减少了白、水两个民族。汉族为651540人，占97.32%。各少数民族17945人，比1982年增加1687人，少数民族占人口总数的2.68%，其中回族人口最多，为17834人，占总人口的2.67%；其他少数民族共88人，占总人口的0.01%，其中满族20人、朝鲜族2人、蒙古族10人、藏族1人、壮族42人、苗族4人、瑶族1人、哈尼族1人、土族2人、塔塔尔族2人。另有外国人（日本人）加入中国籍3人。

2000年第五次人口普查时，大名县境内共20个民族，少数民族人口18829人，比1982年增加2571人。其中回族18295人、蒙古族246人、藏族41人、维吾尔族23人、苗族30人、彝族29人、壮族40人、布依族18人、朝鲜族32人、满族35人、侗族17人、高山族8人、拉祜族1人、土家族6人、羌族1人、土族1人、塔吉克族2人、达斡尔族3人、塔塔尔族1人，占总人口的2.64%。与1990年第四次人口普查相比，汉族人口增加了43819人，增长6.63%；各少数民族增加了5.06%。

回族主要分布于大名镇的一铺、二铺、三铺、西杨村、金家坛、七里店村，营镇乡的东营、西营村，金滩镇的金北、金东村和黄金堤乡的马时庄村。姓氏中以杨、马居多；蒙古族在全县为少数民族中人数第二，散居在全县20个乡镇，1990年全国第四次人口普查时，大名县蒙古族只有10人，因外来人口的迁入及人口的自然增长，2000年第五次人口普查时，蒙古族人数已增至246人，人口增长速度最快。少数民族人口增加较快的原因，一是落实民族政策，使许多人恢复原民族身份，而且汉族同少数民族联姻后的子女一般也加入少数民族行列。二是随着改革开放，大名县经济发展较快，不少南方妇女来大名结婚定居，主要是来自贵州、云南、广西迁来的妇女。各级政府认真贯彻落实党的民族政策，各族人民和睦相处，共同为全县小康建设做出了积极贡献。

性别构成

1979年，全县总人口546367人，其中男性人口272567人，占总人口的49.9%，女性273800人，占总人口的50.1%，性别比分别为99.55。此后，大名县男性人口长期微高于女性。1982年，全县总人口551092人，其中男性人口286152人，占总人口的51.9%，女性264940人，占总人口的48.1%；1990年7月第四次人口普查，全县总人口669485人，男性334925人，占50.3%，女性334560人，占49.97%；2000年11月第四次人口普查，全县总人口71357人（包括外来人口，不包括外出人口，以下同），男性359576人，占50.39%，女性35400人，占49.61%；2005年，全县总人口762097人，男性386513人，占50.72%，女性375584人，占49.28%。1980年、1982年、1990年、2000年、2005年男女性别比分别为99.55、108、100.11、101.57、102.91以下。

性别结构基本平衡　1979—2005年，除1982年外，全县人口性别结构平衡，同时呈现不规则的变化状态。1990年第四次人口普查时，0 ~ 34年龄组，55 ~ 69岁年龄组男性多于女性。35 ~ 54岁年龄组女性多于男性，35 ~ 39岁年龄组性别比为97.13，40 ~ 44岁年龄组性别比为86.65，45 ~ 49岁年龄组性别比为76.61，50 ~ 54岁年龄组性别比为91.05，70岁后，年龄组女性多于男性；2000年第五次人口普查时，0 ~ 44岁年龄组男性多于女性，男性人口为279274人，女性人口为262448人，男性比女性高6.4个百分点。45岁以后年龄组女性多于男性，50岁以上人口年龄组中女性比男性多

6870人，女性比男性高11.8个百分点。45～49年龄组性别比为98.28，50～54岁年龄组性别比为83.37，55～59岁年龄组性别比为79.90，75岁后年龄组女性人口越来越明显多于男性，性别比低于75，符合女性比男性长寿的特点。

婴幼儿和青少年性别比稍高于正常范围　1990年，0～4岁年龄组性别比为107.39，稍高于正常范围，5～20岁几个年龄组，性别比均在106以下，属正常值；2000年，0～9岁两个年龄组男女性别比分别为126.47和110.47，均高于正常范围，10～20岁两个年龄组，性别比均在106以下，属正常值。

婚龄人口男女性别比基本平衡　1990年，20～29岁两个婚育高峰年龄组男女性别比为100.19和99.69，30～39岁年龄组为104.63和97.13以上，属正常值。40～49岁两个年龄组为86.65和76.61；2000年，20～24岁婚育高峰年龄组男女性别比为104.33，属正常值。25～34岁年龄组为107.93和111.40，超出正常值。35～49岁年龄组分别为103.76、106.81和98.08，总体属正常范围。

男性稍多于女性　全县人口男性一直稍多于女性，1990年第四次人口普查资料显示，0～39岁年龄段和54～64岁年龄段男性高于女性，其他年龄段女性高于男性；2000年第五次人口普查资料显示，0～44岁年龄段男性人口为279274人，女性为262448人，男性比女性高6.4个百分点；45岁以上年龄段女性高于男性，其中45岁至49岁年龄段中，男性为22266人，女性为22655人，女性比男性多1.7个百分点，50岁以人口年龄段中，男性58017人，女性64887人，女性比男性多6870人，多11.8个百分点。主要原因是：随着社会经济发展，人民生活水平不断提高，在社会交往过程中，男性有吸烟、酗酒等不良习惯，使男性在45岁以后比女性生病的机会增加，高血压、心脏病、癌症等病状造成男性寿命降低，交通事故中男性的死亡率也明显高于女性。

1979—2005年大名县部分年份性别构成一览表

表2-18

年份	1979	1990	2000	2005
总人口	546367	670152	713584	762097
男性	272567	336576	359567	359576
男性占总人口（%）	49.9	50.2	50.38	50.39
女性	273800	333576	354017	375584
女性占总人口（%）	50.1	49.8	49.57	49.28
性别比	99.55	100.11	101.57	102.91

说明：1990年和2000年均为人口普查时数字，非年末数字

年龄构成

年龄结构　2000年第五次人口普查全县713584人总人口中不满周岁的乳儿8991人，占1.26%，低于第四次人口普查时12.42个百分点；1～6岁学龄前儿童44440人，占6.22%，低于第四次人口普查时10.55个百分点；7～14岁的少年儿童119671人占16.77%，高于第四次人口普查0.16个百分点；15至59岁人口472548人，占66.2%，高于第四次人口普查时11个百分点；60岁以上老人67934人，占9.52%，比第四次人口普查高6.54个百分点。

年龄分析　老龄化。按国际通用标准，65周岁以上为老年人，15周岁以下为少年儿童。

1990 年与 2000 年人口普查大名县人口类型对照一览表

表 2-19

年份	老年人口占总人口比重（%）	少年儿童人口占总人口比重（%）	人口类型
1990	6.2	35.8	壮年型
2000	6.7	24.3	接近壮年人口型

2000 年，大名县的人口类型处于接近壮年人口型，劳动年龄和非劳动年龄约各占一半，婚育年龄人口所占比重较大，但人口老龄化系数（65 周岁以上人口对 14 岁以下人口的比例）已由第四次普查的 17.4% 上升至 27.6%。

年龄段高峰　1990 年，大名县的人口年龄段最高峰，男性在 8 岁，女性在 8 岁，人数分别为 10563 人、9825 人，出生时间都在 1982 年。2000 年，人口年龄最高峰，男性 13 岁、女性 13 岁，人数分别为 10605 人，10148 人，男女年龄最高峰相同，出生时间都在 1987 年。2005 年，全县的人口年龄最高峰，男性 18 岁、女 18 岁，人数分别为 10605 人、10148 人，男女年龄最高峰相同，出生时间都在 1987 年。主要原因是：实行计划生育政策后，农村人口生活水平低，生育意识淡薄，无后为大与生活水平相比占据上风，致使全县 1982 年到 1990 年出生人口数大，导致此阶段年龄高峰段。

农业非农业人口构成

1990 年第四次人口普查时，大名县总人口为 669485 人，农业人口为 640571 人，非农业人口为 25467 人，各占总人口的 95.68% 和 4.32%。1995 年，全县总人口 701911 人，其中农业户 141062 户，占总户数的 95.6%，非农业户 6566 户，占总户数的 4.4%；农业人口 666446 人，占总人口的 95%，非农业人口 35465 人，占总人口的 5%。2000 年第五次人口普查时，大名县总人口为 713194 人，农业户 146998 户，占总户数的 86%，非农业户 23959 户，占总户数的 14%；其中农业人口为 684075 人，非农业人口为 29119 人，各占总人口的 95.92% 和 4.08%。至 2005 年，农业青年、学生参军、升学，大中专毕业生就业安置，行政、企事业所用农民合同工转非转干，使非农业人口所占比例有所上升，2005 年，全县有居民 185648 户，人口总数 762097 人，其中农业户 152449 户，占总户数的 82.1%，非农业户 33199 户，占总户数的 17.9%；农业人口 717867 人，占总人口的 94.2%，非农业人口 44224 人，占总人口的 5.8%。

1979—2005 年大名县农业户数、人口、劳动力统计表

表 2-20

年份	农业户数	人口	劳动力
1979	112718	518860	179783
1980	113440	529564	185276
1981	113417	541382	189306
1982	115344	552196	195572

续表 2-20

年份	农业户数	人口	劳动力
1983	116619	560704	199419
1984	118109	568004	204421
1985	120522	574888	208934
1986	122935	584913	218905
1987	126019	592718	222301
1988	128837	605139	230296
1989	131523	619657	237695
1990	135805	640738	247486
1991	136927	645356	260096
1992	138166	650505	261552
1993	139564	652588	267253
1994	140692	652940	268243
1995	141062	666446	268015
1996	141548	667739	272093
1997	141939	652527	273867
1998	143819	654423	284805
1999	144993	656390	286452
2000	146998	659821	288855
2001	147811	662548	290634
2002	149019	664764	294840
2003	150544	666336	295178
2004	152048	670694	305800
2005	152449	674112	305865

2005 年大名县农业和非农业人口分布情况一览表

表 2-21

乡镇	总人口数	农业人口		非农业人口	
		人口数	占总人口 %	人口数	占总人口 %
大名镇	60120	33303	55.4	26817	44.6
西未庄乡	28309	17712	98	588	2
大街乡	38839	38028	98	811	2
旧治乡	42412	41603	98.1	809	1.9
万堤镇	31915	30127	94.4	1788	5.6

续表 2-21

乡镇	总人口数	农业人口		非农业人口	
		人口数	占总人口 %	人口数	占总人口 %
杨桥镇	42535	40982	96.3	1553	3.7
黄金堤乡	32416	31977	98.6	439	1.4
沙圪塔乡	37927	37235	98.2	692	1.8
铺上乡	30059	29395	97.8	664	2.2
王村乡	39914	39262	98.4	652	1.6
龙王庙镇	48150	46351	96.3	1799	3.7
埝头乡	45739	44773	97.9	966	2.1
孙甘店乡	35986	35230	97.9	756	2.1
金滩镇	46005	44298	96.3	1707	3.7
红庙乡	35510	34916	98.3	594	1.7
营镇乡	17350	17014	98.1	336	1.9
张集乡	37737	36949	97.9	788	2.1
束馆镇	36850	5906	97.4	944	2.5
西付集乡	42179	41438	98.2	741	1.8
北峰乡	32145	31365	97.6	780	2.4

职业构成

第一、二、三产业就业比重变化　1979—2005 年，全县劳动就业规模不断扩大，渠道不断拓宽，结构趋向合理。工业企业就业人数迅速增长，一、二、三产业就业人数呈快速增长之势。1979 年，全县从业人员 19105 人，占总人口的 35.7%；2000 年，全县从业人员 303848 人，占总人口的 41.5%；至 2005 年年底，全县从业人员 320521 人，占总人口的 42%，比 1995 年提高 1.8 个百分点，从业人员净增 37451 人，增长 13.2%。就业结构也发生很大变化，表现为：完全从事农业的人口比重逐渐降低。从事农业生产的人口虽仍占最大比例，2005 年农业劳动力 305865 人，占总劳动力的大多数。但从事农业生产的农民中，许多已兼及第三产业，如农副产品加工、贸易、季节性打工等，真正传统意义的农业劳动力正日益减少。

第二产业发展迅速。建筑业成为就业人数增长比例最快的行业：由于建筑市场的迅速启动和城市化的发展，建筑业从业人员迅猛增加。工业企业日益成为吸纳农村劳力就业的重要产业。1980 年，在各级各类工业企业中的就业人数达 2088 人，1990 年达 10770 人，2000 年达 5992 人，2005 年有 4219 人。在工业企业中，以面粉加工业就业人数为最多，并带动了粮食采购、运输、面粉销售、塑编制造等相关行业的发展和就业。

第三产业的兴起使全县职业构成格局发生重大变化。1979 年，全县第三产业从业人员 14455 人，仅占社会劳动人数的 7.3%。1992 年，第三产业从业人员为 33801 人，占社会劳动人数的 11.8%，比 1980 年提高 4.5 个百分点。2000 年，第三产业从业人员为 36607 人。2005 年，第三产业从业人员为

40323人，其中批发零售业、餐饮业、交通运输业、邮电通讯业和金融保险业显示出较雄厚的实力，在第三产业中成为从业人数最多的支柱行业。

公有制和非公有制单位就业　在全民所有制行业中，机关团体从业人数增长最快。1980年为1958人，1990年达2814人，2000年为3033人，2005年达3504人，比1980年增加1546人，增长44%。除事业规模扩大因素外，大中专毕业生和部队转业人员增多，部分农村干部及乡镇企业人员陆续转非转干，也是机关团体人员迅速膨胀的重要原因。集体所有制就业，1980年为1178人，1990年达5520人，2000年为2276人，2005年为1848人。

1979—2005年大名县部分年份劳动力综合情况一览表

表2-22

年份	农村						全民所有制单位						集体所有制单位					
	合计	第一产业	第二产业			第三产业	合计	第一产业	第二产业			第三产业	合计	第一产业	第二产业			第三产业
			小计	工业	建筑业				小计	工业	建筑业				小计	工业	建筑业	
1979	179783	171525	3401	3401	0	4857	11269	1211	2322	2322	—	7736	7651	430	5359	4727	632	1862
1985	208934	196148	5911	3327	2584	6875	10559	490	1686	1686	—	8383	5642	0	3297	2747	550	2345
1992	261552	232774	11986	5006	6980	16792	13593	336	2122	2122	—	11135	6248	88	3325	2857	368	2935
1995	268015	234447	12688	3988	8700	20880	15055	425	2383	1899	484	12247	4908	0	2296	2207	89	2612
2000	288855	254714	12219	3739	8480	21992	14933	386	1209	683	526	13338	2276	90	839	737	102	1347
2005	305865	258593	22067	7574	14493	25205	14656	422	597	597	—	13637	1848	0	367	279	88	1481

女性就业　1979—2005年，大名县女性就业人数迅猛增长，远远超过同期男性就业增长速度。1979年，全县女性就业人数为80507人；1992年全县女性就业人数为119971人，比1979年净增39464人，增加49%；2000年，全县女性就业人数为133823人，比1979年净增53316人，增加66.23%；2005年，全县女性就业人数为149088人，比1979年净增68581人，增加85.19%，占总就业人数的46.5%。女性在第二、三产业就业人数的增长更是迅猛，呈现成倍增长的态势。在第二、三产业，1979年，女性就业人数分别为3401人和3885人；1992年，女性就业人数分别为5006人和23772人，分别比1979年增加47.19%和511.9%;2005年，女性就业人数分别为22067人和39861人，分别比1979年增加548.8%和926%。

1979—2005年大名县部分年份女性从业情况一览表

表2-23

年份	女性就业人数	年份	女性就业人数
1979	80507	2000	133823
1985	93681	2002	137819
1992	119971	2005	149088
1995	125113		

1979—2005 年大名县部分年份女性在第一、二、三产业就业情况一览表

表 2-24

年份	第一产业	第二产业	第三产业
1979	171525	3401	3885
1985	194448	3327	11159
1992	232774	5006	23772
1995	234447	3988	29580
2000	254714	3739	30402
2002	258699	13604	22537
2005	258593	22067	39861

第四节　人口素质

身体素质

人口身体素质受社会、经济、环境多种因素制约。1979 年前，由于泄滞洪区和以前多种因素的影响，大名经济长期停滞，人民生活水平低下，加之几次失控造成的人口膨胀，人们在温饱线上挣扎，体质一般都较差，许多人营养不良。1979—2005 年，大名经济持续发展，人们收入水平逐年提高，温饱得以解决，体质明显增强。计划生育工作在全县大力实施，人口得到有效控制。再加上科学技术的进步和医疗卫生手段的完善，人们抗御疾病能力得以提高。广大妇女儿童的健康水平得到根本提高。老龄人口增加。1982 年，全县 60 岁以上人口达 53980 人；1990 年增至 60141 人，老龄人口总数增加了 6161 人；2000 年，增至 67934 人，老龄人口总数比 1982 年增加了 15954 人。死亡率下降。1982 年，全县人口死亡率为 6.11‰，1990 年为 7.02‰，2000 年为 5.87‰，比 1982 年下降 0.24‰。从中可以看出，人口的寿命和健康程度都较前有了明显提高。这一时期，新生儿死亡率降低，年轻人身高普遍高于父辈，健康水平普遍好于上代人。

身高、体重、胸围　随着人民生活水平的日益提高，劳动强度和劳动时间较少，大名县城乡人口身体素质明显增强，尤其是初、高中学生的男女青少年身高、体重、胸围都有普遍增长。

寿命　据 2000 年第五次人口普查资料计算，大名县人口平均预期寿命呈现增高趋势。全县 90 岁以上老人有 499 人：其中男性 140 人，占 28.1%；女性 359 人，占 71.9%。比第四次普查时增加 271 人，其中男性增加 76 人，女性增加了 195 人，男女所占比重持平。

2000年第五次人口普查大名县90岁以上高寿老人一览表

表2-25

年龄（岁）	人数	其中	
		男	女
90	161	52	109
91	104	33	71
92	78	22	56
93	38	6	32
94	32	8	24
95	29	8	21
96	19	1	18
97	18	6	12
98	12	0	12
99	6	2	4
100及以上	2	2	0

残疾人比例　1980年，全县有残疾人17228人，占总人口的3.2%，其中听力、语言残疾1722人，占残疾人数的10%。肢体残疾8614人，占50%。精神残疾1722人，占10%。综合性残疾5168人，占30%；1990年人口普查，全县有残疾人25465人，占总人口的3.8%。其中听力、语言残疾2546人，占残疾人数的10%。肢体残疾12732人，占50%。精神残疾2546人，占10%。综合性残疾7639人，占30%；2000年，全县有残疾人31468人，占总人口的4.3%，其中听力、语言残疾3146人，占残疾人数的10%。肢体残疾15734人，占50%。精神残疾3146人，占10%。综合性残疾9440人，占30%；2005年，全县共有残疾人36191人，占总人口的4.8%。其中听力、语言残疾3619人，占残疾人数的10%。肢体残疾18095人，占50%。精神残疾3619人，占10%。综合性残疾10857人，占30%。致残类型：2005年，全县先天性致残7238人，工伤致残1085人，交通肇事致残7238人，因病致残9047人，其他自然灾害致残723人，遗传和意外刺激致残7238人，其他原因致残3618人。大名残疾人数量比全国平均数值（6.12‰）低1.32‰。

文化素质

1982年人口普查，全县人口大学文化程度的占总人口的1.1‰、高中（包括中专）占58‰，初中占145‰，小学占313‰，文盲半文盲占483‰；1990年第四次人口普查，6岁及6岁以上人口，大学（指大专以上，下同）文化程度的1119人，占2‰，高中文化程度的（包括中专）27536人，占49‰，初中文化程度的136243人，占244‰，小学文化程度的243099人，占435‰，文盲半文盲占

270‰；2000 年第五次人口普查，6 岁及 6 岁以上人口计 665976 人。其中未上过学人口为 65264 人，占应受教育人口总数的 9.8%；上扫盲班的为 12273 人，上小学的为 240090，上扫盲班及小学的人口占全县应受教育人口总数的 37.9%；初中人口数为 304601 人，占全县应受教育人口总数的 45.7%；高中 32160 人，中专 7545 人，大学专科 3143 人，大学本科 870 人，研究生 30 人，高中及以上人口数占总数的 6.7%。同 1990 年第四次人口普查相比，每 10 万人拥有各种受教育程度的人数有如下变化；具有大学程度的由 167 人上升为 569 人；具有高中程度的由 4113 人上升为 5578 人；具有初中程度的由 20350 人上升为 42694 人；具有小学程度的有 36311 人下降为 34968 人。全县总人口中文盲人口（15 岁及以上不识字或识字很少的人）为 65222 人，同 1990 年第四次人口普查相比，粗文盲率（文盲人口在总人口的比重）由 19% 下降为 9.1%，下降了 9.9 个百分点。

人口文化程度受经济社会各方面制约。1988 年后，全县中小学教育发展迅速，在校学生同步增长。20 世纪 90 年代后，各类职业教育兴起，对提高全县人口文化素质起到了推动作用。与前几次人口普查比较，全县各层次人口文化程度都有提高，文盲半文盲比重大幅下降，特别是劳动人口的文化素质有了较大提高。据 1990 年统计，在 50 ~ 65 岁 4 个年龄组文盲半文盲比例，依次为 47.96%、61.50%、74.39% 和 84.72%；2000 年，在 50 ~ 65 岁 4 个年龄组文盲半文盲比例，依次为 4.29%、56.48%、63.67% 和 74.15%。从数据中可以看出随着时代的变迁，文盲半文盲比例在总人口中明显降低。

但总的看，全县人口整体文化素质仍比较低，尤其是高层次文化人口比重更低。改革开放之后在工农业生产发展中反映出来的人才缺乏、决策失当、效益低下以及社会生活中许多庸俗的世风等问题，都充分说明了这一点。

全县人口特别是劳动人口文化素质较低，其主要原因是，50 岁以上的人大都是在旧社会度过少年时期，中华人民共和国成立后没有机会进入学校学习；解放初期中小学教育尚未普及，也使一部分 45 ~ 50 岁的劳动人口没有接受中小学教育；就是中华人民共和国成立后出生的劳动人口，也有少部分未能上学，大部分没有上初中和高中。

近年来，一部分家长忽视对子女教育，致使一些中小学生中途辍学。此外，从农村考入高等或中等专业学校的学生，毕业后绝大部分脱离农村，变为城市户口，也无形中使全县农村劳动人口文化水平为之降低。

第五节 计划生育

工作概况

1979 年，大名县革命委员会下发《关于认真贯彻执行〈河北省革命委员会关于计划生育工作若干问题的试行规定〉的通知》《关于认真落实计划生育经济政策的几项规定》，提倡一对夫妇终身只要一个孩子，并制定具体奖罚措施。

1980 年 9 月 25 日《中共中央致全体共产党员、共青团员的公开信》发表后，全县城乡进一步加大计划生育工作宣传力度，严格执行奖罚规定，广大党员、干部职工执行国家计划生育政策的自觉性显著提高，多数干部职工能够做到终身只要一个孩子，有少部分农村青年夫妇也积极申报领取独生子女证。

1981年，各办事处、公社（镇）设立计划生育助理员。1984年4月，大名县计划生育委员会组建计划生育宣传指导站、避孕药具管理站、技术服务站（以下简称“三站”），配备宣传器材和医疗器械，并从县直机关、各医院调配20多名政治业务素质较高的人员充实到“三站”工作。

1984年，县委、县政府出台《关于开展计划生育工作“一遍清”的决定》，要求以公社为单位，组织相应力量对育龄妇女逐村开展普查、逐人落实节育措施、逐人建档立卡，达到“六个全部”。

1989年3月14日《河北省计划生育条例》颁布后，县委、县政府按照《条例》规定公开处理一批违纪超生人员。1989年开始，省对地（市）、地（市）对县每年都签订《人口目标责任书》。但由于大名县人口多、基础差，计划生育工作难度较大。1990年全县出生率高达25.6‰，计划生育率仅有50%，一孩育能妇女上环率仅有50%，“二上四下”结扎率仅有80%，被省委、省政府列为计划生育后进管理县和省领导联系县。

1991年年初，县委、县政府对全县计划生育工作存在的漏洞进行了认真、实事求是的总结，并采取措施，彻底扭转了被动局面。

1992年，在“二、五、八、十一”四个月份开展四次计划生育普查“四术”突击活动的基础上，县政府下发《河北省计划生育条例》实施办法，县委下发《关于在计划生育工作中做假节育手术、出具假证明、报假数字的处分规定》，严肃查处“王村事件”“大龙案件”等一批假手术、假证明案件。又查处了张集乡卫生院出具假证明案、丛善楼乡瞒报节育手术对象案和22名党员干部违纪超生案，全部按规定对直接责任者和有关领导人进行了严肃处理。1992年，大名县在邯郸地区计划生育年终考核中名列第四位，跨入地区计划生育工作先进行列。

1993年，县委、县政府提出“逼官、明责、打假、促后”谋略，在普查、突击期间实行三天一通报进度，并将县、区、乡（镇）领导姓名在全县曝光。同时还对县直各部门、各乡（镇）实行计划生育求实“一票否决”制，调动了各级各部门，特别是各级党政一把手对计划生育工作的重视程度和投入力度，使全县计划生育工作取得突飞猛进的进展。这一年，大名县计划生育年终考核在邯郸地区依旧名列第四位。

1994年，县委、县政府、县计划生育领导小组研究制定出台《关于治理早婚私婚的规定》《关于及时准确整理账表证和上报各种报表的规定》《关于对育能妇女普查中有关问题的规定》等三个专件，对全县计划生育规范化管理做了大胆尝试，推动全县计划生育工作由突击向经常化发展，在全市计划生育年终考核中继续保持先进位次。

1995年，全县认真贯彻计划生育“三为主”（宣传教育为主、避孕为主、经常性工作为主）方针，县计划生育领导小组和县计划生育委员会制定下发《规划统计工作管理规范》《政策法规工作管理规范》《宣传教育工作管理规范》《财务工作管理规范》《技术服务工作管理规范》《药具工作管理规范》《流动人口工作管理规范》等专件，每个专件对每一项业务工作如何干、达到什么标准，达不到标准或出现问题追究哪些人员的责任，如何处理、处罚，都做了具体规定。这一年，大名县的计划生育工作不仅在全市继续保持了先进位次，而且跨入了全省计划生育先进县行列，名列全市第三位，全省第46位。

1998年，全县实施计划生育优质服务“512”工程。即结合已婚育龄妇女普查，为育龄夫妇体检、治病50000人次以上。其中县计划生育技术服务站承担10000人次，20个乡（镇）工作站各承担2000人次。束馆镇计生委、计生协成立了母子安康保障中心，为孕妇提供产前、产中、产后服务，免费为育龄群众体检身体、防病治病，受到广大群众欢迎。“中央人民广播电台”、《河北人口报》《河北省计划生育工作简报》先后报道了该镇的先进经验，省计划生育协会领导先后两次到束馆镇计生委视察，并为其制作电视专题片，在全省进行推广。

在大名府路中段宣传计划生育（摄于1998年）

1999年，全县以开展“四清理”（清理瞒漏报出生人口、清理党员违纪超生、清理节育措施不落实、清理计划外生育费）活动为切入点，大力开展创建计划生育合格村活动。按照稳定、调整、充实、提高的方针，对乡（镇）专职人员进行精简，充实26名大中专毕业生。这一年，县计划生育宣传指导站被授予省级计划生育“优秀宣传站”称号，县计划生育技术服务站被授予省级计划生育“先进服务站”称号，县计划生育协会被市授予计划生育先进协会称号。

2001年，全县推行以“竞争上岗制、工资统筹制、责任承包制、服务承诺制、绩酬挂钩制、末位淘汰制”为主要内容的村级计划生育队伍“六制”改革。330个村公开招聘村计生专干和育龄妇女小组长990名，进一步夯实了网底建设。大名县被邯郸市委、市政府授予计划生育进步奖，大名镇、沙圪塔乡、西付集乡被定为全市计划生育工作一类乡镇。

2002年，全县推行计划生育分类管理，强化计划生育优质服务。大名县村级计生队伍“六制”改革经验，在7月11日全市计划生育现场研讨会上得到推广，并在《河北省计划生育工作简报》上刊登。邯郸市委、市政府在大名县召开了计划生育“四术”集中活动现场会，推广了大名县的经验。

2003年，县委、县政府一手抓防治非典不松动，一手抓计划生育工作不动摇。以晋档升位为目标，抓关键、克难点；抓改革，创新路，大胆开拓，扎实奋进，计划生育工作取得长足进展。县计划生育局机关各股（站、室），20个乡（镇）计生办全部配齐微机，并实现县乡联网，建立数据传输系统，建成机关办公局域网、广域资源网、公众信息网和已婚育龄妇女数据库，计划生育统计报表质量进一步提高，资料更加规范齐整。全县累计1200被帮扶户达到初步富裕水平，有43363户成为“十星级”文明幸福家庭；开展基层计划生育协会“创优升级”活动和“百万会员学科技”活动，市计生协在大名县召开现场会，在省现场会上大名县做了典型发言，大名县计划生育协会被省计划生育协会评为先进单位。大名县计划生育工作被市委、市政府授予进步奖。

2004年，县委提出计划生育工作“531”新思路，即坚持“五个牢记”，解决“三清三不清”，努力实现各项工作任务“一遍清”。“五个牢记”指牢记基本国策，坚决实行“一票否决”；牢记人口目标，坚持抓计生促发展；牢记“三为主”，坚持常抓不懈；牢记基础建设，努力升级晋档；牢记第一责任，落实直查直处。解决“三清三不清”指解决“县里想清弄不清，乡里不清硬说清，村里真清不说清”。“一遍清”指不下指标、不分任务、不搞突击、不留存量，以有序化、经常化、法制化的工作，努力实现计划生育工作各项任务及时清、一遍清。全县认真实践计划生育“531”工作模式，县、乡（镇）、村逐级签订了《计划生育管理目标责任书》，县委、县政府与计划生育综合治理部门签订了责任状，层层压死了责任；县组织、人事部门健全和规范了入党、提干、评先中的计划生育审核制度。向计划生育后进村派驻了73个县直包村工作队，基本上解决了后进乡村基础工作薄弱、组织不健全、人员待遇不落实等问题。开辟计划生育电视专题栏目《人口园地》，66个行政村以粘贴计划生育宣传瓷砖的形式，建立永久性婚育新风知识长廊。万堤镇前桥村人口文化大院被《中国人口报》公开报道。在村一级全面推行计划生育“六制”改革，通过新一轮公开招聘，全县村级计划生育专职人员总数压减为960人，平均年龄下降5岁，高中以上文化程度提高到60%，女性化率达到90%。村专职人员工资实行“统筹统发、三级协调、绩酬挂钩”管理体制，初步实现“人数最少、工资最高、管理最严、效果最好”的目标。在乡一级，压减行管人员，充实技术人员，优化队伍结构。全县投入10万多元，进一步完善“三网一库”（广域资源网、公众信息网、办公局域网，已婚育龄女数据库），对乡（镇）微机员进行三次集中培训，部分乡（镇）更新微机，安装宽带，统计工作更加及时、准确、高效，2004年11月，大名县计划生育局被国家人口计生委评为全国计划生育系统作风建设先进单位，是邯郸市唯一获此殊荣的单位；大名县被邯郸市委、市政府授予计划生育工作进步奖。

大名县世界人口日宣传（摄于2004年）

2005年，全县深入贯彻计划生育“三为主”，各项工作取得突破性进展。村级计生队伍“六制”改革进一步巩固，经验、做法先后被省、市计划生育工作简报，市委办公厅《情况交流》刊发，并在全省计划生育基层组织建设工作会议上介绍经验；“婚育新风进万家”活动深入开展，“关爱女孩行动”全面铺开，并在全市构建新型生育文化现场会上作经验介绍。宣传报道和信息反馈工作获得历史性突破，被县级以上媒体和计划生育工作简报采用稿件380篇，被河北省人口计生网评为信息工作先进县，且名列第一；县计划生育技术服务站和7个乡级计划生育技术服务站被市人口计生委评为优质型服务站，在全市遥遥领先。治理出生性别比成为一个较强的闪光点。首倡冀鲁豫三省十县协作会议，建立跨区域治理出生性别比协作区，推行包保服务责任制，在省、市创出经验，并得到推广。计划生育协会工作连续两年被省、连续三年被市评为“万名会员学科技活动”先进县，大名县被评为国家级计划生育协会工作先进县，被邯郸市委、市政府评为人口与计划生育工作先进县。

晚婚晚育

1979年，大名县男女晚婚晚育率均达100%。1981年《婚姻法》颁布后，由于法定结婚年龄提高2周岁，而人们旧的婚育观念没有彻底改变，再加上农村实行联产承包责任制，人口口粮失去控制，新的计划生育管理体制又没有跟上，造成管理上的暂时松散，早婚私婚率有所提高，1981年，大名县晚婚晚育率下降为85.3%。1979—1990年，县委、县政府不断制定、修改、补充、完善全县婚育政策。对实行晚婚的奖励婚假15天，实行晚育的奖励产假45天，对已申请终身只要一孩的国家干部职工（含临时工、合同制）在调资、评模、评奖时，同等条件下优先照顾。对已领取独生子女光荣证并落实了节育措施的给予优惠：独生子女在入托、入学、就业、就医等方面优先照顾；城镇在同等条件下优先安排住房，农村优先安排宅基地；干部职工从领取独生子女光荣证之月起，到子女 14 周岁止，独生子女父母由双方所在单位每月分别发给不少于 5 元的奖金。1990 年全县领取独生子女光荣证并采取节育措施的有 5926 对。同时对计划生育工作先进单位给予表彰或奖励。鼓励男到女家落户，老人可随男（女）迁入女（男）家。1988 年，县委、县政府下发文件，继续开展以查早婚早育、查超计划生育、查计划外怀孕、查节育措施落实、查超生罚款兑现、查婚育问题的弄虚作假“六查”为主要内容的集中活动，查出早婚 582 人、早育 135 人，不正之风 32 起，并对当事人严肃处理，到 1990 年杜绝早婚早育。

1991 年以后，大名县每年都在全县开展以晚婚晚育为主要内容的婚育新风宣传，全县的男女晚婚晚育率逐渐提高。2000 年 8 月 10 日，县委、县政府出台《关于加强婚姻管理治理 早私婚的规定》，对 1994 年 1 月 1 日以来的早婚早育进行集中清理。对早婚者每对罚款 300 ~ 3000 元，对私婚者每对罚款 200 ~ 2000 元，2000 年 8 月底前个人主动申报的罚款减半，并优先办理有关手续。早婚私婚者必须纳入男方户口所在乡（镇）计划生育管理，已符合婚姻法规定条件的补办结婚登记手续。补办结婚登记手续后，公安部门办理户口迁移手续，计划生育部门对符合《河北省计划生育条例》规定者发给生育证，村民委员会发给责任田。2000 年 8 月集中清理结束后早私婚的，对早婚者每对罚款 300 ~ 3000 元，并解除非法同居关系，分居后再同居的重新处罚。对私婚者每对罚款 200 ~ 2000 元。早婚私婚当事人未依法履行结婚登记手续前，计划生育部门不得列入生育计划，公安部门不得办理户口迁移手续，村民委员会不得分配责任田。党员干部子女早婚私婚的，除按规定罚款外，还要给予党政纪处分。加强婚姻登记管理。公安部门负责向民政、计生部门出具准确的姓名、年龄等婚育证明手续；民政部门按照公安部门的证明手续和计生部门出具的婚育证明，根据婚姻法的有关规定办理结婚证，没有证明手续的一律不予办理，并每月向计生部门提供新婚名单；计生部门按照公安部门提供的年龄证明和婚姻登记机关提供的结婚名单及时建账立卡，发放生育证，并逐月向公安部门提供出生、死亡情况表，由公安部门登记上册。实行有奖举报制度。每举报一例早婚奖励 1000 元，举报一例私婚奖励 500 元。并把早私婚治理工作当作一项经常性的工作任务，列为计划生育直查直处的一项主要内容。在抽查中，每发现一例漏报早、私婚罚村支部书记 1000 元，罚村委会主任、村计生委主任各 300 元，育龄妇女小组长不汇报的要给予经济处罚；发现两例村支部书记、计生委主任就地免职，并给予乡（镇）主管民政、计生的副书记、副乡（镇）长及民政助理经济处罚。2002 年 2 月 20 日，大名县计划生育领导小组出台了《关于集中开展治理早私婚活动的安排意见》，自 2002 年 2 月 20 日至 2002 年 3 月 15 日，在全县范围内集中开展了治理早私婚活动，并成立专项治理工作领导小组，县民政局和计生委联合执法，乡（镇）政府民政所和计生委的行政执法人员联合成立专项治理执法队，实行举报制度。此后，全县计划生育系统每年都积极配合民政系统开展早私婚治理活动。

避孕节育

规划指标　1979—1988 年，县对区、乡（镇）主要采取下达计划生育责任书的方式，由区公所与乡（镇）计划生育主管领导、计划生育助理员签订计划生育责任书，对乡（镇）多胎率、计划生育率、人口自然增长率、育龄妇女长效节育率实行指标控制。1986 年的计划生育责任书要求“至 1986

年年底，各乡（镇）多胎率必须控制在 2.7% 以下，计划生育率达到 88% 以上，人口自然增长率控制在 10‰以下，育龄妇女长效节育率达到 85% 以上。”实施办法采取县对区、区对乡（镇），乡（镇）对村逐级实行责任制，月月兑现，以月报核查，每月完不成指标者扣发主管书记或区、乡（镇）长和计划生育助理员月工资的 5%，并通报全县。虚报瞒报、弄虚作假者加罚。年终召开表彰大会，对全年完成指标者予以表彰；对县直单位采取县对局、局对基层单位逐级实行责任制。由县委、县政府和各县直单位一把手、主管人员签订计划生育责任书，对各单位计划生育率、育龄妇女长效节育率实行指标控制。1986 年县对各县直单位下达的指标为计划生育率要达到 100%，育龄妇女长效节育率要达到 90% 以上，严禁生育超计划的二胎和多胎。对县直单位实行每季一普查，并将普查结果报县计生委，出现计划外生育者，扣发局长和主管人员当月工资的 5%，并通报全县，不准虚报、瞒报，弄虚作假者加罚。年终召开表彰大会，对全年完成指标者予以表彰；1989 年《河北省计划生育条例》颁布后，邯郸地区行署决定把人口控制目标作为考核各级政府政绩的内容，实行人口目标管理责任制，与各县签订人口目标管理责任书。1989 年对大名县的人口管理目标为“人口出生率在 17‰以下，计划生育率在 80% 以上，多胎率在 2.5% 以下；1990 年对大名县的人口管理目标为“人口出生率在 16.5‰以下，计划生育率在 83% 以上，多胎率在 2% 以下，提倡晚婚晚育，禁止早育。”大名县委、县政府也相应地把人口控制目标作为考核各级政府、县直各部门政绩的内容，实行人口目标管理责任制，年年与各乡（镇）、县直各单位签订人口目标管理责任书，对人口出生率、计划生育率、多胎率做出具体控制规定，以后的责任书中又逐渐将计划生育普查上站率、一孩妇女上环率、两孩夫妇结扎率、外孕补救率、计生经费筹集、超生子女费兑现率，对有计划外生育的单位罚款兑现率、新婚合法率、统计求实率、计划生育“三结合”、基层组织建设等工作纳入考核内容，县委、县政府根据市下达目标，结合全县实际，年年对各乡（镇）、县直各单位下达人口管理目标。2000 年 4 月，县委、县政府制定《二 000 年计划生育工作思路暨今后三年安排意见》，开始对计划生育工作指标、“三为主”、“三结合”工作等做较长时间规划。各乡（镇）、县直各单位根据县委、县政府下达的人口计划和工作指标，结合实际开展工作，年年顺利完成上级下达的任务（1990 年除外）。此后，县委、县政府年年和各乡（镇）、县直各单位签订计划生育目标管理责任书，对各乡（镇）、县直各单位在计划生育工作中应承担的责任做了具体规定，各单位认真落实计划生育责任目标，不断推动全县计划生育工作上水平、上台阶。2005 年年底，大名县获得邯郸市委、市政府颁发的完成“十五”人口规划奖。

组织措施　1979—1988 年，全县主要采取宣传、动员育龄妇女落实避孕措施等方法开展节育工作。1989 年《河北省计划生育条例》颁布实施后，大名县开始每年对各乡（镇）开展一次计生普查“四术”突击活动。1994 年县计划生育领导小组出台《关于对育能妇女普查中有关问题的规定》，要求各乡镇、县直各单位每年对所辖育能妇女普查四次，即 2、5、8、11 月份各开展一次，并规定具体的普查范围，使全县育能妇女普查工作逐步规范。2002 年，全县开展四次计划生育集中服务活动。在常抓方面，在束馆镇试点工作的基础上，自 2001 年下半年开始，大名县在计划生育系统推行了阶段性工作法，要求各乡（镇）计生委结合行业自身特点成立若干个服务队，原则上 10000 人左右为一个服务区，组建一个服务队，负责服务区的各项工作，并划分工作阶段，明确责任目标，每月 10 日至月底为入户服务阶段，服务人员全部深入到村为育龄群众开展普查普治、生殖健康、生产、生活、生育及办证等入户服务；每月 1—10 日为整理、总结、学习阶段，将查出的数据与账卡核对，及时上账入卡，并按照职能分工，完成乡（镇）“三为主”工作指标任务。

1989—2005 年大名县计划生育基本情况统计表

表 2-26

年份	计划生育率（%）	人口自然增长率（‰）
1989	86.3	10
1990	53.3	14.5
1991	94.9	8.87
1992	91.8	5.98
1993	95.61	7.2
1994	83.9	1.27
1995	95.8	1.9
1996	96.62	2.38
1997	94.37	3.36
1998	93.06	4.37
1999	92.44	5.08
2000	93.43	5.12
2001	93.69	4.78
2002	93.39	4.6
2003	94.17	5.33
2004	95.35	4.86
2005	89.56	4.79

管理机构

县级机构　1979 年，大名县县级计划生育管理机构是大名县革命委员会计划生育办公室；1981 年，大名县革命委员会计划生育办公室更名为大名县人民政府计划生育办公室；1982 年，大名县计划生育办公室增加编制，建立计划生育宣传指导站、计划生育药具管理站；1984 年 4 月，大名县人民政府计划生育办公室更名为大名县计划生育委员会，下设办公室，计划生育宣传指导站、计划生育药具管理站、计划生育技术服务站，工作人员 34 人。1988 年，计划生育委员会下设秘书科、统计科、财务科，工作人员 16 名。同年，县计划生育技术服务站也充实调整人员、增加科室，下设内科、妇科、外科、X 光室、心电图室、化验室，工作人员 30 人。1996 年全县机构改革，大名县计划生育委员会行政编制 23 人（公务员 20 人，工勤人员 3 人）；2002 年 7 月全县机构改革，大名县计划生育委员会更名为大名县计划生育局，行政编制 21 人（公务员 19 人，工勤人员 2 人），全额拨款事业编制 12 人，差额拨款事业编制 40 人。下设五股三站。即：办公室、人事股、政策法规股（挂信访股牌子）、规划统计股（挂流动人口股牌子）、科学技术股、计划生育宣传指导站、计划生育避孕药具管理站、计划生育技术服务站。具体负责全县人口与计划生育工作责任目标的落实和对下级计划生育部门及计划生育技术服务机构的监督、检查、指导、协调。截至2005年年底，内设机构没有变化。

基层机构　1981年12月，各办事处、公社（镇）1974年配备的计划生育指导员更名为计划生育助理员；1988年9月22日，大名县计划生育委员会下发《关于聘用乡镇计划生育工作“四术员”和统计宣传员的意见》，在各乡镇成立了计划生育工作站（属乡镇政府集体性质的事业单位）；1990年，根据省、地指示精神，大名县39个乡镇均设立计划生育委员会和计划生育工作站，全县共有乡镇计划生育工作人员371人。651个行政村均设立计划生育委员会，村以下设育龄妇女小组，每组30人，设1名小组长，全县共有育龄妇女小组长2798名。县直单位中，50人以下设1名计划生育兼职人员；50～100人设1名计划生育专职人员，100人以上设立计划生育办公室。县直单位共有专兼职人员131人；1996年撤区并乡，全县39个乡（镇）合并成了20个乡（镇），计划生育工作机构也随之变化，取消了计划生育助理员（原区计划生育助理员到县计生委工作）。合并后的20个乡镇都设立了新的计划生育委员会和计划生育工作站，由1名党委副书记和1名副乡（镇）长分别任计划生育委员会主任和副主任，副主任兼任计划生育工作站站长；2002年7月全县机构改革后，乡（镇）计划生育委员会更名为乡（镇）计划生育办公室，计划生育工作站更名为计划生育服务站，由1名副乡级以上干部担任计划生育办公室主任，1名副主任兼任计划生育技术服务站站长。截至2005年年底，乡（镇）计划生育工作机构没有变化。

第三编　基础设施与环境保护

1979 年前，大名县城市基础设施薄弱。城区道路狭窄，龟裂严重，雨水自然排放；城市建筑大多是民国及以前时期的历史遗存，以平房居多；城市供水满足不了人民生活和经济建设需要，污水管网明显不足，通信设施滞后。1979 年后，县政府组织专门队伍编制县域规划，制定试点村镇发展战略，将城乡基础设施建设放在优先发展的战略地位来考虑。2000 年后，大名县农村的房屋结构逐渐由原来的土打墙、里生外熟和平窗硷（窗台以下为砖，以上为土墙）变为砖木结构、砖木加钢筋水泥结构，并出现了大批楼房，有的建成规模社区。乡镇村街道路得到硬化、亮化、绿化、美化、净化，城市功能不断完善，城乡发展进一步加快。

第一章　城乡建设

第一节　城乡规划

县城（总体）规划

1979—1985 年，大名县没有专门的机构负责城乡规划编制。1985 年，成立大名县城乡规划编制委员会，组织专门队伍编制县域规划。1986 年完成县城总体规划设计，1987 年 4 月获省建委批准。1995 年，委托邯郸市规划设计院对原县城规划进行修改，县城规划面积为 12 平方千米，控制面积为 20 平方千米，界定面积为 80 平方千米；1998 年，《大名县城总体规划》获全省优秀规划设计奖。2004 年，县城规划面积调整为 30 平方千米，并划分为五个区，分别是东部高新工业区、西部文化教育区、中部商贸住宅区、南部民族小吃区、北部行政办公区。

乡（镇）规划

1987 年，完成 601 个行政村建设规划。1995 年，各乡（镇）相继成立了“村镇规划建设管理办公室”，配备专门工作人员，由 1 名副乡镇长任主任。1996 年，县对乡镇规划逐步调整完善，并在金滩镇、万堤镇、龙王庙镇、杨桥镇 4 个镇进行试点。金滩镇总体规划和束馆镇胡气村建设规划、孙甘店乡马牧地村建设规划获全省规划设计三等奖。

农村规划

针对村庄分布情况，根据“规划一个，成熟一个，发展一个”的原则，逐步制定农村规划，以试点村带动周围村发展建设。1996 年，孙甘店乡马牧地村、营镇乡东营镇村和万堤镇前屯村完成新农村建设规划“三图一书”（现状图、规划图、建设图，规划说明书），率先进行新农村建设，截至 2005 年年末，大名县大部分行政村完成新农村建设规划。

第二节 城区建设

1979—2005 年，县城城区实行“北延东扩”，逐渐形成新、老两个城区。在城区建设上，狠抓交通、电力、水利等城市基础设施建设，县城面貌发生巨大变化。大名府路改建、天雄路、京府街等县城道路建设，使城区形成五横十纵的道路框架；电力大厦、县医院门诊楼、国税局办公楼等一批新型建筑竣工使用；人民广场、西环岛城标、引河公园等市政基础设施建设给县城注入了新的活力。

道路建设

1979 年后，随着主城区的发展，在原来城区道路的基础上，相继建设了一系列城区道路。

1987—2005 年大名县城区主要道路建设情况一览表

表 3-1

街道名称	走向	起止路段	修建时间（年度）	改造时间（年度）	长度（米）	宽度（米）	结构	投资金额（万元）
阳平路（原南环路）	东西	五得利街至平安街	1997	2005	4500	12	沥青油面	800
大名府路	东西	五得利街至平安街	1987	1991 1997 1998 2002	4200	21	沥青混凝土路面	449
广晋路	东西	万大街至府西街	2000	—	896	12	一步二灰碎石上铺沥青混凝土面	36
天雄路（原迎宾大街）	东西	五得利街至平安街	1995	2002	4000	23	一步二灰碎石上铺 6 厘米厚的沥青混凝土面	504
北京路（原北二环路）	东西	五得利街至平安街	2003	—	4000	23	一步二灰碎石上铺 6 厘米厚的沥青混凝土面	2400
五得利大街（原东环路）	南北	阳平路至北京路	1994	—	3000	12.9	沥青混凝土路面	665.2
引河东路	南北	大名府路至天雄路	1999	—	1000	5	沥青混凝土路面	36
贵乡街（原贵乡路）	南北	引河至天雄路	1995	2003	1950	15	沥青混凝土路面	317
府东街（原城东路）	南北	大名酒厂至大名一中	1987	—	1000	5	水泥混凝土路面	84
万大街（原万大路）	南北	大名府路至北京路	1994	2003	830	15	沥青混凝土路面	104.6

续表 3-1

街道名称	走向	起止路段	修建时间（年度）	改造时间（年度）	长度（米）	宽度（米）	结构	投资金额（万元）
京府街（原育才路）	南北	大名府路至北京路	1994	2003	800	15	沥青混凝土路面	134
府西街（原城西路）	南北	阳平路至天雄路	1991	1996	2810	10	沥青混凝土路面	191
元城街（原元城路）	南北	阳平路至北京路	1996	2003	2850	15	沥青混凝土路面	422
兴大街（原兴大路）	南北	大名府路至北京路	1996	2003	830	12	沥青混凝土路面	104
平安街（原西环路）	南北	阳平路至北京路	1997	—	2000	12	沥青混凝土路面	201

说明：街按自东向西，路按自南向北排列

供水建设

1979—2000 年，县城老城区由西城门外水塔供水，城区周边自打井供水。1999 年，在县城西南角开始兴建占地 30 亩的水厂，年可开采量为 1500 万吨，在水源地打深井 15 眼、浅井 10 眼，配备水泵 25 台；供水管道主体为网状，外围为树枝状，设计管径为 300 ~ 700 毫米的干管 4 条、管径为 300 ~ 500 毫米的连接管 5 条，总长 14000 米，供水目标为 4 万立方米。依照一次设计、分期施工，远近期结合，量力而行的规划思路，一期供水工程投资 800 万元，2000 年 8 月建成运行。

2000—2003 年大名县城区供水管网安装一览表

表 3-2

年份	街道	长度（米）	管径（毫米）
2000	府西街	3000	700 ~ 300
2002	大名府路	4000	700 ~ 300
2002	京府街	2000	500 ~ 300
2002	万大街	2000	500 ~ 300
2002	东大街	500	500 ~ 300
2002	南大街	750	300 ~ 110
2002	北大街	750	300 ~ 110
2002	西大街	500	300 ~ 110
2002	天雄路	1000	110
2002	广晋路	500	110
2002	府西街	800	75
2002	南关村	11500	110

续表 3-2

年份	街道	长度（米）	管径（毫米）
2002	呈祥小区	500	75
2003	元城街	1000	110

县水厂供水覆盖面积 25 平方千米，年总供水量 96 万立方米，供水用户达 6000 户，供水普及率达 70%。

2005 年大名县水厂用水结构一览表

表 3-3

用户类别	用水户数	用水吨数	用水比例
生活用水	5720	860000	89.5%
事业用水	40	60000	6.3%
经营服务用水	240	40000	4.2%

排水建设

1979 年前，县城城区排水以明沟为主，辅以历史上留存下来的暗沟，排放入老城区四角的四个大水坑。1979—2005 年，逐渐对县城主要街道进行道下管网建设，共增建地下排水设施 14320 米。

2005 年大名县城区排水设施一览表

表 3-4

所在街道	类型	截面面积（厘米）	长度（米）	沟面
大名府路南侧	砖砌暗沟	30 X 20	2200	单面
万大街	砖砌暗沟	30 X 20	800	双面
京府街	砖砌暗沟	30 X 20	800	双面
府东街北段	砖砌暗沟	30 X 20	800	单面
府西街南段	砖砌暗沟	30 X 20	860	双面
大名府路东段北侧	砖砌暗沟	30 X 20	1200	单面
天雄路	砖砌暗沟	30 X 20	3700	双面
元城街	砖砌暗沟	30 X 20	1200	双面
兴大街	砖砌暗沟	Φ800	1000	双面
天雄路	排水管涵	Φ800 ~ Φ1200	4000	双面
贵乡街	排水管涵	Φ800	1200	双面

道下管网维护管理，1979 年至 2002 年 7 月，由市政公司负责排水沟维护、清淤等工作，2002 年 7 月至 2005 年年末，由新成立的城区管理局负责管理维护。

城区亮化

1979—2002 年，县城亮化（照明）以白炽路灯为主，照明范围为主要街道。2002—2005 年，城区铺设照明电缆 71900 米，安装路灯 1299 杆（其中：高压钠灯 1047 杆、不锈钢杆宫灯 69 杆、低杆节能灯 91 杆，庭院灯 54 杆，草坪灯 24 杆，高杆灯 2 杆、垂柳灯 2 杆、宝石灯 2 杆、槐花灯 2 杆，中华灯 2 杆、投光灯 4 盏），路灯样式也随之多样化。

2002—2005 年大名县城区道路亮化一览表

表 3-5

道路名称	灯型	杆数	线缆长度（米）	杆线类型
大名府路	三火单杆单臂高压钠灯	175	12000	地下
天雄路	双火单杆单臂高压钠灯	194	11000	地下
平安大街	双火双杆双臂高压钠灯	30	1400	地下
兴大街	单火单杆单臂高压钠灯	60	7200	地下
元城街	双火单杆双臂高压钠灯	140	7300	地下
府西街	单火单杆单臂高压钠灯	110	7400	地下
万大街	单火单杆单臂高压钠灯	53	3600	地下
京府大街	不锈钢杆宫灯	69	3600	地下
贵乡街	双火单杆单臂高压钠灯	107	5800	地下
五得利大街	四火单杆单臂高压钠灯	109	6600	地下
广晋路	单火单杆单臂高压钠灯	69	2000	地下
老城区东街	低杆节能灯	22	1000	地下
老城区西街	低杆节能灯	22	1000	地下
老城区南街	低杆节能灯	23	1000	地下
老城区北街	低杆节能灯	24	1000	地下
县人民广场	垂柳灯	2	—	—
	宝石灯	2	—	—
	槐花灯	2	—	—
	中华灯	2	—	—
	高杆灯	2	—	—
	庭院灯	30	—	—

续表 3-5

道路名称	灯型	杆数	线缆长度（米）	杆线类型
西环岛	草坪灯	24	—	—
	投光灯	4	—	—
	庭院灯	24	—	—
合计		1299	71900	—

现代建筑

1979—2005 年，随着县城建设的快速发展，出现了大批具有现代化气息的公共建筑。

工业建筑　五得利面粉集团先后在城东工业区建成二、三、四、五、六分厂、挂面厂和得利城办公楼。益民面粉厂、东方面粉厂、大名府面粉厂、美佳食品厂、华正塑编厂、名福植物油厂、国瑞饲料厂等工厂相继建成投产。2003 年 10 月，开始兴建投资 3000 万元、占地 140 亩、建筑面积 30000 平方米的京府商贸城，2005 年 11 月竣工使用。2004 年 12 月，开始兴建投资 1.2 亿元、占地 292 亩、建筑面积 69846 平方米的大名香油城，2005 年 12 月主体工程完工。

饮食服务业建筑　大名宾馆 1999 年竣工（主体建筑为客房部、饮食部、会议大厅，建筑面积 4600 平方米，砖混结构，工程投资 260 万元）；白云宾馆、二五八饭店、企贸酒店、龙泉饭店、龙江酒家、大名府市场 1994 年建成；鑫盛园酒店 2001 年开业；穆顺轩饭店 2002 年竣工；清盛轩饭店、金鹰酒店 2004 年投入运营。邮政局三层办公楼 2000 年 11 月竣工（建筑面积 3246 平方米，砖混结构，工程投资 366.8 万元）；网络通信公司四层营业楼 1996 年竣工（建筑面积 4400 平方米，砖混结构，工程投资 460 万元）。

金融保险业建筑　人民银行、工商银行、建设银行、财产保险公司在 1990 年前后建成 2 ~ 3 层的营业办公楼；农业银行、中国人寿保险公司、信用联社在 1996 年前后建成 3 ~ 4 层的营业楼；县信用联社营业楼竣工于 1997 年，建筑面积 5498.5 平方米，砖混结构，工程投资 313.97 万元，由县建安公司承建。

文教卫生体育建筑　文教体育局、卫生局、大名师范、进修学校办公楼，均为 3 层建筑，1990 年前后竣工；新华书店营业楼竣工于 2000 年（建筑面积 1107 平方米，砖混结构，工程投资 90 万元）；二中 2 座教学楼于 2000 年竣工（建筑面积 4442 平方米，砖混结构，工程投资 228.96 万元）；三中 4 座教学楼于 2000 年竣工（建筑面积 4312 平方米，砖混结构，工程投资 204 万元）；大名一中 5 座教学楼于 2002 年竣工（建筑面积 7050 平方米，砖混结构，工程投资 530 万元）；县人民医院老门诊楼于 1999 年竣工（建筑面积 4708 平方米，砖混结构，工程投资 309 万元）。县人民医院新址门诊楼 2004 年 10 月 9 日奠基，2005 年年末主体工程完工（总投资 1.7 亿元，占地 150 亩，楼高 16 层，建筑面积 6 万平方米，内设 8 部电梯，大楼顶端设有轻型直升飞机停机坪）。

机关办公楼　1979 年前，除县委、县政府大院有几座 20 世纪 20 年代的旧楼房外，各机关单位基本上都在普通平房办公。1986 年开始改善机关办公条件，陆续建设二层以上的办公楼；2004—2005 年，新建办公楼都在五层以上，县电力大厦达到 14 层。1987—2005 年，大名县新建的办公楼房的机关单位有：人大、政协、武装部、粮食局、物资局、农业局、林业局、供销联社（旧址和新址）、水利局、建设局、国税局、交警大队、质量技术监督局、检察院、法院、司法局、计划生育局、财政局（旧址）、商业局、农业开发办、外贸局、地税局、劳动人事局、电力局等，其中电力局兴建的电力大厦（电力通讯调度大楼）坐落于天雄路和贵乡街交叉口东北角路北，占地1677.02平方米，建筑总面积14289.72平方米，建筑高度46.15米，共12层，局部14层，是大名县最高的建筑。主楼南北宽16.8米，东西长59.65米，裙楼南北长30.35米，东西宽26.32米。结构为框架剪力墙，楼顶装有装饰塔、航空指示灯和避雷针，总投资2500万元。由邯郸市北华建设设计有限公司设计，江苏南通六建集团有限公司建设。2004年5月6日奠基开工，2005年3月16日土建工程竣工，2005年12月16日投入使用。

城标　1993年3月和2002年9月，大名先后选择“麒麟”和“腾飞”作为大名县城城标。1993年3月，大名县第十一届人大一次会议一致同意将大名佳誉为“麒麟城”。之后，明清大名府城四门悬挂起“麒麟踏云”的大型油画，后改为水泥浮雕。“麒麟”成为大名的徽标。其寓意为：一是麒麟为古代传说中的一种动物，形状像鹿，全身有鳞甲，古人用它象征祥瑞。此举企盼大名经济发展，人民富裕。二是大名县春秋时属卫国，筑有五鹿城。麒麟为鹿类之首，以麒麟命名，既有物缘，又有地缘。三是中国四大古典名著之一的《水浒传》对大名府着墨不少，其中梁山好汉领袖人物卢俊义即是大名府人，其号“河北玉麒麟”。借古人之举，励今人之志；挟《水浒》之盛，隆今日之名。四是西汉初年萧何受诏造麒麟阁，招聚贤士，彪炳功绩。今誉为麒麟城，向世人昭示大名招揽人才、延聘能士、奖掖功臣之诚意。

明清大名府城北门（摄于2002年）

“腾飞”城标。2002年9月26日，位于大名府路西端西环岛中央的“腾飞”城标落成。标身用不锈钢制成，高33.6米，重26.8吨。腾飞仙鹤与凌霄圆柱构成主体。标之下部“DM”（大名）组成一起跑人体，寓大名人民蓄势腾举；南侧三片羽毛，象征三省交界；北侧四根圆柱，象征各项事业发展蓬勃；中间五星，代表党的核心；仙鹤北飞，心向首都；标顶科技之环，象征科教兴县。标之基座东侧为北京著名书法家苏士澍题写的篆书“腾飞”二字，西侧为由冯克军撰文、大名籍著名书法家李守诚用南宫碑体书丹的《腾飞城标志》碑文。整座城标雄伟挺拔，气势恢宏。

其他　引河中桥。1994年8月竣工，钢筋混凝土结构双柱式墩，工程投资47万元，由大名县路通公司承建。人民广场。2002年8月竣工，占地80亩，工程投资850万元，由江苏飞龙集团有限公司承建。引河公园。2005年竣工，占地6万平方米，工程投资80万元，由大名县水利工程公司承建。

城镇居民住宅建设

1979—1993年，大名县城镇不允许自建商品房。1993年5月实行住房制度改革，允许自建商品房。1994年，大名县商品房建设规模达2646平方米，21套、105间，造价168万元，每平方米售价

600元，入住21户。1995年，大名县商品房建设规模为1600平方米，20套、60间，造价120万元，每平方米售价750元，入住20户。此后，住宅开发建设呈逐年上升趋势，2003—2005年，逐渐整体开发建设为住宅小区。

1998—2005年大名县城镇居民住宅小区一览表

表3-6

序号	住宅小区名称	地址	竣工年份	建筑面积（平方米）
1	电信局家属院	网通公司院内	1998	7000
2	大名镇家属院	大名府路民生温泉内	1999	2400
3	师范小区（一期）	广晋路师范学校对面	1999	12943
4	县医院住宅楼	县医院北侧	2000	6880
5	东护城住宅楼	东护城河东侧	2000	3240
6	西护城住宅楼	西护城河西侧	2000	1330
7	广电局住宅楼	广电局西侧	2001	1700
8	实验学校住宅楼	实验学校内	2001	2400
9	党校住宅楼	党校内西侧	2001	4880
10	企业局公司住宅楼	企业局北侧	2002	1935
11	邮政局家属楼	元城街邮政局北侧	2002	1669
12	江南苑小区	京府街北段东侧	2003	78000
13	农业局小区	引河东路东侧	2003	11346
14	法院小区	天雄路法院后面	2003	7200
15	房产小区	万大街与大名府路交口	2004	6123
16	征稽小区	天雄路征稽站后面	2004	5934
17	林业局小区（一期）	天雄路林业局后面	2004	5568
18	汽车队小区	汽车站后面	2004	3400
19	呈祥小区	呈祥路东侧	2004	17748
20	平祥小区	万大街中段东侧	2005	13462
21	电力南小区（一期）	新市场南侧	2005	6000
22	大名府农贸市场小区	府东街东侧	2005	9000
23	东方广场小区	三里店	2005	32000
24	清水苑（一期）小区	府西街中段路东	2005	27575
25	银河花园（一期）小区	天雄路东段北侧	2005	124681
26	天使苑（1# ~ 6#）	北京路东段北侧	2005	96082
27	检察院小区	天雄路中段南侧	2005	13121

续表 3-6

序号	住宅小区名称	地址	竣工年份	建筑面积（平方米）
28	电力新村（D 座）	贵乡街北段东侧	2005	13429
29	行政大厅小区	天雄路中段南侧	2005	14802
30	疾控中心小区	天雄路东段北侧	2005	12166

第三节 农村建设

住宅建设

1979 年至 20 世纪 90 年代，农村建筑以土打墙、里生外熟（墙体内部为土坯、外部用砖包裹）和平窗硷（窗台以下为砖，以上为土墙）为主。20 世纪 90 年代以来，特别是进入 21 世纪后，农村房屋主要是砖木结构、砖木加钢筋水泥结构。农村住宅式样以平房、瓦房为主；楼房数量因经济条件的不同而有差异，两者比例在 9：1 至 7：3 之间，个别经济条件较好的村还要高一些。房屋造价因经济条件的差异，一般为 3 ~ 5 万元，中等户为 6 ~ 9 万元，条件更好的达 10 万元以上，富裕户高达数十万乃至 100 万元以上。截至 2005 年年末，房屋档次较高、村庄较整齐的村庄有大名镇的西杨村、一铺、二铺、羊市街，万堤镇的万北村、万中村、前屯村，龙王庙镇的新苑湾村、西范堤村、冀拐村、西曹口村、甘庄、龙王庙四村，束馆镇的北大街、西大街、胡气村、冢北村、花元头村，王村乡的大李凝村、魏庄村，北峰乡的后北峰村、各姓固村、炉里村，孙甘店乡的孙甘店村、前村、东村，营镇回族乡的东营村、西营村等。

住宅占地

随着人口的增多，住宅数量逐年增加，宅基与耕地的矛盾日益突出。据 20 世纪 80 年代县农业局、土地管理局对大名县土壤普查和土地详查的结果证明，每片宅基占地一般为 5 ~ 6 分，多者达 1 亩以上。此后，随着国家对宅基地审批制度的完善，各乡镇新批宅基一般为 2.5 ~ 4 分，但仍有占地 5 分的现象出现。新宅基占地 60% 以上占用的是耕地。20 世纪 90 年代后，新建宅基出现了房随路走的现象，路修到哪里，房屋就建到哪里，耕地变成了宅基地，从而出现了空心村。上述现象引起了各级政府与主管部门的重视，开始加强各乡镇土地管理所的力量，严格对新宅基的审批，有效控制了宅基地扩大速度，减缓了空心村蔓延。

街道建设

1979—2005 年，随着两个文明建设的推进和“文明生态村”创建活动的健康深入开展，大名县各乡镇、村对街道的硬化、亮化、绿化、美化、净化投入了大量资金。杨桥镇 40 个行政村先后集资 792.2 万元，用水泥、柏油修建了 54 条、总长达 58267 米的村中主要街道；大街乡 54 个行政村中有 42 个行政村先后集资 628 万元，用水泥、柏油硬化了 115 条、总长达 49320 米的主要街道；营镇回族乡 17 个行政村投资 200 万元，用柏油、砖硬化了 46 条、总长达 25820 米的主要街道；王村乡东王二庄村从武安信用社引进资金320万元，将村内街道全部硬化，并修通了至铺上乡宿庄、本乡西店和魏县刘屯村的三条总长达9500米的公路，2005年又投资24万元，在村内主要街道全部安装了路灯。魏庄村自筹资金50万元，修高标准水泥路面3900米，使村内街道全部硬化，并在街道两侧栽垂柳450棵；金滩镇北沙窝村将村中三条主要街道3000余米及小巷全部硬化、亮化、绿化；300米的进村路变成了柏油路，两旁树木林立，环村1000亩生态林已成雏形；红庙乡徐杨庄村自筹资金50万元，修高标准文化广场一处，又投资70万元，使村内街道全部硬化。西房庄村内街道全部高标准硬化，村民赵明友又出资2万元，购买冬青、垂柳，对街道两侧进行绿化。通过街道建设，路平街亮，街道两旁绿树成荫，昔日“晴天尘土飞，雨天路泥泞”“猪鸡散养满街跑，高低不平绊人脚”的现象逐渐消失，方便了群众出行，改变了村容村貌。

公益设施

各行政村建有文化宣教中心，在乡镇文化站的指导下开展各种文体活动。万堤镇万北村投资100万元建成占地15亩，集休闲、娱乐、健身、购物于一体的经济文化广场，建成100米长的文化一条街，购置锣鼓等文化活动器材，成立秧歌队，建成藏书3000余册的图书馆；建立文体活动室，购置电视、电脑、VCD等，丰富了群众的文化生活；金滩镇北沙窝庙村在村中建设文化休闲广场，同时在村东建成沙麓山公园，被县领导称为“大名县生态文明村的一面旗帜”；北峰乡1996年投资30万元，建成乡电视差转台，在转播各级电视台新闻节目的前提下，及时宣传本土新闻、致富信息和全乡发生的好人好事、致富能手等；黄金堤乡各村文化宣教中心组织农民利用业余时间学文化、学科学种田技术和上网了解商品信息等；孙甘店乡马牧地村的秧歌、程望甫村的小剧团使农民文化生活得到进一步改善；西付集乡对辖区内龙王庙至束馆公路两侧统一进行美化、亮化、硬化、绿化，前户村、中户村、后户村、郭马陵村建起文明广场，街道全部硬化、墙壁全部粉刷，并书写永久性标语60多条；大名镇西杨村投资30万元建成村民服务中心，投资40万元建成民族文化广场，村周围植树10000棵，进行村庄绿化，村党支部2002年被河北省委评为先进基层党组织，成为大名县文明生态村的典范。

商业设施

大名县除各乡镇政府所在地设有集贸市场外，还有王村乡西店村、杨桥镇北马头村、万堤镇前屯村、束馆镇冢北村、金滩镇北堤村、西付集乡户村、大街乡北门口村的集贸市场，孙甘店乡马牧地村农贸市场，龙王庙镇甘庄农机市场、赵站旧货市场、石槽坊金三角市场、孙甘店乡南李庄花生交易市场，龙王庙镇东木堤村、西木堤村和金滩镇东龙化村、西龙化村的屠宰加工市场。金滩镇自古以来有“日进斗金”之称，在原来集贸市场的基础上，不断加大投资力度扩大经营。截至2005年年末，沿106国道两侧建成500余个经营门市，经营商品种类齐全。王村乡政府在王村集、西店村建成2个集贸市场，并成立了集市管理委员会。2个集贸市场东西相距5千米，聚集了全乡70%的固定摊点，流动摊点达1500多个。特别是王村集的集市，2005年年末规模比1996年扩展近2倍多，商业街由原来的2条扩展为4条，村南为各类家禽、牲畜市场，中北部为商业区有的商贩摊点发展到集市东边的村庄。每遇集日，赶集的人络绎不绝，日交易额达50多万元。商业门面出租非常紧缺，临街地皮或门市价格一涨再涨，黄金地段甚至超过县城的土地开发价格。

孙甘店乡南李庄花生专业市场是河北省南部最大的花生集散地，固定资产200余万元，职工250

名，服务设施齐全，形成了花生收购、脱皮、打包、运输、餐饮住宿、金融结算等一条龙服务，服务质量和产品质量深受客户欢迎，产品远销全国各地，年成交额达 2 ~ 4 亿元。

附：

筑巢引凤求双赢的前屯村

大名县万堤镇前屯村地处县城北 8 千米，215 省道西侧。2005 年全村有 386 户、1760 人，2883 亩耕地，2004 年工农业生产总值 3820 万元。其中，农业总产值 1820 万元；工业、个体工商业总产值 2000 万元。集体收入 160 万元。农民人均收入 3800 元。该村东邻 215 省道，万大公路纵穿全村。党支部、村委会一班人充分利用这一优势，超前谋划，大胆改革，吸引社会闲散资金，招揽各地有志之士，投资 600 万元，兴建了长 880 米、宽 20 米、两边均为二层楼房的商贸一条街，街道全部硬化，各种设施齐全，筹建了一个大型集贸市场，吸纳固定商户 100 多家，流动商户 60 家，使前屯村形成了物流、人流的集散地。由于商贸流通的搞活，使前屯村民营企业也得到了迅速发展，投资 300 万元、占地 110 亩的大名县绿荫花卉有限公司基本建成，花卉品种达 200 多种，花卉展厅 5000 平方米，逐步形成冀南最大的花卉基地。该村还投资 60 万元，对村机械厂进行改制，生产的玉米秸秆还田机远销山东、河南等省，外地商户取得良好的经济效益，集体收入达到了 160 万元，村民人均纯收入达到 3800 元。该村先后被河北省委、省政府命名为“文明村”“先进基层党组织”“先进民调调解委员会”，被市委、市政府表彰为“先进基层党组织”“小康建设先进村”“农业战线红旗单位”。历年被县委、县政府评为“文明村”等多种称号。2005 年度，被县委、县政府命名为“文明生态村创建活动先进村”。

第四节　城乡建设管理

1982 年前，大名县没有专设的城乡建设管理机构。1982 年 11 月 5 日，成立大名县城乡建设环境保护局，编制 4 人。1984 年 2 月，城乡建设环境保护局更名为城乡建设环境保护办公室。1988 年 1 月 10 日，恢复城乡建设环境保护局。1992 年 11 月，城乡建设环境保护局与计划委员会合署办公，更名为大名县计划建设委员会，编制 35 人。1999 年 8 月，恢复城乡建设环境保护局，编制 42 人。2002 年 7 月，城乡建设环境保护局拆分为建设局、环境保护局、城区管理局 3 个单位，其中建设局编制 64 人。2005 年，大名县建设局内设业务管理单位主要有建筑业管理办公室、建设工程招投标管理办公室、工程建设质量监督站、建筑施工安全监督站。

建筑市场管理

1986 年，城乡建设环境保护办公室成立建筑科，1998 年更名为建筑业管理办公室（简称建管办），编制 5 人，其中主任 1 人、副主任 1 人、工作人员 3 人。截至 2005 年年末，大名县有施工企业 8 家，其中建筑施工企业 6 家（二级 1 家、五级 5 家）、公路施工企业 1 家、水利工程企业 1 家。建筑业管理办公室负责大名县建筑业企业的日常工作管理，主要有申报建筑业企业资质、申报项目经理资质、申报预制件资质、颁发施工许可证、办理项目部资质、收取养老保险基金等。

工程立项管理

大名县建设工程招投标管理办公室（简称招标办）成立于1990年，属县计划委员会管理，2002年7月划归建设局，职责是代表建设行政主管部门对国家和集体投资的工程项目实行招标监督管理。编制2名，其中主任1名、工作人员1名。随着工程项目的不断增多，工作人员编制也逐渐增加，2005年年末，招标办有工作人员6名，其中工程师1名、助理工程师3名、技术人员2名。随着监督力度不断加大，大名县的工程项目公开招标率达90%以上，各类工程项目全部纳入管理范围，规范了县内建筑市场。

施工质量管理

县工程建设质量监督站（简称质检站）成立于1986年，属县计划委员会管理，2002年7月划归建设局，职责是代表建设管理部门对国家或集体投资的工程项目施工实行工程质量监督管理。编制2名，其中站长1名、监督员1名。随着工程建设任务的不断加大，截至2005年年末，质监站人员增加到8名，其中工程师1名、助理工程师4名、技术员3名。随着改革的不断深入，工程质量监督工作由单一对工程实体质量的监督，转变为对建设各责任方质量管理行为和对工程实体抽查相结合的监督。2001年3月，由工程竣工验收检验制改为竣工验收备案制。改变过去眼观、捶敲、尺量的简单监督方式，投资30多万元，安装了一套先进的检测设备，对钢筋、水泥和物配件、混凝土等原材料及半成品进行性能检测，确保工程内在质量和结构安全。工程一次检验合格率由过去的80%提高至100%，优良率由10%提高至40%。截至2005年年末，创市优工程8项。

施工安全管理

1979—1997年，由施工安全管理建管科负责，开展以“三清六好”为内容的文明施工评比活动；1997年，县建筑施工安全监督站（简称安监站）成立，负责大名县建筑施工工地的安全监督管理，对在建工程实施有效监督。主要负责宣传贯彻建筑法律法规、规范标准；监督施工企业建立健全安全生产责任制；组织企业安全管理人员定期安全培训和危险作业人员上岗培训；对施工现场随时检查督导，督促整改安全隐患；定期统计和上报建筑伤亡事故情况并下发通报。截至2005年年末，通过强化管理和严格监督，大名县安全生产和文明施工程序有了根本性提高，施工企业安全生产责任制基本健全，道路两侧施工现场全部实行围场作业，主体施工采用密目式安全网围挡，各项安全措施基本到位，减少了重大安全事故的发生。

第二章　交通运输

1979年后，大名县的基础设施建设投资逐年加大，交通事业发展步伐明显加快。1993年年末，大名县基本实现乡乡通油路。2003年，大名县开始实施村村通油路工程。截至2005年，县境国家级公路（简称国道）、省级公路（简称省道）、县级公路（简称县道）、乡级公路（简称乡道）及村级公路（简称村道）基本形成干支相连、内外相接、纵横交错、四通八达的现代公路交通网络，公路客运量达 3678 万人（次）、货运量达 38.72 万吨。便捷的交通，密切了大名同周边省、市的联系，带动了大名各项产业的快速发展。

第一节　公路　桥涵

国家级公路

106 国道是穿越大名县境的唯一一条国家级公路。起点北京，终点广州。北自馆陶县入境，南至龙王庙镇出境。原为古车马大道，早在宋代就已形成，早期是南方各省进京的官马大道，贡使往来，驿马星流，盛极一时。1949 年，此路定名为京开公路，起点北京，终点河南开封。河北称京大公路（北京—大名）。1955 年 11 月，京大公路进行一次大普修。1968 年 7 月上旬至 11 月，铺筑沥青路面，按三级公路测试，路基宽 8.5 米，路面宽 6 米。106 国道大名段全长 31.71 千米（含山东境内班庄段 2.25 千米），技术等级三级。1992 年，经山东、河北两省交通部门协商，班庄段划归山东省管理，大名段里程减为 29.46 千米。改革开放以来，随着通过 106 国道的车辆逐年增多，106 国道大名段的建设标准明显落后。2003 年 7—10 月，106 国道大名段进行大修，工程总投资 2788 万元。大修后的 106 国道大名段为三级标准公路，沥青混凝土路面，宽 7 米，路基、路面强度加大，通行能力大幅度提高。

省级公路

大名县境内有 313 线和 215 线两条省级公路过境，总长 75.58 千米。

省道 313 线（邯郸至大名县束馆镇冢北村）大名段　由原邯大公路自魏县东部至大名县城，再向东南过 215 省道、旧治乡、龙王庙镇、106 国道、孙甘店乡、北峰乡，最后至束馆镇冢北村，全长 43.58 千米。是邯郸市东部一条重要交通干线，也是冀南连接鲁东南和豫北地区的一条重要省际通道。其中邯郸至大名县城为一级公路，大名县城至束馆镇冢北村为二级公路。民国初年，大名到邯郸没有公路，县与县之间只有一些走村过镇的大车道，交通工具主要是马车和木轮人力小推车，运输效率很低。民国 9 年（1920），华北五省大旱，邯郸灾情也很严重。美国红十字会拨赈灾款 13 万元，采取以工代赈的方式，修筑了这条公路，并在重点路段铺筑了石灰土加固层。1921 年通车，称大邯公路。1993 年至 1994 年 7 月，邯郸市投资 1576 万元，修建邯郸至大名的二级汽车专用公路，简称邯大汽车专用公路，其中大名段长 5 千米；1994 年，邯大公路更名为省道 313 线，邯大汽车专用公路更名为省道 313 复线。2003 年，经省市有关部门批准，大名县投资 4026.86 万元，对全长 21.58 千米的乡道龙冢线（龙王庙—冢北）进行升级改造，油路面加宽至 11.5 米，成为省道 313 线东延工程。313 线总里程达 105.58 千米，大名境内长度延伸至 43.58 千米。2005 年，大名县城修建南环路。经县政府与市交通局协商，县城北环路与南环路对调管理，原由交通部门管理的县城北环路改归县建设局管理，县城南环路则纳入省道 313 线养护路段，由交通部门管理。

省道 215 线（山东临清—河北大名）大名段　1999 年修建，开始修建时名为 106 国道复线，建成后改称省道215线，俗称215省道。总投资1.03亿元。路基宽12米，路面宽11.5米，技术等级二级，其中大名境内长 32 千米。北起馆陶县王桥乡，过大名县城，东南至龙王庙镇石槽坊村南与 106 国道衔接。2005 年，投资 1155 万元，对省道 215 线大名段进行中修，对公路及沿线设施的一般性损坏部分进行修理加固，恢复了该路段原有的技术状况。

县级公路

1979—1990 年，大名县共有 3 条县级公路，即肥馆线（肥乡—馆陶）、大和线（大名—和寨）和大红线（大名—红庙）。1990 年起，大名县对县级公路进行陆续改造和重新布局。截至 2005 年年末，县道仍为 3 条，即肥馆线大名段、从峰线大名段和常元线，总长 68.3 千米。

肥馆线（大名段） 西由广平县自沙圪塔乡北贾庄村入境，东至该乡赵鸭窝村出境入馆陶县，全长 9.1 千米。始建于 1932 年，油路等级四级。1981 年、1985 年先后按三级公路标准改建为沥青路面，路基宽 8.5 米，路面宽 6 ~ 7 米，设小桥 3 座，涵洞 9 处；1998 年投资 200 余万元进行大修，路基宽 8.5 米，沥青路面宽 7 米。

从峰线（大名段） 2001 年，将县道三顺线（三里店—顺道店）、乡道顺从线（顺道店—从善楼）和乡道大未线（大名—未城）三段公路统一规划为县道；西南自魏县由西未庄乡未城村入境，过大名县城，向东经大街乡五里屯村、大街村、前东门口村，过卫河，经金滩镇窑厂村、顺道店村，过 106 国道，黄庄村、郑寨村，张集乡，至北峰乡从善楼村，全长 37.2 千米。

乡道大未线长 11.6 千米，1979—1990 年全部是土路，1989 年秋和 1990 年春，总投资 56.5 万元，将其改建为 4 级公路标准的沥青路面公路，路基宽 7.5 米、路面宽 5 米；2001 年，乡道顺从线并入重新规划后的县道从峰线（大名段）；2002 年，县道从峰线（大名段）大名镇西杨村—魏县界路段改建为三级油路标准，路基宽 8.5 米，油面宽 7 米。

1979 年至 1982 年 3 月，县道大红线的通行路线为：三里店—前东门口—郭庄—红庙，长 15.5 千米。其中三里店—前东门口长 7.4 千米，为沥青路面，前东门口—红庙长 8.1 千米，全部是土路；1982 年 3 月，卫河东门口大桥钢筋混凝土大桥建成，大红线改由三里店经前东门口过大桥，至顺道店村南接 106 国道，改称三顺线。到此，县道大红线就分为三顺线和前东门口—红庙两段公路。1984 年，三顺线全部改建为路基宽 8.5 米、路面宽 6 米的沥青路面，改建路线长 9.6 千米，含桥 1 座、涵洞 38 处。1996 年，大红线前东门口至红庙段纳入乡道营东线（营镇—前东门口），三顺线不变；1999 年，三顺线改建为四级油路标准，路基宽 8.5 米，油面宽 6 米。2001 年，三顺线并入重新规划后的县道从峰线（大名段）。

乡道顺从线全长 14.5 千米，1979—1985 年全部是土路，1985—1986 年，投资 56.58 万元，其中国家补助 42.08 万元，4 乡（上马头、张铁集、普明滩、从善楼）群众集资 14.5 万元，将该路改建为路基宽 7.5 米、路面宽 4 米的沥青路面公路，是实行集资修路以来，大名县集资改建的第一条乡级公路。2001 年，乡道顺从线并入重新规划后的县道从峰线（大名段）；2005 年，从峰线（大名段）顺道店—从善楼段改建为三级油路标准，路基宽 7 米，油面宽 4 米。

注：这三条线相加的总长为 35.7 千米，与从峰线（大名段）全长 37.2 千米相差 1.5 千米，正好是大名到三里店的距离。

常元线（铺上乡常马庄村至沙圪塔乡元寨村） 由省道 313 线向北，经铺上乡常马庄村、杨桥镇北马头等，至沙圪塔乡元寨村，全长 22 千米。由原乡道杨桥—常马庄公路发展而来，原长 15.5 千米（包括铺上乡支线 1.5 千米），最初为联村大道，1963 年水灾后修建为简易公路。1987 年，采用“国家补助、地方集资”的办法，将此路改建为三级公路，路基宽 7.5 米、路面宽 4 米。2000 年，投资 3800 万元，将其改建为路基宽 12 米、油面宽 9 米、技术等级二级的公路，且将其向北延伸至沙圪塔乡元寨村，全长 22 千米，并由乡道升为县道；2004 年，投资 40 万元，对常元线上的沙圪塔断头路 1 千米段进行大修。

乡级公路

1981 年前，大名县境内没有乡级油（公）路。1981 年，大名县修通郑时庄至杨桥油路，全长 5 千米，是大名县第一条乡级油路。随着乡村经济发展，乡村道路建设步伐逐年加快。截至 1990 年，大名县共有龙冢线（龙王庙—塚北）、龙束线（龙王庙—束馆）、顺从线、杨常线（杨桥—常马庄）、杨桥经儒家寨至肥馆线、马王线（马头—王村）、郑时庄至肥馆线、大未线（大名—未城）、大旧线（大名—旧治）、束从线（束馆—从善楼）等 10 条乡级公路，1990 年起，大名县对乡级公路进行陆续改造和重新布局。截至 2005 年年末，大名县共有乡级公路 15 条，总长 270.5 千米。分别是：

店万线（店上—万堤）　全长 10 千米，1991 年修建，路基宽 9 米，路面宽 6 米，油路等级四级。

西马线（西付集—李马陵）　全长 11 千米，1996 年修建，路基宽 7 米，路面宽 4 米，油路等级四级。

束北线（束馆—北张）　全长 32 千米，路基宽 8.5 ~ 6 米，路面宽 7 ~ 4 米。其中束馆—龙王庙 24 千米，1981 年修建，油路等级四级。2003—2004 年改建；龙王庙—北张 6 千米，2003 年修建，油路等级三级。

邢九线（邢村—九里沟）　全长 28 千米，1995 年修建，路基宽 8 ~ 5 米，路面宽 5 ~ 3.5 米，油路等级四级。

郑南线（郑时庄—南贾庄）　全长 15 千米，路基宽 9 ~ 8 米，路面宽 6 ~ 5 米，其中郑时庄—杨桥 5 千米，1981 年修建；杨桥—南贾庄 10 千米，1988 年修建。

后王线（后屯—王村）　全长 18 千米，其中北马头—王村 11 千米，1988 年修建，路基宽 7.5 米，路面宽 5 米。后屯—北马头 7 千米，1988 年修建，路基宽 6 米，油面宽 4 米。2003 年改建，油路等级四级。

十王线（十里铺—王二庄）　全长 12.5 千米，路基宽 8 ~ 6 米，路面宽 5 ~ 3.5 米，油路等级四级。其中兆固—宿庄 3.3 千米，1992 年修建；十里铺—兆固 5 千米，1995 年修建；宿庄—王二庄 4.2 千米，2005 年修建。

金奉线（金滩镇—山东王奉）　全长 5.8 千米，1993 年修建，路基宽 9 米，路面宽 6 米，油路等级四级。

营东线（营镇—前东门口）　全长 19.4 千米。其中营镇至红庙 14 千米，1992 年修建，路基宽 7.5 米，路面宽 5 米。2004 年改建营镇—店上 9.4 千米，路基宽 6 米，路面宽 4 米；红庙—前东门口 5.4 千米，1996 年修建，路基宽 7 米，路面宽 5 米。2005 年改建店上—范王庄 10 千米，路基宽 7 米，路面宽 5 米。

埝曹线（埝头—曹任村）　全长 11.3 千米，路基宽 9 ~ 6 米，路面宽 3.5 ~ 6 米。其中曹任村—大龙村 6 千米，1991 年修建；大龙—埝头村 5.3 千米，1997 年修建。

西吴线（馆陶县西留善固村—河南省南乐县吴家庄村）　全长 35 千米，路基宽 7 ~ 9 米，路面宽 5 ~ 6 米，油路等级四级。其中馆陶县西留善固村—大名县黄金堤乡郑时庄村 9.5 千米，1990 年修建；

河南省南乐县吴家店村—大名县大名镇11千米，1993年修建；郑时庄—大名镇14.5千米，1997年修建。

从魏线（从善楼—东魏村） 全长13.5千米，是乡道束馆—从善楼公路的东延，油路等级四级。其中从善楼—束馆10千米，1990年修建，路基宽7米，路面宽5米；束馆—东魏村3.5千米，1994年修建，路基宽5米，油面宽4米。

北埝线（北刘店—埝头） 全长21.42千米。其中北刘店—马牧地13千米，1995年修建，路基宽5米，油面宽3.5米，油路等级四级；马牧地—埝头8.42千米，1995年修建，路基宽6米，油面宽4米，油路等级4级。

北王线（北贾庄—王村） 全长16.98千米。其中北贾庄—南贾庄5千米，1998年修建，路基宽7米，路面宽5米；南贾庄—王村11.98千米，1998年修建，路基宽6米，油面4米，等级4级。

金大线（金滩镇—大龙村） 全长26千米，2004年修建，总投资318.5万元。路基宽6米，油面宽3.5～4米。

村级公路

1987年前，大名县村级基本上是土路，油路微乎其微。1987年，红庙乡29个行政村实现村村通油路，是大名县第一个实现村村通油路的乡镇。1990年，大名县乡村油路总里程为131.8千米。2003年，县委、县政府制定《大名县2003—2005年村村通油路工程实施意见》，县政府下发《大名县村村通油路工程质量监督管理办法》《大名县村村通油路工程质量实施细则》《大名县村村通油路工程竣工验收办法》等文件，严格实行“政府督查、部门指导、施工单位自检、专业监理、群众监督”的五级质量保证体系。交通部门严把“四关”（设计关、进料关、施工关和监督关），确保工程优质高效。截至2005年年末，大名县新通油路329个村，总里程640.234千米，总投资6722.457万元。其中2003年实现新通油路11个村，总里程14.16千米，总投资148.68万元；2004年实现新通油路210个村，总里程396.528千米，总投资4163.544万元；2005年实现新通油路108个村，总里程229.546千米，总投资2410.233万元。截至2005年年末，大名县20个乡镇中，营镇乡、万堤镇、黄金堤乡、金滩镇、张集乡、北峰乡、西付集乡、龙王庙镇、大名镇、铺上乡、沙圪塔乡等11个乡镇全面完成村村通油路工程。

桥　涵

1979—1990年，大名县共有大、中、小型永久性结构公路桥梁33座，总长3017.5米。全县有永久或半永久性的公路涵洞（即多孔跨径总长小于8米、单孔跨径长小于5米的公路排水构造物）514道，总长4505米。2000年后，对常元线元寨小桥、从峰线三铺桥等进行了改建，又新修公路桥梁和公路涵洞多处。2005年，大名县投资53万元，重建卫河东门口大桥。截至2005年年末，大名县共有大、中、小型永久性结构的公路桥梁45座，总长6546.51米，涵洞109道（注：多孔跨径大于或等于100米，单孔跨径大于或等于40米的桥梁为大桥；多孔跨径大于30米、小于100米和单孔跨径大于或等于20米、小于40米的桥梁为中桥）。

第二节　铁　路

邯常铁路

1979 年，大名县境内有建成于 1964 年 1 月的邯常窄轨铁路。西起邯郸市丛台区，途经肥乡县—广平县—魏县—大名县铺上乡常马庄村。正线全长 71.168 千米；大名县境内正线长 0.813 千米，在常马庄村西设常马庄火车站，办理货运业务，每天有 1 列货车往返，年运量一般在 1 万吨左右，1999 年停运，全线废止窄轨。1964 年 9 月 30 日开始通行客车，每天有 1 列普通客车往返，每年平均客运量一般在 3600 ~ 6000 人（次）。20 世纪 80 年代后，县内公路客运迅速发展，大部分旅客在临近乡镇公路停车站点等候公共客车，不愿前往常马庄火车站候车，客运量明显减少，1984 年 5 月 11 日全线停运。

注：窄轨泛指两条铁轨之间的间距小于 1435 毫米标准轨间距的铁轨，分为多种尺寸，如 1067 毫米，1372 毫米等。其中最为常见的是 1067 毫米和 762 毫米，邯常铁路采用的是 762 毫米窄轨。

广馆铁路支线

1979 年，大名县境内有建成于 1974 年 7 月的广馆铁路支线（广平—馆陶，窄轨），是邯常铁路的一条支线，由广平车站二股道东头（邯常铁路正线的 42.98 千米处）引出，东行跨越东风渠后，经广平县南韩村转向东南进入大名县境，过沙圪塔村后转向东北，经赵鸭窝村北，进入馆陶县境，再经北留庄、前姚庄到馆陶县城，正线长 33.33 千米。其中大名县境内段自 11.95 千米处到 18.65 千米处，正线长 6.7 千米，在沙圪塔村南设沙圪塔火车站。1974 年 7 月 27 日办理货物临时运输业务，1975 年 4 月 17 日正式办理货物营运业务，每天有货车 1 列往返，平均货运量一般在 5000 ~ 6000 吨，1999 年停运，全线废止。

1979 年办理春节期间的旅客临运业务，于每年的阴历腊月二十五日开始办理，到次年的正月二十日结束，历时 25 天，每年临运时期的旅客流量约在 1000 ~ 1500 人（次），20 世纪 80 年代后，县内公路客运迅速发展，大部分旅客在临近乡镇公路停车站点等候公共客车，不愿前往沙圪塔火车站候车，客运量明显减少，1984 年 5 月 11 日全线客运停运。

邯济铁路（大名段）

西起邯郸市南站，东至山东晏城北车站（隶属济南铁路局）。全长 231.7 千米，途经肥乡—广平—大名—馆陶—冠县—聊城—茌平—高唐—禹城—晏城北。横跨京广、京九、京沪三大铁路干线，西接邯长线，与太焦线、阳涉线相通，东连胶济线，可直达青岛港，在肥乡站连接邯黄铁路，可达黄骅港。1996 年 11

邯济铁路大名段（2005 年摄）

月由铁道部、山东省、河北省共同投资修建，2000年4月开通运营（货运，货运量可达2000万吨/年），2002年12月正式竣工。经广平县南韩村乡北盐池村，由沙圪塔乡元寨村西入大名境，村东出境，境内长2.69千米。在元寨村北设站，该站南距省道313线22千米，有县道常元公路连通。

第三节 运 输

客 运

长途客运 1979年后，随着社会、经济、商贸和文化的快速发展，大名县的公路客运量增加迅猛。1990年，大名县国营客运路线发展到14条，总长1641千米。1990—2005年，除合理加密干线车次外，还增开与有关省、市之间的互通路线。1990年5月，开通大名—天津市线路；10月，开通大名—河南省安阳市线路。1994年，开通大名—河南省郑州市线路。1996年6月，开通大名—山西省临汾市线路。2000年6月，开通大名—山西省太原市线路，全部是每天1个班次。过境大名的外地客车主要有河南濮阳—邯郸、濮阳—北京、南乐—邯郸、南乐—北京、清丰—北京、台前—邯郸、河南永城—石家庄；山东聊城—邯郸、王奉—邯郸、魏县—聊城、邯郸—济南等线路客车。与此同时，个体、联户客运开始出现。大名县个体、联户营运客车1985年为2辆，1989年增至25辆，1995年达32辆，既补充了国营的不足，又促进了国营客运服务质量的提高。2000—2005年，个体客运行业出现争客、夺客、抢客等恶性竞争现象。2005年，全市大力整顿客运秩序，大名—邯郸路段客车全部归邯郸交通运输集团管理。个体、联户长途客运车辆迅速减少为6辆。

大名汽车站（2005年摄）

1979—2005年大名县国营客运统计表

表3-7

年份	客运量（千人）	客运周转量（千人/千米）	年份	客运量（千人）	客运周转量（千人/千米）
1979	156.8	8985200	1992	31400	46770
1980	171200	9791600	1993	41020	55640
1981	195600	10758000	1994	—	—
1982	232545	12999000	1995	40180	53210
1983	236291	13214060	1996	34360	38790

续表 3-7

年份	客运量（千人）	客运周转量（千人 / 千米）	年份	客运量（千人）	客运周转量（千人 / 千米）
1984	404344	20309930	1997	35410	41690
1985	313660	15588400	1999	32450	40670
1986	376000	19967000	2000	35670	42410
1987	486000	24941000	2001	34640	43660
1988	402000	24331000	2002	35670	42680
1989	345000	25203000	2003	—	—
1990	21400	35700	2004	—	—
1991	22400	37600	2005	36780	48670

1985—2005 年大名县个体、联户客运统计表

表 3-8

年份	客运量（千人）	客运周转量（千人 / 千米）	年份	客运量（千人）	客运周转量（千人 / 千米）
1985	60	188	1996	65.8	38017
1986	120.9	4988	1997	66	38334
1987	225.4	8281.5	1998	67.2	39117
1988	292.5	17337.3	1999	67.5	37421
1989	693	4855	2000	58	35710
1990	237	13909	2001	59	36119
1991	64.9	37719	2002	55	35427
1992	65	38427	2003	54	36721
1993	65.5	38129	2004	50	35502
1994	66	39007	2005	51	36172
1995	67	38876			

城乡客运　1979—2000 年，县际农村客运以农用车为主。随着社会经济的发展，农用车逐渐被小型中巴客车替代，客运线路不断增加。2000 年，大名县成立通达公交公司，专营城乡公交线路。2001 年，县内城乡客车划归县城区管理局管理。2005 年，大名县有城乡班车 110 辆，城乡线路 13 条。

城区客运　城区客运由元泰出租车公司经营，上车 1 元，招手即停，群众称之为“一元车”。截至 2005 年年末，大名县共有“一元”公交车 30 辆。

货　运

1979 年以来，城乡利用机动车辆从事营运性运输的个人和联户逐年增多，出现了国营、集体、个体运输一齐上的局面。1983 年后，国家进一步放宽运输市场，支持发展个体运输业，城镇、农村个体机动车，特别是载货汽车数量迅速增加。1985 年，大名县个体车辆达 182 辆，年货运量 121 千吨、周转量 13242 千吨千米。1990 年，大名县个体货车达 600 多辆，国营货车逐渐退出运输市场。2000 年以后，运输行业开始选用大型、重型机动车辆。因购车需要资金较多，车主多采用贷款方式购车。贷款购车按规定需在邯郸落户，大名县营运车辆逐年减少。截至 2005 年年末，大名县营运车辆减至 325 部，年货运量为 387.2 千吨，货运周转量 46921 千吨 / 千米。

1979—2005 年大名县货运数量统计表

表 3-9

年份	货运量（千吨）	货运周转量（千吨 / 千米）	年份	货运量（千吨）	货运周转量（千吨 / 千米）
1979	93	11000	1993	418.50	51670
1980	100	12000	1994	433.50	54123
1981	105	12500	1995	435.50	54330
1982	118	13800	1996	440.10	52976
1983	141.697	17531.435	1997	471.80	55179
1984	162.1	18599.1	1998	482.30	56431
1985	183.5	19812.2	1999	470.10	53117
1986	204.7	21949.5	2000	396.10	50045
1987	222.6	21785.32	2001	376.60	48321
1988	239.7	22865	2002	381.10	47981
1989	262.6	24841.1	2003	388	46554
1990	198	23019	2004	391	48020
1991	413.30	51448	2005	387.20	46921
1992	421.40	53112			

搬运装卸

县城搬运装卸　1979 年，大名县搬运站有运输汽车和拖拉机 7 辆（台），搬运人员逐步增多，集体收入增加。1981 年，开始对青年装卸工人实行产值分配制（即站集体提取产值的 45%，55% 归工人所得）；对汽车、拖拉机司机实行定额制。1984 年，搬运站装卸工人全部实行产值分配制，机动车司机全部实行定额制，对行政管理和后勤人员实行浮动工资制，全站完成产值 242799 元，是建站以来完成产值最高的一年。1990 年后，随着私营、个体经济的快速发展，大名县境内搬运装卸业务逐渐被个体替代，县搬运站业务量逐年减少，2005 年基本上没有业务。但个体搬运人员多不固定，报酬实行即时按劳分配，多劳多得，无法统计。

乡镇搬运装卸　由各乡镇村民自行组织，主要装卸水泥、石子、砂子、化肥和粮食等。搬运人员多不固定，报酬实行即时按劳分配，多劳多得。

第四节　管　理

公路管理

公路养护　公路养护是为保证公路正常使用而进行的经常性保养、维修、预防和修复灾害性损坏，以及为提高使用质量和服务水平而进行的加固、改善和增建。公路养护分为干线公路养护和地方道路养护。干线公路养护。由公路道班养护工常年进行养护。实行月检查、季评比制度，将任务进行量化、细化，确保养护质量。1979 年大名县共有 8 个道班，即五里屯道班、沙圪塔道班、宋庄道班、苑湾道班、龙王庙道班、南李庄道班、九里沟道班、西魏庄道班，养护职工 75 人。1995 年后，大名县对境内二级公路路段先后开展了 GBM 工程、公路形象示范工程、公路绿色通道工程、公路绿色覆盖工程建设，使列养的二级公路实现高标准养护管理。按照上级“管养分离、事企分开”的要求，2001 年，大名县公路管理部门将原有的 8 个基层班、组、队撤并，组建路通公路工程公司、公路养护中心、路政执法大队和公路站办公室。公路主管部门不断投资购入新的养护机械，推行新的激励养护机制，公路养护事业逐渐步入全市公路养护系统先进行列，国、省干线公路通行能力得到极大提高，路况有了很大改善。至 2005 年，大名县共有 3 个公路养护中心，即国道 106 线金滩镇养护中心，省道 313 线西魏庄养护中心和省道 215 线邱堤养护中心，职工 70 余人，养护里程 105 千米。

地方（乡村）道路养护　1979—2004 年，主要实行季节性定期养护。2004 年，大名县制定《乡村级道路管理规定》，对乡村道路的养护机构、养护标准、沿线绿化、路政管理等做出具体规定。各乡镇普遍设置农村公路管护所，明确一名副职主抓，一村一路，一般设 2 人养护。主要职责是：组织实施乡村公路的中修、大修工程；组织公路沿线单位和群众实施乡村公路的日常养护小修工程；拟定、上报乡村公路养护项目所需资金补助计划；筹措乡村公路日常养护及小修资金；检查乡村公路养护质量。为确保养护工作到位，2004 年 10 月，县委办公室、县政府办公室联合下发《关于乡村级公路管理、管护考核的暂行规定》，要求各乡镇成立考核评比领导小组，细化考核标准。县政府对各乡镇、村每半年进行一次评比，年终进行总结。2005 年 7 月，批转《大名县交通局关于乡村公路养护管理工作意见》，至 2005 年年末，各乡（镇）基本达到有机构、有牌子、有人员，乡村级道路养护逐步走向正规。

公路绿化　1979—1999 年，县公路管理部门在国道 106 线和省道 313 线两侧边沟统一种植两行毛白杨。1999 年，大名县增建省道 215 线。按照外乔、中灌、内花草绿化模式要求，对大名县所列养国、省干线公路进行全面绿化种植改造。品种有毛白杨、垂柳、松球、小叶黄杨、月季、国庆菊、万寿菊等，省道 313 线和 215 线在分段改建工程中，做到竣工一段，绿化一段，营造一道公路景观。境内国、省干线两侧达到四季常青，三季有花，两季有果，“一路一景观，一段一特色”，实现由生态型、环保型向效益型、观赏型转变，达到“千里花园路”和“绿色通道”标准。

路政管理

1979年后，随着国家社会主义法制的逐步完善和加强，路政管理工作进一步纳入正规。1980年8月，大名县革命委员会制发《关于禁止在公路上打场晒粮的通知》，责成公安和交通部门，对县内干线和主要县乡公路进行巡回检查。1984年5月，根据国务院和省政府关于加强路政管理，保障公路畅通的通知精神，大名县建立清理公路障碍领导小组，下设办公室，组织相关部门和人员，连续三个月，对大名县油路逐条（段）清障划界，拆除油路两侧违章建筑房屋840间（其中邯大、京大两条干线799间）、违章围墙2600米、售货摊点680处，大名县列养范围内油路实现“五无、二整、一畅通（无违章建筑、无粪土杂物、无开沟引水、无贸易摊点、无打场晒粮，路容路貌整洁、路肩边坡整齐，边沟畅通）”。1984年9月，邯郸地区行政公署命名大名县为“公路无障碍县”，并发放奖金1万元。1985年，大名县路政管理以建设文明路为中心，进一步抓好公路清障，重点对三里店至顺道店段公路进行综合治理，内容包括路况路容、路政管理和交通秩序等，取得可喜成绩。1986年11月29日，邯郸地区行署正式命名该路为“文明路”。1987年后，大名县坚持依法治路，对路政管理工作常抓不懈，坚持每年都开展几次较大规模的清障活动，保证境内公路安全畅通。

1990年，大名县交通局公路站设路政组，负责大名县公路管辖段的路政管理。1991年3月，河北省人民政府发布《关于加强公路管理的通知》后，大名县交通局公路站路政组及时对大名县沿公路村庄过街路段建筑物进行统计，对违章建筑做出限时拆除或迁出的规划，加大对公路、公路设施和路产、路权的保护力度，确保了公路畅通。1997年《中华人民共和国公路法》出台后，大名县交通局公路站加大执法力度，对公路两侧摆摊设点、擅自增设平交道口等违法违章现象进行重点治理，至2005年年末，共清除摊点87处、清除非法开设平交道口19处，查处、索赔、结案三率均达95%以上。

随着公路运输行业的迅速发展，大吨位车辆日益增多，为追求经济利益，部分运输单位和个人让车辆“多拉快跑”，造成公路损毁严重。县公路路政执法大队设立治理超载超限卸载点，对超载超限车辆进行卸载处罚。并严格遵守上级下达的“上路治超五不准”“八项纪律”和“三不政策”，依法依规行政，遏制了“双超”车辆反弹，有效地保护了公路路产，维护了公路的合法权益。2005年，公路主管部门坚持路政管理和治理超限工作两手抓，加大执法力度，治理超限运输工作成效显著，路政管理工作年终评比居全市第三名。

说明：上路治超五不准：没有执法资格的人员，不准上路执法；上路执法人员，不准不开收费票据和乱收费、乱罚款；车辆没有称重检测的，不准定超限超载；车辆没有卸载清除违章行为的，不准放行；同一违章行为已被处罚的，不准重复处罚。八项纪律：一是严禁超出职责范围和不按程序执法，严禁超标准罚款收费；二是在拦车、检查、罚款收费过程中，严禁侵犯司机和车主的人身权利；三是严禁只罚款不卸载或只卸载不罚款；四是严禁非法扣押货物；五是严禁非执法人员行使路政执法；六是严禁使用违规票据、罚款不开票或多收少开；七是严禁违规放行超限超载车辆；八是严禁强行进入车辆驾驶室，严禁追车。三不政策：对鲜活物品运输车辆不扣车、不卸载、不罚款。

运输市场管理

1980 年 7 月，县政府改组联运机构，建立大名县联运办公室，实行运输市场计划管理。1984 年 10 月 21 日，联运办公室和车辆管理办公室撤销，组建大名县运输管理站（简称运管站）。主要职责是：贯彻执行党和国家有关交通运输的方针、政策和法规，并制定本辖区的实施办法；负责辖区内公路运输市场管理；平衡、安排重点物资运输和跨省、地（市）、县的运输；组织合作运输与汽车运输业的联营；负责审批农民个人或联户从事客运的路线；协调各方面的关系，监督检查公路运输及装卸服务质量；负责辖区内搬运装卸的管理和监督；负责征收公路运输和搬运装卸管理费。运管站以营造公平、公正、有序的公路运输市场环境为中心，每年对客、货运市场进行集中治理整顿，利用年审和每月的客货车业户例会，宣传上级有关法律、法规，对运输经营业户的经营行为进行讲评，表扬先进，鞭策后进，促进规范经营。1995 年后，针对客运市场出现的一些混乱现象，如车辆乱停、乱放，甩客、宰客，本地客运车户与外籍客运车户发生冲突，导致外籍客运车辆罢运等问题。县运管部门采取教育与处罚相结合的方式，集中整顿县内客货运输市场，包括对无证客运车户补办合法营运手续，对未缴纳规费的三轮车强制补缴运管费，对县内维修户清理整顿等，营造依法经营、合理有序、公平竞争的运输市场。

养路费稽征

公路养路费是国家按照“以路养路，专款专用”的原则，向有车单位和个人征收的用于公路养护、修理、技术改造、改善和管理的专项事业费。

1978 年 12 月，河北省革命委员会颁布《河北省养路费征收施行细则》，对征免范围、纳费办法、车辆封存、停驶、转籍等做了具体规定和解释。同时，规定市镇出租小汽车按运费的 10% 计征，畜力车按 4% 计征。1984 年 4 月，大名县交通局成立养路费征收站，负责大名县范围内营运车辆养路费征收工作。12 月，根据上级有关规定，对交通部门公路运输企业的劳动车辆及其他部门的出租汽车，由原来按劳动收入总额的 10% 计征提高到 12%；对企事业合作社等单位、个体、联户及公路运输部门非营运车辆，月吨位费额，由 70 元提高到 90 元。1988 年 9 月，对企业、事业、合作社等单位和个人、联户的车辆，以及交通运输企业的非营运车辆，按核定载重吨位，月吨费额由 90 元提高到 110 元；除畜力车和原规定按费率计征的机动车，仍按原标准计征养路费外，其他类型按费额计征的机动车计征标准，均应按上述标准相应提高。1996 年 1 月 5 日，将货车养路费征收标准由 150 元 / 月吨提高到 190 元 / 月吨；客车由 160 元 / 月吨提高到 210 元 / 月吨。同时开征河北省交通建设附加费，对参加营业性运输的货车，按每月每吨位 10 元征收货运附加费；对营运性客车的客票附加费征收标准由每人千米 5 厘钱提高到 2 分钱；省辖区内新购车辆（口径同车辆购置附加费）的单位和个人，均按购车款（基数同车辆购置附加费）的 5% 缴纳新购车交通建设附加费。2005 年，大名县完成公路养路费 1025.66 万元，创历史最高水平。

1979—2005 年大名县征收养路费统计表

表 3-10

年份	征收金额（元）	年份	征收金额（元）
1979	258678	1993	2830255
1980	257614	1994	3602730
1981	302790	1995	4596225.5
1982	420254	1996	5800686.9
1983	389745	1997	6117998.4
1984	671814	1998	6008336.9
1985	1254437	1999	6013501.9
1986	1125088	2000	6063079.95
1987	1287300	2001	5794061.01
1988	1418800	2002	5704121.23
1989	1871000	2003	3965666.6
1990	1989000	2004	6457337.76
1991	2028930.5	2005	10256648.06
1992	2702409.2		

管理机构

1979 年，大名县的交通运输管理机构为大名县交通运输局，辖公路管理站、汽车站、搬运站、汽车队、交通监理站、汽车修配厂和龙王庙航运站。行政属大名县革命委员会领导，业务归邯郸地区行政公署交通局领导。1980 年交通运输局更名为大名县交通局。隶属关系不变。1984 年 4 月，交通局机关内设人事秘书股、纪律检查组、路政工程股、计划财务股。辖公路管理站、交通监理站、养路费征收站、运输管理站、搬运站、汽车队、汽车站。1987 年 7 月，县交通监理站划归县公安局管理，更名为大名县公安交通警察大队。1988 年 5 月，交通局机关内设办公室、人事保卫股、路政工程股、计划财务股、纪律检查组。1990 年，交通局机关内设办公室、人事保卫股、路政工程股、计划财务股、纪律检查组、工会，辖公路管理站、养路费征收站、运输管理站、乡村公路管理站、搬运站、汽车队、汽车站。2002 年 8 月，交通局机关增设共青团委员会。2004 年 7 月，交通局机关增设妇联，下属单位增设 106 国道收费站。截至 2005 年年末，交通局内设机构没有变化。全系统共有干部职工 561 人，其中机关编制 25 人，事业编制 386 人，企业编制 150 人。全系统有专业技术人员 50 人，其中高级职称 4 人，中级职称 10 人，初级职称 38 人。

第三章　邮政　电信

1979—1998 年，大名县邮政电信不分家。邮电局的主要职责是收发电报，接收邮件、寄发信函，办理汇兑等。1991 年，电话由磁石手摇式改为拨号式。1992 年，开通无线寻呼业务。1994 年，开通数字网络业务。1997 年，开通数字移动通信业务。1998 年，联通公司入驻大名，业务量仅次于中国移动。1998 年 10 月，邮政、电信分营，邮电局分为邮政局和电信局。电信局分有线电信和无线电信，即有线电话和无线电报。是年，联通公司与网通公司合并为新联通公司，至 2005 年年末未变。

第一节　邮　政

邮政业务

邮政局的传统业务有函件、包裹、汇兑、集邮、报刊发行和机要。1979 年后的新业务有邮政储蓄、代办保险、代办电信、物流配送（含种子配送、农药邮购、牛奶配送、物流快货等）、特快专递、特快送款、速递身份证、商业信函、户外广告、邮政礼仪、入账汇款及各类代办业务（含代收话费、电费，代发工资、养老保险金等）。

函件　分国内函件业务和国际函件业务。1979 年后，随着改革开放的逐步深入，人员流动和信息传递频繁，大名县收寄邮件数量迅速增加，特别是商业包裹和国际信函居多。1986 年，大名县出口函件 62.65 万件、机要文件 6000 件、包件 2.68 万件；进口函件 119.05 万件、机要文件 3300 件、包件 1.38 万件；1991 年，大名县函件业务量达 17.22 万件；2003 年，大名县函件业务量达 87.24 万件；2004 年，大名县函件业务量达 76.15 万件；2005 年，由于电信业务的迅猛发展，大名县函件业务下降为 68.14 万件。

1991—2005 年大名县邮政局函件业务量及收入统计表

表 3-11

年份	业务量（万件）	收入（万元）	年份	业务量（万件）	收入（万元）
1991	17.22	8.61	1999	33.64	30.91
1992	24.18	12.09	2000	32.68	30.09
1993	28.10	14.05	2001	58.96	30.22
1994	33.62	16.81	2002	30.65	24.52
1995	56.22	28.11	2003	87.24	35.03
1996	71.56	35.78	2004	76.15	33.27

续表 3-11

年份	业务量（万件）	收入（万元）	年份	业务量（万件）	收入（万元）
1997	65.20	32.60	2005	68.14	29.77
1998	60.60	30.30			

包裹　分国内包裹业务和国际包裹业务。1979—2000 年，主要服务方式是窗口服务，2000 年下半年开始，实现城区包裹直投到户。

1991—2005 年大名县邮政局包裹业务量及收入统计表

表 3-12

年份	业务量（万件）	收入（万元）	年份	业务量（万件）	收入（万元）
1991	0.35	3.16	1999	1.25	11.07
1992	0.33	2.95	2000	0.81	12.16
1993	0.34	3.02	2001	2.49	25.91
1994	0.39	3.33	2002	2.48	21.84
1995	0.51	4.57	2003	1.56	16.05
1996	0.67	5.89	2004	2.29	22.05
1997	0.86	7.60	2005	2.41	23.15
1998	0.98	8.63			

汇兑　1979—2001 年，大名县内汇兑业务量逐步增加，收发汇票数额持续上升。1980 年，汇票出口 1.33 万张，进口 2.89 万张；1986 年，汇票出口 1.21 万张，进口 4.31 万张；1990 年，汇票出口 5.1112 万张，进口 5.8704 万张；特点是：本地汇票出口的少，寄发的少；进口的多，兑付的多。2001 年 7 月，大名县开通电子汇款业务。是依托邮政综合计算机网，采用先进的信息技术，集汇款交易处理、资金清算、会计核算和风险防范为一体的多功能快速汇款服务。24 小时电子汇款业务 2 小时到达，加急电子汇款业务实时到达。

1991—2005 年大名县邮政局汇票业务量及收入统计表

表 3-13

年份	业务量（万件）	收入（万元）	年份	业务量（万件）	收入（万元）
1991	0.26	3.68	1999	1.02	7.74
1992	0.33	5.17	2000	1.17	8.54

续表 3-13

年份	业务量（万件）	收入（万元）	年份	业务量（万件）	收入（万元）
1993	0.49	6.02	2001	1.45	9.47
1994	0.54	7.11	2002	1.11	6.13
1995	0.51	6.37	2003	0.90	8.00
1996	0.37	5.81	2004	0.63	9.09
1997	0.83	7.64	2005	0.51	7.42
1998	0.74	7.40			

邮政储蓄　邮政部门办理的个人存款业务，是邮政金融业务的重要内容。邮政储蓄业务种类分为活期储蓄、定期储蓄及定活两便储蓄三种。定期储蓄又分为整存整取、零存整取、存本取息和整存零取四种。另还有保值储蓄、定期定额储蓄和通知存款储蓄等。1979—1991 年，大名县人存款主要存在银行和农村信用社，到邮电局办邮政储蓄的微乎其微，1991—2005 年逐年增加。

1991—2005 年大名县邮政局邮政储蓄储额完成及收入统计表

表 3-14　　　　单位：万元

年份	储蓄额	收入	年份	储蓄额	收入
1991	647.42	13.23	1999	8746.00	204.76
1992	1020.10	17.41	2000	9670.33	242.14
1993	1151.88	18.97	2001	11113.43	285.12
1994	1935.00	31.86	2002	14879.60	339.02
1995	3171.66	54.83	2003	17301.03	395.03
1996	4372.00	75.58	2004	20125.98	428.64
1997	5393.15	106.05	2005	25066.00	505.45
1998	6681.00	138.75			

报刊发行　是邮政部门利用遍布全国的邮政通信网，联系用户广泛、传递迅速等特点，将报刊出版单位的报纸、杂志，以订阅或零售的方式发送给读者的业务。邮政局经办的发行业务主要采取订阅和零售两种方式。1979—1991 年，大名县的报刊流传额不大，1986 年只有 34.1 万元，1990 年 60.3 万余元，1991—2000 年呈上升趋势。2000 年后，随着电脑和网络的普及，人们获取信息渠道增多，报刊订阅量呈下降趋势，2005 年的征订收入只有 59.04 万元，比 1990 年还少。

1991—2005 年大名县报刊发行业务量及收入统计表

表 3-15

年份	业务量（万份）	收入（万元）	年份	业务量（万份）	收入（万元）
1991	324.20	16.21	1999	768.80	60.55
1992	312.80	15.64	2000	893.88	66.60
1993	396.90	18.90	2001	622.91	66.71
1994	521.64	22.68	2002	543.92	73.34
1995	518.15	27.29	2003	587.48	75.40
1996	513.18	34.21	2004	583.63	80.60
1997	709.82	39.44	2005	427.51	59.04
1998	778.94	45.82			

机要通信　是专门传递党和国家机要文件和机要刊物的业务，服务对象主要是县团级以上党政机关。1979—1991 年的业务量很小，每年不到 100 件，1991—2005 年呈上升趋势。

1991—2005 年大名县邮政局机要通信业务量及收入统计表

表 3-16

年份	业务量（万件）	收入（万元）	年份	业务量（万件）	收入（万元）
1991	0.01	0.02	1999	0.25	0.03
1992	0.02	0.03	2000	0.25	0.21
1993	0.02	0.03	2001	0.31	0.25
1994	0.02	0.25	2002	0.25	0.04
1995	0.02	0.20	2003	0.27	0.05
1996	0.03	0.04	2004	0.27	0.05
1997	0.02	0.03	2005	0.48	0.09
1998	0.02	0.03			

集邮　是专门从事出售邮票和集邮用品及组织指导群众开展集邮活动的业务。1979—1987 年，大名县未开办此项业务；1987 年县邮电局正式开办此业务，设集邮门市部一处。经营商品主要有邮票、邮册、纪念币和其他集邮专用品。1988 年集邮商品销售额为 1709 元；1989 年为 1.33 万元，1990 年为 13497 元。1991 年 9 月，县邮政局主持成立了大名县集邮协会。

特快专递　是以最快速度传递实物信息和物品的国内邮件业务。其特点为“特”“快”“专”，即通过邮政通信企业内部特殊的生产组织办法和服务方式，由专门机构采用专人、专车、专门的作业组织处理，以最快速度完成邮件的传递。1979—1998 年，大名县没有开办特快专递业务。1998 年 3 月，邮政局成立速递公司，开办国内特快专递等业务；1999 年开办速递身份证业务；2002 年 4 月开办特快送款业务；2004 年开办“次晨达”等一批新业务。

1996—2005 年大名县邮政局特快专递业务量及收入统计表

表 3-17

年份	业务量（万件）	收入（万元）	年份	业务量（万件）	收入（万元）
1996	48.87	37.12	2001	20.04	26.25
1997	29.56	22.37	2002	8.18	12.18
1998	56.11	41.39	2003	30.07	34.01
1999	35.11	31.36	2004	31.83	30.02
2000	34.53	32.01	2005	11.72	18.97

物流业务　1979—2003 年，大名县邮政部门没有专门的物流业务。2003 年 1 月 1 日，在县城内及 6 个支局推出“三鹿牛奶”“郑单 958”玉米种入户配送等业务。先后建成“三农服务站”300 余处，“三鹿牛奶”日投送量从最初的 150 袋到 2003 年年末达到 700 余袋；邮购“郑单 958”玉米种 14 吨，连续三年该项业务量居全省县局第一位。2005 年开始配送“金大地”优质复合肥。

2003—2005 年大名县邮政局物流业务量及收入统计表

表 3-18

年份	业务量（万件）	收入（万元）
2003	11.78	11.44
2004	20.50	20.00
2005	40.01	39.03

邮件传递

1998 年 3 月，大名县邮政局将报刊发行和投递改制为发行投递公司，2004 年改为发行投递业务部，下设分拣封发室、报刊发行室、报刊零售门市。实行专业化经营，单独核算、工资和效益挂钩。

投递线路　1979—1990 年，大名县有投递线路 39 条。1991 年，投递线路为 33 条。2000 年，投递线路达 37 条，其中市投线路 6 条，乡投线 31 条。截至 2005 年年末，投递线路达 48 条，其中市投线路 6 条，乡投线路 42 条。乡投为周六班，市投为周日班。

投递工具　1979—1998 年，大名县的主邮路有 2 条，主要运输邮件工具为三轮摩托车。1998 年分营后，开始使用汽车运送邮件。1991—2000 年，投递线路主要以自行车为主要投递工具。2000—2004 年，部分投递人员开始自备摩托车投递邮件，2004 年有摩托车 37 辆。2005 年，投递工具以摩托车为主，车辆增至 40 辆。

经营管理及服务

业务管理　重点是邮政业务规章制度管理、邮政通信管理，邮政用品用具管理、邮政业务档案管理和组织实施业务视察、检查等。警邮联办居民身份证业务位于全省先进行列。法律文书寄递业务在县旧治法厅等两个试点开展。代办五小车证业务，实施派驻式服务，经济效益逐渐显现。

质量管理　1979 年后，大名县邮政局特别注重质量管理，提高服务质量和产品质量。2003—2004 年，大名邮政局连续两年获得全省“报刊短缺专项治理”活动先进单位，全市唯一。2005 年，完善修订《大名县邮政局 2005 年经营、管理考核办法》等 3 个主要考核办法，加大考核力度，增强考核灵活性，激发干部职工工作积极性。开展“争先创优活动”，制订《大名县邮政局争先创优活动评审标准》，设立“先进管理者”“突出贡献奖”等 7 种荣誉称号，制定优厚的奖励政策，激发干部职工的工作热情。试行“星级考核”制度。加强考核的实用性，增加考核的长效性。采取知识竞赛、“提高服务质量、让用户满意”专题演讲等形式，提高职工学习自觉性和积极性，职工整体水平明显提高。

1996 年 8 月，在漳河发洪水期间，邮政投递人员坚持工作岗位，不怕苦、不怕累，克服路难走、人难找、邮件难送等困难，坚持报刊投送不间断，把党和国家的声音，县委、县政府的关心及时送到灾区群众心里。2003 年“非典”疫情爆发后，邮政工作人员尤其是投递人员，冒着被感染的危险，坚持战斗在岗，与广大人民群众一道抗击非典，帮群众买米买面、代交话费、代买种子，坚持投递到村、到户，收到表扬信 10 余封、锦旗 8 面。

邮政机构

1979—1983 年，大名邮电局位于城内东大街路北，1983 年年初搬迁至大名府路中段。内设办公室、调度室、财会室、储蓄股，辖机线班、营业班、邮政班、投递班及束馆、龙王庙、金滩镇、万堤、杨桥 5 个支局和西付集邮电所，干部职工 153 人。

1991 年至 1998 年 9 月，邮电局内设办公室、邮政科、电信科、计财科、供应科。下辖 9 个班组和 7 个支局，即投递班、营业班、分检班、长途机务班、市话机务班、报务班、机线班、话务班、电力室，龙王庙支局、金滩镇支局、西付集支局、束馆支局、杨桥支局、万堤支局、孙甘店支局。

1998 年 10 月，县邮电局分为邮政局和电信局。邮政局归邯郸市邮政局管理。

1998 年 9 月至 2000 年 12 月，县邮政局搬迁至原邮电局北院办公，设综合办公室和经营服务部，内设 5 个业务部，辖 6 个支局。即：发投公司、储汇公司、集邮公司、速递公司、营业部；龙王庙支局、金滩镇支局、西付集支局、束馆支局、杨桥支局、万堤支局。

2000 年 12 月 25 日，邮政局搬迁至大名府路西段与元城街交叉口处，机构设置不变。

2003 年，邮政局设 2 个行政管理部门：综合办公室和经营服务部；6 个服务部门：储汇公司、发投公司、集邮公司、速递公司、营业部、电信营业部。6 个支局：杨桥支局、万堤支局、金滩镇支局、龙王庙支局、西付集支局、束馆支局。合同制职工 55 人，委代办人员 70 人。

2004 年，增设物流公司，业务部门增加至 7 个；在原有北关、东街、南街 3 个邮政储蓄专柜的基础上，增设西街、迎宾路 2 处邮政储蓄专柜。

2005 年，7 个业务部门公司全部变更为业务部。增设北峰邮政营业所，支局增至 7 个；截至 2005 年年末，全局有合同制人员 59 人，委代办人员 146 人。

第二节　电　信

有线电信

有线电话　1979—1981 年，大名县电信局有磁石交换机 300 门、30 门长途交换机 1 台、50 门农话交换机 1 台。杨桥镇、万堤镇、金滩镇、龙王庙镇、束馆镇 5 个支局共有 50 门磁石交换机 5 台；1982 年，县局交换机增容 200 门；1986 年，大名县有农村电话中继线路 95 条（其中县局至农村支局、所中继线路 30 条），农话交换机总容量 690 门，电话装机 135 部，20 个乡镇和 21.2% 的村庄通电话。1989 年 12 月 26 日，开通 1000 门纵横制交换机，电话号码由三位升为四位。城区电话客户 385 户。城内改手摇式为拨号式。农村 5 个支局共有电话 20 余部，多集中在区办事处、公社、粮站等办公场所。

1990—1993 年，农村 5 个支局磁石交换机改为自动交换机。1991 年，开通 2000 门数字程控交换机，电话号码升至六位。1992 年，开通无线寻呼业务，发展客户 66 户（1998 年 6 月从邮电局剥离）。1994 年，交换机扩容 2000 门，总容量达 4000 门。并开通模拟移动通信业务，发展客户 128 户。1996 年，进行设备更新，由 4000 门扩容至 6000 门。12 月，开通日产 NEC 程控电话交换机 10000 门。1997 年，电话客户达 6469 门；1998 年，交换点 11 处（不含县局），原支局交换机全部拆除，更新为日产 NEC 交换机远端模块，简化了网络结构，电话客户增至 7840 门。1999 年，新建交换点 19 个，在县城内安装 IC 卡电话 28 部（2002 年增至 180 部，固定电话入户率逐步提高,IC 卡电话逐步减少）。2000 年，交换点达 30 个，交换机容量达 32500 门，用户达 22992 户，大名—西未庄传输环更换为烽火 SDH622M 设备。敷设管道 2.89 千米，架设线路 629.86 皮长千米，架设光缆 106 皮长千米。设备、线路总投资达 980 万元。分组交换端口达 24 个，用户 9 户；数字数据网节点机端口 23 个，用户 16 个。

2001 年，累计投入资金 6000 多万元，新建华为 128 模端局，增加交换点 60 个，交换点总数达 90 个，大名县实现村村通电话。交换机容量达 52248 门，用户达 36955 户。新建传输 622M 环 3 个、155M 环 11 个，拆除原 34M、140MPDH 环。架设通信电缆 1285 皮长千米，架设光缆 568 皮长千米，新建管道 2.1 沟千米，通信管道达 3.99 沟千米。2002 年，交换机容量达 62972 门，用户 53363 户，户均电话普及率达 33%，新建交换点 4 个，交换点总数达 94 个。架设通信电缆 1645 皮长千米，光、电缆总投资达 1450 万元。2003 年，交换机扩容 11700 门，总容量达 74672 门，用户 65118 户，户均普及率达 41%。2004 年，新建交换点 2 个，交换点总数达 96 个，交换机扩容 7772 门，总容量达 82444 门，客户 75688 户，户均普及率达 47%。县到市开通烽火 10G 环，进一步扩大了网络容量。全年完成线路建设项目投资 167 万元，管道建设投资 45 万元。2005 年，新建交换点 1 个，交换点总数达 97 个，交换机扩容 9444 线，总容量达 91888 线，客户 80264 户，户均普及率达 50%。因 NEC 交换机老化对新业务提供能力不足，将 NEC 交换机全部更换为华为交换机。完成线路投资 170 余万元，形成放号能力 8780 线，管道建设 1.8 千米。

1979—2005年大名县电话装机用户统计表

表3-19

年份	交换机容量（门）	电话安装数（部）	当年增加部数
1979	1250	600	5
1980	1250	610	10
1981	1250	616	6
1982	1450	680	64
1983	1450	760	80
1984	1450	800	40
1985	1450	860	60
1986	1510	950	90
1987	1510	1000	50
1988	1510	1150	150
1989	2010	849	72
1990	2060	928	79
1991	2630	1036	108
1992	2830	1128	92
1993	2930	1269	141
1994	6020	2699	1430
1995	7144	3124	425
1996	14084	7356	4232
1997	15044	8699	1343
1998	17680	9836	1137
1999	18160	14903	5067
2000	31120	21596	6693
2001	52284	36955	15359
2002	62972	53363	16408
2003	74672	65118	11755
2004	82444	75668	10550
2005	91888	80264	4596

互联网　设备网络。1979—1994年，大名县没有数据电信业务。1994年开通，县城有因特网客户87户。2002年，县公司开通3ADSL（宽带）节点，实现互联网的宽带接入，发展客户69户。2003年，大名县增建宽带节点机20个，宽带节点总数达21个，宽带客户达521户，架光、电缆372皮长千米，投入资金达2000万元。2004年，增建宽带节点15个，全县节点总数达36个，实现全县所有乡镇互联网接入宽带化，年末宽带客户达1485户。是年，新建数字数据节点15个，总节点达到23个，端口87个，客户43户。2005年，增设数据8512交换机1台，宽带节点49个，宽带节点总数达84个。其中县公司2个。大名县86.6%的交换点具备宽带接入能力，宽带客户达1573户。传真。1979年，大名县引进第一台传真机，1981年增至3台。随着现代化通信和办公条件的需要，建行、工行、公安等单位先后购置了传真机。1982年，全县党政企事业单位拥有传真机60台，此后逐年增加，普遍使用。IP业务。IP业务是利用国际互联网为语音传输的媒介，分两种接入方式：一种是直接在固定电话拨打接入码，被叫号码，另一种是使用IP卡方式使用接入码、账号、条码、被叫号码。1979—2002年，大名县没有IP业务；2002年开通，接入码为17909.17908。

无线电信

移动网络通信　1979—1997年，大名县没有数字移动通信业务，1997年年初开通，1999年8月移动剥离。1999年8月16日正式挂牌成立邯郸移动通信有限责任公司大名分公司。主要经营移动电话通信（包括话音、数据、多媒体等）、IP电话及互联网接入服务等业务。拥有“全球通”“神州行”“动感地带”等服务品牌，用户号码段包括“139”“138”“137”“136”“135”“134（0至8号段）”和“159”。截至2005年年末，客户总数约占大名县总户数的四分之一。建设移动通信网，县、乡镇覆盖达100%，行政村覆盖率达95%，大名县人口覆盖率达97%。建设立体服务营销网。在所有乡镇均建立自办、合作营业厅，在绝大多数行政村建立中国移动通信服务站，并与县内主要银行机构实现合作收费，开通网上营业厅、短信营业厅等电子渠道，为客户提供24小时热线服务（接入号码为10086）。除为客户提供基本的话音业务和来电显示、短信息、移动秘书、彩信、彩铃、随E行、手机上网、手机报纸等新业务外，公司还致力于拓展移动信息服务网，着力推广集团行业信息化和农信通、校信通、气象通、警务通、银信通等重点行业应用业务，使广大客户通过手机即可获得丰富的信息服务；联通公司1998年入驻大名，业务量仅次于中国移动，2004年11月8日与网通公司合并为新联通公司。

无线市话（小灵通）　2003年10月，投资550万元，建设无线市话基站97个，网络覆盖县城环城路以内10.2平方千米。2004年11月14日，大名通信分公司开办无线市话“小灵通”业务，属固定电话的延伸，以无线的方式接入固定电话网，利用固定电话的交换设备和号码资源，用户可以在网络覆盖地域内拨打本地网电话、国内电话、国际电话、寻呼和各种移动电话，发展客户3692户。2004—2005年，投资160万元，增建无线市话基站40个，市话客户增至110个，截至2005年年末，无线市话客户增至4500户。

会议电话　1979—1981年，使用交流电话会议机。1981年安装HJD—扩音会议两用机，设立有吸音装置的专用会议室，使用优质电路开放会议电话。1999年12月，开通视频电话会议。

电报　1979年使用电报打字机，大名到邯郸只有一条环向电路，为人工电报线路。县到支局采取话传电报方式。县局有3部电报打字机、6位报务员、电报业务经营点6处。1989年，开始使用中英文打字机，电报业务并入全国自动网。同时，县局向支局、所开设特高频电路。1979年，办理国内电报8种：气象电报、水情电报、公益电报、政务电报、新闻电报、汇款电报、普通电报和公电。1985年，气象电报和汇款电报业务量明显增加。1986年，电报业务量上升至59600份，其中出口电报30600份；1990年，全县有办理电报业务的支局、所10处，完成各种电报业务量135108份，其中出口电报75000份。电报使用普及率由1950年的每百人0.23份，升至每百人11.72份。1991—2005年，随着电信业务的快速发展，电报业务逐渐减少。

部门电信　除专门机构开设的电信业务外，1987年，水利局开通无线电对讲机。1990年11月，电力局安装内线电话交换机。1993年7月，使用载波通讯，至2005年年末未变。

经营管理

劳动管理　1979年至1998年10月，县邮电局实行以岗定责，月小结，半年、全年评比的管理方式。1998年10月邮电分营后，劳动用工制度实行全员劳动合同制。2002年，进行薪酬制度改革，实行全员竞聘上岗，以岗定薪，建立了能上能下，岗变薪变的用工制度。

业务管理　1979—2005年，电信管理规定各项奖惩办法。相继出台“五个一”“五不准”“首问公约”“营业员九条禁令”“十个不准”等规范和制度，不断理顺装移机业务办理程序，同时开展设备线路整治。2005年，开展降低电话障碍率和提高电话障碍修复及时率活动，促进了电信服务水平的提高和业务的发展。

质量管理　1979—1998年，制订奖惩措施或细则，提高服务质量。1998年邮电分营后，质量管理纳入重要议事日程。2003年，开始ISO 9000质量认证工作。2004年1月，成立服务质量督察室，进一步建立健全质量管理措施。

管理机构

局址迁移和机构沿革　1979年，邮电局局址在县城东大街。1982年，在大名府路中段路北新址院内建成生产用二层楼一座，建筑面积880平方米。12月机房从东大街搬迁至新址机房楼，机务、话务、电报一同迁入。1984年新建二层办公楼，局机关从东大街搬迁至新址办公楼。1995年9月，开始在新址大名府路沿街位置筹建四层综合大楼，1996年竣工投入使用，建筑面积4000平方米，集营业、设备、办公为一体。1998年10月，邮电再次分营，成立河北省邮电管理局大名县电信局（国有企业），隶属邯郸市电信局。1999年8月，移动电话剥离电信局，大名县电信局更名为河北省电信公司大名电信局。2002年9月，河北省电信公司大名电信局更名为河北省通信公司大名县分公司。2004年11月8日，中国网通在纽约和中国香港上市，河北省通信公司大名县分公司更名为中国网通（集团）有限公司大名县分公司。

机构设置　1998年10月邮电分营后，电信局内设综合办公室和市场经营部，下设17个生产班组，其中本部7个：电力室、测量室、交换机房、线路维护中心、司机班、保卫科、城区营业部，农村支局10个：万堤支局、金滩镇支局、龙王庙支局、西付集支局、束馆支局、营镇支局、王村支局、杨桥支局、孙甘店支局、铺上支局；1999年，增设张集支局；2000年，增设埝头支局；2002年9月，河北省通信公司大名县分公司成立后，增设运行维护部。随着公司化改制的深入，农村支局改称农村营业部。2003年9月，增设营销部和线路抢修中心，为生产班组。随着公司的上市，重新调整了机构，领导机构设 1 正 2 副（经理 1 人，主抓经营，副经理和主抓维护副经理各 1 人），管理部门和生产班组进行优化组合，营销部并入市场经营部，更名为营销服务部；运行维护部更名为维护部，综合办公室更名为综合部。大名府路营业厅和线路维护中心合并，改称城区营业部，12 个农村支局按辖区地属称 XX 营业部（万堤、金滩镇、杨桥、龙王庙、束馆镇、西付集、孙甘店、王村、营镇、张集、铺上、埝头）。交换维护中心和电力维护中心合并，改称设备维护组。线路抢修中心改称管线维护组。财务室、总务、保卫科、司机班单设，归口综合部管理，干部职工 146 人。

第四章　水　利

1979 年后，大名县境内雨量逐渐减少，干旱年份增多，对农业抗旱工作提出了严峻挑战。大名县大力开展水利建设，1979—2005 年，大名县的水利建设经历了两个阶段：1979—1988 年，以机井建设为重点，开发利用地下水，扩大灌溉面积；1987—2005 年，以防渗节水为重点，管好用好水利设施，推广节水灌溉。

第一节　抗旱灌溉

河渠灌溉

大名境内河流多、坑塘多。全县有 24 条骨干排水渠。较大型水闸有魏大馆王乍村闸，小引河铁窗口闸、高庄固闸、沙东干闸、老柴河冢北闸 5 座节制闸。全县 651 个行政村共有大小坑塘 968 个，容积 1936 万立方米。据水资源资料统计，大名 1979—2005 年，平均降雨径流量为 1600 万立方米。截至 2005 年年末，河渠坑塘拦蓄工程拦蓄能力为 2900 万立方米，其中水闸拦蓄 947 万立方米、坑塘蓄水 1936 万立方米。境内利用河渠灌溉大体可分为自流引水灌溉和扬水灌溉两个阶段。1979 年，曾引漳河水、黄河水和民有渠自流灌溉。20 世纪 80 年代后水库蓄水减少，1986 年，上级确定“东风渠以下大名、馆陶灌区不再供水，引水配套工程逐步平除。”由于干旱年份多，地表水匮乏，陆续改为扬水灌溉，先后在卫河两岸兴建窑厂、岔河咀、龙王庙 3 个较大型扬水站，由县水利局直接管理。岔河咀站 8 台机组，设计年灌溉面积 9.2 万亩，实际年灌溉面积 5 ~ 6 万亩。窑厂站 2 台机组，抽水能力 2.8 立方米 / 每秒，控制面积 4 万亩。1980 年后，因卫河扩大治理，河槽加深，加上持续干旱，卫河水少且时常断流，大站无法使用。在扬水灌溉上改由乡镇村兴建小型扬水站（点）为主，乡村自筹资金，国家适当补助，截至 2005 年年末，先后建成扬水站 54 处，由站（点）所在乡镇村自行管理使用，每年可灌溉农田 5 万亩。

机井灌溉

利用机井灌溉是大名县长期以来抗旱保收的一项根本措施。1979 年，大名县有机井 9532 眼，井灌面积 55.12 万亩，占总耕地面积的 49.7%。截至 2005 年年末，大名县有机井 16166 眼，井灌面积

91.96 万亩，占总耕地面积的 83.6%。机井建设逐步趋于布局合理化，成井工艺科学化。20 世纪 90 年代后，机井建设重点转向打更新换代井，有控制地开发地下水，机井数量稳中有增。1979 年，大名县的打井机构为县打井配套站，1984 年水电分家后并入水利局，改称打井队，队长 1 人，职工 80 余人。1987 年后，打中、浅机井由各乡镇安排，县水利局打井队主要从事打深井工作。截至 2005 年年末，县水利局打井队拥有打 500 米深井大型钻机 4 台，负责为苦水区扶贫村及人畜饮水困难村打解困深井，打井队办公地址迁至县城天雄路。

1979—2005 年大名县机井发展统计表

表 3-20

年份	机井（眼）	其中深井（眼）	人饮深井（眼）	井灌面积（万亩）
1979	9532	—	—	55.12
1980	9546	—	—	54.94
1981	9423	—	—	50.39
1982	10974	—	—	53.21
1983	11201	—	—	52.6
1984	9127	—	—	64.0
1985	11172	—	—	60.8
1986	13284	501	—	67.02
1987	13292	—	—	74.26
1988	13790	488	—	74.8
1989	14537	469	—	81
1990	14807	448	—	72.8
1991	14951	450	—	81.273
1992	15520	445	—	82.28
1993	15662	201	—	83.745
1994	15184	209	5	82.01
1995	15512	232	10	84.48
1996	15476	253	10	84.48
1997	15626	282	10	86.08
1998	15826	293	15	88.718

续表 3-20

年份	机井（眼）	其中深井（眼）	人饮深井（眼）	井灌面积（万亩）
1999	15977	310	25	90.24
2000	16137	328	35	91.96
2001	16141	332	45	91.96
2002	16151	342	53	91.96
2003	16166	411	83	91.96
2004	16166	411	137	91.96
2005	16166	416	167	91.96

节水灌溉

1987 年后，大名县农田灌溉以防渗节水为重点，遂走向节水型灌溉道路。

防渗节水　主要采取三种方式：1979—1990 年，大名县机井灌溉均是土垄沟，渗水、漏水和决口跑水严重，防渗节水主要采取衬砌地上垄沟的方式，挖深 35 厘米，底宽 30 厘米，开始用砖铺砌，水泥抹面，后改为素混凝土浇筑或预制板衬砌，防渗防跑水效果较好。截至 1990 年年末，全县共有衬砌垄沟 9500 米。缺点是严冬冷冻易裂，平时易损坏，故未大量发展。1987 年开始埋设地下输水管道，用沙管和陶瓷管，长 1 米，直径 24 ~ 36 厘米，埋深 1 米，先后在朱洼村和营庄村试点，浇地效益明显提高，但易出现管与管之间脱节，造成漏水塌陷，有时出现阻水物堵塞，不能通水，又不易找到阻水处，未能持久利用。

1985 年开始推广软塑管输水，特点是价格便宜，存放使用方便，移动灵活，远近自如，故发展较快。1990 年，全县发展到 108.9 万米，可控面积 24.3 万亩。缺点是不坚固、寿命短，随着人民经济收入的提高，至 2005 年年末全县普及。

1989 年开始铺设硬塑管深埋的新型地下输水管道，鲍庄乡一年铺设 10.8 万米，全乡 1.8 万亩耕地基本实现灌溉输水地下管道化，被省水利厅评为先进乡。县委县政府在该乡召开现场会进行全县推广；截至 2005 年年末，全县累计完成硬塑管深埋节水灌溉面积 11.7 万亩，但由于部分防渗管道超过使用年限，老化报废；再加上卫河以东部分乡镇土壤沙性大，在使用过程中管道被泥沙淤积报废。1996 年 8 月，漳河滩区域所建管道因漳河行洪泛滥多数受淹淤积，不能使用，造成全县实有硬塑管深埋节水灌溉面积降为 3.33 万亩。

滴灌和喷灌　大名县首次使用喷灌是 1979 年，因缺乏经验，成效不大而告终。第二次使用喷灌是 1987 年，由北京农大和县农业局在龙王庙镇三角店村安装了一套喷灌机组，经试用效果不错。又先后在西未庄乡、张铁集乡、七里店乡搞喷灌试点，灌溉效益显著，省水 80% 以上。但因土地分散经营，管理机制又不健全，未能大发展，只有万堤劳改厂坚持使用喷灌，节水效果明显。滴灌主要用于果园，喷灌多用于花生地或岗坡不平的土地。1985 年在娘娘庙村果园搞滴灌试点，因果树分户承包等原因未再使用。

附：

大名县1979—2005年抗旱及饮水解困工程记略

1979年4月，修建沙圪塔沙东干节制闸，设计蓄水37.5万立方米，国家投资5万元，县水利局设计，赵学道、张善武、冯善元领导施工。

1980年12月11日，扩挖漳南排水渠，由邯大公路陵园北至张庄入引河，长18.5千米，流域面积46.85平方千米，12月底竣工。

1981年3月2日，县海河指挥部带领2000名民工，做治理卫河遗留土方工程，计有清理周庄村基，营镇挖河、南桥口大堤加固等,4月9日竣工，共完成土方186929立方米，造田260亩。5月初，张庄、北门口引河桥接长加固，两桥各长45米，宽4米，共用水泥280吨、钢材9.6吨，工程投资3万元。

1983年6月初，县海河指挥部带领280名民工，开挖龙王庙桥下遗留土方，并转战修复金滩镇、房庄卫河内创2处，共投资4万元，用工12690个，土方1.37万立方米。11月1日，组织5个包工队，护砌卫河堤何庄、营镇、北王庄、龙王庙4处险工，共完成土方12589立方米，砌石3971立方米，新修段长688米，修复段长350米，共投资22.73万元。

1984年11月12日，开始漳河右堤平接工程，上起王董村，下至高庄固村，全长12千米，承包给72个包工队，1986年全部完成任务。

1985年，完成龙王庙扬水站配套工程。

1986年，大名县新打机井3019眼，是中华人民共和国成立以来打井最多的一年，重点解决大片旱地。资金来源为水利周转金670万元及县、乡群众自筹279万元。12月19日，《邯郸日报》刊文表彰大名县水利局局长冀修武狠抓打井的事迹。

1988年，冢北村马颊河蓄水闸开工重建。由邯郸地区水利局承包施工，总投资134万元，12月底完成主体工程。

1989年，大名县大旱，冬无雪，春无雨，严重威胁农业生产，全县动用机井10500眼、柴油机5700台、电动机1900台，投入劳力5.7万人，充分利用地下水和地表水，共浇地80万亩，全年粮食产量达2.56亿千克，比上年增产500万千克。花生、棉花也夺得好收成。

1990年开始，由点到面，大力建设地下硬塑管防渗节水工程，以鲍庄乡为试点，逐步铺开。当年末，全县共建成管道30万米，改善和增加灌溉面积6.5万亩。浇地亩次用水由原来的200立方米降至50立方米，用电量由11度降至9度左右，节省基沟占地845亩，省工20多万个，年提高总效益159.257万元。全县机井达13951眼，其中深井448眼，井灌面积达81.2万亩，占总耕地的73.8%。1990—2005年，机井建设重点转向打更新换代井，适当开发地下水，机井数量稳中有增。至2002年年末，大名县共有农用机井16151眼，有效井灌面积92万亩。占总耕地面积的83.6%。同时，水利改革不断深化，机井改制迅速发展，群众抗旱浇地采取有偿供水办法。

1993年3月，投资2000万元，动用民工20000人，开挖清淤引河32.5千米，清淤土方22万立方米，增加抗旱蓄水150万立方米。

1993—1996年，全县埋设节水管道200万米，改善灌溉面积30万亩。

2002年，打井队拥有打500米深井大型钻机4台，负责给苦水区扶贫村打深井以及为人畜饮水困难村打解困井。先后建成扬水站 54 处，由站（点）所在乡镇村自管自用，每年可浇地 5 万亩次。

1990—2002 年，在沿卫河两岸乡镇近河村，先后建设小型扬水站 54 处，在支农抗旱确保农业增产、农民增收方面发挥了重大作用。同时，先后在苦水区打配深井 162 眼，打配人饮深井 82 眼，82 个行政村吃上甜水。

2002 年，全县共有机井 16151 眼，其中深井 342 眼，包括人饮深井 82 眼，灌溉深井 260 眼。

2003 年，投资 547 万元，其中国补 244.3 万元，解决 30 个村 33000 人、1600 头大牲畜饮水难问题，大名县水利局负责工程规划、设计、勘测、招投标、施工等。

2004 年，投资 365.07 万元，其中国补 290.86 万元，解决 54 个村，50600 人、2790 头大牲畜饮水难问题。

2005 年年初，按照水利部提出的人饮解困乡饮水安全转变的工作思路及农村饮水安全标准，水利局对全县 651 个行政村进行摸底调查，完成《农村饮水现状调查评估报告》，并在此基础上编制了《农村饮水安全“十一五”规划》《大名县农村饮水安全总体规划》；投资 290 万元，其中国补 120 万元，解决 30 个村，3.5 万人、1748 头大牲畜饮水难问题；争取小农建试点县资金 50 万元，对范王庄、前东门口、后东门口扬水站点进行机电设备更新和支渠防修。截至 2005 年年末，大名县共有井 16166 眼，其中深井 416 眼，包括人饮深井 167 眼、灌溉深井 249 眼，沿卫河有扬水站点 54 处，包括引水渠道。

第二节　河流整治与防汛分洪

河流整治

漳河　1979 年后，多次对漳河局部河段进行治理，主要是开挖疏浚，清淤除障，灌浆固堤等。1985 年完成漳河右堤下头 5.3 千米堤段与卫河左堤平接工程。2000 年，水利部海委投资 2000 万元，进行漳河整治地方配套工程，在大名境内漳河行洪滩区李二庄、冯庄和崔庄建生产交通和群众安全转移桥 3 座，通行载重量为 10 ~ 20 吨，长度分别为 115.1 米、98.7 米、112.8 米。同时作了 7 处险工护岸：黄金堤乡冯庄段 300 米、未村段 430 米、王店段 300 米、崔庄段 1000 米、铺上乡李二庄段 600 米、小屯段 500 米、万堤镇魏县屯段 300 米，均于 2002 年竣工，有利于漳河行洪滩区防洪安全，方便了泛区内外生产交通。

小引河（2005 年摄）

引河　1993 年 11 月 17 日，大名县出动民工 10 万人，开展引河扩挖工程，12 月 5 日竣工。共完成土方 79.5 万立方米，扩挖引河 29 千米，占全长（32.5 千米）的 89.2%。使引河排涝泄洪能力达“十年一遇”标准，有效提高了县城和漳、卫河之间三角地带区域的排涝泄洪能力。

卫河　1979—1986 年，对卫河进行了扩挖治理，设计行洪量 2500 立方米 /

秒。主要工程有 4 项：主河槽扩挖加深拓宽 45.4 千米，裁弯取直，甩掉老河段 4 处、14245 米；两岸筑新堤 48995 米，甩掉老堤 47514 米；搬迁 29 个村、4453 户、19733 人；修建龙王庙桥、东门口桥、金滩镇桥、营镇桥 4 处超洪大桥，在引河入漳河处修建 1 座大型节制闸——张庄闸。1986—2005 年未进行新的治理。

防　汛

蓄滞洪区防汛路建设　1979—1990 年，大名县有 3 条蓄滞洪区防汛柏油路线，总长 39.1 千米。分别是邯大公路常马庄—龙王庙段，县城—万堤段，县城—东门口段，均系国家投资建设。另外，先后建成金滩镇、东门口、龙王庙、营镇 4 座跨卫河左、右堤的全程超洪桥和跨漳河主河槽的邯大路常马庄桥，方便了泛区交通。1990—2005 年，水利部海委投资分期分批兴建泛区防洪保安工程，泛区群众安全撤离道路达 14 条、52.47 千米。另有国家投资修建的 215 省道经过大名泛区中部，分别建有跨漳河黄炉大桥和跨卫河龙王庙大桥，可用于遇洪安全转移。

蓄滞洪区避水楼建设　1990 年，经水利部海委批准，采取民办国补的投资办法，由县水利局具体规划，开始分期分批建设泛区避水救生楼和平顶房，重点建在泛区下游设计深水村庄。第一批建避水楼的村有谢庄、王庄、常庄、冯庄 4 个村，建筑面积 3500 平方米。第二批有刘庄、冯庄、崔岳村、连屯 4 个村，建平顶房的有杨庄、邓台等 6 个村。其后又时断时续地分批在漳河行洪滩区筑建避水救生楼。截至 2005 年年末，大名泛区内有 48 个村建了 166 座避水楼和平顶房，总建筑面积 31968 平方米，可为 10656 人提供就地避洪。

分　洪

大名县境内有漳河、卫河、马颊河、引河 4 条河流经过，三分之一以上的土地位于漳河泛区，防汛工作尤其重要。漳河泛区是国家在海河流域防洪体系中，为减轻洪水对黑龙港地区和天津、津浦铁路的危害，于 1952 年在大名境内漳、卫河之间建成的泄滞洪区，俗称大名泛区。泛区呈三角形，东靠卫河左堤，北连漳河右堤，西南起大名、魏县交界处。设计滞洪总量 2.1 亿立方米，相应水位 43.7 米，最大水深 3 ~ 4 米。总面积 342.5 平方千米，内有 296 个村庄、39.15 万亩耕地。当东风渠以下泄洪流量超过 1500 立方米每秒时，即向大名泛区分洪。同时，当滞洪总量超过 2.1 亿立方米或卫河左堤发生决口威胁山东一带安全时，大名泛区的范围自动扩大，甚至直接威胁县城安全。

卫河大堤（2005 年摄）

1996 年 8 月，由于邯郸西部山区连降大到暴雨，大名县遭受 50 年一遇的洪涝灾害。8 月 5 日，岳城水库向漳河泄洪，漳河达到最大设计流量 1500 立方米 / 秒，卫河行洪量达 900 立方米 / 秒。漳河行洪区内大名县 64 个村庄完全被水包围，滞洪区 246 平方千米土地进水，漳河大堤内 6 万余亩农作物绝产，24 万群众受灾，经济损失达 15.92 亿元。为减轻洪水对黑龙港地区和天津、津浦铁路及山东地区的危害，大名人民做出了巨大的牺牲和贡献。

第三节　水利工程及水务管理

水利工程建设

1979—2005 年，国家和广大群众都投入大量资金，积极开展各项农田水利基本建设，完成了大量水利工程。主要有打配深、中、浅机井，建设沿卫河小型扬水站点，建泛区避水楼和平顶房、遇洪群众转移道路、桥梁、灌区配套工程、桥涵闸、建筑物及工程维修等，均按照民办公助原则捆绑使用。水利投资主要来自水利部、水利部海委、河北省水利厅和邯郸市水利局，另有中央党校部分扶贫资金。1979—2005 年，大名县地表水和水利工程投资共 2.3405 亿元，其中国家补助资金 4707.16 万元，自筹资金 1.869784 亿元。资金投向主要有以下项目：

泛区防洪保安建设　1979—2004 年，采取民办公助办法，投资 1595 万元，其中国家补助资金 591 万元、群众自筹资金 1004 万元，建避水楼 112 座，建筑面积 26007 平方米。建平顶房 54 座，建筑面积 5961 平方米；修筑泛区群众安全转移柏油路 14 条、52.5 千米，2005 年，国家加大对蓄滞洪区投资力度，批复大名县蓄滞洪区撤退路 6 条、16.6 千米，总投资 934 万元，其中国补 467 万元。

中央党校援建水泵（2005 年摄）

卫河扬水站点　1979—2004 年，在沿卫河两岸乡镇近河村，先后建设小型扬水站点 54 处，总投资 1079 万元，其中国家补助 250 万元、群众自筹 829 万元。2005 年，争取小农建试点县资金 50 万元，分别对范王庄、前东门口、后东门口扬水站进行机电设备更新和支渠防渗。

灌区配套　县级岔河咀扬水站、窑厂扬水站和大街乡李庄扬水站机电设备和主干渠道需要适时维修和配套。至 2005 年，灌区配套维修工程投资共计 930 万元，其中国家补助 320 万元，群众自筹 610 万元。

农村饮水解困工程

大名县大力开展农村饮水解困工程和村村吃甜水工程。先后在苦水区打配深井 416 眼；2003—2005 年，打配人饮深井 114 眼，114 个村、11.86 万人吃上了甜水。全部深井建设总投资 4160 万元，其中国家补助 1155.16 万元、自筹 3004.84 万元。群众自筹资金集中在打井配套和更新中浅井上。1979—2005 年，大名县农村共打配中、浅井 15750 眼，总投资 12600 万元，其中国家补助 350 万元、群众自筹 12250 万元。

水利工程管理

县级工程　在大名县境内，漳河、卫河由市级以上河务部门管理，县水利局直接管理的水利和灌溉工程有：岔河咀扬水站及灌区配套工程、窑厂扬水站及灌区配套工程、龙王庙扬水站及配套工程、民有渠灌区配套工程。排涝工程有：马颊河、小引河、黄河故道、魏大馆、沙东干渠、漳南渠等骨干工程，其配套建筑物有冢北闸、张庄闸、王乍村闸、铁窗口闸等，均为排涝干渠蓄水放水控制工程。具体管理方法是：3 处县办扬水站由县水利局抽调工程技术人员驻站管护，每站 2 ~ 3 人，并从灌区受益乡村抽调 10 名左右乡镇村干部，与站上水利人员一起组成管理委员会，负责灌区浇地和工程管护、维修等事宜。

乡镇工程　1997 年建成的大街乡李庄卫河扬水站，设计灌溉面积 6000 亩，6 个村受益。由中央党校投入的 50 万元扶贫款和以工代赈资金为工程建设资金，县水利局负责施工，管理组织和承包人员、抗旱浇地等有关事宜均由大街乡政府安排，小引河白杨庄闸也由大街乡负责管护。

村街工程　属于村街管用的小型农田水利工程，主要是机井和沿卫河扬水站点。20 世纪 90 年代后，水利改革不断深化，机井改制迅速发展，原集体所有机井先后进行产权改革，全县股份制机井达 14125 眼，其中深井 163 眼，承包机井 705 眼，其中深井 34 眼，拍卖给个人的机井 1108 眼，其中深井 3 眼，群众浇地有偿供水，修配管用全部由井主负责。股份制机井由入股农户共同管理。沿卫河 54 处扬水站点（含引水渠道）实行“谁建谁有、谁受益谁管理”的办法，县水利局负责督导和技术服务。新打和更新机井及新建扬水站由水利局工程技术人员勘测设计、布局和指导施工，竣工后由建设者负责管理。

水政规费管理

水资源管理　1987 年，大名县以县司法、公安、环保、财政、水利部门为主，组建成立“大名县水资源管理委员会”，下设水资源管理办公室，开始对水资源实行依法管理。1990 年，大名县水资源管理办公室更名为“大名县水政水资源管理办公室”。负责宣传贯彻《中华人民共和国水法》，实行水资源统一管理，协调水事纠纷，征收水资源费，取消许可证制度，落实水的长期供求计划，抓好节水工作，确保水资源的可持续利用。2005 年，县水政水资源管理办公室有工作人员 28 人，办公地点设在县水利局。

河道维护管理　1995 年 4 月，成立大名县河道工程修建维护管理收费站，负责大名县河道工程的修建、维护、管理，向大名县范围内各企业、个体工商户及城镇职工征收河道工程修建维护管理费。1995—2000 年，连续 6 年工作在全市名列前茅，受到省、市表彰奖励。2005 年年末，全站有干部职工 29 人。

水政监察　1991 年，大名县政府任命 64 名水政监察员和助理水政监察员。主要任务是保证《水法》及其配套法规全面贯彻实施，加强水利政策法规的宣传和监督。1997 年，水利局成立水政监察大队，负责大名县水行政执法监察工作。人员编制在原水政监察人员的基础上，由水资办和河道站人员组成，水利局局长兼任大队长，设副大队长 5 名，由水利局副局长和水资办、河道站负责人担任。2005 年年末，水政监察大队共有 54 人。

管理机构

1979 年，大名县水利局没有内设机构；1984 年，大名县水利局内设办公室、工程股、机井股、人事股、财务股、工会、纪检组和多种经营办公室。下辖 4 个工程管理单位：岔河咀扬水站、窑厂扬水站、龙王庙扬水站、杨桥水利配套站。另有打井队、汽车队、预制件厂、服务公司 4 个经济实体单位。

1987 年，水利局增设水资源管理办公室和河道管理维修收费站 2 个附属单位，负责水资源费、河道费征收和管理工作。

1999 年 12 月，水利局改称水务局。

2002 年机构改革，水务局恢复水利局名称，至 2005 年年末未变。

1979 年，大名县 39 个人民公社每个公社有 1 名水利干部专（兼）管水利工作。1984 年，经邯郸地区统一考试，录取水利员 37 人，连同原有水利干部分配到各区、乡镇专管水利建设工作。2005 年年末，大名县水利系统总人数为 251 人，其中局机关行政编制 14 人。

第五章　电　力

1979 年，大名县有 641 个行政村通电，1992 年，全县 651 个行政村全部通电。1998 年下半年，全县农电实行“两改一同价（改革农电体制、改造城乡电网，实现城乡用电同网同价）”，电力部门争取农网改造资金 1.59 亿元，2003 年下半年又争取城网改造资金 4673.84 万元，对全县电网及设备进行全面改造，2005 年年底通过省专家组验收。同时，居民照明用电执行“四到户”管理（即销售到户、收费到户、服务到户、抄表到户）。

第一节　输变配电

变电设施

1979 年，全县共有 6 座变电站，即石槽坊 110KV 变电站和沙堤、张集、杨桥、金滩镇、埝头 35KV 变电站。后又陆续建成七里店、杨桥、孙甘店 3 座 110KV 变电站及北峰、西付集、崔岳村、孙甘店、西店、王庄、旧治、黄金堤、窑厂、铺上、城西、营镇、束馆等 13 座 35KV 变电站。2005 年年底，全县共有 110KV 变电站 4 座，主变 6 台，容量 206000KVA；35KV 变电站 16 座，主变 28 台，容量 157050KVA；10KV 开关站 1 座。35KV 线路 26 条、216.219 千米；10KV 线路 110 条、1867.377 千米；低压线路 4429 千米，配电变压器 4523 台，容量 295200KVA。

输电线路

1979—2005 年，大名县共有 110 千伏输电线路 5 条，35 千伏输电线路 27 条，10 千伏输电线路

112条。

110千伏输电线路（5条） 马头电厂至龙王庙110千伏线路。原来由马头电厂出线，途经成安、魏县，至石槽坊110千伏变电站，到龙王庙变电站，全长80.63千米（大名县境内12.3千米）。1984年4月，魏县陈庄220千伏变电站建成，马头至大名110千伏线路切改为由陈庄站出线至大名，长度缩短为30.43千米，线路结构未变，改称陈龙线。

魏县陈庄220千伏站至七里店110千伏线路。从魏县陈庄220千伏站出线，至七里店110千伏变电站，全长22.76千米，大名县境内长9.7千米，总投资265万元。1991年4月动工建设，同年10月完工。

魏广T接至杨桥变电站110千伏线路。2001年6月动工建设，2001年12月11日完工投运，线路全长14.5千米（大名县境内12.45千米）。

龙王庙至七里店110千伏线路。2000年8月动工建设，2001年6月竣工投运，线路全长16.07千米。

龙里T接至孙甘店110千伏线路。2004年4月动工建设，2005年1月竣工、投运，线路全长12.25千米。

35千伏输电线路（27条） 安张庄至沙堤35千伏线路。由魏县安张庄35千伏变电站出线，至大名沙堤变电站，全长20.1千米。备用线路，2003年拆除。

龙王庙至张铁集35千伏线路。由龙王庙110千伏变电站出线至张铁集村北，线路全长14.16千米，途经龙王庙、木堤、卫东林场、南李庄、固城、张集。总投资16.2万元。

龙王庙至沙堤变电站35千伏线路。全长9.65千米，总投资13万元。途经龙王庙、甘庄、李茂堤八九排、程辛庄、孔庄至沙堤变电站。1991年七里店110千伏变电站送电后，沙堤站改由七里店变电站供电，此线路作为备用。

沙堤至房儿寨35千伏线路。全长25.6千米，原为向馆陶县房儿寨变电站供电用，在大名境内17.9千米。1991年退出运行，2004年后此线路做10千伏线路使用。

沙房线91#T接至杨桥35千伏线路。从沙房35千伏线路91#杆（马时庄北地）T接线，向西至杨桥变电站，全长3.2千米。1991年9月七里店变电站投运，杨桥变电站改为七里店供电，此线路停运。2003年作为10千伏线路使用。

龙王庙至原化肥厂35千伏线路。全长19.2千米，由原化肥厂投资建成，产权属于化肥厂，途经龙王庙、甘庄、李六七排、王庄、北刘庄、刘军庄、王军庄，至常马庄化肥厂。2002年7月改为由七里店供电。

龙张线27#T接至金滩镇35千伏线路。1981年7月动工建设，1982年7月投运，全长12.26千米。

龙王庙至埝头35千伏线路。1983年1月动工建设，当年11月完工，1984年1月投运，全长14.86千米，途经龙王庙林场南、曹任村北地、小湖村南地、杏现北地，至埝头变电站。

七里店至杨桥（李马寨）35千伏线路。1991年7月动工建设，当年9月14日完工，全长9.701千米，总投资53.3万元。

七里店至沙堤35千伏线路。1991年9月动工建设，当年11月完工投运，全长5千米，总投资27.04万元。

龙王庙至石冲35千伏线路。1993年10月动工，1994年5月投运，线路全长11.16千米。

七里店至西店35千伏线路。1996年10月动工，1997年1月完工，全长16.665千米。2004年建铺上变电站，线路切改为两条：七里店至铺上变电站，全长 9.15 千米（其中新架 1.7 千米）；铺上至西店变电站，全长 7.515 千米（其中新架 2.78 千米）。

七里店至旧治 35 千伏线路。1999 年 11 月动工建设，1999 年 12 月完工投运，线路全长 9.72 千米。2005 年城西建站时，线路由中间断开切改为两条：七里店至城西站，长度 4.88 千米，城西至旧治站，长度 4.84 千米。

七里店至崔岳村 35 千伏线路。1999 年 4 月动工建设，1999 年 12 月完工，线路全长 10.8 千米。

龙王庙至北峰 35 千伏线路。2000 年 3 月动工建设，2000 年 7 月完工，线路全长 18.6 千米，2005 年孙甘店 110 千伏变电站建成后，全线切改成三段：龙王庙至石冲开关站，长度 9.667 千米；孙甘店 110 千伏变电站至石冲开关站，导线型号 TL/GIB-100/1.07 千米，LGJ-95/2.66 千米；孙甘店 110 千伏变电站南交叉杆至北峰变电站，长度 5.203 千米。

龙王庙至西付集 35 千伏线路。2000 年 12 月动工建设，2001 年 7 月投运，线路全长 12.38 千米。

七里店至王庄站 35 千伏线路。2001 年 7 月动工建设，2001 年 11 月投运，线路全长 7.808 千米。

杨桥至西店站 35 千伏线路。2001 年 10 月动工建设，2001 年 12 月 1 日投运，线路全长 6.82 千米。

杨桥至黄金堤站 35 千伏线路。2002 年 4 月动工建设，2003 年 1 月投运，线路全长 8.63 千米。

黄金堤至营镇站 35 千伏线路。2002 年 11 月动工建设，2003 年 6 月投运，线路全长 8.6 千米。

七里店至窑厂站 35 千伏线路。2003 年 7 月建成投运，线路全长 10.76 千米。

埝头至東馆站 35 千伏线路。2003 年建成投运，线路全长 4.96 千米。

龙沙 T 接至王庄站 35 千伏线路。2004 年 1 月动工建设，12 月投运，线路全长 3.85 千米。

龙王庙至旧治 35 千伏线路。2003 年 11 月动工建设，2005 年 6 月投运，线路全长 9.22 千米。

孙甘店至张铁集 35 千伏线路。2005 年 6 月动工建设，2006 年 3 月投运，线路全长 7.04 千米。

孙甘店至北峰站 35 千伏线路。2005 年 6 月动工建设，2006 年 3 月投运，线路全长 5.83 千米。

孙甘店至東馆站 35 千伏线路。2005 年 6 月动工建设，2006 年 3 月投运，线路全长 8.273 千米。

10 千伏输电线路（112 条）　1979 年年初，全县有 10 千伏线路 593.8 千米，配电变压器 724 台、29120 千伏安。

1979 年，架设杨桥变电站—莱屯线路 11 千米，杨桥变电站至王乍村线路 7.5 千米。并架设杨桥变电站至干校至马时庄、中大江、张王滩、甘庄、西营、杨桥－冯屯、白庄等 33 条分支线路总计 50.5 千米。杨桥片用电改由杨桥变电站供电。

1980 年，架设逻堤南、高庄东、杨桥 036 主干、西红庙、张庄、安庄等 56 条分支线路计 54.8 千米。

1981 年，架设黄安庄、前刘胜、花二庄、西赵庄等 40 条分支线路，计 32.3 千米。又进行了龙王庙变电站—李马陵，龙王庙变电站—吴未城两条两线一地改三线工程和金滩镇变电站 035 主干线路改造。新增配电变压器 64 台 2830 千伏安。

1982 年，龙王庙 110 千伏变电站范围内的 10 千伏两线一地线路改造完工，完成 031（站至李马陵）线路 104 千米，改造变台 93 个；038（站至赵站至吴未城）线路 109 千米，改造变台 161 个，并架设未店、史家村、高寨、翟滩、谢儿寨、和寨、于旺庄、孙甘店等 33 个条支线路 39.9 千米。

1983 年，金滩镇 35 千伏变电站建成后，改造金滩镇变电站出线两线一地线路东路 7.6 千米（站至消灾、北堤），变台 30 个，西路 16.9 千米（站至红庙、营镇），变台 73 个，为无电村架线 18.8 千米，架设徐山庄、高寨、西漳河沿、刘庄等21条分支线计17.7千米。将杨桥变电站出线改为5条，分别为杨桥变电站至万堤，杨桥变电站至铺上，杨桥变电站至王村，杨桥变电站至沙圪塔，杨桥变电站至王乍村。

1984年，埝头变电站建成后，在接通束馆片原有线路的基础上，新架设线路37千米，将张南线石槽南地断开改到埝头供电，改两线一地线路计41千米。埝头变电站建有四路出线：变电站至胡气主干线7.5千米；变电站至后北峰主干线7.5千米；变电站至马丰固主干线5.5千米；变电站至文集主干线7.34千米。架设崔村、窑厂、后户村、娘娘庙、西何家等58条分支线路、50.3千米。

1985年，架设旧治供销社、林候村、束馆棉厂、北峰中学、井曹村等27条分支线路，计37.7千米，新增配电变压器23台、1255千伏安。全年共有10千伏线路826.9千米，配电变压器1329台62475千伏安。

1986年，架设前屯南地、段村、西杨村、十字路等27条分支线路，计10.8千米。1986年年底，全县共有10千伏线路840千米，配电变压器1343台65425千伏安。

1987年，架设白水村、食品公司、三铺、大李凝等27条分支线路，共13.5千米，新增配电变压器27台、960千伏安。

1988年，架设马时庄南地、黄炉、吴马庄、高马庄延伸，东沿南地、前寺庄西地、北刘店、刘辛庄、小村、三赵站、刘庄、砖桥、贾许村等16条分支线路25.3千米。

1989年，架设张坛、任庄、段村西、黄金堤二村、辫厂、教善、后杨村、石槽坊、龙王庙031主干、沙033接通、前桑圈等共11条分支线路7.6千米，新增配电变压器8台860千伏安。

1990年，为无电村架设线路，束馆镇有堤上、大李家、闫庄、小李家、杨家、后王家6个村。杨桥镇有黄马寨、东司庄、小寨3个村和普明滩1个村，计18.8千米，新增配电变压器10台665千伏安。

1991年，继续为无电村架设电路：西夹河、东夹河、刘程村、黄程村、后楼和东呼庄、后现城、秦洼、三里庄、王庄共10个村7.6千米，新增配变9台350千伏安。另外还架设刘军庄砖厂、西未庄棉厂、西劝善、小固滩、胡家湾、前东旺等6个分支线路共11.7千米，新增配电变压器16台1200千伏安。当年七里店变电站10千伏出线5条：变电站至县城、变电站至西未庄、变电站至铺上、变电站至万堤、变电站至兆固。

1992年，架设10千伏分支线路40条、21.8千米，新增配电变压器43台2960千伏安。

1993年，架设和改造七里店10千伏出线3条、64千米，为北门口2个村及李一排无电村架线。架设30个村的分支线路共64千米，新增配电变压器61台4090千伏安。

1994年，完成孙甘店10千伏出线，架设47条分支线路计52千米。

1995年，架设西店变电站031（站至儒家寨）、035（站至王村）线路主干，金滩镇变电站032主干（站至金滩镇），孙甘店变电站036主干，孙甘店变电站北支干。另外架设71条分支线路计59.3千米。

1996年，将沙堤变电站10千伏出线032（站至崔岳村）改为两路运行：032供北门口、036供崔岳村。将杨桥033线路改为两路运行：033供王村、036供黄金堤。另外架设42条分支线路计18.2千米，为县工业小区架设10千伏配电线路3千米，新增配电变压器2台200千伏安。将七里店至县城改造成双回路5.2千米。

1997 年，为金滩镇农业开发区金南、金中、金东、西龙化、后消灾、前消灾、小丈、中龙化、东龙化、辛庄、上马头、黄庄、顺道店、娘娘庙、程庄 15 个村架设 10 千伏线路 7.5 千米，安装配变 15 台 800 千伏安，为用户架设 10 千伏线路 29 千米，新增配电变压器 15 台 800 千伏安。另外架设分支线路 55 条、42.6 千米，架设西店变电站范围内的主干线 16 千米。

卫东电网（2005 年摄）

1998 年，架设张铁集变电站出线 2 条、金滩镇变电站出线 1 条，共 9 千米。为张铁集农业开发区寨滩、固城、张集 3 个村架设线路 8 千米，安装配变 19 台 930 千伏安。改造 106 国道线路 10 千米。为胡气村架设 0.8 千米线路。另外为用户架设 10 千伏线路 20 条 15 千米。

1999 年，架设 10 千伏主干线路 12 条 40 千米，完成张铁集变电站范围内的两线一地线路改造 82 千米，结束了大名县两线一地线路供电的历史。

2000 年，10 千伏基建工程转入农网建设与改造。

2001 年年底，全县 10 千伏线路有 69 条 1531.8 千米，配电变压器 3357 台 199853 千伏安。

2005 年年底，全县有 10 千伏线路 112 条 2001.2 千米，配电变压器 4421 台 339150 千伏安。

变电　配电

110 千伏变电站　截至 2005 年年底，大名县境内有 110 千伏变电站 4 座，主变 7 台，容量 246000 千伏安。

龙王庙 110 千伏变电站。位于龙王庙镇石槽坊村东北，占地面积 9000 平方米。1979 年有主变 3 台，总容量 20000 千伏安 +15000 千伏安 +10000 千伏安，35 千伏出线 8 条（包括向河南省供电出线），10 千伏出线 6 条（两线一地）。1984 年 5 月撤除 15000 千伏安 +10000 千伏安主变 2 台，新增 31500 千伏安 1 台。1990 年年底，变电站有主变 2 台，总容量 55000 千伏安。1991 年 12 月撤除 20000 千伏安 1 台。1998 年 6 月主变 2 台，容量 63000 千伏安。2001 年 1 月里—龙线投运，实现双电源供电。2008 年有 35 千伏出线 8 条，供西付集、埝头、石冲、张集、金滩镇、沙堤、王庄和旧治变电站，有 10 千伏直供线路 6 条。

七里店 110 千伏变电站。位于大名县城北刘堤口村西。1990 年 7 月动工，1991 年 12 月竣工投运，初建规模：110 千伏进线 1 回路，35 千伏出线 3 回路，10 千伏出线 6 回路，主变 2 台，容量 20000 千伏安 +31500 千伏安。2001 年 1 月龙 – 里线投运，实现双电源供电。2002 年 9 月增容为 40000 千伏安 +31000 千伏安，35 千伏出线 7 条，供城西、沙堤、王庄、窑厂、崔岳村、老杨桥站和铺上变电站，10 千伏出线 11 条。由邯郸供电公司和大名县电力局共同投资建设（其中大名投资 578 万元）。

杨桥 110 千伏变电站。坐落在杨桥镇南常元公路西侧，2001 年动工建设（按无人值班站模式建设），2001 年 12 月竣工投运。室外设备，有主变 1 台，容量 31500 千伏安，35 千伏出线 3 回，供西店、黄金堤和营镇变电站，另一条供馆陶县河寨变电站。

孙甘店110千伏变电站。位于陈道仙村东。2004年动工建设（2006年3月建成投运）。35千伏设备在室外，10千伏设备在配电室内，主变1台，容量40000千伏安，35千伏出线4回路，向张铁集、北峰、束馆、石冲（停运）变电站供电，10千伏出线4回路。

35千伏变电站　截至2005年年底，大名县有35千伏变电站17座，主变31台，容量176750千伏安。

沙堤35千伏变电站。位于县城东北、大街乡沙堤村南，占地3713平方米。1984年4月容量由2×1800千伏安增加到1×1800+1×3150千伏安。1986年8月增容为2×3150千伏安。1987年，新建配电室253平方米。1988年7月，将室外旧设备全部换成新设备，容量增为9450千伏安，10千伏出线6条。2005年增加1条，共有10千伏出线7条。1991年11月改由七里店供电，实现35千伏双电源供电。

张铁集35千伏变电站。位于县城东北张铁集村北。1988年10月改造扩建，主变容量由1800千伏安改换为3150千伏安，10千伏出线2条，全长105千米，供张铁集乡、普明滩乡、上马头乡、南李庄乡、孙甘店乡、从善楼乡70个村用电。2000年增主变一台1800千伏安。2003年增容为9450千伏安。

金滩镇35千伏变电站。位于金滩镇南，占地面积1900平方米。1981年7月1日动工兴建，1982年10月15日投入运营，总投资68万元，由石槽坊110千伏变电站供电。主变1台，容量3200千伏安，初建有10千伏出线2条，全长91千米，供金滩镇、上马头、张铁集、普明滩、北堤、红庙、营镇七个乡镇70个村用电。1995年8月增容改造，主变达到2台，容量9500千伏安，35千伏进线1回路，10千伏出线5条，全长108.759千米。

埝头35千伏变电站。位于埝头村东北，占地面积2410平方米。1982年9月10日动工建设，1984年12月25日投运供电，总投资72万元，由龙王庙110千伏变电站供电。主变1台，容量3150千伏安，10千伏出线3条。供埝头乡、束馆镇、西付集乡、冢北乡90个村用电。1997年增主变1台，容量6300千伏安，达到主变2台，容量9450千伏安。

孙甘店35千伏变电站。位于孙甘店乡南石冲村西南。1992年8月动工建设，1994年4月投运，主变2台，容量4950千伏安，由龙王庙110千伏变电站供电。2001年，主变3150千伏安改为4000千伏安，10千伏出线4条，全长89.795千米。2005年孙甘店站投运后改为开关站，10千伏线路3条，全长71.46千米。

西店35千伏变电站。位于王村乡西店村西。1997年1月建成投运。初建时由七里店110千伏变电站供电，主变1台，容量3150千伏安。2001年12月杨桥110千伏变电站投运后，西店站改为35千伏双电源供电，10千伏出线3条，全长88.468千米。2003年4月，主变增容为3150千伏安×2台，10千伏出线4条，全长71.867千米。

旧治35千伏变电站。位于城南旧治村北。1998年6月动工建设，1999年12月投运。主变2台，容量12600千伏安，初建时由七里店110千伏变电站供电，35千伏进线1回路，10千伏出线6条，全长114.286千米。2005年6月龙—旧线建成后，实现双电源供电。

崔岳村35千伏变电站。位于万堤镇崔岳村东。1999年3月动工建设，1999年12月建成投运，由七里店110千伏变电站供电。主变1台，容量5000千伏安，10千伏出线5条，全长125.039千米。2004年4月主变增至为11300千伏安，35千伏进线1回路，10千伏线路5条，全长85.975千米。

北峰35千伏变电站。位于北峰乡后北峰村北。2000年4月动工兴建，2000年8月竣工投运。初建时由龙王庙110千伏变电站供电。主变1台，容量5000千伏安，10千伏出线4条。2002年，10千伏出线增至5条，全长75.393千米。2003年4月主变增至为10000千伏安。

西付集35千伏变电站。位于西付集乡小寨村西北。2000年11月动工建设,2001年7月竣工投运。由龙王庙110千伏变电站供电。主变1台，容量6300千伏安，10千伏出线4条，全长53.333千米，2004年主变增至为12600千伏安，35千伏进线1回路，10千伏线路4条，全长80.923千米。

王庄35千伏变电站。坐落在大名镇金家坛村东。2001年6月开工建设，当年11月投运，初建时由七里店110千伏变电站供电，主变2台，容量6300千伏安×2台,10千伏出线6条，全长5.817千米。2004年12月龙沙T接—王庄线建成后，改为双电源供电。2005年10千伏出线增至7条，全长28.324千米。

黄金堤35千伏变电站。位于黄金堤乡黄金堤村东。2003年1月建成投运，由杨桥110千伏变电站供电。主变1台，容量6300千伏安，35千伏进线1回，出线1回路供营镇站，10千伏出线4条，全长69.494千米。

束馆35千伏变电站。位于束馆镇北束馆村北。2003年6月建成投运，由龙王庙110千伏变电站供电。主变1台，容量6300千伏安，10千伏出线4条，全长62.59千米。

营镇35千伏变电站。位于营镇乡金庄村北。2003年6月建成投运，由杨桥110千伏变电站供电。主变1台，容量6300千伏安，10千伏出线4条，全长77.322千米。

窑厂35千伏变电站。坐落在金滩镇窑厂村东。2003年7月建成投运，由七里店110千伏变电站供电。主变1台，容量6300千伏安，10千伏出线4条，全长73.857千米。

铺上35千伏变电站。位于铺上乡宿庄村南。2004年11月建成投运。主变2台，容量6300千伏安×2台，由七里店110千伏变电站和杨桥110千伏变电站双电源供电,10千伏出线5条,47.339千米。

城西35千伏变电站。坐落在大名镇油粉滩村西南。2005年9月1日建成投运。主变2台，容量16000千伏安，由七里店110千伏变电站和杨桥110千伏变电站双电源供电，10千伏出线6条，67.3823千米。

另有杨桥35千伏变电站，位于李马寨村南，占地面积1306平方米。1978年5月建成，主变1台3200千伏安。由沙堤站35千伏母线引出的沙—房线T接至变电站。杨桥站建成后，原来由魏县供电的王村公社、由广平供电的杨桥、沙圪塔公社改由杨桥站供电。1991年，杨桥站改由七里店110千伏变电站供电，有10千伏出线5条，供黄金堤、万堤、王乍村、铺上、王村、西店、马头、杨桥、沙圪塔和儒家寨等10个乡镇的174个村用电。1998年6月增主变1台，容量6300千伏安，使杨桥站共有主变2台，容量9500千伏安。2002年，杨桥110千伏变电站投运，该站停止供电，10千伏出线全部切改到其他站。2002年12月底正式退出电网运行。

第二节　电网改造

1998年10月至2003年11月，全县开展大规模的城乡电网建设和改造工程。

农村电网改造

农网一期改造工程　1998年10月，大名县正式启动农网一期改造工程。项目资金计划投资12438.6万元，实际投资12444.47万元。工程竣工后，经验收全部达到质量标准。主要项目有：

110千伏输变电工程　计划投资2497万元，完成主变2台（杨桥变电站31.5兆伏安，七里店变电站增容40兆伏安），10千伏线路35千米（杨桥变电站17千米，七里店变电站18千米），实际完成投资2502.87万元。

35千伏输变电工程　计划投资1862万元，完成主变8台45.5兆伏安（新建旧治35千伏输变电工程2×6.3兆伏安、崔岳村35千伏输变电工程1×5兆伏安、西付集35千伏输变电工程1×6.3兆伏安、王庄35千伏输变电工程2×6.3兆伏安、北峰35千伏输变电工程1×5兆伏安，改造孙甘店变电站1×4兆伏安）。35千伏线路63.29千米（旧治35千伏输电工程9.3千米，崔岳村35千伏输电工程10.8千米，西付集35千伏输电工程12.4千米，王庄35千伏输电工程7.6千米，北峰35千伏输电工程7.7千米）。35千伏线路切改（西店35千伏输电工程、黄金堤35千伏输电工程）15.46千米，实际投资177.36万元。

10千伏配套工程　计划投资2178.8万元，完成配变140台、7.5兆伏安，线路546.54千米，实际投资2231.07万元。

农村低压改造工程　计划投资5645.3万元，完成工程量651个村、1577.856千米，实际投资5662.45万元。

其他工程　调度自动化178万元，MIS系统65.02万元，乡站微机应用28.7万元。

农网二期改造工程　2002年6月至2003年3月，大名县进行第二期农网建设与改造工程。项目计划投资3509万元，实际投资3509.01万元。主要项目有：

10千伏新建工程。计划投资925万元，完成配变259台、13.44兆伏安，线路137.373千米，实际投资935.08万元。

10千伏线路改造工程。计划投资206万元，完成工程量71.747千米，实际投资212.09万元。

乡镇所在地农村低压改造工程。计划投资97.95万元，完成工程量10.88千米，实际投资97.95万元。农村低压改造工程，计划投资310万元，完成工程量22.64千米，实际投资309.11万元。

10千伏线路新建。计划投资586.88万元，完成配变661台、37.27兆伏安，实际投资575.43万元。

农村低压改造工程。计划投资175.12万元，完成工程量40.34千米，实际投资173.8万元。

农业排灌10千伏线路改造工程。计划投资411万元，完成10千伏线路160.58千米，实际投资555.85万元。

农村排灌试点乡改造工程。计划投资457万元，完成0.4千伏线路30.26千米，10千伏线路15.25千米，实际投资337.48万元。

改造高能耗配变工程。计划投资200万元，完成配变220台、38兆伏安，实际投资177.03万元。

农电光纤通信工程。计划投资140万元，完成工程量129.25千米，实际投资135.19万元。

城镇电网改造

2003年7月，大名县开始县城电网建设与改造工程，2005年10月结束。工程计划投资4677.5

万元，实际完成投资4756.5万元，超计划79万元。具体项目有：

孙甘店110千伏输变电工程　主变1×40兆伏安，110千伏线路15.1千米，计划投资1481.5万元，实际完成投资1481.5万元。

35千伏输变电工程　项目计划投资1042万元，实际完成投资1115.85万元，超计划73.85万元。

孙甘店110千伏配套工程　计划投资250万元，35千伏线路22千米，实际完成35千伏线路22.035千米，投资259.36万元，超计划9.36万元。

10千伏线路新建工程　新建10千伏线路40千米，新增配变113台，容量15190千伏安，实际完成10千伏配电线路新建17条48.194千米，新增配变112台，容量14430千伏安。项目计划投资1119万元，实际完成投资1120.85万元，超计划1.85万元。

10千伏线路改造工程　计划改造10千伏线路9千米，实际改造10千伏配电线路4条8.234千米，配变1台，容量80千伏安。项目计划投资136万元，实际完成投资130.94万元，比计划少5.06万元。

改造高能耗配变工程　计划改造高能耗配变30台，由原容量1670千伏安增为2550千伏安，实际改造高能耗配变30台，由原容量1670千伏安增为2920千伏安。项目计划投资33万元，实际完成投资33.06万元，超计划0.06万元。

一户一表改造工程　计划改造台区123个，低压线路49千米，改造户数8416户。实际改造台区123个，新增低压线路48.58千米，完成"一户一表"改造户8416户。该项目计划投资536万元，实际完成投资534.93万元，比计划少1.07万元。

城网光纤工程　计划新装光纤25千米和6台光端机，实际完成33千米光纤，光端机6台。计划投资80万元，实际完成投资80万元。

城网改造完成后，全县的用电可靠率达99.6%，电压合格率达99%以上。

第三节　供　电

生活供电

1979年，大名县有641个行政村通电，共配备变压器369台，总容量12685千伏安，低压线路680余千米。1985年，共配备变压器1329台，总容量62475千伏安，低压线路2227千米。电风扇、洗衣机、电视机等家用电器逐步进入家庭，生活用电量大幅度上升。1990年，全县生活年用电量达334万千瓦时，共配备变压器1482台，总容量74510千伏安，低压线路2318千米。1992年，大名县651个行政村全部通电。2002年，全县配备变压器3359台，总容量200110千伏安，低压线路4295.7千米。2005年，全县年生活用电量达9282万千瓦时，共配备变压器4523台，总容量295200千伏安，低压线路4429千米。

工业供电

1979年，全县用电企业有63家，工业用电量568万千瓦时。1990年，全县县办工业32家、乡办工业91家使用电力生产，全年用电量增至891万千瓦时。之后，万堤全价饲料厂、南石冲油厂、五得利面粉厂、东方面粉厂等规模企业架设专线，由变电站直接供电。2005年，全县年工业用电量达12098万千瓦时，其中大宗工业用电9775万千瓦时，普通工业用电1648万千瓦时，农村工副业用电674万千瓦时。

农业供电

1979年后，全县普遍使用机井灌溉。1984年，全县共有机井10268眼，电力配套8000眼，比较大的扬水站3座，扬水点30个，全年农业排灌用电量1752万千瓦时，占全部电量的36%。2005年，全县农业排灌用电量6423万千瓦时，电灌面积89万亩。

1979—2005年大名县购电用电情况统计表

表3-21

年份	购电量（万千瓦时）	总收入（万元）	利润（万元）	年份	购电量（万千瓦时）	总收入（万元）	利润（万元）
1979	2736.8	252.16	6.7	1993	7306.3	1233.23	56.6
1980	2773.4	235.65	13.8	1994	9252.9	1688.89	35.01
1981	3666.0	272.86	19.6	1995	10766.08	2056.68	35.13
1982	3269.8	245.3	10.8	1996	10382.7	2573.4	52.9
1983	3878	264.5	27.8	1997	14875	3570.4	40.9
1984	3878	351.5	33	1998	13549	3383	22
1985	4596.9	413.7	46.7	1999	15300	3869	32
1986	5651	448.6	46.8	2000	17863.9	4816.49	35.5
1987	4874.7	468.4	51	2001	20555.2	5162.96	1.1
1988	4811.5	472.4	50	2002	24636.47	6780.8	1.1
1989	5446	675.2	—	2003	21600	6017.3	1.13
1990	4691.1	729.2	30	2004	25500	7175.3	54.2
1991	6133.47	729.24	50.40	2005	28500	8354.4	153.3
1992	7591.23	1004.5	68.6				

第四节　电业管理

计划调度

用电计划　1979—2005年，大名县10千伏配电网建设始终按照上级农电基建计划进行。县电力部门本着留有余度、适当超前的原则，分别于1980年、1985年、1997年和2005年4次编制电力发展规划。其中，1985年规划提出要在五年内新建110千伏变电站1座，新建和扩建35千伏变电站8座，新建10千伏线路270千米，新增配电变压器602台、36120千伏安，用电量达到1.43亿度；1997年至2010年规划提出到2005年全县要新建110千伏变电站2座，35千伏变电站7座，原有变电站扩建增容 6 座，新增 35 千伏线路 74 千米，新建 10 千伏线路 1574 千米，新增配变 2081 台、121542 千伏安。全县达到 110 千伏变电站 4 座，35 千伏变电站 14 座，10 千伏线路 2660 千米，配电变压器 4199 台 245230 千伏安，低压线路 6870 千米。上述规划通过农网建设与改造工程，均得到实现。

电力调度　1985 年，随着 35 千伏变电站下放，县级 35 千伏电网形成，35 千伏电网调度权下放到县。1986 年，县电力部门对调度管理范围、值班制度、设备检修及新设备投入运行、负荷管理、事故处理等做了详细规定。1987 年，调度通信大楼落成，调度设施更新。1991 年 12 月，七里店变电站投入运行，全县形成了以龙王庙、七里店 110 千伏变电站为中心的两个供电区，电网调度任务加重。1999 年 10 月，电力部门投资 178 万元进行调度自动化改造，采用先进的微机技术对电网进行监控，安装智能 WGT 电网调度自动化系统；2001 年 1 月，正式通过省局验收，大名县的电网有了“四遥”（遥控、遥调、遥信、遥测）功能。调度值班员可在调度工作台，通过显示器清楚看到各站一系列运行状态。设备运行状态改变时，可在显示器报警区显示，包括站名、开关编号、发生时间等，自动推出事故画面，值班员可在工作台进行开关分合，主变调分接头，实现远方遥控操作。2003 年 7 月，调度台又进行了调度端自动化系统改造，使 110 千伏变电站 4 座、35 千伏变电站 18 座全部实现了“四遥”，具备了无人值班功能。在电网控制、负荷计算、无功优化、电网安全等方面发挥了重要作用，实现了与电力 MIS 系统联网，系统升级为 SCA-200 系统。2005 年 11 月，调度室搬进新建大楼 140 多平方米的调度中心，配有 17 英寸液晶显示屏，双电源供电，设有 30 多平方米 PM-20 调度模拟盘，能够清楚反映所管辖电网的一次系统接线图，并留有余度。

电价管理

居民生活用电电价　即城乡居民家庭照明以及各种家用电器用电电价。1979 年，大名县居民生活用电为 0.165 元每千瓦时。1985 年后，河北省出台集资办电政策，设立多种建设基金，县政府也设立了集资办电资金。1989 年，县城居民生活电价为 0.306 元每千瓦时，农村综合电价为 0.250 元每千瓦时。1990 年，居民生活电价调整为 0.282 元每千瓦时，农村综合电价调整为 0.30 元每千瓦时。1994 年居民生活电价调整为 0.32 元每千瓦时。1995 年，居民生活电价下调为 0.235 元每千瓦时，农村综合电价下调至 0.238 元每千瓦时。1996 年，居民生活电价升至 0.302 元每千瓦时，农村综合电价升至 0.330 元每千瓦时。1997—2002 年，电价逐年有所提升。2003 年，全县城乡生活用电实行同网同价，电价调整为 0.490 元每千瓦时，截至 2005 年年底未变。

非居民照明电价　即国家电网供电地区的宾馆、饭店、机关、事业单位的照明及其用电设备用电的电价。1994 年，非居民照明用电为 0.399 元 / 千瓦时；1995 年为 0.429 元 / 千瓦时；1996 年为 0.473 元 / 千瓦时；1997 年为 0.529 元 / 千瓦时（指导电价为 0.589 元 / 千瓦时）；2000 年为 0.553 元 / 千瓦时；2003 年为 0.621 元 / 千瓦时，截至 2005 年年底未变。

农业生产电价　1979—1988 年，农业排灌、电犁、生产队打井、脱粒、社员口粮加工、饲料加工和防汛照明电价为 0.06 元每千瓦时。1989—2001 年，大名县农村用电执行综合电价，其中 1994 年农业生产实行贫困县排灌电价；2002—2005 年，执行贫困县排灌电价为 0.43 元每千瓦时。

农村工副业电价、普通工业电价　1979—1988 年，大名县县城工业和乡村农副业加工电价 0.094 元每千瓦时。1989 年，非普通工业电价为 0.189 元每千瓦时；1990 年，非普通工业电价为 0.172 元每千瓦时；1994 年，非普通工业电价为 0.375 元每千瓦时；1995 年，非普通工业电价为 0.405 元每

千瓦时；1996年，非普通工业电价为0.460元每千瓦时；1997年，非普通工业电价为0.506元每千瓦时，指导电价为0.566元每千瓦时；2000年，非普通工业电价为0.524元每千瓦时；2003—2005年，非普通工业电价为0.582元每千瓦时。

大宗工业电价　指以电力为原动力，用于工业生产产品的企业，其配电变压器容量在100千伏安或用电设备容量在100千瓦及以上者。1985年开始执行力率因数调整电费，1994年基本电价为10元每千伏安月，电度电价0.298元每千瓦时，指导电价加价0.070元每千瓦时。1995年基本电价为10元每千伏安月，电度电价0.328元每千瓦时，指导电价加价0.100元每千瓦时。1996年基本电价为10元每千伏安月，电度电价0.372元每千瓦时，指导电价加价0.100元每千瓦时。1997年基本电价为12元每千伏安月，电度电价0.405元每千瓦时，指导电价0.465元每千瓦时。2000年基本电价为15元每千伏安月，电度电价0.381元每千瓦时。2003—2005年基本电价为15元每千伏安月，电度电价0.425元每千瓦时。

电费收缴

电费收缴方式随着电网发展和科技进步的变化而变化。1979年至一期农网改造前，大名县的电费收缴采取电工收取后上交到供电所，由所交到县公司。一期农网改造完工后，实行同网同价，后又提出“三公开”“四到户”“五统一”，明确要求抄表到户，收费到户，供电所直接替代农电工。向用户收取电费采取走收和座收两种方式。2000年县城电网改造完成后，县城实现收费到户，同时与邮政储蓄合作，由其代收电费。另一种收费方式是安装磁卡表，用户预付电费，主要用在流动性大的农业排灌上。

“三电”工作

1979年年初，大名县“三电”（计划用电、节约用电、群众办电）工作领导小组由1名副县长任组长，经委主任任副组长，下设办公室，由电力局局长兼任主任。“三电办”代表县政府行使行政职权，实行一个机构两块牌子。1979年8月，针对全县用电设备增多，供需相差5倍多的情况，改进为合理分配负荷，调整用电负荷和用电时间。1980年5月，开始实行“电证”，各单位凭证用电，不得超过。对大用户和经常超指标用电的户安装电力定量器。1983年，工业用户在电焊机上安装“交流弧焊机节电自动开关”44台，节电90%，全年节电8.2万千瓦时，价值7000元。1985年5月，对工业用户下达指令性计划和指导性计划，按季、月下达到户，包干使用。1987年8月，为解决供电不足问题，杨桥镇拟自筹资金1148万元建设6000千瓦火力发电厂，北峰乡前现城村拟自筹资金495万元建设3000千瓦火力发电厂。但因种种原因均未开工建设。1988年1—5月，全县拉闸限电950路次，少送电量650万千瓦时，节电37万千瓦时。1996年1月，县“三电办”下文明确三电办公室的工作任务及职责范围是：计划用电、节约用电、集资办电。是年，对用电设备节电技术改造，推广使用高效节能灯；采取转移高峰电力措施；推广无功补偿节电技术。1997年，将用电指标安排到9个变电站和35条10千伏线路，并安排了限电顺序。2004年农忙季节，全县需要负荷50000千瓦，上级分配大名县用电指标20000千瓦，出现了严重的拉闸限电现象。2005年，按照《大名县电力供需平衡预警处理方案》，倒排限电负荷，禁止违规拉闸。

管理机构

县级管理机构　1979 年，大名县的县级电力管理机构为县电力局，同年 11 月，县政府成立三电办公室。1999 年 3 月，电力局改制为大名县供电有限责任公司，行政直属邯郸市供电公司。2005 年年底，大名县供电有限责任公司内设 2 室 7 科 1 区，分别是：办公室、生产技术科、财务科、人保科、安监科、农电科、计量室、调度所、材料科、变电工区。

基层管理机构　1979 年，全县共有龙王庙、金滩镇、万堤、王村、城关区、城关镇和杨桥等 7 个农业电力管理站（简称电力站），负责本辖区内的线路设备维护，抄表、收费，农村电工管理，排灌机械管理等。1980 年，成立张南电力组，1987 年更名为马牧地电力站。1987 年 7 月 28 日，建乡级电管站，作为乡政府领导下的集体管电组织，业务上接受电力部门的领导。1987 年 12 月 27 日，8 个电力站改为用电所，同时按 10 千伏线路的供电范围，下设 15 个联乡电管站。

1994 年 9 月，在保留原有 8 个用电所的基础上，将原来按 10 千伏线路划分的联乡电管站改组为 39 个乡（镇）电管站。8 个用电所及辖 39 个电管站如下：

束馆用电所：辖冢北乡站、束馆镇站、埝头乡站、西付集乡站。

万堤用电所：辖万堤镇站、黄金堤乡站、王乍村乡站、崔岳村乡站、北门口乡站。

龙王庙用电所：辖上马头乡站、赵站乡站、龙王庙镇东站、龙王庙镇西站、鲍庄乡站、旧治乡站、未城乡站。

杨桥用电所：辖杨桥镇站、马头乡站、西店乡站、铺上乡站、儒家寨乡站、王村乡站、沙圪塔乡站。

金滩镇用电所：辖金滩镇站、北堤乡站、红庙乡站、营镇乡站。

马牧地用电所：辖孙甘店乡站、张集乡站、普明滩乡站、从善楼乡站、北峰乡站、南李庄乡站。

城关用电所：辖大街乡站、七里店乡站、西未庄乡站、殷李庄乡站、后兆固乡站。

城关镇用电所：辖城关镇电管站。

1996 年 7 月，原来的 39 个乡（镇）电管站改组、合并为 20 个乡（镇）电管站，仍为用电所下设机构。20 个乡（镇）电管站为：龙王庙用电所：龙王庙电管站、旧治电管站；城关镇用电所：城关电管站；城关区用电所：大街电管站、西未庄电管站；金滩镇用电所：金滩镇电管站、红庙电管站、营镇电管站；马牧地用电所：孙甘店电管站、北峰电管站、张集电管站；杨桥用电所：杨桥电管站、沙圪塔电管站、王村电管站、铺上电管站；束馆用电所：束馆电管站、埝头电管站、西付集电管站；万堤用电所：万堤电管站、黄金堤电管站。

2000 年 6 月，8 个用电所、20 个乡（镇）电管站、村级管电组织全部撤销，组建 20 个供电营业所（简称供电所）。由改制后的县供电公司管理。20 个供电所为：龙王庙供电所、旧治供电所、城关镇供电所、大街供电所、西未庄供电所、金滩镇供电所、红庙供电所、营镇供电所、孙甘店供电所、北峰供电所、张集供电所、杨桥供电所、沙圪塔供电所、王村供电所、铺上供电所、束馆供电所、埝头供电所、西付集供电所、万堤供电所、黄金堤供电所。2004 年，20 个供电所全部通过省电力公司和邯郸供电公司的检查验收，成为规范化管理供电所，截至 2005 年年底，20 个供电所未变。

第六章　环境保护

第一节　机构设置

1982年前，大名县未设立专门的环境保护管理机构。1982年11月5日，大名县成立城乡建设环境保护局，编制4名，其中主管环保副职1名，1984年2月，更名为大名县城乡建设环境保护办公室，编制14名，其中主任1名，副主任3名。1988年1月10日，恢复城乡建设环境保护局，编制15名，其中局长1名，副局长4名。1993年3月，与大名县计划委员会合并，成立大名县计划建设委员会，下设环保办公室，工作人员3名。

1999年9月，与大名县计划委员会分设，单设城乡建设环境保护局，行政编制5名，其中局长1名，副局长1名，内设环保管理股、环境监理站，工作人员13名。2002年7月，城乡建设与环境保护机构分设，成立大名县环境保护局，工作人员50名，其中局长1名，党支部书记1名，副局长2名，纪检组长1名。至2005年年末，大名县环境保护局编制7名，其中，局长1名，党支部书记1名，副局长1名，纪检组长1名，内设办公室、监控股。

第二节　环境污染源

大名县的环境污染源主要来自于城乡工业“三废”（废水、废气、废渣）、城镇生活污染、医疗垃圾污染。

空气污染

大名县的空气污染源主要来自于工业废气，并受到交通尾气排放影响。工业废气污染主要以是烟尘、二氧化硫为主的煤烟型污染，煤和燃料油是主要污染源。截至2005年年末，全县境内有废气排放企业72家，这些企业中有蒸汽锅炉18台，其中装有消烟除尘设备的16台，治理率为88.9%；有工业炉窑56台，所产废气年排放量中含二氧化硫1096.8吨、烟尘383.9吨。排放废气的工厂主要有名鼎化工有限公司、发达化工有限公司、恒源化工有限公司和各个砖瓦窑等。随着县内工业快速发展和人民生活水平不断提高，各种机械车辆数量急剧增加，车辆尾气污染日益严重。

水污染

主要是工业废水、城镇生活污水和医疗污水。截至2005年年末，县城内有3家企业排放工业废水，日排放总量700余吨，分别是名鼎化工有限公司、大名府酒业有限责任公司、发达化工有限责任公司。名鼎化工有限公司在2001年因工业废水排放到厂区北部的“魏大馆”渠内，引起附近部分庄稼和家禽死亡，引发村民到县政府上访。2005年，城镇居民日排放生活污水量约1520吨，由于县城污水基础设施建设不完备，绝大部分污水经下水道排入城东引河。县级医院每年排放医疗污水 3500 吨，除县人民医院、妇幼保健院、传染病防治中心等单位医疗污水经加氯或采用次氯酸钠消毒处理后排放外，其他医院医疗污水基本上未经消毒处理，直接由下水道排入河道或田野。经邯郸市环保局监测中心站监测，大名县境内的漳河水质较好，卫河水质大部分超标，主要是由上游（河南）来水造成的。

2003 年对卫河水常规监测情况一览表

表 3-22

水质 单位	pH	高锰酸盐指数	化学需氧量	生化需氧量	氨氮	总磷	挥发酚	总砷	氟化物	氰化物	硫化物
卫河水现状	7.89	135.22	461.0	85.26	23.2	0.96	0.03	0.004	1.21	0.004	0.06
国家标准（v类）	6 ~ 9	15	40	10	2.0	0.4	0.1	0.1	1.5	0.2	1.0

固体废物污染

主要是工业炉渣、建筑垃圾、生活垃圾污染。截至 2005 年年末，大名县固体废物污染企业有发达化工、恒源化工、顺航糠醛、瑞祥化工 4 家。城区每天产生生活垃圾约 20 吨，简单填埋 15 吨，占总量的 75%；回收利用 3 吨，占总量的 15%。

噪声污染

噪声污染在大名县虽不突出，但也有一些工厂周围噪声值超过国家规定的环境噪声标准（Ⅱ类噪声标准：昼间 60 分贝，夜间 50 分贝）。影响周围群众的正常生活。随着人民群众生活水平的不断提高，机动车辆不断攀升，加之交通干道少，造成道路车流量稠密，城区交通环境噪声偏高，导致道路两旁居民受到噪声干扰。

第三节　环保政务

1979—2005 年，大名县通过召开专题会议、制发专门文件、开展专项治理等措施，加强环境保护工作。

1992 年 1 月 28 日，县政府召开全县村镇建设环境保护工作会议，县长孙登选到会讲话。1993 年 10 月 21 日，县法院、建委、环保办联合成立城建环保法庭，对涉及环保方面的案件依法处理。12 月 22 日，县政府召开城建环保执法大检查工作动员大会，组织有关单位和人员，在全县开展环保执法大检查。1994 年 2 月 22 日，县政府决定在大名县范围内实行排污申报登记制度，责令有关企业和单位限期到环保局进行申报登记。1996 年 9 月 27 日，县政府制定《落实国务院关于环境保护若干问题的决定的实施方案》。12 月 5 日，县政府做出《坚决取缔、关停重污染小企业，防止死灰复燃的决定》，对年产 5000 吨以下的造纸厂、年产 500 吨以下的染料厂、年产 30000 张以下的制革厂实施关停。1997 年 3 月 5 日，县政府发出《关于加强锅炉烟尘治理的通知》，决定在全县实施“环保形象工程”。1998 年 7 月 23 日，县政府批转县环保局《关于 1998—2000 年环境保护限期治理项目的报告》，涉及全县化工、造纸、油脂、面粉加工、机械制造等企业项目 54 个。

1999年5月27日，县政府批转执行环保局《关于下达1999年环境保护限期治理企业的报告》，限期治理企业有名鼎化工有限公司和发达化工有限公司等21家。8月11日，县政府取缔王村乡段庄小炼油厂。10月25日，取缔万堤镇造纸厂。10月27日，取缔埝头乡棉厂小造纸厂和大龙小造纸厂。11月2日，取缔金滩镇金北村造纸厂和杨桥镇造纸厂。11月15日，县政府发出关于治理大气污染的紧急通知。

2000年3月29日，县政府对未按期完成限期治理目标或治理无望的第一批企业实施关停，涉及县造纸厂、草制品厂、输送设备总厂、塑料厂、油脂厂、机械联营有限公司、外贸冷冻厂、县供销社棉花加工厂、副食品加工厂等9家。6月21日，关停第二批企业，涉及北峰油棉厂、杨桥油棉厂、杨桥修造站、万堤修造站、金滩镇修造站等5家。8月20日，关停第三批企业，涉及永和面粉厂、富强面粉厂、宏大面粉厂、金沙面粉厂、福利面粉厂、永生面粉厂、金东面粉厂、永昌面粉厂、水利面粉有限公司、石家寨砖厂、县花生制品厂等11家。9月18日，经监测发现昌盛化工厂废气、废水和污染物严重超标，县政府决定对该厂实施停产治理。10月22日，县城建环保局制定大名县10月31日"零点行动"实施方案，决定对截至10月31日零点，经验收未能稳定达标的企业或部分车间偷开偷排的企业、"十五小"企业实施强行关闭停产。届时供电部门拉闸断电，执法部门封存机器、厂房，拆除反弹"十五小"企业的机器、设备，新闻部门加强舆论监督，对拒不执行政府决定，无理取闹，妨碍公务者，公安部门严肃处理。县长赵书林兼任"零点行动"指挥部指挥长，没有发现重大影响环境问题；

2002年8月23日，县政府批转县环保局《关于严肃查处烟囱冒黑烟，建立无烟示范区的意见》，并公布47家锅炉治理单位名单。2003年3月19日，县政府制定《关于加强生态环境保护工作意见》，下发全县贯彻执行。2004年8月31日，县政府印发《大名镇创建省级环境优美城镇实施方案》。

2005年4月15日，县政府提出《加强生态环境保护工作实施意见》和《进一步加强环境保护监督管理工作的实施意见》。9月23日，大名县召开秋季秸秆禁烧工作会议，县委、县政府主要领导出席并讲话。

第四节　污染防治

废气污染防治

坚持防、管、治相结合的方针，积极改善大气环境质量。1984年，对县草辫厂使用的锅炉安装旋风除尘器，减少烟尘排放量。1986年，县酒厂对二氧化碳进行回收，增加经济效益10余万元。

1989年，县酒厂对锅炉进行改造，化肥厂锅炉安装除尘器。2000年，开展"一控双达标"（污染总量控制，环境功能区达标，所有工业污染源排放污染物达标）验收，名鼎化工有限责任公司、发达化工有限责任公司等71家企业通过限期治理达标验收，依法关停大名县广绿源脱水菜厂等25家企业。

2002年，县政府批准县环保局《关于严肃查处烟囱冒黑烟建立无烟示范区的意见》，主要整治城区采暖锅炉。全县共有锅炉54台，改造锅炉4台，改造率7.4%。

2003年，开展整治违法企业保障群众健康专项行动，环保、公安、技术监督、工商等部门联合执法，取缔小炼油6家、小电镀1家、小造纸3家，更换或改造锅炉6台（全县共有锅炉53台）改造率11%。邯郸市环保监测中心站对大名县城区大气环境质量进行监测，各项指标均符合国家GB3095-1996《大气环境质量标准》的二级标准。

2004年，改造锅炉8台（全县共有锅炉53台），改造率15%。其中名鼎化工有限责任公司投资12万元，发达化工有限责任公司投资8万元，盛华木糖公司投资7万元，顺航公司投资8万元，大名府酒业公司投资3万元，对锅炉进行改造及安装高效脱硫水膜除尘器。

2003年大名县城区大气环境检测情况统计表

表3-23

单位	二氧化硫（毫克／立方米）		氮氧化物（毫克／立方米）		总悬浮微粒（毫克／立方米）	
	实测	国Ⅱ标准日均值	实测	国Ⅱ标准日均值	实测	国Ⅱ标准日均值
大名酒厂	0.006	0.15	0.013	0.12	0.135	0.30
西街	0.008	0.15	0.014	0.12	0.087	0.30
七里店	0.006	0.15	0.016	0.12	0.120	0.30
豆腐营	0.007	0.15	0.014	0.12	0.118	0.30

废水污染防治

1984年，大名县自行车配件厂将原有氢电镀工艺改为无氢电镀工艺，使污染物排放达到规定标准。1985年，县造纸厂对废水进行回收，减少废水排放量，同时节约能源。2001年，名鼎化工有限责任公司开始进行污水治理。2002年，总投资500万元的污水治理设施竣工投入使用，日处理污水400吨。2003年，盛华木糖有限责任公司、顺航糠醛有限责任公司各投入125万元，进行污水处理，塔底废水通过水膜除尘消耗、配稀酸使用，实现循环利用不外排。2004年，大名府酒业有限责任公司投资120万元，对酒精废醪液进行治理，实现废物再利用价值，基本达到清洁生产要求。

2005年，发达化工有限责任公司投资75万元，对塔底废液进行治理，废水达到国家规定的二级标准；兴华化工厂投资60万元，对废水进行整治，使COD达到国家二级标准。重点实施名鼎化工、发达化工、盛华木糖等企业的污染深化治理。其中名鼎公司投资110万元，加强在线监测能力和工艺改进。投资15万元，安装COD在线分析仪，10月通过省、市环境监测站验收；投资95万元，先后对五项工艺流程做深化治理（烷化工序工艺结晶回收再利用、废除氯代洗料工序、还原工序活化水回收再利用、甲醇废水回收、冷却水回收），日减少工艺废水排放量37吨，减少冷却废水排放量100吨。

废物污染防治

对发达化工有限责任公司、顺航糠醛化工有限责任公司、恒源化工有限责任公司、瑞祥化工有限责任公司4家企业生产过程中产生的糠醛渣，全部用于锅炉燃料，减少燃煤使用量，达到清洁生产要求。2005年，大名县境内有工业炉窑56台，燃煤炉渣全部实现综合利用，如用煤渣做砖、用于公路工程建设等。

第五节 环境管理

污染监测

2002年，大名县利用半年时间，完成对化工、面粉、编织、糠醛和砖厂等150余家污染企业的普查工作，同时加强环境管理的日常监察。2003年，县环保局购买噪声仪1台、录音机1台、照相机1台；2004年购买噪声仪1台、分光光度计2台、林格曼电测烟望远镜2台、酸度计2台、氨氮测定仪1台、COD快速测定仪1台、摄像机1台，基本能自主完成监察监测任务。

立项审查

1999年，大名县对建设项目环保管理做出明确规定：新建项目全面考虑自然环境和社会环境，服从区域规划和城镇总体规划，合理布局。在城镇生产居住区、水源保护区、名胜古迹附近，不准污染和破坏环境工程建设。一切基本建设项目在可行性研究阶段，按照环境保护部门要求，编制环境影响报告书或环境影响报告表。建设单位在上报可行性研究报告、计划任务书时，附有环境保护部门审批的环境影响报告及其审批文件。对环境影响报告未被批准的建设项目，计划部门不批准立项，工商部门不发放营业执照，土地管理部门不办理征地手续，银行不贷款，建设部门不批准建设。建设防治污染和其他公害的设施，与主体工程同时设计、同时施工、同时投产使用。

2002—2005年大名县建设项目环保审批情况表

表3-24

年份	建设项目总数	环保审批数	“三同时”执行数	当年竣工验收数
2002	40	38	22	28
2003	32	32	20	26
2004	58	58	43	32
2005	29	29	27	13
合计	159	157	112	99

至2005年年末，由于监测站未通过省级审核，大名县环保日常管理只能初步对大名县环境状况和以工厂为主的污染源进行调查摸底；有重点地督促有关工厂进行“三废”治理工作；建立环保“三同时”（即环境保护设施、三废污染治理必须与主体工程同时设计、同时施工、同时投产）审批制度。

排污费收缴

2003年前，大名县排污收费根据1982年国家颁布的《征收排污费暂行办法》，对超过国家规定标准的排污企业征收超标准排污费。2003年7月1日《排污费征收使用管理办法》实施后，排污费的征收由单因子收费转变为多因子收费，所征收的排污费作为环境保护专项资金全部上缴财政，主要用于补助排污企业的污染治理，至2005年年末未变。

第四编　改革开放

1978 年中共十一届三中全会之后，大名县进入了改革开放新时期。政治体制、经济体制、流通体制、社会保障体制改革全面铺开。随着改革开放的深入发展，改革成效日益显现。早在 1977 年秋，万堤公社万北大队第一生产队就率先实行了家庭联产承包责任制。1979 年 9 月，土地承包责任制在全县 600 个大队普遍推广。1984 年，中共中央《关于经济体制改革的决定》下发后，大名县对县属企业管理体制和产权制度进行了改革，逐步建立了现代企业制度。流通领域的改革，适应了市场经济的发展。1981 年后，大名县进一步完善了人民代表大会制度和政治协商制度，人大常委会和人民政协的工作日趋制度化、规范化、经常化和法律化。2002 年，开始实行村民直接选举，村民的政治权利得到保障。司法体制改革，促进了依法治县的开展。1986 年，社会保障体制改革开始进行，围绕养老保险、公费医疗、城镇住房、最低生活保障制度，进行一系列改革，社会保障体系基本建立。

第一章　政治体制改革

1981 年 1 月，召开大名县第七届人民代表大会，撤销大名县革命委员会，恢复大名县人民政府。1984 年 5 月，撤销公社管理委员会，改称乡（镇）人民政府。同时撤销村生产大队管理委员会，改称村民委员会。1981 年之后，大名县进一步完善人民代表大会制度和政治协商制度，人大常委会和人民政协的工作日趋制度化、规范化、经常化和法律化。村民委员会的产生由过去的任命制逐渐过渡到推选制。2002 年，开始实行村民直接选举，村民的政治权利得到保障。1996—2005 年，大名县对党政机构进行了三次大的改革，撤并一些直接管理企业的政府部门，精简了一些超编人员，还将原来的 39 个乡镇合并为 20 个。对经济工作管理由原来的行政指挥转变为指导服务，为经济发展创造了宽松环境。党政机构改革加快了干部人事制度改革，1984 年后，逐步完善干部考核、考查、奖惩、任用制度，强化干部激励机制。1996 年 12 月，在全县开始实行国家公务员制度，到 2005 年，全县有 3099 人被录用为公务员。司法体制改革同步进行，在社会活动中坚持公正执法，严格执法，促进了依法治县的开展，为经济发展起到了保驾护航作用。

第一节　政治制度改革

完善人民代表大会制度

1954年，实行县人民代表大会制度，代表由公民普选产生。各乡镇也开始实行人民代表大会制度。1981年1月，召开第七届人民代表大会，选举产生大名县人民政府，取消县革委会称号，并开始设人民代表大会常务委员会。县人民代表大会闭会期间，县人大常委会主持日常工作。县人民代表大会初为不定期召开，从1981年开始实行三年一届制度。大名县第七届人民代表大会常务委员会成立以来，制定、完善和健全了一系列规章制度，使全县工作逐步走上了规范化、制度化、法律化轨道。

完善工作监督制度　1990年，县十届人大常委会第二次会议审议通过《关于实施监督的试行办法》。1999年，县十二届人大常委会第六次会议通过决议，对县“一府两院”报告重大事项、通报重要情况等工作进行了明确规定。1981—2005年，县人大常委会听取和审议了县“一府两院”工作报告473项，肯定了工作成绩，指出了存在的问题，提出了整改建议，加大了督办落实力度，促进了县“一府两院”工作的开展；通过实地查看、听取汇报、进行座谈、监督整改等措施，组织省、市、县三级人大代表对县工业、农业、环境保护、城市建设及重点项目等方面工作进行集中视察66次，为县内政治、经济、文化诸方面的工作开展起到了指导监督作用。

完善法律监督制度　1981年县人大常委会成立后，先后对91部法律法规的贯彻执行情况进行了严格检查，认真抓好“宣传、培训、考试、咨询、调研、整改”六个环节，保证了法律法规的正确实施。1992年，县十届人大常委会第十四次会议审议通过《关于在县直实行部门执法责任制的决定》。1993年，十一届人大常委会第七次会议审议通过《关于开展反腐败斗争、加强廉政建设的决定》。1995年，十一届人大常委会第二十次会议审议通过《关于在全县司法机关和行政执法部门实行错案和执法过错责任追究制的决定》。1998年，十二届人大常委会第三次会议审议通过《关于全面推进依法治县的决议》。通过这些决议、决定的落实，解决了有法不依、执法不严等问题，监督司法和行政执法部门公正、公开、公平执法。

完善人事任免制度　县人大常委会修订完善了人事任免办法，规范了工作程序，完善和创新了任后监督方式。实行任前审查，组织法律知识考试，规范提请程序，审议票决，落实任后监督措施。1981—2005年，县人大常委会共依法任免国家工作人员1275人，为地方国家机关依法履职、正常运转提供了保证。

完善代表工作制度　为加强与人大代表的联系和加强代表大会闭会期间的工作，第八届、第九届、第十届人大常委会分别于1985年、1987年、1990年制定《关于联系县人民代表及代表组织的办法》，2000年，十三届人大常委会第五次会议审议通过《关于代表议案、建议、批评和意见的提出及办理的办法》，2005年，十三届人大常委会第十二次会议审议并通过了《关于代表持证视察的暂行规定》。2003—2005年，十三届、十四届人大常委会每年都制定《关于加强对县人大代表小组开展活动的指导意见》，为开展好代表工作，发挥好代表作用奠定了良好基础。

完善常委会自身建设制度　1999—2005年，十二届、十三届人大常委会多次制定加强自身建设的规章。2005年，县人大常委会实行了“五个结合”的工作方法，即“审议报告与会前调研、会前学法和审议议题、口头发言与书面发言、强化督办与重新审议、年终考核与评先争优”相结合，提高了常委会的议事质量。

完善政治协商制度

中共大名县委对县政协工作非常关注，1989年出台《关于加强政治协商、民主监督的规定》，同年批转县政协党组《关于提案工作意见》。1992年1月、1996年12月、1997年4月、2004年9月先后四次发文，加强完善政协工作，根据形势发展向政协提出新任务、明确新举措。县政协注重加强自身建设，建立、健全专门委员会，制定相应规章制度，并不断补充完善，使政治协商制度逐步实现规范化、制度化、程序化。1999年，县政协在行使协商、监督职能的同时，遵循“围绕中心工作、服务建设大局”的基本指导思想和工作原则，结合全县政治、经济、文化建设工作和出现的重大社会问题，积极开展多层次、多形式的调研、视察活动，为推进县内改革开放和经济建设建言献策，献计出力。1981—2005年，先后进行各种视察和专题调研活动63次，内容涉及经济体制改革、文化卫生、城乡建设、环境保护、农业产业化、科技兴农、农业项目开发、文物保护、商贸物流发展、社会养老保险及利民实事等方面工作。并形成多篇调查、视察报告，针对存在问题及时提出合理的意见和建议，为县委、县政府工作决策提供科学依据。

建立政务公开制度

为增加政府工作透明度，保障人民群众知情权、参与权、监督权，全县从2003年起实行政务公开制度。政务公开涉及各级人民政府及其工作部门，以及其他依法行使行政职能的组织。从县直单位到乡镇，成立了政务公开组织，建立了公开栏，规定了公开内容。2005年年底，全县农村公开项目由2003的16项增至20多项，主要增加了惠农政策、医疗补助、新农村建设等内容。县为651个行政村统一制作了“一盒两本”和四项民主制度，投资20万元建成621个高标准公开栏，占应建栏数的95%，项目公开率达98%。为确保政务公开收到实效，聘请社会各界人士组成政务公开监督代表小组，定期不定期对各单位、各乡镇公开情况进行检查，对发现的问题反馈给县政务公开办公室，及时解决纠正。公布县长公开电话。有专人值班，对群众反映的问题及时记录和处理，采取督办卡的形式，责成有关部门限期解决。成立环境兴县领导小组办公室。内设投诉举报中心、政策咨询中心和经济110（公安特警队），负责对全县涉及经济环境方面的案件及时查处，24小时接受群众举报。县政务公开办公室与纪委监察局、县委政府“两办”督查室人员，采取直接深入单位和群众的形式，对有关单位的政务公开情况进行明察暗访，对发现的不公开、假公开、不按时公开等问题责令改正，并对有关责任者进行处理，将查处情况全县通报。重大决策事前认真听取社会各界的意见和建议。

村民委员会选举制度

20世纪80年代开始，在统分结合的双层经营体制下，农民以家庭成员为基本生产单位，人民公社体制下的生产大队、生产队两级组织逐渐瘫痪，村民委员会应运而生。1984年5月，大名县在公社改为乡镇政府工作完成后，在全县农村建立村民委员会，实行村民委员会选举制度。村民委员会主任、副主任和委员，由村民直接选举产生。村民委员会每届任期三年，其成员可以连选连任。至2005年，大名农村进行了六次村民委员会换届选举。

第二节　党政机构改革

1996年机构改革

1996年7月9日，市委、市政府印发了《关于大名县党政机构改革方案的通知》，明确大名县党政机构设31个（其中党委机构7个，政府机构24个）、直属事业机构8个（其中党委2个，政府6个），具体为：

县委　纪律检查委员会机关与监察局合署办公；县委工作部门设：办公室（信访局挂靠办公室，挂政府信访局牌子）、组织部（干部考核委员会办公室、老干局挂靠组织部）、宣传部、统战部、农村工作部、政法委员会（社会治安综合治理委员会办公室与政法委员会合署办公）；派出机构设：县直机关工作委员会。机要局、保密局、政策研究室、督导室设在办公室；县委直属事业机构设：党校、档案局（与档案馆实行局馆合一，一个机构两个名称，为县委、县政府共管机构，列县委序列）。

县政府　政府工作部门设：办公室（经济体制改革委员会挂靠办公室；法制局设在办公室）、计划建设委员会（挂环境保护局牌子）、经济贸易委员会、教育委员会、科学技术委员会、公安局、民政局（民族宗教事务局挂靠民政局）、司法局、财政局（挂国有资产管理局牌子）、劳动人事局、交通局、农林局、乡镇企业局、文化体育委员会、卫生局、计划生育委员会、审计局、统计局、工商行政管理局、物价局、土地管理局、技术监督局、粮食局、监察局（与纪律检查委员会机关合署办公）；机构编制委员会办公室是机构编制委员会的常设办事机构，属党委、政府共管机构，挂靠劳动人事局。政府直属事业机构设：水利局、农业开发办公室（挂农业区划办公室牌子）、畜牧水产局、农业机械管理局、广播电视局、对外开放办公室（经济技术协作办公室）。

1996年10月9日，单设林业局，列为政府直属事业机构，将原农林局改设为农业局；1996年10月23日，将县对外经济贸易局列为政府直属事业机构；1999年5月5日，将县对外经济贸易局更名为县对外贸易委员会；1999年9月21日，撤销大名县计划建设委员会，分别设立大名县计划委员会、大名县城乡建设环境保护局（挂环境保护局牌子）;1999年12月9日，将县水利局更名为水务局。

1996年12月，进行县、乡机构改革。改革后，党政工作部门由原来的37个精减为31个，精简比例为16.%；设6个挂靠机构，4个群团组织，10个直属事业单位；党政部门的内设机构由原来的173个，精减为127个，精简比例为48.22%。原来乡镇39个，合并为20个，精简比例为55.6%，同时6个办事处全部撤销。县直党政工作部门科级实职领导干部职数由183人压减至141人，股级干部职数由265人压减至178人；乡镇副乡级以上领导干部职数由329人压减至140人（不含综治委副书记、计划生育副书记、科技副乡镇长），股级干部职数由247人压减至180人。同时清理混岗人员352人，分流机关超编人员341人，减少吃“财政”事业人员428人，三项控编减员任务顺利完成。在改革过程中，围绕转变职能、理顺关系，向乡镇下放权力的要求，将农机、农技、畜牧兽医、林业、水利、财政等乡镇事业机构的人、财、物管理权下放到乡镇；并明确对双重管理的工商、税务、公安、法庭等单位有关人员的任免、奖惩，必须征求乡镇党委的意见；在审定各单位“三定”方案时，参照上级对口部门的职能，结合本县实际，对交叉职能、两家或多家管理的职能进行了明确，进一步理顺了各部门的关系。

2002年机构改革

2002年6月，党政机关机构改革把职能转变和理顺关系作为改革重点。经过两个多月的扎实推进，基本完成了改革任务。改革后，县直党政工作部门由32个调整为31个（含监察局）；部门内设机构由128个调整为120个，减少6.3%；县委、县政府直属事业机构由10个调整为8个，减少20%；乡（镇）机关内设机构由146个精简为86个，精简41.1%，乡（镇）事业机构由280个精简为160个，精简42.9%。结合行政审批制度改革和农村税费改革，进一步转变职能，理顺关系，科学确定各部门的有关审批事项。全县政府部门原有审批事项201项，取消33项，取消率为16.4%。全县党政工作部门及直属事业机构将其职能调整为90项，其中划出10项、划入16项、强化11项、弱化39项、下放14项。县直党政群机关分流任务为25人，实际分流70人（提前离岗）。

县党政机构调整情况为：

县委　保留纪律检查委员会机关（监察局与其合署办公）、办公室、组织部、宣传部、统一战线工作部、政法委员会（社会治安综合治理委员会办公室与其合署办公）、县直机关工作委员会。设立农村工作委员会，不再保留农村工作部；不再保留干部考核委员会办公室，职能交县委、县政府有关部门。县委、县政府信访局由县委办公室、县政府办公室管理转为以县委办公室管理为主；老干部局由组织部管理。机要局、保密局、政策研究室、督查室设在县委办公室内，对外保留名称。机构编制委员会办公室（挂事业单位登记管理局牌子）是机构编制委员会的常设办事机构，既是党委的工作机构又是政府的工作机构。保留档案局（馆）为直属事业机构，不再保留党校为直属事业机构。

改革后县委设工作部门8个：纪律检查委员会机关（监察局与其合署办公）、办公室、组织部、宣传部、农村工作委员会、统一战线工作部、政法委员会（社会治安综合治理委员会办公室与其合署办公）、县直机关工作委员会；部门管理机构2个：信访局（县政府信访局）由县委办公室、县政府办公室管理，以县委办公室管理为主，老干部局由组织部管理；议事协调的办事机构1个：机构编制委员会办公室（事业单位登记管理局）；直属事业机构1个：档案局（馆）。

县政府　保留办公室、财政局、民族宗教事务局、公安局、监察局（与纪律检查委员会机关合署办公）、民政局、司法局、交通局、农业局、卫生局、审计局、统计局、环境保护局、物价局。县级环保机构实行双重管理，以县管为主。经济贸易委员会更名为经济贸易局（挂安全生产监督管理局牌子，有专人负责此项工作）；科学技术委员会更名为科学技术局；计划生育委员会更名为计划生育局；劳动人事局更名为人事劳动和社会保障局；土地管理局更名为国土资源局。教育委员会与文化体育委员会合并，组建文化教育体育局。水务局更名为水利局，由直属事业机构调整为政府工作部门。不再保留计划建设委员会，组建发展计划局、建设局（挂人民防空办公室牌子）。法制局更名为法制办公室，在政府办公室挂牌。不再保留经济体制改革委员会，在政府办公室挂经济体制改革办公室牌子。不再保留国有资产管理局，职能并入财政局。粮食局、乡镇企业局（挂民营经济发展改革局牌子）由政府工作部门调整为直属事业机构。保留林业局、畜牧水产局、广播电视局为直属事业机构。对外开放办公室（经济技术协作办公室）更名为开放办公室，挂招商合作局牌子。组建扶贫开发办公室，为直属事业机构。不再保留对外经济贸易委员会、农业机械管理局、农业开发办公室直属事业机构。

改革后县政府设工作部门22个：办公室、发展计划局、经济贸易局、财政局、文化教育体育局、科学技术局、民族宗教事务局、公安局、监察局（与纪律检查委员会机关合署办公）、民政局、司法局、人事劳动和社会保障局、交通局、农业局、水利局、卫生局、计划生育局、审计局、统计局、环境保护局、国土资源局、建设局、物价局；直属事业机构7个：乡镇企业局、粮食局、开放办公室、广播电视局、林业局、畜牧水产局、扶贫开发办公室。

2005年县政府机构改革

2005年9月7日，对县政府部分单位的职能、机构进行整合和调整：将发展计划局、经济贸易局、乡镇企业局（民营经济发展局）、经济体制改革办公室合并，设置发展改革局。根据改革和建设的需要，设置由发展改革局管理的工业促进局。将开放办公室（招商合作局）、外贸局、商业局、物资局管理职能进行整合，组建商务局。县政府不单设国有资产管理机构，职能由财政部门承担；指导国有企业改革工作由发展改革局承担；管理国有企业负责人和领导企业党建工作由党委组织部门承担。整合农业、畜牧、水产职能和机构，综合设置农牧局。计划生育局更名为人口和计划生育局。整合文化、教育、体育、旅游管理职能和机构，分别组建教育局、文化体育旅游局。文化体育旅游局为政府直属事业机构。将物价局由政府工作机构调整为政府直属事业机构。将扶贫开发办公室由政府直属事业机构调整为议事协调机构的办事机构，仍为事业性质。将城区管理局改为归口建设局管理，仍为事业性质。

经上述调整和整合，不再保留发展计划局、经济贸易局、农业局、文化教育体育局、经济体制改革办公室、乡镇企业局（民营经济发展局）、开放办公室（招商合作局）、畜牧水产局。县政府设置工作部门22个：办公室、发展改革局、财政局、公安局、建设局、民政局、司法局、人事劳动和社会保障局、交通局、农牧局、商务局、水利局、安全生产监督管理局、卫生局、人口和计划生育局、审计局、统计局、环境保护局、国土资源局、教育局、科学技术局、民族宗教事务局、监察局（与纪律检查委员会机关合署办公）。部门管理机构2个：工业促进局、城区管理局。直属事业机构5个：粮食局、林业局、物价局、文化体育旅游局、广播电视局。议事协调机构的办事机构1个：扶贫开发办公室。

第三节　行政事业单位机构改革

推行公务员制度

大名县于1996年12月开始推行公务员制度。根据《国家公务员暂行条例》和《邯郸市国家公务员制度实施方案》，制定了《大名县国家公务员制度实施方案》。推行国家公务员制度的单位有县政府各职能部门、各乡镇人民政府及有关行政职能的部分直属事业单位。按照国家公务员任职条件，对具有正式国家干部身份的工作人员进行过渡考核，在“三定方案”的严格数额内，对考核合格人员择优过渡为国家公务员。公务员的考核、录用、奖惩、培训、辞职、辞退等各项制度陆续完善实施。全县共有24个县直机关、8个县直事业单位、16个县直部门为参照公务员单位，20个乡镇实行公务员制度，共设置职位1104个，其中正科级职位88个、副科级职位300个、股级219个、科员389个、办事员108个。截至2005年年底，全县录用为公务员的共有3049人。

干部管理制度改革

1979年后，大名县干部队伍面临两大问题：一是素质不高，二是年龄老化。1980年后，实行干部队伍“革命化、年轻化、知识化、专业化”方针，对干部管理和人事制度进行改革。按照“四化”的要求调整各级领导班子，改变干部队伍的年龄结构和知识机构；废除实际存在的领导职务终身制，推行老干部退离休制度，同时对不到退休年龄的实行县级57岁、乡科级55岁以上的老干部“退二线”；在干部录（任）用上分别实行委任制、选举制、聘任制和考任制；推行干部目标管理岗位工作责任制；对干部进行年度考核，对领导干部进行民主评议；根据考核情况进行奖惩。这项管理制度直到2005年仍在坚持执行。

20世纪80年代后，人事制度逐步由分配制、委任制向选聘制发展。1995年2月，县委颁布《党政领导干部选拔任用工作暂行条例》，明确规定党政领导干部选拔任用工作的基本原则、基本程序和基本方法。1999年，按照公开、平等、竞争的原则，为县老干部局、计生委、企业局、文体委、团县委、文联选拔副职。经过笔试、面试及资格审查，确定了6名优秀人选及时走上领导岗位。2000年，按照程序严格筛选，选拔团县委书记1名，乡（镇）政府正职4名。

乡镇人事制度改革

1987年6月，杨桥镇党委书记冯春堂主动申请辞去职务，向镇政府签订任期目标责任书，担任经委主任，专抓乡镇企业。县委认为，政企分开可以使乡镇党委集中精力抓党的建设，政府集中精力抓行政工作，抓乡镇企业的干部可以摆脱行政事务全力抓好乡镇企业，遂选择杨桥镇作为政企分设的改革试点，向全县推广。是年9月，全县39个乡（镇）全部撤销联社，建立经委，实行政企分开，干部各司其职。1988年5月16日，县委、县政府制定《关于人事制度改革的试行意见》，提出按党政分开、政企分开、各类人员实行分类管理的要求，进行人事制度改革。1988年12月30日，县委、县政府制定乡镇干部聘任考核条件，对组织委员、宣传委员、纪检委员、青、妇、武干部等16类人员按线划分，列出聘任考核条件进行聘任。1996年，按照撤区并乡扩（建）镇的要求，撤销6个区，将39个乡镇合并为20个。1997年，根据机构改革要求和有关规定，全县有219人与县财政脱钩。参照试行国家公务员制度管理规定，设立了乡镇公务员职位。1998年12月，按照从优秀党支部书记中选拔录用国家干部的有关规定，将1名实绩突出的村党支部书记录用提拔为副镇长。2001年乡镇党委换届之际，选择8名全日制大学本科学历干部，充实到乡镇党委班子，改善了领导班子文化结构。同时按照要求配齐了一定数量的妇女干部。2002年，县委以乡镇换届、机构改革为契机，乡镇机关行政编制精简167名，精减30%；乡镇事业编制精简276名，精减20.2%；乡镇领导干部职数精简76名，精减39.8%，顺利完成了乡镇机构改革，并按照省市机构改革要求，把职能转变和理顺关系作为机构改革的重点。改革后，所辖乡（镇）20个，其中一类乡（镇）15个；二类乡（镇）5个。乡镇党委、政府本着统一、高效、精干的原则，设置4～5个综合性办公室。其中，14个建制乡设党政办公室（加挂组织员办公室牌子）、财经办公室、社会事务办公室、计划生育办公室；6个建制镇另增设城镇建设办公室；乡镇机关内设机构由原来的146个精减为86个，精减41.1%；乡镇事业机构由原来的280个精减为160个，精减42.9%；乡镇机关行政编制由原来的795名精减为628名，精减21%；乡镇事业总额编制（不含乡镇中小学校、卫生院）由原来的1368名精减为1092名，精减 20.2%。通过这次机构改革，县乡关系得到理顺，乡镇功能得到完善，人员编制得到精减，机构设置更加合理。机构改革工作受到省、市的充分肯定和表扬，被评为全省机构改革先进县。

职称制度改革

职称评聘制度改革　1987 年 3 月，大名县职称改革领导小组成立，政府主管副县长任组长，人劳局、文教局、县科委主要负责人任副组长，组织部、宣传部、财政局及有关部门领导为成员。1987—1992 年，公职人员的专业技术职称评审实行评聘合一的管理办法，即：高、中级专业技术职务在单位定岗、定编、定员的基础上，依据上级文件规定的专业技术岗位职数下达评审指标，评审通过后即聘任上岗，享受相应的工资待遇。事业单位受岗位、职数限制，实行机构比例和聘任数额的“双控”办法。企业实行自主聘任专业技术职务，可高职低聘，可只评不聘。1991 年，符合条件的正规全日制院校毕业生直接聘任专业技术职务。1992 年，职称开始实行评、聘分开，即评的是资格，聘的是职务，评审专业技术职务资格逐步放开。同年，对符合条件的农民及乡镇企业中非国家公职人员专业技术职务进行评审，对科技副乡长评定专业技术任职资格。2003—2005 年，执行评聘分开政策，事业单位专业技术人员评审职称全面放开，职称评审不再下达评审职数，凡是够评审条件的都可申报推荐。为严肃职称申报评审工作纪律，保证职称评审工作的公平、公正和真实性，2004 年，转发了省人事厅、省监察厅《专业技术职务任职资格申报评审违纪处理暂行规定》，并在实践中严格执行。

实行职称考试制度　1990 年，专业技术人员的评价方式开始由单一评审变为评审与考试并重。当年，对计算机应用软件人员和统计员进行资格考试；1991 年，对经济员开始实行考试制度；1992 年，开始对会计、审计专业实行考试制度；2000 年，增加职称计算机考试。凡是申报评审专业技术职务任职资格的，必须参加由省统一组织的全省职称计算机应用能力考试，不参加考试的，不得申报评审相应的专业技术职务任职资格。之后，对卫生系统初级专业技术资格实行考试，对执业药师、注册资产评估师、监理工程师等执业资格也逐步实行了考试制度。

第四节　司法体制改革

中共十一届三中全会以后，特别是中共十五大提出依法治国基本方略和建设社会主义法治国家的目标以来，大名县着力推进司法体制改革。

审判工作改革

紧紧围绕“公正与效率”工作主题，按照《人民法院五年改革纲要（1999—2003）》《人民法院第二个五年改革纲要（2004—2008）》的具体要求，扎实推进各项改革。

审判方式改革　坚持以公开审判为重心，全面推行以公开举证、质证、辩论、认证、裁判为主要内容的新庭审方式，使庭审真正成为审判的中心；改革和完善审前程序，推行庭前证据交换制度；认真执行民事、行政诉讼证据规则，保障程序公正；推行“民事审判快捷八法”，依法扩大适用简易程序审理案件的范围，提高诉讼效率；深化和加大调解力度，促使双方当事人在审判各个阶段走自愿和解之路，及时有效地化解各类矛盾和纠纷，大力减少上诉、申诉案件；落实合议庭和独任法官职权，充分发挥审判组织的作用；强化法官的主持和居中裁判职责，提高驾驭庭审能力；改革和规范裁判文书，注重对证据的分析和适用法律的阐述，增强裁判文书的逻辑性和说理性，使之成为定纷止争、制裁违法犯罪和传播司法文明的载体。实行法官开庭穿法袍、用法槌制度；规范法官庭审活动中的言行举止，树立司法文明形象。

审判机制改革　按照确保司法公正、廉洁、高效的原则，完成法院内设机构改革；全面落实立审、审监、审执分立制度，强化内部监督制约机制；推行案件审判流程管理，建立以“一案两卡”为基础的审判流程管理新体制，保证司法活动各环节协调有效运行；建立民事审判新格局，完善刑事、民事、行政三大审判体系；探索审判监督制度改革，规范再审案件开庭审理程序，确保再审案件立案标准，维护生效裁判的权威性和稳定性，以独立、公正、公开、高效为主要内涵的审判机制逐步建立。

执行体制改革　积极推进执行体制改革，设立执行局，建立“统一管理、统一协调、统一部署、统一指挥、统一调度”的“五统一”执行工作新体制，适应经济发展要求，调整人民法庭设置，改变了按照乡镇行政区划设置法庭的模式。进一步完善诉讼证据制度、规范申诉和再审制度、健全司法救助制度、理顺法官培训体制、加强法官监督管理。

检察工作改革

1979 年 1 月，恢复大名县人民检察院。1983 年岗位责任制的实行，特别是 1998 年以检务公开为标志的检察改革措施的实行，极大地调动了广大检察干警的工作积极性。1990 年成立政工科，负责全院的政治、人事、奖惩与干部任免等项工作。积极推行“一体两翼”执法监督制，树立了检察机关良好的执法形象。2002 年，随着检察机关机构改革，政工科升格为政治处，政治处下设干部科和综合科。2004 年，实行“星级化管理”，进行动态考核考评，把对科室的考核内容分为队伍建设、规范管理、业务工作、创新工作和形象建设五大类，并分别制定具体标准，每符合一大项获得一星，最高等级为五星级科室。与之相配套的还有“星级科室考核办法”“星级科室奖惩办法”。实行目标管理，院党组与中层干部、中层干部与基层干警层层签订“工作目标责任书”和“自动辞职离岗书”，使每名检察人员都有责任、有目标。制订、完善和修改了各项规章制度，制定《检察人员行为规则二十条》及处罚办法，极大地调动了干警的工作积极性，推动了司法和政务文明的历史进程。

司法行政制度改革

基层司法行政管理体制改革　大名县司法局 1981 年 8 月筹建后，即抓紧筹建乡镇司法组织。至 1981 年年底，全县 39 个公社有 30 个配备了 1 ～ 2 名司法助理员。1984 年 4 月起，39 个公社陆续建立了司法所，调配了司法助理员。1997 年 9 月，乡镇司法所销编清人，乡村两级人民调解组织作用削弱，基层司法所安置帮教、人民调解等各项工作受到严重影响，部分基层民间矛盾频发。2004 年 3 月，县委、县政府又为乡镇司法所配齐配强了 42 名工作人员，县乡村三级人民调解组织进一步加强和完善。各基层司法所进行了基础建设，办公用房均达到 100 平方米以上，并进行了装修，统一制作了司法所门牌和各项规章制度，设置办公室、调解室、档案室，购置办公用品及现代化的交通工具。

律师工作改革　在不断健全社会主义法制中，大名县律师从无到有，队伍从小到大，机构日趋健全，人员素质日益提高，改革力度不断加大。1981 年 6 月，县司法局内设法律顾问处，开展法律顾问、经济与民事代理、代写文书、法律咨询和参加调解与仲裁等项业务。1990 年 1 月，法律顾问处更名为大名县律师事务所，直属县司法局领导。随着经济发展和法制建设进程需要，1993 年 4 月，成立大名县经济律师事务所。1996 年，大名县律师事务所更名为河北大名天雄律师事务所，大名县经济律师事务所更名为河北大名宏扬律师事务所。两个律师事务所推行“两不、四自”发展模式：不要国家编制和经费，自愿结合、自收自支、自我发展、自我约束，其专职律师 23 名，改制为自收自支自由结合的事业单位。

公证工作改革　1983 年 1 月，县司法局设立公证处，根据当事人需要办理证明合同、委托书、遗嘱；证明财产继承、转让和赠予；证明亲属关系等各项公证业务。随着经济的不断发展，公证业务逐渐增多，公证人员坚持上门服务，简化办证程序，扩大办证领域，发挥了公证预防纠纷、维护社会稳定的作用。

法律援助改革　2004 年 7 月，县法律援助中心成立，为县司法局内设股级机构。改坐等为主动上门服务，在全县 20 个乡镇及妇联、工会、残联等部门建立法律援助联络站，延伸了触角，扩大了法律援助面，努力做到应援尽援、申请必援，维护弱势群体的合法权益。

司法鉴定改革　2002 年 8 月，县司法局设法制工作股，负责鉴定机构人员的推荐、年检注册及考核工作、指导鉴定人员开展工作。2003 年 1 月，成立县司法鉴定工作委员会，下设办公室，负责全县司法鉴定工作。2003 年 3 月开始，县司法局与县卫生局、县人民医院协调实施法医司法鉴定工作。2003 年 12 月，县司法医学鉴定中心、永和会计司法鉴定中心相继成立，大名县司法鉴定工作有序开展。

人民调解工作改革　20 世纪 80 年代初，全县乡村建立人民调解组织，在公社司法助理指导下开展工作。1989 年，推广“十户调解员”制度，开展人民调解组织网络化建设，即农村设十户调解员，城镇设楼院调解员，企业设车间（班组）信息员。1994 年，建立党委领导下的县乡级纠纷调解中心，解决重大疑难复合型纠纷。至 1995 年，全县建立调解组织 649 个，配备调解员 2284 人，基层调解组织城乡覆盖率达 100%，逐步形成了党委挂帅、部门配合、上下配套三线一体的调解格局。运用法律、政策、经济、行政等手段，化解矛盾，解决纠纷，2004—2005 年，共调解民间各种纠纷 1200 余件，发挥了维护社会稳定“第一道防线”作用。

第二章　经济体制改革

1977 年秋，大名县万堤公社万北大队第一生产队在全国率先实行了家庭联产承包责任制。1979 年 9 月，土地承包责任制在全县 600 多个大队中普遍推广。1984 年，根据中央文件规定，将土地承包期延长至 15 年。1997 年，针对承包地块过于零散、人地矛盾突出等问题，对农村承包地进行调整。1999 年 7 月，第一轮承包期结束，采取平稳过渡的方法，顺延至第二轮承包期，并与农户签订了 30 年不变的承包合同。至此，稳定的土地承包体制在全县建立。在农村经营体制改革中，各种以协会为主要形式的新型合作组织应运而生。至 2005 年，全县各类协会达到 195 个，带动农户 8.8 万户，占全县总农户的 81.6%，为农村经济组织在产前、产中、产后服务中发挥了重要作用。

1984年，中共中央发布《关于经济体制改革的决定》，大名县对县属企业管理体制和产权制度进行了改革。先是普遍推广党委领导下的厂长负责制；1981年1月，对企业实行目标管理、厂长任期目标管理责任制。改革初期，由于承包人责、权、利紧密结合，在一定程度上刺激了企业生产，成效较好。随着改革的深入，不利因素增多，承包制不再实行。1996年9月，对企业进行股份制改造，加快了企业经营机制的转换。根据市场经济发展需要，企业内部对劳动、财务、人事、物资、技术、质量、产销管理等配套改革同步进行，使企业逐步建立了产权清晰、权责明确、政企分开、管理科学的现代企业制度。外贸、物资、商业、供销及粮油等流通领域的改革逐步进行，达到放开、搞活适应市场经济发展的需要。随着工商企业的改革，大名县对计划、税收、财政、物价、金融等部门的经营体制也及时进行了改革，原有的计划经济管理模式被打破，与社会主义市场经济相适应的宏观调控方式逐步建立。

第一节　农村经济体制改革

土地使用制度改革

大名是农业大县，1978年以前在人民公社体制下，实行“一大二公”“三级所有，队为基础”，土地所有权归集体、使用权归生产队。是年，全县粮食亩产为93.5千克，人均日口粮0.25千克左右，一天工值0.1 ~ 0.2元，全年人均收入只有48元。

1977年秋天，万堤公社万北大队第一生产队悄悄实行了家庭联产承包责任制（大包干），短短两年，成了高产富裕队。1978年9月，县委、县革委会在万北大队第一生产队召开了大田管理责任制现场会，推广万北一队实行大田责任制的经验。1979年9月，全县881个生产队实行了万北一队式责任制。1980年12月，县委传达贯彻中央75号文件，进一步加强和完善了以家庭联产承包为主要形式的农业生产责任制。

随着农村经济的不断发展，现有的土地承包经营方式已不适应新的形势发展要求，主要表现为地块过于零散、不宜耕作、人地失衡等，在一定程度上制约了农村生产力的发展。为此，1982年8月，县委农经部下发《关于解决农业生产责任制中按人头分地和地块零碎问题的意见》，开始解决土地零散和粗放经营的问题。1988年，推行双向责任承包合同，乡建立合同管理站和土地承包合同档案。1989年，部分村实行“双田制”，完善部分果园承包合同。

1997年进行土地调整，1998年4月进行了土地延包和发证工作。1999年7月，县委下发土地延包善后工作意见，解决个别乡镇村在二轮延包中存在的问题。截至1999年5月，全县20个乡镇中有631个村、138839户农民拿到了“一证一书”，分别占总村数和总户数的97%和98%，延长承包期30年的土地面积达到107.5万亩。2002年8月，县委下发做好农户承包地使用权流转工作的通知，进一步规范全县土地流转工作。2003年3月，开展了以宣传《中华人民共和国农村土地承包法》为主要内容的学习宣传月活动，采用广播电视、书写宣传标语、组织宣讲团等多种形式进行广泛宣传，取得了明显效果。在《中华人民共和国农村土地承包法》指导下，大名县农村土地承包、流转有序进行。

农村税费改革

1979—2004年，大名县农村农民负担的税费有农业税、农业税附加、农林特产税、耕地占用税、“三提五统”（三提即提留中的公积金、公益金、管理费，五统即乡统筹中的乡村教育附加、计划生育费、优抚费、民兵训练费、乡村道路修理费）。为了减轻农民负担，对农村税费进行了一系列改革。

农业税 农业税亦称“公粮”。中华人民共和国成立后，农业税收政策几经调整，也曾多次予以减免。1958年开始，除征正税外，并附征省附加税7%和乡附加税7%。农业税分两季征收，夏季借征，秋季结算，遇有灾害，报上级批准后予以减免。

1979—1980年，农业税征收按照1966年的“三定”（定产、定购、定销），对负担畸轻畸重现象作必要调整后执行，县对公社、公社对村、村对生产队实行征收。1981年，随着农业联产承包责任制的全面推行，大名县的农业税征收由村民委员会协同村民小组，按照政策和合理负担的原则，把任务调整落实到户。缴纳农业税以实物为主，按米价每斤一角六分五厘计算。1985年，农业税征收以实物为主改为征收代金的办法，每斤米价按二角一分七厘计算，增收部分90%上解，10%留县用于农业税征收费。农业税征收坚持“基数到村，任务到户，以米折算，常年征收，年终结算”的原则。1987年，农业税米价每斤调增为二角三分。同年11月，开征农林特产税，全县对4个乡24个村按实际收入统一为6%的税率计征，同时废止按常年产量纳入农业税率计征税额的办法。1988年，农业税征收小米数额不变，米价每斤提增到二角三分二厘三。1989年，农业税米价调为每斤二角四分八厘三毫五；1990年，农业税实行现金征收，现金结算，并由户交户结改为由乡或村统一交纳，由夏秋两季征收改为常年征收。每年应纳农业税数额由县直接分配到乡（镇），由乡（镇）分解到村，由村负责从村民土地承包费或其他收入中首先交纳农业税。征收任务完成后，再按正税5%征收乡附加，返还给乡镇。1993年，全县形成一整套较为完善的征管办法。至2003年，农业税贯彻执行“依率计征，依法减免”的政策和“应征必征，应减必减，夏季借征，秋季清算”的原则。2004年，按照中央一号文件精神，农业税税率在上年基础上降低3个百分点。

农村税费征收改革 1997年夏季，在全县试行农民正当税费“一笔清”，即农民全年应当缴纳的正当税费，在麦季一次交清，其中主要包括农业税、三提五统、教育集资三项，其他农业特产税、耕地占用税等据实征收，并实行总量控制，不允许乡镇村加码加项。2002年，开展农村税费改革试点工作，改革的主要内容为“三取消、两调整、一改革”。“三取消”即取消乡统筹费、农村教育集资等所有专门向农民征收的行政事业性收费、政府性基金和集资，取消屠宰税，取消统一规定的劳动积累和义务工；“两调整”即调整农业税政策，调整农业特产税政策，农业税按照计税土地面积、农作物常年产量、省政府统一规定的计税标准和经批准确定的税率依法征收；“一改革”即改革村提留征收和使用方法。对村干部报酬、五保户供养和村办公经费，除应由集体经营收入开支的仍继续保留外，凡由农民上缴村提留开支的，一律采用农业税附加方式收取，附加比例为正税的20%。农业税附加由农税机关统一征收，使用省财政部门统一印制的票据，农业税正税上缴县财政，农业税附加留乡镇，按村设账，实行村有乡管，乡镇不得截留，村级之间不准平调。

实行农村税费改革后，按有关依据确定全县计税土地面积为106万亩；税率由1988年的平均9.64%降为6.3%，下调3.34%，比最高年份的13%下降了6.7%；常年产量505千克/亩，计税价格为1.14元/千克。2002年农业税征收方案报经市批准后，实施市税改办批准征收的农业税总额为

4460 万元，其中正税 3717 万元，附加 743 万元。2003 年 4 月，成立大名县农税征收管理局，专门负责农业税征收管理，包括对农业税负担政策的宣传、贯彻和具体办理农业税征收事宜。核实全县计税土地面积为 93 万亩，比上年减少 13 万亩，测算的农业税征收总额为 4377 万元，其中正税 3647 万元，附加 730 万元，总额比上年减少 83 万元。

1979—2004 年，大名县累计征收农业税 21067.9 万元。2005 年，按照国家有关政策，大名县全面免除农业税。

第二节　国有企业产权制度改革

管理体制改革

实行厂长负责制　1986 年 6 月，在县办工业企业推行在党委领导下的厂长负责制。1987 年 1 月，县政府对县经委所领导的企业实行了目标管理责任制，3 月，对厂长实行了任期目标责任制，经委代表政府与企业厂长签订任期目标责任书。目标内容即生产目标、效益目标、素质目标、发展目标四部分。与此同时，县政府对厂长、经理还实行了离任经济责任审计制度、目标管理奖惩制度等。随着厂长负责制的实行，各企业在内部实行了多种形式的分配制度、考核制度，进一步克服了分配上的平均主义和吃“大锅饭”问题，增强了干部职工的责任心和事业心，有力调动了职工的积极性、创造性，促进了生产的发展。1986 年年底，全县 36 个工业企业共有职工 4086 人，资产 2698 万元，创产值 4900 万元，实现利税 371 万元。1988 年年底，职工人数上升至 4500 人，资产 3300 万元，创产值 9610 万元，实现利税 687 万元，产值利税增长近一倍。

实行承包经营责任制　1987 年，在全县工业企业中实行经营承包责任制，有的是在企业内部，有的是面向社会，广泛招标承包。有的在县召开答辩会，有的在企业内部召开答辩会，由投标人演讲施政措施，然后通过评审，确定企业承包人，并由企业主管部门代表国家一方与承包人签订承包合同，规定承包时间、承包内容、承包者待遇和奖惩办法。承包内容主要包括包任务、包利润、包产品质量、包设备完好率、包职工工资、包安全文明生产等。企业对主管部门承包，车间对企业承包，班组对车间承包，承包时间最初为一年，以后也有二年、三年的延期承包，承包期满后，再进行第二轮、第三轮承包。全县工业企业中承包最早的有化肥厂、油泵油嘴厂、农机厂、县酒厂等，印刷厂、棉织厂、针织厂等企业也陆续开展。企业主管部门对企业每年考核兑现一次承包合同，企业对车间，车间对班组每月兑现一次承包合同。对完成承包合同好的进行奖励，对完成承包合同不好的按照规定进行惩罚，促进了企业发展和经济效益提高。

产权制度改革

1996 年 9 月，参照山东诸城放开小型企业的经验，开始对县办企业进行股份制改革。县政府制订国有（集体）工商企业实行股份制改革的规划，要求经委系统改制 13 家、商业系统改制 1 家、粮食系统改制 4 家、物资系统改制 9 家、供销系统改制 2 家，其余根据不同情况，实行转换内部经营机制、租赁经营、承包经营、破产、兼并、嫁接改造等。按照“由点到面，先易后难，分类指导，加强领导，强力推进”的工作思路，以产权制度改革为突破口，加大对企业改制的力度。至 1996 年 12 月，经委系统的造纸厂、油泵油嘴厂、染化厂、糠醛厂、汽修厂、棉织厂、针织厂、矿机厂等8家工业企业全部完成股份制改造，1316名职工成为股东，募集股金264万元，分别召开了股东大会，选举产生了董事会、监事会，健全了权力机构、决策机构、执行机构、监督机构等法人治理机构，经营机制得到置换。同时，对家具厂、液化气公司实行租赁经营；对酒厂三分厂实行“自筹资金，自负亏赢”的形式实行内部租赁承包；对化工厂采取嫁接改造，联合办厂；对塑料厂、输送设备厂实行依法破产。由于产权制度改革，企业实行了自主经营、自负盈亏、自我约束、自我发展，极大地调动了职工的积极性，创造性，1996年年底，全系统工业企业完成总产值10126万元，增加值4236万元，实现销售收入11217万元，实现利税1990万元，人均劳动效率19448元，并涌现出千万元以上的利税大户1家，百万元以上的利税大户3家。

1998年9月，大名县印刷有限责任公司成立。11月6日，按照“先股后分，部分置换”的方案，大名滴溜酒厂改组为河北大名府酒业有限责任公司。截至2005年年底，县办国有、集体工业企业50家全部完成改制，其中有5家申请了破产，45家基本建立现代企业管理制度，涉及职工3743人，置换身份2776人，退出国有资本2628万元。

劳动用工制度改革

随着计划经济向市场经济的转变，1986年起，对劳动用工制度进行了改革。第一阶段在新招工人中实行合同制，在经济上同固定工享受同等待遇，不同的是对违法违纪者，在合同期间可以辞退、除名；合同期满可以终止合同，企业和工人可以双向选择，工人能进能出，搞活了用工制度。第二阶段从1994年7月起，在经委系统工业企业中推行全员合同制，打破了企业中干部、固定工、合同制身份界限，统称为企业员工。原来固定工或企业干部全部签订了劳动合同，在政治上、经济上与工人享受同等待遇，对违法违纪者都可以在合同期间辞退、除名，合同期满终止劳动合同，打破了原来的“铁饭碗”“铁交椅”，增强了全员职工的危机感。第三阶段是1996年开始，在工业企业中推行集体合同制。企业工会组织代表职工一方与企业行政签订合同，合同期限大部分为3～5年。截至2005年年底，全县工业企业中共签订集体合同7家，并签订了工资平等协商合同。

第三节　流通体制改革

商业流通体制改革

自中华人民共和国成立至20世纪80年代，商业流通一直是所有权与经营权统一的计划经济体制。随着改革开放的深入，多种经济成分日益活跃，为搞活国有商业，繁荣社会主义市场经济，对商业流通体制进行改革。

1986年，商业系统进行了三项改革：一是对全系统内的小型企业分情况进行了“改、转、租、包”。二是对百货、五金、烟酒、纺织四个工业品公司推行了购销人员责任制，分人建账，实行费用大包干，业务结束奖罚兑现。三是进行工资制度改革，打破了原来的工资界线，把死工资活用，试行销售额、毛利额、纯利润含工资，分红多少直接与职工的贡献大小挂钩。改革的实行调动了广大干部职工的积极性和责任感，商品销售、营业收入、实现利税等同比成倍增长。

1987 年，围绕所有权和经营权相分离进行了改革，对百货、五金、食品、糕点、烟酒五个公司实行面向社会公开招标承包，对各公司经理实行了目标管理责任制。

1988 年，在国营零售商店实行了柜台承租到人经营的办法，进一步打破旧有的经营体制，引入了个体经营机制。同年 10 月，以饮食服务公司大名酒楼为试点，尝试了股份制改革。

1994 年，商业局在全系统实行了企业干部分级聘任制和招标承包风险抵押制度，首次把风险抵押金引入招标承包，把用人权彻底下放，使亏损严重的国有商业打了翻身仗。

1996—1999 年，商业局在全系统实施产权改革，先后对资不抵债的百货公司、五金公司、糕点公司实施破产，甩掉包袱 1268 万元。对长期亏损且扭亏无望的食品加工厂、石油经营部及时关闭。对五金站进行分设，盘活了存量资产。把小企业联大，成立了酒类、调味品配送中心，壮大了规模，增强了抵御风险的能力。鼓励多元化经济实体，新发展混合型商业企业 3 家。

面对国有商业日益萎缩，民营个体蒸蒸日上的现状和国退民进的发展趋势，2000 年 3 月，商业系统围绕建立经营权与所有权相分离的现代企业制度，全面引入民营经济管理机制。一是引入民营经济用人机制，实行招标聘用制，彻底打破“铁交椅”；二是引入民营经济用工机制，推行全员竞争上岗制，彻底打破“铁饭碗”；三是引入民营经济分配机制，实行岗位工资制，彻底打破“铁工资”；四是引入民营经济筹资机制，广纳社会资金，打破等、靠、要的筹资模式；五是引入民营经济经营机制，拓宽经营领域和范围，打破原有行业分工界限和经营方式，为国有商业企业全面走向民营奠定了基础。

供销流通体制改革

经营管理体制改革　1979 年，供销社系统开始经营管理体制改革，用经济手段管理经济，实行了企业基金奖励制度，把购销业务经营效益同职工的切身利益结合起来。

1981 年，在全系统 45 个核算单位推行了经营责任制，根据不同行业和情况制定了“联购计奖、联销计奖、联利计奖、集体承包、个人承包、计件工资和行管人员岗位责任制”等 7 种不同形式的责任制，开始对门市班组下放“三权”：业务经营权、商品采购权、人员管理权。全系统当年实现利润比上年增长 68.4 万元，职工发放奖金 92546 元，占工资的 11.8%。

1983 年，按照供销社改“官”办为“民”办，恢复合作商业性质，加强组织上的群众性、管理上的民主性、经营上的灵活性的“三性”建设改革原则，将全县按行政区域建立的 39 个基层社，合并为按经济区域建社的 25 个基层社，并普遍召开了社员代表会，选举了理事会、监事会，建立健全民主管理制度，进行清理社员股金、扩股和股金分红工作。改革基层社领导班子，减少人员编制，正副主任由原来的 71 名减少至 48 名，平均年龄由原来的 48.1 岁降为 43.8 岁。

1984 年 7 月，供销社系统推行“包字进社，取消工资制；保本包利，实行分红制”的“大包干”式经营责任制，当年盈利基层社处理挂账损失 19.8 万元，15 个亏损基层社全部扭亏。

1987 年年初，对所属县、基层企业实行了领导干部任期目标管理责任制，在县直企业和部分基层社推行了效益工资制。同年 4 月，又对全系统大部分县直企业和部分基层社共 21 个单位，分批实行了招标承包责任制。到年底，县直企业实现利润 85.1 万元，比上年增加 27.2 万元，基层社比上年减亏 23.2 万元。

1988 年，对全系统 41 个单位分别进行了招标承包和招聘承包，引进风险机制，收缴风险金 48.3

万元，并对固定工实行合同化管理，2486名职工签订了聘用合同，当年实现经济效益246.8万元，占年计划的190%，比上年增加效益200.5万元。通过实行招标承包，虽然实现经济效益大幅提高，但也不同程度上存在一些单位搞虚盈实亏等短期行为，有的企业把多年积存的家底也报成了当年实现的经济效益。

1989年，按照“治理经济环境，整顿经济秩序，深化改革”的方针，对全系统的经营承包责任制进行了完善。县社组成专门工作组，改变了全系统46个门店班组的“大包干”承包方式。除饮食服务业小型摊点和边远小店实行利润大包干或租赁经营外，全部推行“任务定额、超利分成；联购销保毛利计酬；工资总额同经济效益挂钩”为内容的经营承包责任制，当年，全系统实现利润150万元。

1992年，供销社系统推行了“一包、二定、三自、四放开”的经营承包责任制。“一包”即在企业内部对门店实行集体和个人招标承包；“二定”即确定每个门店的上缴税金、利润和其他应交费用的基数；“三自”即自筹资金、自主经营、自负盈亏；“四放开”即经营放开、用工放开、价格放开、分配放开。当年实现经济效益180.2万元，占年计划的180%，较上年减亏增盈250.4万元。

1993年，县供销社制定了《完善门店经营承包责任制实施办法》，因地制宜推行不同形式的经营责任制。全系统有30个门店推行了公有民营和租赁承包制；33个门店班组执行联销计酬制；有234个门店班组实行利润分成或“大包干”式经营承包责任制。当年实现经济效益145.4万元，较上年减少19.3%。

1994年7月，供销社系统除西付集供销社以外的全县32个基层社，推行了“商品转卖、资产租赁、银企联手、承包经营”的改革。将价值333.4万元的各种商品转给223个承包门市名下，把148.5万元的商品降价损失留给了各基层供销社。当年全系统实现经济效益92.4万元，比上年减少63万元。此后各基层供销社除部分基层社行管人员集体搞一些化肥经营外，多数基层社不再搞直接的商品经营，只靠收取租赁承包门店的租赁费过日子。

1999年5月，县社领导班子调整后，对全系统企业主要负责人实行“竞争选拔制和高风险、高奖励”的激励措施，先后通过竞争，选拔了7个公司经理、20个基层社主任，收取企业负责人风险抵押金87.36万元，年终经审计完成任务后退还风险金，按所交风险的50%奖励企业一把手。同年6月，开始对供销社部分企业实行有限责任公司和股份合作制改革，当年实现经济效益161.2万元。

2001年以后，对供销社系统所属县、基层企业均实行目标管理承包责任制。

2005年6月，在京府商贸城成立了股份制的农资配送中心，进行了股份制改革的探索。

棉花流通体制改革　1979年，棉花属国家统购统销物资，只准供销合作社棉麻公司独家收购经营。为了棉花生产的发展，当年，按照上级指示上调了棉花收购价格，执行提价、加价、换购政策，每担皮棉国家奖励70斤化肥，调动了棉农生产积极性，棉花收购量逐年增加。

1984年，将棉花加价由基数法改为比例法，按二八（80%加价、20%牌价）比例收购，调动了棉农生产积极性。

1985年，棉花由统购改为合同订购，合同内的棉花比例按“倒三七”（即30%牌价、70%加价）比例加价，定购以外的棉花允许农民自销。

1991年，县委、县政府实施农业发展战略，发展棉花生产，全县落实棉花种植40万亩，新棉上市后，设54个收棉厂站收购棉花，实现了棉花经营“三超”，即超历史，超同期，超计划。

1992年，合同订购的棉花继续由县供销社统一收购、统一经营，在没完成订购任务之前不开放棉花市场，其他任何单位和个人不得经营棉花。当年因遇到严重的虫害、旱灾，致使全县棉花大幅度减产。

1993年以后，由于连年的严重棉铃虫灾害和收棉时的阴雨灾害，尽管采取多种行政手段，全县棉花生产逐年下降，当年仅收购皮棉64.5万千克。

1996年，国家取消棉花加价款后，大名县棉花种植不再下达统一计划，种棉亩数减少，纺织企业外采增多，棉花难以实现全额入库，供应计划无法执行。

1998年11月28日，国务院下发《关于深化棉花流通体制改革的决定》，从1999年9月1日起，棉花的收购价格、销售价格主要由市场形成，国家不再做统一规定。

2005年，棉花市场全部放开。

农业生产资料流通体制改革 供销社经营的农业生产资料主要有化肥、农药、农地膜、柴油、机油、中小农具、半机械农具和耕畜。中共十一届三中全会以后，按照县委支持农业生产责任制的要求，下大力量组织计划外化肥采购。1979年，县社成立化肥采购领导小组，先后派出100多名采购人员，分赴山西、宁夏、山东、河南及本省的13个县市，购进各种氮肥10192吨、磷肥1479吨、氨水12418吨。

1980年，县社集中力量搞了3次规模较大的计划外化肥采购活动，全年自采氮肥18817吨、磷肥8789吨。当年，农资经营改革传统的供应方式，化整为零、拆袋售散、开票到村、送肥到队、集体个体一律供应。

1984年年初，由于旱情严重，供销社经营议价柴油。同年9月，按照上级精神，将基层社经营的农用柴油移交给农机部门，但多数基层供销社为了农业生产需要，利用储油设施仍经营议价柴油。同年，县农资公司和部分基层社根据农业生产发展的需要，增添了农机具的经营。

1986年，为了搞好支农服务，维护农民利益，杜绝假冒化肥农药坑害农民，在工商等有关部门的支持下，狠抓了化肥、农药市场管理，出动宣传车，清理无证商贩，当年销售各种化肥38965吨，较上年增长122.9%。

1994年8月，国务院下发《关于改革化肥等农业生产资料流通体制的通知》，指出：减少流通环节，降低流转费用。中央调拨化肥，由现行的四级批发一级零售（即中央、省、地、县批发，基层社零售）改为二级批发、一级零售（即中央级、省级批发，县农资公司与基层社零售，基层供销社推行代销制），当年全县销售各种化肥96000吨。

1997年，供销社对化肥实行专营，并向农民发放“农资信誉卡”，当年全县销售各种化肥147179吨。

1998年3月，化肥出厂价格实行浮动价。同年11月，改革化肥流通管理，做好总量平衡和宏观调控；拓宽化肥流通渠道，扩大企业经营自主权；改革化肥价格管理方式。国家取消了指令性生产计划和统配收购计划，由化肥生产和经营企业自主进行购销活动，化肥生产企业可将自产化肥销售给各级农资公司、农业“三站”及以化肥为原料的企业，也可设点直接销售给农民，当年全县销售各种化肥173411吨。

2004年，大力发展村级农资服务站，当年新建村级农资服务站30个，使全县村级站发展到133个，并开展送货下乡活动，送化肥、农药、玉米种、棉种到农民家门口，全年供应农民各种化肥109824吨、农药121吨、农膜28吨、农机类商品83万元，农资商品销售总额达6003万元。

2005年，农资服务站进一步发展，服务项目增多，发挥作用更大。

粮油流通体制改革

在20世纪计划经济时代，粮油实行统购统销，非农业人口实行粮油定量供应。1990年后，由于市场已初步放开，非农业人口不再重视定量供应；1992年年底结束凭票供应，购粮证废止。1993年，粮油市场放开，形成国营、私营、个体多家竞争经营局面，粮油经营由卖方市场转变为买方市场。1985年1月1日，中央颁布“关于进一步活跃农村经济的十项政策”，粮食统购统销改为合同定购。在播种前，由粮食部门与农民协商签订定购合同，并实行比例计价。定购以外的粮食，如市场粮价低于购价，国家仍按定购价敞开收购，并实行“三挂钩”政策，即定购合同内每售100千克粮食，奖售平价化肥12千克、平价柴油6千克，并按20%比例预付定金。1989年秋，取消合同定购，改为国家定购，提高了粮食定购“三挂钩”标准，即每交售50千克小麦或玉米，挂钩平价优质标准化肥10千克、柴油3千克；每交售50千克花生果，挂钩化肥15千克。1990年4月1日起，提高定购大豆和油脂、油料价格。1991—1996年，多次提高粮食定购价格。2003年，实行粮食市场购销。

1992年10月，成立大名县粮油贸易总公司，与粮食局实行一套人马，两块牌子，实行集团化经营。1996—1998年，对粮食局机关实行定编，确定机关公务员17名，收储企业人员381名；对全县33个粮站实行局企分开，确定了16个收储站、17个附营站；对新老财务账目进行了分设。1999年，鉴于粮站划分为收储站、附营站，且收储站管理附营站，导致粮站之间出现互相扯皮影响工作的情况，17个附营站重新变更为收储站。2004年，将35个基层购销库站合并成立了16个中心粮食购销企业。2005年10月，粮食局进行产权制度改革，成立了资产运营公司：大名县金麦粮业购销有限责任公司；2个独资公司：大名县国家粮食储备库精油购销有限责任公司和大名县省级粮食储备库粮油购销有限责任公司；4个国有控股公司：大名县顺亿粮油购销有限责任公司、大名县福华粮油购销有限责任公司、大名县金丰粮油购销有限责任公司、大名县金地粮油购销有限责任公司，另外还有10个国有参股公司。

物资流通体制改革

管理实行岗位责任制和领导聘任制　1984年后，随着计划经济逐步向市场经济转轨，物资计划分配品种数量逐年减少，市场对物资需求量加大，计划内分配的物资远远不能满足全县工农业生产和人民生活的需要，促使物资部门进行计划外物资的购进和销售，物资流通体制发生了根本性变化。为了进一步改变旧的管理体制模式，物资局对下属企业实行岗位责任制，层层制定工作目标，把日常管理工作进行细化、量化，年底企业根据职工个人的工作情况和完成任务多少与工资挂钩，进行奖惩。同时对下属企业厂长、经理实行聘任制，聘期均为三年。实行岗位责任制和厂长经理聘任制后，物资系统完成的经济指标明显增长。1984年，全系统实现销售收入378.8万元，实现利润3.04万元；1985年，实现销售收入545.6万元，实现利润8.65万元，上缴利润5.7万元；1986年，实现销售收入664.5万元，实现利润9.17万元，上缴利润，9.7万元；1987年，实现销售收入104.5万元，实现利润20.03万元，上缴两税17万元。

业务经营实行承包制　1988年后，物资局对下属企业实行承包经营，方式是：分配任务、保证上缴、超收多留、欠收自负。与下属企业签订承包经营合同后，企业法人代表即承包人在有关政策法规指导下，有权自行安排、处理企业正常业务往来和日常工作。承包经营运行至1993年年底。经过4年的承包期，销售额、实现利润有所增长。但由于物资价格并轨，资金紧缺，物资流通市场全部放开，在承包过程中虽然进行了企业承包效益挂钩，但实际上并没有真正打破旧的经营体制，以致后来出现了明盈实亏，重奖轻罚，负盈不负亏，致使下属企业出现严重的潜亏现象。

企业实行改制破产　1993年年底，县物资局潜亏累计达700多万元，下属有7家企业严重资不抵债，提出破产申请。经县人民法院依法裁定，先后有家用电器公司、金属材料公司、木建材公司、机电化轻公司、地方金属公司、物资贸易中心、燃料公司等7家企业依法宣告破产。物资局下属企业除旺丽家具总厂之外，其他企业272名在册职工全部下岗。1996年7月，县政府派改制工作组入驻县物资局，对下属企业旺丽家具总厂进行改制，当年10月改制完毕，成立旺丽家具有限责任公司。改制后，由于该企业未能脱离原有管理模式，再加上内部管理不善，生产经营前景暗淡，出现亏损，企业无法维持生产，于1997年5月放假，企业职工全员下岗。

外贸流通体制改革

县外贸局成立于1975年8月，时称大名县对外贸易公司，隶属省外贸局，人、财、物实行垂直管理，并按照省、市（地区）外贸部门下达的出口商品计划，开展组织、收购、调拨计划内（外）出口商品业务。具体负责发展出口商品基地，扩大出口商品货源，开展创新样品，提供新产品出口，组织、指导、督促、检查各有关生产单位，按照地区局下达的出口商品计划和生产通知单，保质、保量完成出口任务。1987年实行经济责任目标管理，明确分配了经营指标、纯利润指标。1988年层层推行承包经营责任制，实行自负盈亏，放开经营，工贸结合，推行代理制，扩大横向经济联合，在组织好本地产品收购的同时，走出县、区、省，面向全国组织货源。同时，对于本地区现有货源，河北口岸暂不经营和限量出口的商品，与外口岸联系，结合出口开展内贸业务。1994年3月，与省财政挂钩的县外贸企业下放县政府管理，县外贸企业原来组织出口货源的流通体制和经营渠道被打破。省、市（地）公司从企业的自身利益出发，直接深入到生产企业和产地收购出口商品，县外贸企业由原来的“保饭吃”或“等饭吃”变成了“找饭吃”或“抢饭吃”，外贸自属企业生存和发展的难度加大。随着社会主义市场经济的建立和外贸体制的重大变化，“三资”企业不断壮大，有条件的各类生产企业赋予自营进出口权，开展自营进出口贸易，打破了外贸一统天下的局面。外贸企业面临困境，只好进行改制、重组、破产。1994年9月，土畜产品出口公司改组为土产经营部。1996年12月，县人民法院下达民事裁定书，宣告对外经济贸易局粮油食品出口公司、综合公司、工业工艺品公司破产还债。1997年6月成立对外贸易经营部，1997年12月成立食品出口经营部，1998年5月开发公司注销，重组成立粮油出口经营部。此后，5家直属法人企业农产品出口公司、土产经营部、对外贸易经营部、食品出口经营部、粮油出口经营部均因未办理企业年度检验，被县工商局于2001年至2004年先后吊销营业执照。

第四节 宏观调控体制改革

计划体制改革

1985—1990 年，计划经济开始向市场经济转型。大名县把国民经济和社会发展计划的制定与平衡、统配原材料作为改革工作重点，突破了过去只制定经济计划的做法，增加了科教文卫、劳动工资等社会发展计划。计划指标以指令性物量指标为主，主要计划项目包括粮棉油生产计划、粮棉油定购计划、畜牧生产计划、挂钩化肥和农药分配计划、乡镇企业指标计划、农民人均纯收入计划、工业总产值计划、主要产品产量计划、物资分配计划、基本建设计划、中小学招生计划、商品流转计划、农转非计划、大中专学生毕业分配计划等 10 余项，每项指标都具体分解到乡（镇）、部门和企业。1991 年，工业经济进入调整结构和提高阶段，增强了工业经济技术计划，增加了节约能源计划，分解下达了主要工业产品能源消耗等指标。1992 年，计划工作开始从偏重于定指标、分物资等微观管理经济活动转为减少指令性计划，增加指导性计划，加强宏观管理；从偏重于县乡工业生产管理转为同时重视农业和第三产业的发展；从偏重于控制型计划管理转向协调服务型计划管理。县计划工作增加了环境保护计划，包括工业废气、烟尘、废水、固体废物排放量和处理率以及工业“三废”综合利用产品产值等 14 项指标。1995 年，调整国民经济和社会发展计划，指标包括国内生产总值、工农业总产值、乡镇企业总产值、全社会固定资产投资、社会消费品零售总额、出口总值、财政收入、人口、教育等社会发展目标、土地利用、环境保护等 12 项。其中农业生产、粮棉订购、工业生产、利用外资、固定资产投资和社会发展目标一一分解到乡镇、部门和企业，其他只下达总量指标，实行宏观调控。随着市场经济的发展，计划体制的改革逐步深入，在计划管理形式方面，指令性计划大大缩减，指导性计划和市场调节的作用范围明显扩大；在计划调控手段方面，行政性手段逐步削弱，经济手段的作用逐步增强。2004 年，县计划项目减少到 10 项，国民经济计划和社会发展目标包括：生产总值、农林牧渔业总产值、规模以上工业增加值、全社会固定资产投资、实际利用外资、社会消费品零售总额、财政收入、主要农产品量、社会发展目标、环境保护等，只有农林牧渔业总产值、主要农产品产量、农民人均纯收入和固定资产投资分解下达。2005 年，仍照前制进行。

财政体制改革

1979 年，实行“收支挂钩、增长分成、超收 10% 提奖”的财政管理体制，努力增收节支，财政年收入由 1978 年的 561 万元增长至 632 万元，增长 12.7%。1980 年，实行“划分收支、增长分成、节约归已”的财政管理体制。上划中央部门直接管理的企业，80% 归中央财政，20% 归地方财政。工商税收作为中央和地方的调剂收入。1985 年，为了加快以城市为重点的经济体制改革，实行了“划分税种、核定收支、上缴递增、补助递减、分级包干、一定五年不变”的财政管理体制，财政收入达到 954 万元。1986 年，为保证工资、物价两项改革，促进增收节支，对财政管理体制进行了调整，实行“收入总额上交、定额补贴”办法。具体是：收入比上年增长部分按规定比例上交后，其余全部留县使用。1978 年至 1987 年改革开放的十年，财政收入总和为 7771.6 万元，较“文化大革命”十年的年平均收入增长 99.8%。1988 年，大名县深入开展增收节支，坚持过紧日子，量财办事，确保收入稳定增长，实行“收入全留、补助逐年递减5%、一定三年不变”的财政管理体制。企业完成上缴利润任务后，超收利润由“二八”分成改为“三七”分成，多收多支，结余留用，年终赤字上级财政不予弥补的财政体制。1990年财政管理体制继续沿用1988年体制，财政收入完成1660.8万元，比1989年的1554.8万元增长6.7%。

1994年，实行分税制财政体制改革，明确了中央与地方各级的财权与事权的划分，将实施宏观调控的必须地税种划为中央税，将同经济发展直接相关的主要税种划为中央与地方共享税种，将适合地方征管的税种划为地方税种，对地方实行税收返还政策。同时，分设国税、地税两套税务机构，并相对稳定下来。与此同时，乡镇财政过渡为县乡“分灶吃饭”的体制。分税制财政体制的改革，使分税制体制基本框架建立起来，财政收入逐年增长。1994年财政收入1914万元，1997年增至4698万元，三年增长2784万元。

2002年，省实行所得税收入分享改革，将企业所得税和个人所得税由按隶属关系确定为中央与地方按比例分享，改为将企业所得税的财税关系全部下划到县，按属地征收的原则进行征收。划分比例为：增值税中央分享75%、省10%、市10%、县5%；营业税省10%、市10%、县80%；企业所得税中央50%、省25%、市15%、县10%；个人所得税中央50%、省15%、市15%、县20%，同时实行以2001年税收返还数为基数的税收返还政策。2003年，“四税”比例划分有所变动，地方收入留成逐步增加。增值税县级留成10%，企业所得税县级留成20%，营业税、个人所得税收入分成比例未变。

2005年，大名县被省确定为扩权县，市级分享收入全部留县级收入，增值税县级分享15%，营业税县级分享90%，企业所得税县级分享20%，个人所得税县级分享30%，大名县县级留成比例也由2004年的47%改为83%。实行分税制改革后，中央、省、市按比例分享四个税种，其余税种及收入全部下划县，从而建立起比较彻底、简明、规范的收入划分体制格局。

税务体制改革

利改税　1983年前，县内国营企业向国家上缴利润而不是缴税。1983—1984年，全县推行第一步利改税改革，即将中华人民共和国成立以后实行了30多年的国营企业向国家上缴利润的制度改为缴纳企业所得税和调节税制度。1985—1989年，推行第二步利改税和工商税制改革。两步利改税，前后相继开征国营企业所得税、国营企业调节税、产品税、增值税、营业税、集体企业所得税、私营企业所得税、城乡个体工商户所得税、个人收入调节税、城市维护建设税、奖金税（包括国营企业奖金税、集体企业奖金税和事业单位奖金税）、国营企业工资调节税、固定资产投资方向调节税（前身为1983年开征的建筑税）、房产税、车船使用税、城镇土地使用税、印花税等税收。

分税制　1994年以前的工商税制基本框架，是在1984年利改税和工商税制全面改革后形成的。它是以流转税和所得税为主体，其他辅助税种相配合的税收征管体系，是一个多税种、多环节、多层次课征的复合税制。这一复合税制突破了原计划经济体制下统收统支的分配格局，强化了税收组织财政收入和宏观调控的功能。1994年进行工商税制改革，主要对企业所得税、增值税、消费税、营业税、资源税、土地增值税、证券交易税、城乡建设维护税、土地使用税以及其他税种（集市交易税、牲畜交易税、奖金税、工资税、屠宰税等）进行了调整。改革后，大名县工商税种由32个减少为18个。

1994年9月1日，大名县税务局一分为二，成立国家税务局和地方税务局。国税局负责征收的税种为：消费税（中央100%）、增值税（中央75%，地方25%）、外商投资企业和外国企业所得税（税率为33%，其中3%为地方税）、金融保险企业、中央企业所得税（中央100%）。另外，个体工商业税收统归国税管辖，分级入库。地方税务局负责征收的税种为：营业税、资源税、土地增值税、个人所得税、屠宰税、车船使用税（包括车船使用牌照税）、房产税、印花税、固定资产投资方向调节税、城市维护建设税、土地使用税等税种。

1996年2月1日，对国地税的征管范围进行调整：集贸市场和个体工商业户的税收按照收入归属原则，属中央税种的归国税征管，属地方种的由地税征管。中央和地方所属企业组成的联营企业、股份制企业的所得税，由国家税务局负责征收管理；其他税种仍按原征管范围征收。1998年1月1日，对土地使用税的征收范围和单位税额进行了重新调整，扩大了开征范围，单位税额由过去的每0.2元/平方米调整为1元/平方米。2001年1月1日，投资方向调节税暂停征收。2002年1月1日起，配合农村税费改革，暂停征收屠宰税。2002年1月1日，实行中央与地方税种比例分享。增值税、营业税、企业所得税、个人所得税和城建税、房产税等地方小税种，县增值税分享比例为5%，营业税为80%，企业所得税为10%，个人所得税为20%。

金融体制改革

改革监管体制　1982年5月至1986年9月，中国人民银行大名县支行同大名县工商银行合署办公。1984年，中国人民银行开始专门行使中央银行职能。1986年9月，人行大名县支行与县工商银行分设，恢复独立办公。1994年，人行大名县支行工作重心开始向加强金融监管进行转移，县支行设立稽核股，主要负责辖内金融监管工作。同时，各专业银行全面向商业银行转轨，走向自主经营、自负盈亏、自担风险、自我约束、自我发展的经营之路。1995年3月，《中华人民共和国中国人民银行法》发布，县支行开始履行新的中央银行职能，重点是为货币政策、金融稳定和金融服务三大职能。围绕此职能，县支行积极贯彻执行与时的货币信贷政策，加强金融调查研究，发挥“窗口”指导作用，不断改进和完善金融服务，努力维护辖区金融秩序稳定，促进了辖区金融快速稳步发展。1998年，随着中国证监会、中国保监会相继成立，辖区内证券机构和保险机构分别由各自的派驻机构进行统一监督管理。1999年，省市行合并，河北省人民银行分支机构接受中国人民银行石家庄中心支行领导。2004年1月，中国银行业监督管理委员会河北监督局大名监管办事处成立，负责承担对辖区内金融机构监督管理。

转换经营机制　1996年，根据国务院《关于农村金融体制改革的决定》，作为国有三大专业银行的中国工商银行大名县支行、中国农业银行大名县支行、中国建设银行大名县支行改称为国有商业银行。2000年1月，中国农业发展银行大名县支行成立，并与中国农业银行大名县支行分设，行使政策性银行职能，主要经营粮、棉油专项资金贷款。国有商业银行形成后，各行都建立了目标经营责任制，风险责任制和岗位责任制，建立了以资产负债比例管理为核心、统一管理、分级授权为基础的内部风险控制制度。按照现代商业银行模式经营业务，打破了以往计划经济的“农行不能进城、工行不能下乡、建行不能跳墙”的分工界限。1985年5月，农村信用社脱离与中国农业银行大名县支行的行政隶属关系后，由大名县信用联社直接领导和管理，按照“社员入股，民主管理和社会服务”的宗旨，实行“自愿平等、利益共享、风险共担”的原则，加强对信用社的经营管理，使信用社稳步健康发展壮大。1998 年，县信用联社选举产生了理事会、监事会，恢复了“三性”（组织上的群众性、管理上的民主性、资金运用上的灵活性），从而加大对“三农”经济发展与服务的力度。

金融调控体制改革　货币政策制度改革。1986 年起，货币政策改革分为“适度从紧”和“稳健发展”两个阶段。20 世纪 80 年代，因处于由计划经济向市场经济转型的特殊时期，导致经济长期供给不足和需求过旺，致使市场出现现实或潜在的通货膨胀压力，人行于 1993 年 6 月开始实行“适度从紧”的货币政策，重点抓好系列金融宏观调控措施的落实，主要包括 1994 年起，逐步缩小信贷规模控制范围，对金融机构推行资产负债比例管理；1993 年下半年至 1996 年年底，先后 4 次上调、2 次下调了金融机构存、贷款利率，适时调节货币供应量及其结构；加强金融监管，规范金融机构行为，在多种手段治理下，实现了经济的“软着陆”。1979 年大名县金融机构各项存款 975 万元，2005 年增为 167814 万元，比 1979 年纯增 166839 万元，是 1979 年的 172.1 倍；1979 年大名县各项贷款余额 4970 万元，其中短期贷款 3379 万元，中长期贷款 1591 万元。2005 年各项贷款余额 158969 万元，其中：短期贷款 131299 万元，中长期贷款 27670 万元，分别是 1979 年的 32 倍、39 倍、17.4 倍。各金融机构不断改善资金结算手段和创新货币交易工具，相继开办了网上银行、电话银行、企业自助银行和代理基金等理财业务，方便了社会公众的交易和投资活动。1997 年下半年，受亚洲金融危机的影响，加之国内因素的双重作用，导致全国经济投资需求和消费需求严重不足，出现了通货紧缩的趋势。人行及时推出了“稳健”的货币政策，重点抓了下列政策措施的落实：一是下调利率，1996 年起，9 次下调金融机构存、贷款利率；二是实行存款准备金制度改革，强化商业银行统一法人制度；三是取消对国有商业银行的贷款限额控制，实行资产负债比例管理，扩大商业银行经营自主权；四是鼓励商业银行开办住房、汽车等消费信贷业务，人行加强“窗口指导”，督促各金融机构加大信贷投入，引导信贷投向，促进县域经济结构调整，扩大需求，达到反通货紧缩的目的。

法定存款准备金制度改革。1984 年，对各金融机构法定存款准备金规定了不同的准备金率，平均高达 30%；1985 年，统一调低为 10%（建行除外）；1987 年、1988 年又两次调至 13%；1998 年 3 月，将法定存款准备金账户与备付金账户合并，实行按统一法人、按旬考核，金融机构在人行各级分支机构的存款成为超额准备金，主要用于清算。并在 1998、1999 年分两次将存款准备金率下调至 6%。2003 年 9 月 21 日，存款准备金率由 6% 调高至 7%。2005 年 4 月 25 日，为完善货币政策传导机制，促进辖区金融机构稳健运行，防范金融风险，降低不良贷款比率，实行差别存款准备率制度。其中，农发行、国有独资商业银行开始执行 7.5% 的存款准备金率，部分金融机构执行 8% 的存款准备金率，农村信用社仍执行 6% 的存款准备金率。

信贷管理体制改革。1986 年，金融机构实行“统一计划、划分资金、实存实贷、相互融通”的信贷管理体制。1994 年开始，逐步实行“总量控制、比例管理、分类指导、市场融通”的信贷管理体制。从控制目标和手段等方面都体现了由直接控制为主转向间接调控为主。1998 年，实行新的“计划指导、自求平衡、比例管理，间接调控”的信贷管理体制，各商业银行和信用社实行“实存实贷，规模控制，资产负债比例管理”办法，实现了货币信贷总量管理由直接规模控制向运用多种货币政策工具间接调控的转变，金融机构有了充分的贷款自主权。县人行工作重心由资金管理和具体业务监督转向风险监管。

物价体制改革

1979 年后，对不合理的价格体系和价格管理体制进行了全面改革，经历了“改革起步，以放为主，调放控结合”的发展过程，物价管理由高度集中改为放开搞活。同年，放开粮食市场（加价 50% 收购农民统购粮外的粮食，市民定量仍按平价供应，集市实行议购议销）；1982 年，放开小针棉织品、小百货、小文化用品、小五金、小交电、小日杂用品等共 160 种小商品价格，实行市场调节，由企业自主定价。1983 年，进一步放开 350 多种小商品价格，由市场调节。

1985 年，开始推行生产资料价格“双轨制”，对县内生产的化肥、煤炭及其他生产资料实行计划内和计划外两种价格，计划内执行国家定价，计划外价格放开，实行市场调节。同时，放开了缝纫机、国产手表、自行车（永久、凤凰、飞鸽三大名牌除外）、收音机、电风扇“老五件”价格。粮、棉、油由统购改为合同定购，合同定购数量以外的价格放开。随后，生猪、鲜鸡蛋、水产品、蔬菜等大部分农副产品购销价格也逐步放开。1986 年，放开电冰箱、三大名牌自行车、黑白电视机、洗衣机、收录机等 7 种工业消费品价格。同年 11 月，除少数五金化工商品、名优国产彩电、名优白酒等商品外，商业系统 80% 的商品允许执行浮动价格和灵活定价，允许企业自行定价的商品达 750 多种。1988 年，放开中华、红塔山、石林等 13 种名烟和茅台、五粮液等 13 种名酒价格。1988 年年底，全县由国家定价的消费品零售额占社会全部消费品零售额的比重由 1982 年的 90% 降至 37% 左右，国家定购的农副产品收购值占农副产品收购总值的比重由 1982 年的 90% 降至 35% 左右。

1988 年 9 月至 1989 年，对火柴、食盐、洗衣粉等 6 种生活必需品实行定量供应，对粮、油、肉等 13 种（类）商品实行最高限价，对化肥、农药、彩电、食盐等实行专营。1989—1991 年，大名县适时加大价格改革力度，大幅度提高食盐、洗衣粉等生活消费品和煤炭、钢材、农产品、粮油价格。1991 年年底，放开服装、卷烟、粮食等价格。1992 年，放开政府定价的商品和服务价格，由县直接管理的商品价格有 43 种（类）。1993—1996 年，放开成品油、煤炭、钢材价格，提高粮食、棉花、电力等产品价格。1995 年，提高棉花收购价格。1996 年，相继出台电力、粮食定购和销售价格等 20 多项价格改革项目。1996 年年底，全县社会消费品中，国家定价部分仅保留 10% 左右，其余均由市场调节。1997 年，对小麦、玉米等主要农副产品实行保护价收购政策，全县各个粮站均实行按保护价敞开收购农民手中的余粮。1997 年年末，全县零售商品中，市场调节价格的商品比重由 1995 年年末的 88.8% 提高至 93%，国家指导价与国家定价比重的总和由 1995 年的 11.2% 降至 7%。2002 年年底，国家定价、国家指导价商品价格仅剩 13 种，主要包括商品用电、农用化肥等，其余全部放开。2005 年，全县各种物价完全服从于市场升降，物价主管部门发挥宏观调控及服务监督指导作用。

第三章　社会保障体制改革

大名县社会保障体制改革始于 1986 年，先后围绕建立企业事业单位之外的养老保险、公费医疗、工伤保险、城镇住房、最低生活保障等制度进行一系列改革，逐步形成制度规范化，管理服务化，资金来源多元化。截至 2005 年，大名县社会保障体系基本建立，国家社会保障制度的有关政策基本得到实施，覆盖了大多数城镇职工和离退休人员。将过去由单位负担的社会保障事务逐步转为社会机构管理，社会保障待遇实行社会化发放，社会保障对象的管理也有所规范和改善。至2005年年底，全县国有企业、集体企业和部分个体企业的职工，自收自支、差额拨款的事业单位，机关合同制工人均按要求纳入了养老社会统筹。

随着社会保障体制的改革，社会事业单位的改革也深入进行。教育、科技、文化、卫生等体制紧紧围绕本单位业务实际，按照市场经济发展的要求深入细致地进行改革。教育方面，调整了教育结构，改善了办学条件，提高了师生素质；科技方面，发展了民营科技，活跃了科技市场，为非公职人员评定了职称；文化方面，整合了剧团演出市场，提高了电影放映场次，改善了放映业务，还实行了文企联姻、社会办文化，在资金投入不足的情况下开展群众文化活动；卫生方面，进一步调整卫生机构，改革医院产权制度，改善医生医德医风，缓解了群众看病难、看病贵问题，让群众真正得到实惠。

第一节　社会保障体制改革

职工养老保险制度改革

1986年始，大名县养老保险统筹制度逐步展开。县成立了社会保险事业管理所，为劳动人事局股级事业单位。1996年10月，县社会保险事业管理所更名为社会保障中心，升为副科级事业单位。1987年9月，县内全民企业（含企业化管理的事业单位）、集体企业职工养老保险分别实行县级社会统筹；1991年对国有企业职工养老保险实行社会统筹，国有企业实行县级统筹向市级统筹的过度；1993年全县国有企业职工养老保险实行省级统筹，开始实施养老保险职工个人缴费制度，并建立了《职工养老保险手册》。1995年，国务院颁布《关于深化企业职工养老保险制度改革的通知》，提出养老保险实行社会统筹与个人相结合的办法。1996年，大名县全县劳动合同制工人实行养老保险缴费制度，在全县各类企业实行社会统筹与个人账户相结合的养老保险模式试点。1998年企业养老保险与全省统一标准，用人单位缴费比例为工资总额的20%，个人缴费为本人工资的4%，并每两年提高一个百分点，最终达到本人工资收入的8%。2001年集体企业养老保险纳入省级统筹，2002年全县企业离退休人员全部实行养老金社会化发放，同时，企业养老保险费由社保机构征收改由地方税务局代征。截至2005年年底，全县国有企业、集体企业和部分私营个体企业的职工，自收自支、差额拨款的事业单位，机关合同制工人均按要求纳入养老保险社会统筹。其参保人员共有11137人，其中，离退休人员3362人，在职职工7775人。

公费医疗制度改革

1982年前享受公费医疗人数较少，医药价格较低，大名县实行实报实销办法，但需患者持本人公费医疗证到就近医疗点医疗，每张处方不得超过3天。1982年，规定每人每年公费医疗费控制在40元以内，但1995年年底超支医疗费190万元。为解决医疗费超支问题，1997年年底对各类人员的医疗费改为“包干”，规定为：离休人员由原来的每年300元调到500元，退休人员和二等乙级以上残疾人由每年40元调到120元，一般工作人员由40元调到50元。1999年、2002年又分别对包干标准进行了调高，2003 年离休干部、二等残疾以上军人由 800 元调到 1200 元，退休人员由 200 元调到 400 元。2004 年 5 月，大名县公费医疗改为社会医疗保险制度，划归劳动人事局医疗保险中心统一管理。基本医疗保险覆盖面广，城镇所有用人单位及其职工全部参加基本医疗保险；实行属地管理；基本医疗保险费由用人单位和职工双方共同负担；基本医疗保险基金实行社会统筹和个人账户相结合；统筹基金和个人账户分别核算，基本医疗保险基金纳入财政专户管理，实行收支两条线，专款专用，支付有保证。县政府根据受益干部职工管理权限，分别制定县、乡（镇）两个方案，对统筹标准、账户建立、支付办法等方面做了具体规定。自 2004 年 5 月实行社会医疗保险至 2005 年年底，城镇职工医疗保险参保单位 126 个，参保人员 17270 人，共收缴城镇职工医疗保险金 1166 万元，支付医疗费 12710 人次、金额 1090 万元。

城镇住房制度改革

20 世纪 80 年代前不允许干部职工在城镇建私房，干部职工住房主要形式为工作单位建干部职工宿舍或家属院，个人免费居住，有的收取水电费；有家属随住的职工则在城镇租房；条件好的单位有的给干部职工福利分房，有的发放住房补贴；条件差的单位干部职工只好下班后回几十里的家中居住。县房产管理部门拥有一部分公房，租给个人居住，但房源太少，远远不能满足需要。这种制度，个人占公家便宜，贫富不均，不能根本解决干部职工住房问题。1988 年 12 月，县政府进行住房制度改革，将公共住宅出售给个人，但多数人仍没有房住。1989 年县政府决定，于 4 月 18 日成立房地产开发公司，开始建造商品房。此后陆续允许县内个体或外地建筑公司在大名城镇建商品房出售。1994 年县城商品房建设规模达到 2646 平方米、21 套、105 间，造价 168 万元，每平方米售价 600 元，入住户 21 户。1995 年，商品房建设规模 1600 平方米、20 套、60 间、造价 120 万元，每平方米售价 750 元，入住户 20 户。此后，住宅开发建设呈逐年上升趋势，2003 年开始形成整体开发建设住宅小区，至 2005 年陆续有江南苑、呈祥、东方、清水苑、银河花园等小区建成入住。同时，县财政开办了住房公积金，面向困难群体的廉租房也开始建设。这一改革措施，逐渐使干部职工解决了在城镇的住房问题。

劳动就业制度改革

1984 年 6 月成立县劳动服务公司，属县劳动人事局管理机构。1993 年 2 月成立县职业介绍所，2003 年 7 月改名为县劳动就业服务局，升格为财政全额拨款科级事业单位，负责全县失业统计、劳动管理、下岗就业、职工救助、业务培训、劳务输出等工作。

下岗再就业　1984—1997 年，县劳动服务机构主要负责城镇知识青年（非农业）就业安置工作。1992—1998 年，7 年内共安置城镇知识青年 1354 人。1998 年后，除少数人符合子女接班安置就业外，依靠劳动服务部门安置的待业青年就业渠道逐渐减少，而自谋职业或自觉到民营企业谋职的人越来越多，就业渠道更进一步拓宽。随着企业改革进一步深入，集体资产重组步伐加快，党政机关改革减编，致使下岗分流人员逐年增多。1996 年至 2005 年，全县企业下岗失业职工达到 2718 人。其中：国有企业 1264 人，集体企业 1454 人。之后，又有糠醛厂、糕点公司、百货公司、烟花爆竹厂等 17 家企业陆续破产，出现失业职工 1112 人。失业下岗人员的增加，为再就业工作带来更大压力。为解决下岗职工再就业问题，大名县成立了以常务副县长为组长的领导小组，县委、县政府先后下发《关于进一步推进解困和再就业工程的实施意见》《关于对全县再就业工作整体推进的实施意见》等文件，本着谁主管、谁负责的原则，层层建立责任制，形成从领导到单位齐抓共管，全力推进的态势，千方百计拓宽再就业渠道，加大再就业进度。至2003年年底，先后为下岗职工发放优惠卡、待业证，为805名在再就业服务中心享受基本生活保障的下岗职工安置了工作，再就业率达到100%，同时还为他们发放了31.1万元生活保障费。对部分没有进再就业服务中心、未享受生活保障待遇的企业困难职工，每年给予专门救助。自2000年至2005年共发放救助金114.4万元。为鼓励下岗职工拓宽就业门路，搞好个体经营，还从证件办理上提供方便，给予适当优惠，免费办理税务登记证和发票购领证。2003—2005年，先后为26名个体经营者免费办理了“两证”。

劳务输出　农业种植业的深入发展，耕作现代化程度的提高，土地经营、流转形式的多元化及逐渐规模集约化，使得农业劳动力日渐富裕，进城务工、四方求业的人越来越多。为适应这种情况，县劳动服务中心主动承担起职介任务。1993—2003年，先后介绍农民外出务工13670人，办理各种务工证明手续14927份，外出人员主要分布在北京、天津、石家庄、青岛、威海、深圳、邯郸等地。从事的职业主要是楼房建筑、机电维修、餐饮服务、电子装配及鞋业、服装、纺织、保安等多种职业。2004年输出人数较往年增多，仅这一年累计输出农民工就达到19万余人次，从事职业达到30多种，输出地区除北京、天津外，又扩及山东沿海、广东沿海及浙江、江苏等地，涉及城市达80多个，农民收入从开始年收入6000余元达到10000余元。这期间，介绍农民进城务工的单位，除县劳动服务公司外，还有自由结合成立的总工会职业介绍所、府城职业介绍所、阳光职业介绍所等多家。

第二节　教育体制改革

教育管理体制改革

1984年以前，大名县教育管理体制不完善，权限不明，职责不清，影响乡村两级办学的积极性。为充分发挥乡村两级办学积极性，1984年4月5日县委、县政府制定《关于认真搞好农村中小学教育体制改革工作的决定》。决定要求：分三年完成教师工资由乡村筹措的任务，同时本着“谁办学，谁投资，谁受益”的原则，由乡村两级负责筹措改善办学条件资金，建立乡村两级教育委员会。1985年进一步完善了分级办学、分级管理的教育体制，教育费附加乡筹乡管乡用。从1988年起教育费附加实行乡筹县管。2002年以后，实行以县为主的教育管理体制。1987年，大名县实行中学校长聘任制，公开答辩，竞争上岗。1999年，在大名县回民中学进行校长负责制试点。2002年8月，在旧治乡进行校长负责制和教师聘任制试点，11月，大名县全部推行校长负责制和教师聘任制。

教育结构改革

20世纪70年代末，教育结构单一，全县678所中小学全部是普通教育。1979年恢复了教师进修学校、恢复了扫盲教育。1981年，开始对中等教育结构进行调整，压缩高中，整顿初中，举办农中，加强小学，发展学前教育。与此同时还开展了成人教育、职业教育，创办了一批职工夜校、农民夜校以及商业学校、供销学校、卫生学校、农机学校等。1983年成立了大名县师范学校、1989年创办了大名县聋哑学校，1993年创办了大名县职业技术教育中心，1994年以后，民办教育逐步兴起，教育结构逐渐趋于合理，形成了普通教育、成人教育、师范教育、职业教育、特殊教育、民办教育等协调发展的格局。1979 年，全县有中小学 678 所，其中高中 12 所、初中 57 所、小学 609 所，学校多，规模小，比例失调，布局仍不合理，教育资源严重浪费，影响办学效益和教育质量的提高。经过几次调整，特别是经过 2001 年以后对学校布局进行大规模调整，减少了数量，扩大了规模，学校布局逐渐合理。至 2005 年全县有高中 4 所，初中 37 所，小学 258 所，职业技术教育中心 1 所，教师进修学校 1 所，聋哑学校 1 所，幼儿园（学前班）53 所，民办中学 2 所，民办小学 17 所，民办幼儿园 30 所，民办武术学校 7 所及相当数量的民办学校，各级各类学校比例趋向合理。

办学条件改善

“黑屋子，土台子，泥孩子”，这是对改革开放初期办学条件的形象描绘。1979 年，全县校舍建筑总面积为 181113 平方米，多为土木或砖木结构，其中危房面积为 2085 平方米，生均占有校舍面积 1.4 平方米，存在不少复式班和二部制，有 18432 名学生在借用的民房里上课，有 880 名学生露天上课；每百人中只有 15 人使用木制课桌，其余使用的是木板、水泥板、砖土台、纸浆桌；文体器材和图书极少，没有任何专用实验仪器和设备。20 世纪 80 年代中期，县委、县政府提出改善办学条件，目标是“一无两有”，即校校无旧房，班班有教室，70% 的学生有木制课桌。1989 年，提出改善办学条件新标准——“八配套”，要求每所学校都要具备标准校舍、木制课桌、校墙、校门、操场、水源、旗杆、厕所等八项指标。20 世纪 90 年代中期，为迎接“普六”和“普九”验收又提出建设标准化乡中目标，办学条件得到很大改善。2001 年实施危房改造和学校布局调整后，大名县对学校基建投入 5254 万元，新增校舍面积 103093 平方米，全部采用砖混结构或框架机构，建筑质量有了可靠保证，使所有中学和完全小学的教室、专用教室达到了坚固、够用、适用的目标要求。有的乡（镇）还盖起了教学楼。通过 2003 年和 2006 年两次教育督导评估，大名县投入 3110 万元，配备大量的文体器材、实验仪器、实习设备和图书，配备大量的电化教学、远程教育设备，基本实现了教学现代化。

教师素质提高

1979 年，大名县专任教师所占比例很小，教师学历达标率几乎为零。直到 1985 年，小学教师学历达标率才达到 32%，初中为 10%，高中为 2.4%。经过 26 年的不懈努力，大名县各级各类学校教师队伍素质有了很大提高。至 2005 年，全县幼儿教师学历达标率为 100%，专科及以上教师所占比例为 70.24%；特殊教育教师学历达标率 100%；小学教师学历达标率 99.69%，专科及以上教师所占比例为 38.20%；初中教师学历达标率 93.70%，本科及以上教师所占比例为 17.72%；高中教师学历达标率为 54.09%，职业教育教师学历达标率为 48.55%，教师学历达标率的提高，对全县教育质量的提高起到了直接影响和作用。

第三节　科技体制改革

建立健全稳定的县、乡、村科技服务体系，始于 1989 年成立的中国农业大学大名沙改试验站。县政府聘请 3 名中国农大教授，到大名进行卫东 10 万亩沙荒开展沙土综合改良科学实验，形成了县、乡、村共同参与的科技服务体系，其科技开发和科技服务能力不断更新提升，成为大名科技体制改革的样板。为了进一步转变职能，深化体制改革，2004 年 8 月筹建县生产力促进中心，制定中心章程和实施方案，中心与科技局人员编制、职数、经费渠道不变，即一套人马两个牌子。中心设综合业务部、技术开发部等 6 个部。

民营科技企业

大名民营科技企业起步于 1988 年，当时，在国民经济中所占比重小，技术创新能力相当薄弱，主要在县办工业和乡镇企业开展科技达标和创优活动。

1994 年，根据国家科委、体改委关于大力发展民营科技企业的精神，审批邯郸市正大饲料有限公司、名华塑钢有限公司、星光化工有限公司等 5 家企业为民营科技企业，年内实现技工贸总收入 345 万元。1995—1997 年，全县有相当一部分国营企业相继陷入困境，处于停产、半停产状态，有条件的企业就地改制、改产，而民营科技企业如雨后春笋般迅速发展。到 1998 年年底，全县民营科技企业达到 22 家，年内实现技工贸总收入 8600 万元。2005 年，全县民营科技企业发展到 36 家，其中高新企业 2 家，投资超亿元企业 2 家。技工贸年收入达到 3.8 亿元，固定从业人员 2820 人，技术人员 318 人，其中高级职称人员 28 人，中级职称 76 人。

技术市场

技术市场主要包括技术开发、技术转让、技术咨询、技术服务等技术贸易活动。1987 年 6 月后，中央、省、市分别出台技术合同和技术市场管理办法。大名县于 1992 年成立技术市场办公室，1993—1996 年，全县先后累计审核认定技术贸易机构 31 家。1997 年，依法对全县技术市场进行清理、整顿、培训、规范，使技术市场进一步繁荣和发展，当年年内实现技术贸易额 350 万元。2005 年全县技贸机构发展到 38 家，技术贸易额达到 415 万元。1997—2001 年，大名县技术市场管理办公室连续 5 年被评为邯郸市技术市场金桥奖先进单位。截至 2005 年，全县经济技术服务合作组织发展至 688 个。

非公职人员职称评定

1993 年起，县科委按照上级职称改革文件精神，积极稳妥地开展非公职人员职称评定工作。2001 年，非公职人员职称由分级评定改为集中考试，并移交县人力资源和社会保障局职改办负责。1993—2001 年，共评定农、林、牧、机、卫生、建筑等专业非公职人员职称 8 次，1200 人，其中晋升为高级职称 2 人，中级职称 16 人，初级职称评审通过 1182 人。

第四节　文化卫生体制改革

文化体制改革

书店改革　1985 年后，县新华书店进行了三项改革：一是改革经营方式，是年 5 月 1 日在大名府路上的两个营业部全部开架售书，极大方便了读者选书购书。同时，职工均统一着装，配证上岗，做到规范化、文明化、经营公开化，从营业环境上吸引读者，招揽读者。二是提高职工素质，对店内 4 名年满 50 周岁的男职工，1 名年满 45 周岁的女职工办理了内退手续，并于 2005 年在社会上公开招聘了6名男女青年职工，充实到营业部搞经营，为书店增加了活力，从素质上适应了新形势需要。三是多元化发展。2000年以后，随着全县小学生入学率降低，课本销售量相应减少，对书店收入有所影响，为保证书店的正常经营收入，在营业部大厅搞起多种经营，并把临街门市全部租赁给商户。2005年，全年销售总额达到900多万元，获利润36万多元。

剧团体制改革　县豫剧团是县内唯一的一个县办戏剧演出单位。在20世纪80年代前，有一定阵容和规模，剧目丰富，在周边县中反映较好、影响较大。进入80年代中后期，随着文艺演出形式多元化及观众逐渐年轻化，导致剧团演出场次下降，观众人数递减，经济收入下滑，难以维持正常演出。加之演职员流动性较大，更为剧团工作增加了困难。面对这种情况，剧团采取三项措施：一是调整工资福利，实行基本工资加艺术补贴制，即演唱技术越高，补贴越高，演出场次越多，补贴越多，从而极大激发了演职员学艺练技，多演场次的积极性。二是抓住旺季多唱多演。春季是演出旺季，利用一切机会，组织演职员采取灵活多样的形式深入农村或周边县区进行演出，收到较好效果。三是与时俱进，更新剧目。随着时代的推移，人们审美观念也在变化。因此，在演出剧目上也不断推陈出新，以适应时代需求。他们除了演出传统豫剧像《穆桂英挂帅》等剧目外，还演出一些新剧目。同时，在演出形式上也注意改进，不仅演出大本戏，有时也满足观众要求登门演堂会，在娱乐场所唱选段及折子戏。这样，县剧团在困境中获得生机。

电影管理体制改革　县电影公司是全县电影放映管理机构，属自负盈亏、独立核算的文化事业单位。1979年后，随着人们物质文化生活的提高，电影放映市场日益红火，场次增多，上座率提高，经济效益较好。至1986年仅县电影院每天就放映六七场，而且场场爆满。进入20世纪90年代后，电视机、影碟机逐步普及，文化娱乐方式趋于多元化，电影放映市场日见萎缩，放映场次迅速下降，经济收入低下，放映工作难以为继。面对如此状况，县电影公司进行内部机制改革：实行经理负责制；健全内部管理机构，分设放管组、维修组和片库，并且促其压责任，定任务；实行工资与经济效益挂钩，完成任务好的奖励，完不成任务的罚款。此举一度激起了职工的积极性，电影放映工作又出现了转机。1992年，为发展电影放映业务，国家文化部门提出在电影放映单位开展“2131”工程（即在21世纪期间要求达到每个月每个人看到一场电影），并且还拨发给大名电影公司价值10多万元的设备和影片，从多方面给予支持。同时根据县委宣传部、文化教育局要求，在学校学生、企业职工、干部群众中播放爱国主义、科教影片，在全社会开展爱国主义教育、普及科技知识。2004年放映此类影片达8000多场。但是，因为受多种因素的制约，电影放映形势很不稳定，市场仍不景气。为此，电影公司职工除了放映爱国主义、科教影片之外，还利用电影院场地开展商业性业务活动，搞多种经营，在困境中谋生存、求发展。

卫生体制改革

乡镇卫生院管理体制改革　1996年乡镇卫生体制改革后，1998年8月对基层卫生组织进行了改革。在各乡镇所在地设立了20个卫生管理站，承担起原卫生院所担负的预防保健、妇幼保健、乡村医生管理工作，原38个乡卫生院只负责医疗任务。同时在全县推行乡村卫生组织一体化管理，由卫生管理站主管此项工作，实行“两证”“四制”“六统一”管理制度。“两证”是指医疗机构执业许可证和大输液许可证，凡经审核合格并可担负医疗卫生保健工作的村卫生所，由县卫生局签发。“四制”是指乡医聘任制、工资公筹制、风险集资制和养老保险制。“六统一”是指统一机构建制、统一调整人员、统一业务管理、统一购进药品、统一财务管理、统一收费标准。2001 年 11 月，卫生局对 6 个中心卫生院院长岗位进行公开招聘，通过报名、答辩、评议等程序顺利完成招聘工作。此后全县各乡（镇）卫生院也相继实行了院长招聘制。2002 年 6 月，全县实行一个乡镇设立一个卫生院，院站合并改革，把原来的 38 个乡镇卫生院、5 个分院合并成 20 个卫生院（其中有 6 个中心卫生院），卫生院同时挂卫生管理监督站牌子，卫生院长兼站长，具体承担本辖区医疗卫生保健等工作任务。非乡镇所在地的原卫生院改为乡镇卫生院门诊部。2005 年，全县 20 个乡镇卫生院统一名称，其中 6 个中心卫生院命名为 xx 中心卫生院，14 个一般卫生院命名为 xx 乡卫生院，使卫生院的名称与所在乡镇的行政名称和行政管理区域相一致。

医院产权制度改革　2004 年 8 月、2004 年 12 月分别对龙王庙中心卫生院、大名镇中心卫生院实行面向社会公开招标承包，承包期限 30 年，承包后医院功能任务不变，负责辖区内的社会卫生工作和卫生行政部门交办的各项卫生工作任务。2007 年根据有关规定，终止承包合同，收回管理权。

卫生监管机构改革　2003 年，大名县药品监督管理局成立，卫生局承担的药品、医疗器械监管职能划出。2005 年 10 月，撤销县医疗机构监督管理办公室，成立卫生局卫生监督所，将县疾病预防控制中心部分职能、医疗机构监督管理办公室全部职能划入卫生监督所。其职能为依法监督管理食品、化妆品、消毒产品、生活饮用水及饮用水卫生安全产品，管理公共场所、职业放射、学校卫生等工作，监督传染病防治工作和医疗机构、采供血机构及其执业人员的执业活动，整顿和规范医疗服务市场，打击非法行医和非法采供血行为，承担法律法规规定的其他职责。

医药卫生用品招标采购改革　20 世纪 90 年代前，医药卫生用品由医疗机构自行采购。1996 年 11 月，成立大名县泰康开发总公司和大名县卫生局医疗器械用品服务中心，开展药品、卫生用品的招标采购。

第四章　对外开放

1992 年 6 月 19 日，经国务院批准，大名县列入对外国人开放地区。至 2005 年，大名县着力抓好对外开放工作，外资外贸一起上，积极引进资金、技术、人才、项目等生产要素，促进了县域经济发展。

第一节　招商引资

1988 年，县委、县政府确立开放兴县战略，积极发展多种经济形式，进一步扩大对外和国内的经济技术交流，对内对外两个开放一起抓，多措并举，扩大开放，借助外力，谋求发展。

舆论宣传

利用报刊、电视宣传　1987—2005 年，在《人民日报》《农民日报》《经济日报》《河北日报》《邯郸日报》《河北工人报》《河北青年报》、中央电视台、河北电视台、邯郸电视台、河北广播电台等多家宣传媒体，先后刊发稿件 80 多篇，对大名县的对外开放工作进行宣传报道。2000 年 9 月 5 日，在

《河北日报》整版报道大名县的开放政策及中国大名首届花生节的公告。2005年10月，在中国台湾《太平洋日报》专版介绍大名的投资环境和优惠政策。1993年、1996年、2003年、2004年分别印制招商项目宣传册。2000年，印制精装宣传画册1万册，对大名人文、历史、产业及投资环境等作全面介绍，并配合首届花生节的召开，印制了《集邮宣传纪念册》。

利用“会”和“节”宣传　1992年开始，每年都在石家庄和北京举办乡贤联谊会，邀请大名在外工作、经商、办企业人士和为大名发展做出贡献的友好人士参加，介绍大名的新发展、新变化，征求支持。1995年12月，在县城召开大名经济发展座谈会，邀请400余名大名在外工作、经商人士参加，发布项目60项，欢迎他们回乡投资置业，支持家乡建设。

召开对外经济技术合作项目发布会

2002年5月，在浙江省嵊州市新昌县召开“河北省大名县（新昌县）项目对接洽谈会”，参会客商60多家，签订投资1.2亿元的江南苑住宅小区建设项目。2003年10月，县四套班子成员携80多名县直和乡镇一把手，在浙江省嵊州市召开“河北省大名县（嵊州市）项目对接洽谈会”，嵊州市200多家企业参会，发布项目50个，嵊州恒业公司投资1100万元兴建了大名府农贸市场。2004年4月，在温州市、绍兴市召开大名投资说明会，签约项目4项。同年9月，县农机局引进浙江温州市蚂蚁镇实业开发总公司投资1700万元，建成大名国人商场；县粮食局引进温州客商投资5000万元，建成万博温州商城；引进浙江省绍兴客商范少君投资1.2亿元，建成大名东方购物广场。2005年5月，在浙江省绍兴市和丽水市分别召开了大名县（绍兴市、丽水市）项目推介会，县供销社与温州华联公司签订了投资1200万元的华联购物广场项目，沙圪塔乡与香港滕智集团签订投资300万美元的外商独资马泰鞋业项目。

设立对外窗口

建办事处　1992年，在上海成立大名县人民政府驻上海办事处，1年后撤销。2005年10月，大名县人民政府与中国台湾太平洋公司签订委托招商协议。2005年12月，在温州市、深圳市、昆山市、青岛市成立大名县“招商联络处”，选拔12名优秀干部开展驻地招商，并与邯郸市政府驻北京市、天津市、深圳市、厦门市办事处达成委托招商协议。

结友好县市　1987年，与上海市奉贤县结为友好县，引进项目1项，物资协作额500万元。1988年，与广东省佛山市顺德县结为友好县。1989年，顺德县实业发展公司投资300万元与大名县合资建设了大名县万锭棉纺厂项目。同年，与石家庄市新华区结为友好区县，物资协作额1000万元。1993年，与广西壮族自治区防城市结为友好市县。2005年，与江苏省镇江市京口区结为友好区县。

对外开放成果

1987年开始，组织动员各乡镇、县直各部门走出县门，到中央和各省、市招商，引进国内资金、技术、项目、人才。

技术合作开发　1992年，金滩镇塑料合金厂与清华大学合作开发超高分子聚乙烯项目。2002年，亨泰电子有限公司与上海交通大学合作开发110报警系统项目。2005年年底，引进技术合作开发企业8家。

合资合作　通过国内县外企业间合资合作，先后建成投资 5000 万元的邯郸名福植物油有限公司、投资 6000 万元的美佳食品有限公司、投资 5000 万元的班顿服饰公司、投资 1.2 亿元的香油城、得利城以及华正塑编公司、鑫得隆化纤公司、大江制衣公司、银窖酒业公司、鲲鹏饲料公司、潮阳建材公司、名山建材公司、宏源塑编公司、宏泰纺织公司、恒源塑编公司等企业。2005 年年底，全县与国内县外合资合作企业达 53 家。1992 年 3 月，大名县骨胶厂与香港亚洲贸易公司在大名建立第一家合资企业“邯郸亚洲有机肥有限公司”。此后，一批从国（境）外引进的项目陆续落户大名。至 2005 年年底，与国（境）外合资、合作、补偿贸易“三资”企业在大名注册 24 家，引进利用外资 1636 万美元、人民币 220 万元。

兑现奖励政策　2005 年 3 月，县政府召开招商引资奖励大会，兑现 2004 年度奖励资金 101.5 万元，县财政就业岗位 10 个。

1987—2005 年大名县对外开放完成情况统计表

表 4-1

年份	引进资金（万元）	引进项目（个）	引进技术（项）	引进人才（个）
1987	280	5	2	120
1988	300	4	4	140
1989	400	5	3	145
1990	300	5	4	160
1991	500	6	6	180
1992	574.5	8	8	230
1993	1594.1	12	12	240
1994	1381	12	13	256
1995	1880.5	22	21	269
1996	8560.4	15	12	278
1997	10374.1	21	15	329
1998	7777.1	18	18	345
1999	10333.1	19	28	385
2000	13166.7	20	25	390
2001	18273.4	21	23	395
2002	16042.8	22	24	422
2003	33327	36	28	436
2004	48865	56	44	458
2005	533889	69	48	490
合计	707818.6	376	338	5668

1992—2005年大名县批准“三资企业”一览表

表 4-2

企业名称	中方单位	外方单位	项 目	项 目 总投资	引 进 外资额	签约领证时间	备 注
大名县全价配合饲料厂	万堤全价饲料厂	加拿大政府	年产4万吨饲料		113万美元	1992年	出口信贷
邯郸亚洲有机肥有限公司	大名县骨粉厂	香港亚洲贸易公司	5000吨骨粉骨胶	50.91万美元	25万美元	1992年	2002年停产
邯郸大发裘皮有限公司	大名县皮毛工艺厂	东方香港公司	裘皮50万平方尺	70万美元	34万美元	1992年	
邯郸光信陶瓷有限公司	大名县红光瓷厂	香港立信实业公司	500万件日用瓷	25万美元	12万美元	1993年	2004年停产
邯郸名德针织有限公司	大名县针织厂	香港德仓股份有限公司	针织坯布	482万美元	28万美元	1993年4月	
邯郸大茂食品有限公司	大名县西付集供销社草制品厂	香港茂业投资发展公司	牛鸡肉系列食品	23万美元	11万美元	1994年6月	
邯郸康威食品有限公司	大名县康佳食品厂	香港声威发展有限公司	花生系列食品	362万人民币	26.2万美元	1993年7月	
邯郸华俄食品有限公司	大名县外贸局罐头食品厂	俄罗斯联邦契别克投资进出口公司	2000吨罐头食品	568万美元	49万美元	1993年5月	未生产
邯郸大鹏家具有限公司	大名县大鹏家具厂	中国台湾王蕴峤	高档家具	142万人民币	70万美元	1994年5月	
邯郸永丰田园开发有限公司	大名县农药厂	香港茂业投资发展有限公司	蔬菜水果	140万美元	8.05万美元	1994年2月	未生产
邯郸正大饲料有限公司	大名县全价饲料厂	泰国正大河北有限公司	全价饲料4万吨	184万美元	98万美元	1994年6月	
邯郸亨泰电子有限公司	大名县家用电器厂	香港万泰贸易公司	10万套家用电器	16.6万美元	8万美元	1995年	2003年迁走
邯郸富茂食品有限公司	大名县花生制品厂	香港茂业投资发展有限公司	烤花生	400万美元	16.09万美元	1994年5月	未投产
邯郸华日食品有限公司	大名县脱水菜厂	日本国中国粮食株式会社公司	脱水蔬菜	53.3万美元	26万美元	1997年12月	2002年停产
邯郸克拉斯内有限公司	大名县油脂蛋白厂	俄罗斯联邦契别克投资进出口公司	食用油	739万美元	84.3万美元	1993年5月	资金未到位
邯郸万宝田园开发有限公司	大名县县玛钢厂	香港金伟发展公司	水果蔬菜	450万美元	54万美元	1993年11月	资金未到位
邯郸宏浩轮胎复新有限公司	大名县宏源贸易公司	新加坡现代机器私人有限公司	废旧轮胎复新	44.94万美元	22万美元	1997年	未开工生产
邯郸名嘉食品有限公司	大名县棉花种子公司	香港嘉明科技有限公司	脱水菜	98万美元	45万美元	1999年	2000年停产
邯郸岱堡食品有限公司	大名束馆刘辛庄预制件厂	中国台湾大东联合有限公司	食品	300万人民币	120万人民币	1997年12月	未开工生产
邯郸大伟纺织有限公司	大名县毛纺织厂	香港伟比集团有限公司	毛纺织品	180万人民币	100万人民币	1998年10月	2000年停产
邯郸石兰皮毛加工有限公司	大名精梳羊毛加工厂	蒙古国乌兰巴托贸工服务公司	羊绒及系列产品	12万美元	5万美元	1998年6月	2000年停产

续表 4-2

企业名称	中方单位	外方单位	项　目	项　目 总投资	引　进 外资额	签约领证时间	备　注
邯郸马泰鞋业有限公司	独资	香港滕智集团有限公司	高档皮鞋	300 万美元	300 万美元	2005 年 4 月	—
河北澳洲美佳食品有限公司	大名益民面粉公司	—	烤馍片	816.3 万美元	400 万美元	2005 年	—

第二节　对外贸易

出口商品

1979 年，大名县出口商品有猪肉、鲜蛋、鸡、兔、皮张、草帽辫、草制品、杏仁、家兔等，此后出口品种逐年增加。1990 年，出口商品增加至 40 余种，出口额 953.4 万元。至 2005 年年底，累计出口商品品种 90 余种，包括粮油食品类、工艺品类、工业品类、化工产品类、针纺织品类、服装类、机械产品类、土畜产品类、医药类等 9 大类，出口到日本、中国香港、新加坡、马来西亚、美国、法国、英国、意大利、德国、俄罗斯、加拿大等 30 多个国家和地区。

品类　农副产品类。主要有：烤花生果、乌枣、豆粕、豆饼、棉仁饼、棉籽、菜籽粕、杏脯、甘薯脯、咸蒜米、咸黄瓜、机榨香油、纯净花生油、脱水菜系列产品、麸皮、薯干、无咸味大花生、黑瓜子、白瓜子、苦杏仁、金丝蜜枣、花生饼、花生秧粉等 23 种。

粮油食品类。主要有：芝麻、玉米、黄豆、黑豆、绿豆、花生果（米）、大蒜、冻兔肉、五香牛肉、一爪鲜、盐渍蘑菇、香菜籽、小麦、大麦、盐制菜、吉豆、大红枣等 17 种。

土畜产品类。主要有：椒干、平菇、棉花、蜂蜜、羊肠衣、猪肠衣、山羊板皮、棉短绒、家兔、鸽子、菜驴、蚕茧、菜牛、菜羊、动物饲料等 15 种。

工艺品类。主要有：柳编、草制工艺品、佛垫、皮毛工艺品、皮革制品、羊剪绒制品、棉短绒、草垫、壁挂、绣品等 10 种。

工业品类。主要有：陶瓷制品、骨粒、骨粉、羽毛粉、鱼坠等 5 种。

机械产品类。主要有：锯齿、镰刀、弹簧、托辊、石子耙、铁耙子、多用钎、皮带轮、皮带输送机等 9 种。

化工产品类。主要有：糠醛、阻燃润滑剂、2.4.5 三氯苯胺、二氧化硫脲、4 氯 2.5 二甲氧基苯胺等 5 种。

针纺织品类。主要有：棉纱、白平布、精梳汗布、粗梳汗布、针织匹布等 5 种。

服装类。主要有：童装、睡衣、防寒服、病服、工作服、套裙等 6 种。

医药类。主要有：槐米等。

经营方式　1979—1994 年，外贸出口任务由省、地外贸部门统一下达，县外贸局（公司）组织货源，部分出口商品由外贸局直接收购、加工，部分产品由基层供销社代购；草帽辫、草制品、烤花生、咸蒜米等出口商品由县供销社有关公司直接与省、地外贸部门结算。1994 年外贸体制下放后，省、市外贸部门不再向县外贸下达出口商品收购计划，省、市、县公司变成了贸易伙伴。除县外贸所属企业外，“三资企业”、获得自营进出口权的各类企业及有出口产品的各类企业均涉足外贸出口业务，面向国际和国内两个市场，自己找外商客户或出口代理商收购、生产、加工出口产品，分别以代理出口或直接出口的方式开展对外贸易。

1979—1994 年大名县出口商品收购完成情况统计表

表 4-3　　单位：万元

年份	地（市）下达出口商品收购任务	实际完成	年份	地（市）下达出口商品收购任务	实际完成
1979	—	93.8	1987	—	553.9
1980	—	158.4	1988	—	339.2
1981	—	542.3	1989	—	947.2
1982	—	428.3	1990	—	953.4
1983	—	513.8	1991	1200	1745
1984	—	249.2	1992	1700	3635.8
1985	—	297.1	1993	3600	5500
1986	—	644.5	1994	6600	7500

自营出口

1995 年是大名县外贸自营出口起步年，外贸货源企业在继续搞好出口收购工作的同时，把主攻方向放到出口创汇上来，并承担自营出口计划。在“三资企业”不断壮大的同时，县内部分出口商品生产企业、经营企业经申报登记获得了自营进出口权，开展自营出口贸易。

进出口企业　截至 2005 年年底，全县自营出口企业共 11 家，其中“三资企业”5 家，获得自营进出口权企业 6 家。“三资企业”分别是：邯郸亚洲有机肥饲料有限公司、邯郸大发裘皮有限公司、邯郸大茂食品有限公司、邯郸正大饲料有限公司、邯郸名威食品有限公司。获得自营进出口权的企业分别是：大名县名鼎化工有限公司、大名县泰丰机械有限公司、大名县工艺品厂、大名县营镇脱水菜厂、大名县瑞恒化工有限公司、邯郸名福植物油有限公司。

进出口项目　出口产品。粮油食品类主要有系列脱水菜、烤花生、花生果（米）、盐渍菜等；化工产品类主要有染料中间体氯苯胺、化工原料、二氧化硫脲、糠醛等；工艺品类主要有草制工艺品、羊剪绒制品、地毯、挂毯等；农副产品类主要有用于肥料、饲料的骨粉、骨粒、畜禽饲料等。进口产品。化工产品类有对苯二酚、金属咯佫染料；畜产品类为改良羊皮。

1995—2005 年大名县出口创汇完成统计表

表 4-4　　单位：万元

年份	实际完成	备注
1995	413.9	直接出口和间接出口
1996	330.5	直接出口和间接出口

续表 4-4

年份	实际完成	备注
1997	490	直接出口和间接出口
1998	846	直接出口和间接出口
1999	252	直接出口
2000	152.4	直接出口
2001	168	直接出口
2002	241.2	直接出口
2003	126.5	直接出口
2004	124.1	直接出口
2005	143.6	直接出口

外贸管理

1978 年 12 月，大名县外贸公司下属企业冷冻加工厂开始动工兴建，1982 年建成投产，厂址在大名城东三里店，占地面积 13266 平方米，固定资产 69 万元，主要生产加工冻兔肉，拥有 100 吨冷库一座，年经营额 38.5 万元。1990 年 6 月 1 日，外贸公司原设农产品科、土畜产品科、工业工艺品科撤销，成立粮油食品出口公司、土畜产品出口公司、工业工艺品公司、综合公司 4 个专业公司，独立经营，单独核算，自负盈亏，业务上与上级外贸专业公司对口，经营上分别承担地、县下达的出口收购和利润计划。1992 年 5 月，大名县冷冻加工厂划归河北省食品进出口公司管理。1992 年 9 月，外贸公司成立开发公司。1993 年 12 月，成立农产品出口公司。1994 年 9 月，土畜产品出口公司破产，成立土产经营部。1997 年 6 月，成立对外贸易经营部。1997 年 12 月，成立食品出口经营部。1998 年 5 月注销开发公司，成立粮油出口经营部。

第三节　对外开放机构

县政府对外开放办公机构

1987 年 4 月，成立大名县经济技术协作办公室，为县政府直属事业部门，协调县内与县外区域间的经济技术合作、物资协作和横向经济联合，下设物资协作购销站，后改为物资协作服务公司。1992 年 12 月，成立大名县人民政府对外开放办公室，为县政府直属事业机构，负责全县对外开放和外资外商管理工作。1996 年 11 月机构改革，经济技术协作办公室和对外开放办公室合并为“大名县经济技术协作对外开放办公室”，对外称“大名县招商局”。内设综合股、内资股、外资股，机关事业编制 10 名，其中工勤人员 1 名。1995 年 11 月，成立河北省国际商会大名分会和河北省国际贸易促进会大名分会，挂靠大名县人民政府对外开放办公室（2003 年 7 月，被列为“邯郸国际商会第一届理事会”理事单位）。1999 年 8 月，经济技术协作对外开放办公室改名为“大名县人民政府开放办公室”，另挂“大名县招商合作局”牌子，为县政府直属事业单位，对内负责全县对外开放总体工作的安排、督导及管理，对外以招商合作局名义代表县政府与客商洽谈招商项目、引进资金，并负责外来客商投资企业的协调管理工作。内设综合科、内资科、外资科，编制10名，其中包括工勤人员1名。

对外贸易机构

1979年，河北省大名县对外贸易公司内设政工组、财务组、农产品组、工艺品组。1983年1月，更名为大名县对外贸易局。1984年8月，除原名称外，又称大名县对外经济贸易公司，实行一套人马两个牌子，下设秘书科、人事教育科、计财科、农副产品科、工业工艺品科、冷冻加工厂。1996年12月机构改革，改称大名县对外经济贸易局，为县政府直属事业单位，机关事业编制5名。1999年5月，更名为大名县对外经济贸易委员会，仍为县政府直属事业单位，人员编制由原来的5名增至8名，下设人秘股、外经贸管理股，股级职数2名。2002年7月，更名为大名县对外贸易经济合作局，机关事业编制8名，下设人秘股、外经贸管理股，股级职数2名。

第五编　经济综览

第一章　经济发展速度

1979—1980年，全县农村逐步推行了家庭联产承包责任制，农村经济体制改革顺利进行，种植业逐年丰收，养殖业快速发展，森林覆盖率逐年增长。1985—1988年，全县改革的各项工作全面启动，二产、三产的所属企业逐步展开了各种经营承包活动，全县经济得到前所未有的快速发展，综合实力不断增强。全县国内生产总值1979年为6443万元，1986年达22801万元，2005年达46230万元，按可比口径计算，比1979年增长70.9倍，比1986年增长19.3倍。

1986—2005年大名县国内生产总值统计表

表5-1　　单位：万元

年份	国民生产总值	第一产业增加值	第二产业增加值	工业增加值	建筑业增加值	第三产业增加值
1986	22801	11925	5743	4410	1333	5133.4
1987	33361	14874	9550	7450	2100	5509.4
1988	38660	20700	8858	7327	1531	8413
1989	46073	23919	11884	10042	1842	9154
1990	51555	25774	12227	10345	1882	8361.8
1991	57095	26703	14846	11749	3097	12046
1992	64898	22692	20188	44656	9851	22081
1993	76941	28755	23684	19517	4169	24500
1994	108645	48279	27255	21565	5690	33111
1995	143386	56768	37518	35143	—	49100
1996	179140	64662	52198	38950	13248	62280
1997	208253	24502	59370	48688	10682	74381
1998	225476	77585	67254	55991	11263	83637
1999	243246	69598	72642	60552	12090	90358
2000	262494	86493	80428	68061	12367	95573

续表 5-1

单位：万元

年份	国民生产总值	第一产业增加值	第二产业增加值	工业增加值	建筑业增加值	第三产业增加值
2001	283670	88499	90840	77680	13160	104331
2002	315771	96635	101063	89798	14265	115073
2003	345207	98529	120798	105407	15391	125880
2004	410796	106411	152047	134970	17077	152338
2005	463230	110217	168883	147958	20925	184130

说明：按当年价格计算

第一节　农业发展速度

大名县是农业县，农业增加值在全县国内生产总值中占很大的比例。1979 年前，农业生产条件落后，技术水平低下，生产结构单一，旱、涝、风、沙、盐、碱等自然灾害时常发生。1979 年年初，全县粮食总产量 14200 吨，平均亩产 129 千克，人均占用粮食约 173.6 千克，农民人均年纯收入 36 元。中共十一届三中全会后，全县农村逐步推行家庭联产承包责任制，“三级（公社、生产大队、生产队）所有，队为基础”的集体经济核算体制及分配上的平均主义被打破，农民的生产积极性得以充分发挥，农业生产得以迅速发展，彻底改变了 1979 年前“吃粮靠统销、花钱靠救济、生产靠贷款”的落后局面。1992 年，大名县摘掉了国家重点贫困县的帽子，1997 年摘掉了省重点扶持贫困县的帽子。2005 年国家不仅免掉了农民所有的赋税，而且还对种粮农民给予种子、化肥、农机等多种补贴、农民的种粮积极性空前高涨，对土地的投入逐年增大，种植业特别是粮食生产连年丰收。2005 年，全县农林牧副渔业增加值 34.15 亿元，粮食产量 46879 吨，粮食平均单产约 685.3 千克。

种植业的连年大丰收，为养殖业提供了丰富的饲料资源，加上畜禽防疫力度的加大和防疫技术的提高，全县的养殖业以前所未有的速度发展。

1986 年全县大牲畜年末存栏 4.1 万头，1995 年年末存栏 10.9 万头，2005 年年末存栏达 14.3 万头。1986 年，全县生猪年末存栏 7.5 万头，2005 年年末存栏 56.7 万头。1986 年山绵羊年末存栏 2.8 万只，2005 年年末存栏 48.7 万只。随着人们商品意识的增强，大牲畜、生猪、山绵羊的出栏率快速增长，全县肉类总产量逐年大幅度提高，2005 年全县肉类总产量 74400 吨。

1986—2005 年大名县农林牧业产量统计表

表 5-2

年份	粮食产量（吨）	棉花产量（吨）	油料产量（吨）	芝麻（吨）	肉类总产量（吨）	年末大牲畜（万头）	年末生猪（万头）	年末山绵羊（万只）	当年造林面积（万亩）
1986	179484	2930	8695	12.2	5464	4.1	7.5	2.8	8.0
1987	209815	1050	7789	23.2	6892	4.2	8.2	4.5	3.8
1988	250815	18981	11395	186.2	7850	4.6	9.1	5.9	
1989	256044	13810	12157	151.0	8396	4.7	9.5	5.3	

续表 5-2

年份	粮食产量（吨）	棉花产量（吨）	油料产量（吨）	芝麻（吨）	肉类总产量（吨）	年末大牲畜（万头）	年末生猪（万头）	年末山绵羊（万只）	当年造林面积（万亩）
1990	273820	16316	14811	116.1	8650	5.0	15.4	10.0	1.4
1991	279981	16810	15138	88	9805	5.1	15.9	10.7	2.0
1992	252390	14045	11485	40.0	10005	5.6	16.2	11.3	2.1
1993	296559	3090	13360	99.0	12939	6.8	19.1	12.0	2.2
1994	317792	11893	13284	28	12939	8.5	20.5	14.9	2.0
1995	339328	2424	19879	27.2	37415	10.9	27.7	23.3	2.7
1996	376857	3486	36340	16.0	44650	11.1	38.3	28.2	1.6
1997	425663	2816	52928	32.0	49693	13.5	38.5	30.7	1.3
1998	449229	4266	57341	28.0	53322	13.8	39.2	32.3	2.0
1999	472679	2670	68207	61.0	59929	14.2	40.4	33.6	1.6
2000	442864	1703	105635	5.0	57159	13.4	4.1	34.6	0.9
2001	433036	1691	160920	5.0	58559	13.7	41.7	35.6	0.9
2002	435872	1681	116007	5.0	53126	14.3	43.4	37.3	1.1
2003	439888	1215	116032	5.0	64044	14.6	47.4	38.9	2.5
2004	457583	1205	112783	5.0	68367	14.3	48.2	43.9	2.0
2005	468790	1058	114193		74400	13.9	56.7	48.7	1.4

1985—2005 年大名县农林牧渔产值统计表

表 5-3　　单位：万元

年份	农林牧渔总产值	农业产值	林业产值	牧业产值	鱼总量产值
1985	17131	12431	812	2752	15
1986	16897	12431	818	2752	12
1987	22328	16497	693	3737	54
1988	33507	24282	2324	6156	103
1989	34337	28996	333	4261	104
1990	36046	30584	418	4300	84
1991	39698	33158	672	5114	94
1992	44765	34185	769	9064	100
1993	49304	38333	666	10210	95
1994	84054	61017	633	22237	137
1995	130736	79356	818	50322	240

续表 5-3　　　　单位：万元

年份	农林牧渔总产值	农业产值	林业产值	牧业产值	鱼总量产值
1996	148284	81684	1503	64777	320
1997	182904	100531	1110	80735	528
1998	183256	107230	1595	71360	694
1999	169932	97102	1584	70559	687
2000	181554	110670	1322	68827	735
2001	187251	113808	1178	71460	805
2002	190279	113138	1213	75088	840
2003	219195	118424	713	98701	553
2004	281563	153419	846	125449	889
2005	293038	140077	495	140279	987

说明：按当年价格计算

1990—2005 年大名县农林牧渔业增加值统计表

表 5-4　　　　单位：万元

年份	农林牧渔业增加值	农业增加值	林业增加值	牧业增加值	渔业增加值
1990	19340	17009	254	1610	61
1991	21121	18106	229	2311	70
1992	22577	16874	355	5108	43
1993	28755	21756	204	6737	58
1994	48279	34405	464	13342	68
1995	56768	41304	234	15109	121
1996	64662	41446	329	22729	158
1997	74502	51373	594	54603	149
1998	74585	49809	813	23419	544
1999	69598	53354	565	15433	246
2000	86493	62926	382	22935	250
2001	88499	69362	221	18607	309
2002	89754	69564	249	19601	340
2003	97975	69744	261	27369	250
2004	12683	90515	339	35148	356
2005	143763	90021	262	47566	314

说明：按当年价格计算

第二节　工业发展速度

1986 年前，大名县的工业处于初始阶段，境内除一些手工业作坊外，工业主要是小农机修理厂和化肥厂。1986 年后兴起了粮油加工、酿酒等现代工业。2005 年，大名县初步形成以小麦加工、酿酒等为龙头的工业体系，工业总产值、工业增加值在国民经济结构中比例逐年上升。2005 年，全县工业增加值 38687 万元，比 1979 年增长 48.6 倍，比 1986 年增长 89 倍。大名县乡镇企业经过 5 个阶段 20 年的发展壮大，成为县内国民经济重要组成部分，许多产品产量在社会上占相当比重，如面粉、农业加工、农副产品加工等，产品产量几乎被乡镇企业所垄断。

1979 年以前，工业主要为副业起到拾遗补缺的作用。1979 年乡镇企业产值占农村社会总产值的比重不足 10%，1988 年超过农业总产值。此后，乡镇企业持续增长，比重逐年增高，在农村经济中的主体地位日益巩固。乡镇企业在自身发展的同时还支援了农业建设、水利设施、维修配套、购买农机具、化肥、农药、种子、道路铺设、福利事业、教育事业等，成为增加农业生产投资、改善农业生产条件、振兴农村经济的重要经济来源之一。

乡镇企业的发展极大改变了传统农村的经济结构，打破了农村、农业、农民三位一体传统经济。1998 年，乡镇工业企业初步形成建材、农副产品加工、木器加工、服装等 4 个支柱性企业行业，为农村城镇建设和各项事业的繁荣提供了强有力的物资保障。

乡镇企业的迅速发展，吸收了大量的农村剩余劳动力就业，为农村剩余劳动力创造了就业门路。同时，就业门路的拓展也增加了农民收入。

1986—1995 年大名县工业企业单位数量统计表

表 5-5　　　　　　　　　　　　　　　　　　　　　　　　单位：个

年份	工业企业总数	全民所有制工业企业	集体工业企业	乡办工业企业	村办工业企业	轻工业企业	重工业企业
1986	223	16	207	128		105	118
1987	161	16	145	116		98	63
1988	172	16	156	128	322	104	68
1989	160	17	143	114	209	101	59
1990	134	17	117	91	177	77	57
1991	137	20	117	89	159	76	61
1992	155	23	132	103	160	85	70
1993	137	17	120	93	171	80	57
1994	132	16	116	93	132	72	60
1995	128	13	115	93	112	69	59

1986—1997 年大名县工业总产值统计表

表 5-6　　单位：万元

年份	工业总产值	国有工业企业产值	集体工业企业产值	乡办工业企业产值	村办企业产值	轻工业产值	重工业产值
1986	6985	1493	5492	1890		4902	2083
1987	9662	2106	7555	2898	2047	6978	2684
1988	12357.9	2641	9896.9	4241.4	3027.0	902.1	3455.8
1989	15146	4090	11056	4026	3989	10817	4329
1990	16299	3704	12595	3931	4501	12223	4077
1991	14234	3397	15848	4208	3458	14911	5208
1992	22079	4471	17608	5506	5359	16671	5408
1993	24679	5806	18873	9500	8359	12521	7108
1994	30214	5203	25011	11831	9331	21912	8302
1995	44890	8290	36600	20528	8572	30197	14693
1996	61224	10141	46583	32709	—	40134	16590
1997	75961	10948	44099	30547	—	—	—

第三节　商贸服务业发展

1986 年，由于各项基本建设投资力度加大，为第三产业发展带来了机遇。在加强巩固农业大县的同时，全县大力发展以贸易、餐饮、信息服务、金融、电信、房地产业为主的第三产业。中共十四届三中全会确立社会主义市场经济目标后，中共大名县委、大名县人民政府制定超常规跃进式发展的战略，借助大名新城大规模建设，国家发展战略机遇，拉开城市建设大框架，营造冀鲁豫三省交界处区域中心城市。对外发展招商引资，对内加强基础设施建设，规范各类市场和餐饮服务网点，初步建成集批发与零售一体的建材、服装、自行车、家电、钢材、副食品、蔬菜批发市场等专业市场，城乡结合，辐射较强的市场网络基本形成。

1986—2005 年大名县社会消费品零售总额统计表

表 5-7　　单位：万元

年份	社会消费品零售总额	年份	社会消费品零售总额
1986	7192	1996	35031
1987	7241	1997	41641
1988	7566	1998	49136
1989	9547	1999	54423

续表 5-7　　　　　　　　　　　　　　　　　　　　　　　　　　单位：万元

年份	社会消费品零售总额	年份	社会消费品零售总额
1990	12222	2000	61117
1991	19355	2001	68441
1992	14176	2002	76017
1993	12998	2003	85329
1994	21969	2004	99823
1995	29094	2005	169949

第四节　经济结构

1998 年后，随着国家政治体制改革和经济体制改革的深入发展，大名县的经济开始改变以农业为主的格局，第二产业和第三产业发展较快，国民经济构成和工业、农业内部结构也发生了显著变化。

1986 年，大名县国内生产总值 22801 万元，其中第一产业增加值 11295 万元，第二产业增加值 57430 万元，第三产业增加值 51334 万元。2005 年，大名县国内生产总值 463230 万元，其中第一产业增加值 11201 万元，第二产业增加值 168883 万元，第三产业增加值 184130 万元，第三产业的比重增加了近 3 个百分点。

农业经济结构

1979 年前，全县农作物种植结构单一，以种植粮食作物为主，粮食作物中又以种植小麦、玉米、红薯为主，作物布局不合理。1979 年后，县委、县政府根据农业生产水平不断提高，广大农民温饱问题基本解决的实际情况，及时引导农民调整种植结构，在确保小麦、玉米等高产粮食作物种植面积的前提下，扩大以棉花、油菜、花生、芝麻、蔬菜为主的经济作物种植面积。2005 年，全县农作物种植面积 192.6 万亩，粮食作物种植面积 126.1 万亩，各种经济作物种植面积 50.54 万亩，粮经作物的种植比例基本上调整为合格的比例。

1986 年，农业、林业、牧业、渔业产值在农林牧渔业总产值的比重为 0.37：0.08：0.16：0.001；2005 年调整为 0.48：0.002：0.48：0.003。

大名县委、县政府强化农业基础地位，在确保粮食生产的同时，狠抓以乡村工业为主的农业产业，大批农村剩余劳动力由第一产业向第二、三产业转移。1986 年以后，农村产业结构由 1986 的以种植、养殖业为主转移为一、二、三产业同时发展，农工商多业并举的多元化格局。1996—2005 年 10 年间，农村工业企业引进先进设备，依靠科技进步开发高新产品、出口创汇产品，狠抓企业内部管理，大力调整产品结构，由资源型向市场型转变，积极开拓国际国内市场，出现了以“五得利”面粉为龙头的多家大中型农副产品加工企业。

投资结构

1986 年后，随着国家现代化建设步伐的加快及国家财力与地方财力的快速增长，大名县用于农业、工业、交通、电信、贸易、服务及公共社会事业的投资逐年增多。2005 年，大名县固定资产投资总额达 179359 万元。

1986—1996 年，固定资产投资偏重于大中型企业的基本建设与设备的更新改造。1997—2005 年，在发展粮食加工与食品工业的同时，大量资金投向交通、电信、城镇建设与环境治理，全县的投资环境发生了巨大变化，外地客商纷纷到大名投资经商或办厂，城乡居民的住房、出行等方面都得到很大发展。

投资形式上，1990 年前主要以国家与地方财政拨款为主，1990 年后，坚持谁投资谁收益的原则，投资规模逐渐扩大。1996—2005 年，全县城镇建设步伐加快，用于基础设施和房屋建设的资金逐年增多。

1988—2005 年大名县固定资产投资统计表

表 5-8　　单位：万元

年份	投资总额	全民基建投资	全民技改投资	农村集体投资
1988	432	397	35	25
1989	494	308	392	90
1990	541	97	354	474
1991	435	267	306	311
1992	2514	894	1178	868
1993	5050	2263	1869	—
1994	8400	5735	1404	6348
1995	17171	7863	1537	10449
1996	26911	10628	3817	11468
1997	31055	36206	3801	12971
1998	48403	11845	5016	12480
1999	53035	19635	5016	13642
2000	54599	21977	6630	11900
2001	59367	21908	6740	11951
2002	60556	27754	6760	12900
2003	68421	25510	8350	13921
2004	112310	49153	14208	45778
2005	179359	—	—	—

第二章　经济综合管理

1979—2005 年，大名县经济管理逐渐由计划经济转为市场经济，综合经济管理手段有计划、统计、工商行政管理、物价管理、技术监督、审计、财政、税务、专卖等。

第一节　计　划

管理机构

1979 年 1—4 月，大名县的计划管理机构是大名县计划局。1979 年 4 月撤销县计划局，成立大名县经济计划委员会。1980 年年末，经委、计委分设，成立大名县计划委员会，内设秘书科、计划科、基建科、物价科，后物价科分离出去，增设设计室。1984 年城建工作分离出去。1986 年增设招标办、造价站。1990 年与城建、环保合并为大名县计划建设委员会环保办公室，简称“计建办”。1999 年 9 月与城建、环保分设，成立大名县计划委员会，设有综合计划股、财务股、办公室、经济信息中心、重点项目办公室等 5 个股室。2002 年 2 月，更名为大名县发展计划局，内设办公室、计划股、投资股、重点项目办公室、信息化建设办公室等 6 个股室。截至 2005 年年末，内设机构没有变化。

计划编制

计划编制一般根据省市国民经济和社会发展规划会议精神，成立规划领导小组，广泛开展调研活动，结合大名经济发展实际，拟出规划建议，召开行业部门、专家座谈会、研讨会，进行修改完善，经县四套班子会商研究，提交县人代会审查批准后，交由各部门实施。

1979—2005 年，大名县共编制 7 次中长期规划。中期规划为 5 年，长期规划为 10 年。分别是 1981 年编制的《大名县国民经济和社会发展“六五”计划》、1986 年编制的《大名县国民经济和社会发展“七五”计划》、1991 年编制的《大名县国民经济和社会发展“八五”计划和十年规划》、1994 年编制的《大名县七年经济发展纲要》、1996 年编制的《大名县国民经济和社会发展“九五”计划和 2010 年远景目标》、2001 年编制的《大名县国民经济和社会发展第十个五年计划纲要》和 2005 年编制的《大名县国民经济和社会发展第十一个五年规划纲要》。此外，2005 年，大名县聘请国家发改委、清华大学知名专家组成课题组，编制《大名县经济发展战略研究》。另外，为保障中长期规划落实，大名县每年都编有国民经济和社会发展年度计划。

计划实施

“六五”计划实施情况　1980 年大名县工农业总产值为 12471 万元。其中农业总产值为 8703 万元，工业总产值为 3768 万元。1981 年是农村实行土地承包责任制后，第一次编制五年计划。“六五”计划提出：到 1985 年（1980 年不变价格），大名县工农业总产值达到 13816 万元，年均递增 10.8%。

其中工业总产值达到4069万元，年均递增8%；农业总产值达到9747万元，年均递增12%。实施情况为：1985年，大名县工农业总产值达到2.24亿元（1980年不变价格），年均递增13.7%，比计划高2.9个百分点。其中工业总产值达到5042万元，农业总产值达到1.73亿元。粮食产量由1980年的12.6万吨增至21.6万吨，年均递增71.6%。农民人均纯收入达到207.8元，年均递增29.4%，是“五五”期间的5.2倍。

“七五”计划实施情况　大名县1986年编制的“七五”计划提出：到1990年（1980年不变价格）大名县工农业总产值达到4.38亿元，年均递增12.5%，其中工业总产值达到1.44亿元，年均递增8.7%；农业总产值达到2.93亿元，年均递增14.7%。农民人均纯收入达到461元，年均递增46.2元。实施情况为：1990年，大名县工农业总产值达到6.8亿元，其中工业总产值达到2.5亿元、农业总产值达到4.3亿元。

“八五”计划和十年规划实施情况　《大名县国民经济和社会发展“八五”计划和十年规划（“八五”计划）》要求：到1995年（1990年不变价格）大名县工农业总产值达到11.6亿元，年均递增7.6%。其中工业总产值达到5.5亿元，年均递增7.8%；农业总产值达到6.2亿元，年均递增7.3%。到2000年（1990年不变价）大名县工农业总产值达到16.6亿元，年均递增7.4%，其中工业总产值达到8亿元，年均递增8%；农业总产值达到8.6亿元，年均递增7%。实施情况为：1995年，大名县国民生产总值达到10.184亿元，比1980年翻两番半，在经济总量上提前七年实现翻两番的战略目标。工业总产值达到11.76亿元，年均递增20.8%，比计划高13.2个百分点；农业总产值达到6.659亿元，年均递增8.9%，比计划高1.6个百分点。

七年经济发展纲要实施情况　1994年制定的《大名县1994—2000年七年经济发展纲要》提出：到2000年，大名县国民生产总值（现价）达到17.7亿元，其中第一、二、三产业分别达到4.1亿元、5.7亿元、7.5亿元，年均递增5%、14%、17%。实施情况为：2000年，大名县国民生产总值达到26.25亿元，第一、二、三产业年均分别递增14%、20.6%、31.1%，全县三分之一以上的乡镇实现小康。

“九五”计划和2010年远景目标实施情况　大名县“九五”计划目标为：到2000年，国民生产总值达到22.329亿元，年均递增17%，其中第一、二、三产业增加值分别达到4.6701亿元、8.6594亿元和8.3979亿元，年均分别递增7%、22%和21%，三次产业比例调整为20.9 ∶ 38.7 ∶ 37.6；远景目标为：到2010年，国民生产总值再翻一番半，达到66.3149亿元，年均递增11.5%，其中第一、二、三产业分别达到7.6071亿元、30.7218亿元和27.2705亿元，年均分别递增5%、13.5%和12.5%。花生、面粉、蔬菜三大特色产业初步形成，重点项目建设成效显著，人民生活水平不断提高，社会事业全面进步。实施情况为：2000年，大名县国民生产总值达到26.25亿元，第一、二、三产业年均分别递增14%、20.6%、31.1%，全县三分之一以上的乡镇实现小康。

第十个五年计划纲要实施情况　目标为：到2005年国内生产总值（2000年不变价）达到41.8亿元，年均增长11%。实施情况为：2005年，大名县国内生产总值实际达到46.32亿元，年均增长15%。

重点项目管理

大名县的重点项目从1996年开始实施，县成立重点项目领导小组，下设办公室。2004年的重点项目称为“6720”工程（以花生、面粉、养殖、香油、文化旅游和商贸物流等6大产业为重点，突出生产性项目，完善基础设施项目，着力抓好总投资20亿元、70个能够带动大名县经济社会发展的项目）。2005年的重点项目称为“6933”工程（6大产业，90个项目，总投资33亿元）。

1996—2005年大名县落实较好的重点项目一览表

表5-9

年份	名称	规模
1996	五得利面粉三厂	日加工小麦200吨
1997	五得利面粉四厂	日加工小麦200吨
1997	益民面粉厂	日加工小麦200吨
1997	邯雪面粉厂	日加工小麦300吨
1999	大名府面粉厂	日加工小麦200吨
1999	五得利面粉五厂	日加工小麦500吨
2003—2004	106国道大名段大修工程	全长29千米，三级标准
2003—2004	龙束公路改建工程	全线长24千米，三级标准
2003—2005	村村通油路工程	修油路400千米
2003—2005	退耕还林工程	85000亩
2003—2005	生态家园富民工程	建庭院式沼气池18000个，田园式沼气池1500个
2003—2005	三中扩建工程	占地258亩，建教学楼、科技楼等面积80000平方米，运动场25000米。

第二节　统　计

统计机构

县级机构　1979年8月，统计工作从县经济计划委员会分出，成立大名县统计局，负责为各级领导决策提供数据，检查监督计划执行情况等，业务上分为工业、农业、商业、劳资、物资、基建六个专业，内设秘书股、工业股、农业股、农村社会经济调查队。1991年年初，成立大名县人口调查队。1995年，县统计局内设秘书股、工业股、农业股、农村社会经济调查队（属国家抽样调查队）、人口调查队，共有干部职工23名。2002年年初，撤销人口调查队，2003年，成立普查中心，为副科级单位，挂靠县统计局。2005年年末，县统计局内设秘书股、工业股、农业股、农村社会经济调查队（属国家队）、普查中心，共有干部职工16名。

基层机构　1995年，根据省政府文件精神，县统计局在全县6个区及39个乡、镇分别建立统计站，配备统计人员45名，全部为专职统计员，并建立村级统计组织，一般由村主任、村会计等人员组成。1996年，39个乡镇统计站合并为20个乡镇统计站，共有统计人员45名。至2005年年末，乡镇统计机构没有变化。

统计内容

专题定期统计　1979—2005 年，大名县专题定期统计由少变多，至 1995 年年末，专题定期统计有 21 个专业，包括综合统计、平衡统计、农业统计、农产量统计、农村经济统计、农村住户统计、工业统计、建筑业统计、外贸统计、交通运输统计、商业统计、物资供销统计、劳动工资统计、固定资产统计、能源统计、城市基本情况统计、城镇住户统计、外经统计、科技统计、服务业统计、人口调查统计。截至 2005 年年末，专题定期统计专业增至 38 个专业。主要统计项目有 GDP 核算、农业、工业、建筑业、交通、固定资产投资、能源、外经、科技、社会、服务业、城镇化监测、产量、农业住户、房地产业、统计宣传、数据处理、统计培训、教育、城调、企调等，各个项目的统计指标，少者十几个，多者数百个，如农业分为农村行政组织和人口、生产条件、经济效益、财务成本等 4 大类 200 多个指标。

专题调查统计　抽样调查。人口变动抽样调查。1995—1998 年，每年的一、二月份，进行上年度的人口变动抽样调查。调查采取发表的形式，填写全年人口变动情况和年初、年末时点的人口状况，由省统计局直接汇总调查结果。1% 人口抽样调查。2005 年，对居住在县境内的中国籍常住人口进行 1% 人口抽样调查，调查内容包括 26 项指标，全部资料由省级汇总。儿童基本情况抽样调查。根据国家统计局、教委、民政部、妇联的通知，2005 年 6 月，进行儿童基本情况抽样调查，调查内容为儿童营养、生长状况、教育、免疫劳动等情况，全部资料由省级汇总。

重点调查。1996 年 3 月至 1998 年 12 月，进行农业开发调查。调查主要指标有打井配套设施、防渗管道修建等 28 项。2001 年，根据省统计局安排部署，进行农村住户存粮量、用粮量、转用饲料用粮量等指标调查，调查 10 个村、100 户居民。2000—2003 年，连续 4 年进行电力调查，主要调查生活用电量及电价、农业用电及电价、农业有效灌溉面积等 20 多个指标，抽查 5 个乡镇、12 个村、120 户。2003 年，进行烟草调查，主要调查农村销售烟草品种、数量、价格等指标，抽查 10 个村、100 多户。以上 4 项调查均采用调查问卷形式，调查问卷直接上报省统计局，由省统计局直接汇总。

大型普查　工业普查。1996 年 1—3 月，进行第三次工业普查，主要调查 1995 年全部工业企业经济情况，调查范围是乡镇及以上全部独立核算工业企业、村办工业、个体工业、私营工业、“三资”工业，内容包括财务、劳动力、产、销、存、原材料、能源消耗、设备、技术、产品质量、收支等 172 项内容。大名县共抽调培训人员 4000 余名，采取发普查表和调查卡的方式进行，普查表和调查卡直接报市统计局汇总。

人口普查。1982 年第三次全国人口普查，大名县总人口为 572367 人。1990 年 7 月 1 日第四次全国人口普查，大名县总人口为 670125 人。2000 年 7 月 1 日，第五次全国人口普查，大名县总人口为 713584 人。

基本单位普查。2001 年，开展第二次基本单位普查，普查的标准时间为 2001 年 12 月 31 日，采用方法为直接发表填报，主要调查 2001 年法人单位和产业活动单位的基本情况，普查表和调查卡直接报上级统计局汇总。

农业普查。1996 年 12 月，进行第一次农业普查，调查的标准时间为 1996 年 12 月 31 日，主要内容是 1996 年农业生产经营单位数量、规模、结构、生产固定资产数量、劳动力素质等基本概况。调查采取普查员直接入户访问座谈填普查表方式，参加人员 3500 余名，1997 年 1 月结束，普查表和调查卡直接报上级统计局汇总。

经济普查。2004 年，大名县进行第一次经济普查，普查标准时间为 2004 年 1 月 1 日，主要调查 2004 年二、三产业，法人单位，产业活动单位，厂矿企业和个体工商户，采取直接填报普查表的方式，参加人员 400 余名，普查表和调查卡直接报上级统计局汇总。

第三产业普查。2003 年 1 月，对 2001—2002 年第三产业进行普查，采取由基层普查员填报普查表的方式，参加人员 1500 余名，普查表和调查卡直接报上级统计局汇总。

统计服务

1995—2005 年，县统计局每年都向社会公开发表统计公报，向公众传播统计信息，其中 2003 年后，大名县与山东省冠县、河南省南乐县等县开展统计信息交流活动。1995—2005 年，大名县统计局定期编印《统计月报》《统计简报》《统计公报》《统计年鉴》，对大名县国民经济发展的难点热点问题，及时进行量化系统分析、提出建议。

第三节　工商行政管理

管理机构

1979—1984 年，县级工商管理机构是大名县革命委员会工商行政管理局，下设办公室，干部职工 10 名。1984 年，内设办公室、行政股、市场股、登记股、合同股，干部职工 15 名。1985 年增设人事股、财务商标广告股、经济检查队，干部职工 48 名；登记股按职能范围分为企业股、个体股。1997 年 1 月，内设办公室、财务审计股、登记股、商广合同股。派出机构有：经济检查队、市场管理所、车辆管理所等。2000 年 7 月，大名县工商行政管理局人、财、物全部垂直上划到省工商行政管理局，内设办公室、人事教育科、财务装备科、法制监察科、注册登记管理科、综合执法科、市场合同管理科，撤销市场管理所，增设市场稽查队。2005 年年末，内设机构没有变化。

基层工商所是县级工商行政管理局的派出机构。1979—1985 年，有城关镇、龙王庙、金滩镇、万堤、束馆、杨桥 6 个工商所。1985 年，增设王村、冢北、营镇、张铁集、城关等 5 个工商所。1991 年，按照管理行业划分，增设商业局工商所、县社工商所（1992 年 3 月撤销）。1997 年 1 月，实行“一乡一所”，全县共有 21 个工商所。2000 年 7 月，各工商所和县工商行政管理局一起，人、财、物全部垂直上划到省工商行政管理局。大名县有大名镇、西未庄、王村、杨桥、万堤、营镇、金滩镇、龙王庙、孙甘店、束馆、西付集等 11 个工商所。2004 年 6 月至 2005 年年末，按照邯郸市工商行政管理局统一部署，整合撤并后，大名县设大名镇、杨桥、万堤、金滩镇、龙王庙、束馆、西付集等 7 个工商所。

工商企业登记

登记发证　国有和集体企业登记注册。主要有两种形式，一种是具有法人资格的单位登记，另一种是不具备法人资格的营业单位登记。1979—1985 年，大名县商业体制以国有商业和供销商业为主体。1983 年后，各类经贸公司、经销公司、贸易货栈相继出现，投资人为各党政机关、乡镇政府、乡镇经贸委，以经营建材、农副产品和其他物资为主，经济性质为独立核算的集体企业。截至1985年年末，全县登记注册的国有和集体企业有387户。1986—1995年，国有和集体企业登记注册呈增加趋势，1990年达261家（国营85家、集体176家），其中经贸公司、经销公司、贸易货栈一类的企业达47家，注册资本706万元。1995年年末，全县各类国有、集体企业、乡办、村办、乡镇企业达3910家。1996—2005年，在国家宏观调控、治理经济结构调整环境影响下，国有和集体企业在优化组合中日渐减少，截至2005年年末，全县登记注册的各类国有和集体企业减少至1668家，占全县企业总数的19.50%。

私营企业登记注册。大名县登记注册的私营企业有三种形式：有限责任公司、个人独资企业、合伙企业。其中有限责任公司比例较大，1995年9月30日，大名县第一家私营有限公司——大名县永发面粉加工实业有限公司登记注册。截至2005年年末，全县登记注册各类私营企业398家，从业人员130000名，注册资本43400万元，其中注册资本100万元以上的私营企业达145家，注册资本500万元以上的私营企业达49家，更有注册资本达21060万元的企业集团5家：五得利面粉集团、河北永发面业集团、河北邯雪面粉集团、河北金泰面业集团、河北凯发面业集团。

外商投资企业登记注册。1994年6月，大名县首家外商投资企业——邯郸市正大饲料有限公司成立，合资双方分别为大名县全价饲料厂和泰国正大（河北）投资有限公司，注册资本1120万元人民币。截至2005年年末，大名县登记注册各类外商投资企业7家，占全县企业总数的0.82%。投资总额1100万美元。

个体工商户登记注册。截至2005年年末，全县登记注册个体工商户6483户，占企业总数的75.77%，从业人员10707人，注册资本2110万元。

登记监督　工商管理部门依法对各类企业、个体工商户的对市场准入、准出进行设立、变更、注销等登记监管；对已过期或超出经营范围的企业和商户进行批评教育或处罚；对无照经营的企业和商户限期补办营业执照和注册登记；监督管理企业和商户经营活动是否与核准登记的事项一致等。

商标广告管理

商标管理　商标注册。1979—1983年，报请国家工商行政管理局批准注册的只有大名县酒厂系列白酒“卫河桥”商标。1983年后，商标注册逐年增多，截至2005年年末，全县有192个商标被国家工商行政管理总局商标局受理注册，其中2001—2005年，河北五得利面粉集团有限公司的“五得利”牌面粉、河北凯发面业集团有限公司的“凯发”牌面粉、大名县复兴面粉有限责任公司的“蓝天”牌面粉、河北永发面业集团有限公司的“复兴”牌面粉和河北得乙龙食品有限责任公司的“名龙”牌花生商标被评为河北省著名商标。

防冒查假。1994年查获“大名春”酒侵权案，没收商标标识10000张。1995年查获“九沟”酒仿冒案，没收商标标识3000张。1996年查获“大名府酒”侵权案，没收商标标识200套。查获“狄公”酒商标侵权案，罚款0.6万元。2002年，查获2起特大制售假冒名酒商标标识案，查获假茅台酒、剑南春、五粮液等注册商标标识6000套、黑土地酒注册商标标识1500套，总案值达40万元，罚款2.4万元。2003年，查获“名龙”烤花生侵权案，没收商标标识20套，罚款0.3万元。2005年，查获“全兴”酒侵权案，共计13箱，罚款1万元。

广告管理　1979—1987年，大名县对广告管理没有统一规定。1987年10月，国务院《广告管理条例》发布后，广告管理正式纳入大名县工商行政管理范围，县工商局 1989 年成立商标广告管理股，具体实施广告管理。

广告经营单位管理。1989 年，大名县电视台广告部成立，主要从事广播、路牌、民墙等媒介广告经营，年经营额 12 万元。2005 年 11 月，大名县邮政局广告部成立，2 家企业年经营额达 400 万元。

广告经营单位审核批准及收费标准。工商局依法进行广告经营许可证登记，收费标准：县级每户 50 元，兼营广告业务的事业单位的变更登记费每户 20 元，临时性广告业务企业的变更登记费每户 50 元，临时性广告经营活动登记费每户次 50 元。

户外广告管理。设置户外广告须经县城建、公安部门同意，再报工商行政管理部门批准，凭证设置。1992 年，大名县设立路牌广告 18 块，单位自设广告 66 块。1995 年设立路牌广告 34 块，单位自设广告 87 块。2001 年设立路牌广告 51 块，单位自设广告 109 块，民墙广告 270 块。2005 年设立路牌广告 153 块，单位自设广告 234 块，民墙广告 478 块。县工商行政管理部门先后出动 200 余人（次），清刷县城墙壁、电线杆上不符合规定的广告 340 处。

经济合同管理

鉴证、监督　1980 年 3 月，大名县工商行政管理局设立经济合同股，负责工商、农商、商商之间的经济合同管理，对不同部门之间所订立的经济合同负责监督、检查。1981 年 12 月，《中华人民共和国经济合同法》颁布后，经济合同管理走上依法管理轨道。1990 年，大名县被省、地工商行政管理局命名为“重合同、守信用”的单位有：大名县商业局百货公司、大名县供销社土畜产公司、大名县通用机械厂、大名县针织厂、金滩镇供销社收购站、大名县托辊厂、大名镇水泥制管厂、大名县粮食局议购议销公司、大名县物资局木材公司、机电金属公司、燃料公司、大名县企业局供销公司、金滩镇草辫厂、大名县对外经济贸易公司、大名县企业局经销公司等 15 家。2005 年，大名县被省、市工商行政管理部门命名为“守合同、重信用”的单位有：大名县建筑安装公司、大名县县社建筑公司、大名县鑫河建筑公司、大名县电力局建筑公司、大名县飞虹电器公司、河北永健面业公司、大名县凯发面粉公司、河北五得利面粉集团、大名县面粉公司、河北美佳食品公司、邯郸大茂食品公司、大名县粮食局建筑公司、大名县复兴面粉公司、大名县康宏花生制品有限公司、大名县立得食品有限公司、河北邯雪面粉有限公司、河北大名府酒业公司等 17 家。

调解和仲裁　1979 年至 1983 年 12 月，经济合同仲裁由业务主管部门和人民法院调解和仲裁。1984 年后，县工商行政管理局成立经济合同仲裁委员会，依法进行经济合同仲裁。1984—2005 年，全县共仲裁合同纠纷 196 份，确认无效合同 41 份。

个体工商业管理

1979 年，全县登记注册的国营单位饮食业有 24 家。1990 年，全县有各类饮食饭店、摊点 586 家，其中个体占 480 家，从业人员 1290 名。截至 2005 年年末，全县共有各类大小食堂、饭店 1402 家，注册资本 2503 万元，从业人员 4868 名。

1980 年年末，大名县登记注册的个体工商户 327 户，从业人员 521 名。截至 2005 年年末，全县共登记注册个体工商户 3448 户，注册资本 6118 万元，从业人员 9175 名。大名县的个体工商业以商业批发、零售、饮食服务、农副产品深加工为主，其中商业批发、零售业占总行业的 46%，住宿、餐饮业占总行业的40%。大名县个体劳动者协会成立于1983年5月，私营企业协会成立于2001年11月1日，截至2005年年末，个体劳动者协会召开三次代表大会，选举产生理事会，设常务理事15人、会长1人、副会长3人。私营企业协会召开一次代表大会，选举产生理事会，设常务理事7人、会长1人、副会长3人。后经机构改革调整，以上两个协会名为两个班子，实为一套人马，简称大名县个私协会，有专职工作人员4人。至2005年12月，全县共有个协会员3846户、9943人，私营企业185家、2132人。

打击假冒伪劣商品

1979—1992年，全县共查处假公司、假集体、假合同、假商标、投机倒把违法行为、冒牌自行车、劣质白酒、啤酒、饮料、冒牌劣质农药、化肥、柴油、种子等假冒伪劣案件1800起，罚款220万元。1993—2005年，全县查处的案件主要有虚假广告、商标，不合格汽车、农用三轮、柴油机、摩托车，冒牌自行车、电动车、商业欺诈、不合格食品、饮料、白酒、啤酒、假冒农资，共立案4000起，罚款1900万元。

维护消费者合法权益

1987年5月31日，大名县成立消费者协会，截至2005年年末，共召开2次代表大会，选举产生理事会，有18个理事单位，设常务理事20名、会长1名、副会长5名。每年受理和调解消费者投诉案件800多起，平均每年为群众挽回经济损失20多万元。

2004年9月7日，大名县工商局、消费者协会在20个乡镇全部成立消协分会，在603个行政村成立农村消费者投诉站和12315维权联络站，县消协有专职工作人员4名，农村“一会两站”工作人员1226名，形成依法维权网络。

第四节　物价管理

管理机构

1979年至1981年3月，大名县物价管理工作由县计划委员会负责。1981年3月至1983年10月，县计划委员会内设物价科。1983年10月，成立大名县物价委员会。1984年12月，成立大名县物价局，专管全县物价工作。1990年，物价局内设办公室、价格股、收费股和物价检查所，干部职工13名，其中局长1名、副局长2名。1993年2月至1996年11月，内设收费管理股、物价统计股、信息股、价格股、价格事务所、检查所。1996年11月机构改革后，内设办公室、价格股、检查所、价格事务所和收费管理办公室（副科级，为二级事业机构，挂靠县物价局）。2002年8月，内设办公室、物价检查股（挂物价检查所牌子）、价格股，行政编制10名。至2005年年末，内设机构没有变化。

收费管理

1987年11月，大名县物价局行使收费管理职权。1988年5月至1989年10月，县物价局对全县收费单位核发收费许可证。1990年，实行收费年审制度。1992年年末，全县行政、事业收费单位共核发收费许可证1200个，对县内理发、照相、家电修理、运输、洗浴、服装加工等12个种类经营性收费实行市场调节价，共发放收费许可证3500个。1996年机构改革，大名县成立收费管理办公室，为二级事业单位（副科级），挂靠县物价局。1997年11月，实行进企业收费批准制度。1998年，实行企业交费登记制度。1998年7月，推行收费公示制度，在城西路制作公示牌，将涉农收费的8个部门、15个项目、22个标准进行公示。2002年6月，将33个涉价涉费单位和120个收费项目，通过设立公示栏、发放公示牌和价目表等形式，在全县20个乡镇和651个行政村进行公示。2005年7月，对全县20个乡镇、651个行政村统一核发由河北省物价局监制的《河北省涉农收费公示牌》500个，涉及9个涉价涉费部门、14个收费项目、43个收费标准。

价格管理

工业品价格管理　1979—1981年，食盐等少数几种产品提价幅度逐渐增加，其中1980年放开小针织品、小文化用品、小日杂用品等160种商品价格，实行市场调节价。1981年，涤纶、棉布降价。1983年，进一步放开350种小商品价格。1984年，农用生产资料价格上涨。1984年后，彩色电视机等家电产品市场销售价与国家定价不一致。1985年后，随着工业品价格逐步放开，物价部门对全县生产和经营国家定价的工业品价格实行各类生产经营单位制订或调价，按规定程序向物价局申报，由物价局按价权分工，报批出厂价格或销售价格。对流通企业，根据经营品种规定具体的作价办法，运用限制差率、差价、规定统一价格等措施，实行价格管理。2000年7月后，除政府定价以外，实行市场调节价，取消流通差率控制，由经营者自主定价。政府定价实行最高限价，如石油、化肥、农药、食盐、食糖等，执行国家最高零售限价。在城市公用事业方面，对供电、自来水、集体供暖、管道天然气，实行统一定价管理。

农副产品价格管理　1979年年初，大名县提高粮、棉、油等18种农副产品收购价，粮食购销出现价格倒挂，国家对粮食经销部门实行补贴。11月，肉、蛋、菜等副食品销售价格略有提高。1984年，大名县农副产品价格放开，市场价格上涨较快，蔬菜随收成好坏和淡季旺季有所起伏，国家对干部职工、非农业临时工、未就业市民给予补贴。1985年，农副产品由超售高价改为按比例加价，即在所交粮、棉、油料总数中，占一定比例的数额加价80%。1987年至1992年6月，国家先后3次提高粮食收购价格、2次提高粮食销售价格。为理顺粮价关系，1990年，国家建立粮食风险基金和专项储备制度，储粮价格由国家制订。1993年5月，大名县取消城镇粮油定量供应。12月，对居民口粮实行最高限价，富强粉1.44元/千克、上白粉1.24元/千克、标准粉1.12元/千克。1994年6月，居民口粮销售价格归国家统一制订。1996年7月，根据国家规定，大名县提高粮食购销价格幅度在40%左右。1997—2003年，大名县由国家直接管理的农副产品价格主要有城镇居民口粮销售价和国家定购粮收购价。2003—2004年，大名县对小麦、玉米收购价格执行保护价政策。2005年执行市场调节价。

物价监督检查

职能机构监督检查　1984年，成立县物价检查所，为物价局下属事业单位。1998年5月，县物价检查所改为县物价局内设机构。2002年8月，县物价局设物价检查股（挂物价检查所牌子）。1985—1996年，物价检查所依法对县经营单位及个人行使物价监督检查和查处职权，除坚持平日查巡外，每年9—12月，配合有关部门开展年度财政税收物价大检查，主要检查行政、事业机关、医院、学校收费，减轻农民负担等项目。1997—2005 年，取消物价大检查，改为经常性检查。1979—2005 年，全县共查处物价违规违法案件 804 起，其中一般案件 768 起、重大案件 36 起，共罚没 566 万元，其中没收 147 万元、罚款 343 万元、退还用户 76 万元。

群众监督检查　1986—1992 年，县总工会、城关镇各居民委员会在县城内设立 3 个物价义务监督检查站和 1 个总站，县物价局派专人负责总站工作，检查站业务由物价检查所指导，重点监督检查人民生活必需品价格及收费价格执行情况。同时查处经营者缺斤短两、掺杂使假等行为。2000 年，大名县建立涉农价费监督网络，聘请涉农价费监督员，每个行政村和每个集贸市场都有 1 ~ 2 名监督员，全县涉农价费监督员达 1000 余名。

价格认证

1992 年 3 月，大名县成立价格事务所。2003 年 9 月，价格事务所更名为价格认证中心，增挂大名县涉案物品价格鉴证中心牌子，职责为服务价格鉴定、认证、评估及复核裁定，承担县物价局价格管理中的事务性工作；接受委托对有关部门在行使行政、司法、仲裁行为过程中所涉及的各种有形资产、无形资产和服务收费价格（价值）进行鉴定、认证。截至 2005 年年末，价格认证机构没有变化。

1985—1996 年大名县农副产品价格统计表

表 5-10　　　　单位：元 /500 克

年份/品种	1985	1986	1987	1988	1989	1990	1991	1992	1993	1994	1995	1996
大白菜	0.11	0.06	0.24	0.18	0.06	0.14	0.20	0.10	0.30	0.50	0.80	0.30
大萝卜	0.14	0.14	0.24	0.30	0.30	0.30	0.33	0.40	0.30	0.67	1.00	1.00
葱头	1.00	0.90	1.40	1.50	1.20	1.20	1.80	2.00	2.00	2.00	2.40	2.40
大葱	0.50	0.40	0.40	0.90	0.50	0.50	0.67	0.67	0.67	1.40	1.40	1.20
大蒜	1.20	1.20	1.80	2.60	1.60	2.00	3.60	3.00	3.00	3.00	4.00	4.00
菜花	—	—	—	1.40	1.40	0.80	0.80	1.60	1.60	2.00	3.00	2.60
菠菜	—	—	—	0.30	0.40	0.30	0.66	—	1.20	1.00	1.00	1.00
蒜苔	—	—	—	5.00	4.00	3.60	4.00	4.80	4.00	5.00	6.00	6.00
胡萝卜	—	—	—	0.50	0.40	0.40	0.40	0.50	0.40	1.00	1.60	1.00
生姜	—	—	—	4.00	4.00	3.00	3.60	2.80	3.60	2.40	7.00	12.0
柿椒	2.40	2.00	2.20	3.20	2.80	3.60	4.00	4.00	4.00	5.00	10.0	6.00

1997—2005 年大名县农副产品价格统计表

表 5-11　　　　单位：元 /500 克

年份 品种	1997	1998	1999	2000	2001	2002	2003	2004	2005
大白菜	0.10	0.37	0.40	0.26	0.45	0.50	0.57	0.22	0.39
黄瓜	0.50	0.36	0.60	0.75	0.80	0.80	0.70	0.85	1.25
土豆	0.40	0.44	0.52	0.55	0.56	0.50	0.53	0.51	0.61
韭菜	0.50	0.26	0.40	0.58	0.60	0.65	0.63	0.72	0.89
小麦	0.70	0.63	0.58	0.48	0.53	0.53	0.53	0.79	0.76
玉米	0.39	0.56	0.46	0.38	0.50	0.52	3.51	0.60	0.56
牛肉	6.50	6.00	5.56	5.00	5.53	6.00	6.38	6.50	7.20
羊肉	7.00	6.50	6.70	6.00	6.60	6.80	6.94	7.37	8.70

第五节　技术监督管理

管理机构

1987 年，大名县成立标准计量局。1988 年 6 月，局内设秘书股、计量管理股、产品质量监督股和标准化股。1993 年 4 月，大名县标准计量局更名为大名县技术监督局。1996 年，内设办公室、业务管理股、稽查股，行政编制 12 名。1997 年，经县编委批准，增设产品质量检验所（编制 39 人）和计量器具测试所（编制 36 人），均为股级自收自支事业单位。1998 年 3 月，技术监督机构实行省以下垂直管理。1999 年 12 月，大名县技术监督局更名为大名县质量技术监督局（以下简称县质监局）。2000 年 11 月，大名县打假领导小组办公室设在县质监局。2001 年 3 月至 2005 年年末，局内设办公室、综合股、标准计量股（兼管工业产品生产许可证）、质量监督股（兼管锅炉、压力容器、特种设备安全监察）、稽查股（加挂稽查队牌子），下辖质量技术监督检验所（事业单位，行政编制 24 名、事业编制 32 名）。

计量管理

法定计量单位　1979—1989 年，大名县的计量单位是长度、温度、力学、电磁、时间频率、无线电、光学、声学、电脑辐射（放射性）、化学 10 大类计量。同时沿用米制和市尺，确定 7 个基本量和基本单位：长度单位是米（m）、质量单位是千克（千克、kg）、时间单位是秒（s）、电流单位是安培（A）、热力学温度单位是开尔文（K）、光强度单位是坎德拉（cd）、物质量的单位是摩尔（mo1）。1989 年 12 月至 1992 年，大名县基本完成杆秤、台秤、血压计（表）、压力表等计量器具的改制工作，政府机关、企事业单位的公文、统计报表、广播、电视、刊物等按规定使用法定计量单位。1992—

2005 年，农田土地面积按规定使用平方千米、公顷、平方米为计量单位。

计量器具推行　1979—1986 年，大名县使用的计量器具主要有：星秤、台秤、案秤、木杆秤、天平、游标卡尺、压力表和竹木直尺。1986 年，国家出台法令，取消市制，淘汰市场在用的市斤秤、市尺，改用千克制、尺制。至 2005 年年末，大名县使用的计量器具主要有电子秤、加油机、医用 B 超、X 光机、电子天平、电子汽车衡、CT 机等。

计量器具使用管理　1979 年至 1986 年 7 月，大名县对星秤、台秤、案秤、木杆秤、天平、竹木直尺、血压计开展维修和检定业务。1986 年 7 月 1 日后，将 56 种计量标准器具列入强制管理的范围，包括各行各业的社会公用计量标准器具，各部门和企业、事业单位使用的最高计量标准器具，用于贸易结算、安全防护、医疗卫生、环境监测方面的计量器具（秤、尺、体温表、温度计、砝码、售油器、压力表、电度表、血压计等）。1995 年后，县计量所陆续购置竹木直尺、电能表、压力表、血压计、砝码、流量罐、车速里程表、B 超等计量标准器，对列入强制检定目录的计量器具实施强制检定，每年检定计量器具 12000 台（件），修理各种计量器具 6000 余台（件），强检率达 95% 以上。同时，对各部门使用的量具加强管理，严格落实周期检定。

标准化管理

工业标准化　1999 年，大名县通过河北省消灭无标生产县验收，并实行微机动态化管理。截至 2005 年年末，大名县工业产品标准覆盖率达 95% 以上。

农业标准化　2004 年，大名县在张集、北峰、孙甘店三个乡镇建立 10 万亩花生标准种植示范区，并被国家标准委列为第五批国家级农业标准化示范区。2005 年，大名县建立 50 万亩小麦标准化种植示范区，并被省质量技术监督局列为河北省农业标准化示范区。

产品质量管理

1998 年制定《大名县质量振兴实施规划》，大力推行“质量兴县、名牌兴企”战略。1998—2005 年，县质监局组织 7 期产品质量法、ISO9000 系列标准培训班，培训企业厂长、经理、管理人员 230 余人（次），河北五得利面粉集团有限公司、河北邯雪面粉集团有限公司、邯郸市名福植物油有限责任公司、大名县凯发面粉有限责任公司等 11 家企业通过质量体系认证。河北永健面业有限责任责任公司、大名县绿特食品有限公司通过 HACCP 食品安全管理体系认证。2001 年，河北大名府酒业有限责任公司生产的滴溜酒被评为河北省名牌产品。2002 年，河北五得利面粉集团有限公司生产的小麦粉被评为国家免检产品。2003 年，河北大名府酒业有限责任公司生产的大名府酒和卫河王酒、大名县凯发面粉有限责任公司生产的“凯发”牌面粉被评为河北省优质产品。2004 年，河北五得利面粉集团有限公司生产的“五得利”牌小麦粉获得中国名牌产品称号，河北邯雪面粉集团有限公司生产的小麦粉被评为河北省优质产品。2005 年，河北五得利面粉集团有限公司和河北邯雪面粉集团有限公司的小麦粉双双被评为国家免检产品，邯郸名威花生制品有限责任公司和大名县康宏花生制品有限公司生产的烤花生被评为河北省优质产品。

第六节　审　计

审计机构

1984 年 1 月，成立大名县审计局，工作人员 8 名。1988 年 9 月，成立大名县审计事务所。1989 年 1 月，审计局内设办公室、财金贸股、行政事业股、工建交股。1990 年，审计局工作人员 13 名，其中局长、副局长各 1 名。2002 年机构改革，内设办公室、财金贸股、行政事业股、工建交股，下辖经济责任审计办公室（全额拨款的副科级事业单位）。截至 2005 年年末，审计局机关行政编制 16 名、事业编制 7 名，实有人员行政 15 名、事业 1 名。

审计范围

财务收支审计　审计部门对县政府各部门、金融机构、企事业单位实行审计监督，检查其财务收支和有关经济活动的真实性、合法性。1984—1996 年，主要对国有、集体工商企业财务及承包经营情况进行检查和审计。1996 年，开始对上年度县财政预算执行情况、乡镇政府财政决算、预算内外资金管理和使用情况的真实性、合法性进行审计和监督。1997 年，《中华人民共和国审计法》实施后，将本级财政预算执行审计作为重点，审计过程中逐步由收支审计并重向收支审计为主转变，特别对有预算资金分配权，使用财政资金较多和下属单位多的部门进行重点审计。随着上级财政逐年对各项专项资金的投入加大，将对专项资金的审计作为一项重点，确保专项资金的规范管理，提高使用效益。审计结束后，审计部门受县政府委托，每年向县人大常委会报告上年度县级财政预算执行情况。1984—2005 年，共完成审计项目（单位）627 个，查处各类违规违纪资金 29335 万元，增加财政收入 420 万元，向被审计单位提出合理化建议 338 条，发表各类信息 230 条。

财经违纪审计　1984—2005 年，全县共审计出各类经济案件 8 起，追究刑事责任 2 人，给予党政纪处分 7 人。

经济责任审计　1989 年起，开始对县内的企业厂长、经理试行离任审计。1990 年，离任审计人员范围扩大至县直机关一把手和乡镇党政正职。1999 年 5 月，中办、国办关于《县级以下党政领导干部任期经济责任审计暂行规定》下发后，对任期满三年的所有正乡（科）级实职领导干部实行任期经济责任审计，主要审计其在任期间对国家财经法规执行、财务收支管理、债权债务、专项资金管理使用及个人遵守财经法规的廉政情况。1999 年，先后对 28 个企业的厂长经理、65 个县直单位一把手和乡镇党政正职进行离任审计。2000—2005 年，对 75 名正科级党政正职进行离任审计，对 142 名正科级领导干部进行任期经济责任审计。

基建投资审计　大名县基建投资审计起步较晚，1995 年才尝试竣工决算审计。随着经济发展和国家对基建项目的投资力度不断加大，特别是 2001 年以来，以政府投资为主的建设项目竣工决算审计逐年完善，审计工作量逐年增大，效果逐步明显。1995—2005 年，全县共审减工程资金 1200 余万元，其中 2004 年对县人民广场的竣工决算项目审计，审减工程款 178.5 万元，审减率达 18.5%，为建设单位节约了建设资金，提高了资金使用效益。

社会审计　1988 年 9 月，县审计局成立审计事务所，属自收自支机构，面向社会独立承办查证和咨询服务。主要开展承包、租赁、企业效益、企业注册资金验资、基建工程决算等审计服务项目，以审计服务收费。2000年，审计事务所与县审计局脱钩，经河北省注册会计师协会批准，改制为民营性企业，更名为大名县永和会计师事务所有限责任公司，直接受省注册会计师协会管理，县审计机关对其实施监督职责。

1984—2005年大名县审计成果统计表

表5-12

年份	审计单位个数	各种违规行为金额（万元）	应上缴财政（万元）	已上缴财政（万元）
1984	6	212	2	2
1985	22	643	4	4
1986	8	328	3	3
1987	17	767	5	5
1988	16	856	5	5
1989	11	684	5	5
1990	13	768	6	6
1991	12	811	6	6
1992	18	1452	10	10
1993	22	1673	12	12
1994	63	1892	15	15
1995	26	1565	20	20
1996	40	1981	20	20
1997	20	1120	15	15
1998	38	980	15	15
1999	36	1556	18	18
2000	35	1650	27	27
2001	40	1853	32	32
2002	42	1869	45	45
2003	39	2380	65	65
2004	56	2230	38	38
2005	47	2065	52	52
合计	627	29335	420	420

第三章 财税 金融

第一节 财 政

管理机构

1979年，县财政局内设办公室、预算股、农财股、企业股、房产股，下辖自来水厂。1982年，增设监察股。1983年7月，监察股并入企业股。1984年4月，房产股、自来水厂划归大名县城乡建设环境保护局。1985年，成立综合计划股。1989年，恢复监察股和“三查”（财务、物价、税收）办公室，两个牌子、一套人马、合署办公。1992年，成立财务公司。1997年，成立大名县预算外资金管理局（二级局），下设征管股、票证股、稽查大队。2002年6月，撤销国有资产管理局和“三查”办公室，职能并入财政局，同年7月，成立大名县农税征收管理局（二级局），下设农税征收股和计财股。2003年2月，成立大名县财政集中支付中心（正科级），挂靠县财政局。是月，成立政府采购中心，挂靠县财政局。2005年6月，成立大名县失地农民补偿安置办公室，挂靠县财政局。2005年年末，大名县财政局下设办公室、预算股、农财股、综合股、企业股、纪检监察股和大名县预算外资金管理局、大名县农税征收管理局、政府采购中心、支付中心，工作人员64名。

1979年至1984年7月，乡镇没有专门的财政机构。1984年7月，在39个乡镇建立39个财政所，每所配备财政干部3 ~ 5人。1996年，乡镇财政所合并为20个，至2005年年末未变动。

管理体制

1979年，大名县财政体制实行“定收定支、收支挂钩、总额分成”，即根据核定的县财政指标，以支出额占收入额的百分比为依据，确定分成比例，超收多分成，少收压支出，自求平衡，年终结余，全部留县使用。后改为“收支挂钩，增收分成，超收10%提奖”的财政管理体制。1980年，财政体制改为“划分收支，分级包干，增收分成，结余留用，一定五年不变”的办法。收入范围的划分是：地方所属企业的收入、农业税、工商所得税、地方税和地方其他收入，作为县财政的固定收入；中央部门直接管理企业的收入，20%归县财政；工商统一税作为中央和地方的调剂收入。支出范围的划分是：在上划中央及省支出项目不变和保证地区开支的原则下，除支援农业、工业的专款及一次性补助支出外，凡属经常的、固定性的开支，均划归县财政支出。收支基数的确定，是以1979年的实际收支数为依据，经地区适当调整后确定收支数额。县根据上级确定的包干任务，对县预算内工、商企业及行政事业单位普遍实行收支包干责任制。1985年，邯郸地区行署对大名县实行“收支总额上交或定额补贴”办法，收入比上年增长部分按规定比例上交后，其余部分留县使用。1988年改为“收入全留，补助逐年递减5%，一定三年不变”的财政体制。年度收支指标核定后，多收可以多支，结余留用，年终赤字上级不予弥补。县对企业在完成利润任务后，超实现利润部分由“二八分成”改为“三七分成”。1996年，实行乡镇财政体制改革，对农业税、三提五统、农业特产税等应由农民承担的正当税费，采取一笔清的征收方式；实行县、乡分灶吃饭。2002年，农村税费改革取消三提五统，按正税上解县农业税征收管理局，而后返乡镇转移支付。

财政收支

县级财政收支 预算内收支。财政收入主要有4项：企业收入，主要是企业所得税及少量企业上缴的利润，1979—2005年，大名县企业收入累计完成4534.3万元；工商税收收入，是大名县财政收入的主体，1979—2005年，大名县工商税收收入累计完成16187.2万元；农业四税（农业税、农业特产税、耕地占用税、契税）收入，1979—2001年，大名县农业四税收入累计完成13259.6万元。2002年实行农村税费改革，农业税全部上解到县，随着农业税税率逐年降低和取消，2002—2005年，大名县累计完成农业四税收入8903万元；其他收入，主要指纳入预算管理的行政性收费和罚没收入及其他杂项收入。1979—2005年，大名县其他收入累计完成16675.9万元。

财政支出。农林水事业支出：1979—2005年，大名县财政用于支持农业发展和农林水部门事业费支出累计达7036.7万元；文教卫生事业支出：大名县文教卫生事业费支出在财政总支出中占较大比重，并呈稳定增长趋势，1979—2005年，大名县文教卫生事业费累计支出73460.1万元；抚恤和社会救济支出：1979—2005年，大名县抚恤和社会救济累计支出10748.5万元，主要用于对革命伤残军人和烈军属、复员军人生活补助费用，以及农村、城镇中无生活来源的五保户、贫困户的生活支出等。行政管理费支出：1979—2005年，大名县行政管理费累计支出31803.3万元，主要用于党派、团体及行政机关的支出（不含公检法部门），保障国家行政管理的正常运转。

1979—2005年大名县财政收支情况统计表

表5-13 单位：万元

年份	财政收入	财政支出	年份	财政收入	财政支出
1979	631	1036	1993	2597	3825
1980	729	871	1994	1914	4987
1981	688	802	1995	2496	5178
1982	550	975	1996	3735	7606
1983	727	902	1997	4698	9331
1984	905	1130	1998	5598	9836
1985	954	1087	1999	6044	11471
1986	923	1674	2000	9140	11655
1987	1103	1773	2001	8701	14447
1988	1318	2066	2002	8655	19501
1989	1555	2206	2003	7954	20936
1990	1661	2650	2004	5241	22168

续表 5-13　　单位：万元

年份	财政收入	财政支出	年份	财政收入	财政支出
1991	1918	2955	2005	7008	29883
1992	2074	3111			

预算外收支。预算外收支是指不纳入财政预算内的各项收支。大名县预算外收入主要来源于三部分：财政部门的预算外收入，主要包括各项附加收入、财政部门管理的各项政府筹资，以及财政管理的其他未纳入预算内管理的政府性资金；行政事业单位的预算外资金，主要包括各项行政性收费、企业主管部门集中提留的各项基金（包括事业单位所属经办的各种性质的企业单位所取得的收入）；国有企业提留的各项专用基金（1993 年取消）。1979—2005 年，大名县预算外累计收入 49998 万元，预算外累计支出 49722 万元。

1979—2005 年大名县预算外收支情况统计表

表 5-14　　单位：万元

年份	收入	支出	年份	收入	支出
1979	850	850	1993	1698	1694
1980	904	900	1994	1720	1718
1981	921	918	1995	1799	1799
1982	987	968	1996	1839	1824
1983	1002	1000	1997	1850	1845
1984	1198	1197	1998	1876	1840
1985	1295	1295	1999	2053	2043
1986	1390	1389	2000	2174	2173
1987	1435	1432	2001	2709	2665
1988	1430	1429	2002	3339	3383
1989	1533	1532	2003	3146	3008
1990	1610	1608	2004	3866	3858
1991	1634	1634	2005	4065	4047
1992	1675	1673			

乡镇财政收支　“农业四税”是乡镇财政主要收入来源。1979—2005 年，大名县乡镇财政收入累计为 39545 万元，2005 年收入是 1979 年的 5.5 倍。乡镇财政支出主要用于农业发展、抚恤和社会救济、文教卫生和行政管理等方面。1979—2005 年，大名县乡镇财政支出累计达 33651 万元，2005 年支出是 1979 年的 9.9 倍。

1979—2005 年乡镇财政收支表

表 5-15　　　　单位：万元

年份	收入	支出	年份	收入	支出
1979	520	290	1993	1100	508
1980	592	354	1994	1093	412
1981	590	330	1995	1159	1555
1982	654	342	1996	3857	3968
1983	680	301	1997	4280	4370
1984	742	321	1998	3702	3628
1985	799	350	1999	2770	2770
1986	863	488	2000	1075	1075
1987	905	544	2001	882	882
1988	897	423	2002	1568	1568
1989	880	465	2003	1974	1974
1990	912	563	2004	2336	2336
1991	908	651	2005	2868	2868
1992	939	315			

财政管理

预决算管理　每年年初，由财政部门会同税务等部门编制本年度收支预算草案，一般根据县域经济发展状况确定总体年度收入任务，采取零基预算、以收定支的模式，本着“一要吃饭、二要建设、集中财力办大事”原则进行编制，年度预算草案编制完成后，经县政府同意，报经县人民代表大会审批后，由预算执行部门执行。每年年末，由各单位、各乡镇根据本部门预算执行情况编制单位年度决算，汇总后形成财政总决算，报上级部门审查后，与下一年度的财政预算一起形成预算报告，报县人民代表大会审批。

预算外资金管理　1979—1985 年，大名县预算外资金归部门所有和管理。1986 年，预算外资金全部实行财政代管。1996 年 7 月，《国务院关于加强预算外资金管理的决定》明确预算外资金实行“国家所有、政府调控、分级管理、财政统管”的管理体制。2000 年 5 月，大名县出台实施《预算外资金“票款分离”办法与罚没收入“罚缴分离”暂行办法》，严格实行“收支两条线”管理，杜绝单位私设小金库、公款私存、坐支挪用等现象。截至 2005 年年末，预算外资金管理一直按此办法执行。

控制社会集团购买力管理　1979—1981 年，大名县对控制社会集团购买力采取分级管理的办法，实行“凭证购买、定点供应、专用支票”的控制措施，单位价值在 800 元以上的控购商品，报省控制社会集团购买力办公室（以下简称控办）批准后执行；单位价值在 800 元以下的控购商品，报地区控办批准后执行。1981—1983 年，根据省政府指示精神，大名县对控制社会集团购买力改为“计划管理、指标控制、专向审批、定额供应”的办法，限额不变。1984年，省政府再次下放专项控制审批权。除小汽车、大客车、摩托车等 7 种控购商品报省审批后执行外，沙发、地毯、高级乐器、大型高级体育设备等 12 种控购商品由地区审批。收录机、洗衣机、缝纫机等 12 种控购商品由县代为审批。此时大名县没有设置专门的控制社会集团购买力办公室，委托财政局预算股代办。1986年至1993年10月，大名县由县财政局综合计划股具体办理控购事宜。1993 年 10 月，县政府成立控制社会集团购买力办公室，办公地点设在县财政局，工作人员 2 名，对控购商品的种类和审批权限没有太大变化。1997 年 4 月，随着经济形势发展，对控购商品的种类和审批权限进行调整，除对小汽车、大客车、摩托车等 7 种控购商品需通过市控办报省控办审批外，对其他商品放开，实施宏观控制。是年，撤销县政府控制社会集团购买力办公室，其职能并入财政局办公室。截至 2005 年年末，控购商品种类和审批权限没有变化。

固定资产管理　主要包括固定资产的计价方法、折旧方法、再建工程的管理办法等，管理内容包括固定资金需用计划、固定资产折旧计划和固定资金的日常管理。1979 年至 1993 年 7 月，县财政对企业多余的固定资产，采取有偿调拨的办法，变价收入留归企业。对企业提取的固定资产折旧基金，1980 年前上交县财政 30%；1980—1983 年，固定资产在 100 万元以下的企业，提取的固定资产折旧基金全部留归企业；1983 年后，固定资产折旧基金全部留归企业。国营企业大修理基金和职工福利基金，也均按规定标准计提，列入生产期成本。1993 年 7 月 1 日，新会计制度实施，全县企业固定资产管理不再实行固定基金制，企业可根据生产经营需要随时利用营运资金购置固定资产。成本费用管理主要包括制造成本的核算办法、成本开支范围的确定、管理费用和财务费用的列支范围管理。管理范围主要是各企业成本计划的审核，提出降低成本，压缩非生产费用的意见和建议。

财政监察　1979—1984 年，大名县财政监察工作由财政局综合股牵头。1985—1997 年，将每年一度的财税大检查，改为由税务、财政和物价三个部门联合进行的税收、财务、物价大检查，检查范围是国营、集体、私营企业和行政事业单位及个体工商户，检查重点是经济活动中发生的违反财经法纪问题，检查时间在每年的第三季度。通过检查，财政支出得到有效控制，财政体制改革取得进展。1997—2005 年，大名县三家联合财税大检查改为三家按照各自职能分别进行检查。财政局负责行使对县内行政、事业、企业单位财务进行检查。县财政局共组织检查组 160 次，参加检查人员 820 人（次），重点抽查 368 户，查处各类违纪资金 1225 万元，其中按照国家有关规定做账务处理的 658 万元，应收缴入库的 98 万元全部入库。

第二节　税　务

税务机构

1979 年，大名县税务局内设办公室、税政股、会计股，下辖杨桥、万堤、城关、龙王庙、束馆、金滩镇 6 个税务所。至 1983 年 9 月，局内先后增设人事股、征管股、企业股、稽查队等股室，下辖增设城关镇、西店、张集、孙甘店、北峰 5 个税务所。1988 年，增设税务检查室。1989 年，增设监察股。1990 年至 1994 年 9 月，局内设办公室、政工股、征管股、税政股、会计股、监察股、税检室等7个股室，下辖直属分局、稽查队和11个税务所，干部职工222名，其中局长1名、副局长2名。1994年9月，大名县税务局一分为二，实行国税、地税分设。

1994年9月，成立大名县地方税务局，隶属于邯郸市地方税务局，受市局和大名县人民政府双重领导，内设办公室、人教股、监察股、计划会计股、税政股、征管股、税检室，下辖直属分局、稽查局和城镇、城关、杨桥、万堤、龙王庙、金滩镇、束馆7个税务所，行政编制99名。1998年2月，机关二层机构各股改科，其中人教股改为政工科，增设车辆税收稽征管理所。1999年3月，设征收分局。2001年5月，撤销车辆税收稽征管理所。6月，设税侦二队。2002年1月，征管科和税政科合并为税政征管科。2月，直属分局和城镇地税所合并为城区分局，原城关地税所更名为西未庄地税所，计划会计科和征收分局合并为征收计会科。2004年1月，撤销税政征管科，设征管法规科和税政管理科。7月，城区分局更名为城区地税所。2005年年末，大名县地税局内设办公室、政工科、征管法规科、税政管理科、征收计会科、监察科、税侦二队；下辖稽查局和城区、西未庄、杨桥、万堤、金滩镇、龙王庙、束馆等7个税务所。全局在职干部职工85名、离岗4名、退休12名，负责大名县430户国有、集体、股份制企业和20个乡镇2013户个体户的地方税收征管工作。

1994年9月，根据征管改革和上级税务机关要求，成立大名县国家税务局，受市局和大名县人民政府双重领导，内设办公室、计财科、税政科、征管科、政工科、监察室等6个科室和稽查局，下设直属分局和城镇、城关、杨桥、金滩镇、龙王庙、万堤、束馆、北峰、孙甘店、张集、西店、铺上13个税务所（分局），干部职工186名，其中局长1名，副局长3名，纪检组长1名。1997年，撤销北峰税务所、孙甘店税务所。1998年，撤销张集税务所、西店税务所。1999年，铺上税务所与杨桥税务所合并。2005年，撤销束馆税务所、万堤税务所。2005年9月，大名县国税局内设办公室、计划统计科、征管科、政策法规科、人事教育科、监察室、信息中心、办税服务厅等8个科室和稽查局，下设城区、北关、杨桥、金滩镇、龙王庙等5个税务分局，人员编制118名，其中局长1名、副局长3名、纪检组长1名。截至2005年年末，机构设置没有变化。

地方税务

税种税率　农业税。主要包括农业税、农业特产税、耕地占用税、契税4个税种。1979—1985年，上述4项税收由县财政代管，征管方式是实物征收，实物结算。1986年以后，乡镇财政体制确立，4项税收正式纳入县财政体制，由县财政局负责征收管理，征管方式改为实物征收，货币结算。1990年，开始实行现金征收，现金结算，并由户交户结改为由乡或村统一缴纳，由夏秋两季征收改为常年征收，农业税在大名县财政总收入中占70%的比例。1991年后，随着经济的发展，农业税在大名县财政总收入中比重逐年减少。1993年，大名县形成一整套较为完善的征管办法。2005年，大名县停止征收农业税。

大名县地税局大门（2001年摄）

营业税。1984年开征。1994年，大名县地税局共征收营业税373万元，2000年达559万元，2003年，受非典影响降至446万元，2005年达1164万元。

城镇土地使用税。1994—1997年，税额为繁华地带每平方米0.4元，其他地段每平方米0.3元。1997—2005年，税额为城区每平方米1.5元，其他建制镇每平方米1元。在县城、建制镇、工矿区范围内使用土地的单位和个人，为城镇土地使用税的纳税义务人。以纳税人实际占用的土地面积为计税依据，采用按年计算、分期交纳的办法。征用耕地的，自批准征用之日起满一年时开始缴纳；征用非耕地的，自批准征用次月起交纳。1994年9月至2005年12月，县地税局累计征收城镇土地使用税564万元。

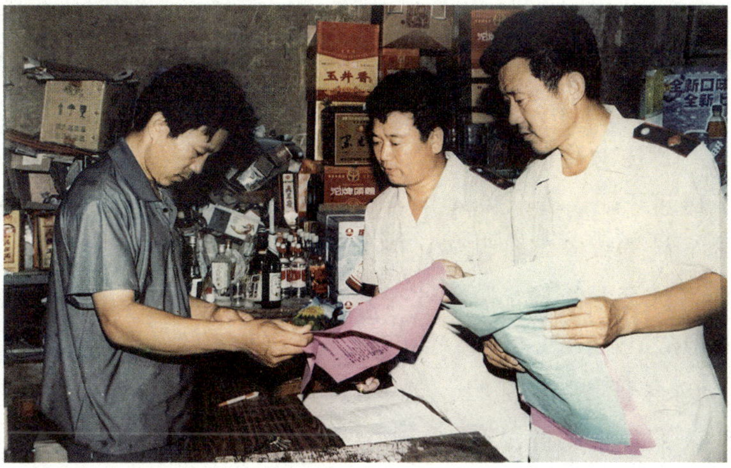

税务宣传（1995年摄）

企业所得税。1985年开始征收，法定税率为33%。另有两档照顾税率，年应纳税所得额在3万元（含）以下的，适用18%的税率，年应纳税所得额为3～10万元的，适用27%的税率。1994—2005年，县地税局累计征收企业所得税4852万元。

个人所得税。1994—2005年，县地税局共征收个人所得税5399万元。

土地增值税。于1996年开始征收，至2005年累计征收40万元。

固定资产投资方向调节税。1991年开始征收，按单位工程分别确定适用税率，税率为0%、5%、10%、15%、30%五个档次。2000年暂停征收。1991—2000年，县地税局共征收固定资产投资方向调节税784万元。

城市维护建设税。于1985年开始征收。2005年1月1日起，经国家税务局正式审核批准的当期免抵的增值税税额，纳入城建税、教育费附加、地方教育费附加的计征范围，分别按规定的税（费）率征收城建税、教育费附加、地方教育费附加。1994—2005年，县地税局累计征收城建税1124万元。

财产行为税类。大名县主要涉及10个税种。房产税。大名县于1986年10月1日开始征收该税，由产权所有人缴纳。产权属于全民所有的，由经营管理的单位缴纳。产权出典的，由承典人缴纳。产权所有人、承典人不在房产所在地的或者产权未确定及租典纠纷未解决的，由房产代管人或者使用人缴纳。出租房产的，以房屋产权和土地使用权拥有者为纳税人，由房产所在地税务机关征收。以房产余值为计税依据的，税率为1.2%；以房屋租金为计税依据的，税率为12%。2001年1月1日起，对个人按市场价格出租的居民住房，房产税减为按4%的税率征收。按年计算、分期缴纳，分别于上半年3月份和下半年9月份，每半年缴纳一次。1994—2005年，县地税局累计征收房产税764万元。

车船使用税。个人自有自用的自行车和其他非营业用的非机动车船免征。属于企业单位的车船，每年于3月份和9月份分两次缴纳。属于个人的车船，于3月份一次性缴清全年税款。大名县于1986年开始征收该税。1994—2005年累计征收218万元。

屠宰税。自养、自宰、自食的牲畜免征；如有出售，其出售部分纳税。回族居民在其他节日自宰自食或分食的羊、牛，照征屠宰税。大名县于1994年开始征收该税，2002年1月1日停征，累计征收屠宰税593万元。

印花税。该税的核定期限一般为一年。1994—2005年，大名县累计征收印花税218万元。

教育费附加费。大名县于1986年7月1日开始征收，计征比率为1%，1990年5月调整为2%，1994年2月调整为3%。1994—2005年，大名县累计征收教育费附加421.93万元。

地方教育附加费。计征比率为1%。征收范围及计征依据同教育费附加。大名县于2003年12月1日起开征该税，2004年征收18.48万元，2005年征收19.49万元。

社会保险费。大名县于2002年3月1日起由地方税务机关按照属地管理原则征收。2002—2005年，大名县累计征收1963.75万元，其中2003年征收549万元、2004年征收652.7万元、2005年征收762.05万元。2002—2005年，大名县累计征收失业保险费274.49万元，其中2003年征收94万元、2004年征收90.23万元、2005年征收90.26万元。

残疾人就业保障金。由地税局代征，总额的10%直接划入省级国库，作为省级残疾人就业保障金收入。大名县于2003年开始征收。2003—2005年，累计征收67.9万元，其中2003年征收10万元、2004年征收26.4万元、2005年征收31.5万元。

工会经费。自2005年7月1日起，由地税局负责代征，当年大名县征收21.18万元。

文化事业建设费。大名县于1998年开始征收，2005年停止，累计征收7.8万元。

税收减免 减免税有三种基本形式：税基式减免、税率式减免、税额式减免。2003年，大名县因“非典”疫情减免税收12万元，福利企业减免税收4万元，下岗职工减免税收6.7万元。2005年，大名县农业产业化国家重点龙头企业五得利面粉集团有限公司减免税收380万元。

税务管理 税务登记。从事生产、经营的纳税人领取工商营业执照（含临时工商营业执照）的，自领取工商营业执照之日起30日内申报办理税务登记，税务机关核发税务登记证及副本（领取临时工商营业执照的，核发临时税务登记证及副本）；未办理工商营业执照但经有关部门批准设立的，自有关部门批准设立之日起30日内申报办理税务登记，税务机关核发税务登记证及副本；未办理工商营业执照也未经有关部门批准设立的，自纳税义务发生之日起30日内申报办理税务登记，税务机关核发临时税务登记证及副本；有独立的生产经营权、在财务上独立核算并定期向发包人或者出租人上交承包费或租金的承包承租人，自承包承租合同签订之日起30日内申报办理税务登记，税务机关核发临时税务登记证及副本；外地人到大名县境内从事生产、经营的，自其实际经营或提供劳务之日起，在连续的12个月内累计超过180天的，自期满之日起30日内申报办理税务登记，税务机关核发临时税务登记证及副本。1994—2005年，大名县地税局办理税务登记的纳税总户数为1787个，其中国有纳税单位148个、集体纳税单位96个、私营纳税单位74个、个体纳税户1523个，分别占总户数的8%、5%、4%、83%。

纳税申报。截至2005年年末，县地税局纳税申报率平均达98.6%，其中国有和集体企业申报率为100%、私营企业申报率为98%、个体工商户纳税申报率为96%。

发票管理。1994—1997年，大名县使用的各类发票均为手写式普通发票。1997—2001年，使用的发票均为剪切式手写发票。2001年，大名县地税局在服务行业推行有奖定额发票，服务行业税收明显增加，到2005年年末增加税收150万元。推广发票代开软件，对建筑业、货物运输业发票全部实现微机代开，“以票控税”。

税务稽查。20 世纪 80 年代初，大名县集体和个体、私营企业，因其发展初期账目不健全，利润核算不准确，采取定率定额征收方法。随着其财务账目的建立健全，逐步过渡到核实征收。1986 年，成立协护税联办室，发挥密报员、协助员、税收员、交易员的作用，当年增收 18.9%。1994 年，大名县地税局实行征、管、查分离，加强稽查力量，强化机关内部制约机制，改善纳税环境。后来又推行“征收、管理、稽查”三位一体模式。1994 年国、地税机构分设后，地税局成立副科级建制的大名县地方税务局稽查局，工作人员 10 名，负责全县地税的稽查工作。2001 年，随着稽查体制的不断完善，县地税稽查局内设选案科、稽查科、审理科、执行科，形成选案、稽查、审理、执行四位一体的稽查模式。1994—2005 年，地税稽查局共稽查企业 5717 户次，查补税款 506 万元，加收滞纳金、罚款 63 万元。

1994—2005 年大名县地税各税费征收情况统计表

表 5-16　　　　单位：万元

年份	营业税	企业所得税	个人所得税	城建税	房产税	印花税	土地使用税	土地增值税	车船税	屠宰税	固调税	滞纳金罚款	合计
1994	373	142	40	53	28	14	27	—	39	1	87	11	815
1995	443	183	21	79	33	6	29	—	14	24	73	25	930
1996	398	231	73	85	30	8	41	3	38	58	65	5	1035
1997	493	267	160	198	46	8	25	2	35	95	70	2	1401
1998	555	300	851	151	103	5	78	14	28	221	262	2.5	2571
1999	528	539	573	116	122	24	48	10	22	94	179	2	2257
2000	559	598	663	125	144	19	68	6	10	100	43	2.6	2338
2001	465	801	734	32	25	6	52	4	6	—	3	1.9	2130
2002	461	530	774	20	13	3	14	—	3	—	2	2	1822
2003	446	469	624	68	65	15	58	—	11	—	—	3	1759
2004	675	313	452	95	76	32	62	1	5	—	—	2	1713
2005	1164	479	434	102	79	78	62	3	7	—	—	4	2412
合计	6560	4852	5399	1124	764	218	564	43	218	593	784	63	21182

说明：“固调税”为“固定资产投资方向调节税”的简称

国家税务

税种税率　1994—2005 年，流转税成为大名县国税的主体税种，包括增值税、消费税、营业税，其收入占税收收入总额的 70% 以上。所得税类税收次之，包括企业所得税、外商投资企业和外国企业所得税、个人所得税，其收入占税收总额的 15%。此外还有财产税和其他一些类型的税收。

增值税。增值税是大名县国税收入的主体税种之一，1994—2001 年，年均收入在 1800 万元左右，2002—2004 年，因国营企业税款减少，增值税收入连年大幅下滑。2005 年，县委、县政府对民营企业发展扶持力度加大，民营企业税收增收明显，增值税止跌反升，全县入库增值税 1700 余万元。纳税人的数量，1994年国税管理增值税纳税人1057户，其中国营企业116户、联营企业1户、私营企业51户、个体经营者889户。随着经济的发展，增值税纳税人逐年增多，至2005年年末，大名县登记在册的增值税纳税人达1466户。

消费税。1994—1999年，消费税是大名县国税主体税种之一，县滴溜酒厂每年实现消费税在500万元左右。2000年，因企业历史包袱过重，企业搞资产重组，大名府酒业有限公司销售额大幅下降，消费税急剧下滑，只实现消费税129万元，2001—2005年，大名府酒业有限公司消费税每年均未超过100万元。2000年以前，县内只有大名府酒业有限公司一家消费税纳税人。2000—2005年，随着经济的发展，先后新设河北龙王府酒业有限公司、大名县兴龙酿酒有限责任公司、河北卫河人家酒业有限责任公司3家小型酿酒企业和几家金银首饰零售商店，但因其规模较小，实现的消费税数额也不大。

所得税。企业所得税法定税率为33%，以应纳税所得额为计税依据，纳税人每个纳税年度的收入总额减去准予扣除项目之后的余额，为应纳税所得额。除法定税率之外，另设置18%和27%两档低税率。1994年税制改革后，企业所得税一直归地方税务局管理。2001年，县烟草公司企业所得税划归国税局管理。2002年1月1日起，新办企业所得税归国税局征管，截至2005年年末，国税管理新办企业所得税纳税人达93户。2002年、2003年分别入库86万元、154万元，主要为烟草公司实现税款。2004年下半年，烟草企业所得税上划。2005年，大名县新办企业入库所得税仅2万元。

外商投资企业和外国企业所得税。1994年9月至2005年年末，外商投资企业所得税率为30%，另按应纳税所得额征收3%的地方企业所得税，总体税率为33%。截至2005年年末，大名县仅有邯郸正大饲料有限公司、邯郸大发裘皮有限公司、邯郸大茂食品有限公司3家外商企业，开办以来一直处于亏损状态，无所得税。

1998—2005年大名国税局分税种税收完成情况统计表

表5-17　　单位：万元

年份	增值税	消费税	企业所得税	储蓄存款利息个人所得税	营业税	车辆购置税	合计
1998	1701.3	540	—	—	91.3	—	2332.7
1999	1839	580	—	—	72	—	2491
2000	1897	129	—	135	56	—	2217
2001	1790	10	25	317	44	—	2186
2002	1652	50	86	419	14	—	2221
2003	1599	50	154	333	3	—	2139
2004	1266	43	31	307	—	—	1647
2005	1703	71	2	396	—	11	2183

2001—2005 年大名县国税收入情况统计表

表 5-18　　单位：万元

年份	GDP		税收收入	
	总量	同比增收	总量	同比增收
2001	283670	8%	2186	0.7%
2002	315771	11%	2221	1.6%
2003	345207	9%	2136	-3.8%
2004	410796	19%	1647	-23%
2005	463230	13%	2172	32%

2001—2005 年大名县国税重点税源税收情况统计表

表 5-19　　单位：万元

年份	电力			面粉			化工		
	销售收入	税收	行业税负	销售收入	税收	行业税负	销售收入	税收	行业税负
2001	5163	320	6.2%	70110	199	0.28%	1070	66	6.2%
2002	6781	375	5.5%	52340	146	0.28%	3690	144	3.9%
2003	6017	434	7.2%	48650	100	0.21%	6056	183	3.0%
2004	7175	159	2.2%	62504	100	0.16%	4640	178	3.8%
2005	8354	475	5.7%	65429	139	0.21%	5091	107	2.1%

税收减免　减免税。2000 年以后，大名县饲料、单一饲料产量较大，平均每年免税数额约 300 余万元。2002 年起，对个体工商户从事货物销售月销售额不足 2000 元的免征增值税。2004 年起，销售货物月销售额不足 5000 元、销售应税劳务月销售额不足 3000 元、临时经营每次（日）销售额不足 200 元的免征增值税。此项优惠政策全县个体工商户受惠约 1200 余户，每年减免税额 200 余万元。

出口退税。1994 年 9 月至 2005 年年末，大名县主要出口企业有大名县名鼎化工有限公司、大名县泰丰机械有限公司、邯郸大发裘皮有限公司。1996 年，国税部门平均每年为名鼎化工有限公司办理出口退税 10 余万元。

税务管理　税务登记。县国税机关对纳税人的开业、变更、歇业以及生产经营范围实行法定登记。2004 年年末，大名县国税部门登记在册各类纳税人 1496 户，其中国营企业 157 户（含免税粮食企业 34 户）、私营企业 164 户、个体工商户 1175 户（其中个体工商户中起征点以上 159 户、起征点以下 985 户、按账征收 21 户）。2005 年 3 月，全省征管信息系统开通，大名县国税系统将全县 1500 余户纳税人基本情况全部输入征管信息系统。

账簿、凭证管理。20 世纪 90 年代初，大名县有几十家企业账务比较健全。1994 年税制改革后，为适应税收征管的需要，大名县 120 多家一般纳税人建立规范复式账簿，部分小规模企业建立简单复式账簿。2001 年，县内部分有条件的企业开始使用计算机记账。2004 年，大名县推行个体建账工作，100 余户有条件的个体工商户建立简单复式账，部分个体户建立收支凭证粘贴簿或进货销货登记簿。

发票管理。1986 年，《全国发票管理暂行办法》颁布后，大名县统一采用将原发票联套印的发票专用章改为发票监制章的发票。1992 年 5 月起，将私营企业和个体工商户全部改为使用裁剪式发票。1993 年 1 月 1 日起，按国家税务总局规定，大名县一律使用发票联套印有全国统一发票监制章和浅黄色底图案的新版发票，1993 年年末新税制实施前作废。此后，又先后启用防伪复写发票和干式防伪复写发票。1994 年税制改革后，县内大部分一般纳税人使用手工版增值税专用发票，2001—2005 年，县内一般纳税人全部采用防伪税控增值税专用发票。国税部门对纳税人购领发票采用“限量供应、验旧供新”制度，每年对企业发票使用情况进行检查，对不按规定使用发票的企业停止其使用发票资格或处以罚款。

税务稽查。1994 年 9 月税制改革后，大名县国家税务局组建稽查局，对偷税、骗税、抗税案件予以查处。1994—2005 年，共查处税务案件 130 余起，为国家补缴税款 500 余万元。

第三节　金　融

1979—1985 年，先后恢复成立中国农业银行大名县支行、中国工商银行大名县支行、中国人民建设银行大名县支行。1986 年，中国人民银行大名县支行独立行使基层中央银行职能，各专业银行全面向商业银行转轨，形成适应市场经济发展的金融体系。1996 年，中国农业发展银行大名县支行分设，到 2005 年年底，基本形成以中国人民银行为中央银行，各国有商业银行为主体，包括政策性金融机构，其他非银行金融机构并存，分工协作，相互补充的金融体系，逐步形成银行、保险分业经营、分业监管的金融体制。2005 年，全县各项存款金额 167814 万元，其中储蓄存款余额 14645 万元，比 1979 年增长 172 倍；全县贷款余额 158969 万元，比 1979 年增长 32 倍，为大名农、工、商各业发展提供资金支持和保障。在这一时期，大名县金融业在发展中也出现一些挫折。1991—1996 年，大名县国有企业因市场竞争能力弱纷纷退出经营领域，造成近亿元的不良贷款，给银行机构正常经营造成困难，也给社会建立信用理念带来一定影响。

主要金融机构

中国人民银行大名县支行　1949 年 4 月成立，1979 年与县农业银行合署办公，1980 年 1 月 1 日起，与县农业银行分设，开始行使基层中央银行职能，内设会计、出纳、信贷、计划、人事秘书、储蓄 6 个股，下辖常马庄办事处、南街储蓄所，有干部职工 56 人。1985 年 1 月 1 日，县人行撤销，与县工商银行为一套机构，对外挂两块牌子，属工商银行建制，业务由县工商银行代理。1986 年 1 月 1 日，恢复县人行建制，与县工商银行分设。1990 年，县人行内设人事股、稽核股、办公室、计划股、监察室、保卫股、会计股、发行股、金管股和工会委员会，下辖府城路信用社，共有干部职工 40 人。2001 年 12 月 1 日，县人行规范内设机构，股（室）由原来的 10 个减少为 4 个，分别为办公室、金融机构监管股、会计国库股、合作金融机构监管股。2002 年 3 月，金融系统监察室从办公室分出专设。至 2002 年年底，有干部职工 47 人。2004 年 1 月 1 日根据国务院规定，县人行的金融监管职能划出，专门成立邯郸银监分局大名办事处。至 2005 年年底，县人行内设办公室、金融管理股、国库会计股、调查统计股等 4 个股室，有干部职工 41 人。根据中国人民银行的授权，县人行作为人民银行总行派出机构，其职责为在辖区内执行货币政策、维护金融稳定和提供金融服务，其中贷款卡发放核准和银行账户开户许可证核发两个行政许可项目面向社会各界实施。

中国农业发展银行大名县支行　1996 年 10 月 28 日从县农业银行分设组建，负责国家扶贫、农业综合开发性贷款的发放和管理，负责粮、棉、油收购和国家政策性贷款的管理与供应，有工作人员 22 人，内设综合办公室、计划信贷部、营业室。1998 年 5 月，根据国务院通知精神，县农发行管理的国家扶贫贷款、农业开发贷款和粮、棉油业务资金划归县农业银行管理。县农发行的主要职能是办理国家粮、棉政策性专项贷款和办理开户收储企业存款、结算等，2004 年 12 月，有工作人员 21 人。2005 年，县农发行在原开办业务的基础上增加了办理粮、棉、油加工龙头企业的贷款业务。是年年底，内设办公室、会计出纳部、客户部，有工作人员 22 名，各项存款余额 1690 万元，贷款余额 68766 万元。

中国工商银行股份有限公司大名支行　1985 年 1 月 1 日成立，主要承担由原县人行办理的工商信贷、城镇储蓄等金融业务。1986 年 6 月 1 日，将代理县人行的业务全部交由县人行办理。1990 年，县工行内设人事股、秘书股、稽核监察股、会计股、出纳股、信贷股、计划统计股、储蓄股和工会委员会，下辖城市信用社、南大街办事处、南街储蓄所、南街第二储蓄所、北关储蓄所、大名府路储蓄所、西环路储蓄所和新市场、县政府、常马庄化肥厂 3 个储蓄代办所，共有干部职工 108 人，其中储蓄代办员 6 人，城市信用社 10 人。1994 年，城市信用社与县工行脱钩，由县人行管理。1997 年 7 月，储蓄所实现微机联网。是年 10 月，人事机构改革，内设科室由原来的 9 个缩减为“三部一室”，即办公室、储蓄部、业务部、营业部。2005 年 7 月，中国工商银行大名县支行迎宾支行（属二级支行）成立。是年 10 月，县工行更名为中国工商银行股份有限公司大名支行。2005 年年底，内设办公室、客户经理部、核算管理部，下辖营业室和迎宾支行两个营业网点，工作人员 35 名，各项存款余额 23860 万元，各项贷款余额 4367 万元。

工商银行（1991 年摄）

中国农业银行大名县支行　1956 年 3 月成立，1957 年 8 月并入县人行，1962 年 2 月分设，1965 年 12 月再次并入县人行。1980 年 1 月 1 日再次分设，内设计划会计股、社队信贷股、企业信贷股、人事股、会计辅导股、办公室等 7 个股室，有工作人员 53 名，下辖 6 个营业所、39 个信用社、4 个分社和 480 个信用站。县农行属全民所有制金融机构，主要任务是统一管理支农资金，集中管理农村信贷、领导农村信用社，发展农村金融事业。1985 年 5 月，成立大名县农村信用社联合社，在乡村设立农村代办站。1990 年内设计划股、人事股、秘书股、工商信贷股、农业信贷股、会计出纳股、监察室、存款股、保卫股、审计股、信用合作股、营业室和工会委员会，有干部职工 129 人，其中储蓄代办员42人，村庄储蓄代办员57人，下设杨桥、万堤、城关、龙王庙、束馆、金滩镇6个营业所，11个储蓄所和57个村庄储蓄代办所，39个信用社，4个分社和480个农村代办站。1991年12月，撤销农村代办站。1992年5月，中层干部实行聘任制，新聘任42名股、室、所、社股长、主任。1996年10月，县农村信用社联合社分设。1996年11月，县农行部分职能分离，专门成立“中国农业发展银行大名县支行”。2000年10月，撤销城关、束馆、万堤3个营业所，剥离不良资产5300万元。2001年9月，撤销龙王庙营业所、东关储蓄所。2002年9月，撤销杨桥营业所、金滩镇营业所。至2002年12月，内设四部一室，即信贷部、计财稽核部、资产经营部、客户经理部、综合办公室，下辖1个营业室、6个储蓄所，有干部职工96人。至2005年年底，内设四部一室，即信贷管理部、资产经营部、客户经理部、财会监管部、综合办公室，下辖1个营业室、1个储蓄所，有干部职工125人，其中在职53人，内退39人、离退休33人。主要业务是经营人民币存款、贷款、结算、汇款、代收代付、代理保险等业务。2005年年底，各项存款余额为20737万元，其中储蓄存款余额为18867万元，同业存款余额为1696万元，贷款余额为36019万元，银行卡余额为15632万元，代理保险579万元。

中国建设银行股份有限公司大名支行 1979年3月成立，原名为中国人民建设银行河北省大名县支行，工作人员8人。1986年，内设办公室、业务股、会计股3个股室。1988年，县建行由财政职能转变为事业单位企业管理，会计股更名为会计出纳股，增设储蓄股、保卫股。1992年增设房地产信贷部、储蓄专柜。1993年更名为中国建设银行河北省大名县支行，属商业银行性质，干部职工46人，其中代办员10人。1996年年底，撤销房地产信贷部。1999年12月，魏县建行并入大名县建行，设魏县分理处。2000年10月，撤销魏县分理处。2003年12月，组织机构转变职能，15名职工提前内退。2004年1月进行改制，由国有商业银行改为股份制银行，更名为中国建设银行股份有限公司大名支行，内设办公室、公司业务部、营业室、个人金融业务部，下辖县委储蓄所，干部职工32人，其中长期合同工22人，短期合同工10人。2005年，各项存款余额28610万元，各项贷款余额5381万元。

建设银行大名支行（1991年摄）

中国银行业监督管理委员会邯郸分局大名办事处 2004年4月29日成立，是从人民银行分离出来专门从事金融业监管职能的机构，人员4名。主要监管职责是：贯彻执行银行业金融监管的法律、法规和制度、办法，根据银监分局授权，对辖内银行业金融机构的业务活动进行全面监测；对辖内银行业金融机构及其分支机构的设立、变更、终止及业务变动提出初审意见；在银监分局的领导下，依法对辖内金融违法、违规行为进行查处；对辖区银行业金融机构高级管理人员任职资格提出初审意见；负责统计辖内经济金融数据和信息。2004年，对辖区各银行业金融机构开展经营成果真实性、不良贷款占用形态、消费贷款合规情况、内控制度建设、行政许可事项等现场检查，查出违规问题

30多项，涉及金额620万元，及时采取纠改措施，有效防范了金融风险。2005年开展“案件专项治理”行动，深入排查风险案件，发现风险隐患点31项，保障银行业金融机构健康安全运行。

大名县农村信用合作社联合社（简称县联社） 前身为县农行信用合作股。1985年成立大名县信用合作社联合社，内设社务股、财务股、业务股，下设39个农村信用社、6个农村信用分社，仍隶属于县农行。1996年10月，县联社与县农行分设，进行理事会、监事会换届选举，下辖23个农村信用社、22个农村信用分社、1个营业部，工作人员252名，直属邯郸市农村金融体制改革办公室管理。2000年12月，接管县城市信用社、县金城信用社。2005年6月，省联社成立后，县联社归省联社管理。是年年底，县联社内设综合办公室、信贷业务科、财务电脑科、稽核科、人事教育科、存款组织科、资产保全科、保卫科，下辖25个信用社、24个信用分社、1个营业部、2个储蓄所、2个城市信用社，全县系统有工作人员286人。县联社是合作金融组织股份制金融机构，经营业务是吸收公众存款、增扩股金、发放农业贷款、办理结算、人民币票据承兑、贴现及人民银行批准的其他业务。2005年年底，全县农村信用社各项存款余额67191万元，各项贷款余额44436万元。

城市信用社　城市信用社为集体所有制金融组织，独立核算，主要开展居民储蓄存款、对公存款、增扩股金、发放支持城镇集体工商业经济发展的小额贷款。全县有大名县城市信用社、大名县府城路城市信用社2家。大名县城市信用社成立于1984年8月，工作人员6人，隶属县工行管理。大名县府城路城市信用社成立于1988年6月，工作人员4人，隶属县人行管理。2000年12月，经清产核资改制后，大名县城市信用社更名为大名县金城农村信用社，大名县府城路城市信用社更名为府城路农村信用社，均隶属县联社管理。

存　款

大名县金融系统各项存款主要分为对公存款和居民储蓄存款。对公存款包括企业存款、机关团体存款、财政存款、农村存款。单位存款带有强制性，银行根据单位的现金流量核对库存限额，超现金库存者，必须按时送存银行。个人储蓄贯彻“存款自愿、取款自由”的原则。1979年，总计各项存款975万元，2005年增为167814万元，比1979年纯增166839万元，是1979年的172.1倍。

对公存款　1979年对公存款余额为806万元，1994年对公存款1009万元，2005年增为21357万元，是1994年的21.2倍，其中企业存款8255万元、财政存款662万元、机关团体存款8445万元、农村存款3814万元，其他类存款181万元。

储蓄网点　银行机构的储蓄网点。1979年，县城设有18个储蓄所，另有县农行的万堤、杨桥、龙王庙、金滩镇、束馆5个农村营业所。1990—1995年，县工行增南街第二储蓄所、北环路储蓄所、西环北路储蓄所，县建行设一中、北关、东街3家储蓄所，县农行增设南街、北环西路2家储蓄所。2005年年末，全县银行业金融机构储蓄办事处、储蓄所精简为3个，即县工行设迎宾支行（属二级支行），县农行设北环西路储蓄所，县建行设县委储蓄所。非银行金融机构储蓄网点。1979年，县农行在各乡镇设立39个农村信用社。2005年，有农村信用社26个、信用分社26个。邮政储蓄网点。1986年县邮政局开始建立邮政储蓄网点，至2005年年底，全县设邮政储蓄网点12个，其中县城5个，乡镇7个。

储蓄存款种类　活期储蓄。2005年年底，活期储蓄额为42184万元。定期储蓄。2005年年底，定期储蓄额为104273万元。有奖储蓄。1987年开始办理。1990年停止办理。保值储蓄。第一次于

1988年9月10日开办，1991年12月停办。第二次于1993年7月11日开办，1996年4月1日停办。只对居民3、5、8年期整存整取定期储蓄、华侨（人民币）定期储蓄、存本取息定期储蓄进行保值。保值贴补率是物价指数高出利率的部分，由人行总行每月公布。

储蓄基准利率调整　1990—2005年，储蓄利率调整13次，其中1993年3月1日后，定期储蓄存款采取一次性计息法，即存款时赶上什么利率，到期就按此计息，逾期部分利息按活期储蓄利率计算。

储蓄存款余额　1979年，大名县储蓄存款余额为582万元。2005年，大名县储蓄存款余额为146457万元，人均1921元，比1979年增加251倍。

存款准备金　1986年，各专业行（商业行）按10%向人行缴存款准备金，1987年12月改为12%，1988年9月改为13%，以后年度人民银行多次调整缴存款准备金，2005年执行10%。是年，全县各金融单位缴存一般性存款准备金1678万元。

贷　款

1979年，全县各项贷款余额4970万元，其中短期贷款3379万元，中长期贷款1591万元。2005年，各项贷款余额158969万元，其中短期贷款131299万元，中长期贷款27670万元，分别是1979年的32倍、39倍、17.4倍。

短期贷款　工业贷款。主要包括工业生产企业贷款、物资供销企业贷款、集体工业贷款、集体工业设备贷款、小额设备贷款等。1979年，全县工业贷款余额398万元，2005年，工业贷款余额620万元，纯增222万元。商业贷款。主要是粮食预购定金贷款、供销合作社贷款、外贸贷款、其他商业贷款等。1979年全县商业贷款余额2981万元，2000年余额为69793万元，2005年余额为77869万元，比1979年纯增74888万元。主要原因一是国家大幅度提高粮食收购价格，农业连年丰收，农民踊跃交售余粮。2005年仅农副业采购贷款就发放67183万元。二是商品价格上涨，商店占压资金多，不得不向银行贷款。农业贷款。包括预购定金贷款、国营农业贷款、农村贷款（分农村集体贷款、乡镇企业贷款、农户贷款、扶贫贴息贷款等）三种。1979年，全县累放各项农业贷款1494万元。随着农村产业结构和商品经济的发展，农业贷款逐步增加，至2005年年底，余额为41768万元，比1979年纯增40274万元。

中长期贷款　主要有技术改造贷款、基本建设贷款、老少边穷地区贷款和地方经济开发贷款等四种贷款。技术改造贷款。金融部门坚持“选准项目，积极支持”的原则，2005年余额为15万元。基本建设贷款。1985年年初，县建行按照上级行指示，进行了建设资金管理改革，即将国家预算内基本建设拨款改为贷款，当年共发放基本建设、更新改造等贷款129万元。1993年后，出现开发热、房地产热，大名县建筑业贷款从年初的600万元升至年底的1000万元。1999年增至2643万元。2005年此项贷款余额为520万元。1990—2005年，大名县短期贷款和中长期贷款基准利率按国家规定调整17次。随着向市场经济的转轨和地方经济的发展需要，大名县贷款数量从1979年的4873万元增至2005年的167814万元，增长34倍。这一时期，金融单位存在人情贷、权力贷和以贷谋私，社会上存在盲目上项目、重复建设等，致使一些贷款产生质量问题。到2005年年底，工、农、建3家银行亏损额达1253万元，全县逾期贷款及“双呆”贷款额达102468万元，占总额的61%，其中呆滞、呆账贷款有101092万元，占总额的60%。农村信用社贷款67190万元，不良贷款就有15172

万元，占23%，其中“双呆”贷款14685万元，占21%。对此，全县各行、处、社采取一系列措施，加大收贷、收息力度。一是将收贷、收息责任落实到信贷员身上，实行重点监测与管理，并与其利益挂钩；二是密切银企关系，争取企业的支持；三是与欠息企业签订还息责任状，督促企业及时偿息；四是对资不抵债的企业，进行抵贷返租的尝试。2001年，县农行对农业生产资料公司盘活部分信贷资产，盘活资金105万元。

民间借贷　民间借贷在县内久已存在，以前大都无息。一些居民遇到生病、盖房、婚丧等大事，一时钱紧，多找关系较好的邻居、朋友、亲戚拆借。被借户只要有钱，不拘多少，一般都会出于情面无息借给，而且还钱期限不定，很少打借条。随着市场经济的发展和人们价值观念的变化，民间借贷除特殊亲朋好友无息外，一般关系户出现有偿（息）借贷。有些关系不错的人之间金钱往来，不用事先提息，借钱人还钱时以买礼品或给孩子“零花钱”进行变相补偿，补偿花费视借款数额大小不等，双方皆大欢喜。也有些借钱户先向对方讲明借款需付息和利率多少，而且约定还款付息时间并写清借据方借款。还有些个体户借钱做买卖、办企业，这种钱一般“短、快、高”，即借款日期短，还款快，利息一般高出银行同期贷款利率一两倍。

经理国库

大名县国库收入主要来源是税款。税款由经收银行划转到县人行后，县人行按照中央、省、地、县不同的预算级次和国家规定的预算科目加以清分，上划和转入有关账户。1985年至1986年7月，大名国库业务由县人行委托县工行代理。1986年8月起由县人行会计国库股经理，库款凭有支配权的财政机关凭证支付。1995年3月18日《中华人民共和国人民银行法》明确了人行履行经理国库职责的法律地位。1996年，县人行经理国库完成预算收入9767万元（其中报解中央预算收入1559万元，留地方预算收入8208万元），实现财政资金拨付8074万元，业务量103632笔，按254个工作日计算，日均408笔。2005年，县人行经理国库完成预算收入289052笔，金额42163万元，日均1138笔，金额165.99万元。

1990—2005年大名县上解税款情况表

表5-20

年份	上解中央税（万元）	地方级（万元）	拨款（万元）	年业务量（笔）	日业务量（笔）
1990	22	2930	2890	55626	219
1991	66	3100	3005	58674	231
1992	31	3203	3150	66802	263
1993	31	3928	3847	80010	315
1994	1603	4610	4577	91694	361
1995	1544	5112	5070	100330	395
1996	1559	8208	8074	103632	408
1997	1653	9987	10000	108966	429

续表 5-20

年份	上解中央税（万元）	地方级（万元）	拨款（万元）	年业务量（笔）	日业务量（笔）
1998	1853	9836	10000	109474	431
1999	1975	14000	13600	125730	459
2000	1619	14000	15000	129286	509
2001	1719	19000	19000	135128	532
2002	2221	27000	28000	150114	591
2003	2180	28000	28000	173228	682
2004	455	30000	30000	27940	1100
2005	2163	40000	39000	289052	1138

第四节　保　险

大名县保险业务始于20世纪80年代初期。1982年，中国人民银行大名支行代理代办保险业务，主要职能是防灾防损。1984年5月21日成立中国人民保险公司大名县支公司，1990年获得河北省保险先进县称号。1996年6月机构改革，分别成立中保财产保险有限公司大名支公司和中保人寿保险有限公司。保险业务活动不断拓展，由城镇发展到农村，由国营、集体企业发展到家庭个人，涉及社会生活的各个领域，险种100余种。

主要保险机构

中国人民财产保险股份有限公司大名支公司　1984年5月21日建立中国人民保险公司大名县支公司，工作人员11人，归属中国人民保险公司邯郸中心支公司管理。1986年，科室设置分为城镇业务股、农村业务股、计财股，工作人员16人。1996年6月机构改革，成立中保财产保险有限公司大名县支公司，有工作人员27人。1999年5月5日更名为中国人民保险公司大名县支公司。2003年7月股份制改革，更名为中国人民财产保险股份有限公司大名支公司。至2005年，内设理赔服务部、综合部、营业一部、营业二部，工作人员18人，全县全年承保总额

人民保险公司大名支公司（1991年摄）

12 亿，有 100 多家工商企业参加企业财产保险，4000 多辆机动车参保加各种车辆保险，80 万亩农田参加小麦收获期火灾保险，累计支付各类赔款近 6000 万。

中国人寿保险股份有限公司大名支公司　1996 年 12 月成立中保人寿公司邯郸分公司大名业务一部，工作人员 2 名。1999 年 1 月更名为中国人寿保险公司大名支公司，工作人员 2 名。2003 年 8 月改制，更名为中国人寿保险股份有限公司大名支公司，内设综合服务部、个险服务部、团险中介服务部、售后服务部，工作人员 4 名，行政、业务均隶属于邯郸分公司领导和管理。至 2005 年，人员和机构均无变化，聘用社会代理人员 300 人。2003—2005 年连续三年被省公司授予先进支公司。

中国太平洋人寿保险公司大名营销部　2001 年 10 月，成立中国太平洋人寿保险公司大名业务部，有工作人员 3 人。2002 年 8 月，经中国保险监督委员会批准，更名为中国太平洋人寿保险公司大名营销部。2005 年，有工作人员 5 人，招聘外勤员工 110 名。2002 年，开设人身保险，包括人寿保险、健康保险、意外伤害保险三大类 30 多个险种，其中主要销售险种为太平盛世系列，当年保费 86 万元。2003 年规模保费 538 万元，其中银行代理业务 452 万元。2004 年业务结构进行调整，主要从事个人业务，险种销售以 10 年和 20 年交费为主，当年保费 180 万元。2005 年增设小康之家系列保险，当年保费 240 万元。在城关镇、杨桥镇、万堤镇、束馆镇、龙王庙镇、金滩镇等 6 个镇邮政局开通网上交费。截至 2005 年年底，累计赔付 100 多万元。

中国平安人寿保险股份有限公司大名营销服务部　2002 年 9 月，成立中国平安人寿保险股份有限公司大名营业服务部，工作人员 8 人，招聘外勤员工 150 人。2005 年，工作人员 7 人，招聘外勤员工 170 名。2002 年开设平安康泰、平安鸿利、常青树、康乃馨等 10 个险种，当年保费 100 万元。2003 年开设无忧果、富贵竹、常青树、平安附加意外伤害等 15 个险种，承保保费 149.1 万元，长险保单 708 件。2004 年开设常青树、富贵竹、钟爱一生养老、世纪星光少儿等 20 个险种，承保保费 172.5 万元，长险保单 960 件。2005 年开设世纪天使少儿、钟爱养老（万能 A、万能 B）等 30 个险种，承保保费 283.2 万元，长险保单 1753 件。截至 2005 年年底，共办理承保保费 704.8 万元，长险保单 3421 件，累计赔付 82 万元。

险种保费

大名财险支公司　1984 年开办 6 个保险险种，即企业财产保险、机动车辆及第三者责任保险、麦场夏粮火灾保险、团体人身意外伤害保险、自行车保险、家庭财产保险。1985 年开办种养业保险、养老金保险。1987 年开办简易人身险。1991 年开办独生子女户、双女户养老金保险。1992 年开办现金综合保险、子女婚嫁金保险、农村人口住院医疗保险。至 2005 年年底，该公司开办近百个险种。主要险种有机动车辆各类商业保险及附加险、财产综合保险及附加险、财产基本保险及附加险、现金保险、人身意外伤害保险、货物运输保险、小麦收获期火灾保险、农村干部综合保险、家庭财产保险等 9 种，保费收入由 1982 年的 12 万元增加至 2005 年的 686 万元。

大名人险支公司　先后开设长期寿险、附加险、年金险和短期险四大种类 86 个险种的保险业务。保费收入连年增长，1997 年为 100 万元，2003 年为 3078 万元，2004 年为 4021 万元，2005 年达 5300 万元，是 1997 年的 53 倍。9 年累计 19789 万元。

大名财险支公司　从接受报案、现场查勘、损失检验、损余收回到责任审核，按照“主动、迅速、准确、合理”的理赔方针，实事求是进行赔偿。2003 年开始实施金牌服务工程，做出理赔无忧、车险快捷服务承诺：3000 元以下的赔案交齐手续当日赔付，大额赔案手续完备后 10 个工作日赔付。加快理赔速度，缩短理赔周期，提高结案率。2005 年，财险公司最新推出异地出险异地理赔快捷服务。1985—2005 年，累计理赔金额 4555 万元。人险公司随着投保额的增加，给付金、赔付金也逐年增大。1997 年，支付期满、寿险和短期给付金 155.7 万元，至 2005 年达 2672.1 万元，是 1997 年的 17.2 倍。

1982—2005 年大名财险支公司保费收入统计表

表 5-21　　单位：万元

年份	1982	1983	1984	1985	1986	1987	1988	1989	1990	1991	1992	1993
保费收入	12	17.6	24	50	66	103	159	205	321	707	760	1165
年份	1994	1995	1996	1997	1998	1999	2000	2001	2002	2003	2004	2005
保费收入	1368	1500	560	610	560	618	570	580	588	508	614	686

1985—2005 年大名财险支公司财险赔款统计表

表 5-22　　单位：万元

年份	1982	1983	1984	1985	1986	1987	1988	1989	1990	1991	1992	1993
赔款	—	—	—	19	35	41	45	60	90	186	117	317
赔案件数	—	—	—	32	60	80	95	125	150	362	260	560
赔付率	—	—	—	38%	53%	39%	28%	29%	44%	74%	40%	99%
年份	1994	1995	1996	1997	1998	1999	2000	2001	2002	2003	2004	2005
赔款	300	179	382	316	298	287	320	300	255	357	304	356
赔案件数	550	210	549	530	479	465	495	530	565	620	610	956
赔付率	68%	29%	68%	51%	53%	46%	56%	51%	60%	70%	49%	51%

1997—2005 年大名人险支公司给付、赔付统计表

表 5-23　　单位：万元

年份	1997	1998	1999	2000	2001	2002	2003	2004	2005
满期给付	117.2	221	322	267.4	326.3	291.2	656	823	1380
寿险赔付	—	1.1	7.3	21.5	59.6	158	380	507	1138.7
短险赔付	38.5	51.7	60	70	98.1	116.5	119.5	135.3	153.4
合计	155.7	273.8	389	358.9	484	565.7	1155.5	1465.3	2672.1

第四章　国土资源管理

1979年至1987年9月，大名县农业用地、宅基地、非农业建设用地等工作先后由县政府财政科、民政局、生产指挥部、县计划委员会、农业局管理。1987年9月组建土地管理局，2002年6月更名为国土资源局，2004年12月，实行市国土资源局和县级双重管理、以市管理为主体制，截至2005年年末未变，管理职能在几次机构改革中逐步扩大，在土地规划、土地利用、地籍管理、建设用地管理、土地税费、土地监察、土地开发与复垦等方面发挥了重要作用。

第一节　土地规划

农业区划

1983年，大名县组建由270人组成的农业自然资源普查队，用半年时间开展野外作业，基本摸清种植业、林业、畜牧业、水产、气象、水利、农机等资源，又用5个月时间完成内业工作，在此基础上，编写出《大名县综合农业区划报告》。报告按照地貌、自然资源和社会经济条件，将大名县划分为三个一级区，一个二级区［即漳北棉粮林果区、三角地带粮林蔬菜区，卫东油粮林综合区、马颊河粮棉油综合（亚）区］，并报县政府批准实施。

1990年大名县农业区划分区一览表

表5-24　　单位：个

分区名称	乡（镇）		大队	生产队	乡镇村名称
	完整	不完整			
漳北棉粮林果区	8		125	745	杨桥镇、沙圪塔乡、儒家寨乡、王村乡、北马头乡、西店乡、铺上乡、黄金堤乡
三角地带粮林蔬菜区	12	4	303	1044	万堤镇、兆固乡、王乍村乡、崔岳村乡、北门口乡、城关镇、七里店乡、西魏庄乡、未城乡、旧治乡、殷李庄乡、大街乡和营镇、红庙、赵站、龙王庙4个乡镇的卫河以西行政村
卫东油粮林综合区	15	4	223	1329	金滩镇、北堤乡、上马头乡、张铁集乡、普明滩乡、南李庄乡、大龙乡、孙甘店乡、鲍庄乡、束馆镇、西付集乡、埝头乡、冢北乡、北峰乡、从善楼乡和营镇、红庙、赵站、龙王庙4个乡镇的卫河以东行政村
其中：马颊河粮油棉综合亚区	3		73	340	西付集乡、埝头乡、束馆镇和冢北乡的胡气、东寺头、后寺头、前寺头、小营、冢北、安庄7个行政村

土地利用规划

1991年11月7日，县政府成立“大名县土地利用总体规划领导小组”，下设办公室，负责具体工作。搜集整理历史资料，组织县直有关单位编制部门用地规划，进行土地利用现状分析、土地适宜性评价、编制荒废土地开发规划和县级土地利用总体规划方案，编写出《大名县土地利用总体规划报告》。经过9个月的工作，完成“大名县土地利用总体规划报告及规划图”“大名县土地利用总体规划说明书”“大名县人口预测规划报告”“大名县土地利用现状分析报告及现状图”“大名县土地适宜性评价报告及评价图”“大名县荒废土地开发规划报告及规划图”“大名县土地利用地域分区报告”“大名县基本农田保护区规划报告及保护区图”“大名县土地利用总体规划工作总结报告”。1992年7月24日通过省、地土管局鉴定验收。

1990与2000年大名县基本农田保护区规划表

表5-25　　单位：亩

分区	1990年		2000年		保护区规划面积	保护比例%	其中	
	人口	耕地面积	人口	耕地面积			一级保护区	二级保护区
大名县合计	670152	1210167.2	753759	1095432.1	1033570.1	87.4	798348.4	235221.7
漳北粮棉保护区	172405	262129.1	—	240319.8	238028.3	90.8	180898.1	57130.2
三角地带粮菜保护区	227856	404514.1	—	367013.1	357325.4	88.3	271567.3	85758.1
卫东油粮保护区	269891	543524.0	—	488099.2	438216.4	80.7	345883.0	92333.4

第二节　土地利用

农业用地

耕地　2005年年末，大名县耕地面积1146296.1亩，其中灌溉水田652.1亩，占耕地总数的0.06%；水浇地987792.9亩，占耕地总数的86.17%；旱地145727.6亩，占耕地总数的12.71%；菜地12123.5亩，占耕地总数的1.06%。大名县总人口人均耕地1.50亩，农业人口人均耕地1.60亩。

园地　2005年年末，大名县园地面积63986.7亩，全部是果园。按农业人口计算人均占有园地0.09亩。

林地　2005年年末，大名县林地面积87745.5亩，占大名县总土地面积的5.9%，农业人口人均占有林地0.037亩。在林地面积中，有林地26818亩，占林地面积的30.6%；灌木林383.6亩，占林地面积的0.44%；疏林地32104.5亩，占林地面积的36.6%；未成林造林地28070.1亩，占林地面积的31.99%；苗圃369.3亩，占林地面积的0.42%。

其他农用地　2005年年末，大名县其他农用地面积为55105.4亩，占大名县土地面积的3.49%。其中畜禽饲养地81.2亩，占其他农用地面积的0.15%；农村道路21289.8亩，占其他农用地面积的38.63%；坑塘水面10600.5亩，占其他农用地面积的19.24%。

非农业用地

居民点及工矿用地　2005 年年末，大名县居民点及工矿占地 183435.6 亩，占大名县总土地面积的 11.6%，其中建制镇占地 12380.0 亩，占本项面积的 6.75%；农村居民点占地 148968.2 亩，占本项面积的 81.21%；独立工矿用地 19977.7 亩，占本项面积的 10.89%；特殊用地 2109.7 亩，占本项面积的 1.15%。

交通用地　2005 年年末，大名县交通用地 8687.4 亩，其中铁路用地 280.4 亩，占本项面积的 3.23%；公路用地 8407.0 亩，占本项面积的 96.77%。

水利设施用地　2005 年年末，大名县水利设施用地 7740.7 亩，占总土地面积的 0.49%，全部为水工建筑用地。

未利用土地

2005 年年末，大名县未利用土地 14282.3 亩，占土地总面积的 0.9%，其中荒草地 996.5 亩，占本项面积的 6.98%；沙地 571.5 亩，占本项面积的 40.01%；其他未利用土地 7570.8 亩，占本项面积的 53.01%；可开垦 11882.3 亩，占本项面积的 83.2%；可复垦 2400.0 亩，占本项面积的 16.8%。

第三节　地籍管理

土地资源调查

1988 年 12 月至 1991 年 10 月，根据国家、省、地安排部署，大名县对大名县土地利用现状开展详细调查（简称土地详查），通过外业调查和内业整理，编绘出《大名县土地利用现状图》（1：75000）、《大名县土地边界接合图表》（1：75000）、《大名县各乡镇土地利用现状图》（1：10000）、《各乡镇土地权属图》（1：10000）、《大名县土地利用现状分类面积汇总统计表》（含各乡镇），撰写出《大名县土地利用现状调查报告》等系统成果资料。按照国家《技术规程》和河北省《细则》要求，结合实际制定县级验收标准，分类检查、分级验收，不达标准不过关，精度全部达到规定要求。1991 年 11 月 21 日，省内技术组对大名县业内整理工作进行鉴定验证，各项技术指标合格率均在 99.1% 以上。

调查成果

调查成果主要表现为大量的第一手详查资料。详查资料的获得，为大名县编制经济建设各项规划，制定国民经济计划、土地利用总体规划、农业综合开发、基本农田保护，指导农业生产和科学管理土地提供了科学依据。此后每隔几年都对大名县的土地资源进行一次调查统计，为大名县土地资源利用提供决策依据。

1990年大名县土地利用现状调查地类面积一览表

表 5-26　　　　单位：亩

单位名称	辖区总面积	一级分类汇总面积							
		1	2	3	4	5	6	7	8
		耕地	园地	林地	牧草地	居民点及工矿用地	交通占地	水域占地	未利用地
大名县	1575977.7	1210167.2	28540.7	72364.5	—	170149.3	24601.1	12255.2	16393.8

增减分析　耕地到2000年减少126114.5亩，减少原因主要是园地、林地、交通用地和水域占地增加，致使人均耕地面积由1990年的1.8亩减少到1.45亩，比河北省平原区人均占有量低0.03亩。园地至2000年增加6683.8亩，其土地主要来自未利用土地的开发。林地至2000年增加107567亩，主要是通过农田防护林网建设及黄河故道防护林带建设增加的。据此推断，至2020年，因居民点、工矿用地和水域占地的增加，大名县耕地将减少5290.7亩，通过为数不多的未利用土地开发，耕地净减4210.7亩，加上人口增长因素，届时人均耕地将减少为1.09亩。

土地登记、统计

土地登记　1982年4月至1984年10月，大名县开展土壤普查，经清丈，大名县境域土地总面积为157.946355万亩，其中：耕地120.460732万亩，林地5.421952万亩，城乡居民点15.289595万亩，工矿占地1.668894万亩，交通占地4.835291万亩，水域面积7.343847万亩，特殊用地0.014682万亩，未利用土地2.911862万亩。

1984年大名县土壤表层不同质地面积一览表

表 5-27　　　　单位：亩

表层	沙土	沙壤土	轻壤土	中壤土	重壤土	盐化土
面积	112722.86	476012.67	214620.46	190162.55	225170.57	65256.09
占%	8.75	36.96	16.66	14.77	17.48.	5.38

土地统计　大名县初始土地统计开始于1990年的土地利用现状调查。日常土地统计始于1995年，以后利用每年度的土地动态监测成果资料，对初始土地统计资料进行必要的修改、更正和补充，确保土地统计资料的准确性和现实性。

1990 年大名县土地分类面积一览表

表 5-28

一级地类号	地类名称	二级地类号	地类名称	土地面积（亩）	占该项土地面积（%）	占全县总面积（%）	农业人口人均（亩）
1	耕地	11	灌溉水田	673.6	0.06	76.79	0.001
		13	水浇地	1050720.6	86.82	—	1.640
		14	旱地	147406.3	12.18	—	0.230
		15	菜地	11365.9	0.94	—	0.017
			小计	1210166.4	—	—	1.889
2	园地	21	果园	28537.4	99.98	1.81	0.045
		25	其他园地	4.3	0.02	—	—
			小计	28541.7	—	—	0.045
3	林地	31	有林地	26266.1	36.3	4.59	1.041
		32	灌木林	383.6	0.53	—	—
		33	疏林地	29844.8	41.24	—	0.407
		34	未成林造林地	1566.1	21.65	—	0.025
		36	苗圃	201.8	0.28	—	—
			小计	72363.4	—	—	0.113
4	居民地点及工矿用地	51	城镇	10518.5	6.18	10.80	0.016
		52	农村居民地	121312.8	71.3	—	0.189
		52	谷场	14772.8	8.68	—	0.023
		53	独立工矿用地	21436.5	12.6	—	0.033
		55	特殊用地	2109.4	1.24	—	0.003
			小计	170150	—	—	0.266
5	交通用地	61	铁路	144.1	0.59	1.56	—
		62	公路	3751.4	15.25	—	0.005
		63	农村道路	20705.5	84.16	—	0.032
			小计	24601	—	—	0.038
6	水域	71	河流水面	12255.2	22.8	3.41	0.019
		74	坑塘水面	10779.5	20.05	—	0.017
		75	草地	643.8	1.2	—	0.001
		77	沟渠	23068.7	42.91	—	0.036
		78	水工建筑物	7013.2	13.04	—	0.011
			小计	53760.4	—	—	0.084

续表 5-28

一级地类号	地类名称	二级地类号	地类名称	土地面积（亩）	占该项土地面积（%）	占全县总面积（%）	农业人口人均（亩）
7	未利用土地	81	荒草地	1426.2	8.7	1.04	0.002
		87	田坎	83.1	0.51	—	—
		88	其他	14885.5	90.79	—	0.023
			小计	16394.8	—	—	0.026
总计				1575977.7	—	100.0	2.460

1995—2005 年大名县土地监测调查统计表

表 5-29　　单位：亩

地类 年度	一级地类							总计
	耕地	园地	林地	居民地类	交通用地	水域	未利用土地	
1995	1156957.4	61227.2	84094.5	182360.9	26606.0	53194.6	16393.8	1580834.4
1996	1152210.6	64023.9	83913.9	183088.8	26961.2	54235.9	16393.8	1580828.1
1997	1151933.0	64233.9	87744.6	18696.3	26961.2	54881.3	12377.8	1580828.1
1998	1150877.2	64411.8	87845	18703.1	26961	54891	12137	1415826.1
1999	1149844.9	64679.4	89505.3	182174.6	29908.4	54886.1	9829.4	1580828.1
2000	1146296.1	64238.7	88675.6	182765.2	29967.5	54899.6	11045.6	1577888.3
2001	1146535.6	64100.1	88386.7	182953.2	29981.7	54949.9	14468.9	1581376.1
2002	1146443.5	63941.7	87745.5	183303.3	29908.9	54937.8	14365.4	1580646.1
2003	1146598.2	63986.7	87745.5	183133.5	8687.4	7740.7	27830.7	1525722.7
2004	1146522.9	63986.7	87745.5	183208.8	8687.4	7740.7	27830.7	1525722.7
2005	1146296.1	63986.7	87745.5	183435.6	8687.4	7740.7	14282.3	1512174.3

第四节　建设用地管理

国家建设用地

大名县在建设用地管理上，按照审批权限，严格审批程序，注重节约使用土地，切实保护耕地。1987—2005 年，全县审批国家建设用地 277 宗，征用土地面积 4162.97 亩，其中报邯郸市（地）批准 72 宗，征地面积 1022.64 亩；报请省人民政府批准 36 宗，征地面积 3271.31 亩。

1987—2005 年大名县征（拔）用地统计表

表 5-30　　　　单位：亩

年份	土地宗数	土地亩数	用地种类	
			耕地	非耕地
1987	28	199.92	182.92	17.00
1988	50	152.24	115.21	37.03
1989	22	74.55	39.47	35.08
1990	12	210.82	195.24	15.58
1991	6	20.44	5.86	14.58
1992	36	254.13	156.69	97.54
1993	11	56.04	41.87	14.17
1994	7	65.16	48.76	16.40
1995	35	1100.15	961.80	138.35
1996	54	586.86	460.92	125.94
1997	3	12.69	—	12.69
1998	4	1071.90	1071.90	—
1999	—	—	—	—
2000	—	—	—	—
2001	—	—	—	—
2002	2	280.49	280.49	—
2003	1	44.16	44.16	—
2004	1	123.80	123.80	—
2005	5	320.46	199.75	120.71
合计	277	4162.97	4259.08	672.8

乡（镇）村集体建设用地

1979—1987 年，公社及政府单位用地按规定报县、市革委会审批，公社及村办企业用地多采用社办企业各村摊地、村办企业用地由各生产队摊地的办法，生产大队和生产队建库房、饲养棚和副业摊点占地由生产大队决定。1987 年 4 月 27 日至 2005 年年末，乡（镇）企业建设用地的申请、审核、批准权限、占地补偿、违法处罚等，遵守国家建设用地规定，实行统一的标准和管理办法。

1990 年大名县各乡镇建设用地统计表

表 5-31　　单位：亩

乡镇	居民点及工矿用地	交通用地	乡镇	居民点及工矿用地	交通用地
杨桥镇	6554.80	920.90	大龙乡	2564.60	346.40
沙圪塔乡	6040.80	1287.90	孙甘店乡	3939.60	708.40
儒家寨乡	4281.00	558.80	南李庄乡	1863.60	367.30
王村乡	4151.40	801.00	赵站乡	1914.60	308.90
西店乡	4689.60	712.70	束馆镇	4269.70	709.70
铺上乡	4390.60	656.10	西付集乡	6285.90	713.60
北马头乡	4482.90	640.60	埝头乡	6683.40	998.90
万堤镇	4739.70	707.50	北峰乡	4956.70	447.00
崔岳村乡	2959.90	319.70	冢北乡	3781.70	352.00
黄金堤乡	5181.40	726.60	从善楼乡	2858.90	476.20
北门口乡	4870.10	655.50	金滩镇	4322.00	534.90
王乍村乡	3043.90	406.70	普明滩乡	3739.10	400.80
兆固乡	2936.20	356.70	上马头乡	5582.10	707.00
大名镇	6848.20	402.00	张铁集乡	4884.90	965.20
未城乡	3278.30	573.60	红庙乡	4933.80	585.70
大街乡	5708.20	969.30	北堤乡	3312.40	445.40
七里店乡	4445.60	696.70	营镇乡	2917.70	680.00
旧治乡	6176.90	666.90	卫东林场	15.90	
殷李庄乡	4710.50	1029.90	劳改厂	602.70	113.60
西未庄乡	3788.50	550.10	良种场	46.30	43.80
龙王庙镇	4714.90	509.90	武警	91.60	14.10
鲍庄乡	2589.60	536.00	合计	170150.00	24601.00

农民建房用地

1979 年至 1982 年 9 月，农民需建新房又没有宅基地时，由本户申请，经社员大会讨论同意，由生产队统一规划，帮助解决，但占用耕地时必须报县人民委员会批准。1982 年 9 月至 1987 年 4 月，社员宅基地不分城市或城镇，一律由县政府按有关规定审批。1987 年 4 月至 2005 年年末，农村居民需要宅基地，由本人申请，经村民讨论，村民委员会同意，使用原有宅基地和村内空闲地的，由乡（镇）政府批准；使用耕地和其他土地的，经乡（镇）人民政府审查，报县政府批准。

第五节 土地税费

契 税

1979—2005年，城乡房屋买卖活跃，由县财政局具体办理征税事宜，契税征收标准按1950年《契税暂行条例》规定执行。

耕地占用税

1979—1987年，无论以何种方式占地，均不收取耕地占用税。1987年，大名县规定：平均每平方米在不低于4元的基础上，对各乡（镇）实行耕地占用税固定税率征收办法。

1987年各乡镇耕地占用税核定税率表

表5-32 单位：元/平方米

乡镇	核定税率	乡镇	核定税率	乡镇	核定税率	乡镇	核定税率
杨桥镇	5	大名镇	6	王村乡	4	北堤乡	4
儒家寨乡	3	上马头乡	4	北马头乡	3	红庙乡	4
西店乡	4	普明滩乡	3	万堤镇	5	赵站乡	5
铺上乡	4	营镇乡	4	王乍村乡	4	大龙乡	5
黄金堤乡	3	龙王庙镇	6	北门口乡	3	束馆镇	5
崔岳村乡	3	南李庄乡	4	大街乡	3	北峰乡	5
兆固乡	3	鲍庄乡	5	旧治乡	4	冢北乡	3
殷李庄乡	4	西付集乡	4	西未庄乡	5		
未城乡	3	从善楼乡	3	金滩镇	4		
七里店乡	5	沙圪塔乡	3	张集乡	3		

耕地占用税由县财政局管理并征收。另于1987年、1988年、1995年、1996年，委托县土地管理局代征单位占地应交的耕地占用税。1979—1990年，大名县耕地占用税征收数额不大，以后随着非农业建设用地数量的增多呈上升趋势，1991年征收15.5万元，2005年征收143万元。

城镇土地使用税

1979年至1988年11月，不收城镇土地使用税。1988年11月，大名县税务机关在大名镇开征土地使用税，繁华地段每平方米征收0.5元、一般地段每平方米征收0.3元，当年实收4000元。此后至2005年年末，在其他建制镇全面计征并调整税率，县城规划区每平方米征收0.6元，其他建制镇每平方米征收0.5元。随着乡镇企业特别是第三产业的发展，征收税金呈大幅度上升之势。

土地规费

土地管理费　土地管理费由县国土资源局（土地管理局）负责征收，征收对象是取得土地所有权的单位或者个人。征收标准为征地费用总额的 1.5% ~ 4%，其中住房建设按原标准的 70% 计征。

土地登记费　土地登记费由县国土资源局（土地管理局）征收。征收对象为国有土地使用者、集体土地使用者、城镇集体土地建设用地使用者。征收标准为：土地权属调查和地籍测绘，个人 5 ~ 30 元、单位 200 ~ 40000 元；土地注册登记发证，个人每证 5 元（包括农村宅基证）、单位 10 元、三资企业和其他使用特制证的 20 元。

地　价

土地征用价格　1987 年 1 月 1 日正式实施的《中华人民共和国土地管理法》第四十七条规定："征收土地的，按照被征收土地的原用途给予补偿。征收耕地的补偿费用包括土地补偿费、安置补助费以及地上附着物和青苗补偿费。征收耕地的土地补偿费，为该耕地被征收前三年平均年产值的 6 ~ 10 倍。安置补助费为该耕地被征收前三年平均年产值的 4 ~ 6 倍"。2005 年 5 月 20 日，大名县人民政府制定《大名县城镇失地农民补偿安置保障暂行规定》，大名县土地补偿费和安置补助费标准分别按照国家规定的上限进行计算和补偿，被征土地上的附着物和青苗补偿费按照有关规定另行补偿。

土地使用权价格　土地使用权价格包括地租、土地投资折旧及利息。1993 年 11 月起开始实施的《大名县城镇国有土地使用权出让和转让实施细则》，规定国有土地出租的年限、审批程序及出租金额等。土地出让金征收标准为：按该地块转让价、评估价、租金收入或收入总额减去地上、地下建筑重置价扣除折旧后余额的 70% 交纳出让金。按规定交纳出让金后不再交纳土地增值费。受让人取得土地使用权后，应按每年每平方米 0.5—1 元的标准向县土地管理部门缴纳使用金。截至 2005 年年末，大名县有偿出让国有土地 115 宗、585.46 亩，收取土地出让金 6875.4 万元。

县城土地定级估价　1994 年 7 月，开始对大名县城市土地使用权价格进行定级评估。城市土地定级估价范围包括县城建成区的全部和规划区的一部分，北至精神病医院（今大名县第二人民医院），东至东环路东沿，南至大名镇与旧治乡边界，西至大名府路与北环路交叉口东侧。行政区域包括大名镇的全部、西未庄乡的西王庄村和刘窑村、七里店乡的油粉滩村、范店村及殷李庄乡的三里店村，总面积 14.28 平方千米。按用地类别分别是：

商业用地。一级土地面积 100 公顷，东西向沿大名府路延伸，东至大名一中，西至城西路路口；南北向沿育才路和城内北街延伸，北至大名师范学校，南至城内大十字街，是大名县城最繁华地段；二级地面积 275 公顷，东南西三面沿主要街道向外延伸；三级地面积 475 公顷，东至三里店，南至南关，西至估价范围西界以内 100 米，北至界外（油粉滩村、范店村北地边界）；四级地面积 578 公顷，系三级用地的外围。

1994 年大名县商业用地路线价格表

表 5-33

路段名称	土地级别	路线价		平均进深（米）
		元 / 平方米	万元 / 亩	
大名府路中段	1	750	50	5.5
万大路南段	1	600	40	5.0
北街	1	465	31	4.0
大名府路东段	2	300	20	5.0
万大路北段	2	285	19	5.0

住宅用地。一级地面积 137 公顷。东至天雄路附近、南至道前街、西至商业局附近、北至北环路；二级地面积 682 公顷。东界与商业用地三级地的东界位置大体一致、南至南关中间偏南、西界与商业用地三级地西界大体相同、北界超出北二环路范围；三级地面积 609 公顷。

1994 年大名县住宅用地级别基准地价表

表 5-34

基准地价 土地级别		1	2	3
平均地价	元 / 平方米	240	150	110
	万元 / 亩	16	10	7.3
幅度地价	元 / 平方米	300 ~ 180	180 ~ 135	135 ~ 90
	万元 / 亩	20 ~ 12	12 ~ 9	9 ~ 6

工业用地。一级用地面积 278 公顷。四至基本与住宅用地一级地界相同；二级用地面积 796 公顷。东至东环路以东，南至南关中部偏南、西界与住宅用地二级地界大致相同、北界在北二环北界内侧；三级地面积 354 公顷。

1994 年大名县工业用地级别基准地价表

表 5-35

基准地价 土地级别		1	2	3
平均地价	元 / 平方米	190	130	95
	万元 / 亩	12.7	8.7	6.3
幅度地价	元 / 平方米	220 ~ 150	150 ~ 110	110 ~ 80
	万元 / 亩	14.7 ~ 10	10 ~ 7.3	7.3 ~ 5.3

建制镇土地定级估价　1997 年 6—9 月，大名县对杨桥、万堤、龙王庙、束馆、金滩镇等五个建制镇镇区土地实施定级与估价。其中杨桥镇土地定级估价情况为：一级地 19.5 公顷，占总面积的 11.1%，位于主干道两侧，东以镇政府为界，南以汽车站南侧为界，西以西环路西侧 20 米为界，北以供销社为界。商贸、金融中心、医院、邮局均位于该区，是镇区最繁华地段。二级地 59.1 公顷，占总面积的 33.7%，位于一级地周围，该区大部分为农村居民点，有少数商业网点，是镇区的次繁华地段。三级地 96.9 公顷，占总土地面积的 55.2%，位于二级地外围，主要分布在东部和西北部，绝大部分为耕地，有少数居民点。其他 4 个乡镇一至三级用地地价与杨桥镇标准相同。

1997 年大名县杨桥镇镇区综合用地地价一览表

表 5-36

基准地价 土地级别		1	2	3
平均地价	元 / 平方米	135.0	90.0	49.5
	万元 / 亩	9.0	6.0	3.0
幅度地价	元 / 平方米	180 ~ 108	109.5 ~ 63.0	64.5 ~ 33.0
	万元 / 亩	12.0 ~ 7.2	7.3 ~ 4.2	4.3 ~ 2.2

1998 年 12 月，大名县对县城土地定级估价进行修订。土地定级估价范围与 1994 年 7 月大体相当，总面积 13.75 平方千米，主要分为商业、住宅和工业用地。

1998 年大名县城土地定级估价修订结果一览表

表 5-37

土地级别			Ⅰ	Ⅱ	Ⅲ	Ⅳ
商业用地	面积（公顷）		104	273	477	521
	平均基准地价	（元 / 平方米）	375	248	165	99
		（万元 / 亩）	25	16.5	11.0	6.6
	幅度基准地价	（元 / 平方米）	507 ~ 300	312 ~ 197	206 ~ 131	135 ~ 83
		（万元 / 亩）	33.8 ~ 20.0	20.8 ~ 13.1	13.7 ~ 8.7	9.0 ~ 5.5
住宅用地	面积（公顷）		140	679	556	
	平均基准地价	（元 / 平方米）	165	117	83	
		（万元 / 亩）	11.0	7.8	5.5	
	幅度基准地价	（元 / 平方米）	231 ~ 132	137 ~ 99	102 ~ 68	
		（万元 / 亩）	14.5 ~ 8.8	9.1 ~ 6.6	6.8 ~ 4.5	
工业用地	面积（公顷）		278	779	318	

续表 5-37

土地级别			Ⅰ	Ⅱ	Ⅲ	Ⅳ
工业用地	平均基准地价	（元 / 平方米）	143	105	75	
		（万元 / 亩）	9.5	7.0	5.0	
	幅度基准地价	（元 / 平方米）	177 ~ 120	125 ~ 90	96 ~ 60	
		（万元 / 亩）	11.8 ~ 8.0	8.3 ~ 6.0	6.4 ~ 4.0	

1998 年大名县商业用地路线价格表

路段名称	所处土地级别（元 / 平方米）	路线价（万元 / 亩）		平均进深（米）
大名府路中段	Ⅰ	675	45	5
万大路南段	Ⅰ	525	35	5
北街	Ⅰ	375	25	5
大名府路东段	Ⅱ	300	20	5
万大路北段	Ⅱ	270	18	5

2002 年 12 月，大名县对县城土地定级估价再次修订。土地定级估价范围包括：北至北环路北侧石油公司、南至南环路、西至西环路、东至东环路东侧。土地总面积 14.30 平方千米，用地类别主要有商业、住宅和工业用地，每种用地都是 4 个级别。分布规律是：Ⅰ级地是“十”字形，东至贵乡路东侧 50 米、西至城西路 100 米、北至广晋路北 50 米、南至城隍庙街南 50 米。Ⅱ级地东至引河边缘、西至元城路西侧 100 米、北至北环路北 50 米、南至东街西街南 50 米。Ⅲ级地东至酒厂路以东约 100 米、西至兴大路西侧 100 米、北至评价区边界、南至南城墙一线。Ⅳ级地分布于三级地周围直至评估区边界。至 2005 年年末，上述土地定级估价没有变化。

2002 年大名县城土地定级估价成果一览表

表 5-38

土地级别			Ⅰ	Ⅱ	Ⅲ	Ⅳ
土地面积（公顷）			90.6	297.4	458.2	583.8
商业用地	平均基准地价	元 / 平方米	495	300	180	111
		万元 / 亩	33	20	12	7.4
	幅度基准地价	元 / 平方米	675 ~ 360	405 ~ 225	240 ~ 135	150 ~ 97.5
		万元 / 亩	45 ~ 24	27 ~ 15	16 ~ 9	10 ~ 6.5

续表 5-38

土地级别			I	II	III	IV
住宅用地	平均基准地价	元 / 平方米	264	195	142.5	105
		万元 / 亩	17.6	13	9.5	7
	幅度基准地价	元 / 平方米	315 ~ 225	240 ~ 165	180 ~ 120	127.5 ~ 90
		万元 / 亩	21 ~ 15	16 ~ 11	12 ~ 8	8.5 ~ 6
工业用地	平均基准地价	元 / 平方米	210	162	124.5	97.5
		万元 / 亩	14	10.8	8.3	6.5
	幅度基准地价	元 / 平方米	234 ~ 180	187.5 ~ 135	142.5 ~ 105	112.5 ~ 85.5
		万元 / 亩	15.6 ~ 12	12.5 ~ 9	9.5 ~ 7	7.5 ~ 5.7
综合用地	基准地价	元 / 平方米	495	300	180	111
		万元 / 亩	33	20	12	7.4
商业用地路段价	路段名称		所处级别		路段价 元 / 平方米	路段价 万元 / 亩
	大名府路（育才路—城东路）		I		600	40
	大名府路（育才路—城西路）		I		450	30
	育才路（大名府路—广晋路）		I		510	34

第六节　土地开发与复垦

大名县砖瓦窑废弃地、坑塘、旧河道占地 26345.2 亩，随着砖瓦窑年复一年的生产，废弃地随之增加，县政府组织有关业务部门，对上述土地进行有组织、有计划地复垦，并取得一定成果。

土地复垦

砖窑取土复垦　大名县境内各砖瓦窑均有废弃地，涉及 110 个行政村，计 1.5 万亩。至 1996 年年末，大名县砖瓦窑废弃地复垦 7600 亩，占废弃地总数 50%，其中养鱼 110 亩、养牛养鸡 150 亩、农作物 7300 亩，年经济效益达 450 万元。旧治乡李三牌村砖厂主动复耕 93 亩，年效益 6.5 万元。大街乡砖厂主动复垦废弃地 150 亩，年经济效益达 10 万余元。西未庄乡砖厂废弃地改建鱼塘 50 亩，亦取得较好效益。

坑塘复垦　大名县 1992 年土地详查：坑塘占地 10780.2 亩，旧河道及沟渠占地 565 亩，两项合计占地 11345.2 亩。利用方式以淡水养鱼为主：位于县城内西北角的废坑塘改造成 2 亩多的水面，金北村赵振良将 70 亩卫河故道改建成鱼池，金滩镇金中村将百亩黄河故道全部改造成鱼塘，杨桥镇樊河道村 1995 年将漳河故道改建成 116 亩鱼塘。

土地整理

国家级土地整理项目——埝头乡土地整理项目　2003 年国土资源部批准立项，2004 年 1 月开始实施建设，2005 年 12 月竣工。项目涉及埝头乡大龙村、小龙村、曹任村、魏任村和孙甘店小湖村共 5 个行政村，总面积 8000 余亩，净增耕地面积 1200 余亩，项目区年纯收入增加 272.25 万元，人均收入增加 260 元。

市级补充耕地项目库——大街乡管庄村未利用地开发项目　2003 年 7 月省国土资源厅批准立项，10 月开工建设，11 月底完成工程全部。项目区内共投资 37.5 万元，修路 2500 米（1 纵 3 横），打深井 3 眼、单井出水量达 50 吨 / 小时，架设高压线 2500 米、50KVA 变压器 3 台，植树 3000 株，净增加耕地面积 742.5 亩，年产值达 42 余万元，项目区人均收入增加 254 元。

沙荒开发

1988 年起，大名县对沙荒地采取水、田、林、路、电及科技投入综合治理的办法开发沙荒 6.6 万亩，取得显著经济效益、社会效益及生态效益。

在搞好沙荒地综合开发治理的同时，经国家和省批准，1993 年投入资金 40 万元，其中中央及省财政 10.2 万元、市财政 1.72 万元、县乡 5.85 万元、群众自筹 17.12 万元、农行贷款 5.11 万元，在普明滩乡开荒种草 0.5 万亩，购进种畜 350 头，建氨化池 75 处，扶持专业大户 100 户，技术培训 360 人（次），年增饲养牛 750 头，出栏牛 250 头，新增牛肉 5 万千克，折粮 40 万千克，人均增收 87 元。

第七节　管理机构

县级管理机构

1979—1980 年，大名县的非农业用地、宅基地审批由县生产指挥部统管。

1980 年至 1984 年春，非农业建设用地、农村宅基地等由县计划委员会管理。

1984 年春至 1987 年 8 月，非农业建设用地由县农业局和县计划委员会共管。县农业局负责各种报表的填写审查、土地勘查定界，手续齐备后报县计划委员会审批，之后办理征地手续。

1987 年 8 月 21 日，县政府下发《关于成立大名县土地管理局及其职责范围的通知》，9 月正式成立大名县土地管理局，编制 3 人，同年末增至 7 人，1989 年增至 14 人，1990 年 10 月增至 24 人。

1990 年 12 月，县土地管理局内设秘书股、地政股、用地股、监察股、财务股 5 个业务股室。1991 年 6 月，增至 27 人。

1996 年机构改革，局内设股室精减为办公室、地政地籍股、建设用地股、土地监督检查股 4 个股室，行政编制 19 人。1999 年 10 月增设信访股。

2002 年 6 月，更名为大名县国土资源局，行政编制 15 人，内设办公室、耕地保护股、地政地籍股（挂土地登记办公室牌子）、土地利用股、执法监察股（挂大名县国土资源局执法监察局牌子）5 个业务股室。同年 9 月，成立大名县土地储备中心。

2004 年 12 月 17 日，按照中组部《关于调整省以下国土资源主管部门干部管理体制的通知》和河北省人民政府《关于国土资源管理体制改革的实施意见》要求，邯郸市国土资源局与大名县委组织部对县国土资源局领导干部管理权限进行交接。国土资源局领导干部和同级非领导职务干部实行双重管理体制，以市国土资源局管理为主，地方协助管理。截至 2005 年年末，内设股室没有变化。

乡级管理机构

1979—1990 年，乡镇建设征用土地、房产买卖契税及办理上报由公社革委会统一管理。

1990 年 4 月，城关区、万堤区、杨桥区、束馆区、金滩镇区、龙王庙区等 6 个区设立土地管理所，受区和县土地管理部门双重领导，每所 4 人。

1996 年 4 月，大名县土地管理所增至 10 个，达到“两乡一所”。

2000 年，新建 10 个基层土地管理所，实行“一乡一所”。

2002 年 6 月，大名县机构改革，20 个乡镇土地管理所全部更名为国土资源所。

2004 年 12 月，全国国土资源体制改革后，乡镇国土资源所成为县国土资源局派出机构。

第六编　第一产业

大名县是农业大县，土地平旷，土质良好，宜农、宜林、宜牧，农业为大名县支柱产业。1979—2005年期间，大名县种植业先后获得全国粮食生产先进县、国家商品小麦生产基地县、全国棉花百强县、优质棉生产基地县、河北花生之乡、中国花生之乡称号；畜牧业被授予国家瘦肉型商品猪基地县、邯郸市建设畜牧强县先进县称号；林业多次被评为全国平原绿化先进单位、全国治沙先进县、全国造林绿化百佳县。

第一章　农业区划和综合开发

第一节　农业区划

工作机构

1983年8月，大名县政府成立大名县农业区划委员会，下设办公室（临时机构），由县政府办公室主任兼任农业区划办公室主任，设种植业、林业、水利、畜牧、水产、农机、气象区划等小组（分别在本单位办公）。1984年1月，明确一名专职副主任主持工作（政府办公室主任只分管此项工作，不再兼任主任），办公室由7人组成。1987年春，大名县政府成立农业开发办公室（临时机构），由财政局局长兼主任，区划办副主任兼副主任，合署办公。1988年春，开发办主任由区划办主持工作的副主任兼任。1988年8月，县农业区划办公室改为大名县政府直属的正科级事业单位，与农业开发办公室为一套人马、两个牌子，合署办公，内设秘书股、区划股、内资股、外资股（多种经营股），定编6名，后增至17名，其中主任1名，副主任3名。

综合区划

大名县的农业自然资源调查和农业区划工作起步于1983年，在组织人员对全县农业自然资源全面普查的基础上，编写了《大名县综合农业区划报告》。

区划方向　针对自然资源和社会经济条件以及农业生产基础和发展潜力，根据农业现代化的需要，明确大名县农业总的发展方向是：在绝不放松粮食生产的前提下，大力发展以花生为主的经济作物，农林牧副渔综合发展；努力发展以家庭养殖业、农产品加工增值为主体的乡村企业，提高农产品的商品率，逐步实现农工商一体化、产供销一条龙的现代化农业体系。

分区规划　根据大名县地貌、自然资源和社会经济条件，为了合理地充分开发和利用自然资源，发挥优势，扬长避短，在绝不放松粮食生产的前提下，将大名县划分为三个一级区，一个二级区，即漳北棉、粮、林果区，三角地带粮、林、蔬菜区，卫东油、粮、林综合区，马颊河粮、棉、油综合（亚）区。

专业区划

种植业区划　《大名县种植业资源调查和区划报告》由农牧局于1984年7月完成。报告重点从三个方面进行分析论证：资源概况及优势、劣势；回顾种植业34年的概况及基本结论；分析1982年现状、认识主要矛盾；明确战略方向，制定战略措施；搞好作物区划，进行合理布局。

林业区划　《大名县林业区划报告》是在林业局林业资源区划组完成外业调查之后完成。报告包括概述、林业区划、分区说明三大部分，并附有《林业资源调查报告》。该报告分六个部分，即基本情况，调查方法，调查成果，主要成果的计算精度，对林业资源的评价分析，对发展林业生产的建议等。

水利区划　《大名县水利区划报告》由水利局完成。报告主要从四个方面进行分析论证：社会经济及自然地理条件；水资源调查与评价；水资源供需关系分析；水利区划分区意见，并附有5个专题报告，即《地表水资源调查、计算和分析》《地下水资源调查报告》《水利工程现状调查报告》《涝灾灾情分析》《旱灾灾情分析》。

畜牧业区划　《大名县畜牧资源调查和区划报告》是在外业调查之后完成。报告包括五个部分：农牧业自然条件和自然资源评价；畜牧业现状及中华人民共和国成立以来畜牧业生产的主要经验教训；大名县发展畜牧业的优势；畜牧业分区；关于发展畜牧业生产的几点建议。

农业机械化区划　《大名县农业机械化区划报告》是在完成外业调查的基础上，于1984年10月完成。报告共分六部分：大名县概况；影响大名县农业机械化诸因素的状况和特点；大名县农业机械化现状及问题；发展农业机械化的重点、步骤和方法；农业机械化分区论述；现有农机具的适应性及选型意见。

第二节　农业综合开发

1987年，省、地海河平原开发治理总体规划将大名县列入“农业综合治理总体规划”，并将大名县列为“农业综合治理项目县”。大名县人民政府成立农业开发委员会，办事机构为县农业开发办公室，具体负责调查县域农业资源、开展农业综合开发、规划筛选项目，上报省市农业开发办公室审查批准后进入实施。1988—2005年，大名县农业开发总面积28.83万亩，其中中低产田改造22.23万亩、沙荒改造6.6万亩，总投资5152.85万元。1991年12月，河北省在大名县召开全省农业综合开发现场会。1992年3月，全国农业展览会上展览并推广了大名县改造中低产田经验。

中低产田改造

1988—2005年，全县共打机井1578眼，修复旧井539眼，埋设地下防渗管道56.9万米，喷灌

104套，安装变压器163台，地下电缆35.7万米，平整土地3.08万亩，修田间路911.45千米，购置农机具80台，植树造林115.8万株，科技推广项目37个，培训农民14.25万人（次）。农业基础设施增强为粮食增产、农民增收打下了良好基础，共新增粮食7130.33万千克、棉花155.1万千克、油料706万千克，新增纯收入4946.8万元。

主要措施：坚持集中连片、竞争立项的原则，达到治理一片，建成一片，起到了综合治理典型示范作用；依据大名县十年九旱的气候特点，把节水作为农业综合开发项目建设的重中之重；坚持高起点、高标准、高质量，按照农业开发和各种行业建设标准，进行高标准设计，选用好的施工队，选用质量高的材料生产厂家，保证农业综合开发的工程质量；坚持创新机制，完善管理制度，在物资上除省统一招标采购外，其余物资全部进行招标采购，建立物资台账。对重大工程进行招标承包，并施行工程监理制，委托监理单位对全部工程进行监理。凡是物资到位，工程完工都通过监理把关和验收。为防止物资流失，对项目村签订物资保管责任状，实行公示制，接受农民群众和社会各界的监督。项目管理实行各级行政首长负责制，资金管理实行联合验收后县级财政资金报账制；坚持落实产权发挥工程效益的管护原则，施行“谁投资、谁受益、谁管护”。对于直接产生经济效益的工程，如机井、地下输水管道等水利设施，采用个体或股份制等各种管理运行方式；公益性工程采用专业队管护和农户管护相结合的方式。对中低产田改造提出十条标准：即一路两渠方田化、路渠植树林网化、农田灌溉防渗化、机井泵房标准化、田间作业机械化、作物种植示范化、栽培技术模式化、服务承包系列化、科技服务网络化、组织管理制度化。

沙荒改造

大名县有10.5万亩沙荒地，主要分布在卫河以东的3条黄河故道周围。中华人民共和国成立后，县委、县政府鼓励农民积极垦荒增加收入，并有组织、有计划地对沙荒开发改造。采取压淤治沙、条粮间作固沙、建防风墙及植防风林挡沙等措施，取得一定成效。1988年起，大名县抓住农业开发的契机，对沙荒采取水、田、林、路、电及科技投入综合治理的措施，取得显著的经济效益、社会效益及生态效益。沙荒地综合开发治理的项目区主要分布在金滩镇、龙王庙镇、埝头乡、孙甘店乡的部分村庄。

沙荒地改造成高产稳产农田。坚持“因地制宜，综合开发，成方连片，集中投资，开发一片，见效一片”。通过高标准的水利建设，力求达到旱涝都能高产稳产；为防风固沙，突出植树造林，建设好高标准的防护林网；通过土壤改良，以增加土壤有机质为中心内容，提高土壤肥力，改善土壤理化性状。为保证沙荒开发工作的顺利进行，县政府制定了有关政策：新开垦的荒地谁开发谁受益，按照适度经营的方针，一律实行大户承包，承包期30年不变；新开垦荒地增加的农副产品5年内不交合同征购，产品按议价收购；对开荒区投入的资金一律由乡财政所担保。

1988—1996年，全县共开发沙荒6.6万亩，在沙荒地开发区内开展以农田基本建设为主体的工程建设。

水利建设。新打机井741眼，铺设地下防渗管道13.5万米，小白龙（白色6寸塑料软管）80万米，建过路桥涵455处，安装变压器35台，架高低压线路57.2千米。农业建设。开荒6.6万亩，平整土地6.05万亩，修农用田间路235.69千米，改良土壤2.2万亩。林业建设。植树26.53万株，建设护林网6.6万亩，植经济林带700亩，种果树6万株。农机建设。购大中型拖拉机19台，机引机具40

台套，用于开荒、机耕及平整土地；购联合收割机1台，秸秆还田机8台，用于改良土壤、增加土壤有机质含量，达到改善土壤理化性状的目的。科技推广。为提高开发区广大群众科学种田水平，大名县农技人员及中国农大专家通过深入到村定点讲课、举办培训班、现场指导和发放明白纸等形式，培训人员115.45万人（次）；推广小麦模式化栽培、节水灌溉、病虫防治等新技术8项，使粮棉油各项农作物实现优种化。

沙荒开发共投入资金1268.61万元，其中中央及省财政投入530.95万元，占投资总数的41.9%；市财政133.58万元，占总数的10.5%；县财政159.79万元，占总数的12.6%；农行贷款136.71万元，占总数的10.8%；群众自筹307.58万元，占总数的24.2%。

通过开发，农田基础设施得以高标准建设，新增灌溉面积5.2万亩，改善灌溉面积0.9万亩，项目区实现了水利化，新增粮棉油折粮3423.5万千克；通过改土培肥、秸秆还田及科学配方施肥等综合措施，项目区土壤有机质含量由原来的0.35%提高至0.7%，改善了生态环境；通过植树造林，增强了防风固沙涵养水源的能力，改善了田间小气候。

农田林网建设。依据农业综合开发水、田、林、路综合治理的原则，采用"路先行，林跟上"，形成"田成方，林成网"，大名县共形成方田524块，植树115.8万株，改善了生态环境，减轻了风沙等自然灾害的危害，同时增加了林木的生产量，林木覆盖率由原来的0.8%提高至15%。

第三节　万亩沙改示范园区

现状及研究

大名县地处黄河冲积平原，有面积达46万亩的沙土、沙壤土，有15万亩的沙荒地，由古黄河长期冲积、淤积而成，沙地、沙荒占大名县耕地的54%。由于地形起伏，灌溉条件差，地旱土细，风蚀现象极为严重。到1990年，当地农民只能靠一年一茬，每亩50多千克花生或每亩100多千克小麦的产量度日。沙区人民长期陷于极端贫困之中，严重制约了大名县经济的发展。1987年，北京农业大学教授到大名县进行考察，认为当地土地有很大的可挖潜力。经过多方努力，在邯郸地区（市）科委的大力支持下，北京农大在大名县建立了农业综合试验区。10年来，取得故河道细质沙土养分调控和施肥制度研究、节水灌溉与土壤水分调控制度研究和故河道细沙土综合农业高产高效技术研究等研究成果。

园区的设立

为使大名县试区的科研成果在沙区得到应用，同时适应产业化调整的需要，发展优质高效农业，推动大名县农业向高产、高效、产业化方向发展，大名县委、县政府在金滩镇建设大名县万亩沙地改良高新技术生态农业示范园区（简称万亩沙改示范园区）。经大名县发展计划委员会牵头申报，2001年12月得到河北省发展计划委员会的批复，同意该项目建设。项目计划投入资金2890万元，其中国家支持资金450万元，占地11330亩，其中核心区占地200亩，西邻卫河，东接山东，106国道贯穿南北，金奉公路连接东西，具有较好的区位优势和交通优势。核心区建有37栋温室大棚、70亩精品黄金梨果园，并建有配套设施：办公室249.9平方米、水塔1座、配变压器1台、网式围栏1256米。

主要示范项目及效果

温室用于蔬菜和矮化果树栽培，生产稀特新品种的反季蔬菜和市场常规蔬菜，同时示范种植了草莓和矮化优良品种金黄后杏；露地建设新品种展示田40亩，引进试种棉花新品种1个（中棉45优系）、花生新品种3个（花育16、冀花2号、冀花4号），承担了河北省花生品种区域试验；示范种植优良品种黄金梨70亩，2003年种植，2005年开始挂果并产生效益；花生膜下滴灌工程。由于园区所在地为沙地，漏水漏肥严重，园区投资3万多元，建设了花生膜下滴灌节水工程项目，示范面积30亩。至2005年年末，万亩沙改示范园区运行良好，温室大棚和露地均分包给种植能手进行经营，园区每年都有收益。

第四节　农业利用县外资金项目

大名县农业利用县外资金项目是河北省农业发展项目的支项目，包括水利、农业、畜牧、管理4个方面。1988年9月立项，1988年11—12月间对项目进行评估，1991—1993年进行调整，1996年项目竣工。总投资2452.26万元，其中畜牧276.51万元、水利1589.51万元、农业572.8万元、项目管理4.47万元。

畜牧项目

投资额为276.51万元，占总投资的11.3%，主要是扶持养牛、养羊专业户，1990年9月开始实施，1992年6月完成预定目标。扶持养20只羊专业户100户，养羊2000只，实际投资93.87万元，分别完成计划的100%、142%。扶持养52只羊专业户10户，投资51.05万元，分别完成计划的100%、187%。扶持养4头牛专业户50户，养牛200头，投资43.36万元，分别完成计划的100%、149%。扶持种苜蓿、养10头牛专业户20户，养牛200头，种草200公顷，投资63.6万元，分别完成计划的100%、130.3%。扶持高产育肥10头牛专业户40户，养牛400头，投资117.43万元，分别完成计划的100%、111.6%。畜牧项目共种草500公顷，扶持专业户220户，完成计划的100%，投资完成369.28万元，占计划投资的133.6%。项目购置切割机110台，其他设备250台（套），建牛（羊）棚11050平方米，购牛、羊3320头（只）。

水利项目

大名县水利利用外资项目包括机井和防渗管道建设、岔河咀扬水站及王乍村蓄水闸建设，涉及8个乡镇，139个行政村、25.5万人，评估投资计划1598.51万元，占全县外资项目的65%，其中机井和管道是县级项目，一站一闸是省重点项目。1990年开始实施，1996年竣工。共打机井692眼，其中电配360眼、机配170眼、双配162眼，配套功率为5670千瓦，完成投资741.86万元，为设计数的166.8%，所打机井全部优良；防渗管道涉及机井320眼，其中旧井防渗110眼，总长度9.3万米，完成任务的100%，完成投资220.29万元，占设计数的152.4%，所铺管道达到技术要求，使用良好。岔河咀扬水站主体工程由河北省水利工程一处承建，1995年10月进场，1996年年末竣工。完成土方3.93万立方米、石方0.2万立方米、砼0.1万立方米，配套3台水泵、3台电机、1台变压器、2台启闭机；输电线路以及其他设备均按设计全部完成，配套工程完成干渠 11.2 千米，总投资完成 1110 万元，其中主体工程 572.9 万元、田间工程 537.3 万元，主体工程验收为省优良工程，实际投资是设计数的 145%。王乍村闸主体工程由邯郸地区水利工程处承建，完成土方 40 万立方米、石方 0.09 万立方米、砼方 0.19 万立方米，各种设备均安装完毕，完成投资 350.84 万元，占计划的 160%。

农业项目

大名县利用外资项目中属于农业项目的有农投物资、良种场改造、服务体系建设、培训及农机，4 项计划总投资 572.8 万元。项目区涉及大名县 8 个乡镇、139 个行政村、25.5 万亩耕地，约占大名县的四分之一。农投物资共进化肥 3010 吨、农药 19 吨、塑料原料 227 吨，分别完成计划的 170%、106% 和 98%，总投资完成 553.65 万元，占计划的 195.8%。良种场改造完成建筑面积 1250 平方米，购置设备 3 台（套），完成投资 74.42 万元，占计划的 133.8%。服务体系建设建县服务中心 1 座，建筑面积 1237 平方米，总投资 139.32 万元，改造乡级服务中心 4 座，投资 77.24 万元；改造乡级服务中心 4 座，投资 35.48 万元；培训各级技术人员 13598 人，投资 27.87 万元；农业配套服务投资 279.91 万元，占计划的 190.7%。建设乡级农机站 1 个，建筑面积 300 平方米，购置各种设备 20 台（套），投资 85.19 万元；用于村级农机站投资 29.68 万元，分别是原计划的 135.7% 和 119.4%。

第二章　农业机械

针对全县耕层土质、农作物主栽品种的发展变化及耕作制度的改革，大名县及时把握农机发展方向，以种植业为重点，大力推广经济效益明显的新机具、新技术，使农业机械成为农业增产增收的载体。1979—2005 年，全县机耕面积由 75 万亩发展至 115 万亩；机播（小麦、玉米）面积由 19.5 万亩发展至 128 万亩；机收面积由 0.45 万亩发展至 83 万亩；秸秆（小麦、玉米）还田面积由 1987 年的开始示范发展到 61.7 万亩。在农机维修与管理、农机监理等方面认真履行职能，实施跟踪服务，提高了农机的完好率。

第一节　农机种类

动力机械

拖拉机　1979 年，大名县共有拖拉机 446 台，其中大中型拖拉机 296 台、小型拖拉机 150 台，国有拖拉机 13 台、集体所有拖拉机 433 台。家庭联产承包责任制后，大中型拖拉机数量呈下降趋势，大部分卖给农户。小型拖拉机由于适合家庭承包制的生产方式，增加较快。随着农业规模化、产业化和农村经济的发展，农民收入的提高和农业生产的需要，农业机械的数量逐年增加，并呈快速增长趋势，大型拖拉机增幅较小，小型拖拉机增幅较大。1990 年，大名县拥有大中型拖拉机 360 台、小型拖拉机 3533 台。2005 年，大名县拥有大中型拖拉机 540 台、小型拖拉机 5775 台。大中型拖拉机主要有洛阳第一拖拉机厂生产的东方红 -75、东方红 -70（60）等链式拖拉机；轮式拖拉机有东方红 -700、东方红 -750、东方红 -800 型，天津拖拉机厂生产的铁牛 -55、铁牛 -60 型，上海拖拉机厂生产的上海 -50 型，且以轮式拖拉机为主，数量最多。小型拖拉机型号繁杂，生产厂家较多，主要有 12 马力系列、15 马力系列、17 马力系列、18 马力系列、20 马力系列等，主要用于田间作业。

柴油机　主要用于农田排灌。土地联产承包责任制前，生产大队、生产队有一部分集体所有的柴油机，数量较少。土地联产承包后，以农户经营土地，农户购买柴油机数量迅速增加。1995 年后，由于拖拉机、农用三轮车数量剧增，拥有量较大，且作为排灌动力优于柴油机，柴油机拥有量逐年下降。1979 年，大名县拥有柴油机 7783 台，1995 年有 47837 台，2005 年有 3853 台，由于拖拉机、农用三轮车的迅速增加及电力的发展，柴油机的保有量呈逐年下降趋势。农用柴油机的型号和生产厂家较多，以 195 系列、1100 系列、1105 系列、1110 系列、1115 系列为主，功率在 8.8 ~ 14.8 千瓦。

电动机　主要用于排灌、农副产品加工等作业。1982 年实行联产承包责任制后，集体所有的电动机几乎全部转给农户所有。由于电力供应增加，地下水位下降，农副产品加工项目增多等因素，农用电动机的需求量加大，呈增长趋势。1979 年有 5800 台，1985 年有 6920 台，2002 年有 24978 台，2005 年有 41592 台。

耕整机械

耕整机械主要是机引犁、机引耙、旋耕机，用于土地的耕翻。在土地实行分户经营以后，动力机械绝大多数基本上为户营，大型耕整机械数量较少，且增长较慢，小型耕整机械相对增长较快。1979 年，全县有大型耕整机械 610 台（部），其中犁 278 台、耙 19 台；小型耕整机械 136 台（部），其中犁 56 台。2002 年，全县有大型耕整机 1263 台，其中犁 438 台、耙 430 台、旋耕机 395 台；小型耕地机械有 11353 台，其中犁 5527 台、耙 5520 台、旋耕机 306 台。2005 年，全县有大型耕整机械 1419 台，其中犁 539 台、耙 450 台、旋耕机 430 台；小型耕整机械 11750 台，其中犁 5740 台、耙 4871 台、旋耕机 489 台。

播种机具

播种机具有机引播种机、3 行播种耧、玉米点播器，主要用于小麦、玉米、花生的播种。土地联产承包以前或初期，播种机具以 3 行播种耧和玉米点播器为主，数量较大，机引播种机拥有量较少，还有部分 2 行人工播种耧。1979 年，大名县有大中型小麦播种机 183 台，小型小麦播种机 80 台。1990 年以后，小型拖拉机数量剧增，小麦播种机数量也随之增加。1995 年后，随着农机新技术的开发应用，在原播种机的基础上进行改进，把 10 槽排种盒换成 16 槽排种盒，使之符合半精量播种的要求，进行小麦半精量播种，应用面积逐年扩大。2000 年后，小麦播种基本上实现机械化，播种小麦 83 万亩，绝大多数是半精量播种。1994 年开始推广夏玉米铁茬播种新技术，有效地解决了玉米点播费力、费时，往往误农时的问题。夏玉米铁茬播种技术在 1998 年后全县普及，夏玉米播种 30 万亩，基本上实现了机械化。

收获机械

收获机械主要有小麦割晒机、联合收割机、脱粒机。

小麦收获机械 1978 年开始使用。1979 年，大名县有 5 台小麦联合收割机，属于国营，1982 年土地承包到户后被卖掉。1988 年，随着农村经济发展，小型拖拉机增多，割晒机被农民认可，数量增加较快。1990 年，大名县拥有小麦割晒机 467 台，机收小麦 18.7 万亩。2002 年有 3033 台，收割小麦 48.5 万亩。2005 年，大名县拥有割晒机 3548 台。

小麦联合收割作业（2005 年摄）

小麦联合收割机的使用始于 1990 年。随着农村经济的发展壮大，农民对机械化收获小麦的渴望程度逐年提高。1995 年，县农业机械管理局购买了 1 台新疆 -2 号联合收割机，在本县进行示范作业，收割小麦 720 亩，引导农民推广应用小麦联合收获技术。之后，大名县小麦联合收割机拥有量逐年递增，2002 年有 208 台，收获小麦 34.5 万亩。2004 年拥有小麦联合收割机 721 台，完成收获面积 65 万亩。2005 年，大名县拥有小麦联合收割机 730 台，收获小麦面积 72 万亩。

玉米机械化收获 2004 年开始出现，2005 年有国家购机补贴，大名县购置玉米联合收获机 4 台，保有量 5 台，其中自走式一台，加上外地来作业的玉米联合收获机械，2005 年，玉米联合收获面积为 0.56 万亩。大名县小麦、玉米联合收割机分布不均，西部乡镇村较多。

玉米联合收割作业（2005 年摄）

脱粒机有小麦脱粒机和玉米脱粒机。1977 年，脱粒机开始使用，数量较少。土地承包后，随着农村经济的发展壮大，脱粒机逐年增加。1990 年，全县有小麦脱粒机 5215 台、玉米脱粒机 960 台。2002 年，有小麦脱粒机 13782 台、玉米脱粒机 9560 台。2004 年，有小麦脱粒机 13835 台、玉米脱粒机 10665 台。2005 年，有小麦脱粒机 6830 台、玉米脱粒机 7005 台。小麦、玉米脱粒基本上实现机械化。

农副产品加工机械

农副产品加工机械以磨面机、碾米机、榨油机、轧花机等为主，大名县自 1961 年开始使用。1979 年，大名县有磨面机 1350 台、碾米机 503 台、榨油机 96 台、轧花机 180 台。土地承包到户后，粮食、棉花、油料大幅度增产，随着粮、棉、油的增加，致使加工机械拥有量增多。1985 年，全县有磨面机 1668 台、碾米机 1660 台、轧花机 286 台、榨油机 208 台。1995 年后，城镇居民买成品米面，农民买米或以麦换面，使粮食加工机械增长放缓，直至减少。2005年，全县有磨面机1700台、碾米机1130台。1995以来，大名县的棉花种植面积减少，花生种植面积增大，致使轧花机数量减少，榨油机数量增加，2004年，全县有轧花机195台、榨油机662台。2005年，有轧花机197台、榨油机682台。

运输机械

1979年，大名县有农用载重汽车24辆、大中型拖车215辆、小型拖车150辆。1990年后，农用三轮运输车迅速发展。2002年，大名县有农用载重汽车5辆、农用运输车160辆、农用三轮运输车36504辆、大中型拖车216辆、小型拖车3870辆。2005年，大名县有农用运输车30944辆。

第二节 农机经营

农业机械的经营形式分为国营、集体和个体三种。

国 营

土地联产承包责任制实行之前，农机经营以国营、集体为主。经营农业机械的国营单位为县拖拉机站，1979年有大型轮式拖拉机5台，主要承担农田作业和社会运输。1982年土地承包到户后，县拖拉机站随之解散，将拖拉机变卖，至此，大名县农业机械作业的国营形式终止。1979年，大名县农机供应公司和农田排灌供应公司负责供应柴油机、电动机、水泵、拖拉机等。1987年1月，两公司合并为农机化服务公司，1988年更名为大名县农业机械公司，有干部职工72名，固定资产746.93万元，主要经营各种拖拉机及配套机具、收获机械、植保机械、农用运输机械、农田排灌机械、农副产品加工机械、农用机电产品的整机及零配件等，年销售额1000万元以上。

集体经营

集体经营主要以乡镇和村农机队为主。土地联产承包责任制以前，大名县有39个拖拉机站，一些经济条件好的村购进了拖拉机，组建了机耕队，如杏现、毛苏村、魏县屯、张郭村等。1979年，大名县集体经营的拖拉机有443台，其中链式81台、轮式362台、大中型283台，小型150台，主要承担农田作业和社会运输。1982年土地承包到户后，公社、村的拖拉机变卖，拖拉机站、机耕队解散，农业机械作业的集体经营形式终止。

个体经营

1982年土地承包到户后，农户个体经营农业机械迅速发展起来，成为经营农业机械的主体。个体经营最初主要是轮式拖拉机，且小型拖拉机居多，一般是农忙季节从事农田作业，农闲时搞运输。同时，个体经营农机的种类向多样化发展，从单一经营拖拉机到经营农用载重汽车、农用运输车、农用三轮车、小麦联合收割机等。1990年年末，大名县有个体农机户5297户，经营大中型拖拉机360台、小型拖拉机3533台、农用载重汽车49辆、农用运输车26辆、农用三轮车1320辆、联合收割机9台。2002年年末，大名县有个体农机户42743户，经营大中型拖拉机301台、小型拖拉机4629台、农用载重汽车5辆、农用运输车140辆、农用三轮车36504辆、小麦联合收割机198台。2004年年末，大名县有个体农机户64680户，经营大中型拖拉机438台、小拖5527台、农用三轮运输车56829辆、联合收割机721台。至此，农业机械成为农民勤劳致富的重要途径之一。2005年年末，大名县有个体农机户65120户，经营大中型拖拉机540台、小型拖拉机5775台、农用三轮运输车30804辆。2004年11月，杨桥镇前齐庄村种粮大户张同虎，由县农机局帮助申请，领到国家购买农业机械直接补贴款5000元，是大名县享受国家农机直补政策受益第一人。2005年7月20日，大名县被确定为中央财政购置农机补贴重点县，为全省25个县（市）中3个国补县之一。至2005年年末，大名县共申请到国家农机直补款8.5万元。

第三节　农机作业与技术推广

农机作业

机耕　机耕作业采用翻耕或旋耕，作业期主要集中在秋季。秋季小麦播种前耕作量最大，春季、夏季也有少量作业。机耕作业在土地实行家庭承包责任制之前就比较普遍，1979年大名县机耕作业量为75万亩。土地实行家庭承包到户之初，受种植形式和户营土地规模小等因素的影响，机耕作业受到了不同程度的限制，作业量一度减小，1983年全县机耕面积50万亩。1988年后，随着农村经济体制的不断完善和种植结构的调整，作业量逐年增加，2002年机耕作业量106万亩，2005年机耕作业量115万亩，大名县耕地基本实现机械化。

机播　机械播种主要以小麦、玉米为主，花生也有部分机播。大名县的播种机具自1972年开始应用，后逐渐发展。1979年大名县机播小麦19.56万亩，占小麦播种面积的24.45%。1990年机播小麦45.5万亩，占小麦播种面积的56.88%，2004年机播小麦81万亩，占小麦播种面积的97.2%。2005年机播小麦83万亩，实现了100%机播。1994年开始使用夏玉米铁茬播种机，播种面积4.3万亩。由于玉米铁茬播种效率高、质量好、抢农时，被广大农民认可而自觉应用，1998年基本普及，播种面积40万亩以上，基本上实现了机械化。

机收　机收农作物主要是小麦，1979年大名县机械收获小麦面积为0.45万亩。1990年后发展加快，当年机收15.7万亩。2005年机收小麦83万亩，占种植面积的100%。1997年开始，县农机管理部门组织本县联合收割机外出跨区作业，5月下旬去河南省南部，6月初回本县收割，6月中旬再北上去河北省北部及内蒙古、辽宁等地收割。在大名县小麦收获期间，农机管理部门引进外县、外市、外省的联合收割机，加快了全县小麦收获进度。

农机技术推广

1979年以来，大名县推广的农机新技术有：机械深耕、小麦精播半精播、小麦机收、联合收获、玉米铁茬播种、花生铺膜机播、玉米秸秆还田等。

机械深耕　耕深在20厘米以上的耕作称作深耕。大型拖拉机的耕深一般都能达到20厘米，小型拖拉机有相当一部分耕深只有15厘米左右。土地承包到户后，小型拖拉机大量涌现，连年浅耕形成了坚硬犁底层。为打破犁底层，改善土壤结构，需推广机械深耕。大名县1987年推广深耕，其方法一是发挥大型拖拉机作用，让大型拖拉机多耕地。二是改小型拖拉机的双铧犁为单铧深耕犁，1990年，全县有小型拖拉机配套的单铧深耕犁1830台，深耕面积21.5万亩。2002年推广深耕面积54.5万亩，占机耕作业的52.6%，2004年深耕65.3万亩，占机耕面积的56.8%。2005年深耕66万亩，占机耕面积的57.4%。

小麦精播　半精播改变传统的大播量致使小麦植株过密、群体过大造成减产的弊端，减少播种量，使播种均匀。大名县推广小麦精播半精播的手段，一是从机具上改进，让制造厂和维修厂家卸下旧播种机上不符合半精播要求的10槽排种盒，换成符合半精播技术要求的16槽排种盒。1993—2005年，在前屯农业机械厂改进了5600多台。二是示范带动，在西魏庄乡老堤村搞试点，召开全县现场会，试验证明半精播增产5%以上。2002年大名县小麦半精量播种面积62.7万亩，占小麦播种面积的82%，2004年小麦半精播面积72.9万亩，占小麦播种面积的87.6%。2005年小麦半精播面积73.5万亩，占播种面积的88.6%。

小麦机收　小麦机械收获技术，大名自1978年开始推广应用，首先推广割晒机，后来发展到联合收割机。推广手段一方面召开现场演示会进行示范带动，发动农民购置机具扩大装备量，自觉应用农机新技术。另一方面整顿管理好农机作业市场，使作业标准和收费规范化、合理化。第三是组织本县联合收割机跨区作业增加机手收入，引导农民购置联合收割机推广小麦联合收获。大名县自1997年开始组织联合收割机南下河南省，北上唐山、保定一带，每年都组织100余台跨区作业，为机手创收近200万元/年。2002年推广机收小麦80万亩，其中联合收获34.5万亩，2005年机收小麦83万亩，其中联合收割机收获75万亩，分别占播种面积的100%和90.4%。

玉米铁茬播种　1994年，大名县开始推广玉米铁茬播种技术，当年完成铁茬播种4.3万亩，平均增产5%，亩均增收节支21元。1998年后基本实现机械化。

玉米秸秆还田　1987年，首次在全县推广示范。1997年，邯郸市在万堤镇前屯村召开玉米秸秆还田现场演示会，各县农机局长、推广站站长参加。是年，大名县完成秸秆还田面积10.8万亩。1998年后，每年都召开现场演示会，引导、组织农民自觉应用秸秆还田技术，积极购买秸秆还田机，增加拥有量。2002年完成玉米秸秆还田面积18万亩，2004年完成秸秆还田51.1万亩，其中小麦秸秆还田16.9万亩，玉米秸秆还田34.2万亩。2005年完成秸秆还田61.7万亩，其中小麦秸秆还田30.9万亩，玉米秸秆还田30.8万亩。

第四节　农机维修

维修厂点

县农机修造厂　1979年，农机修造厂归县农机局管理，1984年归县经委管理。

公社农机修造站　1979年，大名县39个公社均有农机修造站，达到小修不出社，大修不出县的维修能力。1984年，乡农机修造站由县经委管理。

农机维修网点　1985年，县农机局在全县普遍建立农机维修门市，并发展一批农机维修专业户。是年，全县拥有农机维修网点126个、修理工192名，有专用设备56台（套）、其他设备114台（套），共修理农机具43670台（件），完成产值23.3万元，实现利润14.2万元。1995年，农机局对大名县农机维修网点重新进行整顿审定，审定合格并发放《河北省农机维修技术合格证书》的网点182个，经理论考试和实际操作考核合格，发放《河北省农机维修工人技术等级证书》的修理工195人。2004年，大名县有农机维修网点268个、维修工人316人，维修各种农机具26060台（件），完成年产值450万元，实现利润158万元。2005年，大名县有农机维修网点198个、维修工人226人，维修各种农机具196030台（件），年产值302万元。

维修管理

1979—1985年，对县农机修造厂、公社农机修造站按照计划经济体制管理，每年下达生产任务，上缴利润。1985—1995年，对各乡镇的农机维修网点的管理是业务指导加平价柴油杠杆推动。每个农机维修网点每年发给一定数量的平价柴油，平价柴油与市场价格差一般是每千克1～2元。1995年后，《河北省农业机械管理条例》《河北省农业机械维修管理办法》等地方性法规相继颁布，平价柴油取消。县农机局对全县农机维修网点重新整顿，办理《河北省农机维修技术合格证》后方可开业。网点办的技术合格证每年进行年检一次，不进行年检的证件无效。

第五节　农机管理

管理机构

1979年，大名县农业机械管理局机关实有人员38名，其中领导职数6名，设局长1名，副局长5名，内设办事组、机务组、修造组、排灌组、政工组、财务组，并辖有农机研究所、农机供应公司、农田排灌供应公司、农机学校、油泵油嘴厂、农机修造厂、机械厂和国营拖拉机站（同年解散），领导39个公社的农机管理站、农机修造站、拖拉机站。1980年，内设办公室、计财科、农机管理科、排灌修造科、人事科。1982年，内设办公室、计财科、排灌修造科、人事科、技术科，下辖农机研究所、农机学校、农机公司、农排公司、油泵油嘴厂、农机修造厂、机械厂。1984年，内设办公室、计财科、人事科、农机管理科、农用柴油管理科，下辖农机公司、农排公司、农机研究所、农机学校、农机监理站。农机修造厂、油泵油嘴厂、机械厂划归县经委领导。1997年定编13名，内设办公室、农机管理科、计财科，下辖的农机监理站定编7名，农机研究所定编3名，农机学校定编5名。2005年年末，农机局领导班子成员6名，其中局长1名，副局长3名，总支副书记1名，纪检组长1名，农机公司有自收自支干部职工120名，全县农机系统共有干部职工140名。

乡镇农机管理服务站是全民事业单位，是乡镇政府管理农机的职能部门，业务活动由县农业机械管理局管理。1979年，39个公社均有农机管理站，负责协调、指导农机修造站、拖拉机站的工作及全公社的农机化管理及作业。1985年，乡镇农机管理站更名为农机管理服务站，职能由管理型向管理服务型转变。1996年撤区并乡后，农机管理服务站由39个合并为20个。

监理工作

农机监理工作由农业机械管理局所属的农机监理站负责。农机监理站建于1984年3月，共有监理干部6名，设站长1名，副站长1名。1997年机构改革定编7名，实有正式监理干部5名，其中站长1名。截至2005年年末，农机监理站实有监理人员6名，其中站长1名，副站长1名。农机监理工作，依据《河北省农业机械管理条例》《河北省农业机械安全监督管理办法》等农机法规，负责大名县行政区域内农业机械的安全监督管理，对牌证农业机械进行初检上户发放牌照并进行年度检验，对农机驾驶操作人员进行考核、发放驾驶证与年度审验等。1985年为牌证农业机械初检上户办理牌照916台，初考办理驾驶证908人，年检农业机械863台，年审驾驶员826人。2002年年初检上户农业机械3960台，初考办证3976人，年检农业机械8235台，年审驾驶员7495人。2004年年初检上户农业机械8025台，初考办证8205人，年检农业机械15825台，年审驾驶员16005人。2005年年初检上户牌证农业机械3100台，初考办证2148人，年检牌证农业机械15800台，年审驾驶员14341人。

第三章　种植业

大名县作为农业大县，种植业占据主导地位。1979年大名县人均占有粮食230千克，1993年人均占有粮食400千克，1996年人均接近500千克。2005年，大名县从事种植业的劳动力24.8万名，占农村劳动力总数的80.5%；种植业产值15.8亿元，占当年农业总产值的50.3%，人均占有粮食及亩产突破500千克，成为国家重要的农产品生产基地。其中小麦面积占粮食总面积的65%左右。1987年，大名县被农业部确定为“七五”计划第一批国家商品小麦生产基地县。2003—2004年连续两年蝉联全国粮食生产先进县。棉花方面，1990年大名县棉花面积达30.9万亩，总产1.6万吨，进入全国棉花百强县行列，1991年被农业部确定为国家优质棉生产基地县。随着种植结构调整，花生面积迅速扩大，2001年花生面积达50万亩，总产12.1万吨，2002年被省农业厅认定为“河北花生之乡”，2004年被中国特产之乡推进委员会认定为“中国花生之乡”。粮、棉、油商品率分别达60%、70%和80%。

第一节　主要农作物

大名县农作物主要有粮食作物和经济作物两大类，兼有部分杂粮。1979年大名县粮食播种面积为1430589亩，亩产111千克，总产158795吨；花生播种面积146865亩，亩产63.3千克，总产7393.5吨；棉花播种面积31024亩，单产14千克，总产372吨。2005年，粮食播种面积为1260725亩，亩产371.8千克，总产468790吨。与1979年相比，面积减少169864亩，减少11.8%，单产和总产分别增加260.8千克和3098250吨，同比增加235%和194.9%。棉花播种面积24207亩，单产43.7千克，总产1058吨，比1979年面积减少6817亩，减少22.0%，单产总产分别增加29.7千克和686吨，同比增加212.1%和184.4%。花生播种面积为481150亩，单产237.3千克，总产114193吨，与1979年相比，面积、单产和总产分别增加33428.5亩、174千克和106799.5吨，同比增加227.6%、274.9%和1444.5%。

粮食作物

由于复种指数的提高，粮食播种面积远远超过耕地面积，提高了土地利用率。随着对农业投入的加大，生产条件的改变，新品种、新技术的推广普及，粮食单产逐步提高，由1979年的111千克提高到2005年的371.8千克，增长235%，总产由158795吨增加到468738吨，增长194.9%。

1979—2005年大名县粮食作物种植面积及产量情况统计表

表6-1

年份	面积（亩）	亩产（千克）	总产（吨）	年份	面积（亩）	亩产（千克）	总产（吨）
1979	1430589	111	158795	1993	1361790	217.8	296598
1980	1389700	118.3	164402	1994	1328605	239	317537
1981	1409206	139.5	196584	1995	1325895	256	339429
1982	1345820	162.1	218157	1996	1449332	260	376826
1983	1287930	177	227963	1997	1402768	303	425039
1984	1271618	190.5	242243	1998	1410083	319	449817
1985	1207280	162	195579	1999	1411052	335	472702
1986	1318849	136	179364	2000	1257165	352	442522
1987	1367614	153.5	209929	2001	1220306	355	433208
1988	1326930	189	250790	2002	1230126	354	435465
1989	1266400	202	255812	2003	1222224	360	440001
1990	1302734	210.2	273835	2004	1243480	368	457602
1991	1322078	212	280281	2005	1260725	371.8	468738
1992	1304400	193	251749				

小麦　大名县是国家“七五”计划第一批商品小麦基地县。1979年小麦播种面积646268亩，占粮食播种面积的45.2%，亩产102.5千克，总产66095吨，占粮食产量的41.6%。1998年，小麦播种面积突破80万亩，亩产、总产也随之提高。2005年，小麦播种面积达830750亩，单产374.2千克，总产310860吨，与1979年相比分别增长了285%、265%和370%。

1979—2005年大名县小麦种植面积及产量统计表

表6-2

年份	面积（亩）	亩产（千克）	总产（吨）	年份	面积（亩）	亩产（千克）	总产（吨）
1979	646268	102.5	66095	1993	748095	227	169818
1980	607400	76.2	46284	1994	75146	234	175842
1981	601800	112.5	67703	1995	753930	266.1	200621
1982	592198	131.2	77696	1996	765388	285	218136

续表 6-2

年份	面积（亩）	亩产（千克）	总产（吨）	年份	面积（亩）	亩产（千克）	总产（吨）
1983	606296	205.5	124594	1997	791000	359	283969
1984	606172	214	129721	1998	805683	360	290046
1985	628676	219	137680	1999	821010	363	298067
1986	681489	197.5	134594	2000	821153	366	300542
1987	691698	193.5	133844	2001	814398	366	298884
1988	695723	214.5	149233	2002	820168	367	301002
1989	672900	224	150727	2003	818268	366.5	299896
1990	709967	226.6	160879	2004	820678	373	306113
1991	745247	220	163954	2005	830750	374.2	310867
1992	745400	221	164733				

玉米　玉米是大名县主要粮食作物之一，在种植结构调整前是当地农民的主食。随着科学技术的普及和高产杂交玉米品种的选用，玉米单产逐年提高。1979 年大名县玉米种植面积 784321 亩，单产 118.5 千克，总产 92942 吨。1979—1988 年，大名县玉米单产在 200 千克以下。1989 年后，玉米单产稳步上升，1999 年后达 300 千克以上。至 2005 年单产达 394.2 千克，与 1979 年相比，面积减少 53.3%，单产和总产分别增加了 232% 和 55.6%。

1979—2005 年大名县玉米种植面积及产量统计表

表 6-3

年份	面积（亩）	亩产（千克）	总产（吨）	年份	面积（亩）	亩产（千克）	总产（吨）
1979	784321	118.5	92942	1993	333375	255.3	85111
1980	782300	151.1	118206	1994	323154	299	96623
1981	472200	194.5	91843	1995	372450	283.8	105701
1982	753622	186.4	140475	1996	490300	262	128459
1983	363874	186.8	67972	1997	408351	270	110255
1984	337958	221	74689	1998	412585	304	125426
1985	288065	125.5	36152	1999	430909	328	141339
1986	314872	83	26134	2000	320202	368	117834
1987	342659	134.5	46088	2001	309120	369	114066
1988	316807	194.5	61619	2002	313919	364	114266
1989	303800	219	66532	2003	317113	379	120186
1990	312339	232.9	72744	2004	351391	386	135637
1991	283453	259	73414	2005	366576	394.2	144504
1992	281700	194	54650				

经济作物

大名县的经济作物主要以花生、棉花为主。1979—2005年，大名县的棉花种植波动较大，花生种植稳中有升。1979年棉花种植面积31024亩，1982年随着鲁棉1号的引进，面积猛增至112220亩。1988年面积达226337亩，1984年是历史上棉花单产最高的年份，亩产皮棉达61.5千克。1988—1995年面积一直在25万亩左右。1991年大名县被确定为全国优质棉生产基地县。1992年棉花面积发展至30.5万亩，面积总产居邯郸市第一位，其中夏棉种植一直位居全市前列。1996年开始，面积逐年递减，2005年面积降为24207亩。棉花种植波动起伏除政策性原因外，与虫害的大发生有密切关系，人力、财力投入多、收益少，影响农民种棉积极性。1993年发生了历史罕见的棉铃虫灾害，来势凶猛，抗药性强，危害性大，棉花严重减产，亩产皮棉只有14.9千克。

花生。详见第八编第五章第二节。

1979—2005年大名县棉花种植面积及产量表

表6-4

年份	面积（亩）	亩产（千克）	总产（吨）	年份	面积（亩）	亩产（千克）	总产（吨）
1979	31024	12	372	1993	207885	14.9	3098
1980	30900	26.6	822	1994	252767	47	11880
1981	31300	33.6	1052	1995	232009	32	7424
1982	112220	34	3807	1996	105000	33	3465
1983	133133	43.3	5765	1997	140800	20	2816
1984	186936	61.5	11497	1998	110000	39	4290
1985	140480	39	5479	1999	80320	32	2570
1986	108518	27	2930	2000	46398	37	1717
1987	139543	41.5	5791	2001	36755	46	1691
1988	226337	42	9506	2002	32956	51	1681
1989	292500	47	13748	2003	32702	36	1175
1990	308542	52.9	16322	2004	29950	42	1250
1991	276850	61	16888	2005	24207	43.7	1058
1992	305300	46	14044				

第二节　耕作技术

种植形式

1979年后，随着灌溉条件的改善，大名县农作物种植形式发生了很大变化，大部分土地由原来的两年三熟，变为一年两熟。一年两熟的种植方式主要以小麦－棉花、小麦－玉米为主，同时还有小麦－红薯、小麦－花生、小麦－大豆、小麦－谷子等，部分水浇条件差的土地为两年三熟。1979—1994年，一年两熟占大名县耕地面积的54%，第一茬是小麦，第二茬是垄间串种玉米、花生等。1994年后，逐渐由麦垄串种改为茬后平播。1979年，大名县作物复种指数为1.49,1990年提高至1.61。1986年，对龙王庙镇三角店村、埝头乡大龙村一带的沙丘进行了治理，平丘、打井、培肥地力面积1万亩以上，由原来的沙荒地逐步改造成良田。1992年后，开始小麦－花生一年两熟栽培。20世纪80年代后期，开始推广棉花、花生地膜覆盖技术，部分春播棉、春播花生改为地膜棉、地膜花生。

栽培管理

耕翻　1979—1990年，土地耕翻主要依靠人力、畜力，机械化程度较低，耕翻深度30厘米左右。20世纪80年代中后期，部分农户开始利用小型拖拉机进行翻耕，机械翻耕率在40%以下。90年代初期，机械化程度大幅度上升，90年代末开始，耕翻基本上实行机械化。

施肥　1979年以后，随着化学工业的发展和对外开放，农作物施肥技术和施肥品种显著变化。施肥品种由原来的农家肥为主变为以化肥为主，化肥品种由原来的单一磷肥、碳铵、尿素发展到复合肥及小麦、棉花、蔬菜等各种作物专用肥，微肥施用量也大大增加。1990年，各种化肥的施用总量为3225吨，亩作物年均施用量29.5千克。2000年施用总量30920吨（折纯法），亩作物年均施用量28.5千克，施肥方法也有了大的改变，如采用按生育期对养分的需求合理施用。2000年后开展测土配方施肥。2005年建立了部分乡镇肥力数据库，以10亩为单位，定方位、测地力、建档案，为科学施肥、合理施肥提供科学依据。如小麦播种前测定土壤中氮、磷、钾含量，根据生育期需求给出亩氮、磷、钾施用量。在越冬期或返青期、拔节期分别追施一定数量的化肥。后期喷施叶面肥，主要品种为磷酸二氢钾。

地膜覆盖　1979年开始引入地膜覆盖栽培技术，在西付集乡户村、北门口乡张郭村分别进行棉花地膜覆盖试验示范。之后面积逐步扩大，应用作物品种增多。地膜覆盖的作物主要有棉花、花生和大蒜，增产效果明显。常年棉花地膜覆盖面积在2万亩左右，花生地膜覆盖面积5万亩以上，大蒜地膜覆盖面积6万亩左右。

作物浇灌　1979年后，水浇地面积逐年增加，1990年达83.8万亩，占总耕地面积的76.2%。随着耕作制度和气象条件的改变，地下水位逐年下降，节约用水、合理浇水引起各级部门高度重视，采取了一系列节水措施，如修建防渗垄沟，铺设地下硬塑料管道，发展地面软塑料管带。

化学除草　化学除草技术是20世纪80年代开始试验示范的一项新技术，实施化学除草的作物有小麦、玉米、花生。化学除草剂分选择性除草剂和灭生性除草剂，大名县在小麦上应用的除草剂2000年前主要为2.4–D丁酯，之后苯磺隆、甲磺隆应用面积扩大，常年使用面积在15万亩左右。玉米除草剂早期使用乙草胺和阿特拉津，后来为乙阿合剂、乙莠合剂等，常年使用面积25万亩左右。

种子包衣　种子包衣技术是一种新型的种子处理技术，具有一定的杀虫、杀菌、微肥和生产刺激作用，有利于精量播种，用药最少、用药最早，省药、无残留，省工、省钱，还有促进生长作用。20世纪90年代初期在大名县试验示范，20世纪90年代中后期大面积推广应用。大名县推广的有玉米种子包衣、花生种子包衣、棉花种子包衣和小麦种子包衣。

病、虫、鼠害防治　县农业局植保植检站负责全县农作物病虫鼠害的预测预报工作，病虫测报分趋势预报和定期预报。植保植检站有专职测报员2名，乡村以下设系统测报员4名，负责定点系统调查。系统调查与大田普查相结合，及早做出病虫害发生预报。每年编发《病虫情况》20期以上，及时有效地控制病虫害的发生与危害。病虫防治坚持“以防为主，综合治理”的植保方针，采取种植防治、机械物理防治、生物防治和化学防治等四种措施。1979—1990年，采用种植防治、机械生物防治的面积较大。20世纪90年代后期，特别是2000年以后，劳务输出较多、费工、费力的机械生物防治基本不受欢迎，化学防治面积大幅度增加，化学防治的次数和用药量不断增加。1993年，大名县各种作物病虫草害的发生面积470.0万亩次左右，防治面积392.6万亩次左右，其中病害防治面积7.8万亩次左右，虫害防治面积300.8万亩，草鼠害防治面积84万亩左右。2003年，病虫草鼠害发生面积达620万亩次以上。小麦病虫害主要是小麦蚜虫，常年防治面积70万亩以上。2004—2005年，小麦赤霉病发生面积在50万亩以上，防治面积在30万亩以上。

第三节　良种培育推广

小　麦

1979年，大名县引进的小麦品种有郑州3号，泰山1号、4号、5号，昌潍18和冀麦7号等，以泰山系列占的面积较大。20世纪80年代初，引进泰山7号，冀麦5号、18号、20号。1984年引进冀麦22。1986年引入抗倒抗病、优质高产小麦品种冀麦23、冀麦24，并在大名召开现场会，对两个新品种加以肯定，很快普及面积达到50%以上。20世纪90年代初，引进河南品种较多，有豫麦10号（豫西832），温麦6号、8号，周麦12号、16号、18号等，后又引进邯4185、邯4564、邯5316、河南濮7和新麦9号、12号等品种。2000年后，开始试种优质专用小麦8901，同时引进高产稳产品种邯6172和麦9号。2002年引进白硬冬2号、9409、9415等高筋小麦品种，2005年优质专用小麦推广面积达30万亩以上。2004年，大名县小麦受到严重冻害，河南品种逐渐淘汰，河北品种占主导地位。大名县小麦种子的繁育主要靠外调，在县内有部分繁种。

玉　米

1979年种植的玉米品种有郑单1号、2号、中单2号、烟单14等。进入20世纪80年代，引进三1号、邯杂1号。80年代中期，引进高产抗病的掖单2号、4号和丹玉13、中单60等，丹玉13和掖单系列的品种在大名县种植面积较大。1993年引进了掖单12、掖单13、掖单19、冀丰58、西玉3号等，玉米单产得到大幅度提高。1997年先后引进高产、稳产、优质、适应性强的新品种农大108和屯玉1号、鲁单50，1998年农大108普及全县，持续至2002年达到顶峰。2002年引进高产、稳产、抗倒、抗病品种郑单958，两年迅速普及全县。2003年引进中科4号，2004年引进蠡玉16，2005年引进了浚单20。从种植面积看，郑单958品种2005年占全县玉米播种面积的50%以上。大名县没有自育玉米种，全部靠外调。

花　生

1979年，花生主栽品种有白沙1016、徐州68-4等品种，以徐州68-4种植面积较大。1985年由县农业局引入进花1号，在孙甘店乡程甫村试种，由于此品种耐旱、耐肥水、产量稳且高，迅速普及全县，成为当家品种。20 世纪 90 年代，引进“8130”。1992 年引进鲁花 9 号和冀油 4 号，鲁花 9 号抗多种叶部病害、抗旱耐涝性强、产量高，在龙王庙镇一带逐渐普及。2002 年，引进花育 16.99-1，属早熟大花生，抗旱耐涝，适应性强，产量较高。2004 年，由农业局龙王庙农业技术中心站引进冀花 4 号，在孙甘店乡南李庄村试种，2005 年推广面积达 4000 多亩，此品种抗病性强、产量高、皮薄、果饱，出油率高。从各品种 2005 年在大名县的种植面积看，海花 1 号为主，种植面积约占 60%；鲁花系列，冀花 2 号、4 号，冀油 4 号，花育系列合计约占 40%。花生种子繁育主要是外调，县内繁育一部分。

地膜覆盖花生（2005 年摄）

棉 花

1979 年，棉花品种主要有冀邯 3 号、冀邯 5 号。1982 年引进高产优质鲁棉 1 号，1983 年迅速普及大名县。1983 年同时引入夏播棉中棉 10 号，1985 年引进高产抗倒的冀棉 9 号，当年普及大名县。此后又引进棉 12 和夏播棉中棉 375、2152 等。20 世纪 90 年代中期，由于棉铃虫的大发生，1998 年引进抗虫棉 33B，原来的非抗虫棉逐渐被淘汰。2000 年，引进抗虫棉中棉 221，后改名为“中棉 45”，此品种高抗黄枯萎病，抗逆性强、产量高，到 2005 年大名县的棉花都以此品种为主。大名县棉花种子的繁育在 20 世纪 90 年代前，主要是以县内繁育为主，后来随着棉花面积的减少，县内繁育面积很小，主要靠外调。

第四节 蔬菜种植

大名县蔬菜种植历史悠久，建国初期种植面积较小。中共十一届三中全会以后，随着群众温饱问题逐步解决，对蔬菜的需求量越来越大，蔬菜种植面积也迅速扩大，总产量有了大幅度提高，成为农民收入的一个重要来源。

1990 年，大名县蔬菜（包括瓜类）面积 4.5 万亩，比 1979 年增长 68%，总产达 4.5 万吨。2000 年，蔬菜面积迅速扩展至 13.5 万亩，总产达 25 万吨，比 1990 年面积增加 9 万亩，增长 202.7%，总产增加 20.5 万吨。2005 年，蔬菜面积为 16 万亩（其中地膜菜 5 万亩、大棚 0.9 万亩、光温室 0.1 万亩），总产 37.46 万吨，比 2000 年面积增加 2.5 万亩，总产增加 12.5 万吨，是 2005 年度全国 600 个蔬菜大县之一。逐渐形成了 5 个各具特色的蔬菜专业种植区：以营镇乡为中心的 5 万亩大蒜区、以营镇乡何庄村为中心的 1 万亩黄瓜区、以铺上乡铺上村为中心的 2.5 万亩和以龙王庙镇甘庄村为中心的 1 万亩大葱区、以旧治乡小逻堤村为中心的 0.3 万亩西红柿区。此外，大白菜种植也较广泛，但不集中。

种植品种

大名蔬菜种植品种繁多，品种更新快。1979 年以后引进的品种主要有：1. 大白菜：晋菜三号、太原清、丰抗 70、丰抗 80、石绿 85。2. 甘蓝：中村 11。3. 菠菜：尖叶菠菜、圆叶菠菜、日本大叶。4. 番茄：西粉三号、西粉二号、毛粉 802、中杂 9 号、西粉 903。5. 茄子：快圆茄、大花茄、二花茄、紫光大圆茄、茄杂 1 号。6. 甜椒：中椒四号、中椒七号。7. 辣椒：中角椒、羊角椒、湘研七号、湘研十号。8. 黄瓜：津研四号、夏丰 1 号、津春 2 号、津春 3 号、津春 4 号。9. 丝瓜：特长丝瓜。10、苦瓜：青苦瓜、白苦瓜。11. 冬瓜：黑皮冬瓜。12. 南瓜：无蔓南瓜、金钩南瓜。13. 白萝卜：邯试 1 号、德日 2 号。14. 胡萝卜：五寸人参、小顶胡萝卜、新黑田五寸。15. 洋葱：紫皮洋葱。16. 马铃薯。17. 西瓜：郑杂五号、郑杂九号、新红宝、京欣 1 号。18. 甜瓜：白沙蜜、盛开花。19. 茴香：割茬茴香。20、芫荽：大叶芫荽。21. 韭菜：汉中 791、本韭 2 号、本韭 4 号。22. 大葱：章丘大葱、中华巨葱、鸡腿葱。23. 大蒜：红蒜、白蒜。24. 菜花：日本雪山。25. 油菜：青帮油菜、白帮油菜、四月慢、五月慢、上海青。26. 生菜：结球生菜、玻璃脆生菜。27. 空心菜：大叶空心菜。28. 木耳菜：大叶木耳菜。29. 油麦菜：四季油麦菜。30. 茼蒿：大叶茼蒿。31. 莴笋：尖叶莴笋。32. 芹菜：津南实芹、西芹、玻璃脆。33. 西葫芦：早青一代。34. 豆角：之豇 28、之豇 901、三尺绿。35. 芦笋：UC800、F157。36. 食用菌：平菇、鸡腿菇、草菇、姬菇、白灵菇。37. 樱桃西红柿：圣女果。38. 山药：佛手、水山药。

种植模式

进入 20 世纪 80 年代，农用薄膜开始用于蔬菜种植，地膜覆盖、小中拱棚、塑料大棚、日光温室与露地生产等形式并存，分期上市，有效改善了冬春淡季蔬菜供应。2005 年年末，大名县有保护地蔬菜面积 6 万亩，均属于个体经营，没有诞生联合经营大户。大名县蔬菜种植模式主要有以下几种：

地面地膜覆盖　用地膜直接覆盖在土壤表面，一般采用先播种后盖膜，把膜盖在地上，四边用土压实，待出苗后再将膜划破，苗从口处长出。5 万亩大蒜全部采用地膜覆盖。

中小拱棚大棚栽培小拱棚覆盖　用竹片、细竹竿、树条或直径 6 ~ 8 毫米的钢筋等能够弯弓成支架的材料做骨架，上面覆盖塑料薄膜，成为一种拱圆形的覆盖棚。小拱棚棚宽 1 ~ 2.5 米、一般棚高 1.5 米以下，棚长根据地块大小而定，生产上多为东西方向延长建造。为了提高塑料小棚的防风保温能力，夜间在膜外加盖草苫。棚内一年三茬，即蒜苗或油菜—西红柿或茄子—豆角。中棚结构与小拱棚一样，棚高 1.5 ~ 1.9 米，棚宽 8 米左右，长 25 米左右，人可在棚内作业，其结构以竹木结构为主，可种植蔬菜，也可在早春用作育苗。塑料大棚多为拱圆形，棚高 2 ~ 2.5 米，宽 10 米左右，长 50 ~ 80 米，占地面积 1 亩左右。根据塑料大棚结构材料不同，分为有竹竿水泥有柱大棚、无机复合无支架生态大棚、水泥拱架无支柱大棚。1983 年开始推广利用塑料大棚生产蔬菜，最初在营镇乡的何庄村种植，采用竹木水泥结构，属于竹竿水泥有柱大棚，有一年三种三收（春黄瓜—秋黄瓜—芹菜），亩效益 10000 ~ 12000 元；有一年两种两收（春黄瓜—菜花），亩效益 7000 ~ 10000 元。2004 年，在 215 省道两侧一乡一镇（黄金堤乡、万堤镇）六村（庞龙化、郑时庄、三村，万北、万中、万南）种植大棚蔬菜，有的采用无支架无机复合材料做拱梁的大棚，属于无机复合无支架生态大棚；有的采用水泥骨架做拱梁，属于水泥拱架无支柱大棚。棚内早春种植西红柿、茄子、辣椒，晚秋种芹菜，亩效益 2000 ~ 3000 元。2005 年，黄金堤乡的庞龙化村早春改为黄瓜，下茬蔬菜种类不一，亩效益 4000 ~ 5000 元。

温室　大名县的温室可分为节能日光温室和简易日光温室。节能日光温室。大名县农业工厂化育苗中心温室属于三面围墙节能日光温室，温室内有微喷设施，热量来源主要是靠太阳辐射，用塑料薄

膜作透明覆盖物，薄膜上加盖草苫保护。简易日光温室。大名县1987年开始推广日光温室，北墙，东西墙用土筑成，坡顶上覆盖秸秆，前屋面半拱圆形，棚膜多用无滴膜，棚面上覆盖草苫，保温性能好。亩投资7000～10000元，效益也比较高，一季生产即可收回成本。简易日光温室有的还用来种植食用菌。2000年以后，随着农村经济的发展，为适应国内外市场对高营养无污染、无公害农产品的要求，食用菌栽培面积迅速扩大到10多个乡镇40多个村庄，栽培面积达50多万平方米。品种由单一的平菇发展到平菇、姬菇、鸡腿菇、草菇、白灵菇、杏鲍菇等多个品种，年总产量达6000多吨。

遮阳网　2004年引进遮阳网，在越夏蔬菜生产中应用，可提高夏季育苗的成苗率，改善环境条件，减少病虫危害，增加产量，提高质量，是炎热夏季蔬菜正常生产的一种理想的覆盖物。在早春和晚秋覆盖有保温防霜冻作用。

大蒜及其他蔬菜基地

大蒜种植全部采用地膜覆盖，2005年，大名县大蒜种植面积为8万亩，栽培品种有2个：白蒜、紫皮蒜。紫皮蒜品质好，产量高，蒜薹产量低，栽培面积占80%左右；白蒜品质好，蒜头产量低，蒜薹产量高，价格贵，面积占20%左右。大蒜种植主要分布在营镇、红庙、万堤、黄金堤等4个乡镇。亩产蒜头1000～1500千克，亩产蒜薹250千克，亩效益2500～3000元，是大名县蔬菜中播种面积最大的一种蔬菜，主要销售到山东、河南、北京、天津等地。蔬菜生产在建设以营镇乡、红庙乡、万堤镇、金滩镇为重点的8万亩大蒜生产基地的同时，还有以王村乡、西魏庄乡、金滩镇为重点的食用菌生产基地，以孙甘店乡为重点的8000亩芦笋生产基地，以金滩镇为重点的200亩山药生产基地，以铺上乡、旧治乡为重点的3万亩大葱生产基地，成为当地农民增收的重要来源。

第五节　农业管理机构

1979年，县级农业管理机构为农业局；1984年1月，畜牧局与农业局合并，改称农牧局；1987年8月，畜牧局分出，原农牧局改为农业局，至2005年年末未变。

1979年，农业局下设办公室、技术股、植保站、土肥站、经管站、农广校、6个区片技术站、种子公司、原种场。

1984年1月，农业局与畜牧局合并改称农牧局后，在原来科室的基础上，又增加畜牧股、水产股、6个区片兽医站、县兽医院、万堤配种站。

1987年畜牧局分出，又恢复了原来的科室。1991年9月成立棉花种子公司，1994年4月增设人事股，1995年1月增设财务股，1996年12月增设农业信息股，1997年8月成立种子监督检验站。2003年5月副科级机构新能源办公室由科技局划归农业局管理。

2005年12月，农业局设局长1名、副局长2名、总支书记1名，下设办公室、人事股、计财股、农业信息股；下辖1个副科级全额事业机构：新能源办公室；12个全额事业站：农业技术站、植保植检站、土肥站、农技推广中心、种子监督检验站、农业广播学校、6个区域农业技术推广中心站；3个企业化管理的自收自支事业单位：种子公司、棉花种子公司、原种场。

第四章 林 业

大名县土质疏松，地下水质较好，宜于植树造林。早在远古时代，大名县就有植树记录，且卫河以东地区有30万亩沙化土地，沙尘暴时有发生，沙化土地植树造林、防风固沙势在必行。1979年后，陆续实施“平原绿化”造林工程、世行项目造林速生丰产林基地工程、防沙治沙工程以及退耕还林工程，使大部分沙化土地得到改善。至2005年，大名县四旁植树达4500多万株，活立木蓄积59万立方米，年产果品3.5万吨，林果总产值达1亿元，森林覆盖率达18.6%。1987年后，大名县多次被市政府评为林业工作先进县；1987年、1991年被评为河北省绿化先进单位；1988年、1989年、1996年先后3次被评为全国平原绿化先进单位；1991年被授予全国治沙先进县，1995年获全国造林绿化百佳县，1996年获世行贷款国家造林项目先进单位，2002年获河北省项目造林先进单位、河北省林业生态建设十佳县，2005年获河北省林业法制行动年先进单位。

第一节 林木资源

大名县树木种类属温带植物区象，也有亚热带亲缘，既有古老树种，也有近代新种。

用材林

大名县用材林树种有杨树、柳树、榆树、泡桐、臭椿、刺槐、香椿、国槐等，其中以杨树最多，占60%以上，品种有毛白杨、沙兰杨、大观杨、小青杨、小叶杨、加拿大杨及欧美杨，毛白杨及欧美杨为主栽品种。1996年由北京林业大学引进三倍体毛白杨试栽，此树生长量大、抗病虫害、木质疏松，做纸浆材较好，至2000年，大名县大量栽植，2005年走向低谷，而46杨系列（欧美杨）占据优势。

风景观赏林

1979年后，陆续引进一批风景绿化苗木，主要有雪松、广玉兰、侧柏、黄杨、火炬、迎春、百日红、龙爪槐、黄金槐、红花槐、紫叶李等。大名县观赏树种主要有：月季、黄杨、侧柏、垂柳、国槐、合欢等，主要分布在城区及文明生态村中。2000年后，引进红瑞木、黄栌、红栌、紫叶小檗等用于园林绿化。至2005年年末，用于绿化、美化的风景观赏林树种达160余种。

经济林

经济林栽植主要是果林和药林，以果林为主，药林在1995年以后才引入大名县，面积较小。果林。1979年，大名县果树有23种、110个品种，此后新引进果树优良品种50多个，并大面积栽植，经济效益显著。药林。1979年以后，新引进的药林树种主要有银杏、杜仲和枸杞，填补了以前没有林药树种的空白。银杏只限于沙圪塔乡百亩银杏园及部分苗圃试栽，未大面积推广与栽植；杜仲是一种优良的速生乔木，可绿化，可入药，还可提炼出杜仲胶，卫东林场有少量栽培；枸杞多分布于群众庭院，不成规模。

百年古树

大名县境内百年树龄以上古树颇多，形态各异，争奇斗艳，婀娜多姿，蔚为壮观，展示着岁月的沧桑。

县城西街古槐树　豆科，槐属，位于大名县城内西大街，树高 12.5 米，胸围 360 厘米，冠幅 15×15.6 米，距今 400 余年。形态像一条欲飞的巨龙，有一主枝向上犹如龙头，东部有一主枝伏地，蜿蜒向东延伸，恰似龙尾。

县城东街皂荚树　豆科，皂荚属，位于大名城内东大街大名县豫剧团院内，栽植于清光绪年间，距今有 120 年历史。树高 18.5 米，胸围 240 厘米，冠幅 18×18 米，树冠呈伞状，树干光滑挺拔，生长势强，枝叶茂盛，夏秋皂角满枝。

苗庄村杜梨树　蔷薇科，梨属，位于红庙乡苗庄村西曾家坟上。据传栽于清乾隆年间，后被砍伐，又生出新树，成现在状，树龄 150 余年。树高 12 米，胸围 230 厘米，冠幅 16.4×16 米，树形美观，树冠圆满，生长势强，枝叶茂盛，每年杜梨满枝。

后北峰村柿子树　柿树科，柿属，又叫牛心柿，位于北峰乡后北峰村内，树龄 300 余年。据说该村过去有很多柿树，小孩子玩耍时，可以沿柿树从村西到村东，由于种种原因，现在只存留 6 棵。树高 10 米，胸围 125 厘米，冠幅 9×8.8 米，生长势趋于衰弱，每株每年仍能结百十斤柿子。该柿树树形美观，树枝呈折状生长。

孙甘店村国槐树　豆科，槐属，位于孙甘店乡孙甘店村北街，树高 16 米，胸围 240 厘米，冠幅 16×14 米，树龄 400 余年。长势中等，主干曾遭雷击。

甘庄村国槐树　豆科，槐属，位于龙王庙镇甘庄东南段家坟上，树龄 200 余年，树高 12 米，胸围 205 厘米，冠幅 10×12 米，能正常开花结果。

金北清真寺古槐树　豆科，槐属，位于金滩镇金北村清真寺内，树龄 400 余年，树高 12 米，胸围 270 厘米，冠幅 7×8 米。在古槐旁立有石碑，碑上题有诗词：清真古寺有古槐，万年长青前人栽，风吹雨打俱不怕，真主赐悯永存在。

县城南街柴家古槐树　位于大名县城内南大街道口路东柴家院内，系中华人民共和国成立前大名城内八大古槐之一，距今已有 600 多年的历史。明洪武年间，柴姓先人从山西省襄汾县来到大名府艾家口镇（今大名县城）做生意，买了宅院，开了“永兴”号杂货铺，并在院内栽下了这棵槐树。这棵老槐树主干早已腐空，仅靠外皮生长，树高 11 米有余，胸围 3.5 米，树冠直径 15 米，尤其向西伸出的一枝长达 8.5 米。1981 年以来，该树在院主人的精心维护下返老还童，呈现出枝繁叶茂，浓荫碧绿的景象。

赵龙化村杜梨树　位于黄金堤乡赵龙化村西翟家祖坟上，相传栽植于明代，距今有 300 余年历史。树高 16 米，胸围 2.5 米，冠幅 16.7 米，枝叶茂盛，每年杜梨满枝。

东劝庄村古槐树　位于于孙甘店乡东劝庄村张姓院内，相传为明代所栽，树龄 300 余年。1942 年日本侵略军将该树的树头全部锯掉，后又重新长出。树高 9 米，胸围 2.35 米，主干中心腐朽，只有外皮生长，每年结槐米干果数十斤。

第二节 林木生产

育 苗

大名县境内历来有在闲散土地上培育树苗的历史，对幼树进行嫁接，既繁殖了树木，又改良了品种。1996 年后，大名县掀起股份制育苗热潮，如干部与群众合股育苗，利润分成，成为百姓致富的好门路。到 2005 年，大名县拥有苗圃 32 处，其中国营 1 处、个体 31 处，育苗面积 3525 亩。育苗方法有：直播育苗法、根蘖育苗法、压条育苗法、埋条育苗法和扦插育苗法。林木育苗量最多的是毛白杨，以嫁接育苗为主，1996 年引进三倍体毛白杨，至 2002 年年末，三倍体毛白杨占据优势，大名县育苗面积达 2500 多亩，年出圃量 3 厘米以上的大苗达 60 多万株。2005 年 46 杨系列占据优势，大名县育苗面积 1910 亩，出苗量为 188.65 万株。杂果育苗包括：桃、杏、李、柿、葡萄及枣类，多为直播育苗与嫁接相结合。

造 林

片林　1979 年以后，大名县片林主要以工程项目造林为主（如 2003 年以前 1—3 期世行造林），部分为群众自行栽植，主要在沙荒地、村旁及其他荒滩营造。卫东 30 万亩沙荒地，到 2005 年已绿化 80%。

世行造林　1990 年 10 月，成立大名县林业世行贷款国家造林项目办公室，挂靠在林业局，实施世行贷款国家造林项目和贫困地区林业发展项目一、三期工程。大名县世行贷款国家造林项目即一期世行项目，1991 年实施，1995 年结束，5 年累计完成造林 5835.87 公顷，超额完成计划造林 4000 公顷的 145.94%。项目总投资 1180.5 万元，其中世行贷款 771 万元，省配套资金 41.9 万元，市配套资金 33.6 万元，县配套资金 78.6 万元，造林单位自筹资金和劳务折抵 289 万元。项目涉及大龙乡、鲍庄乡、赵站乡、金滩镇、南李庄乡、孙甘店乡、张集乡、普明滩乡、从善楼乡、上马头乡、红庙乡、大街乡、殷李庄乡和七里店乡 14 个乡镇、103 个行政村和卫东国营林场。

1991—1995 年大名县世行贷款国家造林项目分年度造林情况统计表

表 6-5　　单位：亩

年份	计划造林	实际造林	分布乡镇
1991	400	466.7	大龙乡、鲍庄乡
1992	790	795.87	赵站、金滩镇、北堤、卫东林场、张铁集
1993	1500	1767	前普明滩、张铁集、红庙、赵站、卫东林场、大街、孙甘店、大龙、上马头、七里店
1994	600	657.1	从善楼、上马头、七里店、卫东林场、金滩镇、南李庄、大街、普明滩、孙甘店
1995	710	2149.1	赵站、北堤、张铁集、孙甘店、普明滩、从善楼、金滩镇、卫东林场、殷李庄
合计	4000	5835.87	

根据世行项目造林投资情况，15年进行主伐，项目林木总收益38657.7万元，年均增效益2577.18万元，每公顷年增效益4416元。由于改善了农业生产条件，项目区耕作制度由造林前的“一年一熟靠天收”改为“一年两熟”的高效田，每公顷农田增收8250元，每年纯增收4815万元。综合林木和间作效益，年均收入8582万元，年均公顷增收9237元，项目区人口11万人，年人均增收574元。

大名县世界银行贷款贫困地区林业发展项目，即三期世行项目，自1999年开始，计划建设期6年，实际建设期5年。截至2003年年末，完成造林2015.6公顷，是计划任务的94.2%，其中营造用材林1065.8公顷，经济林949.8公顷；完成项目总投资1227.27万元，其中世行贷款552.28万元，省、市、县三级落实配套资金157.12万元，造林单位自筹资金517.87万元。项目涉及除张铁集乡之外的19个乡镇、124个行政村和卫东国营林场，累计营造用材林1065.8公顷，预测林木主伐时蓄积量27.8万立方米，薪材2.47万吨，木材产值9617.48万元；营造经济林949.8公顷，在生产周期内（17年），果品产值15.8万吨，产值27358万元。通过项目实施，改善了农业生产条件，促进了农业增产增收，可增加农产品产值6048万元；项目区林果产品和间作总产值可达43023.48万元，扣除经营投入9724.7万元，总计纯收入可达33238.78万元。

防风固沙林　2003—2004年实施8000亩，争取国家资金80万元，配套80万元，涉及孙甘店、北峰、龙王庙、金滩镇、红庙、束馆、张铁集7个乡镇。通过对比，项目区比一般地块亩增产粮食80千克，有效起到了防风固沙作用，生态效益良好。

退耕还林工程自2003年开始实施，退耕还林面积5000亩；2003—2006年匹配造林40000亩，涉及20个乡镇和1个卫东国营林场。至2005年年末，45000亩工程林长势良好，最大胸径达20厘米以上，亩年效益达1000元以上，达到生态和社会效益并存。

农田林网　大名县每年春秋季都进行大规模的农田林网植树活动。经过多年不懈努力，农田林网有了快速发展。1979年以后，卫东沙荒地不断进行林网改造，尤其是匹配造林工程，在工程区所有田间路旁各植两行树，形成高规格的林网网格。至2005年年末，大名县林网面积达93万亩，有效改善了土质结构，实现林粮双丰收。

1979—2005年大名县造林情况统计表

表6-6

年份	造林面积（亩）	当年四旁植树（万株）	防护林面积（亩）	育苗面积（亩）	其中当年新育（万株）
1979	8803	2667.5	—	5825	748.6
1980	21222	2700	—	6264	439
1981	2564	372.8	—	3409	839
1982	1226	278	—	3905	1519
1983	2070	271.3	5224	5728	—
1984	5712	208.2	—	5032	—
1985	18312	437.3	—	11336	8513

续表 6-6

年份	造林面积（亩）	当年四旁植树（万株）	防护林面积（亩）	育苗面积（亩）	其中当年新育（万株）
1986	80130	664	1100	7953	1205
1987	38361	378	—	3980	—
1988	7500	278	—	4500	—
1989	4300	287	1000	4500	33
1990	13973	200	—	3947	355
1991	20100	192	—	4400	400
1992	21634.5	170	4335	4335	1500
1993	22005	170	1500	3000	1500
1994	19995	200	—	3000	2000
1995	27000	210	—	3000	1000
1996	16050	155	—	2158	1098
1997	13000	153	—	2800	1500
1998	19969	153	—	2505	1305
1999	16000	156	—	2500	1300
2000	9225	150	—	3000	1500
2001	9000	130	—	2500	1200
2002	11400	130	—	2505	1200
2003	25005	130	15000	2500	1200
2004	20010	130	15390	2500	1005
2005	14000	130	9015	1800	800

林场生产

卫东林场位于大名城东偏南 10 千米的黄河故道，原属一片飞沙不毛之地。因是国家投资，又在境内卫河以东，故名国营大名县卫东林场，简称卫东林场，有职工 80 名。林场自建场起就主抓了林木栽培，1977 年建苗圃 360 亩，先后培育毛白杨 600 万株，毛白杨种条 120 万根，优良接穗 84 万根，除满足本县造林外，外销山东、河南等地，同时育成果树苗 13 万株，多销于县内。1980 年对林地进行普查，实行分类经营。对低质林区，更新毛白杨 750 亩，栽植毛白杨 2.27 万株，并开展沙地毛白杨施肥试验，效益良好。1990 年经测量调查，均达到或超过阶段生长指标。同年营造果园 100 亩，栽苹果树 3700 株。1987 年，从山东省引进欧美速生 1-214、1-455、1-69 沙兰杨 700 株，种植面积 20 亩，长势良好，1990 年，胸径最大的达 20 厘米，一般在 16 ~ 17 厘米。1995 年，经林场职工代表大会研究通过，对 600 亩采伐迹地更新改造，面对场内职工实行投标承包林地造林，合同期限为 15 年。职工自己打井、整地、引进中林 46 杨，林木长势良好，为林场低质林更新改造、搞活经营机制探索出了一条有效途径。2001 年，在北林区划分 300 亩地作为特种种植园区，发展名特稀优果品设施栽培，土地承包到职工，从建棚、购苗到管理均由职工负责，林场有偿提供土地，每亩每年收取 100 元承包费。这样，从定植后 14 个月每个大棚年收入达 10000 余元。1999—2005 年引进的新品种主要有：用材林，107、108 杨；经济林，杏（凯特、金太阳）、桃（早露蟠桃、天王桃）、李子（大石早生、安哥李诺、澳大利亚美丽 14 号、优萨李、安蜜）等优良品种。还发展经济林 800 余亩，有活立木蓄积 1.7 万立方米，林木总值达 500 余万元。

卫东木堤林场（2005 年摄）

第三节　林业资源保护

主要措施

林木保护的主要措施有看护、浇水和病虫防治。多年来，因农民怕农田林网遮阴影响作物生长，从而对树连年不打药、不修枝，致使树势衰弱。尤其是幼树栽后浇水和管护跟不上，造成农田林网逐年减少，形成了“年年栽树不见树，年年植树老地方”的现象。

林木病虫害防治是林木抚育多年来的薄弱环节。1985 年后，除林业、交通、水利等部门对所属的林木能实施正常病虫防治外，其他林木病虫防治率不足 40%。1992 年，大名县开展以“一降三提高”（降低病虫发生率，提高防治率、监测覆盖率和种苗产地检疫率）为目标的森林病虫防治活动，重点搞好苗木产地检疫点和调苗复检，全年实施产地检疫 3000 亩，复检苗木 50 万株。

林政执法

1992 年，大名县开始逐步强化林政执法工作，成立林政资源管理站，实施林木限额采伐。1994 年 9 月，开展《中华人民共和国森林法》宣传月活动。1995 年 3 月，县政府发布公告，严禁任何人、任何单位盗伐、乱砍、滥伐树木。人们保护树木、绿化大地的意识提高，砍伐树木数量有所减少。为巩固多年来的绿化成果，使树有其主、主有其权，大名县对单位（或个人）申请，主管部门同意，又无争议的树木，调查核实后确权发证。2001 年，对 28 千米长的路旁树进行确权发证。为加强对木材经营加工企业的管理，使其经营加工合法、原料来源合法，2004 年，对县境内的木材经营加工企业进行清理整顿，对具有一定规模、场地、加工技术、注册资金和木材来源合法的企业，发放木材经营加工许可证，是年，审批发放许可证 50 家。

第四节　果树果品

果树发展与分布

1981 年年末，大名县果树面积 15200 亩，产量 7250 吨，以后每年均有不同程度的发展。20 世纪 80 年代后期至 90 年代初，受全国“果树热”的影响，大名县果树面积快速增长，1988 年达 102121 亩，是 1981 年的 6.72 倍，产量达 19088 吨。因发展速度过快，农民缺乏果树管理经验和受全国性的果品价格下跌影响，不少农民毁掉刚建起的果园改种庄稼，1990 年果树面积减少为 56604 亩。

1992 年，大名县开始建设优质红富士苹果基地。这一年，仅殷李庄乡就从山东引种了红富士苹果近万亩，七里店乡与山东某地联合在大名镇升斗铺村建设 200 亩优质苹果繁育基地。1993 年，县内部分新植幼树遭遇冻害，加上果品效益下滑，果树发展未见大的起色。

王村梨园（2005 年摄）

1996 年，结合卫东治沙工程，大名县提出建设卫东优质杂果基地的口号，确定把具有大名县特色的杏、李作为果树生产的主攻方向，在稳定苹果、梨树生产的基础上加快发展李、杏生产，并积极与外地科研院所联合引进新品种，加快更新改造步伐。2000 年与河北农大林学院建立长期技术合作关系，陆续引进发展优良品种金太阳杏、红太阳凯特杏，大石早生李、安哥李诺李、摩尔特尼李、红玫瑰李、黑宝石李，栽植面积近万亩。由于春旱和其他因素（主要是机井配套不够），成活率、保存率不足 80%。

截至 2005 年年末，大名县果树面积 71800 亩，无公害果品规划面积 60000 亩（其中苹果 24900 亩、梨 17325 亩、桃 7500 亩、杏 6450 亩、李 2700 亩、葡萄 1125 亩）。

全县果树各树种集中分布区情况为：苹果区包括金滩镇、大名镇、旧治乡、束馆镇、王村乡、孙甘店乡、红庙乡，以金滩镇较为集中；梨区包括王村乡、铺上乡、杨桥镇、孙甘店乡、龙王庙镇、金滩镇、大名镇、旧治乡，以王村乡较为集中；桃区包括西未庄乡、王村乡、大名镇、金滩镇、束馆镇、埝头乡、西付集乡，以西未庄乡、王村乡较为集中；杏区包括埝头乡、龙王庙镇、西付集乡、束馆镇、孙甘店乡、西未庄乡、大名镇、金滩镇；李子区包括孙甘店乡、龙王庙镇、西未庄乡、西付集乡、埝头乡、束馆镇、王村乡，以孙甘店乡、埝头乡、王村乡较为集中；葡萄区包括红庙乡、金滩镇、大名镇、旧治乡，以红庙乡较为集中。

树种品种面积和产量

苹果树　主要是 1992 年以来栽植。2005 年大名县苹果树面积 27797 亩，主要品种有红富士系列、新红星、乔纳金、美国 8 号、金冠、元帅等 20 余个。盛果期亩产 1500 ~ 2000 千克，总产 8635

吨。梨树　2005 年年末面积 19461 亩，主栽品种有鸭梨、雪花梨、红梨、黄冠梨、黄金梨、圆黄梨等 10 余个。盛果期亩产 2000 ～ 4000 千克，最高达 5000 千克，总产 11916 吨。桃树：2005 年年末面积 7500 亩，主栽品种有大久保、五月鲜、冈山白、绿化 9 号、油桃系列、新天王桃、大棚早露蟠桃等 20 余种。盛果期亩产 2000 ～ 3000 千克，总产 3750 吨。杏树：1990—1992 年在卫河以东 10 个乡镇发展近万亩，主要品种为二红杏、大二红杏、串枝红等，2000 年以后引进发展金太阳、红太阳、凯特杏等品种。李子：2005 年年末总面积 2700 亩，主要品种有灰条李、大石早生、安哥李诺、摩尔特尼、盖县大李、玫瑰李、黑宝石等 10 余个品种，总产 687 吨。葡萄：2005 年总面积 972 亩，主栽品种有巨峰、玫瑰香、红提、黑提、奥迪亚、无核早红等10余种，总产395吨。枣树：栽培历史悠久，栽培品种有灰地本地大枣、布袋酥等，庭院及荒地散生。2000 年后引进冬枣、中华大灰枣等，面积约 200 亩，2005 年总产 6864 吨。柿子：大名县柿子栽培有百年以上历史，在大龙、北峰、埝头等乡镇庭院残存大柿树十余株，树龄在 50 年以上。1996 年后，陆续育苗引种河北大磨盘柿、牛心柿、绵柿及日本甜柿系列品种 10 余个。小规模栽培果园在孙甘店南石冲、营镇金庄、龙王庙西范堤，面积约 200 亩，刚进入结果初期，2005 年总产 3 吨。

干果　核桃、板栗在大名引种于 1998 年，冬季抽条严重，无规模栽培，只有少数农户庭院内零星栽植。其他果树还有猕猴桃、石榴、山楂等，因栽培极其零散，面积、产量未计。

产销存储与加工

1984 年，大名果品产量为 7489 吨，市场同时引进部分优质果品和南方水果。1995 年，果品产量 2850 吨，销售多以批发为主，零售为辅。2000 年以后，部分苹果批量销往北京、天津、上海等地。根据市场发展需求和人民群众要求，部分果农和商贩在各个集市街道摆摊零售。在售果季节，逢集日果品摊位达 100 余个，日销售量 5 ～ 20 吨。

果品采收后，果农每年都要留出一部分果品贮存。红富士系列品种、金冠、国光等晚熟苹果品种、鸭梨、雪花梨及少量红提、黑提葡萄品种，一般贮存到春节前后上市。进入 21 世纪后，冷库大量兴建，果品可贮存至新果上市，出现了专业冷库存果市场，贮存期间保证果品质量，存户每斤果品交贮存费 0.1 ～ 0.2 元。由于淡旺季果品价差 0.4 ～ 0.6 元 / 千克，近年来，冬贮量逐年加大。2005 年冬贮量达 5000 吨。

1985 年，大龙杏脯厂建成投产，年加工杏脯 50 吨，最高达 100 吨，产值 100 万元。产品通过省外贸销往日本、新加坡及东南亚一些国家。1995 年后市场销售不畅。2005 年，王村乡西赵庄万吨桃汁加工厂建成投产，年消耗桃果 1 万余吨，生产鲜桃汁 1 万吨，年产值 2000 万元，产品销往国内石家庄市、郑州市及东南亚一些国家。

第五节　林业管理机构

1979 年，林业局由原农林局分出单设，内设秘书科、林果股、果桑股，下辖卫东林场，有干部职工 32 名。

1984 年机构改革后，局内设办公室、林业股、果树股、林产品公司，下辖城关镇、杨桥镇、万堤镇、龙王庙镇、束馆镇、金滩镇 6 个基层工作站和卫东林场。

1990 年，林业股改为林业站，果树股改为果树站，全局共有干部职工 40 名。

1996 年 12 月，林业局内设办公室、人教股、财务股、资源林政管理站、林果站、世界银行贷款国家造林项目办公室，下辖卫东林场。领导职数 4 名，其中局长 1 名，副局长 3 名。

2005 年年末，林业局内设办公室、人事科教股、计划财务股、资源林政管理股、植树造林股、办公室、林果站、资源林政管理站、世界银行贷款国家造林项目办公室、下辖卫东林场，全局共有干部职工 36 名，其中高级农艺（工程）师 6 名，工程（农艺）师 7 名，助理工程师 1 名。

第五章　畜牧水产业

改革开放后，大名县畜牧业得到较大发展，成为大名县的特色主导产业之一。2005 年畜牧业产值占农业总产值的 48%，在国民经济和农民增收中发挥着越来越重要的作用。2005 年，大名县被授予国家瘦肉型商品猪基地县、被邯郸市政府授予建设畜牧强县先进县。

第一节　畜禽饲养

牲畜种类和数量

大牲畜　牛、马、骡、驴等大牲畜在改革开放以前主要作为役用，只有老弱病残的淘汰个体才作为肉用；随着农业机械化的快速发展及广大群众生活水平的提高，大牲畜从以役用为主，逐渐变为以肉用为主。牛有冀南黄牛、蒙古牛、鲁西牛、南阳牛、短角牛、黑白花奶牛、海福特牛及其杂交后代，主要群体为冀南黄牛。1979 年，大名县有牛 13144 头，以役用为主。1990 年减少至 8460 头。此后，随着市场经济的变化，1994 年发展至 60990 头，1997 年发展至 10 万头以上，至 2005 年存栏 116749 头，以束馆镇、西付集乡、埝头乡、北峰乡、万堤镇、龙王庙镇等乡镇数量最多。1979 年牛出栏为 0，1990 年为 1935 头，2005 年达 64816 头。马有蒙古马、伊犁马、三河马和本地马。1979 年，大名县有马 5257 匹，此后逐年减少，1990 年为 4705 匹，最少的 1996 年仅存 2374 匹，2005 年回升至 3900 匹。全县均有分布，以役用为主。骡有马骡、驴骡两种。1979 年大名县有 2563 匹，1990 年发展至 7212 匹。随着农业机械化的发展，至 2005 年减少为 1200 匹。全县均有分布，以役用为主。驴有关中驴、渤海驴、太行驴及上述品种的杂交群体。1979 年，大名县有驴 7764 头，随着联产责任制土地承包到户，1990 年发展至 28580 头，至 2005 年年末驴存栏 16780 头。全县均有分布，以役用为主。

猪　以引进的巴克夏、长白、金花、上海白、约克夏、内江猪、皮特兰猪为主，本地长嘴猪不多。1979 年大名县猪存栏 175633 头，1985 年经河北省畜牧水产局考察，大名县定为省级瘦肉型商品猪基地县，1987 年经河北省政府批准大名县定为商品猪基地县。此后，随着市场经济的兴起，大名县养猪业有了较快发展，1990 年 153518 头，2000 年 412000 头，2005 年 566643 头。猪年出栏 1979 年为 60408 头，1990 年 101148 头，2000 年 512300 头，2005 年 651457 头。全县均有分布，以万堤镇、张铁集乡、孙甘店乡饲养量最多。

羊　境内有大尾寒羊、小尾寒羊、本地山羊、波尔山羊等品种。1979 年共有羊 73130 只，主要分布在黄金堤乡、营镇乡及大名镇回族聚居村庄。此后，各乡镇均有饲养。1990 年 100127 只、2000 年 345500 只，2005 年 487110 只。羊年出栏量由 1990 年的 60246 只，发展至 2005 年的 42 万只。

兔　境内有青兰兔、长毛兔、力克斯兔（俗称“獭兔”）、白兔、黑兔、比利时兔、花巨兔、大耳兔和其他杂交兔，全县均有分布。1979 年大名县有兔 14 万只，1990 年减少为 10.3 万只，2000 年发展至 46.4 万只，出栏 49.2 万只。至 2005 年存栏 39.2 万只，出栏 63.4 万只。20 世纪 80 年代，农户养兔以卖兔毛、兔绒为主，县冷冻厂亦收购一部分加工兔肉外销。20 世纪 90 年代冷冻厂停产，兔毛销售价格下跌，导致兔存栏量下降。进入 21 世纪，随着市场环境的改善，养兔业得到快速发展。

家禽种类和数量

鸡　境内鸡的品种很多，改革开放以来，先后有来航鸡、澳洲黑鸡、芦花洛克鸡、洛江红鸡、九斤黄鸡、星杂 288 鸡、尼克鸡、泰和鸡、星杂 579 鸡、京白Ⅱ系鸡、AA 鸡、肉杂 817 鸡、各品种的杂交后代鸡以及少量本地鸡。1979 年鸡存栏 38 万只，1990 年存栏 89.5 万只，2000 年存栏 720 万只，2005 年存栏 675 万只。

蛋鸡养殖（摄于 2005 年）

鸭　境内以麻鸭为主要群体，此鸭生长快、抗病力强，遍布全县。1981 年存栏鸭 10583 只，1990 年存栏 36568 只。进入 21 世纪，鸭的存栏量大幅度提高，至 2005 年为 30 万只。

鹅　以白色鹅、灰色鹅为主要群体。中华人民共和国成立之初大名县仅有鹅 350 只，1981 年发展到 26909 只。此后数量比较稳定，至 2005 年为 32167 只。全县各地均有零星分布。

蜜蜂　1979 年发展至 1983 箱，养蜂最多的 1986 年为 2733 箱，2005 年降为 330 箱。

家鸽　俗称“云鸡”。随着经济条件好转，养家鸽的人们和数量逐步增加。20 世纪末又引入信鸽良种。

其他　犬、猫成为大部分家庭的宠物，其数量逐年增多。山鸡、鹌鹑、水貂、麝鼠等动物亦时有少量饲养。

1979—2005年大名县畜禽存栏情况统计表

表 6-7　　　　　　　　　　　　　　　　　　　　单位：头（只）

年份	大牲畜	其中役畜	牛	马	驴	骡	猪	羊	蜂（箱）	鸡	兔
1979	28728	24114	13144	5257	7764	2563	175633	73130	1983	380000	140000
1980	29738	23958	10822	5147	10955	2814	170019	93657	2178	550000	—
1981	31445	—	7335	4987	16044	3079	146543	94730	1919	438648	114309
1982	35896	—	6409	5003	20976	35008	149420	90627	1641	473720	99881
1983	38950	—	7124	5049	22820	3957	151800	93568	1152	929684	118670
1984	40756	—	5950	5392	25078	4336	145663	61618	991	817697	153804
1985	41737	—	5272	4788	26160	5562	151343	67077	855	918910	121600
1986	40603	—	5585	4209	25081	1728	137678	65346	2733		—
1987	41978	—	6129	3999	25872	5978	134286	89187	1276	1020000	152800
1988	45506	—	7257	4303	27458	6488	145462	106098	1087	900000	17539
1989	46594	—	8031	4246	6593	6593	147912	109284	867	900000	194371
1990	48957	23140	8460	4705	28580	7212	153518	100127	1891	895371	102084
1991	50976	21500	11069	4314	28214	7389	158717	107385	1011	918628	89281
1992	56100	20145	19300	3900	26200	6700	162400	112700	851	890000	120000
1993	67827	19850	39000	3000	209907	4920	191000	120117	620	1740000	123000
1994	85017	18200	60990	3059	16549	4383	204581	148609	580	2760000	165000
1995	108916	18150	87628	2761	14360	4157	277081	233187	560	3550000	203837
1996	111035	16440	95485	2374	10176	3000	362976	282156	530	5183000	437128
1997	135400	14210	101200	6100	21800	6300	384700	307300	480	5442100	338000
1998	137700	11456	103200	6000	22800	5700	392300	322600	470	6505300	402400
1999	141600	10210	106200	6200	23400	5800	404000	335500	420	5885500	422500
2000	136887	10050	103684	6018	21449	5736	412000	345500	380	7200000	464000
2001	136800	9600	105683	5920	29119	5079	417481	355800	350	6246000	512000
2002	142719	8500	107887	6131	21127	7574	434179	372467	330	6336000	425800
2003	146258	6282	115696	5333	19485	5024	473948	389082	330	6615000	401500
2004	142667	4800	116701	4548	16743	4676	482358	438712	350	6800000	380800
2005	138629	4700	116749	3900	16780	1200	566643	487110	330	6750000	392000

养　殖

大名县渔业以池塘为主，养鱼池塘以土池为主，兼有水泥板铺坡护壁，底部铺设塑料薄膜或塑料布防渗保水，如金滩镇金中渔场、金北渔场，各有100亩水面，全部铺底、护坡，也有全部水泥结构。1997—2000年，水面增长较快，淡水池塘养殖水面一直维持在1500亩。进入21世纪，提倡提高单产，产业结构改革，养殖思路朝“名、特、优”发展，水面增长不大。养殖鱼种以鲤鱼为主，兼养鲢鱼、草鱼。2000年后相继发展胡子鲶、罗非鱼、鲳鱼、建鲤等品种。热带鱼、观赏鱼也逐年发展起来。2000年以前多以肥水、培养微生物为主；后向精养发展，有条件者以颗粒饲料为主，辅以培养微生物，也有直接投喂青草、小麦麸皮者，有水下悬挂花生饼喂饲者。大名县渔业产量主要是养殖产量，2000年后一直在1200吨左右。

大名县有卫河和漳河流经境内，产有鱼虾，“渔舟唱晚”曾是卫河一道风景。自1979年漳河断流，卫河污染，河中基本无鱼，产量微乎其微。

2003年以后，由于政府提倡，经济带动，观念转变，热带鱼、观赏鱼有所发展。

第二节　饲养体制和养殖技术

饲养体制

大名县的饲养体制在20世纪80年代末90年代初，其饲养形式为国营、集体、农户三种形式齐头并进，各有侧重。国营单位如农场、林场、县供销社系统等，以饲养马、骡为主，饲养数量以满足耕作、运输为前提。农村各生产队以饲养牛、马、骡为主，各生产队饲养数量5～10头（匹）不等，主要用于农田耕作和麦、秋两季农作物播种与运输。各农户以饲养猪、鸡为主，一般农户以养猪1～2头、养鸡（或鸭、鹅）5～10只，部分农户兼养羊2～3只，个别户养10余只。农户养畜禽主要用于换取零花钱，贴补家庭日常开支。

家养、私营养殖场　20世纪90年代后，随着农村分田到户和机械化的发展普及，畜牧业的饲养体制发生较大变化。国营、集体饲养退出历史舞台，居民家养成了饲养主体，伴随规模化、集约化养殖的发展，出现了私营正规化养殖场。位于孙甘店乡南李庄村西的京华生态科技养殖园，2005年存栏肉牛600余头，年获利100余万元；位于万堤镇万北村的万丰养鸡场存栏青年鸡30000只，万丰养猪场存栏三元仔猪1500头；位于香油城北的集成种猪有限公司存栏种猪及三元仔猪2000头；位于天雄路东段的大名县扶贫科技养殖园存栏优种羊800多只。

“公司＋基地＋农户”　万堤镇以邯郸正大饲料和大名县智成饲料有限公司为依托，形成“公司＋基地＋农户”的畜牧业饲养模式，至2005年年末有6个养猪专业村、15个标准化私营猪厂和万北村种猪厂。种猪厂年存栏种猪100头，年供商品猪3000余头，收入50万元。万北村220户农户年出栏商品猪6000头，获利120余万元，人均获利1336元。

养殖技术

喂养　牛的饲养方式自改革开放以来发生了较大变化。1979年，饲养方式主要是集体饲养，随着联产承包责任制的推广，土地分田到户，集体饲养形式逐渐退出历史舞台，取而代之的是分户饲养。进入21世纪以来，由分户少量饲养演变为大批量饲养。随着牛的用途以役用为主转变为以肉用为主，其饲草饲料的搭配，由以玉米秸秆、麦秸等农作物秸秆为主，改为秸秆青贮和氨化配以精饲料的科学喂养。牛增长速度加快，缩短了出栏时间，农民从中获取了较大经济效益。

1979年后，猪的饲养形式一直以农户饲养为主体，只有少数国营单位，如林场、配种站、新生农场饲养少量猪。进入21世纪以来，在猪的喂养上出现了很多饲养大户及标准化养猪场。2005年猪的存栏量达651457头，是1979年的3.78倍。猪的喂养方式由草面加玉米面湿喂，逐渐发展为以喂全价饲料为主，水、料分开的科学喂养。

羊的饲养形式一直是农户个体饲养，喂养方式以放养为主，20世纪末，在放养的基础上辅以圈养并加喂少量精料。至2005年年末羊存栏42万只，是1979年的6倍。

1979年后，鸡的饲养形式由分户散养为主逐渐发展为笼养为主。养鸡的数量亦由几只、十几只转变为规模饲养，一户养数百只、上千只的养鸡大户遍布各乡镇。2005年年末，鸡的饲养量从1979年的38万只发展至675万只。鸡的喂养方式由原来的剩饭加糠麸，改为21世纪的以全价饲料喂养，水、料分喂的饲养方法。

在市场经济影响下，畜禽的饲养形式和喂养方法发生了显著变化，出现了很多饲养大户及养牛、养猪、养羊、养鸡专业户和专业村。畜牧业一改过去“养鸡为了零花钱，养猪为了凑整钱”的习俗，演变为充分利用饲草饲料资源尽快走向小康路的致富捷径，畜牧业成为大名县农业的支柱产业，亦成为大名县人均收入的主要来源。

繁殖　1979年，有万堤农场畜牧配种站和龙王庙畜牧配种站，马、驴、牛大牲畜均采用人工授精方法。1986年，上述2处畜牧配种站分别承包给个人经营，年配种8000～9000头次。20世纪90年代，随着优种冷冻精粒冷配技术的推广，大牲畜的品种得到改良。

1979年，猪的繁殖多由2处畜牧配种站为农户饲养的本地种猪进行配种繁殖，同时有少数生产小队及部分基层供销社饲养良种猪经营配种业务。20世纪80—90年代开始大量引进优种公猪，个体农户饲养良种猪配种参与其中，推动了大名县猪品种的改良和养猪业的发展。21世纪后县内出现了大型种猪厂，既有种公猪亦有种母猪，生产出了二元猪和三元猪。如王村小李凝村1999年投资60万元建成占地30亩的大型现代化红昌种猪养殖基地，每年向当地提供数千头优质二元、三元猪，并与天津肉联厂签订了长期供销合同，农户的成品猪供给天津，每斤比市场价高0.2～0.4元。2005年基地种猪存栏800头。万北村的种猪厂年存栏种猪100头，年供商品猪6000头。位于香油城北的集成种猪有限公司年存栏种猪及三元仔猪2000头。

家禽的繁殖在1979年主要采用传统方法，即母禽抱窝孵化，此后辅以暖炕孵化和温水孵化法。全县家禽存栏量1979年鸡38万只，1980年55万只。20世纪80年代后，大名县家禽的繁殖在传统方法的基础上，主要靠从山东省引入雏禽。1998年，北马头村张书源在石家庄种鸡孵化厂学艺5年，掌握了机械孵化、雌雄鉴别及鸡病防治等全套技术，回大名后与其哥哥张书印共同投资建起了大名县第一个机械化孵化场“河北省大名县便民种鸡孵化场”。其种鸡孵化箱从6台发展至2005年的11台，每年从北京中国农大和石家庄第二、第三机械化养鸡场引进罗曼、尼克及海兰系列种鸡蛋，年孵化量从开始的50万羽发展至150余万羽，每年除供应本县部分养鸡场外，还销往广平县、魏县、曲周县、肥乡县、馆陶县，山东省冠县、莘县，河南省南乐县。2004年，为扩大销售，通过建设网站与四川省绵阳市一客户建立了购销关系，每年销售其雏鸡50万羽，并销售至内蒙古等地。2005年，大名县有林辉孵化场等2个机械化孵化场，每年孵化家禽200余万只。

第三节 饲草饲料

饲 草

大名县微地貌复杂，饲草资源丰富。饲草资源的组成主要是农作物秸秆、瓜菜下脚料、青草、树叶等，这些粗饲草构成了发展畜牧业的物质基础。

青饲草 大名境内有漳河、卫河、马颊河，其河流堤岸、滩地、故道及渠道路边等零星草地，每年可利用的青草有350万千克。林地、果园、四旁植树，每年可提供大量树叶，年可利用997.53万千克。蔬菜下脚料（残次品蔬菜）可利用791.89万千克。以上四项青饲草总量达2139.41万千克。

作物秸秆 随着农作物复种指数及科学种田水平的提高，农作物总产逐年增加，为畜牧业提供的秸秆也随着增长。玉米秸、麦秸、花生秧、红薯秧、谷草、豆类秸秆的可利用总量为55434.86万千克（干物质）。随着畜牧业对饲草需求量不断增加，为充分利用饲草资源，提高秸秆的利用率，增强家畜的适口性，从20世纪80年代开始，大名县普遍推广了玉米秸秆青贮技术和麦秸氨化技术，每年青贮及氨化秸秆30万吨。这样既避免了资源浪费，又摆脱了焚烧秸秆造成的环境污染。2005年大名县被定为“国家级秸秆养畜示范县”。

饲 料

根据县农调队百户调查结果推算，2005年大名县用于饲料的粮食为4898.19万千克，每年结余粮食56765.32万千克。油类糟粕。农户加工食用油共产生花生饼等糟粕381.12万千克。麦麸。大名县有近30家面粉加工厂，日加工小麦面粉产生的麦麸全年为30000万千克。全价及浓缩饲料。大名县有邯郸正大饲料有限公司等8家饲料公司，年产饲料5000万千克。2005年，大名县饲草、饲料、全价饲料总量为154618.91万千克。

第四节 动物防疫检疫

县畜牧水产局有各类专业技术人员16名，其中高师4名，中师10名，助师2名，负责大名县的畜牧业技术服务。大名县有20个兽医站，有畜牧技术人员78名，有村级防疫员300名，形成县、乡、村三级防疫检疫网络。

县畜牧部门是县级动物防疫机构，负责大名县的动物疫病的防控，传染病的扑灭，动物疫病诊疗的管理。大名县实施的是春秋两季突击防疫和常年补针相结合的机制，春秋两季防疫开始前，由主抓农业的副县长主持召开动员会，主抓农业副县长与乡镇长、畜牧水产局局长与乡镇动物防疫监督分站站长分别签订责任状，乡镇长是辖区内防疫工作的第一责任人，畜牧水产局负责疫苗的供应，防疫经费列入财政预算，政府部门保组织、保发动，畜牧部门保免疫密度的原则协调联动，为畜牧业的健康发展起到保障作用。对重大动物疫病，采取强免制度，达到乡不漏村、村不漏户、户不漏畜禽、畜禽不漏针，使免疫密度达到常年100%。

2004年年初，国内部分省市相继发生高致病性禽流感，大名县及时制定《大名县防治高致病性禽流感应急预案》，成立指挥部，遇紧急情况快速启动应急预案。通过近4个月的工作，严把了“三关”，实现了“三不”：严把输入关。经省市批准，在龙王庙106国道省界处由畜牧、公安、交警共同设立禽流感临时消毒站，24小时轮流值班，共消毒车辆280辆、各种动物1.3万头（只），有效杜绝疫情的传入。严把防疫关。出动防疫人员1582名，共防疫各种禽类680万只，注射密度100%。严把消毒关。购入消毒药品15吨，对大型养禽厂及候鸟聚集地进行了全面消毒，实现了不输入，不发生、不扩散的目标。

2005年，大名县投资180万元在大名镇、龙王庙镇、旧治乡、西付集乡、束馆镇、红庙乡、营镇乡、万堤镇、王村乡、黄金堤乡建设了10个动物防疫监督站，配备了40名工作人员。

第五节　机构设置

1979年，大名县畜牧局内设畜牧股、水产股及畜牧防疫站，下设38个乡镇畜牧兽医站（七里店乡未设）。1984年，畜牧局与农业局合并，称农牧局，设有畜牧股、水产股、畜牧防疫站及畜牧工商服务门市部，共有技术人员30名。

1987年农、牧分设，改称大名县畜牧水产局。

1990年，局内设机构有办公室、畜牧防疫站、动物检疫站、畜牧股、水产股、牧工商公司，下设38个乡镇畜牧兽医站。

2001年7月，县畜牧水产局由城内东大街迁至大名府路县政府院内办公。

2005年，县畜牧水产局为县政府直属事业单位，内设办公室、畜牧股、水产股，机关编制11名，其中局长1名、副局长2名，股级职数4名，设有畜牧防疫站、动物检疫站，有技术人员16名。下辖20个乡镇兽医站，有技术人员78名；10个动物防疫监督站，有技术人员40名。

第七编　第二产业与民营企业

大名县是农业大县，工业基础比较薄弱。1979 年，大名县工业总产值 3768 万元，占工农总产值的 33.5%。随着改革开放不断深入和计划经济转变的不断推进，“三资”、私营、个体等非公有制企业迅速崛起。1990 年，乡镇企业占主体地位，企业个数、产值水平均明显超过国有和县办集体企业。1995 年，大名县工业总产值 97555 万元，占工农业总产值的 59.4%。从 1996 年 9 月开始，大名县陆续对经贸局及商粮贸系统的国有、集体企业进行股份制、股份合作制改造，通过职工入股，实现企业产权多元化，增强企业与职工责任意识和风险意识，进一步调动了企业的经营积极性。1998 年，大名县工业总产值 155501 万元，占工农业总产值的 63.4%。县委、县政府进一步加大招商引资力度，一批较大投资项目陆续建成投产。2005 年，大名县工业总产值 559346 万元，占工农生产总值的 65%。1990 年大名县有各种建筑企业 31 家，从业人员 4000 余人，其中三级企业 1 家，四级企业 8 家，四级以下企业 22 家。随着城乡基础设施建设力度不断加大，建筑业规模越来越大，到 2005 年，大名县有各种建筑企业 62 家，从业人员 8 万余人，其中二级企业 6 家，三级企业 16 家，四级以下企业 40 家。

第一章　工　业

1979 年，大名县乡及乡以上独立核算工业企业 136 家，其中国有企业 13 家，产值 2108 万；县办集体企业 12 家，产值 681.9 万元；乡镇企业 111 家，产值 978 万元。1985 年，大名县乡及乡以上独立核算工业企业 237 家，其中国有企业 11 家，产值 1552 万元；县办集体企业 46 家，产值 3063 万元；乡镇企业 180 家，产值 1700 万元。1990 年，大名县乡及乡以上独立核算工业企业 134 家，其中国有企业 17 家，产值 3178 万元；县办集体企业 20 家，产值 9991 万元；乡镇企业 97 家，产值 4319 万元。1993 年起，大名县陆续成立邯郸大发裘皮有限公司、邯郸正大饲料有限公司、邯郸明德针织有限公司等一批三资企业和河北五得利面粉集团有限公司、益民面粉有限责任公司为代表的一批个体私营企业，打破了大名县工业国有、集体企业独掌江山的格局，形成了多种经济成分共同发展的新局面。乡及乡以上独立核算工业企业 128 家，其中国有企业 13 家，产值 5160 万元；县办集体企业 22 家，产值 14615 万元；乡镇集体企业 93 家，产值 20528 万元。1998 年，年销售收入 500 万元以上的传统工业企业 19 家，总产值 28072 万元，利润总额 1472 万元。2005 年，大名县工业利润总额 8039 万元。随着工业的不断发展，培育壮大了一批骨干优势企业，销售收入 500 万左右以上的企业 18 家。

第一节 管理机构

1979 年，大名县工业由县地方工业局和县工业学大庆办公室管理。同年成立经济计划委员会，内设工交科、秘书科、基建科、物价科，主要负责领导管理大名县工业、计划、基建、物价、环保等方面的工作。1981 年，成立经济委员会，内设秘书科、生产科、企业管理科，分管工业局、农业局、交通局、邮电局、电力局、社队企业局、化肥厂、联运办公室等 8 个对口单位及 9 个有业务领导关系的商办工业。

1983 年，撤销工业局，其下属单位并入经委，经委内设科室调整为办公室、生产科、技术科、经销科、财务科、劳动人事科、纪检会、工会。管辖单位有大名县化肥厂、酒厂、油泵油嘴厂、农机厂、纸厂、机械厂、棉织厂、汽车修配厂、汽车队、计量所等。1984 年 10 月，成立大名县手工业联社，与二轻公司一套人马，两个班子。1990 年，大名县经济委员会内设科室调整为党委办公室、行政办公室、生产科、科技科、企业管理科、劳动人事科。1996 年 10 月，经济委员会改为经济贸易委员会。1998 年 4 月，二轻公司并入经济委员会，内设办公室、劳动人事科、生产技术科、企业管理科，行政编制 17 名。

2002 年 6 月，经济贸易委员会改为经济贸易和安全生产监督管理局，内设办公室、经济运行发展股、电力股、安检股，并设食品工业办公室、电力办公室、煤炭市场管理办公室、成品油办公室，行政编制 13 名，事业编制 5 名，2004 年 5 月至 2005 年，根据工作需要，局内设办公室、人事股、经济运行股、安全监察股、危险化学品监察股、综合执法大队，行政编制 13 名，其中局长 1 名，副局长 3 名。

第二节 产权类型

1979 年，大名县工业产权主要有全民国有、县办集体、乡镇集体企业三类。随着改革开放和市场经济的发展，2005 年年末，境内工业的产权类型主要有国有、县办集体、股份制、乡镇集体、个体私营五类。

全民工业企业

1979 年，大名县国有工业企业共 10 家，分别是大名县化肥厂、农机厂、油泵油嘴厂、酒厂、磷肥厂、粮食局面粉厂、水利局预制件厂、蜂窝煤厂、小煤窑、建材厂。1981 年增加大名县商业局糕点公司，1982 年增加大名县冷冻厂，1983 年增加大名县饲料公司，1985 年增加物资局旺丽家具厂，1986 年增加大名县塑料厂，1988 年增加大名县商业局肉联厂。1990 年，大名县磷肥厂停产下马，1995 年改建为大名县糠醛厂；1993 年，大名县化肥厂破产，改建为大名县染料化工厂；是年，大名县农机厂与大名县拖辊厂合并，建立大名县输送设备总厂。期间，大名县小煤窑、建材厂、蜂窝煤厂、糕点公司、塑料厂等相继停产关闭。1996 年后，大名县油泵油嘴厂、染化厂、糠醛厂、酒厂相继改为股份制企业，大名县输送设备总厂破产。2005 年年末，大名县有国有工业企业 6 家，分别是大名县粮食局面粉厂、水利局预制件厂、冷冻厂、商业局肉联厂、物资局旺丽家具厂、电力公司。

县集体工业企业

1979 年，大名县有县办集体工业企业 19 家，分别是大名县拖辊厂、石灰厂、自行车配件厂、棉织厂、服装厂、皮麻厂、印刷厂、造纸厂、木器厂、汽修厂、机械厂、草辫厂、副食加工厂、杨桥棉厂、金滩镇铁木厂、万堤铁木厂、龙王庙铁木厂、束馆修造厂、水利局水泥厂。1980 年增加大名县针织厂，1984 年增加大名县工贸联营草制品厂。1985 年，大名县自行车配件厂破产，改建大名县矿机厂，同年新建大名县油脂蛋白厂。1986 年增加大名县化工厂，1987 年增加大名县埝头棉厂、大名县北峰棉厂，1988 年增加大名县孙甘店油厂、大名县皮毛厂、大名县花生制品厂等。1980—1982 年，大名县束馆修造厂、水利局水泥厂、石灰厂、皮麻厂关闭，1990 年，机械厂被油咀厂兼并。1993 年，拖辊厂与农机厂合并。1996 年，棉织厂、针织厂、矿机厂改造为股份制企业，1998 年，大名县印刷厂改造为股份制企业。1999 年，大名县工贸联营草制品厂改为大名县工艺品厂。2001 年，大名县造纸厂破产。2005 年年末，大名县有县办集体工业企业 9 家，分别是服装厂、汽修厂、杨桥棉厂、金滩镇铁木厂、万堤铁木厂、杨桥铁木厂、大名县工艺品厂、大名县化工厂、大名县皮毛厂。

其他所有制工业企业

股份制、股份合作制企业。随着改革开放的不断深入，招商引资力度的加大，1993 年开始相继成立邯郸大发裘皮有限公司、邯郸正大饲料有限公司、邯郸明德针织有限公司等一批合资企业。1996 年起，通过对国有、集体企业进行股份制改革，相继成立河北大名府酒业有限责任公司、大名县环中机械制造有限责任公司、大名县名鼎化工有限责任公司、大名县发达化工有限责任公司、大名县针织有限责任公司、大名县矿山机械有限责任公司、大名县印刷有限责任公司、大名县冀大提花有限责任公司等，后大名县环中机械制造有限责任公司于 2002 年破产。2005 年年末，大名县共有股份制企业 10 家，分别是河北大名府酒业有限责任公司、大名县名鼎化工有限责任公司、大名县发达化工有限责任公司、大名县针织有限责任公司、大名县矿山机械有限责任公司、大名县印刷有限责任公司、大名县冀大提花有限责任公司、邯郸明德针织有限公司、邯郸大发裘皮有限公司和邯郸正大饲料有限公司。

第三节　生产门类

1979 年后，特别是在计划经济向市场经济转型过程中，大名县工业有了较快发展，生产门类不断增多，2005 年年末，大名县工业生产门类有：机械制造修配、酿造、建材、工艺品、印刷、服装、木材、饲料、食品、纺织、针织、化工业。

机械制造修配

1979 年，大名县共有机械制造修配工业 9 家，分别是大名县油泵油嘴厂、农机修造厂、拖辊厂、自行车配件厂、汽车大修厂、金滩镇修造厂、龙王庙修造厂、万堤修造厂、杨桥修造厂，主要生产输送机械、农机配件及农机具、汽车维修。20 世纪 80 年代后，经过几年的发展，几个主要厂家开发生产一些定型产品，如大名县油泵油咀厂生产 ZB-40 型分配阀；大名县拖辊厂生产缓冲拖辊、弹簧拖辊、软轴拖辊等；大名县农机修造厂生产机动三轮离合器、小拖三角皮带轮、前盖总成等，其中大名县油泵油嘴厂生产的ZB-40型分配阀随主机出口苏联、澳大利亚等国，是全国唯一的生产厂家。大名县农机修造厂生产的120型、150型拖拉机离合器总成销往邯郸、石家庄、北京、湖北等地，棉花风运上垛机销往河南、新疆、湖北、安徽等省。大名县拖辊厂生产各种型号的拖辊162种、机架51种、滚筒34种等系列产品，不仅销往国内20多个省市，而且出口美国、联邦德国等国际市场，1990年创外汇300多万美元。同时，机械维修水平不断提高，大名县汽车大修厂连续六年荣获邯郸交通局"先进企业"称号，并荣获地区汽车修配行业"最佳质量企业"奖。1990年，大名县有机械工业3家，共有从业职工496人，固定资产286.96万元，产值615万元。2005年年末，大名县县办机械制造修配企业有5家，分别是大名县汽车大修厂、大名县矿山机械有限责任公司及大名县万堤、杨桥、金滩镇铁木厂，共有职工85人，固定资产89万元，利税1.6万元。

酿造工业

1979年，大名县县办酿造企业仅有1家，即大名县酒厂，主要生产优质曲酒和普通白酒两大类，主要品种有滴溜酒、大名府酒、狄公酒、大名头曲等多种优质白酒，行销国内16个省（市、自治区）。后来相继研制开发五星级大名府、翠云楼、卫河王等系列优质酒。精制滴溜酒年产500吨，质量达到GB107811-89优质标准，1988年荣获首届中国食品博览会铜牌，1989年荣获河北省第二届消费者"信得过"产品奖，1990年荣获首届中原地区食品博览会名酒称号，在中国首届酒文化博览会上被评为"最受中外消费者欢迎的产品"，曾荣获长城杯奖和包装装潢一等奖。大名府酒年产500吨，1985年被评为省优，1990年荣获首届中原地区食品博览会名酒称号，在"北戴河之夏"商品交易会上被评为消费者满意产品。1990年从业职工465人，固定资产593.6万元，产值1022万元，实现利税316.94万元。2002年年末，大名县县办酿造企业有1家，即河北大名府酒业有限责任公司，从业人员471人，固定资产1112万元，产值1790万元，利税172.8万元。2005年年末，从业人员477人，固定资产582万元，产值3003万元，利税300万元。

建材工业

1982年，县水利局在刘窑建成预制件厂，主要生产空心板、水泥井管、下水道管等，2003年3月停产。1989年，县水利局在龙王庙扬水站新建水泥厂，1990年从业人员6人，固定资产9万元，产值5万元，利税0.5万元，后因生产经营不景气，于1998年停产关闭。

工艺品工业

1979年，大名县有县办工艺品生产企业1家，即大名县草辫加工厂。1984年草辫厂建立草制工艺品分厂，成为独立核算单位。1990年，同河北省工业品进出口公司联营组建工贸联营草制品厂，生产草制品达1000多个花色品种，出口日本、西欧、美国、东南亚、中东等20多个国家和地区。1999年，大名县工贸联营草制品厂改为大名县工艺品厂。1988年8月，大名县红庙木器工艺厂改建为皮毛工艺品厂，1989年1月，经县政府批准为县办企业，1988年12月与河北省轻工业经济技术开发公司、中国香港东方有限公司三方合资，成立邯郸大发裘皮有限公司，主要生产羊剪绒、挖花工艺品系列品种300多种，销往美国、加拿大、韩国等十几个国家及国内大中城市。2005年年末，县办工艺品生产企业有 2 家，即邯郸大发裘皮有限公司和大名县工艺品厂。邯郸大发裘皮有限公司已停产。大名县工艺品厂从业人员 110 人，固定资产 893 万元，年产值 800 万元，实现利税 50 万元。

印刷工业

1979 年，大名县县办印刷工业企业 1 家，即大名县印刷厂，隶属县经委领导。占地面积 3500 平方米。主要有彩印、商品活、社会零印、纸箱四条生产线，主导产品学生本，为市厚朴公司定点生产厂家，被评为河北省地产最畅销商品。2005 年，县办印刷工业企业 1 家；即大名县印刷有限责任公司，从业职工 60 多名，固定资产 355 万元，产值 300 万元。

服装工业

1979 年，县办服装工业企业有 1 家，即大名县服装厂，从业职工 104 人，固定资产 14.46 万元，产值 76 万元，主要加工出口睡衣、童装、休闲装、劳保服等 10 多种产品，为省外贸出口产品定点厂家。2005 年年末，县办服装工业企业有 1 家，即大名县服装厂，从业职工 29 人，固定资产 11 万元，产值 90 万元，实现利税 0.4 万元。

木材工业

1979 年，县办木材工业企业有 1 家，即大名县木器厂，1987 年改名为大名县家具厂，占地面积 4272 平方米，建筑面积 840 平方米，从业人员 52 人，主要为机关团体、学校、事业单位生产办公用具和社会上所需的各式家具，年产 8000 余件，自产自销。1985 年，县物资局在城西路建成旺丽家具厂。1990 年，大名县有家具制造厂 2 家，共有从业职工 80 人，固定资产 10.45 万元，产值 77.50 万元，实现利税 4.32 万元。2005 年年末，县办木材工业企业有 2 家，即大名县家具厂、旺丽家具厂。

饲料工业

1983 年，大名县粮食局在大名府路东段路南新建大名县粮食局饲料公司。1994 年 6 月在万堤镇建成中外合资企业邯郸正大饲料有限公司，主要生产猪、鸡、鸭、鱼等多种饲料，销往本县及周边省市。1990 年年末，县办饲料工业企业有 1 家，即大名县粮食局饲料公司，从业人员 49 名，固定资产 40.7 万元，产值 160 万元。1996 年 6 月停产，停产时有从业人员 26 人。

食品工业

1979 年，县办食品工业共 4 家，分别是县粮食局面粉厂、大名县副食品加工厂、大名县杨桥油棉厂、大名县孙甘店油厂。1981 年，从大名县商业局副食品公司分建成立大名县商业局糕点公司。1982 年，省外贸委投资 129 万元，在城东三里店建立大名县冷冻厂。1985 年，县社在城东王庄村建成大名县植物油蛋白厂。1987 年，建立埝头油棉厂。1989 年 4 月，县商业局建立大名县商业局肉联厂。1998 年，建成大名县花生制品厂。这些企业主要生产面粉、酱菜、咸脆烤花生、食用油、加工肉兔等。大名县副食品加工厂生产的烤花生，曾荣获对外经济贸易部优秀产品荣誉证书，大名县冷冻厂加工的猪肉、蒜苔、肉兔远销日本、加拿大、美国。1990 年，大名县共有食品制造业厂家 7 个，共有职工 614 人，固定资产 794 万元，年产值 766.4 万元，实现利税 22.8 万元。2005 年年末，县办食品工业厂家4个，即大名县冷冻厂、大名县粮食局面粉厂、大名县杨桥油棉厂、大名县商业局肉联厂。

化学工业

1979年，县办化工企业有1家，即大名县化肥厂，生产的合成氨除在大名县销售外，还销往湖南、安徽、河南、山东等省。1985年，在县城东门外建成大名县化工厂，开发生产的JRE金属烤漆水性腻子，属国家首创，销往北京、天津、辽宁、四川等13个省市。1993年，大名县化肥厂宣告破产，改建为大名县名鼎化工有限责任公司，主要生产4-氯-2.5二甲氧基苯胺产品，是国家“八五”科技攻关项目。1995年，成立大名县发达化工有限责任公司，主要生产糠醛，年产量1500吨，主要销往山东、河南等地。1990年，大名县有化学工业3家、职工663人，固定资产656.36万元，产值493.8万元。2005年，大名县有县办化工企业3家，即大名县名鼎化工有限责任公司、大名县发达化工有限责任公司、大名县化工厂，共有职工221人，固定资产1428万元，年产值8098万元，实现利税215.8万元。

大名县化肥厂（1990年摄）

造纸工业

大名县造纸厂位于龙王庙镇，1975年购置造纸设备开始生产包装纸，1977年开始生产本色有光纸、凸版印刷纸、书写纸、单胶纸等。1990年，大名县造纸厂占地面积47145平方米，建筑面积9159平方米，从业职工314人，固定资产368.09万元，产值309万元。2001年破产。

其他工业

纺织　1979年，大名县有纺织企业1家，即大名县冀大提花有限责任公司，占地面积3000平方米，建筑面积1000平方米，主要生产各类提花线毯，被邯郸地区评为优秀新产品，并连续3年荣获河北省行业优良产品称号，产品行销全国20多个省（市、自治区）。1990年，大名县有纺织工业2家，从业职工448人，固定资产251.27万元，产值568.7万元，实现利税14.87万元。1996年，企业进行了股份制改革。后因企业经营状况日益艰难，车间等设施对外租赁。2005年，县办纺织企业1家，即大名县冀大提花有限责任公司，职工76人，固定资产70万元。

针织　1980年建成大名县针织厂，主要依靠为邯郸地区针织厂缝纫加工维持生产，以此积累资金，购买设备、积累经验、培养技术骨干和经营人员。1982—1985年，初步形成了自成体系的生产线，采用腈纶、棉、毛等原料加工腈纶内衣、棉毛衫等产品，年产能力25万件，由邯郸地区纺织站包销。1996年建成大名县针织有限责任公司，占地面积21312平方米，建筑面积1500平方米，固定资产113万元，从业职工125人，主要生产汗布、棉毛布、绒布、青纶化纤类产品，主要产品有汗衫、背心、棉毛衫、棉毛裤、卫生衫、卫生裤、运动套装、印花布、双面布、涤盖棉布等近15个品种、30多个花色，青纶棉儿童套装，1987年获省政府儿童新产品奖，产品销往北京、天津、浙江、山东、河南等20多个省市。针织大圆机产30、28支单面针织布，远销意大利等国家和中国香港地区，是河北省外贸定点出口产品。2005年年末，有县办针织企业1家，即大名县针织有限责任公司，从业人员30人，固定资产587万元，产值232万元。

第四节　企业经营管理

1979年后，大名县工业的经营管理面临着从计划经济向市场经济的过渡。为充分调动企业的积极性，预算内企业1979年实行利润分成，1981—1982年实行利润包干，1984年全部实行利改税。1986年6月推行企业厂长负责制，1987年1月对企业实行目标管理责任制、厂长任期目标责任制。1996年9月对工业企业进行股份制改造，企业经营机制转换逐步加快。同时，为适应市场经济需要，企业内部劳动管理、财务管理、技术管理、质量管理、产销管理等经历重大变革，逐步实现了产权清晰、权责明确、政企分开、管理科学的现代企业制度。

劳动管理

随着改革开放和计划经济向市场经济的转变，企业内部劳动管理发生深刻变化。首先在用工制度上，经历了较大的改革。过去企业内部干部职工的调配由主管部门负责，企业只有雇佣少量临时工的自主权。同时，用工形式多种多样，有固定工、长期临时工、计划外用工、副业工等，由于用工制度不同，在待遇上存在着一定差异。固定工和长期临时工只要不违法乱纪，一般终身不变，即使在裁减人员时也很少被裁减，计划外用工只要企业不需要，随时可以裁减。后来，企业对新增人员实行劳动合同制的用工形式，与固定工享受同等待遇，对违法违纪者在合同期间可以辞退、除名、终止合同等。1984年，在大名县工业企业中全部实行全员合同制，打破了企业干部、固定工、长期临时工等身份界限，一律称为企业职工，签订劳动合同，交纳养老保险金，企业和工人可以双向选择，工人能进能出，不仅搞活了用工制度，而且充分调动了职工的积极性。在干部任用方面，多数企业都实行了聘任制，能者上、平者让、庸者下，打破干部、工人界限，不重资历重能力，不重学历重实绩，对企业领导和中层科室领导实行公开招聘，竞争上岗。有的企业还对车间主任、班组长实行民主选举。油泵油嘴厂采取这一措施后，取得明显效果，其经验先后在《河北日报》、河北电台、《工人日报》《光明日报》《邯郸日报》等媒体报道，在省内外产生强烈反响。随着企业内部改革调整和减员增效，在大名县工业企业中还实行了离岗退养、接班顶替等不同形式的内退，不仅优化了职工队伍，而且提高了职工队伍的素质。其次是在工资分配制度上进行了较大改革，1979年企业执行八级工资制，后执行等级工资制，一个级别有两个等级，超过了八级限度，但仍未打破论资排辈等弊端。随着市场经济的逐步建立，大名县工业企业在工资分配上按照多劳多得、按劳取酬的原则，相继推行技能工资制、浮动工资制、计件工资制、基础工资加超额工资制等，以计件工资制、基础工资加超额工资制居多，工资同经济效益挂钩，进一步调动了职工的劳动积极性。1996年后，随着市场激烈竞争，企业人浮于事，陆续出现了职工下岗、破产企业职工失业，失业职工领取失业金、下岗职工发优惠证和最低生活保障，实行再就业一系列优惠政策。

财务管理

1979年，大名县的工业财务管理仍处在计划经济阶段，县办集体工业企业一直实行八级差额累进税率，国有工业企业基本上实行统收统支的财务政策，企业盈利上缴，亏损由国家补贴，企业的财务管理实行利润包干，超利润分成。1983年实行自负盈亏，企业亏损国家不再给予补贴。各类企业的内部财务管理采取的形式和办法应运而生。起步最早的大名县油泵油嘴厂，首先推行班组经济核算，对各项经济指标层层分解，对所有产品按车间、班组、工序制定工时和材料消耗定额，核算各类成本、制订各种价格，并以内部流通券的方式结算，全厂实行买卖制，促进车间、班组及个人，人人都算经济账，个个都是理财人，使全厂成了上下衔接、左右协调的核算网，不仅调动了全厂职工增产降耗的积极性，而且促进各项基础管理工作制度的建立与完善。接着采取“分灶吃饭”，划小核算单位，实行车间内部独立核算、自负盈亏、利润分成的办法，在企业内部实行车间招标承包，实行“全奖全赔责任制”，取得明显效果。大名县酒厂实行定人员、定任务、定工资、定费用、定消耗等以利计酬的经济承包责任制；托辊厂实行科室、车间指标分解承包责任制；农机厂实行“四定一奖”责任制等，均发挥了积极作用，企业财务管理水平有了较大提高。1996年以来，大名县工业企业实行股份制改造，企业自主经营，自负盈亏，自我发展，国有、集体企业通过清产核资，国有资本全部退出，转换成股份合作性质，原来企业名称一律改成某某有限公司，原来企业的职工一律参股，成为企业的股东，企业盈利年终按股分红，企业亏损共担风险，企业和个人形成一个命运共同体，调动了广大职工的积极性。随着企业改革的步步深入，大名县国有、集体企业把企业财务管理作为厂务公开的一项重要内容，每年财务预算盈利亏损、收入支出定期向全体职工公布，接受广大职工监督，不断增强财务管理的透明度，不仅有效推进了企业的民主管理和财务的民主管理，而且更加调动了广大职工的积极性，提高了经济效益。到2005年，随着改革不断深入，有些企业不断加入股份制改造的行列，也有部分股份制企业实行个人承包或私人经营，使大名县工业企业的财务管理不断适应形势的发展。

质量管理

1979年后，随着市场经济的深入发展，大名县各类企业的质量意识逐步加强，把质量管理列入企业经营管理的重要内容，采取各种相应措施，加强质量管理工作。建立职业素质教育和技术培训制度。1982年起，不少企业成立技术培训中心，建立培训制度，组织师资队伍，定期开课、定期学习、定期考试，按工种类别和技术等级轮流培训，培训不及格不能上岗。

建立和完善质量管理基础工作。1983年起，企业对产品生产工艺、质量要求、技术标准、工装卡具、工位器具、生产条件和操作技能制定一系列规章制度，使质量管理逐步走向规范化、标准化，并逐步健全岗位质量责任制、计算检测制等，从企业到每个车间科室、每个岗位都明确质量管理职责范围和工作质量标准，并同经济利益挂钩，定期检查考评，为逐步过渡到全员质量管理创造了有利条件。

建立质量保证体系，推行全员质量管理。1984年起，企业开始建立和完善质量保证体系，推行全员质量管理。从产品设计、试验、生产、销售直到售后服务，实行全员全过程管理，建立全面质量管理办公室、质量科、质量检查室等，车间设质量检查员，并建立若干质量攻关小组、QS小组。职工每日生产的产品，首先经车间自检，然后送交企业质量检查中间站进行质量验收，产品各项检查合格后，转产品性能试验检测，包装入库。产品销售出厂实行“三包”（包修、包换、包退）。对产品质量的好坏实行严格的奖惩措施，有的企业实行质量经济责任制和质量“一票”否决，有效促进了各类产品质量的提高。

开展质量管理体系认证。2001年起，河北大名府酒业有限责任公司、大名县名鼎化工有限责任公司等陆续开展了ISO 9001国际质量管理体系认证，促进了产品质量提高和参与国际市场的能力。通过加强产品质量管理，大名县有多种产品荣获了省优、部优称号，有些产品还在国内外荣获了金奖和银奖。

原材料管理

在计划经济时期，物资管理同其他管理一样，生产计划由上级统一下达，原材料由上级统一供应，生产的产品由上级统一包销，进厂原材料及出厂的产品价格由上级统一规定。实行市场经济后，原材料由企业通过市场自行采购，出厂产品可以根据生产成本由企业自行定价，企业物资采购自主权增加，调动了各方面的积极性。在物资管理中，大名县多数工业企业基础管理工作比较完善，建立完善了诸如原材料验收入库制度、领发盘点制度、产品验收入库制度等。为最大限度地降低生产成本，不少企业建立了限额领料、限额费用制度，根据生产计划制定消耗定额，超过限额者按照比例罚款，消耗在限额以下者按照节约比例奖励，严格控制了原材料消耗，促进了增产节约行动的开展。随着厂务公开活动的深入开展，各企业推行了招标采购活动公开等措施，让职工有权利参与物资管理，谁采购的原材料质量最高，价格低就让谁来采购，谁为企业节省资金多，创造的效益好，谁就能多提成，多拿奖金，从而增加了物资管理上的透明度和干部职工的责任感。大名县名鼎化工有限责任公司通过采取比价购销办法，2004—2005年为企业节省资金130万元，其经验先后在《河北工运》《中国化工报》和全国总工会《工会信息》上刊登，并在全市介绍经验。

产销管理

1979年，计划经济时期企业执行以产定销，随着市场经济的建立，企业实行以销定产。为搞好市场经济条件下的产销管理，大名县各类工业企业加强市场调查和预测，通过市场调查和用户反馈情况，确定企业经营目标和产品结构调整规划，提高企业适应市场的竞争力。企业产销从计划引导向市场引导转变。各企业根据自身特点，选择灵活多样的经营方式，自主确定产品的销售价格和销售方式，自主安排产、供、销活动；采取机动灵活的营销策略。在激烈的市场竞争中，大名县工业企业以市场为向导，把用户视为“上帝”，不仅在产品质量上让用户认可，而且在信誉上让用户满意，为此，多数企业采取了多种形式的产品销售和促销活动，有的企业除与用户直接签订销售合同外，还举办产品展销会，参加产品订货会和各种形式的洽谈会。为开展优质服务，有的企业向用户提出多种“三包”承诺，从多方面维护消费者利益，以便赢得用户、拓宽市场；抓好市场信息反馈，虚心接受用户批评建议。通过售后服务，用户回访等形式，反馈了解企业产品性能、供求信息，以改进企业生产经营。重视产品宣传，提高产品知名度。各企业充分利用电视、报刊、广播、现代信息网络等渠道，加大产品宣传力度，提高产品知名度和企业无形资产，使企业销售管理更加科学规范。

第五节　重点企业及名优产品

重点企业简介

大名县名鼎化工有限责任公司　前身为大名县化肥厂，1993年4月6日在原大名县化肥厂旧址重建。占地面积6.2万平方米，其中建筑面积3.5万平方米，固定资产1700余万元，1996年改制为大名县名鼎化工有限责任公司，是集生产与科研于一体的精细化工科技型企业。主要生产十几种染料、颜色、医药中间体产品，产品科技含量高，为国家八五重点攻关产品，填补了国内生产空白，其中产品出口占50%以上。2000年公司获自营进出口权，2002年7月通过ISO9001国际质量管理体系认证，公司先后被省、市评为科技先进企业。主导产品4-氯-2.5-二甲氧基苯胺获国家科委名优产品金奖、河北省优秀新产品二等奖和邯郸市科技进步一等奖。十几种产品产销两旺，是国内精细化工行业同类产品的骨干生产厂家。2005年年末，从业人员292人，固定资产1051万元，产值10526万元。

邯郸大发裘皮有限公司　前身是大名县皮毛工艺厂，始建于1988年8月，于1993年3月与中国香港东方有限公司、省轻工厅三方共同合资建设。占地面积30680平方米，建筑面积15000平方米，职工300名，其中工程技术人员60名，管理人员15名，拥有总资产3886万元，主要设备有鞣池、烫剪毛机、缝皮机、去肉机、拉毛机、大型干洗机、甩干机、大型发电机等150台套，年加工各种生羊皮能力30万张。企业生产的皮毛工艺系列产品300种，分羊剪绒、植绒、磨绒三大系列，主要产品有地毯、床毯、挂毯及飞机、轮船、火车、汽车用的沙发坐垫、靠垫、鞋帽服装、手套等。企业有独立的进出口权，产品主要出口日本、韩国、美国、澳大利亚、欧洲等国家和地区，在韩国设有销售市场，在俄罗斯远东地区设有专营商店，在俄罗斯圣彼得堡设有联络处，在日本福岗设有专销店，在美国纽约设有联络处，在中俄边境妥芬河设有直销店。1995年在瑞士巴塞尔举办展销活动，1997年在美国纽约举办展销订货会，1998年在荷兰鹿特丹举办大型订货会，在国外形成了机动灵活的销售网络。多次参加广州交易会，设有独立摊位，展销羊剪绒系列产品300多种，并在国内大中城市的大型商场设有直销柜台。曾连续被评为省级出口免检产品、出口创汇先进单位、国家进口皮定点企业、全国经营联合会优秀企业、中国企业家联盟委员会会员企业、中国国际商会会员企业和邯郸市首届十佳三资企业、邯郸市十佳光彩之星企业等。2005年年末，固定资产504万元，产值1690万元，利润总额180万元。

河北大名府酒业有限责任公司　1946年建厂，前身是大名县酒厂，原在城内玉带街，1987年因扩大规模在三里店村北建分厂，占地面积61515平方米，建筑面积2200平方米。1988年，企业进行股份制改革，成立河北大名府酒业有限责任公司，下设滴溜大名府分公司、翠云楼分公司、卫河王分公司、银窖分公司等。建厂初期用粗瓷罐发酵，后改为泥池发酵。原料粉碎通风凉渣、供水等工艺由手工操作改进为半机械化、机械化、自动化操作。生产优质曲酒和普通白酒两大类，高、中、低3个档次，先后生产出九九香、红葡萄、宾香佳、大名府、双喜白、宾香乐、天雄、天雄香、特曲、玉麒麟、卢俊义、府城、滴溜白酒等品种。1990年后，又生产出比较高档的精制滴溜、金滴溜、五星级大名府、翠云楼、卫河王等深受广大消费者喜爱的优质酒。1988年被邯郸地区行署命名为地区级先进企业。1989年被邯郸地区行署工商局授予重合同、守信用企业。1990年被中国首届酒文化博览会评为中国酒文化优秀企业。2002年通过IS9001：2000国际质量管理体系认证。先后获得振兴河北经济奖、河北名酒、河北名牌、河北省著名商标、河北省我最喜爱的金质信任奖，连续七届获河北省消费者信得过产品等荣誉称号。2005年，从业人员477名，固定资产582万元，年产值3003万元，利润总额665万元。

大名县印刷有限责任公司　前身为大名县印刷厂，建于1953年，厂址位于大名县城南大街，占地面积3500平方米，建筑面积1150平方米。1979年有3台石印机、1台平台印刷机、圆盘印刷机等铅印设备，由铅印代替了石印。1984年投资15万元，购进TL2640双色凸版轮转机和J2101S单色自动胶印机，开始生产较高档次的彩色印刷产品。后又陆续筹措资金26万元，新上各类先进印刷设备10余台，形成彩印、商品活、社会零印、纸箱4条生产线，主要为邯郸市厚朴公司定点生产作业本，被评为河北省最畅销商品。1979年被中共河北省委、省革委会命名为大庆式企业，1987年被评为邯郸地区先进企业，1990年被命名为市级文明单位。1998年，企业进行股份合作制改造，通过职工入股，改组为大名县印刷有限责任公司。2001年，通过增资扩股，新上胶印机2台及电脑、切纸等设备，并在西厂区设立分公司。2005年年末，公司从业人员60多人，固定资产355万元，产值300万元。

大名县针织有限责任公司　前身为大名县针织厂，建于1980年。厂址原在大名镇菜园街，后迁至城东大街乡五里屯，占地面积21312平方米，建筑面积1500平方米。建厂初期由于技术力量薄弱，设备简陋，资金短缺，没有定型产品，靠给邯郸地区针织厂加工服装维持生产。1981年投资10万元，进行染、整设备自制和安装。1983年从邯郸地区安置待业青年办公室贷款49万元进行扩建，新增制造车间200平方米，成衣车间350平方米，染、整车间25平方米，锅炉车间60平方米，新购1211棉毛机4台和配套设备，形成较为完整的生产线。1986年投资19万元，购进两用针织机2台、棉毛机7台、印花机1台、拉毛机1台。后又对1台针织机进行曲线三角改造，使机车产量提高30%，产品产量提高25%。主要产品有汗衫、背心、棉毛裤、卫生衫、卫生裤、运动套装、青轮童装、纯棉印花童装、棉毛布、汗布、绒布、印花布、针织圆机产单面布、双面布、涤盖棉布15个品种和青纶棉儿童套装。1987年获河北省政府儿童产品奖，产品行销北京、天津、浙江、山东、河南等20多个省市。针织大圆机30支、28支单面针织布，远销意大利等国家和中国香港地区，是河北省外贸定点出口产品。1993年经省、地外贸部门批准，同中国香港德瓦股份有限公司签订补偿贸易，引进针织大圆机10台，用坯布进行补偿，逐渐成为以出口为主的外向型企业。1996年企业进行股份制改造，改组为大名县针织有限责任公司。2005年，从业职工30名，固定资产567万元，产值232万元。

名优产品简介

滴溜牌精制滴溜酒　河北大名府酒业有限责任公司（原大名酒厂）生产的滴溜酒，据传是唐代女皇武则天的御酒，为历代达官贵人所称道。该酒是以小麦制成的高温大曲为糖化发酵剂，以优质红粮为原料，继承传统操作工艺，结合现代酿酒先进技术，精心酿制而成，窖香浓郁、绵甜柔和、清冽净爽、余味悠长，质量达到GB1078101-89优级标准。1989年获河北省第二届消费者“信得过”产品奖，1990年获首届中国食品博览会名酒称号，在中国首届文化博览会上被评为“最受中外消费者欢迎的产品”，获长城杯奖和包装装潢一等奖。2005年，经过不断改进创新，又开发出五星级滴溜酒。

大名府牌大名府酒　此酒根据地名而取，是河北大名府酒业有限公司生产的浓香型优质大曲酒，以优质红粮为原料，以小麦制成的高温大曲为糖化发酵剂，经老窖泥池发酵，精心蒸馏，分级取酒，精心勾兑而成，具有清澈透明、浓香馥郁、绵甜醇厚、回味悠长等特点，质量达到GB107801-89优级标准。1985年获首届中原地区食品博览会名酒称号，在“北戴河之夏”商品交易会上被评为消费者满意产品。之后还开发了四星级大名府酒、五星级大名府酒，受到消费者欢迎。

草制工艺品　由大名县工艺品厂生产的草制工艺品，是继承发展本地传统手工制品草辫的基础上开发生产的地方特色产品，主要生产一级莱州花元草辫、莱州漂白辫和染色草辫，然后加工成提篮、太阳帽、壁挂、饰盒、餐垫、屏风等系列工艺品，花色品种达1000余种。该产品无毒、无味、洁白、坚韧、色彩艳丽持久，具有款式新颖、造型独特、实用美观、工艺独特等特点，是中国出口工艺品中的传统特色产品，远销韩国、美国、澳大利亚、欧洲等国家和地区。

染料中间体系列产品　由大名县名鼎化工有限责任公司生产。该系列产品为国家“八五”计划攻关产品，首批开发生产的4-氯-25-二甲氧苯胺系国内首创，国际领先的高科技产品，1994年获国家科委名优产品金奖、河北省优秀产品奖、邯郸市科技进步一等奖，1995年获国家科技名优产品金奖等。相继开发生产的2.4.5的三氯苯胺、2.5-二甲氯基苯胺、5-氯-2.4-二甲氧基苯胺、邻硝基二苯胺、对硝基二苯胺和二乙氧基苯胺等13种产品，属科技含量高、附加值高的高科技产品，均达国内领先水平，产品出口到日本、欧洲等国家和地区。

第二章　建筑业

第一节　建筑施工队伍

大名县建筑公司

大名县建筑公司是集体所有制企业，建筑施工资质等级为二级，2005年年末下设技术科、安监科、施工科、经营科、财务科、预算科等12个项目部，大型机械设备200余件台，干部职工1500余人，其中专业技术人员151人，固定资产1318.4万元，年产值8997.9万元。

大名县建筑安装工程公司

大名县建筑安装工程公司是集体所有制企业，建筑施工资质为三级，隶属于大名县建设局，公司下设技术科、财务科、计划经营科、质量安全科、材料设备科、办公室6个科室，1个预制件厂，10个项目经理部，机械设备126台件。公司在册508人，其中固定工68人，合同工440人，有技术职称人员55人，三级项目经理10人，固定资产706.1万元，年产值2486万元。

大名县粮食局建筑公司

大名县粮食局建筑公司是全民所有制企业，建筑施工资质为三级，隶属于大名县粮食局，公司下

第三章 民营企业

第一节 管理机构

县级管理机构

1979 年，大名县社队企业局内设办公室和财务科。1986 年社队企业局改为大名县乡镇企业局，内设办公室、人事科、生产科、财务科、信息科、保卫科，先后建立供销公司、建材公司、贸易公司、农副产品购销部 4 个直属单位，1990 年上述 4 个单位共有干部职工 120 名。1993 年，内设办公室、劳务科、财务科、保卫科、统计科、科技科、企管科。1998 年，内设办公室、企管股、计财股。2001 年 6 月，为加强民营经济发展的指导和调研规划工作，设立民营经济发展局。2003—2005 年，内设办公室、企管股、计统股、科技股、培训中心。

乡镇管理机构

1984 年 3 月，各公社设农工商联合社。1984 年，公社改为乡镇，各乡镇设立企业管理站，负责乡镇企业管理工作。1987 年 6 月，县委在杨桥镇进行政企分开改革试点，培树杨桥镇党委书记冯春堂主动辞职担任镇经委主任专抓乡镇企业的典型，总结经验，在全县推广。1987 年 9 月，建立政企分设的乡镇经济委员会，面向社会公开招聘经委主任，加强乡镇企业管理工作。

第二节 生产门类

1990 年，大名县共有乡镇企业 11246 家，至 2005 年有 22924 家，从业人员 110104 人。

机械工业

1979 年，大名县 39 个人民公社都建有修造站。1987 年，随着改革开放的深入发展，机械工业逐步充实和扩大，增添先进设备，引进新技术，制造出新产品，有的产品销往全国，有的产品打入国际市场。大名南关一铺村在大名新市场建成永红机械厂，生产手摇、电动两用面条机，产品行销 10 多个省、市，年产值 35 万元，实现利税 6.6 万元，被县命名为“先进企业”。红庙乡金属制件厂是红庙公社修造站改建的新厂，除修配农具外，相继生产立式空气锤、翻砂、汽车配件等新产品，年产值 63 万元，实现利税 4.8 万元。大名城关镇通用机械厂生产的多用方便锹、园艺耙远销美国、澳大利亚、东南亚等 20 多个国家和地区，出口创汇获得突出成就。1990 年大名县有机械工业 43 家，从业人员 1471 名，年产值 1175 万元。万堤镇前屯村 1995 年投资 60 万元对前屯机械厂进行改制，生产的玉米秸秆还田机获得国家专利，远销山东，河南等省，年销售收入 200 万元，利税 25 万元。2005 年大名县有机械工业321家、从业人员14701名，年总产值达42.9亿元，上交税金4997万元，利润28665万元，固定资产53936万元。

纺织工业

1979年，手工操作的纺织业遍及境内各个乡村，多数农户有手摇纺纱车，每人每天纺棉线0.2千克左右。部分农户有木制脚踏织布机，每人每天可织棉布3米左右。有的改为手拉梭织布机，织布速度提高3倍左右。1980年，乡镇企业中先后建立纺纱厂、棉织厂，增添了提花线毯、毛巾、浴巾、手套等新产品。1981年沙圪塔乡建成棉织厂，有“1511”自动织布机20台，重点生产包装布、白棉布。1987年又增织毛巾项目，当年完成产值54万元，实现利税4.7万元。1985年，大名新市场珠宝街个体户投资7万元建成益昌棉织厂，生产提花线毯，销往广东、四川、河南等6个省、市，被邯郸地区行署授予明星企业，被河北省政府命名为名优企业。1987年，杨桥镇白庄村投资21万元建成棉纱厂，当年生产21支纱62吨，年产值51万元，实现利税4.5万元。1987年，张集乡西孟村建成棉纱厂，有纱锭500支，生产15支纱、20支纱，年产值20万元，实现利税6万元。该厂还安置了20名残疾人员。1990年大名县有纺织企业12家，从业人数411名，年产值417万元。2005年大名县规模以上纺织企业1家，从业人数130名，年产值4500万元，上缴税金60万元，利润730万元。

化学工业

研制化工产品较早的是上马头乡骨胶厂，1979年建成投产，生产骨粉、骨胶、羽毛粉、皮屑粉，行销9个省、市，年产值80万元，实现利税7.3万元，被邯郸地区命名为邯郸地区新产品、“名优企业”。1986年龙王庙镇建成精细化工厂，生产固体阻燃润滑剂。同年，杨桥镇建成纺织浆料厂，产品畅销国内6个省、市20个厂家，被河北省列为科研计划项目。1988年殷李庄乡建成福利化工厂，从濮阳进原料，生产石蜡、柴油。所产柴油大都平价供给农户，并安置9名残疾人，被评为“福利先进企业”。未城乡投资100万元在白水潭村建成化工厂，技术依托安阳染料厂，生产二硝基氯苯，产品畅销江苏、湖北、浙江和永年、邯郸等地。2005年，大名县有规模以上化工企业5家，从业人数252名，年产值11865万元，上缴税金147万元，利润1283万元。

食品工业

1979年，花生、大豆、棉籽等油料食品主要靠人力加工。并且有人开始购置小型榨油机，由于加工速度快、出油率高，深受群众欢迎。1987年孙甘店乡南石冲村建成浸出油厂，累计投资648万元，年产值1100万元，所产植物油行销周边4省市。邯郸名福植物油有限公司创建于2004年9月，占地面积72000平方米，注册资本2000万元。2005年，大名县有规模以上植物油加工企业2家，从业人数196人，年产值6590万元，上缴税金79万元，利润919万元。大名香油成为一大特产。大名府小磨香油驰名遐迩，至今不衰。截至2005年，国内11个省150余个大、中城市均有大名府小磨香油坊，并打开了东南亚和欧洲市场。1979年，粮食加工开始商品化生产。1988年，杨桥镇投资76万元建成玉米淀粉厂，年产值489万元，生产玉米淀粉、玉米油、蛋白粉，行销上海、丹东、苏州、武汉等地。2005年，大名县有面粉规模加工企业43家，实现产值63亿元，增加值12.7亿元，利润2.2亿元，上缴税金220万元，产业产值占全国面业总量4%，居全国总量第一位，先后被国家农业部命名为全国优质面粉加工业示范基地，被国家食品工业协会命名为中国面粉之都。大名县有绿色优质花生种植基地50万亩，年产花生12.5万吨，总产量居河北省第一位，被国家农业部和河北省命名为中国花生之乡。截至2005年，大名县拥有10多个花生购销市场及大名县康宏花生制品有限公司、大名县得乙龙食品有限公司、大名县名龙食品有限公司、大名县康源食品有限公司等多家花生加工企业。1978年，红庙乡任庄村建立副食品加工厂，生产酱醋，年产值6.4万元。1989年红庙乡办起金沙酒厂，1990年累计投资510万元，年产值540万元，主要生产沙台酒、沙台特曲酒，产品除畅销国内，出口日本、新加坡等国家和中国香港、中国澳门等地区，被河北省命名为“优秀新产品”“中国文化名酒”。2005年，大名县有规模以上副食品加工企业8家，从业人数1284人，年产值51011万元，上缴税金510万元，利润2744万元。1985年大龙村投资15万元建成果脯厂，生产杏脯、低糖杏脯、枣脯、梨脯、苹果脯等，产品销往日本、东南亚各国，1990年创汇164万元。1979年起，大名县陆续建有20个乌枣厂家，年生产乌枣150万千克，除内销外，销往东南亚各国，至1988年销路中断。1985年，娘娘庙村建成罐头厂，主要生产糖水苹果罐头和糖水梨罐头，1990年产值33万元，实现利税4.1万元。沙圪塔乡西司庄村建成“白玉蒜厂”，生产白玉蒜和咸蒜肉，产品畅销日本、新加坡和港澳地区，是邯郸地区外贸定点生产厂家。2005年，大名县有规模以上蔬菜水果和坚果加工企业1家，从业人数390人，年产值9480万元，上缴税金88万元，利润632万元。

饲料工业

随着养殖业的快速发展，大名县对饲料的需求越来越大，饲料工业也逐渐发展起来。1994年6月，邯郸正大饲料有限公司正式成立，采用泰国正大集团先进的饲料生产配方及现代化管理手段，生产经营各种优质猪、鸡、鸭、鱼等全价饲料和浓缩饲料。2003年9月，河北瑞丰饲料有限责任公司建成投产，主要从事饲料加工、销售，并为养殖户提供防病、治病等一条龙服务，公司总资产1291万元，其中固定资产1036万元，年产销量18000吨，销售额3037万元，实现利税196万元。2005年年末，大名县有饲料工业企业2家，即邯郸正大饲料有限公司和河北瑞丰饲料有限公司，从业人员156名，固定资产2736万元，产值12.3亿元，实现利税396万元。

面粉企业

面粉企业有河北五得利面粉集团有限公司、河北邯雪面粉集团有限公司等（详见第八编第五章第一节）。

1979—1990年大名县乡镇企业发展统计表

表7-2

年份	企业数（个）	从业人员（人）	总收入（万元）	总产值（万元）	利润（万元）	税金（万元）	工业产值（万元）
1979	950	13900	1951	—	466	67	1635
1980	1723	19682	2703	—	673	72	1800
1981	1800	19375	3203	—	731	74	2206

续表 7-2

年份	企业数（个）	从业人员（人）	总收入（万元）	总产值（万元）	利润（万元）	税金（万元）	工业产值（万元）
1982	1828	18334	3450	—	850	95	2224
1983	1722	18330	3632	—	929	137	2241
1984	5154	31000	7606	7500	1423	200	3726
1985	6120	35100	10250	10815	1700	232	4900
1986	6681	38400	13229	13537	2186	235	6108
1987	7385	45189	21587	22771	3863	362	11350
1988	9385	47300	30000	30700	5000	430	14500
1989	9965	52479	39538	40611	3881	444	18771
1990	11246	53896	44184	45149	6717	522	20852

1991—2005 年大名县乡镇企业发展统计表

表 7-3

年份	总产值（万元）	总收入（万元）	利润（万元）	税金（万元）	工业产值（万元）
1991	35632	42139	6985.6	765.3	15976
1992	53125	51557	7133.5	802.4	24378
1993	76320	73929	9504	1067	36740
1994	114000	10899	13859	1560	53500
1995	126498	112923	12000	1575	82940
1996	182594	165530	15380	1642	97774
1997	65000	51000	5037	1642	51461
1998	325816	277949	16076	2576	164981
1999	439722	357102	21326	3435	230728
2000	525507	450923	22937	3871	—
2001	—	545876	26427	3871	—
2002	—	646860	31382	5279	—
2003	—	847768	40040	6693	—
2004	—	1291188	65646	10340	—
2005	—	1939009	—	16599	—

2005 年大名县乡镇企业分布表

表 7-4

乡镇	企业个数（个）	从业人员（个）	上缴税金（万元）	固定资产（万元）
合计	22924	110104	16599	209207
杨桥镇	1258	12961	897	24656
王村乡	1662	5270	488	4397
铺上乡	682	1870	629	5136
万堤镇	1100	4470	864	8790
黄金堤乡	1091	5120	696	9435
西未庄乡	890	4500	422	4800
旧治乡	1160	5000	449	4530
大街乡	958	7845	580	10627
大名镇	3662	12880	1846	34446
龙王庙镇	1894	5671	542	3666
孙甘店乡	896	4289	1150	8680
西付集乡	1060	3510	913	10000
埝头乡	684	6587	1529	13684
束馆镇	918	3728	550	3518
北峰乡	993	4268	890	17681
张集乡	740	5350	1170	3311
红庙乡	996	5740	898	11780
金滩镇	768	5136	862	8978
营镇乡	750	2519	460	14000
沙圪塔乡	762	3390	827	7092

第三节　重点乡镇企业

河北美佳食品有限公司

该公司是农业产业化经营省级重点龙头企业，始建于 2005 年 6 月份，位于大名县城东 215 省道东侧京府工业园区，员工 558 人，占地 66680 平方米，建筑面积 46800 平方米，总投资 9300 万元，其中固定资产5100万元。2005年新上三条烤制生产线，年生产能力9000吨，主要产品为“美一口”香馍片，产品采用特殊工艺蒸烤制作而成，有多种口味，食感香酥脆，保质期长，可干食、泡食。公司注重企业内部管理，办公全部实现程控化、数字化管理，建立起了现代企业管理制度。公司坚持“以质量铸就品牌、以诚信赢得信赖”的经营理念，视质量为生命、客户为上帝，对产品推行标准化生产，通过了IS9001：2000质量管理体系认证和HACCP食品安全管理体系认证，被认定为消费者信得过产品、全国优秀食品龙头企业、河北省名牌产品。

邯郸正大饲料有限公司

是与泰国正大集团共同创办的中外合资企业，也是大名县唯一最早的中泰合资企业。1994年6月正式成立，坐落于215省道向北10千米万堤镇万北村。合资期限50年，总投资3300万元人民币，占地28666平方米，引进全套现代化高科技的美国饲料生产设备，采用泰国正大集团先进的饲料生产配方及现代化管理手段，生产各种优质猪、鸡、鸭、鱼等全价饲料、浓缩饲料，年生产各种正大牌高品质饲料12万吨。

河北瑞丰饲料有限责任公司

2003年9月建成投产，注册资金100万元，属民营企业，主要从事饲料加工、销售，并为养殖户提供防病、治病等一条龙服务。公司位于黄金堤乡黄金堤村东215省道东侧，主要生产鸡、猪、牛、羊等系列饲料，注册商标“共享瑞丰”。公司拥有年加工全价配合饲料5万吨的全自动程控生产线一条，员工60名，其中管理技术人员20名。公司的生产、销售、财务全部实行计算机管理，产品配方科学，质量稳定，销售网络不断扩大，产销量稳步上升，产品远销周边三省十几个县市。至2005年年末，公司总资产1291万元，其中固定资产1036万元，年产销量18000吨，销售额3037万元，实现利税196万元。

大名县鑫得隆化纤有限公司

创建于2005年，是一家民营企业，公司总投资1.08亿元，年产复纺纤维5万吨，年产值2亿元，利税2500万元，公司有员工600人，是纺织、服装产业的配套产业，具有较强的产业带动功能。

大名县顺航糠醛有限责任公司

创建于2002年，注册资金600万元，职工110人，其中技术人员15人、管理人员10人，总资产1977万元，其中固定资产1420万元，流动资金557万元。主要生产木糖、糠醛等产品，拥有糠醛等产品生产线4条，年产糠醛300吨，销售收入近200万元，是具有一定经济实力的精细化工产品生产企业。产品主要销售客户有：中国化工进出口集团公司河北分公司、山东济南圣泉集团、山东诸城荣祥集团、淄博大明有机化工公司、河南宏建生化集团公司、河北春蕾集团等多家大型化工集团公司，公司产品产销率达100%，资金回收率100%，市场需求良好，销售前景广阔，荣获河北省科技创新企业、邯郸市科技先进企业等称号。

大名县星光精细化工有限责任公司

位于龙王庙镇开发区，西邻106国道，北靠313省道，交通便利。公司始建于2002年，总占地面积8800平方米，建筑面积4200平方米，有职工80人，科技人员20人。主要生产无卤阻燃剂IFR、阻燃润滑剂MB-202.隔离剂、MCA等高新产品。产品广泛应用于橡胶、塑胶、尼龙、油漆等行业，畅销国内十几个省市的大中型企业，年产值800多万元，年利税200多万元。产品皆为无毒、无味、无污染的环保型、膨胀型氮类产品，科技含量高，生产工艺先进，是国家推广的国内同行业领先项目。

大名县富源塑编印刷有限公司

成立于2003年5月，是股份制民营企业，占地13333平方米，建有先进拉丝生产线2条、圆织机100台、六色彩印机等复合设备。投资1500万元，其中固定资产1000万元，流动资金500万元，建筑面积8000平方米，年产塑料编织袋4000万条，产值3000万元，有员工260余名，其中安排下岗职工再就业60名。产品供应河北五得利面粉集团有限公司、河北邯雪面粉集团有限公司等面粉加工企业。

大名县永红食品机械有限公司

是位于工业园区的一家集研究、开发、生产于一体的食品机械专业厂家。1989年在国家工商局注册“会朋”商标，生产大中小系列面条机、75—200克重系列馒头机、高装搓馒头机、刀切方馒头机、配套系列和面机、拌面机、面条上杆机、打馅机等系列食品机械。拥有自己的铸造车间，从铸造到机加工一条龙生产，有车床、铣床、磨床、滚齿机、插齿机、工具磨、各种焊接设备及剪板机、折弯机等钣金设备。该厂占地6000平方米，生产人员30名，管理及技术人员10名，年产值300万元，固定资产300万元。

大名县前屯农业机械厂

1995年建厂，同国有大型企业“邯郸纺机”合作联营从事各种机械制造。该厂成功研制生产了2—150型秸秆还田灭茬机，其主要功能是将直立的秸秆切碎、松土、灭茬还田，具有工作安全可靠、操作方便灵活、作业质量好、生产效率高、适应性广泛等特点，产品销往河北、河南、山东及周边县市和地区。

河北大江制衣有限公司

2004年7月成立，位于大名县工业园区，占地54333平方米，建筑面积9016平方米，注册资金600万元，总资产1995万元，主要从事毛线编织、缝合熨烫、服装加工，拥有生产羊毛衫60万件的生产能力，年利润640万元。

第四节　园区建设

工业小区

大名县工业小区始建于1996年，位于县城东侧，分北区和南区。北区北连天雄路，西靠引河，南接丛峰路，东与东环路相连，总面积39.5万平方米，重点发展乡镇企业和县办工业。区内供水排水设施完备，电力、通讯等设施齐全，区内道路全部硬化。进区企业33家，总投资8000余万元，有轻化工业、铸造业、印刷业、家具业、农副产品加工业等企业。区内生产曙光油漆、羊剪绒制品、聚丙烯编织袋、聚乙烯塑料色包装袋，0.8～0.13毫米漆色线、脱水菜、高档硬木家具等产品销往国内外，成为大名县新的经济增长点。1997年撤区扩镇并乡和接踵而至的财税制度改革，乡镇财政负担加大，区内企业受到影响，相继停产或转让。南区是私营工业小区，北靠省道313线，西临引河，南至金家坛村，东至东环路，面积64.16万平方米，重点发展个体私营企业。进区企业有五得利面粉集团、永红机械厂、精工铸造厂等。

京府工业城

大名县京府工业城位于县城东部，始建于2003年11月，规划面积15平方千米，建成区面积8.4平方千米，是冀鲁豫三省结合部最大的工业园区，形成面粉、花生、香油等食品加工为主导产业与塑编包装、服装纺织、机械制造、生物能源、饲料加工等行业协调发展、高度聚集的产业格局。园区基础设施累计投资3.5亿元，8.4平方千米起步区实现“七通一平”（通上下水、通路、通电、通邮、通有线电视、通讯，土地平整）、“三横两纵”路网、供排水网全部建成，35KV、110KV变电站和日处理3万吨污水处理厂竣工投用，消防、安全、环保等多项指标均达标。

第八编　第三产业

1979 年后，大名县改革商业体制，建立多渠道、少环节开放式流通体系，形成国营商业和供销合作社商业为主体、私营（个体）为补充的社会主义统一市场。1990 年，全县商业、粮食、物资、供销、饮食服务网点 3437 家，从业人员 13839 人，社会商品零售总额 17178 万元。1992 年以后，社会主义市场经济的确立，促进了大名县第三产业的快速发展，私营个体商户逐年增多，经营品种不断增加，经营领域不断拓宽。2000—2005 年，国营商业和供销社商业逐渐失去主渠道地位。

第一章　商　业

1979 年改革开放后，大名县商业体制由以国营商业和供销合作商业为主体逐步走向多元化。1983 年后，各类经贸公司、经销公司、贸易货栈相继出现，这些公司、货栈的投资主体是县直党政机关、乡镇政府及其经贸委，以经营建材、农副产品以及其他商品为主，经济性质是独立核算的集体企业。1990 年，全县有此类性质的商业企业 47 家，注册资本 706 万元，从业人员 156 人。20 世纪 90 年代初，在国家宏观调控、治理经济结构调整的环境下，此类集体商业日渐退出。

第一节　国营商业

机构沿革与发展

1980 年，商业局系统有干部职工 680 人，其中局机关干部职工 25 人，内设办公室、人事科、计财科、业务科，下辖五金、石油、食品、百货、煤建、医药及饮食服务公司。作为大名县国营商业主渠道，全年完成国内总购进 2237.9 万元，国内总销售 3156.3 万元，实现利润 142.8 万元，自有流动资金 87.4 万元，固定资产 117 万元。1981 年 9 月，商业局食品公司分建为“大名县商业局食品公司”和“大名县商业局糖业烟酒公司”，并从食品公司中分建出 1 个糕点公司。分立后的食品公司干部职工 108 人，糖业烟酒公司 92 人。12 月，县医药公司的人、财、物、产、供、销移交邯郸地区医药管理局。1982—1983 年度，食品公司经营鲜蛋成绩显著，连续两年荣获商业部三等奖。1984 年 1 月，商业局机关增设纪检组、保卫科、信息物价科。9 月，煤建公司划归县物资局管理。1984 年，商业局全系统推进承包责任制，全年实现利润 123.5 万元，全面和超额完成各项主要经济指标，跃入全区和全省商业扭亏增盈先进行列，为全省 5 个利润翻番县局之一。五金公司被省“五四三”委员会、省商业厅命名为文明单位。1985年4月，石油公司划归中石化邯郸石油分公司管理，党团组织、工会仍归商业局领导。5月，经县长办公会研究同意，百货公司分建为“百货”“纺织品”2个公司。10月，经县政府批准，设立“大名县烟草专卖局”和“大名县烟草专卖公司”。1985年年底，商业系统共有干部职工707人。其中局机关有干部职工30人，下设办公室、人事教育科、财务统计科、业务科、纪检组、保卫科、信息物价科；下辖百货、五金、糖业烟酒、纺织品、食品、饮食服务公司和糕点公司，全系统固定资产原值119.5万元，当年实现利润17.6万元，上缴利税39.5万元。1986年1月，商业局成立商业职工学校，负责对全系统干部职工进行业务理论知识培训。1990年，被河北省商业厅授予“成人教育先进单位”。1988年6月，从大名县商业局糖业烟酒公司中分建出大名县烟草专卖局（又称烟草公司）。是年，商业局系统实行全员风险金制度，所属企业全部扭亏为盈，超额完成利税任务。1989年4月，商业局从食品公司分建出食品冷冻厂，有干部职工28人。同年12月，饮食服务公司划分为国营、集体2个公司，第一饮食服务公司管理国营旅店3家、饮食业8家，有干部职工62名；第二饮食服务公司管理集体饮食业3家、照相业2家、理发业3家、澡堂1家、副食商店8家，有干部职工130名。

1990年3月20日，纺织品公司并入百货公司。同年7月1日，成立大名县酒类专卖管理局，归口商业局管理，为二级副科级单位。当年底，设立酒类产（商）品专卖管理科，为商业局内二层机构。由于市场竞争加剧和体制上的弊端等诸多因素，1990年，商业局系统出现较大亏损，全年购进1727.3万元，销售2297.4万元，上缴利税9.7万元，亏损71.6万元。是年年末，商业局系统共有干部职工739人，其中局机关有干部职工25人，内设办公室、人事教育科、计财科、业务科、审计监察科、酒类商品专卖管理科，下辖百货、五金、食品、糖酒、第一饮食服务公司和冷冻厂6个国有企业，第二饮食服务公司1个集体企业，商业技工学校1个事业单位，归口管理二级局大名县酒类专卖管理局。1991年9月，成立食品加工厂。10月，局内设立大名县社会商业市场管理科。12月，糕点公司关闭，1994年注销。1992年2月13日，冷冻厂更名为大名县商业局肉类联合加工厂。3月，局机关增设经济体制改革办公室。8月，成立商业局电子器材公司，有干部职工26名。10月，组建石油经营部，将原石油公司待业青年石油门市人、财、物移交商业局管理，1998年因经营管理不善停业。11月成立大名县香肠厂，有干部职工30名，因经营不善于1994年年初停产。11月6日，经县政府批准成立大名县商业总公司，与商业局一套人马、两块牌子。1993年2月，商业局成立皮革制品有限公司，有干部职工40人，因经营不善于1994年年初停产。11月，成立商业局工业品公司，1997年年底因经营不善停业。6月，局机关科室进行精简合并，撤销人事教育科、储保科、系统工会办公室，成立行政管理科；撤销业务科、财务科、纪审科、酒类专卖科、社会商业市场管理科，成立经营管理科；撤销经济体制改革办公室、局办公室，成立综合办公室。通过定编、定员、定工资，实行工资总额控制，降低机关开支。全年完成商品销售2004万元，上缴利税44万元，实现利润4.6万元。1994年7月，五金公司申请破产，11月21日县工商局依法予以注销。11月，成立商业局五金交电采购供应站及商业局百纺采购供应站，均属全民所有制独立法人企业。五金交电采购供应站有固定资产20万元、流动资金57万元、从业人员40人。百纺采购供应站有固定资产30万元、流动资金62万元、从业人员80人。是年，商业局系统推出“层层招聘制”改革新举措。在次年2月召开的全县三级干部会上，县委决定五大国有系统全面推广商业局“层层招聘制”改革经验。1995年3月20日，县政府批准百货公司实行破产。1996年1月3日，食品加工厂关闭，3月25日县工商局依法予以注销。3月26日，肉联厂对香肠厂进行兼并。10月20日，商业局由行政管理局变为企业化管理事业局。11

月，成立大名县生猪定点屠宰管理工作领导小组，下设办公室，办公地点设在商业局。1998年，商业局以让全县人民吃上“放心肉”、喝上“放心酒”、用上“放心调味品”为重点，用足、用活国家生猪定点屠宰和酒类专卖管理、调味品产销管理政策，全年完成商品销售5900万元、工业产值800万元，实现利润15.2万元，上交工商税135.5万元。1999年年末，商业局系统有干部职工661人，局机关有干部职工38人，内设办公室、人事保卫科、党办室3个科室，下辖独立核算单位有：百纺采购供应站、五交化采购供应站、五金交电采购供应站、酒类商品购销配送中心、糖酒公司、食品有限责任公司、第一饮食服务公司、第二饮食服务公司、电子器材公司、肉类联合有限责任公司、亚洲商城、食品公司（从本年度起停业）。另有归口管理的二级局大名县酒类专卖管理局及事业单位商业技工学校。

2000年1月，“商业局调味品配送中心”成立，系全民独立核算企业，固定资产9.9万元，流动资金20万元，干部职工9人。同时设立“商业局糖酒有限责任公司”（几个月后停业），为独立法人企业，有干部职工19人，注册资金50万元。4月，成立“商业局饮食服务有限责任公司”，注册资金10万元，有干部职工15人。2001年3月，第二饮食服务公司所辖8个门店划归饮食服务有限责任公司管理，第二饮食服务公司停业。9月，经商业局申请，并报县编办批准，把以前分散设立的酒类执法队、畜禽屠宰管理执法队及调味品生产销售管理执法队进行整合，组建商业局贸易执法大队，下设6个执法中队，定编25人。2002年11月，商业局组建“大名县兴龙酒厂”，注册资金10万元，年产白酒300吨，安排下岗职工36人。12月2日，根据《河北省酒类产（商）品监督管理规定》，大名县酒类专卖管理局更名为大名县酒类监督管理局。2004年4月，成立“大名县大江建材批发站”。1998—2004年，面对市场竞争，国有商业引入民营经济机制，建立现代企业制度，全方位搞活经营业务，用足、用好、用活国家“三项”执法政策，年年超额完成各项主要经济指标。7年累计上缴利税771.6万元，年均上交110.23万元，跨入全县、全市商贸系统的先进行列。2005年年末，商业系统有干部职工306名，退离休人员250名。商业局机关有干部职工20人，离退休人员17人，内设办公室、人事教育科、企业发展科、计财科。下辖百纺采购供应站、五交化采购供应站、五金交电采购供应站、调味品配送中心、食品有限责任公司、饮食服务公司、电子器材公司、饮食服务有限责任公司、肉类联合有限责任公司（已停业）、肉类联合加工厂（已停业）、酒类商品购销配送中心、金源酒类批发中心、大江建材批发站、兴龙酒厂及贸易行政执法大队，另有归口管理的二级局大名县酒类监督管理局。百纺采购供应站有干部职工45人，固定资产88万元，流动资产62万元，负债40万元，经营网点13个，年商品销售1000万元，上缴税金11万元。食品有限责任公司有干部职工85名，固定资产90.9万元，流动资产49万元，负债236万元，经营网点18个，年商品销售43万元，上缴税金3.4万元。饮食服务有限责任公司有干部职工15人，固定资产25.2万元，负债18万元，经营网点5个。饮食服务公司有干部职工42人，固定资产184.8万元，流动资产218.3万元，负债231.2万元，经营网点9个，年商品销售28.8万元，上缴税金2.6万元。五交化采购供应站是全民所有制独立法人企业，成立于1998年4月，系由五金交电采购供应站划出部分人、财、物组成。2005年有干部职工24人、经营网点4个、固定资产1.7万元、流动资产25.6万元，负债31.5万元，完成商品销售480万元，上缴税金1.32万元。酒类商品购销配送中心有干部职工29人，经营网点16个，年商品销售325万元，上缴税金4.3万元。兴龙酒厂有干部职工10人，固定资产7万元，流动资产36.8万元，负债72.6万元，年商品销售100万元，上缴税金3.67万元。

1979—2005年大名县国有商业主要经济指标及有关情况统计表

表8-1　　单位：万元

年份	购进	销售	利润	上缴利税	固定资产	自有流动资金（产）	人数
1979	3024.4	3184.4	129.7	—	113.1	145.3	662
1980	2829.8	3156.3	142.8	—	117	87.4	680
1981	2870.5	3133.9	103.5	23	73.1	72.8	664
1982	2280.5	2568.9	36.7	19.4	155.6	68.1	685
1983	1968.6	2339.2	14.8	12.6	112.9	97.9	646
1984	2545	2861	112.5	16	110.6	69	670
1985	2201.8	2428	17.6	39.5	119.5	57.4	707
1986	2137	2612.1	20.1	53	128.5	70.9	695
1987	1184.9	3210.8	11.84	63.4	141.4	68.3	724
1988	1959.9	2396.6	42.6	19.6	103.1	68.3	730
1989	1974	2685.9	-43.7	17.8	177.4	72.9	753
1990	1727.3	2297.4	-71.6	9.7	—	—	739
1991	2073.6	2587.7	-48.7	47.6	—	—	727
1992	1481.7	1890	1.4	30	—	—	772
1993	1365.2	2004	4.6	44	—	—	774
1994	2345	2608.7	5.5	46.1	214.8	—	730
1995	3210	3482	7	46.6	311.1	931	—
1996	4727	5023	8	58.8	387	890	680
1997	6049	6108	12	21.6	522	831	662
1998	—	5900	15.2	135.5	502	710	650
1999	—	6495	16	160.8	493	701	647
2000	—	7018	15.2	176	479	610	409
2001	—	7610.5	18	107.7	500	547	392
2002	—	8551	18	52	483	511	317
2003	—	8128	19	53	512	485	377
2004	—	8250	20	60	500	781	391
2005	—	9702	22	25	400.6	374.9	306

第二节　县供销社

机构沿革

1979年，县供销社（以下简称县社）设有办公室、政工科、计财科、基层工作科、储运保卫科、加工企业科等6个科室，干部职工57人。同年11月9日，召开供销系统工会第一次代表大会，成立供销系统工会。1980年1月，撤销加工企业科，成立多种经营科。7月，政工科改为人事教育科。1984年5月，县社召开第四届社员代表大会，选举产生理事会和监事会。同时，县社全称由大名县供销合作社更名为大名县供销合作社联合社。县社行政科室调整为办公室、人事教育科、基层工作科、储运保卫科、财会科、计划统计科、业务科、生产服务科、纪检组、系统工会等10个科室。同年7月，按照县政府要求，成立物价信息科。1988年3月，县委、县政府对县社进行招聘改革，撤销理事会和监事会，组成经济管理委员会。1989年，县社成立审计科。1998年3月，县社将机关12个科室合并为5个，即办公室、人事工会科、财计科、业务工业科、监察保卫科。2005年，县社内设办公室、党委办公室、人事教育科、财计科、储运保卫科、市场办公室等6个科室，干部职工48人。

发展概况

1979年4月，复建副食品公司，撤销棉麻公司，年底设有农业生产资料公司、土畜产公司、副食品公司、副食品加工厂、草帽辫加工厂等5个直属企业和39个基层供销社，干部职工2362人。1982年9月，县社复建棉麻公司，下辖杨桥、埝头2个原棉厂。1983年5月，按照经济区建社原则，将全县39个基层供销社合并为25个，即杨桥、马头、王村、西店、万堤、黄金堤、北门口、城关、大街、殷李庄、旧治、未城、段村、七里店、龙王庙、户村、孙甘店、北峰、冢北、束馆、埝头、西付集、金滩镇、营镇、张铁集供销社。1984年1月，县社汽车队由储运保卫科管理升格为县社直属单位。5月，成立贸易公司、物资回收公司。1985年2月，撤销县社汽车队，将8部汽车下放至生产、土产、贸易3个公司管理。5月，成立建筑工程公司，将8个亏损严重的大社划分为19个基层社，恢复沙圪塔、儒家寨、红庙、上马头、丛善楼、大龙、南李庄、崔岳村、兆固、王乍村、铺上11个基层社，全县基层社增至36个。1987年6月，油脂厂经过两年筹建正式投产，为县社直属单位。是年10月，未城供销社合并到段村供销社，旧治供销社合并到城关供销社，合并后减少2个亏损单位，全县基层社减至34个。1988年11月，县社成立储运公司，县社办公室管理的县社招待所下放至城关供销社。1989年10月，根据县政府决定，油脂厂移交给县粮食局。是年，草帽辫加工厂更名为草制品公司。年底，全县供销社系统干部职工增至2701人，年完成国内商品纯销售总额5991万元，实现利润76.1万元。

1990年9月，草制工艺品分厂与草制品公司分建，与河北省工艺品进出口公司联营，更名为工贸联营草制品厂，成为县社直属单位。1991年8月，县社与邯郸地区供销社联办供销学校，名为邯郸地区供销社技工学校，仍为县联社直属单位。1993年2月，县社成立石油化工公司。是年3月，成立大名县盐政管理所，设在县副食盐业公司。是年4月，撤销副食品加工厂，分建花生制品厂和酱菜加工厂。在纺织厂筹建指挥部的基础上改造成立购销公司。1994年6月，土畜产公司拆分为农贸物资经销、日用杂品、农副产品建材3个公司。是年8月，将全系统县、基棉厂站改设为11个棉厂、19个棉站，均为独立核算单位。同时，将花生制品厂与酱菜厂合并为花生制品厂。12月，大名府市场建成开业。1995年7月，农贸物资经销、日用杂品、农副产品建材3个公司重新合并为土畜产公司。1997年4月，花生制品厂与酱菜厂再次分建。是年11月，草制品公司破产，新组建草辫经营有限责任公司；土畜产公司破产；新组建石油经销有限责任公司、日用杂品有限责任公司、废旧物资经营有限公司。1998年3月，除杨桥、北峰、埝头、金滩镇4个县办棉厂外，其他棉厂站合并到当地基层供销社。1999年5月，县社成立农业生产资料有限公司、盐业专营公司、烟花爆竹专营公司、广绿源食品有限公司（原为棉麻公司下属企业，1997年建成投产）。是年7月，撤销崔岳村、兆固供销社，分别合并入万堤、铺上供销社。

2000年1月，成立生产资料有限公司。2月，成立第二城关供销社（原城关供销社一分为二）。4月，石油化工公司由储运公司代管。8月，购销公司并入酱菜厂，花生制品厂、酱菜厂、购销公司、副食品公司均因严重亏损停止经营，技工学校因招不到生源停办。2002年4月，县社成立废旧金属回收管理办公室，负责对全县废旧金属回收站点的管理。是年10月，县供销社负责的省重点项目商贸城一期工程基本建成，定名为京府商贸城，为县联社直属单位。同时，新建的商贸城农资专业市场开业。2003年11月底，根据经济区建社原则，33个基层社整合为21个，即沙圪塔、儒家寨、马头、王村、万堤、黄金堤、北门口、城关一社、城关二社、龙王庙、孙甘店、束馆、埝头、西付集、北峰、冢北、丛善楼、金滩镇、红庙、营镇、张集供销社。2004年，县社加强销售网络改造，引进现代流通方式，全系统新建或翻建经营门店79间，改建或新建农村中小型超市9个。是年12月，商贸城农机专业市场开业。年底，县社直属企业21个（其中停业半停业企业11个）、基层供销社21个，干部职工减少为1937人（其中下岗1400多人），固定资产净值5025万元，年商品销售总额完成28303万元，实现利润20万元。2005年6月，县社成立商贸城股份制农资配送中心，全系统新建或翻建经营门店25间，新建农村中小型超市5个。是年8月，商贸城摩托车专业市场建成，部分商户开业。年底，县社直属企业21个（其中停业半停业企业11个）在册干部职工1842人（其中下岗或另谋职业1400多人），固定资产净值5035万元，年商品销售总额完成29983万元，实现利润24万元。

主要企业简介

农业生产资料公司 1979—1994年，主要经营化肥、农药、农膜、农药机械、半机械农具、中小农具，其中1990年销售化肥11796吨、农药3.1吨、农膜19.2吨，商品销售总额1595万元，实现利润2万元。1994年后连年亏损，1994—1999年亏损9151378元。1999年从其分出的农业生产资料有限公司连续3年亏损297万元。2002年，县农行向邯郸中级人民法院起诉，公司大院所有固定资产被变卖，西大街仓库也因欠信用社贷款被变卖。2003年，县社将商贸城农资专业市场12间门店拨付3个农资公司作为经营场所。

土畜产公司 1979—1986年经济效益较好。1986年以后由于市场竞争、人员增加、经营萎缩，连年亏损。1990年，公司共有干部职工129人，下设批发部2处、零售门店4处，主要经营日用杂品、农副产品、畜产品、废品、建材等，营业面积230平方米，仓库84间、2564.5平方米，固定资产原值74万元，年商品销售总额313万元，亏损24.7万元。1997年6月，累计资不抵债额448.7万元，县人民法院裁定破产。是年，县社在原有人员和部分场地的基础上，组建石油经销有限责任公司、日用杂品有限责任公司，经营成品油和废金属回收及烟花爆竹。1999年6月，县社单独成立烟花爆竹专营公司，2004年年底在乡镇设批发站10个，年销售各种烟花爆竹220万元。

副食品盐业公司　1979年4月，恢复成立副食品公司，主要经营食盐、茶叶、干鲜果品、蔬菜、调味品、糖、酒、食品议价粮油等9大类商品。建1420平方米恒温库1处。1987年以前公司经济效益较好。1999年6月，县社成立盐业专营公司。20世纪90年代，由于不适应市场竞争的新形势，恒温库储存果、菜亏损严重，食盐经营受私盐冲击、管理失误等多种因素，到2000年年底挂账亏损569.4万元，公司停业，58名干部职工全部下岗，固定资产处理后退还部分职工集资和银行贷款。2003年，专营公司加强盐业市场管理，实行经营目标责任制。2004年，干部职工37人，年销售各种盐5936吨，其中入口食盐2950吨，实现利润3万元。2005年5月，加强食盐供应网络建设，在全县651个村设食盐专营零售点548个，年销售食盐4184吨，其中入口碘盐2061吨，上缴税金10万元，实现利润3万元。2005年年底有干部职工39人。

棉麻公司　1982年，大名县棉花生产大发展，县社恢复建立棉麻公司，以收购、加工、上调棉花为主。1984年收购皮棉1200万千克。1990年收购皮棉630万千克，完成销售额4043万元，上缴税金90.8万元，实现利润120.2万元，设有办公室、业务、财务、棉检、加工、保卫6个股，室干部职工65人。1991年，收购皮棉1450万千克。以后数年，虫灾严重，棉花资源和收购量逐年减少，棉花经营惨淡，1999年年底，棉麻公司大院资产以90万元的价格被拍卖。2000年以后，县社安排棉麻公司租赁金滩镇棉厂场地收购加工和到外省采购皮棉，但收购量不大，仅可维持经营。2004年，因拖欠县农发行货款停止棉花经营，公司56名干部职工全部下岗。2005年，棉麻公司组织部分干部职工采取集资入股方式自筹资金120万元，恢复棉花经营，收购籽棉95万千克。

贸易公司　1984年5月建立，下设鞋业批发、工业品批发、农副产品收购站，有12间零售门店、240平方米、仓库8间、106平方米，主要经营农资、建材、日用杂品、针织百货、家用电器和收购农副产品、废品。1990年，年销售总额完成368万元，缴纳税金2.2万元，仅实现利润300元。1991年以后，主要经营塑料鞋、电风扇、铝制品、海绵垫和各种化肥及部分农副产品收购。后因经营不善造成亏损，1999年以后，除部分零售门店个人承包经营工业品外，公司的经营项目仅剩各种化肥。2002年6月，公司挂账亏损累计314.7万元，45名干部职工中下岗35人，公司大院资产被农行起诉变卖。

储运公司　1988年11月建立，1989年组建汽车小保厂1处，主要从事商品运输和汽车修理及配件零售业务。1990年年底，干部职工62人，固定资产原值33万元，有东风载重汽车9部、日本五十铃运输车1部，共85.5吨位。有汽车修理车间7间、地下油库2座，可储油33吨，年营业收入95万元，缴纳税金4.2万元，实现利润1.15万元。1991年以后，由于经营管理不善、车辆逐年老化，造成亏损，原公司院资产被变卖，公司迁到小保厂办公。2000年，运输车辆全部停运。同年4月，县社将石油化工公司划归该公司代管，仅靠小保厂和加油站维持经营。2003年，通过与邯钢联系，组织个体车辆恢复运输业务。2005年，在职干部职工11人，年上缴税金10.4元。

建筑工程公司　1985年5月建立，占地4.4亩，主要组织建筑工程队施工和水泥预制件的生产。1990年年底，干部职工18人，下设6个建筑工程队（人员全部由工程队自聘），预制构件厂1处，固定资产34万元，当年承揽建筑工程200万元，缴纳税金2.1万元，实现利润1.2万元。1995年，扩建预制构建厂，生产的预应力空心板构件连续5年被评为市级优质构件。2002年，公司设施工技术、质量安全、计划经营，材料设备、财务、办公室6个股室，12个项目经理部、2个预制构件厂、1个汽车队，干部职工61人，其中在岗15人，另有从业人员680人，中级职称19人，三级项目经理12人，有职称人员57人。施工工程机械设备齐全，固定资产增加至392万元，大、中、小型机械设备300余台，动力装备率为2.7千瓦/人。工程合格率100%，连续十年被省、市工商局评为"重合同、守信用"单位。2004年，承揽工程项目8个，工程结算收入960万元，上缴税金64万元，实现利润18.6万元。2005年年底干部职工48人，其中在岗15人，另有从业人员700人，承揽工程项目8个，工程结算收入1000万元，上缴税金36万元，实现利润4万元。

草帽辫加工厂　该厂始建于1949年，1955年在龙王庙重建，1960年7月总厂迁至县城内寺胡同街南头路东，下设龙王庙、西付集、束馆、张铁集、杨桥5个分厂，主要生产加工草帽辫半成品、草帽、草提篮。1965年9月一度合并到土产日杂经理部，1969年12月恢复为县社直属企业，下设龙王庙、金滩镇、束馆、西付集4个分厂。1982年草帽辫加工厂，年收购加工草帽辫达11000包，年实现利润40万元。1983年以后，随着农村经济的发展，适宜草编的低产高杆小麦播种面积减少，手工草辫产量同步减少，收购量和利润逐年下降，加之经营管理上的问题和个体辫厂的出现，到20世纪80年代后期连年亏损。1989年更名为草制品公司。1990年年底干部职工555人，固定资产84.86万元，年收购加工草帽辫降至2178包，年总产值449.9万元，当年亏损29.5万元。1991年以后严重亏损，收购加工半成品草辫没有资金，由半停产到完全停产。1996年年底资不抵债额达5076085元，1997年11月草制品公司和5个分厂破产，221名干部职工全部下岗。

工艺品厂　原为大名县草辫加工厂的一个车间，1984年从该厂分出，建立大名县草制工艺品厂。1988年迁建于城东旧治乡王庄村北。1990年9月，与河北省工艺品进出口公司联营，更名为"大名县工贸联营草制品厂"，省公司投资135万元扩建厂房和更新设备，占地59.89亩，主要生产各种草帽、草提篮及各种草制工艺品，产品以出口为主，远销日本、欧美等20多个国家和地区。1999年年初，与省工艺品进出口公司联营期满，更名为工艺品厂。2002年年底，有干部职工126人，固定资产净值452.4万元，年生产草制工艺品15万打，总产值1100多万元，出口创汇120万美元，实现利税41万元。2004年年底，完成总产值518万元，创汇69万美元，上缴税金27.9万元。2005年年底干部职工103人，固定资产净值366万元，年生产草制工艺品56317打，总产值467万元，出口创汇60万美元，实现利税14万元。

酱菜加工厂　始建于1955年5月，由3家较大的私营酱菜园公私合营而成，1956年又合营19家小型酱菜园，名为"河北省邯郸专区大名公私合营酱菜厂"，1958年划归县供销社系统，主要生产各种酱菜、食醋、酱油、甜酱、豆酱、腐乳、糕点、饼干、水果糖等。1973年更名为副食品加工厂，增加糖蒜米、蜂蜜蒜产品。1981年从四川引进出口咸脆烤花生加工项目，以后陆续增加烤花生、杏脯、冬瓜脯、金丝蜜枣等产品，发展成为内外贸兼营的综合性副食品加工厂。二十世纪七八十年代，年利润由5万元增至10万元以上，九十年代以后，由于个体户竞争，一些传统加工项目陆续丢掉，1990年总产值完成78.2万元，利润300元。1991年筹建新厂，占地14000平方米，建筑面积4000平方米，固定资产投资110万元，主要生产烤花生、咸蒜米、果脯等产品，城内厂区以生产酱菜、调味品、月饼为主。1993年4月，县社撤销副食品加工厂，分建为花生制品厂和酱菜厂。酱菜厂经营不善，年底停产。1994年8月两厂合并。1997年4月，花生制品厂与酱菜厂再次分建。是年，烤花生产品获“振兴河北经济新产品奖”。2000 年年初，两厂相继停产，97 名职工全部下岗，花生制品厂挂账亏损 159.3 万元，酱菜厂挂账亏损 79.5 万元。花生制品厂场地由县社划拨给烟花爆竹公司使用；酱菜厂场地部分资产由下岗职工租赁经营小型酱菜加工。

杨桥油棉厂　始建于 1951 年，1956 年进行大规模建设，占地面积 45.5 亩，改为动力加工棉花，正式定名为杨桥原棉厂。1986 年增上榨油设备，更名为杨桥油棉厂，主要加工生产皮棉、棉短绒、食用油。1990 年，干部职工 90 人，固定资产原值 88.1 万元，年总产值 218.8 万元，实现利润 20 万元。1993 年 8 月，与国家棉麻局联合投资对杨桥油棉厂进行扩建，更名为“中华棉花总公司大名实业发展联合公司”，新增占地面积 43.3 亩、固定资产投资 895 万元。扩建后，棉花连续几年发生严重虫灾，皮棉收购量大减，油料加工主要靠外地原料。1998 年，油料加工停止。1999 年年底，与国家棉麻局终止合作，重新更名为杨桥油棉厂。2002 年，到山东、河南外采皮棉 420 吨。年底，在册干部职工 190 名，其中在岗仅 20 名，固定资产净值 1325.8 万元，累计挂账亏损 4552.7 万元。2004 年，农业发展银行不予新贷，停止棉花收购加工业务。2005 年，部分干部职工集资入股，自筹资金 50 万元，恢复棉花经营，收购籽棉 500 吨。

埝头原棉厂　始建于 1972 年，1979 年因棉花资源少停工，1982 年因棉花生产发展复工，主要加工皮棉、棉短绒。1990 年，有干部职工 108 人，固定资产原值 46 万元。1993 年，因棉花资源减少，投资 63 万元，建小型水泥厂 1 处，日产水泥 25 吨，后转为个人承包。20 世纪 90 年代后期基本停止棉花加工业务，靠水泥厂租金和处理固定资产维持。2002 年，在册干部职工除 1 名厂长外全部下岗，固定资产 53 万元。2003 年，被北峰油棉厂兼并。

北峰油棉厂　1989 年投资 120 万元建厂，当年建成投产，干部职工 23 人，主要加工皮棉、棉短绒。1993 年，建榨油车间，上 200 型榨油机 2 台。1995 年，投资 200 万元建浸出车间，增加食用油加工。20 世纪 90 年代后期，因棉花资源减少、缺少流动资金，停止棉花和油料加工业务。2002 年，在册干部职工 85 人，其中在岗 4 人，固定资产净值 461.5 万元，部分资产租赁给个体糠醛厂使用。

金滩镇棉厂　1991 年建立，为金滩镇供销社下属厂，占地 45 亩，主要加工皮棉、棉短绒。1997 年 10 月，升格为县社直属企业。同年引进美国七彩山鸡珍禽养殖，最多发展到 6000 只。1998 年投资 24 万元，建 4 个大棚、1200 平方米的甲鱼养殖场，养甲鱼 2200 尾，后因市场行情变化等因素停止饲养。2000 年以后，农业发展银行停放棉花资金，场地和机器设备租赁给县棉麻公司。2002 年，在册干部职工 16 人，固定资产净值 131.4 万元。2004 年，租赁给个体户搞棉花收购加工。

广绿源食品有限责任公司　1997 年建厂，占地 10 亩，由棉麻公司投资 160 万元兴建，年生产能力为 800 吨脱水菜，主要加工大蒜片、红白萝卜干丝、南瓜丝、大头菜等。1999 年 6 月，升格为县社直属企业。2000 年以后，缺乏流动资金，市场销路不好，由半停产到停产。2002 年年底，在册干部职工 20 人下岗，仅 2 名人员留守，固定资产净值 189.7 万元。

第三节　国营专营公司

石油公司全称为中国石油公司河北省大名县经营处。1981 年 5 月，更名为大名县商业局石油公司。1985 年 2 月 16 日，从大名县商业局划出，组建河北省石油销售公司大名县公司，归中国石化销售公司河北省石油公司邯郸石油分公司管理。同年10月，石油公司加油站（以下简称石油公司）投入使用。1987年4月，石油公司升格为科级。1990年年底，石油公司设有人秘股、财务股、业务股、仓储股、警防股，下辖有加油站、汽车队、零售门市部、待业青年商店，有干部职工75名，年商品销售总额914.2万元，缴纳税金13.2万元。1992年9月，河北省石油产品销售公司大名县公司更名为河北省石油总公司大名县公司。1996年6月1日，改组为河北石油集团大名县石油有限责任公司。1999年8月，按照河北石油集团公司要求，主业与辅业分离，优良资产与不良资产分离，在原公司的基础上重组中国石油化工股份有限公司河北大名石油分公司，隶属关系不变。

县医药公司于1980年更名为县医药药材公司。1981年12月，县医药药材公司由县商业局移给邯郸地区医药管理局管理，行政管理归县经委。1990年，从业职工74人，有固定资产20.5万元，实现利税13.31万元。1992年，经县政府批准，成立大名县医药管理局，与原医药药材公司为一套人马、两个牌子，仍隶属县经委。2003年，县医药药材公司有批发企业5家，其中三级批发企业1家、四级批发企业4家、零售药店8家。2005年，县医药药材公司因改制被邯郸市枳榀医药有限公司兼并，全县有药品经营企业34家，其中批发企业1家、零售药店33家。行政管理仍隶属县经委。

第四节　个体私营商业

1979年，大名县登记注册的个体工商户327户，从业人员521人。2005年，登记注册个体工商户3448户，注册资本6118万元，从业人员9175人。大名县的个体工商业以商业批发、零售、饮食服务、农副产品深加工为主，其中商业批发、零售业占总行业的46%，住宿、餐饮业占总行业的40%。进入21世纪后，个体工商业向多元化、规模化方向发展，向公司制转轨，相继出现商汇超市、新国人商场、千客隆超市、金利购物中心、阳光万博商场、华联超市、风度服饰等大型多功能购物中心超市以及耀华摩托车销售、汇丰摩托车销售、顺达摩托车市场、宏茂车业销售、路路通汽车贸易等大型商业零售企业，万博工贸、三和商贸等物资流、贸易型公司，这些企业性质为私营有限公司，采取股权公司制等现代化管理模式。截至2005年年底，全县登记注册各类商业零售、花生购销、贸易、物流等私营有限公司54家，注册资本8600万元，从业人员2700人。

主要企业简介

新国人商场　位于县城大名府路中段路北，建于2003年10月，总投资100万元，营业面积3000m^2，主要经营五金家电、针织百货、家具、摩托车、金银首饰等上万种商品。年商品销售额200万元，实现利税5万元，有员工120人。

商汇超市　位于县城北门外路西，建于1997年5月，是大名县商汇超市有限责任公司旗下专业超市，拥有固定资产2000万元，注册资金320万元。主要经营儿童用品、食品、百货、服装、图书等几十个大类，经营品种达8.2万个，年商品销售额在500万元以上，实现利税100余万元，有干部职工40多人，先后荣获邯郸市消费者信得过单位、质量信得过单位、放心购物商场等称号。

千客隆超市　位于大名镇大名府路中段路南的大名府市场二楼，建于2001年6月，由武安市客商投资70多万元建成，主要经营食品、百货、日用品几十个大类，上万种商品。年商品销售额140万元，实现年利税8万元，有员工50人。

御锦来超市　位于县城大名府路中段路南，建于2005年5月，投资50余万元，营业面积200m²，主要经营食品、日用品、百货、小杂粮等。年商品销售额30万元，实现利税5万元，有员工5人。

百信鞋业　位于县城大名府路中段，建于2001年11月，总投资300万元，营业面积1000m²，主要经营各种皮鞋、运动鞋等鞋类。年销售额450万元，实现利税80万元，有员工20名。

大柒家具店　位于县城大名府路中段，建于1990年2月，总投资150万元，营业面积3000m²，是大名县一家致力于专业生产、销售高档卧房、客厅、电视柜、茶几、沙发、床垫等产品的私营家具企业。年商品销售额260万元，实现利税25万元，有员工25名。

宏茂车业　位于县城大名府路中段路南，建于2002年5月，总投资50万元，营业面积250m²，主要经营捷安特、雅迪、捷马等多个品牌自行车、电动车。年商品销售额200万元，实现利税30万元，有员工30名。

龙泉宾馆　位于县城天雄路路南，系清真饭店，建于1996年，总投资560万元，有营业面积1000m²，客房20间、餐饮单间30个，可容纳300人同时就餐和80人住宿。年营业收入在150万元以上，实现利税22万元。

龙江饭店　位于县城京府大街路西，建于1996年，总投资80万元，有营业面积320m²，单间16个，可容纳150人同时就餐。年营业收入100万元，实现利税10万元，有员工20人。

杨记火锅　位于县城大名府路路北，系清真饭店，建于1999年8月，总投资200万元，有营业面积200m²。年营业收入30万元，实现利税5万元，有员工20人。

鑫盛园饭店　位于县城五得利大街路西，系清真饭店，建于90年代，是一个集餐饮、住宿、洗浴为一体的多功多服务场所。有营业面积6000m²，单间30个，餐饮大厅1个，洗浴中心1个。年营业收入140万，实现利税20万元，有员工30多人，

迎宾楼饭店　位于县城天雄路东段路南，系清真饭店，建于1990年9月，总投资300万元，有营业面积1500m²，单间25个，大厅1个，可容纳560人同时就餐。年营业收入300万元，实现利税70万元，有员工40人。2001年被大名县卫生局评为“大名县餐饮服务类示范单位”。

第五节　经营网点

商业局系统经营网点

1997年以前，商业网点基本保持在60～80个。1997年以后，商业网点逐年增加，全县各乡镇均设置生猪定点屠宰场（点），国有控股、个体加入的商业门店增多。

日用工业品批零　1985年以前，日用工业品批发网点少、规模大，以专营批发为主，利润可观。1985—1995年，日用工业品批发网点规模渐小，以批零兼营为主，数量增幅较大，与零售网点数各占50%。日用工业品零售网点增幅较缓。1995年以后，国营日用工业品批零网点大幅度减少，个体零售网点增长迅猛。

农副产品　1997年以前，网点数量变动不大，维持在10个左右，主要从事生猪、鲜蛋等农副产品收购、调拨。1997年以后，农副产品网点数量保持在33个左右，主要从事生猪屠宰、加工、销售、

调拨，为商业局的主要利税增长源。

饮食服务业　1996年以前，饮食服务业网点数量基本保持在30个以上。1996年以后，商业局归口管理的集体饮食业逐渐脱离，商业局系统饮食服务业网点降至14个左右。

至2005年底，商业局系统有经营网点74个，其中批发网点28个，零售网点46个，县以下17个。

供销合作系统经营网点

1979年，县供销合作社联合社系统在农村设有各类经营门市152个、收购站45个、代购代销店501个。2004年年底，县供销合作社联合社系统在农村设有各类门店254个、收购站7个、村级综合服务站117个。2005年年底，县供销合作社联合社系统在农村设有各类门店361个、收购站7个、村级综合服务站132个。

集贸市场

2005年，大名县有大型集贸市场5个。分别是大名府市场、大名县京府商贸城、大名县南李庄花生油料专业市场、龙王庙蔬菜批发市场、前屯商贸综合市场。

大名府市场　1993年开始筹建，占地19.15亩，总投资627.5万元，建筑总面积11300平方米，其中主楼为三层古典式建筑，面积2100平方米。1994年12月1日正式建成开业，设营业柜台250节，东、南、西三侧建营业门店258间，中心建有玻璃钢瓦全封闭营业大厅4210平方米，内设740个售货台位，吸收服装、布匹、鞋类、小百货、日用杂品商户510户，日经销额20万元，由市场统一管理、统一交税，公安局专设派出所，年收租赁费59.6万元。1997年，售货大厅因台位租赁率低改建为家具城，为县内最大的家具商场。2001年6月，主楼二层800多平方米营业大厅进行改造，由武安客商投资建成全县第一家大型超市“千客隆”超市。2004年12月，投资20多万元对主楼二楼平台进行改造封闭，增加营业面积300多平方米。当年有干部职工51人，固定资产812万元，收取租赁费64万元，缴纳税金24万元，实现利润3万元，成为县供销社系统又一利税大户和经济支柱企业。

京府商贸城　1998年5月开始筹建。6月，被河北省重点项目建设领导小组增列为省重点项目。地址在城东215省道西侧，设计总投资5800万元，规划占地220亩。2002年年初，采取引进外资、社会筹资、预售房产、工程队垫资多种方式筹资，5月1日破土动工。一期工程占地140亩，投资3200万元，建筑面积40000平方米。2003年10月1日农资专业市场开业，交易区面积20000平方米，入驻商户53家，年底农资商品交易额完成3702万元。是年，七届县委把京府商贸城列为兴县工程之一，把规划占地扩展到360亩，设计投资增加到1.2亿元，规划为农资、农机、摩托车、建筑装饰材料、粮油、果品蔬菜6大交易区。2004年年初，与武安耀华摩托车公司达成合作开发二期工程协议，占地81亩，总投资2600万元，年内开工14000平方米工程。农资专业市场经过一年多的完善发展，进入市场商户增至103家，其中有来自山东、吉林、云南、上海和省内的40余家农资生产厂和大公司在商贸城设立总经销、总代理处，开业一年多来，经销各种化肥8万多吨，农药100多吨及种子等农资商品，销售总额达1.5亿元，初步成为冀、鲁、豫三省交界处最大的农资类商品批发交易集散地。是年12月底，商贸城农机专业市场开业。2005年，京府商贸城一、二期工程建成运营。总占地360亩，总投资1.5亿元，建筑面积12万平方米，主要经营项目有：农资、农机、机动车、摩托车、建筑装饰材料、粮油、果品、蔬菜等商品，日客流量10000多人，车流量1100台次，日均成交额90

万元，是一个设施完善、功能齐全、超大规模的综合交易市场。

南李庄花生专业市场　位于孙甘店乡南李庄村，1992 年建成，总投资 400 多万元，占地 18666 平方米，建筑面积 8000 多平方米，拥用 100 多间摊位和库房，库容量 5000 吨以上，有花生经营户 300 余户、加工户 200 余户、加工企业 3 家，运输车辆 600 余辆，从业人员 200 多人，有市场管理人员 13 人，主要经营花生果、花生仁、花生皮等，旺季日均客流量 5000 多人，日均成交量 600 吨以上，年交易额达 10 亿元，年交易量达 23 万吨。该市场处于花生集中产区，货源充足，是冀、鲁、豫三省最大的花生集散地，1995 年被邯郸市人民政府命名为“邯郸市十大商品市场”。

龙王庙蔬菜批发市场　位于龙王庙镇四村，2003 年建成，总投资 600 万元，占地 56 亩，建筑面积 1.3 万平方米，有门店 120 间，主要经营肉食、蔬菜和水果，日均成交额 30 多万元，一年四季均有各种蔬菜上市。内有 120 吨电子磅 1 台，5000 平方米高标准经营大棚，市场内路面、地面全部硬化，功能设施齐全，年商品交易额达 5 亿元左右，成为冀鲁豫三省交界最大的蔬菜集散地。

前屯商贸综合市场　位于大名县城北 8 千米 215 省道西侧，始建于 1994 年 9 月，由万堤镇前屯村村委会主办，上市商品主要有农资、农机具、摩托车、电动车、五金、百货、果品、花卉、蔬菜等，市场农机产品远销周边省市。

第六节　商品购销

购销渠道

1979—1989 年，商业局、供销合作社系统的商品经营，以三级批发至零售的购销渠道为主。1989 年以后逐步被多渠道、多家竞争购销所打破。随着市场经济的确立，商业局、供销合作社日用生活用品商品购销份额逐渐缩小。1979 年，县供销合作社系统专营批发企业有农业生产资料公司的化肥、农药、农膜，副食品公司的食盐，土畜产公司的烟花爆竹。1990 年以后化肥等农资商品改为批发零售兼营。1994 年 7 月在全县供销社系统推行“转贷承包”责任制，大多数零售门店成为职工租赁经营。1999 年 6 月，县供销社成立盐业、烟花爆竹两个专营公司，对食盐、烟花爆竹继续实行专营。

购销种类

日用工业品　1979—1989 年，主体上仍由国营商业所属的五金公司、百货公司及供销社所属的土产日杂公司、贸易公司批发为主，由公司直属门店和基层供销社门店零售。购销品种上，耐用消费品有缝纫机、自行车、手表、收音机、收录机、电视机、电风扇、洗衣机、电冰箱等；日用消费品有布匹、服装、纺织品、小百货、洗涤用品、搪瓷用品、塑料制品、饮具用具等。20 世纪 90 年代以后，个体批零商户逐年增多，国营商业和供销社经营的日用工业品份额逐年下降。20 世纪 90 年代中期以后，耐用消费品陆续增加摩托车、电脑、空调机、影碟机、电动车、家用轿车等商品，但大多是私营个体经营。

副食品　副食消费品主要有肉类、鲜蛋、烟酒、糖、茶、食盐、食用碱面等，到 20 世纪 80 年代后期增加啤酒、奶粉、饮料之类。

肉类　1980年，在商业体制改革中，允许生猪多渠道经营，解决农民“卖猪难”。1982年后国家放开生猪调拨经营。1985年，取消生猪派购办法，实行议购议销，随行就市。20世纪90年代，个体私营屠宰户逐年增多，商业系统的食品公司、食品站逐渐失去主导地位。1997年国务院《生猪屠宰管理条例》出台后，生猪经营由调运为主变为以屠宰加工为主，生猪实行定点屠宰，县商业局1998年成立畜禽屠宰管理执法队，加强生猪屠宰管理。牛羊肉在派购期间由食品公司和各乡镇的食品站经营，但经营数量不大。1985年实行议购议销后，主要由南关、马时庄、七里店、金北、营镇等回族聚集区的个体屠宰户经营。

鲜蛋　1980年以后，鲜蛋收购渠道和价格逐渐放开，国、合的食品公司和基层供销社退出经营，鲜蛋购销主要靠市场上私营个体经销。2000年以后，随着鸡只饲养量和养殖专业户的增多，自由交易量大幅增加。

烟、酒、糖　香烟在计划经济时期由食品公司批发，国合零售门店销售。1987年国家实行烟草专卖管理，烟草不准个体商户批发，2000年以后由烟草公司配送基层供销社及个体门店销售。酒类在改革开放初期以大名酒厂生产的大名大曲、大名头曲、大名府、滴溜品牌为主，由国营商业的食品公司糖业烟酒公司和供销社的基层社门店经营。20世纪80年代啤酒进入大名市场，20世纪90年代以后，私营个体酒类经销商户增多，国合企业逐渐退出主导地位。

茶叶、食盐　1979—1999年，茶叶一直由供销社所属的副食品公司负责批发，各基层社门店和私营个体门店零售，2000年以后全部由市场经营。食盐在1999年以前由县供销社副食盐业公司专营批发，以后由分离出的盐业专营公司专营，各基层社副食品门店和私营个体门店零售。2005年实行食盐定点专营零售。

医药　1979—1992年，全县药品经营企业仅县医药药材公司1家，经营中药、西药和常用医疗器械三大类商品，规格品种多达800多种。1992—2003年，医药经营企业增至13家，其中批发企业5家（三级批发企业1家，四级批发企业4家）、零售药店8家。2005年，全县药品经营企业增至34家，其中批发企业1家，零售药店33家，药品品种增至2000余种。1979年前，大名县的药品经营由商业局所属的医药公司及部分基层供销社门店承担。县医药公司设有中西药两个批发部，两个零售门店，经营中药、西药两大类及常用小型医疗器械，规格品种达2000余种。西付集供销社设有医药门市部，开展中药材收购业务，当年收购中药材价值总额20多万元。1985年以后，中药材实行议购议销，医药商品调拨实行浮动价格。1990年，县供销社系统增设北峰供销社医药门市部。当年实现利税13.31万元。1995年，医药市场出现激烈竞争局面，私营个体药店开始增多，到2003年，全县药品经营单位增至13家，其中批发企业5家（三级批发企业1家，四级批发企业4家）、零售药业8家。2005年，实行经营体制改革，县医药药材公司被邯郸市枳楄医药有限公司兼并。全县有药品经营单位34家，其中三级批发单位1家（四级批发企业全部注销），并在农村进行药品供应网络建设。药品供应网络建设由邯郸市枳楄医药有限公司大名县分公司及县外10家合法药品批发企业和9个中心卫生院分别以配送方式把药品供应到基层门店，从源头上把住药品质量关。

文化用品　改革开放初期，商业局百货公司负责全县办公用文具、学生文具和文化用品的采购供应，全县基层社百货门店零售。主要品种有笔、墨、纸张、教学教具、各类作业本、日记本、奖状及音乐体育用品。20世纪90年代后期，随着市场进一步开放，零售量下降，但商业局百纺采购供应站精品商城为县机关、政府部门办公用品的定点单位，办公用品销售占据一定市场份额。

五金交电建材水暖　1979 年至 20 世纪 90 年代中期，五金交电商品由商业局五金公司、各基层社生产资料门店及个体门店零售，主要有五金、自行车配件、小五金、电料、灯具、开关等商品。20 世纪 90 年代后期，市场逐步开放，个体经营商户增多，国有企业的经营量下降。1979—1993 年，在国家物资分配时期，钢材、木材按照县计划委员会下达的供应指标，由县物资局向县办、乡镇办工业企业供应。计划外的木材由县供销社土产公司和县企业局下属公司经营。随着国家物资流通体制改革不断深入，计划分配额相对减少，市场调节供应量不断加大，物资局下属钢材、木材经销业务逐年萎缩，1993 年 12 月停止营业。钢材、木材完全靠私营个体经营市场调节。1990 年以后，水暖和装饰材料进入大名市场，经营品种和数量很少，一直由私营个体户经营。2000 年以后经销户逐年增多，经营品种也随之增多。

第七节　住宿餐饮服务业

宾馆旅店

1979 年以前，大名县仅有县政府招待所、大名旅馆、工农兵旅馆、县社招待所、金滩镇供销社招待所等国营、集体宾馆、旅社。改革开放以后，旅馆业向集餐饮、娱乐、住宿为一体的大型宾馆方向发展。2000 年以后，相继出现大名宾馆、大名县鑫盛园宾馆有限公司、龙泉宾馆、交通宾馆、白云宾馆等大型宾馆。2005 年，全县共有国有、集体宾馆 11 家，私营宾馆 9 家，个体旅馆 90 余家，主要分布于县城及交通干道附近的乡镇所在地。

饮食业

1979 年，全县登记注册的国营单位饮食业 24 家，主管部门为县商业局饮食服务公司，主要有北关的迎宾饭店（后改称二五八饭店）、北街的国民食堂、南街的回民饭店、县前街高级食堂、车站饭店、东风饭店、万春楼食堂、火烧铺、烧鸡铺、大名酒楼。全县供销合作社系统饮食摊点 25 个大部在乡镇，至 1984 年年底减为 12 个，没有个体饮食业。1979 年以后，饮食行业逐步复苏，经营摊点逐年增加，但规模较小。1990 年，大名县各类饮食饭店、摊点 586 家，个体占 480 家，从业人员 1290 人，占据饮食行业主流，其中县城较有名气的饭店有二五八饭店、绿源大酒店、天宝酒家、满园春饭店、伊和轩饭店、龙泉饭店、贵乡酒家等。2000 年后，饮食行业规模档次有较大提升，相继出现鑫盛园宾馆有限公司、利博餐饮有限公司、清盛轩餐饮有限公司、鸿兴楼饭店、白云宾馆等集餐饮、娱乐、住宿为一体的大型饭店；龙江饭店、常聚德饭店、穆顺轩饭店、回民餐厅等中型饭店，以及大胖涮锅、杨记涮锅、小肥羊等特色饭店。2005 年，全县有各类大小食堂、饭店 1402 家，注册资本 2503 万元，从业人员 4868 人。2005 年饮食业网点增至 1402 家，其中县城 752 家、乡镇政府所在地 364 家、集贸市场所在地 184 家、农村 102 家。

服务业

理发美容　1979 年，仅有县商业局饮食服务公司所属的城内南大街理发店、东大街理发店等 4 个门市部。1979 年后，服务项目由单一理发向理、烫、染、发型设计、美容方向逐步发展，经营主体由国营、集体企业独家经营向私营个体业主导方向发展。1989 年，全县共有理发店 254 家、从业人员 580 人。2005 年，全县美容美发门店有国营、集体分支机构 5 家，个体美容美发店 514 家，从业人员 2034 人。

洗浴桑拿　从 20 世纪 70 年代商业局饮食服务公司的工农兵澡堂独家经营，80 年代、90 年代的淋浴、盆塘多家经营，到 2000 年大名县地热资源的开发利用，相继出现县城水利、鑫盛园、南大街大众、民生等集住宿、桑拿、搓背按摩、洗浴、美发为一体大型温泉洗浴中心和数十家乡镇大中型洗浴中心。2005 年，全县有洗浴有限公司 4 家，个体洗浴中心（澡堂）113 家。

照像摄相　1975 年，商业局饮食服务公司设立摄影部，1990 年增至 3 个门市部，开展彩照、扩印等业务。1990 年年底，全县有摄影门店 33 家，从业人员 110 人。2005 年年底，全县有摄影门店 78 家，从业人员 560 人，提供数码快照、婚纱摄像、化妆摄影服务。其中欧亚、金百合婚纱影楼规模较大。

验光配镜、洗染、文印　2005 年，全县有验光配镜 18 家，干洗中心 8 家，文印门市 49 家，从业人员 119 人。其中济南眼镜行、博爱眼科、名仁眼镜有限公司规模较大。

修理业　1979 年以来，从县城到农村，从交通干道到乡村公路随处可见修理门市。至 2005 年，全县有提供修理服务的企业 38 家，个体工商户 2896 家，注册资本 3765 万元，从业人员 4136 人。

2005 年，全县服务业网点增至 3390 家，其中县城 1014 家、乡镇所在地 176 家、集贸市场所在地 176 家、农村 1960 家。

第二章　物　资

第一节　管理机构

1979 年，物资局内设办公室、财务股、储运股。1998—2005 年，下设办公室、财务股两个科室，有干部职工 31 人。1985 年有干部职工 19 人（不包括下属公司人员）。2005 年，局机关有干部职工 9 人。1984 年，物资局成立机电金属化轻、木材建材、服务 3 个公司，1984 年 3 月，原商业局煤建公司与物资局工业用煤经营职能合并，成立燃料公司。1987 年，机电金属轻化公司重新分设为金属材料、机电化轻、地方金属 3 个公司，并成立木器厂、家用电器服务公司。1989 年成立劳动服务公司，原服务公司改为物资贸易中心，木器厂改为旺丽家具总厂。

1993 年，金属材料公司有干部职工 52 人，木材建材公司有干部职工 33 人，机电化轻公司有干部职工 23 人，地方金属公司有干部职工 18 人，燃料公司有干部职工 105 人，家用电器公司有干部职工 12 人，劳动服务公司有干部职工 8 人，物资贸易公司有干部职工 20 人。1993 年 12 月，上述 7 个公司 1 个中心停止营业，除留部分人员外，其他人员放假。是年，家用电器服务公司提出破产申请，经县人民法院裁定，按照法律程序依法宣告破产。1996 年 8 月，燃料公司提出破产申请，经县人民法院裁定，按照法律程序依法宣告破产。是年 12 月，金属材料、木材建材、机电化轻、地方金属、物资贸易 4 个公司 1 个中心提出破产申请，经县人民法院裁定，按照法律程序依法宣告破产。同时，旺丽家具总厂改为股份制企业，成立旺丽家具有限责任公司，1997 年 5 月该企业停止营业，全员放假。

1979—1984 年，物资局设有储运股，主要是负责全局储运管理等项工作，1984 年成立下属公司后，各公司储运事务自行解决，储运股撤销。

第二节 物资经销方式

计划分配

1979—1993 年，由国家物资计划分配的种类主要有：金属材料、建筑材料、机电化轻、煤炭 4 大类产品，销售按照县计划委员会下达的供应指标供应，供应对象主要是县办、乡镇办企业。随着物资计划分配和国家物资流通体制改革不断深入，计划经济向市场经济过渡，计划分配额相对减少，市场调节供应不断加大，逐渐步入社会主义市场经济轨道。这一时期，物资局系统累计销售计划内金属材料总额 8630.6 万元，建筑材料 1898.4 万元，机电化轻产品 2100.2 万元，煤炭 1276.35 万元。

议购议销

1979—1993 年，计划分配物资品种数量逐渐减少，市场对物资需求量逐年加大，物资局下属公司按照购得进、销得出、有利润的原则组织货源，议购议销，累计议购议销金属材料 12945.8 万元、建筑材料 2847.7 万元、机电化轻产品 3150.2 万元、煤炭 1302 万元。

市场运作

1979 年后，化肥、农药、农膜、半机械农具、中小农具主要由县供销合作社系统经营。1990 年以后，随着其他集体和私营、个体商业摊点的不断增加，打破了行业经营界限，除化肥、农药经营，供销合作社系统占比重较大外，农膜、半机械农具、中小农具逐步形成多家竞争局面。

1979—1993 年大名县供销合作社系统主要农业生产资料销售量表

表 8-2

年份	化学肥料（吨）	化学农药（吨）	农药械（架）	柴油（吨）	半机械农具（部）
1979	28253	789	7091	5557	1913
1980	32468	376	1938	5302	3661
1981	28234	743	3887	5802	5761
1982	39760	1595	6073	3855	7126
1983	57573	402	840	3508	4174
1984	36780	368	4983	4491	2566
1985	17475	208	2902	3090	3375
1986	38965	331	432	1918	1651

续表 8-2

年份	化学肥料（吨）	化学农药（吨）	农药械（架）	柴油（吨）	半机械农具（部）
1987	32139	279	2073	293	1001
1988	34306	290	3812	620	1178
1989	33809	195	1446	419	1147
1990	40157	102	1393	493	682
1991	49424	86	1379	643	518
1992	66742	257	442	3074	451
1993	69760	71	1075	1928	

第三节　物资收购

农副土特产品收购

1979—1990年，农副土特产品以县供销合作社系统经营为主，私营个体商业摊点有少量经营。1991年以后，形成国营、集体、私营个体多家竞争局面，除棉花外，其他农副土特产品购销市场为私营个体商业主导。县供销合作社系统经营的主要农副产品有棉花、蜂蜜、苇席、草帽辫、各种条子及条编器（1984以后停止经营）、羊毛、羊皮、牛皮、肠衣、红干枣、乌枣、黑瓜子、苹果、梨、大蒜等。1991年以后，除棉花外，其他产品陆续停止经营。

棉花　1979年，棉花属国家统购统销物资，只准供销合作社棉麻公司独家收购经营。当年仅收购皮棉77万斤。是年，国务院上调棉花收购价格。1983年收购棉花1211万斤。1984年，棉花加价由基数法改为比例法，北方按二八（80%加价，20%牌价）比例收购，当年收购皮棉1566万斤。1985年，国家将棉花由统购改为合同订购，合同内的棉花北方按“倒三七”（即30%牌价,70%加价）比例加价，定购以外的棉花允许农民自销。1991年收购皮棉2765万斤，创历史最高水平。1992年以后发生严重的棉铃虫灾害，棉花生产逐年下滑，1993年仅收购皮棉129万斤。1996年以后，棉花生产停止行政干预，种棉面积减少，当年全县收购皮棉200多万斤。2000年，县供销社大力发展订单棉花，全年收购皮棉70万斤。2004年，由于棉花企业缺乏收棉资金，基本停止了棉花收购。2005年，棉麻公司、杨桥油棉厂采取部分干部职工集资入股方式筹资170万元，收购皮棉90万斤，恢复棉花收购业务。

果品　大名出产的主要果品有苹果、梨、红干枣、乌枣、黑瓜子、蜂蜜等，在1990年之前由供销社副食品公司和各基层供销社收购经营，之后基本上由私营个体经营，市场运作。

蔬菜　大名的日常生活用蔬菜一直由农民直销市场供应。1990年之前地产的大宗蔬菜，如大蒜、蒜苔、大葱，主要由供销社副食品公司和产地基层供销社收购经营，之后逐渐转向市场，由私营个体经营。

1979—1993 年大名县农副产品收购统计表

表 8-3

年份	棉花（万斤）	草帽辫（包）	蜂蜜（千克）	黑瓜子（千克）	红干枣（千克）	乌枣（千克）	苹果（千克）	梨（千克）	粉条（万斤）	大蒜（万斤）
1979	77	10868	131630	8599	105724	719529	13980	21987	106	63
1980	153	11656	99114	9854	11821	353313	3431	900	148	132
1981	282	9519	21500	3143	144000	33800	8266	—	124	11
1982	535	10001	35803	236159	54411	375000	1358	—	1.2	8
1983	1211	6468	85681	182176	—	101342	—	134500	60	67
1984	1566	6503	55683	16358	25000	166260	—	—	29	17
1985	1400	6841	4465	329906	—	—	240000	—	30	7
1986	1236	8965	5000	133446	5300	33400	150000	87500	0.3	—
1987	1204	3902	172852	91085	300	—	100000	100000	20	—
1988	1260	1551	7369	144287	—	—	—	—	—	1.4
1989	1464	1585	53347	70670	—	—	45000	—	—	43
1990	1239.4	2178	—	137000	—	—	30000	30000	—	30
1991	2765	—	—	108	—	—	—	—	—	23
1992	1209	—	—	—	—	—	—	—	—	—
1993	129	—	—	—	—	—	—	—	—	—

废旧物资回收

机构与网点　1979 年，废旧物资收购由县供销合作社所属的土畜产公司和各基层社收购，全县 39 个基层供销社每社至少设有 1 个废品收购站。1984 年以后，个体收购点逐年增加，供销社系统收购站点逐年减少。1989 年，供销社系统经营废旧物资的单位仅剩 15 个，其中基层供销社收购站 12 个，大都设在原区片及大集镇供销社。2003 年 4 月，与邯郸市第一物资再生利用总公司联系，争取到该公司在邯郸市东部设立唯一报废汽车回收拆解网点，在龙王庙镇北兴建废旧汽车回收拆解专业市场 1 处，进入市场商户 8 户。2005 年又扩建场地 20 亩，年底拥有专业技术人员 16 名，工作人员 25 名，年回收各种报废车 300 余辆，回收生产性废旧金属 1500 多吨。2005 年年底，全系统废旧物资收购站有 7 个，其中基层供销社 5 个。

回收种类　1979—1990 年，供销合作社系统收购的废旧物资种类主要有废钢铁、杂铜、废铝、废橡胶、废塑料、破布、废棉、杂骨等。20 世纪 90 年代增加酒瓶、旧书报、旧纸箱等。2003 年增加报废汽车回收拆解业务。

1979—1993年大名县供销合作社系统废旧物资收购主要品种数量统计表

表8-4

年份	废钢铁（吨）	杂铜（千克）	废铝（千克）	绵羊皮（张）	山羊皮（张）	牛皮（张）	绵羊毛（千克）
1979	799	12394	3092	10816	13737	1248	43518
1980	223	20714	3849	33123	44358	1393	76777
1981	282	11020	8757	44164	39331	426	214271
1982	279	18076	1457	51049	33210	258	99388
1983	251	8866	2285	50949	24672	172	156251
1984	143	8734	2677	73010	39979	1034	232777
1985	391	2291	1109	56384	19783	8059	162256
1986	324	4195	2983	19855	28558	2887	133046
1987	267	2727	5619	8225	3976	1993	137920
1988	240	3618	4123	5908	2552	684	136830
1989	194	2275	1968	2033	1762	88	18090
1990	217	2605	2340	1362	3570	10574	10646
1991	70	—	—	4400	2042	5534	3000
1992	91	—	—	—	2295	20	—
1993	389	—	—	—	—	—	—

第三章　专营商品

第一节　烟草专卖

管理机构

1979年，大名县烟草由县商业局所属食品公司经营。1981年9月，烟草改由与县食品公司分建的糖业烟酒公司经营。1985年11月，大名县第八届人大常委会第六次会议通过决定，成立大名县烟草专卖局，仍由县商业局监管。1988年1月，大名县烟草专卖局与大名县商业局分建，同时成立河北省烟草公司大名县公司，两块牌子一套人马，独立行使烟草专卖行政管理和烟草制品经营职能，局内设有业务科、专卖管理科、计划财务科、办公室，负责全县烟草专卖管理和卷烟批发、零售、调拨业务。1989 年 1 月，成立烟叶生产管理科。

1990 年，成立第三批发部。是年，烟草专卖局有干部职工 57 名，年销售额 2646.6 万元，缴纳税金 23.5 万元，实现利润 26.7 万元。自 1991 年 1 月起，大名县烟草专卖局、河北省烟草公司大名县公司划归河北省烟草专卖局（公司）管理。1992 年 1 月，成立安全管理科、仓储科。1993 年 12 月烟叶生产管理科撤销。1997 年 12 月，全省进行行业营销体制改革，成立网建业务科。2001 年 4 月，安全管理科、仓储科，安全管理科归属办公室，仓储科归属网建业务科。2002 年 10 月，撤销网建考核办，网建业务科及所有批发部。2004 年 1 月，营销中心、配送中心分别更名为营销科、配送科。同年 4 月，河北省烟草公司大名县公司取消，成立河北省烟草公司邯郸市分公司大名县卷烟营销部，同时取消县级法人代表资格，直接归属邯郸分公司。

1988—2001 年，大名县烟草局上缴税金 474.56 万元，实现利润 369.1 万元。2002—2005 年分别实现毛利 625 万元、691 万元、824 万元、1350 万元。

卷烟销售

1979—1987 年，全县卷烟经营归属大名县商业局糖业烟酒公司。1988 年元月，河北省烟草公司大名县公司成立后，在公司内部设立业务科，具体负责全县的卷烟销售业务，同时成立第一、第二卷烟批发部。1990 年成立第三卷烟批发部（1993 年撤销，1996 年龙王庙重新成立），其主要经营模式是公司内部实行经营承包责任制。1992 年成立宏大经营公司，兼营糖酒等多种经营业务（1997 年撤销）。1995 年在县城成立云南烟专卖店（1997 年撤销），主要经营云南卷烟。在此期间主要是坐等成交的大购大销模式。1997 年进行营销体制改革，分别在金滩镇、万堤、杨桥、西付集、北峰、张集成立第四、五、六、七、八、九卷烟批发部，设立大名镇、龙王庙镇、金滩镇、杨桥镇 4 个烟草专卖店。同时由公司成立的网建科具体负责卷烟批发部管理工作及卷烟调运。投资近 10 万余元，购置三马车 9 部、汽油三轮 10 部，用于全县卷烟零售户配送工作。后三马车更换为 9 部柳州五菱车。

2000 年 4 月，成立省产烟专卖店（2001 年 5 月撤销），同时加大网建硬件建设，完成网点租赁、人员配备和货架、办公用品、生活用品、送货工具购置等，变坐等成交为上门送货服务，实现烟草公司与零售户直接沟通。2002 年 10 月，进行营销体制改革，全面实行大访销大配送营销模式，撤销所有卷烟批发部，成立访销中心、配送中心，具体负责全县零售户访销配送工作。具体将全县划分为 5 大区域，13 条送货线路，全县有 16 名访销员及 13 辆送货车辆。投资 12.42 万元，购置 POS 机 18 部，用于访销员采集零售客户的订单信息，形成供货订单。送货员负责送货、收款、三员监控等，送货车更换为福田小卡，送货服务水平进一步提高。2004 年 1 月，实行电话访销、网上配货、电子结算、现代物流的营销模式。全市集中电话访销，县营销部负责送货服务、零售终端客户维护、营销管理、经营指导等服务。访销中心、配送中心更名为营销科、配送科，同时加强零售终端网络建设。2005 年 12 月底，遍布全县 20 个乡镇 651 个行政村 2100 多个零售客户的零售终端网络建设趋于完善，卷烟全部进入网络销售。

1988—2001 年，全县累计购进卷烟 210112 箱，销售完成 210351 箱，实现毛利 2478.67 万元，上缴税金 474.56 万元，实现利润 369.01 万元。2002 年实现毛利 625.64 万元，2003 年实现毛利 691.4 万元，2004 年实现毛利 824.04 万元，2005 年实现毛利 1350.69 万元，经济运行质量稳步提升。

监督检查

1979—1987年，全县烟草市场的监督检查由县商业局糖业烟酒公司负责。1988年大名县烟草专卖局分建后，全县烟草市场的行政管理工作由局专卖管理科负责，其主要任务是办理卷烟零售许可证、准运证、卷烟市场管理等。1992年1月1日，《中华人民共和国烟草专卖法》正式实施后，每年都组织专卖执法人员到省、市局专门学习，开展烟草专卖政策法规宣传，逐步提高广大卷烟零售户守法经营的自觉性。1997年，加强专卖管理网络建设，成立大名镇、龙王庙、金滩镇、杨桥等4个烟草专卖管理所，对卷烟市场进行延伸管理。2004年4月，在北峰成立第五专卖管理所。同时，成立县烟草专卖稽查大队和5个稽查中队，专卖管理人员编制增加至32人，市场管理能力和打假缉私能力提升，卷烟市场得到进一步规范。2001年，大名县人民政府印发《整顿和规范卷烟市场秩序，严厉打击非法经营卷烟犯罪活动的实施意见》。2003年，大名县人民政府办公室印发《大名县整顿卷烟市场，打击涉烟犯罪行动实施方案》的通知，建立县公、检、法、烟四部门联席会议制度。2004年、2005年，县法院、检察院、公安局、烟草局印发《联合"双打"联席会议纪要的通知》。2005年，莘县、台前县、范县、清丰县、濮阳县、南乐县、大名县、馆陶县等三省八县烟草专卖局联合印发《关于建立毗邻区域卷烟市场整治联动协查机制的意见的通知》，逐步完善联席会议、信息共享、联合办案等项制度，逐步形成政府职能部门积极支持、周边省市县紧密协作、社会公众广泛参与、市县局协调联动的卷烟打假和市场监管格局。

价格管理

1988年，河北省放开13种名烟价，即中华、云烟、玉溪、红塔山、红山茶、茶花、牡丹、阿诗玛、大重九、恭贺新禧、石林、上海"红双喜"、黄人参等13种，这部分卷烟批发价格由经营企业根据市场情况自行定价，其他类卷烟价执行全省统一批发价格。1991年7月至1997年，河北省全面放开所有卷烟三级批发价格，县烟草公司主要参考市场卷烟零售价格制定批发价，随行就市，卷烟批发价格变化频繁。1990—1995年，在价格放开、经营搞活的形势下，重卷烟销售轻专卖管理，卷烟经营业务由外购内销为主，逐步转变为外购外销为主。1988—1997年，县级卷烟经营平均毛利率为4.32%。1998年以后，卷烟销售一律执行全省统一限价，不得擅自降价销售。2004年，取消县级法人资格后，卷烟批发价格仍执行全省统一限价政策。

烟　叶

1988年，大名县烟草公司在北门口乡张郭、西曹2个村动员村民试种烤烟50亩，经张家口卷烟厂化验，理化指标合格，予以收购。1989年，县政府支持扩大试种烤烟范围，种植烤烟1591亩，并证实大名县卫河以东地区适宜种植烤烟。1990年，县政府组建烟叶生产办公室，引进美国优种—NG89，在孙甘店、张集等11个乡的32个村试种成功。1991年，全县种植烤烟2550亩，县烟草专卖局（公司）在南石冲村征地建设烟叶收购站。1992年，全县继续扩大种植面积至3000亩，但由于管理和技术力量跟不上，从大田管理到烟叶采收、烘烤各环节都发生问题，烟叶产量和质量下降，农民对种植烤烟失去信心。1993年，烤烟种植流于形式，到年底，县烟草专卖局撤销"烟叶生产管理科"，全县不再种植烟叶。

第二节　酒类专卖

机构设置

1979 年至 1990 年 7 月，全县酒类专卖由商业部门酒类专卖处负责，实行酒类专卖零销执照、酒类专卖品准运证制度。1990 年 7 月 1 日，成立大名县酒类商品专卖管理局，与商业局合并办公。为全县酒类产（商）品专卖的行政管理部门，负责全县酒类产（商）品的专卖管理和经营工作。酒类商品专卖管理局局长（副科级），由县商业局主管经营业务的副局长兼任，副局长（正股级）由县商业局业务科（股）科长、糖酒公司经理兼任，酒类专卖管理科人员（7 人左右）抽调糖酒公司人员组成，酒类商品专卖日常工作由糖酒公司负责。酒类专卖管理科先后改为酒类执法队、酒类执法中队，人员保持在 7 ~ 12 人左右。2001 年 8 月，根据上级政企分开的精神，组建商业局贸易行政执法大队，酒类商品专卖的日常工作收回到商业局直接管理。2002 年 12 月 2 日至 2005 年年底，大名县酒类商品专卖管理局更名为“大名县酒类监督管理局”，全县取消酒类专卖制度，改为酒类监督。

专卖管理

1990 年 7 月至 2002 年 9 月，大名县对全县酒类市场专卖管理的方式是：实行酒类商品批发、调入、调出许可制度。酒类商品的调拨、批发业务统一由酒类商品专卖局经营。这一时期全县酒类商品的调拨、批发业务，由县酒类商品专卖管理局责成县国营糖酒公司统一经营，并负责组织安排全县酒类商品市场。县酒类商品专卖管理局还委托大名县酒厂从事其本厂酒类产品的代批发业务，扩大地产酒销售。1999 年 10 月 14 日省政府以冀政〔1999〕26 号文《河北省征收酒类商品专卖利润暂行规定》，规定对调入本省的省外酒类商品区别不同品种、档次，由酒类商品专卖管理部门按其进货额征收 3%—10% 的专卖利润，但实行不久即停业。自 2002 年 10 月份以后至 2005 年，酒类专卖管理变为酒类经营许可管理和溯源管理。

违法案件查处

按照“生产管严、批发管住、零售搞活、重点打假”的原则，将查处酒类违法案件作为市场管理工作重点，1990—2005 年，大名县共查处酒类无证经营（无证批发、无证零售）案件 3548 起、制售假冒伪劣酒案件 269 起、36495 瓶，取缔无证生产、销售小酒厂 5 个。1996 年 9 月，省贸易厅授予大名县酒类监督专卖管理局“酒类打假第二战役先进单位”称号，以后又多次被省商务厅、市商务局、市酒类监督（专卖）局授予“酒类打假”“酒类监督管理”先进单位称号。

第三节　其他专营

食盐专营

1999 年前，大名县食盐由大名县供销社副食品公司经营。1999 年后，食盐由大名盐业专营公司经营，隶属大名县供销社。1999年，盐业专营公司制定包片包村食盐销售与工资挂钩目标责任制，当年查处假冒小包装碘盐30吨，端掉私盐窝点6个，处理违法案件70起，罚款10多万元。2000年，县社与各基层社签订碘盐购销责任状，实行“月通报，季评比，年终总评”制度，各基层社配备1～2名盐业专管员，负责对本辖区市场检查，查处私盐72吨，扣押违法车辆18辆，罚款7000多元。2004年5月，盐业专营公司从大名府路中段路南搬迁到城东五里屯原购销公司院内，集资20余万元，新建盐库8间，改造旧仓库12间，整修宿办室13间。2005年5—12月，盐业公司会同各基层社在全县设立食盐零售网点548个。

1979—2005年大名县供销社食盐购销数量表

表8-5　　单位：吨

年份	食盐购进	食盐销售	年份	食盐购进	食盐销售
1979	3187	3439	1993	215	241
1980	2905	3184	1994	2218	472
1981	1985	2121	1995	349	1613
1982	2050	2380	1996	1845	1132
1983	1990	1862	1997	292	556
1984	808	1210	1998	838	700
1985	350	767	1999	620	600
1986	656	710	2000	—	2100
1987	798	810	2001	4220	4072
1988	679	790	2002	2724	2346
1989	1980	2168	2003	2345	3209
1990	998	682	2004	4574	4656
1991	1050	867	2005	4409	4409
1992	1081	1146			

烟花爆竹专营

烟花爆竹原为县供销社土畜产公司一项传统经销商品。20世纪90年代初期，国家把烟花爆竹列为一项专营商品，由供销社系统专营。1999年6月，成立大名县烟花爆竹专营公司，仍隶属大名县供销合作社。1999年6月至2005年底，大名县烟花爆竹专营公司在确保安全经营的基础上，严格市场管理，积极配合有关职能部门进行市场稽查，打击私炮贩运，严禁不合格产品流入市场，减少和杜绝安全事故发生。

建好网点，搞好配送。先后建立龙王庙、沙圪塔、冢北、大名城区等10个批发站，又在全县设立500多个零售点，为专营工作打下网络基础。1999—2005年，烟花爆竹经营额分别为156万元、161万元、168万元、172万元、188万元、189万元、198万元。

组织货源、抓好供应。为满足全县市场需求，积极筹措资金，奔赴江西、湖南等地组织货源，以满足全县以春节、节日庆典为主的市场需求，为丰富城乡居民节日文化生活做出了积极贡献。

抓好市场稽查，确保安全无事故。积极配合县安监局、公安局大力开展执法检查，坚持每月不少于20天、执法人员200余人次对全县1260多家商店进行检查。从1999年至2005年，累计检查天数为1700余天，出动执法人员16800人次，检查商店1300余个，处罚不合格商店200余家，查获非法烟花爆竹300余件，在一定程度上减少和杜绝了安全事故的发生。

第四章　粮油经销

第一节　经营体制

概　况

1979年，粮食局下辖31个基层粮站，负责全县39个乡镇的定购粮收购任务和全县粮食的销售。1989年，中心粮站经营主体职能撤销，后仅作为局派出机构存在，基层粮站成为独立核算单位。1996年8月，栗庄粮站、王乍村粮站被洪水淹没。水灾过后，粮食局申请资金，在黄金堤新建粮站一处，承担原王乍村粮站任务，原栗庄粮站承担的任务由红庙粮站和金滩镇粮站承担。随着粮食流通体制改革的不断深入，为适应市场经济发展，1998年，城镇供应站改制为大名镇第一粮站，议购议销公司改制为大名镇第二粮站，全县仍为31个粮站。

“文化大革命”期间，粮食市场关闭，买卖粮食严格禁止。1979年，重新开放粮食市场，农民在完成征购任务后，允许自由买卖。1990年年底，全县粮食市场发展到26个，年成交粮食约1000万千克以上，1991年后，全县粮食购销逐步进入市场经济，先后成立较具规模的万堤万南粮油交易市场，南李庄花生批发市场，龙王庙、孙甘店、小寨粮食批发市场等。2005年，全县各乡镇粮食收购网点共有140多处。

统购定购议购

粮食统购　1953年，国家开始大规模经济建设，各方面对粮食的需求迅速增加，粮食市场供求矛盾更加尖锐。国务院发布《关于实行粮食的计划收购与计划供应的命令》，实行粮食统购统销政策。期间，大名县圆满完成国家统购任务，此政策延续至1983年。1984年夏粮收购前，国家执行统购政策。在统购期间，为弥补国家平价粮之不足，国家允许粮站收购一部分议价粮，作为“议转平”之用，即把议价粮转为平价，弥补国库，其差价由省财政补贴，多余的议价作为调剂市场之用。1984年夏粮收购至1995年，国家统购政策改为定购政策。

粮食定购　1979年起，国家对粮、油收购价格进行调整，粮食统购价平均提高20%，超购加价提高到50%，销价不变，同时放开粮食市场，允许自由买卖。1982年，实行一定三年包购，包购任务落实到户。1983 年后，收购按比例计价，花生、芝麻、油菜籽的 40% 按定购价，60% 加价。1985 年，取消统购，实行合同定购。粮食部门与农民协商签订定购合同，每售 100 千克粮食，奖售平价化肥 12 千克，平价柴油 6 千克，并按 20% 比例预付定金。1989 年秋，取消合同定购，改为国家定购，并提高了“三挂钩”标准，即每交售 50 千克小麦或玉米，挂钩平价优质标准化肥 10 千克，柴油 3 千克；每交售 50 千克花生果挂钩化肥 15 千克。1991 年至 1992 年 4 月 1 日，国家再次提高粮食定购价格，小麦由 1991 年的 500 克 0.286 元提高到 0.325 元，玉米由 1991 年的 500 克 0.182 元提高到 0.215 元。1993 年后，中等玉米收购价每 500 克 0.41 元，大豆每 500 克为 0.95 元。2003 年实行粮食市场购销，粮食收购总量 148515 吨，销售总量 320756 吨；2004 年粮食收购总量 67212 吨，销售总量 145714 吨；2005 年粮食收购总量 119333 吨，销售总量 49223 吨。

1979—2002 年大名县粮食统购、定购、议购情况表

表 8-6　　单位：吨

年份	统购	定购	议购	年度	定购	议购
1979	—	—	—	1991	38050	23400
1980	16415	—	26015	1992	35310	6250
1981	17540	—	13665	1993	37700	55115
1982	24750	—	5190	1994	—	53573
1983	32045	—	10215	1995	—	52618
1984	89055	—	—	1996	36900	32714
1985	—	58199	—	1997	38400	53250
1986	—	37410	17070	1998	37200	66307
1987	—	36771	34910	1999	21500	117653
1988	—	37480	21966	2000	22415	210265
1989	—	37995	18125	2001	17300	179363
1990	—	37959	36950	2002	—	191639

议购议销与保护价收购

1981 年开始，粮食局成立议购议销公司，组织人员到外地采购大米等，满足本地人民生活需要，同时把多余的小麦、豆类、玉米等向外省、市推销。议购议销高于统购牌价，一般随行就市浮动。1996—2003 年，大名县粮食总产量始终保持在 1 亿千克以上，国家对历年夏秋合同定购粮实行差额补贴，市场价低于保护价，粮食企业按国家保护价收购，差额部分由国家补贴，市场价高于保护价按市场价收购。由于长时期供大于求状况无法改变，市场粮价持续低价徘徊，给国家财政补贴带来越来越重的负面影响，保护价补贴的数量逐年缩减，直至国家实行购销同价，粮油市场完全放开。2004 年前后，粮食收购市场竞争激烈，市场粮价波动较大，粮食企业普遍亏损，挂账数额较大，加上银行限制企业贷款，大名县 30 多个经营企业因严重亏损而停止收购。

第二节　粮油供应

大名县境内国家机关工作人员、教师、在校中专生、国营大集体企业职工和城镇非农业户口居民及军事人员平价定量供应商品粮油，1979—1993 年主要凭票、凭证供应，1985 年以后，开始面向城乡居民供应一部分议价商品粮。

凭证供应

1993 年前，对非农业人口口粮、食油和行业用粮油继续实行凭证定量供应，供应品种有标准粉、大米、花生油、卫生油、芝麻油等。粮食供应标准：脑力劳动者每人每月 14 千克，轻体力劳动者每人每月 15.5 千克，重体力劳动者每人每月 18.5 千克，特重体力劳动者每人每月 27 千克，非农业人口居民每人每月 13 千克；食油供应每人每月 0.25 千克。1991 年前售价：标准粉每千克 0.366 元，大米每千克 0.38 元，花生油每千克 1.64 元，卫生油每千克 1.44 元，香油每千克 1.92 元。1991 年调整为标准粉每千克 0.56 元，大米每千克 0.68 元，卫生油每千克 3.8 元，花生油每公司 4.62 元，香油每千克 4.78 元。1992 年调整为标准粉每千克 0.80 元，大米每千克 1.04 元，香油每千克 5.10 元。1993 年，国家取消对非农业人口供应政策。在取消粮油统购统销政策前，大名县粮油流通和使用的票证主要是“三票两证”即：全国通用粮票、河北地方粮票、军用价购粮票、城镇居民粮油供应证和转移凭证。此外，国家对回族每年开斋节时，每口人供食用油 0.25 千克，离休干部每人每月特供食用油 0.25 千克。随着家庭承包责任制推行，粮油市场供大于求，粮票作为商品证券继续在社会上流通已失去它原有的意义和作用。河北省（1985）冀粮购字第 276 号文件通知，从 1985 年 10 月 1 日起，全国粮票、地方粮票、转移凭证和城镇居民供应证停止流通使用，并统一收缴库存。城镇居民购粮证和机关企事业单位粮证于 1993 年 5 月作废并收缴，军用票证仍继续使用。

议价供应

1985 年以后，粮食企业议价购进大米、小杂粮等，微利议价供应城乡居民。1985—1990 年，议价高于平价 30% ~ 40%，1991、1992 年降为 20% ~ 30%，1993—1996 年降到不足 10% 乃至无平议价之分。

敞开供应

随着粮食产量的稳步增长和粮食流通体制改革的深入，1993 年起，对非农业人口居民口粮、行业用粮改为敞开供应，担负城镇居民粮油供应任务的城市供应站和所属基层库站名存实亡。1996 年 1 月，按上级要求再次实行凭本限量供应粮油，价格为特二粉每千克 1.96 元，大米每千克 2.40 元。在个体粮油经营网点遍布城乡的激烈竞争中，凭本供应实行 6 个月即自行终止，城市供应站改为供销公司，1998 年改制为大名镇第一粮站，但仍担负军事部门和抗灾救灾供应任务。

第三节　粮油调运与加工

储　运

1990 年，大名县有仓库 798 间，面积 31412 平方米，容量 59830 吨。1990—2003 年，全县先后新建仓容近 10 万吨，新建库站 5 处，分别是大名国家粮食储备库、粮油贸易总公司、黄金堤粮站、大名镇粮站、大名镇二站、西魏庄粮站。国家储备库粮由 1990 年的 26350 吨缩减为 2002 年的 2500 吨，省级储备粮由 1991 年的 1400 吨增至 3200 吨。1994 年新接市级储备粮 6000 吨。1979—1989 年，粮仓管理以化学药剂和物理防治为主，推行“双低”（低氧、低剂量）和“三低”（低氧、低剂量、低温）保粮技术，采用防虫磷喷拦和机械通风降温度、水分的方法，12 个粮站基本达到规范化要求。20 世纪 90 年代，全县储粮管理全部实现机械通风，进入 21 世纪，大名国家粮食储备库先在全县实现粮食仓储管理现代化电子测温与监控技术。1979—1998 年，大名县在粮油调运上执行“四统一”即统一收购、统一销售、统一调拨、统一库存，在保证本县所用前提下，除重点救灾之外，其余粮食全部由省安排使用，在省内互调余缺。

粮油加工

大名县国家粮食面粉加工企业始建于 1963 年 6 月，由粮食局在城关粮站内建立小型面粉加工厂一处，日生产面粉 2.5 吨。1965 年迁建后，日产面粉 6 吨左右。1968 年 8 月，该厂更新扩建，筹建制粉车间 2 层楼，并对原有设备进行更新换代，以 500 型共 90 节寸，计 20 寸对磙磨一台，日产面粉 30 吨。1983 年 8 月，该厂又扩建更新，建四层机粉加工大楼，安装 320 节寸磨粉机 4 台，1000 型拉丝机 1 台，日产面粉 50 吨，实现了产品上档次，业务经营扩大，既提高了经济效益和社会效益，又保障了城镇居民供应。随着形势的发展，国家粮食购销政策有了较大的变革，粮食局面粉厂因设备老化，工艺落后，加上传统的经营策略不适应形势的要求，加之私营面粉加工业的崛起，市场竞争激烈，致使该厂时常发生亏损，2000 年被迫停产。2001 年，该厂根据粮食市场形势的变化，报请上级和大名县人民政府批准，转型为大名县国有粮食收储企业（即西魏庄粮站），主要担负部分乡村的定购粮和保护价收购。截至 2005 年年底，大名县较具规模的面粉加工企业（户）有河北五得利面粉集团有限公司、大名县凯发面粉有限公司、河北邯雪面粉集团有限公司、河北永发面业集团有限公司等大中型面粉加工企业十几家。

粮食仓储

1979 年前，全县共有仓容 51305 吨，仓房是房式仓、拱式仓、砖园仓和半地下仓，基本情况是少、土、破、旧，1979 年后，国家投入巨额资金修建粮仓，改善了储粮条件。

国家粮食储备局储备库前身是大名县粮食局直属库，库址在大名老城内菜园街，占地 9 亩，有干部职工 19 人，仓容不足 200 万千克，粮食外运不便。1992 年，大名县粮食局直属库迁建扩建，总投资 447 万元，占地 50 亩，新仓容 1800 万千克，附属配套设备齐全。1995 年，国家粮食局命名大名县粮食局直属库为“河北大名国家粮食储备库”。1999 年，经国家计委、国家粮食储备局批准、省立项批复，大名国家粮食储备库增建仓容 0.1 亿千克，总投资 564 万元，2000 年 3 月 3 日开工，于当年 12 月验收合格。后经国家计委、国家粮食储备局立项批准，再增建仓容 0.15 亿千克，总投资 795 万元，2001 年 7 月 30 日开工，于 2002 年 7 月底竣工并验收合格。至 2005 年，大名国家粮食储备库占地面积 100 亩，有新式仓房 7 栋，总仓容量 0.54 亿千克，机械设备配套齐全，有干部职工 176 人，成为一个现代化的国家粮食储备库。

大名县省级粮食储备库前身为"大名县粮油贸易总公司"。2000 年 9 月大名县原油脂厂以价值 219.48 万元的实物形式出资注入，使其成为实体。公司先后投资 150 多万元，建垛台 8 个，储粮 250 万千克，改造原厂房储粮 300 万千克。2002 年争取省财政贴息贷款 505 万元，2003 年建成，占地 83 亩，储粮 1500 万千克，有现代房式仓 2 栋。2003 年 10 月，经大名县政府同意，报请上级验收批准，成立"河北大名省级粮食储备库"。2005 年有干部职工 38 名。

第四节　管理机构

1979—1983 年，县粮食局下设办公室、人事、业务、财会、油脂、农村购销、保管 7 个股室。1984—1990 年，设办公室、人事、业务、财务、油脂、农村购销、审计、纪检、保管、工会 10 个股室。1996 年，粮食局机构改革，行政编制 17 人，设办公室、组织人事股、综合业务股、财务审计股，另设粮食市场信息中心，自收自支事业编制 7 人。1992 年 10 月，成立大名县粮油贸易总公司，全面负责所属粮食企业的购销业务，33 个基层粮食企业相应更名为粮油分公司。1998 年，由于粮改形势发生根本性变化，各分公司又更名为粮站。2000 年，干部职工 54 人。2002 年，机关事业编制 15 人，局机关工勤人员及老干部服务人员 1 人，共 16 人。2004 年，机关有干部职工 43 人。

粮食局下辖 7 个直属单位和 6 个中心粮站、31 个购销站。7 个直属单位是城镇供应站、面粉厂、直属库、饲料公司、议价公司和汽车队。1992 年，县社系统的油脂厂划归粮食局，为局直属单位。1993 年汽车队改为建筑公司。6 个中心粮站为：城关中心站，辖城关一站、城关二站、东门口粮站、旧治粮站、未城粮站，计 5 个粮站；龙王庙中心站，辖龙王庙粮站、户村粮站、孙甘店粮站，计 3 个粮站；束馆中心站，辖束馆粮站、北峰粮站、冢北粮站、从善楼粮站、埝头粮站、西付集粮站，金滩镇中心站，辖金滩镇粮站、顺道店粮站、张集粮站、普明滩粮站、红庙粮站、营镇粮站，计 6 个粮站；万堤中心站，辖万堤粮站、兆固粮站、黄金堤粮站、栗庄粮站、王乍村粮站，计 5 个粮站；杨桥中心站，辖杨桥粮站、和寨粮站、儒家寨粮站、西店粮站、西安村粮站、常马庄粮站。

2004 年，大名县粮食局进行粮食体制改革，将 35 个基层购销库站合并为 16 个中心粮食购销站。2005 年 10 月，粮食局进行产权制度改革，成立资产运营公司：大名县粮食局金麦粮业有限责任公司；2 个独资公司：大名县国家粮食储备库粮油购销有限责任公司和大名县省级粮食储备库粮油购销有限责任公司；4 个国有控股公司：大名县顺亿粮油购销有限责任公司、大名县福华粮油购销有限责任公司、大名县金丰粮油购销有限责任公司、大名县金地粮油购销有限责任公司；10 个国有参股公司：大名县曙光粮油购销有限责任公司、大名县天丰粮油购销有限责任公司、大名县天食粮油购销有限责任公司、大名县康华粮油购销有限责任公司、大名县龙泰粮油购销有限责任公司、大名县通泰粮油购销有限责任公司、大名县和源粮油购销有限责任公司、大名县府西粮油购销有限责任公司、大名县万通粮油购销有限责任公司、大名县金威粮油购销有限责任公司。

第五章　特色产业

大名县农业生产条件得天独厚，盛产花生、小麦、玉米等农作物。1989 年后，大名县依据资源优势，大搞农产品深加工，发展农业产业化生产，逐渐形成了面粉、花生、小磨香油三大特色产业，先后被国家命名为“中国面粉之都”“中国花生之乡”“中国小磨香油之乡”。

第一节　面粉产业

大名县位于国家规划的黄淮海专用小麦优势产业带，是国家商品小麦生产基地县、国家优质专用小麦示范县，小麦种植面积大、产量高、品质好。20 世纪 90 年代后，县委、县政府立足这一优势，支持和鼓励民营企业大上面粉加工业，2005 年成为全国大型面粉加工企业最为集中的县份，为全国最大的面粉加工基地县，面粉产业成为大名县最具特色、最具优势的主导产业之一。

面粉生产

起步阶段（1989—1993 年）。1989 年 6 月，河北五得利面粉集团有限公司建起全县第一家日加工小麦 50 吨面粉的加工厂，打破了过来家庭作坊式经营的小型生产模式，率先实现公司化运作、规模化生产。

快速发展阶段（1994—2000 年）。完成原始资本积累的一批个体商户、企业家纷纷瞄准面粉加工业，五得利、邯雪、永健、凯发、金龙、大名府等一批日处理小麦 100 吨以上的大型面粉加工企业相继建成投产，其中五得利集团一家发展建设 5 个分厂，总加工能力达 1250 吨 / 日，全县面粉加工企业数量快速扩张。

产品升级阶段（2001—2005 年）。市场经济规律的作用表现日益突出，主要表现为面粉企业两极分化，一些运作不好的小型加工企业倒闭或濒临倒闭，一些市场运作较好的企业加速规模扩张、产品升级、链条延伸，五得利集团冲刺世界前三强，邯雪面粉争创全国前五位，凯发集团生产绿色食品，永健面业生产香馍片，永发面业生产高档挂面等，从而走出低谷，稳占市场。

产业规模

2005 年，全县小型面粉加工点发展至 1500 个，规模 10 吨 / 日的加工厂 10 家，50 吨 / 日以上的企业 19 家，其中 50—100 吨 / 日的小型加工企业 3 家（永兴、益和、前龙公司）；100—200 吨 / 日的中型加工企业 5 家（康乐、顺达、凯达、金马、金盛公司）;200—400 吨 / 日的大型加工企业 7 家（永健、大名府、隆兴、金龙、金泰等公司）；400 吨 / 日以上的特大型加工企业 4 家（五得利、邯雪、凯发、永发公司）。这些企业总投资 5.41 亿元，其中固定资产 4.09 亿元，全县日处理小麦能力 7200 吨，年处理小麦 216 万吨，年产面粉 152 万吨，年产值 28 亿元，年利税 1124 万元，劳务用工 5500 人。产品种类：普通粉 11 个品种，占年产量的 90% 以上，主要有通用粉、上白粉、馒头粉 4 号、3 号、2 号、

1 号、富强粉 2 号、富强粉、高精粉、高筋特精粉、雪花粉；专用粉占年产量的 10%，主要有饺子粉、面包粉、特级雪花粉。

产业效益

营销消费人群主要是大中城市居民，加工成蒸煮制品，如馒头、包子、面条、水饺等，多数企业采取代理营销的方式。2005 年五得利集团在 160 个大中城市设立 150 家一级代理商，一级代理商下再分设二、三级分销商，依据销售区域的城市人口、市场潜力确立销售定额，对超出定额的一级代理商，每袋面粉给予若干元的奖励回扣。2005 年，大名县生产的面粉销售范围涉及全国 30 个省（市、自治区），160 个大中城市，主要市场在长江以北，其中五得利面粉在北京市的市场占有率达 40% 以上，并出口俄罗斯、蒙古、朝鲜及东南亚等国家和地区。

效益按每百吨日加工能力投资 650 万元计算，全县面粉加工企业固定资产投入 40950 万元。按每百吨日加工能力投流动资金 210 万元（周转期 20 天）计算，全县面粉加工企业共投入流动资金 13230 万元。全县面粉企业日处理小麦 7200 吨，年开工按 300 天计算，全年处理小麦 216 万吨，生产面粉 152 万吨（平均出粉率 70%）。全县年加工小麦 216 万吨，总产值 28 亿元以上，除去各类成本，利润为每加工 1 千克小麦可获利 0.12 元左右，全县全年面粉企业纯利润亿元以上，实现税收 1124 万元。

重点企业及名优产品

五得利先进生产设备（2005 年摄）

河北五得利面粉集团有限公司　成立于 1989 年，总部设在县城东五得利街。创业之初提出了“五方得利”的经营理念，即客户得利、农户得利、员工得利、国家得利、企业得利，把五方主体有机地组成一个利益共同体。2005 年年末，有河北大名、深州，河南新乡、周口，山东东明、商河 6 个子公司，24 条生产线，生产规模亚洲第一，世界第二。集团公司固定资产 3.8 亿元，流动资金 1.2 亿元，其中大名子公司固定资产 9000 万元，流动资金 3500 万元。2005 年集团生产面粉 130 万吨，实现产值 21.1 亿元，上缴税金 2250 万元，其中大名子公司生产面粉 28.13 万吨，产值 4.5 亿元，上缴税金 430 万元，实现利润 1080 万元。五得利面粉集团有限公司是农业部等八部委认定的第三批国家农业产业化重点龙头企业，先后荣获“中国食品工业最具成长性民营企业”“中国食品工业百强企业”“中国制造业企业 500 强”，被国务院授予“全国民族团结进步模范集体”。2004 年 9 月，公司所生产的“五得利”牌小麦面粉被评为“中国名牌产品”、国家免检产品。

河北邯雪面粉集团有限公司　始建于 1990 年，集团总资产 1.1 亿元，员工 400 名，下辖大名、邯郸高开区、赵县3个子公司，日处理小麦1400吨。2005年度实现销售收入4.8亿元，产品畅销全国120余个大中城市。2003年被邯郸市命名为农业产业化龙头企业，2004年公司产品荣获“河北省优质产品”称号，2005年9月被中国粮食行业协会授予“放心面”称号，2005年12月，“邯雪”商标被认定为河北省著名商标，“邯雪”牌面粉被认定为国家免检产品。

大名县凯发面粉有限责任公司　位于埝头乡山岳村，始建于1992年，占地面积19.6万平方米，建筑面积1.6万平方米，总资产3870万元，固定资产2679万元，流动资金1191.1万元，拥有职工220人，日处理小麦能力500吨。2005年实现销售收入2.05亿元，利税911万元。公司生产的“凯发牌”精制特一粉、玫瑰粉、超级雪花粉、高劲富强粉、高筋特精粉、水饺粉被中国绿色食品发展中心评为绿色食品A级产品。2003年9月被河北省工商行政管理局认定为河北省著名商标，2004年5月通过国家质量体系认证，产品畅销于多个地区和城市。

河北永发面业集团有限公司　位于铺上乡蔡屯村，始建于1992年，占地面积100余亩，拥有3个面粉加工厂、1个挂面加工厂和1个制粉工艺及面制食品研究所，日处理小麦1000吨，加工挂面50吨，是集面粉、面制品研究开发、生产和销售于一体的集团公司，总资产9800万元，吸纳当地农民就业400多人。公司各条生产线的工艺均由河南工业大学的专家教授悉心设计，生产设备选用国内最先进的技术，与郑州粮食学院等多名专家合作，成功开发出馒头、面条、拉面等各类食品专用粉。生产的系列面粉和挂面制品2001年度被评为“中国放心食品信誉品牌”，并在《人民日报》《中国质量报》《中国食品质量报》等大型报刊报道。公司被邯郸市粮食局评为“五强企业”，被河北省粮食局授予“省粮办工业三十佳企业”，连续被评为“省粮食系统先进集体”等。2004年成功通过ISO9001：2001质量体系认证，所生产的“蓝天”牌系列面粉、系列挂面，销往全国30多个省市自治区。

河北永健面业有限公司　位于县京府工业园区，始建于1995年，占地面积2.06万平方米，建筑面积8800平方米，总资产3728万元，注册资本1160万元，拥有职工110人，日处理小麦能力300吨。2005年实现销售收入9700万元，利税110万元。

大名县大名府面粉有限公司　位于大名县食品工业园区，始建于2001年，占地面积2万平方米，建筑面积6100平方米，总资产1500万元，固定资产800万元，拥有职工90人，日处理小麦能力250吨。2005年实现销售收入9519万元，利税120万元。公司产品全面通过有机产品认证、ISO9001：2000质量管理体系认证和HACCP食品安全管理体系认证。2004年被河北省中小企业局评为“信用优良企业”，同年被河北省质量检验协会授予“产品质量信得过企业”，产品畅销于全国100多个大中城市。

大名县金龙面粉有限责任公司　始建于1995年，位于北峰乡前北峰村，占地面积2.1万平方米，建筑面积8000平方米，公司员工80人，总资产2500万元，其中固定资产1500万元，流动资产700万元，日处理小麦能力300吨。2005年销售收入7.8亿元，利润214万元。2002—2005年，连续被农行评为“AA”级信用企业，被邯郸市评为“守合同、重信用”企业，被评为省级“讲诚实、守信誉、服务优”先进单位，2004年被评为县“十佳民营企业”。

河北金泰面业集团有限公司　位于北峰乡工业园区，始建于2002年，占地面积1.6万平方米，建筑面积1200平方米，总资产3406万元，注册资本2040万元，有职工120人，日处理小麦能力600吨。2005年实现销售收入1.33亿元，利税547万元。2003年9月，公司生产的“燕泰牌”面粉被中国工商行业联合食品安全办公室、商业科技质量中心确认为“中国消费品市场食品安全放心畅销品牌”，2005 年被邯郸市政府命名为农业产业化重点龙头企业，产品畅销于多个地区和大中城市。

第二节　花生产业

黄河故道在大名卫河以东留下 60 余万亩沙质土壤，加之适宜花生生长的气候条件，造就了大名悠久的花生种植历史。1956 年大名县就被确定为“河北省花生基地县”，至 20 世纪 80 年代，随着生产技术、优良品种的不断推广，大名县的花生种植业有了长足发展。大名花生以三高（出米率高、出油率高、蛋白质含量高）、两好（果型好、粒型好）而著称。20 世纪 90 年代后，由于花生流通、加工业兴起并迅速壮大，大名县先后投资兴建了南李庄、张集、金滩镇三大花生交易市场，开发出油脂、休闲食品、饮料三大系列、10 余个花生初加工品种。2000—2005 年，全县花生种植面积始终保持在 45 万亩以上，占全县耕地面积的 46%，面积、总产、加工效益均居河北省首位。2002 年被河北省农业厅命名为“河北花生之乡”，2004 年，大名县被中国特色之乡推荐暨宣传活动组委会命名为“中国花生之乡”。1979 年花生种植面积 146865 亩，单产 63.3 千克，总产 7939.5 吨。1979—1996 年种植面积一直在 15 万亩左右。2001 年种植面积达 500010 亩，单产 242 千克，总产 120908 吨。2005 年播种面积 481150 亩，亩产 237.3 千克，总产 114193 吨。

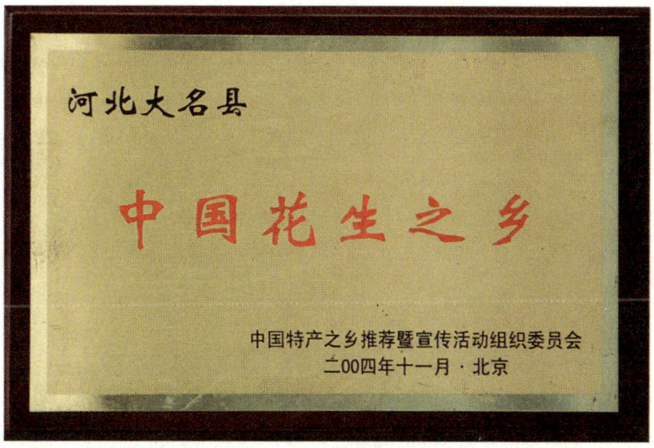

中国花生之乡（2004 年摄）

花生资源

面积　1979 年，种植面积 14.6 万亩。20 世纪 80 年代，花生种植面积在 11—15 万亩之间。20 世纪 90 年代初，受市场拉动，花生种植面积逐年增加，1996 年为 17.3 万亩，2000 年为 46.1 万亩，2001—2005 年突破 45 万亩。

分布　由于土质等原因，大名花生种植主要分布在卫河以东的金滩镇、张集乡、孙甘店乡、西付集乡、束馆镇、北峰乡、埝头乡和龙王庙镇等 8 个乡镇。2005 年，8 个花生主产乡镇的花生种植面积为 30.8 万亩，占全县面积的 64%，其他 12 个乡镇均有种植，但面积小、比较分散。

品种　针对用途不同，选用不同品种。出口花生选用大果型海花 1 号、鲁花 9 号、花育 16 号、丰花 1 号等品种；以食用、油用或加工食品为主的选用早熟中果型冀花 4 号、冀花 2 号等品种。

产量　1979 年，全县花生平均亩产 63.2 千克，总产 9289.5 吨。随着农业科技的改进和品种的更新，花生产量不断提高。1994 年，花生单产达每亩 140 千克，总产 18461 吨；1996 年，花生单产上升至 210 千克，总产 36340 吨；1997—2004 年，花生单产均在 210 千克左右，2005 年单产达 237.3 千克，总产 11.4 万吨。

1979—2005 年大名县花生种植面积及产量统计表

表 8-7

年份	面积（亩）	亩产（千克）	总产（吨）
1979	146865	63.3	7939.5
1980	164200	119	19580
1981	153700	74	11395.5
1982	126716	125.9	15952.5
1983	129192	78.9	10186
1984	132473	110.5	14649.5
1985	143612	36.5	1055265
1986	140579	27	3798
1987	136686	60.5	8260
1988	117950	97	11425.55
1989	107500	113	12157
1990	111217	133.2	14811.9
1991	110763	137	15138
1992	114800	58	6630
1993	133605	69.5	9518
1994	132846	140	18461
1995	159600	124.5	19879
1996	173049	210	36340
1997	253103	209	52928
1998	274182	209	57341
1999	326000	209	68207
2000	461268	229	105630
2001	500010	242	120908
2002	500010	232	116002
2003	500010	232	116011
2004	479908	235	112778
2005	481150	237.3	114193

生产加工

初期花生加工，除县副食品厂生产少量烤花生外，主要是单一的用花生加工食用油，1979年时的加工方式是建油坊人工榨油，后用榨油机加工。1988年4月，孙甘店乡南石冲村建起大型自动化浸出油厂，使花生出油率由以前的38%提高至45%，由此大型花生榨油厂陆续建立。1993年春，南李庄东村等处建起出口花生筛选厂，分拣出口分级花生米。3月，红庙乡建起康佳食品厂，以花生为原料，生产咸、甜、酥、脆“开心豆”，后与香港公司合作，将“开心豆”推向国际市场。1995年冬，张集乡建起花生乳饮料厂，生产“比那特”罐装饮料。1996年秋，孙甘店乡南石冲村引进福建龙岩技术，建起名龙花生食品厂，生产“烤花生”。至2005年年底，全县有花生加工企业24家，其中花生筛选企业8家、花生榨油企业6家、烤花生（含原味花生）企业7家、开心豆企业2家、花生乳饮料企业1家，年加工处理花生8万吨，年产烤花生1.1万吨、花生油近2万吨。同时，用于酒宴和休闲的个体水煮花生果、炒花生果、炒花生仁、炸花生仁、糖沾花生、琥珀花生等小食品加工摊点遍布全县城乡。

产业规模

大名县依托丰富的花生资源，先后成立了一些花生制品公司和植物油生产公司，规模较大的有邯郸名福植物油有限公司、河北名威食品有限公司、大名县得乙龙食品有限公司、河北金果食品有限责任公司、康宏花生制品有限公司、大名县康源花生制品有限责任公司、大名县志邦食用油有限公司、大名县双升花生制品有限公司、大名县玉盛花生制品有限公司、大名县双龙花生制品有限公司等。

花生市场

南李庄花生市场　地处花生主产区，位于城东南15千米的孙甘店乡南李庄村，沿313省道，交通便利（详见370页）。

张集花生市场　位于大名县城东16千米的花生主产区张集村西、丛峰公路北侧，占地10000平方米，有门市70多间、商户50多户，建设投资70万元，属乡办市场。

金滩镇花生市场　位于县城东北12千米，106国道两侧，有门市92间、经营户60多户，投资80万元，属村办市场。

大名县的花生市场中，南李庄花生市场最活跃、交易量最大，年交易总量在23万吨左右，交易额10亿元，创利税240万元。大名花生市场除承载本县花生交易外，大部分货源来自外地，南至河南、湖南、湖北、安徽、江苏等省，北至唐山、沧州、衡水、邢台等，东至山东平度、延平等县，西至山西等省，业务购销员长驻外地进行采购。市场收购的产品主要销往山东莱阳、青岛一带油厂。同时，通过河北、山东、天津、广东、广西的外贸部门出口约占15%左右。

2000—2002年的9月26日，大名县连续举办三届“中国大名花生节”。通过发请柬和邀请函等多种形式，邀请有关部门和企业前来参加商贸和经济技术协作、洽谈，累计到会客商470多人，签订贸易技术协作项目合同、协议、意向书125份，成交额8.569亿元。

花生重点企业和名优产品

邯郸市名福植物油有限责任公司 建于2004年9月，位于县京府工业园区，占地面积7.2万平方米，注册资本2000万元。建有2条植物油深加工生产线，年处理花生米6万吨以上，生产精制花生油2.5万吨，花生粕3.1万吨，年出口分级花生米（商品米）1万吨。总资产6480万元，其中固定资产原值3298万元，流动资产3274万元，主营业务收入1.77亿元，净利润484万元，是“河北省扶贫重点龙头企业”“安全食品会员单位”“河北省放心粮油”“邯郸市农业产业化重点龙头企业”。公司生产的“名福牌”花生油被评为“中国著名品牌”“河北省产品质量检验合格产品”，并通过“HACCP”食品安全管理体系认证和ISO9001：2000质量管理体系认证、“绿色食品”A级产品认证，产品销往全国20多个大中城市。

河北名威食品有限公司 建于1998年8月，位于县京府工业园区，是专业花生制品生产企业。总资产2322万元，其中固定资产1220.9万元，是河北省外贸部门确定唯一生产“河北烤花生”的出口定点企业、邯郸市农业产业化重点龙头企业。企业通过ISO9001质量体系认证，所生产的烤花生荣获国家经贸部“优质产品”荣誉称号，被河北省工商局授予“河北省著名商标”，产品远销北京、上海、太原、成都等地，并出口国外。2005年实现销售收入4365万元，利税230万元。

大名县得乙龙食品有限公司 建于2004年，位于孙甘店乡南石冲村，占地4万平方米，建筑面积14000平方米，总资产1900万元，其中固定资产1100万元，流动资金800万元，有职工125名、管理人员18名、加工设备55台，年加工花生9000吨。生产的“名龙”牌烤花生和“名府”牌原味花生系列产品通过ISL9001：2000质量管理体系认证，产品销往全国各大中城市，并远销国外。

河北金果食品有限责任公司 位于孙甘店乡南李庄村，主营花生米购销。与青岛嘉里集团公司、青岛长生集团公司、山东鲁花集团、邯郸市名福植物油有限责任公司等多家企业有着长期的供需合作关系，多次被嘉里集团和长生集团评为“优秀供应商”和“诚信供应商”。2005年购销量1万吨，创利税200万元。

大名县康宏花生制品有限公司 建于2000年，位于孙甘店乡，是邯郸市农业产业化重点龙头企业。占地面积9600平方米，总资产1280万元，其中固定资产880万元，流动资金400万元，公司员工56名，其中技术人员10名。日处理筛选分级手拣双仁出口花生果30吨、碳烤多味花生果15吨、水煮笼蒸鲜花生10吨、压榨一级花生油10吨。2004年，公司生产的“石尔康”牌烤花生被评为“中国名优农产品”“中国中轻产品质量保障中心重点推广企业产品”，2005年12月被评为“河北省优质产品”，并通过ISO 9001质量体系认证。2005年销售收入5600万元，利税160万元，产品主要销往全国20多个大中城市。

大名县康源花生制品有限责任公司 建于1998年8月，位于大名县京府工业园区，占地3.3万平方米，建筑面积7800平方米，拥有职工208人，其中管理人员13人、技术人员30人。注册资本66万元，总资产2321.8万元，其中固定资产1220.9万元。是河北省著名商标生产企业，具有年产1.1万吨的烤花生生产线，产品畅销国内30多个大中城市。2005年销售收入3700万元，实现利税260万元，

大名县双龙花生制品有限公司 位于孙甘店乡南石冲村，占地20000平方米，有员工20人，其中专业技术人员2人，管理人员3人。公司日加工烤花生30吨，产品主要销往全国20多个大中城市。

2005 年销售收入 2300 万元，利税 80 万元。

大名县双升花生制品有限公司　位于大名县孙甘店乡，占地 6200 平方米，有员工 25 人，其中技术人员 3 人、管理人员 5 人。公司日加工烤花生 35 吨，产品主要销往周边 20 多个大中城市。2005 年销售收入 2800 万元，利税 90 万元。

大名县玉盛花生制品有限公司　位于孙甘店乡南石冲村，占地 2 万平方米，有员工 30 人，其中专业技术人员 2 人、管理人员 3 人。公司日加工烤花生 40 吨，生产的“玉盛”牌烤花生远销全国大中城市。2005 年销售收入 3200 万元，利税 120 万元。

大名县志邦食用油有限公司　位于金滩镇金南村，占地面积 1.7 万平方米，有职工 15 人、专业技术工人 3 人。公司日加工花生米 10 吨，年加工花生米 3000 吨以上，生产精制花生油 1000 吨、花生粕 800 吨。生产的“志邦”牌压榨一级花生油、压榨二级花生油等系列产品，采用先进的纯物理压榨生产工艺，保持了花生的天然浓香与丰富的营养成分，是一种现代工艺与传统工艺相结合的健康食品。

第三节　香油产业

香油产业是大名县三大特色产业之一。2004 年，大名县被中国特产之乡推荐暨宣传活动组织委员会授予“中国小磨香油之乡”称号。香油按制作方法分为小磨香油和机榨香油，因香气扑鼻、香味浓郁诱人而得名。因以芝麻为原料，又称“芝麻油”“麻油”。芝麻是一种古老的油料作物，又称脂麻、油麻。芝麻油取自芝麻种子，用常规方法制取的芝麻油呈淡黄色，香味较淡；经直接火焙后用水代法或压榨法制取的芝麻油呈红棕色，有令人喜爱的特殊香味，是人们膳食中上等的凉拌油脂。大名小磨香油用水代法加工制取，香味浓、纯、正。大名小磨香油历史悠久，在明朝嘉靖年间就有加工作坊，有 400 多年的历史。经过一代代大名人的努力，小磨香油产业从无到有，由小到大，特别是 21 世纪以来，县委、县政府制定优惠政策重点扶持，使香油产业得到迅速发展，成为大名的一项特色产业。

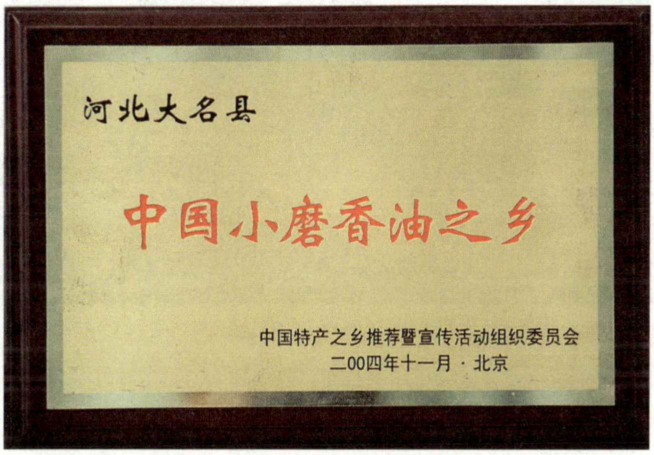

中国小磨香油之乡（2004 年摄）

产业规模

大名府小磨香油在国内外享有较高的声誉，加工摊点遍及全国各地。全县有 42 个香油专业村、7000 多个专业户、30 个芝麻种植村。县内规模较大的香油加工企业有 6 家，分别是：大名府香油调味品有限公司，注册商标为“大名府”；大名县京府黑芝麻小磨香油有限公司，注册商标为“五鹿香”；大名县福利源油脂公司，注册商标为“福利源”；河北石府植物油有限公司，注册商标为“石府”；大名县远大芝麻油加工厂，注册商标为“宜榕”；大名县尚方香油厂，注册商标为“归侨”。县内零散加工户 100 余家，其余加工商户均分布在外地，常年从事香油加工与销售。

大名县香油加工专业村分布在 9 个乡镇、42 个村，分别是：大名镇：西杨村、一铺、二铺、三铺、金家潭、匡公堤、七里店、南大街、西大街、东大街；杨桥镇：白庄、杨桥村、沐浴庄；金滩镇：金南、金北、金中、金东；龙王庙镇：北张、西范堤、龙王庙一村；营镇乡：东营镇、西营镇、赵庄、张金庄；旧治乡：小康庄、孔庄、豆腐营、任庄、胡庄；沙圪塔乡：后辛寨、西程庄、西马寨、东庄、西庄；西未庄乡：中未城、白水村、韩道一大队、韩道二大队、韩道三大队、韩道四大队、小韩道；黄金堤乡：马时庄。

加工工艺

大名小磨香油制作工艺主要为：原料筛选、清洗。选成熟饱满的纯色芝麻进行筛选、去杂、去沙石、再用清水漂洗，除去飘浮的杂质和沉底的沙石，然后捞出堆闷，让芝麻含水成分相同，以便烘炒时芝麻受热均匀。烘炒。炒芝麻时先用急火加热，当芝麻内所含水分蒸发完后逐渐减火，芝麻外皮呈灰色，捻开芝麻，内里呈紫红色时取出扬晾，除去炒焦的碎末残渣，即可磨酱。研磨。制作大名小磨香油的石磨是采自太行山山底的油石，经当地名石匠精心开凿，用此石磨碾制的油酱粗细适中。油酱过粗，油酱中含有芝麻颗粒，颗粒中的香油不宜提出；油酱过细，酱和油的比重不明显，香油不宜与酱分离。水代法。石磨把芝麻磨成酱后放入锅内，加入开水搅拌，一般分为三、四次加入，加水要适量。加水少，水不能完全把香油替代出来；加水多，提炼出来的香油含水量超标，香味不浓且不宜存放。振动分离。油酱加水搅拌后，大部分香油从油酱中分离出来，这时，用油酱分离机对锅进行振动，再用葫芦在油渣中上下振荡，促进油酱中的香油结团浮出。撇出的香油应抓紧过滤，以免香油中的杂质损害香油的产品质量。

香油

香油市场

大名县实施“特色兴县”战略，利用小磨香油的传统加工优势，以小芝麻做大文章，实现香油的规模化、产业化经营。2005 年秋开始建设“中国·大名香油城”，位于大名县城东北部、215 省道与天雄路交汇处，东临 215 省道，南临天雄路，与商贸城相望，西侧为酒厂东路，北侧为石油北路。占地 292 亩，总投资 1.2 亿元人民币，建筑面积 69846 平方米，其中临街商铺 3370 平方米，前店后厂式门市房 15536 平方米，生产车间 8400 平方米，预处理车间 1680 平方米，库房 4500 平方米，交易展厅 1050 平方米，综合楼 1540 平方米，其他配套设施 800 平方米。项目建成后，可形成芝麻日加工能力 34000 千克的集中生产区，并容纳芝麻日加工能力 250 千克小户 100 户和日加工能力 800 千克的大商户 20 户，市场总生产规模达 75 吨 / 日。大名小磨香油年消耗芝麻约 10 万吨，年生产小磨香油 4.5 万吨，占全国香油产量的四分之一，从业人员 3 万余人，年产值 13.5 亿多元，年利润 3.6 亿多元。

产业管理

为更好地研究协调解决大名县香油产业发展中出现的新情况、新问题，促进香油产业的健康可持续发展，2005 年秋，成立了大名县香油产业协会，名誉会长由政府主管副县长担任，会长由县粮食局局长担任。该协会是在县政府倡导下，以芝麻种植村委会、种植农户、农业技术服务部门、芝麻加工企业、香油机械生产厂家、香油营销商家、行政执法部门自愿结成的以“引导种植、统一供料、集中生产、连锁销售、统一产地、品牌共享、打假治劣、维护权益”为内容的地方性群众组织。

香油重点企业

大名府香油调味品有限公司　坐落于大名香油城，占地 35 亩、总投资 5000 万元，年香油生产能力 7000 吨。

大名县京府黑芝麻小磨香油有限公司　坐落于大名香油城，占地 36 亩，总投资 1465.3 万元，年香油生产能力 1500 吨。

大名县福利源油脂有限公司　坐落于大名香油城，占地 21.2 亩，总投资 1380 万元，年香油生产能力 1500 吨。

大名县百顺调味品有限公司　坐落于大名香油城，年香油生产能力 500 吨。

第四节　美食产业

大名饮食文化历史悠久，内蕴丰厚，历代都有所发明、创新，同时兼收并蓄国内外的饮食文化，形成了丰富多彩、独具特色的大名饮食风格。2005 年，据不完全统计，大名有回汉民族风味名吃上百种，驰名冀鲁豫三省，甚至名冠全国。著名美食有“二毛烧鸡”“五百居香肠”“郭八火烧”（简称“二五八”）等。中共十一届三中全会后，逐步形成产业。

“二毛”烧鸡

“珍积成烧鸡”原名“二毛烧鸡”，由王德兴创始于清嘉庆十四年（1809 年）的直隶大名府（今大名县）城内大十字街南边路西。据传，店主人一次去朋友家做客，临走时把佐料和鸡炖到锅里，次日清晨归来时，一股香味扑鼻而来。刚出锅的烧鸡用手轻轻一抖，鸡肉自然脱落，吃起来肉烂味鲜，鲜香清纯，回味悠长，随之生意兴隆。

关于“二毛”铺号的来历，民间有两种说法。一说王德兴的小名叫“二毛”，所以店铺取名“二毛烧鸡”；另一说，因为他在煮烧鸡时，常常在锅里篦子上压两个石猫，故又称“二猫”烧鸡。相传，王德兴初开店时，一天晚上做梦，梦里有位白发白须的老者对他说，若想将生意做得长久，需要有件镇店之宝，这件“宝”不能和别家的一样。王德兴忙问，那该是件什么宝贝？老者笑笑说，此物非铜非铁、非金非银，乃是天地之间一灵物。待他正要追问，那老者飘然而去。醒来后，王德兴百思

二毛烧鸡

不解。不久，王德兴远赴东岳，伴三五佳朋游览泰山，到南天门过天街后，一阵大雾飘过，他在雾蒙蒙中隐约看到半山腰有一物似乎在闪闪发光，激发了他的好奇之心，于是费尽力气将此物搬起一看，却是块乌黑发亮的顽石，煞是可爱，似乎有种灵性在石头上闪动。王德兴大喜，像得了宝贝一样把石头搬回了家。到家后，找人把石头雕刻成了两只狮子的模样，放在锅台之上，当作了镇店之宝。人们不明就里，看那石狮子活脱脱像对灵猫一样蹲在那里，便呼为“二只石猫”，店主人排行老二，又讹称为“二毛”。从此，生意更加兴旺。“二毛”本是对他的贬称，但“二毛烧鸡”却成了美味佳肴的美称。“二毛烧鸡”用老汤加香料、草药煮制而成，香嫩鲜亮，口味较重，典型的北方口味。“二毛烧鸡”的色、香、形、质俱佳，其特点是：透熟离骨、肉嫩且烂、咸香清纯、回味鲜美。在200多年的历史中，味道不变，经久不衰，居邯郸“八大地方风味名吃”之首。1999年被国家贸易部认定为“中华老字号”，并被载入国家级大典《辞海》。

相传，清朝道光年间，新府尹上任路过店前，闻香落轿，品鸡问其名，随口吟诗道：夸官逍遥道，闻香品佳肴。适逢设盛宴，吾必备“二毛”。从此“二毛烧鸡”更是誉满全城，并留下了“一锅烧鸡满城香”的美誉，名扬省内外。第二代继承人王国珍，为了把烧鸡推向外地，扩大销路，嫌“二毛”名称不雅，便以自己名中的“珍”字为首，并取“珍品，积研，成名”之意，于清朝光绪五年（1879年）更名为“珍积成烧鸡”，沿袭流传至今。

中华人民共和国成立后，王国珍之子王有禄为继承祖业，在邯郸开创发展了“珍积成烧鸡店”。1956年，“二毛烧鸡”并入国营。由“二毛”的第三代孙王良田和第四代孙王宪生（长门长子）任“珍积成烧鸡铺”的私方经理兼厨师。他们继承了祖传技术，并精益求精，保持了“二毛烧鸡”的传统风味。1978年中共十一届三中全会后，经济体制实行改革，王宪生父子4人承包经营，称“国营大名二毛烧鸡铺”。承包以来，生意兴隆，顾客盈门。

“二毛烧鸡”虽然改成了“珍积成”，但人们仍习惯称“二毛烧鸡”，也有部分人不知道“珍积成烧鸡”就是“二毛烧鸡”，甚至认为“珍积成烧鸡”与“二毛烧鸡”是两种名小吃。因此，以第四代传人王宪贞、王宪维为首的王氏家族经营者们把“二毛烧鸡”与“珍积成烧鸡”同时作为门面的招牌。大名“二毛烧鸡”成为流行当地、驰名中外、深受广大人民群众喜爱的传统名吃。并多次被新闻媒体宣传报道，在《可爱的河北》和《中华百年名吃》等刊物刊载。

五百居香肠

五百居香肠，创业于道光元年（1821），原籍山东济南府的王湘云到大名谋生，先在官府当厨师，后见大名物产丰富，交通便利，商业、饮食业发达，便在大名城内道前街关帝庙西边开设了店铺，制作香肠及熟肉制品。因大名府距济南府约五百里，故取名为“五百居”。五百居香肠制作讲究、选料严格，用新鲜六成瘦肉和四成肥肉肉丁加盐、姜、酱油、中药等佐料，灌入新鲜肠衣内，经蒸煮、风干等多道工序加工而成。其特点是：味道鲜美、色泽纯正、条杆匀称、香味醇厚浓郁、肥瘦适宜、甜咸兼备、软滑利口、食而不腻、越嚼越香、回味悠久，且经久耐放，炎夏也不腐不蛀。“五百居”便成了名贵香肠的美称。现在，“五百居香肠”是创业人第四代孙王桃成夫妻个体经营，他们继承祖传技艺，讲究质量，坚守信誉，长期保持独特风味，香肠的销量越来越大，不仅是当地群众迎宾待客的必备佳肴美味，而且成为馈赠亲友的佳品，为邯郸市“八大地方风味名吃”之一。

五百居香肠

郭八火烧

“郭八火烧”创业人郭致忠，祖籍大名城西大韩道村。大名城内道口处原有一马时庄马姓回民老者开一火烧铺，郭致忠先在此处学徒，之后又到顺天府（今北京）继续学艺。清光绪十三年（1887）回到大名，在城内开业经营火烧。由于郭致忠虚心好学，经常外出拜师学艺，博采众家之长，不断提高火烧质量，许多达官贵人和游人品尝后都称之为“府城小吃一绝”。因他从顺天府学艺而来，取“天”字为首，并希望买卖兴隆，又取“兴”字，故立店铺字号为“天兴火烧铺”。郭致忠小名叫“郭八”，故人们惯称“郭八火烧”。

“郭八火烧”制作过程是先将白面用开水烫三成，改用温水把面揉匀和成面块，然后将面块擀薄，加料卷合，并打制成圆厚饼形，放在炉鏊上翻烤，边烤边刷油，经五六分钟后，两面烤成金黄色后，下鏊装炉炙烤，里外充分熟透后取出，将两面刷香油后用手把火烧一端挤开口即好。“郭八火烧”的特点是：层多且薄、外表金黄油亮、呈现石榴籽状，吃起来皮酥里筋、焦香可口、味香诱人。刚出炉的火烧，色泽金黄，香气扑鼻。

郭八火烧

郭致忠的三个儿子郭瑞、郭廉、郭俊继承父业，继续经营火烧铺。郭瑞字兆祥、郭廉字华品、郭俊字美斋。1947 年，兄弟三人各取自己名字中的一个字，将店铺改称为“祥华斋火烧铺”。虽经改名，但郭八火烧的美称仍在群众中广泛传颂。1956年公私合营后，郭家火烧铺合并于大名县商业局饮食服务公司。郭瑞在县前街的高级食堂工作，继续制作火烧。他制作火烧精益求精，保持了“郭八火烧”的传统风味。1965年李先念视察大名时品尝了“郭八火烧”。1966年4月3日周恩来总理到大名视察时，也品尝了“郭八火烧”，并接见了“郭八火烧”第二代传人郭瑞师傅，称赞他打火烧手艺高、技术好，还风趣地说：“老郭，你打的火烧真不错，我吃了一个半，谢谢你”。

郭瑞之子郭殿臣自幼跟班学艺，继承祖业，20世纪80年代承包了“天兴火烧铺”。他思想解放，勇于创新，打破了技术不外传的家规，不仅让儿子郭卫东跟班学艺，还向从石家庄、魏县等地慕名而来投师的学徒认真传艺，并且为大名县饮食服务公司培养了六七名女技工。由于“郭八火烧”享有盛名，所以郭殿臣承包营业后生意兴隆，他每天可打200斤面的火烧，经济效益大大提高。1978年，公司为弘扬老字号饮食文化，在县城北关大名府路中段路南新建了一处“二五八饭店”（以当地名吃“二毛烧鸡”“五百居香肠”“郭八火烧”的简称为名），把“郭八火烧”搬迁到这里，并单独设立了郭八火烧店铺，由第三代传人郭殿臣和第四代传人郭卫东经营管理。郭卫东继承祖业，在传统工艺基础上刻苦钻研，不断提高制作水平和火烧质量。同时在保持郭八火烧传统风味的基础上，开发了“火烧夹鸡蛋”“火烧夹豆腐”“火烧夹火腿”“火烧夹青菜”等系列新品种，并研制出不同调料新配方，以适应南北不同口味的消费需求，使郭八火烧越来越受人们的青睐，成为招待亲朋好友必备之品。

1985年1月30日，《河北日报》一版刊出《膳食精英献高艺——燕赵风味飘省城》的文章，对“郭八火烧”精湛的表演艺术进行了宣传报道，郭殿臣、郭卫东分别进行了现场制作表演，并获嘉奖。2003年3月13日，《邯郸日报》刊出《大名传统名吃——郭八火烧》的专题报道。2003年1月被邯郸市商贸金融办公室评为“邯郸名小吃”。

芝麻焦烧饼

芝麻焦烧饼

芝麻焦烧饼为大名县风味食品之一。圆饼形，两面沾有芝麻，现今为了满足不同口味消费者的需求，不仅有咸、甜之分，又开发研制了豆沙、枣泥等系列加馅产品。其特点是入口香脆，落口回香，焦而不硬，香而不腻，为老少皆宜和馈赠亲友物美价廉之食品。芝麻焦烧饼的制作原为吊炉烘烤，现多为烤炉烘制。原料为面粉、芝麻、植物油、花椒、茴香和盐、白糖等。在大名城内烤制芝麻焦烧饼的摊点较多，成为当地群众馈赠亲友和出门携带的佳品。

羊肉饼

羊肉饼是大名清真传统小吃之一，前身为突厥饼，宋代时传入大名。羊肉饼是馅饼的一种，皮薄如纸，肉厚而松软，外酥里嫩，滋味鲜美，肥而不腻，香醇可口。主要原料有：面粉、羊肉、葱、姜、蒜。肉饼馅可随人们的不同口味添加 2 ~ 4 个不等，也可添加鸡蛋，多少随意。其制作方法：一、用中筋面粉温水和面，之后醒 30 分钟。二、将羊肉绞或用刀剁成肉泥，放入葱、姜、蒜、秘制药料粉、盐、味精、少许淀粉、酱油（或老抽）、香油、豆瓣酱等，不添加蔬菜，加入适量水搅拌均匀，团成团备用。三、把醒好的面分成小剂子，包入肉馅，用擀面杖擀成薄厚均匀的圆饼。四、在铁鏊子上刷一层油，待油热后，把擀好的肉饼放到铁鏊子上，边烙边抹油，两面均煎烙为金黄色即好。五、出鏊后切成三角块，装盘食用。大名羊肉饼肉质细嫩，汤汁滑润，以热吃为佳。吃时，配以醋、芥末、大蒜，味道更为鲜美。

羊脂饼

羊脂饼是大名清真食品的一大特色，是从大名肉饼派生而出的。大名羊脂饼里面没有任何馅料，而是将羊脂丁（羊脂切成黄豆大小的丁）、葱末、花椒面和盐拌匀，均匀平铺在面饼团上（和面、擀面与肉饼相同），擀成饼，在铁鏊上刷少许油，待油热后，把擀好的饼放到铁鏊上烙制，两面色泽微黄时即可。烙好的羊脂饼两面油亮金灿（因为在烙饼的过程中饼会自然出油），混合羊油香味和面饼香味，薄薄的质地软酥，吃起来既筋道又非常香，以热吃为佳，凉了会有膻腥气味。

束馆鸡窝烧饼

鸡窝烧饼是因烤制烧饼的炉子形状似鸡窝而得名。始创于清末，系大名县传统风味名吃之一。以大名东部乡镇为多，尤以冀鲁豫三省交界处束馆镇的“鸡窝烧饼”名气最大。以发酵小麦面烤制而成，皮脆里软，中间薄、周边厚，一面有芝麻。刚出炉的鸡窝烧饼热气腾腾，黄中透红，外脆里暄，口感极佳，既有麦子面微微发甜的原味，又有芝麻香，有咸甜两种，吃时夹片牛肉或煎鸡蛋，味道更佳。

束馆鸡窝火烧

饸　饹

荞麦面饸饹是大名县回族传统风味小吃。古时也称“河漏”“河落”等。据说在明永乐年间由清真寺传出，回族开斋节时，清真寺内做饸饹以招待穆斯林信徒们，味道鲜美醇厚。它是用荞麦面通过专用的木制饸饹床挤压而成的一种细长圆条形面食，随吃随压，直接由轧面床压入开水锅内，熟后捞入碗中，浇上羊肉卤，风味独特，久负盛名。南关饸饹取用新鲜荞麦，现磨现做，压出的饸饹筋细、柔软，用筷子可夹起整碗饸饹，属回族名吃。

饸饹面

主要原料：荞麦、小麦、小米（原始做法）；荞麦、小麦、榆皮面（另一种做法），颜色酱黑。卤子用纯牛油熬制的百年老锅汤及新鲜羊肉，辅以八角茴香、辣椒、胡椒、肉桂、葱花、生姜、枸杞等十余种佐料炒成，并配以绿豆芽，营养丰富，口感筋道，清香可口，食后碗底不留断渣。清末始以小麦面替代荞麦面，口感营养更胜一筹，深受当地人们和外来客商的喜欢。“荞面饸饹黑是黑，筋韧爽口能待客”，是大名一带对传统风味小吃荞面饸饹的赞语。大名有很多专门经营饸饹的餐馆，小摊点更不计其数，以南关饸饹最负盛名。相传，明朝初期，大名南关有一姓马的饭铺掌柜，以卖羊肉包子为生。他的饭铺门前的小河上有一个小桥，每天，小桥上人来人往非常热闹。由于这座桥年久失修，桥上有几个洞。一天，马掌柜正在收拾桌子，听到有人喊：“有人掉河里了”，马掌柜顺声音望去，只见几个人像下面条似的往河里落。走近一看，是几个小孩顺着桥上的窟窿往下跳，原来几个小孩在玩跳水。马掌柜是个有心计的人，他想这小孩能从桥上往下跳，如果自己做一个像桥一样的架子，放在锅上，再弄一个盛面的容器放在架子上，然后用力把面压下来，把面落在锅里煮一下，再配上肉卤，岂不更能招揽顾客。说干就干，马掌柜会点木工，他边做边试。把和好的面放在架子上的容器里，容器的底部弄几个眼，用力一压，这面就从底部的眼中漏了下来，落在锅里，经开水一煮，盛到碗里浇上肉卤，味道美极了。当有人问他这叫什么时，他一时没了主意，想起那天小孩从桥上落水，就随口说：“河落！”。渐渐地，他的“河落馆”生意越来越兴隆。传说清朝康熙年间，康熙皇帝指派专人对全国风味小吃进行统计上报，“河落”也被作为其中一种上报朝廷。一天，康熙寻找名吃时，看到“河落”，因其名字古怪而引起注意，随命人做好食之。吃后对其独特的风味赞不绝口。但因名字“河漏”之谐音与治河不协调，便挥笔把“河漏”改为了“饸饹”。现在压制“饸饹”的工具也大有改进，过去的木头架子改成了铁架子，用手压面改成了用半机械式压面。饸饹的面料有荞麦面、榆树皮面、高粱面、小米面、小麦面合成的，或有小麦面单独做成的，有的在碗中垫豆芽，然后再浇上肉卤，既经济实惠又好吃。

牛肉卤馓

牛肉卤馓是大名县回族传统早餐食品。相传“馓”本为南关清真寺中食品，在回族开斋节的时候，清真寺内做“馓”招待穆斯林们。所谓馓，是将熬稠的“麦仁”浇上牛肉卤，泡入馒头或火烧，吃时浓香，肉味极佳。因其味美，慢慢传入民间，每年秋季开卖，入夏停。做“馓”的第一步，是将去皮的上好麦仁熬制浓稠，达到粘而不糊，滑溜筋道。然后用锅炒好肥而不腻的牛肉卤，调好咸香透亮的羊汤。吃的时候，先盛上多半碗熬熟的麦仁，然后浇上牛肉羊油卤，最后泡入馒头或火烧。牛肉卤馓热量较高，最宜冬天食用，吃起来味道香美，鼻尖冒汗，浑身发暖，解馋又耐饥。大名县最有名的牛肉卤馓为县城南门外羊群馓铺的牛肉卤馓，冀鲁豫一带的许多食客常常不惧路远，慕名而来。大约清末民初的时候，南关老俵丹金玉，扁担一头挑着馓锅和炉子，一头挑着牛肉卤与碗筷馍馍等，走街串巷吆喝着卖。他做的馓味道好，生意颇佳，经济有了盈余后，在南关开了一间馓铺，经营馓和鸡肉卤面。这两种小吃，都是南关美味早餐的首选，可惜鸡肉卤面已失传绝迹，难尝美味。丹金玉后来又把馓铺交给了丹三爱继续经营。再后来，羊群接着干，因做馓的技艺精湛，而名声大噪，生意达到极盛。2005 年传至丹颇、丹家友，已历五代。

馓

烧　麦

烧麦，又称烧卖、稍美、稍麦、稍梅、烧梅、鬼蓬头，形容顶端蓬松束折如花的形状，是一种以烫面为皮包馅上笼蒸熟的面食小吃。烧麦的来历有三种说法。一种说法是：早年的烧麦都在茶馆出售，食客一边喝着浓酽酽的茶水，一边就着热腾腾的烧麦吃，故烧麦又称“捎卖”，意即“捎带着卖”之意。第二种说法是因为烧麦的边稍皱折如花，故又称之为“稍美”，意即“边稍美丽”；第三种说法是，烧麦最初叫撮子包，因嫌其名不雅，又因其边像快熟的麦穗，遂改名为烧麦。早在乾隆年间，大名府城内就开有烧麦馆。传说某年除夕之夜，乾隆下江南私访归来，途经大名到烧麦馆吃烧麦。这家的烧麦馅软而喷香、油而不腻、洁白晶莹，如玉石榴一般，乾隆食后赞不绝口，从此大名烧麦名声大噪，远近闻名。大名正宗的烧麦馅是牛肉大葱的，与其他地方的烧麦味道完全不同。大名烧麦的独到之处是：用开水烫面，柔软筋道，用大米粉做扑面，松散不粘。选用牛的三叉、紫盖、腰窝等三个部位做馅，鲜嫩醇香。蒸熟的烧麦皮薄光亮，柔润筋道，馅心抱团，味道醇香，其外形犹如朵朵含苞待放的牡丹。

烧麦

锅　贴

锅贴是一种煎烙的馅类小食品，制作精巧，味道鲜美。锅贴的馅如饺子馅，可荤可素。大名锅贴，荤的习惯用猪肉大葱为馅，素的习惯用韭菜、鸡蛋为馅，拌以酱油、盐、味精、五香粉、葱姜末、香油等佐料，香而鲜。锅贴的来历还有一个有趣的故事，相传当年慈禧太后非常喜欢吃饺子，但是一旦凉了就不肯吃了，所以御膳房需要不停地煮出热腾腾的饺子，太后吃三两个凉了就要把它撤掉，然后再上一盘新的，很是浪费。有一天，慈禧太后到北海公园的静心斋，在后花园里赏花，闻到宫墙外

锅贴

传来一阵阵香味，于是好奇地走上花园里的观景楼，看到有人在煎煮状似饺子、面皮金黄的食物，便命人买了些尝了尝，觉得皮酥脆馅多汁，相当美味。后来管事的才知道，这是御膳房丢弃的饺子，被太监们偷偷卖出宫，因为饺子凉了皮粘在一块，不容易用水煮，所以才用油煎热了吃。大名锅贴的做法是：将面粉用温水和成面团（夏季可用凉水和面），然后醒半小时，把面团搓成条，用手揪或刀切成小面剂子，按扁，用擀面杖把面剂子擀成长条状面皮，取一个面皮放在手心，放入适量的馅料，然后将面皮对折，用另一只手将面皮两边的边缘捏紧粘合，包成细长条状（其他地方是包成饺子状或中间捏好，两头漏馅形状）。包好后，用平底锅略抹一层油，将锅贴放入锅中，底部压平，整整齐齐地摆好，锅贴之间要留有空隙避免沾黏，煎时均匀地洒上一些水，最好用有小嘴的水壶洒水，以洒在锅贴缝隙处，使之渗入平锅底部。然后盖上锅盖，煎烙二三分钟后，再洒一次水，煎烙二三分钟，再洒水一次，此时可淋油少许，约五分钟后即熟。食用时，用铁铲以五六连一铲进行码盘，便可享用。其特点是；底部金黄焦香、表皮柔软洁白、馅料鲜香多汁、口感脆嫩适口。

金滩镇逢源号糕点

关于“点心”这一名称由来，有一种说法：东晋时期有一大将军，见到战士们日夜血战沙场，英勇杀敌，屡建战功，甚为感动，传令庖人烘制民间喜爱的美味糕饼，并派人送往前线，慰劳将士，以表“点点心意”。自此以后，点心的名字便传开了，并一直沿用至今。中华人民共和国成立前，大名最出名的点心铺当属“逢源号”，达官贵人们经常到“逢源号”订购点心。日伪统治时期，由于市面萧条，“逢源号”开始衰落。中华人民共和国成立后，“逢源号”老店生意开始兴隆，1956 年后，“逢源号”经历了两次公私合营。“文化大革命”期间，“逢源号”字号被取消。改革开放后又重新恢复了字号。“逢源号”糕点品种繁多，足有二、三十种，主要有蜜三刀、马蹄酥、大金枣、开口笑、捶糕、羊角蜜、芝麻球等，尤以蜜三刀和大金枣最为有名。其特点是香甜、油亮、松软、油而不腻，色、香、味俱佳。由于诚信经营，严把质量关，生意极佳，成为大名县第一批“万元户”，受到政府的嘉奖并挂匾。“逢源号”创始人杨老香；第二代传人杨子兰；第三代传人杨茂林；第四代传人杨忠亮（小名二友）；第五代传人杨文森；第六代传人杨思奇、杨思源。历经数代人的相传，质量始终如一。有谚语曰：“小滩龙王庙，南北二馆陶，点心哪家好？第一逢源号”。“逢源号”的月饼也很著名，有很多品种。每逢中秋佳节，一些大名人常去买逢源号的月饼，等到中秋夜月圆之时，亲朋好友相聚院中，围坐桌旁，吃着月饼，品茶赏月，其乐融融。大名习俗，男女订婚之日，男家给女家送点心，少者一二百斤，多者达千余斤，以分送亲朋好友，名曰“喜馃子”，多选择“逢源号”。

油　香

油香，俗称油饼，是用香油炸制的面食，清香不腻，外焦里嫩，金黄焦香，是回族人民的传统食品。每逢开斋节、古尔邦节、圣纪节，家家都要煎炸油香，除了自己食用以外，还要相互赠送，有的家里过节、纪念亡人（三、五、七、四十天、一百天、周年时），或操办结婚、添小孩等红白喜事都要炸油香，分给亲戚朋友，共同分享，以表示尊祖继俗。大名油香为烫面油香，分白面油香、黄油香、糖油香三种。一般情况下白面油香多用做白事，糖油香多用做红事喜事。回族群众称炸油香为做油香，在做油香之前要先洗手、焚香，以示虔诚。吃油香时也有讲究，要拿在手中面向上，一块块掰着吃，不能用口直接咬着吃。

羊　汤

羊汤是大名回族传统食品，是用羊肉或下水（杂碎）等切成丝做成的汤肴，以色泽光亮、乳白似奶、水脂交融、质地纯净、鲜而不膻、香醇不腻、营养丰富著称。据传，明朝初年，大名南关金家潭的金老汉，因家境贫寒，迫于生计，萌生了做羊汤生意养家糊口的念头。羊肉虽是上等肉食，但腥膻之气却常常让食客退避三舍，不敢问津。为找到消除腥膻之气的妙方，金老汉煞费苦心，从佐料上搞试验，在制作上下功夫，精选上百种天然调料，进行无数次组方搭配，无数次筛选浓缩，终于做成不腥不膻、汤鲜味美、老少皆宜的羊汤，由此，金老汉也成为蜚声大名城的传奇人物，并流传着一段令人回味的优美传奇故事。起初，金老汉研究羊汤除膻去腻之方，尝试多年，未能如愿，因此常常闷闷不乐。一日，老人进城散心解闷，不觉径出西门，到达漳河堤上，放眼望去，但见朝阳映照下的漳河滩格外清丽，他步履匆匆，来到滩中，但见草青花香，空气清新，十几里路走来，觉得有些疲惫，看到路旁一块石碑横卧，便半倚半卧其上，稍倾进入梦境，但见梦中一位老人白发苍苍，杖藜而立，对他笑道：“石之精为玉，土之精为羊，羊乃吉祥之物，毛可织衣，皮可御寒，肉味鲜美，今念尔意诚，赐予烹羊食方，如方炮制，则其味愈加香浓，腥膻之气皆除也……”。老人梦醒后，不敢怠慢，即速回家，精心配料，依法煮熬羊汤，果然汤汁清逸，香倾四邻，沁人心脾。闻者馋涎欲滴，食者赞不绝口，客人日益增多，生意日渐红火，由此，金家羊汤便成了名满冀鲁豫的传世珍馐和世代传承的清真美食。

豆　沫

豆沫又名豆沫汤，是深受大名百姓喜爱的一种早餐汤食。《史记·伯夷列传》记载：“武王已平殷乱，天下宗周，而伯夷、叔齐耻之，义不食周粟，隐于首阳山，采薇而食之”。伯夷与叔齐饿死首阳山后，殷都人感其气节，纷纷祭奠，他们把小米放入石臼中舂成粉齑，做成羹，放入青菜和捣碎的黄豆沫儿，呼之为“豆沫”。

大名豆沫配料有：小米、花生米、黄豆、油炸豆腐丁、粉条、盐、白芝麻面、菠菜等。其做法如下：一是将小米洗净，用清水浸泡 4 个小时，用石磨磨成小米浆；豆腐切片油炸，切成豆腐丁；焙熟的白芝麻加盐捣碎；花生米、黄豆洗净浸泡两小时；菠菜洗净切成小段；粉条用手折成小段。二是锅里加水，加入花生米、黄豆、粉条，煮十分钟，再加入豆腐丁。三是倒入小米浆，边倒边搅烧沸，沸后改用小火慢煮并放入菠菜即成。食用时，每碗撒上芝麻盐。成品豆沫色泽乳黄，黄绿分明。食之，醇厚的小米香，伴着豆香、芝麻香、花生香和蔬菜的清香，浓郁扑鼻，咸香利口，回味绵长、营养丰富。

杠子馍馍（馒头）

大名居民多年来主食以馒头为主，若论口感好，筋道有嚼劲的，要数南关杠子馍馍。所谓杠子馍馍，顾名思义，就是和好面后，先用特制的木棍，即大杠子轧，一头插进案板上的铁环，人提起木棍一头往下压，圆木棍就压着案板上的面团，再用小杠子轧，用这种办法揉面，所以名为“杠子馒头”。杠子馒头蒸出来瓷实，吃起来掉渣，口感甘甜，越嚼越香。有无碱发酵、抗菌防馊、柔韧筋道三大特点，深受百姓喜爱。大名南关有名的馍馍坊数家，19世纪末20世纪初最有名的是宋家馍馍坊。平均每天能卖600千克、7200个。中华人民共和国成立后是丹家馍馍坊。1966年4月3日周总理视察大名时，就是丹家供应的馍馍。1983年10月22日，大名师范庆祝建校六十周年时，各级领导再次吃到了丹家馍馍。现大名各大小饭店、徽馆、饸饹铺等，都喜欢用丹家馍馍。

莲花卷子

莲花卷子又称莲花馍、莲花卷、莲花馒头，是大名一款软绵回甜的汉族面食。用小麦面制作，层次清楚，成型如莲花，美观好看，具有浓郁的地方风俗和人们赋予的内在精神追求，是春节期间的传统食品，如过春节的时候，做成“莲花”和“鱼形”的花馍，表示“连年有余”。莲花卷子还是一种亲情礼品，在大名，亲戚之间儿女结婚、添儿育女时都要送莲花卷子，以示祝贺。因此，莲花卷子传达着一种浓郁温馨的人性和对美好生活的向往，传达着一种久而不衰的地域文化信息，显示着其独特的文化魅力。莲花卷子花型看似复杂，其实做起来很简单，面团经过擀、切、压，就呈现出漂亮的花形。第一步是将小麦面粉加入酵母和清水，调制成软硬适当的面团，静置饧酵，待面团鼓起将面团揉至光滑，搓成若个剂子，用双手将剂子擀成圆饼，先叠成半圆，再叠成三角，在角的顶端向下横切四刀立起，小的一端在上面摞在一起，用刀的背面从上向下压一下，使两端翘起即成生坯；或将擀好的圆饼翻过来（也就是面多的一面朝里，为了分层明显）折成扇形，将两组扇形分别切两刀，成三块，然后将两组最大的面块切口相对，剩下两组是最长边相对，叠好，用筷子横压一下，将生坯转90度，两边各压一下，将筷子相对捏紧，转一下，取出，即成莲花卷子生坯。第二步是静置饧酵10分钟待用。第三步是将饧酵好的生坯摆入笼屉当中，上旺火蒸制15分钟，关火，二三分钟后即可出锅（可用枣或颜色点缀花心）。

莲花卷子

南来顺炖羊肉

炖羊肉是以肥羊肉为主要食材的家常炖菜，做法多样，不仅营养价值丰富，增强抵抗力，还可降糖降脂，美容养颜。大名炖羊肉是回族传统美食，与各地相比，另有一番风味。其制做方法是：将羊肉剁成三尖块，放入开水锅氽透，捞出放在冷清水锅中，配上酱油、食盐、葱段、姜片、小茴香、花椒，然后将锅放到旺火上加热，开锅后再改用温水炖，炖至烂熟。特点是：羊肉熟烂，汤汁醇浓，味道鲜美。吃起来软烂香鲜，回味无穷。较著名的是大名南关南来顺炖肉馆，经过杨国立父子几十年的潜心研究，不懈努力，终于成为大名一道名吃。

罗汉肚

赵氏罗汉肚是大名主要特色小吃之一，已有300多年的历史，因肉皮层次分明，形似袒胸露腹，憨态可掬的弥勒罗汉的肚子而得名。其做法是：先把猪肚去油脂，用醋、矾反复洗净后备用。将猪肉煮成8成熟切成3厘米长、4厘米宽的肉块。然后把肉块及葱、姜末等调料拌匀，填入猪肚内，用竹签别上肚口，放入汤锅内卤煮至熟（中间要用针在猪肚上扎上眼放气），取出后将肚放平压扁，至凉透，切成片放入盘内，即可上桌。其特点紧固不散，光泽透明，口感咸鲜，入口不腻，酱香醇厚。传承人赵敬民祖上几辈都会做罗汉肚，小有名气，后经几代人的不断创新，名声越来越大。

束馆豆腐丝

大名做豆腐丝有700多年的历史，肇始于大名束馆段家。随着当今人们生活水平的提高，食素吃斋日益风行，豆腐丝成为素膳中不可缺少的菜肴。由于大浆细磨，水质适中，所产的成品质地纯净，拉抻有劲，食之郁香。束馆豆腐丝采用优质大豆，经过筛选、浸泡、磨浆、煮沸、去渣、凝固、压片、切丝、卤煮、捆把10道工序制成，风味独特，是老幼皆宜、家肴游膳之佐餐佳品，有“素食之首”之美誉。由于用料考究，工艺独特，质地纯正，味道鲜美，形成了独具一格的地方风味名吃。

束馆豆腐丝

金滩镇豆腐皮

豆腐皮是大名传统食品之一，创于明代，尤以金滩镇豆腐巷村豆腐皮著名。

豆腐皮又名豆皮、油皮、百片、腐衣，是大豆磨浆烧煮后凝结制成的豆制品，属于豆腐的派生食品，其皮薄透明，半圆而不破，黄色有光泽，柔软不粘，表面光滑，风味独特，是高蛋白低脂肪不含胆固醇的营养食品。大名豆腐皮选用优质黄豆为原料，经筛洗、脱皮、浸泡、制浆、煮浆、过滤、蒸浆、揭皮凉晒至干而成，其色泽金黄，油光发亮，质地细密均匀，味道鲜美，柔嫩爽口，是素馔中的上乘之品。在大名，豆腐皮多做为早餐食用，一般在街头巷尾各早餐摊位供应。日常家用中典型的食用方法是切成细丝，可经烫或煮后，供拌、炝食用或用于炒菜、烧菜、烩菜；可配荤料、蔬菜，如肉丝、韭菜、白菜等等，也可单独成菜，因其制作简单，口感舒适，味美清香，是人们喜食的一种豆制品。豆腐皮营养丰富，蛋白质、氨基酸含量较高，据现代科学测定，含有铁、钙、钼等人体所必需的 18 种微量元素。儿童食用能提高免疫能力，促进身体和智力的发展。老年人长期食用可延年益寿。特别对孕妇产后期间食用既能快速恢复身体健康，又能增加奶水。豆腐皮还有易消化、吸收快的优点，是一种妇、幼、老、弱皆宜的食用佳品。

粘粧馍

粘粧馍是大名县回族清真传统特色食品之一，虽称是馍，实则是一种饼状面食。粘粧馍是用上好的黄米面（即黍子面，俗称粘面）、红枣、豇豆、葡萄干、葵花仁等为原料，将黍子面和成稠面汁，倒入特制工具平底铁制圆形炉鏊内，放入一层红枣，再浇一层稀面汁，如此再放入一层豇豆、葡萄干、葵花仁等，最后上层浇一层稠面汁，做成厚约 6 ~ 8 厘米，直径约 60 厘米的圆形厚饼，加油少许，文火烤制，火候和时间要恰到好处，经几次翻动即成。熟后的粘粧馍，色泽金黄，外焦里嫩，香甜可口。吃时切成长三角块，入口丝甜，是老年人和儿童最喜爱的食品之一，也是当地走亲访友、款待宾朋的一种特色食品。

江米糖粽子

大名人吃粽子由来已久，传说起源众多，流传最广的是纪念屈原说，端午节吃粽子。大名粽子多为江米、枣、白糖馅，黏韧清香，别具风味，个头较大，形状为斜四角形或三角形。所谓江米即为糯米，江米是北方人对糯米的一种习惯叫法。

粽子好吃不仅要看内馅，挑选好的粽叶也很重要。大名人包粽子一般选用苇叶为粽叶，苇叶有清热作用，在煮粽的过程中粽叶的有益成分可以与粽馅的营养融为一体，相得益彰。

粽子的做法：一是把江米洗净用水泡两个小时，捞出沥干水分，红枣用开水焯一下（现在有的改用蜜枣），粽叶用开水煮几分钟，使其恢复韧性，捞出洗净沥干水。二是取两至三张粽叶剪去硬头，折成漏斗形，先放入一调羹江米，然后放入枣和白糖，再放一层江米填满，压实、包好，并用草筋或线捆扎结实。三是将包好的粽子码入锅内，加清水没过粽子，用箅子压紧，箅子上放置一个加满清水的盘子，加盖，大火煮开，然后小火煮两小时再焖制一小时，方可食用。吃时，剥开粽叶会有一股苇叶的特有清香扑鼻而来，让人陶醉。咬一口，苇叶的清香、米香、枣香夹杂着糖甜，会立刻把人的牙齿滋住，使人回味无穷。

豆腐皮卷馃子

豆腐皮卷馃子是大名特色早点之一，特点是：皮薄光亮，柔软筋道，外焦里嫩，味道醇香。主要原料有：馃子、豆腐皮、卤鸡蛋和腌制好的油炸豆腐。就是将一长条豆腐皮摊开铺平，放上一个馃子、一片咸豆腐（把豆腐切成片，用油炸后放入花椒、盐水中泡制而成）、一个卤鸡蛋（把鲜鸡蛋煮熟剥皮后，放入花椒、盐水中泡制而成），而后再放上一个馃子，压实紧紧卷起即可。豆腐皮卷馃子包含了豆腐皮的筋道、果子的香脆、卤鸡蛋的鲜美、炸豆腐外焦里嫩的口感，吃起来令人回味无穷。许记豆腐皮卷馃子远近闻名，享誉大名府。许贵一曾祖父许老建，于 1904 年开始做早点生意，当时摊位旁有一豆腐坊，许老建突发奇想，将馃子卷入豆腐皮中尝试，没想到大家尝后赞不绝口，从此生意越来越兴旺，经几代传承，在原有基础上，许贵一大胆创新，加入特制卤鸡蛋与五香油炸豆腐。每逢早餐，食客络绎不绝。

气布袋

气布袋是大名一带特有的一种油炸小吃，又称起布袋、鸡蛋馃子、鸡蛋布袋、鸡蛋荷包，因形状似团鱼，又称“鸡蛋鳖”，早餐食用居多。相传在宋朝年间，大名连年旱灾，民不聊生，时任县官不顾百姓死活，还大肆搜刮百姓。当时百姓气愤之极，有一个以卖早点为生小贩，就抓起面团，制成形如贪官模样的面人，放在油锅内煎炸后叫卖，以解心头之气，气布袋因此而得名。

气布袋

大名气布袋远近闻名，享誉冀南一带。鸡蛋布袋外焦里嫩，营养丰富，口感极佳。其制作过程是：取面粉适量，将碱面、明矾、食盐三种佐料用温水化开，谓之“料水”。三种佐料的用量比例是“一份碱，两份矾，然后再抓一把盐”。用料水把面粉和成软面团，而后放置一段时间，此谓“饧面”。饧面的目的是让面稍微发酵和出筋，以便于拉长和鼓胀。饧面的时间应根据气温而定，夏天 60 分钟即可，冬天要延长一些时间。面饧好后切下一条放在抹过花生油的木制案板上，用特制的枣木擀杖将其擀成面皮，并用刀在面皮上端剁一小孔，以便布袋炸好后可以穿进麻绳或柳条方便掂提。然后将面皮放进沸腾的油锅里，用加长的木筷轻轻挤压面皮，待其胀起来时出锅，稍冷却后在底部用手撕开一小口，将 1 ～ 2 个鸡蛋的蛋清、蛋黄一并倒进去，用手压匀、压平，然后用蛋清封口，重新放进油锅里炸，慢火温油炸成金黄色，同时来回翻动待里面的鸡蛋熟透后捞出即可食用。特点是皮薄光亮，外皮焦香酥脆，内里蛋香宜人，柔软筋道，味道醇香，令人望而垂涎。起初，气布袋是招待贵宾的美食佳肴，如今气布袋成为寻常百姓的普通早餐和大名的风味名吃。气布袋在河北省主要流行于冀南一带，尤以大名的气布袋最著名。过去，在大名县曾流行有一首儿歌：“姑姑来，姥姥来，拿鸡蛋，炸布袋。布袋焦，布袋香，炸多炸少全吃光……”。

清炖羊白与酱鞭花

清炖羊白与酱鞭花是大名享誉冀南的清真名菜。羊白又名羊蛋、羊宝，做法是：把羊白（公羊的睾丸）洗净，放入水中，加葱、姜、蒜、盐、味精、料酒等佐料煮熟。酱鞭花由牛鞭与食盐、葱段、茴香、砂仁、桂皮、丁香、八角、花椒、酱油等佐料煮制而成。其制作方法是：将牛鞭洗净、修整为完整牛鞭或牛鞭段，然后将牛鞭与佐料按比例调配入

酱鞭花

锅，小火将其炖煮至熟，用刀切成铜钱样的薄片。因为是横切片，所以是圆形，中间带个眼，看起来像古代的钱，所以又叫钱肉、金钱肉，预示财源广进。吃时根据个人喜好，调出适合自己口味的蘸料，风味更佳。

大名烤花生

大名烤花生始于晚清年间，选用优质花生为主原料，深掘民间配方，经浸泡、水洗、慢煮、入味、腌制、低温烘烤等独特生产工艺加工而成。工艺严谨、温控火候适当，产品不但口感香脆，而且吃后不口干，不上火，风味独特。主要品种有卤味花生、蒜味花生、五香花生、排骨花生、咸干花生、椒盐花生、奶味花生、麻辣花生、原味花生、多味花生，以及海苔系列、蔬菜系列裹衣花生等，常吃有益，多吃不腻，是一种健康营养食品，老少皆宜。

烤花生

第九编　党政群团

第一章　中共大名县地方组织

1979年1月，中共大名县委员会与大名县革命委员会正式分开办公，在领导机构上结束了“一元化”领导体制。1979—2005年，先后召开中共大名县第三次至第七次代表大会，分别选举产生了中共大名县第三、四、五、六、七届委员会。期间，大名县纪律检查委员会共经历了八届。2005年年底，全县有20个乡（镇）党委、7个县直机关党委、8个党组、24个党总支、1087个基层党支部，党的基层组织不断完善。

第一节　党　员

党员发展

1979年以来，大名县党员队伍不断壮大，至2005年年底，中共党员总数达到31138人，比1979年增加了50%。党员发展对象、条件、手续、预备期等均严格按党章有关规定执行。20世纪80年代前，发展党员多侧重党政机关干部，20世纪80年代开始，开始注重发展知识分子。1990年8月，中共中央组织部下发了《中国共产党发展党员工作细则（试行）》，进一步就发展党员工作的各个环节及需要规范和把握的问题作了规定，按照“坚持标准、保证质量、改善结构、慎重发展”的指导方针，开始重视在工业生产一线和农民中发展党员。

党员构成

职业构成　1979年，全县共有中共党员20733名。其中，农村党员17133名，占82.6%；工业系统党员606名，占3%；交通、财贸系统党员954名，占5%；文卫系统党员575名，占3%；机关团体党员1392名，占7%；其他方面党员73名，占0.35%。至2005年，全县共有党员31138名。其中农村党员20927名，占67.2%；在岗干部职工党员8284名，占26.6%；学生党员43名，占0.13%；离退休党员1244名，占4%；其他方面党员640名，占2.1%。

文化构成　1979年，全县小学以下文化程度党员6715名，占党员总数的32%；大专以上文化程度党员149名，占党员总数的0.7%。2005年，大专以上文化程度党员增至2786名，占党员总数的9%，比 1979 年增加 8.3 个百分点。

年龄构成　1979 年，全县 35 岁以下的党员 6074 名，占党员总数的 29%。2005 年，全县 35 岁以下的党员 6965 名，占党员总数的 22%；60 岁以上党员 5750 名，占党员总数的 19%。

性别构成　1979 年，全县 20733 名党员中，男性为 17950 名，占党员总数的 87%；女性为 2783 名，占党员总数的 13%。2005 年，全县有男性党员 27542 名，占党员总数的 88%；女性党员 3614 名，占党员总数的 12%。

民族构成　1979 年，全县有汉族党员 20189 名，占党员总数的 97.4%；少数民族党员 544 名，占 2.6%。2005 年，全县有汉族党员 30255 名，占党员总数的 97.2%；少数民族党员 883 名，占党员总数的 2.8%，比 1979 年增加 0.2 个百分点。

第二节　党员代表会

代表产生

党的各级代表大会代表的产生程序是：

（1）选举单位根据上级党组织分配的代表名额和有关要求，组织所属党组织采取自下而上，自上而下，充分酝酿协商的办法，提出代表候选人推荐名单；选举单位党组织根据多数党组织或多数党员的意见，从推荐名单中，按照多于代表百分之三十以上的比例提出候选人推荐人选名单，与上级党组织沟通。根据上级党组织提出的代表构成比例的要求，按多于代表百分之二十以上的差额比例，提出代表候选人初步人选名单。

（2）选举单位组织代表候选人初步人选推荐单位，在广泛征求所在单位党内外群众意见的基础上，写出考核材料，填报代表候选人初步人选登记表。

（3）选举单位召开党的委员会全体会议，在充分讨论的基础上，确定代表候选人预备人选名单，报上级党组织审查。

（4）选举单位召开党代表大会或党员大会或代表会议，对候选人预备人选进行充分酝酿，根据多数选举人的意见确定候选人，进行选举。选出的代表，上报召开代表大会的党的委员会审批。

党员代表大会

1979—2005 年，大名县先后召开五次党员代表大会。

中共大名县第三次代表大会　1986 年 1 月 2—4 日在县城召开，出席大会代表 301 名。大会听取和审议《中共大名县第二届委员会工作报告》；听取和审议《中共大名县纪律检查委员会工作报告》；选举中共大名县第三届委员会和中共第三届大名县纪律检查委员会。本次大会选举产生了 30 名委员和 7 名候补委员组成的中共大名县第三届委员会和第三届纪律检查委员会。

中共大名县第四次代表大会　1989 年 10 月 29—31 日在县电影院召开，出席大会代表 183 名。大会听取和审议《中共大名县第三届委员会工作报告》；听取和审议《中共大名县纪律检查委员会工作报告》；选举中共大名县第四届委员会和中共第五届大名县纪律检查委员会。本次大会选举产生了 30 名委员和 6 名候补委员组成的中共大名县第四届委员会和由 12 名委员组成的第五届纪律检查委员会。

中共大名县第五次代表大会　1993年2月21—23日在县电影院召开，出席大会代表214名。大会听取和审议《中共大名县第四届委员会工作报告》；听取和审议《中共大名县纪律检查委员会工作报告》；选举中共大名县第五届委员会和中共第六届大名县纪律检查委员会。本次大会选举产生了33名委员和7名候补委员组成的中共大名县第五届委员会和由11名委员组成的第六届纪律检查委员会。

中共大名县第六次代表大会　1998年2月16—18日在县电影院召开，出席大会代表215名。大会听取和审议《中共大名县第五届委员会工作报告》；听取和审议《中共大名县纪律检查委员会工作报告》；选举中共大名县第六届委员会和中共第七届大名县纪律检查委员会。本次大会选举产生33名委员和6名候补委员组成的中共大名县第六届委员会和由13名委员组成的第七届纪律检查委员会。

中共大名县第七次代表大会　2003年7月21—23日在县电影院召开，出席大会代表218名。大会听取和审议《中共大名县第六届委员会工作报告》；听取和审议《中共大名县纪律检查委员会工作报告》；选举中共大名县第七届委员会和中共第八届大名县纪律检查委员会。本次大会选举产生33名委员和6名候补委员组成的中共大名县第七届委员会和由19名委员组成的第八届纪律检查委员会。

1979—2005年中共大名县委领导成员一览表

表9-1

届次	姓名	职务	任职时间	籍贯
中共大名县第二届委员会	李树春	书记	1976.10—1979.4	河北大名
	侯顺德	书记	1979.4—1981.10	河北鸡泽
	赵玉虎	书记（代理）	1981.10—1983.11	河北蠡县
	郑清兰	书记	1983.11—1985.3	河北广平
	赵翔飞	书记	1985.3—1986.1	河北魏县
	杨富贵	副书记	1976.10—1982.11	河北大名
	江敬臣	副书记	1976.10—1979.2	河北大名
	齐卫国	副书记	1976.10—1980.8	河北蠡县
	李志安	副书记	1976.10—1979.4	河北武安
	刘根来	副书记	1976.10—1983.11	河北安平
	申培铭	副书记	1978.10—1982.2	河北涉县
	赵玉虎	副书记	1978.1—1981.10	河北蠡县
	刘金堂	副书记	1979.7—1979.10	河北临西
	贺锡坤	副书记	1980.4—1983.11	河北馆陶
	赵　宽	副书记	1980.5—1983.11	河北曲周
	高孟僧	副书记	1980.11—1983.11	河北大名
	孙凤山	副书记	1983.10—1984.7	河北
	李辰增	副书记	1984.4—1986.1	河北肥乡

续表 9-1

届次	姓名	职务	任职时间	籍贯
中共大名县第二届委员会	秦耀生	副书记	1984.8—1986.1	河北曲周
	张金山	副书记	1985.1—1986.1	河北邱县
	席浓云	常委	1976.10—1980.2	河北
	张玉荣（女）	常委	1976.10—1980.7	河北交河
	曹殿岭	常委	1976.10—1982.7	河北大名
	丁殿洲	常委	1976.10—1982.7	河南滑县
	任群义	常委	1976.10—1982.7	河北大名
	刘金堂	常委	1976.10—1979.10	河北
	程廷雪（女）	常委	1978.4—1983.11	河北
	高孟僧	常委	1978.12—1983.11	河北大名
	魏连生	常委	1978.12—1981.1	不详
	郑润华	常委	1979.6—1983.11	河北永年
	冯善魁	常委	1979.6—1983.11	河北大名
	王作彬	常委	1981.8—1983.6	不详
	徐朝辉	常委	1981.8—1985.2	河北大名
	倪昆生	常委	1983.11—1986.1	河北大名
	宋善继	常委	1983.11—1986.1	河北大名
	金保山	常委	1983.11—1986.1	河北大名
	冯九成	常委	1983.11—1986.1	河北大名
	潘好岗	常委	1983.11—1986.1	河北大名
	李经凯	常委	1983.12—1986.1	不详
中共大名县第三届委员会	赵翔飞	书记	1986.1—1989.3	河北魏县
	李辰增	副书记	1986.1—1989.10	河北肥乡
	秦耀生	副书记	1986.1—1989.9	河北曲周
	张金山	副书记	1986.1—1989.10	河北邱县
	宋善继	常委	1986.1—1987.10	河北大名
	冯九成	常委	1986.1—1989.10	河北大名
	倪昆生	常委	1986.1—1987.10	河北大名
	潘好岗	常委	1986.1—1989.10	河北大名
	李经凯	常委	1986.1—1986.8	不详
	陈怀川	常委	1986.1—1989.10	河北馆陶

续表 9-1

届次	姓名	职务	任职时间	籍贯
中共大名县第三届委员会	张宝山	常委	1986.9—1989.10	河北磁县
	张玉振	常委	1987.5—1989.10	河北魏县
	宋向华（女）	常委	1987.11—1989.8	河北馆陶
	王光龙	书记	1989.3—1989.10	河北临漳
	李保存	副书记（挂职）	1987.11—1989.3	不详
中共大名县第四届委员会	王光龙	书记	1989.10—1993.1	河北临漳
	赵明信	书记	1993.1—1993.2	山东莘县
	孙登选	副书记	1989.10—1992.6	河北邱县
	李辰增	副书记	1989.10—1990.12	河北肥乡
	张金山	副书记	1989.10—1990.1	河北邱县
	张宝山	副书记	1990.4—1992.11	河北磁县
	仝学彦	副书记	1991.3—1992.11	河北大名
	汪金亭	副书记	1992.6—1993.2	安徽六安
	阎殿芳	副书记	1992.12—1993.2	河南南乐
	冯九成	副书记	1992.12—1993.2	河北大名
	张玉振	常委	1989.10—1990.4	河北魏县
	倪昆生	常委	1989.10—1992.12	河北大名
	冯九成	常委	1989.10—1993.2	河北大名
	潘好岗	常委	1989.10—1992.12	河北大名
	薛志平	常委	1989.10—1993.1	山西
	阎殿芳	常委	1989.10—1993.2	河南南乐
	顾凤凯	常委	1990.4—1992.11	河北清河
	王海建	常委	1991.3—1992.11	河北永年
	王春良	常委	1992.12—1993.2	河北临漳
	颜世平	常委	1992.12—1993.2	河北曲周
	王晓桦	常委	1992.12—1993.2	江苏南京
	允殿魁	常委	1992.12—1993.2	河北大名
	冯洪波	常委	1992.12—1993.2	河北大名
	黄月芳（女）	常委	1992.12—1993.2	河北大名

续表 9-1

届次	姓名	职务	任职时间	籍贯
中共大名县第五届委员会	赵明信	书记	1993.2—1997.12	山东莘县
	王春良	书记	1998.1—1998.2	河北临漳
	汪金亭	副书记	1993.2—1995.5	安徽六安
	阎殿芳	副书记	1993.2—1995.6	河南南乐
	冯九成	副书记	1993.2—1997.1	河北大名
	胡书宏	副书记（挂职）	1994.10—1997.11	不详
	胡建华（女）	副书记（挂职）	1995.3—1996.3	不详
	王春良	副书记	1995.5—1998.1	河北临漳
	张书芳	副书记	1995.6—1997.10	河北曲周
	张东升	副书记（挂职）	1996.3—1997.5	河北
	颜世平	副书记	1993.2—1995.6	河北曲周
	吴京中	副书记（挂职）	1997.5—1998.2	北京
	滑际洲	副书记	1997.5—1998.2	河北成安
	赵书林	副书记	1998.1—1998.2	河北邱县
	允殿魁	副书记	1998.1—1998.2	河北大名
	冯洪波	副书记	1998.1—1998.2	河北大名
	申树歧	常委	1993.2—1995.6	河北魏县
	王春良	常委	1993.2—1998.2	河北临漳
	黄月芳（女）	常委	1993.2—1998.1	河北大名
	颜世平	常委	1993.2—1998.1	河北曲周
	王晓桦	常委	1993.2—1998.1	江苏南京
	允殿魁	常委	1993.2—1998.2	河北大名
	冯洪波	常委	1993.2—1998.2	河北大名
	刘　斌	常委	1995.6—1998.2	河北永年
	张书芳	常委	1995.6—1997.10	河北曲周
	高连生	常委	1996.1—1998.2	河北大名
	罗保民	常委	1996.9—1998.2	河北大名
	范保平	常委	1996.9—1982.2	河北魏县
	李文通	常委	1997.5—1998.2	河北邱县
	张贵堂	常委	1998.1—1998.2	河北魏县
	胡振科	常委	1998.1—1998.2	河北大名

续表 9-1

届次	姓名	职务	任职时间	籍贯
中共大名县第六届委员会	王春良	书记	1998.2—2000.1	河北临漳
	董海林	书记	2000.1—2003.4	河北邢台
	贾红军	书记	2003.4—2003.7	河北永年
	赵书林	副书记	1998.2—2002.4	河北邱县
	滑际洲	副书记	1998.2—2003.7	河北成安
	允殿魁	副书记	1998.2—2001.8	河北大名
	冯洪波	副书记	1998.2—1998.10	河北大名
	张希贤	副书记（挂职）	1998.4—1999.3	河北宽城
	刘　斌	副书记	1999.11—2003.7	河北永年
	郭焕永	副书记（挂职）	1999.3—2003.3	不详
	李汴生	副书记	2001.8—2003.6	河北魏县
	张贵堂	副书记	2001.8—2003.4	河北魏县
	李文通	副书记	2001.12—2003.7	河北邱县
	耿克民	副书记（挂职）	2003.3—2003.7	不详
	武金良	副书记	2003.4—2003.7	河北邯郸
	陈向阳	副书记	2003.7—2003.7	河北魏县
	王德卿	副书记	2003.7—2003.7	河北临漳
	李文通	常委	1998.2—2003.7	河北邱县
	张贵堂	常委	1998.2—2003.4	河北魏县
	刘　斌	常委	1998.2—2003.7	河北永年
	高连生	常委	1998.2—1998.7	河北大名
	罗宝民	常委	1998.2—2000.9	河北大名
	范保平	常委	1998.2—999.12	河北魏县
	胡振科	常委	1998.2—2003.7	河北大名
	张保兴	常委	1999.8—2003.7	河北大名
	李建法	常委	1999.12—2003.7	河北柏乡
	潘澜润	常委	1999.12—2003.7	河北邱县
	刘江峰	常委	2000.9—2003.7	河北永年
	张新柱	常委	2000.12—2003.7	河北武安
	沙启峰（回族）	常委	2002.8—2003.7	河北大名
	陈惠永	常委	2003.7—2003.7	河北大名
	张志祥	常委	2003.7—2003.7	河北永年
	陈淑英（女）	常委	2003.7—2003.7	河北邱县

续表 9-1

届次	姓名	职务	任职时间	籍贯
中共大名县第七届委员会	贾红军	书记	2003.7—	河北永年
	武金良	副书记	2003.7—	河北邯郸
	刘江峰	副书记	2003.7—	河北永年
	陈向阳	副书记	2003.7—	河北魏县
	王德卿	副书记	2003.7—	河北临漳
	张保兴	常委	2003.7—2004.7	河北大名
	沙启峰（回族）	常委	2003.7—	河北大名
	胡振科	常委	2003.7—	河北大名
	张新柱	常委	2003.7—	河北武安
	陈惠永	常委	2003.7—	河北大名
	张志祥	常委	2003.7—	河北永年
	陈淑英（女）	常委	2003.7—	河北邱县
	刘广兴	常委	2004.7—	河北赵县

常委会

1979 年至 1986 年 1 月中共大名县第三次代表大会召开前，县委常务委员先后共有 35 名，书记先后有 5 名，副书记先后有 15 名。

1986 年 1 月，中共大名县委三届一次全会选出常务委员 10 名，其中书记 1 名、副书记 3 名。至 1989 年 10 月中共大名县第四次代表大会召开前，上级党委先后任命书记 1 名、副书记 2 名，委派挂职副书记 1 名。选举产生的 10 名常务委员大专以上文化程度的 6 名，中专以下文化程度的 2 名。

1989 年 10 月，中共大名县委四届一次全会选出常务委员 11 名，其中书记 1 名，副书记 3 名。至 1993 年 2 月中共大名县第五次代表大会召开前，上级党委先后任命书记 1 名、副书记 5 名、常委 11 名。选举产生的 11 名常务委员平均年龄 43.5 岁，大专以上文化程度的 6 名，中专以下文化程度的 2 名。

1993 年 2 月，中共大名县委五届一次全会选出常务委员 11 名，其中书记 1 名，副书记 3 名。至 1998 年 2 月中共大名县第六次代表大会召开前，上级党委先后任命书记 1 名、副书记 11 名、常委 15 名，委派挂职副书记 4 名。选举产生的 11 名常务委员平均年龄 41.7 岁，大专以上文化程度的 8 名。

1998 年 2 月，中共大名县委六届一次全会选出常务委员 13 名，其中书记 1 名，副书记 4 名。至 2003 年 7 月中共大名县第七次代表大会召开前，上级党委先后任命书记 2 名、副书记 10 名、中央党校扶贫挂职副书记 3 名，常委 18 名。选举产生的 13 名常务委员平均年龄 41.5 岁，大专以上文化程度的 13 名。

2003 年 7 月，中共大名县委七届一次全会选出常务委员 12 名，其中书记 1 名，副书记 4 名，中央党校扶贫挂职副书记 3 名，省直机关扶贫挂职副书记 1 名。选举产生的 12 名常务委员平均年龄 41.75 岁，大专以上文化程度的 12 名。

第三节 县委所属机构

常设机构

1979 年 1 月，县委、县革委正式分开办公，在领导机构上结束了“一元化”领导体制。县委常设机构有办公室、组织部、宣传部、县委党校、县直属机关党委、档案局。

1980 年年初，重建统一战线工作部。同年 5 月，恢复农村工作部。

1981 年 8 月，县委设立大名县党史县志资料征集领导小组，下设办公室。1983 年，史志办公室由县委办公室代管。1984 年，撤销史志办公室，设立党史办公室和文史办公室。1987 年年初，党史办公室受县委领导，为县委常设机构。

1982 年 5 月，设立信访工作领导小组。1984 年，设信访科。1986 年，信访科更名为信访办公室。

1980 年 9 月，成立政法工作领导小组。1981 年 7 月，成立政法委员会。1987 年 6 月，成立县精神文明建设委员会及办公室。1988 年 9 月，根据上级精神，撤销政法委员会，成立政法工作领导小组及办公室。1990 年 7 月，恢复政法委员会，撤销政法工作领导小组及办公室。

1982 年 9 月，设立老干部局。

1984 年 3 月，设立政策研究室。

1983 年 10 月，成立传真室，后改为机要室。1991 年，机要室改为机要局。

1984 年 7 月，设立打击经济领域犯罪活动办公室，1986 年年底撤销。

1990 年 8 月，增设督查室，为二级科级单位。

1991 年 9 月，成立国防教育办公室。

1991 年 11 月，对台办公室升格为正科级单位，名称为大名县台湾工作办公室。

1993 年 2 月，县委常设工作机构有 16 个：办公室、组织部、宣传部、党校、统战部、农村工作部、老干部局、政法委员会（含社会治安综合治理办公室）、政策研究室、机要局、督查室、信访办、党史研究室、台湾工作办公室、文明办、国防办。

1996 年 10 月机构改革后，县委常设工作机构有 6 个：县委办公室、组织部、宣传部、统战部、农工部、政法委。县委办公室管理机构 5 个：督查室、政策研究室、机要局、保密局、党史研究室。信访局由县委办公室、政府办公室双重管理，列县委序列。组织部管理机构 2 个：县委组织员管理办公室、专家咨询中心；挂靠单位 2 个：县委老干部局、干部考核委员会办公室。宣传部管理机构 1 个：精神文明建设办公室；挂靠单位 1 个：国防教育办公室。统战部管理机构 1 个：台湾工作办公室。政法委管理机构 1 个：社会治安综合治理办公室。

2003 年 7 月至 2005 年年末，县委常设工作机构 6 个：县委办公室、组织部、宣传部、统战部、农工部、政法委。县委办公室管理机构 6 个：机要局、保密局、督查室、政策研究室、党史研究室、610 办公室；信访局和 610 办公室由县委办公室、政府办公室双重管理，列县委序列。组织部管理机构 2 个：县委组织员管理办公室、专家咨询服务中心；挂靠单位 1 个：县委老干部局。宣传部管理机构 1 个：精神文明建设办公室；挂靠单位 1 个：国防教育办公室。政法委管理机构 2 个：社会治安综合治理委员办公室、维护社会稳定工作领导小组办公室。

临时机构

1979年以后，中共大名县委员会根据不同阶段中心工作和上级指示精神，先后设立的临时工作机构几十个，工作任务完成后即撤销，有关事宜交相关部门承担。

派出机构

1979年，大名县委派出机构有：杨桥、万堤、城关、龙王庙、束馆、金滩镇等6个办事处。办事处设党组，编制为9～11人。杨桥办事处下辖杨桥、西司庄、儒家寨、王村、西店、马头、铺上等7个公社党委。万堤办事处下辖万堤、黄金堤、王乍村、崔岳村、北门口、兆固等6个公社党委。城关区办事处下辖大街、尹李庄、旧治、未城、段村、七里店等6个公社党委。龙王庙办事处下辖龙王庙、鲍庄、大龙、孙甘店、南李庄、赵站等6个公社党委。束馆办事处下辖束馆、马陵、埝头、北峰、从善楼、冢北等6个公社党委。金滩镇办事处下辖普明町、张铁集、上马头、金滩镇、红庙、北堤、营镇等7个公社党委。1984年7月，将6个办事处党组改为6个区委，仍为县委派出机构，设书记、副书记。1988年7月，根据上级指示精神，撤销6个区委，在原区委的基础上建立6个联络组，并建党组，为县委派出机构。1989年11月，将6个联络组改为6个工作指导组，仍建立党组，为县委派出机构。1996年2月，根据省、市委关于撤区并乡（建）镇的通知精神，撤销6个工作指导组。1990年8月，经县委研究，将县直属机关党委改为县直属机关工作委员会，为县委派出机构，人员编制9人。设书记、副书记、纪工委书记、秘书、组织员。2005年年底，县委派出机构1个：县直机关工作委员会。

机关企事业单位党委、党组

县直机关（党委）工委是县委管理县直机关党务工作的职能部门，主要职责是：办理县直机关党员组织关系的迁出、迁入，报批新发展党员和成立支部手续，管理县直单位的基层支部建设，当好县委及组织部门的参谋。1990年8月，经县委研究将县直属机关党委改为县直属机关工作委员会，为县委派出机构，其工作职责不变，人员编制9名。

机关企事业单位党员100人以上的，设立党的基层委员会。党员不足100人的，因工作需要，经上级党组织批准，也可以设立党的基层委员会。党的基层委员会由党员大会或者党员代表大会选举产生。1979年以来，县直机关企事业单位相继成立了7个党委：中国共产党大名县经委委员会（1987年）、中国共产党大名县公安局委员会（1992.1）、中国共产党大名县教育局委员会（2000.8）、中国共产党大名府酒业有限公司委员会（2002.6）、中国共产党大名县电力局委员会（2002.6）、中国共产党大名县供销合作社联合社委员会（2002.6）、中国共产党大名县国土资源局委员会（2005.6）。县直机关党委由书记、副书记、纪检委员（书记或组长）、委员等组成，一般5～11人不等。

乡镇党委

1982年5月，马陵公社党委更名为西付集公社党委，段村公社党委更名为西未庄公社党委，西司庄公社党委更名为沙疙瘩公社党委，马头公社党委更名为北马头公社党委。1984年3月，对农村体制进行改革，撤销“政社合一”的人民公社，将公社（镇）党委更名为乡（镇）党委。1984年7月，城关、万堤、杨桥、龙王庙、束馆、金滩镇6个乡党委改为镇党委。1988年7月，中共城关镇委员会更名为中共大名镇委员会。1996年2月，根据省、市委关于撤区并乡（建）镇的通知精神，结合大名县实际，经邯郸市委、市政府批准，全县由6镇33乡合并为6镇14乡。各乡镇均设党委、纪委。

乡镇党委由书记、副书记、组织委员、宣传委员、纪检委员（书记）、武装部长等组成，一般7～13名不等，年龄结构渐趋年轻化，文化结构渐趋现知识化。

政权、政协及其他机关党组

1981年，党政分设，大名县人民代表大会常务委员会党组建于1981年1月。同年1月，在大名县第七次人民代表大会上，将大名县革命委员会更名为大名县人民政府，同时建立县人民政府党组。中国人民政治协商会议大名县委员会党组于1983年2月成立。截至2005年年末，全县设立党组的机关单位共8个：人大、政府、政协、检察院、法院、工商局、工商联、技术监督局。

基层党总支、支部

县直基层党总支　机关正式党员50人以上的，设立党的总支委员会。党员不足50人的，因工作需要，经上级党组织批准，也可以设立党的总支委员会（简称党总支）。截至2005年年末，全县有24个党总支，其中乡镇1个：大名镇中心校；县直23个：县委办、法院、检察院、民政局、卫生局、一中、二中、邯郸学院大名分院、农业局、水利局、农机局、物资局、交通局、国税局、地税局、商业局、粮食局、外贸局、企业局、工商局、县医院、广电局、文化体育旅游局、名鼎化工有限责任公司。

基层党支部　1979年，全县有基层党支部861个。2005年，全县有基层党支部1087个，其中农村党支部651个，乡镇直党支部171个，县直党支部265个。各基层支部根据党员多少，由书记、副书记（党员少者不设）和委员3～5名（党员少者不设）组成，经支部大会选举产生。

1979—2005年大名县党的基层组织统计表

表9-2

年份	支部	总支	党委	年份	支部	总支	党委
1979	861	2	41	1993	1101	23	40
1980	861	3	40	1994	1109	24	40
1981	894	3	41	1995	1108	2	40
1982	918	2	41	1996	1060	25	22
1983	915	2	41	1997	1071	25	22
1984	938	4	42	1998	1068	16	22
1985	960	4	48	1999	1068	18	22
1986	980	9	48	2000	1055	25	22
1987	1006	15	48	2001	1088	25	22

续表 9-2

年份	支部	总支	党委	年份	支部	总支	党委
1988	1032	17	42	2002	1088	25	23
1989	1061	18	42	2003	1096	22	26
1990	1070	22	42	2004	1106	23	26
1991	1076	22	42	2005	1087	24	27
1992	1099	23	42				

说明：基层组织含区、乡（镇）党委及县直总支、支部

第二章　党务工作

1979—2005 年，中共大名县委积极贯彻落实中共十一届三中全会制定的路线、方针、政策，结合县情审时度势、锐意改革、扩大开放、富民强县，全县经济、政治、文化、社会等各项事业都取得长足进步。

第一节　县委重大决策

经济建设方面

1986 年 1 月中共大名县第三次党代会召开之时，正值国家“七五”计划开始实施之际，县委提出“工农业总产值递增百分之七以上”的任务，因地制宜确定适合大名县发展的经济战略，提出“在稳定粮食生产的基础上，致力发展林果业，加快绿化、增加收入、五业兴旺、八业并举，以乡镇企业为突破口，快速发展经济，改变大名面貌”的方针。1988 年，全县工农业总产值 37500 万元，国民收入 20200 万元，财政收入 1317 万元，人均纯收入 293 元，科技、文教、卫生、体育、交通运输等方面都有了较大发展，人口得到有效控制。

1989 年 10 月，中共大名县第四次党代会召开，选举产生了第四届中共大名县委员会。四届大名县委坚持一切从实际出发，确定适合大名县实际的经济发展战略，提出了“以改革开放总揽全局，立足本地优势，依靠科技进步，推进横向联合，突出抓好农业，积极发展工业，大上乡镇企业”的发展思路。1992 年，全县社会总产值 119520 万元，工农业总产值 88532 万元，国民收入 47423 万元，财政收入 2074 万元。

1993 年 2 月，中共大名县第五次党代会召开，选举产生了第五届中共大名县委员会，五届大名县委大力推进农业产业化，全县初步形成了花生、小麦、蔬菜三大产业化雏形，带动了农业增产、农民增收和农村经济发展，乡镇企业整体规模得到扩大，商贸流通日趋繁荣。1997 年，全县国内生产总值 13.4 亿元，财政收入 7326 万元，全县农民人均纯收入 1344 元。至 1997 年年底，大名县彻底解

决了温饱问题，有 351 个村 39 万人脱贫。

1998 年 2 月，中共大名县第六次党代会召开，选举产生了第六届中共大名县委员会，六届大名县委带领全县党员干部群众艰苦创业、拼搏奋进，农业产业化进一步加快，花生、面粉、养殖三大产业具备了一定规模。通过持续优化环境，扩大开放，使经济建设与社会事业各方面取得新成就。2002 年，全县 GDP 实现 30.9 亿元，财政收入 8655 万元，农民人均纯收入 1851 元。

2003 年第七次党代会以后，中共大名县委围绕建设“三大基地、一个中心”，按照“六抓六靠”思路，深入实施特色建县等六大战略，经过全县上下的共同努力，面粉、花生、香油、养殖“三特一主”产业集群发展。五得利集团成为国家农业化重点龙头企业，五得利面粉荣获“中国名牌产品”称号，大名县被国家命名为“中国面粉之都、中国花生之乡、中国小磨香油之乡”。2005 年，全县国民生产总值实现 46.3 亿元，全社会固定资产投资完成 17.9 亿元，全部财政收入 7008 万元，农民人均收入 2511 元，并被省政府确定为全省 22 个扩权试点县之一。

党建工作方面

1986 年 1 月，中共大名县第三次党代会在党的建设上明确提出“突出重点，着重解决好增强党性问题，以达到端正党风的目的”，努力抓党的思想、组织、作风和制度等方面建设，广泛开展党员“双带”活动，提高党员思想觉悟。按照“提高一类支部，转化二类支部，改造三类支部”的指导思想，及时调整整顿“散、软、瘫”班子。经过一段时间的工作，全县涌现出一大批先进党支部和优秀共产党员，186 个单位被评为县级以上文明单位。

1989 年 10 月后，县委在全县范围内开展了民主评议党员活动，进一步提高整体素质党员队伍的。按照“选人、用人、管人”并重原则，广开视野，选贤任能，各级领导班子整体素质得到优化。对基层支部进行全面整顿优化，一批软弱涣散班子得到转化和提高，提升了基层组织战斗力。

1993 年 2 月后，县委从三个方面对党建工作进行加强，一是在基层支部中坚持“三会一课制度”，加强对党员的教育培训；二是结合撤区并乡机构改革，对乡科级领导班子进行调整，加强领导班子建设；三是对后进党支部进行治理整顿，开展“双创双争”活动，基层党组织战斗堡垒作用不断加强，推动基层组织建设向高标准、高层次发展。

2003 年 7 月第七次党代会后，县委深入组织开展保持共产党员先进性教育活动，实施了“双发、双能、双带”(“双发”即发挥共产党员的先锋模范作用，发挥农村基层党组织的战斗堡垒作用；“双能”即让农村能人中的先进分子入党，让党员中的能人当干部、当支书；“双带”即个人带头致富，带领群众致富)工程。2004 年，选派 382 名机关干部驻百村进万户，开展“强班子、健肌体、固阵地、富百姓、保稳定”活动。2005 年 6 月开始，在全县实施“精乡强村”战略，每年一批，三年内逐步实现一村一名国家干部，基层“战斗堡垒”进一步巩固。

扶贫开发及小康建设方面

扶贫开发　1986 年后，按照“黄河故道沙荒薄地、盐碱苦水区、洼盐碱苦水区”划分三个区域进行扶贫开发，截至 1990 年年底，全县共扶持 7 万多贫困户，有 5 万多户解决了温饱问题，占贫困户的 70% 以上。1990 年，大名县被河北省政府确定为省重点贫困县，坚持扶贫与农业开发相结合，到 1993 年年底共落实扶贫资金 2100 万元。1994 年，大名县被国务院确定为国家贫困县，国家“八七”

扶贫攻坚计划开始实施，以贫困村为主战场，以贫困人口为主攻对象，先后投入各类扶贫资金 1.4 亿元，县内配套资金 8000 万元，带动民营企业投入 2.4 亿元，至 2000 年年底，先后使 295 个村、3.4 万户、28 万人解决了温饱问题，分别比 1990 年的 432 个村 7.1 万户 45 万人下降了 68.2%、46.6% 和 62.2%。2002 年，大名县被确定为国家扶贫开发重点县，这是新的扶贫开发规划实施的第一年，年内共落实资金 740 万元，增加经济效益 145 万元，使 1.98 万贫困人口稳定脱贫。2003 年 5 月，新一届县委、县政府提出“扶贫先扶志，扶贫先扶路，扶贫扶基础，扶贫要脱贫”的工作思路，确定实施村村通油路、户户吃甜水、校校消危房三项民心工程，全年投入各类资金 2200 万元，贴息贷款 1000 万元，争取上级帮扶款物 200 多万元，当年年底，2 万贫困人口稳定脱贫。2004 年，“周转羊”扶贫项目投入资金 110 万元，扶持沿 215 省道两侧高效农业经济带 5 个重点村发展大棚蔬菜项目投入资金 50 万元，基础设施建设项目投入资金 210 万元，争取各类帮扶资金 110 万元和物资折款 150 万元，到 2004 年年底，1.6 万贫困人口稳定脱贫。中央党校自 1995 年定点帮扶大名后，先后派出 7 批、16 名干部到大名县挂职帮助工作，至 2005 年年底，直接投入资金 450 万元，引进资金 1.2 亿元，并为县委党校装备远程教学设备和电脑教室，为三中装备语音教室和图书室，有效改善了教学条件。

小康建设　在小康建设中，实行五级责任制，即县级干部包乡镇责任制，涉康部门包项目责任制，县直部门包村责任制，乡（镇）班子抓小康责任制和村级干部抓小康建设责任制。1995 年，大名县规划了第一批小康村。截至 2004 年，全县实现小康的乡镇累计达 12 个，实现小康的村累计达 464 个，分别占总数的 60% 和 71%。期间，2002 年后，把农村现代化建设纳入小康建设内容。2003 年 9 月，中共大名县七届三次全会通过《大名县全面建设小康社会纲要》，为到 2020 年年初步实现农村现代化战略目标做出了比较详细的规划。2002—2005 年，全县先后规划出市级农村现代化试点 2 个，县级试点 24 个。

第二节　组织建设

干部考察考核

县委组织部是县委管理干部的职能机构，负责县直单位和乡镇党政领导干部的培养、选拔及后备干部队伍建设；负责县直科级单位、乡镇及党群系统单位股级干部的任免和管理。对干部考察考核的主要内容是“德、能、勤、绩、廉”表现。“德”主要是干部政治思想和道德水准；“能”即干部业务技术水平、管理能力的运用、发挥及知识更新等；“勤”即干部的工作态度、勤奋敬业精神和遵守纪律等情况；“绩”即干部履行职责情况及完成工作任务的数量、质量、效率和取得成果的水平以及社会效益、经济效益等；“廉”即干部廉洁自律情况。

组织整顿

1985 年 1 月，按照党中央“统一思想、整顿作风、加强纪律，纯洁组织”要求，全县党政机关、团体、企事业单位和区、乡镇（镇）党委、农村党支部 23766 名党员参加了整党。通过整党，有 23125 名党员准予登记，占参加整党人数的 97.3%，有 33 名党员不予登记，45 名党员缓登，596 名党员待问题查清后方予登记。

1994—2005 年，县委每年都按 5% 的比例从县 651 个行政村中倒排出 33 个后进支部列入重点整顿范围。每个村都有县级党员领导干部联系、县直部门分包并派驻后进支部整顿转化工作队吃住在村。每年列入整顿的农村后进党支部在年底均能不同程度地发生转化。县委每年不定期组织对农村党支部书记的培训，一般由组织部、宣传部、党校具体组织负责。培训内容包括党的代表大会精神、党章、新出台的政策以及新的理论等。培训方式主要有两种，一种是召集农村党支部书记到县委党校集中培训，另一种是由组织部、宣传部、党校选派精干人员组成讲师团或宣讲团下乡镇对支书进行培训。

“强健固富保”活动

“强健固富保”是 1998 年 10 月中共大名县委根据《中共中央加强党的执政能力建设的决定》，结合大名实际为加强农村基层建设采取的一项经常性活动。即强班子、健肌体、固阵地、富百姓、保稳定。针对全县倒排出的 108 个后进村，组建 108 个工作队，从县、乡机关选派干部驻百村、进千户、解万难，至 2004 年年底，整顿治理后进支部 96 个，新建“两室”276 间，县直部门投资 60 余万元，工作队捐款 10 余万元，用于修路、打井、扶持致富项目，解决群众生活难题 3648 件，密切了党群、干群关系，夯实了党在农村的执政基础。

第三节　思想建设

1978 年中共十一届三中全会后，党的重心工作转向以经济建设为中心，拨乱反正、解放思想、实事求是、改革开放。中共大名县委在思想建设工作上始终以马列主义、毛泽东思想、邓小平理论和“三个代表”重要思想教育党员干部和群众，紧跟党中央的战略部署，使党员干部群众的政治观念和理论素质不断提高，保证了正确的舆论导向，有力地促进了经济社会的协调发展。

理论学习

学习内容　1978—1982 年，学习了中共十一届六中全会通过的《关于建国以来党的若干历史问题的决议》等，坚持以实事求是的原则拨乱反正。1983—1986 年，学习了《邓小平文选》等，解放思想，改革开放，搞活经济。1987—1991 年，学习了《建设有中国特色的社会主义》《坚持党的四项基本原则》等，进行坚持党的领导、坚持社会主义道路、坚持人民民主专政、坚持马列主义毛泽东思想，反对资产阶级自由化。1992 年 10 月，学习了邓小平同志视察南方重要谈话精神，中共十四大报告《加快改革开放和现代化建设步伐，夺取有中国特色社会主义事业达到更大胜利》及中共十四大修改的《中国共产党章程》。1993—1995 年，学习了邓小平同志关于建设有中国特色社会主义论述、《邓小平文选》第三卷和《中共中央关于建设有中国特色社会主义市场经济体制若干问题的决议》等。1996—1997 年，学习了中共十四届五中、六中全会精神和江泽民同志《关于正确处理社会主义现代化建设的若干重大关系》《领导干部一定要讲政治》等。1997—2000 年，重点学习了中共十五大精神和邓小平理论，开展了以讲学习、讲政治、讲正气为内容的“三讲”教育。2001 年，重点学习了“三个代表”重要思想和《公民道德建设实施纲要》。2002 年，主要学习了中共十六大精神。2004—2005 年，主要学习了中共十六届四中、五中全会精神、科学发展观和社会主义和谐社会理论。

学习形式　采取自学和集中授课或专题培训等方式。1979—2005 年，全县共组织科级以上干部理论培训班 100 余次，参加培训 20000 余人次。2003 年，以 20 所乡（镇）党校为阵地，组织各类培训班 20 多期，举办报告会 6 次。在理论学习中，坚持中心组学习为基本形式，把提高领导班子成员理论素质和思想政治素质作为一条根本性措施来抓，健全制度，固定时间，做到规范化、制度化。中心组学习在组织形式上达到“五有”：一是有组织领导。中心学习组由县四套班子成员组成，县委书记任组长，及时安排召集学习，对每次中心组学习内容、讨论主题、学习方式等提出明确要求。二是有规章制度。每年年初，重新修订完善中心组学习一系列制度，固定集中学习日、交流研讨日，保证全年集中学习讨论不少于 20 天。在学习方法上，推行中心组成员轮流主讲和学习调研决策相结合，对主讲人员、时间、内容、教材都做出具体安排，做到精心准备，认真授课。三是有计划安排。结合全县发展实际，制定自学年度计划，分专题编印材料，辅导自学。同时做到定期检查落实，学习笔记每年进行一次公开展示。四是有学习档案。将学习登记簿、学习记录、学习情况报表、体会文章、考试成绩等，分类存放，规范管理，为检查学习情况提供依据。五是有学习经费。购置电视机、录像机、录音录像资料等电教设备及书籍。

社会主义教育

中共十一届三中全会后，1991 年 8 月，中共中央决定在农村开展社会主义教育活动。10 月，中共大名县委成立社教办公室，并向农村派驻社会主义教育工作队，工作队进村与群众同吃同住同劳动，了解农民群众的生活和思想情况，有针对性地帮助群众解决困难、化解矛盾。从而激发农村群众热爱共产党、热爱社会主义、热爱祖国的积极性。1992 年 2 月，省市派工作组验收并进行了总结，3 月，第一期社会主义教育结束。《邯郸日报》整版刊发了《大名社教巡礼》，介绍推广了大名县社教的经验。1992 年 10 月，开始了第二期社会主义教育。邓小平同志南巡谈话后，开始学习邓小平南方谈话，继续改革开放，建设有中国特色的社会主义，以及建设有中国特色的社会主义市场经济体系。

第四节　新闻宣传

对外宣传

1979—2005 年，全县在市级报刊发稿 57430 篇，在国家级报刊发稿 785 篇，67 篇获省、市好新闻奖。县委宣传部新闻科连年被《邯郸日报》评为新闻宣传先进单位，多次被省委宣传部、市委宣传部评为新闻宣传先进单位，201 人次获省、市宣传先进个人奖。在众多的新闻稿件中，涌现出了大量的优秀作品，多层面反映了大名县改革开放以来取得的成绩。其中，大名县下大力气帮助解决农民脱贫问题，取得可喜成绩在《邯郸日报》头版头条以《脱贫工作的一个新创举》为题予以报道；2002 年 10 月 22 日，《邯郸日报》刊登《大名花生变金豆》后，又被《农民日报》《河北经济日报》转载；2005 年 6 月 9 日，《邯郸日报》刊登通讯《百岁老人生日宴上道心愿——俺想入党》，反映大名县百岁老人李可云亲身体会党带领人民从“一穷二白”到“富强、文明、和谐”的沧桑巨变，从而萌生强烈的入党念头的事例，获市委宣传部好新闻二等奖；县委、县政府以科学的发展思路在全县实施“安居乐业”工程，把创建和谐社会从一种理念变为人民群众感同身受的现实生活的作法被《邯郸日报》

2005年8月31日头版头条以《没钱也能干成事》为题予以报道，并配发短评；在省委开展的“魅力河北”系列宣传活动中，大名县人民法院作为邯郸市唯一一家基层法院，接受了新华社、中央电视台、人民日报、法制日报及河北日报等15家媒体组成的“和谐河北·看法院”采访团的采访，并在重要位置予以报道。期间，涌现出了大批优秀通讯报道员，如通讯员宋启明发稿达400余篇，其中在《人民日报》发稿40余篇，桂士毅同志的通讯《特色产业富大名》等文章在《人民日报》《河北日报》发表。

对内宣传

1982年后，每个乡镇都配备了5名左右的骨干通讯员，加上县广播局、乡镇广播系统的编辑记者，全县形成了有组织的通讯网络。1982—2005年，全县共举办新闻报道专业培训班40期，培训骨干通讯员450人。2002年1月，创办《大名时报》，做到了报纸、电台、电视台紧紧围绕县委、县政府的中心工作，扎实做好新闻宣传报道，全面服务两个文明建设。

第五节　党校干部教育培训

中共大名县委党校于1960年3月成立，党校的党委书记由县委书记或副书记兼任，设专职副书记兼校长。1967年3月党校停办;1971年12月复办，县委书记兼党校校长和党委书记。1975年4月，党校由县城北关（今大名宾馆）迁往杨桥人民公社前王胜滩村西北，1979年9月迁回县城北关县委北院。

1984年机构改革后，党校领导体制改为校委制，党校校长由县委副书记兼任，设主持日常工作的副校长和业务副校长等，党组织由党委改为党支部，1992年设常务副校长。1979年，党校内设办公室、行政科、教研科、组教科，至2005年内设机构没有变化。人员编制1979年为12人，1984年14人，1992年21人，1996年24人，2002年22人，2005年在职人员20人。

培训党员干部

1979—2005年，为提高全县党员干部的政治理论水平、科学文化水平和综合素质，发挥党校“阵地、熔炉”职能作用，每年根据实际情况，举办乡科级干部培训班、青年后备干部培训班、农村党支部书记培训班和入党积极分子培训班，并协同其他部门举办各类专项培训，共培训各级党员干部180多期、54000余人次。同时，每年组织宣讲团下到乡（镇）、农村，针对党的路线、方针、政策和重大会议精神进行宣讲培训。

函授教育

1990—1992年，县委党校开办了三届中专专修班，政工专业，学制一年,90级46人,91级62人,92级82人。1993年开始相继承办省委党校、中央党校大专或本科学历函授班，至2005年12月，共承办大专班4届，毕业学员689人;本科班8届，毕业学员1088人，在校学员457人。2000—2003年，与邯郸大学联办农村党支部书记素质工程大专班，毕业学员150人。

1993—2005年中共大名县委党校承办大专、本科班情况统计表

表9-3

年级	学历层次	学校	专业	学员人数
1993级	大专	河北省委党校	经济管理	316
1994级	大专	河北省委党校	经济管理	207
1995级	本科	中央党校	经济管理	240
1996级	本科	中央党校	党政管理	118
1997级	本科	中央党校	党政管理	90
1998级	大专	河北省委党校	经济管理	92
1999级	大专	河北省委党校	法律专业	74
2001级	本科	河北省委党校	经济管理	271
2002级	本科	河北省委党校	法律专业	108
2003级	本科	河北省委党校	法律专业	261
2004级	本科	中央党校	法律专业	283
2005级	本科	中央党校	法律专业	174

基础设施建设

1980年，建平房三排36间。1988年，建教室7间、办公室13间。1992年9月，建成教学办公综合楼一栋三层投入使用。2000年，广晋路开通后，党校与县委大院分开，成为临街独院。2002年后，县委党校先后争取到中央党校、省委组织部、省财政厅等部门援助资金近100万元，用于建设学员食宿楼、多媒体教室、微机室和其他教学设备。期间，中央党校于2003年援助大名党校一套远程网络教学设备、桌椅和电化教学设备，使大名党校成为邯郸市第一个具有远程网络教学能力的县级党校。

上级党校的重视和支持

2002年，中共河北省委党校常务副校长梁志忠等校委领导一行24人，到大名党校指导工作。当年开始，中央党校每年委派专人到大名挂职县委副书记或政府副县长，专司扶贫工作。2003年7月30日，中央党校副校长王伟光、组织部部长郝时晋等一行12人，在省委党校常务副校长梁志忠、省扶贫办主任李正文和市委书记张力等领导陪同下，到大名党校视察工作，为远程教学网络教室举行揭牌仪式。2004年11月12日，中央党校副校长孙庆聚、中央电视台副台长王庚年、中央党校办公厅副主任王桂英等一行18人，在省扶贫办主任李正文、市委副书记李石、陈会新等领导陪同下到大名党校视察，参观了远程教学网络教室、微机教室和三楼大会议室，对大名党校的工作和建设给予肯定和赞赏。2004年6月，《河北党校报》记者王锦栋专程到大名县委党校采访，将党校如何转变观念，在困境中谋求发展的工作和建设情况，以《思路决定出路 有为才能有位》为标题，在7月1日出版的《河北党校报》第一版做了长篇报道。2005年，中央党校财行局局长赵晓光专程到大名县委党校

指导工作，并捐赠电脑 15 台。10 月，中央党校副校长王伟光等一行 19 人，到县委党校为学员食宿楼的落成举行揭牌仪式。

第六节　纪律检查

1979—2005 年，中共大名县纪委共经历了八届委员会。

领导机构

第一届（1980.1—1983.11）1980 年 1 月，中共大名县委召开全委会，选举产生了中共大名县委纪律检查委员会，选举出书记 1 名、副书记 3 名，书记由县委副书记兼任。1983 年 11 月，中共大名县委纪律检查委员会升格为中共大名县纪律检查委员会。

第二届（1983.11—1986.1）1983 年 11 月，新一届中共大名县纪律检查委员会产生，设书记 1 名，副书记 3 名。

第三届（1986.1—1987.10）1986 年 1 月，中共大名县第三次代表大会选举产生了中共大名县纪律检查委员会，其中常务委员 5 名，书记 1 名，副书记 2 名。

第四届（1987.11—1989.10）第四届中共大名县纪律检查委员会于，1987 年 11 月产生，设书记 1 人、副书记 1 人，1988 年增设副书记 2 人，常委 6 人。

第五届（1989.10—1993.2）1989 年 10 月，换届选举产生了第五届纪律检查委员会，选举产生书记 1 名，副书记 2 名，常务委员 5 名，委员 12 名。

第六届（1993.2—1998.2）中共大名县第六届纪律检查委员会于 1993 年 2 月 23 日由中共大名县第五次代表大会选举产生，由 11 名委员组成。中共大名县委纪律检查委员会第一次全会采取无记名投票方式，差额选举产生常务委员 5 名，等额选举书记 1 名、副书记 2 名、常务委员 6 名。1993 年 4 月，县委、县政府决定，县纪委、监察局合署办公。1998 年 2 月有委员 13 名，常务委员 7 名、书记 1 名、副书记 1 名。

第七届（1998.2—2003.7）中共大名县第七届纪律检查委员会于 1998 年 2 月由中共大名县第六次代表大会选举产生，由 13 名委员组成。1998 年 2 月 18 日，中共大名县纪律检查委员会第一次全体会议采取无记名投票方式，差额选举产生常务委员 7 名，等额选举书记 1 名、副书记 1 名。

第八届（2003.7—2005.12）中共大名县第八届纪律检查委员会于 2003 年 7 月由中共大名县第七次代表大会选举产生，由 19 名委员组成。2003 年 7 月 21 日，中共大名县纪律检查委员会第一次全会采取无记名投票方式，差额选举产生常务委员 9 名，等额选举书记 1 名、副书记 3 名。

工作机构

1980 年 1 月至 1983 年 11 月，县纪委属县委工作机构，1983 年 11 月，成为县“五套班子”之一，同时设立办公室和检查、审理两个组。

1983 年 11 月至 1987 年 10 月，县纪委内设办公室、检查组、审理组。

1987 年 11 月，县纪委内设办公室、审理科、检查科、信访科。

1989 年 9 月，为便于工作，上下对口，将审理科改为审理室、检查科改为检查室、信访科更改为控申室，12月增设调查研究室。

1990年8月，科室主任升格为副科级待遇。1991年年初，调研室改为教研室。

1993年2月，县纪委内设办公室、审理室、教研室、检查室，代管县委、县政府廉政指导小组办公室，人员编制18名。1993年4月17日，县委、县政府决定，县纪委、监察局合署办公，原纪委6室与监察局5科（秘书科、监察科、信访科、审理科、政研科）合署为8室：办公室（下设秘书科、监察综合科）、第一纪检监察室、第二纪检监察室、第三纪检监察室、案件审理室、党风廉政建设室（廉政办）、执法监察室、信访室。1996年12月，县纪委监察局内设8个职能室（同上），行政编制29人，其中纪委书记1名、副书记3名（含监察局局长）、副局长2名，另设副科级主任8名，股级职数8名。

2002年6月，增设纠风办公室，纪委监察局编制29人，至2005年年底未变。

乡镇纪委和县直部分科级单位纪检组

1991年9月，39个乡（镇）分别成立了纪律检查委员会，设书记1人、专职委员1～2人。1992年5月，各乡（镇）召开党代会，选举产生新的乡（镇）纪律检查委员会。1996年2月并乡扩镇，全县由6个镇纪委、33个乡纪委改为6个镇纪委、14个乡纪委，合并后的乡镇纪委设书记1名、委员3～5名。

1987年开始，县纪委陆续在部分科级单位派驻纪检组，设纪检组长1名。1998年2月开始，陆续将一些较大的科级单位纪检组改为纪律检查委员会，设纪委书记1名。

制度建设

1993—2005年，先后在全县副科级以上领导干部中实行《来客陪餐、下乡就餐制度》《公费安装电话制度》《公车私用交费制度》《领导干部重大事项申报制度》《收入申报制度》《对新任科级干部进行党纪和廉政教育谈话制度》等约束制度，并出台了关于县级领导干部廉洁自律的十条规定等相关文件。1988年11月21日，中共大名县纪委、组织部、县直机关委员会、县监察局联合下发通知，对党政机关干部经商办企业情况进行登记清理，共清理出经商办企业人员13名、在企业任职人员4名、兼职人员9名，均做出相应处理。

主要工作

“三乱”治理 1995年，县纪委对乡镇向群众乱排派现象进行专项清理，清理出乡镇向群众多摊派款92.8万元，有关责任人受到了党政纪处理。

电话清理 1995年2月，县纪委、监察局下发文件，对全县党政机关及企事业单位的干部职工用公款交纳私宅电话费进行专项清理，清出违反规定报销电话费用的电话252部，退款3万余元。1997年8月8日，县纪委、财政局、审计局联合下发文件，对党政机关干部用公款安装住宅电话，购买移动电话现象进行专项清理，共清出公费安装住宅电话174部，追回资金6500元，公款购置移动电话95部，追回资金89000元。1998年3月13日至5月21日，县纪委对党政机关、事业单位及国有企业移动电话和住宅电话进行彻底清理和规范，共清理出移动电话417部，其中违规购置140部，折价处置给个人102部，追回资金10.4万元；清理出工作人员违规安装、公费结算的342部，追回资金 14600 元。

车辆清理　1994 年 8 月，大名县对党政机关、企事业单位 1992 年 7 月 1 日以后购买的小汽车情况进行彻底清查，共清理出“违控”或超编小汽车 47 辆、超标准小汽车 30 辆，全部按规定处置到位。1997 年 3 月 31 日，县纪委、监察局下发《关于清理违控购买小汽车的通知》，对各乡镇、县直部门、县办企业及县直部门下属站、所、学校，1994 年 10 月 1 日以后购买的各种小汽车进行清理，重点清理 1996 年 1 月 1 日以后未经县纪委审批擅自购买、批次买好、公车私照和挂靠企业或下属单位的新购小汽车。共清理出各类违纪超标车 90 余辆，收缴罚没款 10 万余元，并对各单位逐车建立车辆档案、严格管理，防止超标准购换小汽车现象反弹。

第七节　农村工作

工作机构

1980 年 5 月恢复农村工作部，1983 年 12 月农村工作部改为农村政策研究室，1984 年 4 月农村政研室改为农村经济指导部，1990 年 8 月农村经济指导部改为农村工作部。2002 年 6 月，农村工作部更名为中共大名县委农村工作委员会。

1993 年 2 月，内设秘书科、社会化服务科、集体经济科。1997 年 4 月，撤销社会化服务部和集体经济科，设立综合科，行政编制 8 名。2002 年 6 月，撤销综合科，设立基层民主科和农村经济科。2005 年年底，农工委设有秘书科、基层民主科、农村经济科，领导职数 4 人，编制 7 名。

土地承包制度改革

1977 年秋，大名县万堤公社万北大队第一生产队实行家庭联产承包责任制（早于 1978 年的安徽省小岗村大包干）。1978 年 9 月开始，在全县推广万北一队实行大田责任制的经验。1979 年 9 月，全县有 881 个生产队实行万北一队式责任制。1980 年 12 月，县委下发《进一步加强和完善农业生产责任制的意见》。

1982 年 8 月，县农经部下发《关于解决农业生产责任制中按人头分地和地块零碎问题的意见》，开始解决土地零散和粗放经营的问题。

1988 年推行“双向责任承包合同”，各乡镇开始建立合同管理站和土地承包合同档案。1989 年，部分村实行“双田制”，完善部分果园承包合同。

1998 年 4 月，按照中办发《关于进一步稳定和完善土地承包关系的通知》精神，大名县组织力量对全县土地延包情况进行深入调查，印发了《关于切实做好稳定和完善农村土地承包关系的意见》。11 月，县委、县政府印发了《关于切实做好农村土地延包和发证工作的实施意见》。

至 1999 年 5 月底，全县 20 个乡镇有 631 个村、138839 户农民拿到了“一证一书”，分别占总村数和总户数的 97% 和 98%，延长承包期 30 年的土地面积 107.5 万亩，顺利进入了第二轮承包期。1999 年 7 月，县委印发了《关于全县农村土地延包善后工作的安排意见》，着重解决个别乡镇、村在二轮延包中存在的问题。

2002 年 8 月，县委下发《关于转发中共邯郸市委〈关于认真贯彻中办发〔2001〕18 号文件精神切实做好农户承包地使用权流转工作的通知〉的通知》，进一步规范全县土地流转工作。

2003 年 3 月，按照省两办《关于在全省开展农村政策法规学习宣传月活动的通知》要求，开展了以宣传《中华人民共和国农村土地承包法》为主要内容的学习宣传月活动，采用广播电视、书写宣传标语、组织宣讲团等多种形式对《农村土地承包法》进行了广泛宣传，印发宣传材料 10000 余份。

农民负担费用管理

1995 年，大名县农民负担费用统一征收管理领导小组办公室成立，设在县农业局，负责农民负担费用的征收管理工作。国务院《农民负担费用和劳务管理条例》和《河北省农民承担费用和劳务管理规定》对应向农民征收的费用实行“统一征收、分级管理、专户储存、合理使用”。对符合规定的管理收费项目，编制农民负担预算方案，发放农民负担“明白卡”，做到政策公开。2002 年，成立大名县农民负担监督管理办公室，设在农工委。负责全面推进农村税费改革、减轻农民负担，加强农村一事一议、筹资筹劳管理，推行涉农收费公示制度。2004 年中央一号文件出台后，农业税税率降低了 3 个百分点，减轻了农民负担。2005 年，全面取消农业税，实行“三补一免”，农民人均收入增加 300 多元。

农村社会化服务

1986 年，针对农民在生产经营过程中遇到的困难，村村建起综合服务社，县乡两级相应建立服务组织。1989 年，为强化社会化服务示范村建设，开展了服务升级竞赛活动。1994 年，各村成立农业社会化服务协会。乡镇成立农业服务协会，县成立农业服务协会联合会。1995 年，县成立农村合作基金会，各乡镇相继成立农村合作基金会。

小康建设和农村现代化试点建设

1994 年年初开始，大名县以小康建设统揽农村工作全局，积极推进小康村建设，进行农村现代化试点建设。

基础设施建设 至 2005 年年底，全县通油路的村有 615 个，占行政村总数的 94%；全县各村小街巷累计硬化长度 360 千米，368 个村通上自来水，96 个村建设了街心花园，通宽带村达 608 个，108 个村通上了有线电视。

特色产业 形成了面粉、花生、香油和养殖“三特一主”产业集群，新上得利城、香油城、名福植物油、美佳食品、名威花生、谷朊粉等一批农产品深加工项目。全县拥有国家级龙头企业 1 家、省级 3 家、市级 12 家，130 个村确立了主导产业，50 多家民营企业吸纳劳动力近 11 万人，人均收入近 1 万元。

村庄规划与建设 至 2005 年年底，全县共启动 188 个村庄整治建设点，完成 98 个村庄规划编制，硬化街道 464 千米，安装路灯 4214 盏，建村民中心文化广场及休闲场所 96 个，建沼气池 2.5 万个。

第八节 统一战线工作

1980 年，中共大名县委恢复统战工作，认真贯彻落实党在新时期统一战线工作的方针政策，坚持以经济建设为中心，围绕现代化建设的工作全局，在党外人士安排与合作共事、经济统战、对台以及统一战线方针政策宣传等主要工作中，开展了一系列有影响、有实效的活动，发挥了统一战线的优势，为大名县的改革开放和文明建设做出了一定贡献。

组织各界人士参政议政

20 世纪 80 年代以后，开始重视党外人士参政议政，按比例安排非中共党员进入人大、政协，充分发挥他们的作用。

1981 年至 2005 年，共六届政协委员会。党外人士所占比例如下：1984 年政协大名县第五届委员会，党外委员 100 名，占委员总数 165 名的 60.9%；党外副主席 3 名，占 50%。1987 年政协大名县第六届委员会，党外委员 102 名，占委员总数 170 名的 60%；党外副主席 3 名，占 50%。1990 年政协大名县第七届委员会，党外委员 103 名，占委员总数 171 名的 60.2%；党外副主席 3 名，占 60%。1993 年政协大名县第八届委员会，党外委员 107 名，占委员总数 174 名的 61.4%；党外副主席 3 名，占 50%。1998 年政协大名县第九届委员会，党外委员 143 名，占委员总数 239 名的 59.9%；党外副主席 1 名，占 25%。2003 年政协大名县第十届委员会，党外委员 156 名，占委员总数 271 名的 58%；党外副主席 1 名，占 25%。

在历届人大代表中，党外代表也占有较大比重。大名县第九届人大代表中，党外代表 67 名，占代表总数 220 名的 31%；党外人大常委会副主任 1 名，占 20%。大名县第十届人大代表中，党外代表 85 名，占代表总数 311 名的 27%；党外人大常委会副主任 1 名，占 20%。大名县第十一届人大代表中，党外代表 100 名，占代表总数 326 名的 30.7%；党外人大常委会副主任 1 名，占 20%。大名县第十二届人大代表中，党外代表 102 名，占代表总数 273 名的 37.4%；党外人大常委会副主任 1 名，占 20%。大名县第十三届人大代表中，党外代表 89 名，占代表总数 268 名的 34%；党外人大常委会副主任 1 名，占 25%。

对台统战

1981 年，统计大名在台人员 45 人。2005 年，对在台人员进行了一次调查摸底，排查到健在的台胞 25 人，大都年事已高。通过学习，不少台属打消了各种顾虑，积极设法与在台的亲属取得联系。1979 年 1 月，叶剑英的《告台湾同胞书》发表后，县委统战部召开了各界人士参加的学习座谈会。有关部门按照上级通知要求，开始查找邓丽君的祖籍所在地，几经查询，终于确定邓台村为其祖籍。1987 年，台湾当局开放民众赴大陆探亲，海峡两岸的关系出现了新的转折，两岸亲属往来增加。自 1987 年台胞谷大宝先生来大陆探亲开始，至 2005 年，大名县总计有 85 人次陆续返乡观光、旅游、探亲，并有毕冠英、傅正超等 5 人定居大名，统战部均协助办理定居等相关手续。每逢中秋节，统战部都邀请部分台胞台属召开座谈会，并对困难台属进行慰问，帮助他们解决生活等方面的实际问题。每逢春节前，向台胞寄出慰问信和贺年片，加强联系，宣传党的“和平统一，一国两制”政策。

经济统战

经济统战工作主要是做好非公有制经济人士的思想政治工作，促进全县经济健康发展，并鼓励他们积极参与“光彩事业”，为社会做贡献。2003 年“非典”期间，全县非公有制经济人士向社会捐助款物折合人民币 20 多万元；2004 年，经统战部协调联系，五得利集团董事长丹志民出资 4 万元，捐助 13 名大学生；2005 年，县委统战部开展“手拉手奔小康”活动，全县非公有制经济人士积极响应，主动与 216 个贫困户结对子，当年安排就业岗位 126 个，帮扶种养业 57 户，帮扶工商摊点 33 个，实现被帮扶对象人均增收 100 元的目标。

第九节　老干部管理

1982 年 9 月 22 日，设立县委老干部局，具体管理离退休老干部事务，贯彻落实上级关于老干部的工作方针、政策，检查督促各全县老干部工作，总结推广老干部在“四化”建设中的先进事迹。1984 年，局机关工作人员为 5 人，1987 年为 9 人，1996 年为 6 人，2002 年为 10 人。至 2005 年，大名县共有离退休干部 2731 名，其中离休 364 名、退休 2367 名。以落实离退休干部“两项待遇”特别是落实离休干部“两费”为重点，积极组织引导老干部发挥作用、开展活动，全县老干部工作的整体水平不断提高。

疾病治疗

2004 年前，离退休干部医疗费报销由卫生部门负责。2004 年 1 月，大名县建立离休干部医疗保障机制，离休干部医保中心设在县老干部局，为老干部建立了县乡医疗网，解决了老干部就近治病问题。2004 年 1 月 1 日起，属于财政供养的离休干部，由县财政局按每人每年 4500 元标准，拨给老干部局统一管理使用；属于企业及自收自支事业单位供养的离休干部，由管理部门按每人每年 2500 元的标准，将医疗保障金交老干部局纳入医保，每人每年可享受 1200 元的门诊治疗费，有病确需住院治疗的，经老干部局核实批准后，医疗费可按规定实报实销；退休干部的医疗费，由县劳动人事和社会保障局管理。2005 年，离休干部医疗费转入县劳人局社会保障中心统一管理，并为每名离休干部投了 80 元的重大疾病险。

文体活动和社会公益活动

1992 年开办县老年大学，以“老有所学，增长知识；老有所乐，健康长寿；老有所为，服务社会”为办学宗旨，从老年人的需求和兴趣出发，先后开设保健、书画、花卉、诗词、舞蹈、时政等学科。至 2005 年年底结业学员 920 名，在校学员 120 名。老年大学连续 6 年荣获“全市先进单位”，连续两年被省评为“老年教育先进单位”。2004 年 4 月，在市老干部活动中心成功举办首次大名县离退休老干部书画作品展，县委书记贾红军和政府县长武金良率团参加开展仪式，市委副书记陈会新亲临指导并讲话，市委宣传部常务副部长冯洪波、市老干局副局长郑天仓、市书画界名人李守诚、闫真、李良辰等出席，部分大名籍在邯人士、市书法爱好者及市老年大学学员共计 500 余人参观了展览。

2005 年 8 月，大名县、涉县、永年县、峰峰矿区联合举办纪念抗日战争胜利六十周年老干部书画联展，大名县部分作品被收录在涉县一二九师纪念馆。重阳节期间，组织了三省四县（大名、永年县、河南省南乐县、山东莘县）老干部书画联展，展出作品 200 余幅，市老干局闫耀庭局长、李德恩副局长，县委书记贾红军、县长武金良等四套班子领导及三省四县的书画界人士 150 余人参加。

老干局以老干部活动中心为依托，部分组织有特长、热心老年事业的老干部成立了各种协会，有门球、花木、书画、诗词、戏迷、太极拳（剑）等协会，积极发挥各个协会作用，多次举办老干部书法展、门球赛、花卉展、诗友会、“夕阳红”歌舞演出等活动，拓宽了老干部活动领域，即锻炼了身体，又陶冶了情操，丰富了老干部晚年生活。县老干局牵头组织了“夕阳红”歌舞队，至2005年年底发展队员100人，演艺水平日渐提高，老干部们自排自演，经常深入乡村并在重大节日活动中进行文艺演出，深受领导、群众好评，多次参加全国、省、市大赛，且取得了优异成绩。2004年5月，县“夕阳红”歌舞队在江苏徐州参加了由国家体育总局举办的“妇幼保健杯”全国健身秧歌大赛，荣获老年组自选套路二等奖、规定套路三等奖。2004年5月，老干部门球队在邯郸市老年体协、市门球协会举办的邯郸市老年人门球比赛中，获得甲级第二名。戏迷协会的豫剧队2005年4月参加了邯郸市电视台“激情大舞台”栏目打擂，产生月擂主1名。2004年花木协会的离休干部、原老干部局局长郭璞帮助万堤镇前屯村发展花木基地100亩。

节日慰问

县委、县政府高度重视老干部工作，每到“九·九”重阳节、春节等重大节日，进行慰问，县委、县政府都对老干部进行慰问，并组织老干部开展庆祝活动。每年春节，县老干部局都为离退休干部及已故离休干部遗属送去被罩、大米、面粉等慰问品，并送去慰问信。

第十节　政策研究

县委研究室紧紧围绕县委中心工作，按照“调研文章出精品，参谋服务创一流”的工作思路，立足全县重点工作，一线调研、聚力攻坚，每年均有多篇参谋建议受到县委领导的高度重视，并融入县委主要决策。梳理归纳各领域工作亮点、先进经验及时对上反馈，每年均有多篇经验文章在国家、省、市级内刊刊发。

开展社会调研

1979年后，政策研究室围绕全县中心工作，就经济和社会发展的热点、难点问题，开展社会调研，共撰写调研报告200多篇，为领导决策提供第一手参考资料。2004年4月撰写的《打好邓丽君故乡牌，推动大名与台湾的合作交流，发展县域经济》在全县引起强烈反响；《学浙江，学什么》在全县干部队伍中掀起了学浙江、抓经济、上项目、学管理的高潮。2005年，撰写调研报告《唱好三部曲，赢得民心乐》《十项民心工程进度情况报告》得到县委书记贾红军的赞赏；调研报告《免征农业税，乡村干部角色如何转变》在中央、省市刊物刊发。围绕全县“打造三省结合部中心城市”的总体思路，组织撰写的《文化＋产业＋素质：打造大名靓丽名片》等调研报告，为县委决策提供了大量有价值的参考依据，得到了县委主要领导的充分肯定。

上级刊物采用文章

2003年以来，政策研究室围绕县情搞调研，瞄准精品做文章，撰写了一批有份量的调研文章，在中央、省、市刊物上先后发表。

2003年，《做好新形式下办公室工作的思考》在中办刊物《秘书工作》第二期刊发；2004年，《新形势下农村人民内部矛盾成因特点及对策》在《河北发展》2004 年第 1 期刊发，《如何选好乡镇党委书记》在《河北发展》第 6 期刊发，《真正负责才能长久稳定》在《河北发展》2004 年 7 期刊发，《把信访工作做到群众心里》在市委研究室主办的《调查研究》2004 年第 4 期刊发，《实现三贴近，提升决策服务水平》在《邯郸决策》第 6 期刊发；2005 年，《创新思维选好乡镇党委书记》在中央政策研究室主办刊物《学习与研究》第 9 期刊发，《靠什么实现“三年大变样”》，在省委研究室主办的《河北发展》第 10 期刊发。《时时处处尽职责》在省委《办公厅工作通讯》第 36 期刊发，得到省委副书记车俊批示。

与省、市委研究室及兄弟县（区）合作课题

2004 年，与省委研究室合作完成调研课题 1 个，与市委研究室合作完成调研课题 3 个，完成县委领导交办课题 4 个，撰写领导讲话 3 万余字，与兄弟县市区党委研究室交流合作 4 次。2005 年，与省委研究室合作完成调研课题 2 个，与市委研究室合作完成调研课题 4 个，与兄弟县市区党委研究室交流合作 4 次。

第十一节　信访工作

工作概况

“文化大革命”结束后，1979—1980 年，信访数量一度居高不下，以要求平反冤假错案和历史遗留问题为主要诉求的信访案件居多。

20 世纪 80 年代后，群众信访诉求发生明显变化，有关经济和改革等现实问题的来信来访明显上升，其中要求解决经济合同、土地承包、干部作风、民事纠纷案件居多。

20 世纪 90 年代，随着改革开放的全面展开，企业改制不断深化，因企业改制而引发的上访明显增多。企业工资劳保待遇及改制过程中存在的违法违纪问题成为企业职工上访的焦点。与此同时，随着农村政策透明度进一步增加，农村干部违纪、违法施政等问题也成为群众信访的另一个焦点。农业税征收期间成为群众信访高峰。

2000 年后，随着政策进一步透明、民众参政议政意识的进一步提高，群众自我维权意识随之提高，反映与群众生产生活息息相关的问题和民众关注的热点难点问题成为这一阶段信访工作的一大特点。2003 年以后，实行信访工作“三延伸”、“三先一责”“电话听访”等一系列信访工作新机制，使大量信访问题在县内得到有效解决和控制，全县信访形势明显好转。大名县信访工作 2003 年度在全市排位第 5 名，2004 年度在全市排位第 2 名。2004 年 3 月 23 日的《人民日报》以《河北省大名县信访“三延伸”实心为群众》为题，对大名县的信访工作作了专题报道。

工作方式

群众信访接待　1984 年前，接访工作主要由县级领导和信访部门承担。工作人员对群众来信来访接待并登记后，一般问题直接转交到相关单位办理，重要问题呈送县领导阅批，按领导阅批意见向相关部门交办。1984—1995 年，信访接待和来信阅办人员对群众来信来访登记后，一般问题直接转

发到所属单位或具体业务部门受理；重要问题或重大来访，以《信访摘报》等形式呈报县主要领导或主管领导，由领导直接批示给有关单位办理。1995年后，新的《信访条例》开始实施，工作人员对群众来信来访逐件分类，无实质性问题的直接电话通知其所属单位了解情况、做好稳控；反映实质性问题的，向其归属单位了解情况；确有问题的，信访局可立案交办，也可呈领导批示后交有关部门限期办理。特别是重大、集体来访，一律及时向县主管领导或主要领导汇报，由领导安排部门或领导直接出面接待。

领导接访下访约访　2003年后，大名县坚持每周三县级党政领导轮流到信访局公开接访，每周一所有县级领导到所联系乡镇接访下访约访。对于群众反映的问题，能现场解决的现场予以解决，不能现场解决的限期予以解决，并给群众明确答复。至2005年年底，党政主要领导共接待上访群众5073户、8893人，受理信访事项4453件，解决4094件。

信访组织建设　1995年后，大名县所有乡镇均成立了信访办公室，具体负责本辖区的信访稳定工作，做到信访隐患早发现、早介入、早处置、早解决。乡镇主管副书记或副乡（镇）长担任信访办公室主任，并做到有牌子、有地点、有制度、有档案、有人员。2003年开始，乡镇信访办公室开始变成六有，即有制度、有牌子、有地点、有档案、有人员、有电话。同时，在各县直单位设立专兼职信访人员。一些大的职能单位成立专职科室，专门处理信访问题，构建了全县信访工作县直单位和各乡镇互相配合，协调联动的大信访格局。2005年，信访局人员编制19名，内设秘书科、接待一科、接待二科、督查一科、督查二科、人民建议征集办公室。

附：

河北省大名县信访“三延伸”实心为群众

地处冀、鲁、豫三省交界的河北省大名县，有74万人，是邯郸市第三人口大县、市民族宗教重点管理县，经济基础薄弱，历史遗留问题较多。去年5月份以来，该县从实际出发，客观分析信访工作面临的形势，在全县推行信访“三延伸”即每周一上午县级干部下延到乡镇接访，每周六乡镇干部下延到村接访，每周三村干部下延到户家访。自去年5月份以来，该县三级干部共到基层接访4098人次，接待群众5842人次。电话听访246次，书信访673多件次。当场协调解决4162多件，移交有关部门限期解决1680多件，信访办结率达到92.5%。

大名县群众上访，大多是反映土地、上学、治安、收费、交通、饮水等方面的纠纷和困难。由于一些干部工作方法不得当，工作措施不到位，造成了部分群众有冤找不到人诉，有理找不到人说，有事找不到人办，有问题找不到人解决。因此、县委、县政府提出了信访接待下延制度。在实施信访“三延伸”制度中，他们要求各级干部接访必须有记录，领导签批意见附后，交办有关单位要签字交接，限定时间，跟踪调查。对上访群众一经接待负责到底，全程跟踪督办。负责接待的领导干部要亲自到信访事发地现场察看，掌握了解第一手材料。

去年9月2日，在县级领导到乡镇接待日中，县委书记贾红军在大街乡接待了该乡鱼营村的13岁小女孩钟宝霞。她反映，由于父母离异多年，现家中只有80多岁的奶奶和长年患有精神病的父亲，已无任何经济来源……在谈话中，又得知钟宝霞于两年前就已辍学。贾红军随即带领乡干部到宝霞家了解情况和慰问。看着简陋且漏雨的三间土房和仅有的半缸小麦，贾书记当即责成在场的信访局协调大街乡与民政局负责将钟宝霞作为特困户急救帮扶，将其列入“定补”名单，要民政局负责解决危房问题，文教体局负责解决上学救助问题，乡村两级负责在生活等方面予以照顾，贾书记还拿出400元钱，让小宝霞作为生活必需之用。次日，有关单位就深入钟宝霞家中，一一落实帮困措施。县民政局给她修缮了房屋，将其纳入特困户，大街中学将她接到学校，让她免费重新上学。同时，乡村两级也从生活等方面给予了照顾。

有了制度，还须严格执行。大名县县级干部带头执行信访工作的“两个雷打不动”：“三延伸”接访“雷打不动”，解决问题“雷打不动”。对历史遗留问题和棘手问题、群众最关心的热点和难点问题、群众最期盼、最想办而办不了的、办不好的事情重点解决。

推行“三延伸”接访制，既解决了群众的实际困难，也推动了干部作风转变，干群关系融洽了，群众满意度高了，上访的少了，提建议的多了，社会稳定了。

（2004年3月23日《人民日报》）

第三章　大名县人民代表大会

大名是革命老区，在抗日战争和解放战争时期，就采用民主选举的办法，建立各级人民政权。1949—1953年，实行各界人民代表会议制度，先后召开过三届各界人民代表会议。中华人民共和国成立初期，各界人民代表会议采用民主协商办法，建立县、乡、村三级政权。1954年，实行县人民代表大会制度，代表由公民普选产生，各乡镇也开始实行人民代表大会制度。1949—2005年共选举产生十三届大名县人民代表大会。1981年，第七届人民代表大会开始设人民代表大会常务委员会，县人民代表大会闭会期间，由县人大常委会主持日常工作。1981年以前，县人民代表大会不定期召开，1981—1992年实行每三年一届，1993年后每五年一届，每届每年一般召开一次人民代表大会，个别年份召开两次人民代表大会，召开两次人民代表大会的年份分别是1984年、1993年、1996年、2003年。

第一节　人民代表

大名县从1954年开始实行基层普选人民代表大会代表，至2005年共进行十三次普选。第一至第五次普选以乡镇为单位由选民选举乡镇人大代表，再由乡镇人代会选举县人大代表。1981年第七届人民代表大会起，依据1979年7月1日全国人大五届二次会议通过的《中华人民共和国选举法》，实行由选民直接、差额选举乡、县人大代表。

代表产生

历次换届选举前，都先后建立县、乡（镇）两级选举委员会及其办事机构。县选举委员会在县人大常委会领导下负责代表的选举工作。选举委员会下设办公室，分综合、组织、宣传、选民登记、后勤5个组，负责办理换届选举的具体事宜。各乡镇选举委员会在县选举委员会领导下，负责本乡镇的换届选举工作。选民登记工作由选区负责组织，按选民小组逐户登记，汇总上报，并在选举日前 20 天张榜公布，做到不错、不漏、不重。大名县第七届人大代表选举自 1980 年 10 月中旬开始，12 月 25 日结束。全县共登记选民 301966 人，其中有 44 名四类分子摘掉帽子获得选民资格。经复查对真正不能行使自己民主权利的精神病患者 180 人、聋哑人 124 人、神志不清 123 人，外流下落不明者 215 人，依法被剥夺政治权利的在押犯 48 人不予登记。

大名县第八届人大代表选举于 1984 年 4 月 8 日至 15 日进行登记，共登记选民 341730 人。大名县第九届人大代表选举于 1987 年 2 月 24 日至 27 日进行选民登记，共登记选民 361852 人，依法被剥夺选举权的 216 人，因呆傻、精神病不能行使选举权的 603 人，停止使用选举权的 22 人。大名县第十届人大代表选举于 1990 年 3 月 11 日至 20 日进行选民登记，共登记选民 383058 人，不能行使选举权的 902 人（精神病患者 374 人、痴傻 514 人、其他 14 人），被剥夺政治权利的 98 人，暂停行使选举权 16 人。大名县第十一届人大代表选举于 1993 年 1 月 4 日至 10 日进行选民登记，共登记选民 391308 人，依法被剥夺选举权 202 人，因呆傻、精神病不能行使选举权 1072 人，神志不清 436 人，停止使用选举权 23 人。大名县第十二届人大代表选举于 1997 年 12 月 20 日至 26 日进行选民登记，共登记选民 402646 人，依法被剥夺选举权 91 人，因呆傻、精神病不能行使选举权 665 人，神志不清 243 人，停止使用选举权 20 人。大名县第十三届人大代表选举于 2003 年 2 月 9 日至 14 日进行选民登记，共登记选民 459366 人，依法被剥夺选举权 78 人，因呆傻、精神病不能行使选举权 1315 人，停止使用选举权的 79 人。大名县第七届人大选举出正式代表 432 人；大名县第八届直接选举产生 428 名代表；大名县第九届直接选举产生 220 名代表；大名县第十届直接选举产生 311 名代表；大名县第十一届直接选举产生 326 名代表；大名县第十二届直接选举产生 273 名代表；大名县第十三届直接选举产生 268 名代表。

代表构成

大名做为传统农业大县，是 1980 年全国 43 个率先推行家庭联产承包责任制的县份之一，随着经济体制和政治体制改革逐步深入，人民代表构成不断发生变化。1980 年七届人民代表中，农民代表占 84%、知识分子占 3%、工商界代表占 0.2%，农民代表是绝对主体；2003 年十三届人大，工农代表合计占 31.7%，知识分子代表占 29.5%，具有大专以上学历代表占 48.9%。20 多年间，人大代表政治结构渐趋均衡，知识结构渐趋改善，年龄结构渐趋合理。

1980 年 12 月大名县第七届人民代表构成一览表

表 9-4

代表组成	人数（名）	所占百分比（%）
总人数	432	100%
工人	5	1.2%
农民	323	84%
干部	85	19.7%

续表 9-4

代表组成	人数（名）	所占百分比（%）
文教卫生	13	3%
科技	1	0.2%
宗教	2	0.5%
工商	1	0.2%
解放军	2	0.5%
妇女	89	20.7%
非党人士	128	29.7%
少数民族	23	5.3%

1984 年 4 月大名县第八届人民代表构成一览表

表 9-5

代表组成	人数（名）	所占百分比（%）
总人数	428	100%
妇女	97	22.7%
工农	293	68.5%
群众	175	40.9%
知识分子	76	17.8%
农民	22	5.1%
专业户、重点户	63	14.7%

1987 年 2 月第九届人民代表构成一览表

表 9-6

代表组成	人数（名）	所占百分比（%）
总人数	220	100%
妇女	48	22%
党员	153	69%
知识分子	71	32%
少数民族	17	7.7%
干部职工	84	38%
农民	136	62%

1990 年 3 月大名县第十届人民代表构成一览表

表 9-7

代表组成	人数（名）	所占百分比（%）
总人数	311	100%
妇女	62	19.9%
非党人士	85	27%
少数民族	16	5.1%
知识分子	16	5.1%
干部职工	110	35.4%
农民	201	64.6%

1993 年 3 月大名县第十一届人民代表构成一览表

表 9-8

代表组成	人数（名）	所占百分比（%）
总人数	326	100%
妇女	66	20.2%
非党人士	100	30.7%
少数民族	20	6.1%
知识分子	142	43.6%
干部职工	130	39.3%
农民	196	60.1%

1998 年 2 月大名县第十二届人民代表构成一览表

表 9-9

代表组成	人数（名）	所占百分比（%）
总人数	273	100%
妇女	65	23.8%
非党人士	102	37.4%
少数民族	24	8.8%
干部职工	121	44.3%
农民	152	55.7%

2003 年 8 月大名县第十三届人民代表构成一览表

表 9-10

代表组成	人数（名）	所占百分比（%）
总人数	268	100%
工农	85	31.7%
干部	56	20.9%
知识分子和其他劳动者	79	29.5%
少数民族	21	8%
妇女	67	25%
非党人士	89	34%
无党派爱国人士	48	17.9%
大专以上	131	48.9%
35 岁以下	40	15%
36 ~ 55 岁	211	79%
56 岁以上	17	6%

第二节　历届代表大会

第七届人民代表大会（1981—1984 年）

先后召开四次人民代表会议。

七届人大一次会议　1981 年 1 月 5 日至 12 日在大名县北关电影院召开，应出席代表 432 名，实出席代表 419 名。会议审议批准赵宽代表县革委作的《同心同德奋发努力，为迅速改变我县贫困面貌而奋斗》的政府工作报告、财政局局长赵宏奎作的《1980 年财政决算和 1981 年财政预算（草案）的报告》、法院院长刘瑞亭作的《大名县人民法院工作报告》、代理检察长冯善魁作的《大名县人民检察院工作报告》，并作出相应决议。会议实行差额选举，采取无记名投票方式，选举出大名县人民代表大会常务委员会（以下简称人大常委会）主任贺锡坤、副主任孔德梅（女）、卢云发、许世英、陈连义、李宴卿、郑润华、赵学道及委员 11 人；大名县人民政府县长赵宽、副县长程廷雪、朱益民、宋善继、孙国强、田洪江、廖德志；大名县人民法院院长刘瑞亭；大名县人民检察院检察长冯善魁。

七届人大二次会议　1982 年 3 月 22 日至 25 日在大名县北关电影院召开，到会代表 335 人。会议听取县长赵宽作的《大名县人民政府工作报告》，财政局局长赵宏奎作的《大名县 1981 年财政决算和 1982 年财政预算（草案）的报告》，县人大常委会副主任许世英作的《大名县人民代表大会常务委员会工作报告》，法院副院长徐凤云作的《大名县人民法院工作报告》，检察长冯善魁作的《大名县人民检察院工作报告》。经过审议，做出相应决议。收集提案 443 件，经过审议整理，立案 213 件。

七届人大三次会议　1983 年 3 月 3 日至 5 日在大名县北关电影院召开，参加会议代表 335 人。会议听取县长赵宽《大名县人民政府工作报告》，财政局长赵宏奎《大名县 1982 年财政决算和 1983 年财政预算（草案）的报告》，县人大常委会副主任许世英《大名县人大常委会工作报告》，法院副院长徐凤云《大名县人民法院工作报告》，检察长冯善魁《大名县人民检察院工作报告》。经过审议，做出相应决议。收集代表工作建议、批评和意见 193 件。其中属于政府系统办理的 183 件。大会以无记名投票方式选举出省六届人大代表赵宽、毛希田、马彬如、欧国志、吴玉俊（女）、宋墨禄、徐志杰（女）。

七届人大四次会议　1984 年 3 月 17 日至 19 日在大名县北关电影院召开，出席代表 295 名。大会听取《大名县人民政府工作报告》《大名县 1983 年财政决算和 1984 年财政预算（草案）的报告》《大名县人民代表大会常务委员会工作报告》《大名县人民法院工作报告》《大名县人民检察院工作报告》。经过审议，做出相应决议。收集代表提案 132 件，经过审查立案 75 件。会议表决增补马万新、朱益民（女）为县人大常委会副主任。大会以等额选举的办法，选举出大名县人民政府县长孙凤山、法院院长曹树丰、检察院检察长刘兴文。

第八届人民代表大会（1984—1987 年）

先后召开三次人民代表会议。

八届人大一次会议　1984 年 12 月 15 日至 18 日在大名县北关电影院召开，出席代表 392 名。会议听取《大名县人民政府工作报告》《大名县人大常委会工作报告》《大名县人民法院工作报告》《大名县人民检察院工作报告》。经过审议，做出相应决议。收到代表提案 159 件，经过审查，立案 123 件。大会选举贺锡坤为人大常委会主任，孔德梅（女）、赵学道、马万新、朱益民（女）、徐志杰（女）为人大常委会副主任；秦耀生为县长，宋善继、廖德志、黄月芳（女）、顾凤凯为副县长。

八届人大二次会议　1985 年 3 月 28 日至 30 日在大名县北关电影院召开，出席代表 360 人。会议听取县长秦耀生《政府工作报告》、财政局长李咸阳《大名县 1984 年财政决算和 1985 年财政预算的报告》、人大常委会主任贺锡坤《勇于改革，开拓前进，努力开创县人大常委会工作新局面》的县人大常委会工作报告、法院院长曹树丰《大名县人民法院工作报告》、检察院副检察长王鸿礼《大名县人民检察院工作报告》。经过审议，会议做出相应决议。收到代表提案 64 件，属于工作建议性质的 8 件，内容重复和不属立案范围的 10 件。

八届人大三次会议　1986 年 3 月 25 日至 27 日在大名县北关电影院召开，出席代表 347 人。会议听取和审议政府县长秦耀生《政府工作报告》、县财政局长李咸阳《大名县 1985 年财政决算和 1986 年财政预算的报告》、县人民法院院长曹树丰《大名县人民法院工作报告》，县人民检察院副检察长张书臣所做的《大名县人民检察院工作报告》。经过审议，做出相应决议。收到代表提案 70 件，经过审查，立案 53 件，内容重复和不属于立案范围的 17 件。

第九届人民代表大会（1987—1990 年）

先后召开三次人民代表会议。

九届人大一次会议　1987 年 5 月 1 日至 4 日在大名县北关电影院召开，出席代表 190 人。会议听取和审议县长秦耀生《政府工作报告》、副县长张玉振《大名县人民政府关于编制国民经济和社会发展第七个五年计划（草案）的报告》、县计划委员会主任王金铎《关于大名县1986年国民经济及社会发展计划执行情况和1987年国民经济及社会发展计划（草案）的报告》、县财政局局长李咸阳《大名县1986年财政决算和1987年财政预算的报告》、县人大常委会主任贺锡坤《大名县第八届人大常委会工作报告》、法院院长曹树丰《大名县人民法院工作报告》、检察院代理检察长赵光明《大名县人民检察院工作报告》。经过审议，做出相应决议。收到代表议案、工作建议、批评和意见177件，其中内容重复的37件，属于协商的8件，由政府部门办理的132件。经过民主选举，贺锡坤当选为人大常委会主任，廖德志、徐志杰（女）为人大常委会副主任；秦耀生为县长、黄月芳（女）、顾风凯、郭为民、张立文、张玉振为副县长，曹树丰为法院院长，赵光明为检察院检察长。

九届人大二次会议　1988年3月16日至17日在大名县北关电影院召开，出席代表180人。会议听取和审议《政府工作报告》《大名县1987年国民经济及社会发展计划执行情况和1988年国民经济及社会发展计划（草案）的报告》《大名县1987年财政决算和1988年财政预算的报告》《大名县人民代表大会常务委员会工作报告》《大名县人民法院工作报告》《大名县人民检察院工作报告》。经过审议，作出相应决议。会议选出岳岐峰、秦耀生、杨林钧、陈妹贤（女）、张书臣、董可志6人为出席省七届人大代表。收到代表议案90件，其中重复的9件，属于需要协商解决的4件，属于政府部门办理的77件。

九届人大三次会议　1989年1月24日至25日在大名县北关电影院召开，到会代表154人。会议听取《大名县人民政府工作报告》《大名县1988年国民经济及社会发展计划执行情况和1989年国民经济及社会发展计划（草案）的报告》《大名县1988年财政决算和1989年财政预算的报告》《大名县人大常委会工作报告》《大名县人民法院工作报告》《大名县人民检察院工作报告》。经过审议，作出相应决议。收到代表议案82件。属于政府部门办理的62件，属于县委研究解决的1件，属于单位之间协商解决的4件，内容重复的16件。

第十届人民代表大会（1990—1993）

先后召开三次人民代表会议。

十届人大一次会议　1990年5月5日至8日召开，人大代表共311名，出席代表306名，相关人员列席110名。会议听取《大名县人民政府工作报告》《大名县1989年国民经济社会发展计划执行情况和1990年国民经济及社会发展计划（草案）的报告》《大名县1989年财政决算和1990年财政预算（草案）的报告》《大名县第九届人大常委会工作报告》《大名县人民法院工作报告》《大名县人民检察院工作报告》。会议选出十届人大常委会主任王光龙，副主任成汝印、谷书义、李殿友、徐志杰；政府县长孙登选，副县长张立文、顾风凯、郭为民（回族）、黄月芳（女）、梁修海；法院院长曹树丰；检察院检察长赵光明。收到代表议案194件，其中内容重复的58件，属于协商解决的4件，由政府及所属部门办理的132件。

十届人大二次会议　1991年4月9日至11日召开。出席代表292名，列席105名。会议要求，加强政府廉政建设，坚决惩治腐败，树立廉洁奉公、勤政为民、全心全意为人民服务的观点，保障全县政治、经济、社会的进一步稳定发展。

十届人大三次会议　1992年4月6日至8日召开。出席代表266名、列席108名。会议要求，政府要认真贯彻落实中央工作会议、党的十三届八中全会和中共中央（中发〔1992〕2号）文件精神，继续坚持以经济建设为中心，联系全县实际，继续深化改革，全力推进对外开放，以卓有成效的工作成绩迎接党的十四大召开。

第十一届人民代表大会（1993—1998 年）

先后召开七次人民代表会议。

十一届人大一次会议　1993 年 3 月 3 日至 6 日召开。人大代表 326 名，出席会议代表 320 名，相关人员列席 116 名。会议选出人大常委会主任仝学彦，副主任成汝印、倪昆生、谷书义、李殿友、李文芳（女）；政府县长汪金亭，副县长王春良、郭为民（回族）、张立文、李保柱、潘好岗、梁修海、廖学义；法院院长朱金河、检察院检察长赵光明。

十一届人大二次会议　1993 年 8 月 20 日召开。出席代表 296 名，相关人员列席 106 名。选举出席邯郸市第十届人民代表大会代表 47 名。

十一届人大三次会议　1994 年 3 月 27 日至 29 日召开。出席代表 326 名，相关人员列席 106 名。会议要求，全县各级政府要以邓小平建设有中国特色社会主义理论和党的基本路线为指导，继续坚持以经济建设为中心，以建立社会主义市场经济体制为重点，巩固和发展安定团结的政治局面，把各项工作做得更好。

十一届人大四次会议　1995 年 3 月 17 日至 20 日召开。出席代表 326 名，相关人员列席 106 名。会议补选人大常委会主任赵明信，增选人大常委会副主任潘好岗。

十一届人大五次会议　1996 年 3 月 15 日至 18 日召开。出席代表 321 名，相关人员列席 106 名。会议补选县人民政府县长王春良。

十一届人大六次会议　1996 年 6 月 26 日召开。出席代表 267 名，相关人员列席 110 名。会议增选十一届人大常委会副主任朱金河；补选法院院长杨林；检察院检察长刘秀章。

十一届人大七次会议　1997 年 3 月 5 日至 8 日召开。出席代表 316 名，相关人员列席 110 名。会议增选人大常委会副主任胡章海。

第十二届人民代表大会（1998—2003 年）

先后召开六次人民代表会议。

十二届人大一次会议　1998 年 2 月 26 日至 28 日召开。人大代表共 292 名，出席代表 292 名、相关人员列席 116 名。会议选出人大常委会主任王春良，副主任潘好岗、胡章海、朱金河、王春朝；政府县长赵书林，副县长张贵堂、廖学义、沙启峰（回族）、张聚民、郑克、郑培信；法院院长杨林；检察院检察长刘秀章。选举出席邯郸市第十一届人民代表大会代表。

十二届人大二次会议　1999 年 1 月 24 日至 26 日召开。出席代表 273 名，相关人员列席 125 名。会议要求，县人民政府要全面贯彻落实党的十五大和十五届三中全会精神，高举邓小平理论伟大旗帜，切实做好各项工作，以更加优异的成绩迎接 21 世纪的到来。

十二届人大三次会议　2000 年 2 月 25 日至 27 日召开。出席会议代表 273 名，相关人员列席 130 名。会议补选十二届人大常委会主任董海林。

十二届人大四次会议　2001 年 2 月 22 日至 25 日召开。出席代表 273 名，相关人员列席 145 名。会议讨论和审议了县人民政府提出的《大名县国民经济和社会发展第十个五年计划纲要（草案）》。

十二届人大五次会议　2002年4月27日至30日召开。出席代表274名，相关人员列席135名。会议补选大名县人民政府县长张贵堂；增选大名县第十二届人大常委会委员王海民、赵志峰。

十二届人大六次会议　2003年4月2日召开。出席会议代表248名，相关人员列席145名。会议选举出席邯郸市第十二届人民代表大会代表33名。

第十三届人民代表大会（2003—）

2003—2005年先后召开三次人民代表会议。

十三届人大一次会议　2003年8月15日至18日召开。人大代表共268名，出席268名，相关人员列席483名。会议选出大名县第十三届人大常委会主任黄武臣，副主任胡章海、赵志峰、李志海，常委会委员马秀玲（女、回族）、王保全、王海民、丹志国（回族）、朱献东、乔秀文（女）、刘广兴、刘学聚、李章玉、杨达、杨玉顺、杨新民、张海华（女）、张慧敏（女）、郑九堂、郜海顺、臧海民；选出政府县长武金良，副县长沙启峰（回族）、郑克、王春朝、徐国鸿、王秀峰（回族）、潘利军；选出法院院长赵万举、检察院检察长李建军。

十三届人大二次会议　2004年2月15日至17日召开。出席代表267名，相关人员列席493名。会议号召，全县人民要在中共大名县委的领导下，高举邓小平理论伟大旗帜，全面贯彻“三个代表”重要思想，树正气、讲团结、求发展，聚精会神、尽心倾力、和衷共济、顽强拼搏，为加快脱贫、富民、强县奔小康和撤县复市的目标而努力奋斗。

十三届人大第三次会议　2005年3月6日至8日召开。出席代表267名，相关人员列席404名。会议强调，2005年是全面实现“十五”计划，为“十一五”发展打好基础的关键一年，也是扩权强县的第一年，更是为把大名建设成为三省结合部中心城市的基础之年。

第七至十三届大名县人大常委会主任、副主任一览表

表9-11

届次	姓名	职务	籍贯	任职时间	备注
第七届	贺锡坤	主任	馆陶县拐渠西村	1981.1—1984.12	
	郑润华	副主任	永年东辛寨村	1981.1—1984.12	
	孔德梅	副主任	大名县前北峰村	1981.1—1984.12	女
	卢云发	副主任	临西县卢庄	1981.1—1984.12	
	许世英	副主任	冠县社庄	1981.1—1984.12	
	陈连义	副主任	大名县各姓固村	1981.1—1984.12	
	李宴卿	副主任	大名县南贾庄	1981.1—1984.12	非党人士
	赵学道	副主任	大名县东仲相固村	1981.1—1984.12	
第八届	贺锡坤	主任	馆陶县拐渠西村	1984.12—1987.5	
	孔德梅	副主任	大名县前北峰村	1984.12—1987.5	女
	赵学道	副主任	大名东仲相固村	1984.12—1987.5	

续表 9-11

届次	姓名	职务	籍贯	任职时间	备注
第八届	马万新	副主任	新乐县刘家庄	1984.3—1987.10	七届四次大会增补
	朱益民	副主任	大名县冢北村	1984.3—1987.5	女，七届四次大会增补
	徐志杰	副主任	大名县南街	1984.12—1987.5	女，非党人士
第九届	贺锡坤	主任	馆陶县拐渠西村	1987.5—1990.2	
	廖德志	副主任	湖北省武汉市	1987.5—1989.2	非党人士
	徐志杰	副主任	大名县南街	1987.5—1990.5	女，非党人士
第十届	王光龙	主任	临漳县	1990.5—1992.12	
	成汝印	副主任	大名县菜园街	1990.5—1993.3	
	谷书义	副主任	大名县后北峰村	1990.5—1993.3	
	李殿友	副主任	大名县东关村	1990.5—1993.3	
	徐志杰	副主任	大名县南街	1990.5—1993.3	女，非党人士
第十一届	仝学彦	主任	大名县小湖村	1993.3—1995.3	驻会
	赵明信	主任	山东省莘县	1995.3—1998.2	不驻会
	成汝印	副主任	大名县菜园街	1993.3—1998.2	驻会
	倪昆生	副主任	大名县	1993.3—1998.2	驻会
	谷书义	副主任	大名县	1993.3—1998.2	驻会
	李殿友	副主任	大名县	1993.3—1998.2	驻会
	李文芳	副主任	大名县	1993.3—1998.2	驻会
	潘好岗	副主任	大名县	1995.3—1998.2	驻会
	朱金河	副主任	大名县	1996.6—1998.2	驻会
	胡章海	副主任	大名县	1997.3—1998.2	驻会
第十二届	王春良	主任	临漳县	1998.2—2001.1	不驻会
	董海林	主任	邢台市	2002.2—2003.5	不驻会
	潘好岗	副主任	大名县	1998.2—2003.8	驻会
	胡章海	副主任	大名县	1998.2—2003.8	驻会
	朱金河	副主任	大名县	1998.2—2003.8	驻会
	王春朝	副主任	大名县	1998.2—2003.8	驻会
第十三届	黄武臣	主任	宁夏回族自治区	2003.8—2007.8	驻会
	胡章海	副主任	大名县	2003.8—2007.8	驻会
	赵志峰	副主任	大名县	2003.8—2007.8	驻会
	李志海	副主任	魏县	2003.8—2007.8	驻会

第三节 机构设置及主要工作

工作机构

1981 年，大名县第七届人民代表大会第一次会议决定设立县人大常务委员会，作为代表大会的常设机关，对县人民代表大会负责并报告工作，闭会期间行使宪法和法律规定的职权。

1981 年 1 月，大名县人大常委会组成后，初设办公室，办理日常事务。

1986 年 11 月，增设财政经济科、教育科学文化卫生科、政治法律科、代表联系信访科，工作人员共 18 人。

1993 年，常委会机关各科改设为工作委员会，分别为财政经济工作委员会、政治法律工作委员会、科学教育文化卫生工作委员会、代表联系信访工作委员会，工作人员共 25 人。

1996 年，县人大工作机构增设信访工作委员会和农村经济工作委员会，代表联系信访工作委员会改为代表联系工作委员会，工作人员共 28 人。

1997 年，县人大工作机构增设工业交通工作委员会，工作人员共 30 人。

1998 年 4 月机构改革，常委会办事机构与 1997 年同。

2002 年 6 月机构改革，撤销信访工作委员会和工业交通工作委员会，设置办公室、人事代表选举工作委员会、法制民族宗教工作委员会、财政经济工作委员会、农村经济工作委员会、科学教育文化卫生工作委员会，工作人员共 20 人。

2005 年 12 月，常委会办事机构与 2002 年 6 月机构改革时同，工作人员 24 人。

人员构成

根据《地方组织法》关于县级人大常务委员会组成人员名额 11 ~ 19 人、人口特多的不超过 29 人之规定，第七届至第十届大名县人大常委会设正副主任 6 人，常委会组成人员第七届为 15 人，第八届和第十届为 17 人，第九届为 19 人。1987 年第八届人大一次会议设专职委员 3 人、第九届 4 人、第十届 5 人、第十一届 19 人、第十二届 24 人、第十三届 21 人。文化结构和年龄结构逐渐知识化、年轻化。

第十一至十三届大名县人大常委会人员构成一览表

表 9-12

届次	职务	人数	政治面貌		专职	兼职	文化结构		年龄结构		
			中共党员	其他			大专以上	中专以下	35 岁以下	35 ~ 49 岁	50 ~ 59 岁
十一届	主任	2	2	0	1	1	2	0	0	1	1
	副主任	8	8	0	8	0	4	4	0	3	5
	委员	9	7	2	0	9	6	2	0	0	3

续表 9-12

届次	职务	人数	政治面貌		专职	兼职	文化结构		年龄结构		
			中共党员	其他			大专以上	中专以下	35 岁以下	35 ～ 49 岁	50 ～ 59 岁
十二届	主任	1	1	0	0	0	1	0	0	1	0
	副主任	4	3	1	4	0	3	1	0	1	3
	委员	18	14	4	0	18	10	8	5	11	2
十三届	主任	1	1	0	1	0	1	0	0	0	1
	副主任	3	2	1	3	0	2	1	0	2	1
	委员	17	15	2	2	15	11	6	1	12	4

主要工作

“一府两院”工作监督　1979—1990 年，县人大常委会听取和审议“一府两院”工作报告 27 次，并对农业、林业、教育、卫生、财政、法制宣传、发展乡镇企业、县城规划、能源建设、治理整顿、深化改革、廉政建设、清理整顿公司、稳定市场物价等专题汇报进行审议，提出意见及建议。1990—1993 年，第十届人大常委会把依法开好例行会议作为监督的主要形式。有计划地听取“一府两院”工作汇报，进行认真审议。还先后听取农业及“1751”工程建设、企业转换机制、乡镇企业发展状况、土地管理、社会治安、民调治理、环境保护、劳动人事、科技、文教、卫生、交通、计量、民政等方面的专题汇报。1993—1998 年，第十一届人大常委会督促政府加大农业投入，增加科技含量，搞好农田水利建设和农业开发，做出《关于大力推进我县产业化的决议》；督促政府抓好工业企业改革和股份合作制改造，帮助企业解决困难，听取和审议大名县工业企业学邯钢经验活动的工作报告；在 1996 年 6 月召开的第六次人代会上，做出实施农村税费改革一笔清的决议，减轻农民负担；发布《规范信访工作和信访行为的公告》，维护社会稳定；开展对 50 余部法律法规贯彻落实情况的执法检查，枳极推行“一体两冀”监督机制，推进社会主义民主与法制建设。1998—2003 年，第十二届人大常委会先后听取县人民政府各项工作报告 80 余项，对粮食体制改革、国有集体企业改制和工业结构调整情况、乡镇企业和民营经济发展情况、城镇建设和重点项目建设、整顿和规范市场秩序、打击假冒伪劣商品、税收征管、预算外资金管理及治理“三乱”等重点工作进行审议；对 26 名被人大任命的“一府两院”组成人员进行述职评议，强化任前考察和法律考试，严格任免程序；深入推行“一体两翼”执法监督制，纠正“两错”420 件，追究“两错”责任人 596 人，整饬了执法队伍，维护了法律尊严；先后对农业法、义务教育法等 17 部法律法规的实施情况进行视察、检查和调查，对县劳动和社会保障局等 6 个部门开展执法评议；积极开展普法工作，2000 年农村法律法规集中宣传贯彻活动被省、市评为宣传农村法律法规工作先进县。2003—2005 年，第十三届人大常委会依法履行宪法和法律赋予的“三项”职权（重大事项决定权、监督权、任免权），运用执法检查、视察调研、审议报告等形式进行监督，促进“一府两院”依法行政、司法公正。

法律监督　1979—2005 年，县人大常委会先后对《中华人民共和国土地管理法》《中华人民共和国义务教育法》《中华人民共和国企业法》《中华人民共和国国防教育法》《中华人民共和国环保法》

《中华人民共和国人口与计划生育法》《中华人民共和国食品卫生法》等80余部法律法规进行执法检查，听取审议有关部门99项法律、法规的普法和执法情况汇报。1988年9月至11月，开展执法大检查，重点检查领导机关、领导干部和执法部门，发现纠正解决执法不严、违犯法律法规问题210多件。1995年《河北省预算外资金管理条例》《中华人民共和国土地管理法》《中华人民共和国产品质量法》执法检查中，督促有关部门查处违纪资金1425万元，收缴财政、补税和罚款316万元；查处违法占地5960亩，拆除违法建筑357间，收回土地1100亩，罚款100多万元（上缴财政）；查处劣质酒350件，饮料110件，茶叶570包，销毁变质食品700瓶袋，罚款5000元。1999年《中华人民共和国环保法》执法检查中，3起久拖不决的环保案件得到妥善处理，污染严重的3家小炼油、小化工被取缔。2003年《中华人民共和国森林法》执法检查中，查处盗伐滥伐林木案13起，破坏林业生产案件1起。2003—2005年，围绕司法监督，常委会组织部分人大代表，通过听、看、问、访等方式进行专项视察调研。

干部任免　1990年，大名县第十届人大常委会第二次会议制定《人事任免试行办法》，改革干部任免程序和方法，要求呈报单位详细介绍被任免干部的情况和考察材料，单位负责人列席会议，答复常务委员提出的询问，会议审议任免报告，决议时改举手表决为无记名投票。1995年，县第十一届人大常委会第十八次会议做出《关于对被任命人员实行法律考试的决定》。2004年，县第十三届人大常委会第六次会议对《人事任免办法》继续完善，被任命的干部须到会作供职发言。人大任免的干部除检察院、法院两院人员外，政府机构中一般为正科级以上干部，以及县人大常委会机关的副科级以上人员。1980—2005年，任命人员1766人，免职287人，撤销职务28人，接受辞职14人，任命人民法院陪审员67名。1994年，县第十一届人大常委会第十一次会议制定《关于对经县人代会选举和被县人大常委会任命人员实施监督的规定》。1994年，组织全县人大代表对县工商局、电力局、企业局和乡镇职能部门进行评议；1995年，组织县、乡人大代表对乡镇职能部门进行评议。1999年，组织人大代表对乡镇企业局、教委、经贸委的行政正职进行述职评议。2004年6月25日，大名县十三届人大常委会第六次会议制定《关于组织代表开展述职评议的暂行办法》，规范评议活动。2004—2005年，年都利用近两个月时间，组织人大代表对全县45个主要职能部门行政正职进行述职评议。通过单位内部、代表小组和常委会评议，对被评人员进行分档定级，评议结果电视公开通报，优秀的授予“人民满意公仆”称号，并召开专项会议予以隆重表彰，对被评为后三名的提出严肃批评，通报全县。

对乡镇人大主席团的指导　1990年，县十届人大第一次会议后，各乡镇设立人大主席团常务主席，负责乡镇人大闭会期间的工作。1990年6月28日，十届人大常委会第二次会议通过《乡镇主席团常务主席工作职责》。1990年7月18日，召开第一次全县乡镇人大主席会议，对做好乡镇人大工作提出具体要求。自此，每季召开一次工作汇报会、一次学习会、一次代表联系会，使乡镇人大工作走向程序化、规范化、制度化。1999年5月，对20个乡镇人大主席进行集中培训，提高履职能力。2004年，指导各乡镇人大建立人大代表活动室。2005年，建立健全代表活动日制度、活动登记制度、联系代表制度、信息反馈制度、小组长例会制度、学习制度、代表联系选民制度、奖惩制度等规章制度。指导束馆镇、埝头乡、黄金堤乡、沙圪塔乡4个乡镇人大代表，对乡镇直部门进行工作评议，提出意见建议80余条，促进有关部门改进工作。

第四节　人大代表工作

讨论决定重大问题

1981—1990 年，第七至第九届县人大常委会，共召开人民代表大会 11 次、人大常委会 80 次，讨论、决定政治、经济、文教卫生等重大事项。1984 年 10 月通过《大名县人大常委会关于保护专业户合法权益的决定》，1985 年 7 月通过《大名县人大常委会关于开展尊师重教活动的决定》，1985 年 11 月通过《大名县人大常委会关于植树造林、护林、爱林活动的决定》，1989 年 4 月通过《大名县人大常委会关于加强农业的决议》和《大名县人大常委会关于学习贯彻实施（河北省计划生育条例）的决议》。

1990—1993 年，第十届县人大常委会先后做出《关于继续深入开展严厉打击严重刑事犯罪活动斗争的决议》《关于认真学习和贯彻实施〈中华人民共和国行政诉讼法〉的决议》《关于县域规划的决议》《关于在全县公民中开展第二个五年法制教育的决议》《关于进一步加强对外开放的决议》《关于严禁乱占、滥用、毁坏耕地的决议》《关于实施“科技兴县”战略，振兴大名经济的决议》《关于贯彻〈义务教育法〉动员各种社会力量捐资助学的决议》《关于在全县共建法制规范村的决议》《关于一九九二年国民经济计划部分变更的决定》等 10 项决议、决定；制定《关于县、乡镇人大代表评议县直和乡镇直有关职能部门工作的暂行办法》。

1993—1998 年，第十一届县人大常委会召开例会 40 次，听取审议“一府两院”全面工作报告和单项工作报告 90 多项，作出决议 20 项，提出审议意见 500 多条，涉及全县农业、工业、商贸流通、交通运输、计划生育、教科文卫、工商税务、财政、民政、民族、扶贫开发、农企减负、公安司法等各方面。

1998—2003 年，第十二届县人大常委会相继做出《关于促进个体私营经济发展的决议》《关于搞好农村税费改革试点的决议》《关于搞好城市市容和环境卫生管理的决议》《关于加强林木管护工作的决议》。

2003—2005 年，第十三届县人大常委会根据代表议案，针对全县苦水区人畜饮水较为困难及多数农村交通不便和中小学校存在危房影响学生安全的实际情况，组织代表深入全县 10 多个乡镇、40 多个村、50 多所学校进行专题视察调研，走访群众 1 万余人次，充分了解社情民意，人大常委会第一次会议作出决议，把“村村通油路”“户户吃甜水”和“中小学危房改造、联村办学校”共同列为“三项民心”工程。分 4 次组织省市县三级人大代表近 150 余人次到工程建设现场进行集中视察，提出意见建议 60 多条，督促工程建设。全县基本实现村村通油路、户户吃甜水、校校无危房目标。围绕全县发展大局，常委会还做出《关于加强法制宣传教育工作的决议》《关于表彰优秀执法单位和执法人员的决定》等决议决定。

处理和监督落实代表议案

第七届任期内代表议案共 580 件，建议、批评和意见 193 件。议案均在会后一次性交承办单位办理，并及时向代表做出答复。各项建议、批评和意见也都以文字形式转办。

第八届任期内代表议案共 203 件，转交“一府两院”承办，并妥善办理，答复代表。

第九届任期内代表议案、建议、批评和意见共 205 件，其中政府办理 201 件，县人大常委会办理 1 件，县法院办理 1 件，县委办理 2 件。办理结果，全部形成文字，向代表答复。

第十届任期内收到代表议案、建议、批评和意见 434 件，其中第一次会议 93 件，第二次会议 139 件，第三次会议 202 件，以会议形式进行交办，办理结果全部向代表回复。

第十一届任期内收到代表议案、建议、批评和意见 460 件，及时进行整理，分交“一府两院”进行办理，绝大多数得到妥善解决，并将办理结果直接答复代表。

第十二届任期内收到代表议案、建议、批评和意见 456 件，通过归纳整理、转交、督办、答复、回访等办理程序，全部办结。

第十三届任期至 2005 年收到代表议案、建议、批评和意见 327 件，常委会认真收集、汇总、研究分析代表所提出的意见建议，不断探索提高代表意见和建议的质量，适时组织代表现场督办、承办单位面对面答复办理工作，并且每年都筛选出可行性、合理性和事关广大人民群众利益的 10 件意见和建议，作为重点建议进行强力督办。代表建议的办理质量逐年提高，代表满意率达 95% 以上。

联系代表

在全县建立起代表联系组、代表组等组织。第八届人大常委会共召开座谈会 106 次，直接见面 833 人次，联系代表占代表总数 60% 以上。1987 年，第九届人大第一次会议改革同代表联系的方法，1990 年，第十届人大常委会第二次会议制定常委会组成人员联系代表的办法，以后逐渐制定和完善代表持证视察、评选优秀代表、半年向代表通报全县重大事项等一系列制度。每年 7 月份定期对全县人大代表进行一次集中培训，提高代表的整体素质。1990—2005 年，每年 7—8 月，常委会组成人员分为若干小组，深入到全县 20 个乡镇（1996 年前为 39 个乡镇）集中联系人大代表，并通过个别走访、普访、向代表发公开信等方式搜集群众的呼声，每年联系代表面均达 95% 以上。联系代表征集到的意见和建议督促解决落实后，坚持回访制度。对重要问题通过电视台播发和编发《大名县人民代表大会常务委员会公报》《大名人大信息》，向代表们及时通报情况。1987—2005 年，收到和搜集代表议案、工作建议、批评和意见及群众来信 3291 件。对代表和群众反映的议案、建议、意见，本着“分级负责，归口办理”的原则及时处理。

代表履职

1979—2005 年，在全县代表中开展“履行职责、建言献策”“带头致富、帮贫扶困”“遵纪守法、依法监督”“围绕中心、积极参与”“树立典型、评先选优”等五项活动。代表提出合理化、科学化的意见建议 4000 余条，为县委、县政府正确决策提供依据；帮助上千户农民脱贫致富，依法监督有关职能部门执法行为；捐资、引资、筹资上亿元，促进民心工程建设；连续三年评出优秀执法单位和执法个人、优秀代表小组和优秀代表。大名县代表工作的一些做法，受到市人大肯定。

组织代表视察、检查、调查

1981—1988 年，大名县人大常委会先后深入政府部门及工厂、学校、乡村视察 18 次，重点视察全县的农业、林业、工业、乡镇企业、财贸、教育、卫生、司法、防汛等方面的工作。1987 年 6 月，视察粮食局及其下属单位城市供应站、面粉厂工作，提出改进意见，1988 年，对视察后落实情况进行检查。1989 年 6 月，陪同省人大民族事务委员会外事侨务处有关人员，视察大名县二铺、金北、西营等少数民族村，同少数民族干部和代表进行座谈。1987—1990 年，围绕农田水利建设、土地管理等情况，进行 8 次视察和 13 次调查，以书面形式向政府反馈。1990—1993 年视察 12 次，主要视察工业、农业、乡镇企业、“1751 工程”、计划生育、土地管理、公安、司法等方面的工作。1994 年，进行 3 次视察，对大街乡的经济发展和社会治安情况，大名府市场、邯郸正大饲料有限公司等 6 家企业的经营情况，春节市场物价、农村电价、农业生产资料等 20 种人民群众生活必需品的情况分别进行视察。县人大常委会任命的 39 名政府组成人员及其所在单位的工作情况，提出意见建议 120 余条，解决一批群众反映强烈的热点问题。1995—1997 年，分别对农业、财政、文教、商业、司法等工作视察。1998—2003 年，重点推行“一体两翼”执法监督工作，每年组织有关人员和代表深入到各执法单位进行视察、检查、评比、验收。共检查、纠正“两错”(错案和执法过错)420 件，追究“两错”责任人 596 人。2004—2005 年，县人大常委会组织三级人大代表，对全县民营经济发展情况进行视察，提出进一步强化项目建设，壮大经济规模等建议。2005 年 4 月 20 日，大名县第十三届人大常委会十二次会议通过《大名县人民代表大会代表持证视察暂行规定》，对代表视察的有关问题做出具体规定。1981—2005 年，县人大常委会组织视察 75 次，调查 76 次，写出调查报告及情况反映 100 多篇，既实施监督又支持县政府开展工作。

1979—2005 年大名县出席省人大代表名单

表 9-13

姓名	年份	届次	身份
赵　宽	1983	河北省第六届	政府县长
毛希田	1983	河北省第六届	毛苏村支书
马彬如	1983	河北省第六届	南关回族阿訇
欧国志	1983	河北省第六届	县医院中医师
宋墨禄	1983	河北省第六届	林业局高级工程师
吴玉俊（女）	1983	河北省第六届	邮电局干部
徐志杰（女）	1983	河北省第六届	人大常委会副主任
岳岐峰	1988	河北省第七届	河北省省长
秦耀生	1988	河北省第七届	政府县长
杨林钧	1988	河北省第七届	县托辊厂厂长
陈妹贤（女）	1988	河北省第七届	大名一中教师
张书臣	1988	河北省第七届	县中医院副院长
董可志	1988	河北省第七届	万北村支书
陈妹贤（女）	1993	河北省第八届	大名一中教师
李殿朝	1993	河北省第八届	大名酒厂厂长

续表 9-13

姓名	年份	届次	身份
董可志	1993	河北省第八届	万北村支书
马玉福	1993	河北省第八届	物资局财务科长
吴新洁（女）	1998	河北省第九届	文化馆副馆长
崔树君	1998	河北省第九届	邯郸大发裘皮有限公司经理
王春良	1998	河北省第九届	县委书记、人大常委会主任
马玉福	1998	河北省第九届	物资局财务科长
贾红军	2003	河北省第十届	县委书记
张贵堂	2003	河北省第十届	政府县长
杨玉顺	2003	河北省第十届	西杨村支部书记
吴新洁（女）	2003	河北省第十届	文化馆副馆长
张慧敏（女）	2003	河北省第十届	大名一中副校长

第四章　大名县人民政府

1979 年至 1981 年 1 月，大名县政权组织为大名县革命委员会；1981 年 1 月，取消大名县革命委员会，选举产生大名县人民政府。至 2005 年年末，大名县人民代表大会先后选出七届人民政府。

第一节　组织机构

领导机构

革命委员会　1979 年至 1981 年 1 月，大名县革命委员会实行党政一元化领导，设主任 1 名，副主任若干名，行使县级政权职能。

1979—1981 年大名县革命委员会主任、副主任一览表

表 9-14

职务	姓名	文化程度	任职时间	籍贯
主任	李树春	大专	1975.5—1979.2	大名县
主任	侯顺德	高中	1979.4—1979.11	鸡泽县
主任	赵玉虎	大学	1979.11—1981.1	蠡县
副主任	江敬臣	大学	1974.3—1979.2	大名县

续表 9-14

职务	姓名	文化程度	任职时间	籍贯
副主任	丁殿洲	高中	1975.9—1981.1	河南滑县
副主任	高梦僧	初中	1975.9—1981.1	大名县
副主任	李志安	大专	1976.2—1979.4	武安
副主任	程廷雪	大专	1978.4—1981.1	邯郸
副主任	赵玉虎	大学	1978.10—1979.11	蠡县
副主任	宋善继	高中	1978.12—1981.1	大名县
副主任	曹殿岭	初中	1979.6—1981.1	大名县
副主任	卢云发	初中	1979.6—1981.1	临西县
副主任	孔德梅（女）	高中	1980.1—1981.1	大名县
副主任	陈连义	高中	1980.1—1981.1	大名县

人民政府　1981 年 1 月，取消大名县革命委员会，召开大名县第七届人民代表大会第一次会议，选举产生大名县人民政府。至 2005 年年末，先后召开七次县人民代表大会，选出七届人民政府。1981 年 1 月至 1984 年 12 月，第七届人民政府先后有县长 3 名（其中代理 1 名）、副县长 9 名；1984 年 12 月至 1987 年 5 月，第八届人民政府县长 1 名、副县长 7 名；1987 年 5 月至 1990 年 5 月，第九届人民政府先后有县长 2 名、副县长 5 名；1990 年 5 月至 1993 年 3 月，第十届人民政府先后有县长 2 名、副县长 7 名；1993 年 3 月至 1998 年 2 月，第十一届人民政府先后有县长 3 名（其中代理 1 名）、副县长 17 名（其中挂职 3 名）。1998 年 2 月至 2003 年 7 月，第十二届人民政府先后有县长 3 名、副县长 18 名（其中挂职 4 名）。2003 年 8 月至 2005 年 12 月，第十三届人民政府县长 1 名、副县长 10 名（其中挂职 4 名）。

第七至第十一届大名县人民政府县长、副县长一览表

表 9-15

届次	职务	姓名	文化程度	任职时间	籍贯
第七届	县长	赵　宽	高中	1981.1—1983.11	曲周县
	县长（代理）	孙凤山	大学	1983.11—1984.7	武安
	县长	秦耀生	大学	1984.7—1984.12	曲周县
	副县长	程廷雪	大专	1981.1—1984.1	肥乡县
	副县长	宋善继	高中	1981.1—1984.12	大名县
	副县长	田洪江	大学	1981.1—1983.10	大名县
	副县长	孙国强	大学	1981.1—1982.11	江苏六合
	副县长	廖德志	大专	1981.1—1984.12	湖北省武汉市

续表 9-15

届次	职务	姓名	文化程度	任职时间	籍贯
第七届	副县长	朱益民（女）	高中	1981.1—1984.1	大名县
	副县长	潘好岗	大学	1983.5—1984.1	大名县
	副县长	黄月芳（女）	大专	1984.1—1984.12	大名县
	副县长	顾凤凯	大专	1983.11—1984.12	清河县
第八届	县长	秦耀生	大学	1987.5—1987.10	曲周县
	副县长	黄月芳（女）	大专	1984.12—1987.5	大名县
	副县长	顾凤凯	大专	1984.12—1987.5	清河县
	副县长	廖德志	大专	1984.12—1987.4	湖北省武汉市
	副县长	宋善继	高中	1984.12—1987.3	大名县
	副县长	郭为民	大专	1986.1—1987.5	大名县
	副县长	张立文	初中	1987.3—1987.5	广平县
	副县长	张玉振	高中	1987.3—1987.5	魏县
第九届	县长	秦耀生	大学	1987.5—1987.10	曲周县
	县长	孙登选	高中	1987.10—1990.5	邱县
	副县长	黄月芳（女）	大专	1987.5—1990.5	大名县
	副县长	顾凤凯	大专	1987.5—1990.5	清河县
	副县长	郭为民	大专	1987.5—1990.5	大名县
	副县长	张立文	初中	1987.5—1990.5	广平县
	副县长	张玉振	高中	1987.5—1989.6	魏县
第十届	县长	孙登选	高中	1987.10—1992.6	邱县
	县长（代理）	汪金亭	大专	1992.6—1993.3	安徽六安
	副县长	黄月芳（女）	大专	1990.5—1993.3	大名县
	副县长	顾凤凯	大专	1990.5—1992.12	清河县
	副县长	郭为民	大专	1990.5—1993.3	大名县
	副县长	张立文	初中	1990.5—1993.3	广平县
	副县长	李保柱	大学	1991.7—1993.3	山西清徐
	副县长	王春良	大专	1992.12—1993.3	临漳县
	副县长	潘好岗	大学	1992.12—1993.3	大名县
第十一届	县长	汪金亭	大专	1993.3—1995.5	安徽六安
	县长（代理）	王春良	大专	1995.5—1996.3	临漳县
	县长	王春良	大专	1996.3—1998.1	临漳县

续表 9-15

届次	职务	姓名	文化程度	任职时间	籍贯
第十一届	县长（代理）	赵书林	大专	1998.1—1998.2	邱县
	副县长	张立文	初中	1993.3—1995.6	广平县
	副县长	王春良	大专	1993.3—1995.5	临漳县
	副县长	郭为民	大专	1993.3—1995.4	大名县
	副县长	李保柱	大学	1993.3—1997.12	山西清徐
	副县长	潘好岗	大学	1993.3—1995.3	大名县
	副县长	梁修海	大学	1993.3—1997.12	临漳县
	副县长	廖学义	中专	1993.3—1998.2	唐山玉田
	副县长（挂职）	田国良	大学	1995.3—1996.3	北京市
	副县长（挂职）	刘德喜	大学	1996.3—1997.5	北京市
	副县长（挂职）	张喜德	大学	1997.5—1998.2	北京市
	副县长	黄月芳（女）	大专	1995.6—1998.1	大名县
	副县长	允殿魁	大专	1995.6—1998.1	大名县
	副县长	沙启峰	大专	1995.6—1998.2	大名县
	副县长	张聚民	大专	1996.9—1998.2	大名县
	副县长	张贵堂	大学	1998.1—1998.2	魏县
	副县长	郑　克	大学	1998.1—1998.2	大名县
第十二届	县长	赵书林	大专	1998.2—2002.4	邱县
	县长	张贵堂	大学	2002.4—2003.5	魏县
	县长（代理）	武金良	大学	2003.5—2003.7	邯郸市
	副县长	张贵堂	大学	1998.2—2002.3	魏县
	副县长	廖学义	中专	1998.2—2003.7	唐山玉田
	副县长	沙启峰	大专	1998.2—2003.7	大名县
	副县长	张聚民	大专	1998.2—1999.2	大名县
	副县长	郑　克	大学	1998.2—2003.7	大名县
	副县长	郑培信	大专	1998.2—2003.7	大名县
	副县长	吴从江	大专	1998.5—2003.7	大名县
	副县长	张华萍（女）	大专	1999.7—2003.7	临漳县
	副县长	高连生	大专	1999.8—2003.7	大名县
	副县长	黄武臣	大学	2000.9—2002.4	宁夏银川
	副县长	徐国鸿	大学	2000.12—2003.7	邯郸

续表 9-15

届次	职务	姓名	文化程度	任职时间	籍贯
第十二届	副县长	王春朝	大学	2003.5—2003.7	大名县
	副县长	王秀峰	大学	2003.5—2003.7	邢台市
	副县长	潘利军	大学	2003.5—2003.7	成安县
	副县长（挂职）	张喜德	大学	1998.2—1998.4	北京市
	副县长（挂职）	韩保江	大学	1998.4—1999.3	北京市
	副县长（挂职）	刘悦斌	大学	1999.3—2000.12	北京市
	副县长	葛巍巍	大学	2003.3—2003.7	北京市
第十三届	县长	武金良	大学	2003.8—	邯郸市
	副县长	沙启峰	大学	2003.8—	大名县
	副县长	郑　克	省委党校研究生	2003.8—	大名县
	副县长	王春朝	大学	2003.8—	大名县
	副县长	徐国鸿	省委党校研究生	2003.8—	邯郸县
	副县长	王秀峰	大学	2003.8—	邢台县
	副县长	潘利军	大学	2003.8—	成安县
	副县长（挂职）	葛巍巍	大学	2003.8—2003.12	北京市
	副县长（挂职）	刘彦龙	大学	2003.12—2004.12	北京市
	副县长（挂职）	余昌淼	大学	2004.12—2005.12	江西省九江市
	副县长（挂职）	王　勇	大学	2005.12	山东省德州市

工作机构

常设机构　1979年至1981年1月，县革命委员会常设机构26个：生产指挥部、计划局、公安局、民政局、财政局、税务局、工商局、粮食局、供销合作社联合社、物资局、商业局、企业局、工业局、交通运输局、邮电局、农电局、农机局、农业局、林业局、畜牧局、水利局、文教局、卫生局、体育运动委员会、计划生育办公室、人民法院。

1981年1月取消县革命委员会后，经选举产生大名县人民政府，常设机构39个：办公室、计划委员会、经济委员会、科学技术委员会、人事局、劳动局、统计局、物资局、公安局、民政局、司法局、财政局、税务局、人民银行、农业银行、建设银行、商业局、交通运输局、邮电局、畜牧局、农业局、林业局、水利局、农业机械管理局、电力局、文教局、卫生局、体育运动委员会、计划生育办公室、广播局、新能源办公室、地震办公室、气象局、民族事务委员会、环保局、供销合作社联合社、粮食局、社队企业局、工商行政管理局。

1984年机构改革后，县政府常设机构37个：办公室、劳动人事局、公安局、司法局、民政局、财政局、税务局、审计局、统计局、物价局、计划委员会、经济委员会、科学技术委员会、地震办公室、气象局、环保局、民族事务委员会、经济研究办公室、工商行政管理局、商业局、供销合作社联合社、粮食局、对外经济贸易公司、物资局、社队企业局、交通运输局、广播电视局、人民银行、工商银行、农业银行、建设银行、农牧局、林业局、水利局、文教局、体育运动委员会、计划生育委员会。

后根据工作需要，下设部门不断合并和增设，至 1990 年年末，县政府常设机构 54 个：办公室、计划委员会、经济委员会、经济技术协作办公室、科学技术委员会、财政局、劳动人事局、环境保护局、统计局、经济研究办公室、新能源办公室、公安局、司法局、民政局、监察局、民族事务委员会、审计局、烟草专卖局、物价局、计量局、工商行政管理局、税务局、土地管理局、交通局、邮电局、商业局、粮食局、农业局、林业局、畜牧局、水利局、卫生局、计划生育委员会、体育运动委员会、文教局、电力局、人民银行、农业银行、建设银行、工商银行、保险公司、县供销合作社联合社、气象局、地震局、物资局、外贸局、二经委、农业机械管理局、档案局、广播事业局、地方志办公室、农业开发办公室、区划办公室。

1996 年 7 月 29 日，县政府所属机构进行分类改革，常设机构 30 个，其中政府工作部门 24 个，政府直属事业机构 6 个。

政府工作部门有办公室（经济体制改革委员会挂靠办公室；法制局设在办公室，相对独立，按科级或副科级规格对待）、计划建设委员会（挂环境保护局牌子）、经济贸易委员会、教育委员会、科学技术委员会、公安局、民政局（民族宗教事务局挂靠民政局）、司法局、财政局（挂国有资产管理局牌子）、劳动人事局、交通局、农林局、乡镇企业局、文化体育委员会、卫生局、计划生育委员会、审计局、统计局、工商行政管理局、物价局、土地管理局、技术监督局、粮食局、监察局（与纪律检查委员会机关合署办公）。机构编制委员会办公室是机构编制委员会的常设办事机构，属党委、政府共管机构，挂靠劳动人事局；政府直属事业机构有水利局、农业开发办公室（挂农业区划办公室牌子）、畜牧水产局、农业机械管理局、广播电视局、对外开放办公室（挂经济技术协作办公室牌子）。

2002 年 6 月 22 日，县政府所属机构再次改革，常设机构 58 个，其中政府工作部门 23 个，直属事业机构 7 个，一般事业机构 28 个。

政府工作部门有办公室（挂法制办公室、经济体制改革办公室、督察室牌子）、发展计划局（由原计划委员会更名）、经济贸易局（由原经济贸易委员会更名，挂安全生产监督管理局牌子）、财政局、文化教育体育局（由原教育委员会，文化体育委员会合并组建）、科学技术局（由原科学技术委员会更名）、民族宗教事务局、公安局、监察局（与纪律检查委员会合署办公，不占政府工作部门机构限额）、民政局、司法局、人事劳动和社会保障局（由原劳动人事局更名）、交通局、农业局、水利局（由原水务局更名）、卫生局、计划生育局（由原计划生育委员会更名）、审计局、统计局、环境保护局、国土资源局（由原土地管理局更名）、建设局（挂人民防空办公室牌子）、物价局。

直属事业机构有乡镇企业局（挂民营经济发展局牌子）、粮食局、开放办公室（由原对外开放办公室更名，挂招商合作局牌子）、广播电视局、林业局、畜牧水产局、扶贫开发办公室（由原扶贫办公室更名）；一般事业机构有：对外贸易经济合作局（正科级，由原对外经济贸易委员会更名）、农业机械管理局（正科级）、农业开发办公室（正科级，挂农业区划办公室牌子）、商业局（正科级）、物资局（正科级）、县政府机关事务管理局（正科级，由政府办管理）、地方志办公室（正科级，由政府办管理）、经济研究室（正科级，由政府办管理）、爱国卫生运动委员会办公室（正科级，由卫生局管理）、县医院（正科级，由卫生局管理）、招生考试委员会办公室（正科级，原招生委员会办公室更名，由文化教育体育局管理）、大名一中（正科级，由文化教育体育局管理）、大名二中（正科级，由文化教育体育局管理）、大名三中（正科级，由文化教育体育局管理）、大名县进修学校（正科级，由文化教育体育局管理）、大名县职教中心（正科级，由文化教育体育局管理）、地震办公室（正科级，由建设局管理）、重点项目办公室（副科级，由发展计划局管理）、新能源办公室（副科级，由科学技术局管理）、预算外资金管理局（副科级，由财政局管理）、农税征收管理局（副科级，由财政局管理）、经济责任审计办公室（副科级，由审计局管理）、农村经济调查队（副科级，由统计局管理）、人才交流开发中心（副科级，由人事劳动和社会保障局管理）、社会保障中心（副科级，由人事劳动和社会保障局管理）、农村社会保险中心（副科级，由人事劳动和社会保障局管理）、收费管理办公室（副科级，由物价局管理）、地质矿产资源管理办公室（副科级，由国土资源局管理）。截至 2005 年年末，上述常设机构没有变化。

派出机构 1979 年，县委、县革委会在杨桥、万堤、城关、束馆、金滩镇、龙王庙设立 6 个办事处，与各公社是领导与被领导关系。各办事处编制均为 11 名，其中设主任 1 名、副主任 1 ~ 3 名；1980 年县人民政府成立后，6 个办事处成为县委、县政府派出机构；1984 年 7 月 10 日，6 个办事处分别改为城关区公所、万堤区公所、杨桥区公所、龙王庙区公所、金滩镇区公所、束馆区公所，区公所指导乡镇政府的工作；1988 年 7 月 11 日，6 个区委、区公所改为联络组，为县委、县政府派出机构；1996 年 1 月，撤销 6 个联络组。

基层政权 1979 年，大名县 39 个人民公社革命委员会设主任、副主任，下辖生产大队、生产队。1981 年，人民公社革命委员会改为人民公社管理委员会，设社长、副社长，公社下辖生产大队、生产队；1984 年 3 月，撤销人民公社管理委员会，改建为乡人民政府；1984 年 7 月，县委、县政府派出的 6 个区公所所在地的 6 个乡改为镇，并和其他 33 个乡一样，选举产生镇长、副镇长，内设办公室、民政、财政、乡镇企业、农业技术等机构，39 个乡（镇）共下辖 651 个村委会。6 个镇分别是：杨桥镇、万堤镇、大名镇、金滩镇、龙王庙镇、束馆镇。33 个乡分别是：沙圪塔乡、儒家寨乡、王村乡、西店乡、北马头乡、铺上乡、黄金堤乡、王乍村乡、崔岳村乡、北门口乡、兆固乡、大街乡、殷李庄乡、旧治乡、未城乡、西魏庄乡、七里店乡、鲍庄乡、大龙乡、孙甘店乡、南李庄乡、赵站乡、西付集乡、埝头乡、北峰乡、从善楼乡、冢北乡、普明滩乡、张铁集乡、上马头乡、红庙乡、北堤乡、营镇乡。

1996 年 1 月 23 日，实行撤区并乡扩镇改革，39 个乡镇合并为 20 个乡镇。其中：大名镇和七里店乡合并为大名镇，杨桥镇和北马头乡合并为杨桥镇，万堤镇和崔岳村乡合并为万堤镇，龙王庙镇和赵站乡合并为龙王庙镇，束馆镇和冢北乡合并为束馆镇，金滩镇和上马头乡合并为金滩镇，沙圪塔乡和儒家寨乡合并为沙圪塔乡，王村乡和西店乡合并为王村乡，铺上乡和兆固乡合并为铺上乡，黄金堤乡和王乍村乡合并为黄金堤乡，西魏庄乡和未城乡合并为西未庄乡，旧治乡和殷李庄乡合并为旧治乡，大街乡和北门口乡合并为大街乡，孙甘店乡和南李庄乡合并为孙甘店乡，西付集乡和鲍庄乡合并为西付集乡，埝头乡和大龙乡合并为埝头乡，北峰乡和从善楼乡合并为北峰乡，张铁集乡和普明滩乡合并为张铁集乡，红庙乡和北堤乡合并为红庙乡，营镇回族自治乡未变；

2002 年 6 月，改革乡镇人民政府机构，20 个乡镇分为 15 个一类乡镇和 5 个二类乡。各乡镇人民政府设乡（镇）长 1 名，副乡（镇）长 2 名，一类乡镇增设副乡（镇）长 1 名。每个乡（镇）政府下设 4 ~ 5 个综合性办公室。其中 14 个建制乡设党政办公室（加挂组织员办公室牌子）、财经办公室、社会事务办公室、计划生育办公室；6 个建制镇增设城镇建设办公室。乡镇机关内设机构由 146 个精减为 86 个，精减 41.1%；乡镇事业机构由 280 个精减为 160 个，精减 42.9%；乡镇机关行政编制由 795 名精减为 628 名，精减 21%，其中领导干部职数精简 76 名，精减 39.8%；乡镇事业总额编制（不含乡镇中小学校、卫生院）由 1368 名精减为 1092 名，精减 20.2%。截至 2005 年年末，乡镇人民政府机构设置没有变化。

第二节　施　政

施政方式

1979 年后，县政府主要通过制发文件、召开会议、现场办公、政务公开等方式施政。

召开会议　会议主要有县长办公会、政府常务会议、全体会及县长碰头会 4 种。县长办公会根据需要不定期召开。由县长或副县长召开并主持，研究、处理县政府日常工作中的重要问题。县政府常务会议一般每月召开 1 次，必要时可随时召开。由县长召集和主持，由县长、副县长、办公室主任组成，与会议议题有关的办公室副主任、部门和乡镇政府主要负责人列席。同时邀请县人大、县政协、县武装部有关领导列席，其他列席人员根据会议内容需要确定。县政府全体会议一般每年至少召开 1 次。由县长召集和主持，县长、副县长、办公室主任、政府组成部门的各局局长组成，办公室副主任、有关部门和乡镇政府主要负责人列席，其他列席人员根据会议内容需要确定。县长碰头会一般每半月召开一次，确有必要时可随时召开。由县长或受委托的常务副县长召集并主持。主要围绕某一项或某一阶段工作沟通情况、互通信息，协调安排下一步工作。

调查研究　县政府领导每年深入基层，深入实际开展调查研究，时间一般在 200 个工作日左右。调研方式主要有：座谈汇报、统计分析、查看实情等。2005 年 5 月 30 日，县长武金良带领县直有关部门负责人到旧治乡调研，了解乡村经济和社会发展情况，帮助解决农村农业生产中的难题。强调乡镇要从强壮乡村两级队伍建设入手，抓好农村工作，全面做好信访稳定和矛盾排查，解决群众关心的热点、难点问题，严把村干部素质关，真正使懂技术、致富能力强、行政能力强的人担任村干部，带领群众致富奔小康。

现场办公　县政府领导每年召开现场办公会 50 次以上，解决一些实际困难和问题，促进县政府整体工作的顺利开展。2004 年 9 月 7 日，县长武金良、副县长王秀峰带领县政府办、发展计划局、人事劳动和社会保障局、电力局、交通局、企业局、工商局、环境兴县办、公安局、县联社等单位的负责人，就民营企业发展问题，先后深入到五得利面粉集团公司、凯发面粉有限公司进行现场办公，研究解决问题，为民营企业发展排忧解难。

政务公开

公开形式　利用县电台、电视台和《大名时报》等新闻媒体，宣传大名县政务公开工作任务目标和先进典型经验。县委、县政府主要和主管领导分别在电视台做政务公开讲话，各部门、各单位主要领导分别在电视台做公开承诺，政务公开办公室将政府系统 48 个部门和单位的办事程序、收费项目、办事依据等内容在电视台进行公告。部门利用标语、口号，出动宣传车，开展上街宣传、散发传单、设立咨询站、投诉台等形式进行政务公开宣传，接受群众咨询。

公开内容　将事权、财权、人权做为重点进行公开，紧抓群众反映强烈的热点难点问题，规范公开内容，提高公开透明度。结合机构改革后部门职能调整情况，将公开领域延伸到基层站、所和部门科室，将责任落实到每个岗位、每个人头上。县政府领导与各乡镇、县直各单位签订政务公开责任书，各乡镇、县直各部门领导签至每名干部职工，一级抓一级，层层抓落实。

工作措施　聘请50名社会各界人士组成的政务公开监督代表小组，定期不定期对各单位、各乡镇公开情况进行检查，发现问题向县政务公开办公室反馈，及时解决纠正；实行县长公开电话制度。公布公开电话，号码为6512345。对群众反映的问题，采取督办卡的形式，责成有关部门限期解决；2003年10月16日成立环境兴县领导小组办公室，内设投诉举报中心、政策咨询中心和经济110（公安特警队），负责对涉及经济环境方面的案件查处、政策咨询和矛盾纠纷调解，24小时接受群众举报；明查暗访，督导落实。县政务公开办会同纪委监察局、两办督查室人员，直接深入单位和群众中，对有关单位的政务公开情况进行调查摸底和明查暗访，对发现的不公平、假公平、不按时公开等问题责令改正，并对有关责任者进行处理，对查处情况全县通报；加强监督，确保实效。重大决策事前认真听取社会各界的意见和建议。县长公开电话于2000年5月开通。公开电话办公室工作人员遵循“倾听民声、实事办实、服务社会”原则，尽职尽责，认真受理每一个电话。截至2005年年末，共受理群众反映情况和市长公开电话办公室交办函计1300余件次，直接答复1050余次，交有关部门办理250余件次，解决了一大批事关人民群众切身利益的难点、热点问题。

施政辑要

1979—2005年，历届县政府根据群众生产、建设和生活需要及县情，开展各种政务活动。

治理河流　1979—1986年，全面完成卫河扩大治理工程，主河槽扩挖加深拓宽45.4千米，裁弯取直甩掉老河段4处，长14245米；筑两岸新堤48995米，甩掉老堤47514米；搬迁村庄29个、4453户、19733人；修建4处超洪大桥：龙王庙桥、东门口桥、金滩镇桥、营镇桥。在引河入漳河处建大型节制闸一座：张庄闸。卫河扩大治理后，设计行洪量2500立方米每秒。1985年在卫河治理第四期工程中，完成漳河右堤下头5.3千米堤段与卫河左堤平接工程。为预防洪涝发生，提高县城和漳、卫河之间三角地带区域排涝泄洪能力，1993年11月17日开工，12月5日竣工。扩挖引河29千米（全长32.5千米），共出动民工10万人，完成土方79.5万立方米，使引河排涝泄洪能力达到“十年一遇”标准。

打井配套　为扩大浇地面积，组织群众适度开采地下水，打机井和配套。1979年后，机井建设重点开发大片旱地。1990年全县机井达13951眼，其中深井448眼，井灌面积达81.2万亩，占总耕地的73.8%。1990年后，机井建设重点转向打更新换代井，有控制地开发地下水，机井数量稳中有增。至2005年年末，全县农用机井达16166眼，有效井灌面积92万亩，占总耕地面积的83.6%。全县机井全部用柴油机、电动机和水泵配套。截至2005年年末，全县排灌动力机械达45445台，功率278853千瓦。

植树造林　1979年后，陆续实施“平原绿化”造林工程、世行项目造林速生丰产林基地工程、防沙治沙工程及退耕还林工程，使大部分沙化土地得到改善。截至2005年年末，全县四旁植树达4500多万株，活立木蓄积量达59万立方米，年产果品3.5万吨，林果总产值1亿元，全县森林覆盖率达 18.6%。被林业部授予“平原绿化达标县”称号。在发展林业和防风固沙、改造土壤的同时，政府领导群众开展治沙治碱，使全县绝大部分沙碱地得到改造，变成良田。

扶贫开发　1986 年起，开始扶贫与农业开发，制定出“以方田林网为框架，以节水灌溉为重点，以区域种植为内容，以科技服务为保障，以市场需求为导向”的大名模式，并做到连片开发，实现“一路两渠方田化、路渠植树林网化、农田灌溉防渗化、机井泵房标准化、田间作业机构化、作物种植区域化、栽培技术模式化、服务承包系列化、科技体系网络化、组织管理制度化”。借助中央党校在大名对口扶贫的优势，多方争取扶贫开发资金。至 1993 年年末，落实扶贫资金 2100 万元，在项目区打浅井 411 眼，埋设地下防渗管道 8 万米，建养鸡场 3 个，发展养牛 2500 头；扶持大棚菜 337 亩，苦水区打深井 21 眼、修深井 21 眼；投入乡镇企业资金 1610.5 万元，新建乡镇企业项目 14 个，改造老企业 16 个，富县项目 5 个。至 2000 年年末，先后使 295 个村、3.4 万户、28 万人解决温饱问题。至 2003 年 5 月底，2002 年已完工项目并落实资金 740 万元，修路或硬化街道投资 261 万元；打配深井、中浅井投资 336 万元，修缮学校投资 45 万元，项目的实施，增加水浇地面积 2.1 万亩，年增加经济效益 145 万元，使 1.98 万贫困人口稳定脱贫。2003 年，投入各类资金 2200 万元，打配深井 29 眼、中浅井 320 眼，修建道路或硬化道路 54 千米，新建或修缮小学 42 处。至 2004 年年末，基础设施建设项目投入资金 210 万元，修路或硬化街道 24 千米，打配机井 84 眼，修建小学 4 处，三项“民心工程”率先在第一批重点村实现。2005 年，共投入财政扶贫资金 220 万元，为贫困村修路或硬化街道 24 千米，打配机井 196 眼，修缮小学校 4 处，建沼气池 140 个，改善贫困乡村群众的生产、生活条件，年末 1.4 万贫困人口稳定脱贫。新增投入扶贫资金 122 万元，在 21 个重点村扶持 650 个贫困户，发放优种波尔山羊、小尾寒羊 3300 只，全县周转羊存量达到近 1 万只、建成养羊专业村 12 个。

推广农业机械成立农业机械化研究所和农机公司，进行农机具研制和推广。1979 年，全县有大中型拖拉机 296 台、小型拖拉机 150 台。2005 年，全县大中型拖拉机达 540 台，增长 82%；小型拖拉机达 5775 台，增长 37.5 倍；1979 年，全县有大型耕整机械 610 台（部），2005 年达械 1419 台，增长 133%；1979 年，大名县有小麦联合收割机 5 台，2005 年达 730 台。1979—2005 年，全县机耕面积由 75 万亩发展到 115 万亩，机播（小麦、玉米）面积由 19.5 万亩发展到 128 万亩；机收面积由 4500 亩发展到 83 万亩；秸秆（小麦、玉米）还田面积由 1987 年的示范发展到 61.7 万亩。

推广农业科学技术，进行耕作制度改革。不断改进种植技术，引进、改良农作物品种，实行科学栽培，推行密植，间作套种，以一年两熟取代一年一熟，提高复种指数，使粮棉油产量逐年提高。2005 年，全县从事种植业的劳动力 24.8 万名，占农村劳动力总数的 80.5%，种植业产值 15.8 亿元，占当年农业总产值的 50.3%。人均占有粮食总产突破 500 千克，成为国家重要农产品生产基地。

交通事业　1993 年年末，大名县基本实现乡乡通油路。2003 年，大名县开始实施村村通油路工程。截至 2005 年年末，大名县国道、省道、县道、乡道及村道里程达 1084.1 千米，公路密度为每百平方千米 103 千米，基本实现干支相连、内外相接、纵横交错、四通八达的现代公路交通网络，公路客运量达到 36780 千人（次）、货运量达 387.2 千吨。

电力建设　1979 年，大名县有 641 个用电村。1992 年消灭白点村，651 个村全部通电。1998 年下半年，争取上级农网改造资金 1.59 亿元，农电实行“两改一同价”；2003 年下半年，争取城网改造资金 4673.84 万元，对全县电网及设备进行全面改造，2005 年年末通过省专家组验收。同时，居民照明用电执行“四到户”（销售到户、收费到户、服务到户、抄表到户）管理。

改善办学条件　1986年，全县小学在校生64242人，配备木制课桌56165人套，即87.4%的学生有木制课桌，比1979年提高62个百分点，小学校舍建筑面积12.08万平方米，比1979年增加1万平方米，生均占有1.8平方米，比1979年生均增加0.4平方米；1987年5月，利用国家贫困地区义务教育工程款1353万元、省市配套资金2253万元、“世行”贷款110万美元（含中学建设）及连续2年筹集的学校建设专项资金，建标准化小学240处，并按照国家二类、三类标准配备教学仪器、文体器材和图书资料。39处小学达到二类标准、254处达到三类标准；2002—2005年，投入资金939万元，开展小学危房改造和布局调整，新建校舍20864平方米，投入近900万元，购置计算机等专用教学设备，基本实现远程教育。初中教育：2002年后，初中教育发展的重点放在专用教室、科技楼、学生公寓建设和增添现代化教学设备设施上。2003—2005年，投入4400万元，新建专用教室、科技楼、学生公寓88363平方米，增添价值1200万元现代化教学设备。同时，投入250万元，完成初中远程教育网络建设。截至2005年年末，全县有初级中学37所、948个教学班、在校生52814名、专任教师1941名，学校占地面积815，837平方米；校舍建筑面积180010平方米，生均占有3.4平方米，是1979年的2.4倍。高中：2003年6月，编制大名县高中建设规划——“3365”规划：建设3所占地300亩，能容纳30轨（每届招生30个班）、建筑面积6000平方米、在校生5000人的普通高中。

医疗卫生事业　对原区卫生院改造升级，对乡镇卫生院改善医疗条件，对各级医疗卫生人员提高素质，对县级医疗卫生单位重点扶持，县人民医院门诊大楼、疾病控制中心等设施顺利建成使用。2003年4—6月，组织以医疗卫生人员为主体的队伍，开展大规模的“防治非典型传染性肺炎”工作，建立应急处理和抢救小分队，采取对疑似病人“隔离”控制人员出入，整理环境卫生，强化消毒灭菌等措施，取得了“防非典”工作的伟大胜利。2004年2月，高致病性禽流感爆发，县政府及时制定应对措施，严把“三关”（输入关、防疫关、消毒关），顺利实现“三不”（不输入、不发生、不扩散）目标。

重点项目　县政府突出大名县特色产业，提出建设“三大基地、一个中心”目标，即建设全国最大面粉加工基地、最大花生集散地、最大小磨香油加工销售基地和三省交界物资商贸中心。1986年后，陆续在孙甘店乡建成南李庄花生市场，在城东建成新市场和工业小区，2003年后，规划建设面积15平方千米的京府工业园区，陆续建成香油城、得利城、京府商贸城等重点项目。南李庄花生市场总投资400多万元，占地18666平方米，建筑面积800平方米，有门面房118间。香油城总投资1.2亿元，占地292亩，建筑面积69846平方米。五得利面粉集团建设的得利城投资2亿元，占地140亩，京府商贸城投资3000多万元，占地140亩，建筑面积3万平方米。

县城建设　制订《大名县城总体规划》，县城建设突飞猛进。大名府路改建，天雄路、京府街等县城道路建设，城区形成三纵九横道路框架；电力大厦、县医院门诊楼、国税局办公楼等一批新型建筑落成，小城市氛围更加浓郁；人民广场、西环岛城标、引河公园等市政基础设施建设给县城注入新活力。城区北门、东门古门楼陆续改建，碑林长廊建成，增添古城文化气息。2002年，县城建成区域面积8.49平方千米，人口6.8万人。2004年，规划区面积调整为30平方千米，可容纳居民30万人。

土地、环境、计划生育　县政府成立土地利用总体规划领导小组，编制《大名县土地利用总体规划》，划分基本农田保护区，采取各种措施保护耕地，节约使用土地，制止乱占滥用和浪费土地。在环境保护上，对新建设项目进行环保评估，不符合环保要求的项目坚决不予审批；对建设项目实行环保“三同时”（环境保护设施、三废污染治理必须与主体工程同时设计、同时施工、同时投产）；对原有企业的“三废”治理工作，采取监测、关停、限期治理等措施，狠抓“节能减排”。在计划生育方面，坚决执行有关法规，贯彻优生优育，狠抓节育和“四术”补救措施落实，控制人口数量，提高人口质量。

关注民生　2003—2005年，县政府开展“三项民心工程”：村村吃甜水，村村通油路，联村办学校消灭危房，取得显著效果。对农村和城镇实行最低生活保障制度，对残疾人、无依无靠、丧失生活能力、城镇下岗职工中的无业人员等，每月发给生活补贴。实行医疗社会保险，使人人有钱看病，得到良好及时医疗。

人大议案、政协提案办理　每年“两会”后，县政府均及时召开专题会议，研究部署人大代表建议和政协委员提案承办工作，安排政府办、法制办分类整理，制订交办方法和督办措施，明确办理目标、时限和具体要求。各承办单位认真负责，以提高办理质量为重点，注重实效，在工作中积极采纳人大代表、政协委员的建议和意见，解决了一大批群众关注的重点、难点问题，并全部在限定时间内答复，按时办结率、答复函规范化率、代表委员走访率、代表委员满意率均达100%，解决问题率平均达70%以上。2004—2005年，县政府大力推行“现场办案”“联合办案”等做法，实现“开门办理”“阳光操作”。将解决问题作为办理工作的出发点和落脚点，把提高“面商率、解决率、落实率”作为中心环节抓紧、抓实。按照“面商在前、答复在后”的程序，采取“走出去、请进来”的方法开门办案。一方面实行走访代表委员工作制，通过面对面交流，征求意见，尽全力予以办理；另一方面实行现场办案制，针对重点建议和提案的办理，县政府办公室组织办理单位和代表委员到现场调研、商谈方案、解决问题，促进承办工作。

依法行政　县政府法制工作机构从无到有，依法行政工作逐步开展。1996年11月成立法制局，2002年6月更名为法制办公室，正科级办事机构，设主任1名、副主任1名、股级秘书1名、工作人员2名。县直部门和乡镇依法行政，大名县政府法制工作健全以后，便逐步加大工作力度，2000年后，大名县连续5年被市政府评为依法行政工作先进县。贯彻落实《全面推进依法行政实施纲要》。通过下发文件、健全组织、培训宣传等方式，抓好《纲要》的贯彻落实。成立由县长任组长，常务副县长任副组长，县政府法制办、监察局、人事局、财政局、审计局等部门主要领导为成员的推进依法行政工作领导小组；印发《大名县人民政府办公室关于开展〈全面推进依法行政实施纲要〉培训工作的通知》，集中对全县行政执法人员进行《纲要》和公共法律知识培训，培训结束后组织统一考试。规范行政许可行为。全面完成各部门行政许可事项目录清理和审核工作。共清理出行政许可事项191项，行政许可收费项目135项，取消收费项目4项，降低收费标准11项，暂不执行收费项目18项，清理结果通过电视广播向社会公布。印发《关于加强行政监管集中开展行政许可实施事项监管大检查》的通知，组织30余个具有行政许可权限的部门，在全县范围内集中开展行政许可实施事项监管大检查，提高《中华人民共和国行政许可法》贯彻实施水平，促进经济发展和社会稳定。

推行行政执法责任制。结合大名县实际制定工作方案，印发大名县《关于推行行政执法责任制的实施意见》。梳理执法依据。对各行政执法部门的执法依据进行梳理、审核，根据梳理结果编制《大名县行政执法部门执法依据汇编》；分解行政职权。指导各部门结合本单位“三定方案”，将法定职权层层分解，落实到具体执法岗位，并明确工作标准和执法责任。同时，根据职权分解情况，编制详细的执法流程图；加强内部监督。各行政执法部门层层签订执法责任书，报法制办备案；建立健全行政执法评议考核及执法过错责任追究制度。制定《大名县行政执法评议考核实施办法（试行）》，对行政执法部门行政执法、规范性文件的制定备案、行政复议应诉、行政执法监督等工作进行定期考核。同时，明确执法过错责任追究范围及追究程序，强化行政执法人员在执法过程中的责任意识。

推动行政权力公开透明运行。完成对县政府本级、县直56个行政部门和20个乡镇人民政府行政职权的清理和确认，为每一项职权编制流程图，并经市政府法制办审核把关，全县共确定行政职权2913项，其中县政府本级行政职权89项、县直56个行政部门行政职权1940项、20个乡镇政府行政职权884项。各项权力、通过公开栏、网站等方式全部向社会公开，接受监督。

规范行政执法。采取有效措施，着重从机制、队伍建设等方面入手，严格规范行政执法行为。依法确定行政执法主体，明确各行政执法主体的执法权限和执法责任；加强对行政执法人员管理。坚持行政执法人员培训考核制度，结合执法证件年检和发放，对行政执法人员进行统一培训，集中考试，并将考试成绩作为证件发放和年检的依据，提高行政执法队伍的整体素质；建立行政执法案卷评查制度，对案卷评查及投诉个案中发现的问题及时督促整改，对个别执法人员的违纪问题及时查处追究，有效规范执法行为；认真做好行政复议和应诉工作。2002年6月至2005年年末，共收到行政复议申请46件，依法受理42件，审结36件，不予受理4件。办理行政诉讼案件58起，无一起错案发生；严格审核规范性文件，确保政府抽象行政行为的合法性。认真对政府规范性文件进行合法性审核，坚持“政令统一、法制统一”原则，严把法律关、政策关。

扩权强县　2005年，大名县被省政府确定为第一批扩权试点县。省政府赋予大名县与设区市相同的部分经济和社会管理权限，包括计划直接上报、财政直接结算、经费直接安排、项目直接申报、用地直接报批、证照直接发放、统计直接发布、政策直接享有、信息直接获得、税权部分调整、部分价权下放等11个方面70项管理权限。扩权部门涉及财政局、发展计划局、人事劳动和社会保障局、国税局、地税局、交通局、国土资源局、环保局、教育局、建设局、农业局、水利局、科技局、公安局、民政局、卫生局、计生局、审计局、统计局、物价局、开放办、林业局、畜牧局、外贸局、商业局、药监局、旅游局、工商局、经贸局、技术监督局等30个单位。大名县抢抓扩权机遇，盯死项目建设不松手，筹集上亿元资金，扩建城区“六横九纵”主要街道，绿化、亮化、美化。规划建设占地15平方千米的工业园区，2005年年末，有6家企业入区建设，投资近5亿元。园区被评为“邯郸市十大重点园区”“河北省农副产品加工示范园区”，成为大名最具潜力的经济增长极。2005年，全县国民生产总值达46.3亿元，全部财政收入达7008万元，全社会固定资产投资完成17.9亿元。

第三节　机关事务管理

经过长时间的积累和完善，大名县机关事务管理逐步形成公务接待、安全保卫、环卫保洁、机关事务服务管理等几大类相对稳定的运行模式。

管理机构

2002年6月，成立县政府机关事务管理局；2004年7月，与县委机关事务管理局合并，更名为大名县机关事务管理局，下设办公室、人事股、接待股、财务科、保卫科，下辖机关事务服务中心（事业单位）。编制30名。其中局长1名，副局长3名，支部副书记1名，股级职数8名。

机关办公环境整治

卫生管理　聘用8名保洁员负责县委、县政府机关“两院”的卫生清理，实行全天保洁，机关卫生状况与保洁员工资挂钩，达到院内环境整洁卫生，路面无脏物、花池无杂草、卫生无死角，无物品乱堆、广告乱贴、污水乱流、垃圾乱倒现象。

绿化管理　聘请县知名花木专家制定花草养护实施方案，园艺工人依照方案进行专业维护，及时浇水、施肥、修剪。

环境治理　涂刷县委常委院、县长院大门，粉刷树木围裙，疏通排水管道，确保流水畅通，对草坪进行喷药灭蚊，对秋季树木落叶进行集中深埋处理，禁止在机关内焚烧，对厕所实行定人、定时喷洒消毒，专人管理，实现无堵塞、无污渍、无蚊蝇、无污水、无脏污、无不良文化。

安全保卫、来宾接待

安全保卫　制定《安全管理制度》，加强内部安全防范工作；与“两院”各单位签订“安全保卫责任制”，分解任务，完善技防设施，在县委院、县政府院门口、停车场等重要部位安装360度旋转式监控设备8套；保安统一着装，坚持军训出早操，并配备橡胶棒、防身棍等安保工具；坚持来人来访登记和24小时巡逻制度，把好“入口关”；做好集体上访劝阻工作；规划停车泊位，车辆有序放停；至2005年年末，机关未发生一起刑事、治安案件。

来宾接待　接待礼仪突出个性化（切合来宾特点）、精细化（零失误）、特色化（本地特色）服务。接待办法朴实大方、定点就餐、禁止超标准接待。

第五章　政协大名县地方组织

政协大名县第一届委员会于1956年3月选举产生。1966年2月选举产生政协第三届委员会。“文化大革命”期间，政协组织处于瘫痪状态。1981年1月，以政协大名县第四届委员会召开为标志，政协组织及其活动开始恢复，至2005年年末，召开政协大名县七届委员会。政协委员构成界别由18个发展至23个，委员由101名发展至275名，政协组织政治协商和民主监督活动日趋活跃，参政议政作用日趋重要。

第一节　委员会

政协委员构成

大名县政协委员由中国共产党、群众团体、无党派民主人士、农工商、科教文卫等不同界别组成，具有广泛的代表性。大名县政协第四届委员会（1981.1.4—1984.12.13）委员101名，其中党外委员47名，占46.2%。第五届委员会（1984.12.14—1987.4.30）委员165名，其中党外委员100

名，占 60.9%。第六届委员会（1987.5.1—1990.5.4）委员 170 名，其中党外委员 102 名，占 60%。第七届委员会（1990.5.5—1993.3.2）委员 171 名，其中党外委员 103 名，占 60.2%。第八届委员会（1993.3.3—1998.2.25）委员 174 名，其中党外委员 105 名，占 60.3%。第九届委员会（1998.2.26—2003.8.14）委员 239 名，其中党外委员 144 名，占 60.3%。第十届委员会（2003.8.15—）委员 275 名，其中党外委员 165 名，占 60%。第四届政协委员会来自于 18 个界别，第五届至第十届政协委员来自于 23 个界别。

委员会会议

政协大名县委员会自 1981 年恢复活动以来至 2005 年，经历第四至第十届委员会，召开全体会议 28 次。第四届政协委员 101 名，至第十届政协委员达 275 名，政协委员在大名县政治舞台上日益活跃。

四届委员会第一次会议于 1981 年 1 月 4 日至 12 日召开，共有委员 101 名，出席会议 96 名，因病因事请假 5 名。政协主席高梦僧作四届政协筹建情况报告；全体委员列席县七届人大一次会议；会议以举手表决方式选举出主席 1 名、副主席 6 名、常委 21 名；会议通过《中国人民政治协商会议大名县第四届委员会第一次会议决议》。第二次会议于 1982 年 3 月 22 日至 26 日召开，会议听取、审议并通过政协常委会工作报告和提案处理情况报告；列席县七届人大二次会议；决定增补 8 名委员，增选 6 名常委、1 名副主席；通过政治决议。第三次会议于 1983 年 3 月 2 日至 6 日召开。会议决定增补委员至 110 名；会议听取、审议并通过常委会工作报告和提案处理情况报告；列席县七届人大三次会议；做出政治决议。第四次会议于 1983 年 12 月 31 日召开。听取《关于政协主席工作守则报告和今后政协工作安排意见报告》；决定延长本届委员会任期；增选 4 名常委；改选本届委员会主席、副主席，刘根来当选主席。

五届委员会第一次会议于 1984 年 12 月 14 日至 18 日召开，应出席委员 165 名，实出席 142 名，因病因事请假 23 名。会议听取、审议并通过四届常委会工作报告和提案处理情况报告；列席县八届人大一次会议；选举产生主席 1 名、副主席 5 名、常委 22 名；通过政治决议。第二次会议于 1985 年 3 月 28 日至 30 日召开。会议听取并审议常委会关于 1985 年度工作安排意见报告；列席县八届人大二次会议；通过大会政治决议。第三次会议于 1986 年 3 月 24 日至 27 日召开。会议听取常委会工作报告、本届一、二次会议以来提案处理情况报告及审查情况报告，增选副主席 1 名，列席县八届人大三次会议；会议还通过常委会政治决议、提案审查报告决议。

六届委员会第一次会议于 1987 年 5 月 1 日至 4 日召开。会议听取并审议五届常委会工作报告、提案委员会关于提案处理情况报告及提案审查情况报告；列席县九届人大一次会议；选举产生主席 1 名、副主席 3 名、常委 22 名；大会还做出政治决议和其他有关决议。第二次会议于 1988 年 3 月 15 日至 17 日召开。会议听取并审议常委会工作报告、提案处理情况报告、文史工作情况报告；列席县九届人大二次会议。第三次会议于 1989 年 1 月 23 日至 25 日召开。会议听取并审议常委会工作报告和提案办理情况报告；增补常委 2 名；列席县九届人大三次会议；做出政治决议和有关决议。

七届委员会第一次会议于 1990 年 5 月 5 日至 8 日召开。会议听取并审议六届常委会工作报告、提案处理情况报告及提案审查情况报告；列席县十届人大一次会议；选举主席 1 名、副主席 4 名、常委 21 名；会议做出政治决议和常委会工作报告、提案审查情况报告的决议。第二次会议于 1991 年 4 月 9 日至 11 日召开。会议听取、审议并通过常委会工作报告及七届一次会议以来提案办理情况报告、本次会议提案审查情况报告；列席县十届人大二次会议；做出政治决议、常委会工作报告决议和提案审查情况报告的决议。第三次会议于 1992 年 4 月 6 日至 8 日召开。会议听取、审议并通过常委会工作报告、提案办理情况的报告及本会提案审查情况报告；列席县十届人大三次会议；做出政治决议。

八届委员会第一次会议于 1993 年 3 月 3 日至 6 日召开。会议听取、审议并通过七届常委会工作报告及提案办理、审查情况报告；列席县十一届人大一次会议；选举产生主席 1 名、副主席 6 名、常委 26 名；做出政治决议。第二次会议于 1994 年 3 月 27 日至 29 日召开。会议听取并审议常委会工作报告及提案办理、审查报告；讨论通过 1994 年政协工作安排意见；列席县十一届人大三次会议；通过政治决议和其他决议。第三次会议于 1995 年 3 月 17 日至 20 日召开。会议听取、审议并通过常委会工作报告及提案办理情况报告；增补常委 4 名；列席县十届人大四次会议。第四次会议于 1996 年 3 月 15 日至 18 日召开。会议增补常委 1 名；列席县十届人大五次会议。第五次会议于 1996 年 6 月 26 日召开。会议传达市委政协工作会议精神；听取副县长黄月芳所做的《关于大名县农村税费改革的情况说明》；审议通过《政协大名县委员会关于号召全体委员和各界人士支持政府“农村税费改革”的决议》；列席十届人大六次会议。第六次会议于 1997 年 3 月 5 日至 7 日召开。会议通过八届委员会主席和 1 名副主席辞职的请求，选举产生主席 1 名，增补常委 1 名；听取、审议并通过常委会工作报告及提案报告；列席县十一届人大七次会议。

九届委员会第一次会议于 1998 年 2 月 26 日至 28 日召开。会议听取并审议通过八届政协常委会工作报告及五年来提案工作报告；列席县十二届人大一次会议；选举产生主席 1 名、副主席 3 名、秘书长 1 名、常委 36 名；做出政治决议及《关于向丹志民委员学习的决定》。第二次会议于 1999 年 1 月 24 日至 26 日召开。会议听取并讨论九届政协常委会工作报告及提案工作报告；列席县十二届人大二次会议；同意 1 名常委辞职的请求，增补 1 名；大会做出政治决议及有关决议和《关于大力推动大名县畜牧养殖业发展的决定》。第三次会议于 2000 年 2 月 25 日至 27 日召开。会议听取并审议通过常委会工作报告和提案报告；列席县十二届人大三次会议；同意 2 名常委的辞职请求，增补 2 名常委。第四次会议于 2000 年 9 月 20 日召开。县委书记董海林到会讲话。会议听取县长赵书林所作的《关于 1—8 月份经济运行情况和今后 4 个月工作安排的通报》；增选 1 名副主席，通过原秘书长辞呈和继任秘书长人选。第五次会议于 2001 年 2 月 22 日至 24 日召开。会议听取常委会工作报告和提案工作情况的报告；列席县十二届人大四次会议；做出政治决议和常委会工作报告决议。第六次会议于 2002 年 4 月 27 日至 29 日召开。会议听取并审议通过常委会工作报告及提案报告；列席县十二届人大五次会议；补选主席 1 名；做出政治决议、常委会工作报告的决议和提案工作报告的决议。

十届委员会第一次会议于 2003 年 8 月 15 日至 17 日召开。会议听取并审议通过九届常委会工作报告和提案报告；列席县十三届人大一次会议；选举产生主席 1 名、副主席 3 名、常委 36 名。第二次会议于 2004 年 2 月 15 日至 17 日召开。会议听取并审议通过常委会工作报告和提案报告；列席县十三届人大二次会议。第三次会议于 2005 年 3 月 5 日至 7 日召开。会议听取并审议常委会工作报告和提案报告；列席十三届人大三次会议；同意 4 名常委辞职的请求，增补常委 8 名。

1981—2005 年出席省政协会议委员一览表

表 9-16

姓名	年份	原任职务	政协职务
杨保冬	1986	中共大名镇二铺村支部书记	第五届河北省政协委员
丹志民	1998	河北五得利集团董事长	第九届、第十届河北省政协委员

第二节　常务委员会

常务委员会组成及其会议

常务委员会组成人员　大名县政协常务委员会由主席、副主席、秘书长（办公室主任）和常务委员组成。四至八届常委会分别由 21 人、22 人、27 人、21 人、26 人组成，九至十届常委会均由 36 人组成。

1981—2005 年政协大名县委员会主席、副主席一览表

表 9-17

届别	姓名	职务	政治面目	任职时间	籍贯	备注
第四届	高梦僧	主席	中共党员	1981.01—1983.11	大名县	
	刘根来	主席	中共党员	1983.11—1984.12	安平县	
	陈好善	副主席	中共党员	1981.01—1984.12	大名县	不驻会
	陈春发	副主席	非党人士	1981.01—1984.12	大名县	
	杨友云	副主席	中共党员	1981.01—1984.12	大名县	
	李朝甫	副主席	中共党员	1981.01—1984.12	大名县	不驻会
	张宝珍	副主席	中共党员	1981.01—1984.12	邱县	
	文尚庆	副主席	中共党员	1981.01—1984.12	大名县	
	王惠忱	副主席	非党人士	1982.04—1984.12	山东莘县	不驻会
	曹殿玲	副主席	中共党员	1983.05—1984.12	大名县	不驻会
	张秀峰	副主席	中共党员	1983.05—1984.12	大名县	
	冯善魁	副主席	中共党员	1983.12—1984.12	大名县	
第五届	刘根来	主席	中共党员	1984.12—1987.05	安平县	
	王金江	副主席	非党人士	1984.12—1987.05	枣强县	不驻会
	冯善魁	副主席	中共党员	1984.12—1987.05	大名县	
	陈春发	副主席	非党人士	1984.12—1987.05	大名县	

续表 9-17

届别	姓名	职务	政治面目	任职时间	籍贯	备注
第五届	欧国志	副主席	非党人士	1984.12—1987.05	天津市	不驻会
	杨秀芳	副主席	非党人士	1984.12—1987.05	大名县	
	张化南	副主席	中共党员	1985.08—1987.05	大名县	不驻会
第六届	刘根来	主席	中共党员	1987.05—1990.05	安平县	
	王金江	副主席	非党人士	1987.05—1990.05	枣强县	不驻会
	冯善魁	副主席	中共党员	1987.05—1990.05	大名县	
	杨秀芳	副主席	非党人士	1987.05—1990.05	大名县	不驻会
第七届	宋善继	主席	中共党员	1990.05—1993.03	大名县	
	王金江	副主席	非党人士	1990.05—1993.03	枣强县	不驻会
	杨秀芳	副主席	非党人士	1990.05—1991.03	大名县	不驻会
	孟素霞	副主席	非党人士	1990.05—1993.03	成安县	不驻会
	冀修武	副主席	中共党员	1990.05—1993.03	大名县	不驻会
第八届	宋善继	主席	中共党员	1993.03—1997.03	大名县	
	冯九成	主席	中共党员	1997.03—1998.02	大名县	
	王金江	副主席	非党人士	1993.03—1998.02	枣强县	不驻会
	陈一仁	副主席	非党人士	1993.03—1998.02	张家口市	不驻会
	孟素霞	副主席	非党人士	1993.03—1998.02	成安县	不驻会
	胡章海	副主席	中共党员	1993.03—1997.03	大名县	
	龚瑞林	副主席	中共党员	1993.03—1998.02	大名县	
第九届	冯九成	主席	中共党员	1998.02—2002.04	大名县	
	黄武臣	主席	中共党员	2002.04—2003.08	大名县	
	龚瑞林	副主席	中共党员	1998.02—2003.08	大名县	
	陈一仁	副主席	非党人士	1998.02—2003.08	张家口市	
	张继英	副主席	中共党员	1998.02—2003.08	大名县	不驻会
	申国安	副主席	中共党员	2000.08—2003.08	大名县	
第十届	高连生	主席	中共党员	2003.08—	大名县	
	申国安	副主席	中共党员	2003.08—	大名县	
	张继英	副主席	中共党员	2003.08—	大名县	
	王春朝	副主席	非党人士	2003.08—	大名县	不驻会

历届常务委员会会议 政协大名县委员会设常务委员会主持会务。政协常委会原则上每季召开一次，遇特殊情况随时召开。1981—2005 年共召开常委会 132 次。政协大名县第四届委员会召开常委会议 25 次，第五届委员会召开常委会议 13 次，第六届委员会召开常委会议 17 次，第七届委员会召开常委会议 14 次，第八届委员会召开常委会议 29 次，第九届委员会召开常委会议 23 次，第十届委员会召开常委会议 11 次。在 132 次常委会中，63 项议题涉及总结安排工作，58 项议题涉及组织学习和研究落实政策，44 项议题涉及协商委员人员变更，19 项议题涉及委员视察调研，34 项议题听取县委、县政府及有关部门通报政治、经济形势及重大决策的制定与实施。

主席会议 政协大名县委员会由主席主持常委会的工作，副主席、秘书长协助主席工作，共同组成主席会议。主席会议主要负责处理常委会的日常工作，并受常委会的委托，主持下一届委员会第一次全体会议预备会议。主席会议一般每月举行一次。1981—2005 年，县政协共召开主席会议 400 次。主席会议主要讨论党和国家大政方针的贯彻落实和群众关心的热点问题，议定以政协名义向党政领导机关提出的建议案；决定召开常委会的日期、提出会议议题、审议提交常委会的文件；讨论研究委员学习视察、调查研究等主要活动；讨论确定常委会工作机构和工作安排。

工作机构

1981 年县政协恢复时，工作机构仅设 1 个办公室。1984 年 12 月，设立学习委员会、文史委员会。1986 年 6 月，政协五届十二次常委会组建提案委员会。1987 年 6 月，政协六届一次常委会协商通过建立学习委员会、提案委员会、文史资料研究委员会、工作组委员会。1988 年 2 月，政协六届五次常委会决定政协机关建立联络科、宣教科。1990 年 8 月，政协七届二次常委会决定下设学习法制委员会、经济科教委员会、祖国统一委员会、文教卫生委员会、文史委员会和提案委员会。1998 年 2 月，政协常委会下设办公室、提案委员会、经济科教委员会、社会法制委员会、民族宗教侨台委员会、文史学宣委员会。1999 年 3 月至 2002 年 7 月，根据县委机构改革方式，政协设置 1 个办公室和 1 个联络室。联络室为包含各专门委员会职能在内的综合机构，联络室主任、副主任分任 5 个委员会主任职务。2002 年 7 月机构改革，政协大名县委员会内设办公室、提案委员会、文史委员会、经济科教委员会、社会法制民族宗教港澳侨台委员会。

办公室是政协常委会和主席会议的办事机构，负责政协全体委员会议、常委会的筹备及文件的起草印刷、上呈下达、收发管理、信息反馈、后勤保障、离退休干部工作等机关行政事务的处理。提案委员会是常委会领导下的办事机构，主要职责是收集提案，帮助委员提交提案质量，向有关部门交办提案并督促其办理。文史委员会是常委会领导下的办事机构，负责大名文史资料的征集和编印，委员的学习工作和委员先进事迹、政协各类活动和经验的宣传报道、社情民意的收集及《社情民意内刊》的采编发工作。经济教科委员会是常委会领导下的办事机构，负责与经济、教育、科技、文化、卫生、体育等界别委员进行联系，组织委员围绕上述工作开展视察、调研，知情出力、参政议政。社会法制民族宗教港澳侨台委员会是常委会领导下的办事机构，负责宣传贯彻宪法和各级法律法规，学习党的民族、宗教、港澳、侨台有关政策，团结各界人士为维护社会稳定、促进祖国统一做贡献。

1981 年政协机关恢复时工作人员 9 名；1990 年工作人员 14 名（含驻会主席），缺编 5 名；2005 年编制 22 名，实有 22 名。

第三节　主要工作

政治协商与民主监督

参加县内重大活动　县政协和县委、县政府之间逐步建立完善一季一协商工作制度，先后制定并实施各项有关政治协商、民主监督、参政议政的意见、条例、规定、规则，不断拓宽协商监督渠道，规范协商监督程序，通过不同形式，把各个方面的意见、建议，及时向党政决策部门反映，同时把县委、县政府的意图宣传到社会各界、各个方面。1981—2005 年，共召开季度协商会和专题协商会 72 次，为县委、县政府科学决策、民主决策提供有价值的参考。历届政协委员积极参与对大名县执法、执纪和行业管理部门的检查和评议活动，先后有 400 多人（次）被聘为行风评议员。通过组织和参与实际活动，发挥了政协参政议政作用，在一定程度上提高了政协的社会影响。

列席人大代表会议　1981—2005 年，政协大名县委员会组织委员列席县人大七至十二届共 27 次会议，对“一府两院”工作包括大名县体制改革、对外开放、经济社会发展计划、两个文明建设及司法公平正义等重大问题进行协商讨论，提出许多合理化、可行性的意见和建议。

调查研究　1981 年四届政协恢复后，根据政协委员多学科、多专业的特点，积极发挥委员智慧，深入调研。截至 2005 年，共组织专题调研活动 59 次，撰写大量的调研报告和提案。1984 年关于大名一中知识分子工作和县医院改革工作经验的调研报告，1986 年关于当前青年学生的思想状况及对策的调研报告，1992 年视察“1751”工程村及“双百”工程落实情况的调研报告，1994 年关于社会热点问题的调研报告，1998—2005 年关于加强高中教育，优化县城经济发展环境，加强文物保护、开发和利用，村村通油路等方面的专题调研报告，均受到县委、县政府高度重视并得到采纳。

办理提案

四届政协（1984 年 12 月 14 日）至十届政协（截至 2005 年 12 月 31 日），共收到政协委员提案 2866 件，其中立案 2645 件、办复 2637 件，办复率为 99.75%。提案数量五、六、七届立案均为 200 余件，八、九、十届均超过 600 件，政协委员参政议政活动日益活跃。其中五届政协收到提案 338 件、立案 231 件、办理 223 件，占立案数的 97%；六届政协收到提案 275 件、立案 263 件、办理 263 件，七届政协收到提案 288 件、立案 234 件、办理 234 件，八届政协收到提案 632 件、立案 619 件、办理 619 件，九届政协收到提案 685 件、立案 665 件、办理 665 件，六到十届政协办理件数占立案数的比率均达 100%。

委员学习

1981 年以来，政协大名县委员会始终把学习列为首要议程，做到集中学与分散学相结合、政协理论经常学与时事政治及时学相结合，系统学习各个时期党的方针、政策、统战知识及省市县有关文件精神。1991—1993 年，为委员印发学习资料 13 期、2200 余份，组织委员集中学习 12 次。1993—1998 年，组织委员举办学习会 30 余次，印发资料 22 期、5000 余份。1998—2005 年，组织各类学习活动 60 次；2004 年，配合纪念人民政协成立 55 周年，举办大型知识竞赛，分组全员参与。通过学习，委员的整体素质有很大提高，参政议政能力大为增强。

咨询服务

大名县政协根据人才荟萃的优势，充分利用委员自身专业专长，开展以经济建设为中心的咨询服务活动。1986年，工交工作组建立以机械、电力、交通等行业为服务对象的技术咨询服务站。1987—1990年，县政协举办培训班23个，培训人数1100余人。1991—1993年，利用科普车、宣传橱窗、举办培训班、设咨询服务台等形式，向群众传授科技知识和经济信息，受益人数达12万人。1993—1998年，开展“三下乡”活动10次，举办科技知识咨询服务8场。1998—2005年，各项咨询服务、“三下乡”活动有声有色、如火如荼，仅2004年一年就开展“三下乡”活动3次，举办咨询服务2场，受到广大群众的欢迎和好评。

联谊活动

海内外统一战线　为促进祖国和平统一和两岸交流，县政协利用传统节日，年年召开不同形式的茶话会、座谈会，1979—2005年共接待台胞、海外侨胞1180人（次），1986—1999年，两次在大名举办台胞诸国英先生书法展，并委托诸先生在台举办大名知名人士书画展。台属王青山委员曾两次利用赴台探亲机会，在屏东、台南等地举办个人书法展，并走访多名大名籍台胞，增加了两岸的联谊和交流。

联谊交往　1987年12月，大名县政协与山东省莘县政协、河南省南乐县政协建立“三省三县”横向联谊关系，至2005年，共举行联谊会22次，除交流政协工作经验外，还分别交流文教工交农林牧等方面的情况。其中大名县政协与莘县政协就大名县冢北乡至莘县张鲁镇公路贯通问题进行多次协商，使困扰多年的公路不通问题得到解决，促进了两地的经济发展。多年来，县政协以三省三县联谊会为依托，扩大交往，增进了解，提升了大名的形象和影响力。

文史征集

大名县是历史文化名城，又是革命老区，文化底蕴深厚，文史资料丰富。大名县政协自1981年恢复工作后，先后成立文史资料研究会、文史办、文史委员会，聘请50余人的业余文史资料员，恪守“亲历、亲见、亲闻”三亲原则，形成稳定的文史资料写作网。1981—2005年，共征集各类文史资料200多万字，1987年出版《大名文史资料》第1辑，至2004年出版第8辑，合计120万余字。其中第4辑获1993—2002年河北省政协文史资料优秀成果二等奖，第7辑获1998—2002年邯郸市政协文史资料优秀成果奖，第8辑获邯郸市政协文史资料优秀成果一等奖。积极完成省市政协下达的协作选编任务，被省市政协选载的文章20篇、16万字。

《大名文史资料》出版后，赢得广大人民群众喜爱。大名籍台胞利用回乡探亲之机阅读文史资料，感受颇深，激发爱乡爱国热情，并主动向文史委员会供稿，倾诉对故乡的一片真情。《大名文史资料》成为搭建两岸沟通的桥梁，发挥了独特的统战作用。

第六章　社会团体

大名社会团体有工商业联合会（简称工商联）、工会、共青团、科学技术协会（简称科协）、妇联、文学艺术联合会、残疾人联合会（简称残联）等。大名最早的社会团体大名商会创建于清宣统二年（1910年），大名工商业联合会组建于1952年，最晚的是1990年成立的大名县残疾人联合会。各社会团体围绕经济社会发展，不断加强自身建设，努力发挥各自的职能作用，积极开展各项工作，为大名县的经济发展和社会进步做出了贡献。

第一节　工　会

组织机构

1979年，县总工会下设办公室、女职工委员会、经费审查工作委员会、职工技术协作委员会，编制10名。1984年，县总工会下设组织、生产、财务、女工、俱乐部等5个工作委员会，设主席1名、副主席2名，机关编制10名。

1990年，县总工会下设组织、生产、财务、女工、俱乐部等5个工作委员会。设主席1名、副主席1名、机关编制11名。

1994年，县总工会下设组织、生产、财务、女工、职工俱乐部等5个工作委员会，设主席1名、副主席2名、机关编制15名。

2001年，县总工会下设办公室、女职工委员会、俱乐部，设主席1名、副主席2名、机关编制18名。

2004年，县总工会下设办公室、女职工委员会、俱乐部，设主席1名、常务副主席1名、支部书记1名、副主席2名、机关编制19名。

2005年，县总工会下设办公室、女职工委员会、职工俱乐部，设常务副主席1名、副主席2名，机关编制19名。

主要工作

提合理化建议　1985—2005年，大名县总工会年年发文奖励提合理化建议活动，激发了职工献计献策热潮。1985年、1986年，大名县有6511名职工提合理化建议5929条，被采纳3075条，实施1871条，创经济效益300万元。1989年，大名县有7486名职工提合理化建议6440条，被采纳4711条，实施2688条，创经济效益184万元。1990年，大名县有3500名职工提合理化建议3582条，被采纳2770条，实施2040条，创经济效益66万元。1992年，大名县有11211名职工提合理化建议3134条，被采纳1842条，实施1004条，创经济效益108万元。1993年，大名县有7851名职工提合理化建议5013条，被采纳3138条，实施2177条，创经济效益203万元。1994年，大名县有

10813名职工提合理化建议1952条，被采纳1231条，实施892条，创经济效益627万元。1998年，大名县有3187名职工提合理化建议2231条，被采纳1569条，实施809条，创经济效益306.52万元。1999年，大名县有3675名职工提合理化建议5000条，被采纳889条，实施432条，创经济效益220万元。2000年，大名县8个系统的职工提合理化建议2300条，被采纳和实施640条，创经济效益280万元。2002年，大名县职工提合理化建议3200条，增加经济效益280多万元。2003年，大名县参加技术练兵活动5000余人，实现创新成果55项，实施合理化建议8000条。2004—2005年，提合理化建议5000多条，创10万元以上新成果15项，实现10万元以上利润的合理化建议12条。

技术比赛　1992年，指导大名县农行系统开展技术比赛，会计、出纳16人参赛，4人分别获得单项第一名。1993年，组织大名县113个单位、7531名职工参加269个项目比赛，涌现出一大批技术能手。1995年，组织大名县工业财贸企业开展劳动竞赛活动，经委、县社、商业、粮食等4个系统有5216名职工参加竞赛。1996年，组织工业企业开展技术革新和技术攻关活动，攻克技术难关15项，实现技术革新24项，创经济效益98万元。1997年，组织技协会员大搞技术革新，各级技协组织技术攻关98项，实现小改小革82项，推广新技术8项，研制开发新产品12项，创经济价值218万元。1998年，组织技协会员大搞技术革新，精心研制开发新产品，各级技协组织技术攻关79项，创经济效益37.5万元；进行技术开发15项，创经济效益53.8万元；推广新技术6项，创经济效益78万元；开展技术培训57期，培训总人数达2526人；开发技术帮扶亏困企业1个，创经济效益3万元。

保障职工福利　1981年12月，县总工会发出《关于开展职工生活工作大检查的通知》，对以职工食堂为重点的职工生活工作进行大检查。评选出部分先进职工食堂和先进炊事员、管理员；1985年12月5日，县总工会成立职工物价监督委员会；1986年1月17日，县总工会发出通知，要求各基层工会对困难职工进行一次生活救济。10月16日，县总工会、财政局、劳动人事局联合发出通知，对企业职工因工死亡遗属生活困难补助的若干问题作出规定；1987年5月10日，县总工会发出《关于庆祝“六一”儿童节的通知》；1988年9月30日，县总工会、团县委、县妇联发出《关于在重阳节期间开展敬老活动的通知》；1989年4月25日至5月30日，县总工会为大名县女职工普遍进行健康检查。1990年1月15日，大名县总工会发出《关于搞好慰问、救济、文体活动等项工作的通知》。1992年7月，县总工会研究批复粮食局系统职工因病死亡的待遇问题。1995年年末，大名县各级工会筹资7万余元，组成200多个慰问团组，对大名县2626户离退休干部、职工、劳模、特困职工进行慰问和救济；1996年12月，大名县各级工会组成慰问团组30个，慰问职工765户，发放救济款物6万多元；1997年10月，大名县总工会成立职工消费合作社，为困难职工发放购物优惠卡1000余张。12月，大名县各级党政领导组成慰问团组200多个，把30多万元的救助资金发放到特困职工手中；1998年12月，大名县各级工会组织积极配合党政机关筹措资金36万元，发放到贫困职工手中；1999年12月，县总工会为550户特困职工建立档案，拿出7000多元经费慰问50余户特困户、劳模；2002年春节前，县总工会和县四套班子领导慰问特困职工和省、市劳动模范，为350余户特困职工送去款物；2003年“双节”期间，县总工会印发文件，积极开展送温暖活动，县总工会和县四套班子一起慰问特困职工和劳动模范，先后为360余户特困职工送款送物，共发放救助资金3.5万元；2004年，县总工会向外输出务工人员500余人，吸纳帮扶安置下岗职工2150人。“双节”期间，慰问特困职工和劳动模范360余户，共发放救助资金4.5万元；2005年“五一”节前，召开大名县劳模代表座谈会，市级以上劳模领取价值386元的纪念品，发放特困劳模救济款6000余元，劳模药费12680元，落实劳模荣誉津贴政策。

开展文体活动　1979年9月，在邯郸地区职工篮球赛中，大名县篮球队获得第三名。1980年4月30日，县总工会举办庆“五一”职工文体活动比赛，比赛设篮球、乒乓球、象棋三项，参加职工300余人。1981年5月，举办“五一”职工篮球赛。1982年4月30日，举办庆“五一”职工文体活动（篮球、象棋）比赛，参加干部职工200余人。1983年12月，举办迎新春职工文体活动。1984年7月，在俱乐部文艺厅举行职工技术比赛，表彰100名技术（业务）能手、27个先进集体。1985年4月29日，举办“五一”职工篮球友谊比赛。1986年2月6日，县总工会和体校联合举办春节职工体育比赛，分篮球、羽毛球、象棋等三个项目。7月1—3日，县总工会、体委联合举办职工篮球、羽毛球比赛。1987年4月30日，大名县总工会举办“五一”职工文体活动。1988年2月，县总工会、县文体馆联合举办青年业余歌舞、娱乐大奖赛和硬笔书法评展。1989年5月1日，举办“迎五一职工书法展”。1990年4月29日，举办“五一”职工象棋比赛。1991年3月4日，举办职工象棋比赛，参加职工100余人。12月，举办迎新年职工书画展览。1992年4月2日，县总工会、文化馆组织“五一”职工演唱队巡回演出。五一期间，县工会牵头结合各系统工会、各基层工会开展文体活动。1994年4月28日，举办“五一”职工文体活动，比赛项目有篮球、乒乓球、象棋等，300名职工群众参加。1997年4月30日，举办“五一”滴溜杯职工篮球大赛。7月，举办庆中国香港回归职工篮球赛。1998年4月28—30日，举办庆“五一”职工象棋、乒乓球比赛，参加职工100余人。2000年10月1日至3日，筹办首届干部职工运动会，大名县1000多名干部职工参加，组织承办大名县男、女乒乓球比赛。2001年4月28—30日，举办庆“五一”职工文体活动比赛，活动内容有篮球、乒乓球、羽毛球等项目。2002年“五一”节前，举办职工文体活动比赛，主要有篮球、乒乓球、羽毛球、象棋等项目。2003年国庆节期间，举办乒乓球、象棋两项活动。2004年“五一”节、国庆节期间，组织1000多名职工参加乒乓球赛、象棋赛、书法大赛等。选送的运动员获市第六届职工运动会羽毛球赛第八名。2005年“五一”节期间，举办乒乓球、羽毛球、象棋职工文体活动，参加人数达500余人。

维护职工合法权益　1979年5月15日至17日，在县直机关工商、财贸、文教、卫生、党校、招待所等单位进行职工食堂和商业食堂竞赛检查评比，评出先进食堂27个、模范炊事员64名。1983年12月23日，县总工会、妇联、政法委等十二个单位联合组织开展维护妇女儿童合法权益法制宣传月活动。1984年12月30日，县总工会建立职工法律顾问处。1985年9月5日，要求各系统、各基层工会按规划整顿建家。1987年7月30日，县总工会建立民主对话制度。1988年2月，按照省总工会要求，为获省级以上农业劳动模范职工补发荣誉证书。1989年1月13日，向县委、县政府报告县化肥厂承包人民主意识差并存有短期行为的情况，按化肥厂广大职工的意见重新确定厂长。3月6日，4名工作人员到龙王庙造纸厂蹲点一个月，帮助该厂实行全面质量管理。1990年10月，对大名县企业存在停产、半停产、亏损企业职工生活状况进行调查，帮助企业走出困境。1991年5月，对粮食局系统执行劳动保险职工6人死亡待遇的申请进行研究批复。1992年2月，建立女职工委员会。1993年12月17日，成立法律顾问处。1995年4月5日，县总工会、卫生局、妇联发出《关于开展妇女“两病”普查的通知》。1996年9月23日，成立工会劳动法律监督委员会。1998年5月10日，县总工会成立促进再就业领导小组。2000年6月2日，成立大名县新建企业工会工作协调指导小组。

6月6日，成立大名县推行厂务公开暨集体合同工作领导小组。2001年6月，大名县皮毛工艺厂、商业局百纺采购站、粮食局城关第二粮站、和寨粮站等企业制定关于全心全意依靠职工群众办企业的实施细则。

市级以上劳动模范

1979—2005年，大名县工业、农业、商贸、教育、卫生、党政机关等产业行业，在改革开放和经济社会发展中涌现了大批市级以上劳动模范。

1979—2005年大名县省（部）级及以上劳模一览表

表9-18

姓名	出生年月	单位及职务	获奖名称	获奖年月
王佳明	1950.11	农业局党总支书记	河北省劳动模范	1979
王新民	1930.3	大名府酒业有限公司	河北省职工模范	1981.2
刘玉芳（女）	1943.12	大名县环中机有限公司	河北省劳动模范	1986.5
罗增民	1953.4	金滩镇正科级组织员	全国民族团结进步模范	1988.4
李殿友	1939.2	县人大机关	河北省劳动模范	1989.6
顾凤凯	1937.5	县政府机关	全国农业劳动模范	1990.5
管继梅	1960.12	人民医院副院长	河北省职工劳动模范	1992.5
王建民	1953.10	万堤镇党委副书记	河北省劳动模范	1995.4
郭洪廷	1947.9	红庙乡	河北省劳动模范	1995.4
董玉山	1956.3	黄金堤乡	河北省劳动模范	1995.4
赵恩武	1942.10	县计划生育委员会	河北省计划生育劳动模范	1996.11
张淑萍（女）	1970.5	科技局	河北省劳动模范	1999.4
张超仁	1946.11	县电力局正科级调研员	河北省劳动模范	1999.4
杨德温（回族）	1951.11	大名镇中心校	全国民族团结进步模范	1999.9
丹志民（回族）	1968.4	五得利面粉集团董事长	河北省劳动模范	2004.4
金广彬	1956.9	营镇回族乡东营镇村党支部书记	河北省劳动模范	2004.4
崔树君	1949.11	邯郸大发裘皮有限公司董事长	河北省劳动模范	2004.4
王书海	1954.2	粮食局大名镇第二粮站	河北省职工劳动模范	2004.4
丹志国（回族）	1970.1	五得利面粉集团总裁	第九届中国十大杰出青年农民	2004.11

1991—2005 年大名县市（地区）级劳模一览表

表 9-19

姓名	出生年月	单位及职务	获奖年月
冀学才	1952.12	总工会	1991.12
曹惠霆	1953.4	总工会	1991.12
任景禹	1935.11	文化教育体育局	1991.12
陈一仁	1943.3	政协机关	1991.12
裴保印	1946.1	交通局副科级检查员	1991.12
曹明堂	1943.6	印刷厂	1991.12
赵明振	1962.8	中共大名县委机关	1991.12
王志林	1941.9	电力局	1991.12
王建增	1954.11	营镇乡信用社	1991.12
杨同勤	1945.12	大名府酒业有限责任公司	1991.12
许贵岭	1961.4	国家税务局	1991.12
郭社可（女）	1954.10	供销社机关	1991.12
刘太林	1944.10	粮食局机关	1991.12
郑　山	1956.6	中共大名党校机关	1991.12
巩秀山	1948.5	北门口中学	1991.12
杨智英（女）	1948.12	大名镇实验学校	1991.12
黄国绪	1959.10	文物保管所	1991.12
张克让	1935.5	大名县油泵油嘴厂	1991.12
吕新爱（女）	1952.1	县印刷厂职工	1995.3
张安屯	1959.7	民政局	1995.3
邱建增	1956.12	林业局	1995.3
曹炳义	1952.5	供销社花生制品厂	1995.3
郭洪廷	1947.9	红庙乡	1995.3
李大明	1949.7	县工艺品厂	1998.4
李富德	1947.1	人民医院	1998.4
杨贵恩	1952.2	乡村公路管理站	1998.4
韩庆军	1971.12	大名府酒业有限责任公司	1998.4

续表 9-19

姓名	出生年月	单位及职务	获奖年月
赵九恩	1954.11	名鼎化工有限责任公司	1998.4
郭书臣	1955.4	大街乡王董村小学	1998.4
姚金文	1945.5	粮食局机关	1998.4
王海民	1953.8	工业城管委会	2001.4
王文学	1951.7	人事劳动和社会保障局	2001.4
张平（女）	1951.2	工商银行	2001.4
王书海	1954.2	粮食局大名镇第二粮站	2001.4
张建国	1949.2	医药公司	2001.4
尤建亭	1944.12	大名师范学校	2001.4
李永福	1956.10	电力局副局长	2001.4
金广彬	1956.9	营镇回族乡东营镇村党支部书记	2001.4
李淑莲（女）	1968.2	文教局勤学办主任	2005.5
许建洲	1963.12	国家粮库保管员	2005.5
曹继生	1957.3	国土资源局	2005.5
郭秋祥	1965.9	河北大名府酒业有限责任公司	2005.5
程耀武	1970.8	公安局	2005.5
张士远	1952.1	供销社	2005.5
张　境	1954.11	人民医院院长	2005.5
王保全	1956.10	县供电公司	2005.5

说明：1993 年前为邯郸地区职工劳动模范，1993 年后为邯郸市职工劳动模范

1979—2005 年大名县获省厅、国家部（委）表彰先进工作者一览表

表 9-20

姓名	出生年月	单位及职务	获奖名称	获奖年月
徐志杰（女）	1932.11	人大常委会机关	河北省模范班主任	1982.8
邢朝芳	1945.10	大名师范学校	河北省五讲四美为人师表优秀教师	1983
刘玉林	1949.7	商业局电子器材公司	河北省商业先进工作者	1986.4
靳武卿	1954.2	统计局	河北省统计工作先进工作者	1986.12
杨敬先	1946.6	总工会	河北省统计工作先进工作者	1986.12
杨智英（女）	1948.12	大名镇实验学校	全国优秀教师	1989.9

续表 9-20

姓名	出生年月	单位及职务	获奖名称	获奖年月
李福江	1943.2	文化教育体育局	全国优秀教师	1989.9
郭明启	1942.8	杨桥中学教师	全国优秀教师	1989.9
冯怀璞	1932.12	张集中学教师	全国优秀教师	1989.9
郭振中	1941.12	大名镇工农兵小学	全国优秀教师	1989.9
王乐同	1920.4	大名师范学校	全国优秀教师	1989.9
申月英（女）	1947.2	电力局	河北省先进会计工作者	1991.5
刘世彪	1963.10	总工会副主席	河北省先进会计工作者	1991.5
曹洪顺	1947.7	民政局	河北省先进会计工作者	1991.5
王俊书（女）	1945.8	大名镇东关小学	全国优秀教师	1991.9
张静利（女）	1965.8	职教中心工会副主席	全国优秀教师	1991.9
赵印达	1941.12	西未庄乡文教	河北省五讲四美为人师表优秀教师	1993.5
张云芬（女）	1947.2	第一中学教师	全国优秀教师	1993.5
张玉芳（女）	1950.11	第二幼儿园	河北省优秀教师	1993.5
李兵福	1957.2	第二中学教师	全国优秀教师	1993.9
金文明	1943.6	针织有限公司	河北省轻工业劳动模范	1995.11
李连明	1945.9	土地管理局	河北省土地管理工作先进工作者	1996
景立亭	1962.12	县计划生育委员会	河北省计划生育先进工作者	1996.10
王文增	1955.1	孙甘店供销社主任	河北省供销社系统劳动模范	1997.11
曹秀廷（女）	1954.12	民政局	河北省政府先进工作者	1998.3
崔保仓	1960.2	回民中学教师	河北省模范教师	1998.8
王京林（回族）	1964.3	县计划生育委员会	河北省计划生育先进工作者	1999.11
李俊生	1960.2	商业局百纺供应站	河北省贸易系统劳动模范	1999.12
文同银	1958.12	供销合作社	河北省供销社系统劳动模范	1999.12
冯玉忠	1946.7	财政局	河北省财政系统先进工作者	2000.12
郜海顺	1952.12	林业局	1998—1999 年度河北省绿化奖章	2000
邢海川	1955.8	财政局	河北省财政系统先进工作者	2000.12
杨麦占	1965.4	大名中学	河北省模范教师	2001.9
赵玉恒	1960.8	规划局局长	河北省建设系统劳动模范	2001.12
刘振勇	1963.12	交通局局长	河北省贸易系统先进工作者	2002.2

续表 9-20

姓名	出生年月	单位及职务	获奖名称	获奖年月
张聚山	1963.8	供销社副主任	河北省供销合作社系统劳动模范	2002.5
黄国芳	1961.6	教育局局长	邯郸市优秀人民公仆	2003.6
冀高泽	1952.9	交通局	河北省交通系统先进工作者	2004.2
夏景智	1958.2	交通局	河北省先进工作者	2004.4
朱献东	1964.6	京府商贸城	河北省供销系统劳动模范	2005.2

1979—2005 年大名县农业战线市级劳模一览表

表 9-21

姓名	出生年月	单位及职务	获奖年月
李建堂	1946.3	金滩镇金中村	1995.3
刘双庆	1945.4	西付集乡	1995.3
丹志民（回族）	1968.4	五得利面粉集团董事长	1995.3
闫书山	1949.9	北门口乡潘村	1995.3
崔双臣	1960.11	杨桥镇前齐庄村	1995.3
赵贵海	1972.11	王村乡东王庄村	1995.3
闫长安	1953.3	旧治乡六七牌村	1995.3
王成喜	1958.5	龙王庙镇一村	1995.3
康士峰	1948.8	孙甘店乡南石冲村	1995.3
王河江	1962.12	束馆镇后王家村	1995.3
李进朝	1965.3	北峰乡宋营村	1998.4
张合生	1971.5	铺上乡蔡屯村	1998.4
何建江	1964.1	营镇乡西营镇村	1998.4
张军波	1967.2	孙甘店马牧地村	1998.4
郑广兴	1956.6	金滩镇东龙化村	1998.4
王秀峰	1943.1	束馆镇胡气村	1998.4
董玉山	1956.3	大名县黄金堤	1998.4
张振峰	1955.12	邯郸大茂食品厂董事长	1998.4
王富顺	1963.3	大名镇北关村	1998.4
刘金城	1951.5	大街乡李庄村	1998.4
王国章	1961.11	龙王庙镇王庄村	1998.4
李百川	1952.3	大名镇升斗铺村	2001.4

续表 9-21

姓名	出生年月	单位及职务	获奖年月
毕运秀	1945.12	黄金堤乡吴毕庄村	2001.4
刘兆岭	1948.11	孙甘店乡南李庄村	2001.4
吕礼宽	1963.9	西付集乡前鲍庄村	2001.4
王景书	1948.9	万堤镇前屯村	2001.4
王会卿	1948.6	龙王庙镇前街村	2001.4
马自宽	1957.9	埝头乡山岳村	2001.4
董长峰	1971.7	黄金堤乡南盘村	2001.4
刘士奎	1958.3	旧治乡张潭村	2001.4
马四景（女）	1959.9	金滩镇焦庄村	2001.4
刘孟良	1964.7	大名镇成营村农民	2005.5
王同坤	1969.3	北峰乡炉里村农民	2005.5
董可志	1945.8	万堤镇万北村	2005.5
张中英（女）	1965.11	北峰乡各姓固村农民	2005.5
李建增	1965.4	金滩镇金中村农民	2005.5
孙兆祥	1945.12	红庙乡朝固村农民	2005.5
杨师俊	1939.4	营镇乡西营镇村农民	2005.5
潘顺祥	1972.1	万堤镇潘庄村农民	2005.5
王本建	1960.11	西未庄乡小韩道村	2005.5
张志勇	1963.5	大名镇升斗铺村	2005.5
闫青民	1974.5	旧治乡李茂堤六、七排村	2005.5
杨玉顺	1946.12	大名镇西杨村党支部书记	2005.5
董文强	1973.8	智成畜牧有限公司总经理	2005.5

第二节　共青团

1979 年后，中国共产主义青年团大名县委员会（简称共青团大名县委或团县委）带领广大青年深入开展爱国主义教育、社会主义教育，开展职业道德教育、社会法制教育，坚持以党建带团建，大力加强自身建设，不断提高团员素质，培养“四有”社会主义接班人，深入持久开展学雷锋活动。紧紧围绕县委、县政府中心工作，在全县开展丰富多彩且适合青年特点的活动。1989 年后，每年在大名县实施“希望工程”，救助贫困家庭失学和濒临失学的孩子。1979—2005 年，广大青年工人积极参加技术创新，开展社会主义劳动竞赛；农村青年深入开展科学种田、科学养殖活动；服务系统青年开展以训练素质、优质服务为主要内容的一系列竞赛比武活动，大名县广大团员青年在两个文明建设中发挥了生力军作用。

组织机构

1979年，团县委设书记1名、副书记1～2名，常务委员7名，委员25～37名，候补委员10名左右。内设办公室、青工部、组宣部、学少部等工作机构。1992年6月，增设机关秘书，编制7名，2005年编制4名。1979年，大名县有基层团委79个，其中乡镇团委45个、县直团委20个、学校团委11个、厂矿企业团委3个。基层团委设书记1人、委员2人（含兼职），具体负责本单位团员青年方面的工作。1988年后，6个区团委撤销。1996年2月，39个乡（镇）团委合并为20个。县直单位、学校及厂矿企业的团委随机构改革和企业改制有所增减。截至2005年年末，大名县设20个乡镇团委、6个县直学校团委、4个县直单位及6个厂矿企业团委，总计36个团委。团总支、团支部在基层团委领导下开展工作。总支、支部成员一般由书记1名、委员2名组成（有的设副书记）。1979年，大名县有团（总）支部627个，其中农村团支部562个、县直团支部20个、企业厂矿团支部5个、学校团支部40个；1987年，大名县有团支部823个；1992年，大名县有团支部823个。截至2005年年末，大名县有团支部742个，其中农村团支部651个、县直团支部35个、企业团支部10个、学校团支部46个。

代表大会

1979—2005年，共青团大名县委共召开6次全县中国共产主义青年团代表大会。1979年1月，第八次大名县中国共产主义青年团代表大会召开，出席代表536名。会议主题为“努力学习，勤奋工作，为社会主义现代化建设贡献青春”，团的工作重心开始转移到社会主义现代化建设的轨道上来。选举产生共青团大名县第八届委员会委员37名、候补委员2名，正副书记各1名。1982年8月—1987年6月，先后召开第九至十一次大名县中国共产主义青年团代表大会。1990年11月29—30日，第十二次大名县中国共产主义青年团代表大会在县电影院召开。出席代表210名，听取并审议《动员和组织广大团员青年，为社会主义现代化建设而奋斗》工作报告，选举产生委员29名、正副书记各1名、常委9名，常委平均年龄28岁，大专以上文化程度达22%。2001年3月9日，第十三次团代表大会在县龙泉宾馆召开，出席代表230名，其中女代表59名，占总数的25.6%；党员代表72名，占总数的31.3%；团员代表158名，占总数的68.6%；少数民族代表11名，占总数的4.7%。具有大中专以上学历的83名，占总数的36%。代表平均年龄26.5岁。听取并通过第十二届团县委工作报告；选举产生团的第十三届委员会；选举产生出席共青团邯郸市第十三次代表大会代表。选举产生共青团大名县第十三届委员会，设团县委书记1名、副书记1名、委员23名、候补委员9名。

主要工作

1979年后，团县委以“建功立业育新人”为主题，在全县青年中开展以“四反对、四教育”为主要内容的讲法纪树新风活动：反对赌博、打架斗殴等违法乱纪行为，进行遵纪守法教育；反对早婚、早恋、非法同居，大力宣传《婚姻法》，教育青年树立正确的恋爱观；反对不讲社会公德、不孝敬父母，进行讲公德、尊老爱幼教育；反对胸无大志、不学无术、无所作为，对青年进行前途理想、学科学、学文化、学技术教育，举办故事会、联欢会、演讲会260多场次，开展各种文体比赛600多场次，慰问离退休老干部上百次。

1981 年 2 月 27 日，团县委发出《关于掀起学雷锋树新风高潮的通知》，号召广大团员青年“学雷锋、树新风，做建设社会主义精神文明的先锋”。

1987 年 4 月，团县委开展《继承先烈遗志，争做“四有”新人，对青少年进行革命传统教育》活动，4 月 2 日，团县委组织县直和城关镇 1000 多名团员青年，在县烈士陵园郭隆真烈士纪念碑前举行革命传统教育大会。首先由团员、青年代表向烈士墓献花，210 名新团员进行入团宣誓，新团员代表发言。河北电视台在“河北新闻节目”进行播放，《邯郸日报》予以报道；1988 年 8 月，团县委成立青年“四有（有理想、有道德、有文化、有纪律）报告团”，在全县巡回演讲;1989 年 3 月 12 日，团县委组织全县青年植树造林，参加义务植树造林的青少年达 22 万人，共植树 300 万棵，绿化青少年路 2500 千米，各种荒地造林 3000 余亩，营造青少年林 700 亩。2001 年 4 月，团县委召开青年法制教育大会。同时，为严肃团纪，1979—2005 年，团县委处理了一批违纪团员。主要是不能按时交纳团费，组织观念淡泊的；思想落后，不能积极参加团组织活动的等。

少先队

权力机构为大名县少先队代表大会；领导机构为大名县少工委；议事机构为大名县少先队理事会；基层组织为各学校大、中、小队等。辅导员受共青团的委托，直接担负着带领少先队的光荣任务。截至 2005 年年末，大全县有各类辅导员 600 余人，其中县少先队总辅导员设在共青团大名县委，各中心校设有中心校辅导员，各小学设有大、中、小队辅导员，各中学辅导员由团组织负责人担任，部分学校设有志愿辅导员，由共青团大名县委、大名县少工委进行聘任。结合国情和本地实际，有针对性地开展教育活动，如“三八”妇女节开展献给妈妈的吻主题教育活动，清明节开展青少年扫墓暨入团、入队仪式活动，建党周年纪念日开展“红领巾心向党”主题教育活动等。

第三节 妇 联

组织机构

1979 年，大名县妇女联合会（简称妇联）下设办公室和托幼办公室，有干部 8 名，其中主任 1 名，副主任 2 名。1993 年 9 月 6 日，县级妇联正、副主任改称正、副主席；1996 年机构改革，县妇联编制减为 5 名，其中主席 1 名，副主席 1 名。2002 年机构改革，县妇联编制 4 名，其中主席 1 名、副主席 1 名。2005 年年末，有主席 1 名，副主席 2 名。1979 年，39 个公社均建有人民公社妇联，配有专职妇联主任 1 名。1984 年，公社妇联更名为乡（镇）妇联。1996 年撤区并乡，20 个乡（镇）妇联均配有专职妇联主席 1 名。2005 年年末，20 个乡镇有专职妇联主席 20 名，均为股级。1979 年，651 个大队中有 586 个大队建立农村妇女代表会（简称妇代会），有妇代会主任 586 名。2005 年年末，全县村（街）建立妇代会 651 个，专职妇代会主任 651 名，其中中共党员 321 名、群众 330 名，高中文化 93 名、初中文化 492 名、小学文化 66 名，年龄结构以 35 ~ 45 周岁为主。1989 年，建立县直机关妇委会 30 个，配备股级妇委会主任 30 名，其中专职主任 16 名、兼职主任 14 名。2005 年年末，共有县直单位妇委会 42 个，其中专职主任 13 名、兼职主任 29 名。

主要活动

“双学双比”活动 1985年，县妇联向全县各级妇联发出“我为振兴大名学文化、学技术”的通知，3090名妇女参加各种形式的技术培训班，基本上均能掌握1门以上实用技术。1989年，县、乡（镇）建立“学文化、学技术、比成绩、比贡献”竞赛活动协调领导组织，办班512期，培训妇女15460人（次）。1990年，县妇联与农业局联合将“双学双比”纳入大名县1751工程总体规划，开展“植棉女能手”“吨粮田”“万亩田”等竞赛活动。并与畜牧局联合开展“养殖女状元”“千元院”等活动。1992年9月25日，县妇联在西付集乡召开大型养牛现场会，推广西付集乡发动妇女家庭养牛的成功经验。市委副书记、市妇联主席、县委、县政府领导及周边各县妇联主席出席。1994年，县妇联被评为1992—1993年河北省“双学双比”先进协调组织。1989—2005年，全县共举办各种类型的培训班3000期，参加培训的妇女达12万人（次），掌握2门以上实用新技术的妇女达12万人，涌现出省级“双学双比”女能手10人。

“巾帼建功”活动 1991年，县妇联在城镇妇女中开展做“四自四有”（自尊、自信、自立、自强，有理想、有品德、有诚信、有作为）新女性，为“八五”计划建功活动，简称“巾帼建功”活动，重点在文教、卫生、财贸、金融、党政机关等战线妇女中开展竞赛，分线评比，树立标兵。1996—2003年，在城镇妇女中开展“十行、百岗、千颗星”活动和巾帼建功示范岗竞赛，涌现出市级“巾帼建功”先进个人35名。2003年，县妇联成立“帮嫂”家政服务公司，与劳动部门联合举办月嫂培训班。并输送96名下岗女工到新疆摘棉花、162待业女青年到山东威海工作。2004年，县妇联继续拓展服务渠道，联系手工编织，花卉养殖等业务、为更多下岗女工找到再就业之路。同时，在各行业女工中开展“巾帼建功特色杯”夺杯竞赛活动。6月上旬，在教育、金融、卫生、商贸行业开展技术练兵成果展活动，涌现出15个先进班组和30名先进标兵。

实施“春蕾计划” 1996年，县妇联组织实施“春蕾计划”，通过各种渠道对贫困女童进行救助。至2005年年末，共救助特困儿童673名，争取救助资金50余万元、衣物9万余件。2004年，在孙甘店乡孝廉村创办第一个春蕾班，至2005年年末，共成立3个春蕾女童班，100余名贫困女童得到救助；县妇联主席张海华个人资助孝廉村贫困生4名，帮扶资金1200元，衣物74件，使高三特困毕业生习运平圆了大学梦。2005年，在母亲节设立教育救助日，协调156名妇儿工委成员单位负责人、机关女领导干部和妇联干部，捐款13000余元，对口救助特困儿童156名。

维护妇女儿童合法权益 1979—1989年，县妇联制定实施《大名县妇女儿童发展规划》。1989—2005年，在大名县妇女中开展评选农民女法官活动。2003年3月，与司法局联合成立大名县妇女权益法律服务中心，开通妇女法律服务热线，为上访妇女提供代书、辩护等方面法律援助。2004年，县妇联与公安局联合成立110家庭暴力报警中心，在20个乡（镇）派出所设立投诉站，震慑家庭暴力犯罪，维护妇女合法权益。

创建“妇”字号基地 1979—2005年，县妇联共创建“妇”字号基地6个。其中孙甘店乡南石冲日本甜柿基地辐射周边20多个村，94名贫困妇女受益。2004年，冀南花木公司在县妇联主席张海华帮助下，贷款20万元，扩种花卉100亩，建立大棚100个（分包到户），公司安置女工60多名，每名妇女年增收3600元。

对口帮扶贫困村 在结对帮扶贫困村活动中，县妇联对口帮扶万堤镇北杨庄村，帮助该村贷款

15万元，硬化街道，架设灌溉电线1000米，送去科技致富书籍200余本，聘请省、市专家授课2次，1000余名群众受益。

先进典型

1987年，河北省妇联授予杨桥区妇联主任王晓霞优秀妇联干部称号。

1993年，河北省农村妇女“双学双比”活动协调领导小组授予殷李庄乡李一牌村阮素芳“双学双比”女能手称号。

1996—1997年，河北省农村妇女“双学双比”活动协调领导小组授予大名镇西街王连凤“双学双比”竞赛活动先进女能手称号，授予县“巾帼建功”活动协调领导小组“巾帼建功”先进协调组织称号。

2002年，河北省妇联授予大名县第一中学张莉莉、杨光“五好”文明家庭称号。

2002—2003年，河北省农村妇女“双学双比”活动协调小组授予大名县绿荫花木园艺有限责任公司张中英“双学双比”先进女能手称号，授予县农业局高级农艺师杨秀玲“双学双比”专家服务明星称号。

2003年，河北省妇联授予县妇联张海华“抗非”工作先进个人称号。

2004年，河北省公民道德建设计划领导小组授予县三中张海红实施公民道德建设计划先进个人称号，河北省妇联授予县第二幼儿园教师郭琳丽优秀家长学校教师称号。

2004—2005年，河北省农村妇女“双学双比”活动协调领导小组授予万堤镇万北村养猪场董青梅“双学双比”先进女能手称号，河北省妇联授予县文保所绿化工程“三八”绿色优质工程称号，全国农村妇女“双学双比”活动协调领导小组授予万堤镇万北村养猪场董青梅“双学双比”先进女能手称号。

2005年，河北省妇联授予县妇联主任张海华信访工作先进个人称号，河北省儿童基金会授予县妇联主任张海华关爱儿童贡献奖。

第四节　科　协

组织机构

1979年，大名县科协停止活动。1980年年底，大名县科协恢复活动，与县科委合署办公，属县政府领导。1981年4月，县科协与县科委分开办公，属县委领导，下设办公室和科技咨询服务中心，至2005年年末未变。1982年2月，召开第一次代表大会，选举产生县科协第一届委员会，正副主任各1名。此后至2005年，县科协未召开代表大会。1988年2月，公开招聘科协主席1名、副主席1名。1996年机构改革，定编5人。2005年11月末，领导班子进行调整，有干部7名。

1984年，县科协辖县直学会、协会、研究会等15个，会员1738名，乡镇科普协会39个，会员851名。1995年，大名县有学会、协会、研究会等27个，会员2860名。1996年，39个乡镇科普协会合并为20个，会员1150名。截至2005年年末，全县有专业学会、协会、研究会27个，会员1290名；乡镇科协20个，会员1082名；专兼职科技干部291名；农村科技带头人3452名。

主要活动

坚持每年4月份组织全县科普宣传月活动。至2005年年末，共开展大型科普宣传28次，发放科普图书10万册、致富技术材料22万份，解答群众咨询2万余次，放映科教电影500余场，征订《河北科技报》3000余份，科技下乡每年100次以上；坚持“实际、实用、实效”原则，系统培训“农函大”学员2000多名，培训外出劳动力30000多名。开展以在乡中学生和退伍军人、科技带头人为主的实用技术培训，至2005年年末，共举办科普讲座及电子、农技等培训班3000多次，培训20多万人，近4万人学到1～2项专业生产技术，3000余人成为科技致富能手或专业户。县科协先后组织推广棉花化促化控技术、种子包衣技术、花生地膜覆盖、免深耕栽培、涂层缓施一次肥、节水灌溉等农业新技术和新产品41项，推广优种50多个，累计受益面积500余万亩。

取得成绩

1988年，大名县科协跃入省级先进行列，并被中国科协青少年科技辅导员协会授予全国小星火杯先进集体。1988—1989年，被省科协评为农村科普工作先进集体。1996年10月，被省科协授予1991—1996年河北省科协系统先进集体。1996年7月，被评为中国科协联合国儿童基金会社区非正规教育项目示范点。1989年3月，被省科协评为科普战线先进集体。1991年4月，被省科协青少年科技辅导员协会评为青少年科技教育工作先进集体。1995年，南李庄乡科普协会和殷李庄乡科普协会被省科协评为先进乡镇科普协会。

第五节　工商业联合会

组织机构

1953年7月召开第一届会员代表大会，1954年9月召开“二大”，1956年召开“三大”，1959年召开“四大”，“文化大革命”期间停止活动。

1987年7月20日，大名县工商业联合会恢复活动，在北街工农兵旅馆召开第五届工商联会员代表大会，出席代表73名。会议通过关于拥护党中央政策的决议。选举产生第五届执行委员会，其中主任1名、副主任2名、常委9名、执委23名。恢复和发展会员240名。1990年11月27日，在北关服务楼召开工商联第六届会员代表大会，参会代表90名。会议号召广大会员努力为发展社会主义商品生产、繁荣市场服务，为创造良好的社会环境、促进大名县经济健康发展积极贡献力量。审议通过工作报告并作出相应决议。选举产生主任1名、副主任3名、常委9名、执委23名。1994年5月，在龙泉宾馆召开第七届工商联会员代表大会。参会会员代表120名。会议通过由工商联会员和13名政协委员联名提案，发起建设贵乡路工商联商贸一条街、推动建立扶贫光彩事业委员会两项决议，选举产生工商联第七届执行委员会。其中会长1名、副会长5名、常委11名、执委30名。1997年1月24日，在县总工会会议室召开工商联第八届会员代表大会，参会代表130名。会议审议通过常务委员会工作报告，提出成立20个乡镇分会、建立饮食业协会、壮大会员队伍、提升民营企业政治地位和经济地位的工作目标。选举产生第八届执行委员会，其中会长1名、副会长3名、常委19名、执委32名。是年，成立20个工商联乡（镇）分会。1999年9月，成立饮食业协会，建立行业标准。2002年8月8日，在龙泉宾馆召开第九届会员代表大会。审议通过常务委员会工作报告，提出为会员拓展交流平台，建设县总商会会馆、引导人大代表和政协委员积极参政议政、引导会员积极参与光彩事业的工作目标。选举产生第九届执行委员会，其中会长1名、常务副会长1名、副会长14名、执委35名。2005年，会员总数达1003名，其中企业会员454名、个体会员549名。

主要工作

经济实体　1987年，县工商联开始筹办企业，发展民营经济。大名县工商联克服一穷二白困难、千辛万苦筹办企业的创新作法被《河北日报》《邯郸日报》作为工商联先进典型连续报道。1988年，在北街成立工商联第一百货门市，在东街成立工商联劳动服务公司。1989年，分别在北街中段、外贸局楼下、公路站楼下筹建3个五金门市，安排就业人员12名。1990年9月，县财政拨付资金5万元，工商联自筹30万元，在万大路成立安详信托公司，安排待业青年9名。1992年，建立大名县玻璃钢厂。

参政议政　1987年，县工商联组织会员积极开展参政议政工作。1987—2005年，多次组织会员积极参加社会调查，参与协商和监督；推荐38名有参政议政能力的非公有制经济人士担任市、县政协委员；推荐35名非公经济人士担任市、县人大代表；县工商联政协参议组共递交提案和建议600多条，多名政协委员被县政协评为优秀政协委员。

帮扶民企发展　1995年，帮助儒家寨乡办绣花厂盈利100万元，帮助北马头乡农业开发区提供水利配套水泵50台。1996年4月，组织商户学习邢台市清河县民营企业发展模式，结合大名实际撰写《关于建立工商联商贸一条街的报告》，得到县主要领导批准，由工商联牵头，联合建设局、国土局、大名镇，成立工商联商贸一条街工程指挥部，工商联会长任总指挥长。按照规划，把47亩土地分划给174户商户，建设工商联商贸一条街（今贵乡街）。1997年5月，在天池公园组织冀鲁豫三省商品交易交流会。2004年，筹资3万元建成大名县总商会会馆。2004年5月，由工商联牵头，促成武安顺达摩托有限责任公司到县商贸城投资建设大名县摩托车专业市场。2005年，组织会员100余人参加中央党校、清华、北大民营经济知名专家举办的培训班、专题讲座，购买制作光盘60余套。

光彩事业　1995年3月，成立大名县扶贫光彩事业推动委员会。1995年，会员出资1.7万元，帮助杨桥中学建房5间。1996年8月，大名县遭受洪灾，工商联组织会员捐款捐物计6.5万元。2003年"非典"期间，组织会员捐款捐物价值达16万元，五得利集团以较低的价格供应市场面粉。2004年5月，工商联会员为明清大名府北城门古楼修复工程捐款145万元。2005年，会员为发展大名教育捐款捐物价值达116.8万元、为城镇建设捐款110万元。2002—2005年，会员企业安置下岗职工530名，吸收农村富余劳动力3100名，使500余户贫困家庭脱贫。

第六节　文　联

组织机构与代表大会

1991年9月26日，召开大名县文学艺术界联合会成立暨第一届代表大会，各艺术界代表63人出席会议。制定和通过《文联章程》，选举产生理事会，选出理事21人、常务理事5人，文联主席1

人、副主席1人、秘书长1人，聘请文联顾问3人。1994年9月25日，县委宣传部对文联进行人事调整。1994年10月25日，建立和完善作协、民研、书法、美术、戏剧、歌舞、曲艺、影视、摄影9个协会，将各门艺术的优秀人才推上协会领导岗位。同时批准成立大名县诗词学会，原文联下属9个协会增加至10个协会。

县文联　是科级群团组织，按事业单位管理，编制3名，领导职数2名（其中1名由县委宣传部领导兼任）、专业人员2名。内设理事、常务理事、正副主席和秘书长。日常专业工作由秘书长主持，重大事项由常务理事和正副主席决定。县文联下设10个协会，各协会均设主席，副主席和秘书长。各协会在县文联指导下，自主组织各协会的艺术创作活动。

文学创作协会（简称作协）　2005年，大名县作协有省级会员3名（殷瑛、栗丛森、董全安），市级会员20名、县级会员62名，其中有43名会员在省市级报刊发表作品。

美术工作者协会（简称美协）　2005年，大名县美协有省级会员6名（郭来存、杨克礼、张文治、申国玉、黄运学、王建勋）。

书法协会（简称书协）　2005年，大名县书协有国家级会员2名（陈惠永、李海明）、省级会员5名（许宝善、王青山、张文治、王乐同、杨克礼）。参加省市以上书展和在省市以上报刊发表作品者达100多名。

音乐协会（简称音协）　2005年，大名县音协有省级会员5名（魏新春、杨增斋、刘航宇、吴新洁、许光林）。

戏剧工作者协会（简称戏协）　戏剧工作者协会主要由从事戏剧演唱、演奏的工作者、组织者组成。协会会员基本是大名县剧团和业余剧团的演员、演奏员、组织者，主要活动是戏剧演出。

民间文艺研究会（简称民研会）　主要由从事民间文艺搜集整理者、讲述人、组织人组成。协会的主要活动是搜集整理流传在民间的故事、传说、笑话、民歌、民谣等口头文学，加以整理，推陈出新。2005年有省级会员3名（栗丛森、张好贤、谢明）、市级会员12名、县级会员60名，在国家和省、市级媒体发表整理作品者45名。中国民间文艺出版社出版的邯郸故事卷登选大名县的作品达113篇。栗丛森等人编著的《民间幽默与笑话》由河北省教育出版社出版；民间文学《三套集成》1986年、1987年两度获省长城奖；1991年栗丛森获国家编纂先进工作者奖。张好贤的《名剧经典观赏》由中国戏剧出版社出版。

曲艺工作者协会（简称曲协）　主要由从事曲艺演唱、创作和组织工作者组成。主要组织曲艺创作和曲艺演唱。2005年有国家级会员1名，省级会员3名。殷瑛创作的曲艺段子《俏争春》获省文艺振兴奖，长篇唱词《郭隆真》在国家级杂志《曲艺》上发表。

摄影工作者协会（简称摄影协会）　主要由从事艺术摄影工作的工作者组成。主要活动是搞好摄影艺术的研究拍摄。2005年有会员56名。

诗词学会　主要由从事律诗创作的爱好者组成，主要活动是组织律诗创作的会员搞好律诗的研究创作。2005年有会员60名。大多是离退休的老干部，辑印个人诗集的有7人（张少逸、陈奇岭、龚瑞林、白梅俊、陈怀书、陈耀光、田修文）。县诗词学会共辑印《大名诗词》6辑。

主要活动及成果

县文联主要抓大名县文学艺术创作、开展群众性文化活动，协调指导下辖各艺术协会的关系和艺术活动。

开办文化艺术服务部，以文养文　文联自筹5万余元，开办文化艺术服务部，购买打字复印机，以打印、匾牌制作等文化项目获取经费，为有潜力的农村贫困文学青年提供较好的创作环境。1991年10月至1994年5月，培养了一批文学爱好者。

搭建合作平台，丰富群众文化生活　与有实力的单位横向联合，开展文化艺术活动。至2005年，文联与老干部局、电力局、交通局、税务局、移动电信等18家单位联合举办各种书画展80余次，演唱会100余次，每逢大的节日都有活动。1996年10月举办“爱华杯”迎中国香港回归书画大赛，在《人民日报》刊发征稿启事，收录全国各地书画作品600多件。2002年10月，与移动公司联合举办迎接党的十六大“移动杯”征文活动。2005年4月，在大名宾馆举行王建勋书画艺术展。

开办文艺园地，培养艺术人才　1992年1月，文联创办《大名文苑报》，四开四版、铅印，发表各种文艺作品1000余篇（件），其中有2篇小小说被江西省《微型小说选刊》选载，共编印20期，1995年12月停刊。1996年2月，与县政治思想工作研究会合办《大名月刊》，四开四版、铅印。一版新闻，二版经济，三版政治，四版文化，发表各种文艺作品1500篇（件），总办28期，1999年2月停刊。

培养重点人才，抓“拳头”作品　千方百计为青年农民作家董全安开辟创作环境，董全安10余年发表中篇小说2部、短篇小说10多篇。画家王建勋肩负卫生局长之职，笔耕不辍，文联及时将其作品推荐在《党员干部人才》杂志发表，并将他向上推荐加入省美术家协会。文联秘书长栗丛森在坚持日常工作之余，创作出《黄皇一帝》和《红枣林》2部长篇小说，计70余万字，2004年被破格评为副研究馆员。

第七节　残　联

组织机构

1990年1月20日，大名县召开第一次残疾人代表大会，选举产生大名县残疾人联合会，产生执行理事会理事长1名、秘书长1名，办公地点设在县民政局，属民政局领导。1991年6月28日，大名县残疾人联合会单列办公，直属县政府，设理事长1名、秘书1名、科员3名，借城西路北段干休所楼房办公。1992年5月1日，经县政府同意，在教委的支持下，创立大名县聋儿语言训练学校，配备教师7名。1997年3月10日，成立大名县残疾人劳动就业服务所。编制3名，股级事业单位。2002年7月机构改革，县残疾人联合会为党群部门，归属县委领导。2005年，县残联下设办公室、组联股、康复股、教就股、残疾人劳动就业服务所和聋儿语训学校，有理事长1名、支部书记1名、副理事长1名，干部职工共15名。

1998年7月24日，20个乡镇建立残疾人联合会。8月1日，县委对乡镇残疾人联合会下达任命决定。2002年9月机构改革，乡镇残联理事长有较大变动。2002年10月，大名县651个行政村均建立3～5人的残疾人领导小组。

2000年3月2日，建立大名县残疾人协会、盲人协会、聋人协会、智力残疾人亲友协会和精神病残疾人亲友协会。

2002年11月25日，大名县对残疾人进行系统全面的普查。各乡镇建立普查队伍，进村入户逐人登记。据统计，全县共有各类残疾人31980人，其中听力语言残疾3981人、视力残疾1791人、肢体残疾19860人、智力残疾1968人、精神残疾4380人，占大名县总人口的4.3%。

主要活动

1993年10月，大名县残疾人运动员参加邯郸市第八届残疾人运动会，获得2个第二名、3个第三名，团体总分第九名。2001年4月5日至8日，大名县部分省、市、县政协委员对《中华人民共和国残疾人保障法》《河北省实施〈中华人民共和国残疾人保障法〉办法》贯彻执行情况进行视察。2004年，省、市残联在大名县实施“农村贫困残疾人危房改造项目”和“中国残联专项彩票公益金贫困精神病患者医疗救助项目”。12月3日，在大名县精神病医院举行“中国残联专项彩票公益金贫困精神病患者医疗救助项目”启动仪式。2005年8月30日至31日，大名县残疾人运动员参加邯郸市第十三届残疾人运动会暨首届特奥会，夺得6块金牌、5块银牌，荣获体育道德风尚奖。

第十编　政务综合管理

1979—2005 年，大名县民政、人事、劳动和社会保障、环境保护及机关事务管理工作在政治体制改革过程中不断发展和完善。民政方面：1984 年完成公社改为乡（镇）、普遍建立健全村民委员会，1989 年 12 月拉开殡葬改革序幕；人事方面：1985 年后，行政、事业机构相应增加，干部来源主要为招考录用、军队转业干部和大中专毕业生分配，干部队伍呈年轻化趋势。劳动及社会保障方面：用工制度由计划调配变为合同管理，工资制度由 8 级变为 55 级，同时加强劳动保护及劳动保险。环境保护方面：管理机构从无到有，监测手段不断提高，注重源头治理，陆续关停绝大部分污染企业，污染防治取得成效，实现城区大气环境达标。机关事务管理方面：从县委、县政府分治到合并，逐步形成公务接待、安全保卫、环卫保洁、机关事务服务等相对完善的运行模式。

第一章　民　政

第一节　管理机构

县级民政管理机构

1979 年，县民政局设局长 1 名、副局长 2 名、会计 1 名、办事员 2 名。1982 年 9 月，下设办公室、社会救济科、优抚科，财会科、退伍安置办公室 5 个股（室），工作人员 21 名,1984 年年初增至 28 名。1987 年 7 月，增设宗教科；1988 年 9 月，建立军队离退休干部休养所，简称干休所，归民政局管理。1991 年 7 月 3 日，宗教科由民政局分出，与县民族委员会合并。1991 年 9 月，县成立扶贫办公室，设在民政局内，局长兼任扶贫办公室主任。全局内设办公室、扶贫办、社救股、优抚股、社政股、安置办，干部职工 26 名。下属机构有烈士陵园、殡葬管理所（殡仪馆）、干休所、光荣院，干部职工 40 名。1994 年，增设婚姻登记股；1996 年 12 月，内设办公室、社政股、社救股、优抚股。至 1998 年 12 月，机关编制 15 名；2002 年 6 月，机关编制 13 名，至 2005 年年末，上述机构编制没有变化。

基层民政管理机构

1979—1991 年，公社（乡镇）设民政助理员；1991 年 12 月，39 个乡（镇）均成立民政所，配齐民政助理员，归乡镇政府调配管理，民政局进行业务指导。民政所的职能是婚姻登记和优抚等。

1996 年 12 月，乡镇民政所合并为 20 个，配有民政助理员 1 ~ 2 人，仍归乡镇政府调配管理，在民政局指导下负责选举、抚恤、赈灾、优抚、拥军等工作。至 2005 年年末，机构没有变化。

第二节　基层自治组织建设

民主选举村民委员会

1984年5月，在农村建立群众自治组织，选举出第一届村民委员会651个。选举按照公开、公平、公正的原则，充分尊重群众意愿，突出四个重点：推选产生村民选举委员会，保证村民的推选权；做好选民登记工作，保证村民的选举权；依法提名候选人，保证村民的提名权；做好选举日的投票工作，保证村民的投票权。并先后于 1989 年 9 月举行第二届、1993 年 9 月举行第三届、1996 年 3 月举行第四届、2000 年 3 月举行第五届、2003 年 3 月举行第六届村民委员会换届选举。

实行村务、政务公开

村民委员会选举产生后，凡是与村民切身利益密切相关的事项，均实行民主决策。依据党的方针政策和国家的法律法规，组织全体村民，结合实际，讨论制定和完善村民自治章程、村规民约、村民会议和村民代表会议议事规则、财务管理制度等，实行民主管理、民主监督。各村由村民代表组成村民监督委员会，负责对村务的日常监督。大名县统一规定每年的 7 月 30 日为民主议政日，届时村民委员会向村民公开和报告村务、政务，由村民和村民代表进行评议，共同监督。651 个行政村全部设立村务、政务公开栏。1997 年 7 月，普遍开展财务收支、定购提留、宅基分配、各业承包、电价电费、婚姻生育、干部责任目标为主要内容的村务“七公开”。2005 年年末，农村公开项目增至 20 项，651 个行政村共投资 20 万元，建成 621 个高标准公开栏等，项目公开率达 98%。

第三节　社团地名管理地界勘查

社团管理

1979—1990 年，大名县各类社团以挂靠业务主管部门的形式进行管理，因办公机构、人员及业务关系不稳定，部分社团自消自灭。1990 年 5 月，县民政局建立社会团体登记管理机构，社会团体登记注册管理逐渐规范。截至 2005 年年末，全县共有注册社团 8 个，其中专业社团 2 个、行业社团 6 个。

地名管理

1980 年 8 月 25 日，大名县地名普查和管理领导小组成立，办公室设在县民政局，开始地名普查和管理工作。为实现地名标准化，1982 年 5 月 27 日，县对部分公社、大队更名和新建居民村命名。4 个公社因与驻地名称不统一等原因而更名，分别为：马陵公社更名为西付集公社；段村公社更名为西魏庄公社；马头公社更名为北马头公社；西司庄公社更名为沙圪塔公社。更名生产大队 62 个，命名新建居民村 3 个：县城东门外五金厂（农贸市场）以南至东城门居民点命名为东门外居民村；县城北门以东至一中老大门南面城墙上居民点命名为东护城居民村；县城北门以西至打井站（水利局）居民点命名为西护城居民村。

1982 年 5 月大名县生产大队更名情况一览表

表 10-1

所在公社	废止队名	采用名称	更名原因
杨桥公社	白庄大队	西白庄大队	重名
儒家寨公社	程庄大队	西程庄大队	重名
西店公社	韩庄大队	西韩庄大队	重名
西店公社	陈庄大队	西陈庄大队	重名
王村公社	杨庄大队	西杨庄大队	重名
铺上公社	李二庄大队	西李二庄大队	重名
北马头公社	安庄大队	西安庄大队	重名
北马头公社	未庄大队	未安庄大队	重名
北马头公社	王庄大队	大王庄大队	重名
万堤公社	张庄大队	张家庄大队	重名
万堤公社	辛庄大队	北辛庄大队	重名
万堤公社	潘庄大队	西潘庄大队	重名
万堤公社	冯村大队	西冯村大队	重名
王乍村公社	未村大队	北未村大队	重名
王乍村公社	东赵庄大队	东赵家庄大队	重名
王乍村公社	冯庄大队	大冯庄大队	重名
崔岳村公社	冯庄大队	南冯庄大队	重名
崔岳村公社	杨庄大队	北杨庄大队	重名
崔岳村公社	郭庄大队	北郭庄大队	重名
崔岳村公社	苏庄大队	北苏庄大队	重名
兆固公社	韩庄大队	北韩庄大队	重名
北门口公社	郑村大队	北郑村大队	重名
黄金堤公社	五村大队	包头大队	非村序
七里店公社	王庄大队	北王庄大队	重名
七里店公社	刘堤口大队	北刘堤口大队	重名

续表 10-1

所在公社	废止队名	采用名称	更名原因
西魏庄公社	闫庄大队	闫小庄大队	重名
西魏庄公社	魏庄大队	西魏庄大队	重名
西魏庄公社	王庄大队	西王庄大队	重名
西魏庄公社	刘村大队	西刘村大队	重名
未城公社	刘堤口大队	南刘堤口大队	重名
旧治公社	任庄大队	西任庄大队	重名
殷李庄公社	王庄大队	东王庄大队	重名
殷李庄公社	陈庄大队	东陈庄大队	重名
殷李庄公社	周庄大队	南周庄大队	重名
殷李庄公社	韩庄大队	东韩庄大队	重名
大街公社	未庄大队	东未庄大队	重名
大街公社	刘庄大队	前刘庄大队	重名
红庙公社	任庄大队	东任庄大队	重名
红庙公社	潘庄大队	东潘庄大队	重名
红庙公社	刘庄大队	刘安庄大队	重名
红庙公社	王庄大队	王家庄大队	重名
营镇公社	黄庄大队	北黄庄大队	重名
营镇公社	周庄大队	北周庄大队	重名
营镇公社	白庄大队	北白庄大队	重名
营镇公社	刘庄大队	后刘庄大队	重名
普明滩公社	石家庄大队	石庄大队	重名
普明滩公社	司家庄大队	司庄大队	重名
鲍庄公社	辛庄大队	南辛庄大队	重名
鲍庄公社	韩庄大队	东韩庄大队	重名
束馆公社	未村大队	东未村大队	重名
束馆公社	刘村大队	东刘村大队	重名
束馆公社	堤上大队	东堤上大队	重名
冢北公社	安庄大队	东安庄大队	重名
北峰公社	司家庄大队	南司家庄大队	重名

续表 10-1

所在公社	废止队名	采用名称	更名原因
埝头公社	高庄大队	东高庄大队	重名
埝头公社	刘庄大队	东刘庄大队	重名
埝头公社	张庄大队	东张庄大队	重名
埝头公社	王庄大队	南王庄大队	重名
西付集公社	杨庄大队	东杨庄大队	重名
西付集公社	冯村大队	东冯村大队	重名
兆固公社	连庄大队	西连庄大队	重名

地界勘查

1990 年，大名县与山东省莘县、冠县接壤地域被列为全国勘界试点线，按时完成与莘县、冠县边界线（涉及 8 个乡镇、38 个村）的勘察测量和插花地、争议地的调查和界桩埋设。1991 年 3 月，完成大名县与山东省莘县、冠县的勘界工作，确定大名县与莘县、冠县的行政区域界线总长为 85866.2 米，其中河界 8903 米，涉及 3 县 15 个乡镇、82 个村庄，共埋界桩 22 处（1 ~ 20 号，其中同号双立 2 处）。通过勘定，解决历史遗留问题 4 处，习惯边界线确定为法定边界线。

第四节　救　济

灾害救济

大名县境内旱灾、洪涝、病虫害、风、雹、低温冷冻等自然灾害常有发生，在组织生产自救的基础上，政府以发放救济款、救济粮、救济物资等方式，多方面开展赈灾救济工作。

1979—2005 年大名县灾害救济情况表

表 10-2

年份	发放救灾款（元）	年份	发放救灾款（元）	发放物资
1979	44087	1993	53500	—
1980	121412	1994	—	—
1981	72030	1995	—	—
1982	71987	1996	—	—
1983	1800	1997	—	—
1984	86050	1998	—	—
1985	22600	1999	—	—

续表 10-2

年份	发放救灾款（元）	年份	发放救灾款（元）	发放物资
1986	305000	2000	—	—
1987	1392000	2001	—	—
1988	953000	2002	530000	—
1989	282000	2003	762900	—
1990	325000	2004	730000	大米 252000 斤
1991	213000	2005	910000	面粉 149950 斤
1992	302000			

社会救济

发放救济款　对因各种原因造成吃、穿、住困难的群众，政府给予社会救济。

救济被精减退职的老职工　对 20 世纪 60 年代被精减退职的老职工，由当地民政部门按月发给本人原标准工资 40% 的救济费。2002 年，全县有 132 人享受此待遇，人均月工资补助 18.5 元，人均月医疗费补助 2.5 元。2004 年 1 月起提高标准，人均月工资补助每人每月增加 40 元。

城镇居民最低生活保障　2000 年，《河北省城镇居民最低生活保障实施办法》发布，城镇低保正式开展。大名县 2000 年上半年调查摸底，下半年开始实施。当年全县城镇居民最低生活保障对象为 96 户、210 人，城镇低保标准为 104 元 / 人 / 月。截至 2005 年年末，全县城镇居民最低生活保障对象为 2005 户、5271 人，城镇低保标准调整为 130 元 / 人 / 月。

农村居民最低生活保障　2005 年 5 月，农村居民最低生活保障制度开始实施。11 月 29 日发布实施方案，确定大名县农村居民最低生活保障标准为每人每年 720 元。截至年末，全县纳入农村最低生活保障范围的有 3269 户，被批准为低保的 4179 人，领取低保金 27 万元。

1979—2005 年大名县发放社会救济款情况表

表 10-3

年份	农村（元）	城镇（元）	年份	农村（元）	城镇（元）
1979	56231	4130	1993	210600	—
1980	36200	2010	1994	—	—
1981	15214	6600	1995	—	—
1982	26965	800	1996	—	—
1983	46377	1550	1997	270000	40000
1984	83329	4000	1998	80000	13000
1985	22000	4000	1999	—	64000
1986	14000	3000	2000	—	176000

续表 10-3

年份	农村（元）	城镇（元）	年份	农村（元）	城镇（元）
1987	4200	5000	2001	—	140000
1988	52000	—	2002	—	598080
1989	44000	—	2003	—	1264700
1990	42000	—	2004	—	2088600
1991	41000	—	2005	270000	2546100
1992	43650	—			

第五节　社会福利

孤寡老人供养

农村五保供养　民政局监督管理五保供养工作，并负责督促实施。1979—1984 年，农村五保供养方式依当地经济条件，分为敬老院集中供养和家庭分散供养。1982 年，统一规定对五保老人每人每年供细粮 400 斤、单衣 3 件、鞋袜各 2 双，棉衣三年 1 套，平均每月零用钱及药费 5 元，大病包治疗。截至 2005 年年末，大名县有五保老人 2072 人。其中家庭分散供养 1874 人，乡（镇）五保幸福院集中供养 198 人。

乡（镇）五保幸福院　1985 年起，由县民政局协调资助，39 个乡（镇）陆续建起五保幸福院。建院中，各乡镇自筹资金 25.83 万元、批地基 83 亩，县民政局扶持资金 12.8 万元，建房屋 358 间，选聘院长、会计、服务员、炊事员 75 名，入院“五保”老人 350 名。1990 年，每人每月生活费平均 30 元以上。不少幸福院开展种养活动，收入用来改善院民生活。民政局先后向每个幸福院赠送电视机 1 台，丰富“五保”老人的文化生活。1996 年，39 个乡（镇）幸福院合并为 20 个。2001 年，西未庄乡幸福院和埝头乡幸福院获得河北省甲级敬老院荣誉称号。至 2005 年年末，全县入院集中供养五保老人 198 名，保留幸福院 10 所。

农村特困群体医疗救助

2004 年 10 月，县政府出台《大名县农村特困群体医疗救助试行办法》，规定“凡患有重大疾病且当年个人实际负担医疗费用（扣除各种报销及补助部分）超过 2000 元时，超过部分按个人实际负担医疗费用的 10% ~ 15% 给予救助，全年累计救助资金不超过 2000 元。”2005 年全县累计救助 13 人（次），发放医疗救助资金 15850 元。

其他救助

“微笑列车”唇腭裂矫治项目　“微笑列车”行动由中华慈善总会统一部署，民政部门组织，“微笑列车”慈善机构提供资金，为贫困唇腭裂患者免费手术矫治。2000—2005 年，全县有 216 名患者获得免费手术治疗，手术成功率达 100%。

收容遣送　1979—2005年，大名县收容遣送142人（次）。其中因生活困难需要民政部门救助的86人（次），因盲目务工经商不善流落街头或以乞讨为生的56人（次）。

社会福利企业

1987年后，县民政局先后扶持办起西孟村线厂、县福利化工厂、金滩镇搪瓷厂、未城红光瓷厂4个福利厂，总投资56万元，安置残疾人103名。1987年，省残疾人领导小组进行抽样调查，大名县被评为全省第二名。1990年，各福利厂创利税20多万元，其中未城红光瓷厂生产的环球杯、碟和咖啡具等远销南斯拉夫、古巴等国。截至2005年年末，全县社会福利企业共有6家，安排残疾人86名，占生产人员的50%以上。

未城红光福利瓷厂（摄于1990年）

第六节　拥军优抚

军人优抚

伤残抚恤　截至2005年年末，全县有各类革命伤残人员832人，年发放残疾抚恤金297万多元。

在乡复员老军人定期定量补助　1979年10月起，对完全丧失劳动能力、生活困难的复员军人给予定期定量补助，补助标准为每人每月8～10元，城镇10～15元。1986年11月起，对抗日战争时期入伍的在乡老复员军人补助标准一般掌握在每人每月13元左右，解放战争时期入伍的每人每月11元左右。1989年9月1日起，调整在乡老复员军人生活补助标准，每人每月不低于25元。1995年1月1日起，在乡老复员军人定期定量补助费每人每月增加10元，调整后每人每月不低于35元。1999年3月1日起，在乡老复员军人定期定量补助标准平均每人每月提高15元，调整后不低于50元。2002年7月1日起，在乡老复员军人定期定量补助每人每月提高20元，调整后每人每月的补助标准为：抗日战争时期入伍的不低于125元、解放战争时期入伍的不低于120元、中华人民共和国成立后入伍的不低于115元。2004年7月1日起，在乡复员老军人生活补助每人每月增加20元。2005年1月1日起，抗日战争时期入伍的每人每月不低于225元、解放战争时期入伍的每人每月不低于180元、中华人民共和国成立后入伍的每人每月不低于175元。截至2005年年末，大名县在乡复员老军人共1637名，其中抗日战争时期入伍的530名、解放战争时期入伍的488名、中华人民共和国成立后入伍的639名，年发放定期定量补助金379.6万元。

带病回乡退伍军人定期补助　1979—1980年，对带病回乡退伍军人在农村实行定工补助办法：每年春天投多少工补助多少款，完不成投工任务少补，超过投工任务不补。1980年后改为定期补助金，每人每月定补金10～15元。1991—1999年，每人每月定补金提高至25元。1999—2005年，每人每月定补金提高至 35 元；2005 年 1 月后，每人每月定补金提高至 43 元。至 2005 年年末，大名县共有带病回乡退伍军人 376 名，年发放定期补助金 19.4 万元。

红军遗属定期补助优待　截至 2005 年年末，大名县共有红军遗属 13 名，每人每月定期补助金 200 元，年发放定期补助款 3.12 万元。

“解三难”　部分优抚对象存在生活难、医疗难、住房难“三难”问题。2002 年起，大名县设立定点优抚门诊，对 3265 名优抚对象一般医疗免费就医，大额医疗费给予一次性适当补助；因突发事故造成生活困难的，给予及时救助；优抚对象住房有困难的给予建房补助。在“八一”、春节等重大节日开展送温暖活动，组织志愿者开展“一帮一”优抚，对所有重点优抚对象发放慰问金和解“三难”款。2002—2005 年，共投入优抚对象慰问金和解“三难”款 40.9 万元。

军属优抚　1979—1981 年，给烈军属优待劳动日，二等乙级以上伤残军人也有一定优待。1982 年起，对服现役的义务兵军人家属实行优待金办法。1982—1992 年，军属优待金每户每年 120 元。1984 年 8 月，大名县被民政部、解放军总政治部评为拥军优属、拥政爱民先进单位，《解放军报》等报刊报道了大名县的优抚事迹。1992—2005 年，由县财政负担优待金，农村每户每年 319 元，后提高至 400 元，城镇非农业户口义务兵家属优待金每户每年 120 元，提高至 260 元，每年支付资金 5.2 万元。义务兵家属在同等条件下优先享受各项助学政策，子女入托、入学、购房优先，家庭确有困难的给予适当救助。1986 年，县政府规定：对大名籍现役军人在部队荣立一等功的，奖励家属 200 元。1992 年后分别奖 300 元、500 元。立二等功的奖励家属 150 元，1992 年后提高至 200 元；立三等功的奖励家属 100 元；受到营级以上嘉奖或被评为优秀士兵的奖励家属 50 元。该政策一直延续到 2005 年年末。

三属优抚

截至 2005 年年末，大名县共有“三属”427 名。其中：烈属 270 名（城镇 97 名，农村 173 名）、因公牺牲军人遗属 74 名（城镇 38 名，农村 36 名）、病故军人遗属 83 名（城镇 46 名，农村 37 名）。并按规定进行优抚。1979—1981 年，分为革命烈士抚恤、因工牺牲抚恤和病故抚恤三项，抚恤金（粮）依照亲属顺序由民政部门一次性发给其父母、夫妻、子女和 16 周岁以下的弟弟、妹妹，以及抚养革命军人、工作人员长大的其他亲属。同时向家属分别颁发《革命烈士证明书》或《革命军人因公牺牲证明书》《革命工作人员因公牺牲证明书》《革命工作人员病故证明书》《革命牺牲民兵民工家属光荣纪念证书》。1985 年 10 月，将革命烈士的一次性抚恤金标准改为按牺牲时的 40 个月工资计发。1986 年 3 月，将因公牺牲和病故一次性抚恤金分别改为死亡时的 20 个月、10 个月的工资计发。2004 年的新条例规定：现役军人死亡。根据死亡性质和死亡时间的月工资标准，发给遗属一次性抚恤金，标准是烈士的 80 个月工资；因公牺牲 40 个月工资，病故 20 个月工资。对获得荣誉称号或立功的烈士、因公牺牲军人、病故军人，其遗属在享受一次性抚恤金的基础上，按下列比例增发一次性抚恤金：获得中央军委授予荣誉称号的，增发 35%；获得军队军区级单位授予荣誉称号的，增发 30%；立一等功的，增发 25%；立二等功的，增发 15%；立三等功的，增发 5%。1979—1985 年，军人遗属生活有困难的，国家每年发给定期定量补助。1985—1990 年，由定补改为定期抚恤，标准是农村每人每月 9 元，城镇 15 元。1990—1993 年，烈属和因公牺牲军人遗属每人每月 38 元，病故军人遗属每人每月 33 元；1993 年，每人每月增加 10 元。1999 年，烈属、因公牺牲军人遗属每人每月 100 元，病故军人遗属每人每月95元；2002年1月，烈属和因公牺牲军人遗属农村每人每月160～165元、城镇每人每月195～200元，农村病故军人遗属每人每月155～160元，城镇病故军人遗属每人每月190～195元。2003年7月，农村烈属每人每月195元，因公牺牲军人遗属每人每月190元，病故军人遗属185元，城镇烈属每人每月265元，因公牺牲军人遗属每人每月260元，病故军人遗属每人每月255元。2004年10月，农村烈属每人每月220元，因公牺牲军人遗属每人每月210元，病故军人遗属每人每月195元；城镇烈属每人每月360元，因公牺牲军人遗属每人每月335元，病故军人遗属每人每月310元。

拥军活动

每逢“八一”、春节等重大节日，县党政领导都带领民政局等有关部门负责人，装载各种慰问品和节日生活必需品，分赴驻军、武装部、武警中队、武警消防支队走访慰问，并以座谈会的方式征询意见，为驻军部队提供力所能及的支持。

积极为驻军部队的训练办公、生产活动提供方便。在财政困难的情况下，1984—2005年，先后为驻军装修营房，安装冷暖空调20多台，购买冰柜4台、彩电4台、录像机2部，为县武装部装修办公楼，购置空调、摄像机、微机和240套民兵应急分队服装及装备器械，代培微机人员10名，无偿拨给以劳养武土地40亩。凡军转干部优先安排工作，随军家属及子女就业给予优先照顾。

1986年，大名县籍168名战士赴越南老山前线参加对越自卫反击战。参战前，大名县成立支前领导小组，并派出慰问团到部队驻地慰问大名籍战士，赠送纪念品，鼓励他们为国立功，为大名增光。51061部队赠送县民政局锦旗一面。在自卫反击战中，县“支前领导小组”先后向前线寄去慰问信1992封、慰问品5752件，为大名县籍战士每人赠订《邯郸日报》1份。同时，为前方参战士兵家属解决救济粮81520千克，救济款35000元，解决住房81户，解决宅基地193块、108亩，照顾子女入学入托8人，供应平价化肥、柴油8510斤，解决邻里纠纷81起，先后出版支前快报7期，并为每户照全家福彩色照片，一同寄往前线。在对越自卫反击战中，有19名大名县籍战士立功。

军人安置

大名县军人安置办公室由县民政局管理，负责全县转、复、残、退伍军人安置工作。截至2005年年末，累计接受各类退伍军人5287名，其中城镇非农业户口1765名（已安置）、立二等功以上34名、伤残69名、军地两用人才798名，离退休军官3名，安置到干休所。

干休所

1988年9月，大名县干休所成立，为全额拨款正股级事业单位，隶属县民政局管理，坐落于县城西路北段，占地1900平方米，建筑面积1700平方米，主要设施有军休干部住房2栋、12套，附属设施有厨房、卫生间、娱乐室和荣誉室，配备服务车1辆。被省民政厅授予1988年度“达标干休所”。1998—2005年，共接收军队离退休干部12名。

第七节　烈士褒扬

烈士陵园

大名县烈士陵园位于县城大名府路西段北侧，占地3350平方米。园内坐北朝南建有6间高大庄重的祠堂，祠堂门顶悬挂“人民共仰”金字横匾。堂内整洁肃穆，靠北、东、西墙有3层白瓷台阶，外罩玻璃拉门，北墙上层正中台阶上安放着郭隆真、解蕴山、柴鸿儒等先烈的遗像和灵牌。灵牌木质白底，上写烈士姓名、籍贯、简历和生卒时间，祠堂内共安放烈士灵牌1369座和遗像、骨灰等。祠堂南15米处陵园正中为纪念碑，正面有毛泽东“为国牺牲永垂不朽”题词，碑前有垂柳和冬梅，园内青松翠柏，万年青等花草布置有序，庄严、肃穆、整洁。

大名县烈士陵园（2005年摄）

郭隆真烈士纪念馆

1986年6月6日，共青团大名县委和民政局倡议捐资修建郭隆真烈士纪念馆。仅1个月时间，全县就有53个单位和5326名个人捐资4.5万元。纪念馆建设于8月1日奠基、30日竣工，坐落于县烈士陵园内西侧，坐北朝南，占地2000平方米。正室5间，黄瓦红墙，古朴典雅。馆门正南15米处矗立着郭隆真烈士纪念碑，高4.5米，碑底座正方形，周长10米，碑顶是郭隆真半身汉白玉塑像，碑身正面竖刻“郭隆真烈士纪念碑”8个大字。靠近碑座前方另立一小巧精致的横碑，上面刻有康克清“向郭隆真烈士学习”手书题词，碑的背面记述郭隆真烈士生平事迹，纪念碑靠后面两侧有2个石碑，分别记述建馆过程和部分捐款单位、个人名单。纪念碑东西两侧是2座凉亭，碑南边是大门，整个纪念馆花墙环绕，院内青松、翠柏、竹影、鲜花，整洁雅静。

郭隆真烈士纪念馆（2005年摄）

烈士纪念活动

解蕴山烈士纪念碑（2005 年摄）

每年清明节期间，县委宣传部、县直工委、团委、民政局、教育局等单位，都要在烈士陵园纪念碑前组织大型纪念活动。县委主要领导致辞，县四套班子领导和县直各单位、各社会团体、社会各界人士、青少年学生向烈士纪念碑和郭隆真烈士纪念馆敬献花圈，共青团员、少先队员在烈士纪念碑前举行集体入团、入队宣誓。之后组织开展祭扫烈士墓，参观烈士事迹陈列展览、瞻仰等活动。2005 年 4 月 5 日，大名县党员干部和青少年学生在烈士陵园隆重集会，开展公祭革命先烈活动，举行解蕴山烈士纪念碑揭碑仪式。烈士生前战友代表、烈士亲属，市有关部门领导、县四套班子全体领导，县直各部门、各乡镇负责人和青少年学生代表等 1000 余人参加。

第八节　婚姻登记和殡葬改革

婚姻登记

1979—1980 年，法定结婚年龄为男 22 周岁、女 20 周岁。1980 年，国家对《中华人民共和国婚姻法》进行修改，规定法定结婚年龄为男 22 周岁、女 20 周岁，并提倡晚婚晚育。县民政局培训婚姻登记员，统一印制结婚证书、婚姻介绍信和登记表，结婚证上贴男女本人照片。1988 年 10 月，县民政局、司法局、妇联会、共青团联合调查，1986—1988 年，全县共结婚 7252 对，完全合法的 6881 对，占 94.88%；不符合条件的 325 对，占 4.48%；不符合登记手续的 46 对，占 0.64%。抽样调查 526 对已婚夫妇，其中登记 498 对，登记率为 94.86%；1990 年，全县结婚 5253 对，其中办理登记手续的 5200 对，登记率为 99.3%。2003 年，新婚姻登记条例颁布后，大名县实行婚姻登记集中办理，同时取消强制体检规定，婚姻登记率及合格率均在 99% 以上。1990—2005 年，全县共办理结婚登记 67000 余对，离婚登记 3000 余对。

殡葬改革

1979—1989 年，大名县一直沿用木棺材、土葬、独家建坟茔等丧葬习俗。只有少数国家干部死后火化。期间，1989 年 12 月，县火化场更名为大名县殡葬管理所、大名县殡仪馆。1999 年，成立大名县殡葬改革领导小组，下设殡改办公室，隶属县政府直接领导，由县委副书记和政府副县长主管。12 月 4 日，县政府制定殡葬改革实施方案，要求全民推行火化。2000 年 3 月 12 日，县委、县政府下发《关于进一步加大殡改工作力度的安排意见》，并下达火化和平坟扩耕任务。9 月 28 日，县委、县政府制定《殡葬改革奖惩规定》。2002 年 9 月 20 日，各乡（镇）分别成立殡葬改革办公室，并成立殡葬改革执法队，每村明确 1 名殡改联络员。乡（镇）殡改办公室隶属县民政局和乡镇政府双重领导。2004 年 12 月 1 日，县委、县政府两办印发《进一步加大殡葬改革力度的若干规定》，开展殡葬改革突击月活动。2005 年，20 个乡（镇）全部调整充实殡葬改革办公室，并配备殡改专职队伍，全县殡葬改革工作逐步走向制度化、规范化。

第二章　人　事

第一节　人事机构

人事局　劳动人事局

1979 年，人事工作由县革命委员会政治部组织组管理。1980 年 1 月，成立大名县人事局。1983 年 12 月，与劳动局合并，更名为劳动人事局，内设秘书干部股、奖励任免股、编办室、工资福利股、工人调配股、安全生产股、劳动争议仲裁股，下辖劳动服务公司，后增设社会保障事业管理所。1993 年 2 月至 1996 年 12 月，内设干部调配股、科技干部股、人事计划工资股、编委办公室、工人调配股、工资福利股、劳动保护股、劳动仲裁股、劳动服务公司、社会保险事业管理所、职业介绍所。1996 年 12 月至 2002 年 6 月，内设办公室、录用考核调配股（挂军队转业干部安置办公室牌子）、技术人员管理股、计划工资福利股、监察就业安全股、职业技能开发股，行政编制 19 名。

人事劳动和社会保障局

2002 年 6 月机构改革，县劳动人事局更名为县人事劳动和社会保障局。2002 年 7 月—2003 年 7 月，内设办公室、录用考核调配股（挂军队转业干部安置办公室牌子）、技术人员管理股、计划工资股、劳动就业股、劳动监察仲裁股（挂大名县劳动争议仲裁委员会办公室牌子）、社会保险股（挂医疗保险股牌子）。机关行政编制 16 名，工勤、老干部服务人员编制 2 名。2003 年 7 月至 2005 年年末，内设机构增挂大名县机关事业单位工人考核委员会办公室和大名县职业技能鉴定指导中心牌子，其他未变。2005 年年末，下设事业单位有大名县社会保障中心、大名县人才交流开发中心、大名县农村社会保险中心、大名县劳动就业服务局、综合培训中心。

第二节 干部来源

转干 聘干 招录

1979—1985 年，一批长期以工代干的人员转为正式干部；通过落实政策和平反冤假错案，一批干部复职；并从农民、社会青年、大专院校毕业生、复员退伍军人中录用一批干部。1985 年后，社会事务分工细化，行政、事业等机构相应增加，干部队伍不断扩大。干部来源主要为招收考核录用、军队转业干部和大中专毕业生分配。1985 年，录用以工代干和“五大”（电大、夜大、函大、职大、业大）毕业生 25 名。1987 年，招录“五大”毕业生 123 名。1988 年，采取聘干和从“五大”毕业生中招录的形式，为乡（镇）文化站招录干部 53 名。1989 年，“五大”毕业生转干 3 名，自然减员转 29 名，聘干 8 名，招录拔尖人才 8 名，共 56 名。1990 年，财政内招 38 名。1991 年，招录获大专学历人员 19 名。1992 年，从社来社去中专、“五大”毕业生聘用，获大专学历的人员中招录干部 74 名。1995 年，招录自愿调出机关，与财政脱钩人员 7 名。1997 年，招录分流人员转干、与财政脱钩干部 119 名。1998 年，从连续三年利税前 8 名的企业负责人中招录 8 名。1999 年，招录利税大户的正副经理、厂长 9 名。2000 年，招录三十强乡（镇）企业、乡（镇）企业优秀经营者 10 名。2000 年后，招录工作暂停。

军转干部安置

1985—2005 年，依据国家有关规定，年年如期完成军官转业安置工作。

1985—2005 年大名县军转干部安置工作统计表

表 10-4　　单位：人

年份	总数	团级	营级	连级	排级	技术干部
1985	51	2	10	24	2	13
1986	108	5	35	52	7	9
1987	53	—	17	28	5	3
1988	25	—	7	15	—	3
1989	7	1	3	3	—	—
1990	2	—	1	1	—	—
1991	2	—	—	2	—	—
1992	3	—	—	1	—	2
1993	8	2	2	4	—	—
1994	2	—	2	—	—	—
1995	8	—	4	3	1	—

续表 10-4

年份	总数	团级	营级	连级	排级	技术干部
1996	3	1	—	1	—	1
1997	2	—	2	—	—	—
1998	1	—	1	—	—	—
1999	11	1	2	6	—	2
2000	13	3	1	4	1	4
2001	3	—	1	1	—	1
2002	1	—	1	—	—	—
2003	1	—	—	—	—	1
2004	4	—	2	2	—	—
2005	4	—	—	3	—	1
合计	312	15	91	150	16	40

非师范类毕业生分配

1979—2005 年，大中专毕业生无论是分配到机关团体还是企事业单位，其身份均为干部。1997—2005 年，大中专毕业生分配逐渐出现难度，分配为专业对口，不进行政，限额事业，面向经济，保证企业，倾斜乡镇。

1996—2005 年大名县非师范类毕业生分配统计表

表 10-5　　单位：人

年份	总数	本科生	大专生	中专生	备注
1996	251	—	57	194	职教中心毕业生，不吃财政
1997	283	8	48	227	不进机关，不吃财政
1998	306	3	53	250	不进机关，不吃财政
1999	212	2	30	180	不进机关，不吃财政
2000	220	—	3	217	不进机关，不吃财政
2001	14	—	3	11	双向选择，不进机关，不吃财政
2002	45	—	2	43	双向选择，不进机关，不吃财政
2003	11	—	1	10	双向选择，不进机关，不吃财政
2004	8	3	—	5	本科毕业生聘到事业单位，纳入财政
2005	51	24	12	15	本科毕业生聘到事业单位，纳入财政
合计	1400	40	208	1152	—

第三节　干部结构和管理

干部结构

1979 年后，大名县大专以上高学历干部逐年增多，中专、高中学历干部逐年下降；中共党员比例呈上升趋势；少数民族干部稳定增长；妇女干部比例稳中有增。

2002—2005 年大名县干部文化年龄结构情况统计表

表 10-6　　单位：人

年份	文化结构					年龄结构					
	研究生	大学	大专	中专	高中以下	35 岁以下	36～40 岁	41～45 岁	46～50 岁	51～54 岁	55 岁以上
2002	28	782	3416	4069	344	3935	2394		1941		466
2003	32	1059	3468	3759	323	3714	1245	1267	1334	764	608
2004	32	1219	3987	3577	220	4177	1259	1217	1386	634	392
2005	28	1762	4010	3287	194	4117	1298	1322	1413	749	378

2002—2005 年大名县干部政治面貌、民族、性别结构情况统计表

表 10-7　　单位：人

年份	政治面貌		民族结构		性别结构	
	中共党员	非中共党员	汉族	少数民族	男	女
2002	2979	5660	8352	287	5248	3391
2003	3088	5769	8538	319	5271	3586
2004	3079	5956	8740	295	5257	3778
2005	3385	5892	8982	295	5487	3790

干部管理

任免　1979 年至 1981 年 1 月，正县（处）级干部由省委组织部任免，副科（乡）级干部由县委任免，公司经理、副经理、乡镇党委委员由县委组织部管理，企业、事业单位干部由人事局管理，科技干部由县科委管理。1981 年 1 月起，根据《地方组织法》规定，县长、副县长，乡镇长、副乡镇长由人民代表大会选举产生；县人民政府副职和其他政府组成人员由县人大常委会任免；县人民政府所属工作部门副职由县政府任免；行政股级干部由劳动人事局任免；企事业单位股级干部由主管单位任免。

交流　1996年，成立大名县人才交流中心。2003年，引进各类人才230名（人事劳动和社会保障局直接引进人才47名），其中为非公有制企业引进人才186名，为非公有制企业输送大中专毕业生141名。2004年，引进各类人才143名，其中为非公有制企业引进人才105名。2005年，引进各类人才126名，其中为非公有制企业引进人才106名。

奖励　1985—1995年，国家机关、事业单位工作人员行政奖励有6种：记功、记大功、模范工作者、升级、升职、通令嘉奖。1995年后，实施国家公务员奖励制度，奖励种类有5种：嘉奖、三等功、二等功、一等功、授予荣誉称号。

1985—1994年大名县奖励情况统计表

表10-8　　单位：人

年份	记功	记大功	模范工作者	升级	升职	通令嘉奖	合计
1985	84	76	86	30	1	—	276
1986	—	—	—	—	—	—	—
1987	—	—	—	—	—	—	—
1988	99	103	97	12	—	—	311
1989	172	40	40	17	—	—	269
1990	176	104	52	14	—	—	346
1991	178	108	51	14	—	—	351
1992	380	107	69	14	—	—	570
1993	193	115	77	12	—	—	397
1994	196	117	78	—	—	—	391
总合计	1478	770	550	113	1	—	2911

1995—2004年大名县奖励情况统计表

表10-9　　单位：人

年份	嘉奖	三等功	二等功	合计
1995	1068	238	29	1335
1996	1001	162	22	1185
1997	1126	186	8	1320
1998	769	133	22	924
1999	782	139	8	929
2000	777	142	8	927
2001	882	155	8	1045
2002	885	148	8	1041

续表 10-9

单位：人

年份	嘉奖	三等功	二等功	合计
2003	732	161	7	900
2004	755	157	8	920
总合计	8777	1621	128	10526

第四节　编制管理和工资福利

编制管理

管理机构　1979 年至 1996 年 5 月，县编制管理机构为大名县编制委员会及其办公室。1996 年 5 月，改为大名县机构编制委员会及办公室。1996 年 5 月至 2005 年年末，县机构编制委员会办公室属县委、县政府共管的常设办事机构，挂靠劳动人事局。

编制审核与审批　1987 年 3 月，下发《关于核定各党政群机关编制总额的通知》，核定全县机关编制总数为 663 名，其中党委系统 134 名，政府系统 456 名，群团系统 73 名。1988 年 7 月，下发《关于加强机构编制管理的规定》，规定编制管理程序，实行编委“一支笔”审批。1988 年 11 月，下发《关于核定大名县乡镇党政群机关人员编制的通知》，核定大名县乡镇党政群机关编制为 775 名。规定乡镇党委一般设正、副书记各 1 名，2 万人左右、20 个行政村以上的可增设副书记 1 名；乡、镇政府设乡（镇）长 1 名，副乡（镇）长 2 名。1988 年，下发《关于核定大名县事业单位控制人数及领导职数的通知》，核定大名县事业单位人员控制数。1996—1997 年，对大名县各类编制重新核定。其中县直党政群机关行政编制 600 名，乡（镇）机关编制 760 名，后追加乡（镇）机关待分配编制 35 名，乡（镇）事业编制 1241 名。1999 年 4 月，核定大名县中小学教职工控制总量为 6902 名。2002 年，核定县直党政群机关行政编制 461 名，工勤、老干部服务人员编制 62 名；物价检查所行政编制 3 名，直属事业单位机关事业编制 87 名，工勤、老干部服务人员编制 7 名；政法机关专项编制 183 名，省定地方政法编制 16 名，政法系统编制总额为 456 名；乡镇机关行政编制 628 名，工勤人员编制 40 名；乡（镇）事业（不含中小学、卫生院）编制总额为 1092 名。上述编制延续到 2005 年年末未变。

工资福利

1994—2005 年，大名县机关事业单位调整工资 11 次，其中调整工资标准 5 次。1997 年 7 月 1 日起，调整机关事业单位工作人员工资标准并适当延伸其职务（等级）工资档次：机关行政人员基础工资标准由每人每月 90 元提高至 110 元，机关工人调整岗位工资标准，其奖金部分按照在工资构成中的原有比例相应提高；事业单位专业技术人员、管理人员、工人调整职务（等级）工资标准，活的部分按原执行的津贴比例相应提高；军队转业干部、新参加工作各类人员的试用（见习）期、学徒期、熟练期、民办教师等工资标准相应进行调整；离退休人员相应增加离退休费。

1999 年 7 月 1 日起，调整机关事业单位工作人员工资标准：机关行政人员基础工资标准由每人每月 110 元提高至 180 元，同时调整级别工资标准，机关工人调整岗位工资标准，其资金部分按照在工资构成中的原有比例相应提高，其他工作人员、离退休人员工资调整原则与 1997 年同。

2001 年 1 月 1 日起，机关行政人员基础工资标准由每人每月 180 元提高至 230 元，同时调整级别工资标准，机关工人调整岗位工资标准，其奖金部分按照在工资构成中的原有比例相应提高；机关事业单位专业技术人员、管理人员工人调整职务（等级）工资标准，活的部分按原执行比例提高；其他工作人员、离退休人员工资调整原则与 1999 年同。

2001 年 10 月起，公务员各职务层次职务工资起点标准由 50 ~ 480 元提高至 100 ~ 850 元，其他工作人员、离退休人员工资标准调整原则与上次同。

2003 年 7 月 1 日起，公务员各职务层次职能工资起点标准由 100 ~ 850 元提高至 130 ~ 1150 元，其他工作人员、工资标准调整原则与 2001 年同。

第三章　劳动及社会保障

第一节　用工制度和劳动管理

用工制度

用工形式　1979—1991 年，用工形式逐渐由“统包统配”调整为统筹兼顾、适当安排。在就业上推行“三结合”方针，即在国家统筹规划指导下，实行劳动部门介绍就业、自愿组织起来和自谋职业相结合的方针；在用工上实行劳动合同制，临时工、合同制工人、固定工多种用工形式并存；废止“子女顶替”招工政策；用工仍以计划为主，国家劳动工资计划（包括用人计划和工资计划）下达后，按隶属关系逐级分配到各基层单位。国有企业招用合同制工人始自 1984 年。集体企业 1991 年改为招收合同制工人，合同期一般为 3 ~ 5 年。1986 年 6 月，暂停国有企业和行政事业单位招工、招干、转干，停止办理“子女顶替”。1986 年 10 月 1 日起，国家机关、企事业单位招用工人一律实行劳动合同制。1988 年起，技工学校毕业生当工人的一律实行劳动合同制。由民政部门安排的复员退伍军人仍为固定工人。1992—1994 年，打破劳动用工管理的计划体制，由企业自主确定用工人数、招工时间、招工条件和招工方式，实行全员劳动合同制。劳动部门主要工作职能为：完善劳动合同鉴证、续订、变更、终止、解除，就业前登记和培训。随着现代企业制度的逐步建立和企业经营机制的转换，年轻劳动力不断增加，农村剩余劳动力大量涌入城镇，劳动力供大于求的矛盾日益突出，一向承担安置就业任务的国有企业人满为患，吸纳劳动者就业能力大大减弱，部分企业出现下岗失业职工。1995 年起，实施再就业工程。至 2005 年年末，纳入再就业服务中心管理的企业下岗职工全部实现再就业。

用工来源　1979—2005 年，用工来源主要有劳动部门分配、考试考核招用、子女顶替、人才引进、联营兼并转入等 5 种。

劳动管理

计划调配　1979—1984年，实行计划经济体制。1985—1992年，随着国家对企业放开搞活，企业用工可根据自身生产需要自行安排用工量及采用不同的用工方式，职工也可根据自己的特长和需要选择企业。劳动部门在劳动管理上为企业和职工提供全方位服务，只要企业需要、职工愿意，可随时办理调动手续。1993年后，完全由企业自主。

合同管理　1994年7月5日，国家颁布实施《劳动法》，用工形式改为全员劳动合同制。大名县未全部实行此项劳动管理，固定工依然是固定工，合同制依然是合同制。至2005年年末，全县有劳动合同制工人8996人，均与企业订立书面合同。

劳动争议仲裁　1988年7月，大名县成立劳动争议仲裁委员会，下设仲裁股，负责处理本地区发生的劳动争议。1992年，各企业相继建立劳动调解委员会，负责本企业劳动争议的调解。1988—2005年，县仲裁机构调解劳动争议案件17件，仲裁9件。

岗前培训　大名县的岗前培训始于1986年，主要为待业青年就业培训。以劳动部门组织为主，后发展为各企业和主管部门组织。培训的主要内容为服装加工、电气焊、瓦木工、汽车和农机维修等。1986—2002年，大名县组织培训班140多期、3100人（次），培训合格后就业2800多人（含自谋职业）。2003年起，培训对象增加下岗职工、失业人员和农村剩余劳动力，至2005年年末，共举办培训班110多期，培训下岗职工、失业人员、农村剩余劳动力12000多人（次）。

技术等级考核评定　1995—2005年，大名县机关事业单位通过初、中、高级工、技师等级考核的技术工人共4300余名。主要有：企业单位技术工人，技术等级考核机修工、车工、钳工、电工、电焊工、营业员、公路养护等工种。至2005年年末，大名县通过初、中、高级工等级考核的技术工人563名。

第二节　劳动工资

工　资

工资制度　1979年后，工资制度变化次数多，工资总量增加大。企业坚持等级工资制度，即由8级工资制延伸而来直至2005年年末执行的55级工资制度。浮动工资主要有四种形式：小浮动。即把奖金的分配搞活，按劳动成果拉开差距，加强奖金的刺激作用；半浮动。即把标准工资一部分拿出来，与奖金捆在一起，随职工劳动贡献浮动，打破“出勤拿工资，干活拿奖金”状态；全浮动。即职工全部收入都不固定，随着劳动成果大小而浮动，上不封顶、下不保底，计件工资制属于此种代表形式；浮动升级。有些企业用利润中的奖励基金，给少数成绩突出的职工升级，这种升级不同于国家统一安排的升级，只在本企业内部有效，有些企业连续三年或五年浮动予以固定。

1983年的企业工资调整　调整资金“两家抬”，即国家财政负担一半，另一半由企业自己负担。对企业规定调资条件：“经济效益好，即完成了当年应缴纳的税金或上缴利润计划和其他主要经济技术指标的企业，自1983年第四季度开始调整工资；经济效益差，管理紊乱，发生经营性亏损的企业，力争尽快扭亏为盈，积极创造调整工资条件；关停企业暂不调整工资”；职工升级搞浮动。即调整工资与劳动成果挂钩，改固定升级为浮动升级；调整工资与局部改革相结合，改革的内容主要是简化归并工资标准。

1985—1987年的企业工资制度　改革企业工资收入分配坚持三项基本原则：兼顾国家、企业和职工三者利益，坚持按劳分配，坚持物质利益。工资模式分四步走：国家直接对工资进行分配，企业执行国家的规定；以国家控制为主，企业自主分配为辅；企业自主分配为主，国家间接控制为辅；取消国家控制，由企业完全自主分配。1986年的国有企业改革和1987年的集体企业工资制度改革，主要是规范细化工资标准，建立升级制度。改革后出现承包租赁企业。

几次参考工资标准的提高　1993年，企业职工套改新调整工资标准，采取以级套级的办法。集体企业参照执行。涉及大名县企业45个（挂钩口径）、职工8360名，月增资总额12万元。新调资标准自1993年1月1日起执行。1994年提高工资标准，人均月增资46元，套改升级的单位44个（挂钩口径）、职工7200名，月增资总额33万元。新标准自1994年1月1日起执行。1996年提高工资标准，人均月增资107元。集体企业和其他经济类型企业参照本办法执行。调整工资的企业42个（挂钩口径）、职工6980名，月增资总额75万元。1999年，按照增加30%的幅度，调整企业职工参考工资标准，同时提高新参加工作人员的工资待遇。人均月增资130元，涉及企业40个（挂钩口径）、职工6305名，月增资总额82万元。2002年，提高工资标准。企业最低工资标准为350元，简化企业工资支付项目，执行新标准后取消各种津贴、补贴。县电力局备案执行，涉及职工571名，人均月增资345元，月增资总额19.7万元，除回民补贴、中夜班补贴及特岗补贴继续执行外，减去经常性补贴70余元，净增275元。2004年，提高工资标准。参加企业职工6260名，人均月增资380元，月增资总额238万元。由于企业效益不好，大部分企业只升档案工资。至2005年年末未变。

工资总额同经济效益挂钩　1986年，实行工资总额同本企业经济效益浮动办法，企业职工工资的增长依靠本企业经济效益的提高。大名县45家国有、集体企业（挂钩口径）涉及职工9000余名，全部实行此办法，覆盖面达100%。1987年起，建立正常升级制度，对经济效益基数有增长和减亏的企业，可安排职工正常升级。每年3—4月份，劳动局、财政局对所属企业核定“两个基数一个比例”（工资总额基数、效益基数和浮动比例），工资总额同经济效益挂钩遵循“两低于”原则：职工工资总额增长幅度低于本企业经济效益增长幅度，职工实际平均工资增长幅度低于本企业劳动生产率增长幅度。职工的工资水平随着经济效益的增长得到提高。2005年，实行工资总额同经济效益挂钩办法的企业仍有6家（挂钩口径），涉及职工3000余名。其他企业退出工资总额同经济效益挂钩办法，全部改为工资总额包干办法。

工资集体协商制度　是企业工资分配、职工民主决策、民主管理和民主监督制度的重要实现形式。大名县工资集体协商自2000年开始试点，第一年2个企业（印刷厂、商业局第二饮食服务公司），2002—2003年由总工会牵头在县办企业推广。截至2005年年末，有60余家企业（包括部分民营企业）实行工资集体协商。

奖　金

在工资总额同经济效益挂钩过程中，核定最多3个月工资总额为奖金，建立经常性奖金制度，对日常生产、工作中超额完成任务或有优良成绩的职工按照预定的时期（月、季、年），在工资以外给予奖励，如超产奖、超额计件奖、原材料节约奖、年终奖等。

福利与津贴

大名县企业津贴、补贴自 1979 年开始执行。

1979—2005 年大名县企业津贴、补贴情况统计表

表 10-10 单位：元 / 月 / 人

项目	标准	项目	标准
副食品价格补贴	5	洗理费补贴（男）	8
肉食补贴	5	书报补贴（工人）	6
四种主要副食品价格补贴	8	书报补贴（干部）	8
煤价补贴	5	女工卫生费	5
粮价补贴	5	冬季取暖补贴	28
综合物价补贴	22.5	回民补贴	4.5
燃料补贴	5	夜班补贴	4
洗理费补贴（女）	10	中班补贴	2

最低工资标准

大名县执行贫困县最低工资标准。1995 年 6 月 6 日至 1997 年 3 月 17 日，执行每月 140 元；1997 年 3 月 18 日至 1999 年 6 月 30 日，执行每月 160 元；1999 年 7 月 1 日至 2002 年 2 月 28 日，执行每月 210 元；2002 年 3 月 1 日至 2004 年 6 月 30 日，执行每月 250 元；2004 年 7 月 1 日至 2005 年 12 月 31 日，执行每月 420 元。

第三节　劳动保护

安全生产

1986 年，大名县成立安全生产委员会，主任由 1 名副县长兼任，办公室设在劳动局，办公室主任由 1 名副局长兼任。1982 年，县劳动管理部门成立锅炉清洗队。1996 年 12 月，大名县有 3 个安装企业取得锅炉安装许可证、1 个液化石油气储备充装站取得储备经营许可证。每年春秋两季和春节前，安全生产办公室均会同劳动、公安、供电、工会、保险及企业主管，对各企业、宾馆饭店、商场及易燃易爆重点防火单位，组织大规模的安全检查，宣传安全生产的法律、法规，查找事故隐患。根据《特种作业人员安全技术考核管理规则》和《特种作业人员安全技术培训考核管理规定的通知》要求，1985—2005 年，劳动部门培训电工、焊工、起重工、架子工、机动车驾驶工、司炉工等 2600 多名。

劳保用品

1986年，个别企业出现滥发劳保用品现象，有些企业以发现金的形式代替劳保用品。县劳动管理部门按国家、省、市有关规定，对劳保用品的生产、销售、发放及使用进行严格管理和清理整顿，使劳保用品的应有效能得到落实。

职业病防治

大名县职业病易发的行业和病种有：化学反应，接触农药等职业造成局部刺激、腐蚀、致癌，部分化学物质引起肌体免疫系统功能病变，造成神经衰弱综合症、中毒性神经炎、中毒性血液病等；电锯、电机等产生的噪声，造成劳动者听力下降和职业性耳聋，或引起神经衰弱综合症、血压不稳、心律加快、胃肠功能紊乱等；印染、造纸等高温作业场所致劳动者中暑，引发热射病、热痉挛、日射病等；屠宰加工、兽医等接触病畜的工作人员感染职业性炭疽病、布氏杆菌病等。为此，大名县成立职业病防治机构，开展职业病普查，建立职工健康档案，对患病职工及时治疗，严重者离岗休养。对特岗职工给予特殊津贴。劳动部门加强对新建、改建、扩建工程同时设计、同时施工、同时投产使用的审查力度，工作小组每季度对工程项目进行督导检查，严要求，细排查，确保工程项目投产后符合职业安全卫生要求。

第四节　劳动保险

管理机构

1986年10月，大名县成立社会保险事业管理所，属县劳动人事局股级事业单位；1996年10月更名为大名县社会保障中心，属副科级事业单位，挂靠县劳动人事局。内设企业保险股、退管发放股、机关事业保险股、综合股4个股室。负责参保企事业单位养老保险费、失业保险费、工伤保险费的申报和征缴，为每位参保人员建立养老保险个人账户、失业保险个人交费记录，负责参保职工退休审核、离退休人员养老金发放及管理服务。负责失业保险、工伤保险的管理发放等。

职工退休费及保险

统筹　社会保险事业管理所成立之初，在保险公司接收投保合同制工人168名，劳动合同制工人养老金7.5万元。参加统筹的单位，每月按标准向征收机构交纳职工社会保险费。2002年3月至2005年年末，企业交费转地税部门代征。大名县辖区内的国有企业、城镇集体企业、城镇私营企业职工和城镇个体劳动者、外商投资企业的中方职工，实行企业化管理的事业单位职工及国家机关事业单位的合同制职工均参加社会保险。交纳基金标准为：1986年，合同制工人养老金，企业按职工工资总额与工资性补贴之和的17%交纳，个人按工资总额的3%交纳。1987年9月，实行全民企业（含企业化管理的事业单位）及集体企业单独建账县级统筹，企业按本单位在职职工实发工资总额与本单位实发离退休费用之和的18%交纳。1988年，合同制工人按绝对数额交纳，单位每人每月15元，个人1.5元。1992年1月，固定职工实行个人交费制度，按本人标准工资的1%交纳。1993年，实行

省级统筹；1996 年 1 月起，实行社会统筹与个人账户相结合，建立职工养老保险个人账户，个人账户记入比例为个人交费工资基数的 11%，其中包括个人交费的全部和从企业交费中按规定比例划转记入部分。个人交费 1996 年为本人工资收入的 3%，1997 年 7 月为 4%，以后每两年增加 1 个百分点，最终达到本人交费工资基数的 8%；企业划转部分相应减少至个人交费工资基数的 3%。此规定至 2005 年年末没有变化。经法院宣布破产的企业，在清算企业财产中，优先向社会保险机构清偿欠交的养老保险费，并根据企业破产时离退休人员执行的待遇标准，一次性交纳企业离退休人员以后所需的离退休费用（计算至 70 周岁）。1986 年，施行失业保险交费制度，企业按本单位职工工资总额的 1%交纳；1998 年，企业按本单位职工工资总额的 2%，个人按本人工资总额的 1%交纳。2000 年，失业保险范围扩大至所有事业单位职工，2002—2005 年，实行失业保险个人交费记录，失业保险费由地税部门征收。

发放　参加统筹的单位和个人，按规定办理退休手续的，每月到指定的银行按标准领取退休养老金。企业职工退休、退职后，福利待遇包括基本退休费，退职生活费，生活补贴及其他各项政策性补贴。养老保险实行“统账结合”前已经离退休的人员，原计发养老金办法维持不变，同时执行养老金正常调整办法。养老保险实行“统账结合”后，基本养老金的计发实行“老人”老办法、“新人”新办法、“中人”中办法制度。1996 年 1 月 1 日起参加工作的职工（“新人”），退休后的月基本养老金，按冀劳〔1998〕47 号规定的基础养老金和个人账户养老金两部分计发。1995 年年末以前参加工作、《实施办法》实施后离退休的人员（“中人”），离退休后的月基本养老金由四部分组成：基础养老金，计发办法与计发标准与“新人”相同；个人账户养老金，计发办法与计发标准与“新人”相同；过渡性养老金，计发办法与计发标准为以本人退休前的本人月平均交费工资为基数，乘以过渡性养老金计发比例 1.4%，再乘以 1995 年年末以前的交费年限（含视同交费年限）；补贴和调节金。除过去国家和省规定的补贴外，对按新办法计发养老金的，每月另加调节金 22 元，并仍按一定比例计发。

职工医药费管理

城镇职工医疗保险　2003 年年末，大名县政府出台《大名县城镇职工医疗保险实施方案和大额医疗保险管理暂行办法》，大名县医疗保险改革领导小组印发 10 个配套文件。2004 年 5 月，大名县城镇职工基本医疗保险正式启动运行。用人单位交费按上年度职工工资总额的 3.5% 交纳，个人按本人工资总额的 2% 交纳。在职职工个人账户由个人的 2% 和每人每年从单位交费中划入的 50 元构成。退休人员的个人账户以本人上年度退休费用为基数，按 4% 的比例全部从用人单位交纳的基本医疗保险费中划入，个人每人每年交 250 元。2004—2005 年，职工住院医疗费用起付线为：县内各分院为 1014 元，县医院为 1170 元，经批准转往县外医院的医疗费，参保人员起付标准相应提高。转到同级医院提高 3%，转到市级、省级、北京级医院的，在县级的标准上提高 5、10、12 个百分点。职工在一个年度多次住院，且第一次住院或紧急抢救的医疗费已进入统筹基金支付阶段，从第二次起支付起点依次递减 100 元。起付标准最低不低于 200 元。参保人员住院使用“甲类目录”药品所发生的费用，直接按基本医疗保险规定报销。使用“乙类目录”药品所发生的费用，先由参保人自负 20% 后，再按基本医疗保险规定报销。在职职工在县医院住院医疗费用，纳入报销医疗费用达到起付线后，实行分段计算、累加支付的办法。起付线 5000 元以下的报销比例为县级 72%，各分院 74%；5000 ~ 10000 元县级为 70%，各分院 72%；10000 ~ 27500 元的报销比例为县级为 68%，各分院70%。退休职工个人负担比例，在在职职工个人负担比例的基础上分别降低一个百分点。经批准转往县外医院的医疗费，参保人员起付标准及自负比例相应提高。转到同级医院的提高3%，转到市级、省级、北京级医院的，在县级标准基础上提高5、0、12个百分点。参加城镇职工基本医疗保险的单位和个人，必须同时参加职工大额医疗保险，按每人每年80元标准交纳，由用人单位和职工个人（含退休人员）各负担40元。参加基本医疗保险职工医疗保险费超过最高支付限额以上的部分，由商业保险公司赔付90%，个人自付10%。在一个结算年度内赔付医疗费用的最高限额为15万元。上述各项，2004年5月开始执行。至2005年年末，全县有城镇职工医疗保险参保单位126个、参保人员17270人，共收缴城镇职工医疗保险金1166万元，支付医疗费12710人次、1090万元。

离休人员公费医疗　财政供养离休干部及破产企业离休干部的医疗保险费，由县财政按每人每年4500元交纳；非财政供养离休干部的医疗保险费由县财政和单位共同分担，县财政按每人每年2000元交纳，单位按每人每年2500元交纳。离休人员的门诊医疗费实行基数包干，结余奖励个人的办法，超支部分不予报销。基数为每人每年1200元，住院及用药范围执行《国家基本医疗保险药品目录》，不分甲乙类，实报实销，超出目录范围的药品不予报销。

丧葬抚恤　职工死亡后，按照国家有关规定给予丧葬费、抚恤金及遗属生活困难补贴。按职工生前所在单位性质分为两类。

机关事业单位丧葬费：1985—1987年为200元，1998—2005年为400元，因工死亡为600元。

抚恤金:1985年，干部14 ~ 17级为550元、18 ~ 20级为500元、21级以下为480元。1995年，革命烈士发死者生前40个月工资、因公死亡发死者生前20个月的工资、因病死亡发死者生前10个月工资。

遗属（死者的直系亲属）生活困难补贴：1985年非农业户口每人每月15 ~ 17元、农业户口每人每月8 ~ 12元。1986年，非农业户口每人每月20 ~ 22元、农业户口每人每月13 ~ 17元。1988年，居住在县城的非农业户口每人每月31 ~ 33元，居住在乡镇的非农业户口每人每月28 ~ 30元，农业户口每人每月21 ~ 25元，孤老孤小可分别酌情提高5 ~ 10元。1991年，居住在县城的非农业户口每人每月41 ~ 43元，居住在乡镇的非农业户口每人每月38 ~ 40元，农业户口每人每月31 ~ 35元，孤老孤小可在1988年的基础上再提高5元。1995年，非农业户口每人每月75元，农业户口每人每月55元，2000年1月1日起调整为156元，对于遗属中的孤老、孤小人员，经组织确认因公牺牲、死亡的遗属，符合离休条件的老干部及副省级以上干部的遗属，在以上标准基础上增加20%。

企业单位职工因病死亡后，丧葬费标准为：1985—1987年为200元，1988—1996年为400元，期间1994年因公死亡的调整为600元。2002年3月以后，职工因病死亡的，按本企业职工月平均工资的2个月计发。抚恤及遗属困难补助标准为：1985年只发给一次性遗属生活困难救济费，标准为：直系亲属为1人的，发死者本人生前6个月的标准工资；直系亲属为2人的，发死者本人生前9个月的标准工资；直系亲属3人以上的，发死者本人生前12个月的标准工资。遗属补助标准：市民每人每月48元，农民每人每月35元，至2005年年末无变化。

第五节 劳动就业

管理服务机构

大名县劳动就业管理服务机构隶属于县劳动人事局。1984 年 6 月成立劳动服务公司，1993 年 2 月更名为大名县职业介绍所，2003 年 7 月升格为大名县劳动就业服务局，编制 5 人，属全额事业科级单位。主要工作任务是：统筹、负责城乡劳动力就业、失业登记、资源统计和组织管理，全面掌握社会劳动力资源状况；组织劳务输出，进行职业介绍、信息咨询、就业指导、促进劳务市场的形成和发展，为劳动力供求双方提供服务；负责企业下岗失业职工再就业、困难职工救助，推动社会各方面举办多层次多形式的培训班，开展就业再就业技能训练；负责失业职工失业登记、下岗失业人员《再就业优惠证》发放等。

就 业

城镇待业青年就业　1979 年接受北京、天津、邯郸等城市的知识青年，1980 年年末全部安置就业，绝大部分安置到县城的各行各业，有十几人自愿留在农村第一线，按政策发给安家经费。1984—1997 年，劳动就业服务机构主要负责城镇待业青年（非农业户口）的安置工作，1993 年职业介绍所成立后，工作范围扩大至农村劳动力进城务工及为企业下岗职工安置工作。1992 年培训安置待业青年 417 名，1993 年培训安置待业青年 331 名，1994 年培训安置待业青年 146 名，1995 年培训安置待业青年 195 名，1996 年培训安置待业青年 137 名，1997 年培训安置待业青年 85 名，1998 年培训安置待业青年 43 名。1999 年后，除少数符合子女接班条件安置就业外，依靠劳动部门安置待业青年就业渠道逐渐减少，自谋职业或自愿到民营企业谋职者逐渐增多，至 2005 年年末，劳动部门每年安排城镇待业青年就业 10 余人。

下岗职工再就业　企业改革后，集体资产重组步伐加快，加之党政、事业单位机构改革，富余人员下岗分流量自 20 世纪 90 年代后逐渐增多。1996 年后，累计出现集体、国有企业下岗、失业职工 2718 名，其中国有企业下岗失业人员 1264 名、集体企业 1454 名。先后有化肥厂、糠醛厂、糕点公司、百货公司、二轻经销公司经理部、烟花爆竹厂、矿机厂、农机厂、油嘴厂、纸厂及物资系统的下属 7 个公司等 17 家企业破产，出现失业职工 1112 名，通过劳动就业服务机构的工作，使失业职工的基本生活保障率达 100%。1998 年后，下岗职工逐年增加，县政府成立以常务副县长为组长的失业下岗职工解困、再就业领导小组，县委、县政府先后制发一系列文件，本着谁主管谁负责的原则，层层建立责任制，实行主要领导亲自抓、主管领导具体抓、各部门齐抓共管，国有、集体、民营、个体企业齐驱动，加大再就业力度，为下岗失业职工开辟更多的就业渠道。部分下岗失业职工破除靠国家安置就业、端铁饭碗的观念，不等不靠，走上自主择业、自强创业，依靠市场找职业的道路。

1998—2003年大名县下岗职工享受基本生活保障及再就业情况统计表

表10-11

年份	下岗人数（名）	再就业人数（名）	再就业率（%）	发放生活费（万元）	基本生活保障率（%）
1998	491	453	92	1.3	100
1999	226	210	93	6.4	100
2000	108	66	61	10.4	100
2001	58	38	65.5	9	100
2002	20	8	40	4	100
2003	0	28	100	0	100
合计	903	803		31.1	100

至2003年，纳入再就业服务中心管理的企业下岗职工全部实现再就业。对部分没有进入再就业服务中心，未享受生活保障的企业困难职工，在每年春节前实行救助，2000—2005年共发放救助金114.4万元。

2000—2005年大名县救助企业困难职工情况一览表

表10-12

年份	救助人数（名）	救助金额（万元）
2000	1051	17.6
2001	1074	17
2002	1174	18
2003	1231	20.2
2004	1238	20.8
2005	1243	20.8
合计	7011	114.4

劳务输出

1993—2003年，介绍外出务工农民13670人（次），办理各种外出证明手续14927份。外出务工人员主要分布在北京、天津、石家庄、青岛、威海、深圳、邯郸等，主要从事职业有铁道建筑、城市楼房建筑、机电、纺织、服装、鞋业、电子装配、保安、服务等。外出务工人均收入5000元左右。2004年，输出农民工190000余人（次），从事职业达30余种，输出地区涉及北京、天津、山东沿海、广东沿海、江苏、浙江等80多个大中城市。外出务工人员年均收入增至6000余元。2005年，劳务输出220000余人（次），涉及工种更加广泛，劳务输出地以山东威海、烟台、青岛和江苏苏州为重点，并涉及东北和东南沿海等经济发达地区。外出务工人员年均收入增至7500元左右。

第四章　民族　宗教

大名县是民族宗教大县。截至2005年年末，境内共有14个民族。其中少数民族13个，回族居多，占少数民族的99%。1990年全国第四次人口普查时，大名县少数民族为17857人，占全县总人口的2.7%；2000年11月1日全国第五次人口普查时，大名县少数民族为18829人，占全县总人口的2.64%。2005年12月，全县少数民族总人口为22439人，占全县总人口的3%。大名县宗教的基本特点是多教并存、和睦发展。佛教、道教、伊斯兰教、基督教、天主教五种宗教在大名县都有信众，信教群众3.7万余人。涉及全县20个乡（镇）、384个村（街）。宗教活动场所58处，其中佛教7处、道教1处、伊斯兰教18处、天主教17处、基督教15处。

第一节　少数民族

回　族

回族在元代迁入大名县，经过明代大迁民，人数不断增多。大部分聚居在府、县所在地和码头、集镇，小部分聚居在农村。1979年后，县委、县政府进一步贯彻落实党的民族宗教政策，加强民族工作，使回族群众善于经商的特长得以充分发挥，民族经济有了较快发展。2003年，县委、县政府制定优惠政策，鼓励支持少数民族以面粉、花生、香油、物流、饮食、屠宰六大产业为主，发展民族特色经济，为全县经济繁荣、政治稳定和社会和谐做出了巨大贡献。大名县回族的聚居呈大分散、小集中的特点。全县回族聚居涉及17个乡镇、45个村（街），其中回族人口占70%以上的民族村11个，民族联合村18个，主要集中在大名镇、金滩镇、营镇、黄金堤乡、龙王庙镇、旧治乡等乡（镇）的29个村庄。

2005年大名县回族聚居村人口分布一览表

表10-13

村名	总人口（人）	回族人口（人）	回族比例（%）
大名镇一铺村	1501	1480	98.6
大名镇二铺村	1670	1639	98.1
大名镇三铺村	1170	819	70
大名镇西杨村	1190	1164	93.4
大名镇金家潭	1239	1239	100

续表 10-13

村名	总人口（人）	回族人口（人）	回族比例（%）
大名镇匡公堤	518	518	100
大名镇七里店村	2306	2102	91.2
大名镇玉带街	450	171	38
大名镇菜园街	580	137	23
大名镇道前街	238	107	45
大名镇南大街	1210	566	46.7
大名镇北大街	1024	380	37
黄金堤乡马时庄村	1935	1776	95
营镇回族乡东营镇村	1419	1419	100
营镇回族乡西营镇村	2597	2597	100
金滩镇金北村	2850	2227	78
金滩镇金中村	1531	166	10.8
金滩镇金东村	2347	456	19.4
金滩镇焦庄村	606	156	25.7
红庙乡东红庙村	799	250	31
大街乡大街村	1520	566	37
旧治乡殷李庄村	366	251	68.6
旧治乡周庄村	360	43	12
旧治乡东杨村	863	206	24
旧治乡东老堤村	170	34	20
西未庄乡中未城村	318	150	47
龙王庙镇一村	1549	303	19.6
龙王庙镇二村	1086	193	17
大名镇东大街	420	102	24

节日习俗　大名县的回族信仰伊斯兰教。开斋节、古尔邦节和圣纪三个节日，被国家定为民族节日。开斋节。伊斯兰教教历九月是斋戒月份，俗称斋月。大名县回族在斋月里宗教人士和在清真寺礼拜的乡老及虔诚的回族有“把斋”的习惯。即从入斋这天起，白天不吃饭，不喝水，只在晚上（约八

点多钟）才能吃喝，直到开斋时为止。在入斋后的盖德尔夜（俗称夜头）要坐夜。这天夜里不休息，整夜做“功课”。夜头傍晚，各回民户都要将家门敞开，挂起亮灯。屋内打扫干净，点上“安息香”。正屋椅子上不准坐人。意思是这天夜里各家亡人“颅核”（灵魂）回家团聚。五更时候，在寺里礼拜把斋的要“忙吃一物”，意思是将开斋了，停止吃夜饭了，要抓住最后的刹那间“忙吃一物”。此时回族群众都往寺里送小菜角、一个枣的枣糕和小点心食品，让“把斋”人吃，结束把斋。当天太阳两杆高的时候开始礼拜，至中午结束。礼拜下殿后要拜节。回族各家户的晚辈向长辈拜节祝贺。寺里的海里凡向阿訇拜节。

古尔邦节。一般在开斋节后70天教历12月10日举行，宰牛宰羊庆祝。也称宰牲节或献牲节。其源出于宗教故事，说先知易卜拉欣老年无儿，求安拉得了子，名伊斯马仪，其子聪明喜人。但在一天夜间，易卜拉欣梦见安拉命他宰子献祭。易卜拉欣唯命是从。天明后，将要动手宰子时，天上掉下一黑头白羊，代子受宰。伊斯兰教以过此节表示对安拉要无条件顺从。

圣纪。是纪念圣人穆罕默德的诞生和逝世之日（教历3月12日），回族在清真寺做圣会。这天宰牛羊、打馓，阿訇礼拜诵完经后开始喝馓。此时宗教人士、回族群众都在寺里打馓喝。也可以端回自己家喝。这天也是回族纪念穆圣的一次大聚餐。

生活习俗　服饰。大名县的回族由于长期与汉族杂居相处，穿着、服饰大体与汉族一样。只是常到清真寺礼拜的乡老和宗教人士有戴礼拜帽的习惯，男人戴黑或白礼拜帽，女人扎手帕或包头。饮食业的营业员戴白礼拜帽。

饮食。大名县的回族以禾类米面为主食，蔬菜、肉类（以可食用的肉类）为副食。具有民族风味的饮食有肉米饭、面叶、豆气、馓、切糕、麻花、糖焦叶、烧麦等食品。另外，在“做事”（节日）时做油香，油香有白油香、黄油香、糖油香三种。

禁忌。回族对饮食的规定很严格，禁食的食物也较多，最主要的有四种：猪肉、自死物、血液和酒。所谓“自死物”是指病、冻等自然死亡的动物，未诵安拉尊名而屠宰的动物均属自死物，按教规是绝对不许食用的。穆斯林除了不吃猪肉外，还有一些畜禽的肉也不可以吃。大体分类为：反刍的、吃草的及吃谷米的畜禽类可以吃，如牛、羊、鸡、兔等。不反刍的、食肉类性情凶暴的畜禽类等不可吃，如驴、骡、狗、鹰等。虽然伊斯兰教对饮食选择严格，但并不僵化教条，如教义规定：禁忌的饮食在被迫的情况下食用也无妨，这里的“被迫”，是指不食用就会有生命危险。

婚嫁习俗　由于大名县的回族和汉族人民长期相处，在办理婚事的迎娶形式有些和汉族一样，但也有本民族的特点和宗教仪式。订婚后要押“小帖”，送聘礼。男方出聘礼多少，根据女方亲戚多少送点心100～300斤，其他衣物双方协商。押“小帖”时，男方将“小帖”、少量点心和衣物送给女方。女方将点心送给亲朋以示订婚。结婚时要先“看好”，男方送给女方结婚日期的帖子和其余点心、衣物。女方将点心送给亲朋好友，并邀请其参加婚礼，亲朋好友回送礼品，以示资助。结婚前，新娘要“开脸”“沐浴”（按宗教沐浴规定）。新郎要“修面”“沐浴”（按宗家规定）。表示新郎、新娘已成年。结婚前一天，要“磕上马头”，就是这天傍晚前，夹毡人领着新郎去亲戚朋友家行“作揖”礼，邀请其参加婚礼。形式是小孩在前面打着红灯笼，高喊“磕上马头”喽，后面一些小孩助威。旧时结婚兴乘轿，有的新郎骑马，中华人民共和国成立后骑车，现在用汽车娶亲。娶回新娘后，新郎先入洞房，此谓新娘不入空洞房。新娘下轿后不能着地，用小轿子抬到洞房门前，毡倒毡入洞房，面朝里坐在床上。新娘进入洞房后，新郎便出来，举行宗教仪式，名为请阿訇写“伊扎布”。此时一位阿訇面对新郎和新娘代理人（主婚人）念经祝贺。另一位阿訇在纸上写“伊扎布”。意思是“婚姻由真主而定”；凭双方父母“口唤”；凭夫妇情愿；夫妇交换信物，即“卡宾礼”。核定媒人，媒人数额，妇女需 4 人，男子需 2 人，并宣布二人结婚合法。最后阿訇撒枣和栗子。男方念“盖毕丽图”，意思是我呈领新娘的愿望。阿訇再次撒枣和栗子，仪式完毕。此后，新娘“见大小”，由婆家人向新娘介绍亲戚，介绍一人拜一次。此外，还时兴娘家近亲送饭，一般是 30 个馒头。按习惯一家饭就要摆一桌席。当天晚上，新郎向新娘交“金钱”。即天黑后，主事人将洞房里的人喊出来，新娘藏在门后椅子上，新郎进入洞房偷偷将钱交给新娘，此为“交金钱”。这时房门外有人喊要点心，新郎便将点心分散给窗外的人们。宿房前女方娘家人将新娘领回家。名为“偷媳妇”（偷三），现在回族人结婚，当天新娘仍不住婆家。第二天女方娘家人请女婿。新女婿到丈人家坐席后，也要“见大小”，行作揖礼。新娘由娘家人送回婆家。结婚当天算三天。六天时新娘回娘家，不住。九天时住娘家四天，叫“走九天”。双九时住九天，为住“双九”，还有住对月的。

其他习俗　生育。夫妇生了孩子，要向娘家送红鸡蛋“报喜”。每家送 4 或 5 个，有的一次给娘家送 40 或 50 个红鸡蛋，由娘家人代送亲戚。生孩子三天内请阿訇起“经名”，写在纸上，将红纸贴在炕头上，也可让阿訇到家吹个“帮凯”。三天时亲朋送礼祝贺，摆席招待亲朋（不喝酒）。

丧葬。回族人死了叫“无常”了，讲究土葬、速葬。即早亡晚葬，晚亡次晨葬，最迟不超过三天。一般来说，死了有父母的年轻人，要当天埋葬。人“无常”以后，要请阿訇宰牲，叫宰“倒头羊”，也可“宰鸡”。同时送孝。尸体用盖布盖住，放在正中，用吊幛挡住。妇女在屋内守灵，接待女吊孝人，男人在屋外守灵，接待男吊孝人。对吊孝者，孝子要下跪（单腿下跪）致谢。埋葬前由长辈和挖坟人带领死者长子去坟地定坟坑。坟坑种类，一是“偏呐”。挖长 7 尺、宽 4 尺、深 4 尺以下，南北向的“子坑”。在子坑西旁掏成长 6 尺、宽 2 尺、深 3 尺的长洞。埋时，在洞内插上“四围”。放入尸体时，用幔幛罩住天。放入尸体以后，将死者面西，露开脸，以示归主。封住洞口，填平子坑，堆成方形坟头。坟头上留有“生”底形土块，下埋有几人，即留有几个土块。另一种是“窜呐”。即在子坑正北方向挖长 6 尺、宽 2 尺、高 3 尺的洞。其他和“偏呐”相同，全不需木料。如用木料者，一种叫“棚板”。做成长 3 尺、厚 2 寸左右的木板。块数以盖住子坑为准。按子坑做一木框架，上可放木板，埋时先在子坑内插上“四周”，放入尸体，掀开脸面朝西，即可盖板。板上盖芦席（现在盖塑料布），即可封坟。另一种叫“塌棚”，是在棚板下，子坑四周都是木板围住，下面接地，埋时同上。埋葬仪式是：殡葬前，先由宗教人士将尸体放在水板上“净身”“穿布”（尸体裹上白布）。男人穿三件，即大卧单、小卧单和内衣。妇女除上面三件外，还有围腰和盖头。男女尸体都带“都阿帽”，穿布后的尸体放在小托上，抬到屋外用“经匣”盖住，由阿訇站“者那在”开始传经，传经后仪式完毕，抬出经匣（内有尸体），放在架子上，即可出殡。送殡人手拿安息香送殡。妇女不上坟。埋葬后 7 天内，每天黎明和傍晚，妇女要在死者屋内哭一场，每天男子孝子要去坟上“走坟”，晚上要去坟上守一会坟。为纪念亡人，在死后 7 日、40 日、百日、周年、三年、十年、二十年、三十年、五十年一般都要“做事”纪念。这天请阿訇开经宰羊。开经后，孝子和亲属要跟阿訇一起去“走坟”。妇女早晨和晚上在家要哭一场以示哀念。做事时做油香送亲友邻舍，近亲加送肉菜和馒头。亲友给“做事”人家送白面、香油、鸡等（现在也有的送钱），以示资助。

语言。大名县回族聚居地方的语言，说话和称呼与汉族略有不同。如：“宰牛宰羊”，不说“杀羊杀牛”。买肉时说“称肉”，不说“割肉”。“买一批肉”，不说“买一扇肉”。说“做（音奏）油香”，不说“炸油香”。“桌子椅子”称“桌的椅的”。“鸡蛋卤面条”说“鸡蛋卤的面条的”。

称呼。称姐夫为哥，称姨夫为叔或大爷（比自己父亲的年龄大者为大爷，小者为叔）。称“姑夫”为叔或大爷（比自己父亲的年龄大者为大爷，小者为叔）。

教育卫生　截至2005年年末，大名县有民族中学3处，在校生5485人，其中回族学生1826人，回族教师43人；民族小学6处，在校生1558人，其中回族学生838人，回族教师54人。民族医院2座，床位60张，专业卫生工作人员68人，回族医生5人。

回族村社会发展　截至2005年年末，大名县共有回族村或联合村29个，人均纯收入2400元以上的村23个，1250—2400元的村6个，等于或超过全县人均收入的村23个，低于全县人均收入的村6个。29个村全部通了电话，24个村通了油路，18个村解决了饮水困难。

其他少数民族

族别与人数　截至2005年年末，大名县少数民族共12个，除回族外，其他少数民族族别人数见下表：

2005年大名县除回族以外的其他少数民族人数一览表

表10-14

族别	壮族	蒙古族	满族	藏族	苗族	维吾尔族	布依族	彝族	朝鲜族	侗族	高山族
人数	38	13	11	9	9	8	6	5	5	3	2

少数民族干部　1979—2005年，大名县积极贯彻落实党的民族政策，并注重选拔、配备少数民族干部，1984年，按人口比例恢复了营镇回族自治乡，并在1996年撤区并乡中加以保留；在回族人口聚居的大名镇（含原七里店乡）、黄金堤乡、金滩镇、营镇乡等配备了回族领导干部，人大、政协都有一定比例的少数民族干部和代表名额。1986年回族干部郭为民任政府副县长。1995年，大名籍回族干部沙启峰任大名县政府副县长，调动了广大少数民族干部的积极性。

回族知名人士

武四海　1945年9月生，大名县大名镇二铺村人。民建中央常委、民建河北省委主委。中国阿拉伯化肥有限公司总经理、河北省秦皇岛市化工集团有限公司董事长、总经理。天津大学化学工程系毕业，大学学历，曾在英国利兹大学做访问学者，高级工程师、国家级津贴专家，天津大学兼职教授，国际肥料工业协会（IFA）主席。曾当选第九届全国政协委员、十一届全国政协常委、第十届全国人大代表。河北省八届人大常委、河北省第九届、十届政协副主席。多年从事化学工程、生物化工、化工自动化、磷肥及复合肥等领域的技术研究与管理工作，颇有建树，多次在各级政协和人大会议上就经济可持续发展、应对入世挑战、加强宏观调控避免重复建设、关注农民和下岗职工等弱势群体的生活与教育医疗、加快肥料立法提案、议案，受到有关部门的重视。他关注弱势群体，为受自然灾害的地区和教育助学捐助巨款，还为地方道路建设、城市绿化、希望小学建设提供赞助。2003年，他主持完成的“耗散结构理论应用于企业管理实践”的成果被中国生产力学会评为“发展生产力杰出贡献一等奖”。2004 年 1 月，武四海当选“首届中国石油和化学工业风云人物”。同年 5 月，跻身 100 位杰出经理人行列，获“罗伯特 · 蒙代尔世界经理人成就奖”。2005 年 1 月，他被评为“中国品牌建设十大杰出企业家”，同年 6 月，当选为“国际肥料工业协会主席”。武四海十分关心大名的社会、经济和教育发展，多次回家乡进行调研，指导工作。2000 年，公司为大名一中和南关回中建设捐助资金 100 万元。

丹氏父子　丹宏，五得利面粉集团公司（以下简称“集团”）创始人，前董事长。丹志民，丹宏长子、五得利面粉集团董事长，中国粮食行业协会副会长、河北省政协委员、河北省优秀企业家、劳动模范。丹志国，丹宏次子、五得利面粉集团总裁，中国十大杰出青年农民、中共河北省第七次党代会代表、邯郸市人大代表、大名县人大常委。1989 年开始，丹志民、丹志国兄弟二人随其父丹宏创业。丹宏提出“五方得利”的经营理念，即客户得利、农户得利、员工得利、国家得利、企业得利，把五方主体组成一个利益共同体，共同发展。1999 年 5 月成立五得利面粉集团。丹氏父子以市场为导向，以满足客户为己任，全力推行品牌战略，集团先后荣获“农业产业化国家重点龙头企业”、“国家标准化良好行为企业”“中国食品工业百强企业”“中国食品工业最具成长性民营企业”“中国制造业企业 500 强”“营养强化面粉试点生产企业”“中国农业产业化行业＋强龙头企业”等称号。集团在做强做大的同时，更追求做好，着力培育“五得利”“好面缘”两大品牌。丹氏父子在总结 20 余年管理经验的基础上，寻求到一套高效、实用的现代企业管理模式—A 管理模式，建立了一套适应五得利自身发展的“五得利管理模式”，为进一步提高集团科学化、规范化管理水平奠定了坚实的基础。集团有河北、山东、河南、陕西、江苏 5 省 11 县市 11 个子公司，成为亚洲第一、世界第二的面粉企业。五得利牌面粉先后获得“中国名牌产品”“消费者信得过产品”“中国驰名商标”“放心面”“最具市场竞争力品牌”等荣誉称号，产品通过“ISO9001”认证。产品远销除中国港澳台以外的全国各大中城市，并出口到俄罗斯、蒙古、朝鲜等国家和地区。美国加州面、马兰拉面、狗不理包子等知名品牌均采用五得利专用粉加工制作，深受消费者欢迎。丹氏父子“富而思源、富而思进”，集团壮大后，没有忘记乡亲和社会，积极从事慈善事业、光彩事业、希望工程，多次为本村修路、修桥，为大名县“明城”修复捐巨资，捐资助教，资助贫困学生就学，为社会福利事业捐款，累计向社会捐款数千万元，实践了其“五方得利”的企业文化理念。

李庆芳　1956 年出生，大名县营镇乡西营镇村人，中国著名雕塑家。中央美术学院研究生，就职于北京市崇文区职工大学。雕塑作品有邯郸涉县“129 师将帅群雕”（蔡树藩、徐向前、邓小平、刘伯承、李达、黄镇）、荀子像、全国最大曹操铜像、胡服骑射像、将相和像、女娲补天像；山西灵丘平型关纪念馆“115 师平型关大捷群雕”（林彪、聂荣臻、杨得志、徐海东、李天佑、陈光、张传东、陈锦绣、杨成武、肖华）、北京邓颖超像、李大钊像、裴文中像、唐杰忠像；海南宋庆龄雕像；江苏省淮安市（周恩来故居）周恩来像；四川汶川纪念抗震救灾一周年主雕像；纪念西藏自治区成立五十周年和《十七项协议》签署群体像；山东临沂鲁西南战役主雕像；辽沈战役、对越反击战纪念币浮雕；长江第一漂浮雕、毛主席纪念堂纪念章浮雕等。

杨德温　1970 年参加工作，先后在大名县七里店中学、大名县南关回民中学任校长。在任校长期间，他注意培养使用提拔汉族领导干部。在南关回民中学，校级领导 5 人中有 3 人是汉族，中层 9 人中有 7 人是汉族，班主任 16 人中有 12 位是汉族。将“不利于民族团结的事不做，不利于民族团结的话不说”。作为校训、作为纪律，广泛宣传，落实到工作中和生活中。每年新生入校新学期开学都是由他上第一课——民族团结教育课。遇有因生活习惯不同发生争执时，他时刻本着弄清事实、不刺激对方、不激化矛盾的原则，努力做好工作，消除误会，和解于心，将矛盾消化于萌芽状态中。在他的校长生涯中，学校没发生过民族矛盾和民族纠纷。由于他处事公道正派，社会各界人士纷纷对学校伸出援助之手，“撒可富公司”支持 100 万元，又得到省民族宗教部门领导的支持，为学校争得国外 80000 美金资助，为教育教学成绩的提高创造了较好的物质条件。在他领导下，学校学生人数逐年增多，教学成绩逐年提升，教学管理得到提高，师生的工作、学习热情得以激发。经过不懈努力，回民中学教育成绩连上 20 多个台阶，名列全县中学前茅。被命名为大名县“明星学校”“教学管理先进单位”“邯郸市民族教育先进单位”邯郸市“德育示范学校”“邯郸信息技术教育实验学校”。他本人被县委政府给予“记功”奖励，授予“明星校长称号”。被邯郸市教委评为“信息技术教育先进工作者”“德育先进工作者”“邯郸市民族教育先进工作者”“邯郸市首届名校长”。被省政府授予“省劳动模范”，《河北教育报》《中国农民报》等多家报刊报道过他的事迹。1998 年，他被国家民委、河北省人民政府授予“民族团结进步模范称号”。1999 年，被国务院授予“民族团结进步模范称号”。

民族工作机构

1980 年 1 月，恢复大名县民族事务委员会，设主任 1 名，同年底设副主任 1 名；1983 年设副主任 1 名，1988 年设副主任 1 名（兼党支部副书记）。1991 年 3 月，宗教工作与民族工作合并，成立大名县民族宗教事务委员会，设主任 1 名；1991 年 9 月设主管副主任 1 名；1996 年 12 月，更名为大名县民族宗教事务局，设局长 1 名，主管副局长 1 名；1998 年 3 月，调入党支部书记 1 名，兼副局长（主持工作）；1999 年 3 月至 2005 年 12 月，设局长 1 名，主管副局长 1 名。

第二节　宗　教

佛　教

佛教活动场所　截至 2005 年年末，大名县共有佛教活动处所 7 处，分别是大名县青云寺、兴国寺、普化寺、大兴寺、乡傩寺、清凉寺、碧峰寺，信教群众 1200 多人。佛教在汉安帝永初元年（107）传入大名，顺帝永建年间（126—131），大名始有佛寺——兴隆寺。旧址在今大街乡邓台村，为大名最早的佛寺之一。大街乡邓台村西历史上还有一座愿力寺，寺内住持昙秀禅师为元朝时著名高僧，曾被皇帝召见，圆寂后朝廷降旨厚葬，并谥修舍利塔。年代较早的佛寺还有兴化寺、青云寺、皇觉寺、牛庙寺等。历代有记载的寺院 30 余座。1979 年后，宗教政策在大名县得到进一步贯彻落实。信奉佛教群众的宗教生活趋于正常，信教群众逐年增多。为规范宗教活动，根据信教群众的要求，经县民族宗教事务局呈请，2002 年 6 月 18 日，邯郸市民族宗教事务局批准佛教活动场所大名县儒家寨青云寺开放。

2005 年大名县佛教活动场所一览表

表 10-15

名称	地址
青云寺	沙圪塔乡儒家寨南街村
兴国寺	旧治乡李三牌村
大兴寺	万堤镇皂庄村
普化寺	万堤镇代庄村
乡傩寺	埝头乡前沙河路村
清凉寺	沙圪塔乡北贾庄村
碧峰寺	北峰乡北峰村

佛教界慈善活动　经多方联系，大名县佛教慈善组从省市佛教慈善功德会协调现金 8 万多元和大量粮油衣物，救助 300 名孤儿和部分鳏寡困难家庭。在佛协筹备组帮助下，每年向石家庄弘德家园和邯郸佛协爱心家园输送孤儿多名，使其接受免费教育和生活。孙甘店南李庄村一李姓不满周岁婴儿身患先天性心脏病，慈善组获悉后，及时协调、募集现金 9000 元资助为其医治，该婴手术后病愈。大名佛协筹备组经常到各佛教活动场所宣传党和政府的宗教政策和国家的相关法律法规，要求信众牢固树立爱国爱教的正确观念，指导信众坚持正信的佛教，教导信众觉悟人生、奉献人生，积极引导信众与社会主义相适应，为社会和谐与发展服务。

青云寺位于沙圪塔乡儒家寨南街村，始建于北齐天保年间（550—560 年），原址在今沙圪塔乡西司庄村。唐太宗后期（约 643 年），因水患迁至儒家寨南街村。当时寺址有一个 10 余米高的土台，台顶面积 8000 多平方米，俗称“西土山”。信教群众为防水患，在“土山”上及其周围迁建了青云寺。清朝末年，青云寺遭军阀洗劫被毁，1980 年后陆续修复。2005 年占地面积 15 亩，有 2 座大殿及山门，佛祖、菩萨等塑像 25 尊，并保留古代遗存的石阶、柱基、石像等遗物。每年的农历二月十五、五月二十八、十月初一庙会，会前半个月，就有本县和邯郸东部其他县信奉佛教的群众陆续“赶会”，香火兴旺，高潮时人流成千上万，带动了当地第三产业的发展。1991 年，大名县人民政府批准儒家寨青云寺为县级文物保护单位。2002 年 6 月 18 日，邯郸市民族宗教事务局批准青云寺为大名县佛教活动场所开放。2002 年 8 月 27 日，大名县发展计划局批准了青云寺扩建项目。

道　教

大名道教在汉武帝时（前 140—87 年）已建有文君神庙，历代所建的祠观很多，道教活动也很活跃。由于水患，一些祠观被湮没。1929 年，民国县政府颁布“废除神祠令”。中华人民共和国成立后，全县城乡曾有“拉神庙”活动，经过“文化大革命”洗礼，大名县的祠观基本无存，男女道士逐渐销声匿迹，1979 年后逐步恢复。2005 年年底，全县有道教信徒 400 余人，红庙乡群众较多，原道教活动场所天佑宫坐落在该乡刘安庄村，距今大约有 1500 多年的历史，遗址尚存，土地面积 1500 平方米，并保留下来石供桌 1 张、石香炉 1 个，在当地一带颇有影响。经邯郸市道教协会申请，大名县民宗局同意对天佑宫进行恢复修建（2008 年建设完工）。

伊斯兰教

伊斯兰教自元代西域回回落居大名后即传入，并建立宗教活动场所。明代以后，由于回族人的大量增加，作为宗教活动场所的清真寺也在回族聚居区修建起来，成为穆斯林宗教活动、社会活动、文化活动中心。大名回族信仰伊斯兰教。认主独一，真诚信奉真主安拉。伊斯兰教徒统称穆斯林，基本信条是“六大信仰”即信安拉、信天仙、信经典、信使者、信复生、信前定。主张和平顺从，反对信多神、拜偶像、以物祭主。2005 年，大名县伊斯兰教信教群众有 22329 人，宗教活动场所（清真寺）18 处，阿訇 22 人，海里凡 23 人。2003 年 12 月 9 日，在县民族宗教事务局支持下，召开大名县伊斯兰教第一次代表会议，选举产生了大名县第一届伊斯兰教协会。名誉会长 1 名、会长 1 名、副会长 7 名、秘书长 1 名。

2005 年大名县伊斯兰教活动场所

表 10-16

序号	名称	详细地址	面积（亩）
1	北大街清真寺	大名镇北大街	0.5
2	七里店清真寺	大名镇七里店村	2.5
3	七里店清真女寺	大名镇七里店村	0.25
4	南关东寺	大名镇南关东街	6
5	南关清真女寺	大名镇南关东街	1.1
6	二铺清真寺	大名镇二铺村	1
7	西杨村清真寺	大名镇西杨村	1.5
8	西杨村清真女寺	大名镇西杨村	1.1
9	马时庄清真寺	黄金堤乡马时庄村	5
10	马时庄清真女寺	黄金堤乡马时庄村	1
11	西营清真寺	营镇回族乡西营村	8
12	西营清真女寺	营镇回族乡西营村	1.5
13	东营清真寺	营镇回族乡东营村	2
14	东营清真女寺	营镇回族乡东营村	1
15	金滩镇清真寺	金滩镇金北村	1.1
16	金滩镇清真女寺	金滩镇金北村	0.98
17	大街清真寺	大街乡大街村	4.3
18	龙王庙清真寺	龙王庙镇庙一村	0.44

南关清真东寺坐落于大名镇南关一铺村，坐北朝南，北靠护城河，南临南关东街，占地6亩，始建于1519年。1947年，沙梦弼阿訇做住寺阿訇时，修建水房8间。1951年，何广才做住寺阿訇时，翻修清真寺大门和耳房。1987年，在马广德（北京外经学院培训部主任、金家潭人）积极帮助下，对该寺进行了重修，建大殿一座，由古棚、礼拜殿和瑶殿三部分组成，占地面积200平方米。于1994年认定开放。寺内以中国宫殿式古典建筑的大殿为主体，整个院内的建筑均呈对称状，整齐肃穆。邦克楼、教长室、讲经室、水房子等应有尽有。全部建筑为青砖瓦房。寺大门为高台门楼，大门两边各有一间耳房。大门内是一条甬道，彩砖铺地，通向二门。二门是仿古建筑，滚脊、挑角，两侧是仿古围墙。二门东是对厅，东对厅共5间，西是大殿，由古棚、前殿、后殿三部分组成，整个大殿青砖灰瓦，飞檐斗拱。院落最北侧是4间北讲堂和5间水房子。

天主教

大名县天主教组织　天主教约在清朝道光、咸丰年间传入大名。同治元年（1862），在城内北大街建立第一座天主教堂。2005年，大名县天主教隶属邯郸教区，教务负责人为神甫张伏恩，行政机构为大名县天主教爱国会和教会，办公地点在大名镇东大街天主教总堂。1992年10月，原杨桥镇前黄庄天主教会长黄万秀，奉邯郸教区主教之命，主持大名县天主教会工作。领导小组由李友明等7人组成。1998年12月，大名教会领导小组召集各村会长和堂点负责人会议，选举大名县天主教会。黄万秀当选会长，李友明当选副会长。2004年12月，大名天主教召开全县各活动场所负责人会议，选举产生了大名县天主教爱国会。主席李雍绍，副主席刘建国、刘子义。

天主教活动场所　大名县天主教依法登记的正式活动场所有：大名镇东大街天主教总堂、杨桥镇前黄庄天主教堂、沙圪塔乡元寨天主教堂、沙圪塔乡儒家寨南街天主教堂、孙甘店乡孝廉天主教堂、张集乡翟町天主教堂、西付集乡前杨村天主教堂等17处。同时还有6处活动处所。

信教群众分布　截至2005年年末，大名县天主教信教群众涉及19个乡镇的116个村（街），信教群众6662人。重点乡（镇）5个：杨桥镇1249人，沙圪塔乡1209人，王村乡884人，西未庄乡522人，大名镇500人。重点村24个：东大街110人，元寨205人，西寺庄130人，北贾庄125人，西街180人，南街200人，老陶营195人，前黄庄250人，白庄125人，后齐庄148人，马村125人，赵庄107人，房头176人，南马头118人，北马头103人，田固144人，大李凝137人，杨固125人，前辛寨125人，黄金堤二村103人，刘堤口134人，前杨村184人，翟滩204人，后沙路120人。

2005年大名县天主教信教群众分布一览表

表10-17

乡镇	有教徒村数（个）	教徒人数（人）	乡镇	有教徒村数（个）	教徒人数（人）
杨桥镇	10	1249	埝头乡	14	341
西付集乡	4	235	大名镇	20	500
旧治乡	10	324	黄金堤乡	5	239
金滩镇	3	119	王村乡	9	884

续表 10-17

乡镇	有教徒村数（个）	教徒人数（人）	乡镇	有教徒村数（个）	教徒人数（人）
西未庄乡	13	522	束馆镇	2	81
张集乡	2	219	北峰乡	1	29
孙甘店乡	3	190	龙王庙镇	1	65
沙圪塔乡	12	1209	红庙乡	3	141
大街乡	5	129	万堤镇	7	163
铺上乡	4	175			

按照有关政策，1992 年后，大名县先后对天主教教产进行了落实。大名镇东大街总堂、大名一中所占原修女会及神甫生活用房、“八大局”所占主教府、耶稣会院等房地产，有的全部落实，有的部分落实。

基督教

大名基督教组织 清末民初，基督教传入大名。陆续出现了四个教会组织：清洁会、宣圣会、伯利特总会、伯利特会。中华人民共和国成立前，大名基督教徒分别属于美国差会控制的上述四个教会组织。解放初期，四个教会组织陷于瘫痪。1945 年 5 月大名解放，大名县基督教走上了独立自办教会的道路，实行“自治、自养、自传”（简称“三自”）。1986 年 12 月 9—11 日，大名县基督教召开第一次代表大会，选举产生首届大名县基督教三自爱国运动委员会。选出主席、副主席，秘书。同时选出大名县基督教协会名誉会长、副会长。“两会”分工合作；1989 年 6 月，“两会”进行第二次选举，产生了第二届领导人。2004 年 7 月 27 日，大名县基督教召开第三次代表大会，选举产生第三届“两会”组织。“三自”爱国运动委员会主席 1 名、副主席 4 名、秘书长 1 名。基督教协会会长 1 名、副会长 4 名，总干事 1 名。大名基督教“两会”的办公地点设在大名镇南大街基督教教堂。至 2005 年年底，全县基督教信徒 7609 人，分布在 19 个乡镇的 300 个村（街）。教职人员长老 2 人、传道员 95 人，各活动场所和活动处所设负责人。

活动场所 大名基督教活动场所有大名镇南大街基督教堂、旧治乡东老堤礼拜堂、杨桥镇樊河道礼拜堂、黄金堤乡一村礼拜堂、金滩镇金中村礼拜堂、龙王庙镇龙王庙二村礼拜堂、沙圪塔乡儒家寨西街礼拜堂等 15 处，活动处所 23 处。

大名县基督教信徒分布情况 截至 2005 年年末，涉及 19 个乡镇，300 个村（街），信教群众 7609 人。500 人以上乡（镇）5 个：金滩镇 688 人，大街乡 592 人，北峰乡 588 人，张集乡 569 人，铺上乡 532 人。100 人以上村 13 个：宋尧 106 人，杏现 108 人，前现城 100 人，儒家寨西街 168 人，金中 190 人，北门口西村 130 人，铺上 110 人，石家庄 105 人，前兆固 103 人，东劝善 101 人，刘辛庄 102 人，双庙 100 人，樊河道 113 人。

2005 年大名县基督教信教群众分布情况一览表

表 10-18

乡（镇）	有教徒村数（个）	教徒人数（人）	乡（镇）	有教徒村数（个）	教徒人数（人）
埝头乡	16	373	杨桥镇	14	341
西付集乡	18	351	大名镇	16	484
旧治乡	20	467	黄金堤乡	18	456
金滩镇	13	688	王村乡	10	211
西未庄乡	2	20	束馆镇	15	341
张集乡	18	569	北峰乡	25	588
孙甘店乡	13	352	龙王庙镇	12	352
沙圪塔乡	12	276	红庙乡	12	232
大街乡	23	592	万堤镇	21	384
铺上乡	19	592			

基督教知名人士　郭天恩，男，汉族，1929 年 11 月出生，大名县大名镇南关三铺村人，基督教牧师，美籍华人。出生于基督徒家庭，父亲郭蓝田（医生）是基督教清洁会传道人，大名县基督教第一届三自爱国运动委员会主席。1941 年郭天恩 12 岁时，随父离开大名，到安阳教会印刷厂做童工，辗转到开封、南京、南昌、上海等地。后因战乱，随国际难民署做义工，离开大陆到中国台湾，在国际难民署做难民救济工作，在澎湖、马工服役期间成为一名基督徒。在花莲县美仑的教会医院，开展帮助山地人改善医疗条件等社会工作。到台湾浸信会圣经学院宗教教育系学习，四年后毕业。先后到台中、基隆、高雄、澎湖 64 岛以及金门等地，从事开荒布道及慈善工作。期间学会山地话、闽南话、日语、英语、普通话等。1972 年赴美国美南浸信会就读，1975 年获神学硕士学位。毕业后申请到绿卡定居美国，从事土木工程工作。后在美国纽约哥伦比亚大学、芝加哥西北大学、UBF、CEE 国际教育组织做义工，从事“青年团契”工作，先后到过匈牙利、德国、韩国、日本等国。1981 年，第一次回故乡大名探亲，十分关心家乡建设，多次与县有关领导（统战部长王建武）接触，商谈招商引资事宜。1987 年，联系到联合国开发总署干事李蓝（美国人、出生于大名县）来大名商谈援建大名盐碱地改良项目。20 世纪 90 年代，联系国际教育组织 CEE，商讨向大名派“免费外籍英语教师”事宜。1992 年，邯郸市罗城头大学生刘迎春在他的经济担保下，赴美国拿到匹斯堡大学奖学金，顺利读完硕士，还清家庭因上学拖欠的债务，并留美就业。1995 年，郭天恩回故乡大名定居，对家乡文化教育和医疗事业给予了大量资助。

宗教管理

工作机构　大名县宗教管理工作，在中华人民共和国成立初期，由县公安局政保股负责，由一名副局长主管。1958 年 9 月，划归县民委负责。1976 年，改由民政局负责。1980 年 3 月，由县政府办公室兼管，并配备专职干部负责。1980 年 11 月，建立大名县宗教科。1984 年 2 月，宗教科并入民政局，对外名称为大名县人民政府宗教科，由一名副局长主管。1991 年 3 月，宗教工作与民族工作合并为一个管理机构，成立大名县民族宗教事务委员会；1996 年 12 月更命为大名县民族宗教事务局。主要职责是：全面贯彻党的宗教信仰自由政策，依法管理宗教事务，积极引导宗教与社会主义社会相适应，对宗教坚持独立自主自办原则。

宗教事务管理　大名县是邯郸市宗教重点管理县，境内有五种宗教，分别为佛教、道教、伊斯兰教、天主教、基督教。佛教主要分布在沙圪塔乡的清云寺、铁窗口村南的兴化寺。道教主要分布在红庙乡总坟村的天佑宫。伊斯兰教主要聚集地是营镇乡、金滩镇、大名镇南关。基督教主要聚集在大街、龙王庙、金滩镇、旧治、杨桥、大名镇。天主教主要聚集在大名镇、杨桥、埝头、黄金堤、沙圪塔、西未庄、西付集、孙甘店、张集、铺上。2005 年，大名县各宗教共有教徒 35489 人。

1990 年与 2005 年大名县信教人数一览表

表 10-19　　单位：人

宗教	1990 年	2005 年
佛教	—	580
道教	—	309
伊斯兰教	18220	22300
天主教	2845	5700
基督教	1329	6600

第十一编　法治　军事

1979 年后，根据上级统一安排部署，结合县内治安案件多发领域，大名县适时组织开展了“整顿交通、集镇市场秩序”“反盗窃”“打击拐卖妇女儿童犯罪”“打击破坏电力设施犯罪”“打击黄、赌、毒”“打黑除恶”等专项整治活动，持续开展了“严打”活动。“严打”活动中，政法各部门协调联动，依法坚持“从重从快”打击的方针，快侦、快捕、快诉，有效打击了各种犯罪行为，为大名县发展大局奠定良好基础。

第一章　政法工作

第一节　政法机构

1980 年 9 月，县委成立政法领导小组，县委副书记兼任组长。1981 年 7 月，成立政法委员会，书记由县委副书记兼任，副书记由政法部门负责人兼任，只设 1 名专职办事人员。1983 年 1 月，设专职副书记与办公室。1983 年年底机构改革后，设专职书记与办公室。人员 1984 年为 5 人，1987 年编制为 4 人，1988 年 9 月，撤销政法委员会，成立政法领导小组及办公室。1990 年 7 月，恢复政法委员会，撤销政法委员会领导小组及办公室。1991 年 4 月，成立社会治安综合治理委员会办公室（正科级），与政法委合署办公。

1996 年，政法委员会机关内设办公室、协调督办科、组织干部科，行政编制 9 人，其中书记 1 名、副书记 2 名、综治办主任 1 名、副主任 1 名、科级调研员 1 名、股级职员 3 名。2000 年 8 月成立县维护社会稳定工作领导小组办公室（正科级），机关设在政法委。

2002 年，大名县政法委员会（县社会治安综合治理委员会办公室、县维护社会稳定工作领导小组办公室）设办公室、政治处（正科级）、执法监督科、制非办，行政编制 13 名，其中书记 1 名、副书记 3 名、综治办主任 1 名（由 1 名副书记兼任）、政治处主任 1 名，股级职数 4 名。2004 年，县矛盾纠纷排查调处中心由县委办划归县综治办管理，规格为正科级，属一般事业单位，编制 6 名，其中设主任 1 名、副主任 1 名，股级职数 2 名。

第二节　工作概况

1979年后，县委政法委充分发挥职能作用，领导、组织全县政法各部门，组织、协调全县上下，认真贯彻中央、省、市、县委一系列有关政法、维护稳定和社会治安综合治理的指示精神和工作部署，全面落实维护稳定和社会治安综合治理的各项措施，有效地维护了社会政治稳定，为全县经济建设和广大人民群众的安居乐业营造了稳定的社会环境，提供了良好的法制保障。大名县多年被评为全市社会治安综合治理先进单位。2004—2005年大名县的社会治安综合治理工作连续两年全市第一，涉法涉诉信访工作连续两年全市第一，综治协调中心（说理大院）建设走在全市前列。2006年春节前夕，中央电视台12频道《社会与法》栏目专门到大名县制作了《平安是福——邯郸大名篇》《和谐春天看综治："说理大院"》专题片，在春节和全国"两会"期间介绍了大名县的"说理大院"建设及做法。

稳定责任制　按照"看好自己的门、管好自己的人、办好自己的事"的维护稳定和综合治理工作要求，每年县委、县政府与各乡镇、各部门逐一签订《维护稳定和社会治安综合治理责任状》，明确工作任务、目标和要求。县委政法委（县综治办）加强督促、指导、检查、考核，狠抓责任状规定任务的落实。对领导不重视、工作不力、任务完成不好的单位随时进行全县通报，对发生影响社会稳定问题的单位给予社会治安综合治理一票否决，有力地促进了维护稳定和社会治安综合治理各项措施在基层的落实。

严打整治　始终保持严打高压态势，相继组织开展了"打拐"、打击"两抢一盗"（即抢劫、抢夺和盗窃）、"打恶除霸""打黑除恶"等一系列严打行动，依法严厉打击各种严重刑事犯罪和多发性侵财犯罪。经严打整治社会治安持续好转，2003年全县刑事发案758起，2004年刑事发案442起，2005年刑事发案416起，2004年、2005年刑事发案分别较上年下降42%和5.9%。

矛盾纠纷排查调处　随着改革的深入、社会的转型和利益格局的调整，各种矛盾纠纷日益增多。为适应形势发展的需要、维护社会稳定。县委政法委（县排调中心），完善矛盾纠纷排查、报告、交办、包案、督办、通报、追究制度，坚持日常排查和集中排查相结合，一般问题经常排查，重要时期集中排查，大量的矛盾纠纷得到早发现、早报告、早调处、早解决，有效地预防和减少了民转刑、群体性事件、集体访、越级访的发生，确保了全县社会大局稳定。

基层安全创建　基层安全创建是促进社会治安综合治理各项措施在基层落实的有效载体。2004年，市委、市政府在全市部署了为期三年的星级平安创建活动。大名县把星级平安创建作为社会治安综合治理工作的重中之重，认真制定创建规划和创建方案，切实加强组织领导，成立由县委、县政府主要领导挂帅的创建工作指挥部，实行县级领导包乡镇、包系统，乡镇领导包村，县直单位对口帮创建责任制，以基层综治配套组织建设为突破口，在全县大力实施"31626"平安工程建设（"31626"即三所：派出所、司法所、法律服务所，一庭：基层人民法庭。六办：乡镇综治办、稳定办、排调办、信访办、防范办、统战办。两委：村支委、村委。六会：村治保会、民调会、红白理事会、团委会、妇联会、民联会—民兵联防队）。在健全组织基础上，建立完善治安防范、矛盾纠纷排查调处、法制教育、"两劳"回归人员安置帮教等综治工作制度，乡村、单位综治工作水平显著提升，各类案事件明显减少，群众的安全感大幅度增强。2005年6月24日，全市星级平安创建现场经验交流会在大名召开。

综治协调中心（说理大院）建设　针对基层综治成员部门责任不明确、工作不到位、各自为政、形不成维护稳定合力的问题，在借鉴外地经验的基础上，在全县20个乡镇整合基层政法、综治、稳定力量，成立综治协调中心，建设稳定大院（说理大院）。乡镇政法书记（综治办主任）兼任综治协调中心主任，统一领导、指挥、协调派出所、司法所、法庭、稳定办、排调办、信访办、统战办、防范办、纪检、计生、农业、民政、土管等驻乡和乡直涉稳部门的工作。并完善了两个机制，即由公安派出所牵头，以村支部、村委会为依托，民兵、治保会、巡逻队等群防群治组织履行职责的治安防控机制。由司法所牵头，基层法庭指导，民调组织充分发挥作用，分类归口解决矛盾纠纷的矛盾纠纷排查调处机制。2005年，全县20个乡镇均成立了综治协调中心，建设了稳定大院（说理大院），走在了全市的前列，得到了市委有关领导的充分肯定。中央电视台12频道《社会与法》栏目并于2005年年底，到大名制作了《平安是福—邯郸大名篇》《和谐春天看综治：说理大院》两个专题片，春节和“两会”期间央视播出，向全国推介了大名县的综治协调中心（说理大院）建设及做法。

按照“立警为公，执法为民”“严格执法，公正执法，文明执法”的政法队伍建设要求，在全县政法系统相继开展了“整饬警风警纪”“三个代表”重要思想教育、“树讲求”（树正气、讲团结、求发展）教育、“执法为民树形象”教育、保持共产党员先进性教育、“规范执法行为，促进执法公正”专项整改、“两整一树”（整治不作为、整治乱作为，树立公正执法形象）、“八荣八耻”社会主义荣辱观宣传教育、社会主义法治理念教育等一系列专项教育和整改活动，认真查找整改政法干警在执法理念、执法作风、执法规范等方面存在的问题，广大干警执法为民、严格执法、公正司法、服务大局的意识明显增强，政法队伍的整体素质得到提高，人民群众对政法队伍的满意度显著提升，政法机关严格执法、公正执法、文明执法的良好形象进一步树立。

第二章　公　安

1979—2005年，针对不同时期出现的社会犯罪问题，大名县公安局适时组织开展各种专项打击、阶段性打击或发动季节攻势等活动，稳、准、狠地打击各类刑事犯罪，惩治犯罪分子。在社会治安综合治理、户政管理、流动人口管理及国家重大活动保卫工作中多次受到省、市表彰。

第一节　机构设置

1979年，大名县革委会公安局内设人事科（后改为政办室）、秘书科、政保科、治安科、预审科、刑警队、消防科、看守所。1980年，大名县革委会公安局复名为大名县公安局，1981年9月26日，增设交通科、行政拘留所。1987年，县交通监理站划归县公安局，更名为大名县公安局交通警察队，并设立龙王庙、西魏庄公安交通检查站。1989年，交通警察队更名为交通警察大队，增设法制科。1991年12月，增设户政科、法制科。1996年，成立巡警防暴大队。1997年，增设110指挥中心。2005年，内设政治处、110指挥中心、办公室、警务督察队、法制股、信访股、户政股、行政股、出入境管理股，下设国内安全保卫大队、经济文化保卫大队、治安警察大队、刑事警察大队（下设后勤保障中队、技术中队、特勤中队三个直属中队和大名镇刑警中队、龙王庙刑警中队、束馆镇刑警中队、金滩镇刑警中队、万堤刑警中队、杨桥刑警中队六个责任区刑警中队）、经济侦察大队、巡警防暴大队、看守所、行政拘留所。全局民警184名，其中大专以上文化程度156名，占84.7%，党员163名，占88.5%。

1979年，设6个基层派出所：杨桥派出所、万堤派出所、城关派出所、束馆派出所、金滩镇派出所、龙王庙派出所。杨桥派出所设在杨桥村，管辖杨桥、沙圪塔、王村、儒家寨、西店、北马头、铺上7个公社的治安事务；万堤派出所设在万中村，管辖万堤、兆固、北门口、王乍村、崔岳村、黄金堤6个公社的治安事务；城关派出所设在县城西大街，管辖城关、七里店、旧治、西魏庄、未城、大街、殷李庄7个公社的治安事务；束馆派出所设在束馆东街村，管辖束馆、冢北、北峰、从善楼、西付集、埝头6个公社的治安事务；金滩镇派出所设在金南村，管辖金滩镇、北堤、营镇、上马头、普明滩、红庙、张集7个公社的治安事务；龙王庙派出所设在龙王庙，管辖龙王庙、大龙、赵站、南李庄、孙甘店、鲍庄6个公社的治安事务。

1982年2月4日，增设王村、上马头、黄金堤、孙甘店、西付集、北峰、营镇、张集8个派出所。8月26日，增设王乍村、崔岳村2个派出所。1986年，向全县39个乡镇派出驻乡民警。1987年，驻乡民警收归县公安局。1988年，王村、黄金堤、张（铁）集、孙甘店、北峰派出所划归当地乡政府管理，增设城关区派出所，原城关派出所管辖的七里店、旧治、未城、大街、殷李庄、西魏庄划归城关区派出所管辖，城关派出所更名为大名镇派出所。1991年，增设西魏庄、北马头（1995年撤销）、营镇3个派出所。

1997年，在大名镇、杨桥、龙王庙、万堤、金滩镇、束馆、黄金堤、王村、孙甘店、西未庄、营镇、张集、红庙、北峰14个派出所的基础上，增设大街、旧治、西付集、埝头、沙圪塔、铺上、大名府市场7个派出所，共21个派出所，实现一乡一镇一个派出所的格局。

2003年，开展派出所规范化建设工作，租赁、占用其他单位办公场地的派出所征地新建，破旧不堪的进行装修，警力不足的增加警力。2005年，大名县公安局下设6个镇派出所、14个乡派出所和1个大名府市场派出所。

第二节　打击刑事犯罪

1979—2005年，大名县共发生刑事案件7616起，其中1980年63起，1996年170起，2003年763起，2004年422起，2005年416起，通过不断打击刑事犯罪，全县社会治安明显好转。

打击重点

盗窃　1979年后，盗窃案件始终占大名县刑事案件的最大比例，20世纪80年代前，盗窃的一般是粮食、猪羊、生产工具等，盗窃自行车就算是大案。20世纪80年代后期至90年代初，盗窃目标多为摩托车、金银首饰、现金、牲口、拖拉机、三马车、汽车等，被盗数额高达几万元、十几万元，甚至更大。1980年发生盗窃案52起，占当年刑事案件的82.5%；1990年发生盗窃案件186起，占当年刑事案件的73%。1979—2005年，全县共发生盗窃案4863起，占全部刑事案件的61.5%。21世纪初，盗窃案件主要转向入室撬保险柜、盗窃现金、手机、电脑等贵重物品和电力、电信设施等，尤以盗窃电力设备案件最为突出，直接、间接损失较大，2003 年直接经济损失 27.415 万元，2004 年直接经济损失 33.077 万元。2003 年后抓获的 5 个盗窃团伙多为 3 人以上，其中 XXX 团伙达到 14 人。这些团伙多为跨省、县结伙作案，分工细致，有的负责专门踩点，有的负责专门盗割（挖）、销赃等，并凭借专门的机动车辆，作案后迅速逃离现场，赶往下一个作案地再实施作案。一般情况下，多按照“居住地→作案地→销赃地”三个环节实施作案，且每一环节相距较远（多在 50 千米以上），使该类犯罪取证难、侦查难、追赃难、追逃难，为公安机关的侦查破案带来极大困难。大名县多年来持续“严打”活动，始终把打击盗窃犯罪列为首位。

抢劫　1979—1981 年，全县连续三年无抢劫案件发生。1982—1983 年，有预谋、有组织的抢劫犯罪多有发生。作案方法多样，手段更加残忍：夜闯民宅，蒙面入室，持刀、持枪抢劫个人、集体或国家财务，洗劫机关、厂企财务室，甚至抢劫拖拉机、三马车、汽车，有时伴有强奸、伤害甚至致死人命。1983 年打掉抢劫团伙 2 个，破获抢劫案 21 起，占全年刑事案件的 22.8%。1983 年后，抢劫案件呈逐年上升趋势，2000 年发生抢劫案件 143 起。2001 年后，随着“严打”斗争的日益深入，抢劫案件得到有效遏制，2001—2004 年分别为 23 起、31 起、14 起、15 起，2005 年发生此类案件 19 起，占全年刑事案件总数的 4.5%。这类案件破案率较高，原因有三：一是犯罪分子与受害人面对面抢劫，在实施犯罪的过程中多有对话，因此案件发生后，受害人一般都能向侦察人员提供作案行为人的体貌特征、着装、动态、语音、实用工具及犯罪行为过程等；二是这类案件极易引起群众的关注和造成恐惧心理，便于搜集线索；三是抢劫群体犯罪较多，带团伙暴力性质，有组织、有预谋，针对性很强，易于发现线索，易于利用矛盾进行分化瓦解，突破一点，攻下全局。但对流窜犯罪、异地实施抢劫犯罪案件的侦破比较困难。

强奸　强奸案件多系青少年所为，多数因阅看黄色淫秽书刊、淫秽录像逐步走上强奸犯罪之途。1980 年发生强奸案 2 起，占全年刑事案件的 3%，2000 年发生强奸案 6 起，占全年刑事案件的 1.3%，2005 年发案 5 起，占全年刑事案件的 1.2%。1979—2005 年，大名县共发生强奸案 97 起，破获 93 起，破案率 95.8%。

杀人　1979—2005 年，故意杀人案件仅占全部刑事案件的 2.4%，每年 10 起左右。2000—2005 年，全县发生故意杀人案件 59 起，最高年份是 2002 年 14 起，最低年份是 2005 年 8 起，2003 年 11 起，2004 年 8 起。2005 年 8 起故意杀人案件中，图财害命 2 起、奸情杀人 2 起、报复杀人 3 起、其他原因 1 起。故意杀人犯罪以青年人居多。

拐卖妇女儿童　1979—1981 年，这类案件在大名境内不多。1982 年后，此类案件大幅上升。1982 年第四季度，在大名县范围对拐卖妇女犯罪情况进行调查摸底，摸出被拐骗、贩卖妇女 221 人。1987 年调查统计，被拐骗到大名县的妇女约 900 人。1987 年，全面开展“打击拐卖妇女、儿童犯罪”专项活动，成立“打击与解救”领导小组，县、镇（区）、办事处各级领导小组成员 461 人组成 81 个工作组，出动民警 120 人，其他干部 1200 人，开展为期一年的“打击与解救”专项斗争。破获拐卖人口案件 109 起，抓获犯罪嫌疑人 115 名，解救妇女儿童 125 人，端掉窝点 45 个。1993 年，大名县委、县政府把“打拐”斗争作为一项中心工作来抓，统一部署，统筹安排，县五套班子成员包片，“四长”包点，民警包村，各级成立专门班子和队伍，深入宣传发动，村村张贴《通告》，利用电影、电视、广播、黑板报等宣传媒体广造舆论声势。公安局制作 5000 份《外地妇女儿童调查表》，要求外地妇女、村支书、包村干部签字，做到乡不漏村，村不漏户，户不漏人，对要求留下的外地妇女，符合法定条件的，一律补办有关手续，纳入正常管理，摘掉了“打拐”重点县的帽子。1994—2005年，大名县拐卖妇女儿童案件发生50起。

打击手段

1979—2005年，始终坚持把防范与打击有机结合起来，采取多种手段、多种形式，同刑事犯罪进行坚决的斗争。打击手段分为集中打击、破案战役、严打战役等。

集中打击　集中打击刑事犯罪，主要包括公捕公判和统一行动。1979年后，公安局根据不同时期的社会治安形势和中心工作，对严重刑事犯罪分子进行不间断的公开拘捕，并联合检法机关公开审判，对犯罪分子形成强大的攻势。1979—2005年，大名县公开拘捕犯罪嫌疑人362名，其中1987年、1989年两年共公捕公判156名。1982年后，在搜捕流窜犯中多采用统一行动予以围剿打击。1982—2005年，共开展统一行动182次。1988年12月20日，和山东、河南边界11个县联合进行为期3天的集中打击统一行动，出动民警200人（次）、武警61人（次）、政法及党政干部48人（次）、治安保卫人员48人（次），动用车辆19台，设卡9处，抓获犯罪分子27名（逮捕4名，刑拘12名，收审11名），摧毁犯罪团伙3个，破获刑事案件29起，缴获赃款2万元，缴获赃物价值12万元。2003年，根据省市统一安排，2月20日零时至2月22日24时，在大名县范围内开展打击现行犯罪统一行动，出动公安民警180名，其他人员120名，派出抓捕小组8个，设卡点3处，盘查人员1200人，车辆400辆，清查重点部位48个，清查人员700名；抓获各类犯罪嫌疑人12名，其中现行犯7名、网上逃犯1名，破案22起，其中现行10起；缴获火药枪1支、三马车1辆，赃款赃物价值3.8万元。

破案战役　1979年7月至9月组织破案战役；1987年6月至9月组织“两打整顿”破案战役；1998年组织严打破案战役和百日破案战役；2004年2月中旬组织侦破命案战役等等。1979—2005年间，累计开展各类破案战役103次，一大批刑事犯罪分子被绳之以法。

严打战役　严打战役始于1983年全国人大常委会颁布的《关于严惩严重危害社会治安的犯罪分子的决定》。1983—2005年，大名县开展各类严打活动19次。从1983年8月至1986年8月第一个连续三年的严打战役开始，1990年、1993年、1994—2005年，相继开展“春季严打攻势”“秋风行动”“冬季行动”“一促二打三加强”“严打整治百日会战”“三打三防两治一会战”“两抓一促”等严打行动，严厉打击犯罪分子的嚣张气焰，依法从快严惩一批严重破坏社会治安的犯罪分子。1983—1986年的严打活动，抓捕各类犯罪团伙42个、162人，其中流氓团伙4个、强奸轮奸团伙5个、盗窃团伙31个，大名县社会治安明显好转，刑事发案开始呈下降趋势。

第三节　侦察追查

一般侦察

1980年县公安局刑侦队成立前，刑事案件一般由治安股负责侦察破案。刑侦队成立后，刑事案件主要由刑侦队（刑警大队）负责，发案辖区派出所配合破案。派出所、治安股（治安大队）等部门也可办理一般刑事案件。

专案侦察

对杀人、强奸、纵火、抢劫、投毒、盗窃、团伙犯罪等重特大刑事案件，由公安局领导挂帅，成立专案组，专案专办，直至侦破为止。如轰动大名的“5・31”抢劫杀人案侦破便是典型例子。

协作侦察

大名县地处冀、鲁、豫三省交界处，三省交界线长达180余千米。1988年，三省周边治安联防协作联席会议机制建立，聊城、濮阳、邯郸等20余个市县坚持每年召开一次治安联防协作会议，定期通报区域内重大案情，交流工作经验，探讨防范措施，三省周边地域在打击、防范刑事犯罪上形成一个有效统一体，有效减少和遏制了各类犯罪案件的发生。1979—2005年，大名县公安局协助邻省、市、县、区侦破刑事案件3311起，邻省、市、县、区协助大名县侦破刑事案720起。

1979—2005年大名县与外地协作打击犯罪情况统计表

表11-1　　　　单位：起

年份	协助外地数	外地协助数	年份	协助外地数	外地协助数	年份	协助外地数	外地协助数
1979	35	12	1988	96	42	1997	124	28
1980	32	11	1989	103	32	1998	121	42
1981	36	9	1990	128	33	1999	124	16
1982	48	36	1991	163	25	2000	132	21
1983	69	15	1992	145	27	2001	136	14
1984	73	25	1993	201	65	2002	122	16
1985	92	12	1994	154	32	2003	204	24
1986	56	14	1995	136	35	2004	263	28
1987	31	26	1996	185	45	2005	302	35

附：

侦破“5・31”抢劫杀人案

2003年5月31日中午，家住邯郸市丛台区某小区的出租车司机吴刚，驾车在大街放空车期间，两青年以70元招租，并许诺到达目的地后付款。13时30分许，出租车到达大名县铺上乡高寨村村东约1千米偏僻处时，二人以“非典”期间村里设卡，不让出租车进村为由，要求下车。停车后，二人拒付租车费，随之三人发生争执。期间吴刚尿急，一个人下车方便，在其毫无设防的情况下，两青年手持匕首，从背后将其捅伤，并将其抬进出租车的后备箱中驾车逃窜。14时许，身中6刀、被割裂气管的吴刚在出租车的颠簸中苏醒，勉强从急驶的出租车后备箱翻身跌下，后被过往群众送往医院。

大名县当即成立以局长尚庆文为总指挥、以刑警大队一中队民警为主力的“5・31”专案组，并从县局办案经费中划出10余万元专项经费，用于案件侦破。

下午4点，侦破工作全面展开。受害人吴刚经医院抢救脱离生命危险，经现场初步勘查发现，歹徒作案后，在驾车逃离的过程中，将被抢的出租车撞进了距案发现场1000余米远的路边沟里，惊慌中从车内拿走了出租车司机吴刚的手机及200元现金，却留下随身携带的行李箱弃车逃离，遗留行李箱中，有一张该乡某村村民路某的身份证和一张5寸20岁左右女孩的照片。初步确认作案人系铺上乡铺上村村民李XX、高寨村村民高XX。专案组随即分成两个抓捕小组，同步分赴铺上乡铺上村和高寨村对犯罪嫌疑人李XX、高XX实施抓捕。但当抓捕小组赶到赵、李二人家时，发现二人已于民警到达前4个小时离家逃窜。专案组随即调整部署，划分成五个小组分赴周边县市围追堵截。

在追捕过程中,20余名专案民警不顾被"非典"病毒传染的危险，身着隔离服，勇闯车站、宾馆、饭店、客运车辆等"非典"高危人群集中区域搜捕寻觅。由于追捕工作总比犯罪嫌疑人的步履慢半拍，追捕工作一直不尽人意，至6月2日下午18时，犯罪嫌疑人踪迹全无，再加上"非典"肆虐，追捕工作暂停。

在随后两年多的时间里，为加大追捕力度，大名警方动用了大量人力物力，先后4次重新组织专门力量，对涉嫌李、高二人的有关线索，有关人员进行走访侦查……2005年7月10日，县公安局刑警一中队民警陶XX在一次走访调查中，意外获取了犯罪嫌疑人李XX网名"坏男孩"的QQ号码。按照局长尚庆文的指示，以陶XX为网络追踪主力，以刑警一中队为主体的秘密追捕小组全面展开工作。当日晚19时30分，一注册为"紫藤恋人"的网名出现在因特网上，四处寻觅"坏男孩"。8月2日晚23时10分，在网上已经寻觅了快大半个晚上的"紫藤恋人"正要下网时，突然发现"坏男孩"上线。随即"紫藤恋人"以陌生人的身份向"坏男孩"进行试探性的"贴靠"，对方随即回应。10月27日23时，陷入网恋难以自拔的"坏男孩"，突然提出要与"紫藤恋人"进行视频聊天。为了"紫藤恋人"的身份不暴露，继续吸引犯罪嫌疑人，陶钦叫醒熟睡中的妻子，代他与"坏男孩"进行"面对面"的聊天。与此同时，专案民警通过视频图像进一步确认了网名为"坏男孩"的人就是涉嫌抢劫杀人的犯罪嫌疑人李XX。2005年11月7日19时30分许，通过技术侦察，专案组将"坏男孩"定位在大名县杨桥镇北马头村某黑网吧。20时许，在安排XX继续与犯罪嫌疑人李XXX聊天的同时，抓捕小组赶赴犯罪嫌疑人李XXX上网所在地实施抓捕。至此，"5·31"案件成功告破。

1979—2005年大名县公安局刑事案件发案破案情况统计表

表11-2　　单位：起

年份	发案	破案	破案率（现行）	年份	发案	破案	破案率（现行）
1979	76	61	80	1993	346	308	89
1980	63	56	89	1994	276	243	88
1981	90	82	91	1995	178	163	91.6
1982	94	85	90.5	1996	170	153	90
1983	92	81	88	1997	305	283	92.8
1984	70	64	91	1998	480	421	87.7
1985	84	75	90	1999	600	552	92

续表 11-2　　　　　　　　　　　　　　　　　　　　　　　　　　　　　　　　单位：起

年份	发案	破案	破案率（现行）	年份	发案	破案	破案率（现行）
1986	86	79	90	2000	554	486	87.5
1987	104	94	90.4	2001	717	662	92
1988	85	67	80	2002	696	1334（含隐漏积案）	
1989	145	130	89.8	2003	767	1331（含隐漏积案）	
1990	256	192	75	2004	442	972（含隐漏积案）	
1991	315	230	73	2005	416	1238（含隐漏积案）	
1992	109	93	85				

看守关押

大名县看守所占地5000多平方米，内有监舍10间。有所长、指导员、副所长及管教若干人及武警一个中队。1997年，公安局对看守所进行全面改造，在所内建成审讯室、监控室、值班室等20余间办公室，安装电视监控设施。2004年3月，在万堤镇万北村东215省道西侧投资1060万元的现代化看守所破土动工，2005年竣工。占地33000多平方米，监舍4600多平方米、办公楼1400平方米、武警楼1067平方米，2006年整体搬迁入住。1987—2005年，大名县看守所连续18年被邯郸市公安局评为安全无事故单位。在工作中，该所坚持以人性化管理为核心，通过组织在押犯学习，对人犯进行教育，开展文体活动、内务卫生评比、文明监舍、文明个人评比、座谈会等集体活动，坚持每年定期不定期开展“安全大整顿”活动。除在日常关心在押人员的生活外，在传统和国家规定节假日为其改善生活，如春节吃饺子、中秋发月饼等，为患病的在押人员做病号饭，常年供给开水，对稳定在押人员的情绪、消除敌对心态、保证监舍安全、加快在押人员改造产生很大作用。如1998年元旦开展的文体比赛活动，看守所100余名在押人员全部参加。

第四节　社会治安管理

2002年后，公安局推出“政府出资聘人买平安，我管我用保平安”的“保安巡防、治安联防、治保协防”三级社会治安防控体系，在加强社会治安管理、打击犯罪、预防刑事发案等方面发挥了重要作用，使可防性案件以年均37%的速度大幅度下降。

治保组织

治安保卫委员会　基层治安保卫委员会（简称治保会）是群众性的自治组织。1979年，大名县在城乡建立各级各类治保组织，1984年大名县治保会达755个。2002年后，根据社会治安形势需要，开始加强农村治保会建设，逐步建立完善农村治保组织建设，探索出“十户联防”治安防范模式，村村建立15～20人的巡逻队，共651支巡逻队、6000余名队员。村级巡逻队由村治保会选配村级治安巡逻队员，由村级治保会管理，派出所使用，报酬由各村筹划，转由派出所支付，组织开展治安协防工作。配合派出所专职治安巡逻队，在重点要害部位、复杂区域、主要交通路口建立巡逻点，每天进行24小时巡逻，组成警务联动网络。在维护治安秩序、维护社会稳定、帮教违法青年、监控重点人口和管理流动人口工作方面，发挥重要作用。如1980年，崔岳村乡后张庄村治保会20多天内挖出盗窃分子28人，追回被盗树木109棵、其他赃物30余件。据统计，1979—2005年，基层治保会协助公安机关破获刑事案件1986起、治安案件6537起，排解民间纠纷36000余起。

治安联防　1988年大名县开始组建治安联防队，2001年基本完成。共组建联防队20支、223人。其中大名镇21人、西未庄乡10人、沙圪塔乡10人、埝头乡10人、龙王庙镇10人、万堤镇10人、旧治乡10人、金滩镇10人、北峰乡10人、束馆镇10人、杨桥镇15人、孙甘店乡10人、红庙乡10人、铺上乡16人、西付集乡10人、大街乡10人、王村乡10人、营镇乡10人、张集乡10人、黄金堤乡11人。联防队员由各乡（镇）招聘，报酬由政府划拨乡镇支付，由派出所管理使用，主要职责是在派出所民警带领下，进行治安管理、协助设卡、巡逻、发现或抓获违法犯罪分子。2002—2005年，联防队协助派出所侦破刑事案件900余起，其中形成案件300余起、抓获嫌疑人400余人，处理治安案件2000余件，排解纠纷1万起。

保安组织　大名县保安公司成立于2004年4月，隶属于公安局经济文化保卫大队，主要负责遴选、培养、管理保安人员。截至2005年12月，有35个保安分队，保安队员221名，被大名县36个厂企和机关要害部门聘用，其中厂企26家、要害部门9家，负责保卫聘用单位的人身、财产安全。2005年，公安局针对警力不足和队伍老化实际，由保安公司和政府人事部门向社会招聘91名保安巡防队员，充实到基层一线，工资由政府拨出专项经费向保安公司聘用保安队员，由公安局管理使用，分派各派出所、治安大队、巡警大队，协助开展治安管理工作。

特种行业管理

特种行业管理主要有旅店、刻字、印刷、铸造、废旧物资回收、修理、信托寄卖等。1980年，对信托寄卖、金属制品之外的废品回收业不再管理。公安部1985年3月21日发布《关于改革和加强特种行业管理的通知》，把旅店、洗浴、刻字、旧物收购纳入特种行业实施治安管理。按照河北省政府规定，大名县将机动车修理、出租车、歌舞厅、电子游戏厅、录像厅等行业纳入治安行政管理。2004年《国务院办公厅关于保留部分非行政许可审批项目的通知》颁布以后，特种行业管理只限于旅馆、刻章、典当、信托寄卖4项。结合实际，公安局对大名县从事特种行业和场所实行管、治结合，加强对从业人员的培训教育，建立从业人员档案，增强从业人员的法制观念，提高其治安防范意识。同时加大对特种行业和场所的检查力度，查出问题及时处理整改。对特种行业实行信息化管理，安装治安监管系统，加强治安防范。1990年成立特种行业协会。1990年，大名县有国营、集体、个体特种行业152家，2003年猛增至825家，2005年只有56家。

危险物品管理

爆炸物品管理　大名县爆炸物品主要涉及烟花爆竹生产企业和经营单位。1979—1989年，大名县烟花爆竹无证无照地下作坊较多，主要集中在王村乡、杨桥镇和北马头乡。1989年2月12日，杨桥镇中学烟花厂发生爆炸，重伤1人、轻伤19人，炸毁房屋9间，强烈震动波及方圆5000米，附近500米内建筑物遭到严重破坏，直接和间接损失达10余万元。此后，大名县开始对烟花、爆竹的生产销售实行严格管理，每年春节前后组织公安、工商、市场、乡镇管理部门联合检查，防止安全事故发生。1998年，利用1个月时间对烟花爆竹生产、销售企业单位开展专项治理，出动警力100人（次），检查涉爆单位100多个，取缔非法生产厂点3家、非法存储、销售6处，收缴鞭炮200余万头，销毁半成品20万头。2000年，非法生产经营烟花爆竹案件基本绝迹。2005年，大名县经营烟花爆竹专营公司只有1家，销售网点200余家。

易燃、化学、剧毒类物品管理　2005年，大名县虽无生产易燃、化学、危险厂家，但有经销危险物品的公司、商店。对这些经销危险品的行业主要从管理入手，健全制度、监督检查、查处事故等。

枪支弹药管理　1979—1990年，大名自造、改造猎枪问题较多，也有部分军用枪、钢珠枪流入县内。1990年后，公安局对非法制造、储存、销售、持有、收藏使用的枪支弹药和其他危险物品进行大规模收缴。1990年，开始动员主动上缴，此后连年强制收缴。1992年，查获制贩枪支团伙3个、20人，其中逮捕8人。破案33起，缴获各类枪支154支，其中钢珠枪12支，火药枪139支，其他枪3支。1994年，收缴各类枪支76支，其中军用枪2支、钢珠枪12支、火药枪62支，子弹9发。1996年，收缴各类枪支4510支，子弹1000余发，炸药600千克，雷管300枚。经过反复清查收缴，散存在民间的枪支弹药大为减少，“枪弹”之患基本消除。

第五节　户籍管理和出入境管理

户籍管理

户政管理　1979—1991年由治安股负责。主要负责对常住人口、暂（寄）住人口、出生、死亡、迁入、迁出、变更户口的登记及居民身份证的发放进行管理。1991年设立户政股，户政业务由专门机关统管，乡镇派出所户籍室接管原乡（镇）管理的户籍日常工作。

常住户口管理　1991年，大名县开始推行全国统一式样的户口簿，并对大名县所有派出所户籍警进行培训，各居委、村委均设户口协管员，协助派出所户籍员工作。1992年9月19日，邯郸地区户口规范化管理现场会在万堤派出所召开，推广大名县户口规范化建设经验。2000年11月17日，大名县人口信息系统微机化管理正式运行，全县人口全部录入人口信息系统，微机前台办公在20个派出所户籍室推行。1989年11月24日，开始颁发居民身份证工作，1996年发证率95.7%。2005年，换发第二代身份证，当年发放2.9万人。

暂（寄）住人口管理　随着改革开放的不断深入，城乡间、地域间流动人口不断增加，到大名县务工经商的外省、市县人口大量流入。大名县部分刑事案件系流动人口中不法分子所为。公安局成立流动人口管理领导小组，乡镇成立流动人口管理站，“谁主管谁负责、谁用工谁负责”，保证村（居）不漏户、户不漏人，严格管理。外来人员一律凭本人身份证、原籍乡以上政府统一外出务工证明、用工单位同意用工证明，三证齐全方可申办暂（寄）住手续。

户口迁移管理　居民户口在县内迁移时，由本人或户主向迁入地的派出所提出申请。迁移农业户口的须有正当理由，如县外婚嫁、投亲等，经核实后，迁入地派出所签意见，报县局户政股审批签发准迁证，由迁出地派出所发放迁移证，同时迁出地注销迁出人口的户口。迁入地派出所凭迁移证、准迁证予以落户。县内迁移的，由本人或户主向迁入地派出所提出申请，审核后派出所核发准迁证后，方可准予办理迁入手续。迁出大名的，由迁出派出所凭外省、市、县核发的准迁证等予以办理迁出手续。

出入境管理

1979—2005 年，出入境管理工作由公安局政保股（后改为国保大队）负责，2005 年成立出入境管理科，专门负责出入境管理工作。外国人或中国港、澳、台胞进入大名县，需凭本人有效护照或其他有效证件，到出入境管理部门备案，需要住宿的，要向出入境管理部门申报住宿登记，填写统一制式的临时住宿登记表，到指定的旅馆住宿。离开时，到出入境管理部门注销手续。外国人或中国港、澳、台胞、外籍华人在县居住的，要填写统一制式表，写清中文、外文姓名、性别、国籍、事由、停留期限、护照号码、居留证号码、在住址、工作（学习）单位、所任职务等。按照批准指定地点居住，离开时到出入境管理部门注销手续。大名县公民因私出境，需要向公安局提出申请，事由正当、符合条件的，由出入境管理部门受理、审核后报上级签发出境证件；凡因公出境，由遣派部门向外交部或外交部授权的外事部门申请并办理出境证件。定居国外或中国港、澳、台地区的大名县籍公民要回大名定居的，需持中国驻外国的外交代表机关、领事机关、外交部授权的其他驻外机构或河北省公安厅办理的手续，到县公安局登记落户。2001—2005 年，全县共有 282 人办理了出国手续，其中 2001 年 15 人、2002 年 29 人、2003 年 35 人、2004 年 83 人、2005 年 120 人。

第六节　交通管理

概　况

大名县车辆监理站隶属于大名县交通局。1978 年 7 月划归大名县公安局，改称大名县公安局交通警察队，1989 更名为大名县公安局交通警察大队。随着大名政治、社会、经济的日益发展，交通状况得到极大改善和发展，公路不断延伸扩展，机动车辆猛增，机动车驾驶员日益增多，交通警察队伍不断发展壮大。2005 年，大名县公安局交通警察大队设大队长 1 名、教导员 1 名、副大队长 3 名，在编民警 36 名、协勤 75 名。下设办公室、秩序股、宣传股、财务股、事故处理股、车辆管理站和 3 个公路巡警中队、1 个城区秩序中队。

2005 年，大名县交通警察大队有固定电话 7 部、警备通 2 部、对讲机 5 部、电脑 16 台，测速仪 2 台、数码相机 2 部，办公设施、勤务设备基本实现网络化、科技化，交通警察大队交通管理网络与公安部、省交管局、各省、市交管部门、邯郸交警支队、县公安局纵横成网；装备各类车辆 16 台，其中小轿车 7 辆、面包车 8 辆、事故勘察车 1 辆，主要用于公路巡逻、事故处理勤务保障。

驾驶员管理

驾驶员管理主要由车辆管理站负责。2005 年，大名县各类机动车保有量达 27400 辆，其中摩托车 12190 辆，低速载货汽车、农用车 15000 辆，轻便摩托车 210 辆；机动车驾驶员 35597 名，其中 C3、C4 证 1443 名，D 证 24154 名。

路面管理

管理范围　截至2005年年末，大名县交警大队管理的公路有655千米，其中包括：一条国道：106国道；两条省道：215省道，313省道。三条县道：常元线，肥馆线，从峰线；十五条乡道：从魏线，北埝线，金大线，营东线，邢九线，北王线，郑南线，店万线（店上—万堤），后王线，十王线，王金线，束北线，埝曹线，西马线，西高线。县境内主干道车流量达22000辆/日。

标志标线　2005年，大名县境内主要公路313省道、215省道、县城主要街道都标划了标线。313省道上行线、下行线道路右侧标划了非机动车车道。215省道中标黄实线，两侧对称施划白色虚线和非机动车道线。106国道、县城内街道标线清晰可见。道路上各种交通标志、指示线、交会口指引牌按要求设定，各类标线年年用热熔反光漆标划，为提高速度和减少事故创造了良好的行车条件。

公路巡警中队及城区秩序中队　大名县公安局交通警察大队有3个公路巡警中队和1个城区秩序中队，分别为李茂堤中队、韩道中队、龙王庙中队和城区中队。3个公路巡警中队负责县城外所有公路的道路安全巡查。城区中队负责县城区以内的交通秩序管理。李茂堤中队始建于2000年7月，民警4名，协勤9名。管理辖区215省道（不含五得利街），龙北线（含龙王庙—北张段）以东、106国道以西、龙冢线以南。韩道中队始建于2001年7月，占地面积2273平方米，民警4名，地方编制1名，协勤10名。管理215省道以西、龙北线（龙王庙—北张）以西、313省道（不含龙王庙至冢北段和阳平路）。龙王庙中队民警3名，协勤9名。管理106国道以东（含106国道）、龙冢线以北（含313省道龙王庙至冢北段）。城区中队民警2名，协勤13名。管理阳平路以北，北京路以南，五得利街以西、平安街以东（含以上两路两街）。

事故处理

交通事故处理主要由事故股负责。主要依据《中华人民共和国道路交通安全法》及相关法律、法规处理交通，根据责任、证明材料等对肇事各方进行调解，达成协议后形成交通事故调解书，肇事各方签字盖章，各方按照调解书履行自己的责任和义务；经调解达不成协议的，下达《交通事故终结书》，当事人凭《交通事故终结书》向法院提起诉讼。

2002—2005年大名县事故统计表

表11-3

年份	事故起数	比上年＋（-）%	死亡人数	比上年＋（-）%	受伤人数	比上年＋（-）%	直接经济损失	比上年＋（-）%
2002	125	＋2	37	＋9.7	136	-9.7	313600	-9.3
2003	164	＋31	36	-2.7	148	＋8.8	267520	-14.7
2004	133	-18.9	57	＋58.3	122	-17.6	181550	-32.1
2005	31	-76.4	23	59.7	25	-79.5	36200	-80.1

第七节 消 防

1979 年，成立大名县革委会公安局消防科。1983 年划为武警序列。2001 年改称大名县公安局消防大队，下设 1 个公安专职消防队。2005 年，消防大队共有消防队员 19 名（事业编制，工资由县财政拨付），分为三个班（2 个战斗班、1 个电话班），装备 4 辆消防车，其中 2 辆水罐消防车（东风 140 型载水 4 吨，东风 144-2 型载水 6 吨），2 辆监督检查车（桑塔纳轿车 1 辆，一汽佳宝面包车 1 辆），另配有 2 具空气呼吸器、2 套防化服、2 套隔热服等特种防护装备。在元旦、春节、麦收、秋收时节，运用宣传车、标语等突击宣传形式，大造声势。

2001—2005 年，全县共发生火灾 220 起，死亡 3 人，受伤 4 人，直接经济损失 15.1 万元。其中 2001 年发生火灾 25 起，直接经济损失 1.5 万元，2002 年发生火灾 52 起，直接经济损失 4.6 万元，2003 年发生火灾 36 起，直接经济损失 3.5 万元，2004 年发生火灾 44 起、死亡 1 人、受伤 4 人、直接经济损失 1.6 万元，2005 年发生火灾 63 起、死亡 2 人，直接经济损失 3.9 万元。

为预防火灾，共举办消防表演 20 次，播放典型火灾案例 35 次。定期对专（兼）职消防保卫人员、企业法人代表和特殊工种人员进行消防业务培训，指导各单位对内部职工进行消防安全知识培训 12 次，受教育干部职工 5000 多人（次）。在火险地段及重点单位制做醒目的永久性标牌。1982 年，大名县成立防火委员会，帮助基层单位建立消防组织 155 个，其中一级重点单位 27 个、二级消防重点单位 123 个，明确防火责任人，实行建档登记。1988 年，在大名县 25 个消防单位组建了专职消防队，成员 51 名。

截至 2005 年年末，大名县共有重点单位 40 个，一般单位 78 个。消防大队对重点单位采取严格监督管理措施，坚持每半年检查一次，在单位内部落实逐级防火责任制，岗位责任制，明确消防单位分管领导的消防安全责任。对新建、扩建、改建的工程进行消防技术规范监督，施工前进行图纸审批，施工中进行消防安全检查，竣工后进行工程验收，确保工程符合消防技术规范要求。并对人员密集场所开业前、大型活动举办前进行消防安全检查，检查合格后方可开业或举办。

第三章 检 察

大名县检察院充分发挥检察职能，严厉打击刑事犯罪，查处和预防职务犯罪，为大名经济社会发展创造良好的法治环境。1981 年和 1984 年，大名县检察院及刑事检察科分别被邯郸地委、邯郸地区行政公署授予先进集体。1985—1986 年连续两年被河北省人民检察院邯郸分院命名为先进单位。1983—2005 年，荣记集体二等功 7 次、三等功 17 次，获荣誉称号 43 次。特别是 2004 年 10 月，被共青团河北省委等十二部门联合命名为全省优秀青少年维权岗单位。在全国检察机关严肃查办国家机关工作人员利用职权侵犯人权犯罪案件专项活动中，被最高人民检察院评为先进集体，是全省唯一基层检察院。2005 年度，被河北省检察院评为省级先进检察院。院领导班子连续被市检察院和县委评为“实绩突出领导班子”。连续被市委、市政府评为社会治安综合治理先进集体，进入全省一类检察院行列。

第一节　检察机关

检察院

1978年7月，大名县人民检察院重新组建，院址在县城内东大街路北，1979年1月1日正式开始办公，1979年年末，大名县检察院共有干警31名，其中党组成员4名、检察委员会委员7名。相继成立刑事检察科、法纪检察科、经济检察科、办公室，担负审查批捕、审查起诉、出庭支持公诉以及自侦案件的查处工作。1980年4月，增设监所检察科。1982年5月，增设控告申诉检察科。1985年，设置驻万堤劳改场检察组。1988年3月，向税务部门派驻检察室，同年成立经济、法纪案件举报中心。1990年，5月增设政治协理员，7月增设政工科，6月设置县社、农行检察室。1991年，设置民事、行政检察科。1992年4月，设置商业、粮食检察室。1995年，撤销县社、农行、商业、粮食检察室。1997年1月，经济检察科改为反贪污贿赂检察局。2002年7月，内设11个机构（不含按有关规定在政治处、反贪局内部设置的机构）：办公室（挂司法警察大队牌子）、政治处（内设干部科、综合科）、侦查监督科、公诉科、反贪污贿赂局、渎职侵权检察科、监所检察科、控告申诉检察科（挂举报中心、刑事赔偿办公室牌子）、民事行政检察科、职务犯罪预防科、检察技术科。编制59名，其中检察长1名，副检察长3名；纪检组长1名；政治处主任1名（由同级检察院副职或同级检察院副职干部专任）；反贪局局长1名，副局长2名；股级职数27名。2005年年末，检察人员57人，其中党组成员9人、检察委员会委员9人，全院干警平均年龄45岁，均为大专以上学历。党员干警占全院干警的96%，内设机构未变。同年，为改变检察院办案用房、技术用房落后局面，经多方筹集资金，投资500万元、建筑面积5000平方米的技术侦查大楼主体工程完工，干警家属楼破土动工。

2000—2005年大名县人民检察院高级检察官一览表

表11-4

职务	姓名	检察官等级	起算年月
副检察长	卢士彪	四级高级检察官	2000.11.1
副检察长	黄月婷	四级高级检察官	2000.11.1
副科级检察员	张国忠	四级高级检察官	2001.11.1
副科级检察员	张朝轩	四级高级检察官	2001.11.1
副科级检察员	栗章林	四级高级检察官	2001.11.1
副科级检察员	闫俊臣	四级高级检察官	2001.11.1
副科级检察员	梁永海	四级高级检察官	2001.11.1
副科级检察员	张新国	四级高级检察官	2005.8.31
副科级检察员	杨俊臣	四级高级检察官	2005.8.15
副科级检察员	张悦	四级高级检察官	2004.5.31

续表 11-4

职务	姓名	检察官等级	起算年月
副科级检察员	成好忠	四级高级检察官	2001.11.1
副科级检察员	张文芳	四级高级检察官	2001.11.1
副科级检察员	杨公	四级高级检察官	2001.11.1

反贪局

全称是大名县人民检察院反贪污贿赂局，1997 年 1 月正式成立，设局长 1 名，下设侦查科和职务犯罪预防科，人员 4 名。2002 年机构改革后，反贪局下设侦查一科、侦查二科、综合科。2005 年年末，人员增至 9 名。

第二节 刑事检察

1979—2005 年，受理公安机关提请逮捕各类犯罪案件 4211 件、5101 人，经审查批准逮捕 3725 件、4537 人，不捕 402 件、470 人，追捕 125 人，公安机关撤回 70 件、72 人。共受理公安机关移送起诉的案件 2790 件、4025 人，经审查提起公诉 2277 件、3374 人，不起诉 513 件、651 人。1990 年开始，执行每案出庭公诉制度。1979—2005 年，检察机关追诉漏犯 20 余人、漏罪 10 余条，向有关部门提出口头及书面检察建议 200 余条。

1979—2005 年大名县人民检察院刑事检察案件统计表

表 11-5

年份	受理批捕				审查起诉			
	受理		批捕		审理		起诉	
	案数	人数	案数	人数	案数	人数	案数	人数
1979	31	33	25	28	51	57	38	43
1980	55	58	41	47	34	41	28	40
1981	119	128	98	107	72	80	61	66
1982	112	119	93	112	55	81	44	75
1983	352	367	322	341	156	180	137	227
1984	148	160	121	130	106	67	79	125
1985	102	135	97	126	53	89	44	71
1986	114	140	82	101	60	97	51	77
1987	107	135	93	112	62	108	49	81
1988	130	168	112	145	64	102	51	79
1989	202	221	172	188	106	152	79	115

续表 11-5

年份	受理批捕				审查起诉			
	受理		批捕		审理		起诉	
	案数	人数	案数	人数	案数	人数	案数	人数
1990	275	298	226	257	138	232	107	173
1991	213	225	183	197	110	175	84	125
1992	248	265	221	240	128	231	102	160
1993	212	241	190	210	106	175	88	136
1994	170	198	156	171	116	173	109	164
1995	105	128	96	115	80	108	70	95
1996	146	162	141	158	67	109	65	107
1997	115	176	110	163	88	133	80	122
1998	125	171	113	164	112	146	96	124
1999	136	207	117	195	133	188	102	145
2000	106	195	102	181	103	185	94	176
2001	171	271	143	231	178	263	125	187
2002	283	316	270	277	195	264	155	197
2003	141	188	128	170	157	225	129	173
2004	147	199	141	190	132	184	112	154
2005	146	197	132	181	128	180	98	137
合计	4211	5101	3725	4537	2790	4025	2277	3374

第三节　其他检察

法纪检察

1984—2005 年，共办理渎职案件 200 件，其中非法拘禁 68 件、90 人，玩忽职守 28 件、31 人，诬告陷害 1 件、2 人，伪证 1 件、3 人，非法侵宅 86 件、102 人，徇私舞弊 4 件、4 人，非法搜查 4 件、6 人，非法管制 1 件、1 人，侮辱 1 件、1 人，非法批地 2 件、3 人，保障了公民的民主权利，维护了法纪尊严。2003—2005 年，立足检察职能，严查渎职侵权犯罪，先后查办国家机关工作人员渎职、侵权案件 22 件，提起公诉后，22 名被告人均为有罪判决。2005 年，在严肃查办国家机关工作人员利用职权侵犯人权犯罪案件专项活动中，被最高人民检察院评为“专项活动”先进集体，是全省唯一基层检察院。

1980—2005年大名县人民检察院自侦案件统计表

表11-6

年份	受理批捕			审查起诉		
	受理数（件）	批捕		审理数（件）	起诉	
		案数	人数		案数	人数
1980	4	4	4	4	4	4
1981	8	8	8	7	7	9
1982	7	7	9	8	8	9
1983	6	6	6	6	6	6
1984	5	5	5	7	7	9
1985	8	8	9	7	7	10
1986	10	10	10	8	8	10
1987	10	10	20	12	12	18
1988	9	9	9	8	8	10
1989	8	8	9	9	9	11
1990	11	11	13	13	13	14
1991	19	19	28	23	23	34
1992	12	12	13	13	13	17
1993	7	7	9	5	5	5
1994	11	11	12	6	6	6
1995	—	—	—	—	—	—
1996	—	—	—	—	—	—
1997	3	3	7	14	14	16
1998	5	5	6	4	4	5
1999	—	—	—	11	11	12
2000	5	5	6	18	18	20
2001	3	3	3	11	11	12
2002	—	—	—	10	10	11
2003	—	—	—	7	7	8
2004	3	3	4	12	12	16
2005	1	1	1	9	9	12
合计	155	155	191	232	232	284

监所检察

监所检察工作主要是办理“刑满释放”人员和“解除劳动教养”人员（以下简称“两类”人员）重新犯罪案件和对看守所、劳改场所执法情况进行法律监督，及时与有关部门配合，对免诉人员、监外服刑犯进行考察帮教，促其走向新生。1979—2005 年，检察机关办理“两类”人员重新犯罪案件 25 件、28 人，提出防止违法违纪建议 547 条（次），其中 1982 年河北省在押犯改造学术研讨会上，大名县做了典型发言。2004 年，纠正河北省景县法院判决的在大名监狱服刑的罪犯刑期计算错误等案件 2 起，初查监管场所案件线索 3 件、5 人，其中立案 1 件、1 人。

控告与申诉检察

1979—2005 年，共接待来信来访 29717 人（次），受理举报 7877 件，对上访案件直接答复 6360 件，查处的 931 件，移送有关单位的案件 586 件。1988 年，按照最高人民检察院的部署，成立大名县人民检察院经济、法纪案件举报中心，由控申部门负责接待。1994 年，切实加强举报接待工作，有效控制进京访、赴省访和集体越级访现象。2004 年，在信访接待工作中推行巡回接访制度，充分发挥控告申诉部门的窗口作用，坚持检察长接待日制度、班子成员下乡接访制度和“首问首办责任制”，专门配备“巡回接访直通车”和“举报快车”，变等访为巡回接访，深入城区、乡镇、农村接访，化解矛盾，没有出现一起涉检上访案件。

民事行政检察

民事行政检察科主要职能是对法院办理的民事、行政案件实行法律监督。1993 年至 2005 年，受理民事行政案件 300 余件（主案 139 件、提请上级院抗诉 133 件、建议上级院提请抗诉 1 件、息诉 3 件），查办国有资产流失案件 60 余件，建议纠正 30 余件，为国家挽回经济损失 3000 余万元。2004 年开展“保护财政周转金”专项活动、“保护国有资产，促销贷款足额归行”活动，帮助县农发行追回逾期贷款近 3000 万元。河北省检察院检察长候磊给予高度评价。

技术检察

1996 年成立技术检察科。当年受理文检案件 5 件，收集笔迹样本 230 份，出具笔迹鉴定书 1 份，为自侦案件提供侦查方向 2 次。2002 年在全市检察系统率先建成了局域网。2004 年筹建宽带网，实现“三级联网”，购买办案车辆。1996—2005 年，受理文检案件 174 件，办结 105 件；审查笔迹样本 6487 份，出具鉴定书 62 份；照相 1146 次，现场勘查 208 次，痕迹检验 119 次。

职务犯罪预防检察

2002 年，职务犯罪预防检察科正式从反贪污贿赂检察局分离出去。成立以县委统一领导的、以检察机关为主体，有关部门参与的“预防职务犯罪宣传委员会”，委员会成员到 2005 年年末达到 20 多个行业部门，形成社会化的预防网络。编印的《预防职务犯罪宣传读本》成为警示教育教材，2002—2005 年向大名县科级以上领导干部授课 16 次。帮助企业完善制度 160 项、700 余条，处理企业案件 23 件，维护了企业合法权益。

第四章　法　院

大名县人民法院立足于审判实践，坚持打击犯罪与维护社会稳定相结合，坚持程序、实体并重，坚持实行“阳光审判”，为大名县社会稳定和经济建设的顺利进行提供了良好的法治保障。

第一节　审判机关

县人民法院

1979 年，大名县人民法院内设刑事审判庭、民事审判庭、办公室，办公地点在大名县城内满洲街南段路东。1980 年 12 月，恢复人民陪审员制度。1983 年，设立经济审判庭。1987 年，县人民法院升格为副县级。1988 年 5 月，按照审判执行分离要求，设立执行庭。1989 年 6 月，设立告诉申诉庭。1999 年 10 月，撤销告诉申诉庭，设立案庭和审判监督庭。1994 年 6 月，设政工科、法警队。2002 年 7 月，法院内设 12 个机构，分别是办公室、政治处（内设组织人事科、综合科）、立案庭、刑事审判庭、民事审判一庭、民事审判二庭、行政审判庭、审判监督庭、执行庭、研究室、司法警察大队、司法鉴定技术室。并按照有关规定设置机关党总支部委员会、纪检监察室（纪检组、监察室合署办公）、老干部管理科。机关编制 48 名，其中院长 1 名，副院长 3 名，纪检组长 1 名，政治处主任 1 名（由同级法院副职兼任或同级法院副职干部专任）；股级职数 26 名（含机关党总支专职副书记 1 名，监察室股级职数 1 名，老干部管理科股级职数 1 名）。2003 年 1 月 5 日，撤销执行庭，设立执行局，规格为正科级，设局长 1 名，副局长 1 名，内设执行一庭、执行二庭，股级职数增加 1 名。2005 年，法院干警编制 109 人，实际人数 94 人（含基层法庭），内设 12 个机构（不含政治处、执行局下设单位），分别是办公室、政治处、立案庭、刑事审判庭、民事审判一庭、民事审判二庭、行政审判庭、审判监督庭、执行局、研究室、司法警察大队、司法鉴定技术室。

基层法庭

1979 年，在杨桥、万堤、金滩镇、束馆、龙王庙五个区所在地设人民法庭。1981 年 8 月，设城关镇人民法庭，后改为城关人民法庭。1993 年 2 月，城关人民法庭分设为大名镇人民法庭和城关人民法庭。1997 年 9 月，城关人民法庭更名为旧治人民法庭。1997 年 9 月，增设埝头人民法庭、张集人民法庭、沙圪塔人民法庭。2001 年 3 月，张集人民法庭更名为孙甘店人民法庭，办公地点遂迁至孙甘店村西头路北。2003 年，开展基层法庭规范化建设工作，新建金滩镇法庭，其他法庭予以修缮。2005 年，大名县设立 10 个基层人民法庭，即大名镇人民法庭、旧治人民法庭、龙王庙人民法庭、金滩镇人民法庭、孙甘店人民法庭、束馆人民法庭、埝头人民法庭、杨桥人民法庭、万堤人民法庭、沙圪塔人民法庭。

法官评授

1979 年 7 月，县委组织部任命 3 名审判员。1981 年 11 月，县人大常委会正式任命第一批 7 名审判员。1999 年，首次评定 85 名法官，其中 13 名为四级高级法官，17 名为一级法官，19 名为二级法官，33 名为三级法官，2 名为四级法官，1 名为五级法官。至 2005 年年末，县法院有法官 57 名，其中四级高级法官 2 名，一级法官 28 名，二级法官 20 名，三级法官 6 名，四级法官 1 名。

1999—2003 年大名县法院高级法官人员一览表

表 11-7

职务	姓名	授予时间	备注
院长	杨林	1999	首评
审判员	袁守珍	1999	—
审判员	霍崇显	1999	—
审判员	林士魁	1999	—
审判员	谷万良	1999	—
审判员	赵兰峰	1999	—
龙王庙法庭庭长	张怀兰	1999	—
审判员	张喜成	1999	—
审判员	郑连振	1999	—
大名县法院审判员	徐永起	1999	—
大名镇法庭副庭长	王玉秀	1999	—
行政庭副庭长	刘润生	1999	—
大名县法院院长	赵万举	2003.8	晋升

第二节　案件审判与监督

刑事审判

1983 年“严打”活动中，对流氓团伙、杀人、强奸、放火、抢劫、拐卖人口、重大盗窃七个方面的严重刑事犯罪分子，依法从重、从快、从严判决。1979—2005 年，共审结刑事案件 3029 件，其中强奸案 277 件、故意伤害 571 件、抢劫 140 件、盗窃 709 件、诈骗 73 件、其他 1259 件，判处 4443 人。

民事审判

1979—2005年，共受理民事案件3876件，审结民事案件3876件，撤诉230件，调解3267件，判处379件。

离婚案件　1979—2005年，审结离婚案件487件。离婚案件形成的原因一是双方婚姻基础不牢；二是第三者插足而喜新厌旧；三是一方贪图对方优越的经济条件而草率结婚；四是大男子主义作怪，歧视、虐待妇女，致使感情破裂。因住房、外生、逃避债务等非感情破裂假离婚的也时有发生。

赡养、抚养、继承案件　1979—2005年，审理赡养、抚养、继承案件312件。抚养纠纷案件多因离婚所致，一并审理。赡养案件多因子女间利益分配不均而不尽赡养义务。继承案件发生较少。

债务纠纷案件　1979—2005年，审结此类案件2872件。形成的原因多是群众间以口头协议代替文字合同，且权利义务不明确，致使难以履行。如合同纠纷，大多是因合伙经营当中，当事人投入的资金不等，受益分配时产生纠纷；也有些是合同依法签订后，当事人单方面随意变更或终止合同，还有的债务人经营亏损后，长期拖欠对方债款。

农村土地承包及宅基纠纷案件　1979—2002年，依法审理农村承包及宅基纠纷172件；2003—2005年，该类案件数分别为94件、123件、189件，多是因改革开放初期农村承包合同到期，续接承包合同纠纷造成。

经济审判

1982年12月25日，成立经济审判庭，主要受理经济纠纷案件。1983年审理39件。1989年后年均审理170件左右，随着经济的发展，横向经济联系扩大，各种纠纷越来越多，至2005年年末，共审理各类纠纷案件3058件，其中购销案件216件、借款合同2436件、其他406件，总金额1.53亿元，判决360件，调解2450件，其他248件。另外破产案件依法审理15件。对一些标的数额大，拖欠时间长的，案情复杂涉及外省市的经济纠纷，县人民法院成立大案、难案处理领导小组，集中力量打“攻坚战”。1995年，大名县油泵油嘴厂诉河南某经贸发展总公司贷款纠纷一案，领导小组决定由副院长任组长，带领4名干警赴河南省办案，经过7天的努力，终于将被告全部欠款18.6万元如数追回，偿还原告。经济审判庭经常配合金融部门，深入到逾期贷款较多的乡（镇）、村，利用多种形式开展法律宣传，运用法律手段解决贷款纠纷。仅1996年就为各金融部门立案500多件，通过法律手段收回逾期贷款逾100万元。对外地诉本县的经济纠纷案件，在管辖上不争，在立案上不拖，在裁决上不偏，在执行上不顶，受到外省、市当事人好评。经济审判庭在办案中坚持程序、实体并重，在办案的每一个环节都注重增强办案的透明度，做到案结事了，经济案件上诉率全市最低。

行政审判

1989年4月建立行政审判庭，开展行政审判及非诉执行工作，审理的行政案件主要为土地、治安、城建、工商、民生、财政等。截至2005年年末，审理行政诉讼案件500余件，其中土地案件约占总案件数的一半，受理并执行非诉执行案件3000余件，执行标的900余万元。加大对农业税征收、社会抚养费征收、耕地占用税征收等非诉案件的执行力度，支持县中心工作。自2001年起，行政庭连续五年被邯郸市中级人民法院荣记集体三等功。2004年11月，被最高人民法院评为全国法院系统行政审判先进集体，并代表河北省法院系统出席在广州召开的表彰会，是全国唯一出席该会议县级人民法院，先进事迹被《法制日报》头版头条、《人民法院报》、新华社等多家新闻媒体报道。

审判监督

1999 年 11 月，成立审判监督庭，主要职责是审理刑事、民商事和行政再审案件，处理申请或申请再审，坚持“有错必究”原则，依法纠正本院已经发生法律效力的错案。2000 年 7 月，审判监督庭从告申庭分离，2001 年 1 月正式独立办公，当年受理民商事再审案件 17 件，审结 17 件，其中判决维持 6 件，改判 6 件，调解 3 件，撤诉 2 件，处理申请或申请再审 1 件，受理刑事再审 1 件，审结 1 件，其中维持 1 件。至 2005 年，受理民商事再审案件 71 件，审结 71 件，其中判决维持 46 件，改判 19 件，调解 6 件，处理申请或申请再审 35 件，驳回 21 件，处理刑事申请 4 件，驳回 2 件，处理国家赔偿案件 2 件。

第五章　司法行政

中共十一届三中全会以来，大名县司法行政工作从无到有，逐步发展壮大，进而走向成熟，在普法、依法治理、基层基础建设、人民调解、安置帮教、社区矫正、法律援助、公证、律师工作等方面成绩显著，成为维护社会稳定、服务经济发展、促进社会主义民主法制建设不可缺少的力量。

第一节　管理机构

机构设置

1979 年，大名县司法行政工作由县人民法院代管。1980 年 8 月，根据司法行政业务独立的要求，建立大名县司法局，办公地址在县城南大街老电影院内，办公用房 18 间。1988 年 4 月，筹资 7 万元，搬迁到新市场引河西路中段路东，占地 1333.34 平方米，办公用房 22 间。1991 年 5 月，筹资 7 万元，在县政府招待所购买房屋 9 间，新建 6 间。1995 年，筹资 60 万元，其中司法部资助 35 万元，在北环路（今天雄路）路北征地 2000 平方米，兴建三层办公楼，建筑面积 1200 平方米。1998 年 8 月搬迁至新址办公。司法局成立之初，下设秘书股、民调股。1982 年 7 月以后，依据修订后的《人民法院组织法》，司法局主管的审批人民法庭设置、变更撤销和人员编制等行政工作移交给大名县人民法院。1983 年 5 月，增设办公室、宣教股（与县普法办合署办公）。1991 年 9 月，民调股更名为基层工作管理股。1994 年 7 月，增设法制工作股。1996 年 12 月 12 日，内设 5 个股室，分别是：办公室、政工股、基层股、法制宣传教育股、公证处。2002 年 8 月 3 日，内设 5 个职能股（处、室）：办公室、政治处、基层工作管理股（挂大名县法律援助中心牌子，2004 年 7 月，大名县法律援助中心单设，为司法局内设股级机构）、法制宣传股（挂大名县普法办公室牌子）、法制工作股、公证处。

人员编制

司法局成立之初，有干部职工 8 名。1996 年 12 月 12 日，编制 18 名，后增加县普法办编制 5 人，共定编 23 名。2002 年 8 月，机关政法专项编制 21 名，乡镇司法所定编 43 名。2004 年 5 月，从全县干部队伍中选调干部 45 名，充实到乡（镇）司法所。截至 2005 年年末，县司法局共有编制 64 名，在岗干部职工 52 名。

司法所

1981 年年末，39 个公社中有 30 个公社配备了 1 ～ 2 名司法助理员，建立村级调解组织 649 个，调解员 2284 人，制定有学习、汇报、案件评比等各项制度。1984 年 4 月至 1990 年 6 月，各乡镇相继建立司法所，原司法助理担任司法所长，每所 5 ～ 7 人。县司法局对基层司法所进行业务指导、监督、管理。1997 年 8 月 30 日，根据县编委大机编〔1997〕4 号文件要求，乡镇司法所被撤销编制，人员被清退。2005 年年末，对大名县 20 个乡镇司法所实行垂直管理，以司法局管理为主，乡镇管理为辅，司法所为司法局在乡镇派出机构。从 2004 年开始，国家启动中西部地区司法所建设规划，大名县利用国债资金对司法所进行规范化建设，各基层司法所的办公用房均达到 100 平方米以上，装修后，统一制作司法所竖匾招牌、各科室的门牌和各项规章制度牌，司法所内部设置有办公室、调解室、档案室、所长办公室，配备了办公桌椅、电脑，7 个所配备摩托车，2 个所配备面包车，司法所的基础设施和办公条件得到显著改善。

第二节　普法教育

组织领导

1986 年春，成立大名县普法工作领导小组，办公室设在司法局，编制 5 人，制定《大名县第一个五年普及法律教育规划》。大名县县直各单位、企事业单位、各乡镇全部建立普法领导班子，法制宣传工作在大名县全面展开。

普法内容

1986 年开始实施第一个五年普法规划（简称“一五”普法），普法主要内容是“十法一条例”，即《中华人民共和国宪法》《中华人民共和国刑事诉讼法》《中华人民共和国民事诉讼法（试行）》《中华人民共和国刑法》《中华人民共和国民法通则》《中华人民共和国婚姻法》《中华人民共和国继承法》《中华人民共和国经济合同法》《中华人民共和国民族区域自治法》《中华人民共和国兵役法》和《中华人民共和国治安管理处罚条例》。年内发放《法律手册》《普法教材》10 余万册，基本达到户均 1 册。县委、县政府抽调干部组成千人宣讲团，深入农村面授法律知识，使 85% 以上的群众受到教育。“一五”普法期间，共举办干部职工普法培训班 12 期，培训普法骨干 1600 余人，考核合格率达 88.5%。1990 年年末，90% 以上的干部职工领取学法结业证书，基本完成“十法一条例”普及任务。1991—2005 年，连续组织开展“二五”“三五”“四五”普法规划，重点加强专业法律知识宣传教育工作，普及的法律有《中华人民共和国环境保护法》《中华人民共和国劳动法》等。“二五”普法的重点对象是县处级各级领导、司法人员和行政执法人员及青少年，特别是中小学在校生。主要内容是以宪法为核心，以专业法为重点。“三五”普法的重点对象是县处级以下领导干部、司法人员、行政执法人员、企业经营管理人员和青少年，主要内容是宪法、与公民生活密切相关的基本法律和社会主义市场经济法律。“四五”普法以领导干部、青少年学生和企业经营者为主要对象，以《中华人民共和国行政处罚法》《中华人民共和国行政诉讼法》《中华人民共和国义务教育法》等为主要内容，企业单位的领导重点学习《中华人民共和国合同法》《中华人民共和国商标法》《中华人民共和国专利法》等。执法执纪部门干部除完成基本法的学习外，重点学习与本单位业务相关的法律法规条例。

普法宣传教育形式

县普法办采取办班授课、下乡宣讲、放电影、录像、橱窗展牌、法制宣传一条街、义务法律咨询、散发宣传资料、电视讲话等多种形式进行法制宣传。并开展法律进机关、进社区、进乡村、进学校、进企业、进单位的“法律六进”活动。1979—2005 年，大名县分期培训普法骨干 9000 多人，制作橱窗展牌等固定标识 4750 多块（面），发放法制宣传材料近 1000 万份，举办大型（或专题）法律宣传、法律咨询、送法下乡（进家、进校、进企）等 1300 多场次。每学完一部法律，都及时组织检查考核，全县统一命题，统一评分，集体参加，分片进行，及时公布考核成绩，不及格者进行补考。通过普法学习教育，大名县领导干部依法行政能力、青少年自我保护意识、企业经营者适应市场规则的能力得到提高，公民依法维权意识明显增强，知法、用法、守法、爱法和社会文明程度有了很大提高。在“二五”普法中，大名县年年被评为邯郸市“先进普法县”。在“二五”普法结束时，大名县普法办被中共河北省委、河北省政府命名为河北省先进普法办公室。

附：

河北省政法函授大学大名分校简介

“二五”普法期间，1990 年成立河北省政法函授大学大名分校，县委副书记、县普法领导小组组长仝学彦任名誉校长，司法局法制宣传股股长亢怀明任校长，当年吸收学员 500 余名。在 5 年办学中，有 835 名学员取得成人高自考法律专业大学毕业证，其中 38 名取得律师资格。1992 年，河北省在大名县召开政法函授工作经验交流会，学习大名县办学经验。

第三节　民事调解和安置帮教

民事调解

司法局每年安排人员开展民间纠纷排查调处工作，运用法律、政策、经济、行政等手段，对因土地承包、经济合同、宅基建房等引发的矛盾纠纷进行化解，防止矛盾激化，发挥了维护社会稳定第一道防线的作用。1995 年，成立大名县疑难民事纠纷调解指导中心，与大名县法律事务指导中心合署办公。1996 年机构改革后，乡镇司法所被撤并，民调工作受到一定影响。2004 年，司法局成立大名县人民调解指导中心，对大名县疑难复杂的民事纠纷、跨乡域的民事纠纷进行调解，指导各乡（镇）司法所的民调工作。2005 年，大名县建立县、乡、村三级人民调解委员会 673 个，新型行业、重点行业建立人民调解委员会 52 个，人民调解员 8931 人，乡、村两级人民调解组织建成率 100%，新型行业、重点行业人民调解组织建成率为 30%。调解工作中始终贯彻“调防结合，预防为主”的方针，本着“平等自愿、合法合理、不限制当事人诉讼权利”的基本原则，积极开展人民调解工作，使大量的矛盾纠纷在基层得到化解，防止民转刑案件、群体性事件的发生，维护了社会稳定，促进了和谐发展。1979—2005 年，全县共发生各类矛盾纠纷 44680 起，调解 44680 起，调解率 100%，调处成功 43755 起，调解成功率达 98% 以上。

1980—2005 年大名县调处民事纠纷情况统计表

表 11-8

年份	件数	成功数	成功率（%）	年份	件数	成功数	成功率（%）	年份	件数	成功数	成功率（%）
1980	500	486	97.2	1991	1075	1044	97.1	2002	697	680	97.6
1981	4200	4142	98.6	1992	1439	1394	96.9	2003	756	726	96.0
1982	5600	5556	99.2	1993	1136	1112	97.9	2004	493	487	98.8
1983	4200	4162	99.1	1994	1541	1485	96.4	2005	513	491	95.7
1984	3600	3539	98.3	1995	1010	995	98.5				
1985	2800	2762	98.6	1996	670	657	98.1				
1986	2188	2156	98.5	1997	1029	1007	97.8				
1987	1962	1935	98.6	1998	299	292	97.6				
1988	1393	1357	97.4	1999	416	402	96.7				
1989	1442	1378	95.6	2000	423	413	97.6				
1990	1363	1283	94.1	2001	436	423	97.0	合计	41181	40849	99.1

安置帮教

1996 年 9 月，安置帮教纳入司法行政工作，大名县司法行政部门指导协调各有关部门和社会力量共同参与，对刑释解教人员进行非强制性的引导、扶助、教育、管理，加强衔接管理、教育改造和心理矫治，健全完善教育改造评估体系，做好就业服务、提高教育改造安置帮教质量，落实各环节工作措施，推动大名县安置帮教工作深入发展。1996—2005 年，共接收刑释解教人员 890 人，其中刑满释放人员 688 人，解除劳教人员 202 人，安置 876 人，安置率 98.5%，预防和减少重新违法犯罪。

1996—2005 年大名县安置帮教工作开展情况统计表

表 11-9

年份	释解总人数	刑释人数	劳教人数	安置人数	安置率（%）
1996—1998	379	323	56	365	98.5
1999	99	96	3	99	100
2000	57	25	32	57	100
2001	100	62	38	100	100
2002	86	70	16	86	100
2003	63	26	37	63	100
2004	49	34	15	49	100
2005	57	52	5	57	100
总计	890	688	202	876	98.4

第四节 法律服务

基层法律服务

1989 年，在 20 个乡镇建立法律服务所，有法律服务人员 118 名。1989—2005 年，共接受各类案件 5908 件；代写法律文书 3599 件；担任法律顾问 2081 家；办理法律援助案件 3913 件；避免或挽回经济损失 55631 万元；开展法律宣传 2249 场，受教育人数达 102 万余人；接待并解答法律咨询 29529 人次。

1989—2005 年大名县基层法律服务统计表

表 11-10

年份	案件	代写法律文书（件）	担任法律顾问（家）	办理法律援助案件（件）	避免挽回经济损失（万元）	宣讲法律场次（场）	受教育人数（万人）	解答法律咨询（人次）
1989	310	764	35	167	10.8	640	19.17	2960
1990	550	324	14	51	11.61	186	5.4	1951
1991	826	553	104	612	19.9	335	47.31	5271
1992	786	377	977	2588	102.8	452	17.8061	1148
1993	201	51	35	152	15.6	57	2.32	101
1994	365	73	273	64	60.9	216	0.1080	1564
1995	190	59	369	55	12.5	19	0.1237	1708
1996	231	61	85	27	9.8	20	0.21	936

续表 11-10

年份	案件	代写法律文书（件）	担任法律顾问（家）	办理法律援助案件（件）	避免挽回经济损失（万元）	宣讲法律场次（场）	受教育人数（万人）	解答法律咨询（人次）
1997	69	74	17	5	10.3	15	0.12	721
1998	71	38	17	9	13.4	31	0.6	750
1999	102	62	21	27	25	43	0.7	870
2000	129	96	15	13	13	28	0.5	970
2001	145	121	22	9	11.7	39	0.8	435
2002	176	87	16	16	18	27	0.45	527
2003	268	317	14	12	17.5	18	0.27	1890
2004	142	127	12	12	5.2	24	0.38	509
2005	136	49	11	9	11	15	0.25	800

公　证

1983 年 1 月 1 日，成立大名县公证处，9 月 1 日正式启动办公。至 2005 年年底人员最盛时有二级公证员 1 名、三级公证员 2 名、四级公证员 1 名、其他工作人员 2 名。公证业务主要有：根据当事人的需要办理证明合同（契约）、委托书、遗嘱；证明财产继承、转让和赠予；证明亲属关系等。公证处严把质量关，从受理、收费、出证到档案管理都严格按照法律程序办理。随着大名县经济的不断发展，公证业务逐渐增多，公证人员坚持上门服务，简化办证程序，扩大办证领域。此外，公证处还积极参与法律援助，积极为政府决策提供服务，为残疾人、困难户免费提供咨询，充分发挥公证预防纠纷、维护社会稳定的作用。

律　师

1981 年 6 月，成立大名县法律顾问处，直属县司法局领导，9 月 1 日起开展法律顾问、经济与民事代理、代写文书、法律咨询和参加调解与仲裁等项业务，成立之初有工作人员 3 名，全部经考核授予律师资格。1990 年 1 月，大名县法律顾问处更名为大名县律师事务所。1993 年 4 月，经河北省司法厅、邯郸地区司法局批准，3 名律师组建大名县经济律师事务所。1996 年，大名县律师事务所更名为河北大名天雄律师事务所，大名县经济律师事务所更名为河北大名宏扬律师事务所。1997 年机构改革，律师事务所改制为自收自支的事业单位，2001 年又改制成合伙制律师事务所。2005 年，河北大名天雄律师事务所更名为河北天雄律师事务所。至 2005 年年末，大名县律师所执业人员 23 人，有律师资格者 13 人。

律师业务主要有刑事辩护、代理民事经济案件诉讼、提供法律咨询、代写各类法律文书、担任政府及企事业单位的法律顾问五项。

法律援助

2000 年 7 月，成立大名县法律援助中心，为司法局内设机构。为经济困难和特殊案件的当事人提供法律援助。在 20 个乡（镇）及县妇联、残联等建立法律援助联络站，扩大法律援助面。2000 年提供法律援助办案 15 件，其中刑事诉讼案件 5 件、民事诉讼案件 10 件。2001 年，提供法律援助办案 27 件，其中刑事诉讼案件 7 件、民事诉讼案件 20 件。2002 年，提供法律援助办案 34 件，其中刑事诉讼案件 9 件、民事诉讼案件 25 件。2003 年，提供法律援助办案 31 件，其中刑事诉讼案件 10 件、民事诉讼案件 21 件。2004 年，提供法律援助办案 23 件，其中刑事诉讼案件 7 件、民事诉讼案件 14 件、行政诉讼案件 2 件。2005 年，提供法律援助办案 27 件，其中刑事诉讼案件 9 件、民事诉讼案件 15 件、行政诉讼案件 3 件。

司法鉴定

2002 年 8 月 3 日，成立法制工作股，负责鉴定机构人员的推荐、年检注册及考核工作、指导鉴定人员开展工作。2003 年，成立大名县司法鉴定工作委员会，下设办公室，办公室设在司法局，法制工作股股长任办公室主任，具体负责大名县的司法鉴定工作。2003 年 3 月 18 日，批准登记县人民医院为大名县司法医学鉴定中心，业务范围为法医病理鉴定、法医临床鉴定。每年县人民医院选派 7 名有司法医学鉴定资质的医生注册，开展司法医学鉴定业务。

第五节　大名监狱

河北省大名监狱位于大名县万堤镇北 215 省道两侧、漳河南岸，有耕地 5974 亩，隶属于河北省司法厅，为省驻县单位。1970 年 5 月，在国营大名农场的基础上建立邯郸地区第二劳改大队，是河北省大名监狱之始。1978 年 8 月，改属河北省公安厅，为河北省第七劳改支队。1983 年 10 月，改属河北省司法厅。1986 年，更名为河北省大名劳改支队。1996 年 8 月，洪水侵袭，监舍区内水深达 1 米，农田全部被淹，大名监狱积极展开抗洪救灾工作，无罪犯脱逃，无人员伤亡，把损失降到最低限度。1997 年 6 月，司法部授予大名监狱司法行政系统集体一等功。

2001 年年末至 2002 年年初，河北省计划发展委员会先后向河北省大名监狱下达中央预算内专项资金 700 万元，监狱自筹 130 万元，进行基础设施建设，经过两年施工，建成规划合理、环境清洁、人文和谐的城镇化监狱。

第六章　军　事

大名古为兵家必争之地，有“枢毂中原，襟带齐鲁”之势，“控扼河朔，北门锁钥”之称。大名以河朔重镇之势雄踞中国北方一千多年。历代朝廷或军阀在此频繁设置军事机构，遣骁将能臣治之。大名历史悠久，历代都有军事机构，但历代的军事机构设置不一，尤其是民国前期，军事机构出现的形式多，存在的时间短，显得更为繁杂。中华人民共和国成立之后，常设机构是大名县人民武装部等。

第一节　军事机构与部队

中国人民解放军大名县人民武装部

1980年，随着军队体制改革，中国人民解放军大名县人民武装部（简称人武部）内设机构由动员科、作训科、政工科改为军事科、装备科、政工科。1986年4月，人武部由中国人民解放军建制改为地方建制，中国人民解放军河北省军区邯郸军分区大名县人民武装部改称河北省大名县人民武装部，为副县级单位，受中共大名县委、县政府和邯郸军分区领导。设部长、政委各1名，副部长1名，内设政工科、军事科、办公室和民兵训练基地（地点在卫东林场），干部职工编制26人，下辖39个乡（镇）人武部和1个县直机关人武部，是大名县的地方军事领导指挥机构，是县委的军事部、政府的兵役机关，受中共大名县委、县政府及中国人民解放军河北省邯郸军分区双重领导。1992年，大名县人武部内设办公室、军事科、政工科、民兵训练基地，下辖1个县直武装部、6个指导组人武部和39个乡镇人武部。1996年4月，大名县人武部收归军队建制，全称为中国人民解放军河北省大名县人民武装部，属正团级单位，设部长、政委各1名，副部长1名，内设政工科、军事科、后勤科和民兵训练基地，下辖20个乡（镇）人武部和1个县直机关人武部。截至2005年年底，上述机构和内部机构设置没有变化。中国共产党河北省大名县人武部委员会设第一书记1名（由县委书记担任）、书记1名（由县人武部政委担任）、副书记1名（由县人武部部长担任）、委员若干名。部长、政委为正团职，副部长为副团职。

乡（镇）人民武装部是乡（镇）党委的军事部，又是乡（镇）政府的兵役工作机构。在乡（镇）党委、政府和县人武部的双重领导下工作。1979年，组建县直机关人武部。1984年3月，乡级机构改革结束，原公社管理委员会改称乡（镇）人民政府，公社人武部改称乡（镇）人武部。乡（镇）人武部一般设部长、干事各1名。1988年7月，撤销区级建制，6个区人武部随之撤销。在6个镇人武部各设2名部长，其中1名部长专门负责原区片工作。1993年1月，大名县设有39个乡（镇）人武部，其中6个镇人武部、33个乡人武部。1996年2月，乡镇合并，原39个乡（镇）人武部合并为20个乡镇人武部。即6个镇人武部，14个乡人武部。截至2005年年底，上述机构没有变化。

武警大名县中队

武警大名县中队组建于1983年1月，是中国人民武装警察部队，受中共大名县委、县政府、县公安机关及上级武警部队的领导，设中队长、政治指导员各1名，司务长1名，战士若干名。主要担负大名县看守所的武装看守任务。

武警大名县消防中队

武警大名县消防中队直属邯郸市武警支队领导。位于大名县看守所院内（万堤镇），1979—2005年，先后成功制止押犯冲监5次，协助公安机关抓捕犯罪嫌疑人13名。

大名县消防大队

大名县公安消防大队建于1980年，始称大名县公安局消防股，1983年改属中国人民武装警察部队序列。1988年改为大名县公安消防科。2003—2005年，改为大名县公安消防大队，正营级编制。

大名县公安消防中队

前身是大名县公安专职消防队，始建于2001年7月，位于万大路付桥村国家粮食储备库院内，由大名县公安消防科（大队）直接领导。中队自建队起，在上级部门的领导下，严格按照中国人民解放军《共同条令》对中队进行管理教育，作为基层战斗实体，主要任务是防火检查、执勤备战、扑救火灾以及各类抢险救援工作（如：车祸、自然灾害、突发应急事件、化学危险品泄露等）。1996年大洪水中，大队参谋董勤雷积极组织抗击洪涝灾害，荣获个人二等功。2002年被省总队评为"先进集体",2003年被市支队评为"全市消防监督先进单位"。2002—2005年，被大名县公安局评为先进单位。

第二节　兵　役

兵役登记

大名县人武部根据《中华人民共和国兵役法》规定及上级兵役机关要求，每年9月30日前组织动员全县20个乡（镇）、651个行政村，对当年12月31日前年满18周岁的男性公民进行兵役登记。

兵员征集

1979—2005年，大名县的征兵工作按照国务院、中央军委的征兵命令进行，一般每年一次，征兵时间从11月1日开始，12月底前完成新兵征集任务（不含处理退兵时间），整个工作大体可分为征兵准备、组织实施和善后工作三个阶段。

征兵准备工作

1979—2005年，依照法律规定和国家的征兵命令，大名县成立以县政府主要领导为组长的征兵领导小组，并从公安、监察、卫生、宣传、民政、财政、教育等部门抽调人员组成征兵办公室，按规定时间、数量、质量、方法和要求，将符合条件、政治素质高、技术条件好的优秀青年送进部队。

征兵准备工作分为平时征兵准备和征兵前准备。征兵前的准备工作：接到上级关于征兵通知、命令、实施方案后，各级人武部做好调整征兵机构、拟制有关文件、划拨兵员、拟制征兵命令、拟制实施方案、组织征兵业务培训等准备工作。

征兵工作组织与实施开展宣传教育活动，提高全民国防观念和公民应征自觉性。目测摸底由基层人武部组织，医务人员参加。对应征青年的体检工作由县乡（镇）两级政府征兵办公室统一组织，同级卫生部门具体负责。体检期间的住宿由县政府征兵办公室统一安排。征兵体检站实行全封闭式管理，工作人员和医务人员挂牌上岗，严格按照体检项目逐科进行检查，实行单科淘汰。经过各科检查的对象，由主检医师做出结论。一个体检站的日检量一般为80～100人。在县乡（镇）两级政府领导下，根据征兵办公室的统一安排，由同级公安部门具体负责政治审查，有关部门予以协助。对经过综合审查确认符合政治条件的，由县政府征兵办公室政审组负责人在《应征公民政治审查表》内签署政治审查结论意见。审批定兵程序一是乡（镇）预定新兵。政审工作结束后，基层武装部及时召开预定新兵会议。参加会议的人员包括乡（镇）负责征兵工作的领导、专武干部、村（居委会）干部和接兵部队负责人。二是县（市、区）审批定兵。县征兵办公室对基层武装部上报的预定新兵人员进行审议后，召开由征兵领导小组领导、兵役机关、公安、卫生、民政、教育等部门和接兵部队负责人参加的审批定兵会议，对预定新兵进行全面衡量，优先批准政治思想好、身体素质好、文化程度高的青年入伍。审批定兵后，及时建立新兵档案，配齐被装。接兵部队在征兵开始前，向省、市人民政府征兵办公室和省军区后勤部门准确提供本部队新兵被装的需求情况。县政府征兵办公室提前整理好新兵的档案材料，统一编造《新兵花名册》一式两份，一份交给接兵部队，一份由县兵役机关保存。交接手续在新兵起运前一天办理完毕。交接地点在县武装部。新兵交接时，交接双方按照《新兵花名册》当面清点人数，核查档案材料，档案材料核对无误后，由征兵办公室密封移交给接兵部队，征接双方在《新兵花名册》上签字盖章。

征兵善后工作

根据上级赋予的征集任务，对批准书存根逐一进行核对并存档。按照河北省征兵工作条例要求，给予义务兵相应的优抚。同时，在新兵入伍后，组织基层干部走访新兵家庭，帮助其解决家庭中的实际困难，要求他们协助部队做好新战士的思想巩固工作，共同为部队建设做贡献。认真搞好兵员征集工作总结和新兵数量、质量情况统计，及时上报各种统计报表（软件）和总结报告。退兵的期限自新兵到达部队之日起至部队批准之日止。属于政治条件不合格的不超过 90 天；属于身体条件不合格的不超过 45 天。省征兵办对部队退回的不合格新兵，通知原征集的县征兵办领回，注销其入伍手续，当地公安机关给予落户；原是机关、团体、企业事业单位职工的，原单位准许复工、复职，原是高等学校学生的，原学校按照有关规定给予复学。

第三节 民 兵

组织建设

1979 年年初，大名县的民兵组织为基干民兵战备团，参加战备团的民兵共有 10094 人，配备武器有步骑枪、冲锋枪、轻重机枪、炮等。1981 年，根据中共中央“减少民兵数量，提高民兵质量”的调整方针。1981 年 11 月 28 日至 1982 年 1 月 10 日，大名县对全县民兵进行了组织调整。具体内容是：

缩小民兵范围。机关、学校等部门和城镇一些人少、分散的单位，平时不建立民兵组织。

压缩参加民兵的年龄范畴。男性公民参加民兵的年龄由原来的 16 ~ 45 岁改为 18 ~ 35 岁，其中 18 ~ 28 岁的复员军人和经过训练的青年为基干民兵。

简化民兵组织层次。由原来的普通民兵、基干民兵、武装民兵三种组织，改为普通民兵和基干民兵两种组织，取消县编民兵师、公社民兵团的组织形式，改编为县建民兵基干团，各公社建民兵营，各行政村建民兵连。

严格民兵的政治和身体条件，把民兵与预备役制度结合起来，按兵役法规定应服兵役的人员，除应征现役外，均编入民兵组织服预备役，基干民兵为一类预备役。

1986 年，民兵组织整顿以“减少数量、提高质量、抓好重点，打牢基础”为原则，合理调整兵员布局，压缩基干民兵规模，进一步提高基干民兵质量，重点整顿基干民兵组织和专业技术分队，使民兵组织更加适应国家经济建设和战时动员需要。

1990—1997 年，全县对民兵加强以国防教育为主的思想整顿，进行党基本路线和坚持四项基本原则的国防教育，提高民兵的政治思想觉悟和反“和平演变”能力，增强同党中央保持高度一致的自觉性。对政治上不合格或违法乱纪的，坚决清理出民兵队伍，确保民兵预备役的纯洁可靠，全县基干民兵数量无太大变化，但在专业技术分队数量上有了明显的调整。专业技术分队仍采取一套装备编组二至三套人员的办法，并建立应急分队。

军事训练

1979 年，大名县民兵军事训练专职武装干部主要进行战术和指挥训练，由邯郸军分区负责训练，时间一个月。民兵连长重点训练射击、投弹、打坦克；班以下战术由县武装部负责训练，时间 15 天，民兵排和其他连副职干部由公社组织训练，时间 7 天，要求掌握技术战术基本动作，能组织民兵训练。武装基干民兵由各公社采取分散与集中相结合的方法组织训练，主要进行技术和单兵战术训练，时间 15 天。打坦克爆破班主要训练使用就便器材和装备器材打坦克的方法；地炮分队主要是兵器性能、射击技术等；高机分队进行射击技术、打飞机、打空降的技术、战术训练；通讯分队主要是胶收线、2 瓦、15 瓦机上实习。以上技术分队全年训练 20 天，基干民兵由各连队组织训练，重点进行射击、投弹、打坦克、爆破等技术训练。

1980—1981 年，民兵军事训练主要以公社为单位，训练的重点是持枪连队的排以上干部和武装基干民兵（主要是 1 ~ 3 名持枪手）及各类专业技术分队，时间不少于 15 天，分别在春、冬季进行。训练内容有射击、战术、爆破、通讯等。

1982 年，根据总参颁发的《民兵军事训练大纲》为依据，按照“缩小范围、减少人数、精简内容、提高质量”的原则，进行周期性训练。专职武装干部每年由邯郸军分区教导队集中训练 30 个训练日。民兵连长每年由县武装部集中训练 15 个训练日，基干民兵训练每年按 15 个训练日。其他专业技术分队训练采取每年训练周期人数的一半，时间为 30 天。全县 1400 名连（排）长和 9666 名基干民兵，550 名专业技术兵参加第一、二周期训练。

1983 年 7 月 23—25 日，县人武部对县独立团所属 3 个营的民兵进行了集中演练，应点率达 95%，提高和锻炼了民兵干部的组织和指挥能力。

1984 年，县委、县政府和县武装部投资 30 多万元，在大名卫东林场建起大名县民兵训练基地。1985 年 9 月正式投入使用。

1985 年冬，按照总参谋部、总政治部《关于当前和今后一个时期民兵、预备役工作的意见》，大名县开始在民兵训练基地集中轮训民兵。训练内容主要有队列、射击、投弹、爆破、战术、炮兵基础及各类技术兵种科目等，训练时间为 20 天。

1987 年 9 月 28 日，县直等 13 个单位的民兵连长和民兵骨干，在民兵训练基地进行实弹射击比武，总评成绩优秀，受到中共大名县委、大名县人民政府和武装部的通令表彰，并被邯郸军分区评为“军事训练先进单位”，奖锦旗一面。

1990年5月，县武装部组织全县民兵500余人进行防暴应急演练，4个单位表现突出，被邯郸军分区评为“民兵应急分队演练先进单位”。

1991—2005年，全县每年都组织民兵进行射击打靶等演练，提高了全县民兵组织的战斗力，为国防建设提供了坚实的后备力量。

参加“两个文明”建设

1965—1986年，全县民兵先后参加邢台、沧州、天津、保定、北京、唐山和邯郸7个地、市治理海河工程。共出30期，累计出工17.2万人次，其中1.7万名民兵被评为先进个人。县海河民兵团多次被评为“根治海河先进民兵团”。

1979—2005年，全县民兵参加修路筑堤、开挖沟渠等多项工程建设，累计投入民兵近2万人次，修路1.8万多米，挖引水渠2.5万米。2001年6月，华北地区持续高温，降雨稀少，大名县95%的未灌耕地无法满足农作物生长需要。在旱情严重时刻，全县专武干部、民兵干部、基干民兵立即行动起来，喊出“天大旱、人大干、旱情不除抗旱不止”的口号，发挥民兵组织严密，突击力强的优势，成建制投入到抗旱战斗中，共抗旱种地近100万亩，占全县总耕地的91%，受到县委、县政府的通报表彰。

1979—2005年，在全县开展的多次“严打整治”斗争中，全县民兵联防队共出动人员1200余人次，配合公安机关查处治安案件710起，抓获作案分子276人，缴获赃款赃物总价值36万元。2001年，金滩镇金北村发生“2·27”事件，全县民兵积极履行职责，人武部领导亲自带领机关干部，同龙王庙镇的值勤民兵一道值班巡逻，设卡站哨，劝阻来自河南声援的100多名回民群众，防止了事态进一步扩大，有力地配合了整个事件的平息。

1979—2005年，全县以民兵为主体参加的生产开发项目达50多项，成立以民兵为主体的经济实体36个，植树80多万株，修路40多万米，修建桥梁24座，打井5800多眼，铺设地下输水管道20多万米。全县建立学雷锋小组960个、帮贫服务小组795个、科技小组495个，涌现出200多个先进民兵连队和许多先进个人。各乡（镇）武装部组织民兵依托“青年民兵之家”阵地，开展丰富多彩的农村文化活动，举办科技兴农培训班，民兵带头学习农业科技知识，进行崇尚科学、反对迷信的宣传教育。县各民兵连联合或单独开展各种文化活动600多次，举办各类文艺节目演出240多场，举办各种类型的文化、科技致富技术培训班284场次，有力推动了全县精神文明建设的发展。

在大名境内，卫河纵贯县境中部，西有漳河泛区，东有马颊河，黄河故道，历来洪涝灾害频繁。中华人民共和国成立后，全县各级民兵组织，积极开展防汛、抢险行动。每年汛前，大名县成立防汛指挥部，武装部作为重要成员，除部主要领导分包河道堤防，包洪区，包城堤，协助当地乡（镇）、村做好防汛工作外。还组织民兵防汛抢险突击队和常备队，担负各河堤险段的防汛任务。在行洪河道遇到洪水时，各民兵突击队、常备队立即上堤防护，排查险情，检测水情和水情传递。同时，广大民兵还肩负起防汛备料、运送防汛抢险物资等工作任务。在防汛工作中，各人武部门带领广大民兵和预备役人员严格遵守组织纪律，坚决执行防汛守则和奖惩制度，在接到防汛指挥部命令后，县、乡（镇）武装部迅速集结各民兵分队，不避风雨，不畏艰险，赶赴各防守堤段。县武装部和基层武装部做好民兵和预备役人员的政治动员工作，鼓励民兵的战斗情绪。各级专职武装干部与民兵和预备役人员同甘苦、共患难，无条件服从县防汛指挥部命令。

第四节　国防教育与动员

1992—1995年，大名县连续四年被邯郸市评为国防教育先进县，其中1992年被河北省评为国防教育先进县。1996—2005年，全县建有1处大型活动中心、20处乡级活动站、600多个村级活动室，国防教育阵地完善，组织、制度健全，教育阵地形成网络。全县组织歌咏、演讲、书法、作文、大赛等形式的国防教育主题活动12次，多次被评为市级以上先进单位，其中2000年、2002年被评为省级先进单位。2005年，大名三中被河北省国防动员委员会命名为“河北省百所青少年军校”。

组织机构

1991年9月，大名县国防教育办公室成立，为常设办事机构，在县国防教育领导小组领导下，负责全县国防教育的日常工作。设主任1名、副主任1名、秘书、科员各1名。1996年4月县人武部移交部队建制后，县国防教育办公室独立开展工作。

教育内容

通过开展国防教育，使公民增强国防观念，掌握基本国防知识，学习必要军事技能，激发爱国热情，自觉履行国防义务。国防教育主要包括国防理论、国防历史、国防常识、国防精神、国防法制、国防科技、国防经济、国防外交与形势、国防体育等方面的教育。

教育形式

以深入宣传贯彻《中华人民共和国国防教育法》《全民国防教育大纲》《河北省国防教育条例》为主线，广泛开展多种形式的国防教育活动。

以重大节日、纪念日为契机，开展主题教育活动　每年清明节组织悼念活动，“八一”建军节举行“军事活动日”活动，9月开展“毋忘国耻、强我国防、振兴中华”主题宣传活动，10月加强征兵期间国防教育宣传活动。

分层次开展国防教育，做好国防教育普及　利用中心组学习日、各系统培训班等形式，对各级领导干部进行国防教育。组织民兵训练期间学习《民兵工作条例》等法律法规，学唱《民兵之歌》，进行国防责任教育。对在校学生，采取国防知识答卷、军训、参观国防教育基地、听革命先烈故事、参观国防图片展等形式，进行国防意识教育。对社区、企业员工，抓住“八一”、国防教育日、征兵宣传月等时机，把相关领导请进社区和企业车间，就国防热点、难点、焦点，与居民代表面对面地交流，进行国防形势教育。

加强党校国防教育　根据市国防教育办公室要求，结合县委党校实际情况，加强国防教育硬件、制度和队伍建设，在干部培训班上，对党政干部进行国防理论、国防法律、国防形势等方面的教育；对党校国防教育教员的教案撰写、多媒体课件制作、授课、知识咨询等方面进行核查，并积极参加市党校系统教师国防教育教案观摩评选活动，党校教员李文军、任爱华准备的授课教案、课件、现场课

堂电教片分别获得省二等奖、市一、三等奖。

教育阵地

以县人武部、教育局、乡（镇）党委为单位，在全县范围内建立国防教育基地和场所，其中龙王庙木堤教育基地1处，大名县烈士陵园教育阵地1处，在大名一中、大名二中、大名三中及北门口中学各设立少年军校1所。

第五节　人民防空

组织机构

大名县人民防空指挥部负责全县的人民防空工作。政委由县委书记担任；总指挥长由政府县长担任，副总指挥长由人武部长、政府副县长、人防办主任担任，副政委由宣传部长担任。下设人民防空办公室（简称人防办）。2002年7月至2005年年底，县人防办升格为正科级单位，挂靠县建设局，工作人员7名，其中正科级干部1名。

通讯警报

2003年，大名县在建设局安装警报器1台。2005年，在县人民广场和县水厂安装警报器2台。这3台警报器的配备，使城区音响覆盖率达90%以上，基本达到防空警报要求，在历年的“9·11”试鸣活动中取得良好效果。

防空教育

人防宣传教育工作是做好人防工作的重要环节，是让全社会了解人防、关心人防、支持人防的有效手段。大名县利用法定宣传日及“9·11”试鸣活动等一切有利时机，对广大人民群众进行宣传教育。同时，对全县各中学深入系统地开展人防教育，在教学中做到六有（有领导、有规划、有教案、有笔记、有教具、有考试），使学生真正理解人防建设的作用与意义。

第十二编　教育　科技

1978 年中共十一届三中全会后，大名教育事业开始恢复和发展。经过 20 世纪 80 年代初的几次调整、整顿，学校布局、结构以及教师队伍有所改善。此后，又经历了 1986 年"四率"（初等教育阶段适龄儿童入学率、辍学率、完成率、文盲率）普查验收，1996—1997 年的"两基"（基本普及九年义务教育、基本扫除青壮年文盲）评估验收及此后每三年一次的教育督导评估等几个阶段。2001—2005 年，全面实施中小学布局调整，提升教育现代化装备水平，推进远程教育工程，实现了学校基本建设跨越式发展。改革开放以后，大名县科技事业走上健康发展的道路，科技队伍迅速发展壮大，科技管理逐步规范化、制度化，科技成果转化成效明显。同期，地震测报、气象服务等科技事业，也在县域社会、经济发展中发挥了重要作用。

第一章　教　育

第一节　学前教育

1979 年后，大名县学前教育逐步发展。2002 年大名县《关于加快普及学前三年教育的实施意见》施行后，学前教育发展加快，各乡（镇）至少建起一所中心幼儿园和几所村办幼儿园。2005 年，学前三年受教育人数达 3981 人，为小学教育发展奠定了基础。

概　况

学前教育主要是幼儿园教育。1979 年，县城只有 1 所幼儿园，占地 1 亩，平房 10 间，在园幼儿 83 名，教养员 4 名，隶属县妇联。1980 年，县成立了托幼工作领导小组，1 名副县长任组长，之后健全了幼儿园管理机构，配备了专任教师，连续几年每年都举办幼儿教师培训班，不断选派骨干幼儿教师外出参观学习，幼儿教师专业素质得到提高。1983 年 6 月，县妇联发出《关于全县干部职工为建设县幼儿园捐款的倡议》。次年，幼儿园新建了校舍，增添了设备。随着县城常住人口增多，入园幼儿逐年增加。1984 年转归文教局领导。1987 年，县政府投资在西城墙上新建一所幼儿园，称大名县第二幼儿园，原县幼儿园称大名县第一幼儿园。1989 年，在大名一中建第三幼儿园，由大名一中代管，又称一中幼儿园。20 世纪 80 年代中期以后，企事业单位和街道办幼儿园（班）增多。先后兴办的有：草辫厂幼儿园、造纸厂幼儿园、县医院幼儿园、北关村幼儿园、黄小街幼儿园、马厂街幼儿园、新市场幼儿园等。20 世纪 90 年代中期以后，随着县办幼儿园规模的扩大，企事业单位、街道办幼儿园相继停办。农村幼教事业根据农村特点，依托小学办学前班。1987 年，县文教局统一订购农村幼儿教材，规范全县农村幼儿教育教学内容。1988 年，县文教局在万堤农中举办一年制农村幼师培训班，培训学员 60 名，结业后到各乡、村任教，加强了农村幼教师资力量。1991 年 9 月，县文教局出台《关于社会力量办学的管理规定》，民办幼儿园在县城和农村发展起来。龙王庙红星幼儿园是大名县第一所民办幼儿园。大名镇有北关幼儿园、红黄蓝幼儿园、道前街幼儿园、广晋路幼儿园、小博士幼儿园等。21 世纪后，一幼、二幼均新建了教学楼，各园按照现代化规范幼儿园标准进行设施配置，办园条件大大改善，为幼儿学习、游戏、娱乐创造了良好环境。

20 世纪 90 年代末，陆续调整各幼儿园领导班子，实现年轻化、专业化。同时，加强幼儿教师队伍素质建设，在鼓励、支持教师进修深造的同时，实行强制性全员专业培训，采取邀请名师来园举办讲座，到外地参观学习，定期举行基本功大比武和教学观摩课等措施，提高幼教队伍整体素质。按照保教分离的原则和要求，各园加强了内部管理和改革，修改、充实、完善了管理制度，幼儿园各项工作职责更明确，分工更科学。1999 年，在大名镇各小学率先取消学前班，由幼儿园承担学前教育任务，学前班与小学分离，扭转了幼儿教育小学化倾向。各幼儿园采取措施全面改进，包括桌凳设计、座位安排、教育手段等，使幼儿园真正体现出幼儿教育特点。2000 年，编制 2001—2005 年《学前教育分乡（镇）规划表》，2002 年 7 月，制定《关于加快普及学前三年教育的实施意见》，幼教工作进一步加强。2004 年 12 月，组织 20 个乡（镇）中心校长赴曲周参观农村幼儿园建设，并召开学前教育工作会议，要求每个乡镇建一所中心幼儿园和 3 ~ 5 所村办幼儿园。当年，营镇乡建成大名县第一所乡（镇）中心幼儿园，随后，其他乡（镇）中心幼儿园相继办起，比较好的有万北村幼儿园等。截至 2005 年年底，全县共有幼儿园 52 所，其中县镇 13 所，农村 39 所，在园幼儿 5121 人，幼儿园占地面积 39616 平方米，校舍建筑面积 11421 平方米。

县办幼儿园

第一幼儿园　创办于 1953 年，坐落于吴水坑街南头，2005 年占地 682 平方米，建筑面积 492 平方米，有 6 个教学班，其中学前班 3 个，在园儿童 190 名、教职工 26 名，属日托制幼儿园。以“一切为了孩子，为了孩子的一切”为办园宗旨，保教并重，遵循幼儿身心发展规律和个性差异。制订实施科学的保教方案，运用多种教学手段，开展丰富多彩的娱乐活动，使幼儿的身体素质、心理品质、行为能力等全面优化。1979 年、1983 年两次荣获“全国三八红旗集体”称号。2001 年 10 月被评为《河北省实施妇女儿童规划》先进集体。涌现出多名省优秀教师和市县先进人物。该园幼儿表演的节目多次登上市、县文艺舞台。其中幼儿舞蹈《吉米，来吧》在河北省第二届“音乐舞蹈之春”大赛中荣获“繁荣奖”，并被邀请到河北省电视台录像。该园幼儿绘画作品《神奇的种子》在邯郸市中小学生艺术节上获二等奖。幼儿演出的节目《半夜鸡叫》《长大我也要当兵》《科学小飞侠》连续获奖。21 世纪后，积极推行“优化一日活动”，试行“双语”教学，其特色教学法《手指速算》在全县推广并受到好评。2005 年选派教师到新乡等地参观学习，拓展了视野，增长了见识，提高了教育与管理水平，幼儿园呈现出新的生机。

第二幼儿园　建于 1987 年，坐落在西城墙上。2005 年占地 3500 平方米，建筑面积 900 平方米，教职工 50 名、在园幼儿 500 名，共 12 个教学班，其中学前班 4 个，是大名县最大的日托制幼儿园。

该园按照以制度建园、用爱心立园、靠人才兴园的宗旨。制定了12项管理制度，使全园的管理系统化、科学化，各项任务细化、量化，全园上下各司其职，各负其责，办园水平不断提高，获得了广泛的社会赞誉。坚持“对孩子有爱心，对家长有热心，让孩子舒心，使家长放心”的办园理念。每学期邀请家长来园参与教学计划的制定和幼儿食谱的研究，并发放《家、园联系卡》，经常征求家长意见，不断改进工作，创办“家长学校”，帮助家长学习育儿常识，定期请专家进行幼儿营养指标测算，每学期举办幼儿运动会、联欢会等活动。还根据幼儿兴趣，成立舞蹈班、美术班、电子琴班。强调全员接受幼教专业培训，鼓励教师进行学历提高。2004年，二幼本科、专科以上学历教师占教师总数的89%。二幼先后被评为“市巾帼建功示范单位”“市儿童卫生保健先进单位”“县文明单位”，园长张玉芳被评为“省先进教育工作者”“省家长学校优秀教师”。

乡（镇）、村办幼儿园

1979年，农村附设在小学的幼儿班有39个，入园幼儿1136名，学前教育严重滞后。1979年8月7日，县委转发县妇联会关于农村办托幼事业的报告后，农村幼教开始得到重视。在办学方式上，各村均依托小学校招收5岁以上幼儿。1988年，县文教局在万堤农中举办农村幼儿教师培训班，每乡推荐1～2名，学制一年，共招学员60名。学员结业后回各乡（镇）任幼儿教师。2002年后，农村幼儿园管理体制主要以教育部门和集体办为主，基本形成一乡一所中心幼儿园和几处村办幼儿园的格局。其中，营镇乡中心幼儿园系利用原友谊小学校舍改建，位于营镇乡何庄村，占地面积3000平方米，建筑面积380平方米。2004年开始招生，大班2个、中班2个、小班1个，在园幼儿200名，教师7名。配有彩电、VCD、电子琴等教学设备和滑梯、转盘、秋千、跷跷板等各种游艺玩具，并配有接送幼儿专用客车。

企事业办幼儿园

1979年后，县企事业办幼儿园先后有草辫厂幼儿园、造纸厂幼儿园、县医院幼儿园（2005年年底前均停办）及大名一中幼儿园（也称“三幼”）。其中大名一中幼儿园规模最大，占地784平方米，建筑面积309平方米，教职工18名、在园幼儿189名。

管理体制

县办幼儿园归县教育局领导，实行园长负责制，教师由教育局聘任。乡（镇）村办幼儿园由村委会管理，教育部门协调并进行业务指导，企事业幼儿园由本单位管理。2003年后，乡（镇）村办幼儿园主要由教育部门负责管理。民办幼儿园开办前需向教育局申请办理《办学许可证》，日常工作中，教育管理部门主要履行业务指导职责。幼儿入园年龄3～5周岁，在园年限规定为3年。县办幼儿园均实行日托制，分小、中、大三个班级，一般按年龄编班，每学期收保育费30～40元（2003年标准）。

学前班

开办校、班　1979年，全县有学前班（育红班）66个，入班儿童2158名。有小学610所，设学前班的学校占10.8%，入班儿童约占适龄儿童的14.4%，且多半为“三无班”，即：无教室，无课桌凳、无专职教师。20 世纪 80 年代，受办学条件和师资条件限制，学前班发展缓慢，开办学前班的学校和学前班数量保持在 50 ~ 60 个之间，分布在办学条件好，师资数量较充裕的学校，入班儿童 1500 名左右。1990 年后，学前班剧增，一般年份接近 130 个班，入班儿童 4500 ~ 5000 名。其中 1995 年、1997 年、1998 年分别为 7214 名、9988 名、8982 名。随着计划生育工作的深入开展和人口出生率的降低，社会生源减少，有的学前班合并，有的隔年招生，2001 年，全县学前班降为 34 个，入班儿童 927 名。20 世纪 80 年代，学前班均分布在农村，90 年代，县城学前班迅速增加，1997 年发展至 127 个，21 世纪后，随着实行小学教育与学前教育分离，县城学前班逐年减少，原来分设在各小学的学前班集中至幼儿园。2002 年，县城学前班 9 个，入班儿童 406 名。20 世纪 80 年代中期至 90 年代中期，农村学前班教师多为“乡教委”聘任的代课教师，师资质量难以保证，管理也欠规范。20 世纪 90 年代后期，随着各级政府的重视，学前班师资水平逐步提高。农村民办学前班也有发展，但数量不多，管理水平有待提高。2002 年，根据人口变化，进行合理布局，本着学前教育与小学教育分离的原则，实行规范化管理，规模化办学，学前班在新的水平上进一步发展。2005 年，全县有学前班 55 个，入班儿童 910 名，在班儿童共 1517 名。

课程设置　县城学前班按《幼儿教育大纲》规定开设课程，每天设置 6 节课。开设的课程有英语、计算、语言、思想品德、常识、美术、体育游戏、音乐和户外活动，户外活动每天占 2 节课。农村学前班受师资条件限制，有的学校不能全面执行规定的教学计划，特别是外语、音乐、美术等学科不能开设的较多。每天上 5 节课，上午 3 节、下午 2 节，有的使用一年级第一学期教材部分内容，有的使用幼儿教材。

第二节　小学教育

1979 年，大名县小学有 609 所，2001 年，结合危房改造和布局调整对教育资源进行了优化整合，2005 年，全县小学降至 258 所。

小学教育概况

1979 年 3 月 10 日，县革命委员会下发《关于吸收十五岁以下超龄儿童入学的通知》，同时要求认真贯彻执行《全日制中小学教学计划》，使用全国统编教材，小学教育进入恢复和发展阶段。1979 年，全县有小学 609 所、在校生 78748 名、专任教师 2510 名。其中民办教师 1984 名，占 79%。在农村学校，民办教师占 81.3%，另有代课教师 29 名。小学校舍建筑面积 11.07 万平方米，生均占有 1.4 平方米，多为土木或砖木结构。木制课桌 19590 张（每百人中 15 人有木制桌），其余学生使用的是木板、水泥板、砖土台和纸浆桌。农村小学存在不少复式班，县城小学有 8 个班为二部制。1981 年，全县学龄儿童入学率 85%，巩固率 67.5%，合格率 25.5%。根据“压缩高中，调整初中，加强小学”的整顿要求，把一批中学教师充实到了小学，把一批不称职的民办教师辞退，把一些教学设备调配到小学，小学教育的基础地位得到加强，步入良性发展轨道。1983 年 3 月，大名县提出“1985 年基本普及小学教育”。1984 年 4 月县委、县政府做出《关于认真搞好农村中小学教育体制改革工作的决定》。农村小学划归村管，建立乡村两级教育委员会。乡村教委负责筹集办学经费，改善办学条件，负责动员适龄儿童入学，负责各高年级联办并点工作。这一时期，改善办学条件的目标是实现“一无两有”，即校校无旧房，班班有教室，七成以上学生有木制课桌。1985 年，大名县公布《大名县普及九年义务教育实施方案》，从此，大规模改善办学条件工作拉开序幕，普及小学教育步伐加快。至 1985 年年底，翻建、新建校舍 1385 间，维修 2114 间，添木制桌 17878 套。张郭村、郝马庄村、东木堤村率先建起教学楼。1986 年，前现城、各姓固、王小楼、前营、三角店、南束馆建起教学楼。1986 年全县小学在校生 64242 人，配备木制课桌的 56165 人套，87.4% 的学生有了木制课桌，小学校舍建筑面积 12.08 万平方米，生均占有 1.8 平方米，比 1979 年生均增加 0.4 平方米。这一时期，积极贯彻执行《义务教育法》，提高了入学率，控制了流失率。县委、县政府每年开展表彰、慰问教师活动，倡导尊师重教风尚。教育系统内部加大管理力度，加强教师队伍建设，通过评选优秀园丁等活动，引导和鼓励教师爱岗敬业、甘于奉献。小学教育稳步发展。1986 年 11 月，全县普及小学教育顺利通过省、地、县联合验收，"普及率、巩固率、及格率、毕业率"全部达到部颁标准，省政府向大名县颁发"普及小学教育达标证书"。此后，以改善办学条件为重点，掀起了全党动员、全民动手、多元投资，大办教育的新高潮。

1987 年 5 月，县成立改善办学条件领导小组，1989 年 1 月，县九届人大三次会议通过《关于发动群众大力改善办学条件的决定》，随后发布政府县长（1989）第 1 号令，号召全民动员，大力改善办学条件，努力实现"八配套"，即每所小学必须具备标准校舍、木制桌凳、围墙、校门、厕所、操场、水源、旗杆。2 年多时间里，全县投入 1000 余万元，用于改善办学条件。至 1990 年年底，金滩镇、铺上乡、大街乡、大龙乡、铇庄乡、西付集乡、埝头乡、北峰乡、红庙乡、北堤乡基本实现"八配套"。校舍建筑面积比 1986 年增加 2.37 万平方米。1991 年 3 月，省政府授予大名县"改善办学条件先进单位"称号。这一时期，通过电大、函授、自学等途径，大名县小学教师的学历水平逐步提高。1992 年，小学专任教师高中、中师以上学历的达 1844 人，占小学教师总数的 82.2%。围绕教改，广大教师积极开展教研活动，实验推广新教学方法，学习先进教育理论，涌现出一批教学能手和业务骨干，促进了教学质量的提高。

1992 年，全县有小学 578 所、在校生 92834 人、专任教师 2230 人、代课教师 1999 人，教师体制结构失调，数量超编。原因主要是分级办学使县文教局失去了对教师队伍的全面控制和管理，各乡（镇）自行任用代课教师现象严重。其次是在校生人数增加，办学规模扩大，教师需求量增加。1992 年 10 月，文教局对代课教师进行整顿。凡 1986 年前任教的，经考试合格录用为民办教师，其余的代课教师一律辞退。共录用民办教师 600 名，以后未增加新的民办教师。随着"民转公"数量指标不断增加，民办教师逐年减少。1994 年，确定"积极进取、分类指导、整体推进、按期达标"的指导思想，制定了"普九"规划。成立了"普九"指挥部，把"普九"列为三大兴县工程之一。1995 年 11 月，召开"兴县工程会战"三级干部大会，学校建设在全县形成高潮。充分利用国家贫困地区义务教育工程款 1353 万元、省市配套资金 2253 万元、"世行"贷款 110 万美元（含中学建设）及连续 2 年筹集的学校建设专项资金，建标准化小学 240 处，并按照国家二类、三类标准配备教学仪器、文体器材和图书资料。39 处小学达到二类标准，254 处达到三类标准。全县小学图书达 107.75 万册，生均图书 11.2 册。全面提升了小学办学水平。1996 年 12 月，省代表国家对大名县"普六"进行检查验收。专家实地检查评估后认为，大名县"普六"各项指标基本达到，颁发了达标证书。1999 年，省又对大名县的"普六"进行了复查，提出了一些整改意见和要求。"普六"之后，把开展素质教育，推行目标教学作为巩固"普六"成果的重要举措。1998 年 9 月，邀请河北省教育专家、廊坊市教委教研室王瑞明到大名向全县教育干部、县乡教研员、骨干教师传授“目标教学”理论成果和实践经验。目标教学模式在大名县推开，素质教育开始得到重视。

21世纪后，小学教育以“健全制度、完善机制、提高管理水平”为指导思想，提出“四化”“三性”新目标。“四化”即净化、绿化、硬化、美化。“三性”即整体性、教育性、艺术性。围绕目标，各小学依法治教，科学管理，更新观念，转变作风，大力进行校园文化建设，创建了一批花园式小学、标准化小学。2002—2005年，全县投入939万元，用于小学危房改造和布局调整，新建校舍20864平方米，投入近900多万元，用于购置计算机等专用教学设备，基本实现了远程教育，小学办学条件发生了历史性变化。2005年，全县有小学258所、在校生56047人、专任教师3168人、代课教师25人，校舍建筑面积234839平方米，人均占有4.2平方米，80%以上学校运动场地面积、音体美器材配备、图书配备、实验仪器配备达到国家二类或三类标准。其中微机949台，电子图书11625册，其他图书1544257册，固定资产价值9386.94万元。

学制与课程设置

1979年，大名县学制统一改为小学五年、初中三年、高中二年，称“全日制十年制”。1984年，部分小学改为六年制。1985年，随着大名城内9所小学改为六年制，全县三分之一的小学改为六年制。1989年，小学全部改为六年制，形成“六三三制”。小学入学年龄为七周岁。2000年开始，小学入学年龄过渡到六周岁。五年制小学和六年制小学课程设置大体相同，1994年实行新工时制后，周总课时数有所调整，平均每个年级减少2节。减少课时的学科是：语文、数学。1997年，历史、地理合并为社会课。2000年后，城镇小学从三年级开始增设外语和计算机课（不属于国家规定课程），少部分农村小学开设了外语课。城镇小学按国家规定的课程计划开全课程，开足课时；办学条件、师资条件较差的农村小学，学科类课程里音体美不开、少开现象较多，活动类课程里的班团队活动和科技文体活动也很少开展。

重点小学简介

金滩镇隆真回民小学　位于金滩镇金北村，原称“北学堂”，清光绪三十一年（1906）创办。1909年，郭隆真曾在家乡创办元城县第一女子学堂。1940年，日本侵略军拆毁“北学堂”修筑卫西炮楼。1953年该校更名为金北回民小学，1986年更名为金北小学，1980年恢复为金北回民小学。1986年，为纪念郭隆真烈士在家乡办学的业绩，在她英勇就义55周年之际，中共大名县委、大名县人民政府将金北回民小学命名为隆真回民小学。1992年，全国政协副主席杨静仁为隆真回民小学题写校名。隆真回民小学占地9020平方米，建有2栋教学数及其他辅助用房，建筑面积1920平方米。设有实验室、仪器室、图书阅览室、少先队科技活动室，图书阅览室藏有图书7000余册，有可供学生开展体育活动的运动场地和必备的体育设备、器材。1986年后，连续被县委、县政府命名为文明单位。1993年被邯郸地区教委评为“校园管理先进单位”，2001年被大名县教委评为“红领巾示范学校”,2002年被团县委评为“模范雏鹰大队”。涌现出“省园丁”“省模范教师”3名、“市教学能手”1名、“市模范教师”3名，县“明星教师”“明星班主任”“优秀教师”“巾帼十杰”“优秀辅导员”19人次。2005年，该校有9个教学班，在校学生300名，其中回族学生占71.3%，在编教师14名，学历达标率100%。

大名镇明德子弟小学　位于大名府路南刘庄村。1987 年 7 月建校，1999 年投资 8.6 万元购置教学仪器 618 件、图书 15000 余册。2005 年由台塑集团投资重建，建筑面积 1800 平方米，会议室、图书阅览室、少先队科技活动室、仪器室、实验室、微机室、医疗室等齐全规范。有教学班 15 个，学生 658 人，教职工 52 人。建校以来，教育教学质量稳步提高，入学率、巩固率、毕业生合格率均达 100%，多次被评为办学先进单位和文明单位。

大名县北城明德小学　位于大名镇北关村，占地 4800 平方米，建筑面积 1300 平方米。前身是大名二中（原红旗中学）小学班，20 世纪 80 年代初迁至大名镇北关村，称大名镇北关小学。1979—1996 年，只有两排平房，学生数量不足 100 人。随着县城人口重心北移，学生数量逐年增加，为满足学生就学，县投资 50 万元，建成可容纳 12 个班的两层教学楼一幢，1996 年投入使用。2005 年年底，该校投入 100 万元（其中台塑集团投入 60 万元），在元城大街北段建设新校区，称北城明德小学。2005 年，学校有图书 4170 余册、微机 34 台及部分电教设备、实验器材；有教学班 15 个、学生 1232 名、教师 65 名，教师学历达标率 100%。2000 年被县教委评为“信息教育先进单位”，2001 年获县“教育教学先进单位”“红领巾示范校”“艺术教育先进学校”等称号。

大街乡希望小学　前身是大街乡联办小学，旧址在大街乡政府院内，校舍年久失修成危房。1995 年，中共中央党校决定捐资援建一所小学。为寄托中共中央党校全体教职工的心愿，学校定名为“希望小学”。该校位于大街乡御营村东，占地 8671 平方米，有教学楼三栋，建筑面积 2710 平方米，总投资 114 万元，1996 年 3 月投入使用。中共中央党校副校长苏星亲笔题写校名。建校后，中共中央党校常务副校长汪家璆、郑必坚先后到校视察。希望小学建有实验室、仪器室、图书室、少先队科技活动室，藏书 7284 册。教学仪器按 I 类标准配备，运动场地和体育器材配备均达标。校园实现了硬化、净化、绿化和美化。该校集中了大街乡 21 个村的小学六年级学生。2005 年有教学班 10 个，在校生 421 名，专任教师 25 名。学校师生铭记中共中央党校全体教职工的希望，把“团结进步、严谨治学”作为校训，校风正、学风浓，教学质量连续几年在全县名列前茅。

万堤镇前屯小学　位于前屯村东古黄河堤上，创建于 1953 年。1992 年学校进行了改建和扩建，占地 14272 平方米，建筑面积 1996 平方米，是大名县示范性小学。原教育部党组书记张承先为学校题写校名。学校有教职工 20 名，大专以上学历 9 人、中师学历 11 人，学历达标率 100%。2005 年学校有 8 个教学班、396 名学生，图书阅览室、少先队科技室，仪器实验室及仪器、仪材配备达到国家 II 类标准，体育运动场和体育器械配备均达标，教学区、生活区、运动区布局合理。前屯小学日常管理规范有序，教育教学质量稳步上升，先后被评为大名县文明单位、大名县教育常规管理先进学校、邯郸市环境管理先进学校、市体卫工作先进学校、市德育工作先进学校、市普及实验教学先进学校。

第三节　初中教育

初级中学概况

1979 年，全县有初中 69 所（其中小学附设有初中班的 97 所、179 个班，附设初中班在校生 6931 人），在校学生 19084 人，平均每校 276 人。专任教师 1201 人，其中民办教师 753 人，占

62.7%；高等学校毕业的教师20人，占1.67%；校舍70411平方米（包括高中），其中危房9116平方米，约占13%；图书室、实验室面积583平方米，图书和仪器设备极少。1980年3月，恢复回民中学3处：城关镇回民中学、营镇回民中学、金滩镇回民中学。

1981年3月，县委、县政府对中学进行调整，各公社“戴帽”高中全部摘掉，“戴帽”初中摘掉14所，精简民办教师528人。1983年，大名县调整中等教育结构，把西店、杏现初中改为农业初中，学制四年，1984年张集中学改为农业初中。到1984年，全县初中调整为47所，完全中学2所。1984年4月5日，县委、县政府决定：“农村中小学教师工资和办学经费划归乡筹乡管”，“实行分级办学，分级管理。”1985年，全县初中招生6900人，占当年小学毕业生的53%，初中教师914人（不含农中112人），其中民办217人，学历达标的109人，占11.9%。12月，全县农村中小学实行教师聘任制。是年，全县开始实行分级管理，县管县办中学，区管区片中学，乡管乡办中学。1986年，鲍庄中学第一个建起教学楼。1987年12月，全县实行中学校长聘任制。1989年1月，文教局颁布《大名县全日制中学学籍管理条例》。11月，围绕实现“八配套”，全县中学掀起改善办学条件高潮。1992年，大名二中、西店中学、实验学校、杨桥中学、龙王庙中学、张铁集中学、王乍村中学、埝头中学、北峰中学、赵站中学、金滩镇中学等11所学校建教学楼。1994年7月，县政府下发《关于搞好标准化乡镇初中建设的通知》。1995年，北门口、黄金堤、上马头、营镇、旧治5所中学建起教学楼。1997年，有38处初中达到标准化乡镇中学建设标准，共投入建设资金1.3亿元（部分用于小学）。年底，顺利通过国家“普九”验收。1998年5月，大名县被省政府命名为“‘两基’（基本扫除青壮年文盲，基本普及九年义务教育）工作先进县”。9月26日，县第三中学举行奠基典礼。是年底，普及实验教学通过省评估验收。

2002年后，初中教育发展重点放在专用教室、科技楼、学生公寓建设和增添现代化教学设备设施上。2003—2005年，投入4400万元，新建专用教室、科技楼、学生公寓88363平方米，增添现代化教学设备价值1200万元。同时投入250万元，完成初中远程教育网络建设，远程教育在初中阶段基本普及。2005年，全县有初级中学37所、948个教学班，在校生52814人，专任教师1941人；学校占地815837平方米。校舍建筑面积180010平方米，生均占有3.4平方米，是1979年的2.4倍。体育运动场地285360平方米，图书1365370册，电子图书483册。计算机887台，固定资产7903.31万元。其中专业实验设备、实习设备价值909.68万元。

学制与课程设置

1979年，初中全部由二年制改为三年制。20世纪80年代，3所农业初中曾试行四年制。初中课程分国家规定课程和地方安排课程。国家规定课程每周32节，地方安排课程每周1节。国家规定课程分学科类课程和活动类课程。学科类课程有思想政治、语文、数学、外语、历史、地理、物理、化学、生物、体育、音乐、美术、劳动技术13门。活动类课程有晨会，班团队活动，科技文体活动三项。地方安排课程没有统一的固定教材，20世纪90年代前多安排乡土历史、乡土地理，之后安排的课程有法制宣传、交通安全、健康教育、人口教育、国防教育等。2005年，大名县初中全部开设信息技术教育课。

重点中学简介

大名县实验学校　前身是1947年2月党领导下创建的大名县道前街完全小学。1979年更名为“五七学校”。1968年开始招中学班。1983年，停止使用“五七学校”名称，更名为大名城关实验学校，俗称大名县实验学校。1965年迁入时，校舍是原县文庙旧房，其后学校陆续翻建、新建了校舍。1985年建第一座教学楼，1992年建第二座三层双面教学楼，1997年紧贴第一座教学楼又建一座，使之形成双面楼。2001年建电教室，2002年建教师住宅楼，2005年建学生宿舍楼。学校占地21.7亩，建筑面积8418平方米。2005年，全校教职工159人（中学高级教师5名，中学一级和小学高级教师52名），专任教师学历合格率100%。有34个教学班（初中22个，小学12个），1981名学生，是大名县唯一一所九年一贯制学校。学校设有理化仪器室和实验室、电教室、微机室、图书室、阅览室、科技活动室、团（队）活动室、音乐室、美术室、体育器材室、卫生室等，并按照国家二类标准配备了各种仪器器材，有微机69台、图书16132册，固定资产365万元。实验学校承担着大名县教学实验改革的任务，在教改实验中做出了一系列成绩。1987年，邯郸地区在该校召开了“初中英语教学改革现场会”，论证了该校教师创立的“英语兴趣教学法”。1985年，该校语文教学总结出“激发兴趣、重视朗读、精讲多练、质疑问难”的教学方法，还摸索出“比较法”“目标分类教学法”，数学教学总结出“针对问题教学法”“通俗教学法”。有多篇教师撰写的论文在《邯郸教研》等刊物发表。该校连续被团中央、教育部、文化部评为“红领巾读书读报活动先进集体”;1992年后，连续11年被授予“河北省中小学艺术教育示范学校”；2002年，被县文化教育体育局授予“教育教学先进单位”。1985—2005年，王维纲等8人获省级以上奖励，42人获市级奖励，226人（次）获县级奖励。校长申玺运被评为首届（2002年）邯郸市“名校长”。

大名县回民中学　即金滩镇区中学，始建于1956年，1994年更名为大名县回民中学，并由卫河大堤迁至106国道东，1999年重招高中班。2005年，有25个教学班（高中班5个，初中班20个），1210名学生，125名教职工，其中3名中学高级教师，14名中学一级教师。校园占地45.67亩，教学楼2栋，实验楼1栋，高中综合楼1幢，建筑面积11000平方米。设微机室、电教室及各类实验室，办学条件达到国家Ⅱ类标准。1999年，作为内部人事制度改革试点校，率先实行了“校长负责制”“全员聘任制”。该校从规范管理入手，狠抓师生思想道德建设和教育教学质量提高，连续11年获县重点中学综合考评前三名，培养了7名大名县中考状元，先后被评为大名县“文明单位”“邯郸市图书管理先进单位”“邯郸市教科研先导型实验学校”“邯郸市实验教学先进学校”。2000年，获河北省“优秀业余少年军校”称号，被命名为“大名县明星学校”。

大名县万堤中学　建于1956年，时称万堤初级中学。1968年招普通高中班，1975年7月至1979年12月称大名县第五中学，1980—1982年试办农业高中。1983年3月改为大名县万堤农业技术中学（高中层次，仍保留初中部），面向全县招生，毕业升学对口农林院校。1989年冬更名为大名县职业技术学校，1994年停止招高中生，部分教师转调大名县职教中心。1996年“撤区并乡”前为万堤区中学。2003年，经省教育厅批准，改制为“公办民助”学校，复招普通高中班。学校占地34980平方米，建筑面积6600平方米，其中教学楼2栋、宿舍楼1栋;图书室藏书26249册，“七室”完备达标，“三区”（教学区、生活区、运动区）分布合理，运动场地规范，仪器、器材按照国家二类标准配备，并装备有微机室。2005年，该校有教学班22个，在校生1100名，教职工92名；专任教师 80 名，学历达标率 95%。教育教学业绩突出，被县文化教育体育局命名为“示范性窗口学校”。

第四节　普通高中教育

高级中学概况

1979 年，全县有高中 12 所、201 个班，在校生 10495 人，当年招生 4691 人，占初中毕业生的 57%；专任教师 494 人，其中高等学历的 101 人，学历合格率 20%，民办代课教师 175 人，占 35%。1980 年，试办农业高中一处，为半日制，经费国拨。由于大部分家长和学生对“农中”缺乏正确认识等原因，招生困难、流失严重，1982 年停办。1981 年，县委、县政府在《关于教育工作的意见》中提出:“控制高中发展，进行中等教育结构改革”，对高中进行了调整压缩，压缩后全县有高中 7 所，分别是大名一中、大名二中、杨桥中学、万堤中学、金滩镇中学、北峰中学、龙王庙中学。1983 年普通高中再次压缩，只保留大名一中、大名二中。万堤中学改为大名县农业技术中学（高中层次“农中”)。首招 4 个班，生源来自全县，属全日制三年制学校。1983 年，2 所普通高中在校生 1122 人，专任教师 77 人。1984 年，大名高考成绩在邯郸地区处于第二位。1985 年，全县高中校舍建筑面积 12302 平方米，其中一中 7824 平方米、二中 4478 平方米，破旧房居多。1986 年 10 月 21 日，国家教委在大名县召开全国学校设立体育卫生管理机构工作交流论证会，国家教委、省教委向大名县文教局颁发“坚持改革、创新务实”锦旗一面。向大名一中颁发“德、智、体、美全面发展，培养一代四有新人”锦旗。1988 年 6 月，高中实行校长负责制和教师聘任制。大名一中面向社会公开招聘校长，大名二中面向内部招聘校长。当年，县高考升学人数居邯郸地区第三位。

20 世纪 80 年代后期至 90 年代中期，初中毕业的优秀学生多流向中专类学校，高中招生生源数量减少，生源质量相对下降，为改变被动局面，扭转升学率下滑趋势，县委、县政府及文教局采取一系列措施。1990 年，从应届初中毕业生中选拔前 48 名优秀生到高中学习，为鼓励其完成学业，政府制定了相应的优惠政策。1991 年开始与先进学校搞联考，横向比较自找差距，加强内部管理，完善奖励竞争机制。1992 年设立“县长特别奖”，奖励教育教学工作成绩突出的校长和教学业绩优异的教师。1994 年 8 月设立“县长奖学金”，帮助学习优秀的农民子女完成学业。

1991 年后，高中改善办学条件步伐加快。大名一中 1991—2000 年新增建筑面积 19000 平方米，其中新建楼房 7 栋、11950 平方米（不含住宅楼)，总投资 700 多万元。并实现了校园“四化”，即硬化、绿化、净化、美化。多数教师迁入新居。2000 年，大名一中建筑面积 19500 平方米，是 1985 年的 2.5 倍。大名二中从 1991 年开始对校舍进行大规模改造，累计投入 400 多万元，建教学楼、宿舍楼、实验楼 3 栋，建筑面积 8419 平方米。1995 年以来，教师集资、学校补贴建教师住宅楼 490 平方米，大多数教师住上了新房，2000 年，大名二中建筑面积 11352 平方米，是 1985 年的 2.53 倍。20 世纪末 21 世纪初，按照国家标准，2 处高中配备了价值 46.7 万元的教学仪器，装备了电教室、微机室。一中装备了语音室，教室内配备了多媒体视频展台。1998 年 9 月，大名三中奠基。1999 年，大名县回民中学招高中班；2000 年，万堤中学招高中班；2002 年，大名三中、北峰中学招高中班；2003 年，杨桥中学招高中班。1984—1994 年，大名县高中在校生人数保持在 1300 ~ 1600 人之间，1995 年接近 2000 人，以后逐年增加，2002 年达 4725 人。2002 年高中招生 1815 人，占当年初中毕业生的

10.6%。1998 年，大名县高考升学率开始回升，1999 年，省部大专上线突破 100 人，逐年增多。2005 年，高考本专上线率 77.94%，跃入全市先进行列。

2003 年 6 月，大名县编制高中建设规划“3365”规划，即建设 3 所占地 300 亩，能容纳 30 轨（每届招生 30 个班）、建筑面积 6000 平方米，在校生 5000 人的普通高中。2005 年，全县有普通高中 7 所、149 个教学班，在校学生 11564 人，专任教师 281 人，其中中学高级教师 64 人，中学一级教师 99 人。普通高中占地面积 351165 平方米，校舍建筑面积 91951 平方米，体育运动场地面积 83448 平方米，计算机 424 台，图书 281510 册，电子图书 403 册，固定资产总值 2857.80 万元，其中专业实验设备、实习设备价值 193.23 万元。

学制与课程设置

1979 年，仍沿袭高中二年制。1983 年，高中改为三年。2005 年，高中阶段开设有语文、数学、英语、政治、物理、化学、生物、历史、地理、信息技术等主科，体育、音乐、美术及心理健康、综合实践、法制教育等副科课程。

重点学校简介

大名县第一中学　简称大名一中。1979 年，大名一中高中班 12 个，在校生 835 人，教职工 82 人，其中国办教师 68 人。恢复高考后，大名一中认真落实知识分子政策，正本清源，恢复行之有效的教学管理制度，建立目标责任制，调动广大教师的教学积极性，教学质量不断提高。1984 年，大名一中 270 人参加高考，录取 147 人，高考成绩在邯郸地区居第二位。1986 年，国家教委主办的全国体育卫生机构改革论证会在大名一中召开。1988 年 6 月，大名一中面向社会公开招聘校长。8 月高考，大名一中名列邯郸地区第三名。年底被评为全国体育传统项目先进学校。1990 年，大名一中有 28 个教学班，其中高中 18 个、初中 10 个，学生 1620 人，教职员工 192 人。1995 年，大名一中隆重举行建校 50 周年庆典，老领导、老教师、老校友及各级领导 2000 多人参加，并立纪念碑一座。首任校长陈国光，老校友田成平等发来贺信并题词。1997—2002 年，建成 3 栋教学楼、4 栋住宅楼，翻修 1 栋实验楼；硬化、绿化、美化了校园，形成了管理育人、教育育人、环境育人的格局与氛围。2001 年，一中老校友、秦皇岛市中阿化肥有限公司总经理武四海为母校捐赠 70 万元。1998 年高考，省部大专上线 80 人；1999 年，省部大专上线 109 人；2000 年，本科上线 119 人；2001 年，本科上线 216 人；2002 年，本科上线 618 人，在邯郸市排第 4 位。2000—2002 年，大名一中连续三年被县委、县政府评为“实绩优胜单位”，被邯郸市评为“高考成绩优秀单位”。

1979 年的河北大名中学校门

截至 2005 年年末，大名一中共招初中班 194 个、高中班 342 个。原中共中央委员、山西省委书记、劳动保障部部长田成平，秦皇岛中阿化肥有限公司总经理武四海，原驻意大利总领事杨新民，美国纽约州立大学教授罗红，西安交大教授郑齐仁，清华大学教授王保印，获得第十一届亚运会田径接力 4×100 米金牌的国家级运动员赵存林，西藏军区原政治部主任张进善，辽宁 3862 部队副军长张瑞福等均为大名一中学生。

2003 年，大名一中开始建设新校区，规划占地 300 亩，建筑面积 60000 平方米，能容纳 90 个教学班、5000 名学生，2005 年建成投用。

大名一中老校区占地 150 亩，建筑面积 19500 平方米，教室、实验室、电教室、语音室、微机室、图书室、办公楼、住宅楼，餐厅等设施规范齐全。教学仪器、器材和体育运动场地全部达标，而且建有体操训练场、飞行训练场。教职工 368 人，专任教师 302 人，高中教学班 48 个，初中教学班 18 个，在校生 5600 名，是全县办学规模最大的一所完全中学。

大名县第二中学 简称大名二中。1979 年名称为大名师范附属学校，1981 年为城关区红旗中学，1983 年更名为大名县第二中学。校区占地 37 亩，建筑面积 18835 平方米，建有教学楼、实验楼、科技楼、宿舍楼、实验室、微机室、电教室、阅览室等，现代化教学设施配备齐全。2005 年，大名二中有教学班 40 个（18 个高中班），在校学生 3050 人，教职工 185 人。1998—2005 年，先后被县委、县政府命名为“明星学校”，并被市委市政府评为市级文明单位。

大名县第三中学 简称大名三中。位于元城街西侧，占地面积 156 亩，1996 年 3 月开始筹建，1998 年 9 月 26 日奠基，2000 年 4 栋教学楼竣工，当年 9 月招初中 10 个班、2001 年招初中班 10 个，2002 年招初中 8 个班，高中 2 个班。2005 年年底，大名三中校舍建筑面积 20000 平方米，有教学班 43 个（高中班 16 个），在校生 3880 人，教职工 218 人。自建校起，三中就引入竞争机制，连续三年面向全县公开招聘教师。同时，立足高起点，诚聘名师来校任教，实行末位淘汰制，调动教师的积极性。办学理念是“三优一高”，即优化教学思想、优化教学过程、优化教学手段，全面提高教学质量。办学目标是：管理上水平，形象树一流，质量争第一。深入实施素质教育，坚持“以学生为主体，以教师为主导，以训练为主线，以提高学生的创新精神和创造力为主旨”的教改方向。先后荣获全市德育工作先进单位、国防教育先进单位、综合治理先进单位、文明单位、邯郸市绿色学校、全市体育卫生工作先进单位等称号。

第五节 师范教育

1979 年 3 月恢复大名县教师进修学校，1983 年建立大名县师范学校，师范教育逐步发展。进修学校先后进行教材教法过关培训、专业合格培训、学历合格培训、学历提高培训、骨干教师培训、新教师培训、教育干部培训、计算机全员培训等。县师范学校共招收 18 届、36 个班，毕业 1512 人。

大名县教师进修学校

1979 年 3 月，大名县教师进修学校恢复，借用大名师范校舍，举办小学教师短训班。1980 年迁至城内东大街天主教堂政府招待所内，1981 年与大名县剧团对换到现址，有平房 32 间，教职工 9 人。1979—1982 年，进修学校组织举办长期班 9 届、27 个，受训中学教师 520 人，小学教师 560 人；办短训班 395 个，受训人员 1200 人（次）。

1983 年后，进修学校组织举办的培训有七类：

2005 年的大名县教师进修学校

教师教学能力提高培训（1998 年后称教师全员职务培训） 1984 年 11 月举办落聘教师培训班，学员绝大多数是顶替接班的教师。文化程度低且参差不齐，对其主要进行中小学教材教法培训，学习一年再上岗。1983—1986 年，举办多期教材教法过关培训班。参训教师经考核合格者，邯郸地区教委颁发教材教法合格证书。1987—1992 年，以专业合格为主要培训方向。教师根据所任学科进修相应的专业。小学教师进修中师相应专业教材，中学教师进修大专相应专业教材。经考核合格后由省发给专业合格证书。1995 年 2 月至 1996 年 2 月，以培训中小学教师五项基本功为主。上半年培训“三笔字”和简笔画，下半年培训教师组织教学能力和教具的制作使用。采取集中学习与分散训练、在岗自练相结合的方式。考核合格者发给单科结业证，五项全合格换发教师基本功达标证书。1996 年 1—6 月，培训内容为师德修养和教学大纲；1996 年 7—12 月，教育科研和各科教学研究；1998 年 7 月至 1999 年 5 月为现代教育理论；1999 年 7 月至 2000 年 5 月，教育法规定和各科课堂教学技能；2000 年 7 月至 2001 年 5 月，师德风范、教学常规专论、中小学生创造性思维能力培训;2001 年 7 月至 2002 年 7 月，素质教育理论；2003 年，培训内容为新课程改革。每年参加培训和考核的人数约 5000 人，参训率达 98%，考核合格率 100%。教师职务培训计划规定：每人每年要接受 72 个学时的培训，5 年完成 360 个学时的培训任务。

教师学历合格培训 小学教师学历合格培训。1986 年 9 月，招卫星电视中师班 2 个，学员 93 名，1987 年 1 月开学，在职进修 4 年，毕业后按中师学历对待。1989—1992 年，连续招 4 届中师离职进修班，学制 1 年，所修课程为中等师范教材，毕业后发中等师范毕业证书，毕业 256 人。1993 年，招中师函授学员 339 人，1995 年招 100 人，学制均为 2 年，考试合格发中师毕业证；初中教师学历合格培训。1992 年 9 月至 1998 年，组织“三沟通”（即函授、自学、电大三者之间相互承认考试成绩）培训班，分 5 个专业，581 人注册入学，学员毕业后由河北省师大或河北教育学院颁发毕业证书。

教师学历提高培训 20 世纪末，大名县小学学历达标率 99%，初中教师学历达标率 81%，教师培训的重点转到学历提高上来。1999 年，进修学校受邯郸师专和河北师大委托，建立小教大专和专升本辅导站。先后招小教大专班 2 届、448 人，招专升本 3 届、1482 人。寒暑假期间，师专、师大来人授课。小教大专班学员毕业考试合格由邯郸师专发毕业证，专升本的由河北师大发毕业证。另外，进修学校与河北大师联合办学，招专科学员 361 人。

骨干教师培训 2000 年，按市教委的计划，选拔出国家级骨干教师 2 名、省级骨干教师 6 名，市级 42 名、县级 420 名。进修学校分期对这些骨干教师进行培训，目的是培养教学骨干和学科带头人。骨干教师除参加教师职务培训外，每年再接受 50 个学时的强化培训。

新教师培训 1995 年起，进修学校对新上岗的教师进行岗前培训。师范类学校毕业的新教师在试用期（上岗第一年）进行教育教学实践能力和教师职业道德培训，非师范类学校毕业的新教师需先参加教育理论培训，合格后方可参加新教师培训。培训时间为120学时，集中培训60学时，在任职学校实际训练60学时，培训后经考试合格者方可转正定级。1995—2002年，共培训7期，受训人数分别为80人、70人、75人、130人、189人、384人、296人。

计算机全员培训　1999年进修学校建十机无盘工作站，2001年改装成拥有40台微机的微机室。2001年8月和10月，对1140名教师进行上机培训。2002年12月上旬，403人参加上机考试，390人及格，12月下旬和2003年1月上旬，进行上机考试，720人参加。教师进修学校恢复以来，学校的办学条件不断改善，办学水平不断提高。被评为邯郸地区“1989年度教师文化考核合格证书制度试行先进县”、河北省“1990年度中小学教师文化考核证书制度试行先进县”。1997年春，经河北省教委验收，大名县教师进修学校成为“河北省办学条件达标教师进修学校”，连续7年被邯郸地区（市）评为“师训工作先进单位”。2005年，学校占地11亩，建筑面积4000平方米，教职工66名，其中专任教师42名，本科学历37名。

大名县师范学校

1983年6月成立大名县师范学校（简称县师），附设于大名县教师进修学校。首任校长赵佩严，教导主任董书民。当年6月开始招生考试。报考的条件是：大名县教龄在5年以上的在册小学民办教师。1983年8月；根据考试成绩择优录取首届学员100人。当年10月18日开学。学生入校后享受中等师范学校学生待遇，毕业后为国办教师，由文教局统一分配。执行《全日制中等师范教学计划》，学制2年。每年按省下达的招生计划招生。大名县师范（县教师进修学校）占地11亩，建筑面积4000余平方米，图书4000册，微机45台，风琴45架，钢琴、电子琴100件。学校教职工64人，设政教处、教务处、总务处和团委、妇联、工会组织。

1984年新建教室6间、办公楼30间。1985年，该校教师田新芳创作表演的节目《张榜招亲》在河北省曲艺大赛上获表演、唱腔设计奖。1986年4月，油印河北省第二届音乐之春《师生创作歌曲选》。

1987年3月，学校语文组创办《百花报》，为学生习作开创园地。5月，根据县统一部署，学校实行目标管理责任制。1988年2月，实行校长负责制，文教局聘任赵佩严为校长。1989年，魏县师范并入大名县师范。8月，招录大名39人、魏县41人。

1990年，在师范学校办学质量联查中被评为“邯郸地区先进单位”。年底，被邯郸地区命名为先进单位。1995年，综合办公楼竣工。1996年，在邯郸市学生书法比赛中，学校10名学生榜上有名，其中3名学生获一等奖。1989—1997年，大名县师范招大名、魏县学员，除1993年和1997年招3个班外，其他年份每年招2个班，均为全日制。1998年和1999年，每年招3个函授班，学制一年，招生范围除大名、魏县外，还包括广平、邱县、肥乡、临漳、曲周等县。

大名县师范于2001年停办。自开办至停办，共毕业18届、36个班、1512人。

邯郸学院大名分院

邯郸学院大名分院前身是直隶省立第七师范学校，创建于1923年，1937年毁于日寇战火。1956年，经中共河北省委、河北省人民政府批准，在七师旧址重建，定名“河北大名师范学校”。2000年全省师范教育改革，由三级师范向两级过渡，学校挂靠邯郸学院，更名为“邯郸学院大名分院”。学

邯郸学院大名分院（2005年摄）

校加强学生基础知识训练、重视综合素质塑造、强化实践能力锻炼，明确一专多能的培养目标，为社会主义现代化建设培养了大量优秀人才，毕业生遍布邯郸市各县，成为副县级及以上领导、研究生、教授者屡见不鲜。更多的是战斗在教育战线上辛勤耕耘、默默奉献的优秀教师和广大教育工作者，为发展邯郸基础教育事业做出了重大贡献，被誉为"冀南师范明珠"。悠久的历史、光荣的革命传统形成了深厚的文化底蕴、办学特色。

截至2005年年底，学校占地151亩，建筑面积87000平方米，建有教学楼、学生宿舍楼、学术报告厅、艺体馆、七师纪念馆、艺术楼等，其中教学行政用房23000平方米、学生公寓19800平方米、学生餐厅2080平方米，生均教学行政用房10.8平方米。在校生1500余人，开设有三年制中专、五年制大专学前教育，高中起点三年制大专初等教育、英语教育等5个专业。有专任教师110人，全部为本科以上学历，取得硕士学位或研究生学历的32人，占专任教师总数29%。副高级专业技术职称以上40人，占36%。

教学仪器设备总价值850余万元。有标准的理化生实验室及实验仪器设备，教学用计算机407台，钢琴15架，数码钢琴170架，手风琴150架，铜管乐103件，民乐436件，儿童打击乐50套，演出服装、道具价值30万元。学校现有印本图书18万册，生均84册；电子图书50万册，报刊杂志200余种。学校建有艺术楼，设有专用音乐、美术、舞蹈教室和钢琴房，有幼教模拟室、音乐实训教室；有附属幼儿园1所，实习实训基地36个。

师范教育基础坚实，随时代发展更新教学理念。1984年与邯郸地区教育学院联合举办政教函授班，1996年与北京大学联合办学，开设心理学大专学历教育，2001年与河北师大联合招生小学教育大专班，2004年开始招收初中起点"3+2模式"大专，2005年开始招收幼教与管理（学前教育）专业学生。

注重运用七师革命史对青年学生进行思想政治教育，学校运用系统工程原理开展思想政治教育的经验在全省推广，并被中宣部、教育部、团中央命名为全国思想政治工作先进单位，连续多年被中共河北省委、河北省人民政府命名为"文明单位"，安全稳定工作一直是河北省安全防范工作先进单位，学校党总支多次被中共邯郸市委命名为"先进基层党组织"。

第六节 职业技术教育

1979年，大名县设农业高中1所（万堤）、农业初中3所（杏现、西店、张铁集），以及县卫生学校、县商业学校等。1989年，万堤农业高中改为大名县职业技术学校（1995年并入职教中心）。1993年，大名县建立职业技术教育中心。大名县职业技术教育在探索中发展，形成了政府统筹、部门联办、公办民办互补、教育部门协调的办学格局。

大名县职业技术教育中心

大名县职教中心是一所容职业高中、职业初中、中专为一体的综合性中等专业技术学校。始建于1993年，位于县城东区，总占地面积320亩，校园占地面积150亩，建筑面积24300平方米。有可容纳39个班的2栋教学楼及综合办公楼、礼堂、餐厅、标准运动场。2005年，有教职工118人，其中本科学历32人，中高级教师40人。职教中心实行“政府统筹、部门联办，教育部门协调、多校一体”的办学体制，2000年率先跨入“河北省重点职教中心行列”，畜牧专业被省教委定为“省特色专业”；2001年被市教委评为“先进单位”；2002年被青岛市、天津市劳动人事部门确定为“实用人才培训基地”。开设的专业有：农学、林果、畜牧、音乐、美术、体育、艺术、英语、土地管理、计划生育、会计统计、信息技术、机电一体化等13个专业，至2005年，共为社会输送职业高中毕业生1964人、中专毕业生2089人，举办各种短期培训24000人次，为社会提供了大量职业技术人才。

大名县职教中心（2005年摄）

大名县卫生学校

始建于1965年，“文化大革命”期间停办。1978年在城西县医院南侧征地建校，1982年招中医专业36人，计划学制2年，因故未完成教学计划。1985年卫校重建，校址在城内东大街卫生防疫站。首届招学员75名，学制一年。学员主要是在职未受过系统培训的卫生技术人员。1986年招第二届学员70名。经省卫生厅、人事厅批准，1987—1988年卫校招技工护理班2届，每届正式学员40名、旁听生10名，报考条件是城镇初、高中毕业生，使用中等卫生学校教材，学制三年，由县劳人局组织考试和录用，毕业后卫生局安排工作。1993年2月，卫校迁至城内东大街卫生局。1996年9月，经省人事厅、卫生厅批准，招中专技工护理班1届，正式学员60名、旁听生10名，生源来自参加“中考”的学生，使用全国中等卫生学校试用教材，毕业后分到各乡镇卫生院。1993年，大名县被确定为“中国农村卫生人力开发县”，可以利用“世行”贷款开发农村卫生人力。截至1997年年底，卫校到位项目培训费55万元、土建工程款17万元，电教、实验等教学设施购置费12万元。1997年10月，卫校迁至城西南路，有校舍31间。1999年起，大名县卫校开办农村保健医士班，学制3年，全日制脱产。1999—2005年，卫校累计招生370人，生源多来自大名及周边几个县的农村，毕业后回农村发展农村医疗卫生事业。

大名县技工学校

前身为大名县商业职工学校，简称“商校”，1986年成立，主要是对商业系统的干部职工进行专业培训。2002年有干部2人、专职教师4人，校址在商业局机关院内，设有教室、微机室、宿舍。1988年，商校举办“三员”（营业员、保管员、采购员）培训班，采用全国统编教材，共培训86人。与省“商专”协作，成立河北省第一个县级函授财会中专班，对商业系统46名职工进行考前培训，经省成人中专统一考试，有33名学员被录取。1989年，培训316名报考大专函授和25名报考中专函授的职工，有37名学员被大专录取、16名学员被中专录取。是年，商校与县经委合作，对140名报考初级职称的人员进行了培训，受邯郸地区商业局委托举办经济师培训班，参训人员中有8人被评为经济师。1989年7月，更名为大名县技工学校。此后，根据劳动人事局的计划，按照“定向招生、定向培训、定向分配”的原则，每年招收1个财会专业班，每班学员50～60人，学制2年，全日制脱产，每年的招生、录取、分配工作由劳人局负责主持。截至2000年，培训财会、微机专业学员800多名。1998年，学校自筹资金购置微机30台，建起了微机室。经县劳动人事局争取，技工学校被省人事厅指定为大名县公务员及专业技术人员微机培训考核定点学校。至2001年，共培训考核微机技术人员1800人。技工学校自收自支，十几年内共培训3000多名学员，取得了良好的社会效益。1992—1995年，连续4年被评为“县文明单位”。1992年，商业局被省商业厅评为“职工教育先进单位”。同年，经省劳动厅审查取得教学质量合格证。由于生源不足，2003年停止招收新生。

邯郸供销社技工学校

是经河北省劳动厅批准，邯郸市供销社委托大名县供销社于1992年在大名县成立的一所技工学校。前身系20世纪80年代初期大名县供销社创办的供销学校，校址坐落在大名县城西大街路北，县社招待所院内，有新建标准教室3间，宿舍、办公室10间，主要是对全县供销社系统干部、职工进行专业知识短期培训。1991年，与河北省供销社学校联合开办“干部中专专业证书班”和“职工中专财务专业函授班”，学员通过考试，在县供销社系统内录取，共录取学员230名。1992年年初，邯郸地区供销社决定与大名县供销社联办技工学校。同年，校址迁至城内道前街东头路北县社机关后院，占地6亩，将县社土畜产、副食品2个公司的仓库进行了整修改造，设教室3座、11间，约240平方米，宿办室20间，学生食堂1处，招生对象为邯郸地区供销社系统干部职工子女，具有初中以上学历，学制二年。1992年，面向邯郸地区供销系统干部职工子女招生138名，设市场营销和棉花检验2个专业班。1993年，地、市供销社合并后，面向全市供销系统干部职工子弟招生183名，设市场营销和财务会计2个专业班。1994年招生197名，设市场营销、棉花检验、会计3个专业班。1995年，招收学生215人，设财会班2个、营销班1个。1996年，招收学生185人，设财会班2个、营销班1个。1997年，投资14.4万元，购置微机32台，招生170人，设财会、营销、计算机专业3个班。1998年，招生90人，设财会、营销、文秘3个班，其中文秘班要求高中学历。1999年，经邯郸市劳动局批准，与邯郸第一财贸学校联合招生，毕业后享受干部待遇，当年招生50名，其中上届学生转入14名，学制两年半。为改变技工学校面貌，改善教学条件，县供销社投资28.8万元改造扩建新校舍。2000年4月，学校迁至新校址——城内寺胡同街南头路东原供销社草辫加工厂后院，占地5.44亩，固定资产40.7万元，其中有二层教学、宿办综合楼1座，建筑面积1500平方米，微机32台，有可容200名学生上学的教室、课桌、凳子、双层床。后因邯郸市供销社系统经营不景气，就业困难等多种原因，2001年12月底，最后一批50名学生毕业后，学校停止了教学活动，35名教职员工全部离岗。该校办校10年中，共为全市供销社系统培养供销专业人才1228名，1993—1995年度，分别被河北省劳动厅和邯郸市劳动局评为先进技工学校。

第七节　成人教育

农民教育

文化教育　为提高农民的文化素质，1979 年，大名县成立工农教育委员会，县文教局设立工农教育科，各区、乡配备专职工农教育干部，乡、村两级建立农民业校。重点是扫盲，利用冬闲时节，以村为单位，建立扫盲识字班，集中突击扫盲；定人包教，限期脱盲；利用农村建筑物刷写扫盲标语及常用字（词），创设识字环境。同时大力宣传“文盲可耻，脱盲光荣”，全县掀起识字学文化高潮，出现了一批无盲村、无盲乡。1981 年 9 月，县工农教育委员会调整，政府县长任主任，由 1 名副县长及有关单位负责同志任副主任。设立农民教育办公室和职工教育办公室。1981 年年底，经邯郸地区行署检查验收，大名青壮年非文盲率达 85% 以上，达到基本无盲标准。邯郸行署向大名县颁发“基本无盲单位”证书。为防止脱盲人员“复盲”，杜绝新文盲出现，工农教育委员会按照“一堵、二扫、三提高”的方针，与学校密切配合，努力不使一名小学生失学，建立跟踪了解机制，定期对脱盲者进行复查，同时提出新的扫盲识字标准，激励已脱盲者继续学习，巩固了扫盲成果。1990 年全国第四次人口普查时，大名县有文盲、半文盲 38441 人，青壮年非文盲率 86.2%。1990 年是“国际扫盲年”，结合这一主题，县政府与各乡镇政府签订扫盲责任书，乡（镇）政府向扫盲对象下达限期脱盲通知书，各乡镇采取学校包村、教师包片、高年级学生包人等措施，积极开展扫盲工作。截至 1994 年年底，大名县有文盲 4166 人，其中 622 人丧失学习能力。1995 年年底，通过“以考验扫”的方法，使 2470 人脱盲。1996 年，大名县青壮年非文盲率达 99.6%，年底，通过国家“两基”（基本扫除青壮年文盲，基本普及九年义务教育）验收，完成了“扫盲”这一历史任务。1996 年 11 月，县教育局成人教育科并入教育股。1998 年 6 月，大名县被省政府命名为“扫除文盲工作先进集体”。

技术培训　1981 年 4 月，大名县成立农村广播大学领导小组。按照“立足本地、结合生产、分别层次、多种形式”的方针，围绕农业生产和乡镇企业发展，各乡兴办了种植、养殖、加工、维修、果树栽培、裁剪缝纫等各类培训班。1984 年 12 月，成立在乡知识青年培训领导小组，政府统筹，教育、青年、科协、妇联等部门协办，本着“实际、实用、有效”的原则，对全县 8 万多在乡知识青年和 7000 多名 35 岁以下的退伍军人，进行了实用技术培训。经过培训，不少人掌握了 1 ~ 2 项实用技术，成为农村学科学、用科学的带头人，其中 275 名获得专业技术职称。大龙村在乡知识青年通过学习林果栽培技术和水果加工技术，办起了果脯厂，产品销往日本和东南亚。1987—1988 年，投资 2 万元，自编教材 14000 份，发给在乡知识青年，同时聘请专门人才办培训班 68 期，结业 5000 余人，其中有 614 户成为农村生产专业户、科技示范户。1992 年，成立成人学校建设领导机构，制定《大名县大力发展乡镇成人学校的暂行规定》，将教育费附加的 5%（44 万元）作为成人学校建设奖励资金。有 14 个乡镇新建了成人学校，投资 180 万元，建校舍 100 余间、新制桌凳 2000 人套，同时配备录音机、彩电、幻灯机等电教设备和声像教材、标本、挂图、实验仪器等，平均每校有 2000 册以上的专业图书。20 亩以上的固定实验基地。至 1993 年，80% 的乡建立了成人学校，其中张集乡、丛善楼乡、七里店乡、黄金堤乡、万堤镇、大龙乡的成人学校被省政府命名为示范性成人学校。1993 年年底，邯郸成人学校建设现场会在大名县召开。成人学校针对培训对象，联系生产实际，结合季节变化，制定培训计划和规章制度，聘请有经验的专兼职教师上课，实行科学管理，使技术教育具有“上挂、横联、下辐射”的特色。1990—1999年，各级各类成人学校共举办长、短期培训班15500期，为农村经济发展和农业产业化做出贡献。20世纪90年代末以后，随着电视科普教育的发展和民办技术培训学校的应运而生，政府主办的成人学校规模开始缩小。

职工教育

文化培训　1981年国务院出台《关于加强职工教育工作的决定》后，大名县成立职工教育办公室，隶属于工农教育委员会，1982年7月成立县直干部职工业校，组织干部职工进行文化补课，重点对象是1968—1980年的初、高中毕业生。1983年6月，县总工会与工农教育科合办广播电视大专班，开设工业企业管理、商业企业管理、财政3个专业，脱产学习3年。1984年春，县职工教育办公室并入文教局工农教育科。是年，借用城关实验学校教室，办日语班1个，英语班1个，数学班2个。1985年，需要进行文化补课的初中毕业青年职工有2489人，通过半脱产系统补课学习，至1986年年底，经过考试，有2447人领取了结业证书，占应补课人数的96%。在此之后，开始对初中学历的职工进行高中层次的文化补习，至1995年，共举办文化补习班43期，550人取得高中结业证书。1995年后，职工文化进修的渠道开始转向自学考试和中央党校大名分校函授。

专业技术培训　职工文化补课任务基本完成后，及时将职工教育的重点转移到中级技术培训上来，各单位、各企业根据自身特点和需要安排专业。卫生局1981—1982年，举办农村卫生员复训班，培训学员300名；1989年，举办药品质量检查员、防保员学习班各1届，培训学员80名；1993年，举办2期消毒灭菌培训班，受训人员70名，同年举办农药中毒急救短训班，受训人员100人；2000年，举办乡村医生初级卫生保健培训班。林业局举办果树栽培修剪技术、果树病虫害防治技术、速生丰产林栽培技术等培训班。2002年，邀请保定专家为大名县培训栗子栽培技术人员，受训人员300多名。农机局举办农机维修和农机驾驶培训班，成立农业机械化学校。电力局采取以考促学办法，对职工进行岗位技术培训，考试合格才能上岗。劳动局组织下岗职工接受技术培训，有352名下岗职工通过培训走上新岗位。县妇联对下岗女工进行再就业技术培训。粮食局举办会计和粮食收购验质培训班。1988年，大名县干部职工参加学习7709人，其中干部3929人、工人3680人；岗位职务培训2080人、技术业务培训4450人。干部职工学校办得较好的有：商业局技工学校、县社供销学校、卫生局卫生学校、油泵油嘴厂职工业校等。1992年后，职业技术培训的主要内容转为计算机技术，技工学校、供销学校，职教中心都装备了微机室，1998—2005年，有2900人参加计算机技术培训。

广播电视大学　1980年年初，河北广播电视大学在大名县筹备招生，大名县成立电大辅导站，由文教局工农教育科兼管。1980年9月，开办英语、化学2个业余单科班，分别招67人、11人。采取定期辅导与自学相结合的方式。辅导的方法有：收看电视、放录像、放录音、聘兼职教师面授。校址设在大名一中电教室。1981年，开设英语、中国史2个专业。1982年，开设写作专业。3年共招学员132名，考试合格毕业98名。1983年秋，电大辅导站与县总工会合办大专全科班，校址在大名县工人俱乐部。设工业企业管理、商业企业管理、财政3个专业，学习形式为全日制3年制，入学28人，毕业25人。1984年，电大辅导站设在南大街“青少年之家”。招党政干部基础专修班13人，脱产学习2年。1985年，电大辅导站设在县进修学校，为方便学员，在大名师范和孙甘店中学设立授课点。是年，招党政班14人，汉语言文学专业入学78人，业余学习3年，毕业48人。1987年3月，邯郸地区电大分校批准建立大名县电大工作站，设在文教局，有教室5间、办公室2间，有放像机2台、电视机3台、录音机5台，录像带100盘、磁带500盘，图书500册，专职教师2人，兼职教师18人。1987—1995年，电大工作站学历大专班招9届，开设6个专业（文秘、政史、商业企业管理、中文、法律、财会），共招生308人，毕业262人；学历中专班招生4届，开设2个专业（财会、幼师），入学89人，毕业80人。1991—1992年，招专业证书班2届，开设文秘档案与行政管理2个专业，招生117人，毕业112人。非学历培训班1992年7月招内部审计专业50人，1996年3月招新税法培训班200人，1997年8月招新记账法培训班200人。电大工作站的教学计划由广播电视大学或河北“电大”制定，报考电大的学员须参加全国成人高考，分数上线后才能录取。每学期的期末考试由省电大组织，大名县电大站学员一般去邯郸考点考试。实行学分制，考试不及格的下学期补考。毕业时需撰写毕业论文，并进行毕业论文答辩。毕业证由河北广播电视大学签发。截至1998年，电大大专班、中专班共招生857人，其中结业、毕业730人。成为大名县各个行业的骨干力量。有80多人被选拔到各级领导岗位。其中有副县级1人、正科级25人、副科级22人、股级32人。1996年电大停止招生，2004年恢复招生。

自学考试　始于1982年，1984年4月首次接受自学考试报名。1985年6月，大名成立自学考试委员会和招生委员会，“两委”合署，下设办公室。1991年，成立自学考试指导委员会。1994年6月，“自考委”与“招生委”合并为大名县招生考试委员会。1998年10月，办公地址由政府招待所迁至万大路与北环路交叉口北侧。1992年6月，基于大名县自考人数超过800人，经县“自考委”申请，邯郸地区“自考委”批准，在大名师范设考点，并报省“自考委”备案。大名师范考点的考务工作由县“自考委”办公室组织实施，省市派巡视员巡视监督。1995年下半年，报考人数增至1575人，增设大名实验学校考点。1997年上半年，报考人数2135人，增设大名二中考点。2002年下半年，大名考区报考4581人，考生来自六七个县，报考10897科（次）。2003年4月，考点增至6个，设考场153个。2001年前，大名考区只开考法律和汉语言文学专业，报考其他专业的仍需到邯郸考试。2001年，汉语言文学本科和行政管理专业在大名设考点。2002年起，大名考区承担“自考”所有专业的报名考试任务。1992—2002年，参加大名考区考试的考生共4109人（次），取得毕业证2075人。自学考试毕业证由河北省自学考试委员会和主考院校共同签发。在大名县开考的法律、行政管理等专业由河北大学主考；汉语言文学、小学教育、英语等专业由河北师范大学主考。

第八节　特殊教育和民办教育

特殊教育

大名县的特殊教育始于1989年，是原邯郸地区开展特殊教育最早的县。以招收听力残疾者为主，招生范围除本县外，还包括周边县。开展特殊教育的学校除教育部门举办的聋哑学校外，还有残疾人联合会办的聋哑儿语训学校。

大名县聋哑学校附设于万堤中学，占地面积2326平方米，建筑面积612平方米。该校于1989年2月20日经邯郸地区教育委员会批准成立，是年3月，在万堤农中（后改名为万堤中学）院内辟地建校，由万堤农中代管。同时选派教师赴石家庄、南京等地接受哑语培训。9月，基建完工，首招聋哑儿1个班15人，其后2年又连招2个班，增建了校舍，完善了配套设施。聋哑学校学制为9年贯制，

1991年，有3个教学班48名学生、19名教职工。2005年学校有专任教师23人，学历合格率100%，在校生71人，分为6个教学班，学生来自周边五六个县。

根据学生心理、生理特点，聋哑学校采取直观教学法，进行口语训练，以补偿其听力缺陷，同时，通过必要的劳动技能训练，培养聋哑生的自尊心、自信心和自强、自立意识，增强自我生存能力和社会适应能力。聋哑生经过一年的学习，能够学会拼音和查字典，能认、会写一二百个简单的汉字，会进行简单的计算。到三四年级，能认、会写1500个汉字以上，会较复杂的计算。五六年级的聋哑生能够较轻松地使用书面语言与人交流。学校还有计划地对学生进行生活常识教育和劳动技能教育，如安全用电、电器使用及检修、木工、缝纫、理发等。同时注重发现培养学生特长，学生的书法作品、美术作品、哑剧小品、舞蹈节目在县艺术节上颇受欢迎，通过文体活动，丰富了聋哑儿的情感，陶冶了情操，提高了文化素养。1994年10月，在邯郸市残疾人运动会上，聋哑学校代表大名县参赛，荣获团体总分第二名，三项第一、七项第二、三项第三，该校聋哑儿童韩继东获1500米、3000米2项冠军。1995年，在河北省残运会上，韩继东取得两项亚军。截至2005年，有89人从该校毕业，毕业后大多数能自食其力。有的外出打工，有的独立开办服务或加工店（铺）。1991年，该校教师孟宪清被评为河北省特殊教育优秀教师。1994年，该校被编入《全国特殊教育学校名录》。1999年，河北省电视台记者采访该校，并在省台播放。1997年，该校教师闫怀清被评为河北省特殊教育先进个人。

民办教育

大名县的民办教育（社会力量办学）起步于20世纪80年代末，是从安徽阜阳人李玉到大名创办玉麒麟武馆开始的，此后，出现民办幼儿园、民办小学、民办中学。1991年，县文教局做出《关于社会力量办学的管理规定》，开始对民办学校进行管理。对一些校园校舍、师资条件、设施设备等条件不具备的予以取缔。2005年，在教育部门注册备案的民办学校有57所，其中民办幼儿园30所、民办中小学20所、民办武术学校7所。办学规范、规模较大的有至诚学校、志远学校、英华学校、玉麒麟武术院、少林弟子武术学校等。其他社会力量办学有服装技校、美容美发技校、电气焊学校、汽车驾驶学校、装饰装潢技校和计算机学校等类别。

民办幼儿园　主要有3所，即：红星幼儿园、北关幼儿园、红黄蓝幼儿园。红星幼儿园位于龙王庙镇，成立1993年6月1日，为大名县民办幼儿教育第一家。占地约3600平方米，有教室、活动室、电教室18间，文体器材100余件，室外玩具、图书等。1999年，该园有教职工6名，学生100余名。《邯郸日报》等曾报道过该园事迹和经验。报道该园的新闻专题片《卫河岸边桃李艳》荣获1998年邯郸电视台好新闻评比二等奖，园长董建华在“巾帼建功”活动中被评为“三八红旗手”。

北关幼儿园成立于2001年，园址位于大名镇北关小学大门南侧，占地800平方米，平房10间、教学楼20间，有幼儿40名，分大、中2个班，实行日托制。师资力量较强，4名教师均为中师以上学历，热爱幼儿教育，熟悉幼教业务。采用说、唱、跳、写、画等教学方法，让幼儿在玩中学、学中玩。注重培养孩子们的观察力、想象力、思维能力和语言表达能力，注意发现、培养幼儿的特长和爱好。园内设有大型组合游艺玩具，配有音乐、美术教学器材。

红黄蓝幼儿园成立于2002年，位于大名镇北关小学对过，建有三层教学楼1栋，第一层、第二层设3个教室，1个琴房，第三层为舞蹈练功厅，教室面积都在40平方米以上，舞蹈练功厅面积100平方米，适于幼儿活动学习。各教室均配有大屏幕彩电、VCD。琴房有价值2万多元的钢琴，园内有价值 1 万多元的大型组合游艺玩具。环境布置清新活泼，幼儿园特点突出。实施幼儿园标准化管理，按照体智德美全面发展，保教结合原则，以“小朋友至上”为办园宗旨，根据幼儿生理、心理特点，科学施教，寓教于乐。有幼儿 40 名，分大、中、小 3 个班，教师 7 名。

民办中学和职业技术学校　主要有：

至诚学校　位于大名县红庙乡王家庄，1999 年建校，占地 118 亩，建筑面积 1600 平方米，分东西 2 个校区。2005 年有 36 个教学班（初中班 20 个），学生 2288 名，教师 116 名，其中高级教师 8 名，有微机 60 台，仪器 18000 余件（套），藏书 20000 册，固定资产 800 余万元。“至诚”校训：争朝夕、立大志、谋大事、成大器；校风：勤奋、严谨，开拓、求实；教风：爱岗敬业、精教善导、授业解惑；学风：刻苦勤奋、持之以恒、争当第一。

服装学校　20 世纪 90 年代起，服装学校在大名县逐渐发展起来，规模较大的有现代服装设计学校、富真服装设计学校、才华服装技校。现代服装设计学校位于大名府市场三楼，校舍面积 500 多平方米，实习设备 60 台（件），专业教师 5 名，并附设制衣店，集培训、加工于一体，校长吴小星，1991 年创办。至 2005 年，共招收学员 35 届，毕业 2000 余人。多数毕业生被保送到天津、青岛、石家庄等服装企业，有的回村自己开店；富真高档服装设计学校的前身是富真裁剪班，原址在县城内道前街，创办人王富真。2000 年迁至教师村南侧，校舍建筑面积 300 平方米，实习设备 20 台（件），累计培训学员 2000 多人。

帝龙美容美发技校　位于万大街与天雄路交口南 200 米路东，创办于 1989 年，校长兼主讲教师安红祥。校舍面积 700 多平方米，教室、宿舍、食堂等设施较完备，配有可供 20 多人实习的设备，开设专业有美容美发、美体瘦身、新娘晚妆、纹眉美甲等。至 2005 年，培训美容美发人才 1000 多名，招生范围涉及周边十几个县。毕业学员开办的美容美发店铺遍及周边县乡（镇）。安红祥为邯郸市工商联总商会美容业分会副会长，高级发型设计师。

电脑学校　金鼎电脑学校创办于 1998 年，租用大名府市场二楼为校舍，校长张银岭。创办初期以教授初、中级计算机知识为主，设备简单，师资力量薄弱，后来不断发展。2005 年，校舍面积 100 多平方米，有机房和设计室，能供几十人同时上机。开设专业有现代办公系统、平面设计、三维设计、工程设计、组装与维修等。至 2005 年，共培训学员 1000 多人；南翔电脑学校位于天雄与交叉口。创办人宫东峰，校舍面积 170 平方米（租赁），电脑 35 台，创办于 2002 年 9 月。此外，还有旭日、新世纪等电脑学校。

第九节　教学教研

教学方法

1979 年沿用的苏联凯洛夫“五步教学法”。1982 年，大名县开始进行教学改革实验，首先在工农兵小学、实验学校、大名二中、西未庄中学开展。教学改革方向是废止“注入式”，采用“启发式”，变“灌输”为“启发”，调动学生积极思考，目的在于“加强双基，培养能力，发展智力”，改变“高分低能”现象。为推动教学改革，县教育教研室组织人员在全县巡回播映上海钱梦龙、胡平道，北京霍懋征等名师的教学录像带、录音带，推广“三主四式导读法”教学，即以学生为主体，以教师为主导，以训练为主线。之后又推广段力佩的“八字教学法”、黎世法的“单元教学法”、邱学华的“尝试教学法”、魏书生的“自学六步教学法”。1989 年，引入并开始研究推行美国教育家布鲁姆和苏联教育改革家赞可夫的现代教学理论。1992 年开始“学导式”教学改革实验，主要特点是变学生被动学习、依赖学习为主动学习、自主学习。1996 年开始提倡“目标教学”。1997 年推行“先学后导”模式。1998 年 9 月，全县统一使用按“目标教学”模式设计的教案本。21 世纪后，自主学习、自主发展的教学思想逐渐被人们接受，成为教学改革的主流，学生的课业负担得到减轻，基础知识、基本技能得到加强，智力、能力得到提高，促进了学生创造性思维的发展。

小学教学方法　为减轻学生负担，优化课堂教学结构，全面提高教学质量，大名县小学教育在教学方法上不断改革。20 世纪 80 年代初，小学数学推行“尝试法”“三算结合法”，小学语文推行“三环六步教学法”“八字教学法”。1992 年 4 月，在 40 处重点小学推行湖北省特级教师张开勤创设的“学导式”教学法。1998 年始，小学各科推行“目标教学”模式。教学方法改革中，大名镇工农兵小学一度领先。20 世纪 80 年代末，数学教师刘家清在教学中总结出“三环四步”教学法。1988 年，工农兵小学探索总结出“作文三级训练法”和“目标分类教学法”。1992 年，该校低年级语文教师学习推广“拼音直呼”教学法，总结出“在语言环境中识字”教学法；语文教师王春枝实验总结出“读写结合”教学法，张建双总结出“小学作文反馈教学法”。1994 年，该校承担市“小学作文形象教学法”实验，并取得一定成果。

中学教学方法　1982 年，在全县 11 处重点中学尝试推行钱梦龙中学语文“三主四式导读法”。1987 年，在实验学校开展中学外语“兴趣教学法”实验。此外，还推行过魏书生初中语文“六步教学法”，搞过“作文三级训练”和“目标分类教学法”、“单元教学法”。推行过初中物理“实验认识教学法”。1988 年，大名二中探索出“数学通俗教学法”。1993 年，11 处重点中学的语文、化学两科进行“目标教学”实验。1995 年前后，北峰中学教师马文书在物理课中尝试“磁性教学法”，即通过趣味性的事例、启发性的故事、奇异的自然景观、巧妙的实验等调动学生的学习积极性。兆固中学教师韩学堂在政治课教学中尝试“小组讨论法”。大名二中高三教师李兵福在英语复习课中进行“发散思维”教学试验。1998 年始，大名县中学各科推行“目标教学”模式，效果较好。

教学研究

教学研究工作由大名县教育局教研室负责，下设小学组、初中组、高中组，每组均有教研员。1986 年，县教研室被评为邯郸地区先进单位。教研室人员坚持听课、查作业、查教案，了解掌握中小学教学常规落实情况，督促、指导中考、高考备考工作；组织中小学期中、期末考试，组织奥林匹克竞赛，组织观摩教学，发现培养教坛新秀；指导进行教改实验；坚持进行教材、教学大纲、教法的研究；组织校长、骨干教师外出考察，学习成功经验。2003 年 2 月 27 日和 3 月 4 日，召开大名县小学语文教学课堂改革形势报告会，县国家级骨干教师张文青和省级骨干教师李晓飞为广大教师介绍了相关学科的教改发展动态。1989 年 1 月 5 日，大名县召开教育学会成立大会暨第一届年会，58 名会员代表参加会议。会上收到 19 篇学术论文，大会交流 6 篇。会议通过了章程，选举产生了理事会。邯郸地区教育学会秘书长张文龄参加会议，并作题为《贯彻十三大精神，深化教育改革》的讲话，理事长陈奇龄对全县的教育形势做了回顾与展望，指明了教育学会的性质与任务，副理事长张西元做工作部署，提出 1989 年为大名县的教改年，勉励会员在新的一年里为教育事业做出更大的贡献。1990

年后，因人员更替，教育学会未再活动。

研究方式

承担省市实验课题　1990年9月，承担省教委、省语委下达的“注音识字，提前读写”实验课题，由高建军主持，在工农兵小学和龙王庙镇东木堤小学搞“注提”实验。实验进行了三轮，每一轮都经过实验、总结、研讨、论证。经过一年的实验，成果明显，一年级识字量超出《大纲》规定的30%，读写能力相当于小学三年级程度。1991年10月，地区教委给该项目公开课录像，并在全区播映，先后有临漳县、永年县、邱县等县来观摩学习，1992年，在大寺小学继续进行“注提”实验。

自选实验课题　广辟信息渠道，及时关注教改动态，收集、研究、筛选先进的教研成果，根据筛选出的教改项目确定实验课题。采取走出去、请进来的形式，走出去参加各种类型的观摩课，取经寻宝；邀请名师来传经送宝，或研究名家，名师的教学录像带、光盘等资料，在确认可行的基础上再立项，然后确定实验项目主持人和实验学校。经过几轮实验之后举行公开课、观摩课加以推广。

常规教学研究　结合实际，大名县制定了《普通中小学教学常规和教学成绩量化积分管理考核办法》，每学期对中小学进行一次教学常规工作检查，检查结果纳入年度考核。教研室每年制定年度教研活动计划，确定教研活动重点和要求。对各乡、各校的教学教研活动实施督导、检查，组织公开课、观摩课和讲课比武，研究考试方向。各乡镇中心教研组每隔一周组织一次教研活动，活动的常规内容包括研究制定教学进度、研究备课、写教案、授课等方面的要求，研究板书设计、作业设计，研究课堂管理艺术，教学语言艺术，教具使用艺术等。各学校教研组每周活动一次，集体备课，共同探讨教学中遇到的问题，交流经验，取长补短。

校本教研　校本教研是一种现代化的教学研究形式。基本理念是学校是教学研究的基地，新课改中遇到的具体问题是教学研究的对象，教师是教学研究的主体，促进师生共同发展是校本教研的根本目的。校本教研是伴随着新课程改革出现的。2004年，印发《大名县文化教育体育局关于制定校本教研制度的指导意见》，要求各中小学普遍制定校本教研制度，开展校本教研活动。确定大名县回民中学、旧治乡胡庄联办小学等单位为校本教研试点学校。

课题研究　大名县的课题研究始于2000年，目的是推进学科教学及相关工作的科学发展。2004年，大名县申报成功市级课题17项、县级课题76项。2004年6月，旧治中心校胡庄联办小学李建海承担的省级研究课题—“河北省自主学习自主发展研究与实验”语文课题通过省市专家组论证鉴定。认为该实验课题充分体现了新课程标准倡导的自主、合作、探究的教学理念，提高了学生的语文素养，培养了具有自主需要的阅读能力，课题研究成果有一定的创造性，在实验中初步形成了自主学习的教学新形式，具有一定的推广价值。

研究成果

教法改革　1982年10月，在11处重点中学进行中学语文“三主四式导读法”教改实验。打破注入式教学法，采用启发式，教学方法灵活，受到了教师的欢迎。经过组织研讨，举办公开课，召开经验交流会等一系列活动，该教学法在大名县得到推广。在邯郸地区举办的讲课比赛中，大名县教师使用该教学法多次获奖。1987年，在实验学校开展外语兴趣教学法实验，通过创设情景、激发兴趣、传授知识，扩大了学生对教学的参与度，效果明显，实施这项改革后，大名县中考外语成绩在邯郸地区一直名列前茅。1990 年 9 月，根据省教委下达的课题，大名县在城关镇工农小学和龙王庙镇东木堤小学开创“注提”（注音识字、提前读写）实验班 2 个。以国家教委制定的《实验纲要》为指南，一改传统的先识字后阅读的教学方法，充分发挥汉语拼音功能，以边阅读边识字的教学方式，寓识字于阅读之中，开发学生的智力。经过一年的实验，经检测学生的识字量超出教学大纲规定的 30%。1991 年 10 月，该教改项目获省教委二等奖。1992 年，教师成慧参加全省“注音识字、提前读写”教改实验优质课比赛，获全省三等奖。1992 年 4 月，在 39 个乡（镇）的 40 处重点小学进行“学导式”教法实验。以学生自主学习为主体，以教师启发引导为主线，采用生动灵活的教学方式，打破“满堂灌”式的教学法，深受教师欢迎。在 1992 年邯郸地区举办的讲课赛中，大名县教师采用该教学法讲公开课，获二等奖。1989 年，大名县根据邯郸地区下达的教改课题，进行“目标教学”教改实验，1993 年在 11 处重点中学进行语文、化学两科“目标教学”实验。1996 年 9 月，大名县文教局派出一行 18 人的考察团，赴河南新乡市考察学习“目标教学”。1998 年始，大名县中、小学全面推广“目标教学”模式，效果良好。1999 年 5 月，在河北省第三次目标教学研讨会观摩课比赛中，大名县王淑花、李贵民、张文杰、高建军均获全省二等奖，相关论文获全省一等奖。

学科竞赛　1994 年，在全国初中生化学竞赛决赛中，大名县有 3 名学生获得省级奖励，大名县回民中学的张延杰、陈启民分别获省二、三等奖，大名一中的郭相军获省三等奖，其指导教师崔保仓、李贵民、刘俊河同时获指导教师奖。1998 年，参加全国小学数学奥林匹克竞赛，大名镇实验学校的王恩和、金滩镇顺道店小学的朱慧敏获得国家级三等奖。2002 年，参加全国小学数学竞赛，大名镇北关小学的赵同鑫获国家级一等奖，指导教师是张先玲；大名镇实验学校的刘欢、李单琳，龙王庙镇花二庄小学的王红丽获得国家级三等奖，指导教师是孙立锋、王孟广。2004 年秋季，大名县全面实施新课程标准，邯郸市教育局在 2004 年下半年组织开展了多种形式的教学比赛活动，大名县一批教坛新秀，在各种比赛中以崭新的教学理念、精湛的教学艺术、新颖的教学设计和浓厚的现代气息赢得评委的一致好评，为大名县争得了荣誉，大名县文化教育体育局对王敏等 11 名参赛教师予以通报表彰。

2004 年大名县教师获在市级以上教学比赛中获奖情况一览表

表 12-1

所在单位	姓名	参赛项目名称	获奖级别
大名三中	王敏	第三届语文“红蜡烛”讲课赛	市二等奖
实验学校	朱艳玲	第三届语文“红蜡烛”讲课赛	市二等奖
大名三中	胡丽敏	初中政治说课擂台赛	市二等奖
大名一中	张艳丽	初中政治优质课擂台赛	市二等奖
万堤中学	范素萍	初中美术讲课赛教学设计	市二等奖
万堤中学	范素萍	初中美术讲课赛课件设计	市二等奖
大名三中	曹丽英	初中音乐讲课赛课件设计	市二等奖
大名三中	张艳华	初中音乐讲课赛课件设计	市二等奖
北关小学	曹淑娟	小学语文“星光奖”讲课赛	市二等奖
东关小学	秦兆慧	小学语文“星光奖”讲课赛	市二等奖

续表 12-1

所在单位	姓名	参赛项目名称	获奖级别
工农兵小学	刘艳红	小学语文“星光奖”讲课赛	市二等奖
子弟小学	郑金香	首届小学英语基本功大赛	市英语教学标兵

发表论文　省特级教师刘家清的论文《数学课中的导和学》在河北省第二届“我最得意的一节课”征文中获优秀奖。大名一中副校长、省特级教师张慧敏的论文《哲学常识教学中渗透心理素质的尝试》获全国哲学论文优秀奖。据不完全统计，1985 年后，大名县教研室人员在各种刊物上发表论文 30 多篇，在各种会议上宣讲、交流论文 100 余篇。

2002—2005 年大名县在省级以上报刊发表教研论文一览表

表 12-2

姓名	工作单位	论文题目	刊物或出版社名称	发表时间	备注
杨建中	教研室	《浅析“情景对话”》	《校园英语》	2002	—
杨建中	教研室	《中考里的“不定式”》	《英语周报》	2004	—
高建军	教研室	《语文自主学习带给我们的启示》	《教育研究与实践》	2004	12 期
高建军	教研室	《读写结合　以读促写》	《现代基础教育研究》	2004	12 期
黄新臣	束馆中心校	《如何培养学生创新精神》	《学习方法报》	2004	8 月
王五真	大名镇东关小学	《如何引导学生学好自然课》	《学习方法报》	2004	8 月
龚青月	孙甘店小学	《简谈小学语文的段、篇训练》	《学习方法报》	2004	8 月
沙嫦娥	大名一中	《如何上好历史课》	《学习方法报》	2004	8 月
孙礼锋	实验学校	《课堂教学形式创新与》	《小学》	2004	9 月
孙礼锋	实验学校	《浅谈政治课堂教学的创新》	《学习方法报》	2005	3 月
孙礼锋	实验学校	《初中政治课“五字教学”法》	《学习方法报》	2005	2 月

新课程改革　2001 年 7 月，教育部在全国大力推进基础教育课程改革，根据省教育厅安排，大名县于 2004 年秋季开始，在小学和初中起始年级实施新课程改革，启用新的国家课程标准、选用符合国家课程标准的教学用书、着手制定新的教学管理评价体系和方法。根据省市教育行政部门要求，2004 年利用暑假时间，对普通中小学教师进行新课程改革业务培训，先后组织教师赴邯郸、成安接受业务培训，转变教育思想、学习新教学理念、理解教科书的安排意图，为启动大名县新一轮课程改革做好准备。为保证新课改的顺利进行，教研室组织教研员，于 10 月份分赴各中心校、各中学开展听评课活动，针对新课改中出现的普遍性问题，举办专题报告会 50 场（次）、示范课 18 节。根据大名县的实际情况，小学选用北师大版教材，初中选用人教版教材。2004 年 12 月，北京师范大学马新国教授、郭治教授到大名县调研北师大版教材使用情况，2 位教授深入到北关小学、东关小学、工农兵小学等单位听课、召开座谈会，并对大名县小学新课改工作提出了指导性意见。

第十节　教具教仪和电化教学

教具教仪

电教器材　1979—1980 年，县办中学和部分县城小学配有幻灯机一类的简单电教器材。1983 年后，县办重点中学先后配备投影仪、收录机，少数乡（镇）中学和中心小学装备了投影仪，但由于设备不配套，使用率很低。20 世纪 90 年代后，县办重点中学、个别乡（镇）中学、县城小学陆续配备彩色电视机、收录机、放像机。1996 年，为迎接“普九”达标收验，各乡（镇）中学、中心小学都配备了电视机、放像机、收录机、投影仪等电教设备，并配备了一定数量的教学录像带、录音带。2000 年后，部分中学和县城小学装备了微机室，大名一中、职教中心、大街中学等装备了语音室。2002 年，大名一中课堂上开始使用多媒体视频展台，建起了多媒体教室。至 2005 年年底，大名县共有 126 所学校装备了计算机，计算机总数达 2260 台，电子图书 12108 册。2006 年，投入 720 万元用于普及远程教育，181 所小学、28 所中学及聋哑学校安装了远程教育设备。

实验仪器　1979—1980 年，大名除县办重点中学有少量实验仪器外，其他学校只有一些简单的教具，如算盘、量角器、三角板之类，且多半属自制。20 世纪 80 年代初期，自制和购置教具增多。大名县代表邯郸地区参加省自制教具展览并获奖，重点中学和重点小学开始配备一些简单的实验仪器。20 世纪 90 年代，大名县中小学仪器配备投入加大。1991—1995 年，投入 190 万元，购置仪器 45712 件(套),1996—1997 年，利用义务教育资金和“世行”贷款 375 万元，购置仪器 96941 件(套)，装备 89 处学校。1999—2000 年，购置仪器 54416 件（套），价值 217 万元。2002 年，购置仪器 1724 件（套），价值 304 万元。至 2005 年年底，大名县共投入 1032 万元，购置仪器设备 227920 件（套）。小学专业实验设备价值 734.87 万元，专业实习设备价值 81.70 万元；中学专业实验设备价值 804.63 万元，专业实习设备价值 77.65 万元。中学、县城小学及乡镇中心小学达到国家 I 类配备标准，农村重点小学达到Ⅱ类标准，满足了各学科实验教学的需要。

文体器材　20 世纪 80 年代初，大名县中小学文体器材很少，县办中学和县城小学有些陈旧的文体器材，如二胡、笛子、锣鼓、篮球、乒乓球等。农村中学是一些自制的篮球架、水泥板式的乒乓球台。农村小学文体器材几乎为“零”。20 世纪 90 年代后，购置文体器材的投入不断增加，各校的文体器材开始增多。1996 年“普六”期间，投入 45 万元，购置文体器材 6375 件，装备各乡中心小学，使 39 处小学达到国家 I 类配备标准、254 处小学达到Ⅱ类标准，1997 年“普九”期间，购置文体器材 13753 件，价值 128 万元，重点装备 39 处中学，文体器材配备达到Ⅱ类标准。2000 年，投资 22.7 万元，购置文体器材 3366 件。2002 年，投资 375 万元购置文体器材。至 2005 年年底，大名县中小学文体器材共 38112 件，价值 358.3 万元。236 所小学、39 所中学文体器械配备达标。

电化教学

1979—1980 年的电化教学，仅是为数不多的几台幻灯机，因“软件”不配套，使用率很低。20 世纪 80 年代后，开始使用投影仪、收录机，但仅限于重点中学和县城学校。20 世纪 90 年代后，县办中学、县城重点小学陆续配备彩电、放像机。1992 年，大名县开展电化教学试点校工作，在邯郸地区评估中受到好评。同年，在自制电教教材工作中，大名县获地区一等奖 1 名、二等奖 3 名、鼓励奖 1 名。1993 年 11 月，大名县文教局电教仪器站在大名一中举办全县电教培训班。全县各级中学、乡（镇）重点小学教师 70 多人参加，听了电教示范、观摩课，为全县中、小学校培训了一批电教骨干教师。1994 年，大名县工农兵小学接受市电教实验任务，承担市下达的“作文形象教学法”课题实验，并取得阶段性成果。大名一中教师闫振岭在《实验教学与仪器》上发表《谈课堂电化教学设计》一文。1995 年，大名镇实验学校教师孙富春的英语电化教学受到重视，邯郸市教委电教馆人员专程赴大名录像。在“利用电教手段改革课堂教学优秀课评比”中，孙富春荣获市一等奖。同年，大名县电教仪器站荣获邯郸市先进电教站称号。1996 年始，全县中学和中心小学彩电、放像机、投影仪等电化教学设备开始普及。1996 年，在“利用电教手段改革课堂教学优秀课评比”中，大名一中历史教师栗会平获市级一等奖，她的电教教材制作获市级三等奖。1997 年，闫振岭在《电化教育》上发表《谈电教媒体在教学中使用的最佳时机》一文。20 世纪 90 年代末，VCD、DVD 等取代了收录机、放像机。2000 年后，县城小学、中学和部分农村中学装备了微机室。大名一中、职教中心、大街中学建起了语音室，大名一中开始用多媒体技术进行教学。

图书馆（室）

1979 年，除大名一中外，其他学校基本没有图书室，图书藏量极少。1979 年后，办学条件不断改善，县办重点中学相继建起图书室，购进一些教学工具书和教学参考书，1988—1989 年，全县中小学生购买图书 51675 册。20 世纪 90 年代起，大名县中小学图书室建设和图书配备步伐加快。1990 年投入 4 万元，购买各种教学用书科普图书 21658 册。1992 年，大名县图书室建筑面积 2356 平方米，有 44 所学校的图书室建筑面积达到标准，这一年，各学校共购图书 10000 册，有 5 所学校的图书藏量达到Ⅰ类标准、7 所学校达到Ⅱ类标准、76 所学校达到Ⅲ类标准。1993 年购置图书 80681 册。1995 年购置图书 14225 册，全县中小学藏书量达 901.644 册。是年，全县图书室面积增至 3980 平方米。经过 1996—1997 年的大规模建设，全县图书室面积达 19904 平方米，图书藏量达 1477872 册，有 20 所重点中小学图书室藏书量达到Ⅰ类标准、400 余所中小学图书室藏书量达Ⅱ类标准。图书室面积和人均图书量基本达标。1998 年，为巩固、提高“普九”成果，图书室面积和图书藏量又有增加。2000 年后，随着各校微机室建设，开始购置电子图书。2005 年年底，全县中小学图书室面积 17343 平方米，图书藏量 291 万册，电子图书 12108 万册。县办中学和县城小学图书室配有专职或兼职图书管理员，乡镇中小学图书室配有兼职图书管理员；各图书室有严格的防护措施和图书借阅制度。

第十一节　教师队伍

1979 年，大名县有小学教职工 482 名、中学教职工 55 名。1992 年，大名县有小学教职工 2293 名、中学教职工 1375 名。1993 年，大名县小学教师学历达标率为 81%、初中教师学历达标率为 25.95%。2005 年大名县有小学专任教师 3241 名，学历达标率为 99.69%，专科以上学历比例为 38.20%；初中专任教师 1969 名，教师学历达标率为 93.70%，专科以上学历比例为 17.72%；高中专任教师 281 名，学历达标率为 54.09%。

文化（学历）结构

1979年，大名县小学教师2514人，具有大专以上学历的极少，中师、高中毕业及以上1283人，高中肄业及初中毕业1020人，初中肄业及以下207人。初中教师1200人，具有大专以上学历30人（含肄业10人），中师、高中学历1071人，高中以下学历100人。高中教师494人，其中大专以上学历115人（含肄业14人），中师、高中学历367人，高中以下学历12人。

1985年，小学（含学前班、县城幼儿园）教师2370人，中专以上学历760人，高中学历819人，高中以下学历791人，学历达标率32%。初中教师1030人，具有本科学历13人，大专学历90人，中专学历918人，高中学历9人。学历达标率10%。高中（含农中）教师134人，具有本科学历31人，大专学历67人，中专学历36人，学历达标率2.4%。

1992年，大名县小学教师2297人，具有大专学历43人，中专学历1252人，高中学历604人，高中以下学历398人，学历达标率56.4%。初中教师1037人，本科14人，具有大专以上学历277人，中专学历649人，高中学历88人，高中以下学历9人。学历达标率28%。高中教师（含农中）223人，本科以上31人，大专学历105人，中专学历30人。高中学历4人，学历达标率14%。

1997年，大名县小学教师2689人，具有专科学历6人、大专学历249人、中专学历2210人、高中及以下学历224人。学历达标率91%。初中教师1312人，具有本科学历44人，专科学历707人，中专学历517人，高中学历44人。学历达标率57%。高中教师311人（含职教中心），本科以上学历55人、大专学历215人、中专41人，学历达标率18%。县进修学校57人，本科以上7人、大专46人、中专4人、达标率12%。

2002年，大名县小学教师3258人，具有本科学历42人、专科学历833人、中专学历2370人、高中学历13人，学历达标率99%；初中教师1987人，具有本科学历167人、专科学历1420人、中专学历396人、学历达标率80%；高中教师（含职教）298人，具有本科学历125人、专科学历173人，学历达标率42%。

2003年教师节表彰人员合影

2005年，大名县小学教师3241人，具有本科学历82人、专科学历1156人、高中学历1993人，学历达标率99.69%；初中教师1969人，具有本科学历349人、专科学历1496人、高中学历122人，学历达标率93.7%；高中教师281人，具有本科学历152人、专科学历129人，学历达标率54.09%；职教中心专任教师138人，副高职称5人、中级职称39人、初级职称77人；特殊教育专任教师23人，均为大学专科学历。

年龄结构

小学　1986年，大名县小学教师2307人，30岁以下的940人，31～40岁的790人，41～50岁的388人，51～60岁的189人。四个年龄段结构比是100∶84∶41∶20。30岁以下的居多，40岁以下的教师占75%。1992年，四个年龄段比为100∶218∶110∶66。31～40岁的最多，41～50岁的次之，40岁以下的教师占64%，50岁以上的比例增加。1997年，四个年龄段结构比为100∶159∶140∶61。2002年，小学教师3168人（不含幼儿教师），30岁以下的929人，31～40岁的810人，41～50岁的955人，51～60岁的474人，四个年龄段结构比为100∶87∶103∶51。41～50岁的人最多，30岁以下的次之。

初中　1987年，大名县初中教师1029人，30岁以下的460人，31～40岁的347人，41～50岁的155人，50岁以上的67人。30岁以下的占45%，31～40岁的占34%。31～40岁和50岁以上的人数比例有所增加。1997年，四个年龄段的结构比为100∶46∶31∶17。30岁以下的人数最多，占55.6%。31～40岁和50岁以上所占比例降低。2002年，大名县初中教师1987人，30岁以下的981人，31～40岁的510人，41～50岁的340人，51～60岁的156人，四个年龄段结构比为100∶52∶35∶16。30岁以下的占49%。

高中　1987年，大名县高中教师103人，30岁以下的51人，31～40岁的26人，41～50岁的19人,50岁以上的7人，四个年龄段结构比为100∶47∶37∶14。30岁以下的居多，占50%。1997年，四个年龄段结构比为100∶125∶44∶33,31～40岁的人数最多。2002年，大名县高中教师223人（不含职教中心），30岁以下的75人，31～40岁的96人，41～50岁的26人，50岁以上的26人。四个年龄段结构比为100∶128∶35∶35。31～40岁的人最多，30岁以下的次之，40岁以下的占77%。

职业教育　1986年，农中教师158人，30岁以下的占59%；31～40岁的占25%，41～50岁的占11%，50岁以上的占5%；1992年，农中教师153人，30岁以下的54人，占35%，31～40岁的56人，占37%，41～50岁的26人，占17%；1997年，职教中心教师210人，30岁以下的118人，占56%；31～40岁的57人，占27%，40岁以上的36人，占17%。

性别结构

小学　1986年，大名县小学教师2307人，其中女教师852人，男性与女性之比为100∶58。其后几年，女性所占比例逐渐提高。2002年，全县小学教师3168人，其中女性1583人，男女之比为100∶99.9。2005年，全县小学教师3241人，其中女性1672人，男女之比为100∶106.6，女性教师开始超过男性。

初中　1987年，大名县初中教师1029人，其中女性348人，男女性别结构比为100∶51。1992年，男女结构比为100∶49。1997年，男女结构比为100∶62。2002年，初中教师1987人，其中女性901人，男女结构比为100∶83。2005年，初中教师1969人，其中女性899人，男女结构比为100∶83.4。从1997年起，女性所占比例逐渐提高。

高中　1987年，大名县高中教师101人，其中女性17人，男女结构比为100∶20。1992年，男女结构比为100∶22。1997年，男女结构比为100∶64。2002年，高中教师223人，其中女性79人，男女结构比为100∶55。2005年，高中教师281人，其中女性113人，男女结构比为100∶67.3。

职业教育　1986年，农中教师158人，其中女性42人，男女结构比为100：27。1997年，职教中心教师211人，女性77人，男女结构比为100：36.5。2005年，职教中心教师138人，女性60人，男女结构比为100：76.9。

体制结构

大名县教师体制结构分公办、民办、代课三部分。1979年，大名县共有教师4477人，其中公办1466人、民办2928人、代课83人。所占比例分别为32.7%、65.4%、1.9%。20世纪80年代初，经过几次整顿，民办教师数量减少，通过毕业生分配和"县师范"培训转正等途径，公办教师不断增加。1987年，全县教师3996人，其中公办2502人、民办1437人、代课57人，所点比例分别为62.6%、36%、1.4%，公办比例超过民办。20世纪90年代，小学学龄儿童入学进入高峰期，教育规模不断扩大，代课教师随之增多。1992年，大名县教师5915人，其中公办2819人、民办1085人、代课2011人，代课教师约占43%。1993年，从代课教师中录用600人转为民办。此后，民办教师未再增添，加之民转公速度加快，民办所占比例逐年下降，代课所占比例上升。1997年，大名县教师7460人，其中民办教师占15.2%，代课教师约占37%。截至2001年，民办教师全部转为公办，教师结构中从此没有了民办。2002年，大名县教师6727人，其中公办5927人，占88%；代课教师800人，占12%。代课教师主要集中在农村小学，偏远乡（镇）的小学代课教师比重更大。2005年，大名县小学专任教师3241人，其中代课教师361人；普通中学专任教师2250人。

小学　1979年，大名县小学教师2550人，其中公办537人，占21%；民办1984人，占78%；代课教师29人，占1%，三者之比为100：369：5.4。1986年，大名县小学教师2331人，其中公办1068人，占45.80%；民办1245人，占53.4%；代课教师18人，占0.8%，三者比为100：116.6：1.7。1993年，大名县小学教师4570人，其中公办1373人，占30%；民办1438人，占31.5%；代课1759人，占38.5%。三者之比为100：104.7：128。1997年，大名县小学教师5297人，其中公办1636人，占30.9%；民办1086人，占20.5%；代课2575人，占48.6%，三者之比为100：65.9：157.4。2002年，大名县小学教师4013人，其中公办3169人，占81.1%，代课821人，占18.9%。二者之比为100：23.4。2005年，大名县小学教师3602人，其中公办3241人，占90%，代课361人，占10%。二者之比为100：11.12。

普通中学　1979年，大名县普通中学教师1925人，其中公办927人、民办944人、代课54人，分别占48.2%、49%、2.8%。1986年，大名县普通中学教师1291人，其中公办1091人、民办18人、代课16人，分别占84.5%、14.3%、1.2%。1993年，大名县普通中学教师1552人，公办1366人、民办77人、代课109人，分别占88%、5%、7%。1997年，大名县普通中学教师1986人，其中公办1579人、民办243人，代课164人。分别占79.5%、12.2%、8.2%。2005年，大名全县普通中学教师2402人，其中公办2250人、代课152人，分别占93.7%、6.9%。

部分年份大名县中学教师体制结构统计表

表 12-3

年度	公办		民办		代课		合计	结构比例 公：民：代
	人数	比例%	人数	比例%	人数	比例%		
1979	927	48.2	944	49	54	2.8	1925	100：102：5.8
1986	1091	84.5	184	14.3	16	1.2	1291	100：16.9：1.5
1993	1366	88	77	5	109	7	1552	100：5.6：7.9
1997	1579	88.4	73	2.4	164	9.2	1786	100：2.7：10.4
2002	2465	98.4	0	0	40	1.6	2505	100：0：1.6
2005	2250	93.7	0	0	152	6.3	2402	100：0：6.7

职业教育（农中） 1986 年，农中教师 187 人，其中公办 176 人、民办 8 人、代课 3 人。1993 年，农中教师 191 人，其中公办 182 人、民办 3 人、代课 6 人。1997 年，职教中心教师 261 人，其中公办 251 人、民办 2 人、代课 8 人。2002 年，职教中心教师 91 人，全部为公办。

第十二节 管理机构

县级教育机构

1979 年，大名县文教局负责全县文化教育管理工作。1996 年 11 月，改为大名县教育委员会，文化工作分离到文化体育委员会。2002 年 6 月，大名县教育委员会、大名县文化体育委员会合并为大名县文化教育体育局。2005 年 9 月，文化、体育工作分离到文化体育旅游局，大名县文化教育体育局改为大名县教育局。1982—1991 年，县文教局常设科室有办公室、人事科、计财科、教育科、文化科、工农教育科、招生办公室、勤工俭学科、纪检、审计科、工会，临时性科室有改善办学条件办公室、教育史志办公室、职称改革办公室，业务性科室有教研室、电大工作站、仪器站。1992 年，纪检、审计合并为综合科，职改办并入教育科，后又并入人事科，改善办学条件办公室并入计财科，工农教育科改为成人教育科，撤销教育史志办公室。1992年，设立大名县人民政府教育督导办公室。1994年6月，大名县招生委员会、大名县自学考试指导委员会合并为大名县招生考试委员会，招生办公室升为副科级单位。1996 年 11 月，县教委综合科并入办公室，工会并入人事股，勤工俭学科并入计财股，成人教育科并入教育股。2002 年 6 月，大名县文化教育体育局内设行政股室为党政综合办公室、人事股、计财股、教育股、文化股、体育股、文化市场股、督导室、纪检审计室、勤工俭学办公室、工会；业务科室有教研室、电教仪器站、电大站。同年 9 月，设立教育救助基金会办公室。至 2005 年年底未变。

区级教育机构

1979 年，设有城关文教办事处、龙王庙文教办事处、束馆文教办事处、金滩镇文教办事处、万堤文教办事处、杨桥文教办事处，办事处为文教局派出机构，主要负责所辖各公社教育教学管理事务及上传下达工作。设校长 1 人，扫盲校长 1 人，会计 1 人。1984 年，6 个办事处改为城关区文教办事处、龙王庙区文教办事处、束馆区文教办事处、万堤区文教办事处、杨桥区文教办事处，各区文教办事处设校长 1 人、成人教育校长 1 人、会计 1 人，辅导员若干人。1996 年 11 月撤区并乡，各区文教办事处随之撤销。

乡镇教育机构

1979 年，各公社设有公社校长 1 人、扫盲校长 1 人。1984 年，公社改为乡（镇）政府，成立乡镇文教委员会，设乡校长 1 人、成教校长 1 人，后逐步添设会计、辅导员和教研员。1996 年，乡（镇）文教委员会改为乡（镇）中心校，每个乡（镇）中心校设校长 1 人、副校长 1 ~ 3 人、辅导员若干人，乡（镇）中心校负责本乡（镇）中小学的教育教学管理工作。

第二章　科学技术

第一节　科技机构与队伍

管理机构

科学技术委员会、科技局　1978 年，成立县科学技术委员会，设办公室、农业组、工业组、能源组。1980 年，能源组由科委分出，成立沼气办公室。1986 年，科委增设科学技术干部科。1988 年，科委设秘书科、综合计划科、科干科、科学技术服务中心。1990 年 7 月，能源办公室划归科委。2006 年 12 月政府机构改革，科学技术委员会更名为科学技术局。至 2005 年年底，科技局人员编制 15 名，其中机关编制 11 人、事业编制 4 人，领导职数 3 名，内设办公室、技术市场办公室、项目股、推广股，下辖事业单位沙改试验站。

科学技术协会（科协）　1981 年 4 月，科学技术协会从科委分出，归县委领导。1988 年 2 月，公开招聘科协主席 1 人、副主席 1 人，1996 年机构改革，科协有干部 5 人。2005 年 11 月末，领导班子进行调整，有干部 7 名。科协机关设办公室和县科技咨询服务中心。

乡镇科技站及科协基层组织　1990 年 4 月始，各乡镇均设 1 名科技副乡（镇）长，建立乡镇科技站，科技副乡（镇）长任站长。2002 年后撤销。1984 年，县科协所属县直学会、协会、研究会 15 个，会员 1738 人，乡（镇）科普协会 39 个，会员 851 人。1995 年，全县有 27 个学会、协会、研究会，会员 2860 人。1996 年，因区划变动，39 个乡（镇）科普协会变为 20 个乡镇科普协会，共有会员 1150 人。全县有专兼职科技干部 291 名，农村科技带头人 3452 名。

科研机构

2005 年，大名县内有科研机构 10 个。

2005 年大名县科研机构一览表

表 12-4

科研机构名称	人数	负责人	成立年份
大名钱氏中医精神病研究所	3	钱成光	1995
大名县中医针灸研究所	3	李克海	1994
大名县众鑫节能研究所	3	刘世昌	1994
大名县农机研究所	4	谷云朋	1989
冀南农机研究所	3	张东民	2005
大名县沙改实验站	5	王荣海	1990
大名县亚基饲料研究所	3	崔文亚	2005
名华高分子塑料合金制品研究所	4	王云田	1993
名鼎公司技术开发部	5	王文忠	1996
大名府酒业技术开发部	3	刘建忠	1988

科研人员

1979 年以前，大名县没有专门的科技人员管理机构，科技人员基本情况不详。1981 年，第一次进行科技人员普查，全县科技人员计 898 人。1985 年，进行第二次科技人员普查，科技人员为 3059 人。1987 年，进行第三次科技人员普查，全县 107 个单位、4000 多人填写了科技人员基本信息表。全县专业技术人员 4196 人，其中男性 3010 人、女性 1186 人，教育部门占 56%，本科学历占 0.45%、专科学历占 11.3%，其余均为中专以下学历。专业技术人员占全县总人口的比例为 0.6%。

1988 年、1995 年、2000 年、2005 年大名县科技人员专业类别情况表

表 12-5　　单位：名

类别 年份	工程技术	农业技术	科学研究	卫生技术	教学	经济	会计	统计	图书档案文博	新闻出版	律师公证	播音	艺术	体育	政工
1988	282	172		810	4356	134	186	41	—	—	—	—	44	—	—
1995	291	198	9	760	5480	121	181	65	29	3	8	4	8	35	20
2000	210	186	22	480	6210	110	166	48	35	4	1	4	10	32	22
2005	129	173	31	297	6325	16	136	38	22	5	12	4	11	30	18

1988 年、1995 年、2000 年、2005 年大名县科技人员行业分布情况表

表 12-6　　单位：名

行业 年份	农林牧渔业	交通运输仓储和邮政业	租赁和商业服务业	水利、环境和公共设施管理业	居民服务和其他服务业	教育
1988	158	35	38	18		4356
1995	216	33	40	29		5480
2000	201	30	41	47	20	6210
2005	205	29	42	54	39	6331

外　聘

大名地处黄河冲积平原，有沙土、沙壤土46万亩、沙荒地15万亩，由黄河长期冲积、淤积而成，沙地、沙荒占大名县耕地的54%。由于地形起伏，灌溉条件差，地旱土细，风蚀现象极为严重，当地农民只能靠一年一茬，每亩50多千克花生或每亩产100多千克小麦的收成度日，大名沙区人民长期陷于极端贫困之中，制约了大名经济的发展。1987年，县政府邀请北京农业大学教授到大名进行考察，聘请北京农大教授陶益寿、曾宪景、杨培岭在大名建立了农业综合试区。10年间，取得了故河道细质沙土养分调控和施肥制度研究、节水灌溉与土壤水分调控制度研究和故河道细沙土综合农业高产高效技术研究等研究成果。

县粮食丰产工程聘请河北农业科学院研究员杨利华为顾问，名鼎公司聘请天津染料研究所研究员张允中、王义强驻厂进行技术指导，名华塑料合金制品公司聘请清华大学教授胡平转让技术跟踪服务。

1987—2005年大名县外聘科技人员统计表

表12-7

年份	人数	年份	人数	年份	人数
1987	120	1988	140	1989	145
1990	160	1991	180	1992	230
1993	240	1994	256	1995	269
1996	278	1997	329	1998	345
1999	385	2000	390	2001	395
2002	422	2003	436	2004	458
2005	490				

科技人员政策与待遇

“文化大革命”期间，有的科技人员受到排挤、打击，中共十一届三中全会后，科技知识分子政策得到落实。1983年3月20日，县政府公布大名县自然科学部分专业人员的技术职称。1985年6月29日，县政府印发《大名县科学技术进步奖励条例（试行）》，明确了对有贡献的科技人员的物质奖励办法。当年10月28日，县政府又做出为农林第一线科技人员浮动一级工资的意见，1985年10月1日起执行。根据河北省相关文件精神，为符合条件的65名科技人员的218名家属子女办理了农转非户口。1987年7月20日，县委、县政府做出放宽科技政策，推动科技人员合理流动的决定。1988年3月，县委、县政府出台放宽科技政策，推动技术承包若干问题的意见。1992年2月27日，县委、县政府召开科技战线先进集体、先进个人表彰大会。1992年4月10日，县政府出台科技示范村建设意见。1993年5月20日，县委、县政府制定科技进步年活动实施方案。这一系列举措，极大地调动了科技人员的工作积极性。

第二节 科技管理

科技管理主要包括科技计划管理、科技经费管理、科技成果管理，由大名县科学技术局具体负责。

计划管理

科技计划分为指令性计划和指导性计划，指令性计划由上级部门拨付经费，指导性计划由承担单位自筹资金。凡列入县级科技计划的项目，由承担部门填报《项目计划申报书》，县科技局、财政局共同审批，科技局负责立项项目管理，财政局拨付科研经费予以补助。有重大影响的高新技术项目，科技局直接上报省科技厅或市科技局，申请列为省市科技计划项目。列入省市计划的科研项目，省科技厅、市科技局拨给科研经费，并进行指导。

1979—2005 年，大名县列入计划的指导性、指令性科技成果项目共 126 项，其中通过鉴定、验收的 70 项。各业务部门研究完成并经主管部门鉴定验收的科技项目 190 项。

经费管理

经费科目分为基建费、事业费和科技三项费。科技三项费包括重大科学实验费、中间实验费、新产品试制费。基建费来源于科技贷款，事业费由县财政拨付，科技三项费由中央、省、市、县分担。1979—2005 年，全县新增高新技术产品 23 项，其中 2 项获省部级奖励。

1979—2005 年大名县科技经费使用情况统计表

表 12-8　　　　单位：万元

年份	科技事业费	科技三项费	年份	科技事业费	科技三项费
1979	0.2	0.5	1993	3.6	28
1980	0.2	0.8	1994	3.6	35
1981	0.2	1.2	1995	3.6	38
1982	0.3	1.5	1996	4.0	20
1983	0.5	2	1997	4.5	26
1984	0.8	1.8	1998	5.0	30
1985	1	2	1999	5.6	27
1986	1	1.5	2000	8.0	22
1987	1.2	2	2001	8.0	24
1988	1.3	2.2	2002	8.0	25
1989	1.5	2.5	2003	5.0	30
1990	1.3	5	2004	3.5	33
1991	3.6	14	2005	3.5	50
1992	3.8	18			

成果管理

县科技局负责科技成果的鉴定、登记、申报、推广，按照分级管理的原则，凡列入县级科技计划项目或未列入计划但经过鉴定的重要成果，由县科技局统一管理，并将符合国家、省、市成果条件的项目，报送省市评审鉴定；县直各业务部门的科技成果，按隶属关系上报主管部门评审鉴定。1979—2005年，大名县通过鉴定或验收的工农业科研项目和科技成果推广项目114项，其中涉及农业方面的72项、涉及工业方面的42项。1990—2005年，上报评奖科技成果项目40个，获取市级奖励6项、省级奖励1项。

1990—2005年大名县上报科技成果奖项目一览表

表12-9

项目名称	承担单位	年份	组织鉴定验收单位	获奖情况
沙台酒	大名沙台酒厂	1990	邯郸市科委	—
中药外治鹅口疮技术	大名县医院	1990	邯郸市科委	邯郸市科技进步三等奖
大名三角店沙地改造	大名县科委	1991	邯郸市科委	邯郸市科技进步二等奖
卫东沙荒地开发	农业局	1991	邯郸市科委	邯郸市科技进步三等奖
液压分配阀	大名县油泵油嘴厂	1991	市科委	—
太阳能中温集热烘制优质杏脯	大龙杏脯厂	1992	邯郸市科委	—
玉米浸体水提取菲汀技术	杨桥淀粉厂	1992	邯郸市科委	—
一次性耕播机	万堤机械厂	1992	省科委	—
JRC腻子	大名县化工厂	1992	市科委	—
高档骨灰瓷	大名红光陶瓷厂	1992	省科委	—
红萝卜全果实悬浮液	金滩镇饮料厂	1992	省科委	—
狄公酒、滴溜窑酒	大名酒厂	1992	市科委	—
E—型阳离子淀粉湿法生产技术	杨桥浆料厂	1993	省科委	—
谷物脱粒机	大名通用机械厂	1993	市科委	—
出口洁具卫生厕盖	大名卫生陶瓷厂	1993	市科委	—
唐三彩壁画	龙王庙唐三彩瓷厂	1994	市科委	—
4-氯-2.5-二甲氧基苯胺	大名染料化工厂	1994	省科委	—
细质沙土养分调控与重要农作物施肥制度研究	大名沙改站	1994	省科委	—
大名综合试区	大名县人民政府、北京农大	1995	省科委	—
新型花生种衣剂防治沙地重茬花生病虫害的研究与应用	大名县人民政府	1996	省科委	河北省科技进步三等奖

续表 12-9

项目名称	承担单位	年份	组织鉴定验收单位	获奖情况
玉米、花生、小麦专用肥	杨桥生物复合肥厂	1997	市科委	—
低脂花生果	南李庄油厂	1998	省科委	—
耐磨型超高分子量聚乙烯板材	大名塑料合金厂	1999	省科委	—
农大 108 玉米品种	大名县科委	1999	市科委	邯郸市科技进步三等奖
10 万亩花生星火基地	大名县科技局	2000	省科委	—
脱水菜系列	红庙脱水菜厂	2000	市科委	—
天然色素制品	大名色素厂	2000	省科委	—
大名综合试区“九五”课题研究	中国农业大学 大名县人民政府	2000	省科委	—
HA-1 型花生收获清选机	大名县万堤机械厂	2001	市科委	—
秸秆直接还田机	大名县万堤机械厂	2001	市科委	—
废气导热取暖技术	金滩镇暖气片厂	2002	市科技局	—
脱脂花生及速溶花生晶方便食品	大名县食品有限公司	2002	省科技厅	—
邻硝基二苯胺	名鼎化工有限公司	2002	省科技厅	—
花生出口专用品种配套栽培技术	农业局	2003	市科技局	—
优质李子示范基地	林业局	2003	市科技局	—
故河道沙区花生高产优质综合配套技术	科技局沙改试验站	2004	省科技厅	—
花生无公害优质高产栽培技术	农业局	2004	市科技局	—
国家粮食丰产科技工程	科技局	2005	省科技厅	—
5 氯 -2.5- 二甲氧基苯胺	名鼎化工公司	2005	省科技厅	邯郸市科技进步二等奖
超高分子量聚乙烯管材	大名县塑料合金厂	2005	省科技厅	邯郸市科技进步二等奖

第三节　重点科技成果项目简介

ZB4TH-160 型花生点播机。1981 年 7 月通过地区科委鉴定验收，1985 年获邯郸地区科技进步四等奖。该机在县农机研究所、县农机修造厂工程师谷云朋、苏明华主持下研制成功。使用该机既能节省人工，又能加快播种速度。

JRE 腻子。1985 年获邯郸地区科技一等奖，1987 年 3 月通过省科委鉴定验收。该产品由河北省工学院、县化工厂共同研制成功，主要用于汽车、电器、仪表、精密机械等产品金属表面的填坑找平。

TDT 弹簧托辊（B500-B1000）。1986 年 7 月通过省鉴定验收，1987 年获邯郸地区科技进步三等奖。该产品由县托辊厂研制成功，具有结构简单、运转平稳、噪音小、寿命长、抗灰尘、耐高温等特点，适用于煤炭、码头、冶金等部门的 TD 带式输送机，并远销国外，主要是日本。

ZB-25 柱塞提升泵。1987 年获邯郸地区科技成果四等奖，1988 年 ZB-25A 柱塞提升泵获邯郸地区科技成果一等奖。该产品由县油泵油嘴厂副厂长、助理工程师廖学义等研制成功。

黑龙港地区黄河故道沙土地利用改良与培肥。项目由北京农业大学教授陶益寿主持，1987 年、1988 年先后在邯郸地区科委、河北省科委立项。参加研究的有北京农业大学、河北省农业厅、大名县农业局等单位的科研人员、技术人员 41 人。经过三年研究，取得 7 项科研成果。该研究课题，1991 年获邯郸地区科技进步二等奖，1992 年获河北省科技成果四等奖。

故河道细质沙土综合农业高产高效配套技术研究。该课题由北京农业大学、大名县政府于 1989 年向河北省科委申请立项。1990 年 9 月，河北省科委聘请省内外专家现场进行了可行性研究和论证。1991 年 6 月 5 日，该课题被列为河北省 1991—1995 年科研计划，定名为：河北省农业综合试区大名试区，中心试区总面积 142120 亩，并投资建设了大名试区沙改试验站。该项目的 5 个子课题：新型花生种衣剂研制和应用、节水灌溉制度研究、施肥技术研究、沙地种植制度研究、果树老树嫁接和幼树早丰技术研究，全部通过省科委鉴定。为感谢和表彰北京农大专家为大名县做出的贡献，1995 年 10 月，大名县人民政府在北京农业大学为参加课题研究的陶益寿等 24 名教授立纪念碑一座。

E- 型阳离子淀粉湿法生产技术。1993 年由杨桥镇浆料厂研制完成，经省科委鉴定，达到国内同类产品领先水平，填补省内空白。

耐磨型超高分子量聚乙烯。1999 年项目研究由大名塑料合金厂完成，并通过省科委鉴定，填补省内空白，达到国内领先水平。该产品具有高抗冲击性、高耐磨性、高抗腐蚀性、密度小、柔韧性好等特点。

1979 年 3 月，大名县酒厂制曲车间主任王新民试制出新糖化菌 UY—11，用于白酒生产，与老曲相比淀粉出酒率提高 75%。1980 年 7 月 10 日，《邯郸日报》报道，大名县油泵油嘴厂工人申永禄试制成功“测量头”，用于仪表测量，为本厂节省大量开支。1981 年 3 月，大名县第一台集光式太阳灶试制成功，县农机局研制成功脚踏双缸压水机。5 月，大名县第一台太阳能热水器试制成功。1983 年，县农业局技术人员进行的“农田鼠害综合防治大面积示范”试验，获省农业厅技术推广一等奖。

第四节　专　利

1990 年，县中医院职工王国敏发明的自行车防盗器获国家专利，其后，不断有人申请专利。截至 2005 年年底，全县申请专利 56 项，其中发明专利 17 项、实用新型专利 49 项。

1996—2005 年大名县发明专利统计表

表 12-10

序号	专利号	发明人	产品名称	专利发明人单位	申请日期
1	0210938.X	黄海祥	减动乒乓球拍	中共大名县委宣传部	2002.1.16
2	96103028.3	王群海	一种双组份防水涂料及制造方法	大名县化工厂	1996.2.15
3	96107083.8	李大明	草编时装	大名县草制品厂	1996.7.19

续表 12-10

序号	专利号	发明人	产品名称	专利发明人单位	申请日期
4	99103369.8	刘丕杰	一种治疗疝气的药物	大名镇寺胡同	1999.3.18
5	99119394.6	王莲凤，宋超，宋杰	纯中药制剂减淤丹	大名县计生委技术站	1999.9.15
6	01123029.0	王金月	一种治疗精神病的纯中药制剂	大名县王村乡杨庄村	2001.7.21
7	01130452.9	李麦恩，李东亮	一种治疗牙痛的药物	大名县城东路	2001.1.20
8	01139554.0	冉如凤	—	—	2001.12.7
9	01134797.X	马相英	自动排渣滤油机	大名县西付集乡马丰古	2001.11.14
10	200410012343.6	刘锐，刘怡康	小麦胚芽和麸皮挤压膨化工艺	大名县农业开发办公室	2004.6.11
11	200410012327.7	刘锐，刘怡康	粮食，油料，化工产品气流膨化设备工艺	大名县农业开发办公室	2004.6.8
12	200410085369.3	朱克勤，刘彦春，丁海洋，高镜	纳米抗菌无机复合彩色金属涂层涂料	大名县城西中路	2004.10.15
13	03143294.8	王兰峰	秸秆还田灭茬机	万堤镇前屯村	2003.9.16
14	02122391.2	朱克勤，刘彦春，丁海洋，高镜	纳米晶体金属涂层无机复合材料	大名县城西中路	2004.10.15
15	200510012643.9	鉴玉民	烤馍片及其生产方法	大名县美佳食品有限公司	2005.7.2
16	200510048287.6	郭广仁	农田增压多孔喷水带设备及其灌溉方法	大名县万堤镇万中村	2005.12.31
17	03143294.8	王兰峰	秸秆还出火茬机	大名县万堤镇前屯	1999.12.8

1989—2005 年大名县实用新型专利统计表

表 12-11

序号	专利号	发明人	产品名称	专利发明人单位	申请时间
1	02240139.3	郭朝锎	立式球形双门锁	大名县龙王庙四大队	2002.7.11
2	02238655.6	王树森	灭茬式玉米秸秆还田机	大名县万堤镇前屯村	2002.6.12
3	02237198.2	马相英	防裂环保菜墩	大名县西付集乡马丰古	2002.6.10
4	02283114.2	尹海光	凹曲面形刮须刀头	大名县科技局	2002.10.16
5	89217530.3	杨付顺，崔占岭，付金义，付海	皮带输送机托辊	三里店桥西矿山机械厂	1989.10.7
6	91204165.X	王喜春	防假冒酒瓶	大名县农业开发办	1991.3.22
7	92204300.0	尚周田	迫击炮自动装置弹器	大名县七里店乡供销社	1992.3.19
8	92201092.7	范安斗，王喜山，李君	旋转式高效节能多用炉	大名县油泵油嘴厂	1992.1.24
9	92201094.3	范安斗等人	高效节能多用蜂窝煤采暖炉	大名县油泵油嘴厂	1992.1.24

续表 12-11

序号	专利号	发明人	产品名称	专利发明人单位	申请时间
10	92201095.1	范安斗	高效节能采暖炉	大名县油泵油嘴厂	1992.1.24
11	92208186.7	李福德	儿科多功能计算尺	大名县人民医院	1992.4.30
12	92201093.5	范安斗等人	高效节能多用蜂窝煤炉	大名县油泵油嘴厂	1992.1.24
13	92225671.3	张克让等	带有控制阀的单柱塞液压泵	大名县油泵油嘴厂	1992.6.23
14	92204707.3	尚周田	榴弹炮自动装弹器	大名县七里店乡供销社	1992.3.19
15	92230221.9	李克海	针灸等力可调探穴仪	大名县王乍村中医诊所	1992.8.14
16	92243863.3	杨林钧，刘金海，韩朝忠	软轴托辊	大名县托辊厂	1992.12.7
17	92245550.3	刘士杰	农 A-821 型移动式喷雾架	大名县第一中学	1992.2.24
18	94210075.1	刘士杰	可调式喷雾器	大名县第一中学	1994.4.24
19	94214050.8	刘士杰	高效家用采暖炊事炉	大名县第一中学	1994.6.10
20	93224828.4	荣西安	一种用于胶带输送机的新型槽型托辊组	大名县城关镇道前街	1993.9.22
21	96216643.X	黄海祥	简动乒乓球拍	大名县宣传部	
22	97214855.8	王河堂	耕运一体四轮动力农用车	大名县王村乡东王二庄	1997.5.5
23	98213179.8	宋玉真等	高效油液过滤机	大名县旧治乡九牌村	1998.3.11
24	98240643.6	范慧青	阅读视力保护板	大名县吴水坑小学	1998.9.22
25	97246419.0	张友田	手提式夜安巾包装袋	大名县工业小区塑料包装彩印厂	1997.12.2
26	99206101.6	白小朋	自带牙膏的牙刷	大名县广播局	1999.3.13
27	98233340.4	马相英	压力助滤器	大名县西付集乡马丰固	1998.12.8
28	98245289.6	马相英	网式压力滤油机	大名县西付集乡马丰固	1998.10.27
29	99218049.X	马相英	植物油料蒸炒炉	大名县西付集乡马丰固	1999.7.20
30	99257457.9	王兰峰	秸秆还田灭茬机	大名县万堤镇前屯	1999.12.8
31	99255956.1	郭香启，张增华，任金峰，张克让	一种拖拉机前盖总成用柱塞式液压提升泵	大名县油泵油嘴厂	1999.12.13
32	01208810.2	韩国献	外转子节能电机	大名县西付集乡韩庄	2001.3.9
33	01219778.5	马相英	自动排渣滤油机	大名县西付集乡马丰固	2001.4.23
34	02204532.5	张陶印	电灯保护开关	大名县王村乡段庄	2002.1.21
35	200320129251.7	文建华	易启封包装袋	邯郸师范专科大名分校	2003.12.29
36	200420016356.6	刘　锐	花生脱脂预处理器	大名县农业开发办公室	2004.6.16
37	200420048392.0	尚周田	榴弹炮自动装弹器	大名县七里店乡供销社	2004.4.28

续表 12-11

序号	专利号	发明人	产品名称	专利发明人单位	申请时间
38	200420006250.8	刘士杰	计时坐具	大名县第一中学	2004.3.1
39	200420050566.7	马保太	封闭式捕鼠器	大名县旧治乡东范庄	2004.5.10
40	200420016191.2	张爱平，马玉祥	多功能防盗窗	大名县沙圪塔乡郭鸭窝村	2004.5.13
41	200420016549.1	刘锐，刘怡康	自动控制旋气流膨化器	大名县农业开发办公室	2004.6.27
42	200420016714.3	张占强	节力自行车	大名县西付集乡小寨村	2004.6.30
43	200420058433.4	范慧青，范社民	保护视力看书架	大名县吴水坑小学	2004.12.13
44	200520003832.5	刘士杰	计时器	大名县第一中学	2005.1.21
45	200520023378.X	王河堂	深水接力潜水电泵	大名县王村乡东王二庄村	2005.1.13
46	200520007780.9	张新元	防盗窗	大名县沙圪塔乡元寨村	2005.3.22
47	200520108005.2	刘士杰	易疏通坐便器	大名县第一中学	2005.5.19
48	200520135541.1	文建华	垃圾斗	邯郸学院大名分校	
49	200520142874.7	马保太	具有助开门装置的冰箱	大名县旧治乡东凡庄村	2005.12.9

第五节 科技成果转化

一般技术应用

1979—2005年，共引进示范、推广、实施、转化科技项目375项，引进高等院校先进科研成果80项，示范推广农业新品种200多项，实施先进适用技术190项，科研成果转化30项，传统产业改造项目48项。项目涉及机械、农业、化工、面粉、医药、农副产品加工、林业、畜牧等行业。

高新技术应用

20世纪90年代，引进试验示范“两高一优”农业新品种82项，推广重点农业科技成果52项，累计推广面积560万亩，主要农作物优种覆盖率达90%以上。1999年，名鼎化工有限公司、大名塑料合金厂被认定为高新技术企业。2000年5月8日，大名县制定《关于加强技术创新、发展高科技、实现产业化的意见》，加快全县技术创新和高新技术产业化的步伐。至2005年年底，大名县经省科技厅认证的高新技术企业5家，高新技术技工贸总收入2.1亿元，科技对经济的贡献达到44%，平均增加值增长15%，利税年均增长17%。全县的高新技术企业主要分布在塑料、机械、化工、面粉、农产品加工、农业、林业、畜牧等领域。

新能源

研制 大名县的新能源研制主要有沼气、太阳能两种。20世纪80年代初，掀起大办沼气热潮，在试点村建了不少沼气池，但利用率不高。20世纪80年代末，开始研制集成太阳灶、聚光式太阳灶和太阳能热水器。

推广沼气、太阳能等新能源　在二十世纪八九十年代推广力度不大。2000年以后，随着文明生态村建设，对沼气的推广力度加大，太阳能热水器也开始热销，成为许多家庭必不可少的消费设施。

第六节　地震测报

地震机构与地震测报点设立

1976年8月5日，成立大名县人民政府地震办公室。1981年3月25日，成立大名县防震领导小组。1992年地震办公室挂靠建设局，属副科级单位，机构编制3人。2005年，机构编制5人，实有3人。1976年地震办公室成立后，在县城西南、东南、东北三个方向设立了未城、鲍庄、消灾3个水井测报点。12月，在大名一中、大名师范、万堤中学、龙王庙中学等处设立了地震测报点，全县地震测报点达11处。1979年，建立后屯、宋曲宏观地震测报点。1984年，撤销地震测报点7个，只保留万堤中学、龙王庙中学、大名师范、地震办4个地震测报点。2005年，河北省地震中心在大名县设立两个强震台，一个设在县水厂，一个设在埝头乡计生委大院。强震台可将有关地震的测量数据自动传输到省地震中心。2005年，大名县共建有宏观监测哨18个，其中11个家禽监测点、7个水井监测点，在各乡（镇）设有居民抗震设防指导站，建立完善了“三网一员”（地震宏观观测网、地震科普宣传网、地震灾情速报网、乡镇防震减灾联络员）地震测报网络。

地震科普知识宣传与地震研究

利用“7·28”唐山地震纪念日、国际减灾日，进行防震减灾法律法规、地震科普知识宣传，普及地震宏观异常、地震灾害预防、灾后自救互救等方面知识，指导居民掌握建筑物防震标准及要求。1982年8月底，县地震办郭书娟参加邯郸地区地震局举办的1982年1—6月份“三土仪器”资料评比，荣获二等奖。1983年11月5日，县地震办冯林江代表大名县参加省地震局举办的1983年1—9月份水氡资料评比，荣获三等奖。

地震纪实

2002年3月21日7时58′41″，西未庄乡未城村东一带发生里氏3.5级地震。微观监测震中位于北纬36°10′、东经115°05′，即魏县大马村一带。有震感范围涉及旧治、西未庄、大名镇、万堤、铺上、大街、龙王庙等7个乡（镇）、175个村。方向东北—西南，长轴40千米，短轴20千米。2003年2月18日凌晨1时20′，营镇一带发生里氏2.5级地震，震中位于北纬36°28′、东经115°18′。

地震应急预案及建筑物防震设防管理

1996年5月28日，出台《大名县破坏性地震应急预案》，并成立防震减灾领导小组。1999年8月26日，县政府下发《关于加强地震安全性评价管理工作的通知》，将工程项目抗震设防标准管理和地震安全性评估工作纳入县基本建设管理程序。凡新建、扩建的工程，按照“地震动参数区划图”核定标准（g0.15，s0.40）进行规划设计，对重要建筑要进行地震安全性评估，力争从源头上遏制地震所造成的灾害。

1999年11月16日，县政府再次发布《大名县破坏性地震应急预案》，同时下达《大名县防震减灾10年目标分解的实施意见》。

第七节　气象服务

大名县气象站（局）于1956年年底筹建，1957年2月建成，是年3月1日正式运行，位于城北油粉町村东，始称河北大名气候站，1959年6月1日更名为河北省大名县气象站，1963年7月1日更名为河北省大名县气象服务站，1971年2月1日更名为河北省大名县气象站，1981年6月1日更名为河北省大名县气象局，局站合一。实行部门与地方政府双重领导。2000年迁至兴大街与北京路交口。

气象局主要业务是完成国家一般气象站的地面气象观测，每天8时、14时、20时三次观测，气象处理后编发气象报告。观测项目有云层、能见度、风向、风速、气温、湿度、气压、降水、降雪、日照、小型蒸发、地面温度、浅层地温等。每月8日、18日、28日进行土壤墒情观测。通过开展气象观测和气象服务，在防灾减灾、保证飞机安全飞行、人工影响天气等方面发挥了作用。

1983年，气象局开始通过电报传输气象观测数据，利卫星云图分析判断天气变化。1985年，各乡镇出资购置发射机和警报器，建成气象预警服务系统。1991年3月，配备了气象信息双向警报系统。1996年3月，县人工影响天气办公室成立，县政府拨款9万元，购买了交通工具和火箭作业系统（BL-1型火箭发射装置），分别在西未庄乡和杨桥镇建立了2个流动炮点，正式开展人工增雨作业（2003年，共作业3次，发射火箭弹10枚，总增雨量约20毫米，对缓解旱情、增加地下水、清洁空气等起到了作用）。1997年11月，开通“121”天气预报自动咨询电话服务。1998年10月，建成多媒体电视天气预报制作系统，通过县电视台每天播报天气预报。1999年8月，建起地面卫星接收系统。

第十三编　卫生　体育

中共十一届三中全会后，大名县卫生事业进入新的发展时期，一些被撤销的卫生机构恢复办公，医疗卫生体系逐渐完备。围绕改革开放大局，卫生系统以提高经济效益为重点进行了大胆探索，医院管理改革取得成效，调动了医务人员的工作积极性。改革的主要内容是实行院长承包责任制、医护人员绩筹挂钩。建立县乡村三级医疗保健卫生网络，形成公立医院、私立医院、个体诊所并存的格局。随着医疗卫生事业改革的深入，医院经济效益大幅度提高，为完善医院基础设施、购置先进的医疗设备、加强医务人员进修培训提供了条件，全县各级医院不断充实人才、更新设备，增设新的临床科室、医技科室，提高了医疗技术水平，一部分疑难病症能够在县内得到治疗。中医、西医、中西医结合三支医疗队伍的力量明显壮大。1988 年，进行首次医务人员职称评定，卫生系统 772 人参评，被评为副主任医师 8 人，被评为主治医师的 105 人，被评为医师、技师、护师、药师的共 250 人，被评为医士、技士、护士、药士的共 409 人。2005 年，全县医务工作者 1267 人，其中副主任医师 29 人，主治医师的 144 人，医师、技师、护师、药师共 187 人，医士、技士、护士、药士 232 人。卫生防疫、妇幼保健工作得到加强，经费投入逐年增加，人员力量不断壮大，体制机制日益完善，地方病、传染病得到遏制，环境、食品、劳动、学校、放射等"五大"卫生保障体系逐渐健全，妇幼保健管理规范，走上了法制化、规范化、科学化管理轨道。1991 年，乡镇卫生院筹资建院，1996 年，初级卫生保健达标验收，使农村医疗卫生事业上了一个新台阶。

1979 年，大名县体育运动委员会设副主任 1 名。1984 年，设主任 1 名、副主任 2 名，工作人员逐年增多。1996 年 10 月机构改革，文化系统与体育系统合并，成立文化体育委员会。2002 年 6 月，文化体育委员会与教育委员会合并，更名为文化教育体育局，内设体育股。2004 年成立文化体育旅游局，内设体育股。体育机构与教育机构分设期间，教育部门设有专职人员负责学校体育工作。1979 年后，大名县把体育工作纳入全县经济和社会发展的总体目标，体育事业进入了新的发展时期。全县中小学积极推行《国家体育锻炼标准》，体育部门加强了运动场地、训练基地和教练员队伍建设，创办了青少年业余体校，成立了县"体总"、农民体协、老年体协等 12 个群众体育组织。2005 年，学生体育达标率在 94% 以上；职工和城镇居民非专用体育锻炼场地达几百处，参加球类、棋类、田径、气功、健身操、自行车、踢毽子等项目活动的人员遍布各个体育锻炼场地以及街头巷尾；农村体育活动逐渐活跃，中老年人参加经常性体育活动人数占农村中老年人口的比例逐年提高。1979—2005 年，大名县向国家、省、市各级体育院校输送学员和运动员 350 名，其中有 307 名达到等级运动员标准。在全国各种体育竞赛中获金牌 12 枚、银牌 24 枚、铜牌 20 枚，打破 2 项全国田径纪录。在河北省各项体育竞赛中获金牌 129 块，打破 35 项河北省举重纪录、7 项河北省田径纪录。大名县男子举重队 12 次代表邯郸市（地）参加全省比赛，均取得好成绩。大名县被定为邯郸市举重、女篮训练基地，成为邯郸市体育工作"三大支柱县""邯郸市四大体育强县"。连续多次在市（地）体育工作综合评比中名列前茅，年年被评为市（地）群体工作、体总工作、竞训工作先进单位。1998 年 12 月，大名县被省政府命名为“河北省体育先进县”。2001 年年底被国家体育总局命名为全国“武术之乡”“全国群众体育先进单位”。2002 年获全国“全民健身宣传月”活动先进单位。2005 年，被省体育局授予“全民健身周活动先进单位”。

第一章　医疗　卫生

第一节　医疗机构

2005 年，大名县医疗机构包括县属医院 4 处、防疫站 1 处、镇中心卫生院 6 处，干部职工 403 人；乡级卫生院 38 处，从业人员 260 人；村级卫生所 640 个，乡村医生 820 人；学校医务保健室 5 处，从业人员 12 人；私营医院 1 处、私人诊所 7 处，从业人员 24 人。

县级医疗卫生机构

大名县人民医院　1977 年，利用省卫生厅的拨款 19 万元和自筹的 15 万元，在城墙西北角外购地，开始在新址建设县医院。1979 年，县医院竣工投入使用，占地 2.93 万平方米，建筑面积 0.78 万平方米，设有病床 120 张。其后，医院建筑规模不断扩大，床位不断增多。1984 年建房 36 间，病床增至 160 张；1988 年建老干部病房 22 间；1990 年扩建制剂室；1992 年建行政办公楼 44 间，病房 44 间。2004 年建筑面积为 1.42 万平方米。2004 年 10 月 9 日，位于北京路与贵乡街交叉口的县医院新址奠基，占地 44519 平方米，建筑面积 38496 平方米。1984 年，县医院所设的业务科室有：内科、外科、妇产科、儿科、眼科、五官科、放射科、化验室等；行政科室有财务、总务、办公室等，业务收入 60 万元。1985 年设急诊室。1988 年设老干部病房科。1997 年设立的临床科室有急救室、内科、外科、妇产科、儿科，分 5 个病区；门诊科室有内科、外科、妇产科、儿科、中医内科、中医骨科、传染病科、皮肤科、口腔科、耳鼻喉科、眼科、检验科、放射科、彩超室、A 超室、B 超室、病理科、脑电图室、脑地形图室、多普勒室、心电图室、CT 室。1988 年开通“120”急救业务。1992 年增加新技术项目 30 多个，填补了医院多项空白。1997 年引资 260 万元，建立 CT 检查中心，其后又购进外冲波碎石机、脑地形图仪、遥控胃肠、可声反射器、视力筛选仪、彩超、B

县医院（2003 年摄）

超等精密仪器19台（件），可进行开胸、开颅手术，规范化肝切除术、脑出血穿刺引流术、食道调搏术、人工透析、宫外孕保守治疗、应用微生物疗法治疗婴幼儿腹泻等重大、尖端手术。2005年，设有床位205张、业务科室19个，可开展71项医疗项目的诊治，年门诊量达10.99万人（次），住院9171人，实际占床总日数48786天，治愈好转率94.48%，病床使用率66.62%，年业务收入1849.6万元。全院干部职工286名，其中副主任医师18名、中医主治医师2名、西医主治医师27名，主管护师29名，其他中级6名，其他专业技术人员137名，行政管理工勤人员67名。1994年晋升为“国家二级甲等医院”，1996年，被卫生部命名为“爱婴医院”。2000年，被省评为“三星级文明医院”。2002年，被评为全国“百佳医院”。

大名县妇幼保健院　1984年，县妇幼保健站与城关区医院合并，称大名县妇幼保健院，设内科、眼科、妇产科、电疗科，有工作人员49人、病床30张。1994年1月，妇幼保健院与妇幼保健站分开办公。保健站工作人员7名，设儿童保健、妇女保健、宣传教育3个科室。1997年12月，院、站再度合并，仍称县妇幼保健院，同时由城内西街路南迁至位于大名府路东段路北。是年，设立的临床科室有内科、外科、妇产科、儿科、中医科、儿保科、妇保科、婚检科，辅助科室有放射科、化验室、B超室、心电图室、手术室等。主要医疗器械有200mAX光机、心电图机、激光治疗仪、裂隙灯、乳腺治疗机等。其后又陆续增添300mAX光机、B超仪、前列腺治疗仪、X光机电视遥控器、多参数监护仪、胎儿监护仪、妇科诊断治疗仪、血球细胞分析仪等，可开展新式剖宫产术、子宫全切术、盆腔淋巴结清除术、普外手术、白内障超声乳化术和角膜移植术等。2005年，该院占地面3956.3平方米，建筑面积2510平方米，干部职工67名，其中中医主治医师1名、西医主治医师6名、中医师1名、西医师8名、检验师1名，其他专业技术人员21名。科室16个，床位40张。年门诊量1万人（次），年业务收入170万元。该院1995年晋升为一级乙等医院，1999年被评为“爱婴医院”，并多次被邯郸市评为妇幼保健先进单位。

1997年刚建成的妇幼保健院

大名县中医院　位于城内南大街路西，1979年是城关镇医院，1984年6月改为大名县中医院，是大名县第一所中医专科医院。工作人员57名，开设的临床科室有牙科、眼科、外科、妇产科。1985年后，分三次扩建门诊楼、办公楼和病房楼，建筑面积达1119平方米，又增设了针灸科、放射科。1987年，该院引入竞争机制，实行承包经营，承包人与卫生局签订合同书，在邯郸地区卫生系统属首家，《邯郸日报》《河北日报》先后刊登了消息，中央宣传部派人来大名考察，并给予肯定。1997年，该院开设的临床科室有中医内科、西医内科、外科、妇科、心脑血管病科、胃病专科、糖尿病科、牙科、痔瘘科、烧伤科。辅助科室有X光室、B超室、心电图室、化验室、手术室等。主要医疗设备有100mAX光机、心电图机、癫痫治疗仪、骨质增生治疗机等。其后，陆续增添B超、全自动单导心电图、200mAX光机、双目显微镜、血糖仪、721光电比色计、骨质增生电离子导入机。2005年，医院有干部职工51名，其中副主任医师1名、中医主治医师1名、西医主治医师3名，其他专业技术人员35人，床位30张，门诊量14400人次，业务收入28万元，固定资产180万元。1987年被邯郸地委、行署命名为“文明单位”，1999年被邯郸市评为星级单位，2003年晋升为二级丙等医院。

大名县精神病医院　位于北城门正北1千米处，1996年更名为大名县第二人民医院。1980年，该院引进先进技术，开设“胰岛素”电休克，治疗严重躁狂精神病人，好转率、治愈率提高，影响逐渐扩大，周边省市前来就诊的甚多。1982年，利用省卫生厅拨款10万元，建全封闭式病房1栋，床位增至120张，并购买30mAX光机一台。1983年，该院新的领导班子对医院进行了内部改革，完善了规章制度。1984年，自筹资金10万元建门诊办公楼一座，形成工作区、病区、生活区相对独立的布局格式。1987年，利用省卫生厅拨款30万元和医院自筹的20万元，建病房楼1915平方米，病床增加至160张，室内安装暖气，住院条件大为改善。其后几年，医院发展状况良好，1993年医院各项指标和业务收入均达历史最好水平。1994年，由于外部医疗市场竞争加剧和内部管理不良，医院出现下滑趋向。1996年，医院领导班子调整，为开拓医疗市场，医院更名为大名县第二人民医院，由专科医院发展为综合性医院，同时设立大名县交通事故抢救中心，开设了癫痫科、内科、中医外科、骨外科，增设内科病房、骨外科病房，医院科室结构、治疗业务发生了变化，但没有扭转下滑趋势。2005年起，医院医疗业务重新恢复为以治疗精神病为主。1997年，该院占地面积23575平方米，建筑面积5218平方米；2004年，占地面积减少为7000平方米，建筑面积降低至2190平方米，干部职工100名，其中副主任医师3名、中医主治医师4名、西医主治医师3名，其他专业技术人员45名，床位160张，年门诊量7621人次，业务收入61万元。主要设备有B超、心电图、自动煎药机、床边监护仪，200mAX光机、电动吸引器等。能够采取中西医结合方法诊治精神分裂症、躁狂症、抑郁症、癫痫等各类精神疾病。1989—1990年被邯郸地区卫生局评为先进单位，1992年被邯郸地区卫生局评为先进专科医院。

大名县卫生防疫站　1979年隶属卫生局，办公地址在城内东街原县政府院内。1983年，省卫生厅拨款6万元、县政府拨款2万元，在县城西北城角征地4666平方米，建设办公用房740平方米，1984年11月投入使用，设5科1室。1991年7月，在西南城角征地6亩，投资39万元建防疫站办公楼1596.5平方米，1992年投入使用，设7科1室，1993年设6科1室，即防疫科、卫生科、防痨科、检验科、门诊科、后勤科、办公室。1997年，该站有工作人员64名，其中副主任医师1名、中级职称人员7名、初级职称人员56名；2003年，利用国债资金110万元，县财政配套资金50万元和单位自筹资金40万元，在迎宾大街东段路北、引河西侧征地7859平方米，建防疫办公楼2789平方米，2004年年底投入使用，有干部职工108名，其中主管（治）医师20名、主管检验师1名，其他技术人员20名，设有办公室、防疫科、高血压病防治科、肝病科、结核病防治科、监督科、计划免疫科、检验科、艾滋病咨询室等临床、医疗技术、后勤等科室16个，门诊量19458人次，业务收入92万元。主要设备有200mAX机、B超仪、心电图机、生化培养箱、生物荧光显微镜、酶标仪、分光光度计等，开展以高血压病、肝病、结核病等慢性病、传染病患者的康复治疗。1984—1995年，该站年年被评为邯郸地区卫生防疫先进单位，1991年被省卫生厅评为防疫工作先进集体，2001年获省卫生厅全省结核病防治工作先进单位，2001年获市“传染病工作先进县”“地方病防治工作先进单位”，2002年获市“卫生工作及消灭脊灰工作先进集体”。2005年5月26日，撤销县卫生防疫站，组建县疾病控制中心和卫生监督科。

中心卫生院

1979年，各区政府所在地的卫生院分别为杨桥医院、万堤医院、城关镇医院（1984年改为大名县中医院）、龙王庙医院、束馆医院、金滩镇医院。1996年“撤区并乡”后，设杨桥、万堤、龙王庙、束馆、金滩镇、大名镇6处中心卫生院。

金滩镇中心卫生院　金滩镇中心卫生院位于金滩镇村东、106国道东侧，是周围六乡一镇的医疗中心。2005年，该院占地面积19800平方米，建筑面积3700平方米，干部职工59名，其中副主任医师1名、中医主治医1名、西医主治医5名、主管护士1名，其他卫生技术人员20名，设有床位35张。2004年，门诊量58000人次，业务收入204万元。设有18个科室，其中临床科室有中医科、内科、外科、妇科、儿科、五官科，医技科室有CT室、化验室、B超室、放射科等。主要设备有东大阿尔派全身CT、500mAX光机、东芝牌B超、自动洗片机、自动洗胃机、心电监护仪、呼吸机、裂隙灯、牙科综合治疗机、化验设备、救护车等，设备价值190万元。可开展静脉溶栓治疗脑梗塞、心肌梗塞、脑出血微创抽吸术、气管插管、气管切开、应用呼吸机抢救有机磷中毒，呼吸衰竭及中间综合症、胃次全切、子宫次全切、肝脾破裂修补术、胫腓骨外伤性缺如10厘米骨移植术，中医治疗中风后遗症、胆结石、尿路结石、不孕不育症、妇科肿瘤等。1994年晋升为一级甲等医院，2002年被邯郸市评为“百佳医院”，被河北省评为“省模范爱婴医院”。

杨桥中心卫生院　位于杨桥村村南，占地面积7016平方米，建筑面积2000平方米，干部职工55名，其中副主任医师2名、中医主治医3名、西医主治医6名、其他中级2名，医技人员14名，2004年床位30张，门诊26000人次，业务收入72万元，主要设备有德国西门子全身CT（二手）、无影灯、洗胃机、电动吸痰器、婴儿吸痰器、300mAX光机、心电图、B超、半自动生化分析仪、婴儿培养箱等价值50余万元，设有内科、外科、妇科、儿科、中医科、皮肤科、CT室、放射科、化验室、B超室等16个临床医技后勤科室，能诊治各种常见病、多发病，中医对中风后遗症、妇科不孕症、肝炎、心肌炎有独到治疗效果。1995年晋升为一级甲等医院，并被邯郸市卫生局授予“医德医风先进单位”，2000年被评为“爱婴医院”。

龙王庙中心卫生院　龙王庙中心卫生院位于龙王庙镇106国道西侧，占地6332平方米，建筑面积4223平方米。2005年床位80张，门诊量3500人次，业务收入45万元，干部职工87名，其中副主任医师2名、中医主治医师1名、西医主治医师3名、其他中级1名，医技人员60名。主要设备有B超、心电图机、麻醉机、200mAX光机、心脏监护仪、半自动生化分析仪、脑地形图机、显微镜、救护车等，主要科室有内科、外科、妇科、中医科、放射科、B超室、药房、X光室等16个临床医技后勤科室，可处理常见病、多发病，能做上腹部手术及剖腹产、子宫全切等手术。1994年晋升为一级甲等医院，2001年被评为“爱婴医院”，2002年被评为二星级单位。

束馆中心卫生院　束馆中心卫生院位于束馆镇北，占地5100平方米，建筑面积2110平方米。2005年床位20张，门诊量23200人次，业务收入33万元。干部职工41名，其中中医主治医师2名，主管护师2名，其他医技人员9名。主要设备有200mAX光机、心电图机、脑电血流图机、妇科治疗机、洗胃机、B超、心电图等。设有内科、外科、妇科、中医科、五官科、化验室、心电图室、B超室、X光室等15个临床医技后勤科室，可开展常见病、多发病及部分急重症病人抢救，外科可开展下腹部手术，1995年晋升为一级乙等医院。

万堤中心卫生院　万堤中心卫生院位于万南村南，占地面积13986平方米，建筑面积2861平方米，2005年床位30张，门诊量8000人次，业务收入19.1万元，有干部职工58名，其中中医主治医师3名、西医主治医师1名、主管检验师1名、其他医技人员30名，设有内科、外科、妇科、儿科、中医科、骨科、B超室、放射科、化验室等临床医技后勤科室15个，主要设备有200mAX光机、B超、心电图、721分光光度计、麻醉机、电动吸引器、手术室设备等，可开展常见病、多发病、急危重病人救治，可开展下腹部及四肢骨折手术，1994年晋升为一级甲等医院。

大名镇中心卫生院　大名镇中心卫生院位于城内西大街路南，占地980平方米，建筑面积1100平方米，2005年床位20张，门诊量4928人次，业务收入18万元，有干部职工52名，其中中医主治医生3名、西医主治医生2名、其他医技人员16名，设备有X光机、B超、显微镜、理疗机，设有内、外、妇、儿、骨科、中医科、皮肤科、理疗科，可诊治常见病、多发病及下腹部手术。

乡（镇）卫生院

1979年，全县有乡级卫生院38个，医务人员260名，房屋603间，医疗器械和设备主要有听诊器、体温计、血压表。乡级卫生院多数房屋是推广农村合作医疗时期，即1968年以后由各公社所属生产大队摊工摊料建成的砖土墙瓦房，多数已成危房。房屋破旧、设备匮乏、医疗水平低、经济效益差。1991年，县政府成立乡镇卫生院建设领导小组，实行集资办院，目标是改善乡镇卫生院基础设施，装备先进医疗器械，提高医务人员业务水平。是年，全县共集资196万元，新建房屋436间、修建房屋603间，达到小乡15间房、大乡20间房的规模。同年，还加强了对基层卫生技术人员的培训，县内培训40名、外出进修20名，并在卫校毕业生分配时向基层倾斜，充实加强了乡（镇）卫生院的技术力量。1992年，邯郸地区行署提出加强乡镇卫生院“五基”建设，即基础管理建设、基础设施建设、基础卫生教育建设、基层组织建设、基层队伍建设，实现房屋、人员、设备三配套。为此，为27个卫生院装备了X光机、心电图、显微镜等设备，大名 县有13个卫生院通过地区行署达标验收。随着“五基”的推进，乡镇卫生院的医疗水平得到明显提高，有的卫生院不仅设立了临床科室，还设立了医技科室，门诊量有所增加，业务收入提高，绝大多数实现了自给自足，其中王乍村、王村等8个卫生院业务收入超过10万元。1994年，大名县实行防疫保健管理体制改革，在6个区设立防保站，防保站与分院脱钩，主管本辖区内的卫生防疫、妇幼保健，乡镇卫生院归防保站领导。1996年8月，乡镇合并，基层卫生组织同时进行了改革，在乡镇所在地设立20个卫生管理站，承担原卫生院所担负的预防保健、妇幼保健、乡村医生管理工作，原乡（镇）卫生院只负责医疗任务。1997年7月，乡（镇）卫生院的人、财、物改为由乡镇政府管理。1997年，全县乡镇卫生院卫生技术员346人，其中主治医师12人、医师40人；床位222张，医疗器械139台。其中X光机35台、心电图机23台、显微镜26台、高压消毒锅39个，其他16台件。2002年6月，根据市卫生局要求，院、站合并，一个乡镇设立一所卫生院，把原来的38所乡镇卫生院、5个分院合并成20个卫生院（含6个中心卫生院），卫生院同时挂卫生管理监督站牌子，卫生院院长兼站长，非乡（镇）所在地的卫生院改为乡镇卫生院门诊部。2005年，乡（镇）卫生院共有医务人员187名。

卫生室（所）

村卫生室　1979年，大名仍实行农村合作医疗制度，村村设有卫生室，生产大队卫生员称“赤脚医生”，但人们日常习惯仍然叫卫生员。1984年，“赤脚医生”更名为乡村医生。同年2月12日，县政府下发《关于整顿农村卫生组织，加强卫生工作管理的通知》，卫生部门加强了对乡村医生的管理，对乡村医生统一进行业务考试，合格者发给乡村医生证，允许从事医疗卫生工作。是年，全县651个行政村有580个行政村建有村卫生室，乡村从业医生900人。1985年，向750名考试合格者发放了卫生协会会员证和开业执照，三证齐全的才许开业。1987年前后，个体诊所逐渐增多，给管理造成困难。为确保人民群众身体健康，卫生局制定《乡村医生和个体开业行医者暂行条例》，对无证行医者或行医不规范者进行整顿和处罚。同年，开展创建甲级卫生所活动，提出规范化标准，当年底，有60%的村卫生室达标。1990年，根据卫生部的意见，利用县卫生学校，加强了对乡村医生的培训，每年至少培训100人。1991年，推行联合办医，即每500人设1名乡村医生，1000人以下的村只设1个卫生室，1000人以上的村最多设2个卫生室，并有1名所长负责。是年，甲级卫生所比例达90%。1992年，县政府出台《关于加强农村卫生所建设的规定》，对办医形式、人员、房屋、设备、资金、体制、管理等做出规定。同年，组织开展了乡村医生职称评定。1993年，邯郸市推行农村预防保健基金制，当年大名县征收防保基金32.63万元，解决了乡村医生待遇和预防保健经费，调动了乡村医生工作积极性，促进了农村卫生工作发展。为迎接1996年农村初级卫生保健国家验收，1994年，卫生局举办了乡村医生初级卫生保健知识培训班，组织动员乡村医生参加国家自学考试。大名县有746人参加考试，537人合格，185人免试，77%的乡村医生达到中专水平。1996年，推行乡村卫生组织一体化管理，大名县采取村办院管，进一步提高了村卫生所管理水平。至2005年年底，全县651个行政村中建有640个村卫生所，共有乡村医生820名，部分卫生所有X光、心电图机、显微镜等医疗设备。

机关单位诊所 2005年，全县有5所学校建有医务保健室，共有卫生技术人员12名，为教职工和学生提供医疗服务。

私人医疗机构 1979年，大名县没有私营医院、私人诊所。1983年，出现私人诊所，时称个体医生、个体诊所。经地区卫生局统一考试，大名县首批有30人被批准为个体医生。1990年，个体开业行医的有38人。2005年，个体诊所7个，从业人员14名。钱氏中医精神病院于2003年2月18日由市卫生局批准成立，占地30亩，建筑面积11100平方米，床位20张,2005年有副主任医师1名、中医主治医1名、其他医技人员8名，年业务收入36万元，主要设备有脑电地形图机、心电图机、化验室设备、救护车1辆，以中药为主治疗精神病患者。

第二节 医疗队伍

2005年，全县共有医务工作者2013名，其中属于卫生局直接管理的医务人员1151名。

身份结构 干部身份323名，其余为全民固定工、集体固定工、合同制工人、计划内临时工。

中西医结构 中医助理执业医师以上资格人员99名，西医助理执业医师以上资格人员243名。

文化结构 本科学历36名、专科学历133名、中专学历370名、高中以下612名。

性别结构 男性583名，女性568名。

县级医院 504名、县防疫站108名、中心卫生院352名、乡卫生院187名。

医疗技术人员 1024名，管理人员84名，工勤人员43名。

第三节　医疗制度

公费医疗

大名县公费医疗制度始于1953年。凡国家预算内支付工资的党政机关、人民团体、文化教育、卫生、科研等事业单位的国家工作人员，以及由上述单位退休、离休、退养的人员，军队离退休干部，二等乙级以上残废军人，其医疗费由县财政支出，是为公费医疗。1978年以前公费医疗实行“实报实销”，没有药费金额限制。1980年8月1日，大名县革委会下达《大名县公费医疗暂行管理办法》，开始实行公费医疗证制度，即就近定点治疗，持证就诊取药，但每张处方药量不超过3天。1981年3月和1983年3月，县政府两次下发《公费医疗实行包干管理的办法》，规定40元包干，超支不补，固定医疗点（移点不报）处方限额限量（2元以下，3天以内）。1984年，县政府又规定：40元包干不变，其中四分之一单位集体掌握，用于解决危重病人的医疗费，四分之三用于本人门诊医疗。是年，全县6279人享受公费医疗，年人均支出57元。1987年，县政府决定实行“分灶吃饭”管理体制，医疗费与单位、个人、医疗部门经济利益三挂钩，医药费超支的局面仍然得不到控制。1988年，县政府再次修改管理办法，成立公费医疗管理小组，加强审核监督。1989年，县政府出台《关于公费医疗管理办法的补充规定》，强调在定点医院就诊取药，明确专职公费医疗医生，规定药费报销必须有处方和单据。1990年，医疗费超支86.6万元。1991年，享受公费医疗的人数为8150人，其中离休501人、退休610人、二等乙级以上残废军人347人。1995年，享受公费医疗人数为8996人，超支医疗费190万元，当年财政增补10万元，用于对重点病人的医疗补助。1997年年底，对各类人员的包干指标调整为：离休人员由300元增至500元，退休人员和二等乙级以上残废军人由40元增至120元，一般工作人员由40元提至50元。1999年，二等乙级以上残废军人医疗费调至500元；2002年，离休人员、二等乙级以上残废军人医疗费调至800元，退休人员由120元调至200元，在职干部职工50元不变。2003年，离休干部、二等乙级以上残废军人调至1200元，退休人员调至400元。2004年5月，公费医疗费划拨至县人事局医疗保险中心统一管理。

城镇职工医疗保险

2003年年底，大名县人民政府出台《大名县城镇职工医疗保险实施方案和大额医疗保险管理暂行办法》，2004年5月，大名县城镇职工基本医疗保险正式启动运行。城镇职工医疗保险采取统筹基金和支付。统筹标准：用人单位缴费按上年度职工工资总额的3.5%缴纳，个人按本人工资总额的2%缴纳。个人账户的建立和使用：在职职工个人账户，由个人的2%和每人每年从单位缴费中划入50元构成。退休人员的个人账户，以本人上年度退休费用为基数，按4%的比例全部从用人单位缴纳的基本医疗保险费中划入，个人每人每年缴250元。

统筹基金的支付：2004—2005年度，职工住院医疗费用起付线为：县内各分院为1014元，县医院为1170元，经批准转往县外医院的起付标准相应提高。转到同级医院提高3%，转到市级、省级、北京级医院的，在县级的标准上提高5、10、12个百分点。职工在一个年度多次住院，且第一次住院或紧急抢救的医疗费已进入统筹基金支付阶段，从第二次起支付起点依次递减100元。起付标准最低不少于

200 元。用药范围：参保人员住院使用“甲类目录”的药品所发生的费用，直接按基本医疗保险的规定报销。使用“乙类目录”的药品所发生的费用，先由参保人自负 20% 后，再按基本医疗保险规定报销。报销比例：在职职工在县医院住院医疗费用，纳入报销医疗费用达到起付线后，实行分段计算、累加支付的办法。起付线至 5000 元报销比例为县级 72%，各分院为 74%；5000 ~ 10000 元县级为 70%，各分院为 72%；10000 ~ 27500 元县级为 68%，各分院为 70%。退休职工个人负担比例，在在职职工个人负担比例的基础上，分别降低一个百分点。经批准转往县外医院的医疗费，参保人员起付标准及自负比例相应提高。转到同级医院提高 3%，转到市级、省级、北京级医院的，在县级的标准上提高 5、10、12 个百分点。大额医疗保险：大额医疗保险是基本医疗保险的补充保险，重点解决职工因患大病所发生的高额医疗费用支付困难问题。参加城镇职工基本医疗保险的单位和个人，必须同时参加职工大额医疗保险。大额医疗保险费的缴纳标准按每人每年 80 元缴纳，由用人单位和职工个人（含退休人员）各负担 40 元。大额医疗保险的享受标准：参加基本医疗保险职工医疗保险费超过最高支付限额以上的部分，由商业保险公司赔付 90%，个人自付 10%。在一个结算年度内赔付医疗费用的最高限额为 15 万元。上述各项，2004 年 5 月开始执行。至 2005 年年底，全县有城镇职工医疗保险参保单位 126 个、参保人员 17270 人，共收缴城镇职工医疗保险金 1166 万元，支付医疗费 12710 人次、1090 万元。

农村合作医疗

1979 年，全县有 90% 的行政村（生产大队）实行合作医疗。20 世纪 80 年代初期，随着农村家庭联产承包责任制的实施，以及政社合一的人民公社取消和生产大队解体，农村集体经济持续衰弱，合作医疗赖以依存的经济基础不复存在，农村合作医疗受到严重冲击，出现急剧滑坡衰退的局面。1985 年，全县实行合作医疗的行政村由过去的 90% 降至 5%，1989 年，实行合作医疗的行政村进一步降至 4.8%，合作医疗面临解体。再之医疗卫生服务体系市场化改革的价值取向以及公共卫生的衰退，农村医疗保障体系陷入支离破碎境地，农村居民变得没有任何医疗保障可言，农民“因病致贫、因病返贫”的现象十分突出。20 世纪 90 年代，两度试图重建农村合作医疗，推行“民办公助，自愿参加”，但筹集资金不到位，再加上农村卫生人才匮乏，基础设施落后，农村合作医疗名存实亡。2003 年“非典”过后，国家重新重视公共卫生，农村卫生保障逐渐加强。2005 年年底，大名县重新开启新型农村合作医疗制度建设工作。新型农村合作医疗，简称“新农合”，是指由政府组织、引导、支持，农民自愿参加，个人、集体和政府多方筹资，以大病统筹为主的农民医疗互助共济制度。采取个人缴费、集体扶持和政府资助的方式筹集资金。

第四节　医疗技术

中　医

大名县有较强的中医技术力量，县医院、县中心卫生院和部分乡卫生院设有中医科，以诊治内科病为主，兼治其他疾病，在治疗肝胆病、胃肠道疾病、心血管病、呼吸系统疾病和某些传染病方面技术较为成熟。20 世纪 80 年代，县医院医师部建功在治疗乙型肝炎、急性肾炎、脑溢血等疾病上较为出名；县中医院关志新在心脑血管病的辨证论治方面有独到见解。冢北卫生院杨少康在中医治疗伤寒、肝硬化、破伤风上有独特方法，疗效明显；万堤医院冀学广运用针灸治疗脑血管病后遗症有较好疗效。青年中医康志民、陈振广在国际刊物上发表中医论文2篇、在国内刊物上发表15篇。大名县精神病医院、大名县钱氏医院运用中医技术治疗精神疾病疗效显著。大名县利用中医技术能够开展的诊疗项目主要有冠心病、心绞痛、肺气肿、高血压、各型肝炎、肝硬化、胆结石、胆囊炎、脂肪肝、急慢性肾炎、肾盂肾炎、肾结石、膀胱结石、糖尿病、食管癌、急慢性咽炎、子宫出血、不孕症、少精症、阳痿、早泄、顽固性头痛、顽固性皮肤病、脑血栓、脑出血后遗症、急慢性阑尾炎、不完全性肠梗阻以及精神疾病等。

西 医

1979年，大名各级医院所开设的临床科室有内科、外科、妇科、儿科、中医科，医技科室只能做四大常规检查和胸腹部透视。1980年后，逐步增设急诊科、五官科、眼科等，建立了心电图、脑电图、B超、CT、病理等医技科室。

内科　大名县西医内科积累了丰富的临床经验，除能治疗呼吸、消化、循环、泌尿、神经、内分泌等系统一般疾病之外，还开展了心肌梗塞的溶栓疗法，肺心病心衰联合用药治疗方案，食道调博术、脑出血穿刺引流术、心脏临时性起搏术、内窥镜直视下消化道息肉微波切除术，血磁疗治疗心脑血管疾病。同时应用CT、彩超、重症监护系统、自动生化分析等先进设备与技术，攻克疑难杂症，成功抢救了众多急危的患者。

外科　开展脑外手术、胸外手术、内窥镜下消化道疾病的诊断和治疗、规范化肝切除、食管癌扒脱术、门脉高压症分流术和断流术，胃癌、结肠癌、直肠癌的根治，扩大根治术，贲门、食管癌切除、肺叶切除，先天性肛门闭锁、先天性巨结肠症及幽门肥厚性狭窄、甲状腺癌、乳腺癌根治术、胰十二指肠切除术、动脉导管未闭、二尖瓣狭窄手术、肝切除、心包切除、肤内血管癌切除、血管搭桥术、ICU病房等。

骨科　开展四肢各类骨折内外固定术、股骨头置换术、椎板减压术、椎间盘摘除术、肌腱神经血管吻合术、肌皮辨转移术，各类骨肿瘤切除与植骨术、各部位截肢术、半月板摘除术、关节结核病灶清除、颅骨骨折复位术、带锁髓内针在胫骨骨折中的应用等。

皮肤科　中西医结合治疗疥疮、体癣、股癣、手足癣、痤疮、湿疹、带状疱疹、荨麻疹、皮肤瘙痒症、淋病、紫癜类皮肤病、血管类皮肤病、银屑病、白癜风、斑秃、脂溢性皮炎、传染性软疣。

耳鼻喉科　扁桃体摘除、咽后脓肿切开、扁桃体周围脓肿切开引流，后鼻孔填塞，耳前后瘘管切除术，舌下腺摘除术，耳廓囊肿切除，外耳道息肉摘除，外耳道节肿切除，鼻息肉摘除术、鼻甲部分切除、鼻骨骨折、复位术、鼻中隔矫正术、鼓室抽液和注药术等。

眼科　裂隙检查，取角膜异物，结膜下注射冲洗泪道，泪道探通、翼状胬肉切除术，眼睑内翻矫正术、结膜肿物切除术、脓肿切开引流术、前房穿刺术、白内障摘除术、超声乳化、角膜移植等。

妇产科　单纯外阴切除术、阴道隔切除、阴道口狭窄及阴道瘢痕狭窄切开术、阴道囊肿切除术、经阴道粘膜下肌瘤切除术、肤式子宫全切次全切术、肤式次广泛性子宫切除术、阴式单纯子宫切除术、阴式子宫及阴道前后壁修补术、子宫颈管松弛缝缩术、输卵管通液术、输卵管再造通术、无痛人流、无痛分娩、侵蚀性葡萄胎绒毛膜癌的治疗和宫外孕保守治疗。

儿科　早产儿、低能儿、新生儿缺血性脑病、新生儿败血症、新生儿肺炎、化脓性脑膜炎、新生儿破伤风、硬皮症、过敏性紫癜、风湿热各种传染病、呼吸消化系统疾病、泌尿系疾病、各种原因所致休克、颅压增高综合症、儿科液体疗法、各种中毒的抢救，骨、腰、胸、肤、硬脑膜等穿刺，对儿童进行微量元素、智力、视力、听力、心脏检测等。

急诊科　开展人工透析、血液灌流术、心脏除颤术、120监控系统，各种中毒的急救，心脏骤停，呼吸衰竭、各种休克、重症心律失常，急性心肌梗塞、急性脑血管病、上消化道出血、电击伤、淹溺、自缢等危急重症患者的抢救等。

放射科　开展了空气灌肠、尿路、胆系、子宫输卵管造影、膝关节充气造影、膝关节双重造影，各种窦道造影、体层摄影，遥控胃肠、胸腹透，各部位拍片、介入治疗等。

中西医结合

中西医结合在20世纪70年代开始临床研究与实验研究相结合，在临床上主要采用辨证分型的方式分析疾病，并开展实验研究，出现一批如针刺麻醉、中西医结合治疗骨折和治疗急腹症等方面的研究成果。20世纪80年代以后，进入机理探讨和理论创新阶段，运用动物模型和实验研究观察手段，把证和经络的研究推到一个更为深入的层次。大名县中西医结合的方式和途径有以下几个主要方面：在疾病的诊治中进行结合，通过对中西医诊断方法的研究进行结合，通过对中医治法治则的研究进行结合，通过对中医学基础理论的研究进行结合，通过对方剂药物的研究进行结合，通过对针灸及经络研究进行结合。至2005年，大名县中西医结合工作不仅在临床医疗和预防保健等方面广泛开展，而且涌现出一批优秀的研究成果。在临床中，用中西医结合诊治常见病、多发病、难治病较为普遍。治疗心脑血管病、再生障碍性贫血、月经不调、病毒性肺炎、肛肠病、骨折、中小面积烧伤、血栓闭塞性脉管炎、硬皮病、红斑狼疮等疗效显著。在治疗某些急腹症时，改变传统的治疗原则，成为一种新疗法，不仅提高了治愈率，而且可使一部分病人免除手术治疗，减少了合并症及副作用。治疗内科急症，如呼吸窘迫综合征、急性心肌梗塞、休克、急性弥漫性血管内凝血等也有较好的疗效。治疗骨折，形成一种新的复位固定方法，可以缩短骨折固定和功能恢复的时间，保持较好的关节功能。中西医结合还注重运用非创伤性疗法治疗疾病，把西医的某些诊治手段与中医的气功、针灸、按摩相结合，以其无损伤、简便易行、疗效确实而受到广泛的重视。气功治疗高血压病，针灸治疗神经功能性疾病和冠心病，正骨手法治疗软组织损伤等，通过临床观察，都取得了较好的效果。

第五节　卫生防疫

卫生防疫机构

1979年，县防疫站有职工21名，其中医师2名、医士10名，其他卫技人员6名，工勤3名，设有办公室、检验室、卫生组、防疫组、财务组、宣传组。2005年，设有办公室、监督科、防疫科、防痨科、检验科、财务科、放射科、高血压和防治科、肝病科、艾滋病咨询室、信息中心等，工作人员108名。2005年5月26日，防疫站撤销，组建疾病控制中心。

爱国卫生

“文化大革命”开始后，爱卫会停止工作，1972年重新组建爱卫会和爱卫会办公室。1980年3月13日，大名县爱卫会再次成立。1983年，爱卫会办公室成为常设机构，编制4人，属卫生局。1990年，爱卫会办公室转归县政府领导，办公地址由东大街卫生局移至大名府路县政府院内.2005年编制5人。

灭鼠　1979年，省鼠防所向大名县下拨免费鼠药支援灭鼠，使鼠害密度大幅下降，家鼠由原来的每间房16只下降到3只，田鼠由原来的每亩地35只下降到0.5只。在灭鼠过程中，大名县卫生、农业系统的技术人员掌握到全县鼠类的品种以及他们的生活习性繁殖特点，摸索到了一些灭鼠经验。1982年起，上级农业部门年年下达灭鼠专项经费，每年冬春两季组织开展大规模灭鼠活动。1988年，经邯郸地区爱卫会检查验收，大名县鼠密度低于规定的标准。1991—1996年，爱卫办在县政府统一领导下，年年组织开展灭鼠工作，每年投药量均在20吨以上，按每个农户250克投放，以急杀药物为主，此类药物灭鼠快，易造成二次中毒，安全性较差。1996年春季，开始大面积使用慢性灭鼠药，仍实行户均250克的投放量，同时号召群众选用物理方法灭鼠（器械），当年实现灭鼠率98%以上，鼠害密度由15%以上下降至2%以下。1997年，由于乡（镇）出现厌战情绪，投药量不足，工作滑坡，致使鼠害密度回升，农村出现了流行性出血热散发病例，死亡1人。1998年，鉴于鼠情疫情较重，县政府认真部署统一灭鼠工作，投药22.5吨，投入资金14.3万元，县财政拨5万元作为周转资金。全县从县城到农村普投一遍，当年鼠密度又下降至2%以下。2003年，投放氯敌容纳盐20吨。2004年，国务院办公厅通知，灭鼠工作农村由农业局组织实施，县城由爱卫办组织实施，2004年县城投放灭鼠毒饵1吨。

灭蚊蝇　每年夏秋季节，组织机关、企事业单位、饮食业运用奋斗呐、迪克及菊酯类杀灭药物，普杀1～2次，每年500千克，喷洒面积200万平方米，大大降低了蚊蝇密度，减少了虫媒传染病的发生和流行。

饮水卫生　县城居民于20世纪70年代初开始饮用自来水，水厂建在西城门外，但老城外的机关单位以自建水塔取水为主，散住居民用不到自来水，早期以使用手压式塑料管井为主，后以使用小管机井为主。1985年，在城关镇设立8处饮水水质监测点，每季度取水化验一次，1990年3月，大名县城镇饮水卫生工作领导小组成立。1991年3—4月，全县开展饮用水源氟碘含量普查。2001年，在南关建大型水厂，绝大部分居民用上水厂自来水。农村地区20世纪70年代末、80年代初还普遍使用砖井取水，用水卫生没有保障，且水量很少，农民吃水困难。为保证饮水卫生，采取了井台加高、井口加盖、使用共用提水桶等办法。1978年，采取集体投资、国家资助的办法（每建一座水塔补1000元），首先在北门口公社范村、段村公社刘军庄和王军庄建自来水塔。至1982年，全县共建水塔27座，打手提式插管井656个。1984年起，对饮水卫生实行监测，加强对改水工作的指导。是年，测量了全县39个乡（镇）1070眼饮用水井的含氟量，含氟量超标的有85眼，涉及24个乡65个村。全县饮用清洁水的人口有373542人，占总人口的69.33%。其中有水塔68座，受益人口61901人，占总人口的10.8%；有水囤44座，受益人口19600人，占总人口的3.58%；有手提式插管井12703个，受益人口292041人，占总人口的55.15%。到1990年，全县共有自来水塔311座，受益人口32.5万人，占农村人口50%；手压井6.5万口，受益人口14.5万人，占农村人口的22.2%。此后，采取国家、集体、个人三方共同投资的方式，改良饮用水。1998年，全县有自来水塔357座，受益人口40.1万，占农村人口59.4%，手压井发展到6.72万口，受益人口19.5万，占农村总户数的29.3%。2000年后，地下水位持续下降，大部分手压井抽不出水来，农村居民个人打小管机井 13.77 万眼。2004 年，县政府启动“村村吃甜水”工程，投资 360 万元，为吃水困难的 54 个村打深井 48 眼，近 7 万人用上了自来水。2004 年年底，全县共有自来水塔 397 座、小管机井 13.77 万眼，农村受益人口 99.61%。

食品卫生　1979 年，对餐饮业从业人员定时进行健康体检，凡患有传染病的一律调换岗位。1983 年 7 月 1 日《中华人民共和国食品卫生法（试行）》颁布后，在餐饮行业开始施行卫生许可证和从业人员健康证制度。县防疫站配备了 5 名食品卫生监督员，开始食品卫生执法检查。次年 7 月开展《中华人民共和国食品卫生法》宣传月活动，印制《中华人民共和国食品卫生法》500 份、《食品卫生“五四”制》1000 份、漫画 500 份，发送到食品经营单位。1984 年，县城内餐饮单位基本达到食品冷藏化、灶台瓷砖化，88% 的餐饮单位配备了电冰箱。1985 年，县食品卫生监督员增至 7 名，并在 6 个区医院、38 个乡镇卫生院配备 104 名食品卫生检查员，每年进行 3 ~ 5 次食品卫生大检查。1984—1985 年共处理 66 起食品违法案件，经济罚款 47 家，停业整顿 16 家（次）。1991 年下半年，根据县政府《关于搞好县城食品六行业整顿的通知》，对集体食堂、中小餐馆、熟肉加工、熟肉销售、饮食摊点、冷饮生产等“六小”行业进行卫生整顿，扭转了县城食品卫生脏乱差状况。1992 年，食品卫生体检办证制度延伸到乡、村，1994 年食品卫生监督检测制度普及全县所有的食品生产、经营单位。1995 年 10 月 30 日，《中华人民共和国食品卫生法》实施，1996 年 4 月 10 日，成立县公共卫生监督办公室，挂靠县防疫站。1995—1997 年，共查处食品违法案件 324 起，公开销毁伪劣变质食品 500 千克，清理无证经营 16 户，补办健康证 20 人份。2004—2005 年，每月进行监督检查，卫生监督覆盖率达 100%，从业人员体检 2726 人，上岗持证率 99%，“五病”调离 16 人，卫生许可证发放及审验 1215 份，销毁变质食品 15000 千克、饮料 1000 千克、“冰袋”200 千克，保证了广大消费者的饮食安全，有效控制了不合格食品上市，杜绝了食物中毒的发生。

学校卫生　学校卫生工作以预防为主，主要任务和目的是加强健康教育，培养卫生习惯，改善学习环境，完善防病措施，矫治常见病，预防多发病，提高学生健康水平。主要措施是在初中以上学校设立医务保健室，做到无病早防，有病早治；县防疫站定期对学生进行身体检查，指导治疗。1984 年，县防疫站对大名第一中学 214 名学生进行了视力检查，查出双眼视力低下者 13 人，占受检人数的 11.1%，对“红卫”“五七”两所小学 209 人，做了蛔虫带虫率调查，查出带虫者 16 人，带虫率 7.7%。1985—1988 年，县防疫站分批对第一中学、第二中学、五七学校等 8 所学校的 2425 名学生进行了健康检查，查出龋齿 324 人、弱视 394 人、沙眼 98 人。1992 年，县防疫站检查全县 642 所学校所有学生的健康状况，为改善学校卫生提供了科学数据。1997 年，按照《全国学生常见病综合防治中期考评实施方案》要求，制定《大名县学生常见病综合防治中期考评实施计划》，并检查了县城 5 所中小学共计 4454 名学生的健康状况，查出患“六病”学生 2266 名，患病率 50.87%。防疫站每年都派出专业技术人员到学校给学生上健康教育课，培养学生良好的卫生习惯，加强学生自我防病意识，改变不良生活习惯，配合教委每年对全县中小学生健康体检一次，2001—2005 年，查出沙眼 350 人、近视眼 5200 人、龋齿 3456 人、先天性心脏病 12 人。

防　疫

计划免疫　大名县计划免疫始于 1975 年。1982 年 11 月 3 日，县政府召开计划免疫工作会议，推动了计划免疫工作的开展。1985 年，开始实行“儿童免疫保偿合同制”。是年，入保率 69.20%，到1994年，入保率基本达到100%。同年，世界儿童基金会资助大名县速冻器6台、电冰箱39台、冷藏包647个，实现了从县防疫站到乡卫生院再到村卫生所的三级计划免疫疫苗冷链运转。1986年，实施新的儿童免疫程序。1988年，进行全县儿童计划免疫上卡率普查。1991年10月7日，县计划免疫协调小组成立，实行每月接种的办法，保证儿童及时接受全程免疫接种。1992年，乙肝疫苗接种纳入计划免疫管理（属自费疫苗）。是年，依照《河北省儿童计划免疫条例》进行执法检查，从而使计划免疫管理由行政管理转为法制管理，并在乡镇设立计划免疫专室。得到省领导肯定，并在苏、皖、豫、鲁、冀五省计划免疫联防会上交流。1994年4月，县文教局、卫生局联合下发《关于对入托、入园、入学儿童进行查验预防接种证的通知》，强化了计划免疫的法制化管理。1995年是全国消灭“脊髓灰质炎”实现年，又是中国计划免疫以乡为单位儿童免疫接种率（85%）达标验收年。围绕这两项目标，1994年出台了《大名县卫生防疫、计划免疫工作奖罚条例》，并组织了三次大规模的自查自评，查漏补种，做到人、证、卡三对口，以常规免疫为基础，以强化免疫为重点，狠抓流动人口和非在卡儿童免疫。2000年1月6日，县政府印发《大名县全民乙肝疫苗接种实施方案》。2005年，全县为儿童接种卡介苗9056人次、麻疹25760人次、糖丸44685人次、百白破44685人次、流脑9056人次，乙肝疫苗25760人次。1979年后，大名县计划免疫工作多次获得省、市先进。1985年，河北省卫生厅授予大名县“计划免疫达标县”，1994年，被市卫生局评为“计划免疫工作达标县”。1995年，被邯郸市政府评为“计划免疫达标县”。

地方病防治　1978年3月27日，县防治地方病领导小组成立，并在卫生防疫站设办公室，1994年4月22日，出台《大名县地方病防治1994—2000年工作规划》。大名县的地方病主要有：地方性氟中毒，布氏杆菌病和头癣病。地方性氟中毒。1979年，防疫站对全县饮用水做了含氟量调查，共调查39个乡（镇）1070眼水井，含氟量在1.0MG/L以上的85眼，其中西店乡前辛寨村高达2.58MG/L，全村有255人患氟斑牙。1980年，县拨款3000元，为该村打深井改水降氟。1985年，分别在丰水期、枯水期两次对全县651个村1302眼水井采样化验，含氟量在1.0 ~ 2.7MG/L之间的有99个村。随后对这99个村的村民进行了普查，发现有病人的71个村，发病人数34568人，发病率51%。其后在含氟量较高，氟斑牙较重的西付集、中大江、前辛寨等11个村实施改水降氟，每打一眼深井县财政补助3000元，改水降氟取得成效，氟斑牙病得到控制。1990年后，大名县地下水下降，水层发生变化，导致饮用水含氟量上升。经普查全县高氟村220个，分布在31个乡，受害人数20.2万人，氟斑牙患病人数达7.76万人，氟骨症病人86人，患病人数占病区总人口的38.4%，发病率呈上升趋势。1997年，对553眼机井进行氟、碘含量监测，其中超出正常含氟量的井157眼。截至1997年年底，改水24个村，受益人口22892人。布氏杆菌病。1982年，根据县畜牧局在畜牧业中搞布氏杆菌病普查提供的线索，开展了对此病的追踪调查。对大街、双台、七里店三个村300余人进行抽血检验，做了平板凝集和试管凝集反应，并对发现的3名病人免费治疗至痊愈，至2005年年未有新发病例。头癣病。1983年，在全县范围内进行头癣病普查普治，共查出头癣病患者18名，涉及6个乡、8个村。县防疫站派人定期送药，免费治疗。1985年，经省地方病防治所验收，18名患者基本痊愈，此后未有新患发生。

传染病防治　县防疫站1979年以来的疫情统计显示，县境内发生的急性传染病有疟疾、痢疾、霍乱、流行性脑脊髓膜炎、百日咳、猩红热、麻疹、流行性感冒、伤寒、副伤寒、病毒性肝炎、流行性乙型脑炎、脊髓灰质炎、病毒性肝炎、狂犬病等。被列为重点防治的传染病有：疟疾、痢疾、麻疹、流脑、黑热病、伤寒等。

疟疾是大名发病率较高的传染病之一，占传染病构成结构的第一位。1981 年，在发生疟疾较多的旧治、大街、尹李庄、龙王庙、城关、马陵、埝头、金滩镇 8 个乡镇设立疟疾监测点，开展对疑似病人的镜检，杜绝遗漏，防治传播。同时，采取群防群治措施，消除蚊子孳生地，利用药品灭蚊。1983 年，疟疾在大名县境内基本上得到控制。1986 年 7 月，经河北省卫生防疫站验收，大名县达到了国家疟疾控制标准。1986—2005 年未有新发病例。

痢疾是大名传染病构成中占第二位的疾病。1984 年以后，由于注重公共卫生和饮食卫生，痢疾病例呈逐年下降趋势，其中 1989 年发生 256 例，1992 年发生 186 例，1996 年 139 例，其余年份均少于 130 例。

麻疹在大名传染病构成中占第三位。实行计划免疫后，麻疹发病率下降，1981 年发病 34 例，1983 年发病 13 例。1984 年在埝头乡纪家庄发生麻疹流行，发病 58 例，及时采取措施控制了疫情蔓延。1985 年后偶有散发病例，无死亡病例，其中发病最多的 1995 年为 14 例。

脊髓灰质炎（小儿麻痹症）。1981 年发生暴发流行，从 5 月 2 日第一例出现到 8 月底，发病人数 162 人，主要集中在大龙、孙甘店、南李庄、埝头 4 个毗邻公社的 24 个自然村。在省、地防疫部门指导下，采取疫区易感儿童普服脊髓灰质炎疫苗的办法，控制了疫情。由于实行了强化计划免疫，1981—2005 年，未有确诊的脊髓灰质炎病例发生。

霍乱、副霍乱。1988 年 8 月 3 日，普明滩乡北刘店村发生了新中国成立以来首例副霍乱病例（据调查系从山东传入），毗邻的张集乡东小滩村、西孟村相继出现病例，截至 8 月 14 日，3 个村共发生 19 例。县委、政府对此高度重视迅速部署，全县医务工作者合力奋战，控制和消灭了疫情，未有人员死亡。8 月 15 日，与河南省南乐县副霍乱疫区邻近的旧治乡东范庄发生 1 例副霍乱病人。1989 年 6 月 28 日，铺上乡罗庄村发现首例副霍乱病人，16 天内共出现 24 例；与之邻近的北马头乡、西店乡、杨桥乡相继出现 25 例；7 月 27 日殷李庄乡、大街乡、金滩镇、旧治乡又发现散在病人 14 例。6 月 28 日至 8 月 8 日，共发生 63 例，由于组织得力，措施科学，疫情得到控制，未有死亡发生。1990—2005 年，未发现新发病例。

伤寒、副伤寒。1982 年伤寒发病率最高，发病 677 例，死亡 2 例。1984 年发病 4 例，1986 年发病 8 例，1987—1989 年未有该病例发生报告。1990—1997 年，共发生 19 例。1998—2005 年，未有新发病例。

流行性脑脊髓膜炎（流脑）。1984 年发生流脑 288 例，死亡 2 例，此后没有大流行。1985 年至 1996 年计有散发病例 49 例，1997 年至 2005 年未出现。

流行性出血热（肾综合症出血热）。该病 1986 年传入大名，先后在杨桥一带和大名一中散在发生，当年发病 65 例，死亡 1 例。大名随即采取以灭鼠为重点的综合防治措施，使疫情得到控制。除 1988 年、1993 年外，该病在大名年年发生，其中 1995 年出现 102 例，死亡 1 例。

结核病防治　1985 年起，对结核病患者实施登记建卡管理，不仅要发现病人，还要管理治疗病人，但患者需自费治疗。1992 年，大名县被定为世行贷款中国结核病控制项目示范县，肺结核患者可以免费治疗。是年 3 月，防疫站重新组建防痨科，专门负责肺结核病人的检查、治疗。截至 1992 年年底，共检查 2755 人，查出结核病患者 365 人，痰菌阴转率 98%。1992—2005 年，共为 14256 人进行了肺结核病检查，为 3505 名肺结核病患者实施了免费治疗。

职业病防治　1980 年 2 月 27 日，县革委会成立工厂、企业职业病普查领导小组，3 月上旬开始职业病普查。1983年，查出有毒有害厂、矿4家，职工中接触粉尘者231人，接触苯、汞、氰化物等有害物者148人。县防疫站为接触有毒有害物质的工人进行了X光透视、血常规化验等多项检查，并建立了职工健康档案，建议给患病工人调换工作岗位。1984年，县防疫站配备了测尘器，定期测量有害作业场所的粉尘浓度，定期为有害作业场所的工人检查身体，全面系统观察工人健康状况，对职业病患者实行专案管理。有毒有害物超标的企业按照县里的要求进行了整改，减少了职业病的发生。1988年，全县建立职工健康档案的13个工厂2523名工人中，接尘297人、接毒160人，查出尘肺9人。20世纪80年代中期以后，农村大量种植棉花，农药中毒事件频发，农药污染严重，卫生、农业部门采取多种措施宣传指导，努力减轻农药危害，保护农民身体健康。1985年，对9个单位的X光室进行了放射线测定，全县51台X光机，停用35台，其余16台全部安装防护装置。1992年，向拥有X光机的单位发放了《射线装置工作许可证》和《放射工作人员证》，从业人员均配有个人剂量计，每逢双月送检，每年一次全面体检，受到放射危害的人员能够及时得到休息和治疗。1997年，再次对全县放射室进行改造，放射性危害进一步降低，通过了市防疫站的达标验收。

第六节　妇幼保健

妇女保健

1976年，全县共计为63543名妇女进行了妇科病检查，发现患宫颈糜烂、滴虫性阴道炎、霉菌性阴道炎最多。经过实施免费治疗，到1980年，上述患病率均有下降。1985年，培训乡镇卫生院妇幼医生50名，培训重点是宫颈癌、乳腺癌方面的防治知识、技术。妇女保健工作的加强，提高了妇女的保健水平。1979年，全县妇科病患病率达35%，1996年患病率为30.2%，2005年患病率下降为29.1%。1987年，实施母子保健保偿制试点，推广新法接生。1988年，全县有6224名入保，入保率67%。1993年，母子保健保偿制覆盖全县，大名县在邯郸地区率先推行出生保健卡和孕产妇死亡上报制度，被邯郸地区评为“母子保健保偿责任制先进县”。1994年，继续开展孕产妇系统管理，入保人数6846名，入保率80%，早孕建卡率达40%，住院分娩率60%，新法接生率95%以上，高危筛查率13%，从而降低了孕产妇的死亡率。2000年，实行“母亲安全工程”，年终有县医院、妇幼保健院、金滩镇医院等5家医院被省评为“爱婴医院”，基本上取消了家庭接生。1995年1月，制定《大名县婚前检查管理办法》，成立了婚前检查技术鉴定委员会，为邯郸市最早。先后有6个县来大名参观学习。

儿童保健

1979年，为全县儿童免费驱蛔虫，应投药98426人，实投药98344人，服药率99.9%。1980年，县妇幼保健站和各公社卫生院建立儿童保健卡和独生子女健康登记簿，指导孕妇科学育儿，普遍服用预防佝偻病的药物。1982年，抽样调查了0～6周岁儿童“营养不良性贫血”和“佝偻病”情况，调查了七里店公社柳林、岳庄，大街公社营庄、东门口，旧治公社纸坊、宋曲，未城公社杨未后、苗未城8个村的1678名儿童，患病儿童385名，患病率22%。根据调查结果，对患病儿童给予及时治疗。1987年，实行母子保健保偿责任制，儿童保健措施进一步加强。为了解儿童发育健康状况，

1988 年，对全县儿童普查一遍，共查 103436 名儿童，其中当年出生 6816 人，死亡 35 人。对死亡的 35 人逐一进行了死因调查，为婴幼儿疾病防治提供了可供参考的资料。1990 年，在鲍庄乡、大龙乡试行儿童生长发育监测制，对小儿肺炎、腹泻、贫血、佝偻病实行专案管理。1993 年，实行出生保健卡制度。随着儿童健康普查量的不断增加，对查出的患儿重视治疗，几种威胁儿童身心发育的主要疾病的发病率得以逐年下降。1982 年，对全县 0 ~ 6 岁儿童“营养不良性贫血”“佝偻病”进行抽样调查，共抽查儿童 1678 人，患病人数 385 名，患病率达 22%；1999 年普查，共查儿童 31200 人，其中佝偻病发病率降为 12%，营养不良性贫血发病率降为 10%，并全部进行投药治疗。1 岁内 VD 投药率 90%，3 岁内亚铁投药率 96%，对体弱儿实行专案管理。并与防疫站配合，为当年出生的儿童建立手册等程序，完成卡介苗、麻痹糖丸等各种疫苗的接种，使接种率逐年大幅度提高。由于防治及时，全县自 1990 年连续 10 年无小儿麻痹症、麻疹发生。百日咳发病率大幅度下降。

第七节　防治“非典”

2003 年年初，传染性非典型性肺炎（简称“非典”）在中国传播，3 月 27 日，世界卫生组织宣布北京地区为传染性非典型性肺炎疫区，全国非典防治形势骤然紧张，大名县大量在外民工陆续返乡，防“非”形势异常严峻。2003 年 4 月 18 日，大名县成立防治“非典”领导小组，4 月 21 日下发《关于防止非典型性肺炎在我县传播和扩散的紧急通知》，其后一个星期内，县委、县政府两次召开防“非”会议，连续下发六道《通知》，紧急安排部署非典防治工作，建立应急处理和抢救小分队，采取控制人员出入、整理环境卫生、强化消毒灭菌等措施。4 月 27 日，调整充实了防“非”领导小组，县四套班子领导齐上阵，组成 12 个工作小组和一个办公室，全面布控，严防死守。5 月 5 日，县委、县政府召开“大排查、大宣传、大消毒”动员大会，抽调 1953 名机关、乡镇干部组成工作队，进驻 651 个村，实施排查、宣传、消毒三大任务。实行三级领导责任制，靠前指挥，强化责任。即每一名县级领导分包一个乡（镇），为第一监管人，出现问题负连带责任；乡（镇）一把手是本乡（镇）第一责任人，县直单位一把手是所分包乡（镇）第一责任人，出现问题双双负主要责任；副乡科级干部是所分包村的直接责任人，出现问题负全部责任。包乡县级领导和科级干部吃住在乡，包村副科级干部吃住在村，没有命令不许离岗。5 月 12 日，县委、县政府在万堤镇前屯村召开现场调度会，根据疫情发展进行了再动员、再部署。5 月 29 日，县委、县政府召开三级干部大会，号召全县干部群众克服厌战情绪、麻痹思想、侥幸心理，再接再厉，巩固防非成果，防治疫情复发。4 月中旬至 6 月底，县防治“非典”领导小组共下发文件 37 期，防治“非典”办公室下发文件 73 期，编发防非简报 90 期，有力地指导了“非典”防治工作。

工厂、企业、学校、饭店、商场、交通要道等地方人口密集、流动性大，成为防治的重点，根据不同情况，采取了多种专项防治措施。全县工厂企业对厂区每天消毒一次，对食堂、宿舍、车间等重要部位每天消毒两次，对上岗职工实行测、询、观制度，并严格控制与外交往。凡外来人员、返乡人员，严格登记，及时上报，无症状的在家隔离，有发热、咳嗽症状的在单位隔离，有非典症状的在县定点医院隔离，症状明显的送市定点医院隔离。全县中小学校、幼儿园从 4 月 20 日起实行出入登记制度，暂停一切对外交流活动，每天为学生测量体温，严格排查，对学生家庭成员或亲友有返乡情况的，登记造册，严密观察。校园内全面消毒，不留死角。各学校采取多种形式宣传“非典”防治知识，指导学生培养良好卫生习惯。4 月 28 日全县统一放假，6 月 10—16 日陆续复课。开学头一天，学生一律参加体检，确保“疫情不入校，入校不传播”。饭店、商场关门停业，入境车辆全面彻底消毒后才准通行。4月28日，县城开展万人上街大清扫活动；5月1—8日，开展爱国卫生运动突击周活动；5月15日，开展“整治环境、关注健康”爱国卫生活动月活动，全县651个行政村出动劳动力200万人次、机动车1.5万辆次，清理垃圾，整理街道，粉刷墙壁，铺撒白灰，喷洒药品，掀起了爱国卫生运动高潮，农村环境卫生面貌焕然一新，有效阻止了疫情的发生、传播。

4月26日，县卫生局确定县医院为发热定点医院。5月9日，县防治“非典”领导小组重新明确县医院为发热定点医院，金滩镇为发热定点后备医院，另在8家医院设立发热门诊。5月中旬，又将发热定点医院改设在县精神病医院，发热门诊设在县医院，其他发热门诊全部取消。对全县医疗设备进行整合，调用县医院救护车2台、呼吸机4台、监护仪10台、吸引器8台。投资75万元，用于改造发热门诊和定点医院，设立隔离留观病区，改造病房4500平方米，设立病床40张；投资125万元，用于购买救护车、呼吸机、监护仪、X光机、焚烧炉、消毒锅等；投资69万元，用于购买防非药品。从全县医院中抽调主任医师、主治医师、医师、护师100多名到发热门诊、定点医院值班待命，抽调、安排1000名医务人员到检查站、流动消毒队、应急消毒队、驻村工作队中，承担检查、排查、消毒等险重任务。白衣战士表现出了不怕牺牲，救死扶伤的革命人道主义精神。消毒队为入境车辆消毒70000部，为返乡人员消毒44312人，为县直单位消毒67家，消耗消毒药品5吨多。在抗非斗争中，卫生系统有1100名干部职工、703名乡村医生昼夜工作在一线，承担排查、宣传、消毒三大任务。

抗非期间，大名县狠抓市场监管，严格工商执法，累计出动市场执法人员5528人次，检查经营单位8099户，查处各种违法案件838起，有效地稳定了市场秩序。利用财政资金161万元、社会捐款56万元，购置防护服、隔离衣、口罩、手套、体温计等30301件（套），购买消杀药品6670千克应急备用。县商业局在215省道旁边省粮食储备库建设了能满足1500人需要的快餐专供处，储备快餐盒5万个、面粉2万千克、大米2万千克、食用油2500千克、红白糖1000千克、活猪450头、牛羊200头，其他生活物资15万千克。

在抗击“非典”过程中，设立固定检查站5个、流动检查站10个，投入警力110人，投入医务、交通、城管等人员93人，对返乡农民工和外来人口实行严格的隔离观察。5月初至6月底，共检查返乡人员27662名，搭建帐篷1870个，利用闲置房1920间，累计隔离27796人、解除隔离27637人，大名县未有疫情输入。6月21日，县委、县政府召开全县抗击非典总结表彰大会，防治非典工作结束。

第八节　卫生药监机构与医政相应管理

管理机构

1979年，大名县革命委员会设卫生局，有工作人员7名，科股不分。1984年，卫生局机关设办公室、会计室、医政股、人事股、审计股，下辖防疫站和全县各级医疗单位。2005年，卫生局内设办公室、人事股、财务股，医政股，下辖防疫站和全县各级医疗单位。

药监局　2002年7月，成立大名县药品监督管理局。2005年，药监局内设办公室、人事财务股、药品市场监管股、药品稽查股、医疗器械监管股、药品注册与安全监管股，核定编制17名，其中行政编制16名，实有10名。

医疗机构管理

医院行政管理　1979 年，开始健全各级医院行政管理体制，1980 年，建立考勤、会议、请假、业务考核、奖惩等制度。1985 年，改革医院管理办法，各级医院开始有人事任免权和奖惩权。1987 年后实行聘任制，卫生局长聘任院长、院长聘科主任、科主任聘技术人员。工资改革实行按劳分配，即行政管理人员实行基本工资加奖惩或平均工资加奖惩，有收入的科室根据工作人员出勤和完成任务指标情况制定利润分成的方法，以改进工资分配，原则是上不封顶，下不包底。乡镇卫生院实行自负盈亏。

医疗业务管理　1980 年，各级医院均设立急诊室、观察室，实行节假日不放假和 24 小时接诊制，1981 年，健全病历书写、查房会诊、死亡病案讨论及三级护理、交接班、手术分级审批等规章制度。1994 年，开展创建甲级医院活动，技术练兵活动达到高峰，医疗质量、护理质量明显提高，每年卫生系统平均向上级医院派出进修人员 20 余名，并内引外联，邀请上级医院专家来医院坐诊指导工作。县医院从北京请来眼科专家，并与省二院协作；万堤医院与邯钢医院联姻，精神病医院取得市第一人民医院支持，县妇幼保健院与二八五医院、杨桥医院与市中心医院、金滩镇医院与邯郸矿务局医院协作，分别请来相关医疗单位专家来院长期协助工作，使医务人员素质及医疗技术有了明显提高。

个体医院管理　个体医生申请行医，需经卫生主管部门对其进行考试，合格后发给行医执照，准其开业行医，尔后每年审验一次，同时不定期进行检查促进工作。1982 年，邯郸地区统一组织个体开业人员考试，大名县首次考试合格 30 人，并发给行医执照。1997 年年底，全县有个体诊所 123 个（其中县城 24 个），根据《医疗机构管理条例》《中华人民共和国执业医师法》规定，城镇个体开业人员必须具备执业医师资格，经过整顿，2005 年，县城具备开业资格的个体诊所保留 7 家。

医疗监督执法

1991 年，卫生系统开展职业道德、职业理想、职业技能、职业纪律、纠正行业不正之风“四职一纠”竞赛活动，各单位以职业理想抓教育、职业道德抓形象、职业纪律抓整顿、职业技能抓培训，突出职业道德教育，狠抓优质服务。医德医风教育是 1994 年在“四职一纠”竞赛活动基础上，突出职业道德教育的竞赛活动。各单位均定措施、抓落实、制定完善规章制度，实行规范化管理，工作人员挂牌上岗，收费标准、药品价格上墙，设立举报箱及举报电话，并从社会上聘请监督员 30 余人，每年召开一次座谈会，向有关单位和个人发送征求意见卡 100 余份，广泛听取群众意见，接受社会监督，通过采取一系列措施，全面提高了医务人员的素质，开大方、乱收费、吃请等现象得到有效遏制。医院一旦发生医疗事故，必须按规定时间上报卫生局，封存病历资料和所用医疗用品，然后按规定妥善处理。1985—2005 年，大名县医疗事故鉴定委员会鉴定二级医疗技术事故 1 起，三级医疗责任事故 1 起，排解医疗纠纷 10 余起。

第九节　食品药品监督管理

药品管理

1979—1983 年，大名县没有专门的药品管理机构，1983 年后由卫生局医政股代管。1985 年《中华人民共和国药品管理法》颁行后，大名县卫生局设立药品监督机构，任命药品监督员 4 名，负责全县药品监督管理，后又任命药品质量检查员68名，负责各自单位药品质量检查、监督和信息反馈，1987年，药品监督机制基本完善，形成县区乡三级药品质量监督检查网络。药政管理包括药品生产管理、药品市场管理和特殊药品管理。

药品生产管理 大名县没有药品生产企业。县医院1959年建制剂室，1982年停产，1986年恢复生产，主要生产苯甲醇、葡萄糖等。龙王庙医院1963年建制剂室，杨桥、万堤医院及未城乡卫生院在“文化大革命”期间建起制剂室，所生产制剂只限于本单位使用。卫生部门每年对制剂产品进行2～3次抽验，发放许可证，不合格的制剂就地销毁。1980年，对全县制剂生产进行整顿，除县医院、龙王庙医院外，其他医院、卫生院停止生产制剂。龙王庙医院1996年停止制剂生产。

药品市场管理 1979年，大名实行药品管理改革，具体措施是清仓查库、摸清底数，废除“以存定销”，实行数量统计、金额管理、实耗实销，使进、销、存均有据可查，杜绝积压、变质，加快资金周转，减少浪费。1982年封存销毁了127种疗效不明确，毒副作用大的药品。1985年《中华人民共和国药品管理法》实施后，县卫生局每年组织1～2次药品质量大检查，至1997年，共查出不合格药品1500种，查处非法经营药品4起，没收药品50批。1995年，制定《大名县乡村药品一体化管理办法》，规定统一购药的适用范围、必备条件和具体要求，制定药品质量管理、价格管理、审计监督等方面的措施。全县药品经营分市场经营和医疗单位经营。市场经营三级批发有县医药公司中西药批发部；四级批发有隶属于县医药公司的杨桥、金滩镇、龙王庙、束馆批发站；医药零售门市部有南大街第一、第二药房，大名府路第一、第二药房，北大街药房，均隶属于县医药公司。对药品经营企业实行经营许可证制度，药品经营企业许可证不得转让、出租，严禁无证或证照不全者非法经营药品。实行药品出入库登记制度，药品存放与保管有防尘、防潮、防污染、防虫蛀、防鼠咬、防霉变等措施。药品批发企业须配备专职医学技术人员，药品零售企业须配备专职药工。对经营假劣药品的，一经查实严肃处理。医疗单位采购药品由医院药剂科负责，必须到已取得药品生产企业许可证的药厂和具有药品经营企业许可证的大型批发单位采购。采购的药品入库时须履行签字验收手续，严防伪劣药品流入。

特殊药品管理 特殊药品指麻醉药品、毒性药品、精神药品、放射性药品。大名县对特殊药品管理实行专人负责、专柜储放、专册登记、专用处方，用量上不超过2日量，连续使用不超过7天，处方书写要求规范，医生签名符合要求，处方保存3年以上。病人使用时需有关领导审批。2002年7月，大名县成立药品监督管理局，卫生局承担的药品、医疗器械监管等职能划归药监局。

药械管理

县药监局以日常监管为基础，以专项整治为手段，严厉打击制售假劣药械等违法行为，着力解决公众用药安全的突出问题。加强对药品经营企业和药品使用单位的监管，在全县药品经营企业和乡镇卫生院以上医疗机构安装药品电子实时在线监控系统，安装率达100%。对全县直接接触药品的工作人员进行健康体检，至2005年年底，共计体检1399人。完成药品监督抽样20批，药品不良反应上报18份，查处群众举报案件9起，并及时向举报人答复查处结果，案件查处率100%。积极推进药品经营企业综合监督检查，深入药品经营企业，对药械购进、验收、储存、养护、销售等环节进行全面检查，督促整改质量隐患和管理体系中的薄弱环节，促进药品经营企业质量管理水平的提高，确保药品安全。全面监督药品零售企业按照GSP规范开展经营活动，督促应认证企业按期进行申报认证。

2005 年，受理 GSP 认证申请 8 家，严格遵循 GSP 认证工作程序和检查标准进行现场检查，5 家企业通过认证，3 家企业进行整改。加强药品安全专项整治。与公安、工商等六部门建立药品安全工作联席会议制度，协调组织全县药监系统深入开展药品安全专项整治工作，先后开展重大节日期间、非药品冒充药品、利用互联网发布虚假信息，通过邮递途径销售假药、医用氧和体外诊断试剂、疫苗调拨使用环节等各类专项整治，2005 年，共出动执法车辆 600 辆次、执法人员 1800 人次，监督检查 950 家（次），查处各类药械违法案件 406 起，震慑药械违法犯罪分子，保障全县药品的质量安全和辖区内药品的正常供应。

第二章　体　育

第一节　体育活动

学校体育

大名县的学校体育具有良好的传统。1979 年以后，依照中小学体育工作条例，全面加强了学校体育工作，并在重点学校设立体卫处、开办体育班，学校体育工作走上制度化、规范化轨道。1986 年，全国学校设立体育卫生机构交流论证会在大名一中举行。全县中小学按教学大纲开设体育课、配备体育教师，各高中学校和规模较大的初中学校设立体卫处。1988 年，大名一中被国家体委、国家教委命名为“全国先进体育传统项目学校”，大名二中、实验学校、工农兵小学、吴水坑小学、子弟小学被邯郸地区教委命名为“先进体育传统项目学校”。1994 年起，中考加试体育，在历年中考体育加试中，大名县学生成绩合格率一直较高。重视飞行员招收工作，“招飞”成绩显著，1999 年，大名一中有 7 名学生达到飞行员招收标准，位居邯郸市第一名，受到空军后勤部的表彰。

2005 年，全县有中小学专职体育教师 87 名、兼职体育教师 62 名，其中女性 31 名；本科学历占 14%，专科学历占 50%，中专学历占 35%。全县各中心小学和各中学均建有操场，其中一中、二中、三中、职中以及重点乡中建有标准体育场，绝大多数学校有篮球场、乒乓球台、单双杠、秋千等体育设施以及体育快乐园地。

课内体育　1979 年后，县教育局设专职人员负责学校体育工作，认真落实课时计划，上好体育课。1994 年实行新工时制，中小学课程调整，总课时减少，但体育课课时没有减少。小学体育课一、二年级每周 2 课时，三至六年级每周 3 课时，中学每周 2 课时。体育课主要课程科目有：队列、田径、球类、体操以及跳绳、踢毽子等游戏类项目。1999 年，小学推广第九套和第十套广播体操，推行《国家体育锻炼标准》。县体委每年进行一次推标评选，1990—2002 年，小学推标率达 96.3%，达标率达 97.8%，其中优秀率为 19.37%，良好率为 35.2%，及格率为 45.3%。高中和重点初中设有体卫处，体育教师配备充足，体育场地建设和器材配备基本达标，学校体育课比较规范，“两操”“两课”“三活动”坚持经常，年年举行春季中学生运动会和单项比赛。1994 年，首次实行中考体育加试，大名县获全市第一名。2005年，大名县中学体育达标参测率达96.6%，体育达标及格率达97.8%，视力不良率控制在15%以下。

课外体育　学校课外体育活动主要有早操、课间操、眼保健操等，体育班学生每天安排专门训练时间。1987年开始，各重点中学新学年开学后均对新生进行为期一周的军训，聘请驻地武警担任军训教官。军训的主要科目是队列训练和军事常识教育。大名县中小学体育代表队在全市历届中小学运动会上均取得较好成绩。1994—1996年，大名县小学生田径代表队连续三年获邯郸市小学生田径运动会团体总分第四名、小学生篮球赛女子组第一名。1997年获邯郸市小学生田径运动会团体总分第二名，并获“精神文明奖”。1998年获邯郸市小学生田径运动会男、女团体两个第三名、小学生篮球赛女子组第二名。2005年获邯郸市小学生田径运动会团体总分第五名，并获“体育道德风尚奖”。全县各中学每年都举行春季田径运动会，每学期组织单项比赛。田径、篮球项目在全市（地区）中学生体育竞赛中多次夺得冠军，一直保持上游水平。向省体工大队输送优秀运动员12名，向省体校输送15名，考入大中院校的体育生178名、市重点体校178名。

职工体育

大名企事业单位普遍重视职工体育活动，从人、财、物各方面给予支持，不少单位设有活动室或运动场地，购置了篮球、乒乓球、羽毛球等体育用品。据1992年统计，常年参加体育活动的职工超过7000人，占职工总数的35.2%。各单位利用业余时间经常开展小型多样的体育比赛，如拔河、田径、象棋、乒乓球、羽毛球等，有的单位还开展了自行车慢骑、托球跑以及带有行业特点的趣味体育比赛。1983年起，县体委、县工会和各基层工会都在“五一”“十一”“元旦”期间组织篮球、羽毛球、象棋等小型多样的比赛，县总工会每年举行2～3次全县职工体育比赛。1994年举行全县职工乒乓球赛，1997年5月10日举行迎香港回归职工篮球赛，1999年5月1日举行第三届“振兴杯”职工篮球赛，2000年10月、2001年10月连续举行两届全县干部职工运动会，预赛运动员达1000人，观众逾万。2005年9月26日，举行迎国庆职工运动会，市体育局局长及县四套班子领导出席开幕式，是1979—2005年期间规模最大的一次职工运动会。

农民体育

大名农民体育活动历史悠久，主要体现于习武练武。1980年全县体育工作会议后，农民体育进入有领导、有计划的发展阶段，各级政府和体育部门十分重视农民体育，农民参加体育活动和锻炼的热情逐渐高涨。1991年，农民体协成立，各乡镇建立农民体育组织，各乡镇文化站设体育活动室，有的乡（镇）建起篮球场，全县经常参加体育锻炼的人数达20余万人。男子活动有球类、棋类、太极、剑术等，女子活动有健身操、踢毽子、扭秧歌等。2002年以后盛行扭秧歌，高峰期全县有健身秧歌队几百个，县城内每个街道都建起了秧歌队，每天晚上都有秧歌队活动在大街小巷。随着农民体育活动广泛开展，农民体育运动水平不断提高，在省市比赛中多次获奖，全县性的农民体育比赛被纳入体育发展计划。1987年10月，大名县农民篮球队参加省农民运动会篮球比赛，女队获第三名、男队获第五名。1989年8月，大名县农民田径队参加省农民越野长跑比赛，获团体总分第八名。1990年10月，大名县农民女子篮球队获省农民篮球赛第四名。1992年5月，大名县农民田径队在省第二届农民运动会上获团体总分第三名、农民女子足球队获团体第四名。1994年，大名县农民武术队参加河北省运动会，获武术比赛团体第三名。1998 年，获河北省先进体育乡（镇）象棋赛团体第七名。1997 年举行全县象棋大奖赛，1998 年举行第一届群众体育艺术节，2002 年举行第二届群众体育艺术节，100 支农村秧歌队大汇演。2004 年大名镇被国家农业部、国家体育总局、全国农民体协评为“亿万农民健身先进乡镇”，2005 年 10 月获邯郸市文明生态村农民健身展示大赛团体总分第三名，并获得大会授予的“最佳组织奖”，埝头乡被省农业厅、省体育局、省农民体协授予“亿万农民健身先进乡镇”。

老年体育

大名有组织的老年体育活动始于 20 世纪 80 年代初。1983 年，县体委、县总工会设老年体育辅导站，聘请体育名人教授太极拳、气功。1987 年后，老干部局配合体委进一步加强对老年体育的领导，成立太极拳协会、气功研究会，举办了两届老干部运动会。1989 年，成立县老年体育协会，定期举办培训、比赛，不定期地和邻近县进行老年体育交流、体育比赛。至 2005 年，举办各类体育项目培训班 30 余次，参加人数达 1000 多人。老年体育项目有门球、象棋、太极拳、健身气功、舞蹈、健身操、无极健身球、秧歌、跑步、快走、骑车、老年迪斯科、扇子舞等。全县参加活动的老年人逐年增加，2005 年仅县城就有近 30 个活动点，近 1000 人常年参加锻炼。老干局门球队、象棋队、歌舞队、无极健身球队等在省市组织的比赛中多次取得优异成绩。1984 年 11 月，县老年门球队获邯郸地区老干部运动会门球比赛第三名。1998 年 6 月，县老年门球队获邯郸市第八届运动会门球比赛团体第四名，2000 年，获邯郸市第五届老年人运动会门球比赛县级队第二名、中国象棋比赛团体第四名，刘铭全获个人第二名、李伯信获个人第四名，李洪义、赵德贵获邯郸市首届健康老人称号。2002 年，大名县老年无极健身球代表队参加河北省老年无极健身球比赛，获优秀表演奖，是全省唯一县级队直接参加省比赛的代表队。

残疾人体育

1994 年 10 月，在邯郸市残疾人运动会上，大名县聋哑学校代表大名县参赛，荣获团体总分第二名，并荣获 3 项第一、7 项第二、3 项第三，聋哑儿韩继东获 1500 米、3000 米 2 项冠军。1995 年，在河北省残运会上，韩继东又取得上述 2 项亚军。

第二节 竞技体育

大名县曾经开展过的竞技体育项目有：田径、篮球、乒乓球、排球、举重、象棋、门球等项目。

田 径

大名县的田径运动一直是邯郸市的优势项目，竞赛成绩优秀，不断有人刷新纪录。1982 年获邯郸地区第二届田径运动会团体第五名，1986 年获邯郸地区第三届田径运动会团体总分第二名，1990 年获邯郸地区第四届田径运动会团体第二名，1997 年获邯郸市第六届田径运动会团体第二名。1987—1988 年，在邯郸地区中学生田径运动会比赛中获团体总分第一名。1985 年，霍同武在省一届青运会田径男乙组跳远比赛中以 6.50 米的成绩打破河北省少年纪录。1986 年赵存林在河北省七运会上，夺得200米、400米、110米栏、4x100米接力4枚金牌。1987年在全国六运会田径比赛中获男子200米第五名。400米第二名并打破全国纪录，河北省政府授予其二等功。赵存林在十届亚运会田径比赛中获200米第二名、4x100米接力第一名。大名县代表队在邯郸地区第四届运动会比赛中获团体总分第二名，1994年获市中学生田径运动会第四名，1997年获市田径运动会第二名。

球类

篮球 大名县篮球运动传统久、基础厚，篮球运动爱好者遍布机关、企业、学校，经常举办各种类型的篮球赛，在省市篮球比赛中多次名列前茅。小学女子篮球队1983年、1995年、1996年三次夺得邯郸地区小学生篮球赛冠军，1998年获得第二名。中学生男女篮球队1985—1987年连续三年双双夺得邯郸地区中学生篮球赛冠军。1991年，中学生男女篮球队双双夺得邯郸地区“三好杯”篮球赛冠军。职工篮球队获1979年邯郸地区职工篮球赛第三名，农民篮球队在1988年河北省农民运动会上，获得篮球女子组第二名。1980年，地区业余体校篮球比赛男队获甲组第一名。

乒乓球 1979年邯郸地区少年乒乓球赛大名代表队获第二名，1982年获邯郸地区第二届运动会乒乓球比赛第四名。1984年，邯郸地区第一届青少年运动会乒乓球比赛，大名县男、女队双获第三名。1986年，在邯郸地区第三届运动会乒乓球比赛中，大名县男、女队双获第二名。2005年8月4日至7日，在唐山迁安市举办的河北省首届扩权县（市）乒乓球比赛中，大名代表队获得全省团体总分第三名，并获得“精神文明道德风尚奖”。

举重

1985年组建第一支男子举重运动队，1986年在邯郸地区第三届运动会举重比赛中获团体冠军。1987年组建大名第一支女子举重队，同年在邯郸地区第二届青少年运动会举重比赛中，大名县男、女队获团体冠军，共夺得金牌22枚。1988年，大名县代表邯郸市参加河北省第二届青少年运动会举重比赛，男队获团体总分第四名，男队员高洪兵获48千克抓举、挺举、总成绩3枚金牌，并打破省少年抓举纪录。1990年，在河北省举重锦标赛中获团体总分第二名。1992年，张海山在全国举重比赛中获60千克抓举第四、挺举第五名总成绩第四名。1992年，在河北省八运会举重比赛中，获团体总分第一名。1995年，在河北省举重锦标赛上，获团体总分第三名。

象棋

1982年，大名县参加邯郸地区运动会象棋比赛，获团体第五名；1986年，邯郸地区三届运动会象棋比赛，大名县男、女队双获第六名，刘铭全获男子成年组个人冠军，同年刘铭全代表地区参加河北省七届运动会象棋比赛，为邯郸地区夺得团体冠军赢了关键的一盘棋。1999年在邯郸市第八届运动会象棋比赛中，获男子团体第三名。2000年，刘铭全在邯郸市第五届老年运动会象棋比赛中获个人第二名，李伯信获个人第四名。

其他

柔道 1987年，大名青年郭正雨、冯少明代表邯郸地区参加河北省第二届青运会柔道比赛，郭正雨获65千克级金牌，冯少明获78千克级金牌。同年，郭正雨代表河北省参加全国青年柔道比赛，获 65 千克级第一名。2005 年 6 月 26 日，在邯郸青少年柔道比赛中，大名县业余体校组队参加，夺得团体冠军。

门球　1987 年组建大名第一支离退休老干部门球队，同年赴邯郸参加地区老年人比赛，后参加多次赛事。1988 年在大名一中建立第一个门球场，1995 年进入邯郸市门球甲级队；1999 年在邯郸市第八届运动会门球比赛中获第四名，2002 年在邯郸市第三届老年人运动会门球比赛中获县级队第二名。

第三节　运动会

1979—2005 年，大名先后承办河北省、邯郸地区体育比赛 23 项（次），是邯郸地区唯一承办省级重大体育比赛的县。截至 1990 年，全县有各级裁判员有 117 名，各级运动员 283 名。等级运动员和等级裁判员居邯郸地区首位。大名县运动员代表邯郸地区参加河北省各项体育比赛人数和成绩均居全区前列。截至 1990 年大名仍保持邯郸地区 11 项田径最高纪录、14 项举重最高纪录。

县内运动会

1979—2005 年，举办各种类型的运动会十余次，包括学生运动会、职工运动会、农民运动会。

学生运动会　分别于 1979 年 5 月 4 日、1981 年 5 月 1 日、1982 年 4 月、1983 年 11 月 27 日、1987 年 4 月 18 日、1989 年 10 月 27 日、1990 年 4 月 12 日、1991 年 5 月 4 日、1992 年 4 月 4 日、1993 年 5 月 4 日、1994 年 5 月 7 日，在大名一中举办全县中学生田径运动会；1996 年 9 月 2 日，在金滩镇中学举办全县中学生田径运动会。

职工运动会　1995 年 2 月 10 日，县总工会举办职工象棋赛，10 月 1 日举办职工篮球赛；1996 年 5 月 5 日，县体委举办首届“振兴杯”职工篮球赛;1997 年 5 月 10 日，举办迎回归第二届“振兴杯”职工篮球赛；1998 年 5 月 1 日，举办第三届振兴杯职工篮球赛；2001 年 10 月，举办第二届干部职工运动会。

农民运动会　2002 年 10 月 15 日，举办了以农民为主体的群众体育艺术节。

参加省市运动会

大名体育代表队参加了历次市（地）运动会，7 次参加省举办的运动会，6 名优秀运动员参加国家级比赛。1999 年参加邯郸市第八届运动会，参加了举重、武术、田径、篮球、柔道、摔跤、象棋、门球 8 个项目 14 个单项的比赛，以 1057 分的总成绩名列全市第三名，获得金牌 20 枚、银牌 14 枚、铜牌 22 枚，奖牌数列全市第 2 名，打破 3 项河北省举重纪录、25 项邯郸市举重纪录。社团组以 174 分的总成绩夺得社团组第一名，青少年组以 883 分的总成绩夺得青少年组第三名。荣获“精神文明代表团”“最佳赛区”“突出贡献奖”等荣誉称号。2003 年 8—10 月，大名县代表团参加邯郸市第九届运动会，获成年组第四名、青少年组第六名。2003 年 10 月 9 日，在大名文化广场举行邯郸市第九届运动会全民健身表演赛，大名县获全市第一名。

1982—2000 年大名县在全国性比赛中获前六名运动员情况一览表

表 13-1

年份	运动会名称	姓名	性别	参加项目名次
1982	全国少数民族运动会	沙建芳	女	武术表演优胜奖
1986	全国少数民族运动会	沙建芳	女	武术表演优胜奖
1987	全国青年柔道锦标赛	郭正雨	男	65 公斤级第二名
1990	全国少年举重锦标赛	刘永亮	男	48 公斤级抓举第六名
1992	全国举重比赛	张海山	男	60 公斤级第四名，推举第五名，总成绩第四名
1992	全国举重比赛	张海岭	男	48 公斤级第五名
1992	全国武术比赛	任金勇	男	剑术第二名，枪术第三名
1993	全国武术比赛	韩　静	女	九节鞭第三名
1993	全国第七届运动会	赵存林	男	田径比赛 400 米第一名
1993	全国武术锦标赛	任金勇	男	剑术第二名
1995	全国武术锦标赛	韩　静	女	剑术第三名，八卦掌第三名
1996	全国武术锦标赛	韩　静	女	九节鞭第三名，剑术第一名，枪术第一名，八卦掌第一名
1996	全国武术锦标赛	黑志宏	男	吴式太极拳第三名
1997	全国第八届运动会	韩　静	女	全能第三名
1997	全国武术锦标赛	韩　静	女	八卦掌第一名，剑术第二名，对练第二名
1999	全国武术锦标赛	黑志宏	男	劈卦掌第一名，国际太极拳第一名，国际太极剑第一名
1999	全国少数民族运动会	任金勇	男	器械类第一名，传统拳第二名
2000	全国太极拳锦标赛	黑志宏	男	42 式太极拳第一名，吴式太极拳第一名

1979—2002 年大名县获河北省运动会前三名运动员情况一览表

表 13-2

年份	运动会名称	姓名	性别	参加项目及名次
1979	河北省少年田径运动会	冯少明	男	800 米第二名，1500 米第三名
1980	河北省少年田径运动会	杨景山	男	手榴弹第一名
		朱章军	男	800 米第三名，1500 米第二名
		冯少明	男	1500 米第二名，3000 米第二名
1984	河北省武术比赛	郭守镜	男	剑术第一名
		沙建芳	女	剑术第三名
		沙怀恩	男	传统武术第二名

续表 13-2

年份	运动会名称	姓名	性别	参加项目及名次
1985	河北省第一届青少年运动会	杨士安	男	举重抓举第一名
		陈国辉	女	乒乓球单打、双打第一名
		霍同伍	男	100 米跑第二名，跳远第二名
		秦志刚	男	3000 米跑第三名
1986	河北省少年武术比赛	韩　静	女	拳术、剑术、基本功三项冠军
	河北省第七届运动会	参加 25 人		全部进入前六名，其中前三名 12 名
	田　径	赵存林	男	200 米、400 米、110 米栏、400 米接力四项第一名
	举　重	杨士安	男	52 公斤级抓、挺举、总成绩三项冠军
		黄瑞臣	男	48 公斤级抓举第二名
		潘志勇	男	82.5 公斤级抓举第二名
		赵　琪	男	52 公斤级挺、抓举、总成绩三项第三名
		陈广杰	男	82.5 公斤级抓举第三名
	柔　道	冯少明	男	60 公斤级第二名
		郭正雨	男	65 公斤级第三名
		常少红	女	56 公斤级第二名
	武　术	韩　静	女	拳术棍术第三名，基本功第二名
		黑志宏	男	基本功第二名，对练第三名
	象　棋	刘铭全	男	团体冠军队主力队员
1988	河北省第一届青少年运动会	参加 33 人		29 人进入前六名，前三名者有以下 14 名
	武　术	韩　静	女	规定拳、剑术、棍术三项第一名
		李英奎	男	剑术第一名，对练第二名
	柔　道	郭正雨	男	71 公斤级冠军
		冯少明	男	65 公斤级冠军
	举　重	高洪兵	男	48 公斤级抓、挺举总成绩三项冠军
		李俊虎	男	67.5 公斤级抓举第一名、总成绩第三名
		郑红海	男	75 公斤级抓、挺举总成绩三项第二名
		季会平	女	48 公斤级抓、挺举总成绩三项第一名
		常少红	女	75 公斤级抓、挺举总成绩三项第二名
		沙付莲	女	82.5 公斤级抓、挺举总成绩三项第三名
	田　径	韩振华	女	4×400 米第一名
	乒乓球	吴春霞	女	团体第一名，主力队员

续表 13-2

年份	运动会名称	姓名	性别	参加项目及名次
1989	河北省少年武术比赛	黑志宏	男	规定拳、枪术、剑术三项冠军
		任金勇	男	规定拳第二名，自选拳、枪术第三名
1990	河北省青少年武术比赛	任金勇	男	规定拳、剑术冠军、枪术第三名
	河北省级田径比赛	参加 11 人		大名县获团体总分第五名
	河北省重点项目运动会	参加 26 人		21 人进入前六名，获前三名的 20 名
	田　径	申秋芬	女	100 米第二名，接力第一名
		任轩杰	男	4×400 米接力第一名
		毕利田	男	四项全能第二名
		司志杰	男	铁饼第二名
	摔　跤	高学海	男	51 公斤级冠军
	举　重	苏改芳	女	67.5 公斤级抓举第二名
		刘永亮	男	48 公斤级抓举第二名，挺举、总成绩两项冠军
		朱志勇	男	52 公斤级挺举第三名
		董国平	男	52 公斤级抓举第二名
1990	举　重	张全海	男	56 公斤级抓、挺举、总成绩三项第二名
		尹桂林	男	56 公斤级抓举第三名
		任永强	男	67.5 公斤级抓、挺举、总成绩三项第三名
		董建国	男	75 公斤级抓、挺举、总成绩三项第二名
		高洪兵	男	60 公斤级抓、挺举、总成绩三项冠军
		张海山	男	60 公斤级抓举第三名
	柔　道	郭正雨	男	71 公斤级第二名
		杨银芳	女	52 公斤级第二名
	河北省农民运动会	大名篮球队	女	获省农民比赛第四名
	摔　跤	冯少明	男	65 公斤级第一名
		郭正雨	男	60 公斤级第一名
1992	河北省八运会举重比赛	团　体	男	第一名
	河北省八运会举重比赛	刘永亮	男	48 公斤级第一名
	河北省八运会举重比赛	张海山	男	56 公斤级第一名
	河北省八运会举重比赛	刘占伟	男	60 公斤级第二名
	河北省八运会举重比赛	祝长江	男	110+60 第二名
	河北省八运会武术比赛	韩　静	女	九节鞭第一名

续表 13-2

年份	运动会名称	姓名	性别	参加项目及名次
1992	河北省八运会武术比赛	韩　静	女	剑术第一名
	河北省八运会武术比赛	韩　静	女	枪术第一名
	河北省八运会武术比赛	黑志宏	男	劈挂掌第一名
	河北省八运会武术比赛	任金勇	男	剑术第一名
	河北省八运会摔跤比赛	高雪海	男	60 公斤级第一名
	河北省八运会摔跤比赛	胡章伟	男	50 公斤级第三名
	省第二届农运会田径比赛	团　体		团体总分第三名
1993	河北省举重锦标赛	朱志勇	男	54 公斤级第一名
	河北省举重锦标赛	罗纪生	男	67 公斤级第三名
	河北省举重锦标赛	李玉海	男	100 公斤级第三名
1993	省第二届青运会举重比赛	朱志勇	男	54 公斤级第二名
1995	河北省举重锦标赛	团　体	男	第三名
	河北省举重锦标赛	连玉刚	男	60 公斤级第一名
	河北省举重锦标赛	罗纪生	男	67 公斤级第二名
	河北省举重锦标赛	李玉海	男	110 公斤级第二名
1996	河北省九运会举重比赛	连玉刚	男	60 公斤级第三名
	河北省九运会举重比赛	李玉海	男	110 公斤级第二名
	河北省九运会武术比赛	团　体	男团	第二名
	河北省九运会武术比赛	团　体	女团	第二名
	河北省九运会武术比赛	杨书太	男	拳术第一名
	河北省九运会武术比赛	张同磊	男	拳术第二名
	河北省九运会武术比赛	李　波	男	拳术第三名
	河北省九运会武术比赛	杨书太	男	短器械第一名
	河北省九运会武术比赛	张同磊	男	短器械第三名
	河北省九运会武术比赛	杨书太	男	长器械第二名
	河北省九运会武术比赛	张海霞	女	拳术第三名
	河北省九运会武术比赛	张海霞	女	短器械第一名
	河北省九运会武术比赛	杨丽娜	女	长器械第三名

续表 13-2

年份	运动会名称	姓名	性别	参加项目及名次
1998	河北省四青会举重比赛	于景湘	男	76 公斤级第一名
	河北省四青会举重比赛	许艳臣	男	54 公斤级第一名
2000	河北省十运会举重比赛	于景湘	男	76 公斤级第一名
	河北省十运会举重比赛	许艳臣	男	54 公斤级第一名
	河北省青少年模型锦标赛	团　体	男	手掷团体项目第一名
	河北省青少年模型锦标赛	团　体	男	电动团体项目第二名
	河北省青少年模型锦标赛	韩　冰	男	手掷项目第一名
	河北省五青会举重比赛	平敬学	男	手掷项目第三名
	河北省五青会举重比赛	许艳臣	男	54 公斤级第一名
2002	河北省五青会跆拳道比赛	于学湘	男	76 公斤级第一名
	河北省五青会跆拳道比赛	团　体	男	第一名
	河北省五青会跆拳道比赛	张东月	男	58 公斤级第一名
	河北省五青会跆拳道比赛	贺占魁	男	54 公斤级第一名
	河北省五青会跆拳道比赛	王松超	男	50 公斤级第一名
	河北省五青会跆拳道比赛	王志杰	男	62 公斤级第二名
	河北省五青会跆拳道比赛	毛占强	男	64 公斤级第二名

第十四编　文　化

大名历史悠久文化源远流长，群众文化活动多种多样。1979—2005 年，文化事业蓬勃发展，1982 年各乡（镇）建立文化站，1993 年大名县文化馆被文化部评为“标准文化馆”；图书发行连年翻番；电影事业 1989 年观众人次达到高峰，1991 年后开始滑坡；个人著述类别繁多，质量上乘；文化市场逐渐规范，经历了 1979 年后的电影市场管理、1994 年后的歌舞娱乐市场管理、2000 年后的网络市场管理，文化事业出现繁荣局面。

第一章　文化机构

第一节　文化馆（站）

文化馆

文化馆为股级事业单位，1979—1996 年隶属于县文教局，1996 年至 2002 年 6 月隶属于县文化体育委员会，2002 年 6 月隶属于县文化教育体育局，2005 年隶属于文化体育旅游局。建有图书室、展览室、排练室、美术室，馆内设音乐组、文学创作组、书法美术组、舞蹈组、声乐组，具有专业演出的灯光、音响、幕布、道具等器材。2005 年有工作人员 13 人，其中中级职称 7 人、初级职称 6 人，各类省级会员 6 人。负责全县群众文化工作辅导、培训，负责音乐、舞蹈、书法、绘画、曲艺、文学等项创作，举办各类业余文艺培训班，培养和发现文艺人才；负责全县重大文化活动的发动、组织、编创和演出，组织重大节日和传统节日的文艺演出。1983—1989 年，连续 6 年被评为邯郸地区先进单位；1990 年，被评为邯郸地区先进文化馆、地区“双百”活动先进集体；1993 年 9 月，被文化部评为“标准文化馆”；2003—2005 年被评为邯郸市先进文化馆。

乡镇文化站

1981 年，金滩镇、龙王庙、铺上 3 个公社首批建起文化站试点站。1982 年，全县 39 个公社全部建起文化站，招收专职人员 45 名。1986—1988 年，21 名文化站专职人员转为国家正式干部。1995 年，2 名文化站专职人员转为正式员工。1985—1986 年，龙王庙、杨桥、金滩镇先后被邯郸地区文化局命名为“集镇文化中心”。1996 年撤区并乡后，文化站为 20 个。乡（镇）文化站主要负责本乡（镇）

的电影放映、组织节日文体活动、宣传普及科学文化知识，配合党委、政府中心工作，以多种形式开展群众喜闻乐见的社会活动，如普法教育、计划生育等。1991—2002年，万堤镇文化站等6个文化站先后被评为邯郸市达标文化站，大名镇文化站为市级标准文化站、大龙乡文化站被评为省先进文化站；沙圪塔乡文化站站长韩向前被评为全省先进群众文化工作者；2002年省文明办赠给沙圪塔乡文化站价值10万元的书籍、桌椅、摄像机、文体器材等。2005年，有些乡（镇）文化站经费不足，设施不全，甚至没有站址、没有专职人员，乡（镇）文化站走向衰微。

第二节　书店图书馆（室）

书　店

县级　全县新华书店营业面积3286平方米，1999年销售额13563万元，是1979年的30倍。坚持从省新华书店和正规出版社进书，对个体书商书贩及非正式出版物一概拒绝，从进书渠道上堵死非法出版物和伪劣书刊，净化县内图书市场；长期开展送书下乡活动，在农忙季节将书送到田间地头；主动配合有关部门整顿文化市场，清理非法书刊。1982年和1985—1992年，被评为邯郸市系统内先进单位。1988—1992年和1994年，被评为河北省系统内先进单位。1988年，姜会获河北省图书发行系统业务技能表演赛第二名。1989年，图书销售额在邯郸地区首创160万元，为全地区最高纪录，同年7月，邯郸地区新华书店在课本与教材的预订发行工作中，提出“外学山东省、内学大名县”的口号。1992年荣获河北省人事厅、省新闻出版局先进单位称号。1987—2002年，连续被评为县级文明单位，在“全国青少年读书教育活动”中荣获组织奖，在邯郸市店组织的技能比赛和演讲比赛中，团体和个人均获得较好成绩。2005年11月，根据《中共河北省委办公厅、河北省人民政府办公厅关于印发〈河北省新华书店集团改企转制实施意见〉的通知》，新华书店系统由事业转变为企业，实现员工身份置换。改制后隶属河北出版集团，人事归河北省新华书店集团，职工40人，下设业务科、财务科及7个分店。

乡镇级　金滩镇图书发行站1994年进行了翻修，总营业面积135平方米。万堤图书发行站1997年迁址重建，营业面积190平方米。束馆图书发行站2001年迁址重建，营业面积120平方米。龙王庙图书发行站1995年迁址重建，营业面积150平方米。2001年，大名县新华书店下辖的5个图书发行站全部修缮竣工，各发行站负责各区片的中小学教材征订发行，均设有图书门市部，为农村读者就近购书提供方便，2001年11月，根据邯郸市店的统一安排，农村图书发行站更名为分店。

图书馆（室）

大名一中图书馆　位于学校东南角，建筑面积960平方米，1997年投入使用。设有藏书库、阅览室、资料室，可同时容纳300多人读书、查阅资料。2005年，配备管理人员7名，馆藏图书60000余册，报刊杂志300余种，音像资料（光盘、磁带）500余张（盒）。年平均接待读者5万人次，图书年流通2万册次。实行部分开架借书。

邯郸学院大名分院图书馆　1956年建立，至2005年，人文、自然、教育类藏书80000册，电子图书80000册，管理人员4名。

县委党校图书室　1979年建立，初藏200册，1990年增至1000册，多为供干部政治学习的书籍。2005年藏书5000册。

县医院图书室　始建于1970年，供医护人员借阅，2005年藏书6500册。

文化馆图书室　始建于1950年，藏书通俗读物400余册，报纸16种，杂志52种，面向社会借阅。1984年图书增至2000余册，并改窗口借阅为开架借阅。1990后，因缺少经费，图书减至1800册，且图书陈旧，借阅人数锐减，2002年关闭。

县总工会图书室　始建于1955年，藏书多为适合工人阅读的通俗读物，1990年藏书量13000册。1995年后，由于没有资金购买新书而关闭。

第三节　文艺团体及表演场所

专业团体

大名县豫剧团是大名县唯一的专业表演团体，属集体事业单位。1979—1996年，隶属县文教局，1996—2002年隶属县文化体育委员会，2002—2005年，隶属县文化教育体育局，2005年隶属县文化体育旅游局。该团最早成立于1948年，1956—1966年为该团的鼎盛时期，剧团阵容强、水平高，周边各县豫剧团难以望其项背。特别是主演刘芝梅演艺精湛，深受观众喜爱，人们称大名县豫剧团为“刘芝梅豫剧团”。1979年传统剧目开禁后，该团演出剧目主要有《穆桂英挂帅》《二度梅》《陈妙常》《追鱼》《秦雪梅》《宝莲灯》等，同年开始承办戏校，招收学员72名，1982—1984年，承办第二期戏校，招收学员50名。同时，剧团招收随团学员，后来大部分成为该团的骨干演员。1979—1986年，剧团为政府全额拨款单位；1986—2000年，转为差额补助单位，县政府每年给予财政补贴20余万元；2000年，在编人员由差额补助转为定额补助，主要用于养老金、退休演职员的工资，其他面向市场创收解决。1988年，剧团实行“双轨制”，团内有固定演职员，计划内演职员和合同制演职员。1992年，剧团承办戏校，招收培养学员。剧团以“上山下乡为百姓唱戏”为宗旨，长期在邯郸、邢台、临清、长治一带基层演出，1992年荣获省政府授予的“上山下乡模范剧团”称号。2004年参加邯郸市第六届戏剧汇演，剧目有《绣楼》《南阳关》《秦香莲》，剧团获组织奖，演员获一、二等奖。2004年，举办第六届戏剧培训班。

主要演员

武义学　1955年出生，大名人，河北省戏曲家协会会员，国家三级演员。1969年参加剧团学艺，主攻短打武生。曾多次在地、市级戏剧汇、调演中获奖；1992年获河北省文化厅“上山下乡模范剧团先进工作者”称号。

李馥菊　女，1963年出生，大名人，河北省戏曲家协会会员。1977年入团学艺，主攻青衣、闺门旦，1989年拜著名豫剧表演艺术家胡小凤为师。多次在地、市戏剧汇演中获奖。

此外比较有名的演员有王利、张勇、李文华、赵志坤、王凯、张喜民、杨永山、刘方科、杜雪贵等。

业余团体

1979年后，传统戏开禁，全县农村出现组建业余剧团高潮。有花会的村庄多在冬季农闲的夜晚或临近春节的白天排练节目。正月初二至初五在本村演出，初六开始到周边村庄演出，或应邀到较远的村庄献艺。每到一个村庄，那里早为他们备下茶桌，桌上摆满香烟、糖果、茶水招待。演出时气氛热烈，一片欢声笑语。演出结束后，小孩子们还要追出数里，甚至追到下一个村庄接着看。水平高的花会，正月十五元宵节还被县文化部门请到县城表演。业余剧团一般在秋后组建戏班子，冬天演出，直至来年麦收前散班。组班后，哪村请就到哪村去唱。哪村请了戏，便像过年一样热闹，不但全村出动看戏，各家还把亲戚请来，加之周边村庄来的人，人山人海，极其热闹。1980年，全县有农村业余剧团20个，有大名县光华京梆剧团、程望甫四平调剧团、户村豫剧团、刘万税四股弦剧团、龙王庙大平调剧团，豆腐营大平调剧团、顺道店京剧团、李二庄迎春豫剧团、娘娘庙大平调剧团、廉山庄豫剧团、西店“迎新”落腔剧团、铁窗口“益华”豫剧团、于旺庄“立新”大平调剧团等，前6个比较有名，满足了农民渴求文化生活的需求。随着社会发展，群众观赏能力提高，电视机普及，文化生活多样化，1990年后，被称作“草台班子”的农村业余剧团逐渐停止活动。2005年，西杨村、金北等村庄组织的戏剧（以京剧、豫剧为主）组，仍在村中以自娱自乐的形式为主进行活动。大名县光华京梆剧团，由张铁集乡劝善村刘国栋等创建于1950年，1990年有演职员49人，主要活动在邯郸地区各县及山东省聊城、临清一带。性质为半职业剧团，业务归县文化馆管理。2001年解散。大名县老干部局组织离退休干部职工建起腰鼓队、秧歌队、豫剧演唱队、合唱队，常年活动。县城各街道自发组织起秧歌队，每晚自娱自乐、锻炼身体，节假日扭到大街和文化广场上。20世纪90年代开始，县“三下乡（文化、卫生、科技）”活动开展活跃。文化下乡活动由县文化馆组织，下乡时间多为麦收前的3—5月份，配合党的中心工作，对群众进行宣传教育，提高群众思想觉悟，活跃农村文化生活。

表演场所

大名县文艺表演场所，县城有人民剧院和大名影院，中心镇有影剧院，广大农村露天影剧院遍地开花。人民剧院位于城内道口西路北，始建于1950年,1974年翻修，翻修后由“大众戏院”更名为“人民剧院”，建筑面积2444平方米，座位1635个。1991年，著名豫剧表演艺术家王清芬再次率团来院演出；1993年，哈萨克斯坦国立歌舞团在该院演出风情歌舞；1999年，俄罗斯风情歌舞团在此献艺；2001年河南省“梨园春”艺术团来院演出，著名豫剧表演艺术家魏云、柳兰芳、王清芬、王希玲、海连池及“梨园春”擂主表演了精彩的节目。由于戏剧观众逐年减少，加之该院年久失修，接团越来越困难,2002年后停止接团。大名影院属大名电影公司，专门放映电影。原址在南街路东基督教会堂，1979年10月新大名影院于北门外西路南落成。由于电影市场不景气，2005年该院成为大名县文艺表演的主要场所，各种演出活动多在此举办。20世纪80年代初袁世海等两次率北京京剧院和国家京剧院来大名演出。

第四节　文化管理

1979—2005 年，随着文化事业的发展，大名县各种文化活动增多，文化经营活动日趋繁荣，文化市场规模不断扩大，文化管理工作逐步开展。

管理机构

1979—1996 年，文化管理工作由县文教局文化科负责。1997 年，成立文化体育委员会，下设文化市场管理股，负责全县文化管理。2002 年，文化体育委员会与教育委员会合并，成立文化教育体育局，下设文化市场管理股，专职人员 5 人。2005 年，县文化体育旅游局成立，负责全县的文化管理工作。

文化市场管理

文化市场　属共同管理，即文化部门为主管部门，公安、消防、工商、城管、卫生等部门依据各自的职责范围协同管理。1979—1994 年，主要管理电影市场。1994 年后，开始出现歌舞娱乐场所，并发展迅速。2000 年，出现网吧。2000 年取缔录像厅，录像放映活动结束。2005 年，文化市场管理的主要内容是娱乐市场（歌舞娱乐、电子游戏），演出市场（音乐、戏剧、舞蹈、杂技、马戏、曲艺木偶、皮影、朗诵、民间文艺等表演），音像市场（录音带、录像带、光盘、录像放映、投影等），网络文化市场（互联网上网服务经营），出版物市场（报纸、期刊、书籍、地图、年画、图片、挂历、画册及电子出版物），印刷市场（出版物、包装装潢、其他印刷品及排版、制版、装订、复印、影印、打印等），电影市场，文物市场，美术品市场（绘画、书法、篆刻、雕塑雕刻、艺术摄影、装置艺术、工艺美术等作品及上述作品有限复制品的收购、销售、租赁、装裱、经纪、评估、咨询以及商业美术品展览、比赛等活动），其他文化经营活动。

审批登记文化经营实行许可制度　行政许可事项主要有出版物经营、音像制品经营、文化娱乐经营、网络文化经营、营业性演出、印刷经营、电影放映等。文化经营户向文化部门提出申请，符合条件的发许可证，其中互联网上网服务经营、娱乐场所经营、印刷经营需公安、消防审核，演出、电影需消防审核，娱乐场所、互联网上网服务营业场所、影剧院需经卫生部门许可，所有文化经营均需到工商部门办理《营业执照》后才能开业。1997 年，全县有歌舞娱乐场所 17 家。2002 年有书报刊经营门市 24 家、印刷经营 6 家、打字复印门市 24 家、音像制品经营门市 26 家、网吧 18 家、歌舞厅 3 家。2005 年，有出版物经营门市 36 家、印刷厂 13 家、网吧 25 家。

清理整顿黄色书刊、音像、非法出版物　坚持“一手抓管理，一手抓繁荣”的方针，培育和管理文化市场，坚持“市场天天查，执法规范化”的原则，除坚持日常监管外，每年至少组织 3 次有文化、公安、工商等部门参加的大规模联合行动，至少一次集中销毁行动。2002 年查缴非法出版物 5 万余册、盗版光盘 1 万余张、盗版录音带 5 万余盒，取缔图书摊点 20 个、非法印刷厂 1 家、黑网吧 5 家、电子游戏厅全部取缔，结案 36 起，2003—2005 年，共查缴非法出版物 3 万余册，盗版光盘 2 万多张，取缔黑网吧 15 家、无证图书、音像制品摊点 15 家，罚款 6 万余元，全部上交县财政。2002—2003 年获省新闻出版局先进集体，2004 年获省文化厅先进集体称号。

第二章　民间艺术

第一节　戏剧　曲艺

戏　剧

大名县演出的戏剧，有豫剧、大平调、四平调、河北梆子、四股弦、落腔、京剧、皮影戏等。其中最为流行的当数豫剧，几乎每一个大名人都能哼唱几句。1990 年，以后业余草台班逐渐解散，俗称“小戏儿”的大平调、四平调、四股弦、落腔等剧种逐渐衰微。

曲　艺

曲种　大名常见的曲种有河南坠子、木板大鼓、评书、山东快书等。其中河南坠子最受群众喜爱，20 世纪 80 年代盛行城乡。闫凤仪（绰号破大锣，因其嗓门沙哑如破锣）、齐秀云夫妇的坠子最负盛名。齐秀云 20 世纪 80 年代加入中国曲艺家协会，并被选为省曲协理事。史云庆夫妇的坠子和木板大鼓也颇受乡村群众称颂。1980 年后，以文化馆创作干部为主，创作了一批曲艺作品，或被国家级刊物连载，或在省电台连播，有的荣获省政府大奖。1990 年后，说书艺人大多改行，农村也极少见曲艺演出。

民间音乐　大名县的民间音乐主要是吹歌。源于庙堂祭祀音乐，民间俗称“吹手班”“响器班”，多用于婚丧嫁娶。同一个吹歌班，因场合不同，叫法各导，结婚吹歌叫“社号班”、丧事吹歌称“响器班”，吹歌班一般 5 ~ 8 人为一组，常见的吹歌乐器有唢呐、管、笙、萧。其中唢呐为主要乐器，能演奏出热烈欢腾、富于浓厚乡土气息的乐曲，且能惟妙惟肖地模仿人唱、鸟叫、鸡鸣等。主要曲牌有《山坡羊》《小开门》《苏武牧羊》《慢板娃娃》《清印正花》《八调开门》《五字开门》《四合四》《百鸟朝凤》等。1979 年后吹歌开始活跃在广大农村，20 世纪 80 年代后增加了现代歌曲和流行歌曲的曲调。1989 年，县内有名气且常年为业的有马陵吹歌班、寺庄吹歌班、秦洼吹歌班、东馆西街吹歌班、黄庄吹歌班等。

民谣　大名自古风行民谣，很多人家操办红白喜事的时候，多有人自编自唱，即兴拈来，或以快板或以清唱或以吟诵等形式表演，以助气氛达到高潮，为庆典增色不少。龙王庙镇甘庄村蒋希孟文思敏捷、为人豁达、语言诙谐，最喜编唱民谣，兹录两首：

大名风味

滴溜美酒历史长，大名府酒郁金香。香肠粉肚五百居，二毛烧鸡美名扬。南关特产焦烧饼，郭八火烧馄饨汤。饸饹美，馓味香，小磨香油全国畅。二五八，不简单，抗美援朝到前线。志愿军吃他的饭，打得美国停了战，带着残兵滚了蛋。郭八火烧真不错，周总理，也吃过。豫丰馆，万春楼，南北大菜味道鲜。来往客商到大名，独特风味桌上端。

模范丈夫

早点起，开开门，回头忙点倒尿盆。扎开火，换块煤，坐上锅，添好水。搁上篦子熥干呢，锅开了，下点米。倒上半盆洗脸水，泡上一块白毛巾。自己脸蛋试一试，又不热，又不凉。开口叫声孩他娘，忙点起，净净面，孩子大人好吃饭。吃完饭，没有事，抹抹桌子扫扫地。要干净，讲卫生，全家老少不生病，看咱高兴不高兴。要问我的名和姓，我是甘庄蒋希孟。

第二节　群众文化

花　会

每逢年节、庙会和重大喜庆节日，各地农民便组织花会，以为庆祝。大名花会有 20 余种，主要有高跷、社火、抬阁、花船、秧歌等。踩高跷在花会中是必不可少的保留节目，属秧歌类民间舞蹈，分文高跷和武高跷。文高跷拐子一般 30 ～ 60 厘米，适合女性表演；武高跷高 1.3 米以上，适合男性表演。高跷队由十几人组成，分别扮成生、旦、净、末、丑、渔夫、耕夫、樵夫等角色，动作融汇戏剧表演、农耕劳作、滑稽逗乐和跳板凳、跳桌子、蹲叉等高难动作，深受群众喜爱。1990 年大名高跷汇演中，金滩镇高跷队的表演最为出色，独舞、对舞、群舞令人喝彩，特别是逗舞，让人开怀大笑。

社　火

又称跑社火，一般参加人数较多，演出时队伍最前边是各种彩旗，其后紧跟锣鼓。锣多用四大扇（形同大蒲扇的钹），再后高举御伞和宫灯，再后依次是手持指挥旗帜的领队、四大金刚、四名宫娥、四个老达子、媒婆、渔公、渔婆、僧人、道士、瞎子、武大郎、卖针卖线的小商小贩和卖膏药的江湖郎中。各种人物按各自的角色表演，边跑、边跳、边舞，并相互逗趣。跑社火的套路为：二龙吐须、剪子股、铁丝套、三关套月、长蛇过路、四个盘子一个火锅等，大名镇南关与龙王庙镇石槽坊村的群众最爱跑社火。

抬　阁

在一座严遮彩布的平台上，扎起一座高达十数米的架子，并以各种装饰掩盖其本来面目，上缚一个或几个身着彩服、保持固定姿势的儿童，装扮成传统戏曲中的人物形象，在纤杆之巅作种种险状，或“金鸡独立”或“夜叉探海”，或“水中捞月”，不一而足。人物的头和双臂可以自由变换姿态，而腰腿被固定在架子上，并被彩绸遮掩，向前移动时由众人抬起前行，1980 年后用拖拉机载阁前行，但群众仍然称它为抬阁，而不叫载阁。

花　船

表演者为 3 人，1 人挎船为乘客，2 人持浆划船为摆渡者。舞步跑法有圆场、8 字花、二龙出水等。舞蹈动作主要有拨弄衣衫，理袖整鬓、拔锚起舟、划船拉纤等。整个舞蹈贯穿着一个简单的故事情节，如摆渡顺利、顺风顺水、逆风逆水、遇风搁浅、逆境拼搏等，并有民乐伴奏。

秧　歌

原兴起于陕北。抗日战争时期八路军工作队将其带入大名卫河以东根据地，很快形成一种群众性舞蹈，亦成为大名花会中的一种。2002 年以后，城乡遍起秧歌锣鼓声，中老年妇女不论年节，平日也常在街头巷尾扭秧歌，既可健身，又陶冶情操。文化馆辅导的张小街秧歌队、南大街秧歌队、西杨村秧歌队、龙王庙秧歌队等多次配合重大节日进行演出。

第三章　文艺创作

大名历史上人文荟萃，文学家艺术家迭出不穷，民间艺术历史悠久，文艺创作人才辈出。1979 年后，文学艺术重放异彩。1983—1984 年，文学、戏剧、曲艺、美术、摄影、音乐、书法、青少年书画社等 8 个协会学会相继成立，拥有创作演出骨干 417 名。各种体裁的文学作品不断在国家及省级报刊发表，美术书法作品多次参加全国及省级美展书展，并多次获奖；文艺演出多次参加省级以上调演汇演，民间文学搜集整理工作获得省市好评，文学艺术取得丰硕成果。

第一节　文学创作

小　说

在国家及省出版发表的小说，绝大多数是大名农村和有关大名人文历史的题材，这是大名小说的突出特色。小说作者均系农民业余作者。他们出生、成长于农村、长期生活于农村，开始创作于农村，熟悉农民及大名人文历史，风格各异：或主题凝重，语言朴实无华；或充满浪漫主义气息，富有抒情诗魅力；或情节生动、语言清新、诗情画意。共同点是关注农村变化，关注农民喜怒哀乐及大名人文历史。主要作家及作品有：

殷瑛，1941 年生，大名县旧治乡殷李庄村人，初中毕业后务农即开始文学创作，初期作品发表于 1962 年和 1963 年的《人民日报》上，之后辍笔 15 年之久，1981 年加入中国作家协会河北分会，曾任邯郸市作家协会理事。他的小说充满浪漫主义气息，富于诗情画意，情节生动，语言清新。1978 年恢复创作后的第一篇小说《桃花开的时候》发表在《河北文学》1978 年第 12 期，1979—2005 年，在《光明日报》《天津日报》《河北日报》《河北文学》及山东省、河南省等地报刊发表多篇作品。

栗丛森，1949 年生，大名县沙圪塔乡北贾庄村人，初中毕业后曾在乡村务农，做过中学民办教师。1973 年开始自学文学，1978 年开始发表作品，主要作品有长篇小说《黄皇一帝·新朝皇帝王莽》《古城迷情》及中短篇作品，计 100 多万字。他在注重观察现实生活的同时，注重搜集研究本地域的人文历史，从中汲取营养，从而形成作品深沉、厚重、大气的品位和语言简约流畅、典雅淡远的特色。他热诚对青少年业余作者的培养，经常对他们的作品进行修改和推荐。1983 年被省政府评为儿童少年先进工作者。系河北省作家协会会员、邯郸市作家协会理事、副研究馆员。

董全安，1962年生，大名县黄金堤乡南盘村人。1980年高中毕业后务农即开始文学创作，处女作《漳河水悠悠》发表于《天津文学》1988年第1期。之后在《长城》《当代人》等刊物上发表了一批中、短篇小说。他的作品主题凝重，语言朴实无华，多取材于冀南农村的现实生活，以刻画农村底层人物见长，对农民有着深厚的感情，引起文学评论界的关注。中篇小说《秋歌》曾得到著名文学评论家何镇邦的较高评价，并获河北省文联“丰收杯”征文“优秀作品奖”，《秋歌》和何振邦的评论文章《我读〈秋歌〉》发表于《长城》1992年第5期；短篇小说《莲花石》1991年获《文论报》“短篇小说奖”。系河北省作家协会会员，邯郸市作家协会理事。

诗　歌

大名县的诗歌作者较多，创作也比较活跃。从作品形式分为现代诗和古体诗词两类。

现代诗　1979年后，现代诗创作在大名县中青年中一度活跃。在省级以上报刊崭露头角的作者刘玉平，大名县北峰乡后北峰村人，其现代诗《离别》发表在《诗神》1983年第3期，《逢》发表在1986年的《诗歌报》，《背影》发表在《中国大陆青年艺术家作品丛书·诗歌卷》上，另有近百首作品发表在《邯郸日报》《河北日报》等省市级刊物上。张金涛、刘建国等人也有作品在省市报刊上发表。

古体诗词　在现代诗冷落萧条的情况下，一些热爱和向往文学的退离休老干部，在闲暇之余激起颂咏之情，纷纷动笔创作古体诗词。1996年后，在省级以上报刊发表作品或参加诗歌大赛及出版诗词专集者有十数人之多，作品多次获奖者有白梅俊、陈奇龄、龚瑞林、陈怀书、张　峰、张其堂、郭慧君等。

第二节　艺术创作

戏　剧

1979年，许宝善、王觉民创作豫剧《特别顾客》，参加邯郸地区戏曲调演并获优秀奖；1985年，王觉民、郭振兴、许宝善创作豫剧《正义剑》，参加地区戏剧调演。

曲　艺

1979年后，县文化馆重视曲艺创作，其作品参加省、地各种汇演和被报刊发表，为大名县赢得声誉。主要作者及作品有：栗丛森创作的中篇故事《幽兰招夫》发表在《俱乐部》1983年第10—12期上，故事《圆房》发表在《俱乐部》1979年第7期上，故事《朋友》发表在《俱乐部》1980年第5期上，故事《香云出嫁》发表在《俱乐部》1982年第8期上；石成佩创作的山东快书《鲁智深外传》1985年参加河北省曲艺调演。马书刚创作的河南坠子《张榜招亲》1985年参加河北省曲艺调演；殷瑛1985年创作的河南坠子《俏争春》获河北省首届文艺振兴奖（省政府奖），作者荣立三等功。邯郸地委宣传部、邯郸地区文联、邯郸地区文化局联合召开庆功会，并向作者颁发条幅“佼佼天雄客，名高不偶然”。1987年创作的中篇坠子书《赤诚之心》，代表邯郸地区参加河北省“空中书擂”大奖赛，由河北人民广播电台连播，获创作三等奖。1992年在中国曲艺家协会主办的《曲艺》杂志上连载时，书名改为《巾帼英雄郭隆真》。故事《相媳妇》发表在《河北群众文艺》上。

音　乐

1979年后，文艺汇演、调演增多，造就了音乐人才，大都聚集在县文化馆，其作品、歌手，多次参加省地（市）文艺演出，并多次获奖。比较突出的曲作者有刘航宇、郑学义，歌唱演员有杨增斋、吴新洁等。

主要作曲家及作品　刘航宇，1959年出生，大名县城内寺胡同人，陆续在《天津歌声》《通俗歌曲》《田园新歌》等刊物上发表作品，并在全国及省、市多次获奖，系河北省音乐家协会会员，河北省音乐创作研究会会员。作品《我是农家新歌手》（曲）发表在1986年的《乐坛》上，《什么也不要说》（曲）发表在1987年的《天津歌声》上，《梦断天涯》（曲）发表在1988年的《田园新歌》上，《咱这就向前走》（曲）1989年由我国著名歌星任静演唱，之后又在《通俗歌曲》上发表。《小村黄昏》（曲）1990年在河北省《群众歌曲选粹》上发表，并在河北省民族风格歌曲创作评奖中获优秀创作奖。《你是一个太阳》（词曲）在1992年中国音乐家协会举办的歌曲征集评奖中获创作三等奖。《古槐》（曲）在1992年河北省民间音乐舞蹈比赛中获创作三等奖。《想起毛主席授我一支枪》（马秋亮词）在1993年河北省纪念毛泽东诞辰100周年征歌活动中获创作一等奖。《小康村里风景美》（曲）在2002年河北省群艺馆歌曲征集评奖中获创作三等奖。《七月的阳光》（曲）在2001年河北省庆祝建党八十周年歌曲评奖中获创作三等奖，在河北省音乐家协会庆祝建党八十周年歌曲评奖中获创作二等奖。

郑学义，男，1956年生，河北省临漳县人，1979年毕业于河北师大艺术系音乐专业班。1983—1991年在县文化馆工作期间，创作了一批音乐作品，主要有歌曲《勘探队阿哥没回来》（曲）发表在《歌曲》上；歌曲《农家小院鲜花开》（殷瑛作词）获河北省优秀歌曲奖，河北人民广播电台在“对农村广播”节目中对词、曲的创作特色进行评价，并连续播出一周。1984年加入河北省音乐家协会、河北省群众音乐创作协会。

主要歌手　杨增斋，女，回族，1956年生，大名县大名镇南关人。1979年在“邯长”铁路文工团工作，1981年调入大名县文化馆工作。1983年在河北省青年歌手比赛中被评为“省级歌手”；1984年被评为邯郸地区“一级歌手”；同年9月，在中国音乐研究会举办的“全国部分省、市民歌邀请赛”中获国家级二等奖；1990年，参加文化部在沈阳举办的“全国优秀秧歌比赛”，获国家级个人表演奖，同时被河北省文化厅表扬；1991年，在省委宣传部、省文化厅举办的“春节文化生活比赛”中获优秀奖；1994年，应邀随河北省代表队参加由中国旅游局、三峡办公室、中国舞协在重庆、武汉等地举办的“中国舞三峡之夏”歌舞比赛并获奖。

吴新洁，女，1957年生，大名县大名镇南大街人。1980年毕业于邯郸师专音乐专业，曾任音乐教师，1983年调至县文化馆工作，任艺术辅导。1984年被评为邯郸地区“二级歌手”，多次在省市级调演、汇演中获奖，曾被省电台录音播放，系河北省演唱研究会会员。

美　术

大名美术创作活跃，人才济济。一批专业美术工作者潜心创作，机关、学校、企事业单位和农村的美术爱好者工作之余练笔作画。作品有的参加了全国美展，有的在省级以上画报、画刊上发表，有的被美术出版社出版，有的参加各种省级美展。

主要画家及作品 郭来存（又名郭山川），大名县束馆镇刘村人，1938 年出生在吉林省，1955 年回大名工作，系河北省美术家协会会员。幼年时创作连环画《女拖拉机手》和泥塑肖像《马、恩、列、斯、毛》参加吉林市美术展览，荣获一等奖。1957 年被错划为“右派”,1979 年摘掉“右派”帽子后，创作《泰山写生》参加河北省美展；1983 年创作的年画《苏武牧羊》参加全国中堂画展并获佳作奖；同年，连环画《八旗子弟》、木刻《郭隆真》参加河北省美展；1984 年，年画《借东风》参加省美展，并由河北美术出版社出版；同年，年画《群英会》参加全国第六届美展并获纪念奖；1988 年，创作一套年画《戎马英雄》等。

申国玉，1957 年生，大名县王村乡西店村人。1979 年毕业于邯郸师专美术专业，系河北省美术家协会会员，河北省版画研究会会员，邯郸市美术家协会理事。擅长木刻、油画、水彩、国画。木刻《乡村之夜》1986 年 3 月 16 日发表于《中国文化报》，木刻《农忙时节》《童年》分别发表于 1986 年 2 月 13 日和 3 月 13 日《农民日报》，木刻《小鸟，你好》1991 年 4 月 24 日发表于《中国少年报》。《太行深处》《鸡》分别参加河北省第三届（1986 年）、第四届（1990 年）版画展。木刻《风车》1988 年 4 月 22 日发表于《中国计划生育报》，宣传画《历史的丰碑》（合作）、版组画《童年的记忆》2001 年 10 月分别获河北省艺术联展二等奖、优秀奖。供职于县文化馆。

黄运学，1956 年生，大名县杨桥镇黄庄村人。1989 年结业于河北师院美术系，系河北省美术家协会会员，河北省青少年书画家协会理事，河北省水彩、水粉画研究会会员，河北省电影宣传画协会会员。水彩画《盼》参加 1992 年中国首届水彩艺术展,《山里红》《艳丽春色》参加庆祝建国 55 周年河北美术展；油画《突围》、宣传画《历史的丰碑》在河北省艺术联展中获二等奖。

王建勋，1955 年生，大名县杨桥镇杨桥村人。1978 年毕业于邯郸师专美术专业。河北省美术家协会会员，邯郸市美术家协会理事。自幼酷爱书画，师承著名画家田辛甫，刻意研习写意花鸟画，追求独到的艺术风格，作品多次在省级以上报刊发表。《绿池落红蕖》在 2001 年河北省艺术联展中获二等奖,《秋韵》在 2002 年 8 月 17 日《中国书画报》发表。2000 年《干部党员人才》杂志在封四上发表其作品专版 5 幅作品，并附作者简介。

张文治，1940 年生，大名县大名镇菜园街人，系河北省美术家协会会员。作品《太行春色》参加河北省根治海河美术作品展；国画《风竹》被中国泰山美术书法展览展出，获优秀奖并刊载于画册。

闫守明，1940 年生，大名县沙圪塔乡元寨村人。中国民族文化艺术促进会会员，东方艺术研究院艺术顾问。自幼喜爱书画，40 多年临池不辍。擅长国画竹子，被全国文联、文化部、人民画报社授予“世界华人艺术人才”称号，作品多次展出、发表、获奖。

较为活跃的美术作者还有李学勤、许建亚、闫俊民、宋资敏及漫画作者闫效民等。

主要工艺美术作者及作品 李大明，1949 年生，大名县人，河北省民间美术研究会理事。1972 年开始从事草编出口产品生产研制，至 2005 年共设计作品千余种。1970 年作品参加中国工艺美术展览，1998 年作品参加中国民间艺术博览会，1999 年作品参加中国工艺美术创作世纪杯大展。1995 年联合国教科文组织、中国民间文艺家协会授予其“民间工艺美术家”称号，1998 年河北省文学艺术界联合会、河北省轻工业厅授予其“民间工艺美术大师”称号。

王群英，1966 年生，大名县人，中国工艺美术家协会会员。作品多次参加中国进出口商品交易会，远销日本、美国、新加坡、马来西亚等国。1989 年创作的草编《小房子》获河北省民间艺术评比二等奖；1990 年创作的草编《人物壁挂》在北京工艺美术馆展出，获河北省民间美术评比优秀奖；

1995年创作的草编《猴》获河北省民间美术评比三等奖；2005年创作的草编《京剧脸谱系列》《面塑系列》《剪纸系列》获河北省草编、面塑、剪纸三项一等奖。

外地大名籍画家　郭明堂，1951年出生，大名县人，中国美术家协会会员，供职于邢台市工人文化宫艺术研究室。作品参加第六届、第七届全国美展，作品《山情》获第七届全国美展银奖，1997年被中国文联、中国美协授予中国画坛百杰称号。作品及评价文章曾发表于《美术》《国画家》《中国画》《人民日报》等报刊。并有多幅作品分别被中国美术馆、中国文联、毛主席纪念堂、天安门、海内外收藏家及博物馆收藏。

康卫中，大名县孙甘店乡南石冲村人，系保定画院高级美工师，河北省美术家协会理事，保定市美术家协会主席，中国美术家协会会员。早年研习人物画，1975年从事美术专业后改攻山水画，《飞雪鸿雁》《太行石铭》《永恒》等作品先后获河北省美展一、二等奖。多幅作品选赴日本、美国展览。1994年，作品《永恒》参加全国第八届美展。作品发表在多种画册和国家报刊上。

闫禹铭，1960年生于大名县。系北京墨彩画院副院长、61416部队俱乐部美术创作员、山西省美术家协会会员、北京市美术家协会会员、中国美术家协会会员，1993年毕业于解放军艺术学院美术系、作品《银装之夜》入选第八届全国美展，《太行英魂》入选建军70周年全军、全国美术作品展，《太行深处》入选庆祝建国50周年全军美术作品展。曾在山西太原举办个人画展，在北京美术馆、国际贸易中心举办七人联展。

外地大名籍雕塑家　李庆芳，大名县营镇回族乡西营村人，回族，供职于北京崇文职工大学，国家知名雕塑家。主要作品有：邯郸胡服骑射、129师六将军雕像、山西平型关大捷将帅群体雕像、北京邓颖超、李大钊雕像，海南宋庆龄雕像，淮安周恩来雕像，西藏和平协议签署群体雕像，辽沈战役纪念币浮雕，长江第一漂浮雕，毛主席纪念堂纪念章浮雕等。

书法篆刻

大名书法、篆刻传统悠久。20世纪初，张裕钊的弟子王洪钧由天津移居大名，把张裕钊书体（南宫碑）传入大名。张裕钊书体融古代书体之长，吸收篆、隶笔法，并集魏碑之大成，结构严整、开阔舒朗，于娟秀中见雄浑，自成一家，求学临摹者甚多，很快形成一个以“南宫碑”为主体的大名书法流派。大名流行的书体除“南宫碑”外，还有颜体、柳体、华世奎体等。1979年后，随着人们生活水平的提高和文化知识的普及，大名书法爱好者日渐增多，形成一个较为庞大的书法群体，经常参加县以上书法活动者近百人。老一代书法家焕发青春、年轻书法篆刻者脱颖而出。1983年后，大名书法、篆刻多人作品参加国家、省、地各种书展和被书刊刊藏、收藏。

国家级会员　吕章申，男，汉族，1955年12月生，大名县人。1970年12月参军入伍，1976年3月复员回乡务农，1977年3月—1980年11月就读于清华大学建筑系建筑学专业，1980年12月分配到文化部工作，1980年12月—1989年9月先后在文化部计划财务司和艺术局工作，1989—1992年在文化部中外合资企业东方艺术大厦有限公司担任董事兼副总经理，1992年6月—2000年4月先后在中国美术馆担任副馆长、党委书记，2000年4月—2005年9月先后担任文化部计划财务司司长、人事司司长，2005年9月任中国国家博物馆馆长、党委副书记。吕章申从事书法创作研究近二十年，曾向著名书法家启功、朱乃正、张荣庆等先生学习书法，又因其在文化界多年，耳濡目染，以学养识见，以识见促书法，走出一条独特书法道路。他的行草朴实简洁，结体布局疏朗，整体意境散淡，内在气韵秀润，以“精而造疏、简而意足”为特点，表现出与时流迥异的独特个性风格，曾在报刊、杂志上发表书法作品近百幅，并被多家博物馆、纪念馆和个人收藏。2005 年 5 月出版《吕章申书法集》，由著名国学大师文怀沙先生题写书名并作序。

陈惠永，1961 年生，大名县大名镇人，系中国书法家协会会员、河北省篆刻研究会理事、邯郸市书协副主席。初学楷书、秦汉及明清诸家印。1986 年在河北省首届书法篆刻评展中获创作奖。作品先后 7 次入选中国书法家协会举办的全国书展，1989 年获河北文艺振兴奖（省政府奖），并荣立三等功。先后多次获河北省书展二等奖。其小传及作品被编入中国书协主编的《中国书法家大成》中。作品多次在菲律宾、日本的报刊上发表，《中国青年报》对其作品给予较高评价。

李海明，1971 年生，大名县大名镇人，供职于大名县建设局，系中国书法家协会会员，河北省书法家协会会员，1993 年获“第八届河北省文艺振兴奖”，并荣立三等功。1990 年后，书、篆作品 30 多次在全国大赛中获奖。其中在全国书法精英大赛、全国业余书法大赛、全国纪念毛泽东诞辰 100 周年文化精粹博览会上均获一等奖。在全国第五届、第六届书法篆刻展，全国第六届、第七届中青年书法篆刻展，全国第一届、第二届新人新作书法作品展，全国第二届、第三届、第四届篆刻艺术展，国际首届、第二届篆刻艺术交流展中均有作品入展。

省级会员　张少逸，1918 年 10 月生，大名县人，系河北省书法家协会会员，以颜体见长，1982 年当选大名县第一届书法学会主席。书法作品参加北京迎“亚运”盼“亚运”书展、中央电视台“大红鹰”杯中老年书法大赛并获三等奖，参加“迈向新世纪中华老年书画展”，并获优秀作品奖。

王乐同，1920 年出生于大名县西未庄乡段村，曾任中国教育学会书法教育研究会会员及河北分会理事、河北省书法家协会会员、邯郸市书法家协会副主席。11 岁时拜李鹤亭为师，初学柳体、后学颜体，继而主攻魏碑和南宫碑。《中国农民报》载文评价其书法“外方内圆，圆中见方，方圆适度，古朴有力，筋骨挺拔，风神隽逸，点画转折皆绝痕迹，柔中有刚，潇洒自如，笔锋之中有一种迅疾而豪迈的节奏，观之予人一种喜悦向上的力量和美好的艺术享受”。曾应北京地坛公园芳泽轩、文化街大千画廊、湖社博古斋等书画店之邀参加展销。河北人民出版社、省新闻出版局先后出版《王乐同楷书・滕王阁序》《王乐同书法集》等。

杨克庄，1927 年 7 月生，大名县大名镇人。河北省书法家协会会员。9 岁临帖，初学柳公权、颜真卿等，继学华士奎，兼练行草。书法作品多次参加“可爱的河北书法展”“河北省第三届离退休干部书法展”“河北省书协会员书法展”等。

许宝善，1942 年生，大名县大名镇西关村人，系河北省书法家协会会员，曾任邯郸地区书法家协会副主席。书法功底坚实，行书继承“二王”传统，溶入魏碑、南宫碑、毛泽东、郭沫若、沈默、启功等大家的笔意，潇洒、飘逸、遒劲，擅隶书、草书、楷书。作品多次被县政府作为礼品赠送给日本、新加坡、美国及中国台湾、中国香港的各界人士。2004 年被聘为《中国文化报》书法专栏作者。

王青山，1949 年生，大名县大名镇马厂街人，系河北省书法家协会会员，中国民进河北省委文化艺术工作委员会委员。擅长楷、草、隶、篆、行、魏书体，尤精篆、隶、新魏书。其隶书作品《虎啸龙吟》在《人民日报》上发表。作品多次在全国性书画大赛中获奖，并被收入多部全国性书法集。1983 年始致力于海峡两岸的文化交流，曾在台湾台南市、屏东县举办个人书展，为台湾嘉义吴凤技术学院、台南市大雅艺术馆等 10 多家题写校名、馆名。向台湾输出书法艺术品 3000 多件。作品在中国香港、中国澳门、美国、加拿大、新加坡、日本、韩国、越南等国家和地区展出，并被当地收藏。

张文治，1940年生，大名县大名镇菜园街人，系河北书法家协会会员。曾习练颜、柳、欧、赵、褚、何绍基、华世奎、毛泽东、郭沫若体，特别爱好郑板桥体、扬州八怪的书法。逐步形成自己的书法风格，多次参加省级以上书展。

贾渔琴，1933年生，大名县龙王庙镇人，系河北省书法家协会会员。擅长楷、行、草诸书体，作品在河北省政协及民主党派书画展、《中国书画报》《书法报》《书法导报》上展出和发表。

朱献东，1964年生，大名县龙王庙镇人，系河北省书法家协会会员，初练楷书、行书、魏碑，后主攻“南宫碑”，其作品多次参加省级以上各种书展。

其他书法人物　陈奇龄，1930年出生，大名县城北苏庄村人。幼年读书期间开始临摹颜、柳、欧、赵书帖，后对书法艺术产生浓厚兴趣，几十年笔耕不辍，长期临摹《兰亭序》和怀素的狂草，逐渐形成个人喜爱的书体——行草书，并形成自己的风格，作品多次参加省市县三级书法展。

成汝印，1937年生，大名县人。曾任县人大常委会副主任、党组副书记，1997年退休。自幼喜爱书法艺术，以柳字起步，继临颜体，攻楷书，练行草，从未间断。1982年后，多次到外地参加书法活动，参加各种全国性书法大赛，获得过楷书二、三等奖，行草书法佳作奖，优秀奖和2次金奖。

刘同华，1931年生，大名县人，退休后在县老干部局举办的老年大学里担任书法教师。硬笔书法入选第四届全国硬笔书法艺术展。毛笔书法多次入选全国性书法展，并有多件作品获奖。

胡桂林，1927年生，大名县大名镇北大街人。擅长多种书体，尤精行草，有晋唐风韵。书写时擅用长锋羊毫，纵挫横揉，力透纸背，笔酝墨饱，刚柔相济，极见功力。多次在县文化馆举办的书法培训班上讲课，为大名书法界培养了许多人才。

外地大名籍书法家　李守诚，字明善，1924年2月生，祖籍河北大名，系中国书法家协会会员。书法师承其父李鹤亭，耕耘近70个春秋，擅书多体，融贯古今，别开新面。他所创的新南宫碑体异帜高举，独步当代书坛，声望远播海外。作品曾参加“全国第二届书法篆刻家作品展”“全国著名书画家作品邀请展”等。《当代楹联墨迹选》《中国现代书法选》《当代书法艺术大成》《中国当代书法家大辞典》等均有其墨迹或小传。“黄河碑林”、黄粱梦、丛台、温明殿等名胜古迹均有其所书碑刻。艺术理论修养深厚，所撰论文曾参加“中日书法史论研讨会”等，其弟子广泛活跃于当今书坛。出版有《李守诚书阿房宫赋滕王阁序》《李守诚书法选集》等书籍。

李喜泰，字泰然，号醉古，1963年1月1日出生，籍贯河北大名县，系中国书法家协会会员，河北省书法家协会学术委员，邯郸市书法家协会副主席。幼承家学，祖父李鹤亭和父亲李守诚均为当代著名书法家，传统根基深厚，真、草、隶、篆无不涉猎，且能酌古斟今。《中国书画报》《书法导报》《现代书法》等均有专文介绍其所取得的成绩。作品曾参加“全国第六届书法展”“全国第四届青年书法展”“全国第一届行草书大展”“中国书坛首届新人展”“中日第二届书法展”“中日张裕钊书法流派展”“全国青年书法教师作品邀请展”等。作品被国内多家博物馆、纪念馆收藏，《中国书法家大辞典》等刊其小传。临池之余，潜心于书法理论和古典诗词研究，有多篇论文和旧体诗词发表，论文入选“全国第五届书学研讨会”“全国第七届书法展”等。

1979—2005 年大名县文学艺术作品一览表

书画类

表 14-1

书名	作者	出版单位或出版号	印数（册）	时间	内容
王乐同楷书《滕王阁序》	王乐同	河北人民出版社	3000	1994.04	同书名
王乐同书法集	王乐同	冀石内准字（1999）第 A027	1000 1500	1999.01 首印 2002.08 再版	同书名
许宝善书法集	许宝善	冀邯内准字	200		同书名
桂林书法拾遗	胡桂林	大名印刷有限公司	1000	2004.10	同书名

文学类

书名	作者	出版单位（或出版号）	字数（万）	印数（册）	时间	内容
花丛中	文化馆编印	—	—	—	1980	小说散文集
民间文学选	文化馆编印	大名印刷厂	12	1500	1984.03	民间文学选
民间文学选第二集	文化馆、县写作协会编印	大名印刷厂	10	2000	1985.10	民间文学选
三套集成故事集	大名县三套集成编委会	大名印刷厂	8	1000	1986.08	大名民间故事集
三套集成谚语集	大名县三套集成编委会	大名印刷厂	1	1000	1986.08	大名谚语
三套集成民歌集	大名县三套集成编委会	大名印刷厂	2	3000	1986.08	大名民歌
民间幽默与笑话	栗丛森	河北教育出版社	8	7000	1993.01	民间笑话集
黄皇一帝·新朝皇帝王莽	栗丛森	河北教育出版社 ISBN7-5434-5051-8	42.1	5000	2003.05	王莽改革的历程
古城迷情	雨舟 （栗丛森）	新世纪出版社 ISBN·962-497-001-7	24	10000	2004.05	红枪会抗匪
名剧经典观赏	呼中汉 张好贤	中国戏剧出版社 ISBN7-104-01572-8	7.7	10000	2002.07	名剧简介
热血铸名鼎	赵明宇	内蒙人民出版社 ISBN7-704-0797-6	20	2000	2005.05	报告文学
倾爱之歌	齐德峰	冀邯内准字 （2001）第 AH-08	2.4	5000	2001.07	报告文学
常用成语一条龙	田修文	冀邯内准字 （1996）第 20 号	3.1	1000	1996.06	成语
张少逸诗词选	张少逸	冀邯内准字 （1994）第 5 号	1	2000	1994.01	诗词
晚舟泊吟	陈奇龄	冀邯内准字 （2001）第 AH021 号	3	1500	2001.08	诗词
瑞林诗选	龚瑞林	冀邯内准字 （2001）第 AH009 号	4	1500	2001.05	诗词

续表 14-1

书名	作者	出版单位（或出版号）	字数（万）	印数（册）	时间	内容
白梅俊诗文选	白梅俊	华文出版社 ISBN-5075-1165-0	11	1500	2006.06	诗文
大名诗词 1	大名诗词学会	冀邯内准字（2001）第 482 号	—	2000	1998.12	诗词
大名诗词 2	大名诗词学会	冀邯内准字 （2001）第 AH008 号	—	2000	2001.05	诗词
大名诗词 3	大名诗词学会	—	—	2000	—	诗词
大名诗词 4	大名诗词学会	—	—	2000	—	诗词
大名诗词 5	大名诗词学会	—	—	2000	2005.08	诗词
乡土	乡土文学社	—	5	500	1985.03	小说、散文、诗歌

其他类

书名	作者	出版单位或出版号	字数	印数（册）	时间	内容
草编	李大明	天津美术出版社 ISBN-5305-0689-7	—	3000	1997.06	草编工艺

第四章　广播电视电影

1979 年为大名县有线广播站，1981 年改为大名县广播事业局，1984 年改为大名县广播电视局。此后，广播电视事业发展迅速，1993 年实现广播电台、无线电视台、有线电视台三台并立，覆盖面积越来越大，收听收看人群越来越多。

第一节　广　播

管理机构

1981 年成立大名县广播事业局。1984 年更名为大名县广播电视局，负责全县广播电视行政管理工作。1987 年编制 37 人。1998 年 4 月实行局台（广播电台、电视台）合一管理体制，局长兼台长。下设办公室、音像管理股、技术事业股、有线电视工程队。广播电台、电视台设新闻专题部、广告文艺部、制作部、技术部、播出部。局设立技术管理、编审两个委员会。2001 年年初，音像管理权移交县文化部门。2002 年，下设机构调整为办公室、技术事业股、宣传股、法保股。2004 年，以有线工程队为基础组建大名广电网络传输有限公司，以广告文艺部为基础成立大名县广告信息服务中心，实行独立核算、企业化管理，并增设技术装备部、总编室。2005 年编制 89 人，其中局领导班子 8 人，中层干部 24 人，本科学历 15 人、大专学历 23 人、高级职称 1 人、中级职称 2 人，技术工人 42 人、高级工 24 人、技师 1 人。

设施设备

1985 年，经省广播电视厅批准，大名县广播站改为大名人民广播电台。1986 年 7 月 1 日，大名调频广播电台建成试播，电台功率 50 瓦，频率为 65 兆赫，与电视差转台同塔播出，覆盖半径 7.5 千米。1989 年 1 月 1 日，电台正式播出。1997 年，由省厅投资，增建一套 300 瓦调频设备，信号覆盖全县。

节目设置

日播三次，计 6 小时 30 分钟，主要转播中央、省、市节目，自办节目 15 分钟。主要栏目有《全县联播》《简明新闻》《理论学习》《科技天地》《法制之声》《卫生与健康》《人口与计划生育》等。1985 年后，近 100 篇广播稿件获国家、省、市好新闻奖，其中广播新闻《张郭村惜土如金 30 年耕地没减一分》获 1986 年河北省好新闻二等奖，广播专题《农协的生命力在于服务》获 1995 年河北省好新闻一等奖暨全国对农优秀广播节目三等奖。1999 年，由于县内经济紧张、广播设备老化、电视冲击等原因，县广播电台暂停播音。

第二节　电　视

无线电视

1986 年 1 月，筹资 5 万元建成 82 米高拉线式电视塔。1987 年，筹资 6.5 万元建成卫星地面接收站。1990 年，投资 25 万元建成 1000 瓦电视台差转台，当年开播，信号覆盖全县，可收看转播的中央省台两套节目。是年 7 月，筹资购置摄像机、字幕机和编辑机，8 月开始播出大名县新闻。1996 年，投资 90 万元，购置较为高级的采编摄配套设备，新闻节目编播质量进一步提高。1997 年 7 月，采用局内职工集资方式筹资 100 万元，建成 143.8 米高自立式发射塔，1998 年 3 月 18 日投入使用，电视信号覆盖到周边县，且图像更加清晰。是年 10 月，购置发射机，在塔下建起 200 平方米发射机房及 150 余平方米工作室，播出条件和工作条件得到改善。2004—2005 年，按照“新闻宣传数字化”要求，筹资对老化机器设备逐步更新，购置数字摄、编、制、播设备 10 余台件，更新无线硬盘播出系统，使大名广播电视向实现数字化迈出坚实一步。1992 年 5 月，大名电视台 33 频道电视发射台调试安装完毕，开始转播中央、省台两套节目。当年 8 月，开播本县新闻。大名电视台开辟两个频道，一个频道以转播中央、省、市台节目为主，一个频道以自办节目为主。日播出 20 个小时 20 分，其中转播 2 小时 15 分钟，自办节目 18 小时 5 分。自办主要栏目有《大名新闻》《希望的田野》《卫生与健康》《人口与计划生育》等，同时开办《环境兴县你我他》《生态文明村创建专栏》《重点项目导视》《聚焦民心工程》等 30 多个专题栏目。1999 年，电视专题片《崭露新姿的大名》获全国首届基层电视台农业电视节目一等奖和最佳编导、摄像、播音奖。2004—2005 年，大力实施“节目立台”战略，开办《法制园地》《信息直通车》《感受生活》等民生新闻栏目。

有线电视

1994 年 12 月，建成城区有线电视网，开辟 12 个频道，全天 24 小时转播中央及部分省台卫星电视节目。2000 年，完成县城有线电视网升级改造工程，由电缆传输改为光缆传输，转播节目套数增至 32 套。2004 年，升级改造机房有线电视前端设备，使有线电视实现前端数字化接收。2004 年，成立大名县广电网络传输有限责任公司，至 2005 年年末，共架设光缆 20 千米，分配网 49 千米，装机户 7000 户，占城区总户数的 50%，首年实现扭亏为盈，实现收入翻番。2005 年，与沈阳视讯网络公司合作，建设大名县农村广播电视综合信息网。同年 11 月，投资 2300 万元，利用光缆传输架设包括原乡镇址在内的 39 个接受点，线程约 230 千米，并完成部分村镇支干线路架设和用户分配网络建设。

1986—1999 年大名县广播电视新闻作品获奖一览表

表 14-2

年份	体裁	题目	奖次	作者
1986	广播消息	张郭村惜土如金 三十年土地没减一分	河北省二等奖	刘冬 张继红 田奇岭
1988	广播专题	农村新人接踵来	河北省播音三等奖	闫守明 于合朝 许光临 张丽萍
1989	广播专题	春风化雨润心田	河北省播音三等奖	王晓静
1990	广播专题	田野上的希望	河北省播音三等奖	闫守明 于合朝 许光临 丽萍
1991	广播专题	科技致富富农家	河北省三等奖	—
1992	播音作品	《冀南之声》	河北省播音一等奖	杨达 王晓静
1993	广播消息	万堤镇户口管理有新招	河北省三等奖	于合朝 张红霞
	广播消息	赵站靠打水井走上小康路	河北省三等奖	李永革 张红霞
	播音作品	建功风来处处春	河北省三等奖	杨达 王晓静
1994	广播专题	泥腿子闯市场	河北省二等奖	于合朝 王晓静
1994	广播消息	三管齐下管理预算外资金效果好	河北省三等奖	张文英
1995	广播消息	农协的生命力在于服务	全国优秀对农广播三等奖 省新闻奖，广播社教对农节目一等奖	于合朝 闫守明、 许光临 张文英 张丽萍
1996	广播消息	大名县扶持农户发展农户庭院养殖	河北省三等奖	张文英 李永革等
1996	广播专题	飞沙薄地变粮田	河北省三等奖	李永革 张丽萍等
1999	广播专题	崭露新姿的大名	全国首届基层电视台农业节目一等奖	李永革 张丽萍、 马秋亮 王献普
1999	播音作品	《请您欣赏》	河北省三等奖	郭洋

1998—1999 年大名县电视专题片获奖及最佳个人一览表

表 14-3

年份	体裁	作品题目	最佳编导	最佳摄像	最佳制作	最佳播音	奖次
1998	专题	绿色的丰碑	—	贾凤彪	—	—	全国三等奖
1999	专题	崭露新姿的大名	马秋亮	—	王献普	李永革 张丽萍	全国一等奖

第三节　电　影

1979—1991年，全县电影事业出现空前繁荣，县电影院上座率经常保持100%。几十个乡镇村的电影队活跃在广大农村，许多农民在办喜事时放映电影。全县达到规划放映、普及放映。1989年，全县电影观众人次达到最高峰，映前的幻灯宣传也备受欢迎。1991年后，电影放映出现滑坡，首先县城县电影院上座率明显下降，放映场次减少。之后每况愈下，至1993年，农村放映队坚持活动的减少50%，映前的幻灯宣传更是很少有人观看。造成电影放映连年下滑的主要原因是：改革开放后电视普及，群众的文化娱乐活动项目增多，各种书刊日益丰富，城乡人民的文化生活趋向多样化，农村存在收费难等问题。1997年，县委宣传部下发《关于加强农村电影放映的通知》，要求各乡镇至少保留1个乡办电影队，保证每月至少放映1场电影，并提出农村人口每人每年交1元钱统筹电影费的意见。但政府的干预行为没有起到很大作用，大部分乡镇电影队在《通知》下达前已陷于瘫痪，2002年全部停止活动。县城的电影院基本上处于关闭状态，只有在对城区中小学生进行爱国主义教育时才放映，平时则为商业活动提供便利，收取费用。

管理机构　大名县电影公司。属自负盈亏，独立核算的事业单位。1979年的名称为大名县电影管理站，1980年改为大名县电影发行放映公司，统管全县电影业务工作，下属单位有大名县电影院、束馆电影站、城关电影站、金滩镇电影站、杨桥电影站。束馆电影站（兼管龙王庙片）有1处集镇剧院、33个农村电影放映队，城关电影站有1处工人俱乐部影院、4个工厂电影放映队、52个农村电影放映队，金滩镇电影站有2处集镇影剧院、31个农村电影放映队，杨桥电影站（兼管万堤片）有2处集镇影剧院、34个农村电影放映队。公司内设机修股、发行股、宣传股、财务股。1983年，县电影公司经理刘冀燕、龙王庙站郭晓峰出席河北省电影工作“双先会”。1985年，邯郸地区电影公司在龙王庙影院召开全区乡镇影院建设现场会。1987年，邯郸地委宣传部、邯郸行署文化局在大名召开“落实中央四部委文件现场会”，为邯郸地区电影系统规模最大的一次现场会。2005年，电影公司在册人员37人，实际工作人员7人，其余自谋出路。

放映场地　大名县电影院。1979年，河北省电影公司投资27万元、邯郸地区电影公司投资2万元，县电影公司投资5万元，在县城大名府路南侧建起规模较大的影院，定名为大名县电影院。影院建筑面积1400平方米，座位1193个。1979年使用35毫米“解放103型”提包式放映机，年末改为35毫米“松花江5502型”座机。1980年将“松花江5502型”炭精棒光源改换成氙灯3000瓦光，具备了现代化放映设备。2005年，基本陷于关闭状态，除搞一些商业活动外，偶尔放映一些影片。乡镇影院。1981年，全县和乡镇开始兴建影院，资金来源由省、地、县电影公司投资和乡镇自筹相结合。影院性质有镇办、村办、镇村联办。龙王庙镇办影院建成于1982年，建筑面积750平方米，座位948个；杨桥的村办影院建成于1984年，建筑面积720平方米，座位1000个；西店的村办影院建成于1984年，建筑面积750平方米，座位为条凳；金东村的村镇联办影院建成于1984年，建筑面积720平方米，座位1150个；金北村的村办影院建成于1987年，建筑面积750平方米，座位850个。1993年后，乡（镇）影院逐渐减少，至2005年年底，全县仅剩下杨桥、金北2座影院，且极少有放映活动。

影片发行　县内影院上映的35毫米影片，由邯郸地区电影公司按月排表计划供给。1979—1987

年，放映收入45%上交地区公司，55%归放映单位。从1988年起，一律实行包租制，地区公司按所包档次供给影片。16毫米影片，1979年至1992年一直实行计划供应。首轮影片调度由省电影公司按拷贝数量发至市电影公司，市电影公司再安排到县公司，确保各县区每月有十几部首轮片。县电影公司每月召开一次排片会，将市公司调拨来的首轮片和库存复映片编组发行到各乡镇放映队。自1993年起，16毫米影片由计划供应改为各市县自行购买拷贝，每部1500元。县电影公司因资金所限，每年只购几部新片。县电影公司库存16毫米影片1162部，其中故事片900部、科教片173部、艺术片、纪录片89部。1993年后自购拷贝100部。

第五章　文　物

1953年河北省文化局文物处在大名进行中华人民共和国成立后首次文物普查工作。至2005年年底，大名县内有全国重点文物保护单位2处、省级重点文物保护单位6处、市级重点文物保护单位5处、县级文物保护单位33处。其中：1982年河北省人民政府公布大名县第一批河北省重点文物保护单位6处，1993年公布第二批单位2处；1995年邯郸市人民政府公布邯郸市重点文物保护单位5处；1983年大名县重点文物保护单位6处，1987年公布第二批20处，1993年1处，2004年6处。1986年3月，选送25件文物精品参加“河北省文物普查新成果展览”。4月，“《李春雨遗教碑》文物档案”参加文化部河北赛区“文物普查新成果档案示范展览”。10月，为《中国文物地图集》绘制编写的《大名县文物分布图》《大名县文物一览表》通过验收达标。1993年始，在全县境内的工程建设中进行文物勘探工作。

第一节　碑刻　墓志　古墓葬

文物是在不同时期文明历史的物质标志，即印证、补充、延续历史的实物资料。在悠久的历史长河中，大名这座历史名城，河朔重镇，曾是冀南政治、经济、文化、军事中心，具有灿烂的文化传统，曾经留下了众多的文物古迹。然而，大名地处黄河，大运河、漳河溢域，累遭洪泛，古代遗存被埋没地下。随着当今基本建设工程和考古发掘工作的开展，许多古代碑刻和墓葬得到了更好的保护。

碑刻墓志

古代碑刻多立于庙堂、神祠、神道或大道显见之处，用文字记述史实，颂扬功德，沿袭2000余年。碑刻由碑首、碑身、碑趺三部分组成。碑首即碑额，一般中间标题篆书者居多，故称之为“篆额”。碑身刻记正文，周边多有纹饰，是碑刻的内容部分。碑趺俗称碑座，唐时葬令，凡五品以上为碑，龟趺螭首，降五品为碣，方趺圆首。龟趺即赑屃趺、赑屃座。明清之际，又有须弥座，是从佛座演变而来，上有浮雕莲瓣。墓志埋葬于墓内，主要记述墓主生平事迹。铭文多为溢美之辞，以表达对亡者的纪念。墓志为一盒，分志盖和志底，志盖刻记墓主职位和姓名，志底刻记铭文。石刻文字及文章，呈现千姿百态，反映了不同书法家、艺术家的不同风格，具有较高的书法价值，而且体现了不同历史时期刻石勒铭技术以及所使用工具的特点。无论碑文、志文，都较客观详细地反映了一定的历史事实，有些涉猎面较宽，在不同程度上都起着补史和证史作用。

五礼记碑　原位于大街乡双台村西南，始立于唐开成五年（840），原为唐代书法家柳公权书丹的魏博节度使“何进滔德政碑”。宋大观二年（1108），诏谕左丞梁子美（梁中书）为《五礼新仪》立碑刻记，毁何碑改刻“五礼之记”。明建洪武三十一年（1398）四月，河决漳卫，运河淤塞，洪水淹没大名府，此碑埋于地下。明嘉靖二十七年（1548），大名府知府顾玉柱派人挖出，碑断为九块，龟首遗失。1987年1月，残碑运至大名县石刻博物馆。1989年将碑修复重立。碑全高12.34米，宽3.14米，厚1.08米，总重量140.3吨（除龟首），为全国已知最大古碑。1982年被河北省人民政府定为省级文物保护单位。2004年申报国保单位（2006年5月成为第六批国保单位）。

五礼记碑

附1：

御制五礼记

宋徽宗（神宗第十一子，名佶，深通百艺，书画尤工）

礼缘人情而为之节，文先王稽其典常，制其等差，辨其仪物，秩其名位，所以正人伦，定尊卑，别贵贱也，故有君道焉，有臣道焉，有子道焉，夫倡而妇随，兄友而弟恭，莫不有叙，人伦正也。上不可以逼下，下不得以僭上，大不可以凌小，小不得以加大，无得而逾，尊卑定也。朝廷邦国乡党遂序有典、有则、有伦、有节、有条而不紊、贵贱别也。天下有万不同之情，先王同之于一堂之上。薄海内外，虽愚夫愚妇莫敢以私智侧言改度易制者，以分定故也。夫人伦正，尊卑定；贵贱别，则分守明；分守明，则人志一；人志一，而好乱者未之有也。下不好乱，上不僭差，而天下不治者亦未之有也。

先王以是成教化，移风俗，其和至于广乐，其大至于与天地同节，朕甚慕之，朕获承至尊，深惟祖考燕翼之谋垂休，锡羡功成治定，历考前世承平之久，莫如今日。然承五季礼废乐坏，大乱之后，先王之泽竭。士弊于俗学，人溺于末习，忘君臣之分，废父子之亲，失夫妇之道，绝兄弟之好，至以众暴寡、以智欺愚，以勇灭怯，以强凌弱。庶人服侯服，墙壁被文绣，公卿与皂隶同制，倡优下贱得为后饰，婚冠丧祭，仪节器用，家殊俗异，人自为制无复纲纪，几年于兹，未之能革。在昔，神考宪道立法，礼教聿新，以追三代之隆，谓安上治民，别嫌明徽，释回增美，莫善于礼，亲降策问，下询承学，造廷之士将因今之材而复古之道，旗常服章之饰，是正讹舛，大勋未集，仰惟先志，明发不昧，继而承之，罔敢忽怠，乃诏有司张官设属，讲求次叙，以书来上。朕一夜省阅，考验先王制礼之文，汩陈其制，先后无伦，婚冠先序，复命有司循古之意而勿泥于古，适古之宜而勿牵于今，乃作吉礼之文，汩陈其制，先后无伦，婚冠失序，复命有司循古之意而勿泥于古，适今之宜而勿牵于今，乃作吉礼，以祀、以祭、以享；乃作凶礼，以哀、以吊、以会、以恤；乃作宾礼，以朝，以会、以觐问；乃作军礼，以用众，恤众、简众、任众、合众；乃作嘉礼，以亲宗族、亲男女、亲宾客、亲异国。

笾豆尊，冕弁旗常，车舆圭莹，羔雁币筐，有不可施于今则用之有时，示不废古。有不可用于时，则惟法其义，示不违今。又为多寡之数，高下之等，长短之度，疏数之限，将自躬而达之天下，自朝廷而达于庶民，使士安于分，无见利忘义之心！人之所守，无犯令凌政之悖，四海以无怫，而天下如一家，争讼之端庶几乎息，廉耻之道庶几乎息，廉耻之道庶几乎兴，而刑其措与。

《传》曰：商因于夏礼，所损益可知也；周因于商礼，所损益可知也；其或继周，百世可知也。今天下去周千有余岁，道之不明，未有疏于此时也；世染污俗，未有甚于此时也。朕因今之俗，仿古之政，以道损益，制而用之，推而行之，由于百世之下，奋乎百世之上，等百世之王，若合符契，其归一揆，所谓百世而继周者也。虽其法其制，未颁天下，朕将礼刑并用，俟之以庆赏刑威，观厥成焉。万机之暇，记其事，刻之因以兼明天下后世。

附 2：

五礼记碑搬运、修复、重立之壮举

1986 年，河北省文物管理局派专家学者到大名勘察、商讨五礼记碑修复和重立事宜，议定由省文物管理局拨款，县负责具体工作。1987 年 1 月 22 日，大名县县委、县政府，县文教局、县公安局等主要领导和文保所工作人员赴双台村，现场研究五礼记碑搬迁事宜。23 日，推土机扩修途经路面。24 日，30 吨重的吊车对途经路面进行试车运。25 日吊运完毕。1988 年 11 月 27 日开始修复石碑，主要采用环氧树脂胶与花岗岩石销在内部连结的方法，再辅以圆钢柱上下串插，以增强石碑本身的重力。修复方案为两步，一是先处理未断开的阴患部分；二是粘结填补缺断部分。粘结原料为环氧树脂胶、乙二胺、二丁脂化工原料混合配比。此项工程由河北省文物管理局辛桂未设计。29 日完成碑座两块、碑身一块的对接工程；1989 年 5 月 25 日至 30 日，完成碑身 3 块、碑首 3 块的粘结工程。5 月 31 日立起。五礼记碑搬运、修复、立起，河北省文物管理局先后拨专款 16.5 万元。

狄仁杰祠堂碑

狄仁杰祠堂碑　位于县城东北五里外的旧治乡孔庄村北，碑立于唐元和七年（812），狄仁杰曾于 696 年任魏州（治所在今大名，下同）刺史，带领民众击退契丹，使民众免于战乱。魏州民众为给狄公歌功颂德，于神功二年（698），建造生祠并立祠堂碑。后祠堂因乱而废。魏博节度使田宏正在原址重建祠堂并立碑纪念。碑为青石质，全高 4.46 米，宽 1.46 米、厚 0.46 米，碑座及碑身下部淤埋于地下。1996 年，大名县人民政府建亭保护此碑。1982 年，河北省人民政府公布为省文物保护单位。

马文操神道碑　原立于张集乡寺庄村西，该碑立于五代后晋天福六年（941）。马文操原为唐末魏州一名武将，因兵变被杀，其子马全节投后晋做了高官，晋高祖石敬瑭追赠马文操为秘书监，并为之树碑立传。碑为青石质，龟座，首身一体，高 3.4 米，宽 1 米、厚 0.36 米。1920 年移入县城内西街第一高小，1953 年迁至实验学校，1987 年迁入大名县石刻博物馆。1982 年河北省人民政府公布为省级文物保护单位。

罗让神道碑 位于大名镇康堤口村南。碑立于唐龙纪元年（889）。罗让，唐末人，卒于乾符三年（876），因其子罗宏信代乐彦祯为魏博节度使，父以子贵，唐昭宗于其卒后十三年，下诏追赠他为御史大夫、工部尚书。碑文主记其子罗宏信之战功业绩。碑为青石质，高 3.40 米，宽 1.00 米，厚 0.36 米。龟座及碑身下部淤埋于地下。1982 年河北省人民政府公布为省级文物保护单位。

朱熹写经碑 原位于城内文庙（今实验学校）内。朱熹，南宋儒学家，理学集大成者。该碑文摘录《易经》里的一段文字，概括宇宙世界的变化原理，碑文为朱熹亲书，其得意门生蔡元定刻石，字体风格古朴，笔力遒劲，气势磅礴，神韵俊逸，不失为一块具有重要书法、雕刻、理学思想体现的碑刻。碑青石质，通高 1.8 米，宽 2.9 米，厚 0.3 米，重 4.2 吨，碑体有龟裂风化现象。座为丰槽角基，1987 年迁入大名县石刻博物馆。1982 年河北省人民政府公布为省级文物保护单位。

附 3：

朱熹写经书碑文

易有太极，是生两仪，两仪生四象，四象生八卦，八卦定吉凶，吉凶生大业。古者，伏羲氏之王天下也，仰则观象于天，俯则观法于地，观鸟兽之文与地之宜，于是始作八卦，以通神明之德，以类万物之情。天地定位，山泽通气，雷风相薄，水火不相聚。八卦相错，数往者顺，知来者逆，是故易逆数也。朱熹书，蔡元定刻。

古墓葬

古墓葬是历史的地下储存处，是古代政治、经济、文化的综合反映，是研究历史、验证文献，复原古代社会风貌的重要材料来源。旧志书辑录的大名较大墓葬达 100 余处，地上建筑恢宏的有 20 多处。

万堤墓葬群 位于万堤农场至漳河南岸一带，是唐魏博节度使何进滔的宗茔，何家祖孙三代镇魏博。其子何弘敬、其孙何全皞三代相继统治达 42 年。至 2005 年年底探明为 4 座，其中何弘敬墓于 1963 年劳改农场打井时发现，墓中出土墓志 2 盒，小盒被当地村民拉走损坏，大盒保存于邯郸市丛台公园内，志为青石质，志盖呈盝顶式，厚为0.88米，志底志面均呈正方形，边长1.95米，底厚0.53米，为目前全国已知最大墓志。1982 年河北省人民政府公布万堤古墓为省级文物保护单位。

康堤口墓葬群 位于大名镇康堤口村南，面积约 1 平方千米，共有墓葬 3 座，为唐末魏博节度使罗宏信之宗茔。罗宏信是在乐彦桢之后接任节度使的，其后由子罗绍威继任。罗氏墓群地上设施已无，仅存罗宏信其父罗让神道碑。罗让墓葬未被破坏，罗宏信墓 20 世纪 60 年代曾遭村民破坏性挖掘。

魏村墓葬群 位于束馆镇魏村村南，面积约 1.5 万平方米。墓群北半部已被村民挖开 7 座，南半部保存较完好，从出土的墓志判断为唐代墓葬。

黄金堤墓葬群 位于黄金堤二村村南，面积约 2.6 万平方米，共有 6 座墓，于 1983 年群众烧砖

挖窑基时发现，并挖开1座墓的顶部，其余5座未动。“文保所”1985年文物普查时根据线索前去察看，现场有绳纹砖及大青砖，确定墓群延续时代跨度较大，为唐、宋、元、明、清。

张郭墓葬群　位于大街乡张郭村北一大土坑内，面积约2.4万平方米，已暴露出的4座均为群众挖土时所掘开。出土有陶俑，压花陶碗，双系陶罐和盘口瓶及数枚唐开元铜钱，为隋、唐两代墓葬，余者待考。

黄氏墓葬群　位于营镇乡黄庄村东卫河西大堤内外两侧，是明吏部尚书、中极殿大学士黄立极的宗茔。1966年，在卫河工程建设中发现并开挖3座，均为砖室墓，分别为黄立极墓，其父黄卫涟墓，其祖父黄维潘墓，追葬器物被民工拿走，其墓志3盒现存石刻博物馆内。黄立极墓志铭为当时的兵、工两部尚书刘遵宪书丹，其书法字体工整，优美。

郭封固墓葬群　位于埝头乡郭封固村东80米，分布于一大取土坑内，面积约6000平方米。1987年3月被挖，共发现22座，均为小型砖室墓。共征集出土文物94件，其中石质墓志一盒、方形砖质墓志4盒，铜镜、铁灯、瓷碗、瓷盘、陶罐等，由墓志及器物断定，该墓群为唐、五代墓葬。

封氏墓葬群　位于旧治乡岔河嘴扬水站内。1967年修建扬水站时发现，共有2座，一为唐贝州宗城县尉封词墓，葬于唐景福元年（892）；一为后晋同州司马封准墓。因扬水站工程为大型机械施工，墓室破坏严重，仅出土墓志2盒，由墓志所载“兴唐府，广晋县孝义乡大王村……之先茔”，可知为封氏族茔，由此还可证明在唐时就有大王村村落，而名称至今未改。

逯堤南墓葬群　位于旧治乡逯堤南村东的果园东侧，小引河西岸，面积约400平方米，为1987年5月份由村民挖土时发现，共有3座，墓群走向由东北向西南排列，均为圆形券砖室墓。从出土的器物及铜钱印证，为宋代平民墓葬，出土有瓷盘、碗等完整器物29件。

程谊墓　位于束馆镇胡气村东。程谊，民间绅士，卒于唐乾符二年，此墓1986年被掘，为穹隆顶单室墓，直径3.6米，高3.2米，内有拱顶灯台等浮雕砖饰，出土有墓志，瓷碗等物。

太子冢　位于束馆镇冢北村北200米处，现封土及地上设施全无。据民国23年（1934）《大名县志·冢墓》所栽：太子冢，在今城东六十里距冢北集南门约半里许，旧传为卫宣公之太子伋墓，宣公令伋使齐，贼先待于隘而杀之，尸不返国，遂葬于此。一说为魏太子申墓，庞涓兵败马陵，太子被虏，为齐人所杀，民具衣冠葬之。

宗德元墓　位于营镇乡东营村西。宗德元，南阳郡人，任魏博节度使天雄军司马等职，卒于唐大中六年。墓于1978年卫河工程中被毁，仅存墓志一盒及刻花石涵一盒。

林贲墓　位于束馆镇阎庄村南。林贲，民士，卒于唐兴化元年。墓于1960年村民打井时挖开，因地下水位高，仅捞出一方墓志，墓室涨水，遂填。

郭彬墓　位于金滩镇娘娘庙村南1.5千米处，为元代大名路经历郭彬之墓。西靠黄河故道，封土保存完好，现存为长35米、宽30米、高4.5米。据《大名县志·冢墓》载：“此赵子昂（孟頫）书碑，有翁仲、华表石器，清光绪十九年重修碑。”1957年曾遭破坏，目前华表均毁，仅存石件残片，因地下水位高，墓室未遭破坏。

刘执中墓　位于红庙乡总管坟村。刘执中，曾任元代吉州路总管。卒于元皇庆元年，死后葬在元城县令公乡，今总坟村名即由此而来。墓原有封土，由于民宅的扩展，封土被平，墓室被压在民宅之下。

陈志墓　位于大街乡陈坟村东南。陈志为明嘉靖孝洁皇后之祖父。该墓周围为陈氏宗茔，其墓前华表保存如旧，有汉白玉碑四通，翁仲，石马，石羊、石虎各一对，前有牌坊残件。四通碑迁入石刻博物馆。一为“奉天诰命碑”，另三通为谕祭碑上刻“皇帝遣大名府知府顾玉柱谕祭赠泰和伯陈志及伯夫人杨氏井敕所司造合葬”。

高举人墓　位于埝头乡高庄村北 250 米处。高举人，明府衙小吏，政绩虽不显著，但家道殷实。死后其墓规格很大，墓前原有华表、石器和碑刻，闻名遐迩。在“破四旧”中被拆除砸坏，两通墓碑砸做石子料。现尚能见到墓前石刻残件及砖瓦碎石。

张后墅墓　位于龙王庙镇双庙村南 250 米。张后墅为明代谏议大夫山东按察司按察使，卒于明万历二十六年，其墓原有石碑及石造像，“文革”中被毁，墓室遭挖掘，出土墓志一盒，现存石刻博物馆，志盖由黄立极篆书，志文记述张生平仕途经历及官场作为。

李儒人墓　位于西未庄乡刘窑村东。李儒人，魏县双井人，卒于明嘉靖三十年，其夫阎里仁，庠生，延安府延川人。该墓 1985 年进行抢救性发掘，出土铜币及墓志一盒。

董云衢墓　位于黄金堤乡南盘村东。董云衢，元城盘堤人，卒于明天启年间。职任广平县儒学训导，其先祖均为朝官。墓已破坏，出土墓志一盒，现存石刻博物馆内。

张少川墓　位于龙王庙镇三角店村南。张少川，平民，中年早逝，其妻李氏携子守节，苦度时光，倍受儒道推崇。一刘姓钦差巡按得知，拨官银助之。李氏卒于明崇祯五年，得以厚葬。墓于 1984 年被挖开，出土墓志一盒，现存于石刻博物馆内。

前何家墓　位于束馆镇前何家村东南 1 千米。该处原为何氏墓群，“文化大革命”中被铲平或挖开。现保存较好的为何状元墓，封土长 7.5 米、宽 4.5 米、高 1.25 米。

米辩墓　位于铺上乡田水坑村东南。于 2002 年 5 月村民拉土时发现。墓早年被盗，仅出土墓志一盒。米辩，唐魏博节度步军左厢都知兵马使，卒于唐大中二年（848），享年 56 岁，葬址为“府西北一十五里贵乡县通济乡窦村之原”。由墓志得知米辩为魏博高级将领，内容详尽记载唐藩镇军队建制等情况。

第二节　古遗址　古建筑

古遗址

遗址是人类曾经居住、生产、活动过的文化遗存。据史载：大名春秋时就建有五鹿城和沙麓城。战国时韩、赵、魏三家分晋后，魏武侯公子元食邑于此，筑城郭，建官舍，谓之元城。其后历代多有扩筑改建和迁徙，先后有都城、郡城、府城、宫城、县城和王莽城等三十多处基址，在唐时，大名这座古城已是很繁华了，魏博人口达到 100 多万，当时的魏博节度使驻此，总领魏、博、贝、卫、磁、洺六州，古城周围村镇栉比，名胜古刹众多，虽然古代人们居住和一般建筑大多建在高处，但只能避免一般性自然灾害，古黄河在大名曾流经两次，河道每次迁移都给其流经地人民带来沉痛灾难，良田淹没，房屋冲毁，而洪水带来的泥沙随之掩盖了一切，各种历史文化遗存淤埋于地下，未遭水害的建筑物又受到了兵火之灾和岁月侵蚀，保留下来和近几年进行勘查发现的古文化遗址主要有：

王莽金堤遗址　为大名县境内已知现存最早的古代遗址，现尚能见到县城北范店、付桥至黄金堤一线，残断连绵，残高约 2 米，残宽最宽处 40 米，断面有明显夯土层。据民国 23 年（1934）《大名县志》载：“金堤为汉时旧堤，势如冈陵，绕古黄河历开州（今濮阳）、清丰、南乐入县境，东北趋山

王莽金堤遗址（2005 年摄）

东馆陶（今河北馆陶县），计长二百余里”。古堤是汉时防止黄河水灾而筑建的防水大堤。王莽建新朝后，在故乡委粟里（今大名）耗巨资进行家园修建，同时为防黄河洪水泛滥淹没其祖茔，对汉金堤重新进行加筑。始建国三年（11 年），“河决魏郡，泛清河以东数郡，先是莽恐河决，为元城冢墓害，及河决东去，元城不忧水，故不堤塞”（《汉书·王莽传》）。所以说古汉堤又称王莽金堤。此堤在明弘治年间（1488—1505）大名府李瓒重筑，现万堤、黄金堤等村皆因坐落在堤上而得名。1982 年，大名县人民政府公布为县级文物保护单位。

兴化寺遗址　位于大名镇铁窗口村南 500 米处，兴化寺始建于唐代，是临济宗创始人义玄法师圆寂之所，临济宗为佛教禅宗的一个分支，起源于唐，由义玄法师创建，公元十二至十三世纪传入日本，义玄早年住在镇州（今正定县）滹沱河畔的临济院，晚年到大名传经，在魏州西关建兴化寺。死后骨灰一分为二，一份留在该寺，一份送往正定临济院保存。明代重修，有殿堂 15 间，义玄澄灵石塔一座，早年毁于战火，石塔在“文化大革命”中被推倒，塔顶残件和一石函（义玄舍利保存物）现收藏于群众家中。

三角店遗址　位于龙王庙三角店村东 300 米处一沙岗上，面积约 1 平方千米，为一典型的古代村落遗址。此遗址首次发现于 1984 年 10 月文物普查中，当地老百姓在生产中不断挖出瓦片，砖及陶瓷碎片。从遗址上采集的标本和地下出土的器物判断，为宋、元时代的村落遗址。

山泽头遗址　位于西付集乡后户村东北 1500 米处，分布面积约 3 平方千米，山泽头是后户村居民对东北大洼的习惯称呼，该处随处可见唐宋元时瓷片、砖瓦，由此认定为一村落遗址，时代跨度唐，宋，元三个时代，地表上暴露有烧土和建筑迹象，文化层厚度达 0.3 ~ 3.2 米，遗址覆盖浅，面积大，内容丰富，是大名古村落遗址的又一典型。

疙瘩庙遗址　位于黄金堤乡魏村西南 800 米处，据采集的脊兽头、瓦当等建筑构件形制来看，具备宋、元两代的特征。庙已无，不知毁于何时，四周为农田，唯有庙址高出地表 2 米，文化层厚度 1 ~ 1.5 米，基址上有原庙内的一口枯井。

烽火台遗址　位于束馆镇北 150 米，当地居民俗称“烟墩”，遗址时代不详，为古代烽火台遗址。烽火台是古代用烽燧传递军事信息而建的高台，每隔一段距离筑一座，遇有敌情燃起烽火，各台相传，使全线戎兵做好准备。遗址地面设施已无，仅残存高约 1.5 米的夯土台砖瓦石等堆积物，面积约 600 平方米。

刘家花园旧址　位于县城西街古槐树北侧，为明万历末年兵、工两部尚书刘遵宪的花园。花园占地面积约 1.5 万平方米，花园内原有亭台楼榭，山石美景，刘姓家庙祠堂及诸神亭阁，现为居民区，人们在搞建筑时，尚能挖到当年的建筑基址及莲花水池的砖石基址。

直隶省立第五女子师范旧址　位于大名镇道前街路北，始建于 1921 年，原名大名女子师范讲习所，由成培资任所长。办学宗旨为发展冀南女子教育。1925 年改为“省立第五女子师范学校”，1933 年 10 月，改名为“河北省立大名女子师范学校”，校匾为木质，长 2.57 米、宽 0.41 米、厚 0.06 米，从右至左墨漆隶书，收藏于县文保所。在建校初期，学校大权被封建绅士把持，严禁学生接受进步思想，成了“五四”以后大名学生运动的死角。1929 年冬，中共大名县委发动了“五女师”反封建活动，迫使撤换校长成培资。1930 年 10 月发动学潮，使校长黄淑范辞职。该校部分楼房保存尚好。中华人民共和国成立初至七十年代，为大名县人民医院占用；1979—2005，先后被县经委、县服装厂、县印刷厂（部分车间）所占用。

直隶省立第五女子师范旧址（2005 年摄）

大名府城遗址　位于大名县城东北 5 ~ 7.5 千米一带。始建于十六国前燕建熙元年（360），后魏博节度使田悦抗拒朝廷，改魏州为“大名府”，其府治，元城、贵乡两县治所均在此城内。五代后唐庄宗在此建国都，宋仁宗庆历二年（1042），升大名为陪都，称北京，金挟刘豫为齐帝时，在此建都登基。城分皇城和外城，皇城周长 1.83 千米，有门五，外城周长 24.3 千米，有门九，另有上下水关 2 座。《明史 · 地理志》记载：“洪武三十一年（1398），城圮于卫河”。大名府城被漳、卫水所淹，明建文三年（1401），治所迁至艾家口（今县城）。今残断城垣及建筑基址，地表散见瓦砾瓷片。1987 年公布为“县保”单位，1997 年公布为河北省文物保护单位。2004 年申报国保单位（2006 年 5 月公布为第六批国保单位）。

北宋北京大名府故城西城墙遗址（2005 年摄）

北宋大名府故城东城墙遗址营庄段（2005 年摄）

古建筑

西营清真寺　位于营镇乡西营村内，为明清两代建筑，配房为清代增修。男寺主殿建于明崇祯十一年（1632），面宽三间，进深五间，墙体镶有三块碑铭，主记该寺修建经历。1987 年，大名县人民政府将此寺定为县级文物保护单位。

金北清真寺之一（2005 年摄）

金北清真寺　位于金滩填金北村内，始建于元代，清代和 1982 年分别进行了增建和维修，为典型的穆斯林建筑风格，是县境现存

金北清真寺之二（2005年摄）

最早最完整的古代建筑群。礼拜殿为砖木结构，主体建筑顶部由三座连体攒尖顶组成，面宽三间、进深五间，方砖铺地，蓝砖砌墙，前拜殿为卷棚顶式，建筑面积1500平方米。1987年，大名县人民政府公布为“县保”单位。1995年邯郸市人民政府公布为市级“文保”单位。

天主教堂 位于城内东街路南，是全国现存最雄伟壮丽的教堂之一，为法国天主教会所建，始建于1918年7月2日，1921年9月26日竣工，原作为大名教区的中心和主教府所在地。大堂为哥特式建筑，平面呈十字形，占地1440.39平方米，主钟楼高42米，东、西、北三面各嵌直径1.42米的大钟表各一面，主钟楼东南、西南分别建有对称的2个高20多米的小陪楼。大堂门两侧刻有对联：“欲识其宠请看怀中所抱，要知厥能试观掌上所持。”横批是：“宠爱之母保障大名”。正门上三米处的拱龛内原有圣母抱耶稣铜像，堂内原有六座偏祭台，“苦路十四处”为立体雕塑，窗用五彩花玻璃镶嵌，堂内入口顶部有大型管风琴一架，保存基本完好，20世纪80年代划归天主教组织使用。1997年河北省人民政府公布为省级文物保护单位。

天主教堂内景（2005年摄）

宣圣会医院 旧址位于大名县人民政府院内，宣圣会为美国耶稣教一个组织，于1925年在此创建西医为主的医院。现保存较好的是一座门诊大楼，该楼平面为“王”字形，东南、西北走向，地下一层、地上三层，共108间，建筑面积4000平方米，人们俗称“转楼”“斜楼”。建筑内部构造合理，外观美观典雅。为砖、石、水泥、木等结构，其独特之处是四面窗户均能采光。楼东大门入口处有一当时建楼碑铭。

宣圣会医院旧址（2005年摄）

第三节 革命文物（旧址）和其他文物

革命文物旧址

直隶七师大门

直隶省立第七师范学校 旧址位于今河北省邯郸学院大名分院院内。“七师”于1923年创立，是直南革命的策源地，河北省两大红色师范之一。以校长谢台臣为首的广大进步师生，实行教育革命，提倡教育要“以作为学”。1926年，共产党员教师冯品毅在此传播马列主义的革命思想，发展5名党员。北方区代表李素若在此建立第一个共产党组织——中共大名特支。

谢台臣先生纪念碑

谢台臣纪念碑 位于河北省邯郸学院大名分院院内。碑立于1937年，全高2.22米，是直隶省立第七师范学生为纪念其校长、革命教育家谢台臣先生而立的，碑文为谢台臣先生“以作为学”的教育语录。1983年，加修碑亭一座。是年9月，大名县人民政府将此碑定为县级重点文物保护单位。

郭隆真烈士纪念碑

大名县烈士陵园 始建于1943年，原址在城内东门里路北，1974年迁至大名府西路北侧，占地6亩，陵园四周墙环绕，陵内建有烈士纪念碑，烈士纪念堂。纪念堂内摆放着我党早期革命活动家郭隆真、原冀南一专署专员解蕴山、红军师长柴鸿儒等不同时期1500多位革命烈士的遗像、灵牌或骨灰盒，陵园内苍松翠柏，环境幽雅肃穆。

郭隆真烈士纪念碑 位于大名县烈士陵园西侧。碑立于1986年4月5日。康克清题写碑词。碑高3.98米、宽1.03米、厚0.85米，碑首为烈士半身汉白玉塑像。1987年，大名县人民政府定为县级文物保护单位。

郭隆真纪念馆坐落于郭隆真烈士纪念碑北面，是在共青团大名县委和县民政局的倡议下由全县共青团员和各界群众捐款修建的，1988 年 8 月底落成。馆内陈列有郭隆真的光辉事迹，馆前遍植苍松翠柏。

其他文物

陈氏墓石雕群 位于大街乡陈坟村东南。陈氏墓为明世宗孝洁皇后之陈氏宗茔。石雕群位于墓前，是明嘉靖二十八年大名府知府顾玉柱奉旨所立，四通谕祭碑均为汉白玉质，另有翁仲、石虎、石羊、石马各一对及牌坊残件。1987 年公布为“县保”单位，1995 年公布为市级文物保护单位。

明代大铁钟 原为城内道前街关帝庙（现剧场）拜殿之铁钟，钟为铁质，全高 2.49 米，口径 1.47 米，钟身厚度 0.08 米，总重为 3.06 吨，钟顶为二龙相交的龙钮，钮高 0.60 米，钟身顶部有 8 个孔，中部铸有“皇帝万岁”“臣宰千秋”两行阳文，钟体自顶而下有多种纹饰及八卦图案，阔口、波浪边沿。迁至石刻博物馆“五礼记碑”东侧钟亭内悬挂，1983 年公布为“县保”单位。

明代大铁钟

第四节 文物保护

出土文物保护

随着人们生产活动和基本建设工程，许多淤埋于土层之下的诸如古墓葬、古遗址等文物遗存随之暴露，这些活动必将会使之文物出土，如不严加保护，将使之遭受损坏。大名县“文保所”自成立以后，进行了多次文物调查登记及征集入馆保护工作。1984 年全国第三次文物普查中，对县境内遗存碑刻进行了登记建档，1989 年 4 月征集墓志 59 方，运至石刻博物馆内收藏，1996 年 9 月征集墓志碑刻 30 余件。其间遇有出土或线索，均零星征集入馆。

信息网络建立 县、乡、村三级“文保”网络组织，县政府与各乡（镇），县“文保所”与各保护单位保管员分别签订文物安全保护管理责任状，文物保护员负责所分管的“文保”单位、文物点的安全及所属区域内其他文物保护工作，遇有异常情况，及时将信息反馈至县“文保所”。网络组织每半年一考评，年终召开全县文物安全工作会议，总结本年度经验，传达贯彻最新的文物动向，制定今后可行措施，切实搞好文物保护工作。

文物调查，勘探、发掘 “文保所”配合基本建设情况，1993 年开始，在全县范围内所进行的施工项目，进行文物勘探和发掘工作。先后对 215 省道万堤段、县城南环公路、职教中心选址、酒厂扩建工程、电力局下属新建变电所等施工单位进行勘探工作，对勘查的遗址、墓葬进行抢救性发掘。

2000 年度，对全县砖瓦窑取土场进行了全面调查，发现异常情况，立即停工发掘。有效保护国家文物不受损坏。

古迹保护

法国天主教堂维修 中华人民共和国成立后，曾作为水利部门仓库，存放防洪防汛的救生物资，20 世纪 80 年代划归天主教组织管理。1993 年进行了维修，整修顶部、粉刷外部，主钟楼重新装上十字架，经过维护，现为华北地区仅存，全国现存最雄伟壮丽的教堂之一。

兴化寺重建 经玉麒麟武术院接洽，韩国佛教人士筹资的兴化寺重修工程在原址动工，该工程在 2002 年 6 月奠基，计划投资 1200 万元人民币，建筑仿古，殿堂俱全。

大名府旧址调查 北宋大名府故城是北宋宫城模式的代表，开封宋城淤埋地下 12 米，开挖将非常困难，大名古城为明初洪水一次性淹没，城内衙属、居民区及宫城内基址保留于地下，地表下深度 1.5 ~ 2.5 米，省文物局审查开发规划，拨入专款，县“文保所”进行了调查、勘探工作，前期进行了资料查证、地面调查工作。

古城北门及东门重修 大名县城始建于明建文三年（1401 年），为大名府及元城县治所，大名县治所建在旧治乡，明中期移至该城，以后一府两县同城而治，清顺治年间，直隶、山东、河南三省总督府设在该城。康熙年间，三省总督府分别设置，直隶总督府迁至真定（今正定）。城市建为土城，平面呈正方形，四面各设城门一座，城内有南北和东西两条主干大街。明嘉靖四十四年（1565 年），将关城及城墙内外加设下石上砖，四关成型制相同，建有女墙、箭楼，外部均有翁城相护，并有吊桥横架于护城河上，南北瓮城面东而出，东西瓮城面南而出。城经数百年风雨及战乱，城墙及箭楼砖石均遭拆除，瓮城及城楼设施废没。1989 年，县委、县政府筹资数万元，对四门进行了简单的整修，外端门楼上均塑画麒麟图案，北城门上建造一座双层重檐水泥木质结构敌楼。2004 年 10 月，县委、县政府决定对北门城楼进行维修，建筑风格采取明代模式，按照“修旧如旧”原则，保留城门基座，保留城墙高度与宽度，城门基座用灰砖全部装新，麒麟图案改为“大名府”石质牌匾，城楼采用水泥预制和木质结构相结合，灰瓦覆顶，建成两层重檐式城楼。该工程经费由三部上级、地方及社会民众共同筹款，历时 1 年，于 2005 年 9 月竣工。2005 年 10 月，东城门楼修复开工，门楼格式小于北门，由“五得利面粉集团”负责资金投入。

明清大名府城北门（2005 年摄）

第五节　馆藏文物和石刻博物馆建设

管理机构

大名县文物保管所（简称文保所）成立于1984年1月，办公地址在县文化馆院内，成立之前由县文化馆兼管文物工作。“文保所”为县财政全额拨款事业单位。主要负责全县境内文物保护工作，馆藏文物安全，整理大名文物史料及档案，宣传和贯彻国家文物法规和政策，配合基本建设及考古工作进行文物调查、勘探和发掘。1984年隶属于县文教局，1996年隶属于县“文体委”，2002年6月隶属于县文化教育体育局。2005年隶属于县文化体育旅游局。

馆藏文物

文保所对全县可移动文物逐类进行划分建档，为科学研究提供可靠的实物资料，2005年，共有馆藏文物2970件，时代从战国至民国时期，其中标本250件、古钱币2300枚、其他文物420余件，器皿按质地分为陶器、瓷器、玉器，金器，银器、铜器、铁器、锡器、术器、牙骨器、棉帛等。典型文物有：

碧霞元君像

碧霞元君像　原系牛谷村寺院内佛像。为明代铸造，1958年运至万堤镇，随后运至县文化馆保存，1984年移交县“文保所”。像为铜铸，高1.55米，下宽0.75米，屈膝端坐，头戴五凤天冠，面容丰腴，神态端详，面含微笑，非常慈善。明显夸大的颈线下环佩璎珞胸饰，冠带垂肩，双手抄于腹前，阔袖天衣外又着双凤披巾，一凤上展，一凤下翔。膝头各饰一条盘旋的云龙，龙凤罗裙下露出两只小巧的绣花云鞋。造像通体布满精致的纹饰，但各部纹饰的表现手法不尽相同。龙、凤、云纹为镂铸高浮雕。其他衣纹、绣饰、璎珞诸纹则透雕、面雕、高浮雕、浅浮雕、凹浮雕、线刻等手法参用并见，刀法工整细腻，富于变化，做工之精令人惊叹，连头发都丝丝不乱，实为罕见。

元总领提控铜制官印　近似正方形，边缘不规整，纵7.95厘米，横8.1厘米，厚1.1厘米。印纽为长方梯形，随印文倾斜前高后低，钮项后部刻一道横向凹槽，钮前部高2.4厘米，后高2.2厘米，上宽1.7厘米，下宽2.1厘米，上长2.75厘米，下长3.2厘米。印文铸制阳文“总领提

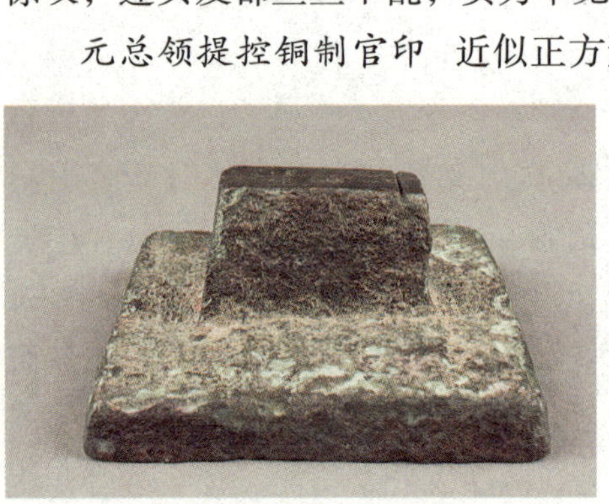
总领提控之印一

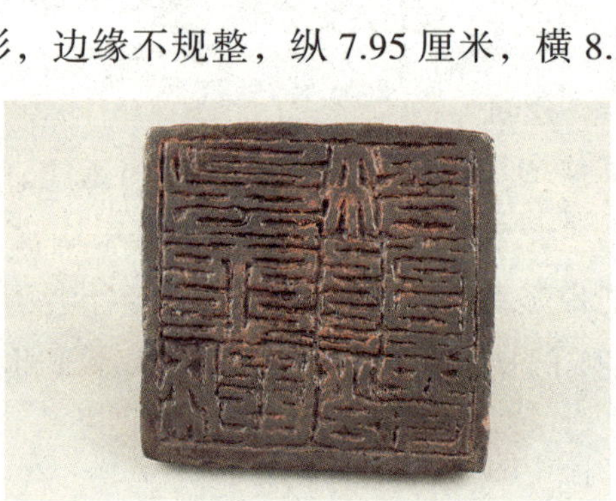
总领提控之印二

控之印”，九叠篆体，提控是元代大都留守司的下属官员，掌管军备、匠作、营造等后勤事务。此印铜质，出土于大名镇成营砖厂。

汉代昭明镜 此镜直径 8.25 厘米，素缘厚 0.35 厘米，桥形钮，圆钮座。座外为一周内向连弧纹，弧角内饰“6”形蜗纺和月牙纹，连弧纹外又装饰一周栉齿纹，在二道纹饰之间是一周环铸的钟鼎文与小篆结合的铭文，内容为：“内清之昭明，光夫象日月，心忽忠不泄”。昭明镜是汉镜中的代表作品，因其独特的透光映像效应，曾被外国学者称为“魔镜”。北宋科学家沈括在《梦溪笔谈》中记载：“世有透光鉴、鉴背有铭文，凡二十字，字极古，莫能读，以鉴承日光，则背文（纹）及二十字皆透在壁上，了了分明”。这种奇异光学效应尽管研究者经久不衰，然而至今也没得出令人完全信服的圆满答案。

汉代昭明镜

三彩钵 是一种带多色彩的陶器，以高岭土和黏土为主要胎料，在着色上首创用铜、铁、钴、锰四种元素同时着色的技术，不仅限于三色，有些多达五彩、六彩。这种以斑斓的彩釉、鲜丽明亮的光泽和精美造型著称于世的艺术由唐代一直沿续到元代。大名县“文保所”收藏有四色彩釉的宋三彩。

元钧瓷簋 瓷簋为仿青铜礼器中的盛食器皿，为元代钧窑产品，通高 0.85 厘米，口径 11 厘米，腹径 11.5 厘米。侈口垂腹矮圈足，唇腹间置双附耳。通体多为青色乳光釉，釉中闪蓝，间呈不规则流动状“蚯蚓走泥纹”。唇部褐色较重，底部近黑，瓷质细密，灰褐之色，胎体厚重，造型古朴。

风花雪月枕 出自北宋时期最著名的民间瓷窑——磁州窑。枕面呈半月形，纵 22 厘米，横 31.5 厘米，高 11 ~ 9 厘米。墨绿釉不过底，施化妆土护胎，釉面遍布小冰裂纹。胎色红褐，质地粗松。枕上以刻划文字主题装饰，与枕面边缘等距划五道平行线为边框，框内两角又各划一道竖平行线。中部形成一个方形开光，内刻行书“风花雪月”四字。开光两侧为同体“春景”二字，布局得当，书法飘逸、刀法洗练，字物同辉。

风花雪月枕

明代御诏 分别是明万历三十五年和泰昌元年敕封大学士黄立极及其父母、妻妾的御诏，被黄氏后裔传留至今，现收藏于县“文保所”。万历的两道御诏是明万历三十五年（1607）五月十三日同一天发出的，一为王字一百五十七号，赐封黄立极为徵仕郎，夫人周氏、杜氏为孺人之诏。这两件御诏形式大体相同，均为织绣的黄色绫帛，天白刺绣“奉天敕命”，地白刺绣“万历二十六年（一为二十七年）月 日造”。所用玉玺前为“敕命之宝”，后为覆压字号的骑缝印“广运之宝”。一百五十七号天白残缺，长 146

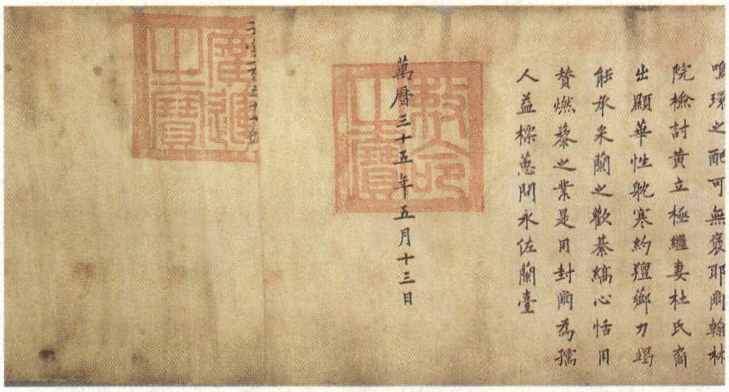

明代御诏一

厘米，一百五十八号完整，长187厘米，仍保留宣纸背托的木轴。背托上墨书“万历三十二年五月分（份）裱背匠潘采，织匠谢朝，挽匠余荣”字样。是当时御作匠人留下备查的铭记。泰昌御诏是泰昌元年（1620年）十月仁字三百三十五号，是赠封黄立极父母的御诏。质地为织绣的黄色缓帛，残长149厘米，天白已无，地白“织”万历三十二年 月 日造。内容为赠封黄立极之父为奉直大夫，母为太孺人，御玺是“制诰之宝”和“广运天宝”。

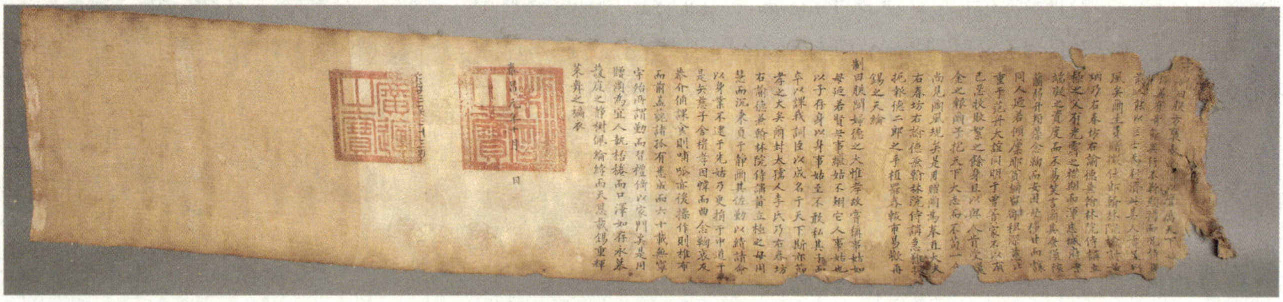

明代御诏二

咸丰御书“万世人极”匾 原为大名府关帝庙之物，1985年文物普查时征集收藏。木质，高106厘米，宽346厘米，“万世人极”四个颜体大字用切边剔心的刀法刻制而成，匾额上部嵌一方篆字“咸丰御笔之宝”大印模刻，此匾制作精细，字迹苍劲，刀法洗练，是件难得的艺术珍品。“万世人极”意为在漫长的人类社会中无比杰出的人物。指的是三国名将关羽。明万历年间，关羽被封为“协天护国忠义大帝”，此后民间供奉的“关公”“关圣”，便改称“关帝”，其庙宇也由原来的绿瓦堂改为黄瓦殿了。清代帝王风行题刻勒记，这块咸丰御书匾被大名府知府请回，旨在标榜关羽义炳乾坤的忠勇精神，号召臣民忠君爱国。

2005年大名县重点不可移动文物一览表

表14-4

级别	单位名称	批准单位	批次	批准时间
省保	万堤墓群	河北省政府	第二批	1983年7月
省保	狄仁杰祠堂碑	河北省政府	第二批	1983年7月
省保	罗让神道碑	河北省政府	第二批	1983年7月
省保	马文操神道碑	河北省政府	第二批	1983年7月
省保	朱熹写经碑	河北省政府	第二批	1983年7月
省保	天主教堂	河北省政府	第三批	1993年10月
市保	兴化寺遗址	邯郸市政府	第一批	1996年12月
市保	王莽金堤	邯郸市政府	第一批	1996年12月
市保	金北清真寺	邯郸市政府	第一批	1996年12月
市保	直隶省立第七师范旧址	邯郸市政府	第一批	1996年12月

续表 14-4

级别	单位名称	批准单位	批次	批准时间
市保	谢台臣纪念碑	邯郸市政府	第一批	1996 年 12 月
县保	大名烈士陵园	大名县政府	第一批	1983 年 7 月
县保	陨　石	大名县政府	第一批	1983 年 7 月
县保	刘家花园旧址	大名县政府	第一批	1983 年 7 月
县保	清水文碑	大名县政府	第一批	1983 年 7 月
县保	大铁钟	大名县政府	第一批	1983 年 7 月
县保	西营清真寺	大名县政府	第二批	1987 年 6 月
县保	康堤口墓群	大名县政府	第二批	1987 年 6 月
县保	陈志墓	大名县政府	第二批	1987 年 6 月
县保	张郭村墓群	大名县政府	第二批	1987 年 6 月
县保	元城县官员题名碑记	大名县政府	第二批	1987 年 6 月
县保	重修金滩镇浮桥碑记	大名县政府	第二批	1987 年 6 月
县保	重修学宫碑	大名县政府	第二批	1987 年 6 月
县保	改修书院碑	大名县政府	第二批	1987 年 6 月
县保	吴公德政碑	大名县政府	第二批	1987 年 6 月
县保	李春雨遗教碑	大名县政府	第二批	1987 年 6 月
县保	贾平西教思碑	大名县政府	第二批	1987 年 6 月
县保	张耀西教思碑	大名县政府	第二批	1987 年 6 月
县保	红十字会落成纪念碑	大名县政府	第二批	1987 年 6 月
县保	魏村墓群	大名县政府	第二批	1987 年 6 月
县保	重修束公祠堂碑	大名县政府	第二批	1987 年 6 月
县保	郭隆真纪念碑	大名县政府	第二批	1987 年 6 月
县保	双庙石雕群	大名县政府	第三批	2004 年 8 月
县保	儒家寨泰山行宫庙遗址	大名县政府	第三批	2004 年 8 月
县保	石家寨泰山行宫庙遗址	大名县政府	第三批	2004 年 8 月
县保	牛谷灵佛寺遗址	大名县政府	第三批	2004 年 8 月
县保	救驾庙遗址	大名县政府	第三批	2004 年 8 月
县保	九莲阁碑记	大名县政府	第四批	2004 年 8 月

说明：未定级不可移动文物还有 130 处

2005 年大名县馆藏三级以上文物一览表

表 14-5

名称	年代	属性	级别	入藏时间
明三十五年黄炳诰命	明	档案文书	三级	1984
唐定窑白釉唇口浅腹碗	唐	瓷器	三级	1987
唐定窑白釉唇口浅腹碗	唐	瓷器	三级	1987
唐定窑白釉侈口碗	唐	瓷器	三级	1987
明三十五年黄立极诰命	明	档案文书	三级	1984
金代仿汉日光铜镜	金	铜器	三级	1992
汉双夔纹铜镜	汉	铜器	三级	1985
唐葵花形团花铜镜	唐	铜器	三级	1987
唐葵花形双凤纹铜镜	唐	铜器	二级	1987
宋葵花形三鹤纹铜镜	宋	铜器	三级	1985
元人物故事铜镜	元	铜器	三级	1989
金代清素传家葵花形铜镜	金代	铜器	三级	1987
金代双鱼纹镜	金	铜器	三级	1987
金元双鱼纹铜镜	金、元	铜器	三级	1985
元六鹤同春铜镜	元	铜器	三级	1992
宋葵花形铜镜	宋	铜器	三级	1985
明观音铜造像	明	雕塑、造像	一级	1984
明释迦成道铜像	明	铜器	三级	1984
元“总领提控之印”铜制直钮方印	元	铜器	三级	1985
元“八思巴文”直钮方印	元	铜器	三级	1987
明“合同印信”直钮方印	明	铜器	三级	1985
磁州窑白釉刻绘墨彩鱼藻纹瓷瓶	民国	瓷器	三级	1987
明泰昌元年黄炳诰命	明	档案文书	三级	1984
宋定窑白釉平底盘	宋	瓷器	三级	1987
元钧窑双系篡	元	瓷器	三级	1984
唐黄釉双系罐	唐	瓷器	三级	1985
唐定窑白釉唇口浅腹碗	唐	瓷器	三级	1987
宋白釉点黑彩圆盒	宋	瓷器	三级	1987
宋黑釉圆盒	宋	瓷器	三级	1987

续表 14-5

名称	年代	属性	级别	入藏时间
明景德镇窑青花人物山水纹碗	明	瓷器	三级	1984
明景德镇窑青花人物山水纹碗	明	瓷器	三级	1987
明景德镇窑青花人物山水纹碗	明	瓷器	三级	1984
明景德镇窑青花人物山水纹碗	明	瓷器	三级	1984
明成化款青花人物山水纹杯	明	瓷器	三级	1984
明成化款青花人物山水纹水盂	明成化	瓷器	三级	1984
宋定窑白釉瓜棱腹罐	宋	瓷器	三级	1994
宋磁州窑“风花雪月”绿釉陶枕	宋	陶器	二级	1984
隋越窑青釉深腹碗	隋	瓷器	三级	1987
宋磁州窑白釉黑彩花卉纹瓷枕	宋	瓷器	三级	1987
宋磁州窑绿釉梅瓶	宋代	瓷器	二级	1984
唐黄半釉席纹注壶	唐	瓷器	三级	1984
金代磁州窑白釉黑彩直腹瓷罐	金	瓷器	三级	1987
唐黑釉钵	唐	瓷器	三级	1987
唐邢窑白釉折沿深腹碗	唐	瓷器	二级	1987
唐邢窑白釉敛口深腹碗	唐	瓷器	三级	1987
唐邢窑白釉唇口玉壁形底碗	唐	瓷器	二级	1987

说明：馆藏文物共计 2970 件，其中标本 250 件，古钱币 2300 枚，其他文物 420 件

石刻博物馆建设

大名县石刻博物馆（简称石刻馆）原名为“大名县碑廊”，始建于 1984 年 10 月，地址在县招待所院内东南角，占地面积 5493 平方米。1985 年，陆续运进碑刻 11 件。1986 年 5 月，在区、乡（镇）和县直各部门领导参加的会议上，县委书记赵翔飞提议将“碑廊”建设规模扩大为“全国第十座碑林”，提议得到通过，碑廊即迁址于县城东北 3.5 千米处，占地面积 9900 平方米。首先进行围墙及 2 间值班室的建设，6—10 月完成“五礼记碑”的水泥基座浇制工程。1987 年 1 月，将“五礼记碑”残块由大街乡双台村运至石刻馆。1987 年 8 月至 1988 年年初，陆续将原招待所内碑刻 11 件运至石刻馆。1988 年 11 月 27 日至 29 日，完成“五礼记碑”碑座两块、碑身一块的吊装粘结工程。1989 年 5 月 25 日至 30 日，完成碑身三块、碑首三块的吊装粘结工程。1989 年 4 月，征集墓志 59 方。1989 年更名为“大名县石刻博物馆”。1993 年，第五次京津冀区域旅游研讨会上，石刻馆确定为大名府故城旅游景点之一。1996 年 9 月，征集碑刻 40 件。1997 年年初，由国家文物局拨款、县自筹部分的方式进行主廊 25 间的建设。2002 年，大名县县委、县政府将石刻馆列入“县城建设十大工程”之一，投资 200 余万元，进行围墙翻修、大门修建，办公室及库房 10 间、东廊 30 间、西廊 29 间及角亭、人工湖的工程建设。石刻馆藏古代碑刻 120 余件、现代书法碑刻 60 余件，并正式开放观光。

第六章　档案史志

第一节　档　案

机构设置

1979年成立档案局，与档案馆合署办公，属县委办公室、政府办公室领导。1984年4月，档案局改为档案科。1986年9月，又改为档案局，属县政府工作部门。1996年，档案局、档案馆合署办公，为县委、县政府共管机构，列县委序列，为县委直属事业机构。2005年，档案局、档案馆隶属关系未变，局内设办公室（挂法规股牌子），馆下设业务指导股、档案保管股，在编人员9名。依据档案工作实行集中统一管理的原则，各单位设有综合档案室，至2005年年末，全县98%的单位建有综合档案室，总面积达1050平方米，铁皮档案柜385套。综合档案室负责本单位档案的收集、整理、保管、鉴定、统计和利用工作，此外，20个乡（镇）综合档案室，同时还负责指导所属企业、事业单位、村（居）民委员会的档案工作。

档案收藏

档案接收　档案接收范围主要包括三个方面：全县各机关、团体所属单位具有永久、长期保存价值的档案；已撤销机关、团体单位的全部档案；属于档案馆保存的中华人民共和国成立以前的各种档案。在档案种类上有党群单位档案、政法单位档案、农口单位档案、工交系统单位档案、财贸系统档案、文教卫生系统档案、计划统计系统单位档案等。档案形式不仅有书面文件、电报、手稿，还有照片以及记录声音、图像的录音带、录像带。档案馆建立以来，积极接收、收集档案资料，至2005，年共接收本县党、政、群机关和企、事业单位的现行档案，以及撤销单位的档案共计110个全宗、43694卷，包括抗洪救灾、人口普查、土地承包、照片等专题档案。1982年，对馆藏的42个主要全宗、5968卷档案进行鉴定，对无继续保存价值的档案予以剔除，并登记造册，对质量极差且保管期限划定不妥的档案进行调整，提高案卷质量，便于利用。为使全县人民更加全面、准确、快捷地了解和掌握新时期党和政府的大政方针、政策、法律法规知识，2004年建立现行文件中心，2005年建立多功能档案展览室，将档案管理体制由内向型向服务型、教育型、文化型方式转变。

馆藏档案　革命历史档案1个全宗26卷，内容为1927—1949年中共大名县委、县政府及所属各机关部门和所辖区的组织、宣传、武装、民政、财务、税务、银行、公安、文教、土地、整党、农村生产、对敌斗争等工作的阶段总结、报告、计划、统计、记录等文件材料，还有1947年国民党军飞机轰炸大名的情况资料和国民党还乡团残害党群干部的遗尸照片。另有旧政权档案1个全宗28卷。中华人民共和国成立后档案108个全宗43668卷，为1949—2005年上级部门下发的文件和县委、县人大、县政府、各人民团体及所属部、室、委、办、局、原人民公社、管委、办事处，已撤销的行政企事业单位形成的档案，主要内容为：上级党政机关制定的主要方针、政策和县委、县政府为贯彻落实这些方针政策而制定的措施和规章制度；土改、整党、镇反、三反、五反、肃反、互助合作、抗美援朝、合作化整风整社、人民公社、大跃进、整风反右、揭批“四人帮”等历次运动形成的文件材料；党代会、人代会、政协会、工代会、团代会、妇代会、县委常委会、县长办公会及其他重要会议的文件和记录；体制改革、机构设置，合并撤销及魏县、大名县合县分县等文件材料；省、地（市）领导来县检查、视察时的重要讲话；经济、教育、科学、文化、卫生、体育、城镇建设等事业的发展情况和财政、民政、公安、民族事务，司法行政、监察、计划生育、落实政策、三个文明建设等工作中形成的文件材料；土地改革时期土地房产证存根、三十年土地承包合同、干部职工介绍信、党团员关系介绍信存根；“三讲”、土地承包合同、“抗击非典”文件材料等。这些文件材料充分反映了各项活动情况和党的方针政策贯彻落实的全过程，反映了各单位各部门职能活动的全貌。

馆藏资料有图书、报刊、杂志、文件汇编、工具书五类，共1030种、8460册，这些资料为党政领导和机关工作的利用起到了一定的作用。

档案保管和利用

档案馆内有各种防护设备，档案柜中有防虫药物，库房内有灭火器等器材，“七防”设施齐全，有健全的各项规章制度。此外，对褪色变质档案材料及时进行复制抢救。对接收的档案、资料加工整理，编制检索工具，有案卷目录、专题卡片、人名卡片、人名索引及全宗介绍和全宗卷等，从不同角度来提示档案内容。为初步实现计算机辅助检索，改善档案馆服务质量，提高档案查阅效率，配备微机、复印机、激光扫描仪，对档案的文件材料进行微机输录。2005年7月5日，以国家档案局局长毛福民为组长的国家档案执法小组来县检查，实地查看档案馆的展室、现行文件中心、珍藏室和档案利用等，对大名县的档案工作给予充分肯定。10月6日，《中国档案报》第1291期以《我们得到的回报远远超过了投入》为题，头版头条对大名县的档案工作和档案工作者的敬业精神进行了专题报道。10月12日，中共大名县委办公室、大名县人民政府办公室下发文件，号召全县向档案局学习。

档案目标管理

1986年后，对全县范围内基层单位档案室综合建设和机关、团体企事业单位档案目标管理进行考评，至2005年，全县有54个单位的档案管理工作达到省级标准，其中省一级11个单位、省二级12个单位、省三级31个单位。20个乡（镇）全部实现档案管理的“四有一能”（有领导分管，有管理制度，有档案管理人员，有档案装具和能对辖区内的档案工作进行监督指导），95%的行政村建立档案，45%的行政村实现档案规范化管理。1996年后，在全县范围内推行档案工作年度归档合格证制度，每年4月份对各单位上年度归档工作进行检查，至2005年，立卷合格单位达95%，并颁发年度立卷合格证。每年9月份对各单位综合档案室进行执法检查，至2005年，先后向6个单位下发《档案违法行为限期改正通知书》。2003年后，为加强重点项目档案管理，提高重点项目（工程）档案管理的规范化和科学化水平，档案局与重点项目小组办公室多次组织召开全县重点项目（工程）工作会议，安排布置重点项目档案工作任务，使重点项目施工建设与建档同步进行，省重点建设项目《河北大名一中迁建项目》《大名香油城建设项目》《大名县得利城建设项目》的档案建立比较齐全、完备。

第二节 中共党史 地方志

中共党史

机构 1981 年 8 月，成立大名县党史县志资料征集领导小组，下设办公室。1983 年机构改革时，史志办公室由县委办公室代管。1984 年，撤销史志办公室，设立党史办公室和文史办公室。1987 年，党史办公室为县委常设工作机构，后改为党史研究室。1996 年机构改革后编制为 4 人。

资料征编 1981 年后，为全面反映大名县革命斗争的历史，党史研究机构采取多种形式开展党史资料征集工作，邀请曾经从事革命活动的老党员、老干部汇聚大名，召开座谈会，回忆过去的革命活动，还通过发放信函、派出工作人员走访等形式，征集党史资料 260 多万字、照片 100 余幅。

编辑出版 为完整系统地保存历史资料，方便研究、宣传、利用，在广泛征集的基础上，先后内部编辑出版《中共大名县党史资料选编》《中共大名县党史大事记》《中共大名史话》。1991 年 8 月，由党史研究室与组织部、档案局编写的《河北省大名县组织史资料（1926–1987）》由河北人民出版社印刷，51.3 万字，内部发行。第二卷《河北省大名县组织史资料（1987–1992）》由县委组织部独立承编。河北大名师范学校前身是成立于 1923 年的直隶省立第七师范学校，点燃了冀鲁豫三省 30 多县的革命烈火，被誉为直南革命策源地。为较系统地整理史料，成立中共七师党史资料征编组征集资料，研究成果《直南一个革命革命策源地——大名七师》，1990 年 12 月由中共党史出版社出版发行。抗战时期，大名县卫东抗日根据地被誉为"卫东小太行"，1997 年，由冯克军主编出版《大名抗日烽火》一书，分综述篇、回忆篇、人物篇、大事篇，记述八年抗日战争时期大名县党史的重大事件、重要人物的活动、党组织的建立与发展等，是一部比较系统的地方党史研究成果。研究成果《大名五女师》《革命教育家谢台臣》被《河北文史集萃》刊登，《火烧旧治》收录于《侵华日军暴行录》一书。编写党史人物传记、生平事迹文章近 200 篇，其中郭隆真、冯品毅、柴鸿儒等人的传记被《河北省中共党史人物传》等刊物收录，《大名师范人物》收录 180 人。1995 年编辑出版的《创业者的足迹》，收入文稿 201 篇、人名录 790 名，53.4 万字，主要收录大名县部分革命先烈、离退休老同志和原籍在大名县曾在外地工作的地师级以上老同志以及部分专家学者。2004 年 4 月启动编纂《中共大名年鉴》，经过征集、编纂、校编、核实，数易其稿，收录近 100 万字，收集照片 500 余幅，全面展示全县各级党组织加强思想建设、组织建设、党风廉政建设和推进社会主义现代化建设的基本情况。2005 年 8 月，首卷《中共大名年鉴》出版，内部发行。

1983 年大名师范建立直隶省立第七师范纪念馆，2001 年被命名为邯郸市爱国主义教育基地。纪念馆保存有上百幅珍贵历史照片、档案文献资料和物品。1983—2005 年，累计接待社会各界人士 15 万余人（次）。

地方志

机构设置 明清、民国时期，县志纂修机构是修志局，为临时机构。修志之始，县长邀请地方学界名流，设局办公，或在书院或在县署，志书付诸印刷后，修志局解散。1988 年 9 月，成立大名县志编纂委员会。10 月，成立大名县地方志办公室。2005 年编制 5 名，实有 3 名，设主任 1 名、副主任 1 名。

府志编纂　《大名府志》共成书 8 本：明正统《大名府志》。李辂修、赵本、吴骥纂，正统十年（1445）刻本，1992 年由中国书店影印出版。据《中国地方志联合目录》载，在华北地区，正统《大名府志》是明代最早版印的志书。明代正德《大名府志》十卷。明正德元年（1506）唐锦等纂修，韩福序，刻本国内仅见 1966 年天一阁影印本。明代隆庆《大名府志》三册，李本意、张师尹纂修。嘉靖三十七年（1558）刻，万历十一年（1583）增刻本。明代万历《大名府志》二十九卷。潘仲骖修，赵慎续修，万历十一年（1583）刻本，河北大学有藏稿，缺 1 ~ 9 卷。清代康熙《大名府志》三十二卷。周邦彬修，郜焕元纂，康熙十一年（1672）刻本，成克巩序。清代乾隆《大名府志》，朱瑛修，顾光纂。乾隆二十五年（1760）成书。清代道光《大名府志》二十二卷，道光三十年（1850）大名府知府武蔚文修，咸丰四年（1854）知府毛永柏刊行。清代咸丰《大名府志》，朱瑛等纂修，武蔚文续修，郭程先续纂，高继衍增补，咸丰三年（1853）刻本。

县志编纂　大名历史上县志编修始于明代，至民国共修 14 次，分别是：

《元城县志》凡两修，始修于清康熙年间，续修于同治年间。清代康熙《元城县志》，陈伟修，郭景仪纂，康熙十五年（1676）刻本。同治《元城县志》，清·吴大镛纂修，同治十一年（1872）刻本。

《大名县志》凡五修。编纂于明嘉靖、隆庆、万历年间，清康熙、乾隆年间，民国 23 年（1934）续修。明代隆庆《大名县志》，朱湘修，赵来聘纂，隆庆元年（1567）成书。明代万历《大名县志》，赵一鹤等修，张洵纂，万历四十一年（1613）成书。清代康熙《大名县志》，顾咸泰修，王逢五纂，康熙十五年（1676）刻本。清代乾隆《大名县志》，张维祺修、李棠纂，乾隆五十四年（1789）刻本，是魏县并入大名后的第一部志书。民国《大名县志》，程廷恒等修，洪家禄等纂，民国 23 年（1934）出版，是魏县、元城并入大名县后修纂的一部县志。

社会主义新方志编纂　中华人民共和国成立后，大名县开始了社会主义新方志编纂。首轮志书启动于 20 世纪 80 年代，但工作进展缓慢。1988 年 12 月 31 日，召开县志征集资料动员大会，印制《关于征集新县志编写资料的通告》，在县内外广泛张贴散发，修志工作再次启动。资料征集工作中，修志编辑不辞劳苦，走访知情人，查阅档案资料，付出大量心血，县志编纂委员会多次召开经验交流会、总结表彰会、调度会，根据工作进展及时调整部署，方志办还印发 12 期《修志通讯》，1991 年年末完成初稿，征求各界意见和汇总邯郸地区评审意见后进行修改。1993 年 6 月上旬，通过河北省方志办终审。1994 年 4 月，由新华出版社公开出版发行，整个修志工作历时 5 年。1994 年 6 月，中华人民共和国成立后的首轮《大名县志》被河北省地方志学会评选为第三届地方志优秀成果一等奖。

二轮志书启动于 2002 年 12 月，上限为 1979 年，下限为 2005 年，主要记述中共十一届三中全会以来，大名县政治、经济、文化、社会等方面情况。

旧志断注　1989 年 5 月，大名县志编纂委员会组织人员对民国《大名县志》进行断注，除地方志工作人员陈献德、白跃英、田江田外，还聘请霍竞吾、张振一、侯玺三人参与断注。民国《大名县志》共 16 册，霍竞吾断注第 14 ~ 15 册，张振一断注第 6、第 11 册，侯玺断注第 3、第 8 册，白跃英断注第 12 册，田江田断注第 7 册，陈献德断注第 1、第 2、第 4、第 5、第 9、第 10、第 13、第 16 册。断注稿由张少逸统审。1990 年 6 月 5 日，大名县志编纂委员会同意再版印刷。再版封面由杨克礼设计，陈惠永篆刻印章，大名县印刷厂排印出版，再版时将原来的 16 册分上、中、下三册装订，原 1 ~ 5 册为上册，原 6 ~ 11 册为中册，原 12 ~ 16 册为下册，1991 年 1 月，印刷 3000 套，内部发行。

部门志编纂 社会主义新方志启动纂修后，县志编纂委员会即要求各单位编修部门志，69个县直单位全部成立领导小组，修志编辑共200余名，在他们的辛勤工作、刻苦奉献下，先后编纂出版了11部部门志。《大名县交通志》由大名县交通局编纂。么新国撰写。编纂工作始于1987年2月，经过拟定篇目、搜集整理资料、着笔试写等三个阶段，于1988年7月中旬完成初稿，9月上旬，邯郸地区交通局史志编委主任安立函、副主任冯广涛和冀民生、副主任兼主编崔可欣等4人到大名审核定稿。定稿后的《大名县交通志》包括概述、志文、大事记和附录，志文又分为6篇、15章、42节，全书共12.9万字，1988年12月由大名县印刷厂印制1000册。

《大名县回族志》由大名县民族事务委员会编纂。杨国祯主编，始于1987年，1989年6月定稿。全书9章10万字，上限1245年，下限1990年，从族源分布、风俗习惯、宗教信仰、政事、经济、文化、武术、民族工作、大事记9个方面记述了大名回族的发展概貌，1993年4月由大名县印刷厂印制1000册。

《大名县体育志》，由大名县体育运动委员会编纂。1987年10月10日成立《体育志》编纂领导小组，由刘彦堂、郑文超编写，历时1年零1个月，数易其稿。全书分6篇17章，上限为1923年，下限为1988年。1989年7月油印。

《大名县金融志》由大名县金融志编写组编。1989年3月21日，由大名县人民银行牵头，召开“四行一司”（人民银行、工商银行、建设银行、农业银行、保险公司）负责人联席会议，成立《大名县金融志》编写领导小组，抽调人员组成编写班子，联合修志。1989年4月开始，经过制定编目、收集资料、编写、审稿，历经8个月，于1989年12月完成志稿。志书以志为主，由志、记、录、图、表、照片组成，共分8编30章38节，书后附有大事记，全书10万字。上限1935年，下限1985年，1990年8月由大名县印刷厂印刷。

《大名县财政志》由大名县财政局编纂。始于1989年9月，赵连臣、梁书广、李怀珍撰写，1990年完成草稿，由申树岐、李文芳、邢海川定稿，3编、9章、33节，8万余字，1991年6月油印。

《大名县水利志》由大名县水利局编纂。工作始于1986年4月，1989年7月初稿完成，征求各界意见，12月，邯郸地区水利局水利志编委会召开研讨会，根据研讨会意见再次进行修改，编写出送审稿。1991年9月，在大名县水利局召开研讨会，汇总意见后又进行修改，于12月报送河北省水利厅水利志编委会，总编辑郭宗华评语为“几十部县（市）水利志稿中，是一部较优秀的志稿。”根据修改意见定稿成书。《大名县水利志》前后六载，五易其稿，编辑文兆祯，编审刘梦岚。上限为事物发端，下限为1990年。全志分13章、55节，14万字，1993年6月由大名县印刷厂印刷，16开本，共印300册。

《大名县教育志》由大名县文教局编纂。1989年5月成立教育史志领导小组，设置编辑室，由苏自峰任主编，开始组织人员修志，历时4年，1992年5月脱稿，10月打印征求意见稿。全书共分6篇、21章，从儒学教育、学制、学前教育、小学教育、中学教育、师范教育、职业教育、成人教育、教育行政、教师队伍、教育经费、学校基建、教育科研、教师人物方面，详尽地记述自1904—1989年大名教育发展的概貌。1993年8月20日，《大名县教育志》由魏县振兴出版社印刷。

《大名县民政志》由大名县民政局编纂，于1991年3月22日成立民政志编辑委员会，聘请白梅俊、步玉洁主编，历时2年。志书共10章、33节，24万字。1993年10月由大名县印刷厂印制300本。

《大名县宗教志》由大名县民宗局编纂。马保合主编，张少逸、杨增良主审，郭为民鉴定。1988

年启动编纂，数易其稿，1993 年 9 月定稿，11 月由大名县印刷厂印刷，大 32 开本，8.7 万字，共印 300 册。

《大名县卫生志》由大名县卫生局编纂，始于 1986 年，先后三次抽调工作人员，组成专门编纂小组，间断两次，历经 12 年，于 1998 年定稿，全书共分 15 编、48 章，36 万字，除文字记述外，还有表格 91 份、图片 32 张。1999 年 10 月由大名县印刷厂印制 1500 册。

《大名县土地志》由大名县国土局编纂，贾志钧主编。始于 1997 年 9 月，12 月中旬完成初稿，先后三易其稿，1998 年 5 月，按照邯郸市土地管理局的意见，将全志书编章改为 12 章，字数由 33 万字压缩为 21.5 万字。1998 年 10 月，邯郸市土地管理局组织专家学者对送审稿进行评估验收，修改后，志书为 13 章、45 节。2004 年 3 月，由石家庄西里印刷厂印刷，全书 29.2 万字，共印 150 本。

乡村志编纂　《文集村志》是大名县首部村志。新编《大名县志》出版后，县志编辑文兆祯受邀于 1997 年开始编写。2000 年 9 月由大名县印刷厂内部印刷。《文集村志》共分 17 章、51 节，下限为 2000 年。重点记载文集村历史、地理、政治、经济、科学、文化等方面情况，资料翔实、生动、典型。

地情资料编纂　1981 年 7 月至 1982 年 9 月，对全县地名开展普查，完成图、文、表、卡四项地名成果后，整理编写了《大名县地名资料汇编》，汇集了地名成果中除一些不宜扩散的数字之外的全部资料，包括大名县标注标准地名图、城关镇标注标准地名图各 1 幅，重要地名概况 62 篇，652 个自然村的现状和沿革，标准地名 1391 条。此外，还收录有邯郸行署、大名县政府关于部分社、队更名及新建居民点命名的决定，以及有关地名的历史人物和轶事、风土人情。1983 年 5 月印刷 600 册，19.97 万字，内部发行。

《大名县大事记》由大名县档案局编写，记述 1949—1987 年大名县发生的大事。由大名县印刷厂承印，内部发行。

遵照中央《爱国主义教育实施纲要》，马保合主持编撰《爱我大名》一书，全书从地理资源、文明史、革命史、经济建设成就、科教文化事业发展、人物、人口增长、领袖关怀八个方面对大名的古今概况做了简要介绍，1996 年 10 月由大名县印刷厂承印，内部发行。

大名县史志及地情资料编纂出版情况统计表

志书类

表 14-6

书　名	作　者	出版单位或出版号	字数（万）	印数（册）	时间	内　容
大名县志	大名县志编纂委员会	新华出版社	130	3000	1994.10	县志
大名县卫生志	大名县卫生局	冀邯内准字第（1999）第 AH031	36	1500	1999.10	卫生志
大名土地志	大名县土地志编纂委员会	冀邯内准字第（2000）第 052	29.2	100	1999.10	土地志
大名交通志	大名县交通局	大名县印刷厂	12.9	1000	1998.12	1950—1986 年交通志
大名县教育志	大名县文教局	邯郸市印刷厂	27	6000	1992.10	1902—1988 年教育志
大名县水利志	大名县水利局	大名县印刷厂	14	300	1993.06	水利志

历史类

书　名	作　者	出版单位或出版号	字数（万）	印数（册）	时间	内　容
直南一个革命策源地——大名七师	中共七师党史资料征编组	中央党史出版社	35	4000	1990.12	直隶第七师范学校历史资料
河北省大名县组织史资料	县委组织部党史研究室、大名县档案局	河北人民出版社	51.3	1500	1991.08	1927—1987 年中共组织史料
大名师范人物	大名师范学校	河北人民出版社	19.5	3000	1993.10	大名师范学校人物
光辉八十年	主编呼玉杯	河北教育出版社	32	3000	2003.09	大名师范史料
革命教育家谢台臣	主编呼中汉	河北教育出版社	16.7	3000	2003.09	谢台臣史料
大名抗日烽火	主编冯克军	冀邯内准字第（1997）第 66	39	3000	1997.10	大名抗日史料
中共大名史话	主编冯克军	冀邯内准字第（2001）第 AH019	10	20000	2001.06	大名历史资料

资料类

书　名	作　者	出版单位或出版号	字数（万）	印数（册）	时间	内容
大名县地名资料	县政府地名办公室	大名县政府	20	600	1983	大名地名资料
大名文史资料 1	大名县政协文史资料研究委员会	大名县政协	11	1500	1987.01	大名史料
大名文史资料 2	大名县政协文史资料研究委员会	大名县政协	20	1500	1990.12	大名史料
大名文史资料 3	大名县政协文史资料研究委员会	冀邯地出准字（1992）第 17 号	23	1500	1992.10	大名史料
大名文史资料 4	大名县政协文史资料研究委员会	冀邯文出准字（1994）第 62 号	22	1500	1994.12	大名史料
大名文史资料 5	大名县政协文史资料研究委员会	冀邯文内准字（1995）第 29 号	22	1500	1995.10	大名史料
大名文史资料 6	大名县政协文史资料研究委员会	冀邯新内准字（1997）第 49 号	22	1500	1997.08	大名史料
大名府历史典故名人传说	栗丛森　董全安	冀邯内准字（1993）第 57	10	2000	1993.08	地域名人传说
邯郸今古纪事	何兴文	内蒙古人民出社	23	1500	2001.01	历史资料
改革开放二十年	中共大名县党史办主编冯克军	冀邯准字（1999）第 AH-001	25	2000	1999.11	改革以后史料
大名英才	县地方志办公室主编冯克军 姬振东	香港丰泰国际出版社	21.6	1500	2002.09	先进模范人物
中共大名年鉴	中共大名县党史研究室	豫内资新出发通字（2006）5	107	1000	2005.12	2005 年中共大名县资料

第十五编　地方特色文化

大名有深厚浓郁的历史文化积淀。先后作为大小朝廷的国都、陪都共 15 次。自曹魏在元城建阳平郡至 1937 年日本侵略军占领大名前，作为郡、州、道、府、路、省会、专区、兵镇等县级以上行政机构 30 余次，8 次相当于省级，作为黄河以北的区域中心城市长达 1716 年，其中作为国都、陪都有明确记载的时间长达 130 年。纵观大名的发展进程，独特的地理优势，历来受到帝王将相和文人雅士的青睐，他们在此或留下古迹遗存，或留下珍闻逸事，或留下诗词华章，史称“乱世雄藩，治世重镇”，各类文化元素在此碰撞、融汇、互相取长补短，推陈出新，孕育出独特的“大名府文化”“武术文化”“临济宗文化”以及众多的非物质文化遗产。

第一章　大名府文化

第一节　历史事件

事件简述

寒食节与五鹿城　清明节的前一天称为寒食节，是为纪念春秋时介子推“割股奉君”（也作割股啖君）而设立的。介子推“割股奉君”的发生地在今大名县境内。《史记·晋世家第九》载：周襄王十五年（前 637），晋公子重耳出逃过五鹿，饥，乞食野人（农夫），野人给以土块。重耳大怒，赵衰以为此乃皇天授土，吉祥征兆，当跪拜接受。重耳于是大礼接过，车载远去。《东周列国志·晋惠公怒杀庆郑介子推割股啖君》载：是日，公子君臣尚未早餐，忍饥而行。看看过午，到一处地名五鹿，见一伙田夫同饭于陇上，重耳令狐偃问之求食。田夫问：“客从何来？”偃曰：“吾乃晋客，车上者乃吾主也。远行无粮，愿求一餐。”田夫笑曰：“堂堂男子，不能自资，而问吾求食耶？吾等乃村农，饱食方能荷锄，焉有余食及于他人？”……再行十余里，从者饥不能行，乃休于树下。耳饥困，枕狐毛之膝而卧。狐毛曰:“子余尚携有壶餐，其行在后，可俟之。”魏犨曰:“虽有壶餐，不够子余一人之食，料无存矣。”众人争采蕨薇煮食，重耳不能下咽，忽见介子椎捧肉汤一盂以进，重耳食之而美，食毕问：“此处何从得肉？”介子推曰：“臣之股肉也。臣闻‘孝子杀身以事其亲，忠臣杀身以事其君。’今公子乏食，臣故割股以饱公子之腹。”重耳垂泪曰：“亡人累子甚矣！将何以报？”……介子推“割股奉君”与寒食节有极深的渊源关系。重耳乞食处在今大名东部一带。然今世之人只记后来“禁火悲寒食”的绵山，而忘了当年“割股奉君”处的五鹿！

周穆王三游沙麓山　周穆王姬满周游天下，曾三次游历“菹台”（即沙麓山，大名县城东约四十里处），菹台为载籍中最早出现的大名古地名之一。周穆王第一次自濮阳北游，“舍于菹台”。狩猎时，一头白鹿受惊撞上御车，向北逃逸，穆王驾车追及。为纪念此事，因在菹台牿鹿，周穆王命名为五鹿。由五鹿之名相继又有沙鹿、沙麓山、五鹿墟、东土山等异名。周穆王第二次东游“舍于五鹿”时，因宠妃盛姬病逝，其女叔姓在五鹿思念亡母盛姬而悲哭，又称“叔姓之丘”。周穆王第三次东游五鹿，留居多日后，又东游漯水等地。穆王三次游历五鹿，足见五鹿为当时名山，山下河水充沛，山上林木茂盛，野兽出没其中，山中风景秀丽，人烟繁庶。名山大川，周天子派遣官吏直接治理，收其贡赋，不属诸侯。周穆王游历五鹿所经行之道是历史上的古莘道，五鹿居于古莘道咽喉要地，由五鹿经行古莘道，可直达西周东都洛阳。

五鹿城风云　周惠王十九年（前658），齐桓公为霸王计，筑五鹿、中牟（今河南鹤壁西）、邺（今河北临漳西南）、盖兴（今山东沂源县东南）、牡丘（今山东聊城），以卫诸夏；周襄王十五年（前637），晋公子重耳出逃过五鹿，饥，乞食野人（农夫），野人给以土块。重耳大怒，赵衰以为此乃皇天授土，吉祥征兆，当跪拜接受。重耳于是大礼接过，车载远去；春秋时期，自卫适齐的古莘道和自清河联结东武城、五鹿至陶的古午道均在五鹿交汇。重耳乞食处约在今大名县东部一带；周襄王二十年（前632）正月，晋伐卫取五鹿，晋文公封五鹿为舅父狐偃（子犯）的采邑，狐偃后世遂以五鹿为姓氏。周灵王二十四年（前548），卫献公自齐还国，临行，齐执政崔杼止其帑求五鹿。后因国乱不行，遂入于晋；周敬王二十六年（前494）四月，赵稷据邯郸起兵，齐、卫出兵相救，围晋五鹿。周敬王二十九年（前491）八月，齐、卫救范氏，围晋五鹿。

孙武、孙膑故里乐安　周景王二十二年（前523），著名军事家孙武的祖父、齐国大夫“田书”伐莒有功，齐景公赐姓“孙”氏，食采乐安，孙书遂举家迁徙乐安。孙书为妫姓孙氏始祖，乐安为妫姓孙氏姓源地。春秋乐安即今大名县束馆镇，现尚存孙氏宅院、祠堂遗址及孙操故里碑等。

马陵故战场　周显王二十六年（前343），魏伐韩，韩求救于齐。十二月，齐以田忌、田婴、田盼为将，孙膑为师，救韩。孙膑设减灶计，诱使魏将庞涓弃步军，率精锐兼程追击，孙膑令齐军一万弩兵夹马陵道设伏，万弩俱发，大败魏军。庞涓自刎，虏太子申。孙膑遂名闻天下，世传其兵法。马陵战址在今大名县埝头乡东、西马陵村一带。

新朝皇帝王莽　王莽（前45—23），字巨君，魏郡元城人（今河北大名县东），西汉后期新朝的建立者。王莽出身于西汉末年的王氏外戚，为人谦恭俭让，礼贤下士，在朝野素有威名。西汉末年，土地兼并严重、政治黑暗，统治集团荒淫腐朽，社会矛盾空前激化，民生凋敝，王莽被朝野视为能挽救危局的不二人选，被看作是“周公在世”。公元9年，王莽在大臣的拥戴下登上皇帝宝座。代汉而立，国号“新”，建元“始建国”，并实行广泛的社会改制。其中以解决土地和奴婢问题的“王田令”与“私属令”等民生问题为其核心内容。新莽地皇四年（23），起义军推翻新朝，王莽被杀。王莽自汉哀帝驾崩之后实际掌握朝政大权，至地皇四年覆灭，共在位15年，前后执掌天下20年之久。新朝也成为中国历史上最短命的朝代之一。王莽在中国历史上是一位备受争议的人物，古代史学家以“正统”的观念，认为其是篡位的“巨奸”，但近代帝制结束之后，王莽被很多史学家誉为“中国历史上第一位社会改革家”。

祖逖侨居阳平郡　祖逖（266—321）于晋武帝太康十年（289）侨居阳平郡（治今大名县），阳平郡察举他为孝廉，司隶进而举荐他为秀才，他一概不应。不久，祖逖与司空刘琨一起出任司州主簿。两人“情好绸缪，共被同寝”，关系十分融洽。时值西晋“八王之乱”前夜。大族擅权，政治黑暗；豪强纵横，民不聊生，表面上的繁荣掩盖不住日益加深的社会危机。一天半夜，祖逖被野外传来的鸡鸣声吵醒了，便用脚踢醒刘琨说：“此非恶声也”。于是，两人相邀到户外拔剑起舞。这就是流传至今的“闻鸡起舞”。后常比喻有志报国的人及时奋起，发奋图强、自强不息的精神和斗志。

大运河与大名　汉建安九年（204）正月，曹操遏淇水东入白沟，以通四方粮运，在内黄北与洹水会合，经今魏县、大名、馆陶，东北流入海。隋大业四年（608），征河北诸郡男女百余万开永济渠，炀帝赐名“御河”。隋永济渠就是今卫河的前身，历史上经多次改道变迁，形成今日之卫河河道。《元史·地理志第十四》载：“御河，自大名路魏县界，经元城县泉源乡于村渡，南北约十里，东北流至包家渡，下接馆陶县界三口”。唐永徽时期（650—655），魏州刺史李灵龟在魏州“开永济渠入于新市”，开凿出一条支渠。唐开元时期（713—741），魏州刺史卢晖也凿出一条“西渠”。自石灰窠引流至（贵乡）城西，注魏桥，以通江、淮之货。大运河通，遂使大名后世兴旺发达1000余年。

狄仁杰任魏州刺史　万岁通天元年（696）十月，契丹攻陷冀州，河北震动，人心惶惶。为稳定局势，武则天起用狄仁杰为魏州（治今大名）刺史。前刺史独孤思庄召集百姓，修城守卫，致使良田荒芜，百姓生计难以维持。狄仁杰上任后，毅然解散百姓回家种田。契丹听闻后，以为中原兵强马壮，丝毫不惧契丹的威胁，乃引众北归，使魏州避免了一次灾难。武则天亲自在战袍上绣了十二个金字，以示表彰；当地百姓为其立生祠，以记恩惠。《旧唐书》载：后狄仁杰子晖为魏州司功参军，为人贪暴，为百姓所恶，百姓遂毁狄仁杰之祠。元和七年（812），田弘正重建狄仁杰祠堂及祠堂碑。现祠堂碑尚存，人称狄公碑。

“河朔三镇”之“魏博镇”　“安史之乱”后，唐朝中央集权日趋衰弱，被迫承认安史部将保存地方实力，任命张忠志（后赐名为李宝臣）为成德镇节度使、薛嵩为相卫节度使、李怀仙为幽州节度使、田承嗣为魏博镇（治魏州，今大名）节度使，占据今河北、河南、山东一带广阔地域，并称为“河朔三镇或河北三镇”。三镇拥有重兵，自署文武官员，户籍不报中央，赋税不缴朝廷。由于三镇统治者内部的争夺和藩镇之间的兼并，到唐末时，三镇的节度使已经几度改换门庭，但三镇拥兵割据的情况没有改变。河朔三镇和其他拥兵割据的藩镇不仅经常抗拒朝廷的政令，而且不断挑起反抗唐王朝的战争。魏博镇后来兼并相、卫二州，控制了魏州、博州（今山东聊城）、贝州（今南宫东南）、瀛州（今河间）、沧州（今沧州东南）、德州（今山东德州）、澶州（今河南清丰）、相州（今河南安阳）、卫州（今河南卫辉）、洺州（今永年县）10个州。成为河朔三镇中最大的藩镇。自763年田承嗣任魏博镇节度使始，至910年魏博镇节度使罗绍威卒，魏博镇前后共有十六任节度使，割据约150年。魏博镇对于后来“五代”时期五个朝代政权的转变关系至为密切，五代时期的皇帝或在这里称帝，或在这里起家，魏博镇对五代乃至北宋历史影响至深。

国都与陪都

殷商故都　史载商朝在其存续期间，因水患和统治阶级内部斗争先后迁都多次，盘庚迁都于殷（今安阳市），直至商朝灭亡。大名为商都城说首发端于雷礼（明代工部尚书），他在《修建大名府砖城记》记载：“大名本殷商旧都”。吴道明《元城县学新建魁星楼记》载：“元城，古殷城也。故有沙麓阻其北，屯氏环其西。”《旧唐书》元城县条载：“隋县，治古殷城……朝城县东北十二里。”清光绪《南乐县志》载：朝城县故治在今南乐县韩张镇，古殷城在今大名县西付集一带。商都因水患屡次迁徙，大名古殷城地处沙麓山南麓。

魏武侯别都与元城　周考王三年、魏文侯八年（前438），文候得邺地（今大名、魏县、临漳一带），改为“魏”，（此为后世“魏郡”“魏州”“魏县”之由来），寻又改为“邺”。魏文侯礼贤下士，以名士子夏、段干木、田子方等为师，筑“礼贤台”，四方贤士多归之，魏地成为魏国的一个政治文化中心。魏文侯治魏有方，魏遂强大于三晋，魏人由此拒赵抗齐。周安王六年、魏文侯五十年（前396），魏文侯卒，子魏击立，是为武侯。魏武侯以魏地为别都，筑城廓、建馆舍，公子元食邑于此，谓之元城，“后因遂氏焉”。此为西汉元城县名称之由来。今大名县大街乡南门口村南十里有武侯台，旧志载武侯别都、魏武侯城在此地。别都即陪都，这是大名在历史上首次作为陪都出现于世，开启大名辉煌陪都历史之端倪。

隋末唐初许国国都　唐高祖武德元年（618），隋右屯卫将军宇文化及被李密击破，率余众北至魏县（今大名县旧治乡魏店村），9月，毒杀秦王杨浩，自称皇帝，国号许，改元天寿，署置百官。次年（619）正月，淮安王李神通大败宇文化及，宇文化及败走聊城，同年被窦建德擒杀。

大燕国都　唐肃宗乾元二年（759）正月，史思明占据魏州（治今大名县大街乡大街村一带），在魏州城北筑坛祭天，称“大圣周王”，建元“应天”。四月，还范阳，称大燕帝国，更国号为大燕，改元顺天。

五代时期的后唐国都与陪都　后唐国都东京。天祐二十年（923）二月，李存勖准备称帝。先置文武百官。三月，在魏州牙城南筑坛，用以登基祭天之礼。四月，李存勖登坛祭天称帝，国号“唐”，改天祐二十年为同光元年，史称“后唐”。诏魏州为东京兴唐府，作为都城。以太原为西京，镇州为北都。同光元年十月，李存勖迁都洛阳，兴唐府仍为其陪都。同光三年（925），改东京兴唐府为邺都。

后晋邺都　后晋天福二年（937）七月，后晋皇帝石敬瑭将兴唐府改为广晋府，天福三年（938）十一月，升广晋府为邺都，恢复了魏州的陪都地位。后晋开运二年（945），废邺都为天雄军。

后汉邺都　后汉乾祐元年（948）改广晋府为大名府，仍为邺都。

后周邺都　后汉乾祐四年（952），郭威称帝，国号“大周”，改元广顺，大名府仍为邺都。后周显德元年（954）正月，诏废邺都依旧为天雄军，大名府在京兆府之下。

在五代的54年历史上，大名做都城或陪都的时间长达22年。

北宋陪都北京大名府　北宋庆历二年（1042），契丹威胁宋境，宋仁宗采纳宰相吕夷简的建议，于同年五月升大名府（治所在今大名县大街乡大街村一带）为陪都北京，并建设北京行宫。大名府作为北京，直至北宋灭亡，长达86年之久。

金国初期“大齐”都城和陪都　金初天会八年（1130），金国扶持刘豫称帝，国号“大齐”，作为金国的藩国，建都大名府，都名北京。1132年四月，刘豫迁都汴梁（今河南开封），大名府为副都。1137年，金国废刘豫为蜀王，“大齐”国随之消亡。大名做国都2年、副都6年。

清初三省总督府直隶总督府直隶第一省会驻地

清顺治六年（1649）八月，设三省总督驻扎大名，节制直隶、山东、河南三省。

清顺治十六年（1659）五月，裁直隶河南山东总督，改直隶为直隶省，复设直隶巡抚，仍驻大名府，大名府为河北省第一省会。清顺治十七年（1660）十月，直隶巡抚自大名府移正定府。

清顺治十八年（1661）八月，各省均设总督，直隶总督驻大名府。九月，添设直隶提督一人，驻大名府。清康熙四年（1665）五月，裁并督抚，裁直隶总督，直隶、河南、山东设一总督管三省事。六月，以朱昌祚为直隶山东河南三省总督。十四日，议定直隶山东河南三省总督驻大名府，提督改驻河间府。

清康熙五年（1666），改直隶河南山东总督为三省总督，驻大名府。

清康熙八年（1669）七月，因时局平定，裁直隶河南山东三省总督。

直南革命策源地

大名七师与五女师被誉为直南革命的策源地。

直隶省立七师（简称大名七师今邯郸学院大名分院的前身） 是中国共产党大名县党组织的诞生地，冯品毅是这个党组织的创始人。冯品毅 1919 年在北京参加了“五四”爱国运动，1922 年加入中国共产党，是大名县第一位共产党员。1926 年 8 月，大名七师校长谢台臣聘冯品毅为英语教员。他借工作之便播撒革命的火种，宣传中国共产党的主张，宣传北伐战争的胜利。组织“读书会”，引导学生阅读马列著作和进步书刊。同年 10 月，他在学生中发展刘大风、赵纪彬、李大山、吴益普、成润 5 人入党，并建立了大名县第一个党组织——“中共大名特支”，由刘大风任书记。冯品毅离开“七师”后，刘大风等继续进行革命活动。1927 年 1 月，又发展解蕴山、裴志耕、曾则西等 10 人入党。同年 4 月，校长谢台臣、教务主任晁哲甫、训育主任王振华、体育主任林子仁、总务主任高韶亭、学生李方城（李大磊）等同时入党。短时间里，党组织有了很大发展，至 1929 年，“七师”300 多名师生员工中，已有党、团员 100 多人，连同党的外围组织“反帝大同盟”等，共有 200 多人，革命力量占全校人数的三分之二还多。这时五女师、十一中也有了党员。此后，“七师”党员学生不仅在大名发展党员，而且在南乐、清丰、濮阳、东明、长垣、内黄、范县、巨鹿、邯郸、馆陶、成安、南和、沙河、威县、磁县、曲周等 20 余县点燃革命火种，先后建立了党组织，唤起工农群众，开展革命斗争。

直隶省立第五女子师范学校　1924 年创立于大名的直隶省立第五女子师范学校（以下简称五女师），从建校开始，大权就被封建绅士所把持，校方严格控制学生接受进步思想，成了“五四”以后大名学生运动的一个死角。1929 年冬，中共大名县委为改变五女师的落后局面，决定利用学生联合会，发动五女师学生，摧毁这个封建堡垒。同年 11 月，五女师学生上街游行，反对校长成仰渊的封建统治。同时，大名学生联合会主席成润发动七师、十一中及其他学校的学生，在城内关帝庙召开声援大会，各校代表在会上作了慷慨激昂的演讲，号召各校学生团结起来，支持五女师学生的斗争。五女师学潮对当局与学校的压力很大，在社会上引起很大震动。会后，又派五女师的学生代表去天津教育厅请愿。省教育厅迫于压力，撤销了成仰渊五女师校长的职务，学潮取得胜利。

万北大包干：中国农村改革先行者

1977 年，大名县万堤公社万北村第一生产队的社员就开始改变生产形式，经过集体讨论，社员一致赞成把耕地分包到各家各户。新任队长董可志认为分田到户的办法适合本队生产力水平和农业特点，但这个意见没有得到大队党支部的批准。后来，在公社书记张兆的默许下，秘密而认真地搞起了试验。1977年夏天，将玉米田按劳动力多少分到各户……最后根据产量多少计算工分，取得了较理想的收成。1977年秋后，经群众民主讨论，决定以后长期实行分包责任田的办法：集体的全部耕地原则上按“人劳对半”分到各户，有愿意多分和少分的，经民主讨论，可以灵活掌握；责任田长期固定不变……此法即后来的家庭联产承包责任制“大包干”的雏形。当时是秘密地进行这种方式的生产，农民生产积极性空前高涨，1978年的总产、单产均创下历史最高水平。1978年9月下旬，新华社记者李荣昆到万北村采访，肯定了这种联产承包新体制，并在中央“内参”中给予了披露，引起中央、省、地领导的热切关注。1980年，《人民日报》《河北日报》先后报道了万北一队的责任制，中央广播电台也作了播报。大包干使万北村粮食产量逐年增长，人们的生活水平大幅提高，彻底甩掉了贫困落后的帽子，成了农村改革致富的样板村。万北村1977年夏开始的探索农村生产方式改革，比1978年11月安徽省凤阳县小岗村实行的包干到户改革还要早，在中国农村向旧观念和旧体制挑战中走在了最前列，堪称“中国农村改革第一村”。

第二节　文化艺术作品与大名

丰厚浓郁的历史文化底蕴吸引着众多文人雅士驻足大名，也一次次引起他们的遐想，于是就有了一部部力作问世。从古至今，大名籍人或以描写大名人为对象或故事发生在大名故地以及与大名有关的各类文学艺术作品数不胜数。

《东周列国志》

明代冯梦龙著历史演义小说《东周列国志》，其中有多章回（31回、39回、44回、89回等）言及发生在五鹿城（今大名境内）的故事，如：“重耳乞食五鹿”“介子推割股啖君”“晋文公伐曹卫围五鹿”“马陵之战”等，展现当时“五鹿”地处“四战之地”的风云往事。

《二子争死》

《史记·卫康叔世家》载，卫宣公继任前曾与庶母夷姜私通，生子名伋。继任国君后，立伋为太子。伋成年后，卫宣公为伋聘齐国女宣姜。但卫宣公见宣姜貌美，神移心变，遂据为己有。宣姜生下寿和朔二子，蓄意加害伋夺嫡。卫宣公因夺伋妻而厌恶伋，听了宣姜和公子朔的谗言，欲废除太子伋，于是给太子白旄，命他去齐国协约，而暗中在齐卫边界布下“强盗”，截而杀之。这个阴谋被公子寿探知，他告诉太子伋：“边界有强盗，见了白旄就要杀掉你，不可去。”太子伋说：“违父命而求生，不可。”遂行。公子寿置酒以饯行为名将太子伋灌醉，盗去白旄并留言：“我已代往，请太子逃命。”遂骑快马先至边界。太子伋酒醒，不见白旄，急忙追赶。当他追到边界，公子寿已被杀死。太子伋指责“强盗”说：“你们要杀的是我呀！”“强盗”又将太子伋杀死，回报宣公。宣公不让二子尸身回国，遂葬于当地。人们称为太子冢。今大名县束馆镇冢北村因位于太子冢之北而得名。此典故已被改编为京剧，广泛演出。

小说《马陵道之战》和电影《马陵道》

根据发生在大名县东南马陵一带的著名战役马陵之战的故事，历史以来多次被编成各种戏剧、小说、电影、电视剧等。小说有天涯海角客的《马陵道之战》；电影有何宝灿编剧、李晨风导演的《马陵道》等。故事再现了春秋战国时期，庞涓因妒忌孙膑精通《孙子兵法》设下阴谋陷害孙膑，而最后被孙膑消灭的战事。

王政君和《母仪天下》系列

王政君（公元前 71 年至公元 13 年），魏郡元城（今河北省大名县）人，阳平侯王禁次女。汉元帝刘奭的皇后，汉成帝刘骜的生母。身居后位（含皇后、皇太后、太皇太后）61 年（前 49—公元 13 年在位）。她驾崩后，与汉元帝合葬于渭陵。描写王政君的文学作品有蔡东藩的《前汉演义》。以王政君为主角或配角的电影、电视剧有 1990 年的《东汉演义》、1996 年的《汉宫飞燕》、2000 年的《光武帝刘秀》、2006 年的《昭君出塞》、2007 年的《王昭君》、2008 年的《母仪天下》、2015 年的《相爱穿梭千年》。其中《母仪天下》以西汉宫廷为背景，以历经七朝中国历史上最长寿的皇后王政君为主线，以绝代美人赵飞燕等女性角色为副线，描述了西汉时期争权夺利的后宫生活。主要围绕西汉宣帝至成帝刘骜时期后宫中的纷纷扰扰。西汉宫廷称为未央宫，未央宫的后宫称作永巷，《母仪天下》就是永巷各种“花”开“花”落的故事，“花”指的是永巷中的女人们，而王政君是其中最傲人的一朵。

该剧截取了西汉本始二年（前 72）至绥和二年（前 7）的历史，以 5 位家人子成长史为切入点，着重刻画了王政君和傅瑶在不同阶段所表现的性格成长过程和权势引发的较量，采用独特的女性视角，以正说历史的写实手法，在严格尊重历史的前提下，大胆挖掘和发挥想象力，刻画了一群在封建专制的皇权（男权）至上的社会形态下，有梦想、有追求的皇后、皇太后的形象，为牺牲在封建体制下的中国女性抒写了一首动人的挽歌。

“王莽文学”系列

自古至今，文人墨客围绕王莽建“新朝”及其失败过程，写了大量的文学艺术作品，有汉赋、诗词、小说、戏剧、电视剧数不胜数。西汉文学家扬雄先后作《剧秦美新》《孝至》《元后诔》等辞赋支持新朝王莽政权。《剧秦美新》抨击秦始皇焚书、统一度量衡等措施，讴歌新朝，对王莽则歌功颂德。《元后诔》是称赞王莽姑母孝元皇后王政君美德的四字体辞赋，文辞繁杂。《剧秦美新》《元后诔》均洋溢着阴阳五德、符命祥瑞之词，客观上称颂新莽政权的合法性。《孝至》后半篇中赞美王莽，反映扬雄真心拥护王莽采取的政策。北宋文学家苏轼著有律诗《王莽》，诗载：“汉家殊未识经纶，入手功名事事新。百尺穿成连夜井，千金购得解飞人。”

明末清初，有学者谢诏撰小说《东汉通俗演义》。关于东汉光武帝刘秀灭莽兴汉的传统戏曲、说书作品、剧目、曲目、书目颇为丰富。《东西汉演义》最早的版本是明万历年间金陵周氏大业堂刊本，最有名的版本是明末《剑啸阁批评东西汉通俗演义》，该本除收录甄伟《西汉演义》外，还收录了金川西湖谢诏编集的《东汉演义》（共十卷一百四十六回）。冯梦龙根据熊锺谷（熊大木）《全汉志传》校订编纂的《两汉演义》，是比较通俗地讲述东汉西汉历史故事的文学作品。

清代，有清远道人的《东汉演义》。该版本《东汉演义》的主要依据是史书记载，故事情节没有谢诏版本的瑰丽想象色彩，但故事比较全面，记叙完整。这里的“姚期”，按照史书记载改成了“铫期”。自清远道人重编后，嘉庆同文堂本、同治善成堂本《东西汉演义》，均将甄伟《西汉演义》与清远道人重编的《东汉演义》合刊在一起。学术界整理重印时，即以清善成堂本《东西汉演义》为底本，校勘《西汉演义》时，又参校了剑啸阁本和民国时刘文英标点本，为使故事连贯，刘文英本删去了一些诗词。《东汉演义》则参校了《汉书·王莽传》及《后汉书》。善成堂本《东汉演义》刊刻错误颇多，均据史书一一校正。

孙保镛的《后汉沉浮》适宜于青少年和儿童阅读。林汉达的《前后汉故事》很有名气。评书版本主要有“连版”《东汉演义》，历史背景令人颇感新鲜。现代小说有《东汉演义》，作者连阔如；陈洪起的大型新编历史话剧《王莽》，栗丛森（大名人）的《黄皇一帝——新朝皇帝王莽》，傅鹤年的长篇小说《王莽》，电视剧剧本《汉末情恨》，宋福聚的小说《王莽》，冰岚的小说《新莽群英传》，雪翔（周明）的小说《王莽》，大亚的小说《东汉新传》以及《刘秀传》等。电影、电视剧有1990年的歌仔戏《东汉演义》，2000年的电视剧《光武帝刘秀》。

束皙与《三魏人士传》《七代通志》《五经通论》《发蒙记》等

束皙，西晋文学家，阳平元城（今河北省大名县）人，曾为尚书郎，赵王伦为相国。作《玄居释》，阐述“道无贵贱”“守分任性”观点。所撰《七代通志》《三魏人士传》《五经通论》《发蒙记》等被后世推崇备至。今存《补亡诗》6首及《饼赋》等赋作数篇。其《补亡诗》意在补《诗经》中“有义无辞”的《南陔》《白华》等6篇，对偶精当，语辞流丽，不脱西晋气息。明张溥评论《补亡诗》“志高而词浅，欲以续经，罢不胜任也。”其赋文笔质朴，《贫家赋》《近游赋》《劝农赋》《饼赋》等皆有口语化、通俗化的特点，不崇尚绮丽时尚。《隋书·经籍志》载其有集七卷，已佚，明张溥辑有《束广微集》，收入《汉魏六朝百三名家集》。

高适、李白游魏州

唐开元年间，高适游魏州（驻今大名），魏州城北有魏征旧馆，里中有郭元振别业，城外有狄仁杰生祠，睹物思怀，遂作《三君咏并序》。其诗句对魏征、狄仁杰、郭元振的功绩和美德给予高度评价。天宝十一载（752），李白北游过魏州，受到魏郡少府苏因的款待，李白作《魏郡别苏少府因北游》诗。唐玄宗天宝十二载（753年），李白从幽州南下，过魏州贵乡城，贵乡县令韦良宰盛情招待李白。李白作《经离乱后天恩流夜郎忆旧游书怀赠江下韦太守良宰》诗，赞叹魏州的繁华。

《唐史通俗演义》

民国初，蔡东藩作《唐史通俗演义》，多处章回描述了唐末发生在魏博镇（即魏博节度使驻所魏州，治今大名）波澜壮阔的战事，展现了其当时作为“河朔重镇”之“得此地，王者不得不为王，霸者不得不为霸，奸猾得之，是以致天下不安”的战略地位。

《二度梅》系列

《二度梅》是清代章回体小说，作者“惜阴堂主人”。《二度梅》讲述唐肃宗年间，梅、陈两家悲欢离合的故事。其中着意描绘了梅魁之子梅良玉、陈东初之女陈杏元的爱情故事。书中有这样的情节：梅父遭宰相卢杞陷害后，梅良玉在梅花被狂风全部吹落的当晚设祭，祈祷梅花重开二度，父冤得以昭雪。后，梅花果然二度怒放。梅良玉流落大名府，当上邹府账房先生。陈杏元跳崖轻生，昭君娘娘显神力送其到大名府邹家花园，陈杏元被花园主人河南道御使邹伯符夫人收作义女。梅良玉思念陈杏元，每日拿出陈杏元所赠金钗细看。邹伯符的女儿云英对梅良玉有意，丫环春香为探梅良玉平时所拿何物，便偷入其房中偷来金钗。梅良玉找不到金钗，病得奄奄一息。陈杏元在云英房中见到金钗，以为梅良玉已遭不测，思念成病。经过一番周折最终梅陈两人在大名府邹府重逢相会，有情人终成眷属。后京剧、越剧、评剧、庐剧、汉剧、豫剧、潮剧、弹词均将其改编和演出。

《红线》系列

《红线》是中国唐代传奇小说，原为袁郊所撰《甘泽谣》中的一篇。写唐代魏博节度使田承嗣与潞州节度使薛嵩两个藩镇之间的矛盾斗争。薛、田均为安禄山部将，降唐后各霸一方。小说中的田承嗣飞扬跋扈，骄横凶戾，残民以逞，作为叛逆朝廷、妄图吞并邻镇的反面人物；薛嵩则拥护皇室，思守封疆以报国恩。红线是薛嵩的侍婢，具有超人的力量，她以神术潜入戒备森严的田府，巧妙地从田承嗣枕旁取回其供神金盒，薛嵩随即遣人送回。这一有节制的威吓行动，迫使田承嗣收敛狂妄气焰，回书表示悔过自新，并遣散了其强悍骄纵的亲军“外宅男”。红线则在“两地保其城池，万人全其性命，使乱臣知惧，烈士安谋”之后，功成身退。反映了当时人们对平息藩镇纷争，维护国家安定的愿望。

作品成功地塑造了智勇兼备的侠女形象，文情骀宕，想象丰富，构思奇妙。人物对话骈、散结合，恰到好处。据计有功《唐诗纪事》载，薛嵩确有一名叫红线的侍女，善弹阮咸琴。因其手纹隐起如红线，因以名之。她离开薛家时，冷朝阳曾赋诗相送，诗亦见于这篇传奇，则其事虽虚，其人或有，此篇收入《太平广记》。明代梁辰鱼据以撰《红线女》杂剧，无名氏又将它与梁的另一剧本《红绡》合为一剧，称为《双红记》。京剧中《红线盗盒》亦取材于此。当代作家王小波根据《红线》的故事，又创作小说《红线盗盒》，收录进《王小波中短篇作品》。

《聂隐娘》系列

《聂隐娘》取材于唐代裴铏短篇小说集《传奇》，书中聂隐娘是魏博镇的大将聂锋之女，10 岁时被一道姑带走，将其训练成武功绝伦的刺客，十三年后返家，奉师命要取与其青梅竹马的表兄魏博节度使田季安的性命。其时正是安史之乱之时，藩镇割据、民不聊生，聂隐娘师傅教导其杀一独夫贼子救千百人，而其母聂田氏则告知聂隐娘，杀掉田季安将使其妻元氏一族趁虚而入，魏博将天下大乱，为大义着想，田季安不能杀。与此同时，聂隐娘父亲聂锋奉田季安之命，护送名义上遭贬谪的军队统帅田兴前往他处避难，路遇追来的元氏暗杀队伍。聂隐娘尾随其后，遇负镜少年和采药老者，一同救下了聂锋和田兴。除了在外猎杀魏博重臣的元氏一族，也被悄悄地在田季安府内逐步肃清，田季安妾室胡姬性命也差点被纸人阴术拿去，幸亏被聂隐娘救了一命。至此，聂隐娘彻底放弃了刺杀田季安的计划，并与道姑结怨，道姑遗憾其不能断人伦之亲，最后交手死在聂隐娘匕首下。了结一切后，聂隐娘与负镜少年和采药老者飘然远去。

聂隐娘还是梁羽生武侠小说《龙凤宝钗缘》中的女主角之一，在《大唐游侠传》《慧剑心魔》中也曾出场，为聂锋之女，与史若梅情同姐妹，起初与牟世杰相互倾慕，认识到牟世杰的真面目后，坚决与其断绝关系，表现出侠女本色，最后接受了师弟方辟符的爱慕之心。

唐传奇中聂隐娘主要特点是武功神奇，而梁羽生书中的聂隐娘比起幼稚的史若梅要成熟很多，虽然武功不高，但无论是闯荡江湖，还是待人接物，举手投足都有侠女风范。与牟世杰的失败感情则使得聂隐娘从聪明的姑娘成长为睿智的女侠。少女总是充满幻想，即便聪明如聂隐娘也是如此，意气风发的牟世杰不但令各路豪杰心折，亦俘获了少女的心。只可惜聪明反被聪明误，牟世杰野心膨胀，在权力的诱惑之下，毫不犹豫就移情别恋于史朝英。自己的爱人薄幸变心，心中的英雄原是不堪的小人。得知真相的聂隐娘依然只身前往敌营劝说牟世杰，幻想牟世杰悬崖勒马，免于身败名裂，万劫不复。感情伤人，能拿得起却放不下，总想以一分痴心感动对方，却已是缘木求鱼，对牛弹琴。

《新编五代史平话》

宋朝“佚名”著《新编五代史平话》，其中有大量篇幅描写五代时期发生在魏州（今大名）的战况以及五代帝王在魏州的谋略，再现“围魏州、救魏州、攻魏州、闵帝出奔魏州”争夺天下的情节。其中还有魏州传真和尚在黄巢败破长安时得唐传国宝玉玺，后进献晋王的故事，反映出魏州在当时的战略地位，煞是精彩。

《飞龙全传》

《飞龙全传》是清代乾隆年间吴璿根据旧本《飞龙传》增补改编的长篇英雄传奇小说，共六十回。主要讲述赵匡胤反抗昏君，逃走在江湖上行侠仗义，与好汉结交，最终建立大宋的故事。全书叙事三真七假，在一定程度上保存了民间讲史平话的粗豪气息，也融进了改编者语言雅驯、清隽的风格。其中“第 2 回配大名窦公款洽，游行院韩妓殷勤；第 3 回赵匡胤一打韩通，勾栏院独坐龙椅”等回目。写后汉隐帝乾祐元年，殿前都指挥赵弘殷之子赵匡胤生性豪侠，精通武艺。一日与好友张光远、罗彦威在汴梁城中的古庙戏骑泥马，被判充军河北大名府，在大名府一打韩通等故事。

吴璿，字衡章，号东隅逸士，约为清朝雍正年间生人，卒年不详。年少时习举子业，但多次考试不第，弃文从商。约从 1749 年起，开始修改《飞龙传》，1768 年左右完成。

《飞龙传》京剧连台本戏。杜文林等据清吴璿同名小说改编。共十二本。写后汉皇帝刘承佑怒南唐不纳岁贡，遣赵弘殷征讨。赵匡胤偶遇苗训相面，占其有帝王之分。在城隍庙，赵匡胤戏骑泥马，泥马飞驰，事为周凯巡街所见，奏赵匡胤妖言惑众。适赵弘殷凯旋回朝，帝念其有功，将赵匡胤发配河北。赵匡胤在大名府游勾栏，识韩素梅，一见钟情。恶霸韩通争风寻衅，为赵匡胤所殴。赵匡胤回汴梁游御勾栏，试坐御座，太监欲拿之，乃留名而逃。至家，知父谏帝受责，怒入御勾栏大闹，杀死美女，逃至西关，遇柴荣、郑子明，助柴闯锁金桥，打败董家五虎，三人结义。

北宋大名府诗歌

大名有影响的诗人多产生于宋初三朝，宋白与刘筠是北宋大名籍诗人中存诗数量最多的两位。代表宋白诗歌成就的是宫词百首，与此前宫词相比有以下新变：创作动机由直录时事到述古言今，主旨有宫怨到颂圣，功用由描述日常生活情趣到记录典章制度典例习俗。刘筠在西昆体作家中地位仅次于杨亿，咏物诗最具特色。宋白、刘筠不仅以自己的诗歌创作丰富了宋初诗坛，而且还在扶植后学，培养文学新人上做出了积极的贡献。

大名王氏家族与北宋各时期诗歌代表人物有着种种联系，不过他们诗歌存留少；王素与梅尧臣、欧阳修，王巩与苏轼、苏辙诗歌唱和颇多。发生在大名的诗歌创作以仕宦诗人为主，其中以熙宁年间韩琦幕府文士活动及诗歌创作最具典范意义。大名是旧党堡垒，在党争背景下，好友间诗简往来，互相期许。元丰三年前，大名是宋辽使臣往来必经之地。守官若恰逢故人，则宴饮游从，以诗寄情。王安石使辽时途经大名所作诗歌，以南国人的身份描述了地处北方大名初春的风寒，以使臣的视角表达了对宋辽关系的看法。庆历二年，大名府学升格为国子监。熙宁五年至元丰二年，黄庭坚任北京大名府国子监教授，与学子、同僚砥砺诗艺，结社酬唱，繁荣了地方诗歌创作；元丰四年至元丰八年，晁补之继任国子监教授，承其余绪，再掀波澜。二人学官生涯，无论对他们本人诗艺的提高，还是大名地方诗坛的繁荣，都意义重大。大名诗坛诗歌创作以仕宦、漫游诗人为主，来自不同地域文化背景的诗人一方面繁荣了大名诗坛，另一方面在诗歌中还有对地域文化的体认与表现，他们之间的诗歌唱和，尤其是异地寄赠传播了大名地域文化。

《水浒传》及草莽英雄文学系列

施耐庵作于元末明初的《水浒传》，是中国历史上第一部用白话文写成的章回小说，是中国四大名著之一，可谓家喻户晓，脍炙人口。书中有大量大名府的故事情节，更刻画了卢俊义、燕青、杨志、索超等武林高手的形象，令人难忘。遂有“一部《水浒》传天下，世人皆知大名府”的佳话。明末清初小说家陈忱著《水浒后传》，讲述梁山泊劫后幸存的燕青、李俊、阮小七等英雄再度聚啸山林，反对奸臣恶霸，抗击金兵入侵，最后到海岛创基立业的故事。

至清末，俞万春抱着仇视农民起义军的态度创作《荡寇志》，又名《结水浒传》，记述了那个动乱时代发生在大名府的纷繁往事以及大名府的义军人物。

程善之在《残水浒》中，写卢俊义与宋江决裂，反戈投军。张恨水《水浒新传》中，卢俊义成为抗金英雄之一。此外，在百回本续书《后水浒传》中，卢俊义转世为王摩。在扬州评话中有单独的《卢十回》，由著名评话大师王少堂整理出版。

1986 年，王中文著《少水浒》，讲述梁山劫后幸存的燕青、乐和与梁山英雄的后代们群起聚义，抗击金兵入侵的故事。书中还讲述提刑官郭永（大名人）指导北京大名府留守杜充守大名的情节。

大名府文学

至现代，借“大名府”名气撰写的文艺作品多如泉涌，书中反复出现有大名府的故事情节和大名府人物。历史剧如杨绍萱的《大名府》和《新大名府》，网络小说如浮沉的《夺宋》、斩空的《高衙内新传》、桃花颠颠的《风骚大宋》、“断刃天涯”的《宦海风月》、“剑雨飘香”的《火影・鼬起波澜》、匡匡的《情定江山》、冷邪情的《神欲轮回》，瘦骨青风的小说《宋朝、岳飞和我》、漳州经典木偶剧《大名府》等，数不胜数。

《金云翘传》与越南长篇叙事诗《金云翘传》

《金云翘传》，明末“青心才人”著，故事发生在明嘉靖年间，大名府王员外的女儿翠翘与公子金重相爱，私订终身。后员外被陷下狱，翠翘毅然卖身赎父，托妹妹翠云代续金重之情。自己被卖到妓院，后为称霸于江浙一带的徐海赎出，结为夫妻。徐海遭官兵袭击而亡，翠翘跳江自杀，被尼姑救起，收入佛门。翠云嫁与金重，金重科举及第，任职江南，到处寻访翠翘下落。终于不负苦心，在大家相劝之下，翠翘再续旧缘，与金重团圆，共修百年之好。《金云翘传》后流传于日本、越南等国。

越南诗人阮攸（1765—1820）根据此书写成长篇叙事诗《金云翘传》，又名《断肠新声》，被推为越南文学中的经典名著，并翻译成中、英、法、俄、德、日、捷克等国文字，从越南文坛登上了世界文学名著的宝座。

《好逑传》

《好逑传》又名《义侠好逑传》《侠义风月传》，为明末清初才子佳人小说中较优秀的一部，作者"名教中人"，讲述明朝大名府秀才铁中玉和水冰心的爱情故事。铁中玉丰姿俊秀，急公好义；水冰心貌美心灵，有胆有才。二人虽互相倾慕但不涉私语，历经坎坷终成眷属。故事紧凑，人物鲜明，文辞优美，带有丰富的喜剧色彩，是《十大古典社会人情小说》丛书之一，也是18-19世纪欧洲所了解的中国最优秀小说，18世纪传入欧洲，有英、法、德文译本，曾得到德国作家歌德的赞赏，外文译本达15种以上。

《聊斋志异》中的大名府

《聊斋志异》中刻画了许多大名府的人物形象。如：《王桂庵》中的大名府世家公子王桂庵，与贫家女一见钟情的故事；《马介甫》中刻画了一个非常怕老婆的大名府秀才杨万石的人物形象。毛泽东曾对此故事写下这样一段批注：个性斗争，此妇（指杨老婆）虽坏，然是突出典型。《段氏》写的是大名富翁段瑞环受制于妒悍之妻连氏，不敢纳妾，以至"四十无子。"后连氏迫于族权主动放弃妒悍的故事。

《大人物》

《大人物》是台湾武侠小说作家古龙1971年的作品，后被中央电视台拍成电视剧。《大人物》中主角刻画的大名府武林高手杨凡及其父杨三爷，小说通过女性的视角让人们感悟平凡中的不平凡和不平凡中的平凡，让人以一种单纯而实在的目光去看待生活，是一部奇特而又有点夸张的轻喜剧。

《黑旗特使》

长篇历史小说《黑旗特使》，作者宁宣成，剧情根据乾隆末年发生在大名震惊清廷的"八卦教教案"为蓝本创作。清朝末年，黑旗捻军特使段文井受黑旗梁王之命，到大名调集黑旗和北上之师会合，乘黄河北部清军空虚之际率师北伐，直捣清军老巢，并劝说大名回民军入捻，刺杀大名道台的情节。1988年由长春电影制片厂拍摄成武打电影，导演薛彦东、赵为恒。

《古城迷情》

小说《古城迷情》，作者雨舟（栗丛森），以1927年驻大名道的冀南镇守使谢玉田骗杀"红枪会"首领刘希贤（人称刘小辫），激起数县红枪会众联合攻占大名城的历史事件为根据，描写、塑造了宋敬秋、张子和、杨青兰、青莲、补月、孙殿英等人物形象，艺术地再现了那个动乱年月发生在古城大名的风风雨雨。

网络游戏《武林外史》中的大名府

网络游戏《武林外史》中，"大名府"是最繁华的城镇之一，店铺林立，游客如云，荟萃了江湖各路豪杰。大名府地处要冲，由这里可以到达野猪坡、西翠湖、蝎王寺、雄霸坪和昌运镖局，是游戏中任务最繁杂的阶段。

《郭隆真》

《郭隆真》写的是大名籍中国共产党早期女革命家、北方妇女运动先驱者和工人运动卓越领导人郭隆真战斗的一生。该书在全国爱国主义优秀通俗历史读物评选中被评为优秀读物，1986 年由河北省话剧院排出新戏《郭隆真》，后拍成同名电视连续剧。

《邓丽君》

邓丽君祖籍为河北大名县大街乡邓台村，生于台湾省云林县，被称为：世界七大女歌星、世界十大最受欢迎女歌星之一、20 世纪最具影响力的 100 人之一、全球 20 位最伟大的音乐家之一、建国 60 周年最具影响力文化人物。关于邓丽君的文艺作品主要有：关键的报告文学《大陆记者电话采访邓丽君始末》，邓家唯一授权的邓丽君传记《邓丽君画传》（由师永刚、昭君、方旭合著），窦应泰的《香草美人邓丽君》，于立行的《一代歌后邓丽君》，师永刚、楼河的《邓丽君私家相册》，林慧美《情迷邓丽君》，亢进与聂波合著的《情碎邓丽君》《在路途中遇见邓丽君》，白永成的音乐剧《邓丽君》等。日本有田芳生的《我的家在山那边——邓丽君第 10 年的真实》，写邓丽君从 1974 年到日本发展一直到 1995 年 5 月逝去长达 20 余年的人生轨迹，2008 年被改编为电视剧《邓丽君物语——我的家在山那边》；另外还有西田裕司的《美丽与孤独》等。

《革命教育家谢台臣》

作者史佩玺，大名县城内人，1998 年 7 月创作出反映谢台臣人生经历的第一部报告文学。2002 年将其改编为话剧剧本，2004 年又将话剧剧本改编成电影，得到了业内人士的肯定和好评。被中央电视台《人物》栏目称为“一个理想主义者的艰难前行”的谢台臣先生，是原直隶省立第七师范学校（简称大名七师，今邯郸学院大名分校前身）校长，是二十世纪二三十年代著名教育家、革命家。他在 1927 年革命形势最危急时毅然加入中国共产党，将省立七师打造成为“直南革命策源地”，曾被邓小平称赞为“革命教育家”。他一生致力于教育事业特别是乡村教育，提出的“以作为学”的理论与著名教育家陶行知先生提出的“教学作合一”的理论，被认为是当时并驾齐驱、影响全国的两大教育理论，有“南陶北谢”之称誉。

第三节　大名成语典故

大名浓厚的历史文化积淀，孕育了众多发生在大名或与大名有关的成语典故，寓意深刻，富有哲理，发人深思。大名成语典故包括主、副条目约 1000 多条。

历史成语典故

二子争死　见本章第二节。

减灶退师　《史记·孙子吴起列传第五》载：（周显王二十六年、魏惠王二十七年、田齐威王十四年）“魏与赵攻韩，韩告急于齐。齐使田忌将而往，直走大梁。魏将庞涓闻之，去韩而归，齐军既已过而西矣。孙子谓田忌曰：‘彼三晋之兵，素悍勇而轻齐，齐号为怯，善战者因其势而利导之。……使齐军入魏地为十万灶，明日为五万灶，又明日为三万灶。”庞涓大喜曰：“我固知齐军怯，入吾地三日，士卒亡者过半矣。”于是弃步军，率轻锐追击。至马陵（今大名县埝头乡东、西马陵村）中孙膑埋伏，兵败自杀。孙膑以此名显天下。

匿情求名　《汉书·王莽传》载：王莽封侯后，爵位越尊，节操越谦，经常把车马衣裘供给宾客友人，自家没有多余的东西。他好客，收养名士，交结将、相、卿大夫等多人。其兄王永早死，留有儿子王光，自幼由王莽抚养，就学于博士门下。莽趁休假日离家，捧带羊羔美酒慰问老师，惠施所有同学。人们为之赞叹。王莽还让其子王宇与王光同日结婚，席间，他几次为老夫人服药，以显其孝。他曾暗自买一侍婢，对人说：“后将军朱子元无子，我听说这类婢子能多生儿子，因此为他买下的。”当天就把此婢奉赠朱子元。

碎璏赠人　记王莽真心与人结交之事。璏：玉制剑鼻。见于《汉书·王莽传》。王莽被黜刚回到封国新都，南阳太守选派府衙下属官员宛县人孔休担任新都相。孔休进见王莽，王莽以礼相待，主动结交，孔休亦闻其名声，便相与酬答。后来王莽生病，孔休前去问候，王莽送与他一柄玉饰宝剑。孔休不敢接受，王莽于是说：“确实看到您脸上有伤痕，美玉可用以消除伤瘢，愿奉赠这块玉剑鼻罢了。”即解下剑上之璏。孔休还是推辞不受。王莽说：“你顾及它值钱吗？”就把剑璏敲碎，亲手包裹起来送给孔休，孔休才接受。

悬购旦射　掌故，王莽畏惧刘縯之事。事出《后汉书·宗室四王侯列传》。齐武王縯字伯升，光武之长兄。性刚毅，慷慨有大节。自王莽篡汉，常怀复汉之虑。莽末，天下乱，刘縯起兵反汉，连败莽军，縯军克宛，自号为柱天大将军。王莽素闻縯名，大惧，悬赏金十万斤，位上公，封五万户。又令长安中官署及天下乡亭皆画刘縯像，旦起射之。

哭哀为郎　《汉书·王莽传》载：新莽末年，军师溃败，朝臣叛变，王莽陷于绝境，非常忧恐，不知计从何出。近臣崔发进言：“《周礼》和《春秋·左氏传》中言及，国有大灾大难，就用哭的方法来求安。所以《易经》上讲：‘先号啕大哭而后得笑’，应该长吁短叹地求告上天的救助。”王莽自知事败，带领群臣到南郊，对上天陈述承符命即帝位的经过，仰天叹道：“皇天既然授命给我王莽，为何不除灭众多盗贼？即使我王莽不对，希望天降雷霆诛杀臣莽！”因而捶胸大哭，直哭得喘不过气来，又写一篇禀告上天的策文，陈述自己的功劳。众儒生和老百姓每日早晚集到一起大哭，由朝廷负责设餐施粥，哭得特别悲哀及能够诵读策文者，朝廷授任郎官，竟多达五千余人。

染发纳后，外视自安　掌故，王莽濒临末日而虚张声势之举。《汉书·王莽传》载：新莽地皇四年（23年）三月，平林、新市、下江兵将王常、朱鲔等共立圣公刘玄为帝，改年号为更始元年，设置文武百官。王莽大为恐慌，为对外显示自己情绪安定，染黑胡须、头发，召见征选的天下淑女，将杜陵县史家的女儿纳为皇后，纳聘礼黄金三万斤，车马、奴婢、各种丝帛、珍宝等数以千万计。王莽亲迎于前殿两边台阶间，在上西堂内举行新婚共食之礼。配备和嫔、美御、和人三人，地位视同三公；嫔人九人，位同九卿；美人二十七，位同大夫；御人八十一，位同元士，共计一百二十人，都佩带印绶，手执弓袋。封皇后父史谌为和平侯，任命为宁始将军，史谌的两个儿子作侍中。

华盖登仙　掌故，王莽晚年迷信神仙之事。《汉书·王莽传》载：王莽代汉作了皇帝，晚年极为迷信。有人说古代皇帝因建造了华丽的车伞顶盖而成仙，于是王莽制作了九重华盖，高八丈一尺，用黄巾翎羽作装饰，在四轮车内装有机械牵引，套驾六匹马，用身穿黄衣、头裹黄巾的三百力士作护卫，车上有人击鼓，牵车的人都高呼着“登仙”。王莽每当出行，令其在前面。

皇后投火　掌故，王莽之女以身殉汉之事。《汉书·外戚传》载：汉平帝即位，年方九岁，王莽秉政，将其女嫁入宫中，立为皇后。平帝死后，尊平帝皇后（其女）为皇太后。后王莽作真皇帝，孺子婴改作定安公，将皇太后改号定安公太后。时太后十八岁，为人婉静而有节操，自刘家帝业废止，经常称病，不肯出头露面。王莽对她既敬重畏惧又感到哀伤，欲将她再嫁，便改其称号为黄皇室主（黄皇，王莽自称；室主，即公主），让立国将军成新公孙建之子盛装携同医生前往探病。莽女大怒，用鞭子抽打身边侍从。因而卧病不起，王莽不再强逼。待到汉家兴兵杀掉王莽，焚烧未央宫，莽女说：“有何面目来见汉家！”自投火而死。

器小易盈　成语。出自三国时魏吴质《在元城与魏太子笺》:“前蒙延纳，侍宴终日……小器易盈，先取沈顿。醒寤之后，不知所言。”器：器皿，容器。盈：满，器皿很小，容易装满。比喻酒量很小，稍饮即醉。后比喻人的心胸狭窄，不能容物。

元振济窆　《新唐书·郭元振列传》载：唐朝魏州贵乡（今河北大名）人郭元振，十六岁时在太学里读书，家里给他四十万文钱做零碎用度。有一个穿丧服的人到郭元振的门口请求道：“我家里五代的灵柩都没有安葬好，散处在各地，想迁来安葬。可是没有钱，所以特地向先生来请求救济。”郭元振不问他姓名，就把家里寄出来的四十万文钱，尽数给了这个穿丧服的人，一点儿也没有吝惜的脸色。此事编入《中华德育故事》，后以此事比喻君子帮助别人毫不猜疑、不遗余力。

家僮决政　掌故，唐田季安家僮掌权之事。《旧唐书·宪宗本纪下》载：元和七年（812年），魏博节度使田季安死，其子只有十一岁，便为副大使，结果军政大权都由家僮蒋士则决定。蒋乱出主张，数易大将，使军情不安。后士兵杀蒋，拥戴衙将田兴主持军州事。

铸成大错　错:锉刀，借用为错误。《资治通鉴》载:天雄（治今大名）节度使罗绍威心恶牙军（唐朝节度使的亲兵名称），力不能制。遂密请朱全忠军尽杀牙军及其老小。绍威虽去大患，但魏兵从此衰弱，后悔不已。谓人曰：合六州四十三县铁，不能为此“错”也。宋孙光宪《北梦琐言》卷十四作“聚六州四十三县铁，打一个错不成也。”后指造成重大错误，或指错误重大。

自荐为帅　唐末罗弘信自荐当魏博节度使之事。《旧五代史·梁书·罗绍威传》载：罗在节度使乐彦贞的部队当马牧监。彦贞子乐从训非常骄横，预谋铲除牙军。牙军激愤造反，杀乐彦贞。后拥小校赵文玠为留守。赵文玠对军事不懂，与将士关系相处不好，在有人喊：“哪位愿当节度使”时，罗应声答到：“白胡子老者早就任命我了，可让我统帅全军”。牙军即推举罗当留后，皇帝下诏书确认其为节度使。

不拘小节必罗大患　唐末李存勖放任军士侵掠友邻而给晋主带来灾难性打击之事。《旧五代史·梁书·罗绍威传》载：唐末朱温攻兖州、郓州。守郓州的天平军节度使朱瑄向太原的李克用求救，李克用派大将李存勖救援，魏州主帅罗弘信允许其率部通过魏州辖区。李存勖御军不严，将士在莘县抢百姓财物。朱温乘机挑拨离间，罗弘信听其说，与朱温联盟，派兵打败李存勖。后又在魏州摆开战场，罗弘信的魏州军成为朱温牵制晋主李克用的主力。

风筝搬兵　唐末魏博节度使田悦反叛，进攻临洺城（今永年临洺关镇），将领张伾守卫城池，粮草用尽。这时，朝廷派来马燧等三支大军前来救援，援军在临洺城外的山下停下来。张伾得知消息后，急忙放出求救的风筝。马燧得到求救信后，立即起兵，与张伾里应外合，终于打败了田悦。

幼不伴君　五代时梁罗绍威为子乞免参政为官之事。《旧五代史·梁书·太祖本纪三》载：魏博节度使罗绍威有两子，一名廷望，一名廷矩，尚未成年，但颇有才华韬略。后梁太祖朱温欲破格提拔两人为郎。罗知道后上书，言两个儿子都还未成年，不能承担国家兴亡之责任，恳请皇帝罢免他们参与朝事的职权。朱温答应了罗的要求。

拔毛寒鸟（或作自弱于人）　五代时，罗绍威请朱温合力杀牙军引起兵变，再遭朱温讨伐，罗绍威从此势单力弱，屈服于朱温之事。《新五代史·梁太祖本纪》载：魏博节度使罗绍威蓄谋杀尽魏州牙军，向朱温请求支援以防兵变，朱温率兵北征。名义上是讨伐沧州刘仁恭，兵过魏州，实际是策应罗绍威杀牙军。当时魏州有兵士二万多人，听说城中弟兄遭屠杀，各自占据贝州、澶州、博州叛乱，推举大将史仁遇为主帅。朱温派大将各个击破，讨伐达半年之久，魏州兵士死伤多半，从此罗犹如被拔掉羽毛的飞禽，成了光杆司令，从此自感力不从心，不得不示弱于朱温。

诗文判状　五代时罗绍威以诗判案的轶事。《旧五代史·梁书·罗绍威传》载：罗绍威身为邺王，主管邺地军政。他喜好诗文，政务明达，通谙管理官吏的方法。一天，一人在官府门前街道当中为驴整鞍，恰巧一辆牛车驶来，把放在地上的驴鞍碾坏了，这人一见火冒三丈，出手就殴打赶牛车的人。告到官府，罗绍威没有采取官府办案的一般程序，而是提笔用诗文作判决："邺城大道甚宽，何故驾车碾鞍？领鞴驴汉子科决，待驾车汉子喜欢！"大家都很赞成，认为这判决用词诙谐，但道理讲得恳切、恰当，合情合理。

邺王嗜诗　罗绍威酷好诗文轶事。《旧五代史·梁书·罗绍威传》载：罗绍威唐末被封为邺王，喜好诗词，攻读诗书，通晓音律，尊儒家学说，为政明达。喜招纳文人学士，礼待读书人，家中藏书达万卷之多。办学馆，建书楼，每遇酒宴歌会，必与来宾吟诗作词。其诗意境超然，别人多难以达到。当时，江东的罗隐是钱镠的军事僚佐，以诗闻名全国。罗绍威送给罗隐一些贵重礼物，在书信中表达了自己的敬慕心境。罗隐引以为知己，就把自己的全部诗作给了罗绍威。罗绍威对罗隐的诗倍加喜爱，就把自己的诗集取名为《偷江东集》，在当地广为流传。其诗句"帘前淡泊云头日，座上萧骚雨脚风"，连诗学大家也惊叹其功力深厚。

不让肉食　典故。五代时后唐刘赞，魏州（今大名）人，年纪很小就能做文章。父亲刘玭做令录（县令），为激励他读书，每回吃肉都另外摆些蔬菜让刘赞吃，对他说："肉食是君主给的俸禄。你想吃肉，就得下苦功学做文章，我的俸禄不能分给你。"由此刘赞用心读书，二十岁能写很好的文章，三十岁考取进士。

绍威伐木　掌故，罗绍威在朱温手下为后梁运粮伐木之事。《旧五代史·梁书·罗绍威传》载：罗绍威身为魏博六州主帅，借朱温之手铲除自己牙军，引发了六州军变。朱温尽平六州，罗绍威追悔莫及，只好自弱于人。数月后，朱温发动浮阳战役，罗绍威督运粮草军需，自邺州至长芦五百里粮道，车轮滚滚，人担畜负无有间断。在魏州建元帅府，沿路修亭建驿，提供军需，未敢懈怠，费尽心力。后梁开平年间，晋升为太师兼中书令，食邑万户，赐功臣之号。为消朱温猜忌，保全性命，终生未掌兵权。主动提出去太行为朱温伐木，赶造运输船三百艘，开通大河至洛口的水运线，每年运粮百万石，供应京城，直至病死。

破国杀万　皇甫晖，五代后唐庄宗时魏州军卒，为人勇莽而无品行，夜间曾在军营赌博不赢，就和同伙谋反作乱，聚合几百骑兵，在城中大肆抢掠。到一百姓家，问这家姓氏，说："姓国"。皇甫晖说："我应当破国！"就把这一家都杀了。又到一家，问这家姓氏，说："姓万"。皇甫晖说："我杀万家足够了。”又把这一家都杀了。

唐店之功不须多伐　梁朝将领杨师厚驻军魏州，张文礼率领赵州兵将三万人夜袭经城县和宗城县，随后又侵扰贝郡。杨师厚先率步骑兵几千人埋伏在唐店，张文礼大肆抢掠后率兵回来，士兵都捆扎起铠甲兵器，夜间行军还唱着凯歌。走到唐店，杨师厚的伏兵从四面包围过来，杀得张文礼全军覆没，只有张文礼一人骑马逃脱。此后，张文礼还对其他将领说大话。有人讥刺他说："唐店一战的功劳，不用再自我夸耀。"张文礼听了很羞惭。

雕青天子　《新五代史·东汉世家第十》载：五代后周的郭威，年轻时家境贫贱，他在颈上刺一飞鸟，人称郭雀儿。最初在北汉供职，因功升为邺都（治今大名）留守，掌握大权，杀死隐帝，迎立太原尹刘崇之子刘赟为帝。郭威见到刘崇的使者，指着自己的颈项说："自古岂有雕青天子？幸公无以我为疑。"但在第二年，郭威杀掉刘赟，自立为帝，即后周太祖。雕青：在皮肤上刺花纹，涂以靛，即显青色花纹。雕青天子，指郭威。

明目张胆　原指有胆识，敢作敢为。后转形容公开地、大胆地做坏事，毫无顾忌。《宋史·刘安世传》载：宋哲宗时，谏议大夫刘安世（今大名人）敢于直言。他初任谏官的时候就立下志愿："须明目张胆，以身任责"。他在职期间，清正不阿，铁面无私，屡次直谏皇帝，弹劾大臣，朝中文武百官都很敬畏他，称他为"殿上虎"。

国而忘家　《宋史·宗泽传》载：宗泽初任大名府馆陶尉，大臣吕惠卿率军驻鄜延，命令宗泽及其县令巡视黄河堤坝。命令刚至，正遇宗泽长子痛丧，宗泽不顾儿子丧事，立即奉令而行。吕惠卿得知后，感慨地说："宗泽真不愧是为国而忘家的忠臣！"

弃家报国　蒙古将王珍之事。《元史·王珍传》载：王珍，字国宝，大名南乐人。受行营帅按只之命，为军前都弹压。宋军来攻，大名守将苏椿投降，王珍弃家出逃，走小路回到军中，按只称赞他的忠诚，认为义子。后蒙古军收复大名，王珍的妻子、女儿都无恙，王珍对她们说："我并不是丢弃你们不顾，实在是不想以私爱夺我报国之心"。闻听此言的人莫不称叹。

文化成语典故

梅开二度　见本章第二节。

金科玉律　形容法令条文的尽善尽美，现比喻必须遵守、不能变更的信条。最早出自西汉扬雄《剧秦美新》"懿律嘉量，金科玉条"，后作"金科玉律"。

遗袍复得　路上掉了东西，没有人拾为己有，多用来形容民风淳厚，对统治者的政绩加以颂扬。现用以形容社会风尚和道德良好。《旧唐书》载："途有遗物，人不私取"。唐时，一商人途经武阳郡（治贵乡，今大名县东北）时，把一件心爱的衣服丢了，他走出十多里后才发觉，心中十分着急，不禁喊出声来。路人劝慰他说："不要紧，我们武阳境内路不拾遗。你回去找找看，一定可以找得到。"商人抱着试试看的心态回身去找，果然找到了他丢失的衣裳。

割股啖君　见本章第一节。

妙手空空　指高明的剑侠、刺客。形容两手空空，一无所有。常用于指小偷，也形容手中一无所有，也作"空空妙手"。唐·裴铏《传奇·聂隐娘》载：唐贞和年间，魏博节度使与陈许节度使刘昌裔不和，遣女剑客聂隐娘刺之，为刘所收服。隐娘说："后夜当使妙手空空儿继至。空空儿之神术，人莫能窥其用，鬼莫能窥其踪。"后以"妙手空空"称高明的剑侠、刺客。

红线盗盒　见本章第二节。

当头棒喝　临济（禅）宗（大名兴化寺为临济宗祖庭）大师们在接引初学弟子时，不会得到明确的解答，常常用棒一击或大喝一声，促他醒悟。后常比喻严厉警告，促使人猛醒过来。

北门锁钥　指大名这一北方战略重镇。语出宋朝朱熹所著《五朝名臣言行录》第四卷：宋景德三年（1006 年），寇准镇大名府，北国使者路过这里，对寇准说："相公望重，何以不在中书！"寇准说："皇上以朝廷无事，北门锁钥，非准不可。"意思是说，大名为北国南侵必经之地，必须用重臣坐镇。北宋年间，大名府为河北路治所，寇准主管天雄军，镇守大名府，曾为大名撰联："东郡股肱今右辅，北门锁钥古天雄。"从此，大名有北门锁钥之称。

归心似箭　想回家的心情像射出的箭一样急，形容想回家的心情十分急切。语出清·名教中人《好逑传》，讲述明朝大名府秀才铁中玉和水冰心的爱情故事。其第十二回；"承长兄厚爱；本当领教；只是归心似箭；今日立刻就要行了。"

第四节　起源于大名的姓氏

沙　姓

出自子姓，是汤王的后裔，以地名为姓氏。商朝末年，殷纣王庶兄开（一名启）被封于微，世称微子。武王克商后，封微子于商丘，建立宋国。微子的后裔有人被封于"沙"这个地方，即今天河北省大名县东部。他们以地名为姓，成为沙姓。

元　姓

"元"源出多处：以邑名为氏。据《韵会》载，春秋年代，卫国有大夫元恒，受封于元城（今大名县东），其后有元恒氏、元氏；战国时代，魏武侯公子元食邑封于魏地（今大名县以东），后代就以始祖名，亦即封地名为姓。

鹿　姓

鹿姓一说出自姬姓，是周文王之子康叔的后裔。康叔建立卫国，其支系子孙世代为卫国大夫，其中有人封于五鹿，后人遂以地名取姓，乃成鹿姓。另一说是战国时赵国大夫食采五鹿（今河北省大名县东），子孙以邑为氏。

五鹿姓

周襄王二十年、卫成公三年（前 632 年）正月，晋伐卫取五鹿，晋文公封五鹿为舅父狐偃（子犯）采邑，狐偃后世遂以五鹿为氏。

孙　姓

著名军事家孙武祖父、齐国大夫"田书"伐莒有功，齐景公赐姓孙氏，食采乐安，"孙书"遂举家迁徙乐安。孙书为妫姓孙氏始祖，乐安为妫姓孙氏姓源地。春秋乐安即今大名县束馆镇，现尚存孙氏宅院、祠堂遗址及孙操故里碑等。《春秋乐安地望考辨兼论孙武、孙膑故里》一文对束馆镇即春秋乐安作了详细考证。《新唐书·宰相世系表》载："齐田完，字敬仲，四世孙桓子无宇。无宇二子：恒、书。书字子占，齐大夫，伐莒有功，景公赐姓孙氏，食采于乐安。生凭，字起宗，齐卿。凭生武，字长卿，以田、鲍四族谋为乱，奔吴，为将军。"把孙书采邑乐安作为孙武故里，为学术界所普遍认可。唐林宝《元和姓纂》二十三魂部载："乐安，孙武之后，汉有宾、硕，魏有清河太守孙焕，晋有孙顗，避地于魏，故属乐安，因家焉。"孙顗等人避地的"魏"就是春秋乐安。"魏"即魏州，魏州治所在今大名县东北五里；考察孙武后裔的播迁地。孙武之后，其一支由吴归齐，"明生顺，顺生机，机生操，操生膑。"孙操故里碑、孙家故宅、孙氏祠堂等遗址和关于孙操、孙膑等人的民间传说可证孙操、孙膑居住地在束馆镇。束馆镇在唐为魏州元城县治地。孙武后裔归齐后家族的首次分徙，《唐幽州内衙副将、中散大夫、试殿中监、乐安郡孙府君神道碑》载："府君讳壬林，字茂卿，其先安乐人也。……齐宣王将膑、魏将涓，战于马陵，虏魏太子名申。护子孙，遂居齐安乐。"此碑记与束馆镇流传的民间传说相同。孙膑率族徙居的齐安乐即今山东省阳谷县城东北部的安乐镇。安乐镇附近有孙氏聚族而居的大小孙百户寨、迷魂阵村等村落，古阿城有孙膑古庙等诸多遗迹。迷魂阵村孙姓村民奉孙膑为祖，每年农历二月十五日、十月十六日举办祭祖大会，每次四天，隆重纪念孙膑。此祭祀时间与束馆镇大致相同。迷魂阵村千古流传有"二月二，龙抬头，孙膑下山骑青牛"的民谣。沙麓山是阳谷县周围唯一的山，束馆镇民间流传孙膑幼年在沙麓山放牧青牛、晚年大摆青牛阵，"孙膑下山骑青牛"指的应是沙麓山。据《史记索隐》引《竹书纪年》，马陵之战始于魏惠成王二十七年十二月，决战在二十八年。"二月二，龙抬头，孙膑下山骑青牛"的民谣是指孙膑在农历二月自沙麓山旁的束馆镇东迁齐安乐的。安乐镇与束馆镇关于孙膑几乎相同的民间传说和民间崇拜绝非偶然巧合，充分说明了束馆镇与安乐镇之间的内在关联，有力证实了孙膑率族由束馆镇迁往安乐的史实；由乐安孙氏的分支郡望回溯寻根。孙壬林神道碑中有"其孙会宗安太守"字样，太原望是"（孙）会宗裔子福"任太原太守，避赤眉乱，落居太原形成的，太原望确系自齐安乐分流的一个郡望。在东汉，太原孙氏又分流形成清河、青州、钜鹿等房望，西晋"八王之乱"时又分流出昌黎孙氏和孙顗这一房支，孙顗之后标望魏郡或乐安。《元和姓纂》记载乐安望的重要人物"汉有宾、硕，魏有清河太守孙焕，晋有孙顗"，乐安望的形成不会晚于汉朝。乐安孙氏的分支钜鹿孙氏形成于南北朝，此望称"绵绪太原，分流乐安。爵士有因，遂居钜鹿焉。"《南雄珠玑巷南迁氏族谱志选集》收录有孙中山先生祖祠所在地广东省中山市左埗头雍正初年所做的《孙氏祖谱序》云："予郡乐安，望出太原。"无论南北朝还是现代，这两支孙氏均宗太原、祖乐安，乐安望早于太原望是乐安孙氏的共识。太原望之前的孙膑徙居地名安乐明显不是，孙明北归后的居住地束馆镇在唐代归属魏州，与文献一致。孙明北归，是在寻根念祖的观念下，回迁到先祖封邑齐乐安，承祧宗嗣，世居于此，其后裔方称为"乐安孙氏"。

束　姓

束姓源出妫姓，由疎氏所改。据《晋书·束皙传》载，战国时，齐国有一个部族姓疎（古"疏"字的异体字）。汉代时候有个叫疎广的人，宣帝时任太子太傅，东海兰陵（今山东省枣庄东南）人。到了疎广曾孙孟达时，为避王莽之难，自东海迁居沙鹿山（今大名县境内）。并以王莽篡汉之举为大不雅，因而将自己姓氏中表示"雅"的"疋"偏旁去掉以示抗议，由此改称束氏，世代相传至今。

推 姓

推姓家族源于大名县铺上乡前宋庄村，约有580多年的历史。据推姓人历代相传，推姓源于明朝永乐年间，始祖是一朝廷重臣，来自江浙一带。永乐晚年朝政疏懈，官场腐败，推姓始祖被人诬陷获罪，逃至大名，安身于漳河边宋二庄村（今为前宋庄和后宋庄村），当时此地位于大名、元城、魏县三县交界处，少有人居，便于栖身。为避人耳目，遂以“推”为姓。现前宋庄村推姓人约有500多人，其他各地的推姓人都是各时期由前宋庄村迁出的。

第二章　武术之乡

大名县武术活动历史久远，基础雄厚，门派众多，高手辈出，深为广大群众所喜爱。武术事业的发展对推动全民健身，增强人民体质起到了一定作用。1999年，大名县成功申报河北省佛汉拳发祥地。2001年，国家体育总局正式批准大名县为全国武术之乡，同年12月在重庆市进行命名表彰。悠久的历史，浓墨重彩地记载着大名的尚武之风，描绘着大名的武林高手。1979—2005年，大名县武术活动的开展更为强劲和广泛，遍及全县的各个乡镇和村庄，武术馆校多时达20余所。

第一节　武术渊源

大名武林，根深叶茂；大名武杰，名扬八方；大名武术，遍及华夏。大名“武术之乡”的美誉，闻名遐迩。大名成为武术之乡绝非偶然，有其深刻的区位优势和人文历史原因。

特殊的地理位置和历史

大名自古为兵家必争之地，有“枢毂中原，襟带齐鲁”之势，“控扼河朔，北门锁钥”之称，“王者不得不为王，霸者不得不为霸，奸猾得之，是以致天下不安”。春秋战国时期，为齐、鲁、卫、晋、魏、燕、赵等国用兵之地，著名的马陵之战即发生于此。自曹魏在元城县建阳平郡至1937年日军占领大名前，先后是郡、州、道、府、路、省会、专区、兵镇等治所，多次作为国都和陪都，八次相当于省级，十余次相当于地市级，作为黄河以北的区域中心城市长达一千七百余年，作为国都、陪都长达一百三十年，纵观大名的发展进程，独特的地理优势，成就了大名以北方重镇走进历史名城之列，可谓“乱世雄藩，治世重镇”。优越的地理优势，使得众多英雄豪杰和武林高手云集于此，各类拳种技法在此碰撞、融汇、互相取长补短，不断推陈出新，并孕育出新的拳种和技法。据史籍记载，自春秋以来，各朝各代均有战争发生于大名一带。战事频繁，生灵涂炭，民生维艰，只有掌握攻防格斗之技，方能自救图存。大名武风之盛和武术之发展，与特定地理环境关系甚密。隋唐大运河永济渠段（今卫河）纵穿全境，各大要道贯通南北。大名为南北水旱交通要冲，京、津、冀、鲁、豫商品流通必经之地或商品集散中心，亦为官府巨富走镖要道，镖行、旅店、装运等行业兴盛。各业相争，必握高强武技才可立足。

民风侠义剽悍

大名人自古富于尚武和敢于抗争的任侠精神，民风以淳朴、刚直、勤劳、勇敢著称。由于地理、历史条件关系，义勇尚武，民风剽悍，抑强扶弱，强悍之武风，历年久远，古籍载“其人亦多任侠仗义，有燕赵遗风”，历来“号为难治”。唐初郭震“任侠好义，不理细务”，武则天闻其名，亲自召见，擢为右武卫铠曹参军，后出任凉州都督陇右诸军州大使、安西大都护。先天二年任宰相，力助唐玄宗诛灭太平公主；唐末魏博牙军“阔视大言，自树一家，天子不能制，有司不能问”，使田承嗣、田悦、何进滔、罗绍威等名闻史籍；五代李存勖因恃魏州银枪孝节军而得天下，范延光得之而生反叛之心；北宋陪都北京大名府为国都开封之“北门锁钥”，屯驻重兵，名将林立，并由此演绎出急先锋索超、青面兽杨志、大刀关胜、玉麒麟卢俊义、浪子燕青等家喻户晓的《水浒传》故事。

历史上大名人民为了反对封建剥削和压迫，武风益盛，在压迫面前敢于抗争，在外族入侵面前勇于反抗是大名人的典型性格。大名府起义是金朝时期最大的反抗起义，动摇了金朝的统治基础，金都统斜也报复性地屠杀大名居民三十万口，灭族一千七百余家。大名府武僧李智究、马和尚率义军集结在大名白马寺，形成以大名为核心声势浩大的“河北义军”，屡次以少胜多，抗金十几年，终因寡不敌众，为国捐躯。明初燕王朱棣与建文帝争天下，战事临大名，事君不二的大名人奋起反抗，几被屠戮殆尽。明崇祯年间，群匪围城，大名府城内义女西秀“以一女而完一城，此不世之功也，愿请代之”，慷慨赴困解府城围，说服匪首改邪归正，匪首后官至太平营守备，亘古稀见。清初大名府民众群起反清，清政府因“地方未靖”，两度在大名设“直鲁豫三省总督”，为有清一代所独有。乾隆五十一年（1786），大名府白莲教反清，突袭大名、元城二县署及大名道署，大名道熊恩绂被砍杀殒命，把总、清兵数十人被杀。民国 15 年（1926），大名镇守使谢玉田骗杀红枪会首领刘希贤（刘小辫），大名府红枪会弟子以拳棒之功义占大名城。民国大名佛汉拳拳师李春雨同日本武士对擂，以精湛的拳艺打败了狂妄一时的日本武士，为国人扬眉吐气。日军侵华，大名人民在冀鲁豫三省掀起抗日怒潮，属冀鲁豫抗日根据地。大名人侠义剽悍勇武刚烈之风可见一斑。

古之大名，旱、涝、风、震、虫灾不时降临。正常年景，许多人家糠菜半年粮。重灾之年，流浪乞讨，卖儿鬻女者屡见不鲜。致使盗匪横行，各种会道门组织纷起，民生疲敝，必然反抗，反抗则必习武事，大名民众强悍喜武之俗已成。大名系多民族地区，少数民族中也孕育着独特的拳种武技，不乏身怀绝技的高手，各民族之间的文化交流和融合，相互交流技艺，不断丰富、完善武技，推动了大名武术的发展。直至今天，大名尚武古风犹存，为全国武术之乡。

武林高手辈出

武术是大名人民极为喜爱的体育项目之一。明中期开始，科举建武科乡试、会试之制，清光绪二十七年（1901）才废止。这一时期大名武举人达 303 人、武进士达 54 人。另外，大名由人才例贡吏目出仕武职（守备以上）者达 20 多人。历史上有许多大名人尚武精神的记载，出现过许多尚武名人。如宋金之际的抗金武僧李智究、马和尚；《水浒传》中的卢俊义是以大名卢进义为原型演绎而成；清乾隆二十五年（1760），大名府武士李天祥身怀唐拳绝技，自称为“闯王”李自成的曾孙，因官府追查而流落沧州，在南皮县城北桃园村传艺十年，南皮县唐拳尊李天祥为一世祖。乾隆年间的回族武状元闪文绣、清中期的翟贯一、清末的岳老布（岳金堂）等名骚一时。岳老布为光绪年间武科榜眼，曾在山东东昌府为官，由于为民除害，在山东省的东平、单县一代有很多供奉他的神庙。贾云路为清末佛汉拳一代宗师，晚年将佛汉拳在大名及周边传播，使大名成为佛汉拳主要发祥地；民国时期的何金城、张金荣、赵金山、丹仲元、齐可权、吕尊周、李春雨等十分有名。当时群众性的武术活动十分活跃，拳场遍及全县各个乡（镇），练习武术的人成千上万，拳种多达几十种，尤以佛汉拳、查滑拳流传面积较广。改革开放后，武术活动又有了新的发展，民间习武之风日盛，各类武术比赛、武术活动成为元宵节，民间花会各种喜庆场合的重要节目，还被列为全县体育比赛的传统项目。

悠久的武术历史和常年不断地习武练武之风，使大名县涌现出了一大批武术名师、名家，先进集体和个人。如：司鹏、刘信江以内功实战技击见长。王九培融合百家，自成一体，独创新拳中华玄武道，韩静任澳门武术队教练，黑志红任北京武术队教练，李英奎在北京体育大学任教练，任金勇、郭平在河北省队，金洪章任邯郸市武术协会主席、市武术队总教练，李随志、李成银任市武协副主席等。大名镇南关二铺村因武术活动开展普及成绩突出，被河北省评为农村体育先进单位，原支部书记杨保东一家被省命名“模范体育家庭”，老拳师沙怀恩被评为“全国千名优秀辅导员”，李洪杰一家被河北省命名为“武术家庭”。1986 年，省武协对大名佛汉拳、通臂拳、杨家枪进行挖掘整理，对组合动作进行录制并整理成书。岳同山撰写的《关于佛汉拳的浅谈》，刊登在大名文史资料上；瞎六（李连仲）创编了一套“拐棍拳”；李随志和张俊田撰写了《少林佛汉拳》一书；玉麒麟武术院院长李玉先后当选全国青年武术家、河北省武协委员，邯郸市武协副主席、市政协委员，事迹载入《中国当时武术家辞典》《中国武术大型史册》等。世界武术联合会秘书长，亚洲武联主席、中国武术院院长张耀庭、武术界名人梁克权等多次到大名指导工作，对大名的武术发展给予高度评价。大名少林弟子武术院被省评为“办学先进单位”“省重点武术训练基地”、市跆拳道训练基地。1984 年，大名县承办了河北省武术比赛，多次承办邯郸市武术比赛，武术竞赛在全县形成传统，每年举行一次全县性武术比赛，并在国家、省、市武术比赛中取得较好成绩，全县参加武术活动的人数近 10 万人，武术馆（校）最多时达 20 余所，各种武术器械 4 万余件，有武英级称位的 4 人，国家级段位的 46 人（七段 1 人、五段 1 人、四段 17 人、三段 7 人、二段 20 人）。1991—2005 年，向省队输运优秀武术人才多名，各大中专院校 20 多人，为上级体校输送 50 余人。

附：

唐 拳

唐拳，又名八卦唐拳。相传为唐高祖李渊的第三子李玄霸所创，明末清初流传较广。清乾隆二十五年（1760），唐拳传入沧州境内。直隶大名府武士李天祥，自称为“闯王”李自成的曾孙，因被官府追查而行走在外，后落脚于沧州南皮县城北桃园村，易名“木胜”。因李天祥身怀唐拳之绝技，武艺高强，在富户侯府即以武显身，被聘为护院武师，李天祥在桃园村隐姓传艺十载，因有二官差前来追拿，为避免连累侯府全家，待说明真相后，遂在晚上让侯府主人假意交出自己，与官差交手过招，上房而走，再无音讯。李天祥在桃园十年间授徒很多，由他传下的唐拳已遍及全国 20 多个省份。唐拳至今在河北沧州的流传中已至十代，习练者达一百六十多个村镇，三四千人，主要集中在南皮县乡村。南皮县唐拳将大名拳师李天祥尊为第一世传人。后人有歌诀赞唐拳曰：唐宋元明清五朝，时隔久远千年遥。乾隆继位二十五，天祥武士闯王祖。避官隐身到沧境，南皮桃源藏名姓。自报直隶大名来，木胜即是其甫台。深夜习武艺惊人，开门授徒练功勤。唐拳一百单八手，闪展腾挪随身走。四正四隅皆称颂，树大风起官差动。遂与侯府主人明，吾之先辈李自成。我非木胜字天祥，夜有爪牙登门庭。届时只管把我送，勿累上下百余众。即与官差院中打，蹿蹦跳跃谁拿他。自此之后无处觅，行走天下真侠义。南皮唐拳一世祖，亲授十载百余口。唯有三人技艺高，传其衣钵人难招。刘芳登萍能渡水，韩氏云飞入九霄。圣手孙胜人莫进，得意弟子妙法操。

第二节　拳种及器械

至2005年，据不完全统计，大名县拳术有50多种。查拳、滑拳、炮拳、腿拳主要在回族聚居的南关各村和营镇、七里店、马时庄等村。少林拳在祝村。陈香拳、二郎拳（刘齐派）在南马头村一带。二郎拳（与刘齐派不同）主要在从善楼、张铁集、上马头、赵站、大街等村。一百三十六推手在大霍庄、小霍庄村。四开手拳在旧治乡任庄村。大杆子拳在前杨村。八卦拳、狗皮掌在王村乡韩庄村。短拳在后沙路村。醉八仙在龙王庙镇。关夫子阳拳、挂拳、秀妮腿拳在铺上一带。六八步拳在沙圪塔乡、杨桥镇、原儒家寨、黄金堤、三龙化、王村、大马庄村一带。梅花拳在匡公堤村。形意拳、八卦掌在原北堤、万堤东部一带。龙虎拳（通臂长拳）、鸡蹼拳、鹰爪拳、螳螂拳等都活动在大名城内。西洋掌主要在原北堤乡、万堤镇东部、营镇乡南部、北峰和大街乡李庄、范庄一带。卢氏太极主要流传于南马头和城内。铁砂掌主要在城南一带。洪拳、佛汉拳在全县各乡镇均有流传。杨式、陈式太极拳、意拳（中华混元功）在20世纪80年代后广泛传入大名，主要流传在县城及周围。随后由于各地武馆的兴起和武术交流的扩大加深，全国各地的拳种相继传入大名县，极大地丰富了大名县拳术的种类。如子午门、跆拳道、柔道与摔跤、武当派拳种等。中华玄武道（麒麟玄空拳）是由大名县拳师王九培于20世纪90年代末自创的一种新拳种，在邢台建立了培训基地，弟子学员遍及全国乃至国外。至今在大名流传较广的拳种是洪拳、佛汉拳、西洋掌、六八步拳、查滑拳和各式太极拳。

太祖大洪关西拳

大名的洪拳起源于宋太祖赵匡胤，又名“太祖长拳”，属北方洪拳。关于洪拳，大名有“少关西、老关东，不老不少中档拳”之说，意思是宋太祖赵匡胤当年征讨四方，青年时期征战“关西”所传洪拳架子小、难度大；老年时征战“关东”所传洪拳架子大、难度小；“中档拳”难度（主要指身架动作）介于“少关西、老关东”之间（大洪拳或二洪拳），几种洪拳大同小异。大名的洪拳有太祖大洪关西拳和“中档洪拳”，以“中档洪拳”习练者较多。大名大洪关西拳的套路特色主要有：大洪拳关西大架、三十六捶、过江捶、九心捶、拳谱架、对打捶。器械有：盘龙棍、赤猴大刀、上关刀、卧龙刀、春秋大刀、金丝枪、锁口枪、九节鞭等。大名的两种洪拳习练者多附有硬气功练习，开砖、断石、油锤贯身等，气势雄浑，刚猛有力。大洪关西拳的特点是动作幅度较大、姿势低，架子小、难度大，招式大起大落、灵活开朗，非常注重手眼身步法的配合，适合青少年练习。演练起来豪迈奔放，舒展大方而又不失威猛澎湃之气势。套路动作时轻时重、时缓时急，刚柔相济，攻猛退疾。内练一口气，外练筋骨皮。洪拳传入大名年代久远，具体年代已不可考，大名习练洪拳的人数最多，流传最广，涉及全县各个乡镇，不同时期都出现过名人。晚清时期大名府府衙马捕快总班头张保胜练此拳功夫最精，凭一身好武艺抓差办案，游刃有余，曾经只身一人将一伙土匪擒拿归案，毫发未损，名噪一时。大名流传有一句俗语，叫作“张保胜抓贼——抓一窝”。大洪关西拳主要在城西北升斗铺、东南屯、刘军庄、王军庄和城南小康庄、北张村一带流传。

殷成林（1915—1993） 升斗铺村人，幼拜刘华文为师，学太祖大洪关西拳，并受捕快总班头张保胜师祖的精心指点，深悟大洪拳拳械之精奥。曾参加国民革命军第四十军，在与日战斗中，凭武功勇救军长李振清性命，被提升为警卫连连长，后因全军受创转入二十九军。该军之大刀片威名远震，他施展平生武功，奋勇杀敌，屡创奇功。民国36年（1947）被宝鸡纺织厂特聘为武术团教练，期间拜华山道长李殿峰为师，学习武当派内家上乘功法，博采众家所长，内外兼修，武功愈加高深。1962年回家支农，登门求教者络绎不绝，他为人正直、待徒热情、精心传授、武德高尚，1993年去世，其弟子于1994年立碑以志永念。关门弟子李山继承了关西拳技艺，被推为大洪关西拳掌门人。

闫文堂（1915—2000） 城隍庙街人，深谙大洪关西拳技艺，性情刚直、蔑视权势、不畏强暴。日伪统治时期，他在大名城内经营一家小商铺，一次大名商会会长和日本宪兵队长到其店铺想白拿、强占，被其拒绝。日本宪兵队长恼羞成怒，欲殴打闫文堂，闫文堂将二人重击。为避难，闫文堂举家逃到大名和南乐交界的北张村居住，后在当地传授拳技。闫文堂之子闫学峰在1991年濮阳国际武术交流大会比赛上荣获金奖，1991年中央电视台体育中心主持人宁辛对其一家以“武术世家”为主题进行专访，并在体育天地栏目播出。

中档洪拳

大名中档洪拳为宋太祖赵匡胤所创，是宋太祖中年时期征战各地所传的架子。大名中档洪拳特色主要表现在套路、对打、器械特别齐备，体系完整，大名人俗称“活多、东西多”。大名中档洪拳单练套路包括：常胜架子（头趟拳）、二路架子、少林架子、单打捶、二十四式、五虎捶头、八番捶等。对打套路包括：海摔捶、底盘捶、格把捶、八分捶、二虎斗、铁皮捶、密封捶、四路拆捶、水浒捶、五虎捶、扫金锤、切闪捶、挂话捶、黑虎捶、三人打捶等。单练器械有大刀架、战门刀、后宰门刀、利门刀、四门刀、双刀、夜战刀、单刀拐、路花枪、五路枪、四门斗枪、梅花枪、双拐、盘梢子、七节鞭。对练器械有太祖盘龙棍对打、枪扎栏马橛、梢子破枪、单双刀破枪、对扎枪、拐破枪、镗破枪、匕首破枪、绳鞭破枪、双锏破枪、手梢破枪、三节棍破枪、锤破枪、空手夺枪夺刀。另外还有硬气功练习，开砖、断石、油锤贯身等，气势雄浑，刚猛有力。大名中档洪拳的特点是以活马步桩为根基，架子大开大合，多崩打、架打、扒打、滚打，架子刚劲有力，多发身力整。既有刚劲、明劲，又练柔劲、暗劲、混元劲，刚柔相济，极具搏杀实效。

大名中档洪拳大多为西未庄乡白水村王铜一支所传。王铜为清末人，其祖上几代皆为洪拳名师，大名洪拳武者大多出于王氏一门。王铜力大，家有耕田12亩，耕地时不用牲口，自己拉套耕作，时人惊羡其神力；王铜身法矫健、身手不凡，练鲤鱼打挺不仅能原地而起，而且可以从屋门内直接翻出门外；上树抓鹰行走自如；善于奔跑，田间撵野兔不出“地身”就可手擒。王铜去世后，众弟子于光绪三十年在其村南为其立碑，以示纪念。王铜父亲的成名弟子有杨稳（西樊庄人）、王培俭（旧治西人）等。杨稳为清末著名镖师，常游走江湖，功力非凡，可只手将城墙城砖抠出。王培俭将其技艺传其子王健，王健传潘书兰、张维奇、张有功、成有功等。潘书兰为清末民初潘场村人，功力深厚，除擅长洪拳各技法外，还身怀硬气功、铁砂掌等多门绝技，弟子众多，将洪拳发扬光大，为洪拳一代名师。潘书兰打破门派观念，鼓励弟子学习其他拳种，取长补短。张洪顺为潘书兰得意门生，三铺村人，洪拳套路、对打、器械、硬气功、铁砂掌无不娴熟，在潘书兰的支持下，还师从大街乡李庄李贵，习练内家功夫西洋掌。20 世纪 70 年代张洪顺开始设场授拳，20 世纪 90 年代曾办红星武馆。

二郎拳和卢式太极拳

二郎拳　大名二郎拳的宗师为清初时期的刘齐。刘齐是一名云游武师，因避难到大名，被好心人收留，为感恩，将所习武术二郎拳秘传于大名。二郎拳自第四代传人刘征（南马头村人）时始广开师门，教授弟子、传承二郎拳。第五代传师刘金法继承发扬了二郎拳术，将二十四劲练法，结合武术技击及多年研练，总结创编了 1—3 路捶，在武术习练和实际运用上取得较好效果。第六代掌门人刘信江，深谙二郎拳真谛，功夫强悍，为更好地继承和发扬，系统收集整理了二郎拳理论，精心规范了二郎拳练功套路。大名二郎拳有一趟练功大架二十四劲；技击实用套路有一、二、三路锤。二郎拳练功大架集内家外家之长，讲求外柔内刚，气顺招圆；单练劲及锤法练习讲究“进拳先进身，手脚齐到方为真”，快速敏捷进步，出手不见手的打法、身法制人，进拳时见缝插针，刁打巧击，以奇制胜，不需花拳绣腿。在锤法练习上讲究内在的锻炼，意识的修炼，练时无敌当有敌，有敌当无敌，以达到随心所欲的境界。二十四劲在技击实用上，既有每个单劲的独特技击手法，也有相互配合协调，穿插运用，要求干脆、快速、善爆发顿挫力，富崩打寸劲。

二郎拳第五代传人刘金法 80 岁寿诞与弟子合影（1990 年摄）

卢式太极拳　主要流传于今邯郸东部魏县、广平、大名、曲周和鸡泽县，是全国稀有拳种。卢氏太极拳第一代祖师是云游道士顾殿一，生活于明末清初。传拳于魏县小户村（今魏县张庄屯村）刘丙，刘丙传邻村杨凤，杨凤传广平县卢董村陈华，陈华传本村卢鸣金，卢鸣金的主要传人是曲周县白寨村张奇，张奇传其子张明芹，继承张明芹衣钵者为曲周县霍桥乡张厂村的张斌，张斌传鸡泽县双塔镇的刘登信。此拳在邯郸东部有多支流传，因此拳最早为顾殿一传入，故也有人也称为“顾式太极拳”。第五代传人卢鸣金（1830—1900），广平县卢董村人，对此拳贡献最大，撰写《拳谱》《枪谱》《剑谱》等本门武功的著作，使此派武功成为享誉晋冀鲁豫的一大太极流派，后世感念卢鸣金之功德，遂称此拳为“卢氏太极拳”。具有架势低、下盘稳、长功快、身法灵动、步活臂长、闪战快捷等特点。对打竞技要求“舍己从人，被中求顺，以静待动，意在人先”。简捷实用，不苛求形式上的花拳绣腿，注重实战效果。

大名县卢氏太极拳由二郎拳名师刘金法（1909—1996）传入。刘金法于民国 27 年（1938）拜卢鸣金高足、广平县大留村宋廉敬（清末农民起义的红枪会领袖）为师，长期习练，深谙真谛。刘金法将卢氏太极拳传其孙刘信江，刘信江自幼随祖父习练卢氏太极拳和二郎拳，刻苦钻研。20 世纪 80 代初，曾多次去广平县与卢氏太极拳第八代掌门人卢奎恩、卢奎镇研讨卢氏太极，功法日臻成熟。卢氏

二郎拳六代传承人刘信江带领弟子在96年全国传统拳术比赛中获团体金杯奖

太极拳在大名主要流传于城内、铺上、西店和杨桥一带。刘信江为二郎拳第六代掌门人和卢氏太极拳第八代传承人，深谙拳术真谛、内外兼修、功夫强悍精纯，在大名及周边武术界颇具威名。曾多次参加全国性比赛，均取得较好成绩。1995年在大名开办麒麟精武馆，1996年9月在山东省莱阳市举办的全国武术比赛中，夺得传统拳术、剑术第一名。1996年后，带领弟子三次参加省内外国家级比赛，取得9金、6银、8铜的优异成绩。1999年被国家授予“中国少林十佳拳师”称号。1988年首任大名县职工武术协会主席；2003年7月当选为邯郸市武术协会副主席。通过举办武术短期培训班、创办武术馆校，为国家培养了一大批武术合格人才。

查滑拳

查滑拳是大名县流传较广的拳种之一。比较流行的说法是起源于山东冠县张尹庄（又名一里庄），是在明朝末年，由回族人查尚义（查密尔）、滑宗岐、武殿璋等人创编，并在回民中传播。滑宗岐与查尚义为师兄弟，将查尚义（查密尔）所传拳命名为“查拳”，滑宗岐所使架子拳命名为“滑拳”，总称为“查滑拳”，有“查滑不分”之说。大名武界名师营镇何兴、郭登云是“查、滑拳源流图”中第四代宗师，南关武界名师高三乡老、高四乡老、金老冬、何连生是由冠县沙四把传授。回族武师杨成祥除练传统拳脚外，又自身修炼了“内气”气功，增加了功力。武师丹仲元、沙春良自练轻功，曾背靠城墙墙角上城，到城里看戏。民间还流传有丹仲元、何兴与人比武和除暴安良的故事。

查滑拳表演（2005年摄）

大名查滑拳在几百年的历史进程中，不断吸取其他拳种的技艺，得到充实与提高，逐渐形成集查、滑、炮、洪、腿（弹腿）、硬八式、二十四式等为一个体系，技术系统完整，内容丰富，功法全面，艺理俱精。查滑拳多用腿力，以“十路弹腿”为入门的基础练习。武林中流传有“南京到北京，弹腿出在教门（指回回）中”的说法。中华人民共和国成立前，南关有高（高建功）、金、何、张四个拳场，东营镇有拳师郭登云、西营镇有拳师何兴两大拳场，教授徒弟，传武授艺。马时庄、金滩镇、七里店也各有练拳习武场地。中华人民共和国成立后，回族打破了保守思想束缚，走向社会，广收徒弟，打破村界、族界，习武人员逐渐增多。城内和南关有何明启、沙怀恩、杨保东、金希亭、张孟谦、李仲安等开设的拳场。查滑拳属国家比赛拳种，加上习练者的努力，查滑拳体系武术队员在很多比赛中取得优异成绩，为大名争得了荣誉，有的队员成了教练，有的教练被授予“全国千名优秀武术辅导员”称号。

1980 年，在河北省兴隆县召开的运动会上，杨景山获男子少年组武术冠军；同年，河北省在大名召开的武术比赛运动会上，郭守镜获男子自选剑术冠军；1982 年，沙建芳作为省代表队员，参加全国第二届少数民族运动会，荣获国家纪念奖；同年，在河北省第一届少数民族运动会上，沙建芳获刀术第二名；1983 年，南关二铺村被评为省级“农村武术先进单位”；同年，二铺村回族业余教练沙怀恩被评为“全国千名优秀武术辅导员”之一；1984 年，河北省在大名县举办的武术赛中，郭守镜获男子组自选剑术冠军；同年，杨保东一家被省体委、省工会、团省委命名为“模范体育家庭”；1985 年，二铺村被评为“河北省少数民族武术运动先进单位”，省民委、体委颁发锦旗一面；1986 年，沙建芳参加全国第三届少数民族传统体育运动会，获表演纪念奖；1990 年，在全国青少年运动会上，黑志红获武术五项全能冠军，任金勇获武术五项全能亚军。

西洋掌、形意拳和八卦掌

大名西洋掌原名阴阳掌，相传为关云长所创。源自山西，由广平县传人。清朝末年，一逃难人将西洋掌技艺首传于大街乡范庄村范老翠和北峰乡北峰村孔正选等人。大名西洋掌拳法包括单练套路罗汉架子（大架 108 式）、大跑拳、小跑拳、活腿架子、四趟架子、六归趟子、七归趟子、八归趟子。基本功有硬八式（大八把——站桩功），小八式（小八把）。对练套路有大十二手、小十二手、大十拳。器械有六合枪、六合刀、对劈刀、108 式缠丝刀、拐等等。大名西洋掌是兼内家拳和外家拳风格于一体的拳种，其套路中罗汉架子动作舒缓匀慢，注重练气、行气、运气，像太极拳。其他套路则像外家拳，演练起来刚劲有力、动静有致，闪展腾挪、跌宕起落。大名流传有：“学会西洋掌，打人不听响”的民谚。西洋掌传入大名后，范老翠在清末将拳技传于大街乡范庄、李庄一带。范老翠的弟子中，李庄的李贵拳艺最精，李贵又将西洋掌技艺传播至蒋庄、大名南关一带。李贵的弟子中，张玉顺（三铺村人）、李庄刘长山、李会亭、李秋亭、李贵良、李世才、李超、李美玉、李国正、蒋训（蒋庄人）等技艺较高。孔正选一支将拳技传授至大名的北峰、张集、东宋庄、西宋庄、北堤、殷李庄和山东冠县的汤庄一带。孔正选的成名弟子有周老昆（北堤人）、赵书敏（西宋庄人）、殷立凡（殷李庄人）等。

周老昆的弟子周廷献（1883—1970），身材魁伟，力大过人。幼年从父亲苦学西洋掌技法，精于各种套路、技击和兵器。民国初从军报效，为军队教官，后升任江西省督军府武教习。因与人比武误伤人命，出走江湖。辗转到北京某镖局作镖师，遇“鼻子李”、安路祥等形意、八卦、太极高手，互相交流切磋技艺，拳技更加全面，功夫大增，集西洋掌、形意拳、八卦掌、陈式太极拳、硬气功等多种技艺于一身。中华人民共和国成立后，周廷献回到家乡，将诸多拳技悉数传到乡里，使形意、八卦、陈式太极等原本大名城乡并不多见的拳种在大名扎根。周廷献的成名弟子有北堤石庆勋等人。石庆勋是一泥瓦匠，深得周廷献功夫精髓，技艺全面，身法灵活，内外兼修，1942 年加入中国共产党，从事地下工作，82 岁时登房上树仍敏捷自如。由周廷献传入大名县的形意拳明显有别于其他形意拳，一是它虽在套路名称上和其他形意拳相同，但出手和练法并不一样，其“五行”和“十二形”变化多端，动作架势小巧灵活；二是“五行”拳的“劈、崩、钻、炮、横”和动物“十二形”拳式与名称更相似，如“钻拳”特别有“钻”劲，“炮拳”打出更像“炮击”之势等，“名”与“势”极符，拳式真实，传统味浓，更能真实形象地反映出动物搏斗的特点，与其他形意拳技法明显有别；三是特别表现在它的“活步眼”步法上。其步法是“看死行活”，即在实战中其步法看似“死步”，运用起来实为“活步”，灵活多变、机巧敏捷，实战价值远高于观赏价值。

西洋掌、形意拳、八卦掌等拳技在石庆勋一代传播最广，其功夫较好的弟子有石汝平（石庆勋之子）、石怀玉、王好嬴、石书亮、石聚东、石少友等。经石氏两代人的传授，西洋掌、形意拳、八卦掌等拳技逐渐传播至大名县红庙乡、万堤镇、营镇乡、孙甘店、沙圪塔等几十个村庄，并引得成安、邯郸、峰峰、马头等外地武术爱好者闻声来访，拜师求教。

佛汉拳

佛汉拳在大名县流传最广，集中分布在大街乡、龙王庙镇、大名镇、孙甘店乡、埝头乡、北峰乡、西付集乡、金滩镇、旧治乡、红庙乡、万堤镇、西未庄乡等乡镇，遍及全县各个乡镇300多个行政村，习练者累计近10万人。现已形成以大名为中心，辐射至全国各地。主要流传到河北的广平、魏县、邯郸、邢台；河南的南乐、清丰、濮阳、长垣；山东的聊城、菏泽、阳谷、郓城、鄄城和吉林、浙江、山西、陕西、北京、天津、福建多地。

佛汉拳属全国稀有拳种，始创于梁朝大通年间的少林达摩祖师，经少林历代高人精心研造逐步形成，为少林内家拳，亦称佛汉捶。清朝咸丰年间，清廷武功教头、鲁邑都尉直隶大名府长垣县贾家庄人贾云路（1824—1915），被委任为征太平军先锋之职，兵败隐少林，与乡眷田魁皂同拜少林寺方丈普净法师（俗名徐修文）为师，学习佛汉拳。后贾云路与田魁皂奉师命辞刹传扬佛汉拳，其“所遇传拳者，无出其右”。清朝光绪三十一年（1905），贾云路以81岁高龄来到大名，与颇有名气的拳师交手，力挫群雄，鲜有败绩，一时名声大噪。尚武好艺之人闻其贤名，皆乐拜为门下，改习佛汉拳，弟子逾千人，登堂入室者不下百人。佛汉拳不久在冀、鲁、豫三省交界广泛流传，后世称贾云路为佛汉拳“开荒师”。民国23年（1934），佛汉拳弟子在大名三里店村立“贾平西教思碑”以述贾云路之功德。

据齐可权《少林集秘注》，大名佛汉拳包括二十八路对打捶。单练式法有九弓架子三整式，八式单练跟手法，七十二擒拿手，三十六底盘腿，共一百零八式。功法有二步功夫：平四功、铁爪功（耀步十字铁爪功、鹰爪力、盘手法）；兵器有昆吾剑、六合枪等；暗器有闭眼神抓。另有练功药方等。佛汉拳以近身擒拿跌打见长，极富实战技击，是练功、散打速成之捷径。其基本特征主要体现在对“四法”的要求上。

贾云路之后，佛汉拳的传承基本可分为六大支系：宋金榜、张金荣、何金成、赵金山、曹思温、刘长春等人，除宋金榜为山东东明人外，其余均为大名人。六大支系原本都是其他拳种的名师，与贾云路切磋后，皆改换门庭，研习佛汉，佛汉拳后世弟子基本出自这六大支系。佛汉拳按“内初山寺团，同胜国少年，用者思礼多，君猷民周安”二十字排字分辈，门内人一问就知次序。“内”字辈，少林寺方丈普净法师及其前代少林寺内的佛汉拳传承人统称为“内”字辈，贾云路为“初”字辈，以下依次类推。至2005年佛汉拳传至“用”字辈，历十一代。民国年间，江湖有“镖不喊沧州，镖不喊大名，镖不喊临清”之说，这与贾云路在大名府传授佛汉拳密不可分，贾云路将原本武风兴盛、拳种众多、高手如林的大名府武林推上了一个新的辉煌，并使许多拳门皆归佛汉门下，出现了诸如张金荣、齐可权、赵金山、刘长春等成名高手，是大名府武术事业极为辉煌的时期。2000年，国家武术协会副主席郝怀木等来大名考察佛汉拳时说：“佛汉拳是祖国武术宝库中最美丽的花朵之一”。挖掘、弘扬佛汉拳，有利于弥补少林武术，延伸佛汉拳门的传承，保护祖国历史文化遗产。佛汉拳树大根深、枝繁叶茂，其传入大名虽然较晚，但因其极富实战技击的生命力，迅速在冀、鲁、豫三省乃至全国传播开来。佛汉一门弟子多、名人多、树碑多、著书多。

张金荣一支　张金荣是大名县龙王庙镇双庙村人，时弟子有两千多人。其门生齐可权（1873—1941）和张璁将拜师贴递到了张金荣手中，未跟张师学艺，实由贾云路亲手教授。齐可权是大名县大街乡沙堤村人，民国时期曾任大名国术研究会会长，一生研究佛汉拳，留下“张璁的好打法，齐可权好随法”的佳话。民国24年（1935），齐可权根据贾云路口授，将佛汉拳编集成《少林集秘注》三卷，记录28路佛汉捶及功法，是佛汉拳最早的拳谱。齐可权的再传弟子陈振山于2007年将“大名佛汉拳”申报为省级非物质文化遗产，并被认定为“大名佛汉拳”非物质文化遗产项目传承人。

张金荣弟子李润花，字春雨，孙甘店乡南李庄村人，民国佛汉拳拳师，武德高尚、武功高强，李春雨弟子及乡眷，于民国23年（1934）在南李庄村为其立“李春雨遗教碑”以感念其功德。

张金荣弟子刘谦（1901—1985），武艺精湛，民国28年（1939）加入共产党，曾为救群众重殴日本翻译官。民国32年（1943），协助八路军攻打南乐县韩张集日军炮楼，使家乡一带得到解放。

刘谦为河北省武术协会筹建人之一、省第一批武协会员、省第一批高级拳师。先后在石家庄、邢台、邯郸、西安、鹤壁、朝城、大名等地开拳场、办拳社、建武馆、收徒弟、传授佛汉拳，培养出一大批武术高级人才。全国武术冠军任天慈、河北省武协主席南招、原邯郸地区群体科杨洪华、邢台市武术教练张孟林等都是刘谦的高足。1982年，刘谦在河北省第六届运动会上作了精彩表演，他的高超绝技，受到高度赞扬，并与海灯法师合影留念。刘谦著有《佛汉拳谱》、合著《河北省名拳集锦》《佛汉拳史》等书。曾有人撰文《爱国拳师——刘谦》赞扬其卓越业绩，在武林界广为传颂。

张金荣再传弟子闫学峰（1949生人）城隍庙街人，身精洪拳、佛汉拳等多种拳技，为国家一级武术裁判，在1991年濮阳国际武术交流大会比赛中荣获金奖。同年，中央电视台体育天地栏目对其以“武术世家”为主题进行专访。1999年任濮阳市武术总教练（教练委员会主任）。2000年先后任河南濮阳、山东嘉祥全国武术擂台赛裁判长，系濮阳市佛汉拳研究会会长、佛汉拳第六代大师。2002年，策划举办冀鲁豫三省佛汉拳比赛，并任总裁判长。2003年，制作佛汉拳系列演示光盘，由人民体育音像出版社出版，佛汉拳被第一次以现代传媒方式推向社会。2004年应邀参加北京“全国武术名家论坛”，把佛汉拳推向全国最高层次研究。

张金荣弟子赵不争称“飞檐走壁轻功一代宗师”，曾救过刘伯承元帅，荣立过六次特等功；赵不争弟子李随志曾拜大名佛汉拳拳师刘宗周为师，深得佛汉拳精髓，擅长散打格斗。1993年创立少林佛汉拳研究社，1994年任邯郸市武术协会副主席和河北省少年武术比赛裁判员，1995年任邯郸市武术比赛副总裁判长，1996年与张俊田合著《少林佛汉拳》，由河北人民出版社国内发行，同年将佛汉拳录入国家中华武术大型画册，在全世界发行。1997—1998年先后被载入《中国民间武术家名典》《世界优秀人才大典》。1998年参加首届“石人山杯”全国武术名家邀请赛，获表演奖，1999年武当杂志第三期进行了报道。2001年组织举办首届冀鲁豫三省佛汉拳套路和散打比赛，担任大会主席、仲裁委员会主任。长期以来，勤修苦练、整理传播，授徒全国各地。现为中国武术协会会员，河北省武术协会委员，邯郸市麒麟玄空拳研究会副会长，中华玄武道副主席，佛汉拳研究社社长。

何金成一支　何金成（1871—1939），大名县城内县前街人，原为拳场拳师、大名府护院武师教头、队长。约在1905年后，与81岁高龄的贾云路交流后，欣然拜贾云路为师，以佛汉拳为主传艺，成为大名城内佛汉拳一代名师。何金成门下弟子众多，涌现出许多高手，最有名的有闻名县内外的“四大洲”吕尊洲、杨少洲、尹慕洲、纪少洲和王同信、邱红军等。何金成成名后，弟子和友人赠其一木匾——“武林泰斗”，由当时大名最著名的书法家王洪钧手书。二十世纪二三十年代，大名镇守使孙殿英和国民军骑兵第4师师长郭希鹏先后驻防大名，闻何金成其名，欣然拜访何金成学习武技，还请何派人到军队里传授拳技，何家弟子有几十人先后在孙、郭部队作武术教官；何金成三子何子修，民国初生人，身怀多种内外家技艺（既是佛汉拳、查滑拳、龙虎拳的传人，还是杨式太极拳第四代传人），在何氏子嗣中功夫最好，弟子最多，影响最大。1950年，何子修一家迁至临清，和儿子何英林将佛汉技艺传至临清。何氏一支还祖传一件独门兵器——“枇”，为世间稀有兵器，其外形似一支伸长脖子的乌龟，相传为明末大太监王承恩所传；何金成弟子杨少洲，大名南关人，早年于大名城内开大名国术馆，其弟子金洪章曾为邯郸武协主席，将佛汉拳在邯郸广泛传播，弟子众多。在金洪章的带领下，众弟子为杨少洲树碑于大名南关，以示纪念。何氏一门将佛汉拳逐渐传至邯郸、邢台、安阳、西安等地。

赵金山一支　赵金山，大名县龙王庙镇苑湾村人，为贾云路弟子中年龄较小者，艺业精纯。其传人李荣花（四世）、赵中仁（五世）、赵心良（六世，山东省阳谷县莲花池人）将佛汉拳传于山东郓城县侯集镇马继允、马兴春、马兴殿（七世）等，马继允、马兴春等均在山东鄄城县设场授徒，至2005年已传至十一代。赵金山因家中晚年不幸，曾寓居徒孙赵中仁家，因而赵中仁实得其直接传授。赵中仁在河南台前县教拳多年，曾长期居于赵心良家，故赵心良能独得其密。当时赵庄拳场甚大，第三代传人均到过赵庄。大名苑湾的第五代宗师赵宗仁，民国21年（1932）把佛汉拳传到山东寿张县（今阳谷的莲花池，台前的赵庄、蒋庄王楼一带），从此佛汉拳就在山东扎根并广泛流传。现在，山东的梁山、鄄城、郓城。菏泽、聊城地区习练佛汉拳者有数十万人，同时带出一批有功夫有实力的佛汉拳老师，如台前的赵复印、赵朝举、赵心良，莲花池的刘红江、翟登贵、刘瑞声，徐沙沃的刘金苑等为佛汉拳第七代名师，一生授徒很多，培养出很多武术人才。

曹思温一支　曹思温大名县埝头乡曹仁村人，曹思温的儿子功夫很深，有“铁手曹路”之称。曹思温一支将佛汉技艺传播到河南南乐县一带，弟子众多。

刘长春一支　佛汉拳原无大小架之分，后来的习练者由二十四路逐步扩展，发展至2005年的三十六路。其中刘长春（1862—1940）曾为大名道台衙门武师、大名国术研究社武术总教师），除得贾云路传授外，还吸收了洪拳、二郎拳、太极、八卦、形意等武学之长，又拜佛汉拳名师田魁皂禅师（山东东明人）门下，得其内功真传，号称方圆三百里无敌手，当时的大名府流传着这样一句话：“任你武功多精纯，莫遇大名刘长春！”后刘长春将其所传佛汉拳命名为“大架佛汉拳”。他广纳门徒，把一身绝技毫不保留地倾囊相授，刘长春的传人除邯郸外，主要在濮阳。学生中有第四代代表人物杨怀礼（大名西街人）、苏士荣（大名李茂堤人），二人精心研究佛汉拳，功夫深厚。1983年到少林寺拜会海灯法师切磋武艺，受到海灯法师高度评价，河北日报、邯郸日报分别予以报道，使佛汉拳在20世纪80年代誉满中原大地。杨怀礼弟子上万人，并留下佛汉拳谱及佛汉打手歌等文字资料；杨怀礼尽走名山大川，访各派名师，在总结历代先师经验的同时，形成了风格独特完整的拳学体系，并创编《中华佛汉拳谱》《中华佛汉拳礼仪》《中华佛汉拳演练法则》《中华佛汉拳养生功法》《佛汉拳打手歌诀》《中华佛汉刀法》《中华佛汉剑法》《中华佛汉棍法》《中华佛汉枪法》，使佛汉拳由民间习练，走上更加理论化、系统化、科学化阶段。杨怀礼总结的中华佛汉拳，以人体为依据，以实战为宗旨，无拳路，无形式，无定性，随势而变。既保留了少林拳的冷、脆、弹、抖特色，又吸收大洪拳强劲的爆发力，融合了太极粘、黏、连、随及柔、化等技法，以及八卦掌的身法灵活和形意拳步法的稳健多变；杨怀礼的再传弟子李凡夫（大名吕文卿弟子），1999 年办全国第一所中华佛汉拳武术学校——鸿翔武术院。在吕文卿的指导下，创编中华佛汉拳教学大纲和《中华佛汉拳汇综套路》，并由北京电视艺术中心音像出版社摄制了《中华佛汉拳教程系列》光盘，创建了中华佛汉拳文化产业有限责任公司及中华佛汉拳发展战略研讨中心。李凡夫曾在河南电视台《武林风》节目中表演佛汉拳和佛汉铁爪功绝技，赢得满堂喝彩，引起了武林内外的广泛关注。

意拳与中华浑圆功

意拳，又名大成拳，是中国内家拳术的一种，源于心意拳。河北深县魏家林村人王芗斋，20 世纪初在形意拳基础上，吸取众家之长创立。主要由站桩、试力、试声、走步、发力、摩擦步、推手、散手等组成。无固定招法和拳套，强调以意念引导动作，故名意拳。强调以意念统帅肢体，精神集中，呼吸自然，周身放松，使肢体各部连成一个整体，进而运用精神，使全身处处建立争力，并与外界建立争力，名之曰浑圆力。争力为身体各部松紧的互相交替，使精神和肢体，肢体和外界达到高度协调统一，从而充分发挥精神和身体的能量。意拳简单易行，不出偏差，上功特快，自然呼吸，锻炼整体，融万物、树一法立万法，法法皆通的养生手段和超级武学实战技击的训练方法。

意拳传入大名分为两支，一支由大名邢振甲（1918 年生人，山西交城人，1972 年定居大名）和司鹏（1962 年出生，县前街人）传入。1980 年，邢振甲在邯郸向意拳大师王安平学习，同年王安平应大名总工会之邀到大名传授意拳，1983 年，司鹏在开封拜王安平为师，后二人将这一技艺在大名传播。另一支由廉海燕（1966 年出生，万堤镇廉山庄人）和赵志勇（1965 年出生，红庙乡赵桥村人）等传入。1990 年，廉海燕在北京向清华大学教授名师张树新（王芗斋女儿王玉芳弟子）学习意拳,1992 年，廉海燕和赵志勇得意拳名家第三代传人姚承光（王芗斋弟子姚宗勋之子）传授意拳技艺。2000 年后，意拳名家杨鸿尘（王芗斋再传弟子）、刘春成（姚承光弟子）在赵志勇邀请下先后来大名传授意拳。廉海燕、赵志勇二人功力深厚、为人谦和，技成后在大名义务传授意拳。

司鹏幼年拜大名名家高士俊（齐可权高足）为师习练佛汉拳，刻苦研习，深得佛汉拳精髓。1980 年随太极名家杨振基学习杨式太极拳数载，深悟太极之妙。1983 年在开封拜王安平为师，深得意拳之奥妙，在技击和养生治病方面有独到之处。1996 年，王安平将意拳气功改名为“中华浑圆功”，王安平为中华浑圆武术第一代宗师，司鹏遂成为“中华浑圆功”传人。司鹏练悟同修，内功已达上乘，被武术界誉为王安平门下“内功六大高手”之一。司鹏遍游潜心武术研究，遍访名师，多次拜访王玉芳、王永祥等武术前辈，得到多位武术前辈教导，1991 年在大名开办“玉麒麟武馆”。2002 年开办“河北大名大鹏武术院”，培养武术人才数千人，推动了武术的发展。曾带队参加河南濮阳世界传统武术交流赛，获得优异成绩。1994 年参加在江西省南昌举办的意拳表演，受到武林同道好评。《绢花》《武魂》《燕赵武术》等杂志先后刊登《内功奇人——司鹏》的文章，《著名武林人物传》王安平先生所著《修真心语》《我所认识的武林内功高手》等书籍中载入其事迹。司鹏以内功深厚、发力冷脆而闻名国内外，其弟子遍布大江南北，弟子和再传弟子在他的指导下相继开办十几家武术馆校，如馆陶金刚武馆、神威武馆、河南浑圆武馆、山东东方武校等。2004 年，司鹏与金刚武馆馆长、江西浑圆武术院副院长带领江西武术队员参加郑州举办的“首届世界传统武术节”，比赛受到台下观众的赞赏，并受到国家体育总局武术管理中心主任郝怀木先生的高度好评。司鹏任邯郸市武协副主席、河北武术文化研究会理事、中国武协会员、邯郸市佛汉拳研究会会长，国家武术六段、国家一级裁判。

杨氏太极拳

民国初期，杨氏太极拳在大名县就有传人，佛汉拳名师何子修（何金成三子、县前街人）是杨式太极拳第四代传人，曾在北京应“太子”袁克定之请，向其传授太极拳、太极球等。北堤西洋掌名师周廷献从北京镖局习得杨氏太极拳，回乡后在故里传播太极技艺。但直至改革开放前，杨氏太极拳在大名只是零星传播，而且没有得到很好的传承。改革开放后，杨氏太极拳在大名迅速传播开来。大名县传授杨氏太极拳的主要有邢振甲、任志民、郭晓红等。

1980 年，大名县总工会派邢振甲、司鹏二人去邯郸向杨振基学习杨氏太极拳，后来主要是邢振甲在大名传播太极拳，学员众多。邢振甲还将太极拳传到广州、山西交城、湖南郴州、长沙，邢振甲的学生在长沙市太极拳比赛中获得过一、二等奖。1971 年，大名任志民（1934 年出生，城内吴水坑街人）在邯郸向一于姓拳师学习杨氏太极拳老架 95 式。任志民为大名县企业局职工，曾师从杨少洲习练查滑拳和佛汉拳，同于敬之学习形意拳。擅长达摩杖、拐棍、梅花螳螂扇、雪山梅花剑、武当纯阳剑、枪、棍等器械。自 1990 年开始，在大名传授杨氏太极老架，学员有 100 多人。任志民为人谦虚平和，淡泊名利，悉心传授拳技毫不保守，学拳之人皆受其益。曾辅导十几位精神病人练拳，配合药物治疗，病情基本治愈。

20 世纪 80 年代，郭晓红（1965 年出生，县前街人）开始自学太极拳，后得到太极名家李德印的指点，渐得太极拳之妙，拳技大增。2005 年开始在大名县人民广场教授杨式太极拳、太极剑各种套路以及武当太极剑、陈式太极拳、太极剑等，学员近 200 人。郭晓红在由邯郸市体育局举办的“全民健身与奥运同行”第一届邯郸市农民太极拳展示大赛上获得武当太极剑第一名，24 式太极拳、42 式太极拳一等奖，在河北省第六届农民运动会上获形意拳第一名、太极夺桥徒搏第三名、双器械第四名、太极长杆较力第五名，获得国家一级社会体育指导员证书。还获得中国邯郸第十一届国际太极拳大会 42 式太极拳第八名，邯郸市第二届农民太极拳大赛 32 式太极剑第二名、42 式太极拳第七名，邯郸市第三届农民太极拳大赛传统陈式太极拳第一名、42 式太极拳第七名，邯郸市第四届农民太极拳大赛 24 式太极拳第四名、32 式太极剑第六名。在第三届，第四届连续两次获得体育道德风尚奖。有一位老拳师说：“看晓红打拳，好像欣赏一件艺术品！”郭晓红的学员先后获得邯郸市第二届农民太极拳大赛 24 式太极拳第一名、32 式太极剑第二名，邯郸市第三届农民太极拳大赛 24 式太极拳第三名，邯郸市第四届农民太极拳大赛 42 式太极拳第六名。杨氏太极拳成为大名普及率最高的健身拳种。

大名燕青拳

大名燕青拳是一个古老的拳种，相传出自少林，最早为达摩所创。围绕着此拳的起源有许多传说，拳法的名称也因之众说不一，如“燕青拳”“秘宗拳”“迷踪艺”“猊拳”等。至宋代的武术大师周侗精习此艺，传至卢俊义。卢俊义将此拳传给燕青，由燕青传播这个拳法，故称之为“燕青拳”。大名燕青拳共一百零八式，每招对应一位水浒好汉姓名，以技击实战著称于世，为全国武术表演和比赛项目。

燕青拳自达摩创拳至今，在漫长的历史中，发展成从理论到拳术比较完备、内容浩繁、博杂而精深的优秀拳种。特点是动作轻灵敏捷，灵活多变，讲究腰腿功，脚下厚实，功架端正，发力充足。基本特点为“疾速、猝击、隐含、刚柔、虚实、变化”等。外形看似长拳，但内容很杂，既有少林拳、鹰爪拳、通臂拳等拳的特点，又含有太极拳、形意拳、八卦掌的一些特点。劲力上化拙归巧，易僵为灵，练求明劲、暗劲、横劲、开合劲、抖放劲、螺旋劲等。

光绪年间，武林高手贾魁和其弟子朱凤被清兵追杀，逃至大名铺上村，被本村赵氏营救并为其养伤。贾魁（人称贾老魁，实为假名）自称自己为燕青拳第二十四代传人，伤愈后为报恩，将其所学燕青拳技艺传给赵家—赵连香。后赵连香传尚浸、尚成培、李金铭等，三人又分别传尚同琴、李贵、罗永民等，尚同琴传尚桂山，李贵传李山、李忠、张士军等。

大名燕青拳名师李贵（1918—）东南屯村人，幼年拜铺上村尚成培为师，习练燕青拳，深得真谛。李贵高大魁伟，尚武任侠、性伉直，不畏强暴，见义勇为。十五岁时，有一伙恶霸横行乡里，欺压良善，他只身一人战败十几人，名声大振。李贵二十岁时，一群“杆匪”夜里到该村抢劫，有一李姓村民向土匪放了一枪，土匪扬言要报复，村民人心惶惶，不知所措。李贵挺身而出，只身去面见匪首，用绿林好汉当行侠义一类的话，劝说匪首放村民一马。匪首提出与其切磋武功，见李贵果然技高一筹，很是佩服，将李贵礼送回村。难遂解脱，李贵名声更高。日军侵华时期，李贵参加八路军三八六旅二十六团，后改属四大队，常受命赴敌后侦察敌情，搜集情报，铲奸除恶，屡建奇功。一次，在涉县偏店，有强盗想加害富商姚子元全家，李贵拼死相救，帮姚家脱险。姚家感恩，以重金酬谢，李贵坚辞不受。1943 年 5 月 26 日（五・二六大扫荡），李贵所部被日军合围魏县东南沙疙瘩村，鏖战三昼夜，毙敌无数，弹尽粮绝。部队突围中，李贵挥刀连毙日寇八人，成功突围。同年秋，李贵奉命侦察万堤据点敌情，不幸被捕，被悬吊拷打一昼夜，昏死三次，他意志坚刚，未吐一字。后经董德三相助，地下党全力营救脱险。1995 年，李贵一家荣获“河北省先进体育家庭”。晚年，不辞年高，出任天龙武术院、府西武术队顾问，言传身教，诲人不倦，学员深得其惠。2005 年，国务院、中央军委颁发纪念抗战胜利六十周年勋章、证书。其后人及弟子为其在东南屯村立“燕青拳师李老夫子教思碑”一块。现在大名成立有“大名县燕青拳协会”。燕青拳第二十八代传人李山拳艺精湛，任大名县燕青拳协会副会长兼秘书长，1995 年开办“天龙武馆”，授徒众多。燕青拳主要流传于铺上、东南屯、蔡屯、大霍庄、周庄一带。

六八步拳

六八步拳流行于大名、馆陶、广平，其他地区也有少量流传，馆陶、广平的习练者大多也是由大名传入。大名主要流传于沙圪塔乡、杨桥镇、儒家寨村、黄金堤、三龙化、王村、大马庄村一带。大名六八步拳是六步拳和八步拳的合称，属于一种古老的少林派拳种，起源时间与创始人已不可考。历史上此拳曾一度遭到禁止，故习练者不多，也是一种特别稀有的拳种。大名六八步拳包括六步架三路、八步架四路、对打四路，还有实战散手等；器械有六步枪和六步刀单练、对练，七节鞭、大刀对练、大刀群枪等。风格特点讲究“眼如电、手如箭、脚如蛇、腰如钻”，“近拳远脚、贴身肘，十字搁掌怀里走”；套路质朴，刚猛凌厉，没有表演的花架子，招招实用，肘膝运用较多，适合贴身靠打，对敌要害部位攻击凌厉。是一种不可多得的优秀拳种。六八步拳何时传入大名已不可考，基本分为两大支系，一支是樊河道村的田氏，一支是赵鸭窝村的李氏，大名六八步拳武者都是这两支的传人。

赵鸭窝李氏一支　最早可追溯至该村清朝道光、咸丰年间的“飞刀飞枪”李少文，李少文传其子李中和，李中和传其子李伟，李伟传其子李书泰。李伟（1890—1976）技艺高超，青年时期曾效力于湖北督军（直系）王占元（南馆陶人），任王占元的警卫连连长和军队的武术教练。王占元被北伐军打败后，退居天津，李伟随王占元到天津为其作保镖，并负责教王占元的子女习武。土改时李伟返乡，于乡眷中广收门徒，传播六八步拳技。李氏一门及其弟子将六八步拳传至沙圪塔乡、杨桥镇、儒家寨村、黄金堤、三龙化、王村、大马庄村及大名与馆陶、广平交界的部分乡村，弟子众多。

当代六八步拳师李书泰功力深厚、性情刚直、不畏强暴，弟子盈门，留下许多武林轶事。“文化大革命”时期，村里造反派曾多次找茬想“整”他，都被他打败，悻悻而去。赵鸭窝村周边拳手闻其名气，也不断以交流武技为名，暗里向其挑战，悉数败北，从此，李书泰名声大振。有一天夜晚，本村一菜农发现有几个人正在偷他田里的菜，由于菜农身单力薄，未敢声张，只能暗里观察。忽然听到有人在喊“书泰、书泰”，霎时几个小偷放下赃物，飞身而逃。菜农后来得知，原来是有人半夜喊李书泰喂牲口，小偷一听“书泰”大名，以为是菜农搬的救兵来了，故仓皇逃窜。这件事成为远近乡邻的趣谈——“防偷菜，喊书泰”。李书泰在农闲时还有个外出放养蜜蜂的营生，走过好多地方，所到之处，遇事爱打抱不平，豪爽仗义，深受当地人敬佩，所以他走到哪里，就把拳技传到哪里，威名在外。

樊河道村一支　田氏所练的是六八步拳中的六步拳，最早可追溯至清朝道光、咸丰年间该村的田云亭。据说，田氏一支的六步拳是由一个叫“王表”的河南人所传。据家谱记载，樊河道田氏是由大名北门口村田氏一支“田三老”于明朝购买樊河道村“高员外”土地后迁来，故六步拳传入该村不会早于这个时期。田云亭传其子田踄，田踄传其子田体让、田体中，田体让传其子田昆，田昆传田子栋（1951 年出生）。田氏一支只有六步拳，而无八步拳。除六步拳和器械外，更重视“功”“力”练习，包括桩功、腰功、腿功、臂功、捶功、掌功和静力、速力、耐力的练习。田氏武者中田昆拳法老道、功力精纯，少壮时可掌到砖碎、手搓成灰。“田老梁”功夫深厚，为人憨厚老实、木讷寡言，可两臂平举挑水，一个“震脚”（武术动作）可将新鞋震为两截。一次，他在自己村西卖蒜，与人发生摩擦，有五六个人围殴他，他不还手。别人问他为何打不还手，他说师傅交待过不让打人。别人说你现在是受欺负可以还手，田老梁这才醒悟，遂三下五除二将几人轻松打败，成为周边一桩趣谈。田氏当代传人田子栋自幼习武，精通六步拳套路、功力和器械，拳技精实、为人谦和内敛。多年来，在本村义务传授六步拳技艺，弟子盈门。

中华玄武道（麒麟玄空拳）

中华玄武道（简称玄武道）又名麒麟玄空拳，是起源于大名、由大名人发明创造的一种新拳技，20 世纪 90 年代末，大名县王村乡东安村人王九培融百家之长创建而成，是一种极具实战价值的拳术。“邯郸麒麟玄空拳研究会”由邯郸市武术协会批准成立，“邢台市玄武道运动协会”在邢台市体育局注册。

王九培，字明悟，1973 年出生于武术世家，先后学过查拳、洪拳、八极拳、佛汉拳、摔跤和太极拳、形意拳、八卦掌、意拳等 20 多种内外家拳法，蒙多位高师教化与传度，经几十年的潜心体悟，精心深研，将古今中外各武术流派学说融为一体，博采众家之长，形成一套系统的新武学体系——中华玄武道，又名"麒麟玄空拳"。1993 年王九培在保定担任影视武术学院搏击教练，1995 年在中共中央党校保卫处工作，1998 年在大名创办华夏武校和大名第一家摔跤搏击训练馆，1999 年成立"玄武道研究小组"。2001 年在邯郸国际太极拳大赛上获个人金牌，并率弟子参加此次比赛，获团体第二名。同年，又率弟子参加邯郸市重点体校摔跤比赛，获多个个人第一名，团体第二名。2006 年，美国爱好者前来向他学习玄武道；2007 年，邢台学院特邀他讲解玄武道文化和展示武技；2008 年，韩国人向他学习玄武道的思想文化和技法;2009 年,"声动中国——美国管弦音乐会"邀请他演示玄武道；他的武术文稿多次在邢台报纸上发表，邯郸电视台、邢台电视台都做过专题报道，介绍玄武道和他的事迹。多年来，有众多武林高手（包括国家冠军级别的高手）曾与王九培较量武技，一出手就被玄武道技法的"覆盖对吞，提通崩炸"所击败。王九培现任中华玄武道运动协会主席，为国家培养了二十几名全国冠军。著有《中国跤法》《麒麟玄空拳》《中华玄武道》等，并将中华玄武道载入中华武术志。

玄武道以邢台中华玄武道运动协会及各省协会分会为主要授徒地点，并已推广至北京市海淀区，河北的邯郸、秦皇岛、保定、涿州、邢台、石家庄，湖南的长沙、郴州，河南的开封、安阳、焦作、洛阳，天津的南开区，海南的三亚，上海的虹口，山西的大同，辽宁的大连，云南的大理、楚雄，广东的深圳，福建的厦门等地。以及美国、韩国等国。

跆拳道

跆拳道是一门格斗术，以腾空、旋踢脚法而闻名。1992 年 10 月中国成立跆拳道筹备小组，标志着运动的正式开始。20 世纪 90 年代跆拳道传入大名，至 2005 年，大名县有专业跆拳道馆 5 家。

陈良　旧治乡逯堤中村人，国家一级武术裁判、国家一级教练员。1996 年在大名玉麒麟武馆学习拳术和跆拳道（师从山东拳师孙涛），1999 年赴武汉体育学院进修跆拳道，2001 年考入西安体育学院散打系学习。2005 年在大名开设河北玉麒麟会馆，传授跆拳道，传授学员 2000 多人。陈良技艺精良，工于实战，经验老到，战绩显著。1999 年获河北青少年跆拳道争霸赛 57 千克级冠军，1999—2003 年，先后获 2 个国家级、4 个省级散打冠军，2003 年，获得大连全国散打锦标赛亚军。陈良技艺高超，且有侠义精神，经陈良悉心传教的学生也取得了喜人的成绩：2003 年，保定中美武术对抗赛散打项目，陈良的学生张国栋获 56 公斤级亚军、何可获 48 公斤级冠军。其学生卢力超 2004 年被推选进入河北体工大队，任散打队长，同年获河北省锦标赛散打 48 公斤级冠军，还和高殿分获全国散打锦标赛 48 公斤级第三名和 56 公斤级第四名，2005 年全国青少年散打争霸赛 48 公斤级亚军、河北省锦标赛散打 48 公斤级冠军、2006 年全国锦标赛第六名。郑振南获河北省青少年跆拳道赛 57 公斤级冠军。郭亮 2005 年以跆拳道和武术成绩被中国人民公安大学特招录取。

张建忠　铺上乡蔡屯村人，幼年师从洪拳关西架掌门人李山学习各种拳术，后向河北体育学院任文岗、张仲新、冯聚涛学习跆拳道，先后荣获国家二级运动员称号、中国武术协会武术六段、武术和跆拳道国家二级裁判员、中国武术协会会员，曾获石家庄世界教育博览会优秀节目表演奖，2004 年获河北体育学院第四届武术散打比赛 60 公斤级第三名,2005 年获全国武术套路冠军赛第五名。在"河北省跆拳道技术交流大赛"上获"优秀教练员"称号，获第五届中国青少年艺术节"跆拳道"河北赛区“优秀裁判奖”、全国中小学生跆拳道邀请大赛“优秀辅导奖”。其学生在第五届中国青少年艺术节“跆拳道”河北赛区获三金一银，并获团体第一名。在大名县，向张建忠学习跆拳道的人数达500余人。

奇门拳

大名奇门拳源于玉麒麟拳，是一种稀有拳种，相传是北宋大名府卢俊义所创，后经历代宗师精心研造逐步形成。奇门拳法包括一系列庞杂而繁多的拳法、软硬轻功功夫、独门器械、秘传医技等。拳法分“麒麟拳三种五系”。“三种”含“阳拳三十六天罡”“阴拳七十二地煞”和“阴阳拳一百单八母式”；“五系”含“防护系”“跌扑系”“击打系”“卸骨系”“踢弹系”。还有阴阳五行八方拳、全成拳、灵力拳、伏魔拳等。奇门拳在大名的传承亦不可考，现可追溯至清朝末年大名西付集乡中大江村的刘奇钟，后奇门功夫在刘氏家族内流传。抗日战争时期，大江村奇门弟子刘法义擅长轻功，人称“飞毛腿”，曾只身从匪徒群中救出被绑架的本村村民王六元。后来，刘法义成为八路军地下工作者，被叛徒出卖抓进监牢。刘法义凭自己的缩身术挣出绳索，用“龙形金雕手”拧断窗户钢筋，以轻功逃生，在当地传为佳话。1979年，中大江村奇门弟子刘根材拜陕西省铜川市奇门宗师卢斌为师，得学奇门全部功夫。刘根材后又师从武术名家万籁声、黄圣力、王维慎、莫文丹等，学习多门内外家功夫，使奇门拳功夫体系更加丰富、庞杂、完整，本人功夫也达上乘。刘根材曾在新乡、濮阳等地多次凭武技制服为非作歹的恶徒，还成功制止了一起发生于冀豫交界（南乐县杨村）的群起械斗，避免了一场流血事件。20世纪90年代，刘根材将该功夫整理成书，编辑出《奇门功夫》四卷，在大名中大江、南乐、濮阳三地创办武术学校3所，学员几千人，后奇门功夫远播各地。刘根材有多名弟子获得国家级、省级冠亚军，部分弟子在外地开办了奇门功夫武校，有的成为部队领导的警卫员，有的成为国家级武打演员，人才辈出。

第三节　武术馆（院、校）

中华人民共和国成立后，大名县的武术运动蓬勃发展，群众习武蔚然成风，拳场遍及全县。特别是改革开放以来，习武、练武之风日盛，武术馆（院、校）蓬勃兴起，1979—2005年，发展到20余所，教练员200余人，在校学生上万人。

大名玉麒麟武术院

创办于1991年8月1日，地处大名县城北1千米处，万大路东侧，占地52767平方米，有功能完善的教学大楼一座，平房近百间，有宽敞明亮的教室、微机室、实验室、图书室、办公室、设施齐备的练功厅、伙房、餐厅、浴室、洗衣房、服装加工厂等，教学生活设施一应俱全。在校学生600余人，教职工70余人，固定资产200万元，是冀南地区较大综合性武术院，中国百家优秀武术院之一。武术院有教学班十几个，配备有30多名大专以上学历的教师任教，开设小学六个年级，初中三个年级的文化课及电脑教学，课程严格按照国家教委颁布的教学大纲授课，并执行县教育行政部门的统一考试和升降级制度，建有学籍档案，毕业考试合格者由国家教育行政部门颁发毕业证书，武术开设有传统武术套路、散打、硬气功、摔跤、柔道、跆拳道等6个专业，有教练20多名。

至2005年，共培养合格武术人才5000余人，遍布全国13个省、42个县，向体育大专院校输送学生7人，向河北、山东、河南体工队输送运动员6人。参加国内大型武术比赛30多次，荣获团体总分第一名12个，奖牌奖杯215枚。两次派团参加韩国第二、三届“国际武术节”，获金杯3座，有2人被评为“中国武术形象大师”，受到韩国前总统全斗焕的接见。先后接待美国、韩国、伊朗、日本等6个国家的武术团体的访问考察，并与3个国外团体建立了友好关系。由于武术院办学成绩显著，院长李玉的办学事迹被国内多家媒体报道，李玉被载入“中国武术大辞典”。玉麒麟武术院被载入“中国武术”大型画册。武术院先后两次被县评为“明星武术院”，多次被评为省、市先进办学单位。

河北大名少林弟子武术院

河北大名少林弟子武术院（以下简称武院）1994年6月建校，2005年被县文教局批准为民办公助武术院校。武校崇文尚武，是一所全封闭式教学、军事化管理的高层次文武学校，学校由两区组成，占地66000多平方米，有教学楼、宿舍楼、微机室、音乐室、理化生试验室、大型太阳能浴池、健身房、医务室、容纳2000余人的大型练功厅，各种设施和训练器材器械齐全。总资产2000多万元，两区位于106国道东西两侧，在校学生1200多名，教职员工116名，成为冀、鲁、豫交界地区规模最大、师资力量最强的一所正规化文武学校。武院以办学育人、回报社会为宗旨，以追求卓越、永争一流为理念，以独具特色的办学模式和科学严格的学校管理为国家、省、市专业队、全国各大体育院校、公安、部队、影视界输送了数千名优秀武术人才。多次参加国内外大型活动、武术大赛，在中美、中缅、中韩等中外武术交流赛、迎“香港回归”武术大赛、全国武术之乡比赛、武林风、“景阳杯”全国散打擂台赛区、中华沧州擂中，多次荣获团体第一和多个个人冠军等优异成绩。2003年，应邀参加了中央电视台45周年台庆大型演出。武院表演团多次参加市、县大型活动的文艺汇演，并在省、市领导来大名视察工作时汇报演出，得到广泛好评。武院弟子遍布全国各地、各个领域，有的成为国家队队员。（弟子张东岳、王松超在2005年十运会上和2006年中美国际跆拳道对抗赛中为国家争得荣誉、2007年全国跆拳道锦标赛上再次取得优异成绩，并被北京体育大学免试录取）；有的成为全国各大体院高才生；有的成为保安、公安、部队骨干力量；有的弟子毕业后，自己办起了学校；还有数百名弟子在教练员岗位上，为中华武术事业的发扬光大奉献自己的青春年华。武院常年聘请著名武术大师、散打王王洪祥为武术、散打顾问。还与河南卫视“武林风”强强联合，建立“武林风百姓擂台选手培训基地”。同时，还被授权为河北区唯一代理机构，也是武林风在全国唯一的授权机构，成功举办了两次“武林风”比赛和一次“武林风”全国海选。武院先后被评为“全国先进武术馆校”，被省体委评为“十佳武术馆校”“省一级武术馆校”，被邯郸市体育局评为“最佳武术馆校”“先进武术办学单位”，并指定为“跆拳道训练基地”“全民健身先进单位”，国家、省、市各媒体对院长李志军办学的先进事迹作过多次采访和报道。并得到国家武术协会、中国武术院的高度重视。主要传授少林各种套路和少林十八般兵器，刀、枪、剑、棍和其他兵器、对练等及国家规定套路和各种自选套路共300余种，还有各项硬气功绝技、散手、自由搏击、跆拳道等。

大名县天龙武术院

原位于大名县城西邯大路，后迁至城内天雄路，是一所文武双修学校，占地7626平方米，建筑面积2857平方米，建有高标准教学楼和大型室内练功厅，教学设施和练功器材一应俱全。创建于2001年春，由武术名师李山所创。李山出身于武术世家，毕业于河北体育学院武术系、高级体育教师、国家一级武术裁判、一级拳师、武术六段，现任邯郸市武术协会副秘书长，大名县太极拳协会副会长，燕青拳协会常务副会长兼秘书长，燕青拳研究会会长。荣获过邯郸市优秀武术辅导员和邯郸市优秀武术裁判员，担任过国际级、国家级大型武术比赛的裁判、河北省武术比赛副总裁判长，接受过安徽卫视、央视网专访，曾在电视、网络上播放。武术院开设有传统武术套路、国家规定套路和各种自选套路、散打、摔跤、柔道、跆拳道等。多次参加省市级正规武术比赛和“晋冀鲁豫”联赛，取得优异成绩。2004年，在邯郸市武术大赛中，荣获男子团体第一名、女子团体第二名。向河北体育学院、天津体院学院输送多批本科生，培养了大量优秀武术教练、武警教官及优秀的影视武打演员等。被评为邯郸市“明星武校”，连年被大名县文体局评为县武术院（校）综合评比先进单位。经常代表大名县参加省、市武术比赛，参加县委、县政府组织的文体活动，都取得了较好的成绩。舞龙、舞狮、军乐队表演、武术表演受央视专题报道，经常受到县委、县政府和教育局、文化体育旅游局的嘉奖。

神龙武馆

创办于1995年，创办初期名为“武当武馆”，2001年更名为神龙武馆。地处大名县杨桥镇南1千米处，有功能完善的教学楼，宽敞明亮的教室、微机室、办公室、设施齐备的练功厅、餐厅、浴室等，教学生活设施一应俱全。武馆学生多时达200余人，是大名武馆院校中开办时间较长的馆校。武馆开设小学六个年级，初中三个年级的文化课及电脑教学，课程严格按照国家教委颁布的教学大纲授课，并执行县教育行政部门的统一考试和升降级制度，毕业考试合格者由国家教育行政部门颁发毕业证书，武术开设有传统武术套路、散打、子午门拳法（梁山功夫）、武当派拳法，传授各种兵器，刀、枪、剑、棍和其他兵器、对练等及国家规定套路和各种自选套路、散手，及悬空断物、飞针穿玻璃、豆腐上开大理石等内功绝技以及飞檐走壁轻功绝技等。武馆创办人韩建明先后研习少林内功一指禅、道家性命双修、子午门、武当拳法等多种内外家功夫，为河北省首批气功师、国家一级散打裁判。被中国子午门第21代掌门人指定为河北唯一传人，中国子午门功夫研究会河北分会总教练。从2002年第二届全国子午门少林民间武术争霸赛（山东省武术非物质文化遗产技术交流大会）开始，神龙武馆多次获得全国子午门少林民间武术争霸赛团体男子总分第一、第二、第三名，学员先后获得金牌21枚、银牌23枚、铜牌32枚，韩建明多次获得全国子午门少林民间武术争霸赛优秀教练员和裁判员称号。此外，武馆在河南范县举行的全国武术争霸赛获得一金两银的好成绩、在由山东大学与山东师范大学联合于山东梁山县举办的全国首届功力大赛上获得第二名。十几年来，为社会培养武术人才1000余人，遍布大名、广平、成安、魏县、曲周、永年、峰峰等周边县市区。馆内成立“神龙影视武打特技摄制组”，常年向《神话武林》剧组等输送武术演员。安徽卫视《新水浒英雄传》摄制组曾到该馆作“民间绝活”专访，后在安徽卫视“新安夜空”播出。

第三章　非物质文化遗产

大名县的非物质文化遗产众多，大都由民间以口头或运作方式相传，是大名历史文化的“活化石”，更是大名作为都府大邑“记忆的背景”。截至 2005 年年末，大名县被评为市级以上的非物质文化遗产共有 14 项。其中国家级 1 项：大名草编；省级 3 项：大名佛汉拳、二郎拳、南宫碑书法；市级 10 项：大名大平调、大名府小磨香油、大名河南坠子、大名蒋氏吹歌、大名豫剧、大名滴溜酒传统酿酒工艺、大名东屯风筝制作技艺、二毛烧鸡、大名郭八火烧、五百居香肠。

第一节　省级以上非物质文化遗产

大名草编

为国家级非物质文化遗产。草编工艺距今约有 1500 年的历史，清朝雍正年间（约 1730 年左右）传入大名县境内，起初流传于西付集乡朱家村一带，后辐射到卫东地区乃至全县，掐辫手工艺遍及千家万户，成为广大农村的一项经济来源。1979 年后，草编工艺师秉承传统工艺，结合现代先进技术，在传统的麦秆草帽、提篮等基础上，增加了服饰、提袋、茶垫、坐垫、地席、门帘、果盒、纸篓、拖鞋及用麦草和草辫制作的装饰画、装饰盒等。已开发产品千余种，特别是草编服饰系列产品为各界人士所珍藏，并深受时装模特和专家青睐。

大名草编工艺一般采用现场示范方式传承。近年来，由于禁烧工作的深入开展和减少大气污染的需要，伴随着大机器的收割作业，农村麦秆绝大部分实现了还田，草编赖以生存的社会条件发生了深刻变革，原材料日益减少，加上草编手工艺品制作费时、费力，经济收益不高，一些从业人员逐步改行，从事此项手工艺的人员越来越少。随着科学技术的进步和经济发展，人们的审美意识和观念发生了根本性变化，对草编手工艺品的需求量日益减少，手工艺品的制作出现濒危状况。

大名草编工艺因其具备普遍性、广泛性、简易性，故传承不像其他技艺的传承系统和规范。中华人民共和国成立前不详，中华人民共和国成立后，第一代主要代表人为朱双善；第二代为李印生、王承恩、张春元；第三代为李大明、朱自修、胡秀娥；第四代为王群英、李纪平、杨忠民、李志刚、谷庆彬、裴松涛、李晓凤等。

大名佛汉拳

为省级非物质文化遗产。佛汉拳始创于梁朝大通年间（527—529 年）的少林寺达摩祖师，后经少林历代高人精心研造逐步形成，为少林寺内家拳，亦称佛汉捶。清朝咸丰年间，担任鲁邑都尉的河南长垣县贾家庄人贾云路，因故隐少林，拜少林寺方丈修文法师为师，学习佛汉拳。三年艺成，奉师命辞刹，传扬佛汉拳。1905 年，贾云路将佛汉拳传入大名府（府治在今大名县城），并在冀、鲁、豫三省交界广泛流传。真正将佛汉拳整传留于后世的是贾老嫡传弟子，河北省大名县大街乡沙堤村的齐可权。1935年2月，齐可权根据贾云路口授，编集成《少林集秘注》三卷。佛汉拳包括上盘十二路、中盘八路、底盘八路，三盘共二十八路对打捶；单练式法有：九弓架子三整式，八式单练跟手法，七十二擒拿手，三十六底盘腿，共一百零八式；功法有二步功夫：平四功、铁爪功（耀步十字铁爪功、鹰爪力、盘手法）；兵器有：昆吾剑、六合枪等；暗器为闭眼神抓，另有练功药方等。佛汉拳以近身擒拿跌打见长，极富实战技击，是练功、散打速成之捷径。基本特征主要体现在对“四法”的要求上。目前，佛汉拳在少林寺内已经失传，仅大名及其周围地区流传，但拳种掌握全者寥寥无几。2000年，时任国家武协副主席的郝怀木等人来大名考察佛汉拳时说：“佛汉拳是祖国武术宝库中最美丽的花朵之一”。挖掘、弘扬佛汉拳，有利于弥补少林武术，延伸佛汉拳门的传承，保护祖国历史文化遗产。

佛汉拳在河北省大名县流传最广，集中分布在大名县的大街乡、龙王庙镇、大名镇、孙甘店乡、埝头乡、北峰乡、西付集乡、金滩镇、旧治乡、红庙乡、万堤镇、西未庄乡等乡镇，遍及全县20个乡镇300多个行政村，习练者近10万人，绝大部分为汉族，回族中也有流传。

历史渊源　佛汉拳由少林祖师达摩始创于梁朝大通年间（527—529年），后经少林历代高人精心研造逐步形成，是少林拳的精华，一向秘不外传。清朝咸丰元年（1851），道光帝的锦衣卫士、武功教头，被封为鲁邑都尉和征太平军先锋的贾云路，因故隐居少林，伏道受教，拜少林寺方丈修文法师（俗家姓徐）为师，学习佛汉拳。三年艺成，奉师命辞刹，传扬佛汉拳。游于山林草莽之间，所遇传拳者，无出其右。1905年，贾云路以81岁高龄，来到冀、鲁、豫三省交界处的直隶大名府，传授佛汉拳，从此佛汉拳在大名一带广泛流传。

传承谱系　佛汉拳用二十字排字分辈：“内初山寺团，同胜国少年，用者思礼多，君猷民周安。”“内”字辈：少林寺方丈修文法师及其前代少林寺内的佛汉拳传承人统称为“内”字辈。“初”字辈：贾云路，字平西，法号光明。“山”字辈：宋金榜、张金荣、赵金山、曹思温、何金成。（注：刘长春给贾老写了贴，但未递到贾老师手中，由宋金榜亲手传授）。“寺”字辈：齐可权、张璁、李春雨、赵魁珍、杨少周、吕尊周、曹彬、曹露等（齐可权、张璁将贴递到了张金荣手中，未跟张师学艺，由贾云路亲手教授，齐师为学佛汉拳抛家舍业，追随贾老八年）。“团”字辈：齐会卿、齐国卿、齐鹏翔、陈鸿恩、齐佩金、苏士荣、杨怀礼、金洪章等。“同”字辈：陈振山、齐培慧、刘新河、杨学军、郭海燕等。代表性传承人：“初”字辈：贾云路，字平西，法号光明；“山”字辈：张金荣；“寺”字辈：齐可权，字衡庵，法号勤悟；“团”字辈：齐国卿、齐鹏翔；“同”字辈：陈振山；“胜”字辈：陈开明。

佛汉拳理包含佛、道、儒三教思想精粹，融合人体烽学的最高境界，形成具有鲜明特色的拳学体系；集气功、养生等功效于一身，老少皆可练习，行家也称之为少林内家拳（亦称佛门太极）。民国年间江湖盛传“镖不喊沧州，镖不喊大名，镖不喊临清。”就是因为贾平西在大名府传授佛汉拳，使原本武风兴盛、拳种众多、高手如林的大名府，多归佛汉门下。出现了张金荣、何金城、齐可权、赵金山、刘长春等成名高手，也是大名府武术事业极为辉煌的时期。

濒危状况佛汉拳在少林寺内已失传，唯大名及其周围地区有。佛汉拳自清末从少林传出，历经民国战乱和“文化大革命”，“团”字辈门生所剩无几，拳种掌握全者寥寥无几；当前，人们经济意识较强，习武风气和清末民国相比渐弱；佛汉拳择人而传，相当严格，非入室弟子不传，有“传艺不传子”之说。

保护措施　为保护佛汉拳中华武术绝技，并使之发扬光大，造福人民，大名县制订保护计划，大街乡党委、政府负责组织实施，县文化体育旅游局负责管理、督导。进一步深入开展佛汉拳理论、研究工作，并形成文字材料，将研究成果编纂成文本。增强全民健身习武风尚，鼓励拳师设场收徒。每两年举行一次佛汉拳表演赛，检阅促进佛汉拳的传承和发展。建立由著名佛汉拳师组成的，以乡党委书记为组长的佛汉拳保护领导小组，将佛汉拳保护工作纳入乡、村干部考核指标，并实行责任问责制。保护小组对各习拳场所定期进行督导，以拳师收徒多少发放奖励资金。乡政府每年筹资 2 万元以上的保护经费。

二郎拳

为省级非物质文化遗产，是以“二郎神”为名冠名的拳术，在外家拳里是一种具有独特风格的门派，流传于大名有 300 多年的历史，宗师为清初时期的刘齐。传说刘齐是一名云游武师，因避难来到大名，被好心人收留，为感恩，将所习武术二郎拳秘传于大名，长期隐踪秘迹，故后人详知者甚少。第四代传人刘征广开师门，教授弟子、传承二郎拳。刘征于 1940 年去世。第五代传师刘金法继承发扬二郎拳术，将二十四劲练法，结合武术技击及多年研练，总结创编了 1—3 路捶，在武术习练和实际运用上取得较好效果。

二郎拳第六代传承人刘信江与弟子合影（1994 年摄）

二郎拳就是二人对练的拳。基本器械着重对练。二郎拳融各家之长，刚柔相济、底盘功夫强、快速敏捷、拳腿并用、随心所欲、实用性大。大名二郎拳主要分布于杨桥镇及其周边地区，经几代人的研习，技艺颇为精湛，二十四劲手法细腻，快速敏捷。二郎拳是大名一带流传最广的 3 种拳术之一，在大名及周边县域有着深远的影响。特别是 1986 年刘信江创办武校后广收门徒，将二郎拳辐射到济南、四川、山东、山西、邯郸、广平、馆陶等十几个省市区，培养学生 5000 余人。参加全国各类武术赛事，获奖 100 余次。至 2005 年年末，在大名一带能熟练掌握二郎拳的拳师为数不多。受市场经济影响，青年大都从事经营或打工，练功习武者已极少见。

传承谱系　刘齐→刘征、杨夫、赵入；刘征→刘金法→刘生、刘学；刘生→刘信江、刘信海、刘信河、刘信洲、刘信山；刘信江→刘霞、刘荣、刘钊、刘樾、刘剑。

保护措施　杨桥镇政府制定保护计划并实施，每年予以一定的经费补贴和政策优惠；武术比赛项目列入全县职工运动会项目；大名县武术协会将二郎拳的保护、传承列入年度工作考核目标。

南宫碑书法

为省级非物质文化遗产。1920 年，天津盐商张裕钊之弟子王洪钧（绰号二麻子）顺运河南下大名，经营食盐生意，并定居于此。大名是直隶南部文化经济中心，从事书法艺术者甚多，习书之风浓厚。王洪钧入住大名后，广收门徒，传播书法艺术。其弟子中较有成就者有卢相之、李鹤亭、齐仰绍等。其中李鹤亭书法、绘画、篆刻成就很高，收弟子最多，在冀南影响很大。李鹤亭的弟子中成就较大的有李守诚、王乐同、胡桂林、赵锡友、梁泽等，其中李守诚、王乐同二人对后世影响较大。李守诚生于1924年，自幼随父亲李鹤亭学习南宫碑书法，数十年勤于临池，笔耕不辍，吸众家之长，融百家于一炉，形成了独具风格的新南宫碑书法。李守诚1950年定居邯郸，任邯郸市第四中学语文教师，并在邯郸广收门徒，传授南宫碑书法艺术，名扬海内外，受到当地书坛普遍赞扬，被誉为当代南宫碑的书法泰斗。其弟子中较有成就者有李喜泰、封俊虎、闫士勋等。王乐同生于1920年，卒于2000年。11岁随舅父李鹤亭学习南宫碑书法，一生勤学苦练，遍临诸家名帖，吸众家之长，形成了浑穆古朴、苍劲饱满、端庄秀美的艺术风格，进一步发展了南宫碑书法艺术。特别是1981年任大名师范学校（今邯郸学院大名分院）书法教师后，南宫碑书法艺术得到广泛传播。王乐同除正常课时外，还利用课余时间举办书法班，先后举办120余期，学生达8000余人，遍及冀南大地。由于其弟子多从事教师职业，在各自工作岗位上将南宫碑书法广为传播，习者难计其数。王乐同的弟子中较有成就者有朱献东、冯克军、王贤春、李银山、王文军等。

传承谱系

张裕钊→王洪钧→卢相之
张裕钊→王洪钧→齐仰绍
张裕钊→王洪钧→李鹤亭→王乐同→冯克军
张裕钊→王洪钧→李鹤亭→王乐同→朱献东
张裕钊→王洪钧→李鹤亭→王乐同→王文军
张裕钊→王洪钧→李鹤亭→李守诚→封俊虎
张裕钊→王洪钧→李鹤亭→李守诚→李喜泰

传承方式　以收徒、课堂讲授和办班为主。至2005年年底，大名县内习练书法的以写此书体者较多，据不完全统计，冀南一带达10000人以上。

保护措施　县书协定期举办南宫碑书法作品展和交流笔会；每年中小学生艺术节举办全县师生书画作品展；把南宫碑书法作品交流展览、书法笔会等形式作为县对外文化交流的一种形式，把《大名书法选集》作为县对外文化交流礼物；定期举办书法作品大奖赛，建立书法教育基地。

第二节　市级非物质文化遗产

大名大平调

清末自开州传入大名。第一个大平调剧团出于金滩镇程庄村，初称老高调或开州平，经老艺人朱梦坤改进并加三弦，形成了自己的特色。主要特征是：用大梆子打节奏，声音浑厚、铿锵有力；以蛇号点缀过门，声音嘹亮悠远。大平调传入大名后曾一度辉煌，民间剧团四起。清末至解放初期，大名的主要大平调剧团是两开头剧团和西关大平调剧团；龙王庙、豆腐营、铁窗口、娘娘庙都曾成立过大平调剧团。“文化大革命”后，又在王庄成立“立新”大平调剧团。

大平调的唱腔音乐属于梆子腔系统，为板式变化体，在音乐板式结构上与山东梆子和豫剧多有相同之处，但在艺术风格上远比豫剧粗犷，发声一般都用真嗓，惟慢板、拐头钉等板式起板时，尾声使用极高的假嗓。主要伴奏乐器有大弦、二弦、三弦、大梆、大号等。在大平调的角色行当中，黑脸和红脸居于主要地位，形成剧种的重要特色。其表演气势恢宏，场面宏大，唱、念、做、打并重，粗犷豪放，刚中带柔。“四大扇、两杆号，一听就是大平调”，是观众流传的谚语。原来平调的乐器中有两对大铙和大钹，群众叫它“四大扇”“两杆号”就是2根五尺多长的“尖子号”。大平调在长期的发展过程中积累了相当丰富的剧目，约有600余出，至2005年年底保留下来的只有200余出，内容多取材于《三国演义》《水浒传》《封神演义》等历史小说。多以黑脸、红脸的“袍带戏”为主，民间生活故事戏较少。艺术风格上讲究气势恢宏，场面宏大，唱、念、做、打并重，表演粗犷夸张。

传承方式和状况　社会文明的快速发展，文化载体的多样化，娱乐形式的丰富多彩，严重地冲击了本地文化，戏剧缺少市场，经济收入微薄，不能维持正常开支，风行一时的大名县各剧团基本绝迹，大平调也不例外。至2005年年底，大平调在大名县境内只是作为个人爱好，在小范围内活动，处于濒临失传状况。

传承谱系　朱梦坤→朱子文→朱万有、李同海、李保印、李兰香、朱金枝→杨振平、李明学、李明杰、董建江

保护措施　在金滩镇程庄村建立大平调保护基地，由县非遗中心定期对其督促指导。保护资金列入镇财政计划，每年给予代表传承人一定的补贴。鼓励从业人员排练、演出等活动，并予以名誉表彰。

大名府小磨香油

大名府小磨香油始于明朝嘉靖年间，距今已有400余年的加工史，有着较深厚的文化积淀，形成了自己的发展变化史和独特的生产工艺。大名府小磨香油，初期为冷浸油，是用未炒熟的生芝麻轧制，味道远不如后来的热炒油馨香诱人。清光绪四年（1878），大名镇南关回民杨殿魁由做勤行生意改做小磨香油生意，在城内西街与羊市街口相对处开设油坊，经反复实验后，将香油的冷浸改为热炒制作，工艺流传至今。后来城内其他小磨香油坊陆续开业。

大名府小磨香油品质优良、味道芳香，食之益人，外观为浅酱色透明澄清液体，具有较高的营养价值。产品采取传统工艺和现代生产设备加工而成。选料考究，工艺严格，为环保型绿色食品。除用于副食调味外，还具有养血、补肾、益肝、润肠和医治心血管病等药用价值，常食亦能美容，是人们日常生活必备佳品。大名农村至今还流传着用粗棉布沾香油为婴儿擦马牙的习俗，少儿误食了异物，喝上几口香油，数日后异物排出。还有香油拌蚕茧灰治疗烫伤，均有奇特疗效。其相关产品芝麻酱，是部分凉拌菜的必需品和火锅的必备佐料。大名府小磨香油仍保持用传统的石磨磨浆，故名小磨香油。过去石磨用牲畜拉或人推，后来改进为电力机械。

传承方式和状况　大名府小磨香油凭着自己的“金”字招牌，加工摊点遍及全国县级以上城市及各地的部分乡镇，香油业成为大名普通百姓发家致富的主要途径，成为大名三大特色产业之一。大名县香油产业协会是由政府有关部门批准，商家自愿组成的商业协会，服务于客商，促进大名香油业的发展，为商家牵线搭桥，提供信息，促进销售，增进商户间的团结合作，促进各环节的紧密衔接，协调并进，为产、销一条龙格局的逐步形成起到了纽带作用。大名府小磨香油工艺已被列入市级非物质文化遗产名录。一些初具规模的企业均有自己的注册商标，向更高标准迈进。

保护措施　大名县人民政府制定了《关于大名香油城优惠政策的通告》；成立了大名县香油协会，负责组织、协调香油行业内部事宜，指导香油制作技术改进和行业自律活动。已建成大名香油

城，位于县城东北部，东临215省道，南临天雄路，与商贸城相望，西侧为酒厂东路，北侧为石油北路，规划占地292亩，总投资1.2亿元人民币，一期工程占地80余亩，建设为前店后厂、商住合一的商住楼和综合办公大楼，建筑面积约20000多平方米，交易大厅1050平方米，附属工程5310平方米。

大名河南坠子

坠子由流行在河南和皖北的曲艺道情、莺歌柳、三弦书等结合形成，是曲艺的一种，约有200多年历史，流行于河北、河南、山东、安徽、天津、北京等地。主要伴奏乐器为"坠子弦"（今称坠胡），且用河南语音演唱。演唱者一人，左手打檀木或枣木简板，边打边唱。也有两人对唱的，一人打简板，一人打单钹或书鼓。还有少数是自拉自唱的。唱词基本为七字句。伴奏者拉坠琴，有的并踩打脚梆子。初期大多演唱短篇，也有部分演员演唱长篇，现代题材曲目都是短篇。坠子的前身是流行于河南的道情、"莺歌柳"两种曲艺形式。从清代末叶开始，两个曲种的艺人逐渐合流，在音乐唱腔等方面互相吸收融合，特别是莺歌柳的伴奏乐器小鼓三弦被改制成坠胡以后，改弹拨乐器为弓弦乐器，伴奏旋律起了根本性变化，促成唱腔音乐的重大变革，"溜腔"（俗称"哼弦子"，起腔之前使用）就是曲型成熟的表现。坠子在形成过程中，以新鲜活泼的特色，吸引了不少三弦书和山东大鼓艺人参加到改创行列中来，使坠子增加了大量曲目，丰富了演唱技巧，促使这一新兴曲种日益成熟，并迅速流传到邻近的山东、安徽等地。辛亥革命后，随着男女平等思想不断深入人心，坠子表演开始出现女性艺人，已知最早的一批女艺人为从开封相国寺出道登场的张三妮和尹凤宝等。她们的出现及家班的形成，使得坠子的表演在通常的自拉自唱之外，出现了男拉女唱或男女对唱的方式。

传承方式和传承状况 大名河南坠子的演唱形式有自拉自唱、一拉一唱、对口唱三种，演员手打檀木或枣木简板边打边唱。对口演唱时，另一人还打单钹或书鼓；伴奏者拉坠琴并踩打脚梆作为击节。中长篇曲目有说有唱，以说为主。短篇曲目只唱不说，稍加韵白。传统的中长篇书目有《杨家将》《金鞭记》《响马传》《大红袍》等；短篇小段有《偷石榴》《小黑驴》等。20世纪20年代，十字路村张金钟演唱河南坠子很有名声，他们一边行艺，一边在大名乡村广收徒弟。第一代徒弟为"广"字辈，如申广玺、陈广杰、杨广玉等，多达50余人。第二代徒弟为"献"字辈，人数更多，遍布大名卫河以东大片区域，较为集中的村镇有：束馆镇、冢北、北峰、马陵、普明滩、从善楼等。河南坠子在大名的另一条支脉，是郑时庄的阎义凤（艺名破大锣）、齐秀云夫妇。他们于1937年投师广平县艺人杜学勤学唱河南坠子，艺成后行艺各地，并收授徒弟，徒弟大多是大名城北一带人。第一代徒弟"瑞"字辈就有40余人。还有城南的一支坠子队伍，"明"字辈如东范庄的阎明芳，旧治东村的贾明奎、未城的杜明清、李明太等。"明"字辈都是魏县大马村坠子艺人李元发的徒弟。李元发是河南省南乐县坠子艺人李勇喜的徒弟,"明"字辈艺人又在大名城南广收徒弟，为"之"字辈。这三支河南坠子队伍，一时全部占领了整个大名县曲坛，河南坠子成为大名县最主要的曲种，有名的评书艺人任国祥也拜在河南坠子艺人门下，取得艺名"任金祥"，算作河南坠子"金"字辈。大名的坠子演员众多，影响很大，水平亦高。老艺人李和春在20世纪50年代的大名曲坛享有盛名，积极组织曲艺队，编演新书目，对推动大名的曲艺工作起到带头作用。坠子艺人中的佼佼者当数齐秀云，她20岁时就以长篇大书《杨家将》《响马传》《小八义》《刘公案》享誉县内外，足迹遍及邯郸、邢台、石家庄、衡水、保定、天津和山东省、河南省，被中国曲艺家协会吸收为会员，并担任河北省曲艺家分会理事，1951年创"百

花剧社”（即大名县坠子剧团）。20 世纪 80 年代后，大名县参加省、地区的各种曲艺汇、调演都在坠子上取得成就，赢得声誉。获得河北文艺振兴奖的是河南坠子《俏争春》。邯郸地区参加河北省“空中书擂”大奖赛，亦用大名创作、表演的河南坠子。至 2005 年年末，坠子演员及爱好者已很少，随着其他艺术形式的不断出现，坠子在县内濒临失传的境地。

传承谱系　张金钟→申广玺、陈广杰、杨广玉→王献坤、李献英、李献强

王洪林（王献坤）→王增银→王建国、范翠霞

李勇喜（南乐人）→李元发→阎明芳、贾明奎、杜明清、李明太

保护措施　县文联直接领导县曲艺协会，对其督促指导，曲协为县重点“八大协会”之一。定期对曲协领导班子进行改选，并不断充实有生力量。县里举办文艺活动，必安排一定数量的坠子节目。对坠子演出团队，予以优惠政策和精神鼓励。

大名蒋氏吹歌

蒋氏吹歌始于清代后期，由吹歌名家蒋华的祖父所创，经过几代人的传承发展，充实了很多内容，形成了具有明显地域特色的民间吹歌。誉满河北、河南、山东三省交界方圆五百余里，深受当地百姓喜欢。蒋氏吹歌在中华人民共和国成立前只传本族后人，并且传男不传女。中华人民共和国成立后，蒋华老艺人毅然打破祖辈留下的行规，决定收外姓徒弟，使蒋氏吹歌这一民间艺术在“文化大革命”前形成了成熟、兴盛期。“文化大革命”中被视为“四旧”，禁止“行事”，致使蒋氏吹歌被冷落，沉寂，大量经典民间曲牌失传。改革开放后得以复苏，并逐渐有了起色。大名蒋氏吹歌以吹打乐为主，分为吹奏类和打击类两大类，曲牌丰富。据传有 200 多个，大部失传，至 2005 年年底保留 40 余个。蒋氏吹歌是优秀的民间音乐文化，在冀、鲁、豫三省交界一带享有盛誉，在吹打乐中占有重要位置，有着大量的、独特的、地方风格的民间器乐曲。

传承方式和传承状况　由于社会基础发生变革，吹打乐在广大乡村中的展示平台日益减少。一些传统民俗日益淡化，特别是殡葬制度的改革，丧事从简，提倡注入新的文化内涵，吹打乐的主要活动阵地逐渐缩小，过去那种大的演奏场面不复再现。婚娶新事新办，寿诞从易从简，传统节日逐步由现代节日代替，吹打乐在广大乡村中的活动市场也相应萎缩。随着科学技术的进步和市场经济的发展，人们文化生活日益丰富，审美需求提高，对吹打乐的兴趣越来越淡。至 2005 年年底，一些吹打乐手外出打工，参加演奏活动也越来越少。

传承谱系　掌班蒋华为蒋氏吹歌第三代传人。他从几岁起就跟随以吹唢呐为业的祖父和父亲流浪四乡，学会了吹奏唢呐的本领。蒋华十几岁时就经常同祖父和父亲在冀、鲁、豫三省交界处的大名、莘县、南乐等地，为有红白喜事的人家吹奏，艺术上有了快速发展，成了一名很有影响的吹奏艺人。1988 年 2 月病故，终年 84 岁，蒋华吹了一辈子唢呐，并把吹奏艺术传给了子孙。5 个儿子都是吹奏唢呐的好手，18 个孙子孙女人人会吹奏。蒋家成为闻名遐迩的五代唢呐世家。经蒋华亲传的就有 20 多名徒弟，遍布于冀、鲁、豫三省交界方圆 500 余里。

大名蒋氏吹歌传承谱系一览表

表 15-1

代别	姓名	性别	出生年份	文化程度	学艺时间	传承方式	住地
第一代	—	男	不详	不详	不详	师徒	埝头乡西马陵
第二代	蒋玉林	男	不详	不详	不详	家族	埝头乡西马陵
第三代	蒋华	男	不详	不详	不详	家族	埝头乡西马陵
第四代	蒋文生	男	1926	完小	1932	家族	埝头乡西马陵
	蒋银生	男	1931	完小	1938	家族	埝头乡西马陵
	蒋勤生	男	1945	完小	1952	家族	肥乡县城
	蒋四新	男	1946	初中	1952	家族	大名县城
	蒋保银	男	1950	初中	1956	家族	埝头乡西马陵
第五代	蒋振禄	男	1957	初中	1963	家族	大名县城
	蒋爱军	男	1970	初中	1977	家族	邯郸
	蒋振永	男	1974	初中	1980	家族	大名县城
	蒋爱玲	女	1973	初中	1980	家族	邯郸
	蒋志强	男	1976	本科	1981	家族	大名县城
	蒋振山	男	1980	高中	1987	家族	埝头乡西马陵
	蒋振军	男	1988	高中	1996	家族	埝头乡西马陵
第六代	郭可亭	男	1965	初中	1974	师徒	河南省范县
	霍计章	男	1968	初中	1979	师徒	河南省南乐县
	蒋少鹏	男	1981	高中	1991	家族	大名县城
	蒋少兴	男	1994	—	2002	家族	大名县城
	蒋晓蕊	女	1999	—	2006	家族	大名县城

保护措施 埝头乡党委、政府将保护蒋氏吹歌纳入工作计划；由主管乡长牵头成立吹歌协会，定期召开会议，制定并落实发展规划。

大名豫剧

豫剧传入大名年代久远，时间尚未有准确考证。大名豫剧团的成立是豫剧在大名普及和发展的一个里程碑。1948 年，河南省南乐县兴华豫剧团来大名演出，经两地协商，剧团归属大名，更名为“大名市兴华豫剧团”。1951 年，河南省安阳艺华豫剧团来大名演出，经两地协商剧团归属大名。1952 年，四区（龙王庙）干部张运生、杨华民分别组建“翻身剧社”和“娃娃剧团”，两团合并，定名为“大名新华豫剧团”。1952 年，大名兴华豫剧团与大名新华豫剧团合并，定名为“大名实验剧团”。1954 年改名为“大名前哨豫剧团”。1958 年大名县与魏县合并，大名前哨豫剧团改称为“大名县豫剧一团”，原魏县豫剧团改称“大名豫剧二团”。1960年，两团合并，定名为“大名县豫剧团”。1961年分县分团，大名县豫剧团名称未变。

大名豫剧演出剧目主要有传统戏《穆桂英挂帅》《唐知县审诰命》《红娘》《花木兰》《二度梅》《陈妙常》《追鱼》，现代戏《刘胡兰》《人欢马叫》《小二黑结婚》《三月三》《朝阳沟》《李双双》等。

传承方式和传承状况　大名县地处冀鲁豫三省交界处，南与河南省接壤，历史上河南省的南乐、清丰、内黄、长垣、濮阳、内黄、汤阴、浚县、滑县等属大名府辖区，豫剧在大名有着久远的历史根源和广泛的群众基础，家喻户晓，基本上人人都能唱上几句。豫剧传入大名时称“河南梆子”“河南高调”，20世纪50年代始称豫剧，逐渐成为大名的主要戏剧种类，深受群众喜爱。1948年成立豫剧团，1956—1965年，为剧团鼎盛时期，阵容大，演出水平高，技艺精湛，远近闻名，习惯称之为“刘芝梅剧团”。“文化大革命”期间演出“样板戏”，同样走红。1976年后恢复传统戏，该团又兴盛一时。进入20世纪80年代后，电影、电视、现代歌舞为青少年所欢迎，戏剧受到冷落。该团在众多剧团收入不景气，甚至绝大部分剧团已解体的情况下，仍坚持下乡为农民演出，经济效益尚可。

传承谱系　刘芝梅→李馥菊→郭俊英、张妹芹、卢彩玲

胡小风→李馥菊→郭俊英、张妹芹、卢彩玲

保护措施　为对大名豫剧实施保护，县政府把大名县豫剧团定性为差额事业单位，对其人员实行工资定额补贴，对其退休人员实行和其他事业单位人员同样待遇。在邯郸市，除市属剧团外，对营业型的演出团体实行财政差额补贴，大名尚属首例。对豫剧主要传承人、大名县豫剧团团长李馥菊给予全额事业人员工资待遇。

大名滴溜酒传统酿酒工艺

大名酿酒历史源远流长，早在春秋时期就盛行“五鹿城”美酒，及至唐、宋时期最为兴盛，作坊遍布大名境内，城市酒铺林立，最为有名的是金滩镇陈氏酿酒作坊和城北关玉泉作坊。1946年大名解放，由三家作坊合并成立国营大名县酒厂，1994年改为河北大名滴溜酒厂，1997年改制成为河北大名府酒业有限责任公司。大名滴溜酒传统酿酒工艺成熟于唐初。相传，早在唐朝万岁通天年间（696年），契丹攻陷冀州，河北告急，武则天启用狄仁杰为魏州（治今大名）刺史。狄仁杰到任后，改变了前刺史让百姓弃家进城，大修守城的做法，下令百姓返田耕作。契丹闻知狄仁杰在此，唯恐有诈，便引众北归，使魏州避免了一次大战乱。当地百姓为狄仁杰修建了狄仁杰祠堂，并立碑纪念。狄仁杰体察民情，政通民和，百业兴旺，酿酒作坊也发展了很多家。其中位于东城门口的卫河岸边，有一家张氏酒坊酿造的“滴溜酒”，狄仁杰十分偏爱。神功元年（697），狄仁杰入朝拜相，便将滴溜酒晋献给女皇武则天，武则天品尝后赞誉为“天下美酒”，封其为皇宫御酒。从此，张氏作坊就开始了皇粮酿御酒，成为享用朝廷俸禄的宫廷酒坊。张家造酒取河泥造池，用杂粮谷糠为料，分季填池，双月轮盘，以木薪为火，笼屉蒸糟，蒸出的酒似滴状由竹筒流出。自被封为御酒后，张家对狄仁杰感恩戴德，便将酒名改为“狄留”酒。张家后来将酒业转给陈氏女婿，陈氏又将酒名更为“滴溜”酒。清代著名作家李汝珍（1763—1830）所著的《镜花缘》第九十六回记载：唐垂拱年间，武四思摆酒水阵，遍列天下名酒，其中就有“魏州滴溜酒”。

传承方式和传承状况　至2005年年末，滴溜酒传统酿酒工艺面临困境。随着农产品结构的变化，因红粮附加值低，种植红粮日益减少，取材每况愈下；大名滴溜传统酿酒工艺属传统项目，有一定的

技术含量，且又属于脏、累工作，从业人员大多为中老年人，面临人力资源缺乏且有人才断档趋势；白酒市场恶性竞争，使大名滴溜传统酿酒工艺举步维艰。

传承谱系　大名府酿酒工艺可追溯到几千年前，其工艺经提高、丰富，中华人民共和国成立前其传承人记载不详，1946年成立国营大名县酒厂，第一代传承人为陈到底，第二代为朱有明，第三代为高新江，第四代为韩宝大、赵书性，第五代为李殿友、韩素英，第六代为臧海民、刘子国，第七代为王海民、刘建忠。

保护措施　建立大名滴溜传统酿酒工艺研发领导小组，由公司总经理及副总经理主抓；实行目标考核，严格按五年计划实施。筹专款予以保证。

大名东屯风筝制作技艺

大名东屯风筝工艺始于明代，后时断时续，中华人民共和国成立前沙圪塔乡东屯村韩贵仓将此技术由开封再度继承。中华人民共和国成立后得以广泛传播。20世纪80年代末，东屯全村家做户产、妇孺皆能。产品销至新疆、南京、石家庄、郑州、安阳、开封、黑龙江、沈阳、白沟等地，并远销蒙古、哈萨克斯坦等国家。

传承方式和传承状况　东屯风筝制作技艺有自己的发展史，精湛的制作工艺、浓郁的地方文化特色。随着社会经济的快速发展，东屯风筝扎制者人数与日减少，周边村庄基本断绝。至2005年年末，风筝制作技艺面临的困境有：原材料成本提高（过去用纸、浆糊，现在用布、胶）、托运成本提高（过去用一般车辆托运，现在用专车）、工时价值提高（外出打工明显高于扎风筝收入）、购买人员减少（学生学习压力大，儿童相关玩具剧增）。

传承谱系　历史传承不可考，中华人民共和国成立前首位传承人为韩贵仓，中华人民共和国成立后第一代主要传承人有：韩贵臣、韩贵文、韩富国等；第二代主要传承人有：韩建民、韩社军、韩贵岩、冯顺、冯春生，之后遍及全村和周边村庄。至2005年年底，主要代表人物有：韩富申、韩贵文、韩贵山、冯振等。

保护措施　沙圪塔乡党委、政府将保护东屯风筝手工艺工作纳入工作计划之内；由主管乡长牵头成立了风筝协会，定期召开会议，制定和落实发展规划，并由专人负责外销联络业务。

二毛烧鸡

“二毛烧鸡”雅称“珍积成烧鸡”，创始于嘉庆十四年（1809）直隶大名府城内。创始人王德兴，当年开烧鸡铺时并没有字号，因王德兴小名叫“二毛”，又因他在煮鸡的锅内放有两个石猫，所以街坊乡亲们习惯上称其店铺为“二毛烧鸡铺”。特点是：闻起来清香芬芳，拿起来嫩烂脱骨，一抖即散，吃起来肥而不腻，味道鲜美淳厚。据传，清道光年间，一位新任的知府大人，敲锣打鼓上任夸官，路过店铺面前，闻香而落轿，品鸡而问名，随口吟诗道“夸官逍遥道，闻香品佳肴。适逢设盛宴，吾必备‘二毛’。从此，“二毛”烧鸡更是誉满全城，给人们心中留下“一锅烧鸡满城香”的美誉。清同治年间，王德兴将烧鸡铺秘方传给儿子王国珍，王国珍嫌“二毛”名号不雅，为将“二毛烧鸡”推向外地，便以自己名字中的“珍”字为首，并取“珍品、积研、成名”之意，更名为“珍积成烧鸡”沿袭流传至今。

中华人民共和国成立后，王国珍之子王有禄继承祖业，在邯郸成立“珍积成烧鸡店”，科学地规范为：“选料精、配料全、造型美、火候准”，色、香、味、型、补俱全，人们常以“嫩烂脱骨，肥而不腻，鲜香纯正，回味悠长”赞之，被选为邯郸名吃“八大”风味之首。中华老字号百年品牌“珍积成烧鸡店”店小名气大，鸡小万里香，得到中国港、澳、台同胞、海外侨胞和美、英、法、德、日等各国友人品尝赞誉，俱称“珍积一绝”。

传承方式和传承状况　至2005年，“二毛”“珍积成”的掌门人、王有禄之子王民生，继续开拓进取，创办组建“中国珍积成集团”，走向海外，采取特色品牌，项目招商，传授技术，连锁经营形式，诚招全国各省、市（县）区特许加盟合作商，共同合作，共同发展。许多记者专家为珍积成烧鸡店树碑立传，载入《辞海》《中国商业百科全书》《中国商品指南》《可爱的河北》《河北工商企业名录》《河北服务指南》《邯郸辞典》《邯郸市志》《邯郸旅游指南》等。

传承谱系　二毛（王德兴）→王国珍→王宪维－王民生

保护措施　王民生继承祖辈产业，为使其祖传珍品发扬光大，将老字号“二毛”“珍积成”作为商标，通过国家商标局认可注册，并在中华老字号刊物进行了刊登，同时在互联网上进行了国际域名注册，使之成为中外驰名商标。

郭八火烧

“郭八火烧”创业人郭致忠，大名县西未庄乡大韩道村人。曾在顺天府（今北京）学艺。清光绪二十一年（1887）回到大名府开业，经营火烧。因他从顺天府学艺而来，堂号首取“天”字，并希望买卖兴隆，又取“兴”字，故立店铺为“天兴火烧铺”。郭致忠小名叫“郭八”，当地人便把他经营的火烧铺叫作“郭八火烧铺”。

“郭八火烧”作料齐全，制作精细，风味独特，层多且薄，每个25—30层，外表金黄油亮，呈现石榴籽状，吃起来皮酥里筋，焦香可口，味香诱人。1965年，李先念视察大名以及1966年春周恩来总理到大名视察时，都品尝了“郭八火烧”。周恩来总理亲自接见了郭致忠的儿子郭瑞，高度赞扬了他打火烧的技艺，并风趣地说：“老郭，你打的火烧真不错！我吃了一个半，谢谢你！”

传承方式和传承状况　郭致忠将手艺传给儿子郭瑞，郭瑞又传给儿子郭殿臣，经营“天兴火烧铺”。由于“郭八火烧”享有盛名，所以生意兴隆，经济效益十分可观。至2005年，“郭八火烧”经营者是“郭八火烧”第四代传人郭卫东，他继承祖业，讲求质量，坚守信誉，保持着传统风味。随着人民生活水平的提高，吃“郭八火烧”的人越来越多，不仅是设宴待客的主食，还是馈赠亲友之佳品。

传承谱系　郭致忠→郭瑞（字兆祥）→郭殿臣→郭卫东→郭金宝（乳名郭亮）

五百居香肠

“五百居香肠”创业于1821年，山东省济南府的王湘云到大名谋生，先给当官的当厨师，后见大名府物产丰富，交通便利，商业、饮食业发达。便在城内道前街关帝庙西开设店铺，制作香肠及熟肉制品。因大名府距济南府的路程约五百里，故取店名为“五百居”。由于他制作的香肠味道鲜美，成为当时官府佐餐和宴会上不可缺少的上等食品，行销省、府、道、县衙中，“五百居”成了名贵香肠的美称。中华人民共和国成立前独家经营100多年，1956年并入国营，后又转为个体经营，为邯郸“八大地方风味美食”之一。

“五百居香肠”的特点是：色泽纯正，条杆匀称，香味醇厚，肥瘦适宜，甜咸兼备，软滑利口，食而不腻，越嚼越香，回味悠长，独具一格，且经久耐放。在制作上非常讲究。选料严格精细，以新鲜猪大腿肉、肋肉、臀部肉、腰肉为主料，大多为瘦肉；肠衣为漂洗洁净的猪肠衣；辅料有石落子、砂仁、香精、精盐、砂糖、纯高粱酒及陈年酱油等。

传承方式和传承状况　2005年，“五百居香肠”为个体经营，他们继承祖传技艺，讲求质量，坚守信誉，长期保持独特风味，随着人民生活水平的提高，对香肠的需求量越来越大，“五百居香肠”成了当地居民迎宾待客的必备佳味美品，还有人将“五百居香肠”寄往中国香港，生意日益兴隆。

传承谱系

　　　　　↗王桃成→王红卫
　　　　　↗王恩福→王正德→王燕军
王湘云→王毓勤→王恩宽
　　↘王恩荣→王俊德→王香玉

第四章　兴化寺　临济宗

兴化寺始建于唐朝中期，原名观音寺，魏州城（今大名县城东北）西门外路北，原有殿堂15间、佛塔1座，因临济宗一代、二代、三代祖师曾在此住持而闻名于世，为佛教临济（禅）宗祖庭。殿堂高耸，古木相映，寺产数顷，僧众近百，晨钟暮鼓，香火旺盛，系唐中后期佛教临济宗的传播中心，成为佛教禅宗文化的发祥地之一。

第一节　临济（禅）宗祖庭—兴化寺

兴化寺变迁

临济宗是中国佛教禅宗五家之一，为唐朝义玄禅师所创，因义玄住镇州（今河北正定）临济禅院举扬一家的宗风而得名，属南宗南岳法系。义玄（787—867），唐末名僧，俗姓邢，曹州南华（今山东菏泽牡丹区）人。少年出家，壮游四方，广究毗尼与经论，既而到各处参学。初参江西黄檗山希运禅师，又谒大愚，再参沩山灵佑，后还黄檗希运处，得悟本源，受其印可，嗣其法。唐宣宗大中八年（854），义玄北归至河北镇州（正定）临济院，创立临济宗法，禅风机锋峭峻。“住未几，乃杖锡大名兴化寺，居寺之东堂”。唐懿宗咸通八年（867）四月十日，义玄圆寂于魏州兴化寺，唐懿宗谥“慧照禅师”号，赐“澄灵”塔额。弟子收其衣钵舍利葬之，建“澄灵”舍利塔两座：一座在魏州兴化寺，一座在正定临济寺。临济禅法，棒喝齐施，神机英发，妙语绝伦，门风骏烈，深得民众及官府赏识，佛教界称为正法眼藏。

正定为临济宗创名之地，大名则是临济宗形成、发扬光大、走向兴盛之所。今天正定有临济寺，大名有兴化寺，两寺齐名，两塔共辉，是一对并蒂莲、姊妹花，同为临济宗祖庭。义玄禅师晚年将宗法传于存奖禅师，得法后的存奖禅师成为临济宗第二代祖师，史称“兴化存奖”，学者也称临济宗作“兴化宗”。后存奖又将佛法传给南院慧颙禅师，慧颙为临济宗第三代祖师。第四代祖师风穴延沼曾在这里向慧颙禅师学法。大名兴化寺一个寺院连出三代宗师，在中国佛教史上是独一无二的。现我国临济宗已传至第48、49代。大名兴化寺作为临济宗始祖、二祖和三祖等三代宗师蝉联之地，名扬海内外。唐朝禅宗已发展成中国佛教的主流，而禅宗中的临济宗则成为主流中的主流，如今在欧洲被称为“最高级的心理疗法”。南宋淳熙十四年（1187），日本僧人荣西入宋，将临济宗黄龙派禅法传入日本，创立圣福寺、建仁寺，后称“千光派”。南宋庆元五年（1199），日本僧人俊芿（1166—1227）在宋受临济宗杨歧派禅法，回国后在涌泉寺弘传戒律和禅宗，为杨歧派传入日本之初。日本的“中严派”“一山派”均为临济宗佛法传入。南宋末年，中国禅僧多人东渡，将临济宗禅法传入日、韩及东南亚国家。

兴化寺在唐末毁于水患。明初高僧超觉和尚募资重修，当地居士、痒生李仁布施土地一弓（10亩），耆老田义士舍地50亩，给兴化寺做地基。时寺址60亩，建殿十五楹，像座城外小城。明洪武三十一年（1398），大名淹没于水，古城成为废墟，兴化寺再次被毁。大名兴化寺（护国临济寺）在民国初期再次毁于战乱，二十世纪三、四十年代尚有寺塔和残垣断壁遗留。寺内为临济宗祖师义玄舍利所建的澄灵塔，石质结构，重檐六棱，高约4米，铭题“唐谥临济慧照义玄祖师澄灵宝塔”。澄灵塔“文化大革命”前保存完好，“文化大革命”中被毁，现存塔顶宝相珠和部分塔檐、附柱、基石等残件，塔座下的舍利石函尚存。

护国临济寺，其前身是位于今大名镇刘窑村东的白衣堂，清朝康熙年间，大名僧众、士绅及府县官员，追溯唐朝临济宗兴化寺，重建规模宏大的佛寺。康熙九年（1670），康熙皇帝敕赐寺名“护国临济寺”。雍正十年（1732），庄亲王赐匾额、联各一。乾隆五年（1740），皇帝恩赐御校藏经十二部，内以经柜，以传久远。该寺大门前一对石狮，雕刻精良，造型活脱，一扣之铁音，一扣之铜音，民国9年（1920），被当时的大名镇守使王怀庆作为礼品送至北京，徐世昌立于总统府门前，现在北京市中山公园供人观赏。

重修兴化寺

1993年，日本东洋大学文学部教授里道德雄受日本佛界委托，专程到大名兴化寺调查临济祖庭的现状。1994年，河北省佛协副主席、临济宗第四十八代掌门有明法师以80岁高龄亲来拜谒，并洽谈保护开发事宜。1995年，日本永保寺、虎溪僧堂的大和尚中村文峰携弟子一行慕名寻祖。为保护、开发、利用古文化遗产，1994年11月，邯郸市人民政府批准大名兴化寺为市级文物保护单位。2000年10月，大名县人民政府编制了《大名府故城保护开发工程可行性报告》，把修复兴化寺列为工程内容之一。大名县玉麒麟武术院和大名镇人民政府积极联系配合，为兴化寺的修复做了大量工作，韩国、日本等国际友人及大名县信奉佛教的群众、县外佛教界人士，对修复兴化寺工程给予极大的关注和支持。大名县计划委员会批复项目建议书，河北省文物保护局批复勘探建设。2002年5月29日，大名县人民政府成立大名县修复兴化寺筹备委员会，政府有关部门依照政策在兴化寺旧址恢复原占地60亩，建起883米围墙，并修通一条800米长的专用公路。2002年6月16日，由韩国僧人慧光、圆流出资，正式启动修复工程。2003年8月，邯郸兴化旅游景点开发有限公司成立。兴化寺位于215省道路东，大名镇铁窗口村南500米处，占地60亩，坐东向西，背靠原北宋大名府城墙处，南毗引河。寺内松柏成荫，花团锦簇，绿树参天。殿堂建筑风格为韩式，精巧雅致，别具一格。

大寂光殿　为寺内第一重大殿，坐东向西，面阔5间，进深2间，单檐五脊歇山顶建筑。殿内正中供释迦佛祖像，两旁为其弟子迦叶和阿难。殿内南墙位置供奉地藏王菩萨。大殿匾额“大寂光殿”

四字，为朱熹行书字体。

药师殿　位于大寂光殿左前方（西南方），坐南朝北，面阔5间，进深2间，单檐五脊歇山顶建筑。殿内正中供药师佛像，两旁为日光菩萨和月光菩萨，合称“药师三圣”，也称“东方三圣”。

弥陀殿　位于大寂光殿右前方（西北方），坐北朝南，面阔5间，进深2间，单檐五脊歇山顶建筑。殿内正中供阿弥陀佛、观世音菩萨和大势至菩萨，合称“西方三圣”。

三面观音雕像　位于山门与大寂光殿中轴线中间，为花岗岩石雕，总高约7米。三面观音像面向三个方位，手持甘露瓶、杨柳枝，垂手而立，作接引众生相。观音像底座四面有“六字大明咒”“般若心经”和“观世音菩萨普门品”等书法艺术雕刻。

寮房　位于大寂光殿右后方（西北方），为韩式卷檐式仿古建筑，是僧人居住之处。

鼎炉　供烧香所用，摆放于大寂光殿前。石质雕刻，前刻“心法无影”，背刻“炉香乍热”。

居士林　位于弥陀殿后方（北面），卷檐式仿古建筑，为居士居住、禅师会客之所。

斋堂　在居士林正北方，为寺院做斋之所。

临济广场（大殿广场）　位于大寂光殿、药师殿和弥陀殿中间，占地1300余平方米。设计理念别具一格，整个广场呈正方形，中间用鹅卵石砌成一个硕大的“莲花”形状。“莲花”四周用鹅卵石砌有4个“帆船”形状的图案，寓意“慈航普度”。广场正中央设有旗杆，旗杆下用鹅卵石拼成一个大大的“非”字。

兴化寺名禅师

临济宗始祖临济义玄　义玄（787—867），唐末高僧，中国禅宗临济宗创始人。俗姓邢，曹州南华（今山东菏泽市牡丹区）人。日本学者铃木大拙在《禅与西方思想》中，称他是“中国禅宗思想史上第一位禅师”。唐宣宗大中八年（854），义玄到河北镇州（今河北正定），在城东南滹沱河畔建立临济院，“学侣云集。”后人称其宗门为临济宗。后来义玄禅师居魏州兴化寺东堂传法。义玄的禅法，突出了人的主体性精神，强调自信，强烈反对崇拜偶像。他呵佛骂祖，机锋峻烈，如电闪雷鸣，给人以强烈的心灵震撼。义玄接引学人的方法更是别具特点，有四料拣、四照用、四宾主、三玄三要。咸通八年（867），“将示灭，说传法偈”说：“沿流不止问如何，真照无边说似他。离相离名人不禀，吹毛用了急须磨。”又对众人说：“吾灭后，不得灭却吾正法眼藏。”三圣出曰：“争（怎）敢灭却和尚正法眼藏？”义玄说：“已（以）后有人问，你向他道甚么？”三圣便喝。义玄说：“谁知吾正法眼藏，向这瞎驴边灭却。”言罢，端坐而逝。塔全身于魏州西北隅，谥慧照禅师，塔号澄灵。后人辑其语要为《镇州临济慧照禅师语录》（简称《临济录》）。

临济宗二祖兴化存奖禅师　兴化存奖禅师（830—889），俗姓孔，本邹鲁阙里之裔孙也（孔子后裔），以祖父官隶于蓟（河北蓟县），遂籍蓟州。七岁时于盘山甘泉院，依止有院晓方禅师剃度，大中五年（851年）具戒。后到钟陵，向有“仰山小释迦”之称的仰山慧寂禅师参学。此后依止于义玄大师，为入室弟子，并担任义玄大师的侍者，直到义玄大师示寂。其间跟随义玄大师到魏州（大名）的观音寺江西禅院弘法。义玄大师示寂后，存奖禅师便到他的师兄三圣慧然大师那里参学，并担任首座。后到魏府大觉禅师那里担任监院，在大觉禅师启发下彻悟了临济宗的玄旨。唐懿宗咸通八年（867年）四月十日，义玄在魏州兴化寺圆寂，存奖成为临济宗第二代祖师，住持魏州兴化寺。因其长期在兴化寺弘扬临济宗法，史称“兴化存奖”，学者称“兴化宗”。兴化存奖继承义玄所创临济宗佛法，把临济宗风播向全国，造成震荡性的重大影响，在临济宗史上具有极其重要的地位。文德元年（888）七月十二日，兴化存奖在魏州兴化寺圆寂。“僧四十一弟子，藏晖行简奉遗命于龙纪元年（889）八月二十二日就本院闻阇维，得舍利千余粒，建塔于贵乡县南（今大名县）薰风里（今旧治乡砖桥村），公乘亿撰师塔碑。”

临济宗三祖南院慧颙　慧颙（860—952），河北人，姓氏不详，又名宝应，号南院。出家后，参谒兴化存奖禅师，获悟。兴化存奖生前把临济禅的要妙传给在魏州兴化寺修行的慧颙禅师，慧颙居兴化寺南院弘法，人称“南院慧颙”，为临济宗第三代祖师。慧颙对临济宗后世的发展，起了至关重要的作用。弟子以风穴延沼最享盛名，归寂于后周太祖广顺二年（952）。

大觉禅师　唐末魏州兴化寺高僧，后任大觉寺（今大名镇西关村西北）主持，是临济宗著名禅师，对佛法解悟深奥。大觉和尚与兴化存奖同为义玄弟子，开悟却早于存奖，是存奖的“助发之友”（帮助存奖开悟的人）。一日，有僧问他：“什么是本来身？”大觉和尚说：“头枕衡山，脚踏北岳，便是本来之身”。僧又问：“什么是佛法？”大觉答：“良马不窥鞭，侧耳知人意。”僧问：“香草没生长出来时怎样？”大觉说：“嗅着脑裂。”僧再问：“香草长出来以后怎样？”大觉说：“脑裂”。大觉和尚临终时说：“一支箭”，便坐化逝世。后其弟子于铁窗口村南建有大觉和尚塔。

超觉和尚　明初大名府兴化寺著名僧人。因兴化寺毁于洪水，超觉和尚痛心疾首，发下宏愿修复兴化寺，遂四处奔波，风餐露宿，极力募化，多年艰辛募资，得以重修兴化寺。超觉和尚之举感动了当地居士，庠生李仁布施土地一弓（10 亩），一位很有名望的田姓老人舍地 50 亩，给兴化寺做地基。超觉和尚以募化之资在这 60 亩地基上大兴土木，建佛殿十五楹。重修的兴化寺宏伟壮观，居然像座城外小城。

雪岸慈和尚　原为南方高僧，清康熙初年游走到大名府，弘扬临济宗佛法，道行高妙，当地居士将其挽留。明建文三年（1401 年），大名府再次遭遇水患，兴化寺又一次被毁。清朝皇室崇奉佛教，皇帝多以佛自居，朝臣上朝议事佩戴佛珠，以示对佛的尊崇。大名佛教僧众、士绅及府县官员，在朝廷的倡导下，追溯唐朝兴化寺临济宗，奉旨将本地郭汝贤所建白衣堂（今大名镇刘窑村东）重建为规模宏大的临济寺。一山西在大名府经商的富翁（后为大通润公和尚）倾经商之资，购寺地数顷。雪岸慈和尚“戒秉华山，法承双住，专务宏道，三传毗尼，夏以安居讲律，冬以节制参禅”。临济寺僧众济济，晨钟暮鼓，一片兴旺。康熙九年（1679），康熙皇帝敕赐寺名为“护国临济寺”。雍正十年（1732），庄亲王赐匾额、联各一。乾隆五年（1740），乾隆皇帝恩赐御校藏经十二部，内以经柜，以传久远。

大通润公和尚　大通润公和尚，山西人，家境富有，原在大名府经商，常游临济寺，听僧人讲经说法，遂大悟，弃妻摒子，在临济寺落发为僧，终生皈依佛门，拿出全部经商资金，购置养寺良田数顷。

附 1：

慧照义玄禅师传略

吾国之有禅寺，始于菩提达摩之东渡，六传而之慧能。宗分南北，悟有顿渐。曹溪法乳源远而流长，不特蔚为中华文化之光，且远播于日朝欧美；天下言禅宗者，莫不仰我中华为肇源之地也。有义玄禅师（787—867）者，全机大用，棒喝齐施，声震当时，法流天下，实禅门之颜闵也。师曹州南华人，俗姓邢氏，性颖悟，以孝闻乡里，幼负出尘之志。既落发受具，即留心于经论毗尼，究幽探赜，不惮艰辛。因慕禅宗别传之旨，遂参黄檗希运禅师，行业专精，鸣啄同时，证据提撕，意融心会，引深融长，感发良多，切磋于愚沩山，以至神柳机英发，妙语绝伦，黄檗遂以其师百丈怀海之禅案授焉。唐宣宗大中八年（854），师行脚至真定，即今正定也。安居于城东南之临济院，以其近于滹沱之津渡，遂以临济自名。适丁兵革，师即弃去，有太尉墨君和者，效长者之布金，乃于城中舍宅为寺，亦以临济命额，迎师居焉。师道誉既高，门风骏烈，闻人胜士，咸来问法。先是普化、克符二上座，师之法叔也。久化北土，遐迩从风，以逸世之雄杰相辅冀，而甘处下位焉。诸方禅德，如龙牙洛浦，麻谷风林，皆炷香敷具，愿执弟子礼，但得一言肯綮，即获道眼圆明。既而往河中府主王常侍延以师礼，住未几，乃仗锡归大名，居兴化寺之东堂。一日摄衣据坐，与三圣慧然问答，授以正法眼藏。复说偈曰：沿流不止问如何，真照无边说似他，离相离名人不禀，吹毛用了急须磨。说偈毕，端然示寂，时唐懿宗咸通八年（867）四月十日也。荼毗所得舍利，弟子分而为二，一塔于魏府之大名、一塔于今之正定，谥号慧照禅师，额其塔曰澄灵。嗣师法者二十二人，各化一方，大阐玄风。兴化存奖为师之上首弟子，其下龙象蹴踏，济济多才，传持临济法脉千年不坠。师传授之法，有三玄、三要、四料简、四照用、四宾主、四喝八棒等种种设施，洪规深旨，为天下学者入道之门。所有机缘语句，具载于师之语录焉。值兹祖印重光，禅风再振之机，略述师之德也，泐之贞珉。诸大德可于有文字处窥师之行，于无文字处识师之面目。离劫有无，不著二边，如何会取临济宗旨？汾阳善昭云：三玄三要事难分，得意忘言道易亲，一句明明万该象，重阳九日菊花新。

佛历二五三四年岁次庚午仲春月
嗣祖沙门本宗敬撰赵增云书

附2：

临济慧照禅师塔记

师讳义玄，曹州南华人也。俗姓邢氏。幼而颖异，长以孝闻。及落发受具，居于讲肆，精究毗尼，博赜经论。俄而叹曰："此济世之医方也，非教外别传之旨。"即更衣游方，首参黄檗，次谒大愚。其机缘语句，载于行录。既受黄檗印可，寻抵河北镇州城东南隅，临滹沱河侧小院住持。其"临济"因地得名。时普化先在彼，佯狂混众，圣凡莫测。师至，即佐之。师正旺化，普化全身脱去。乃符仰山小释迦之悬记也。适丁兵革，师即弃去。太尉默君和于城中舍宅为寺，亦以"临济"为额，迎师居焉。后拂衣南迈。至河府，府主王常侍延以师礼。住未几，即来大名府兴化寺，居于东堂。师无疾，忽一日摄衣据坐，与三圣问答毕，寂然而逝。时唐咸通八年丁亥孟陬月十日也。门人以师全身，建塔于大名府西北隅。敕谥慧照禅师，塔号澄灵。合掌稽首，记师大略。

住镇州保寿嗣法小师延沼谨书
镇州临济慧照禅师语录终
住大名府兴化嗣法小师存奖校勘

第二节　临济宗

根据禅宗的法脉，菩提达摩是东土传如来之法的第一祖，是禅宗的祖师。由达摩而传慧可，慧可传僧璨，僧璨传道信，道信传弘忍，弘忍传慧能。开创了“把外来宗教中国化”先河。六祖慧能可以说是“中国佛教的始祖”“禅宗真正的创始人”。慧能“一花开五叶”，其弟子分别创出曹洞宗、云门宗、法眼宗、临济宗、沩仰宗五宗，大行于中晚唐，在禅宗史上极负盛名。后来，这五宗有的衰微，有的失传，唯有临济宗一枝独秀，传持千年不坠。

临济宗自唐末肇建后，因其独特的生命力，很快风靡于华夏大地，虽经千余年而声誉愈远，并远播日、韩、东南亚、欧美各国。禅宗逐渐渗入中国文化深层，推动了儒、道二家的鼎新。就连新儒学启蒙人物周敦颐都说，自己所领悟到的心法，实则源自黄龙慧南（临济宗黄龙派创始人）。而被日本尊为三大主流文化的禅，也是临济宗最先传入，成为日本禅宗的主流。禅宗法脉十之八九为临济弟子，有“临济禅，满天下”的说法。据资料显示：世界范围内现参研临济禅佛学文化的弟子、学者、居士，达一千万人之多，可谓影响巨大。临济禅学文化得到了世界佛学界和文化界的一致赞誉和高度推崇。

唐末五代是中国禅宗五宗的形成与初传期。在禅门五宗中，其他四宗都形成于江南，唯有临济宗发源于北方。河北省正定县在唐代是著名的“河朔三镇”中镇州的治所，大名（时为魏州）是魏博镇的治所所在地。唐朝在安史之乱以后，中央集权衰弱，被迫承认安史部将保存地方实力，任命张忠志（后赐名李宝臣）为成德镇节度使，薛嵩为相卫节度使，李怀仙为幽州节度使，田承嗣为魏博镇节度使。魏博镇后来兼并相卫，与成德、幽州二镇并称为河朔三镇或河北三镇，占据今河北、河南、山东一带广阔地域。三镇拥有重兵，自署文武官员，户籍不报中央，赋税不缴朝廷。由于三镇的统治者内部的争夺和藩镇之间的兼并，至唐末时，三镇的节度使已几度改换门庭，但三镇拥兵割据的情况没有改变。河朔三镇和其他拥兵割据的藩镇，不仅经常抗拒朝廷的政令，而且不断挑起反抗唐王朝的战争。成德镇治所在恒州（后改镇州）真定（今河北正定），大约在唐武宗会昌五年（845）禁断佛教前后，临济义玄从江西其师黄檗处嗣法后，到镇州传法。义玄晚年应魏博镇何弘敬之请，住魏州贵乡（今大名）传法，并在此地去世。魏州在史书中也被称为魏府。唐德宗建中三年（782），田悦为魏博镇节度使，僭称魏王，改魏州为大名府。在五代后唐时一度改名广晋府，后汉时又改称大名府，故在后来有的史书中也把唐朝时的贵乡称为大名。义玄在河北一带地方传法时，魏博镇的节度使是何敬弘，因为他从朝廷受有“兼中书令”的头衔，所以在公乘亿为义玄弟子存奖写的《塔碑》中称之为“中书令何公”。唐武宗即位后，着手限制和削弱佛教，先废毁广建于山野乡村的众多小寺、兰若，命十万多僧尼还俗，然后在会昌五年（845）下诏，大规模地禁断佛教，此即佛教史书所说的“法难”和“灭佛”，共毁寺 4600 余所、招提兰若 4 万余处，命僧尼 26 万多人还俗……

唐武宗禁断佛教，虽在全国很大地区对佛教势力给予极大的打击，但由于中央集权的软弱无力和地方军政官员、藩镇的拖延和对抗，在许多地区没有完全贯彻禁断佛教的诏令。南方两浙、宣、鄂、潭、洪、福、三川等地，对毁废佛教的诏令不认真执行，而北方河朔三镇等地的节度使则干脆公开对抗。日本天台宗的求法僧圆仁（794—864）尚滞留中国，将他所看到的毁废佛教的情景在其《入唐求法巡礼行记》中做了记载：“三、四年已来，天下州县准敕条流僧尼还俗已尽；又天下毁拆佛堂、兰若、寺舍已尽；又天下焚烧经像、僧服罄尽；又天下剥佛身上金已毕；天下打碎铜铁佛，称金两收验讫；天下州县收纳寺家钱物、庄园，收家人、奴婢已讫。唯黄河以北，镇、幽、魏、潞等四节度，元来敬重佛法，不毁拆寺舍，不条流僧尼。佛法之事，一切不动之。频有敕使勘罚。云：天子自来毁拆焚烧，即可然矣。臣等不能作此事也。”此时镇州、魏博、幽州的节度都信奉佛教，保护佛教，反对武宗禁断佛教的诏令。因此这些地方的佛教没有受到严重损失，能够继续发展。这是义玄与其弟子能够在这里顺利开展传法活动，并较早地创立临济宗的一个重要因素。义玄曾到过河东道的河中府，河中府曾为蒲州，治所在河东县。大约在唐懿宗咸通元年（860）前后，存奖投到义玄门下，从受禅法之后，便启程云游江南名山禅寺，曾参谒仰山慧寂之门，某日忽然听说其师义玄应请已去蒲州，便迅速北上寻师侍奉。从河东县中条山，护侍义玄往河北方向走，走到河南滑县的白马（黄河）渡口，正遇见魏博镇节度使何弘敬派来迎接义玄大师的人。遂将义玄迎请到魏博节度使治所贵乡县城，安置在观音寺的江西禅院，受到当地官员、士大夫和众多僧俗信徒的欢迎，前来参谒者不断。对于义玄从镇州至魏州的事，《临济录》<行录>后附临济小传，有极其简要记载，说义玄在镇州府住的时间不长，“即来大名兴化寺，居于东堂。”贵乡城中的观音寺可能就是兴化寺，也许兴化寺是后来的名称。据上所述，义玄在河北传法，直接得到了成德镇节度使王绍懿、魏博镇节度使何弘敬的支持，为临济禅法的传播提供了优越的环境和条件。可以认为，禅宗迅速发展成为佛教的主流派和禅门五宗的相继成立，如果没有这么多的军政官员和士大夫“外护”的理解和支持，是难以想象的。

第十六编　民情习俗

第一章　居民生活

1979 年后，大名县的居民生活逐渐发生深刻变化，1981 年，全县全面推广和完善农村家庭联产承包责任制。农民年人均纯收入逐年增加，1979 年农民年人均纯收入为 41 元，2005 年达 3270 元，消费水平同步增长，衣食住行发生深刻变化。

第一节　家庭婚姻

家庭规模

1979 年前，大名县流行大家庭制，户均人口 6 人以上，一家三四代八九口、十几口甚至几十口者屡见不鲜。1979 年后，随着人们收入水平的提高和自立意识的加强，再加上计划生育政策的推行，家庭规模呈逐年下降趋势，1983 年全县户均 4.89 人，1997 年户均 4.76 人，2005 年户均 4.13 人，独生子女家庭日渐增多。

1979—2005 年大名县重要年度家庭规模一览表

表 16-1

年份	总户数	户均人口	年份	总户数	户均人口
1983	118836	4.89	2003	172000	4.34
1985	123425	4.84	2004	179000	4.18
1994	145747	4.79	2005	185600	4.13
1997	149920	4.76			

家庭结构

1979 年以来，大名县的家庭结构发生明显变化，核心家庭大量增加，联合家庭逐渐减少，大家庭渐趋解体。核心家庭一般由一对青壮年夫妇及其未婚子女组成，多为两代户。据调查，大名县的核心家庭，1979年占总户数的14%，1990年上升至21%，2005年上升至26%；联合家庭一般由一对夫妇和一对以上已婚子女以及直系亲属多人组成。据调查，大名县的联合家庭1979年占总户数的20.5%，1990年减为17.2%，2005年减为8%；组合家庭一般由家庭主要成员一方死亡或离异、男女再婚组合而成。据调查，大名县的组合家庭1979年占总户数的3.4%，1990年占4.2%，2005年占4.5%。同时，1979年后，随着人们生活水平的明显提高，大名县的适龄青年绝大多数都有经济能力正常结婚，独身（光棍）家庭逐渐减少。现存少量的独身家庭多为老年孤寡或残疾人。

家庭成员关系

父母与子女关系　两代户未婚子女均与父母共同居住。独生子女一般不与父母分开居住，多子女户子女婚后大多与父母共同居住1～2年再分开居住。与子女分开居住的父母，有工资收入、较厚积蓄或有劳动能力的，不向子媳要钱物赡养；无经济来源的，则要子媳钱物赡养。赡养办法有两种：一是父母立灶子媳供养；二是多子轮养，一般以十天、半月、一月为期。偶尔有经济来源的父母，因与子媳不和而住社会养老院的。

夫妻关系　一般家庭男主外女主内。1979年后，随着经济社会发展，妇女地位明显提高，家庭事务由夫妻二人共同管理，部分精明强干的主妇在家庭中居于支配地位。

婆媳关系　随着经济社会的发展进步，媳妇的地位明显提升，媳妇受婆婆管制、歧视的现象基本绝迹，婆媳关系明显改善，中老年婆母主动替儿媳看家、照顾孩子、料理家务已成主流，但也有媳妇不孝顺婆婆，与婆婆发生口角之争现象。

兄弟姐妹、妯娌关系　兄弟姐妹在结婚前共同在一个大家庭生活，结婚后则分家另居。日常生活各人顾各人，遇有大事则互相关照；父母赡养、治病及丧葬费用均摊，但在农村则主要由儿子分担费用，出嫁的女儿无须分担。随着计划生育的深入开展，农村独生子女户、双女户增多，对父母的赡养则需要女儿承担或分担。也有兄弟姐妹不和，形如陌路者。“兄弟阋于墙，外御其侮”的遗风尚存。

分家与继承　多年来，兄弟分家时，父母多采用均分的办法析产，并请家族长辈或村中有威信的人主持写分家单、“立据”。近年兄弟分家多以父母意见为准，请人分家立据已不多见。父母过世后的财产，一般情况下由儿子继承。个别独女户、双女户也有继承父母财产的。

家族邻里关系

家族关系　旧礼，每一家族均有推选产生的族长，族长在家族重大内部事务和对外关系上有决定权。1979年后，族长基本消失，五服、三服以内因血缘关系较近，婚嫁喜庆活动或丧葬事宜共同协办。近年续写家谱、修祭祖坟活动在一些乡村有所回潮，牵头人多为经商致富者或不同层次的“名人”。

邻里关系　俗话说：“远亲不如近邻、近邻不如对门”。1979年后，随着人们的视野开阔、交往范围的扩大和经济上的富足，邻里关系相互帮扶依然如旧，邻里纠纷较过去呈下降趋势。

第二节　收入消费

收　入

1979 年，全县农民人均收入 41 元，人均占有粮食 306 千克；1982 年，农民人均收入达到 211 元，人均占有粮食 392 千克；1994 年，农民人均收入突破 1000 元，人均粮食 477 千克；1999 年，农民人均收入突破 2000 元，人均粮食 690 千克；2005 年，农民人均纯收入 3270 元，人均粮食 653 千克。

家庭经营收入始终是农民收入的支柱。1983 年以后 10 年间，家庭经营收入占全年收入的比例一直在 90% 以上；1994 年，这一比重降至 87% 以下；1999 年降至 77%；2005 年降至 71%，但仍不足总收入的一半，这说明大名县的支柱产业一直是农业，二、三产业不够发达，工资性收入偏低。

1983—2005 年大名县农村住户纯收入及人均粮食百户调查统计表

表 16-2

年份	全部总收入（元）	工资性收入（元）	家庭经营收入（元）	人均纯收入（元）	人均粮食（千克）
1983	112933	—	101487	279	408
1984	128977	—	118028	324	427
1985	220874	—	191721	266	340
1986	215621	—	190558	244	307
1987	245094	—	218509	284	354
1988	368184	—	342091	428	410
1989	368984	—	339933	368	413
1990	409105	—	380423	359	427
1991	363906	22178	341728	384	429
1992	392359	33492	358867	730	382
1993	377434	12326	365108	708	445
1994	505188	25145	438040	1033	477
1995	697993	108393	588526	1442	509
1996	896720	—	763409	1701	504
1997	972615	—	777909	1866	631
1998	983977	—	812387	1899	660
1999	1004203	—	776691	1953	690
2000	994447	207082	774986	2089	641
2001	1023334	210828	799606	2219	625

续表 16-2

年份	全部总收入（元）	工资性收入（元）	家庭经营收入（元）	人均纯收入（元）	人均粮食（千克）
2002	1116417	255883	822803	2442	626
2003	1057155	295866	741812	2441	625
2004	1185982	262353	876626	2804	619
2005	1471665	409149	1048957	3270	653

消　费

1982 年全县人均生活消费支出 96.43 元，1997 年达 496.23 元，2005 年达 1221.7 元。耐用品消费结构发生重大变化。1979 年后，居民的高档耐用消费品是“老四件”（自行车、缝纫机、收音机、手表），1996 年，每万户拥有量分别达 180 辆、87 台、29 台、805 块。1984 年后，居民开始消费“新四件”（电视机、电风扇、收录机、洗衣机），1998 年，每百户拥有量分别达 207 台、137 个、13 台、137 台。1999 年后，电冰箱、摩托车、固定电话、移动电话大量进入居民家庭，至 2005 年，每百户拥有量分别达 14 台、46 辆、64 部、41 部。耐用消费品品种及拥有量的重大变化，从一个侧面反映出居民消费水平随收入水平逐步提高而提高的发展历程。

1979—2005 年大名县农村住户人均支出百户调查统计表

表 16-3　　　　单位：元

年份	全年总支出	家庭经营支出	购置生产性固定资产	税费支出	生活消费支出	其他支出
1979	32.23	—	—	13.84	—	—
1980	28.54	—	—	16.53	—	—
1981	29.79	—	—	11.67	—	—
1982	126.05	—	5.7	—	96.43	—
1983	212.69	41.36	9.23	18.85	137.87	5.38
1984	200.1	40.37	9.5	23.02	124.88	2.33
1985	413.76	90.23	41.67	19.63	254.73	7.5
1986	424.96	110.2	15.92	23.86	268.64	6.34
1987	452.17	120.48	9.54	27.86	284.48	9.81
1988	677.55	186.3	11.21	41.13	410.28	28.33
1989	786.88	248.2	44.24	41.94	413.47	39.03
1990	884.98	325.3	29.92	66.11	425.12	38.53
1991	802.14	222.33	27.12	67.15	445.78	39.76
1992	740.78	247.06	18.68	74.53	364.45	36.06

续表 16-3　　　　单位：元

年份	全年总支出	家庭经营支出	购置生产性固定资产	税费支出	生活消费支出	其他支出
1993	575.25	179.57	6.65	67.84	307.67	13.52
1994	962.06	307.21	9.02	155.78	460.55	29.5
1995	1459.04	412.04	45.87	137.66	800.2	63.27
1996	1489.25	398.59	15.49	114.87	896.3	64
1997	1360.01	408.08	43.14	69.83	751.55	87.41
1998	1100.34	348.66	31.29	47.96	572.43	70
1999	954.74	299.66	1.95	63.23	587.49	1.67
2000	1148	328	24	41	702	53
2001	972	343	47	44	538	—
2002	1404	431	44	67	846	16
2003	1317	389	38	54	827	9
2004	1601	465	1	19	1084	32
2005	1950.39	678.15	28.84	—	1221.7	21.7

第三节　衣食住行

服　饰

服装　1979 年后，大名县人们的衣着档次逐年提高，由解放装变为化纤中山服，再变为多种材质、多样款式的西服、休闲服。2000—2005 年，青壮年衣着大都穿牛仔裤、休闲服。

鞋帽　1979—1989 年，大名县松紧口鞋、塑料底鞋盛行。1990—2005 年，人们夏天多穿凉鞋、拖鞋，秋冬天多穿皮鞋，青年妇女多穿高跟鞋。人们多戴解放帽、鸭舌帽。近年大部分人不戴帽，少部分人戴礼帽、太阳帽。饰物。女子多带耳环、戒指 、项链等；男子有一部分戴戒指、项链。

铺盖　1979 年后，人们除沿用传统的棉被外，各种毛毯、毛巾被、丝棉被逐渐进入百姓家，铺盖柔软、舒适，并配以床罩、被罩。

饮　食

日常饮食　主食以食粗粮为主变为以细粮为主，副食品消费比重明显上升。

节日饮食　1979—1999 年，人们生活水平属于温饱型，逢年过节对饮食置备比较注重。2000—2005 年，人们生活逐渐步入小康型，节日饮食与日常饮食已无大差别。

待客饮食　20 世纪 80 年代中后期，以丰盛的饭菜为主。20 世纪 90 年代后待客大多备酒菜，畅饮后再用饭，档次随家庭条件不同而定。

婚丧寿宴　家庭凡遇婚、丧、寿大事时必备宴席，尤其是对婚宴制作较讲究，有八八席、十三八席、三八席等，席上各种时鲜菜、鸡、鸭、鱼、肉俱全。近年则多到饭店包桌设宴。

出行饮食　改革开放前出行带干粮的习惯已绝迹。出行一般多吃当地小吃，条件富裕者则到大饭店进餐。

住　房

农村20世纪80年代绝大部分是砖瓦房。20世纪90年代盛行明三暗五挂走廊的出厦房。近几年楼房打圈梁，用水泥预制件者增多，木料多用松木，大多是5间正房，2间配房1门楼。经济宽裕者安装空调、暖气。城镇大多是独门独院，或2～3层楼房。住高层或小高层单元楼渐多，部分装有电梯。

器　具

木器家具　20世纪80年代城乡居民多用立柜、三斗桌、木椅，半数以上多为自制沙发。20世纪90年代城乡居民多用组合家具，个别家庭有使用仿古家具者。

家用电器　改革开放初期家用电器为数不多，20世纪90年代中后期家用电器迅速进入城乡居民家庭，电视机开始由黑白普遍升为彩电以后，电风扇、电冰箱、洗衣机、收录机等电器为大多数居民拥有，城镇居民工薪阶层大部分拥有电脑、空调。2005年全县户均一部电话（含固定电话和移动电话）。

室内饰品　客厅，多张挂字画，桌橱上摆陶瓷雕像；卧室内，年轻人多张贴明星照和自己的结婚照。

茶具洗具　茶具一般是铝茶壶、瓷茶壶、白瓷茶碗，配以热水瓶或饮水机；洗具，农村大多是热水袋、热水筒；城镇大多是太阳能热水器、电热水器，近年始有地热水，或洗浴或淋浴。

卫生洁具　农村多是水泥厕所，外连猪圈粪坑，极少数是土坑；城镇大多是陶瓷便池，或立式或卧式，联通下水道。

厨具餐具　农村大多是煤火炉、铝锅。餐具一般是瓷碗、铝勺、竹筷子，城镇的餐具逐渐变小变精致。近年始有煤气灶、电磁炉、微波炉、豆浆机等厨具。

取暖降温　取暖。农村多以煤火炉或地下火炕取暖，后逐渐用采暖炉、暖气片。城镇一般用空调或采暖炉取暖，2000年前后，住宅楼兴起，一般用暖气，少数用地热取暖。降温。农村大多用电扇，空调较少；城镇一般用空调。

照明　除正常用电照明外，农村一部分居民用沼气照明。钨丝灯泡逐渐被节能的荧光管替代。

钟表　有挂钟、座钟，少数大客厅户里摆有落地式钟或墙壁上挂大型电子钟。

照相机　多数是机关单位或企业老板及个体工商户购置，社会上除青年人偶有购置外，农村一般群众购置者不多。

出　行

20世纪80年代人们外出多骑自行车，20世纪90年代摩托车进入寻常百姓家。2000年后，电动车已成为人们的代步工具，各种赛车、山地车也不少见，城镇、农村家庭小轿车越来越多。截至2005年年末，基本实现村村通公路，出门坐公交车十分方便。

第二章　习　俗

大名县地处中原腹地，冀鲁豫三省接壤处，地域辽阔，县境面积较大，东西不同俗，南北规矩迥相异。由于历史文化 、自然环境、社会条件、经济水平、宗教信仰、民族信仰等原因之差异，造成各地存在各自独特的生活习俗。

第一节　礼仪习俗

称　呼

称呼中有亲戚、朋友、同志之分，还有长辈、同辈、晚辈之分，有自称、俗称、专称、爱称等区别。并视其年龄、身份称大伯、大娘、师傅、先生、女士、大姐、叔叔、阿姨等，待答复后以“谢谢”“麻烦您了”为结束语。

对属于长辈的叔伯、老师、领导，一般不直呼其名。称呼时用“您”不用“你”。提到姓氏时，后面加长辈的称呼，像王大伯、高叔叔、李老师、赵科长、刘经理等；询问对方亲属一般加“令”字，如问其父亲称令尊，其母亲称令堂，其子称令郎，其女称令爱。通俗的称法，也有的说“您家我大娘、侄子都好吗？”对自己的父母，谦称家父、家母。所有这些，既表示相互之间的关系，又表示对别人的敬重和自己的谦虚。

同辈之间，对男人多称先生（对长辈称老先生）。旧时女人多称小姐，确知已婚才称太太、夫人、女士。大多数情况下都称同志或师傅，比较熟悉的人，也有称张兄、李姐、老弟、老刘、老王或只称其名，而不带姓。严格地说，同志称呼只限党内。在历史特定时期也有例外。如从中华人民共和国成立后到改革开放前，无论男女老少，党员或非党员，一律都可以称同志。随着与国外交往增多，先生、女士之称更加普遍。

看　望

晚辈看望长辈，多带有营养的食品；长辈看望小孩，大多带玩具或食品；同辈同事看望，除病者外，一般不带礼物。探视病人原则上一般避开农历的“三、六、九”日。送给病人的礼品要适合病情。与病人接触，一般就近坐下，不站立很远。探视时间一般不长，临走要劝慰病人，对家属多说宽慰的话。

待　客

大名人历来热情好客，遇有“喜事”“丧葬”“祭奠”等要设宴招待。遇有“红事”结婚，摆媒人席、款待儿女亲家，添儿孙要设宴招待。平常家里来了亲戚、朋友或遇到尊贵客人，也都热情招待。招待的方式一般都设酒席、备香烟，做丰盛的饭菜。待客强调主动、热情、周到。首先做好准备工作，清洗好烟具、茶具、果盘。如请客吃饭，应先了解客人的嗜好、忌讳，有针对性地准备饭菜。

迎客和送客　客人到来笑脸相迎，问寒问暖，敬烟献茶。夏天请在凉处，冬天请在暖处，并替客人把衣服挂好。客人的随员安排适当位置。与客人谈话顺乎自然，选择感兴趣话题。对客人之间为之互相介绍，知有不睦者不请到一起。父母同客人谈话不插嘴，涉及重要问题借故回避。请客人吃饭时让客人先入席，询问客人喜好食品，及时劝客人喝好、吃饱。客人如不喝酒，主人不独酌。给客人布菜用公筷。饭后递送干净毛巾，请客人适当休息。家中有客，避免家人争吵，不严厉管教孩子，不扫地或频繁看表，以免引起客人不安。客人告辞婉言相留。客人走时，等客人起身主人再起身相送。不是很熟悉的客人要把客人送至门口道别。

安座和陪席　大名人在酒席上讲究很多，形成了自己特色的习俗。安座时让主要客人（辈分高的、年龄大的、最尊贵的）坐首席、上座，以居室方位的正面为上，其余客人分坐两侧，东道主面对主要客人坐下座。多数为东道主作陪，有时还请人陪席，分主陪、副陪。

饮酒和敬酒　一般上两个或四个菜后开始喝酒，先共饮三杯，然后从上座开始，从左至右依次敬酒。敬酒的数量一般是三杯或三的倍数，如六杯、九杯、十二杯。陪客敬酒双手持酒壶，对方饮一杯斟一杯。斟酒一般七分满，俗称“酒七茶八（满）”，也有斟“十分盅”的，称为“酒不满，心不诚”。应对方要求，敬酒者有时要陪酒，即与对方同饮一定数量的酒。被敬酒者一般也要双手接杯，一饮而尽，但不能喝出响声。

还有个敬酒规矩叫“清满端敬同”，尤其耐人寻味，令人回味悠长，在觥筹交错、宾主交欢中体会到大名人的热情好客，以及古老而又悠久的酒文化。20 世纪 80 年代前，在明清大名府城四门以里的大街小巷最为盛行。只不过，现在大家的生活越来越好，开始注意健康养生了，这种虽讲究文化但让客人多喝酒的敬酒礼节越来越少了。

“清满端敬同”总的说来就是请客人喝五杯，敬酒者陪一杯。每一个字都有说法，请客人喝的每一杯酒都有讲究：

第一杯是“清”，即让客人清杯，也就是喝光自己门前杯里的酒，以便于敬酒者斟酒和敬酒；第二杯是“满”，即敬酒者将客人的酒杯斟满（十分盅），请客人喝干，表示自己对客人的到来感到很荣幸，很满足，很骄傲；第三杯是“端”，即敬酒者将为客人斟满酒后的酒杯双手端起来，送到客人面前，进一步表达对客人的敬意；第四杯是“敬”，即敬酒者为对方斟酒后，充满敬意地请客人将酒喝起。一般情况下，这一杯酒是无论如何也要喝干的。否则就代表客人对敬酒者不满意了；第五杯是“同”，即敬酒者和客人同饮一杯，进一步表达敬酒者对客人的敬意，以及进一步加强联系和交往的愿望，有时也表示客人对敬酒者的感谢。陪酒者对所有客人都敬完之后，开始“巡壶”，即酒壶从首席上座开始，自喝自斟，然后传给下一人。喝到大家都满意后，主要客人向东道主要求“上饭”，然后客人派出代表，向东道主回敬三杯，开始上饭吃饭，酒宴即告结束。

上菜和行令酒宴　上菜一般为双数，如 12 道菜、18 道菜。旧俗，丸子与藕都不能先上或最后上。如先上丸子会被误解为还没有上菜就让客人“滚蛋”，最后上丸子会被误解为吃完“滚蛋”。先上藕或最后上藕会被误解为是骂客人“不透气”、不懂礼貌。大名城区和卫河以东上菜有“十三八”的习俗，即“十三个碟子，八个碗，最后来个‘猛一蹿’（鱼）”。行令就是行酒令。喜庆热闹气氛的酒席可以行酒令。酒令有划拳、掷骰子、玩扑克、打竹杠、猜火柴棒、明七暗七等，输者喝酒。行酒令时一般要“闯关”，即发令者要从下一人开始，用同样的酒令与酒席上所有的人较量一轮，称为“走一关儿”。

做　客

做客有两种情况，一是应邀，二是走访。应邀要遵守时间，走访要选择合适时间。走访时尽量避开主人吃饭、午休和繁忙时间。做客时态度要自然大方，行为谨慎端庄。无论应邀或走访，都不可贸然入室。按门铃或轻轻叩门询问主人是否在家，等主人开门或应声再进入。如带风衣、雨具，放在主人指定的地方。对主人家的成员，按“长幼有序”的原则称呼问候，然后再与主人叙谈。主人点烟、倒茶要立接道谢，或点头、伸手致意。主人预备的零食等主人招呼再吃，吃时先让长辈。注意卫生，不随地吐痰、扔烟头、抛果皮。在别人家做客，不乱翻物品，未经允许不拿走任何东西。

主人请客或留饭，等主人入座后再吃、喝，切忌狼吞虎咽，乱洒汤饭，乱喷唾沫星等不雅行为。如在宴会中早走，悄悄告辞致歉意，不干扰大家。无特殊原因做客时间不宜太长，尤其不要影响主人的工作和休息。告别道谢，请主人留步，不在门外继续唠叨不停。

参加寿诞、婚礼、舞会、丧礼等，根据不同气氛，应用不同语言和礼节，防止失礼甚至出笑话。在客人众多的场合，不论是主人把自己介绍给他人或把他人介绍给自己，都要自报姓名、点头或握手致意。

第二节　婚嫁习俗

婚嫁费用

1979 年至 20 世纪 90 年代，由于物质条件普遍较差，大名人在婚嫁方面多不事铺张。一般农户为儿女完婚，亦不过略具规模而已。婚前男家不打新家具，不置新摆设。只是将顶棚、四壁裱糊整齐，来个“四白落地”。做两床红布面、月白布里的被褥，一对蓝地红顶、花堵头的枕头。另外，男、女各做单衣、棉衣各一套（单衣往往是棉衣的外罩）。女家陪送的嫁妆有木箱子一对，内装四季衣服，匣子一对，内装首饰、绢花等饰物。一般妆奁的丰俭，仅表现在桌面的摆设和日常手使的小件东西多寡上。乡间没有专职的“星命圣人”，民间嫁娶合婚，大半只是找当地一位“土圣人”，根据历法给男、女双方看看“命相”（在五行上“相生”还是“相克”）、属相（双方在属相上是“相合”还是“相犯”）。如“不犯大相”不妨公婆，不妨自身，就算“乾坤定矣”。进入 20 世纪 90 年代后，城乡高聘礼、高陪嫁、大操大办之风渐盛，给一些家庭经济上造成很大压力。特别是 21 世纪后，每对新人结婚费用支出小则 2 万元，多则 3 万元以上，是 20 世纪 80 年代的 10 ~ 15 倍。

婚　俗

提亲　青年男女结为夫妻，大多要经人介绍（介绍人、媒人），介绍人到男女双方家介绍情况，双方认为条件合适，介绍人则安排双方见面，男女双方相互相看，一般由父母及亲属陪同。

定亲　互相相看后，只要无异议，就算定下来。接下来是下占帖、过大书。过大书时，男方要给女方订亲礼，一般 4000—6000 元，也有 10000—20000 元的。双方经过一段来往，情投意合后，择日进行结婚登记，领取结婚证。青年男女也有自谈恋爱的，但也要找个介绍人出面挑明此事，并从中说合有关事宜。

迎娶　结婚日期一般由男方确定。迎娶的前一两天，男方一般都要搭起席棚，从本村请来“帮忙”的屠户宰猪，请厨子做菜。迎娶头天亮轿。从至亲里找一个十岁左右的小男孩，穿上小长袍、小马褂，头戴一顶大红绒球顶子的小青缎子帽。打扮得像个老爷爷，坐在轿里，谓之“压轿”。由被请来帮忙的四位老乡充当轿夫，抬着沿街巡行。名义上是“亮轿”，实际上是演轿，在村里兜风。正式迎娶除了极其富有的（镇上或城里有买卖商号）之外，一般喜轿是从镇上的喜轿铺赁来的，讲究的用绣花轿围子，一般只用素红轿围子，轿夫一律便装。发轿时，跟随娶亲太太、娶亲官客。喜事临近，男方布置新房、置办家具、准备酒宴，事前还要与女方订婚纱、照结婚照。结婚前一天，乡眷、亲朋送贺礼，大多是50—200元。典礼这一天，即派车迎娶。20世纪80年代初期，还多用4～8辆自行车，现农村多用出租车，一般八至十几辆。城镇根据条件车辆不等，有些条件好的使用高档轿车，少者十来辆，多者二十几辆。女方出门，除送亲车辆外，还有四至六辆摩托车前面开道，一路鞭炮不断，并有摄影师、录像师一路跟随摄影、录像。新郎的朋友以各种各样的花招闹新郎，如抹花脸、猴上杆、打夯、撕裤子和摔鸡蛋，把新郎闹得丑态百出，才算达到高潮。男方家中张灯结彩，喇叭高唱、门上贴囍字、对联。女方到家即拜天地、开宴席，相互庆贺。公婆的嫂子乘间给公婆抹黑脸、化丑妆，叫“遮羞”。

出嫁　女家接“好儿”后，即开始为女儿准备嫁妆：衣裳、铺盖、陪送。农村大多是在彩礼的范围内，给女儿陪送沙发、衣架、盆架、脸盆、暖瓶、洗衣机、冰箱、彩电、摩托车；城镇居民，父母不仅陪送这些，富裕的有的陪送轿车、楼房、存款折等大件。出嫁的当天，女子早早去盘头化妆。一般早八点钟以前，男方迎娶车辆来到女方家，十点钟后，送亲的到男方家来。过去是两天办，女方父母第二天才到男方家来；现在是一天办，在送亲的走后，城西是男方另车来接女方父母、亲朋。城东是女方父母自备车辆与亲戚一块走。二十世纪七八十年代，娶亲时新郎不到女家来；现在娶亲，新郎不但到女家来，并将新娘亲自抱上花轿或婚车，并唱“抱一抱，抱一抱，抱着我的娘子上花轿”，增添了一番喜悦的气氛。乘此期间，女方的嫂子或婶子，给新郎和女方的父母抹黑脸遮羞。新娘子到了男家，与新郎拜堂，即算出嫁过门。晚上有嫂子铺床，床上撒枣、桂圆、花生等，意即“早生贵子”和“生儿育女”。半夜，嫂子、晚辈还听房，听新郎与新娘说悄悄话。

婚礼　21世纪前，大名婚礼时兴在院内设天地桌，新婚夫妇拜天地。喜轿回到男家，新人下轿之前，先要“上头”（整理一下红盖头）。然后由两位“全福不忌”（儿女双全）的女傧相搀下轿。由另外两个小姑娘，以两块红毡倒换着往地下铺，铺时是角搭角，边对边，不留空当，新人穿新鞋不沾地。新人头搭红盖头（上不见天），脚踏红毡（下不履地）。怀抱宝瓶，经过马鞍，鞍上放一串铜钱，寓意步步平安、步步登高，步步有财。这时，由一男傧相赞礼：“一块檀香木，雕刻玉马鞍，新人朝上迈，步步保平安！”“一拜天地，二拜高堂，夫妻对拜！”“动乐！搀新人入洞房。”至此，鼓乐大作。新人入洞房之后，要登着半匹白布、半口袋高粱上炕。取“步步登高”之义。结婚日期必须找算命先生或懂阴阳的先生看，依人生辰八字择定日期，俗称“看好”。城镇特别是国家干部、职工则主要选择五一、十一为结婚日。农村由媒人送好儿、送彩礼。“好儿”大多定在年前年后，彩礼一般是10000～20000元。新式婚礼女方到男家，即有几位陪娘簇拥着来到挂有大囍字的婚礼案前与新郎举行典礼仪式。即有司仪喊：“一拜天地、二拜高堂、夫妻对拜、送入洞房”。在农村，此项仪式较为简单，没有喊完女方就跑进房去。在城镇此种仪式则复杂繁琐一些，特别是礼仪公司为其操办，这种仪式长达一两小时。其中，有一项向公婆认亲改口，公婆需向儿媳掏“认亲钱”，一般几百至几千元不等。

请女婿 女儿出嫁后来年春节时，女儿和女婿一同回门拜年，本家的长辈都要一一拜到，受拜者都要准备四个菜一瓶好酒送来。不管本家有多少人，三桌五桌都连着摆，新女婿坐上席，老女婿两边陪坐，其他人依次向后排着坐。席间想各种办法向新女婿劝酒，本家的嫂子们也来凑热闹，使新女婿丑态百出，谓之请女婿。大名县东西习惯不尽相同。卫河以西大年初四请女婿，卫河以东大年初二请女婿。

对岳父岳母的称呼 大名城镇居民结婚后，男女双方称对方的父母大多称爸爸妈妈，少部分称爹娘。农村居民结婚后，男女双方称对方的父母，多数叫爹娘，少数叫爸妈。大名北部近馆陶县界一部分村庄，卫东靠南乐县界的几个乡（镇），叫法有些特别，男女结婚后，女方叫公婆为爹娘；而男方叫岳父、岳母为大爷、大娘，据说是为了尊重对方才这样叫的，因为大爷、大娘比自己的父母还要年长。

特殊婚俗

兄弟娶姐妹 一家两个亲兄弟，迎娶另一家的两个亲姐妹，兄配姐，弟配妹。有的兄弟姐妹两对新人在同一天拜天地，有的两对新人结婚的时间相差数年之久。

姐妹续嫁 姐姐结婚生子女后，因故去世。留下子女无人照看，又怕落到后娘手里孩子受罪，又刚好妹妹未出嫁，经人说合再娶妻子的妹妹为妻。此事为极少数。

换亲和转亲 边远农村的陋习。如张、李两家各有兄妹二人，经人说合，张家兄长迎娶李家妹子为妻；李家兄长又迎娶张家妹子为妻，此为换亲。张、王、李三家各有兄妹二人，经人说合，张家兄长迎娶王家妹子为妻；王家兄长迎娶李家妹子为妻；李家兄长迎娶张家妹子为妻，此为转亲。以上两种结亲方式在大名虽有，但都不多见。

停丧服娶 旧时，男女双方订婚后还没过门，公公或婆婆死了，家里停着丧，马上通过媒人说合，随便找一辆车把女方接来，并不举行任何仪式，直接披麻戴孝，就算过门了。这种迎娶过门的方式就叫作“服”。旧时习俗家里出了丧事不满三年不得办喜事，停丧服娶为农村条件不好的部分家庭所采用。二十世纪七八十年代，这种情况并不鲜见，进入二十一世纪后逐渐绝迹。

冥婚 所谓冥婚，就是死人与死人在阴间结婚。大名风俗单身（就是光棍）死后不可以进祖坟。成了孤魂野鬼，无处安身立命，必找另一家的单身女子新坟结为冥婚，为他（她）二人合葬。大多草草合葬了事，但也有少数人家为他（她）们举行盛大的冥婚仪式，走亲戚如活人一般。有的两家则保持长期亲戚关系。

守寡与改嫁 大名旧时，女人出嫁无论为妻为妾，必须“从一而终”，中途一旦丧夫，成了孀妇（寡妇）即终身不能再嫁，只能成为婆家的一员，无条件地受婆家的役使，谓之“守寡”。俗云“好马不吃回头草，好女不嫁二夫男”“好马不备二鞍，好女不嫁二男”。即便婆家没有生计，生活困难，亦不能改嫁，谓“饿死事小，失节事大。”如果改嫁，将来死后到了阴间，见到前夫将无法交代。而且，在现世也会被歧视。同时，寡妇往往被视为不祥之人（不得参与家族内敬神祭祖，婚丧大典）。好像她丈夫的早死，与她的“妨”与“克”有关。故门第较高的初婚者多不愿娶寡妇。与此相反，民间下层有的往往与寡妇交往无忌。甚至为此争斗，俗云“寡妇门前是非多”。再者，男子丧偶后“续弦”（再娶）亦不忌讳娶寡妇，因为命运相同，条件对等，彼此无所挑剔。

寡妇再嫁　在迎娶礼俗上与初嫁不尽一样。旧时大名寡妇改嫁的婚礼大抵有如下的三种形式：多为夜间迎娶，后来改为下午，大约表示是“后婚”；响器、执事大多从简。寡妇坐轿子不能脸朝外，必须脸朝里，谓之“倒轿正脸”。娶寡妇多是男子丧偶后“续弦”，由于不是“原配”“正配”，迎娶仪式也就不能算是“正娶”。寡妇走出原来的婆家（或娘家）与进入新夫家均不得走正门（一般无旁门者自当免俗）。同时，也不用花红大轿迎娶，而是由男的用车来接。临时雇个看街的挑一桶净水，放置门前约二十米远的地方，将扁担立于墙根，等车到此处，寡妇即下车，用脚将水桶踢倒。任水倾洒于路，说是“洗洗身上的污垢”即丧夫改嫁的耻辱，其实，这乃是寓意“露水夫妻”。作为新郎来讲，则寓意“望水迎亲”。被迎娶的寡妇骑马（驴）或坐车而来，新夫门前立一根扁担，寡妇下了马或车，即将扁担抱起，表示“嫁鸡随鸡飞，嫁狗跟狗走，嫁了根扁担也得搂一搂”，仍是为了正改嫁不贞、不节、不义之名。有的不是抱扁担，而是抱树。意味着寡妇自身有了依靠。

养老女婿　也称“上门女婿”“赘婿”“倒插门”等。男子就婚于女家，并成为女方家庭成员。多为女方家无男儿，为传宗接代、补充劳力，或为女方老人养老送终。养老女婿有的改姓女方之姓，有的则不改。此俗已渐演化为现时之女娶男，男到女家落户。

婚庆公司

2000—2005 年，县城内有多家婚庆公司承办各种婚宴庆典、开业奠基等业务。以承办婚庆为大宗业务。公司预备大红地毯、彩圈门、音响、彩泡机等一切婚庆必备用具。因有专业人士当司仪主持婚礼，要比街道司仪主持的婚礼热闹隆重得多，为婚礼增色不少。但使用者大多为城镇居民，农村居民少数家庭富裕者也使用。

婚庆用乐

20 世纪 80 年代初期，大名民间操办红白喜事、婚宴庆典等活动，多用民间乐队、响器班和放电影。21 世纪后，放电影的已不多见。民间乐队、响器班虽然还有，但多与有声光设备的歌舞团组合演出。部分人家还请专业秧歌队、小乐队、歌舞团或剧团到家演出，增加了观赏效果。

婚庆民谣

古城大名，文风兴盛，底蕴深厚，耕读渔樵，亦多能诗词歌赋，说起民谣，自古风行。很多人家操办红白喜事的时候，多有人自编自唱，即兴拈来，或以快板或以清唱或以吟诵等形式表演，以助气氛达到高潮，实为庆典增色不少。

婚俗帖式

城镇居民逢喜庆婚宴，邀请亲朋好友多用请柬，或打电话，或亲朋间互相转告。男女双方订婚、结婚大多是举行仪式，双方互赠信物，如戒指、项链、衣服、鞋帽等，少部分人家仍旧喜欢用各种婚帖。农村思想观念较为传统，大多注重传统礼仪与形式，对各种婚帖更加重视，应用也更加广泛。如：占帖、大帖（换帖）、看好帖等。

占帖　用于男女双方婚姻初步商定。男方给女方所下的帖。又叫小帖。

谨占於农历六月初八日通启大吉
姻亲既定
即成金诺
永不悔矣
待后纳聘
姻眷弟××顿首拜
农历六月初八日

占帖式样

大帖　又叫换帖。用于男女双方婚姻商定后，正式举行订婚仪式时双方互换的帖子。又分男帖和女帖。男帖又叫四幅帖子，即折成四折，红色向上。再用龙凤套装上，上书“谨呈大书”。“谨呈”二字靠上边写小字，“大书”二字位于中间写大字。男帖封套上也可以写“百年好合”；女帖封套上也可以写“天长地久”。

囍
伏以
大德望翁杨亲家先生大人阁下
启
上
姻眷弟朱清黎顿首拜
诗始关雎
易首乾坤
书传釐降
礼重人伦
时
农历二零一零年岁次辛酉杏月上浣榖旦

男帖式样

（注：祖父带“翁”字，在自称上也要把“姻眷弟”改成“姻眷晚”，女方如无祖父可不带“翁”字。女方如无父亲只有母亲，可称“大德望杨亲家大人”即可。“大德望翁”句是用红纸条粘上。）

囍
伏以
大德望翁朱亲家先生大人阁下
启
上
冰人传语
得结良缘
今逢小启
高门许攀
姻眷弟××顿首拜
农历庚寅年十二月初八日呈

女帖式样

（注：如女方只有母亲，要自称“忝眷杨门吴氏顿首拜”。如男方有祖父“忝眷”后要再加一“晚”字。）

看好贴　又叫结婚帖，是男方看好黄道吉日后，给女方所下的结婚帖。外面封套上大书“天地良缘”。

吾儿
谨择於农历庚寅年十二月初八日　完婚通启
大吉
一、论新人送女客忌三相牛、虎、狗余大吉
一、论新人上车面向东方大吉
一、论新人出嫁路遇井、石、庙宇用红布遮之
大吉
姻眷弟王琦顿首拜
农历庚寅年正月十六日呈送

看好帖式样

谢帖　除用于结婚外，还可用于添小孩谢客之用。

领
谢
张俊伟拜

谢帖式样

谨择於农历庚寅年十二月
十八日在大名宾馆雅间吉酌
恭候
冰教（或称月老）
张胜利拜

请媒人帖式样

第三节　丧葬习俗

多数家庭老人或病人，在暮年或病危时，由子女备寿衣、寿木（棺木）。20 世纪 80 年代后，城镇相继出现了专营丧葬用品的店铺，各种丧葬用品齐全。老人去世后，大部分家庭不再自制寿衣而到专营商店去买。人老去世为“倒头”，按照传统的风俗习惯，死者停放在上房正中床板上，俗称灵床，身上盖白布或白纸，门前摆供，燃香、烛，大门外挂白纸条，停灵期间晚辈家人及族人（三服以内）披麻戴孝，街坊亲友吊唁、上祭、送纸钱，一般停尸三天，小可停两天（死者上有父母者称小可），也有极少数停丧五至七天的，子女昼夜守灵，有亲属祭拜时，子女跪拜答谢。停尸期间一般押纸九次，俗称灵魂到本村土地庙报到，夜送盘缠。实行火葬后，这种旧礼仪逐渐从简。大名旧时多为土葬，封建礼俗特别繁琐。贫穷人家丧葬简单凄凉。灵前没有纸扎挽联，没有哀乐，有的甚至没有寿衣。用一副薄薄的棺材盛殓，有的用不起棺材，用苇席卷起葬埋。20 世纪 80 年代后，提倡丧事简办，提倡火化，但有些礼仪仍在延续。亦有亲朋吊唁，送花圈、白幛，20 世纪 90 年代开始改送黑纱者居多。不少村成立红、白理事会，帮助简办丧事。死者是干部、党员者开追悼会，以致哀思。

21 世纪后的丧葬礼俗

21 世纪后，随着社会进步和人们思想认识的提高，大名城乡的丧葬礼俗发生了很大变化。主要表现在：

厚养薄葬　注重对死者生前的赡养、孝敬老人，而对死后的丧葬则不事铺张。盛行火化，骨灰装骨灰盒存放，有的寄存在殡仪馆，有的在当地建立了骨灰堂。禁止土葬，不用棺材，不埋土坟头，不占用耕地。

祭礼文明　亲戚朋友吊唁死者，有的送花圈，有的送黑、白纱，多数随份子送现金、行鞠躬礼。

淘汰旧俗　普遍取消了办“四七”“五七”，只在周年祭日举行小规模的祭奠仪式。

丧葬周年叩拜礼

农村祭祀祖先、举行丧葬、周年祭祀礼仪活动时所行之礼曰叩拜礼。叩就是叩首即磕头，拜就是作揖。如果给神仙叩头要叩三个头，比如到庵、观、寺、庙里边。如果给鬼叩头要磕四个头，如葬礼、上坟、家里的祖宗牌位等，俗称“神三鬼四”具体如下：肃立站直，左手在外右手在内，半握拳，深作一揖，先左腿后右腿跪下，双手按地慢慢以头触地磕头。行步、叩首必有作揖。除葬礼外，拱手作揖时左手在外，右手在内谓之吉拜，参加葬礼时作揖要右手在外，左手在里谓之凶拜。

四叩礼　作一个揖，到供桌前，再作一个揖，站着传三根香，跪下献三杯酒，磕四个头，起来再作一个揖，即告完毕。（孝子还礼时再作一个揖）。

九叩礼　大名农村常见九叩礼流程：作一个揖，跪下磕三个头，起来再作一个揖，上供桌前，作一个揖，站着传三根香，跪下献三杯酒，献完磕三个头，起来作一个揖，退回原位，再作一个揖，磕三个头，跪哭三声，起来作一个揖，即告完毕。孝子还礼时再作一个揖。

十二叩礼　十二叩又分“短十二叩”和“十二叩单上香”。“短十二叩”的顺序是：入场先作揖打躬，跪地四叩首，起身作揖打躬，前行（路径长的话，走步时可以作揖打躬）至祭台前，作揖打躬，分三次接过台案上的三炷香，自左低起上扬传递至右，作揖打躬，跪下以后献酒（接酒是高接低传，意为祭奠亡灵），三盅酒献完，四叩首，起身作揖打躬，回身至入场地点，作揖打躬，跪地哭拜三声，四叩首，起身打躬作揖，礼毕。退场时，事主家还会叩首道谢，假如事主陪客长辈为主，这时还要回叩首表示尊重。平辈以下可以作揖还半礼。“十二叩单上香”就是把入场的四叩首改为三叩首，三柱香、三杯酒拆分为六次往返，三炷香每次的起点补上一个叩首，三杯酒每次在供桌前一叩首，最后回到起点再三叩首，刚好凑够十二叩首，其他都一样。

二十四叩礼　又分为丧礼上祭二十四叩礼和周年上祭二十四叩礼两种。

葬礼上祭二十四叩礼。

灵棚认祭。分别向两边的司仪、响器乐队行礼作揖。主祭人来到灵棚前，肃立并注视着逝者的灵位或遗像，作一揖，俯身下跪三叩首。起身后，整冠肃立。献祭前礼，主祭人行献祭前，作一揖，上供桌前，作一揖，站着奉三根香，跪下献三杯酒，俯身下跪三叩首。献祭后拜，献祭结束后，陪祭人员退下。此时，主祭人在不起身的情况下再行三叩首，起身作一个揖，肃立。上位侧叩拜，献祭起身后，主祭人向后退一步。稍作停顿后，向右边平移一大步，使自己处于正对灵棚上入门方位，俯身下跪一叩首。稍作停顿后，上一大步，作一个揖，俯身下跪一叩首。稍作停顿后，再上一大步，俯身下跪一叩首，此时应已走到了灵棚门里。

棺前献祭，庄重肃立后，先三叩拜。陪祭人端着祭品、香、酒上来，开始棺前献祭，作一个揖，站着传三根香，跪下献三杯酒。献祭后，陪祭人退下，主祭人再三叩首。退位侧叩拜，主祭人在棺前庄重肃立并稍作停顿后，向左边平移一大步，走到灵棚的出门处，俯身下跪一叩首。稍作停顿后，退后一大步俯身下跪一叩首。稍作停顿后，再退后一大步，俯身下跪一叩首。此时应已退到与跪席平行处。

收尾叩拜，主祭人向右平移一大步，使自己处于跪席前，稍作停顿后，作一个揖，俯身下跪三叩首。

行答谢礼，主祭人叩拜结束后，起身肃立，双手自然下垂，并向司仪、响器乐队人员抱拳作揖。到此时，“二十四叩礼”才能算是全部完成。二十四叩礼的过程程序复杂，大名人正是通过这样一种繁复的礼仪，表达着他们对逝者的尊敬之心。

周年上祭二十四叩礼。行礼时须有唢呐乐队伴奏。行礼者面对供桌，从东南始，作一揖，再向司仪、乐队各作一揖，再向主位作一揖，四叩头，站起；左脚向左前方跨一步，作一揖，四叩头，站起；右脚向右前方跨一步，作一揖，四叩头，站起。上供桌前，作一个揖，站着传三根香，跪下献三杯酒，四叩头，站起；左脚向左后方退一步，作一揖，四叩头，站起；右脚向右方平迈一步，至起点中间位置，作一揖，四叩头，站起，礼毕。因其共叩拜二十四下，故称“二十四叩礼”。

三十二叩礼　行礼时须有唢呐乐队伴奏。行礼者面对供桌。入场先作揖打躬，跪地四叩首，起身作揖打躬，前行至祭台前，作揖打躬，分三次接过台案上的三炷香，自左低起上扬传递至右，分三次传，每传一根香，回到起点四叩首，作揖打躬，跪下以后献酒，分三次献三杯酒，每献一杯酒四叩首，起身作揖打躬，回身至入场地点，作揖打躬，跪地哭拜三声，四叩首，起身打躬作揖，礼毕。退场时事主家叩首道谢，还要还半礼。三根香、三杯酒共是六次四叩首，加上起首结束各四叩，相加正好是三十二叩首。

七十二叩礼　七十二叩礼又称七十二拜，则需从前后左右以及四个角（共八个方位）依次拜下来，共需要七十二叩首，即磕七十二个头，程序极为繁复。大名农村某些葬礼、周年祭奠活动上，有逝者的女婿、娘家侄子等亲戚在祭奠仪式上行七十二拜礼。主祭人站在第一个位置作揖，磕一个头，作揖；来到第二个位置作揖，磕两个头，作揖；然后每个点作揖，叩三个头，起来再作揖。来到第五个位置，要先对着司仪、乐队作揖，再作揖，站着奉香一支，跪下献酒一杯，叩三个头，起来作揖。一直到第九位置算是一圈，叩了二十四个头。以此类推，总共转三圈，奉献完三支香、三杯酒，七十二叩礼才算完成。重要的一点，叩完最后一个头不起身，而是趴在地上痛哭，谓之举哀。等司仪上前劝阻几次，才能起身作揖。

丧俗帖式

城镇居民丧葬、周年，多用请柬或打电话以邀请亲朋厚友，一部分人还用传统礼仪贴来邀约亲友。农村居民大部分人家都用传统帖来邀约亲友：

谢帖　白事谢帖分四种形式：谢帖一、谢帖二适用于逝世、四七、一周年；谢帖三适用于三周年；谢帖四适用于十周年、二十周年以上。

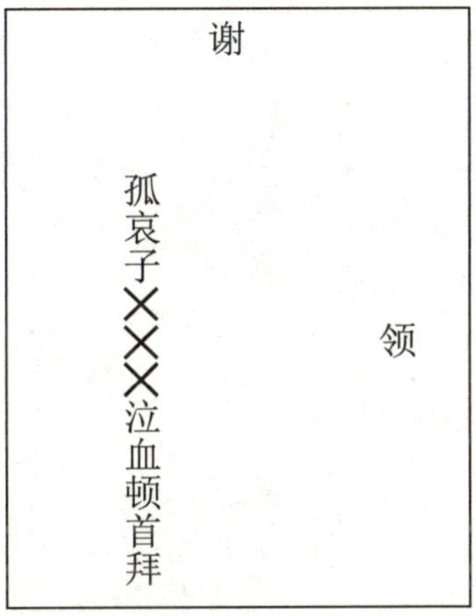

谢帖一

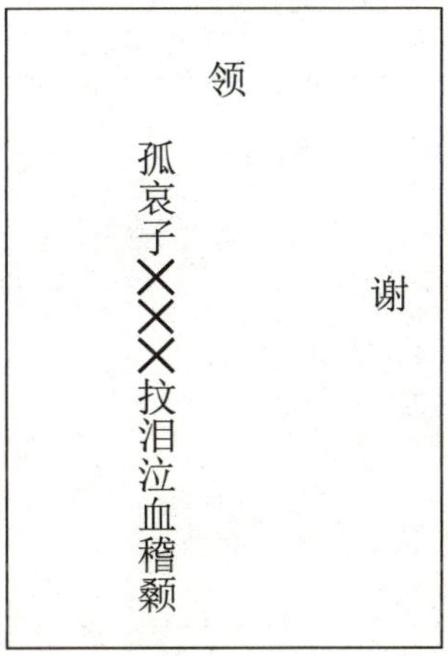

谢帖二

谢帖三

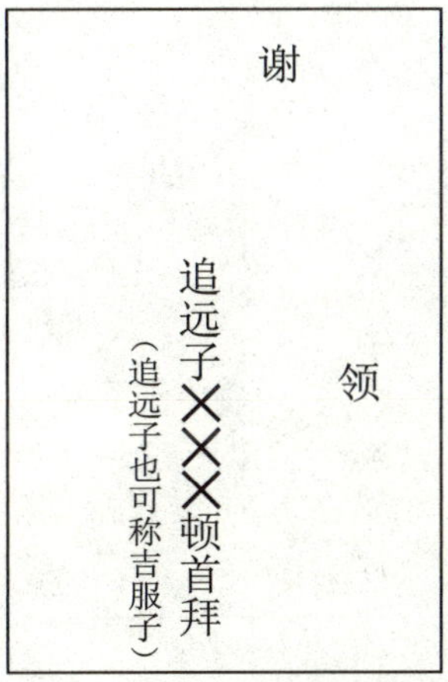

谢帖四

去世帖 又称倒头帖。父亲去世曰先考，母亲去世曰先妣，父母都去世曰先考妣。父亲去世自称孤子，母亲去世自称哀子，父母都去世自称孤哀子。旧时多用二式，今一般多用一式。

先考妣寿终概不烦礼
孤哀子××泣血稽颡
奠

去世帖一

不孝子×××，罪孽深重，弗自
殒灭，祸延先考 讳遵法，痛于甲午
年八月二十九日五时寿终正寝，距生
于庚午年六月十八日，享年八十三岁。
不孝子×××随侍在侧，即日亲视含
殓，尊礼成服。哀此讣。
择于九月初一日十时发引
孤子×××泣血顿首

去世帖二

忌日帖 用于忌日，如四七、周年等。

农历五月初四日显
考妣四七概不烦礼
奠
孤哀子×××泣血顿首

四七帖

农历庚寅年五月九日
先考一周年忌日概不烦
小祥子×××顿首拜
奠

一年帖

农历庚寅年八月十九日
先考三周年忌日概不烦礼
奠
阕服子×××顿首拜

三年帖

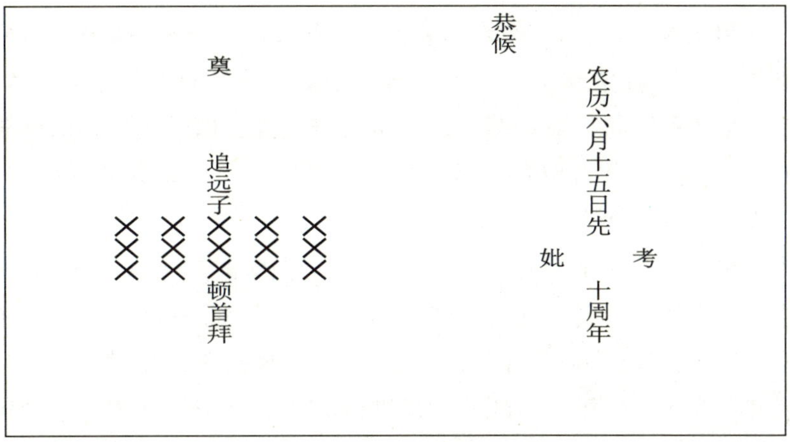

十年以上通用帖

其他帖以倒头帖为例，祖孙帖发帖人自称承重孙，其他同以上帖；以请街坊为例，聚会或商量事情。

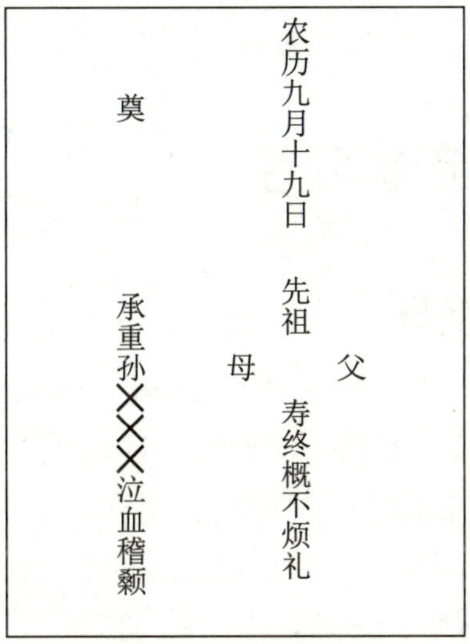

祖孙帖

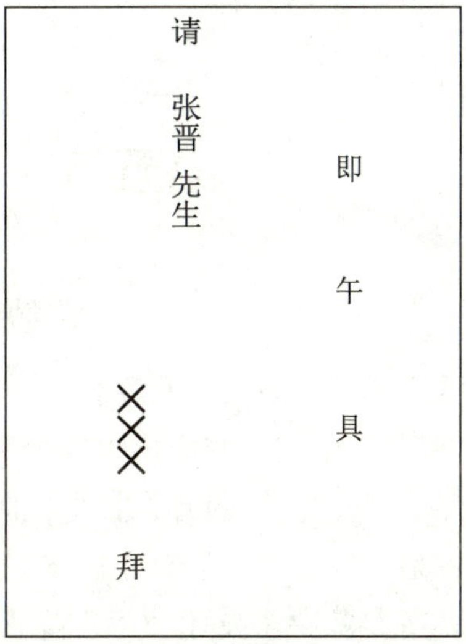

请街坊帖

第四节　生育习俗

在大名，生男孩叫“大喜”，生女孩叫“小喜”。过去，出生时多由接生婆接生；现在，大多到医院由医生接生。婴儿出生三天，向其外祖母家送喜面，谓之“报喜”。若附一本书即示生男，附一支花则是生女。男孩出生十二天，女孩八天或九天，亲朋带礼品来贺喜，俗称“办十二天”“办八天”“办九天”。外祖母家礼品最重，用礼盒抬着鸡蛋、挂面、红糖、婴儿衣物以及看钱等，礼盒上方悬挂红绸，男女亲属齐来贺喜。产妇未满月不能到别人家去，回娘家走满月后才能串门。改革开放后此旧俗渐破。现在多数家庭在满月和一百天照相留念。三岁以后，姥爷每年六月送羊，爷爷奶奶给压岁钱。

旧时，外祖父母、舅父舅母给外甥、外甥女送“羊”。源于沉香劈山救母的传说。沉香劈山救母后，要砍杀虐待其母的舅舅杨二郎，声称要“剥其皮，食其肉”。杨二郎为重修兄妹之好，每年给沉香送一对活羊（羊与杨谐音）。早先送活羊，如今改做小麦面蒸的面羊。送羊的含义：一是羊羔跪乳，教育外甥孝顺父母。二是“羊”与“阳”谐音，有送阳寿之意，即盼望外甥顺利长大成人。大名送羊一般选择农历六月的二、四、六、八双日。送去后不要立即吃食，要先放一夜，俗称“卧圈”。送羊一直到外甥十六岁，即进入青年期为止。

婴儿出生后，传统习俗百日内起乳名，也叫小名。待上学时起“学名”，也叫大名，一般人都有两个名字，在家叫乳名，出外叫大名。乳名一般由家长起，讲究亲切随便，一般不和姓连用。起名的习惯有：兄弟姐妹排字起名，如二狗、三妮等；以动植物名称命名，如虎、豹、秋菊等；按出生时间顺序排序起名，如甲寅、丙戌等；按当时的政治风潮命名，如红卫、文革等；按民间崇拜物命名，如大龙、二凤等；按方言习惯命名，如嘎子、囡囡等；按出生时特殊情况命名，如早顺、凌晨等；“闯名”（出门闯到什么就以什么命名，例如遇到狗就叫“狗儿”、遇到石头叫石头等）。学名则庄重典雅，与姓连用，既表明家族隶属关系，又表明个人的称谓，以三字居多，二字次之，也有四五字者，为极少数。起名的方法有：排字起名法，表达感情色彩法，根据出生地命名，根据时代特点命名，根据季节命名，根据成语典故命名等。改革开放后，逐渐出现有以西方女子名字译音起名的，如娜、莉、莎、娅等。

第五节　节令习俗

传统节日

春节　旧时称年关或年下，现在习惯称春节。自农历腊月二十三至正月十五元宵节，都属于春节期间。扫尘、祭灶。“腊月二十三，家家户户乱拾翻。”这是一个传统节日，主要是迎接新年、扫尘讲卫生，故称扫尘节。“陈”与“尘”同音，扫尘也叫扫陈，有除旧迎新之意。据传，扫尘节选择此日，与民间传说腊月二十三是“灶王爷”上天之日有关。这个节日还要吃芝麻糖，灶王爷吃罢芝麻糖，将要“上天言好事”了，等待除夕子夜才“回宫降吉祥”。为此，人们趁“灶王爷”上天之日，里里外外进行一次大扫除，以便把疾病恶邪赶跑。期待来年大吉大利。大名也有的地方把腊月二十四日称扫尘节。现在虽仍沿袭旧俗，但在内容上有了新的演化。一是不像先前置办年货那么多了，因现在市场货物丰富，过年初几就有新货上市。二是馒头大多自家不再蒸了，而是购买为主。家家户户的门口都挂起宫彩灯，福字倒贴，意即福到了。

除夕　即农历腊月三十日晚上。这天，一般早饭家家户户吃饺子，中午吃大锅菜，夜里有守岁的习惯，此日，外出人员一般都赶回家来吃团圆饭。一家人坐在一起饮酒话家常。年轻人大多饮酒、打牌或看电视、熬通宵，曰守岁。

正月初一　即春节的第一天，起五更，放鞭炮，男女老少着新衣，首先跪拜祖先的牌位，然后晚辈向长辈磕头拜年。长辈给儿孙小孩“压岁钱”。年轻人随后走街串巷，向街坊长辈拜年磕头。最近几年，县城中磕头跪拜者渐少，改为道贺问安，还有向远道的亲友打电话问安拜年。从初二开始即串亲拜年，或在家招待来拜年的亲友，直至初七即止。旧时，正月初一这一天的禁忌繁多。诸如忌打碎器物为不好兆头，如打碎要赶紧说一声“岁岁（碎碎）平安”，或“越打越发”等，以作禳解：忌吵架、骂人，民间风俗以为正月里吵架骂人会败兴一年；忌扫地倒垃圾，洗脸水也不能泼，怕把财富泼掉了；忌遇殡葬，忌剃头等，还有忌说不吉利语：凡“破”“坏”“死”“光”“鬼”“杀”“病”“痛”“输”“劣”等不吉利的字眼，都禁说出口。早晨开大门前还要燃放一挂鞭炮，然后才能说话，以为如此就不易犯忌了。初一天亮前忌大声说话，忌呼唤姓名。催人早起只许用爆竹声或其他东西的响声惊醒。清晨忌在被中打喷嚏不止，俗以为如此则主有病灾不祥之兆。年初一，各家争相早起，忌拜年于床前，若受拜者卧床未起，以为大不吉利。忌动刀弄杖：刀、杖以及斧、剪之类，初一严禁动用。同时，忌用针线，更忌杀生。初一又是鸡的生日，初一晴天，一年养鸡没病灾。

正月初二　这天大名东部新出嫁的闺女要回娘家，曰“回门”。新女婿给岳父送的礼物要双数，忌单数。初二又是狗的生日，初二晴天，一年中狗没病灾。

正月初三　旧时又叫“小年朝”“赤狗日”，遇时则不吉。“小年朝”，例应祀祖祭神。故初三忌出门或宴客，只在自家中祭祀天地神祇、祖先家神，或闺女回娘家给祖先上坟烧纸。俗以为正月初三夜晚是老鼠嫁娶的佳期。人们在这天晚上都要早早熄灯上床，免得打扰了老鼠的喜事。初三是猪的生日，初三晴天，一年中猪没病灾。

正月初四　是大名卫河以西地区闺女回娘家请女婿的日子。又是羊的生日，初四晴天，预示一年中羊没病灾。

正月初五　俗称“破五”，这一天不得以生米为炊，要吃饺子，也是因为要“捏破五”，以补破五之破。破五又是春节诸多禁忌开禁的日子，过了初五，人们就可以随便些了。初五又是牛的生日，初五晴天，牛没病灾。

正月初六　一切恢复正常，店铺开业，照常工作。开门之前，每每燃放鞭炮，其数量之多，持续时间之久，不亚于除夕境况。居民亦会在当日接姑姑、姑奶奶回娘家过年，当日即返。大名民间又有送穷神的习俗。传说穷神是姜子牙的妻子，人们为了防止春节期间穷神进家，门上挂红笺可以防她。家中主妇要把节日积存的垃圾扔出去，谓之送穷鬼，门上的挂笺也可摘下来同时扔出去，叫作送穷神。初六又是马的生日，初六晴天，一年中马没病灾。

正月初七　大名民间过人胜节。初七是人的生日，人之后生，视人为尊。人日要尊敬每一个人，旧时官府不能在这一天处决罪犯，家长不能在这一天教训孩子。这一天，年满十六岁以上的青年均可自由上街玩耍，所谓“鸡不啼，狗不咬，十八岁的大姑娘满街跑”。各处庙会也在这一天掀起客流高潮，游人明显比初一到初五多。少男这一天要着意打扮，充分展示自己的青春朝气，少女要自制人胜、花胜（都可以用金银箔、彩纸、彩色布剪出来。人胜就是人形，花胜如花朵，戴于头上，也贴于屏风、大门之上等处，以此象征新一年人丁兴旺）饰物，自己佩戴或相互馈赠，显示自己手工技巧。这一天，民间还有用七种蔬菜熬“七菜粥”的习俗，在人日食用，以此来取吉兆，说此物可以除去邪气、医治百病；另有吃面条的习俗，讲究面条越长越好，取长寿之意。此外，人日还叫“人齐日”，民间有上土地庙送灯的习俗，人们将一盏油灯放在土地神像前，家里有几口人就点上几个灯捻儿，此时无子的人家要去偷灯，认为这样可以求到儿子。

正月初八　俗称“谷日”。喜晴忌阴。晴兆五谷丰收，阴兆谷物荒歉。

正月初九　俗称“天日”，即玉皇大帝的诞辰。旧时有祭天的礼仪。

正月初十　俗称“石头生日”。俗语说：“十（石）不动”。凡磨、碾、碓臼、捶布石等均忌动用。

元宵节　俗称小年、上元节，也叫灯节。上元节吃元宵，煮好后先敬祖先，然后阖家团聚，吃元宵，以示团圆幸福。大名从正月初十即开市，人们开始购买元宵、灯笼。十五日这天吃饺子、元宵、晚上放烟火、点花灯。正月十六日早晨，大名有早起“烤火、转井、踏青”的习俗，人们围在火堆旁，边烤火边念叨：“正月十六百草灵，烤到哪儿哪儿不疼。”以为烤火可以防灾灭病。直到十六晚上，送祖先牌位，烤火已罢，春节即告完毕。

填仓节　大名西部民间正月二十五称为“填仓节”。这一天农家禁做农活，妇女禁做针线。农家于傍晚在家中院内用草木灰撒出粮囤图形，供奉五谷”，乞求“五谷丰登”“粮食满仓”。

二月二　农历二月初二有“二月二，龙抬头”的说法，“二月二，龙抬头，大家小户使耕牛”。大名民间有剃头、祭祀、敬文昌神、摊煎饼、吃面条、炸油糕、爆玉米花、吃猪头等习俗。这一天在饮食上也有一定的讲究，因为人们相信“龙威大发”，所以这一天的饮食多以龙为名。吃春饼名称“吃龙鳞”，吃面条名“扶龙须”，吃米饭是“吃龙子”，吃馄饨为“吃龙眼”，而吃饺子则叫“吃龙耳”。这些习俗寄托了人们祈龙赐福、保佑风调雨顺、五谷丰登的强烈愿望。大名乡间二月初一晚上，在院内用草木灰画粮食囤，囤内放几粒粮食，用瓦片盖上，曰：添仓。初二早晨把瓦片揭开，孩子们手拍瓦片唱歌谣：“二月二龙抬头，大囤尖小囤流”。有的摊煎饼、卷豆芽，口念：“二月二刮大风，家家户户摊煎饼”。县城画粮囤的渐少，但吃煎饼的习惯仍保持着。旧时妇女在二月二这一天不做针线活，怕刺伤龙眼。

清明节　此节日也多称寒食日。这天早起，家家上坟烧纸钱添土、祭祀先人。在县城工作或经商者，也乘早回到故里，向父母或祖先坟前送钱添土。过去是纸，现在换成了冥币或冥元宝。机关、学校则组织干部学生到烈士陵墓祭扫，缅怀先烈业绩，进行革命传统教育。

端午节　农历五月初五亦称端午。大名民间有包粽子、炸糖糕的习俗；大名因地理环境，把“飞龙舟”改为“划旱船”，为民间文艺活动之一。

六月六　六月六是农历中非常流行，也是夏季很受重视的一个民俗节日。大名县流行晒衣物、书卷，人、畜沐浴、请姑姑等风俗习惯，农村多数人家过此节。这天还是民间祭祀山神和给麦王做生日的日子。六月六日，夏收刚刚结束，为了庆贺丰收，人们还给麦王做生日，于是形成了吃饺子等饮食习俗。有民谣说：“六月六，看谷秀，碗大的包子一兜肉。”

乞巧节　农历七月初七“乞巧节”。大名未婚少女过此节的风气很盛。传说此日晚，喜鹊在天河架起鹊桥，天河两边的牛郎、织女一年一度夫妻相会，在葡萄架下可听到牛郎织女窃窃私语。因“织女”心灵手巧，少女们以绣花针放在薄纸片上，置于盛满水的杯中，纸洇湿下沉，针仍浮在水面者，则为巧女。还有的供奉针线，以乞手巧。

中元节　农历七月十五日为中元节。过去，每到中元节民间都开展各种活动，如烧“包”（纸做的元宝）以给亡人一些钱花，又称鬼节。大名民间这天祭祖先，上坟烧纸钱，与清明节上坟相似。

中秋节　农历八月十五，这是一个传统的隆重节日，也是个花好月圆的团圆日。这天，外出人员一般都回家吃团圆饭。家家户户购月饼、买水果、置酒菜。旧时，晚上用月饼、瓜、果祭拜上天，也有用毛豆供月中玉兔的。现在，此节间亲朋好友互赠月饼、烟酒，或相邀饮酒作乐。机关单位给干部职工赠送食油和水果。

重阳节　农历九月九日为传统的重阳节。这是一个老年人的节日。此日吃发糕、饮老酒、赏菊花，以借“九九”之意，祝老人健康长寿。此节期间，各单位都向离退休老干部慰问，送些礼品。此外还有出游赏景、登高远眺、观赏菊花等活动。

寒衣节　农历十月初一俗称寒衣节，此日家家户户上坟烧纸，祭奠祖先。儿女们不仅烧纸钱、供果食，并烧纸衣裤，意在给过世人送衣御寒。民谚："早清明，晚寒衣。"意谓十月一天寒，鬼们也感觉冷，要等太阳升高了才能出来，所以，上坟也不要去得太早。还有"十月一哭啼啼"，上坟的女性要放出悲声，有的人家"十月一"在家门口、路口放"食灯"（用杂面做成酒盅样，注香油燃放着），让没有后代的穷鬼也吃到供品，以防他们与自己先辈争供品。

下元节　农历十月十五是传统节日"下元节"。大名民间有在下元之夜焚"金银元宝"等祭拜祖先亡灵的活动。沐浴后，身着严肃庄重的服饰，在洒扫干净的家中摆好几案，放上鱼肉、水果为祭品，略备祭酒。折红绿纸为仙衣，折锡箔为银锭，装入白纸糊的袋中，正面写"谨言冥宝一封、彩衣一身，上献先祖父母或显考、妣受纳"，下书"子、孙某某百拜"，背面写"某年、某月、某日谨封"，俗称"金银元宝"，叩拜后焚化。下元日又是水官洞阴大帝禹帝的诞辰日，龙王庙、金滩镇等地常有祭祀活动，焚香祷告、打扇鼓，热闹非凡。扎五颜六色的彩船，在河中巡游，名曰"水色"，水色由此得名。下元节这一天，大名有些农家在大门口竖起高高的"天杆"，白天在杆顶张挂杏黄旗，旗帜上写"天地水府""风调雨顺"等字样，到了晚上则换上三盏"天灯"，以示祭祀天、地、水"三官""三官庙"香火极盛，届时烧香念佛的善男信女云集坐夜，通宵达旦唱诵《三官经》。下元节也是大名炉匠祭祀炉神的日子，供奉鱼肉水果等。炉神就是太上老君，源于道教用炉炼丹。

冬至　冬至是中国农历二十四节气之一，多在公历 12 月 22 日前后。大名县在此日早晨吃饺子，俗谓"安耳朵"，可避免把耳朵冻伤。因自冬至起进入"一九"，气候变寒。农谚："冬至前后，冻破石头"。卫河以东村庄称冬至为冬下。旧社会新婚妇女头一年必须在丈夫家过冬至，谓："不过冬，死公公"。

腊八　腊八节又称腊日祭、腊八祭、王侯腊或佛成道日，即农历十二月初八日。人们将五谷杂粮放在一起熬成粥，即腊八粥，预祝来年五谷丰登，也有人把大蒜泡在醋里，谓腊八蒜。过去人们熬腊八粥多用自备五谷杂粮，近年多从商店超市购料熬制。腊八粥内有大米、小米、绿豆、豇豆、小豆、花生、大枣等原料，有的还要加肉丝、萝卜、白菜、粉条、海带、豆腐等。

社会节日

元旦　即公历 1 月 1 日，俗称"阳历年"。此节前一天，党政单位、工商企业及沿街商铺均挂彩旗彩灯，渲染节日气氛。节日放假一天，宣传文化部门或大的企事业单位，组织干部职工举行文艺演出、书画展及其他文体活动。此节，农村一般没有活动。

三八妇女节　即 3 月 8 日，这是妇女们特有的节日，全县各行各业妇女干部职工放假半天，并由各单位组织座谈会和文体活动，并赠纪念品。县妇联组织召开全县妇女代表大会，对妇女中涌现出来的"女强人"典型命名为"三八红旗手"，进行隆重表彰。

植树节　即 3 月 12 日，这是国家法定的植树节。每到这天，县委、县政府组织县直所属各单位干部职工及学校师生，到城外或新修道路两旁进行植树。

五一国际劳动节　即 5 月 1 日。县总工会组织全县干部职工举行竞技比赛或文体活动，并对劳动模范进行表彰。有条件的企事业单位组织干部职工出外旅游，开阔视野。近年"五一"长假个人游、家庭游渐多。

五四青年节　即 5 月 4 日。每逢此节，共青团县委组织部组织团员、青年举行知识讲座、演讲比赛、歌舞比赛等各种形式的文体活动，并举行青年先进事迹报告会，对先进模范团员、青年进行命名表彰。

六一国际儿童节　在中小学特别是幼儿园，每逢此节，幼儿园的小朋友们都举行舞蹈、演唱及活动，后又添了书画、武术等比赛项目。县教育局组织对优秀作品和表演进行评比和表彰。

七一建党节　大名是革命老区，直南七师（大名师范前身）是冀南革命的摇篮，老党员、老革命较多，每逢七月一日前，县委及组织部门都组织纪念活动，如党的知识问答、时事政策竞赛，以及书画比赛。节日期间，县委领导带礼品到老党员、老干部家里进行慰问。县委召开七·一表彰会，对优秀党员、党务工作者及先进党组织进行表彰。

八一建军节　节日期间，县委、县政府和县武装部到烈、军属家慰问，武装部组织民兵到训练基地实弹打靶，一些机关单位与事业单位对退役老战士进行慰问或放假半天，部分退役军人组织战友聚会。

教师节　即9月10日。全县教师和各学校开展活动，向老师发纪念品，并放假一天。县教育部门对优秀园丁进行表彰。对退休教师进行慰问，帮助解决困难。全县形成了尊师重教的风尚。

国庆节　即10月1日，重大节日，县城内各单位门口都插彩旗、挂彩灯，街上悬挂庆祝标语。国庆期间，文体活动相当丰富多彩，如演唱会、诗歌朗诵会、球棋类比赛、书画展、菊花展等。有条件的单位组织干部职工外出旅游，有的回故乡帮助老家收秋种麦。

其他节日

情人节　即2月14日。这天，有情人互赠鲜花与礼物表达爱意。

愚人节　即4月1日。这个节日大名亦有流行，在少数知心亲朋当中相互举杯相庆。最典型的活动还是青年人互相开玩笑，用假话捉弄对方。

护士节　即5月12日。在大名县大、中医院亦有所执行，给护士放假并慰问。

母亲节　5月的第二个星期日为母亲节。改革开放以后这个节日大名县城乡开始流行，这天不让母亲干活，改善生活，并以衣服礼品或一束鲜艳美丽的康乃馨相赠。

父亲节　每年的6月19日或6月的第三个礼拜日为父亲节。近年此节日在大名渐渐流行，或陪父亲吃顿好饭，或赠送礼品。有的延伸到向叔伯或舅父问好。

感恩节　即11月25日。感谢上帝一年来给予的五谷丰登。以相聚、会餐庆贺。这个节日在美国没有确定的时日，即每年11月的第四个星期四。多在基督教群众中举行。

圣诞节　即12月25日。基督教节日，多在基督教群众中举行。近几年，圣诞节在世界盛行，在大名县也悄然兴起。每逢此节，城乡除信基督教的群众外，教外群众也来游观，大名城内东大街天主教堂内节日气氛浓烈。

第六节　集　会

庙　会

大名旧时庙宇众多，寺观遍地，来往烧香求神的人很多，买卖商品之集市随之形成，故称庙会。大名县共有114个庙会，有固定日期，其中蔡屯村南的黄罗山庙会、李茂堤三排村的兴国寺庙会、石家寨的东土山庙会都是有名的香火大会。会上多数都请戏班唱戏，亲朋赶会送篮子，家家备酒席招待亲朋。庙会上有烧香求神的、打扇鼓的、传教布道的、看戏逛会的、相亲见面的、买的卖的，应有尽有，人山人海，拥拥挤挤，热闹非凡。大名县各乡（镇）都有一个或几个村有旧庙会，有的一年会日一次，有的两次以上，孙甘店乡石槽村每十二年会期一次，会前广发告示，会日连续几天。近年庙会商业气氛比传统气氛更加浓郁。

集　市

大名县 90% 以上的人口散居在农村从事农业生产，长期以来自发形成了集市贸易。

各乡镇集市贸易均为定期，一般每旬 2 ～ 4 个集日不等，成集均在上午，过午即散。集市上的商品，都是以类别形成各种市场。如：骡马市、猪羊市、粮食市、木料市、车马挽具市、肉食、布匹和日用百货市（旧称京货棚），各有地盘。各市场均有经纪人，为买卖双方议定价格，促使成交。成交后，买卖双方均须向经纪人交付佣金，买卖大牲畜的佣金为“成三破二”，即买方交货款的 3% 佣金，卖方交 2% 的佣金。各市的经纪人因是凭嘴吃饭的，所以又叫“牙行”，讲价钱的方法也比较特殊，有经纪人分别与买卖双方在衣袖内或衣襟下，以手势比划代替语言来讲价钱，这种方法叫“鸟局”，因手的形状而有挠六、捏七、撇八、钩九的说法，如双方均无异议即可成交。也有反复鸟多次未成交的。农忙时，集市贸易自行停止。农历腊月二十日左右，集市贸易大开放，称“乱市”，“乱市”后各种商品可以随意摆放，自由买卖，不受经纪人的约束。中华人民共和国成立后，曾一度集市贸易被管死，逢旧历的一、六才能成集。改革开放后，一些集市又得到恢复。2005 年，全县共有 25 个集市，各乡镇（村）每个月都有固定集市期。大小不一，每旬 2 天、4 天逢集不等。

早　市

主要是蔬菜和早点。早晨，农民把自种的蔬菜、瓜果运到市上出售。过去早市在羊市街、东大街，现在主要有元城路早市、城东路早市、三里店环岛早市三处，其他各路口都有零星散摊蔬菜瓜果出售。豆腐、豆芽不在菜市上出售，没有固定地点。其他卖菜人也有不到菜市上去的，而是走街串巷卖。市民的菜篮子得到了充足供应。

第七节　民间信仰　禁忌

民间信仰

大名县民间信仰主要是老天爷、灶王爷、关爷和财神爷。百姓家过春节有贴财神、老天爷、灶王爷的习俗，并烧香上供。

关爷　大名民间，普遍在一进街门的屋墙上或影壁墙上供着神像，中间端坐着“关爷”，左边是捧印侍候的关平，右边是扛大刀护卫的周仓。对联曰：“三国忠良将，万代正直神”，横批：“山西夫子”或“关帝圣君”。大名人供俸“关爷”，据说与大名人多数是从山西迁民而来有关。门内供奉“关爷”，也有将其视为“护宅神”，保一方平安之意。农历五月十三日，传说是关羽挥泪杀妻之日，一般这天要下小雨，称是关爷掉下的泪。民间这天禁忌动刀砧。

财神　在大名民间家庭和一些买卖铺面里，一般都供奉“财神”。据说这位财神是宋代善管钱粮的丞相文天祥。联曰：“招财进宝，日进斗金”等。反映了人们渴望发财过好日子的心愿。

大名民间，还有木匠供俸鲁班；中医世家供俸李时珍（药仙）；多数家庭供俸“玉皇大帝”，俗称“老天爷”的习俗，联曰：“佑四时风调雨顺，保八方国泰民安”，反映了人们企盼社会安定、农业丰收的愿望。

禁　忌

城乡群众生活中有诸多禁忌，随着人民文化思想水平的提高，现在已大为减少。

妇女婚后不能长期住在娘家，农历的春节、中秋节、冬至等节日更不允许在娘家过。

妇女生孩子必须在自己家，绝不可在亲戚朋友或别人家，即使是自己的娘家也不可以。产后回娘家走满月之前，不能到别人家去。

父母去世后，百日内不能剃头、理发，带生孝不能串门。

父母去世未满三年，农历正月初一不能去别人家拜年，需在年三十晚上去，正月初一自家也闭门谢客，不受别人的拜年。

家有丧事去亲戚家报丧，不能直接进入其家，需在门外将主人喊出，主人要在自家门口撒一道草木灰。

床席下铺的谷杆草不能竖放，因为只有死人才铺竖草。

不能将筷子插在盛有饭菜的碗上，因为供奉死人时才这样插筷子。

勺子向碗里盛粥、饭时，勺子要向里侧倒，若向外倒就将财运倒走了。过去大名处决死刑犯时，五花大绑出西门砍头前，走在大街上，如向那家饭铺要好东西吃，店主都是拿勺子向外倒。

除夕包饺子忌说“包完了”“包了啦”“包停当啦”，要说“包满啦”。

大名有正月不理发之习俗，以为正月理发会妨（害）舅舅。

结婚当天，第一顿饭都是婆婆做好亲自给新媳妇送去让她吃，一般都是水饺或烙饼，但都不熟，婆婆看着新媳妇吃一口，再问她：“生不生”？新媳妇要说：“生”。婆婆则满心欢喜。在这里所说的“生”，是生孩子的“生”，不是水饺或烙饼生不生。

第三章　社会主义精神文明建设

1981 年 3 月，县委、县政府发出开展“文明礼貌”活动的通知，动员全县干部群众积极投身“五讲四美”文明礼貌活动。“五讲”即：讲文明，讲礼貌，讲卫生，讲秩序、讲道德；“四美”即行为美，语言美，心灵美，环境美。全县 10 万人利用一周时间走上街头，开展各种公益活动，清理垃圾 8000 立方米，植树 5 万棵；1982 年 3 月，精神文明创建进入兴起阶段，主题是开展“文明礼貌月”活动。搞好环境卫生，解决一个“脏”字；整顿公共秩序，解决一个“乱”字；提高服务质量，解决一个“差”字。同时规定每年的 3 月份为“文明礼貌月”。县成立“五讲四美”领导组织，制定第一个“文明礼貌月”实施方案。县直各单位干部职工、各中小学校师生及农村青年近 15 万人参加以治脏治乱为重点的公益活动，清理垃圾近3万立方米，植树20万棵；1983年3月，全县精神文明创建加进“热爱祖国、热爱社会主义、热爱党”内容。结合“五讲四美”，同时加强共产主义理想信念教育，进行职业道德、责任、纪律教育，进行民主与法制教育，进行正确的审美观和社会主义生活方式教育，文明礼貌活动由表及里、逐步深化。3月6日，县委、县政府召开广播动员大会，提出“全民礼貌月”活动的内容是在治理脏、乱、差的同时，搞好“三优一学”（即优质服务、优良秩序、优美环境；学雷锋树新风）。城乡广大青年、机关干部、武警官兵，组成200多个小分队，开展“学雷锋做好事送温暖”活动，为孤寡老人和人民群众办好事、办实事3000多件。同年下半年，大名县成立“五讲四美三热爱”委员会和办公室（简称“五四三”委员会办公室）。办公室设在县委宣传部。1987年6月，改设县精神文明建设委员会及办公室，挂靠县委宣传部管理。1996年县机构改革，仍为大名县精神文明建设委员会及办公室，编制3人，成为常设机构，负责全县日常精神文明创建指导工作。2005年编制5人。1984年后，在全县相继开展创建各种文明单位活动，并成为“五四三”活动的基本形式和基本内容。县“五四三”委员会办公室制定了创建文明单位、文明乡（镇）、文明村的基本标准，即“六好”：班子建设好，思想教育好，文化建设好，综合治理好，卫生环境好，经济（工作）效益好。当年，县委、县政府命名表彰了1个文明乡（镇）、79个文明村、89个文明单位。此后，县委、县政府每年都进行此类命名表彰。1986年9月后，大名县的精神文明建设在以往工作基础上，把坚持四项基本原则教育、反对资产阶级自由化的斗争作为精神文明建设一个重要内容，县委、县政府制定《坚持四项基本原则教育、反对资产阶级自由化、加强精神文明建设的实施意见》，对广大共产党员、干部群众进行路线方针政策教育，开展“一个中心”（以经济建设为中心）、“两个解放”（解放思想、解放生产力）大讨论。开展深化改革、艰苦奋斗宣传教育，利用各种宣传形式和工具，大力宣传改革开放经验和先进典型，鼓励干部群众“建功立业”。在县烈士陵园、郭隆真纪念馆、金北村郭隆真故居、七师谢台臣纪念碑，建成4处爱国主义教育基地，加强“双德”（社会公德、家庭美德）教育，制定完善职业道德规范，进行职业道德培训，突出抓好“窗口”单位，开展“文明机关大院”、服务行业“优质服务竞赛”“群众评议”“纠正行业不正之风”活动，在全县营造“说文明话，办文明事、做文明人”氛围，优质服务、优良秩序、优美环境水平明显提高。

在创建活动中，各类群众自治组织蓬勃发展。全县农村建立红白理事会612个、计划生育协会651个，有的还建立道德评议会、妇女禁赌会，狠刹婚丧事大办风、封建迷信风和赌博风。县统一制定《文明公约》，印刷20000份，分发到全县各单位和乡（镇）村；乡、村分别制定《乡规民约》，印发到农户。各级精神文明建设组织和队伍进一步巩固壮大。1986年起，39个乡（镇）和53个县直单位全部建立健全精神文明建设委员会（领导小组）。1987年，各大企业和事业单位陆续建立健全精神文明建设组织和办事机构，配备配强专职队伍和人员。1990年后，大名县精神文明建设以创建文明县城、创建文明行业、创建文明村镇“三个创建”为主题，深入开展讲文明树新风活动，形成抓城带乡、抓条（行业）带块、抓点带面、抓大带小、抓共建带自建的模式，全县精神文明建设更加系统规范。2003年年末至2005年年底，县委、县政府及时把创建文明生态村作为新时期活动主题，使精神文明建设深入发展。

第一节 文明创建

文明县城创建

1990年开展创建卫生县城活动，以集中治理脏乱差为抓手，广泛开展对主要街道、广场、车站活动等公共场所和卫生死角治理，组织县直机关干部职工和中学生分工包片，开展爱国卫生突击日（周），各单位、门店普遍实行门前“三包”责任制，即包卫生、包秩序、包绿化，做到卫生有人清理，秩序有人管理，花草树木有人护理。建立城区管理局，组成60人的专门保洁队伍，坚持每天正常环境维护。在大名府路、育才路等街区开展以街容街貌、公共秩序、优质服务为主要内容的“文明一条街”综合治理，并对各个商场、市场、交易网点加强整顿治理。组织交通警察、城管执法人员对交通秩序进行治理，禁止大货车、拖拉机进入城区，强化人车分道、定点停靠等措施，制止商贩在街道上随意摆摊。同时对居民小区、餐饮业和文化市场加强管理，城区环境卫生面貌大有改观；坚持以人为本理念，充分利用爱国教育基地和重大节日，对居民进行思想道德教育。结合迎香港、澳门回归，开展“万人签名活动”。制定出台《居民文明公约》，印发到居民户。

发动居民开展评选“文明市民”“文明家庭”活动。1997年大名镇南大街退休干部杨立合被评为邯郸市“十佳市民”；1997年至2005年，开展“形象建设工程”，县城大搞开展净化、绿化、美化、亮化。对县城出入口进行综合治理，西口道路拓宽，并建成城标广场；东口设雕塑环岛；明代府城北门、东门改建古典城楼。大名府路改建，北环路、育才路等县城道路建设，使城区形成三纵九横道路框架；电力大厦、国税局办公楼等一批新型建筑落成。人民广场、西环岛城标、引河公园等市政基础设施建设给县城注入新活力。在主要公共场所、临街单位大上开展绿化、亮化工程，城区街道栽植景观树木3万棵，两侧人行道全部铺设地面砖硬化；县城照明铺设电缆71900米，安装路灯1299杆。其中高压钠灯1047杆、不锈钢杆宫灯69杆、低杆节能灯91杆，庭院灯54杆，草坪灯24杆，高杆灯2杆、垂柳灯2杆、宝石灯2杆、槐花灯2杆，中华灯2杆、投光灯4盏。机关拆墙透绿，使县城绿起来、亮起来、美起来。1998—2002年，2004—2005年，大名县城先后7次被邯郸市委、市政府命名表彰为“文明县城”。

文明行业创建

广泛开展“四职一纠”和“夺杯”竞赛活动。1991年2月开始，在全县税务、工商、交通、电力、商业5个行业、13个单位，开展职业理想、职业道德、职业纪律、职业技能，纠正行业不正之风（简称“四职一纠”）竞赛活动，每年组织一次。1996年，从行业特点出发，更名为文明执法、优质服务、便民利民“夺三杯”竞赛活动，参加单位增至26个，1998年增至30个。各参赛行业对职工加强“四职一纠”教育和培训，进一步修订本行业职业道德规范和服务措施，积极参加竞赛活动。同时，每年都对参赛行业和单位进行上评下、下评上和社会评议，每年印发社会评议卡4000多份，回收率达97%以上。1997—1999年，县地税局连续3年夺得县“文明执法杯”竞赛第一名。2002年加入“民主评议行风”内容，全县在社会各界、各条战线聘请100名“社会监督员”，由各参评单位“一把手”报告行业“纠风”文明建设情况，通过“社会监督员”评议、填写评议选票，评出行风建设优秀单位、先进单位、一般单位和较差单位。当年评出县国税局等优秀单位8个，公安局等先进单位8个，其他为一般单位。每年组织一次，至2005年共进行4次。1998年始，开展优质服务“文明示范窗口”活动，通过层层推荐，选定示范窗口，再由行业自荐，县文明委把关，市文明委审定。

1998—2001年大名县“窗口”行业服务质量二星级单位表

表16-4

年份	系统及单位名称
1998	电力系统：红庙电管站、城关镇电管站；公安系统：110指挥中心特勤队、政保股、信访股、大名镇派出所；工商系统：孙甘店工商所；邮电系统：邮政营业厅、县邮政储蓄所、北关邮政储蓄所；国税系统：直属征收分局；地税系统：龙王庙税务所、城镇税务所；建设银行：第一储蓄所；农业银行：县支行计财部；卫生系统：县人民医院；交通系统：交通局公路站、金滩镇道班、龙王庙道班、西未庄道班
1999	电力系统：红庙电管站、城关镇电管站；公安系统：110指挥中心特勤队、政保股、信访股、大名镇派出所；工商系统：孙甘店工商所；邮电系统：杨桥邮电支局、万堤邮电支局、金滩镇邮电支局、龙王庙邮电支局、北关邮政储蓄所、东街邮政储蓄专柜；国税系统：直属征收分局；地税系统：龙王庙税务所、城镇税务所；建设银行：第一储蓄所；农业银行：县支行计财部；卫生系统：县人民医院；交通系统：交通局公路站、金滩镇道班、龙王庙道班、西未庄道班
2000	电力系统：西未庄电管站、大街电管站、杨桥电管站、沙圪塔电管站；交通系统：交通局公路站；地税系统：城镇税务所；国税系统：北关税务所、龙王庙税务所；工商系统：龙王庙工商所、西付集工商所、万堤工商所；卫生系统：县第二人民医院、杨桥医院；电信系统：电信局线路维护中心、孙甘店营业部；农业银行：县支行储蓄所、南关储蓄所、北关储蓄所；邮政系统：杨桥邮政支局、万堤邮政支局、金滩镇邮政支局、龙王庙邮政支局、东街邮政储蓄专柜
2001	电力系统：旧治供电所、万堤供电所、营镇供电所；交通系统：交通局公路站；国税系统：北关税务所、龙王庙税务所；工商系统：龙王庙公司所、西付集工商所；邮政系统：杨桥邮政所、万堤邮政所、金滩镇邮政所、龙王庙邮政所、东街邮政储蓄专柜

文明乡村创建

创建文明户　从1997年开始，在全县农村开展创建“十星级文明户”活动。“十星”即致富星、科技星、守法星、计生星、养教星、和睦星、义务星、卫生星、文化星、新风星。分别制定“十星”具体内容和标准，实行农户认星，小组议星，村两委定星。每半年初选，年终总评，动态管理。1998年12月，经过层层评选，全县评出1300个“十星级文明户”，从中又评选出10户命名为“十佳五星级文明家庭”，由县委、县政府给予表彰和奖励。如传统美德治家典范朱元起，夫妻和睦典范孟素霞，孝道典范冯超亭，真诚对待乡邻典范陈章书等。2005年，全县“十星级文明户”达26346个。通过此项活动，群众荣誉心、上进心有所增强，广大农民爱国主义、集体主义觉悟有所提高，农村社会秩序进一步稳定，农村治安案件和刑事案件发案率分别下降14%和22%，农民人均收入增长13%以上。

创建文明乡村　县制定文明乡（镇）村标准和评选办法，从6个建制镇和各乡大型村庄入手，抓镇带乡，抓大带小，全面开花。各乡镇普遍制定《村规民约》，因地制宜开展“文明一条街”“文明集贸市场”“文明家庭”“文明村民”等活动，在发展经济、提高村民生活质量前提下，搞好村容村貌治理，有计划、分步骤地进行文化建设和公益事业建设。1994年起，县文明委每年组织文明乡（镇）村评选，进行命名表彰。

建立宣传教育中心　1996年4月，在乡（镇）村两级建立宣教中心（精神文明建设活动中心），除自身开展好宣传、文化娱乐活动外，协助乡（镇）村有关部门和群众组织，对精神文明建设齐抓共管，形成网络。宣教中心做到“五有”（有专门机构、有专兼职队伍、有规范阵地、有明确职能、有筹集资金）“六好”（机构好、规划好、阵地好、基础好、活动好、效果好）。实施“八大员”制度，1999年开始，在全县农村建立精神文明建设宣传员、计生员、文化员、科技员、道德评议员、治安员、卫生员、信访员工作队伍，明确工作职责、管理措施、组织领导，保证“八大员”工作队伍健全和作用发挥。2000年年底，有220个村建立“八大员”队伍，2003年，全县651个村全部推行，思想政治工作深入到农户，两个文明建设落实到基层。群众称赞“八大员”是农民治愚致富好帮手，村干部称赞“八大员”是好助手。1994年起，邯郸市市委、市政府增加对市级文明乡（镇）村的命名表彰。

1994—2005年大名县市级文明乡（镇）村一览表

表16-5

年份	市级文明乡（镇）村名称
1994	红庙乡、赵站乡、金滩镇金中村、孙甘店乡马牧地村
1995	西付集乡、铺上乡、北峰乡炉里村、万堤镇前屯村、孙甘店乡马牧地村、金滩镇金中村、冢北乡胡气村、埝头乡大苏村、大名镇北关村、大名镇黄小街、杨桥镇房头村
1996	铺上乡、西付集乡、杨桥镇樊河道村、万堤镇前屯村、金滩镇金中村、孙甘店乡马牧地村、埝头乡大苏村、束馆镇胡气村、北峰乡炉里村
1997	营镇回族乡、铺上乡、铺上乡铺上村、万堤镇前屯村、束馆镇胡气村、金滩镇金中村、北峰乡宋营村
1998	铺上乡、沙圪塔乡、束馆镇胡气村、万堤镇前屯村、铺上乡铺上村
1999	沙圪塔乡、铺上乡、大名镇、万堤镇前屯村、铺上乡铺上村、大名镇一铺村
2000	沙圪塔乡、铺上乡、大名镇、万堤镇、西付集乡、万堤镇前屯村、大名镇一铺村
2001	—
2002	沙圪塔乡、铺上乡、大名镇、万堤镇、西付集乡、营镇乡、万堤镇前屯村、大名镇西杨村
2003	沙圪塔乡、铺上乡、大名镇、万堤镇、西付集乡、营镇乡、旧治乡、万堤镇、大名镇西杨村
2004—2005	万堤镇、万堤镇万北村、前屯村、大名镇西杨村、金滩镇北沙窝庙村、铺上乡常马庄村、营镇乡西营村、红庙乡徐杨庄村、王村乡未庄村、沙圪塔乡西司庄村

1985—2005年大名县地市级文明单位一览表

表16-6

年份	地市级文明单位名称
1985	金滩镇金北村、未城乡朱洼村、北门口乡张郭村、杨桥镇杨桥村、县文化馆、县医院、县商业局五金公司、县工商银行
1987	金滩镇金北村、万堤镇万北村、北门口乡张郭村、大龙乡大龙村、杨桥镇杨桥村、北峰乡前现城村、县工商局、县文化馆、县医院、县人民武装部、县中医院
1988	金滩镇金北村、万堤镇万北村、北门口乡张郭村、大龙乡大龙村、杨桥镇杨桥村、北峰乡前现城村、冢北乡胡气村、县工商局、县文化馆、县医院、县人民武装部、县农机公司
1989	金滩镇金北村、万堤镇万北村、北门口乡张郭村、大龙乡大龙村、杨桥镇杨桥村、北峰乡前现城村、冢北乡胡气村、县工商局、县文化馆、县医院、县农机公司、县印刷厂

续表 16-6

年份	地市级文明单位名称
1990	鲍庄乡、金滩镇金北村、万堤镇万北村、北门口乡张郭村、大龙乡大龙村、杨桥镇杨桥村、冢北乡胡气村、北马头乡后海子村、县工商局、县文化馆、县医院、县农机公司、县印刷厂、县建设银行、县教师进修学校
1991	鲍庄乡、万堤镇、金滩镇金北村、万堤镇万北村、北门口乡张郭村、大龙乡大龙村、冢北乡胡气村、北马头乡后海子村、金滩镇金中村、西付集乡郭马陵村、殷李庄乡于夹河村、铺上乡铺上村、县工商局、县文化馆、县医院、县印刷厂、县建设银行、县教师进修学校、县体育运动委员会、县工商银行
1992	县工商局、县司法局、县交通局、县文化馆、县印刷厂、县建设银行、县教师进修学校、县体育运动委员会、县工商银行、县酒厂、万堤镇、红庙乡、金滩镇金北村、金滩镇金中村、万堤镇万北村、北门口乡张郭村、大龙乡大龙村、冢北乡胡气村、北马头乡后海子村、西付集乡郭马陵村、殷李庄乡于夹河村、铺上乡铺上村
1993	县电力局、交通局、司法局、印刷厂、县酒厂、金沙酒厂、建设银行、工商银行、文化馆、豫剧团、体育运动委员会、教师进修学校、北门口乡张郭村、金滩镇金中村、万堤镇万北村、孙甘店乡马牧地村、大龙乡大龙村、北马头乡后海子村、西付集乡郭马陵村
1994	市级红旗文明单位：县人民法院；文明单位：县土地管理局、交通局、电力局、体育运动委员会、人民法院经济审判庭、工商银行、城市信用社、交通局乡村公路管理站、印刷厂、工贸联营草制品厂、文化馆、豫剧团、师范学校
1995	市级红旗文明单位：县人民法院；文明单位：县地方税务局、交通局、交通局乡村公路管理站、计划生育委员会、人民法院经济审判庭、土地管理局、邮电局、电力局、体育运动委员会、人行大名县支行、工商银行、县医院、城市信用社、工贸联营草制品厂、印刷厂、文化馆、文教局、大名镇回民中学、教师进修学校、油泵油嘴厂、农业银行
1996	县地方税务局、邮电局、电力局、交通局、交通局乡村公路管理站、土地管理局、计划建设委员会、计划生育委员会、文教局、人民法院、人行大名县支行、工商银行、农业银行、城市信用社、文化馆、工贸联营草制品厂、教师进修学校、大名镇回民中学、大名滴溜酒厂、印刷厂、人民医院
1997	市级红旗文明单位：县地方税务局；文明单位：县国税局、地税局龙王庙税务所、工商局、邮电局、电力局、交通局、交通局乡村公路管理站、土地管理局、技术监督局、计划生育委员会、卫生局、教育委员会、人民法院、国家粮食储备库、工商银行、建设银行、农业银行、城市信用社、信用合作联社、滴溜酒厂、印刷厂、人民医院；十佳文明市民（村民）：杨立合
1998	市级文明县城：大名县城；文明单位标兵：县地方税务局；文明单位：县电力局、交通局、国税局、卫生局、工商局、邮电局、土地管理局、技术监督局、教委、计生委、人民法院、信用联社、工商银行、农业银行、建设银行、国家粮食储备库、公安交警大队、交通局乡村公路管理站、地税局龙王庙税务所
1999	市级文明县城：大名县城；文明单位标兵：建设银行大名县支行；文明单位：县电力局、地税局、交通局、公安交警大队、民政局、电信局、邮政局、计生委、交通局乡管站、教委、劳动人事局、国税局、土地管理局、卫生局、国家粮食储备库、财政局、工商银行、农业银行、农业发展银行、龙王庙地税所、技术监督局、公安局
2000	市级文明县城：大名县城；文明单位：县供电公司、交通局、地税局、国税局、邮政局、土地管理局、卫生局、电信局、财政局、公安局、技术监督局、劳动人事局、地税局征收分局、龙王庙地税所、计生委、教委、建设银行、农业发展银行、人保财险大名分公司、交通局公路站、粮食局和寨粮站、县第一中学
2001	市级文明县城：大名县城；文明单位：县供电公司、交通局、国税局、土地管理局、卫生局、电信局、财政局、公安局、技术监督局、劳动人事局、水务局、地税局、法院、计生委、教委、建行大名支行、农发行、中保财险公司、一中、地税局龙王庙税务所、公安交警大队、粮食局和寨粮站
2002	市级文明县城：大名县城；文明单位：县电力局、交通局、地税局、国税局、邮政局、国土资源局、卫生局、邮政局、公安局、劳动人事局、水务局、计生局、文教体育局、法院、建行大名支行、农行大名支行、河北通信大名分公司、中保财险公司、地税局龙王庙税务所、公安交警大队、交通局公路站、县一中、二中、三中。

续表 16-6

年份	地市级文明单位名称
2003	县电力公司、交通局、地税局、国税局、邮政局、财政局、卫生局、劳动人事局、水利局、法院、地税局龙王庙税务所、建行大名支行、河北通信大名分公司、计生局、交通局公路站、县一中、二中、三中、中保财险公司、粮食局、物价局、计划局、五得利面粉公司、县酒厂
2004—2005	市级文明县城：大名县城；文明单位：县地税局、机关事务管理局、审计局、网通大名分公司、交通局、县医院、财政局、发展计划局、国税局、移动大名分公司、物价局、人口计生局、卫生局、建设局、县一中、教育局、工商局、县二中、电力局、环保局、国土局、广电局、公安局、检察院、法院、交通局公路站

1994—2005 年大名县省部级文明单位（个人）一览表

表 16-7

年份	省部级文明单位（个人）
1994	大名县交通局被河北省委、省政府命名为“文明单位”
1995	大名县交通局被河北省委、省政府命名为“文明单位”；大名县农业银行被省人行、团省委授予“青年文明号”
1996	大名县交通局、大名县电力局分别被河北省委、省政府命名为“文明单位”
1997	大名县电力局被河北省委、省政府命名为“文明单位”；万堤镇前屯村被河北省委、省政府命名为“文明村”
1998	万堤镇前屯村被河北省委、省政府命名为“文明村”；龙王庙地税所被省地税局命名为“文明税务所”
1999	建设银行大名支行被国家总行授予“青年文明号”；被团省委授予“青年文明号”。大名县文明办主任栗会波被评为河北省文明办系统先进个人
2000—2001	被河北省委、省政府命名为“文明单位”的有大名县电力局、地税局、国税局、交通局
2001	大名县电力局金滩镇供电所、龙王庙供电所、红庙供电所、城关供电所被省文明委评为“三星级服务窗口”。大名县文明办干部刘进文被评为省文明办系统先进个人
2001—2002	大名县国税局城区分局被评为省国税系统“文明单位”
2002	被河北省委、省政府命名为“文明单位”的有大名县电力局、地税局、国税局、交通局
2002—2003	被河北省委、省政府命名为“文明单位”的有大名县电力局、国税局、河北通信大名分公司、县一中；省“文明村”大名镇西杨村
2003	大名县国税局范志峰被评为全国税务系统先进个人；河北通信大名分公司大名府路营业部被评为省通信系统“三星级窗口单位”
2004	大名县国税局、电力局分别被省委、省政府命名为河北省“文明单位”；大名县人民法院副院长陈继东被河北省委、省政府命名为“职业道德标兵”
2005	被河北省委、省政府命名为“文明单位”的有大名县电力局、交通局、广播电视局、财政局、网通大名分公司

第二节　文明生态村建设

创建过程

2003 年 12 月 31 日，在全县精神文明建设工作会议上，县委、县政府把创建文明生态村纳入文明村镇创建整体规划。2004 年 4 月 29 日，大名县召开创建文明生态村工作会议，提出创建文明生态村就是创建以人为本、绿色健康的新家园、新农村、新生活；总体目标是“经济发展，民主健全，精神充实，环境良好”；工作重点突出“四个五”，具体是实施“五改”（改街、改水、改院、改圈、改厕），治理“五乱”（柴草乱垛、粪肥乱堆、垃圾乱倒、污水乱流、禽畜乱跑），达到“五化”（道路硬化、村庄绿化、街面净化、街道亮化，全村美化），实现“五促进”（促进扶贫步伐、促进农民增收、促进村容村貌治理、促进精神文明、促进政治文明）。生态文明村建设步骤为：2004 年在乡镇政府所在地、县级以上公路两侧等村先建成 10%，2005—2010 年再使 20% 村达标。

2005 年 4 月 2 日，县委、县政府在金滩镇北沙窝庙村召开创建文明生态村现场观摩会。同年 4 月 18 日，县委、县政府再次召开文明生态村工作会议，对 2004 年以来全县“创建文明生态村”活动进行阶段性总结。评出表彰了“十佳文明生态村”，分别是：万堤镇万北村、万堤镇前屯村、大名镇西杨村、金滩镇北沙窝庙村、铺上乡常马庄村、营镇乡西营村、沙圪塔乡西司庄村、王村乡魏庄村、黄金堤乡三村、红庙乡徐杨庄村。每村颁发奖金 1 万元；5 月 3 日，县委、县政府主要领导带领县文明生态村创建指挥部成员、部门负责人和有关村党支部书记，赴保定市易县和涿州，现场观摩两地创建情况，学习保定市创建文明生态村经验。至 2005 年年底，文明生态村创建活动，在经济发展上突出特色产业；文化和美化方面突出“一村一特色、一街一景观”，建筑上各有亮点；在改善人居环境上突出“改水、改厕”，建设生态庭院。在创建中，有的村民共建，有的村企共建，有的村户共建，有的村商共建。通过创建，全县农村出现新风貌。在“十佳文明生态村”基础上，全县又评出 20 个先进文明生态村，分别是：大街乡五里屯村、万堤镇廉山庄村、铺上乡郝马庄村、金滩镇金中村、埝头乡山岳村、旧治乡张潭村、沙圪塔乡老陶营村、龙王庙镇西范堤村、张铁集乡前寺庄村、黄金堤乡马时庄村、营镇乡前常庄村、大名镇油粉滩村、红庙乡西房庄村、杨桥镇樊河道村、西付集乡后户村、西未庄乡西王庄村、孙甘店乡南李庄村、王村乡小李凝村、北峰乡后北峰村、束馆镇刘村。

附：

2005 年大名县文明生态村简介

和谐生态幸福村——万北村

2003 年后，在创建文明生态村活动中，万堤镇万北村以打造和谐新农村为宗旨，对村庄进行了硬化、绿化、净化、亮化和美化，农村经济与环境共同发展，成为冀南新农村建设一颗明珠。发展农村经济，建设富裕新农村。该村与泰国合资创建邯郸正大饲料有限公司，吸纳 100 多名村民务工就业，并以正大饲料公司为依托，大力发展养殖业，培育发展养殖专业户 20 多家；积极引导农民发展

二、三产业，2004 年建成商贸一条街，吸引外来经商务工人员千余人。同时积极发展高效生态农业，养殖优种猪，实现现代化养殖、沼气池和厕所“三位一体”，全村优种猪养殖达 6000 头，沼气入户率达 80% 以上，利用沼渣、沼液发展无公害蔬菜生产，收到良好经济效益和生态效益。全村农民人均收入达 5000 元以上。改善村庄环境，装扮靓丽新农村。该村聘请设计单位，对村庄住宅、街巷、花木、文化场所、养殖场等进行整体规划，使村庄整体布局更加合理；建设两条商贸街，街道两旁按照村统一规划，建成仿古二层楼房；集中治理空心村，利用闲散土地 54 亩建设新民居；新建 5 家大型超市，修建村内道路 6900 米，铺设便道 6600 米，大街小巷全部硬化；安装路灯 100 盏，电话电视普及率达 90% 和 100%。同时建立健全卫生保洁长效机制，农户门前街道卫生实行“三包”“五无”，人居环境得到彻底改观。发展公共事业，打造和谐新农村。高标准建起幼儿园和“阳光课堂”，使留守孩子在阳光课堂里快乐成长；新建老年公寓，公寓设施齐全，使村内老人安享幸福晚年；投资 100 多万元，建起集休闲、娱乐、健身、购物于一体的经济文化广场，与村民中心连为一体，设高标准卫生室、新农民夜校、藏书 18000 余册的图书室、文体活动室等；建立信息共享平台，成立武术队、文艺表演队、新农民研究会等组织，村民业余文化生活丰富多彩，生活质量显著提高。

城市化的新农村——西杨村

大名镇西杨村位于县城南关，是个回族聚居村，全村 272 户、1210 人，回族人口占 90% 以上，2005 年人均年收入 5000 元以上，村集体收入 40 余万元。西杨村依托小磨香油加工、面粉加工产业等特色产业，从改善人居环境入手，使生态创建与发展民族经济相结合，不断把活动引向深入，奏响了一曲回汉携手建家园、干群努力共创建的优美乐章。2004 年以来获得省市县三级文明村、市“农村基层民主政治建设先进单位”“文明生态工作先进村”、县“先进基层党组织”“十佳文明生态村”等荣誉称号。积极创建，富村旧貌换新颜。西杨村有 260 户家庭经商，其中从事香油加工的有 170 多户，遍及全国各地，村内富裕大户比比皆是，是远近闻名的富裕村。早在 20 世纪末前，村里就建起豪华别墅式小洋楼 30 多座，可村内环境却不尽人意，可谓“院内现代化，街道脏乱差”。自 2003 年创建活动开展以来，西杨村干部群众积极响应省、市、县委号召，从改善人居环境入手，重点抓好村内硬化、绿化和净化，先后投资 42.5 万元，硬化街道 3600 米，安装路灯 70 多盏，建垃圾池 10 个，杜绝“五乱”；建立卫生管理组织，做到“四个经常”，即卫生经常抓、垃圾经常清、街道经常扫、墙壁经常新；村集体投资 2 万多元，组织群众实施“123”绿化工程，在村内植树 1 万棵，街道栽种 2 种以上树木，庭院栽植 3 种以上花木，实现“村在林中座，绿添院中色”目标，村内环境得到治理，村容村貌焕然一新。改善环境，富户返乡促创建。创建带动百业兴，创建活动让西杨村变得路平、街净、灯明、树绿，人居环境优美。春节期间，外出务工人员目睹家乡的巨大变化，喜在心上，纷纷回家创业，兴办面粉厂 3 家、塑编厂 2 家、饮食服务公司 10 多家、运输车队 5 个。回乡创业富裕起来的村民积极捐资捐物支持创建活动。村民王明志在 20 世纪末就建起了豪华的三层小楼，但因居住环境脏乱差，一直在外经商，小洋楼无人居住。创建活动开展以来，激发了他返乡创业热情，与别人合股建起了邯雪面粉厂，并主动支持村里搞创建。象王明志这样原在外经商，现在家办企业的有几十户，使原来村内居住人口由 400 多人增至 700 多人；村内建起的别墅式小洋楼由原来的 30 多座发展至 110 多座，成为城南一道靓丽的风景。30% 以上的家庭拥有家用汽车，被誉为大名第一村。四个结合，构建和谐新村庄。西杨村坚持把创建与“星级”文明户评选和文明生态家庭创建活动相结合，加强群众思想道德建设，不断增强村民文明意识、责任意识，强化荣辱观念，全面提升群众的素质；坚持与开展文化娱乐活动相结合，丰富群众业余生活，村民中心经常组织开展各种文娱活动，寓教于乐，使群众在娱乐中受到教育，得到提高；坚持与依法治村相结合，增强群众法律意识，开展民主法治教育和普法宣传教育，强化群众民主意识和法治意识，教育广大村民做遵纪守法、明礼守信优秀公民；坚持与健全村规民约相结合，消除陈规陋习。建立健全红白理事会、文艺宣传队和“八大员”队伍。加强精神文明队伍和阵地建设，建起设施齐全的文化阵地，有文化活动室、图书馆、广播室、宣传栏、阅报栏等，建成一座投资20余万元、占地4亩的高标准具有回族民族风格的民族文化广场，为群众提供集休闲、娱乐、健身于一体的活动场所，使群众娱乐有场所，学习有教室、活动有阵地。通过创建，全村经济快速发展，村情社情稳定，群众安居乐业、社会和谐进步，向富裕、民主、文明的社会主义新农村阔步迈进。

发动群众搞创建——西曹口村

龙王庙镇西曹口村，是一个经济基础薄弱的中等村。自创建文明生态村活动以来，该村把群众作为创建主体，把决策权、知情权、参与权交给群众，调动群众创建积极性，充分发挥群众主观能动性，开创大名县“群众集资搞创建，穷村也能办成事”的先河。营造创建氛围，用创建知识武装头脑。西曹口村干部对创建工作除了利用黑板报、广播喇叭、标语口号、明白纸向群众宣传创建的意义、方法、步骤外，还多次选派群众代表外出实地参观和感受，这些群众代表主动担当创建文明生态村的宣传员，创建文明生态村工作在西曹口村家喻户晓。干部指导不包办，充分尊重群众意愿。创建文明生态村工作，群众是受益主体也是创建主体。在群众对创建不再陌生后，村干部从人民群众最关心的“晴天一身土，雨天一身泥”的街道入手，由群众选出修路领导小组，村两委干部只负责协调运转，解决纠纷，不插手财务事宜。村两委干部与修路领导小组共同制定修路方案，统一思想，坚持“自力更生、艰苦奋斗”，摒弃“等、靠、要”思想，采取“群众集资、社会捐款、有钱出钱、无钱出力”的办法筹集资金，村支书张廷尧首先带领自家6户人家捐款1500元，龙王庙镇党委书记和镇长各捐出300元，乡村干部的举动感动了村民，他们纷纷解囊。70多岁的老木匠苏风明把省吃俭用积攒下来的2600元钱全部捐了出去；村民张风义是村里的贫困户，他拿着20元钱找到修路组长邢义群说：“我钱不多但有力气，修路的脏活累活让我干，要不我走在大街上心里不舒坦。”就这样，多的3000元，少的20元，共筹集14万元，把全村五条街道2100米全部硬化。街道硬化迈出了文明生态村创建的第一步，之后他们又广泛征求群众意见，在街道两侧墙壁喷刷涂料、栽植国槐和月季、安装路灯30余盏，划分卫生区30个，修建垃圾池10个。西曹口面貌焕然一新。建立长效机制，把好事办好。西曹口村村民普遍认为，创建文明生态村工作是一项功在当今利在千秋的长期工作，不可能一劳永逸。为了使创建工作步入良性轨道，该村按住所划分为30个卫生区，建设10个垃圾池，制定卫生保洁制度，垃圾倒在指定地点，每隔4天各卫生区分别轮流派出2人清运垃圾。5名德高望重的老党员自愿当起义务保洁员，督查垃圾清理。在他们的监督下，“五乱”得到有效治理，街道美了，庭院净了，心气顺了，创建工作真正成了一项民心工程。

第三节　文明新风

1979—2005年，全县通过开展形式多样的精神文明建设活动，公民素质不断提高，社会风气明显好转，涌现出了一批先进典型，展现了时代特色和无私奉献精神，营造了健康向上的社会主义舆论氛围和良好的社会环境。

共和国卫士王玉文

王玉文，大名县王村乡店北村人，1986年入伍，武警北京总队一支队卫生队化验员，下士警衔。1989年被国务院和中央军委授予“共和国卫士”荣誉称号。

抗非典英雄祖峰

祖峰，男，中共党员，沙圪塔乡东庄村人，2003年任东庄村村委会主任。非典袭来，祖峰日夜奋战在抗非典第一线，因劳累过度，于5月17日突然发病身亡，被省政府授予“抗非典英雄”称号。

舍己救人少年英雄魏志安

魏志安，男，西未庄东漳河沿村人。1993年8月，魏志安放学在家放羊，突然听到不远的大水坑里有呼救声。他飞快跑去，发现有小孩洗澡滑入深水中。他脱下衣服，跳入深水中，用尽平生力气，几次才将小孩推上岸，但精疲力竭，沉入水中，不幸献出14岁的生命。中共大名县委、县政府追授魏志安为“少年英雄”称号。

救死扶伤模范教师何洪生

何洪生，男，回族，中共党员，营镇回族乡西营村小学民办教师。1993年8月31日，在馆陶县七一大桥，将素不相识、因车祸而生命垂危的馆陶县农行职工石文河送到馆陶县医院，并交付押金，使其因得到及时抢救而脱离生命危险。1993年10月15日，县委、县政府授予何洪生“优秀共产党员”“模范教师”荣誉称号，奖励何洪生人民币1000元，破格免费录取为1993级县师范学生，并号召全县广大干部职工、教师向何洪生学习。

助人为乐的张淑平

张淑平，女，天津市黄骅县人。1992年职校毕业，1993年与同学李俊国到大名创办“磊鑫”养鸡场，一年时间创经济效益10万余元。为帮助群众致富，她向周围村庄群众不仅提供鸡苗，而且给予经济帮助，形成养鸡网络，受到群众好评。1996年8月，大名县遭受特大洪水，她个人捐款5940元。

捐建村办小学农民贾战富

贾战富，男，大街乡贾许村村民。1993年7月，勒紧腰带捐出1万元建村办小学。

孝老敬老之星张建新

张建新，男，沙圪塔乡郭鸭窝村人，共产党员。1985 年起，在衣食住行等多方面照顾孝敬老母亲，特别是每遇节假日携母出外旅游，让母亲开阔眼界，颐养天年。1999 年 9 月 9 日，他携独生女儿报名参加由团省委、妇联、文化厅举办的“世纪婚礼”，为全省 99 对新人中唯一的一对农村青年。被县委、县政府授予“文明诚信公民”“十星级文明户标兵”，并被全国敬老爱老助老活动组委会授予“中华孝老敬老之星”荣誉证书和奖章。

奉献余热老干部郭璞

郭璞，男，老干部局离休干部。70 多岁发挥自身优势，牵头成立县花卉协会和老年舞蹈队。花卉协会会员 260 名，下设 4 个公司和 26 个种花大户，每年举办一次菊花展销会，装点美化了大名县城。他组织的老年歌舞队，遇有节日就上街欢庆一番，受到群众欢迎。

第四章　方　言

1994 年 4 月版的《大名县志 · 方言章》设五节，即方言概况、语音分析、分类词表、语法特点、标音举例。本章方言设二节，即音变规律、分类词表，且都是对 1994 年版志书方言内容的补充，是在进一步对大名方言调查的基础上挖掘整理出来的。“音变规律”补充了啊变、同化、脱落和分音。“分类词表”的分类和内容都是补充的，与 1994 年版截然不同。这样，1994 年版与本章方言的内容二者合一，基本上能反映大名方言的全貌。

选用国际音标描写方言实际发音状况的符号。将大名方言涉及的方音用国际音标与汉语拼音进行对照（国际音标的标注符号为 [ ]），以方便读者阅读。

大名话有 23 个声母，列表对照如下：

音标 / 拼音		音标 / 拼音		音标 / 拼音		音标 / 拼音	
[p]	b	[p‘]	p	[m]	m	[f]	f
[t]	d	[t‘]	t	[n]	n	[l]	l
[k]	g	[k‘]	k	[x]	h	[ɣ]	
[tɕ]	j	[tɕ‘]	q	[ɕ]	x	[Ø]	
[tʂ]	zh	[tʂ‘]	ch	[ʂ]	sh	[ʐ]	r
[ts]	z	[ts‘]	c	[s]	s		

韵母有 42 个，儿化韵在外：

音标 / 拼音		音标 / 拼音		音标 / 拼音		音标 / 拼音		音标 / 拼音	
[ɿ]	-i（前）	[i]	i	[u]	u	[y]	ü		

[ʅ]	-i（后）	[a]	ɑ	[o]	o	[ɤ]	e		
[ia]	iɑ	[ua]	uɑ	[uo]	uo	[yo]			
[ɛ]		[iɛ]	ie	[uɛ]		[yɛ]	üe		
[ai]	ɑi	[iai]		[uai]	uɑi	[əi]	ei	[uəi]	uei
[au]	ɑo	[iau]	iɑo	[əu]	ou	[iəu]	iou		
[an]	ɑn	[ian]	iɑn	[uan]	uɑn	[yan]	üɑn		
[ən]	en	[in]	in	[uən]	uen	[yn]	ün		
[aŋ]	ɑng	[iaŋ]	iɑng	[uaŋ]	uɑng	[ər]	er	[oŋ]	ong
[əŋ]	eng	[iŋ]	ing	[uəŋ]	ueng	[yŋ]	iong		

声调有 4 个，数字为调值，轻声在外：

阴平：34　　阳平：42　　上声：55　　去声：213

第一节　音变规律

“啊”变

语气词“啊”受前一个音节末尾音素的影响，发生六种音变现象，其变化规律如下：

“啊”前音节的末尾音素	大名话读音	举例
“啊”在 i、ü 的音素后	iɛ	多挤耶、好大嘞鱼耶
“啊”在 u 的音素后	uɛ	多苦哇，多好哇
“啊”在 n 的音素后	nɛ	快干哪，多好看哪
“啊”在 n g的音素后	ŋɛ	你快动啊，多好听啊
“啊”在-i（前）的音素后	zɛ	哪个公司啊，哪个字啊
“啊”在-i（后）的音素后	ʐɛ	啥事啊，啥电视啊
“啊”在ɑ、o、e 的音素后	ia	回家呀，爬坡呀

同　化

双音节词语中，由于两个音节声母、韵母的相互影响，使其中一个音节改变了它原有的声母、韵母，产生了与前后音节声韵相同或相近的音变现象。例如：

蜘蛛 tʂu^{34}tʂu　　医院 y^{34}yan^{21}

纪律 tɕy^{213}ly^{44}　　指甲 tɕi^{51}ia

任啥儿ʐə n^{213} ʐar　　扫帚 sau^{51} ʂu

几个 tɕi^{55}iə　　五个 u^{55}u ə

六个 liəu^{213}uə　　七个 tɕ‘ i^{34}iə

九个 tɕiəu^{55}uə　　十个ʂʅ^{42} ʐə

房上 faŋ^{42} ʐaŋ　　床上 t ʂ‘ uaŋ^{42} ʐaŋ

穿上 tʂʻuan^{34} ʐaŋ

闺女 kuəi^{34}ni

气门芯儿 tɕʻi^{213}mi^{33} ɕiər^{34}

笤帚 tʻiau^{42} ʂu

爷爷 i^{42}iɛ

脱　落

由于快速语流的影响，有些词语的语素脱落，弱化了。这种现象往往出现在双音节词的后音节上，而脱落的常常是声母。例如：

老虎 lau^{51}u

绝户 tɕyɛ^{42}u

魏县 uəi^{213}ian

稀罕 ɕi^{34}ian

窗户 tʂʻuaŋ^{34}u

柴火 tʂʻau^{42}uo

伺候 tsʻɿ^{213} əu

年下 nian^{42}ia

这会儿 tʂɛ^{213}uər

笑话 ɕiau^{213}ua

家伙 tɕia^{34}uo

供享 kuəŋ^{213}iaŋ

豆腐 təu^{213}u

拆伙 tʂʻɛ^{213}uo

叫唤 tɕiau^{213}uan

恶心 ɣ^{34}in

地下 ti^{213}ia

那会儿 nɛ^{213}uər

分　音

方言中把一个音节分说成两个音节的音变现象叫作分音。大名话的分音词多是动词。例如：

音节	分音词	词性	例句
抹	摸拉 mu^{42}la^{21}	动词	～两把脸。
摆	拨来 po^{34}lai^{33}	动词	狗尾巴来回～。
吵	吱唠 tʂɿ^{34}lau^{34}	动词	你～啥嘞。
哄	唬弄 xu^{42}noŋ	动词	别～人。
掉	都鲁 tu^{34}lu	动词	裤裆～到地上啦。
觉	约摸 yo^{34}mo	动词	我～的他走了。
搞	鼓捣 ku^{55}tau	动词	你～啥嘞？
蔫	圪严 kɣ^{34}ian	形容词	苗的晒～啦。
啬	缩结 suo^{34}tɕiɛ^{34}	形容词	他～得嘞。
框	壳朗 kʻɣ^{34}laŋ^{34}	名词	屋～，胸～。
挎	壳拉 kʻɣ^{34}la^{34}	名词	驴～的
轰	忽隆 xu^{34}luəŋ^{34}	拟声词	～～嘞响。
腾	特楞 tʻɣ^{34}ləŋ^{34}	拟声词	～一下地飞了。

第二节　分类词表

天　文

好天 xau^{55} t‘ian^{34}　晴天
阴天夜黑头 in^{34} t‘ian^{34} iɛ^{213} xəi^{34} t‘əu^{42}
倒风 tau^{55} fəŋ^{34}
潲雨 ʂau^{213} y^{55}
滴点儿嘞 ti^{34}tiɐr^{55}ləi
面条的雨 mian^{213}t‘iau^{42}tə y^{55}
瓢泼雨 p‘iau^{42}p‘o^{34}y^{55}
漓拉嘞 li^{42}ia^{34}lɛ
罗面雨 luo^{42}mian^{213}y^{55}
秋傻瓜 tɕ‘iəu^{34} ʂa^{55}kua^{34}
忽隆嘞 xu^{34}luəŋ^{34}lɛ
忽隆闪天 xu^{34}luəŋ^{34} ʂan^{55}t‘ian^{34}
黑圪瘩云 xəi^{34}kɤ^{34}ta^{34}yn^{42}
黑都都嘞 xəi^{34}tu^{55}tu^{42}lɛ
天晃了 t‘ian^{34}xuɑŋ^{55}la
麻阴天 ma^{42}iən^{34}t‘ian^{34}
飘雪花儿嘞 p‘iau^{34}syɛ^{34}xuar^{34}lɛ
崭晴天 tʂan^{55}tɕ‘iŋ^{42}t‘ian^{34}
杓的星 ʂuo^{42}tɛ ɕiŋ^{34}　北斗星
贼星 tsəi^{42} ɕiŋ^{34}　流星
扫帚星 sau^{213} ʂu ɕiŋ^{34}　彗星

地　理

生地 ʂəŋ^{34}ti^{213}　第一次种
淤地 y^{34}ti^{213}　胶泥成分多
碱地 tɕian^{55}ti^{213}　盐碱地
空白地 k‘oŋ^{213}pai^{42}ti^{213}
洼地 ua^{34}ti^{213}
孬地 nau^{34}ti^{213}　贫瘠地
好地 xau^{55}ti^{213}　肥沃地
漫地 man^{213}ti^{213}　田野
地隔檩 ti^{213}kɤ^{34}lin^{55}
背儿 pər^{213}　田埂
土井的 t‘u^{55}tɕiŋ^{55}tɛ
砖井 tʂuan^{34}tɕiŋ^{55}
井拔凉水 tɕiŋ^{55}pa^{42}liɑŋ^{55} ʂuəi^{55}
垄沟 lyoŋ^{42}kəu^{34}
联花土 lian^{42}xua^{34}t‘u^{55}
老坟 lau^{55}fən^{42}
邻家 lin^{42}tɕia^{34}
城壳廊的 tʂ‘əŋ^{42}k‘ɤ^{34}laŋ^{34}tɛ
泥糊嘟儿 ni^{42}xu^{42}tur^{42}
河沿儿 xɤ^{42}iɐr^{42}
转遭儿 tʂuan^{213} tsaur^{34}　周围

时令　时间

年根儿 nian^{42}kər^{34}　年底
闪过年儿 ʂan^{55}kuo^{213}niɐr^{42}　年初
头年儿里 t‘əu^{42}niɐr^{42}li
年里年外 nian^{42}li^{55}nian^{42}uai^{213}
月头儿 yɛ^{34}təur^{42}　一个月开头的几天
月底 yɛ^{34}ti^{55}　一个月的最后几天
十几儿 ʂʅ^{42} tɕ er^{34}　中旬
二十几儿ər^{213} ʂʅ^{42}tɕiər^{55}　下旬
二八月ər^{213}pa^{34}yɛ^{34}　冷热交替的季节
十冬腊月ʂʅ^{42}toŋ^{34}la^{34}yɛ^{21}
一晌 i^{34} ʂaŋ^{55}　半天
小晌午 ɕiau^{55} ʂaŋ^{42}u

眼乱的时候 ian^{55}luan^{213} tɤ ʂəur^{42}

早五更 tsau^{55}u^{55}kəŋ^{34}

头半夜 t'əu^{42}pan^{213}iɛ^{213}

后半夜 xəu^{213}pan^{213}iɛ^{213}

迎冷的 iŋ^{42}ləŋ^{55}tɛ　气候刚变冷

先来 ɕian^{34}lai　前一段时间

在先 tsai^{213} ɕian^{34}　比较早

在后 tsai^{213}xəu^{213}　比较晚

驴年马月 ly^{42}nian^{42}ma^{55}yɛ^{34}　时间长

年头儿 nian^{42}t'əur^{42}　时代

开春儿 k'ai^{34}tʂ'uər^{34}

春上 tʂ'un^{34} ʂaŋ　春天

麦边儿 mɛ^{34}pi ɐr^{34}

麦天 mɛ^{34}t'ian^{34}　收麦的季节

过了麦儿 kuo^{213} lau mər^{34}

热天 ʐɛ^{34}t'ian^{34}

伏里 fu^{42}li　伏天

秋边儿里 tɕ'iəu^{34}pi ɐr^{34} li

秋后儿 tɕ'iəu^{34} xəur^{213}

节令儿 tɕiɛ^{34}lir^{34}

二月二 ər^{213}yɛ^{34} ər^{213}　龙节

五月十三 u^{55}yɛ^{34}ʂʅ^{42}san^{34}　传说关羽磨刀之日，往往下雨，标志着雨季的到来。

七月十五 tɕ'i^{34}yɛ^{34} ʂʅ^{42}u^{55}

八月十五 pa^{34}yɛ^{34} ʂʅ^{42}u^{55}　中秋节

十月一儿 ʂʅ^{42} yɛ^{34}iər^{34}　上坟烧纸日

腊八儿 la^{34}par^{34}

腊月二十三 la^{34} yɛ ər^{42} ʂʅ^{42} san^{34}

破五儿 p'o^{213}ur^{55}　农历正月初五

农　事

上晌 ʂaŋ^{213} ʂaŋ^{55}　到地里干活去

下晌 ɕia^{213} ʂaŋ^{55}　收工

灰土粪 xuəi^{34} t'u^{55} fən^{213}

下房土 ɕia^{213} faŋ^{42} t'u^{55}

粪勺 fən^{213} ʂuo^{42}

粪叉的 fən^{213} tʂ'a^{34} tɛ

香油渣的 ɕiaŋ^{34} iəu^{42} tʂa^{34} tɛ

垫圈 tian^{213} tɕyan^{213}

出圈 tʂ'u^{34} tɕyan^{213}　也说“出粪”

倒粪 tau^{213} fən^{213}

上粪 ʂaŋ^{213} fən^{213}　给庄稼施肥

抓苗粪 tʂua^{34} miau^{42} fən^{213}　粪放在幼苗根下

开墒 k'ai^{34} ʂaŋ^{34}

领墒 liŋ^{55} ʂaŋ^{34}

掘地 tɕyɛ^{42} ti^{213}　用锨翻地

耙地 pa^{213} ti^{213}

条耙 t'iau^{42} pa^{213}　顺耕地方向耙地

趄耙 ɕyɛ^{42} pa^{213}　沿 S 形方向耙地

劐种 xuo^{34} tʂoŋ^{213}　浅播种子

点种 tian^{55} tʂoŋ^{213}　点播种子

摇耧 iau^{42} ləu^{42}

砘地 tun^{213} ti^{213}

耪地 p'aŋ^{55} ti^{213}　用锄头锄地

挂锄钩 kua^{213} tʂ'u^{42} kəu^{34}

定苗儿 tiŋ^{213} miau r^{42}

翻红薯秧的 fan^{34} xoŋ^{42} ʂu^{55} ʐaŋ^{34} tɛ

割麦的 kɤ^{34} mɛ^{34} tɛ

捎谷的 ʂau^{213} ku^{34} tɛ

捋笤帚苗儿 ly^{55} t'iau^{42} ʂu miaur^{44}

掰棒的 pɛ^{34} paŋ^{213} tɛ　从玉米秸上掰下

剥棒的 po^{34} paŋ^{213} tɛ　剥除玉米穗的外包皮

捯高粱 tau^{213} kau^{34} liaŋ

出红薯 tʂ'u^{34} xoŋ^{42} ʂu　刨收红薯

掐花尖儿 tɕ'ia^{34} xua^{34} tɕiɐr^{34}

打花杈儿 ta^{55} xua^{34} tʂ'ar^{213}

打枣儿 ta^{55} tsaur^{55}

卸梨 ɕiɛ^{213} li^{42}

压石榴 ia^{34} ʂʅ^{42} liu　将其嫩枝埋入土中

沤麻 əu^{213} ma^{42}　在水中浸泡麻秆

剥麻 po^{34} ma^{42}

撒葱 sa^{55} tsʻoŋ^{34} 种葱
提蒜薹 tʻi^{42} suan^{213} tʻai^{42}
出蒜 tʂʻu^{34} suan^{213} 刨收大蒜
净园的 tɕiŋ^{213} yan^{42} tɛ
淘井 tʻau^{42} tɕiŋ^{55}
洇地 in^{34} ti^{213} 浇地
卸车 ɕiɛ^{213} tʂʻɛ^{34}
撵车 nian^{55} tʂʻɛ^{34} 赶车
泼场 pʻo^{34} tʂʻaŋ^{42}
钢场 kaŋ^{213} tʂʻaŋ^{42}
碾场 nian^{55} tʂʻaŋ^{42}
摊场 tʻan^{34} tʂʻaŋ^{42}
翻场 fan^{34} tʂʻaŋ^{42}
起场 tɕʻi^{55} tʂʻaŋ^{42}
扬场 iaŋ^{42} tʂʻaŋ^{42}
打扫帚 ta^{55} sau^{213} ʂu
合垛 xɤ^{42} tuo^{213}
杈把扫帚 tʂʻa^{34} pa^{55} sau^{213} ʂu
大杈 ta^{213} tʂʻa^{34} 木制挑场用具
耧腿 ləu^{42} tʻuəi^{55}
耧脚 ləu^{42} tɕyo^{34}
独眼儿耧 tu^{42} iɐr^{55} ləu^{42}
双腿耧 ʂuaŋ^{34} tʻuəi^{55} ləu^{42}
耧杆 ləu^{42} kan^{34}
耙齿 pa^{213} tʂʻʅ^{55}
铁耙的 tʻiɛ^{34} pʻa^{42} tɛ 平整土地之用
木耙 mu^{34} pʻa^{42} 聚拢粮粒之用
刮的 kua^{34} tɛ 摊晒推堆粮食之用
铁刮的 tʻiɛ^{34} kua^{34} tɛ 壅土劈沟之用
抓钩的 tʂua^{34} kəu^{34} tɛ 两支弯钩的松土农具
叉的 tʂʻa^{34} tɛ 挖粪和泥的工具
铁叉 tʻiɛ^{34} tʂʻa^{34}
捎谷刀 ʂau^{213} ku^{34} tau^{34}
土车的 tʻu^{55} tʂʻɛ^{34} tɛ
拖车 tʻuo^{42} tʂʻɛ^{34}
长套 tʂʻaŋ^{42} tʻau^{213}
草缨的 tsʻau^{55} yau^{42} tɛ
夹板的 tɕia^{34} pan^{55} tɛ
驴壳拉的 ly^{42} kʻɤ^{34} la^{34} tɛ
肚带 tu^{213} tai^{33}
捂眼 u^{42} ian^{34}
拢头 loŋ^{42} təu
呲牙的 tsʻɿ^{34} ia^{42} tɛ
鼻圈 pi^{42} tɕʻyan^{34}
剔苗儿 tʻi^{34} miaur^{42} 间苗
牛梭的 niu^{42} suo^{34} tɛ 牛鞅
石碾滚 ʂʅ^{42} nian^{55} kun^{55}
春苗儿 tʂʻun^{34} miaur^{42} 春播作物
麦茬儿 mɛ^{34} tʂʻar^{42} 夏播作场
好年景 xau^{55} nian^{42} tɕiŋ^{21} 丰收年
孬年景 nau^{34} nian^{42} tɕiŋ^{21} 歉收年

植 物

葫芦头 xu^{42} lu tʻəur^{42} 无芒的小麦
麦个的 mɛ^{34} kɤ^{21} tɛ 成捆的小麦
麦鱼的 mɛ^{34} y^{21} tɛ 带壳的麦粒
稷的 tɕi^{213} tɛ 谷类作物
谷个的 ku^{34} kɤ^{21} tɛ
秆草 kan^{42} tsʻau^{34} 谷子秸秆
大马牙 ta^{213} ma^{55} ia^{42} 大粒的玉米
白棒的 pɛ^{42} paŋ^{42} tɛ
棒的穗儿 paŋ^{42} tɛ suər^{213}
棒的包儿 paŋ^{42} tɛ paur^{34}
红小豆 xoŋ^{42} ɕiau^{55} təu^{213}
胡绿豆 xu^{42} ly^{34} təu 野生绿豆
毛豆儿 mau^{42} təur^{213}
豆秸 təu^{213} tɕiɛ^{34} 豆子秸秆
落禾 luo^{34} xɤ^{31} 野生高粱
圪档的 kɤ^{31} taŋ^{55} tɛ 高粱秆
圪档箭儿 kɤ^{31} taŋ^{55} tɕiɐr^{213}
乌霉 u^{34} məi^{42} 高粱小麦有黑穗病的穗

高粱苗的 kau^{34} liaŋ^{42} miau^{55} tɛ　去粒的高粱穗

高粱帽的 kau^{34} liaŋ^{42} mau^{213} tɛ　高粱粒的外壳

笤帚苗儿 t‘iau^{42} ʂu^{34} miaur^{42}　去粒的高粱穗等

花 xua^{34}　棉花作物

花柴 xua^{34} tʂ‘ai^{42}　棉花秸秆

花桃的 xua^{34} t‘au^{42} tɛ

花杈的 xua^{34} tʂ‘a^{213} tɛ

红薯秧的 xoŋ^{42} ʂu^{34} ʐaŋ^{34} tɛ　红薯蔓茎

红薯干儿 xoŋ^{42} ʂu^{34} kɐr^{34}　薯片儿

面瓜 mian^{213} kua^{34}

甜瓜 t‘ian^{42} kua^{34}

菜瓜 ts‘ai^{213} kua^{34}

酥瓜 su^{34} kua^{34}

熟淌了 ʂu^{42} t‘aŋ^{34} la　瓜熟得过火而软

香瓜儿 ɕiaŋ^{34} kuar^{34}

马泡 ma^{55} p‘au　野生瓜类，成熟后果小味香

葱胡的 ts‘oŋ^{34} xu^{42} tɛ　葱根

葱鼻的 ts‘oŋ^{34} pi^{42} tɛ　葱叶中的黏液

独头蒜 tu^{42} t‘əu^{42} suan^{213}　不分瓣的蒜

白皮蒜 pɛ^{42} p‘i^{42} suan^{213}

红皮蒜 xoŋ^{42} p‘i^{42} suan^{213}

蒜黄 suan^{213} xuaŋ^{42}

韭花 tɕiəu^{55} xua^{34}

芸豆 yn^{42} təu^{213}　一种扁豆

眉豆 məi^{42} təu^{213}　绿白紫色，荚果扁宽，嫩荚可食

藕瓜儿 əu^{55} kuar^{34}　一段藕

洋姜 iaŋ^{42} tɕiaŋ^{34}

麻籽 ma^{42} tsɿ^{44}　蓖麻

压腰葫芦 ia^{42} iaur^{34} xu^{42} lu

零枣 liŋ^{42} tsau^{55}　形小味甜酥脆的枣

蚂蚁枣 ma^{42} i^{55} tsau^{55}　奶头状脆枣

软枣 yan^{55} tsau^{55}　黑枣

杜梨的 tu^{213} li^{42} tɛ　树

漤柿的 lan^{55} ʂɿ^{213} tɛ

软柿的 ʐuan^{55} ʂɿ^{213} tɛ

苦苦菜 k‘u^{55} k‘u^{55} ts‘ai^{213}

马仁菜 ma^{55} ʐən^{42} ts‘ai^{213}　苋菜

补补丁 pu^{55} pu^{55} tiŋ^{34}　蒲公英

灰灰菜 xui^{34} xui^{34} ts‘ai^{213}

扫帚菜 sau^{42} ʂu^{34} ts‘ai^{213}

萋萋菜 tɕ‘i^{34} tɕ‘i^{34} ts‘ai^{213}

狂花儿 k‘uaŋ^{34} xuar^{34}

狗尿台 kəu^{55} niau^{213} t‘ai^{42}

吐鲁酸 t‘u^{213} lu^{34} suan^{34}

草珠珠 ts‘au^{55} tʂu^{34} tʂu

野韭菜 iɛ^{55} tɕiəu^{55} ts‘ai^{213}

臭蒿的 tʂ‘əu^{213} xau^{34} tɛ

节节草 tɕiɛ^{34} tɕiɛ^{34} ts‘au^{55}

抓地秧 tʂua^{34} ti^{213} iaŋ^{34}

扭草 niəu^{34} ts‘au^{55}　莠草

谷秕的 ku^{34} pi^{55} tɛ　秕谷子

王子葵 uaŋ^{42} tsɿ^{55} k‘ui^{42}　葵花

洋柿的 iaŋ^{34} ʂɿ^{213} tɛ　西红柿

甜棒 t‘ian^{42} paŋ^{213}　甘蔗

甘汁 kan^{34} tʂɿ^{34}　甘蔗

毛菇 mau^{42} ku^{34}　蘑菇

指甲草儿 tʂɿ^{34} tɕia^{34} ts‘aur^{55}　凤仙花

草棵的 ts‘au^{55} k‘uo^{34} tɛ　草丛

树棵的 ʂu^{213} k‘uo^{34} tɛ　小树丛

树头 ʂu^{213} t‘əu^{42}　树稍的总称

树股的 ʂu^{213} ku^{55} tɛ　粗树枝

树墩的 ʂu^{213} tun^{34} tɛ　树的根基部分

杜梨的树 tu^{213} li^{42} tɛ ʂu^{213}

笨槐 pən^{213} xuai^{42}　本地槐

槐米 xuai^{42} mi^{55}　笨槐的花

槐连豆儿 xuai^{42} lian^{42} təur^{213}

榆钱儿 y^{42} ts‘iɐr^{42}　榆荚

楝子树 lian^{213} tsɿ^{55} ʂu^{213}

簸箕柳 po^{213} tɕi^{34} liəu^{55}

努嘴儿 nu^{55} tsuər^{55}　豆类种子萌芽

拖秧儿 t‘uo^{34} ʐar^{34}　植物的蔓茎生长

拔莛儿 pa^{42} t‘iər^{42}　植物拔节儿

秀穗儿 ɕiəu^{213} suər^{213}　庄稼抽穗

满仁儿 man^{55} ʐər^{42} 籽实长足，但未成熟

瘪瘪瓜儿 piɛ^{34} tu^{34} kuar^{34} 瓜果等小面畸形

动物

公儿 kuor^{34} 雄性的

母儿 mur^{55} 雌性的

驴骡儿 ly^{42} luor^{42}

骡的 luo^{42} tɛ

细狗 ɕi^{213} kəu^{55} 猎狗

怀鼠狼的 xuai^{42} ʂu^{55} laŋ^{42} tɛ

耢窝鸡 lau^{213} uo^{34} tɕi^{34}

老雕 lau^{55} tiau^{34} 苍鹰

乌鸡 u^{34} tɕi^{34} 黑皮肤的鸡

蛹的 yoŋ^{55} tɛ 昆虫幼虫

扑拉蛾的 p'u^{34} la^{33} ɤ^{42} tɛ

蝇的虎儿 iŋ^{42} tɛ xur^{55}

白蝈 pɛ^{42} tʂa 苍蝇卵

蚂蚱蝻的 ma^{34} tʂa^{55} nan^{55} tɛ

瞎碰 ɕia^{34} p'əŋ 金龟子

花蚊的 xua^{34} uən^{42} tɛ

毛虫 mau^{42} tʂ'oŋ^{42}

蠓蠓虫 məŋ^{42} məŋ tʂ'oŋ^{42}

面虫的 mian^{213} tʂ'oŋ^{42} tɛ

蜜虫的 mi^{213} tʂ'oŋ^{42} tɛ 蚜虫

麦蛾的 mɛ^{34} ɤ^{42} tɛ

拉蛄 la^{34} ku^{55} 蝼蛄

树刀螂的 ʂu^{213} tau^{34} laŋ^{42} tɛ 螳螂

呼呼驼 p'iŋ^{42} p'iŋ^{42} t'uo^{42} 蜻蜓

马叽了儿 ma^{55} tɕi^{34} liaur^{34} 知了（小的）

马二螂 ma^{55} ər^{213} laŋ^{42} 知了（大的）

蝎虎的 xiɛ^{34} xu^{55} tɛ 壁虎

地出溇的 ti^{213} tʂ'u^{34} ly^{34} tɛ 蜥蜴

树当啷的 ʂu^{213} taŋ^{34} laŋ^{42} tɛ 啄木鸟

河包儿 xɤ^{42} paur 河蚌

光棍堵住 kuaŋ^{34} kuər^{213} tu^{55} tʂu^{213} 布谷鸟

春春鸪 tʂ'un^{34} tʂ'un^{34} ku^{34} 斑鸠

屎壳郎 ʂʅ^{42} kɤ^{42} laŋ^{42}

咕喵的 ku^{34} miau^{34} tɛ 猫头鹰

瞎闷猪 ɕia^{34} mən^{213} tʂu^{213} 鼹鼠

地搬场的 ti^{213} pan^{34} tʂ'aŋ^{55} tɛ 田鼠

鱼秧的 y^{42} iaŋ^{34} tɛ 鱼苗儿

鸡尖 tɕi^{34} tɕian^{34} 鸡屁股

草包 ts'au^{55} pəu^{34} 反刍动物的胃

猪拱嘴 tʂu^{34} koŋ^{55} tsuəi

下喧 ɕia^{34} ɕyan^{213}

后座儿 xəu^{213} tsuor^{213}

肯吃 k'ən^{55} tʂ'ʅ^{34} 牲畜食欲好

吣 tɕ'in^{213} 动物呕吐

上膘儿 ʂaŋ^{213} piaur^{34} 增肥

掉膘儿 tiau^{213} piaur^{34} 消瘦

捎 ʂau^{213} 喝令牲口后退

下嘴 ɕia^{34} tsuəi^{55} 牲畜咬人

弹 t'an^{42} 牲畜踢

牴 ti^{55} 牛羊用角向前撞击

歇窝儿 ɕiɛ^{34} uor^{34} 鸡鸭停止下蛋

倒毛 tau^{55} mau^{42} 禽类换毛

叨 tau^{34} 禽鸟啄

传鸡的 tʂ'uan^{42} tɕi^{34} tɛ 鸡瘟流行

潲子儿 ʂau^{213} tsər^{55} 昆虫产卵

甩子儿 ʂuai^{213} tsər^{55} 鱼产卵

跑羔儿 p'au^{55} kaur^{34} 羊性交

跑圈儿 p'au^{55} tɕyɐnr^{213} 猪交配

打圈儿 ta^{55} tɕyɐr^{213} 猪交配

靠槽 k'au^{213} ts'au^{42} 驴交配

吊棒 tiau^{213} paŋ^{213} 狗交配

连蛋 lian^{42} tan^{213} 狗交配

打草的 ta^{55} ts'au^{42} tɛ 狗猫交配

上圈儿 ʂaŋ^{213} tɕyɐr^{213} 牛交配

跑猫的 p'au^{55} mau^{42} tɛ 猫交配

倒窝的 tau^{55} uo^{34} tɛ 猫交配

走窝儿嘞 tsəu^{55} uor^{34} ləi 猫交配

压蛋儿 ia^{34} tɐr^{213} 禽类交配

配对儿 p'əi^{213} tuər^{213}　鸟或昆虫交配

背早早儿 pəi^{34} tsau^{55} tsau　跳蚤、蝗虫交配

嬔蛋 fan^{213} tan^{213}　鸟类下蛋

房舍　器物

一敞当 i^{34} tʂ'aŋ^{55} taŋ^{34}　院子没墙

伙巷 xuo^{55} ɕiaŋ^{213}　几户共用的小巷

夹道儿 tɕia^{42} taur^{213}

东屋 toŋ^{34} u^{34}

西屋 ɕi^{34} u^{34}

南屋 nan^{42} u^{34}

平房 p'iŋ^{42} faŋ^{42}

瓦房 ua^{55} faŋ^{42}

外间屋 uai^{213} tɕian^{34} u^{34}

里间屋 li^{213} tɕian^{34} u^{34}

小堂屋 ɕia^{55} taŋ^{42} u^{34}

当门儿 taŋ^{34} mər^{42}

外门 uai^{213} mən^{42}　也称街门

门口 mən^{42} k'əu^{55}　门框

门鼻儿 mən^{42} piər^{42}

门闸板 mən^{42} tʂa^{55} pan

门枕 mən^{42} tʂən^{55}

过木 kuo^{213} mu　门窗上面的横木

宅基地 tʂai^{42} tɕi^{34} ti^{213}

屋山 u^{34} ʂan^{34}　房屋的山墙

靠山梁 k'au^{213} ʂan^{34} liaŋ^{42}　紧贴山墙的梁

前出厦 tɕ'ian^{42} tʂ'u^{34} tʂ'a^{21}

二梁的 ər^{213} liaŋ^{42} tɛ

脊檩 tɕi^{34} lin^{55}　房顶正中的檩条

边檩 pian^{34} lin^{55}　房顶靠墙的檩

稳梁墩儿 uən^{55} liaŋ^{42} tuər^{34}　梁下垫木

挂柱 kua^{213} tʂu^{42}

扒锯的 pa^{42} tɕy^{34} tɛ

笆 pa^{34}　用苇子编制铺在椽上的建材

炕头儿 k'aŋ^{213} t'əur^{42}

炕沿儿 k'aŋ^{213} iɛr^{42}

炕洞 k'aŋ^{213} toŋ^{213}

锅壳廊的 kuo^{34} k'ɤ^{34} laŋ^{34} tɛ

锅腔的 kuo^{34} tɕ'laŋ^{34} tɛ

断截墙 tuan^{213} tɕiɛ^{42} tɕ'iaŋ^{42}

雨搭 y^{55} ta^{34}

缫的 ʐaŋ^{55} tɛ　去籽没弹的棉花

棉花车的 mian^{42} xua^{34} tʂ'ɛ^{34} tɛ

锭的 taŋ^{34} tɛ　纺锭

棉穗的 mian^{42} sui^{213} tɛ

线拐的 ɕian^{213} kuai^{55} tɛ

砸衣裳车的 tsa^{42} i^{34} ʂaŋ^{34} tʂ'ɛ^{34} tɛ

针线笸箩 tʂən^{34} ɕian^{213} po^{33} luo

布拉条的 pu^{213} la^{34} t'iau^{42} tɛ

瓢勺 p'iau^{42} ʂuo^{42}

木勺 mu^{34} ʂuo^{42}

肉墩的 ʐəu^{213} tun^{34} tɛ

筷笼的 k'uai^{213} loŋ^{42} tɛ

油撇的 iəu^{42} p'iɛ^{42} tɛ

擀杖 kan^{55} tʂaŋ^{213}

蒜臼的 suan^{213} tɕiu^{213} tɛ

礤的 ts'a^{34} tɛ　把萝卜等礤成片丝的器具

炭铲的 t'an^{42} tʂ'an^{55} tɛ

锅拍的 kuo^{34} piɛ^{34} tɛ

箅梁的 pi^{213} liaŋ^{42} tɛ

抢锅铲的 tɕiaŋ^{55} kuo^{34} tʂ'an^{55} tɛ

瓦罐的 ua^{55} kuan^{213} tɛ

拃罐 tʂa^{42} kuan^{213}

盖的面儿 kai^{213} ti miɛr^{213}　被面

盖的里 kai^{213} ti li^{55}　被里

盖的 kai^{213} ti　被子

被头 pəi^{213} t'əu^{42}

铺的 p'u^{34} i　褥子

棉花套的 mian^{42} xua^{34} t'au^{42} tɛ

粗布 ts'u^{34} pu^{213}

洋布 iaŋ^{42} pu^{213}

灯棍儿 təŋ^{34} kuər^{34}　日光灯
三斗桌 san^{34} təu^{55} tʂuo^{34}
两斗桌 liaŋ^{55} təu^{55} tʂuo^{34}
一头儿沉 i^{34} tʻəur^{42} tʂʻən^{42}
板凳 pan^{55} təŋ^{213}　长条凳
板踏儿 pan^{55} tʻar^{34}　矮小的坐凳
马扎的 ma^{55} tʂa^{34} tɛ
罗圈椅的 luo^{42} tɕʻyan^{34} i^{55} tɛ
条机 tʻiao^{42} tɕi^{34}　靠北墙放的条案
柜橱的 kui^{213} tʂʻu^{42} tɛ
托盘的 tʻuo^{34} pʻan^{42} tɛ
篓的 ləu^{55} tɛ　长形柳篮子
箢的 yan^{55} tɛ　柳编有挎梁的器具
草苫的 tsʻau^{55} ʂan^{34} tɛ
坯模的 pʻəi^{55} mu^{42} tɛ
泥抹的 ni^{213} mo^{34} tɛ
木搓的 mu^{34} tsʻuo^{34} tɛ
半截砖 pan^{213} tɕiɛ^{42} tʂuan^{34}
方砖 faŋ^{34} tʂuan^{34}
笆砖 pa^{34} tʂuan^{34}
脊瓦 tɕi^{34} ua^{55}　扣在屋脊上的瓦
滴水 ti^{34} ʂui^{55}　房檐上供滴水的瓦
气管的 tɕʻi^{213} kuan^{55} tɛ　打气筒
木梳 mu^{34} ʂu^{34}
刮头篦的 kua^{34} tʻəu^{42} pi^{213} tɛ
布袋 pu^{213} tai^{34}
麻包 ma^{42} pau^{34}
鞋楦 ɕiai^{42} ɕyan^{213}
月份牌儿 yɛ^{213} fən pʻɛr^{42}　日历
拐棍 kuai^{55} kuər^{213}　手杖
木猫 mu^{34} mau^{42} 木制捕捉黄鼬、老鼠的器具

人　品

疙瘩妮儿 kiɛ^{34} ta^{33} niər^{34}
半大小的 pan^{213} ta^{21} ɕiau^{55} tɛ
带㞘的 tai^{213} tu^{42} tɛ
人头儿 ʐən^{42} tʻəur^{42}
光棍 kuaŋ^{34} kun^{33}　有钱有权之家
光棍儿 kuaŋ^{34} kuər^{213}　单身汉
大拿 ta^{213} na^{42}　掌权之人
善茬儿 ʂan^{213} tʂʻar^{42}
老实疙瘩 lan^{55} ʂʅ kɛ^{34} ta
老婆的嘴 lau^{55} pʻo^{42} tɛ tsuəi^{55}
把家虎 pa^{55} tɕia^{34} xu^{55}
杠的头儿 kaŋ^{213} tɛ tʻəur^{42}
碎嘴的 sui^{213} tsui^{55} tɛ
犟筋 tɕiaŋ^{213} tɕin^{34}
秃拉舌的 tʻu^{34} la^{34} ʂɛ^{42} tɛ
捣包儿鬼 tau^{55} paur^{34} kuəi^{55}
二把刀 ər^{213} pa^{55} tau^{34}
二混的 ər^{213} xuən^{213} tɛ
街皮 tɕiai^{34} pʻi^{42}
顺毛驴 ʂuən^{213} mau^{42} ly^{42}
老油的 lau^{55} iou^{42} tɛ
半语的 pan^{213} y^{55} tɛ　口齿不清之人
二尾的 ər^{213} i^{213} tɛ　两性人
垫背嘞 tian^{213} pəi^{213} lɛ
受气包儿 ʂəu^{213} tɕʻi^{213} paur^{34}
祸败精 xuo^{213} pai^{21} tsiŋ^{34}
离巴头 li^{42} pa tʻəu^{21}
母老虎 mu^{55} lau^{42} xu
女光棍儿 ny^{55} kuaŋ^{34} kuər^{213}
煤黑的 məi^{42} xɛ^{34} tɛ
二道贩的 ər^{213} tau^{21} fan^{213} tɛ
红得头 xoŋ^{34} tɛ tʻəu^{42}　知客
锔锅嘞 tɕy^{34} kuo^{34} lɛ
砸衣裳嘞 tsa^{42} i^{34} ʂaŋ^{34} lɛ
泥瓦匠 ni^{42} ua^{55} tɕiaŋ^{213}
掌尺嘞 tʂaŋ^{55} tʂʻʅ^{34} lɛ
小工儿 ɕiau^{213} kuor^{34}
煅磨嘞 tuan^{213} mo^{213} lɛ

看庄的嘞 k‘an^{213} tʂuaŋ^{34} tɛ lɛ
唱门儿嘞 tʂ‘aŋ^{213} mər^{42} lɛ
截路嘞 tɕiɛ^{42} lu^{213} lɛ
打杂儿嘞 ta^{55} tsar^{42} lɛ
跑腿儿嘞 p‘ao^{213} t‘uər^{55} lɛ
主家 tʂu^{55} tɕia
破鞋 p‘o^{213} ɕiai^{42}
小野老儿 ɕiau^{55} iɛ^{55} laur　侏儒
开车嘞 k‘ai^{34} tʂ‘ɛ^{34} lɛ
卖票嘞 mai^{213} p‘iau^{213} lɛ
唱戏嘞 tʂ‘aŋ^{213} ɕi^{213} lɛ
当家的 taŋ^{213} tɕia^{34} tɛ　同姓人
二板吊的 ər^{213} pan^{55} tiau^{213} tɛ
㞞包 soŋ^{42} pau^{34}
胖墩的 p‘aŋ^{213} tuən^{34} tɛ
瘦猴儿 ʂəu^{213} xəur^{42}
病郎郎儿 piŋ^{213} laŋ^{42} lar^{34}

药罐的 yo^{34} kuan^{213} tɛ
绝户头 tɕyɛ^{42} xu^{21} t‘əu^{42}
硬茬儿 iəŋ^{213} tʂ‘ar^{42}
缠磨头 tʂ‘an^{42} mo t‘əu^{42}
吃嘴儿精 tʂ‘ʅ^{34} tsuər^{55} tsiŋ^{34}
夹榆头 tɕia^{34} y^{21} t‘əu^{42}
火烧腚 xuo^{55} ʂau^{34} tiŋ^{213}
油嘴白活舌 iəu^{42} tsui^{55} pɛ^{42} xua ʂɛ^{42}
铁嘴钢牙 t‘iɛ^{34} tsui^{55} kaŋ^{34} ia^{42}
酒缸 tsiu^{55} kaŋ^{34}
傻财迷 ʂa^{55} tʂ‘ai^{42} mi^{42}
皮脸杠 p‘i^{42} lian^{55} kaŋ^{213}
巴结脸的 pa^{34} tɕiɛ lian^{55} tɛ
水脸瓜的 ʂuəi^{55} lian^{55} kua^{34} tɛ
门里侯 mən^{42} li^{55} xəu^{42}
小爬扎儿 ɕiau^{55} p‘a^{42} tʂar^{42}

亲　属

免辈儿 mian^{55} pər^{213}
老的儿 lau^{55} tər
小的儿 ɕiau^{55} tər
拜把的兄弟 pai^{213} pa^{55} tɛ ɕyŋ^{34} ti
干姊妹儿 kan^{34} tsʅ^{55} mər^{213}
弟妹 ti^{213} məi^{213}　弟媳
叔伯兄弟 ʂu^{34} pɛ^{42} ɕyŋ^{34} ti

叔伯姊妹 ʂu^{34} pɛ^{42} tsʅ^{55} mər^{213}
大妮儿 ta^{213} niər^{34}
大小儿 ta^{213} ɕiaur^{55}
养老女婿 iaŋ^{55} lau^{55} ny^{55} ɕy
孙男娣女 sun^{34} nan^{42} ti^{213} ny^{55}
亲亲 tɕ‘in^{34} tɕ‘in　亲戚

身　体

身的骨 ʂən^{34} tɛ ku^{55}
身架儿 ʂən^{34} tɕiar^{213}
细高挑儿 ɕi^{213} kau^{34} t‘iaor^{42}
头囟儿 t‘əu^{42} ɕiər^{213}　囟门
后脑勺儿 xəu^{213} nau^{55} ʂuər^{42}　梆的头
门偻 mən^{42} ləu
鬓角 pin^{213} tɕyo^{34}
胎毛 t‘ai^{34} mau^{42}
少白头 ʂau^{213} pɛ^{42} t‘əu^{42}

肤皮 fu^{34} p‘i^{42}
肉皮儿 ʐən^{213} p‘iər^{42}
黄病脸 xuaŋ^{42} piŋ^{213} lian^{55}
白净的儿 pɛ^{42} tɕiŋ^{213} tər
洼勾脸 ua^{34} kəu^{34} lian^{55}
腮帮的 sai^{34} paŋ^{34} tɛ
抬头纹 t‘ai^{42} t‘əu^{42} uən^{42}
撮的 tsuo^{55} tɛ　皱纹
黑眼珠 xəi^{34} ian^{55} tʂur^{34}

白眼珠儿 pɛ^{42} ian^{55} tʂur^{34}
耳聋 ər^{55} luəŋ^{42}　耳垢
酒糟鼻的 tɕiəu^{213} tsau^{34} pi^{42} tɛ
鼻圪渣 pi^{42} kɤ^{34} tʂa^{34}
齉鼻的 naŋ^{213} pi^{42} tɛ
嘴叉的 tsuəi^{55} tʂʻa^{34} tɛ
虎牙 xu^{55} ia^{42}
龅牙 pau^{34} ia^{42}
托盘的嘴儿 tʻuo^{34} pan^{42} tɛ tsuər^{55}
老婆的嘴儿 pau^{55} pʻo^{42} tɛ tsuər^{55}
吐沫星的 tʻu^{34} mo ɕiŋ^{34} tɛ
山羊胡的 ʂan^{34} iaŋ^{42} xu^{42} tɛ
八字胡儿 pa^{42} tsɿ^{213} xur^{42}
六指儿 liəu^{213} tʂʅər^{55}
妈妈 ma^{42} ma　乳房
妈妈水儿 ma^{42} ma ʂuər^{55}
腚眼的 tiŋ^{213} ian^{55} tɛ
迭屌 tiɛ^{42} tu
腿弯的 tʻuəi^{55} uan^{34} tɛ
罗圈腿 luo^{42} tɕʻyan^{34} tʻuəi^{55}
外撇脚 uai^{213} pʻiɛ^{55} tɕyo^{34}
脚面 tɕyo^{34} mian^{213}
外八脚儿 uai^{213} pa^{34} tɕyor^{34}
里八脚儿 li^{55} pa^{34} tɕyor^{34}
脚合旯儿 tɕyo^{34} xɤ^{42} lar^{34}
倒跟脚儿 tau^{213} kən^{34} tɕyor^{34}
衣胞的 i^{34} pau^{34} tɛ　胎衣
压眉穗儿 ia^{34} məi^{34} suər^{213}　刘海儿
俏坑儿 tɕʻiau^{213} kʻər^{34}　酒窝儿
眼包皮儿 ian^{55} pau^{34} pʻiər^{42}
眵麻糊 tʂʅ^{213} ma^{34} xu^{34}
腮帮的 sai^{34} paŋ^{34} tɛ
黑雀的 xɛ^{34} tɕʻyo^{34} tɛ
嘴巴胡儿 tsuəi^{55} pa xur^{42}
左撇的 tsuo^{55} pʻiɛ^{55} tɛ
手脖的 ʂəu^{213} po^{42} tɛ
手扪指头 ʂəu^{55} mən tʂʅ^{42} tʻəu
胸壳廊的 ɕyŋ^{34} kʻɤ^{34} laŋ^{34} tɛ
肚末脐的 tu^{213} mə tɕʻi^{42} tɛ
圪肘窝儿 kɤ^{34} tʂəu^{55} uər^{34}
肋巴骨 ləi^{213} pa ku^{34}
腚蛋的 tiŋ^{213} tan^{213} kɛ^{34}
胳老伴儿 kɤ^{34} lau^{55} par^{213}
脚脖的 tɕyo^{34} po^{42} tɛ
脚趾头 tɕyo^{34} tʂʅ^{42} tʻəu
脚底板的 tɕyo^{34} ti^{55} pan^{55} tɛ
尿泡 suəi^{34} pʻau
光屌的 kuaŋ^{34} tu^{34} tɛ　裸体

疾病　医疗

上火了 ʂaŋ^{213} xuo^{55} lɤ
热着了 ʐɛ^{34} tʂuo^{42} la　中暑
头痛脑热 tʻəu^{42} tʻəŋ^{42} nau^{55} ʐɛ^{34}
扁皮疙瘩 pian^{55} pʻi^{42} kɤ^{34} ta
痨伤 lau^{42} ʂaŋ^{34}　肺、气管疾病
下坠 ɕia^{213} tʂuəi^{213}　有大便，拉不出
心嘴的疼 sin^{34} tsuəi^{55} tɛ tʻəŋ^{42}
着凉了 tʂuo^{42} liaŋ^{42} la
搐搐 tʂʻu^{34} tʂu^{34}　抽风
风瘫 fəŋ^{34} tʻan^{33}　偏瘫
烧心 ʂau^{34} sin^{34}　胃酸
吓着了 ɕia^{213} tʂuo^{42} la　惊吓
黄病 xuaŋ^{42} piŋ^{213}　黄疸性肝炎
气蛋 tɕʻi^{213} tan^{213}
磨着腰 mo^{213} tʂuo^{42} iau^{34}
落枕了 lau^{213} tʂən^{55} la
岔气儿 tʂʻa^{213} tɕʻiər^{213}
转筋 tʂuan^{213} tɕin^{34}　抽筋
溃浓 xuəi^{213} nuəŋ^{42}　化浓
暴皮 pau^{213} pʻi^{42}
燎泡 liau^{42} pʻau^{21}
秃顶 tʻu^{34} tiŋ^{55}

斜眼儿 ɕiɛ^{42} ier^{55}

烂眼的 lan^{213} ian^{55} tɛ

睁眼瞎 tʂəŋ^{34} ian^{55} ɕia

口疮 k'əu^{55} tʂ'uaŋ^{34}

虫吃牙 tʂ'oŋ^{42} tʂ'ʅ^{34} ia^{42}

耳背 ər^{55} pəi^{213}

黄水疮 xuaŋ^{42} ʂuəi^{55} tʂ'uaŋ^{34}

老鼠疮 lau^{55} ʂu tʂ'uaŋ^{34}　淋巴结核儿

掉叠屎 tiau^{213} tiɛ^{42} tu　脱肛

气鼓 tɕ'i^{55} ku^{213}　腹水、肝炎

噎食病 iɛ^{34} ʂʅ^{42} piŋ^{213}　食道癌

喝药 xɤ^{34} yo^{34}

发汗 fa^{34} xan^{213}

败火 pai^{213} xuo^{55}

扳罐的 pan^{34} kuan^{213} tɛ

服　饰

汗溻儿 xan^{213} t'ar^{34}　汗衫

布衫的 pu^{213} ʂan^{34} tɛ　褂子

秋衣 tɕ'iəu^{34} i^{34}

夹袄 tɕia^{34} au^{55}

盾的 tun^{213} tɛ 与棉裤连在一起的棉坎肩

袖头儿 ɕiu^{213} t'əur^{42}

裤头儿 k'u^{213} t'əur^{42}　裤衩儿

裆裤 taŋ^{34} k'u^{213}

秋裤 tɕ'iəu^{34} k'u^{213}

连脚裤 lian^{42} tɕyo^{34} k'u^{213}　儿童用的

踅的 ɕyɛ^{42} tɛ　裙子

认脚鞋 ʐən^{213} tɕyo^{34} ɕiai^{42}

懒汉鞋 lan^{55} xan^{213} ɕiai^{42}

猫头鞋 mau^{42} t'əu^{42} ɕiai^{42}

毛底鞋 mau^{42} ti^{55} ɕiai^{42}

五眼儿鞋 u^{55} ianr^{42} ɕiai^{42}

叶根儿 iɛ^{213} kər^{34}　鞋后提鞋用的双层布

可脚 kɤ^{55} tɕyo^{34}　大小合适

棉袜的 mian^{42} ua^{213} tɛ

围脖儿 uəi^{42} pər^{42}

暖袖 nuan^{55} ɕiu^{213}

开线了 k'ai^{34} ɕian^{213} la

下奓 ɕia^{213} tʂa^{213}

耳坠的 ər^{55} tʂuəi^{213} tɛ

饮　食

吃头儿 tʂ'ʅ^{34} t'əur^{42}

发物 fa^{34} u^{21}

红薯干儿 xoŋ^{42} ʂu^{34} kɐr^{34}

糁的 ʂən^{34} tɛ　碾碎的玉米粒

麦仁 mɛ^{34} ʐən^{42}　去皮的麦粒

麦糁的 mɛ^{34} ʂən^{34} tɛ

杂面 tsa^{42} mian^{213}　绿豆面

榆皮面 y^{42} p'i^{42} mian^{213}

黏面 nian^{42} mian^{213}

面觉的 mian^{213} tɕyo^{34} tɛ　酵母

面皮儿 mian^{213} p'iər^{42}

面饽儿 mian^{213} pur^{42}

发面嘞 fa^{34} mian^{213} lɛ

死面嘞 sʅ^{55} mian^{213} lɛ

锅饼的 kuo^{34} piŋ^{213} tɛ

花糕 xua^{34} kau^{34}

糖糕 t'aŋ^{42} kau^{34}

冻的 toŋ^{213} tɛ

窝窝 uo^{34} uo　窝头

豆包儿 təu^{213} paur^{34}

糖包的 t'aŋ^{42} pau^{34} tɛ

水煎包儿 ʂui^{55} tɕian^{34} paur^{34}

喝头儿 xɤ^{34} t'əur^{42}

豆沫儿 təu^{213} mər^{34}

红薯饭 xoŋ^{42} ʂu fan^{213}

凉面条的 liaŋ^{42} mian^{213} t'iau^{42} tɛ

面叶儿 mian^{213} iər^{34}

扣碗肉 k‘əu^{213} uɐr^{55} ʐəu^{213}

猪共的 tʂu^{34} koŋ^{42} tɛ

二毛烧鸡 ər^{213} mau^{42} ʂau^{34} tɕi^{34}

五百居香肠 u^{55} pɛ^{34} tɕy^{34} ɕiaŋ^{34} tʂ‘ar^{42}

郭八儿火烧 kuo^{34} par^{34} xuo^{55} ʂau

鸡杂个儿 tɕi^{34} tsa^{42} kɤr^{21}

下水 ɕia^{213} ʂuəi^{55}

布袋 pu^{213} tai　方形袋装鸡蛋的油炸食品

麻籽油 ma^{42} tsɿ^{55} iəu^{42}

棉油 mian^{42} iəu^{42}

白油 pɛ^{42} iəu^{42}　花生油

麻汁 ma^{42} tʂʅ^{34}　芝麻酱

豆酱 təu^{213} tɕiaŋ^{213}

甜面酱 t‘ian^{42} mian^{213} tɕiaŋ^{213}

腊八蒜 la^{34} par^{34} suan^{213}

芝麻盐儿 tʂʅ^{34} ma^{42} iɐr^{42}

豆腐丝儿 təu^{213} fu^{34} sər^{34}

到口酥 tau^{213} k‘əu^{55} su^{34}

落生蘸 luo^{42} ʂən^{34} tʂan^{213}

江米球 tɕiaŋ^{213} mi^{55} tɕ‘iəu^{42}

色酒 ʂɛ^{34} tɕiəu^{55}　甜酒

辣酒 la^{34} tɕiəu^{55}　白酒

清汤拉水儿 ts‘iŋ^{34} t‘aŋ^{34} la^{34} ʂuər^{55}

稀汤瓜拉 ɕi^{34} t‘aŋ^{34} kua^{34} la

甜木索 t‘ian^{42} mu^{34} suo^{34}

焦酥 tɕiau^{34} su^{34}

坨了 t‘uo^{42} la　水饺、面条等因挤而粘住

糗了 tɕ‘iəu^{55} la　面条由稀变稠

澥黄 ɕiai^{213} xuaŋ　鸡蛋变质

鸡蛋卤的面条的 tɕi^{34} tan^{21} lu^{55} tɛ mian^{213} t‘iau^{42} tɛ

素嘞 su^{213} lɛ　素菜

肉嘞 ʐəu^{213} lɛ　荤菜

肉膘儿 ʐəu^{213} piaur^{34}　肥肉

丝儿肉 sər^{34} ʐəu^{213}　瘦肉

馃的 kuo^{55} tɛ　油条

好的儿 xau^{55} tər^{34}　好吃的

捂了 u^{55} la　食物发霉了

枉蛋 uaŋ^{42} tan^{213}　孵不出小鸡的鸡蛋

蒸菜 tʂəŋ^{34} ts‘ai^{34}

面托儿 mian^{213} t‘uər^{34}　一种油炸食品

红白喜事

寻媳妇 ɕin^{42} ɕi^{42} fu

相女婿 ɕiaŋ^{34} ny^{55} ɕy

相家 ɕiaŋ^{34} tɕia^{34}

见面儿 tɕian^{213} miɐr^{213}

看好儿 k‘an^{213} xaur^{55}

换帖 xuan^{213} t‘iɛ^{34}

送好儿 soŋ^{213} xaur^{42}

成人 tʂ‘əŋ^{34} ʐən^{42}

绞脸 tɕiau^{55} lian^{55}

出门的 tʂ‘u^{34} mən^{42} tɛ

添箱 t‘ian^{34} ɕiaŋ^{34}

听房 t‘iŋ^{34} faŋ^{42}

换亲 xuan^{213} ts‘in^{34}

走主儿 tsəu^{55} tʂur^{55}

填房 t‘ian^{42} faŋ^{42}

二婚 ər^{213} xun^{34}

男家 nan^{42} tɕia

女家 ny^{42} tɕia

大支客 ta^{213} tʂʅ^{34} k‘ɛ^{34}

送亲嘞 soŋ^{213} tɕ‘in^{34} lɛ

陪客 p‘əi^{42} k‘ɛ^{34}

梳头匣的 ʂu^{34} t‘əu^{42} ɕia^{42} tɛ

衣裳面儿 i^{34} ʂaŋ miɐr^{213}

蒙头红的 məŋ^{42} t‘əu^{42} xoŋ^{42} tɛ

账的 tʂaŋ^{213} tɛ

拜钱 pai^{213} ts‘ian

媒人席 məi^{42} ʐən^{42} si^{42}

刮孩的 kua^{55} xai^{42} tɛ

月的孩儿 yε^{34} tε xɚr^{42}
住满月 tʂu^{42} man^{55} yε^{34}
百岁儿 pε^{34} ʂuər^{213}　婴儿出生一百天
过十二天 kuo^{213} ʂʅ^{42} ər^{213} t'ian^{34}
头生儿 t'əu^{42} ʂər^{34}
老生的 lau^{55} ʂəŋ^{34} tε
喝药了 xɤ^{34} yo^{34} la　特指服毒自杀
倒气了 tau^{213} tɕ'iər^{213}
五服 u^{55} fu^{42}　五辈
发送 fa^{34} soŋ^{213}
随礼 suəi^{42} li^{55}
放三天 faŋ^{213} san^{34} t'ian^{34}
披麻戴孝 pəi^{34} ma^{42} tai^{213} ɕiau^{213}
穿孝 tʂ'uan^{34} ɕiau^{213}
报庙儿 pau^{213} miaur^{213}
上庙儿 ʂaŋ^{213} miaur^{213}
辞灵 ts'ɿ^{42} liŋ^{42}
押纸 ia^{34} tʂʅ^{55}
盛殓 tʂ'əŋ^{34} lian^{213}
送盘缠 soŋ^{213} p'an^{42} tʂ'an
起灵 tɕ'i^{55} liŋ^{42}
打幡儿 ta^{55} fɚr^{34}
谢礼 ɕiε^{213} li^{55}
圆坟 yan^{42} fən^{42}
百日 pε^{34} ʐʅ^{213}
添坟 t'ian^{34} fən^{42}
起坟 tɕ'i^{55} fən^{42}
囚的 tɕ'iəu^{34} tε　地上砖砌的墓
孝帽的 ɕiau^{213} mau^{213} tε
孝衫的 ɕiau^{213} ʂan^{34} tε
送老衣 soŋ^{213} lau^{55} i^{34}　寿衣
蒙脸纸 məŋ^{42} lian^{55} tʂʅ^{55}
衔口钱 ɕian^{42} k'əu^{55} tɕ'ian^{42}
引魂灯 iən^{55} xuən^{42} təŋ^{34}
倒头饭 tau^{55} t'əu^{42} fan^{213}
摔老盆 ʂuai^{34} lau^{42} p'ən
烧纸 ʂau^{34} tʂʅ^{55}
倒头纸 tau^{55} t'əu^{42} tʂʅ^{55}
四七嘞 sɿ^{213} tɕ'i^{42} lε
办年头儿 pan^{213} nian^{42} t'əur^{42}

日常生活

偎窝的 uəi^{34} uo^{34} tε
搐腰 tʂ'u^{34} iau^{34}
推头 t'uəi^{34} t'əu^{42}
铰头 tɕiau^{55} t'əu^{42}
漆猛的 tɕ'i^{34} məŋ^{55} tε　潜水
断顿儿 tuan^{213} tuər^{213}
咕嘟 ku^{34} tu^{34}　煮炖
搅面觉的 tɕiau^{55} mian^{213} tɕyo^{34} tε
贴锅饼 t'iε^{34} kuo^{34} piŋ^{55}
拾馍馍 ʂʅ^{55} mo^{42} mo　从笼屉里将其拿出
下馆的 ɕia^{213} kuan^{55} tε
争嘴吃 tʂəŋ^{34} tsuəi^{55} tʂʅ^{34}
叨叨 tau^{34} tau　用筷子夹
抄抄 tʂ'au^{34} tʂ'au　用筷子夹
水饱儿 ʂuəi^{55} paur^{55}
打嗝得 ta^{55} kɤ^{34} tər^{213}
干渴 kan^{34} k'ɤ^{34}　口渴
坐水 tsuo^{213} ʂuəi^{55}
解大手 tɕiε^{55} ta^{213} ʂəur^{55}
解小手 tɕiε^{55} ɕiau^{51} ʂəur^{55}
栽嘴儿 tsai^{34} tsuər^{55}　打盹
迷登 mi^{42} təŋ　小睡
囫囵个儿 xu^{42} lun kɤr^{213}　穿衣睡
打呼噜 ta^{55} xu^{34} lu
打梦捶 ta^{55} məŋ^{213} tʂ'uəi^{42}
发呓症 fa^{34} i^{213} tʂəŋ^{34}
说梦话 ʂuo^{34} məŋ^{213} xua^{213}
压狐的 ia^{34} xu^{42} tε　梦魇
连轴转 lian^{42} tʂəu^{34} tʂuan^{213}
摸瞎儿 mo^{34} ɕiar^{34}

当家理纪 taŋ^{34} tɕia^{34} li^{55} tɕi^{213}

掐奶 tɕʻia^{34} nai^{55}　断奶

拖地 tʻuo^{34} ti^{213}　擦地

扎耳朵眼儿 tʂa^{34} ər^{55} tuo iʻer^{55}

打胰的 ta^{55} i^{42} tɛ　搓肥皂

铰衣裳 tɕiau^{55} i^{34} ʂaŋ

纴针 ʐən^{213} tʂən^{34}

刻底的 kʻɤ^{213} ti^{55} tɛ

绱 in^{55}　绗，~被的

针脚 tʂən^{34} tɕyo^{34}

掐缠的 tɕʻia^{34} pian^{213} tɛ

脱坯 tʻuo^{34} pʻəi^{34}

扣砖坯的 kʻəu^{213} tʂuan^{34} pʻi^{34} tɛ

丁砖 tiŋ^{34} tʂuan^{34}　码砖

翻盖 fan^{34} kai^{21}

发券 fa^{42} tɕʻyan^{213}

上梁 ʂaŋ^{213} liaŋ^{42}

上笆 ʂaŋ^{213} pa^{34}

搅泥 tɕiau^{55} ni

槌屋的 tʂʻuəi^{42} u^{34} tɛ

打下手儿 ta^{55} ɕia^{213} ʂəur^{55}

晒暖儿 ʂai^{213} nuʻer^{55}

交　往

走动 tsəu^{55} toŋ^{213}　有交往

来回 lai^{42} xuəi^{42}　相互间不断往来

亲戚里道 tɕʻin^{34} tɕʻi li^{55} tau

侉估 kʻua^{42} ku　牵连

合群儿 xɤ^{42} tɕʻyər^{42}

好气儿 xau^{55} tɕʻiər^{213}

透气儿 tʻəu^{213} tɕʻiər^{213}

大面儿上 ta^{213} miʻer^{213} ʂaŋ^{213}

外场儿 uai^{213} tʂʻar^{55}

来事儿 lai^{42} ʂər^{213}

为人儿 uəi^{213} ʐər^{213}

温锅儿 uən^{34} kuər^{34}

凑份的 tsʻəu^{213} fən^{213} tɛ

筛酒 ʂai^{34} tɕiəu^{55}　温酒

满酒 man^{42} tɕiəu^{55}　斟酒

喝起 xɤ^{34} tɕʻi^{55}　干杯

上脸 ʂaŋ^{213} lian^{55}

砸杠的 tsa^{42} kaŋ^{213} tɛ

压指头儿 ia^{34} tʂʅ^{42} tʻəur^{42}

保一对 pau^{55} i^{34} tuəi^{213}

敬一杯 tɕiŋ^{213} i^{34} pəi^{34}

俩好 lia^{42} xau^{21}

三桃园 san^{34} tʻau^{42} yan^{42}

四季发财 sʅ^{213} tɕi^{213} fa^{34} tsʻai^{42}　又：四季

五魁首 u^{55} kʻuəi^{42} ʂəu^{55}　又：五魁

六六顺 liəu^{213} liəu^{213} ʂuən^{213}　又：六六

七巧枚 tɕʻi^{34} tɕʻiau^{55} məi^{42}　又：七巧

八匹马 pa^{34} pʻi^{55} ma^{55}　又：八仙

快升官 kʻuai^{213} ʂəŋ^{34} kuan^{34} 义为九，又：快快

全来了 tsʻuan^{42} lai^{42} liau　指十，又：全全

抄席 tʂʻau^{34} si^{42}

手递手 ʂəu^{55} ti^{213} ʂəu^{55}

破费 pʻo^{213} fəi^{21}

舔腚眼的 tʻian^{55} tiŋ^{213} ian^{55} tɛ

大模斯样 ta^{213} mo sʅ^{34} iar^{42}

拿一把 na^{42} i^{34} pa^{42}

相好嘞 ɕiaŋ^{34} xau^{55} lɛ

合伙儿 xɤ^{42} xuər^{55}

恋群儿 lian^{213} tɕʻyər^{42}

合群儿 xɤ^{42} tɕʻyər^{42}

搭把手儿 ta^{34} pa^{55} ʂəur^{55}

填还 tʻian^{42} xuan

不是一回 pu^{34} ʂʅ^{42} i^{34} xuəi^{42}

敲边鼓儿 tɕʻiau^{34} pian^{34} kur^{55}

听墙根的 tʻiŋ^{34} tɕʻiaŋ^{42} kən^{34} tɛ

治气 tʂʅ^{213} tɕʻi^{213}　沤气

煞气 ʂa^{34} tɕʻi^{213}　出气

打别 ta^{55} piɛ^{213}　故意作对

拿人 na^{42} ʐən^{42}　使人服气

财迷转向 ts‘ai^{42} mi^{42} tʂuan^{213} ɕiaŋ^{213}

得便宜卖乖 tɛ^{34} p‘ian^{42} i mai^{213} kuai^{34}

得济 tɛ^{34}　tɕi^{213}　得到晚辈奉养

睛好儿吧 tɕ‘iŋ^{42} xaur^{55} pa

扒挠 pa^{34} nau　捞取

拦霸 lan^{42} pa　阻挡

待答不理 tai^{213} ta^{34} pu^{34} li^{55}

冷吹慢打 ləŋ^{55} tʂ‘uəi^{34} man^{213} ta^{55}　冷漠怠慢

出相儿 tʂ‘u^{34} siar^{213}

丢大人 tiəu^{34} ta^{213} ʐən^{42}

慢待 man^{213} tai^{213}

掉架儿 tiau^{213} tɕiar^{213}

好合好散 xau^{55} xɤ^{42} xau^{55} san^{213}

不犯来往 pu^{34} fan^{213} lai^{42} uaŋ

断亲 tuan^{213} ts‘in

压事儿 ia^{34} ʂlər^{213}　不扩大事态

语　言

言语 ian^{42} y　说话

吭气儿 k‘əŋ^{34}　tɕ‘iər^{213}

嗒嗒 ta^{34} ta

咧咧 liɛ^{55} liɛ　瞎说、贬义

胡诌八扯 xu^{42} tʂəu^{34} pa^{34} tʂ‘ɛ^{55}

赔礼 p‘əi^{42} li^{55}

苦穷 k‘u^{55} tɕ‘yŋ^{42}

嘚嘚 tɤ^{34} tɤ　长时间说

嘁喳 tɕ‘i^{34} tʂ‘a　低声议论

咋呼 tʂa^{213} xu　吵闹、喧叫

嚷嚷 naŋ^{34} naŋ　七嘴八舌地说

吵吵 tʂ‘au^{55} tʂ‘au　大声嚷

撕挠 sɿ^{34} nau　争辩

说嘴 ʂuo^{34} tsuəi^{55}

胡吹六拉 xu^{42} tʂ‘uəi^{34} liəu^{213} la^{42}　吹牛

卖嘴皮的 mai^{213} tsuəi^{55} p‘i^{42} tɛ

贫嘴瓜打舌 p‘in^{42} tsuəi^{55} kua^{34} ta ʂɛ^{42}

油嘴瓜拉舌 iəu^{42} tsuəi^{55} kua^{34} la^{34} ʂɛ^{42}

巧嘴薄拉舌 tɕ‘iau^{42} tsuəi^{55} po^{34} la^{34} ʂɛ^{42}

钢嘴铁牙 kaŋ^{34} tsuəi^{55} t‘iɛ^{34} ia^{42}

尖嘴薄舌 tsian^{34} tsuəi^{55} po^{42} ʂɛ^{42}

死蛤蟆说出来尿儿 sɿ^{55} xɛ^{42} ma ʂuɛ^{42} tʂ‘u^{34} lai niaur^{213}

编派 pian^{34} p‘ai^{33}　诽谤

糟打 tsau^{34} ta　诋毁、使难甚

敲打 tɕ‘iau^{34} ta^{55}　讽刺

骂誓 ma^{213} ʂʅ^{213}　骂街起誓

嘟噜 tu^{34} lu　嘟囔

磨嘴皮的 mo^{42} tsuəi^{55} p‘i^{42} tɛ

碎嘴的 suəi^{213} tsuəi^{55} tɛ　唠叨

咬嘴 iau^{42}　tsuəi^{55}　拗口

不哼不哈儿 pu^{34} xəŋ^{34} pu^{34} xar^{34}

哼哼哈儿哈儿 xəŋ^{34} xəŋ xar^{34} xar^{34}

嘴皮的 tsuəi^{55} p‘i^{42} tɛ

闲篇儿 ɕian^{42} p‘iɐr^{34}　废话

油嘴白话舌 iəu^{42} tsuəi^{55} pɛ^{42} xua^{21} ʂɛ^{42}

画眉吊嘴儿 xua^{21} məi^{42} tiau^{213} tsuər^{55}

铁嘴钢牙铜舌头 t‘iɛ^{34}tsuəi^{55}kaŋ^{34} ia^{42} t‘oŋ^{42}ʂɛ^{42}t‘əu

五吹得六拉嘞 u^{55} tʂ‘uəi^{34} tɛ liəu^{213} la^{42} lɛ

逗嘴儿 təu^{213} tsuər^{55}

商　业

做买卖嘞 tsu^{213} mai^{55} mai lɛ

掌柜嘞 tʂaŋ^{55} kuəi^{213} lɛ

代销点儿 tai^{213} ɕiau^{34} tiɐr^{55}

门面 mən^{42} mian^{213}

活泛钱儿 xuo^{42} fan^{42} ts‘iɐr^{42}

花销 xua^{34} ɕiau^{34}

毛克儿 mau^{42} p‘ɤr^{34}

小秤 ɕiau^{34} tʂ‘əŋ^{213}

大秤 ta^{213} tʂ‘əŋ^{213}

台秤 t‘ai^{42} tʂ‘əŋ^{213}

盘的秤 p‘an^{42} tɛ tʂ‘əŋ^{213}

钩的秤 kəu^{34} tɛ tʂ‘əŋ^{213}

市秤 ʂʅ^{213} tʂ‘əŋ^{213}

斤秤 tɕin^{34} tʂ‘əŋ^{213}

掉秤 tiau^{213} tʂ‘əŋ^{213}

够头儿 kəu^{213} t‘əur^{42}

站门市 tʂan^{213} mən^{42} ʂʅ^{213}

讲价儿 tɕiaŋ^{213} tɕiar^{213}

要谎的 iau^{213} xuaŋ^{55} tɛ

馍馍房 mo^{42} mo faŋ^{42}

粉房 fən^{55} faŋ^{42}

豆腐房 təu^{213} fu faŋ^{42}

磨房 mo^{213} faŋ^{42}

馃的铺儿 kuo^{55} tɛ p‘ur^{213}

肉架的 ʐəu^{55} tɕia^{213} tɛ

攮的 naŋ^{55} tɛ 又尖又长的杀猪刀

刮刀 kua^{34} tau^{34} 刮猪毛用的

肉钩的 ʐəu^{213} kəu^{55} tɛ

血盆 ɕiɛ^{34} p‘ən^{42}

煤场 məi^{42} tʂ‘aŋ^{55}

粮站 liaŋ^{42} tʂan^{213}

抡大锤 lyn^{42} ta^{213} tʂ‘uəi^{42}

木匠铺 mu^{34} tɕiaŋ p‘u^{213}

方凿 faŋ^{34} tsuo^{42}

圆凿 yan^{42} tsuo^{42}

拐尺 kuai^{55} tʂ‘ʅ^{34}

开榫儿 k‘ai^{34} suər^{55}

解板 tɕiai^{55} pan^{55}

转盘窑 tʂuan^{213} p‘an^{42} iau^{42}

装窑 tʂuaŋ^{34} iau^{42}

出窑 tʂ‘u^{34} iau^{42}

地摊儿 ti^{213} t‘anr^{34}

拨楞鼓的 po^{34} ləŋ ku^{55} tɛ

拴簸箕 ʂuan^{34} po^{213} tɕi

暖小鸡儿 nuan^{55} ɕiau^{55} tɕiər^{34}

捞鱼 lau^{42} y^{42}

下粉条儿 ɕia^{213} fən^{55} t‘iaur^{42}

熟皮的 ʂu^{42} p‘i^{42} tɛ

煅磨 tuan^{213} mo^{213}

捎脚儿 ʂau^{34} tɕyo^{34}

开店 kai^{34} tian^{213}

卖缺 mai^{213} tɕ‘yɛ^{34}

倒登 tau^{55} təŋ 贩卖

截布 tɕiɛ^{42} pu^{213}

卸煤 ɕiɛ^{213} məi^{42}

抓药 tʂua^{34} yo^{34}

发市儿 fa^{34} ʂʅ^{213} 买卖兴隆

净赚 tɕiŋ^{213} tʂuan^{213}

卖不着 mai^{213} pu^{34} tʂuo^{42}

两清 liaŋ^{55} ts‘iŋ^{34} 双方互不拖欠

上门 ʂaŋ^{213} mən^{42} 关门

文 教

卷的纸 tɕyan^{213} tɛ tʂʅ^{55}

小考 ɕiau^{55} k‘au^{55}

大考 ta^{213} k‘au^{55}

欻卷儿 tʂ‘ua^{55} tɕyɚ^{213}

判卷儿 p‘an^{213} tɕyɚ^{213}

零蛋 liŋ^{42} tan^{213}

蹲班 tun^{34} pan^{34}

学生混的 ɕyo^{42} ʂəŋ xun^{42} tɛ

麦假 mɛ^{34} tɕia^{213}

伏假 fu^{42} tɕia^{213}

秋假 tɕ‘iəu^{34} tɕia^{213}

年假 nian^{42} tɕia^{213}

告假 kau^{213} tɕia^{213}

钢笔水儿 kaŋ^{34} pəi^{34} ʂuər^{55}

黑墨水儿 xəi^{34} məi^{213} ʂuər^{55}

粉连纸 fən^{55} lian^{42} tʂʅ^{55}

印色纸 iən^{213} ʂɛ^{34} tʂʅ^{55}

拉秧儿 la^{34} ʐar^{34}

真写儿 tʂən^{34} ɕiər^{55}

简写儿 tɕian^{55} ɕiər^{55}

宝盖儿 pau^{55} ker^{213}

单立人儿 tan^{34} li^{213} ʐər^{42}

双立人儿 ʂuaŋ^{34} li^{213} ʐər^{42}

乱绞丝儿 luan^{213} tɕiau^{55} ʂər^{34}

摔炮儿 ʂuai^{34} p'aur^{42}

起火 tɕ'i^{42} xuo^{34}

呲花 ts'ʅ^{42} xua^{34}

地老鼠 ti^{213} lau^{55} ʂu　点着后在地上窜来窜去的一种烟火

滴滴金儿 ti^{34} ti^{34} tɕiər^{34}　儿童烟火

对的 tuəi^{213} tɛ　对联

门心儿 mən^{42} ɕiər^{34}　两扇门上的对联

跑旱船 p'au^{55} xan^{213} tʂ'uan^{42}

耍狮的 ʂua^{55} ʂʅ^{34} tɛ

开戏 k'ai^{34} ɕi^{213}

散戏 san^{213} ɕi^{213}

武把的 u^{42} pa^{55} tɛ

窝跟头 uo^{34} kən^{34} t'əu

黑头 xɛ^{34} t'əu^{42}　戏曲中的“净”角儿

胡的生 xu^{42} tɛ ʂəŋ^{34} 戏曲中“生”角儿的一种

压轴嘞 ia^{34} tʂəu^{42} lɛ

亮箱 liaŋ^{213} ɕiaŋ^{34}

玓脸的 t'i^{213} lian^{55} tɛ

大平调 ta^{213} p'iŋ^{213} tiau^{213}

四平调 sʅ^{213} p'iŋ^{213} tiau^{213}

说书 ʂuo^{42} ʂu^{34}

抗拐 kaŋ^{213} kuai^{55}

挤屎床 tɕi^{55} niau^{213} tʂ'uaŋ^{42}

皮牛 p'i^{42} niəu^{34}　陀螺

拾子儿 ʂʅ^{42} tsər^{55}　又叫抓子儿，儿童游戏

翻绳儿 fan^{34} ʂər^{42}　一种翻绳的游戏

竖脊立儿 ʂuo^{34} tɕi^{34} liər^{34}　倒立

剪的包袱锤 tɕian^{55} tɛ pau^{34} fu tʂ'uəi^{42}　一种猜拳游戏

憋死牛儿 piɛ^{34} sʅ^{55} niəur^{42}　一种棋类游戏

信教 ɕiən^{213} tɕiau^{213}

看坟地 k'an^{213} fən^{42} ti^{213}

心理　感知

恶烦 ɤɤ^{34} fan　厌恶

硌影 kɤ^{34} iŋ^{34}　看见脏物而心中不快

腻歪 ni^{213} uai　厌烦

喜兴 ɕi^{55} ɕiŋ　高兴欢喜

滋润 tsʅ^{34} yn^{33}　舒服

心焦 tsin^{34} tsiau^{34}　焦急

心急火燎 sin^{34} tɕi^{42} xuo^{55} liau^{55}

急眼 tɕi^{42} ian^{55}　着急

够儿够儿嘞 kəur^{42} kəur^{42} lɛ　极厌烦

窝憋 uo^{34} piɛ　气在心里出不来

没好气儿 məi^{34} xau^{42} tɕ'iər^{213}

上火 ʂaŋ^{213} xuo^{55}

记恨 tɕi^{213} xən^{213}

没底儿 məi^{34} tiər^{55}　没主意

二二乎乎 ər^{21} ər^{21} xu^{34} xu^{34}　犹豫

意意思思 i^{31} i^{31} sʅ^{34} sʅ^{34}　犹豫不定

闷混 mən^{34} xuən　疑惑纳闷

信实 sin^{213} ʂʅ^{42}　信以为真

憬 tɕiŋ^{55}　新奇、兴奋

有眼色 iəu^{55} ian^{55} ʂɛ

架不住 tɕia^{213} pu tʂu^{213}　禁不起

挠头 nau^{42} t'əu^{42}　感到为难

怯场 tɕ'iɛ^{213} tʂ'aŋ^{55}　胆怯

慌慌 xuaŋ^{34} xuaŋ^{34}　慌张

估殊 ku^{34} su^{34}　非常害怕

毛点 mau^{42} tian^{55}　手忙脚乱

抹不开脸 mo^{213} pu k'ai^{34} lian^{55}

拿不出门去 na^{42} pu^{34} tʂ'u^{34} mən^{42} tɕ'y

挂不住 kua^{213} pu^{34} tʂu^{213}　羞愧难堪
皱巴 tʂəu^{42} pa　皮肤紧，不舒服
扎扎越越 tʂa^{34} tʂa^{34} yɛ^{34} yɛ^{34}　胃不舒服
草鸡了 tsʻau^{55} tɕi^{34} la　服输
盱乎ɕy^{42} xu　注意、留神

动作　行为

达拉 ta^{42} la　拉长面孔
眯瞪 mi^{42} təŋ　打盹儿
合眉塌眼 xɤ^{42} məi^{42} tʻa^{34} ian^{55}　无精打采
咯挤 kɤ^{34} tɕi^{34}　闭
晃眼 xuaŋ^{55} ian^{55}　刺眼
眼晕 ian^{55} yən^{42}
白瞪 pɛ^{42} təŋ　翻眼白
大眼儿瞪小眼儿 ta^{213} iɐr^{55} təŋ^{213} siau^{55} iɐr^{55}
踅么 ɕyɛ^{42} mə 寻找
吊 tiau^{213}　暗中监视
眼黎了 ian^{55} li^{42} la
噘嘴旁腮 tɕyɛ^{34} tsuəi^{55} paŋ^{42} sai^{34}
嘟噜 tu^{34} lu^{34}　噘（嘴）
长出气 tʂʻaŋ^{42} tʂʻu^{34} tɕʻi^{213}
打得得 ta^{55} tɤ^{34} tɤ^{34}　发抖
打何飒 ta^{55} xɤ^{42} sa　发抖
扤 kʻuai^{55}　挎：～的馍馍篮的
免 mian^{55}　挽起：～起袖的
丢手儿 tiəu^{34} ʂəur^{42}
掐腰儿 tɕʻia^{34} iaur^{34}
拉勾儿 la^{34} kəur^{34}　表一言为定
摸拉 mu^{42} la^{42}　草率地擦
摧 tɕʻyɛ^{55}　折断
胡拉 xu^{42} la　手的动作
扑拉 pʻu^{42} la　手的动作
揉 ʐəu^{34}　向外扔
合拉 xɤ^{34} la　搅动液体
拾翻 ʂʅ^{42} fan　翻动
扒挠 pa^{34} nau　东翻西找
抓挠 tʂuo^{42} nau　筹错
撕挠 sʅ^{34} nau　撕打
造 tsau^{213}　揍，～他
夯 xaŋ^{34}　用拳打
挖 ua^{34}　用指甲抓人
拉偏手 la^{34} pʻian^{34} ʂəu^{55}
奔 pən^{34}　脚踢
劈拉 pʻi^{55} la　两腿分开
骑拉 tɕʻi^{42} la　骑
蹬打 təŋ^{34} ta　两腿乱蹬
扑蹬 pʻu^{34} təŋ　心脏跳动
鬼逛 kuəi^{55} kuaŋ^{213}　有目的地闲逛
圪登 kɤ^{34} təŋ^{213}　单腿跳
崴拉 uai^{55} la　一瘸一拐地走
点达 tian^{55} ta　一只脚有病的走相
串游 tʂʻuan^{213} iəu　到处逛
逛游 kuaŋ^{213} iəu　散步
秃拉 tʻu^{34} la　走路不抬脚
撇拉 pʻiɛ^{55} la　内八字走路
盘登 pʻan^{42} təŋ　踩登揉压
机灵 tɕi^{34} liŋ　心中猛一振
蜷弯 tɕʻyan^{42} uan
不拾闲儿 pu^{34} ʂʅ^{42} ɕiɐr^{42}
识劝 ʂʅ^{42} tɕʻyan^{213}　听从劝说
护犊的 xu^{213} tu^{42} tɛ
开个儿 kʻai^{34} kɤr^{213}
登倒 təŋ^{34} tau　重复调换
搬登 pan^{34} təŋ　搬动；取来吃
倒登 tau^{55} təŋ　搬动，挪动
幢 tʂuaŋ^{213}　往里放，～窑，～锅
掌 tʂaŋ^{42}　放，加，～点盐
敛 lian^{55}　铲起，把沙的～～
刳碴 kʻu^{42} tʂʻa　搜刮
槌牛 tʂʻuəi^{42} niəu^{42}　砸坏公牛睾丸
骟马 ʂan^{213} ma^{55}　阉割公马、驴等

劁猪 $tɕ'iau^{34}$ $tʂu^{34}$　阉割猪狗等

瓦 ua^{55}　用瓢、碗、勺等舀取

焌 $tɕ'y^{34}$　沏、~茶

摆 pai^{55}　冲洗，多~几遍

搠 $ʂuo^{34}$　立着放，~那吧

压罗儿 ia^{34} $luər^{213}$

掖古 $iɛ^{34}$ ku　偷偷塞放

打拐 ta^{55} $kuai^{55}$

祸败 xuo^{213} pai　挥霍

炮包 $ʂau^{34}$ pau　炫耀

铺摆 $p'u^{34}$ pai^{55}

查 $tʂ'a^{42}$　数算

一把死拿 i^{34} pa^{55} $sɿ^{55}$ na^{42}

散伙 san^{213} xuo^{55}　拉倒

挪窝儿 nuo^{42} $uər^{34}$

颠换 $tian^{34}$ xuan　交换

没囊没气 $məi^{34}$ $naŋ^{42}$ $məi^{34}$ $tɕ'i^{213}$

白瞎儿 $pɛ^{42}$ $ɕiar^{34}$　白费

抓瞎 $tʂua^{34}$ $ɕia^{34}$

跑风 $p'au^{55}$ $fəŋ^{34}$

没局 $məi^{34}$ $tɕy^{42}$　没事、无聊

插一杠的 $tʂ'a^{34}$ i^{34} $kaŋ^{213}$ tɛ

拉登 la^{34} təŋ　胡乱使用

恨载 $xən^{213}$ $tsai^{213}$

搀空儿 $tʂ'an^{34}$ $k'uər^{213}$

打马虎眼 ta^{55} ma^{34} xu ian^{55}

装没事人儿 $tʂuaŋ^{34}$ $məi^{34}$ $ʂɿ^{213}$ $ʐər^{42}$

胡弄局 xu^{42} $nuəŋ^{21}$ $tɕy^{42}$　将就、凑合

听喝儿 $t'iŋ^{34}$ $xɤr^{34}$

衬数儿 $tʂ'ən^{213}$ $ʂur^{213}$

没头没脸 $məi^{34}$ $t'əu^{42}$ $məi^{34}$ $lian^{55}$

奢跟 $ʂɛ^{34}$ kən　鞋帮后跟向外张

岔和 $tʂ'a^{213}$ xu^{42}　互相错换

门里出身 $mən^{42}$ li^{55} $tʂ'u^{34}$ $ʂən^{34}$

两岔股 $liaŋ^{55}$ $tʂ'a^{213}$ ku^{55}

偏沉 $p'ian^{34}$ tʂ'ən

鼓揞 ku^{34} $tʂ'u^{34}$　起褶儿

颠达 $tian^{34}$ ta　颠簸

调角儿 $tiau^{213}$ $tɕyo^{34}$　斜对角儿

严巧儿 ian^{42} $tɕ'iaur^{55}$　碰巧、正好

拘敛 $tɕy^{34}$ $lian^{34}$　物皱或翘起

糟毛 $tsau^{34}$ mau　腐烂

扑塌 $p'u^{34}$ t'a　坍塌

塌架 $t'a^{34}$ $tɕia^{213}$

广荡 $kuaŋ^{42}$ taŋ　晃动

揞 $tʂ'u^{34}$　布缩水，一洗~了

鼓油油 ku^{55} $yəu^{42}$ $yəu^{42}$　饱满

叠暴 $tiɛ^{42}$ pau^{213}　向外突出

裂挂 $liɛ^{55}$ kua^{213}

溻 $t'a^{34}$　汗水浸湿

漓拉 li^{42} la　液体撒落

返潮 fan^{55} $tʂ'au^{42}$

耗 xau^{213}　渗，~干了

叽燎 $tɕi^{34}$ liau　头发被烧

犯不着 fan^{213} pu $tʂuo^{42}$　不值得

叫响儿 $tɕiau^{213}$ $ɕiar^{55}$　打响了

稳拿 $uən^{55}$ na^{42}　保证成功

打坠屡 ta^{55} $tʂuəi^{213}$ tu

没一忽儿 $məi^{34}$ i^{34} xur^{34}　不像样

施登 $ʂɿ^{34}$ təŋ　小孩磨人

要嘴吃 iau^{213} $tsuəi^{55}$ $tʂ'ɿ^{34}$

皮实 $p'i^{42}$ $ʂɿ^{31}$

人来风 $ʐən^{42}$ lai^{42} $fəŋ^{34}$

认生 $ʐən^{213}$ $ʂəŋ^{34}$

咧咧 $liɛ^{34}$ liɛ　小孩儿哭闹

奓 $tʂa^{213}$　（毛发）竖起

调角儿 $tiau^{213}$ $tɕyo^{34}$　斜对角

砸锅 tsa^{42} kuo^{34}　喻失败

性质　状态

不咋儿 pu^{34} $tsar^{55}$　不错、较好

不赖 pu^{34} lai^{213}　不错

瞎包儿ɕia^{34} pau^{34}　指人不走正道
透灵 tʻəu^{213} liŋ　聪明
透索 tʻəu^{213} suo　灵通，一点就透
毛厥 mau^{42} tɕyɛ　干活慌乱
磨磨叨叨 mo^{42} mo tau^{34} tau
架手架脚 tɕia^{213} ʂəu^{55} tɕia^{213} tɕyo^{34}　拘束
仁义 ʐən^{42} i^{21}　懂事，知礼节
老棒 lau^{55} paŋ　老相
泼皮 pʻo^{34} pʻi　泼辣，老练
豁叉 xuo^{34} tʂʻa^{34}　豁达
心大量宽 ɕin^{34} ta^{213} liaŋ^{213} kʻuan^{34}
愣二呱唧 ləŋ^{213} ər^{21} kua^{34} tɕi^{34}
拐孤 kuai^{55} ku　有心计；心不正
独操 tu^{42} tsʻau^{21}　自私；孤辟
武扎 u^{55} tʂa　泼辣，张牙舞爪的
没大没小 məi^{34} ta^{213} məi^{34} siau^{55}
稀里马哈 ɕi^{34} li ma^{55} xa^{34}
没正形 məi^{34} tʂəŋ^{213} ɕiŋ^{42}
娘们儿气 nia^{42} mər tɕʻi^{213}
大样儿 ta^{213} iar^{213}
展样 tʂan^{55} iaŋ
四面光八面净 sɿ^{21} mian^{213} kuaŋ^{34} pa^{42} mian^{213} tɕiŋ^{213}
㤘 tʂəu^{55}　性情固执
眠 mian^{42}　无情打彩
蔫不唧儿 nian^{34} pu tɕiər^{34}
皮脸 pʻi^{42} lian^{55}　脸皮厚
没脸没皮 məi^{34} lian^{55} məi^{34} pʻi^{42}
尖馋 tɕian^{34} tʂʻan^{42}
刁二郎当 tiau^{34} ər^{21} laŋ^{42} taŋ^{34}
劲斗儿斗儿嘞 tɕin^{213} təur^{55} təur^{51} lɛ
瓤 ʐaŋ^{42}　弱差，身体～
不起眼儿 pu^{34} tɕʻi^{55} iɛr^{55}
顶戗 tiŋ^{55} tɕʻiaŋ^{34}　顶用
可身儿 kʻɤ^{42} ʂər^{34}　可体
可脚儿 kʻɤ^{42} tɕyor^{34}
麻利 ma^{42} li　动作迅速
爽利 ʂuaŋ^{55} li　干脆利落
利洒 li^{213} sa　精神，利落
利亮 li^{213} liaŋ　整齐，有条理
稀连忽鲁 ɕi^{34} lian^{42} xu^{34} lu^{34}
粘糊 nian^{42} xu　不果断；亲密；套近乎
粘缠 nian^{42} tsʻan　缠人缠手
毛草 mau^{42} tsʻau　粗鲁，不细心
胡二麻约 xu^{42} ər^{213} ma^{34} yɛ^{34}
洋气 iaŋ^{42} tɕʻi^{34}　时髦
酸不溜丢 suan^{34} pu liu^{34} tiəu^{34}　矫揉造作
甜木索嘞 tʻian^{42} mu^{31} suo^{34} lɛ　谄媚相
富态 fu^{213} tʻai　长相有富气
五大三粗 u^{55} ta^{213} san^{34} tsʻu^{34}
肥头大耳 fəi^{42} tʻəu^{42} ta^{213} ər^{55}
细皮嫩肉儿ɕi^{213} pʻi^{42} luən^{213} ʐəur^{213}
双眼吊皮儿ʂuaŋ^{34} ian^{55} tian^{213} pʻiər^{42}
撅嘴旁腮 tɕyɛ^{34} tsuəi^{55} pʻaŋ^{55} sai^{34}
尖嘴儿猴腮儿 tsian^{34} tsuər^{55} xəu^{42} sar^{34}
驴脸呱哒 ly^{42} lian^{55} kua^{34} ta
疵毛撅腚 tsʻɿ^{34} mau^{42} tɕyɛ^{34} tiŋ^{213}
病病恙恙 piŋ^{213} piŋ iaŋ^{34} iaŋ^{34}
一点点儿 i^{34} tian^{55} tiɛr^{42}
小小不然 siau^{55} siau^{55} pu ʐan^{42}　微小少量
稀稀拉拉 ɕi^{34} ɕi^{34} la^{34} la^{34}
松闲 soŋ^{34} ɕian^{42}　轻闲
紧巴 tɕin^{55} pa　经济不宽裕
薄溜儿溜儿 po^{42} liəur^{33} liəur^{42}
苗细 miau^{42} si^{213}　细瘦
细气 si^{213} tɕʻi　苗条
粗拉 tsʻu^{34} la　粗糙、粗心
肉实 ʐəu^{213} ʂɿ　肌肉丰满
肥实 fəi^{42} ʂɿ　胖
柴瘦 tʂʻai^{42} ʂəu^{213}　瘦弱、矮小
滑溜 xua^{42} liəur
光油 kuaŋ^{34} iəu　光滑洁净
平不塌的 pʻiŋ^{42} pu tʻa^{34} tɛ
板正 pan^{55} tʂəŋ　平整、整洁
涩古拉的 ʂɛ^{34} ku la^{34} tɛ　涩

七里拐弯儿 tsʻi^{34} li kuai^{55} iɐr^{34}

直辇 tʂʅ^{42} nian　直

死沉 sʅ^{55} tʂʻən^{42}　很重

清窝冷灶 tsʻiŋ^{34} uo^{34} ləŋ^{55} tau^{213}

素静 su^{213} tɕiŋ^{213}　安静

软古囊 ʐuan^{55} ku naŋ^{34}　软松

软不拉塌 ʐuan^{55} pu la^{34} tʻa^{34}

暄鼓囔嘞 ɕyan^{34} ku^{55} naŋ^{34} lɛ

铺囊 pʻu^{34} naŋ　虚软

硬梆 iəŋ^{213} paŋ　身体健康

硬气 iəŋ^{213} tɕʻi　理直气壮

瓷实 tsʻʅ^{42} ʂʅ　结实、坚硬

老大不小 lau^{55} ta^{213} pu siau^{55}

七老八十 tɕʻi^{34} lau^{55} pa^{34} ʂʅ^{42}

老茬 lau^{55} tʂʻa　长相老

面嫩 mian^{213} luən^{213}　显得年轻

眼皮的薄 ian^{55} pʻi^{42} tɛ po^{42}

水露儿ʂuəi^{55} lur　皮肤润泽

杠稠 kaŋ^{213} tʂʻəu^{42}　很粘稠

冷呵呵嘞 ləŋ^{55} xɤ^{34} xɤ^{31} lɛ　很冷

古铜色儿 ku^{55} tʻoŋ^{42} ʂər^{34}　棕色

白赤捡 pɛ^{42} tʂʻʅ^{34} la^{34}

漂白 pʻiau^{55} pɛ^{42}

鲜亮 suan^{34} liaŋ　鲜明，鲜美

老气 lau^{55} tɕʻi^{213}

清亮 tsʻiŋ^{34} liaŋ　清晰，透底

二五眼 ər^{213} u^{55} ian^{55}

整壮 tʂəŋ^{55} tʂuaŋ　粗壮

齐截 tɕʻi^{42} tɕiɛ　整齐

杂八拉的 tsa^{42} pa^{34} la^{34} tɛ

提娄八挂 ti^{34} ləu pa^{34} kua^{213}

油脂麻花 iəu^{42} tʂʅ^{55} ma^{42} xua^{34}

刮净 kua^{55} tɕiŋ^{213}　干净漂亮

透亮 tʻəu^{213} liaŋ　干净

醉马刀枪 tsuəi^{21} ma^{55} tau^{34} tɕʻiaŋ^{34}

迷迷瞪瞪 mi^{42} mi təŋ^{34} təŋ^{34}

四楞八瓣儿 sʅ^{21} ləŋ^{213} pa^{34} pɐr^{213}

滴溜嘟噜 ti^{34} liəu tu^{34} lu

倒搐 tau^{213} tʂʻu^{34}　不如以前

穷气 tɕʻyŋ^{42} tɕʻi　贫穷

数　量

半壳儿 pan^{213} kʻər^{34}

儿耶 tɕi^{55} iɛ

一楞的 i^{34} ləŋ^{42} tɛ　四分之一

一勾儿 i^{34} kəur^{34}　一份儿

一缕勾儿 i^{34} ləu^{42} kəur^{34}　三分之一

二来来 ər^{213} lai^{42} lai^{42}　第二次

末及了儿 mo^{34} tɕi liaur^{55}　倒数第一

两件的 liaŋ^{55} tɕian^{213} tɛ

两下的 liaŋ^{55} ɕia^{213} tɛ

号的 xau^{213} tɛ　一百多～人

一瓜儿 i^{34} kuar^{34}　一串：一～香蕉

一辫 i^{34} pian^{213}　～蒜

一沓的 i^{34} tʻa^{34} tɛ　～纸

一垡的 i^{34} fa^{42} tɛ　一段：这～病人不少；一批：这～小孩儿不少

两茬的 liaŋ^{55} tʂʻa^{42} tɛ　来了～人

一领 i^{34} liŋ^{55}　～席

一轱碌 i^{34} ku^{34} lu　～甜棒，～路

一窝的 i^{34} uo^{34} tɛ　～小鸡儿

两泡 liaŋ^{42} pʻau^{34}　两次，尿了～

一桄的 i^{34} kuaŋ^{213} tɛ　～线

一携的 i^{34} ɕiɛ^{42} tɛ　一抱，～柴火

儿滴拉 tɕi^{55} ti^{42} la　～香油

八印锅 pa^{34} iən^{213} luo^{34}

一刀 i^{34} tau^{34}　～纸，～肉

一子儿 i^{34} tsər^{55}　一把儿，～挂面

一穗的 i^{34} suəi^{213} tɛ　～高粱

三气儿 san^{34} tɕʻiər^{213}　三次，～喝完

两固堆 liaŋ^{42} ku^{34} tuəi^{34}　～土

一磴儿 i^{34} tər^{213}　～～嘞上

来回儿 lai^{42} xuər^{42}　一个～
壳拉儿 k‘ɤ^{34} lar^{34}　圈儿，转了两～
一溜的 i^{34} liəu^{213} tɛ　一行，～树
一墩 i^{34} tuən^{34}　一丛，～草
一轮儿 i^{34} luər^{42}　比我大～，即 12 年
一捏的 i^{34} niɛ^{34} tɛ　～的芝麻盐儿
两搂 liaŋ^{42} ləu^{55}　两抱，～粗嘞树
一拃 i^{34} tʂa^{42}　～厚
一庹 i^{34} t‘uo^{34}　两臂的间距，～长
虎口 xu^{55} kəu^{55}　拇指和食指的间距，一～长
一指 i^{34} tʂʅ^{55}　一个手指的距离，～宽
扁指 pian^{55} tʂʅ^{55}　一个指头侧面的宽度，～厚
身儿 ʂər^{34}　要五～衣裳
二番头儿 ər^{213} fan^{34} t‘əur^{42}　第二次
替的 t‘i^{213} tɛ　趟，一会儿来了两～人催
出的 tʂ‘u^{34} tɛ　次，闹了好几～

范围　时频　语气

满共 man^{55} koŋ^{213}　一共
哪也是 na^{55} iɛ^{55} ʂʅ^{42}　到处
光 kuaŋ^{34}　只，～知道看书
一齐儿 i^{34} tɕ‘iər^{42}　一块儿
将 tɕiaŋ^{34}　刚，～走
将已 tɕiaŋ^{34} i^{34}　刚刚，～走了
老么是 lau^{55} mə ʂʅ^{213}　经常
总么 tsoŋ^{55} mə　经常
麻 ma^{42}　赶快，～去吧，他等急啦
走马 tsəu^{55} ma　马上
目下 mu^{213} ɕia　马上，～就办
随当 suəi^{42} taŋ　马上，～就来
正合适 tʂəŋ^{213} xɤ^{4} ʂər^{34}　哈好
严好儿 ian^{42} xau^{55}　恰好
铁 t‘iɛ^{34}　太，～孬～红～黑
要不是 iau^{213} pu^{34} ʂʅ^{213}　幸亏
压根儿 ia^{42} kər^{34}　本来，～就这样
单值哩 tan^{34} tʂʅ^{42} lɛ　专门，～去了一趟
正叶儿 tʂəŋ^{213} lər^{34}　故意，我不是～嘞
觉摸 tɕyo^{34} mo^{34}　估计，我～他走了
大目拉儿 ta^{213} mu^{33} lar^{34}　大约
大约目儿 ta^{213} yo^{34} mur^{34}　大约
一模样儿 i^{34} mə iar^{213}　一样
一模模样儿 i^{34} mɛ^{31} mɛ^{31} iar^{213}　一样一样的
备不住 pəi^{213} pu tʂu^{213}　说不定
自管 tsɿ^{34} kuan^{55}　尽着，你～挑，剩下归我
可 k‘ɤ^{55}　终于，　你～来了
尽的 tɕin^{55} tɛ　本来就，他～冤哩你还说。
顶多 tiŋ^{55} tuo^{34}　最大程度，他不敢，～骂两句
常不常 tʂ‘aŋ^{42} pu^{34} tʂ‘aŋ^{42}　时常，经常
到了儿 tau^{213} liaur^{55}　终究，他～没吭
起根儿 tɕ‘i^{55} kər^{34}　原先，这房～就是他哩
正好儿 tʂəŋ^{213} xaur^{55}　恰巧，～俩见面了
甭价 piŋ^{42} tɕia　不要这样

第十七编　人　物

大名自建县的2200年间，涌现出众多的杰出人物。他们或为将为相，辅政助业；或热心公益，造福一方；或开馆授徒，悬壶济世……这些人，犹如繁星闪烁在大名的天空。尤其是从大名七师走出的革命志士、抗日战争时期的民族英雄、社会主义建设时期的劳动模范，为人民群众生命财产而牺牲的英烈……为大名的历史增添了光彩。历史不会忘记他们。志书本照详今略古、详近略远的原则，对前志人物进行了选载和补遗。对本志断限内的66名已故人物进行传略和简介，以俟后来者选用。前志收录人物传68名，本志选录43名，同时补遗6名；前志收录人物简介45名，本志收录21名。

第一章　前志人物

第一节　主要人物传略

王　莽

王莽（前45—23），字巨君，汉元帝皇后王政君的侄子，新王朝的建立者，公元8—23年在位。祖居东平陵（今山东济南东37.5千米），汉武帝时，其曾祖王贺迁居魏郡元城县委粟里（大名古地名）。汉成帝继位后，封王莽为新都侯，后升为大司马。汉哀帝时下野，汉平帝时复任大司马，总揽朝政，汉平帝立其女为皇后。元始五年（5），汉平帝驾崩。次年，王莽自称“假皇帝”。立年仅2岁的刘婴为太子，号“孺子”。初始元年（8），在众朝臣和万民拥戴下，王莽称帝，改国号为“新”，年号始建国。为解决贵族官僚大量兼并土地，阶级矛盾日趋激化等难题。王莽代汉称帝后实行复古改制，将全国土地改称“王田”，奴婢改称“私属”，都禁止买卖，宣称一家男子不满八口，而占田超过一井（900亩）的，余田须分给亲族、邻里，无田的按一夫一妻受田百亩的规定分配，并推行五均六管，以控制和垄断工商业，增加税收，并屡次改变币制。改制触动了大地主阶级的利益，也加深了人民的苦难，阶级矛盾更加激化。天凤四年（17）爆发了全国性的农民大起义。更始元年（23），“新”王朝在赤眉、绿林等农民起义军的打击下崩溃，王莽也在绿林军攻入长安时被杀。

束　皙

束皙（约261—300），字广微。西晋文学家、史学家。阳平郡元城县安贤镇（今大名县束馆镇）人。

祖上曾为汉太子的老师，祖父和父亲束惠都是有名的太守。束皙博学多闻，和哥哥束同为当时名士。早在少年游历国学时，就有人问博士曹志："当今属谁最好学呢？"曹志说："阳平束广微，好学不倦，没有人比得上他"。可是他回到乡下，却连个秀才也考不上。加上他哥哥娶了大官僚石鉴的侄女而又遗弃，弟兄二人久久受到石鉴的压制，但也使束皙有机会接触乡下百姓，体察他们的贫苦和感情，从而写出风格独特的作品来。最有名的有《劝农赋》《贫家赋》《饼赋》。

束皙写出《劝农赋》《饼赋》诸赋之后，许多贵族文人都小看他，说他的文章鄙俗，束皙却心底坦然，不理睬他们。后来他模仿东方朔的《答客难》作《玄居释》，抒发自己清静淡泊的志向。文章传到张华眼下，辨出束皙不同凡人。待石鉴一死，张华就立即召束皙做了他的属官。下邳王又举荐他为司空。

他做官后，仍然关心劳动人民的生产和生活状况。他对皇帝广开农事的政策提出了具体建议。太康年间大旱，他亲为老百姓求雨，碰巧三天后下起大雨来。大家认为是他的诚心感动了上天，就作歌道："束先生，通神明，请天三日雨甘霖。我黍以育，我稷以生。何以畴之，报束长生"。表现了人民对他敬爱的心情。

束皙善作赋，也能写诗，还精通古文字。太康二年（281 年），汲郡（今河南省汲县西南）人不准，盗发战国时魏安厘王墓（一说魏襄王墓），得到竹书数十车，共七十五篇（七篇书简已经折坏，不能辨识名目。有些是找宝人点燃后剩下的残简），其中有魏国史书纪年十三篇，记述了夏朝以来至安厘王二十年（前 257）的事，还记述了周穆王游行四海之事。竹书文字用漆书写，称为蝌蚪文，与秦篆不同，简札又错乱无次序。开始，晋武王令卫桓改写成当时文字，卫桓死后，束皙完成了整理工作，并作考证。《竹书纪年》和《穆天子传》能够流传后世，束皙功不可没。赵王伦任宰相后，请他做记室令史，负责表章上奏等事务。他后来因病辞官回家，开馆收徒，四十岁上去世。元城市里为之废业，门生故人立碑墓侧，现存清重修束皙祠堂碑，在束馆镇西关外。后人为纪念他，改他的家乡安贤镇为束馆。他撰有《七代通记》《晋书·纪志》等，多已失传，今存《束广微集》辑本。

魏德深

魏德深（生卒年不详），隋代弘农（郡名，今河南省灵宝）人。曾任贵乡（今大名）长，为政清正廉明，很受百姓拥戴。不久，隋炀帝发动对辽东战役，为供军需，征收很多赋税，郡县催逼甚紧，而朝廷纲纪松弛，所征物品多为贪官污吏中饱私囊，人民苦不堪言，全郡独贵乡魏德深机巧应变，千方百计减轻百姓负担，百姓安居乐业。隋末，农民不堪忍受剥削，纷纷起义，武阳（魏州改，治贵乡，今大名东北）诸县城多被义军占领，唯贵乡独全。他在县约束官吏不得扰民。后调任馆陶长，贵乡吏民闻讯后，互相谈及此事，人人惋惜。德深赴任，"倾城送之，号泣之声，道路不绝"。既至馆陶县，合境父老夹道欢迎，如见亲人。该县有个阴险狡诈的员外郎赵君实，与郡丞（郡的属官）元宝藏交往很深，以往馆陶长没有不受他指使干坏事的，自魏德深至县，赵君实躲在家中不敢出门，因此逃往外地者纷纷归来。贵乡父老不怕路途艰难，到京城长安请求朝廷批准魏德深回贵乡。而馆陶父老知道后，亦派人到郡城告状说：贵乡的公文是假的，郡不能决。这时朝廷正巧派人来，两县互相告状，争夺德深，使者决定魏德深到贵乡任职，贵乡吏民歌呼满道，互相称庆。而馆陶百姓合境悲哭。当魏德深调回贵乡时，随同至贵乡居住者数百家。

郭 震

郭震（656—713），字元振。唐代魏州贵乡（今大名）人。少有大志，身长七尺，美须髯。十六岁为太学生，家中曾经送资钱四十万，有一个穿孝服的人叩门，自言五世未葬，求其借钱办理丧事。元振慷慨赠给他，并不问其姓名，闻者骇叹。十八岁中进士，任通泉尉。任侠好义，不理细务。武则天闻其名，亲自召见，元振上《宝剑篇》，颇受赏识，擢为右武卫铠曹参军，进奉宸监丞，出使吐蕃（今西藏）。大足元年（701 年），出任凉州（治今甘肃武威）都督陇右诸军州大使。在职期间，置和戎城和白亭军，巩要堡，保卫凉州，拓境一千五百里，自此州无烽警。又派甘州刺史李汉通关屯田，开水陆之利，粮食丰收。过去凉州粟一斗售钱数千，经数年丰收后，匹缣换数十斗，牛羊遍野，在任五年，使河西走廊社会稳定，经济繁荣，军粮充足，边防巩固，河西诸郡为他置生祠立碑颂德。

唐中宗神龙中，任左骁卫将军、安西大都护、金山道行军大总管。睿宗时，召为太仆卿。景云二年（711）进同中书门下三品、吏部尚书，转兵部尚书。先天元年（712），复为朔方军大总管，修筑安丰、定远（今陕西西乡）城，翌年复相，协助玄宗诛太平公主，进封代国公。玄宗阅兵骊山，元振军容不整，流放新州。开元元年（713），帝思其旧功，起为饶州司马，怏怏不得志，病死于上任途中，卒年五十八岁。十年，赠太子少保。

郭元振虽少年雄迈，及贵居大臣、宰相，住处仍俭约。手不离书，很少有人见其喜愠于色。

其诗以《宝剑篇》(一名《古剑歌》) 为代表作，它借咏宝剑的废弃，感叹人才的埋没，托物言志，慷慨雄迈，为初唐七古优秀诗作。五律《塞上》描写边防战士的辛劳和苦闷，亦较深切。著有《定远安边策》三卷、《安邦策》一卷、《九谏书》一卷、文集二十卷，已散佚。《全唐诗》录存其诗 23 首，编为一卷；《全唐文》收录其奏疏五篇。

冯 伉

冯伉（743—809），唐代魏州元城（今大名）人，大历初登五经秀才科，授秘书郎。建中四年（783 年），又登博学三史科，三迁尚书膳部员外郎，做过唐代宗李豫的儿子睦王李述的侍读。这年，泽潞节度使李抱真去世。冯伉被委派为专使参加丧礼。吊丧事毕辞行时，李抱真之子赠送给冯伉数百匹帛，冯伉说什么也不肯接受。李抱真的儿子又专程将帛送到京城，冯伉立即上表奏明朝廷，说明自己此行吊丧是执行公务，表示坚决不能接受李家这份酬劳。唐德宗很为冯伉的清正廉洁所感动。过了段时间，醴泉县缺县令，宰相们向唐德宗推荐了一个人选，唐德宗却迟迟不认可。后来，德宗对宰相说：“前一个时期，冯伉出使泽潞节度使李抱真的丧礼，始终没有接受李抱真儿子的赠帛，说明他一旦为官必有清政，朕想醴泉县令由冯伉担任正合适”。冯伉被擢为醴泉县令后，为政清廉，治理有方。因县里过去犯法人多，他到任后，著《谕蒙》十四篇，劝学务农。他在县七年，后连连擢升，曾先后担任给事中，尚书兵部侍郎、国子祭酒，同州刺史，左散骑常侍等要职。元和四年（809）卒，赠礼部尚书。著有《三传异同考》三卷。

潘 美

潘美（925—991），字仲询，宋代大名人。生于军官之门。少时英俊潇洒。常对人说：“汉代将终，君臣肆虐，四海有改卜之兆，大丈夫不以此时立功名，岂可碌碌与万物同耶！”

曾从后周参加高平之战，以功任西上门副使。与赵匡胤素厚。入宋，派他为陕帅袁彦监军，以防其变。他单骑前往劝说袁彦入朝拜见赵匡胤。赵匡胤高兴地说："潘美不杀袁彦，能令亲来觐见，成我志矣"。从赵匡胤平李重进，荆湖平，为潭州（治今湖南长沙市）防御使。开宝三年（970），帅军征岭南，为贺州路行营诸军都部署，连克富、贺、昭、桂、连诸州。韶州（治今广东韶关市）号为广州之北门，敌人聚众至十余万，美挥兵进乘之，斩获数万，韶州随拔。宋军进逼广州，敌人害怕了，开宝四年（971）二月派人求降，宋军驻扎城外，敌人率军15万编竹为栅拒战，潘美采用火攻，战胜之，占领广州。命潘美与尹崇珂同知广州兼市舶使，五月任山南东道节度。开宝五年（972），任岭南转运使，平土豪周思琼。开宝八年（975）议征江南（南唐），九月，潘美率兵赴江陵（今南京市）、为升州道行营都监，败南唐十万众于金陵城下，攻克金陵，南唐遂平，潘美以功拜宣徽北院使。九年秋，副党进伐北汉。太平兴国初（976）为宣徽南院使，三年加开府仪同三司，四年（979）为北路都招讨判太原行府事，平北汉继征范阳，知幽州（今北京市）行府事，及班师，命留三交（在今山西省太原北）都部署，屯兵积粟，以御契丹。八年，改忠武军节度进封韩国公。雍熙三年（986），宋大举北伐，潘美独拔云（治在定襄，今山西大同市）、应（治金城县，今山西应县）、朔（治招元，今山西朔县）等州，为都部署，出雁门，指挥失当，兵败陈家谷，名将杨业战死，受罚降级三等，任检校太保。后加同平章事，数月死，年六十七。

柳　开

柳开（947—1000），原名肩愈，字绍先（一作绍元），以韩愈、柳宗元的继承者自居。后改名叫开，字仲涂，意思是"将开古圣贤之道于时也。"又号东郊野夫，补亡先生。大名人。北宋散文家。宋开宝年间进士，曾官居殿前侍御史。

柳开提倡"古其理，高其意，随言长短，应变作制，同古人之行事"的古文，宣扬文道的合一，"吾之道，孔子、孟轲、扬雄、韩愈之道；吾之文，孔子、孟轲、扬雄、韩愈之文也"。柳开提倡的复古主义和文道合一的主张，在浮靡文风流行一时的情况下，有一定的进步意义。

宋仁宗即位后，欧阳修、尹洙、梅尧臣等一批较为进步的文人登上文坛。他们继承并发展了柳开以来的复古主义传统，将诗文革新运动推向了新的高潮。柳开虽然在理论上提出了较进步的主张，对浮靡文风进行了猛烈抨击，但他自己的诗文并没有达到联系实际，"随言短长"，得心应手的高度，仍有"辞涩言苦"、文道不符的缺点。柳开的作品有《河东先生集》。

刘安世

刘安世（1048—1125），字器之，北宋元城（今大名）人。少时勤学有志，关心国事，后考中进士。有一次，他同朝中要臣文彦博议论时政。文彦博谈话中表示出对王安石变法的不满，刘安世说，我虽是后生晚辈，但不认为你说得对。王安石推行新法难道不是顺乎人情、为民谋利吗？你不赞成，也可以拿出你的办法，做些为民有益的事啊！竟说得文彦博哑口无言。刘安世举进士后，曾拜大学士司马光为师。司马光讲，做人应该德才兼备，而且"才者，德之资也；德者，才之帅也"。这对刘安世影响很大。不久，刘安世入朝担任右正言（负责规谏的官职），他不惧权贵，敢于抨击时政，提出一些切中时弊的谏议，得到朝廷赞赏，被提升为左谏议大夫。朝中有些官吏荐举人不考虑品德才干，一味安插自己的亲戚子女。刘安世上疏指出用人不能任人唯亲，而应倡导任人唯贤，均为朝廷采纳。权贵章惇仗势兼并了平民朱迎的土地，朱迎多次告状，都没有得到解决。刘安世为他申冤，把章惇勾结蔡确、黄履、邢恕等“四凶”合伙侵吞土地，残害百姓的罪恶一起上疏朝廷，使他们受到应有的惩罚。

王安石变法失败以后，宋朝官场黑暗。刘安世曾一度不想再当谏官。他的母亲劝他说：“你父亲生前就有当谏官的愿望，没有实现。你当了，不要计较得失，要尽心报国才是啊。”刘安世没有辜负老母的愿望，在职多年，经常当面直谏。有时皇帝发怒，他也不在乎，旁观的官员都为他担心，但又钦佩他，称赞他为“殿上虎”“真铁汉”。有一次，刘安世听说宋哲宗要到民间选宫女，便当着哲宗和太后的面陈述不可的道理，终于使太后和年纪尚幼的哲宗放弃了选宫女的打算。刘安世后因弹劾哲宗的几个宠臣被贬职。直到宋徽宗即位，才重新被起用为中书舍人（负责撰拟诏旨的官员）。宣和七年（1125），刘安世去世。

刘安世著有《尽言集》，书名是他根据自己平生做谏臣知无不言、言无不尽的宗旨确定的。这部书对后代的政治家、文学家、史学家都很有影响，经常被他们引用。宋代的学士王绹高度评价说：“是书乃言官之楷模，辅弼之龟鉴，卿士大夫之药石”。

郭　永

郭永（生卒年不详），北宋末大名府元城县人，少精明果敢，酷爱读书，有钱便买书，家藏书至万卷。因此知识渊博，通晓古今。对古时一些有名望气节的人特别钦佩，每当读到这些地方，常掩卷沉思，终日感叹不已，尤其仰慕颜真卿。他对那些有名无实、借权位傲慢无礼的人从不客气。大名太守杜充很有些名气。郭永写了许多文章向他请教。过了些日子，他去问看的情况，不意杜充的随从说：“太守没有空闲看你的文章”。他听后非常恼火地说：“人有志而无才，好名而不求实，傲岸自用，徒有其名，这样的人来充当重任，没有不摔跤的！你们犯得上同他一起治理大事吗？”杜充得知，非常惭愧。郭永初任丹州（今陕西宜州）司法参军，太守依仗权势，营私舞弊。他多次据法对其限制。太守很不满意，先用硬的办法威胁，又用软的手段笼络，他都没有顺从，后来太守要推翻过去已定的案子，他据理争辩，没有结果，气得太守当场奉还了官凭，拂袖而去。郭永调任太谷知县。太原军帐下一些朝廷重臣经常大摆宴席，每次耗用价值千金，东西都是从周围各县征敛来的。太谷县尤重。郭永上书给幕府（掌管地方军政的府署）说：“这不是一般的征敛，而是刮黎民的膏血去摆他们的宴席，这怎么能容忍呢？要想减轻处罚，最好让他们自动投案，主动要求削减官职。”但是，幕府却不敢催促他们这样做。太谷县大旱，有巫师乘机装神弄鬼，蛊惑人心。郭永就派人把巫师抓起来，狠狠打一顿，送到烈日下去晒，给以惩罚。

郭永任太谷知县时，幕府曾派出许多人到各县巡查，号曰“警盗”。这些人下去后仗势乱窜，胡作非为，百姓敢怒不敢言。郭永下令把窜到太谷县的人抓住，锁上木枷，带到府上，陈述他们的恶行。幕府不得已，将派到各县的人全部召回。他对上面来的条文，认为不合理的，有时就不执行。有人劝他说：“你这样要招来祸害呀！”郭永说：“我就知道不能违背自己的意志行事，别的都无所顾惜”。大谷县政局安定，人们都认为这个县自有县令以来，没有谁比得上郭永。直到他调离这个县许多年后路过时，百姓还热情招待和挽留他。

后任东平府（今山东东平）司禄参军、河北西路常平提举（管理粮仓等公事）。这时，金兵大举进犯中原，一路破城夺邑，直逼京师。是时，天寒城池皆冻，金兵踏冰而过，攻城非常容易。郭永到大名后，下令解除以往不准在池中捕鱼的禁令，百姓们争先恐后破冰捕鱼，池水不能冻结成坚冰，金兵不能顺利攻城，只好退去，郭永因功调任河北东路提点刑狱。

靖康元年（1126），金兵再犯京师。郭永担心皇帝被俘，痛苦欲绝，数天不吃饭，直到宗泽邀他一同讨伐金兵才勉强就餐。他协同宗泽英勇抗金，收回不少失地。后宗泽受投降派压抑，忧愤成疾，抱恨而死。朝廷派杜充守汴京（今河南开封），以张益谦代替宗泽职务，裴亿为转运使，这几个人都是龌龊小人，不宜充当重任。做了儿皇帝的刘豫做先锋引金兵来犯，东平、济南两郡失守。金兵在城下喊："两郡都已投降了，你们赶快投降吧，投降可享富贵，不投降休想存活！"张益谦等人听后面面相觑，有降金的意思。郭永大声说："现在正是我们报国的时候，援军也很快会到的。我们的城坚固完备，完全可以守住！只要大家努力，敌人没什么可怕的！"将士们都很受感动，表示愿意同金兵决战到底。但是，第二天黎明，大雾弥漫，金兵利用战车发射乱石攻城，城被攻陷了。郭永在城楼上被俘。张益谦、裴亿二人大开城门，迎降金人。金兵将领说："城破才投降是什么意思？"他们无耻地回答，因为郭永不听命令。粘罕听说，特意要召见郭永。郭永整理好衣冠，十分从容地走入粘罕的营帐。粘罕问："拒绝投降的人是谁？"郭永说："不投降的人是我！"郭永身高七尺，须髯飘飘。金人看到他威武的神态，又素闻他是个贤臣，都暗自称赞。粘罕用富贵诱降，郭永骂不绝口，厉声说："还不快些杀我？我死了，也要率领义鬼消灭你们。"粘罕和金兵恼怒，砍断他的手臂，将他连同全家人全部杀害。金兵走后，人们争着抢回他的尸体埋葬。绍兴元年（1131 年），宋高宗追赠他为中大夫，资政殿学士，谥号"勇节"。

刘遵宪

刘遵宪（生卒年不详），字可权。明代大名人。明万历三十二年（1604）进士，任寿张（今山东寿张）知县，后调滋阳（今山东兖州）。为解除民间水灾之苦，亲自组织筑堤，堤成，民享其利。万历三十六年（1608）升户部主事，不久调兵部。四十二年（1614），为职方郎中。四十三年（1615），迁武德道，改甘镇西宁道摄凉州道（治今甘肃武威），地处沙漠，且军粮久缺，战士饥忿。大修屯田，鼓舞勉励战士，三岁之中四奏大捷。补大同左卫加按察使（主管一省的司法长官），左布政使（一省的最高行政长官）。天启二年（1622），晋本省巡抚，后晋兵部尚书管侍郎事（掌武卫军官选拔事），他见魏忠贤虐焰日盛，上疏请侍养。崇祯元年（1628），魏忠贤伏法。三年，推荐他任工部尚书，没有赴任。四年，清兵围京城，刘遵宪竭尽全力守城，并筑外城，因守城有功，加太子太保。当时，部事多艰，皇帝催督严急，诸大臣不称职的，逮捕入狱每月都有，刑狱几满。遵宪说："时事需才甚殷，正宜培养，乃过为摧折，异时谁为驱策？"故对于诸司属皆曲意护持，不做吹求逢迎上意的事。有人劝他为自己着想。他说："坏他人之功名，以保我之功名，吾不能也，且吾位至六卿，自谓逾分，求归未得，倘因此获罪，固所愿也。"刘遵宪赋性恬介，每退朝，兀坐小室，翻书煮茗，门无车马之音。后辞归，离京前向皇帝告别，行李萧然。著有《挥尘集》《会心录》《云西桥稿》《恕醉斋集》《归田小记》《筹边余咏》《友声亭集》等。

成克巩

成克巩（1608—1691），字子固，号青坛，大名城内人。清代史学家，明末大学士成基命第三子。幼颖敏，年十三受知于学使左光斗，即期以公辅器。明崇祯十六年（1643 年）进士。清初，任国史院检讨，后任吏部右侍郎、左侍郎、尚书，至秘书院大学士。他首上修省一疏；继参旧臣徇比匪人，请撤回满汉巡抚不称职者，又请增设御史，定曹铨置簿之条，以核功过；严督抚考察之例，以励法廉；立剧邑久任之规，以课成效；严诬告反坐之例，以杜刁风，皆切中时要，悉见施行。清顺治十年（1653 年）拜保和殿大学士，顺治帝称其是太平宰相。康熙时，曾主乡、会试，汤斌、马世俊、张玉书、严我斯、梁化凤诸名士，皆出其门；诸典礼文章，多出其手。十八年（1661），以母疾请假，不许，用原衔兼国史院大学士。历充《太宗实录》《太祖太宗圣训》总裁。积劳致病，三疏乞归，康熙三年（1664 年）致仕，遂不复出。晚年于宅中筑耄学台，日夕读书其中，著有《清慎堂集》。

赵金声

赵金声（？—1858），大名县普明滩乡南庄（旧志载从善楼地方）人。咸丰年间（1851—1861 年），元城县连年遭受水、雹、虫等灾害，物价飞涨，完粮银价至八千，民苦不堪言，对于官府的差徭无力承担。从善楼地方集资公推赵金声向官府反映，往返达年余，始得申理，将银价减至三千。从此，从善楼地方遂不直接向县署完粮，由赵金声转纳。元城县令韩克琦对此事大为不满，咸丰八年（1858）八月下旬，率健役数十人捕拿赵金声，各役依仗官势任意抢掠，激起公忿，赵鸣钟聚众反抗。韩克琦令用车把赵金声载走，他自己乘马后行，后被村民追上抓住，衙役被杀十几人，韩克琦因伤重致死。道宪遣人寻韩尸。时赵金声犹坐待，提出邑令不应纵役抢掠，愿到城申理，遂与家属俱械至城。9 月槛车送至省斩之，除嫂和妾得免外，共死十多人。他为民众反抗官府致死的事迹，至今为人称颂，并被编成戏曲在民间演出。

呼九叙

呼九叙（1857—1924），字彝伦，大名县红庙乡大呼庄村人。父呼传中。父子都爱从事地方的修桥筑堤等公共义举，享有众望。呼九叙幼年读书，聪明爱学，清光绪初年中秀才。后充总甲长，仗义疏财，热心操办地方事宜。呼九叙的家乡地处卫河以西的低洼地区，小引河紧临大呼庄村西。每年夏秋水涨，常受水害。尤其秋季，十年九不收，当地群众生活极为贫困。为排除洪涝灾害，呼九叙年年都要带领群众做出种种努力，付出较大的财力和较多的人力。光绪十五年（1889），漳水南徙，由大名城西南白水潭东流，呼九叙奉知县之命，率众开渠筑堤，引漳入卫。光绪二十年（1894）夏秋之交，烈风暴雨，漳、卫两河并溢，平地水可行船。此间金滩镇南桥口卫河西堤决口，西流数百村，九叙乘小舟急赴口门，率众与洪水日夜搏斗，几经努力，堵住决口，战胜险情。因他历年治水有功，经知县申请给予五品顶戴嘉奖。尔后年月，本村及邻村凡有争端，经他剖解，无不悦服。尤其每年逢春季“上忙开征”，他为贫困户垫办粮差，至麦秋还就收，不还就算了。他为地方办公 30 余载，深得当地民众信任。后因劳致疾去世，终年 67 岁，送葬的有数百人，

冯品毅

冯品毅（1900—1930），大名县万堤镇（原崔岳村乡）南冯庄村人，原名庆升，字品毅、又名莘毅、比翼、马恕、仁甫。中国共产党早期革命家，他在豫北冀南一带，为中国共产党的创建和发展，做出了卓越贡献，是这一带党组织的主要创始人之一。他自幼天资聪敏，勤奋好学，初入郭庄小学，继到保定直隶高等师范附中求学。1918 年考入北京高师英文系，参加了 5 月 4 日天安门集会游行和火烧赵家楼，痛打章宗祥的爱国壮举。此后，他不仅刻苦读书，还积极参加革命活动。通过阅读《新

青年》《新潮》等刊物，逐渐接受了马克思主义。1920 年 3 月，李大钊在北京秘密组织“马克思学说研究会”，他是该组织的发起人之一，1922 年下半年加入中国共产党。1923 年年初，冯品毅由北京高师毕业后，到河南省开封省立第一师范任英语教师，领导了反教会斗争。6 月 25 日，开封举行有 10 余万人参加的沪汉惨案全国致哀日活动大会，他任副总指挥，领导了这次声势浩大的全市罢工、罢课、罢市的声援活动。他是开封党团组织创始人之一，任豫陕区党委委员，负责宣传工作。

国共合作时期，他以跨党身份担任国民党开封市执委委员兼省党部领导工作。1926 年 1 月，参加了在广州召开的国民党第二次全国代表大会，为巩固和发展国共两党在河南的合作，做出了有益的贡献。1926 年 3 月，开封政治形势恶化。暑假返回故乡，应聘为大名七师英语教师。他对谢台臣校长很尊重，为贯彻谢校长“以作为学”的教育主张，一边教课，一边从事革命活动。宣传马克思主义学说，宣传北伐、打倒帝国主义的重大意义，宣传中国将来必定实现共产主义的道理，全校深受影响。经过他 3 个多月的辛勤工作，把七师变成了学习和宣传马克思主义的革命阵地，为共产党在七师的创建，奠定了坚实的思想基础。

1926 年离开大名前，他先后发展刘大风、赵纪彬、李大山、吴益普、成润 5 人入党，成立党、团两个特支，后七师党团组织不仅在校内发展壮大，还先后向直南 20 余县发展创建党的组织，壮大党的力量，使七师成了直南一个革命策源地。南昌起义失败后，他先到河南信阳，后返大名。1928 年到北京一处中学任教。1930 年出差，携带妻子和子女，返京途中，为给子女下车取水，被敌人盯梢，火车开动后，敌人向他开枪，致使他摔下火车被轧死。终年 30 岁。

郭隆真

郭隆真（1894—1931），女，回族，幼名淑善，又名林一、嵌俊、林逸。金滩镇金北村人。中国共产党早期革命活动家、妇女运动、工人运动、学生运动的杰出领导人，河北省第一位女共产党员。1894 年生于开明士绅家庭，自幼随父亲郭荣桂读书。辛亥革命后，受到民主思想熏陶，产生了反封建礼教思想。母亲让她裹脚，她把裹脚带从脚上扯下来说：“脚是用来走路的，不是让人看的，我不裹！”还动员其他姑娘拒绝裹脚。并针对缠足的害处编出“七十二糊涂”歌谣，让妇女唱，不少妇女在她的带动和宣传影响下放了足。15 岁时，在父亲支持下，创办元城县（后并入大名县）第一女子小学堂，贴出：“中华民国告成，全国教育实行，男女一律平等，女子上学光荣，咱镇成立女学，专为女子启蒙，无论回汉学生，来学一律欢迎”的告示，自任义务教员，招收 20 多名学生。教授新课本，教唱反封建歌曲。这时，一位较开明的直隶学台到元城县检查教育，发现这所未经官方承认的学校办得很有成绩，便让该校搬到城内，给予她“特别嘉奖”。1913 年春，她考入天津直隶第一女师。结识了刘清扬、邓颖超，她们经常在一起探讨国家大事，阅读进步书刊，思想进步很快。1917 年，家里让其回家完婚，她冲破封建礼教，借机乘轿到婆家宣传婚姻自主，当即解除了由父母包办的婚事。

1919 年“五四运动”爆发后，她同周恩来、马骏、刘清扬、邓颖超等参加并领导天津学生界的“五四运动”，筹备建立了“天津女界爱国同志会”，任评议委员和演讲队长。8 月 23 日，被推选为赴京请愿代表，要求惩办镇压回、汉爱国者的刽子手马良，要求爱国自由的权利，遭到徐世昌反动政府逮捕。她愤怒地责问反动警官：“爱国有什么罪？有人卖国，就不允许我们爱国？”后经全国各地强烈抗议，才无罪释放。回到天津后，同周恩来、邓颖超、刘清扬等共同组织了“觉悟社”，并创办《觉悟》杂志。1920 年 1 月 29 日，她同周恩来等组织天津各界群众千余人游行，要求政府抗日救国。她同周恩来等 4 名代表被捕。在被拘禁的半年里，开展了绝食斗争，在人民的声援下获释，受到欢迎，人们赠送他们“为国牺牲”纪念章。1920 年 11 月，她同周恩来、张若名等人到法国勤工俭学。在法期间，一面做工，一面学习。1923 年参加共青团，同年经周恩来、尹宽介绍加入中国共产党。由于国内反动派对留法学生的剥削与迫害，使广大学生陷入饥寒交迫的绝境。她破指写下《人道血书》及《人道泪书》。1924 年，她被党派往苏联莫斯科东方大学学习。

1925 年春，郭隆真回到祖国，到国民党北京市党部妇女部任职，同时做党的地下工作，创办缦云女校和《妇女之友》刊物。常去香山慈幼院、北京女高师、清华大学等处发展党团员。她深受李大钊的信任、器重。后因整理转移文件被敌人发觉，被捕入狱判刑。一年后经党营救出狱，离京去上海。1929 年春，她到东北做工运工作，任中共满洲省委委员、满洲省委职工运动委员会书记，曾到中东铁路三十六棚总工厂工作，领导了“失业工人后援会”“工人失业团”的复工斗争。推翻了黄色工会，建立了赤色工会——工厂委员会。刘少奇称赞她：“工作中最积极，政治上最正确”。1930 年，她调往山东省青岛工作，任中共山东省委委员、中共青岛市委常委、宣传部长，主要领导工人运动，不久被捕。1931 年，她被送济南，关押在济南第一监狱。在狱中受尽各种酷刑，坚贞不屈。1931 年 4 月 5 日，在刑场高喊“无产阶级革命成功万岁”等口号，从容就义。时年 37 岁。

冯化普

冯化普（1907—1933），原名冯庆远，字化普，大名县万堤镇（原崔岳村乡）南冯庄村人，兄弟二人，幼年丧父，由兄长冯庆荣扶养成人。先在本村上学，后到城里高级小学读书。1924 年，国民军第三军在大名创办军事学校，冯化普中学毕业后即考入该校。冯玉祥率领的国民一军教导团成立，冯化普转入该团深造，卒业后即服务于国民一军，历任排长、连长、副营长、参谋等职。1928 年，冯化普在赵登禹旅任团副，为人忠厚，廉洁为公，甚受赵登禹的器重。1930 年中原大战时，冯玉祥部兵败。次年，余部被张学良缩编为二十九军，宋哲元任军长，冯化普在赵登禹一〇九旅任参谋，后到辽县练兵时升任二一七团少校团副。1933 年长城抗战开始，冯化普 3 月 9 日调任该团第一营任少校营长。他在迁西县喜峰口与日本侵略军争夺战中，袒臂执刀，身先士卒，肉搏多次，终将顽敌击退。11 日夜出宽城县潘家口，绕至敌后，在日本侵略军白台子指挥部及炮兵阵地，与敌展开白刃战。冯化普率第一营官兵快速冲入敌阵，手刃敌军十余人，激战至晓。冯化普多次负伤仍坚持战斗，最后中弹殉国，年仅 27 岁。冯化普抗日牺牲后，为表彰他的抗日爱国精神，由师长赵登禹牵头，在南冯庄为他树立“碧血忠魂”碑。1990 年春，经河北省民政厅批准，追认冯化普为革命烈士。

谢台臣

谢台臣（1884—1936），名丕阁，字台臣（苔岑、苔尘），原直隶濮阳县（今河南濮阳市郊区）鹿斗村人，革命教育家。他出生于耕读家庭，18 岁考取秀才。1905 年被选送到保定优级师范（后改称直隶高等师范学校）学习史地专业。毕业后到大名省立十一中学任教。不久又到保定优级师范任教。1920 年兼任附属中学主任，同时当选为省议会议员。他深感直南教育落后，在省议会期间，与阎承之等倡议办大名师范学校，获议会通过。1923 年，直隶省立第七师范学校（今邯郸学院大名分院）成立，谢台臣担任校长，提出“以作为学”的教育方针。1927 年在第七师范学校加入中国共产党，前后担任校长 8 年。谢台臣入党后，学习马克思列宁主义著作，革命的教育思想有了进一步发展。在

1937年为他立的纪念碑中，记载了他对作与学关系的论述："凡是称得起科学的理论，通统是作的经验的结晶，同时又是推进作的经验发展的动力，只有作才可以产生理论，修正理论，发展理论，并证明理论，也只有从作中锻炼出来的理论，才能指导实行，才算真理论。"他还说："以往司教者往往不了然于作与学的科学的关系，误以为读书为教育的全部，以致学工业的不会制造，学农业的不会种田，理论与事业分家，教育与生活隔离，所谓理论家与学者，都成了无用废人的别名。"他提倡的"以作为学"，实际上就是倡导"理论联系实际"的教育方针。建校初期，他带领师生参加建校劳动。讲物理时，教员结合搬石头讲力学；讲化学时，带领学生熬制肥皂；讲博物学的教师一方面讲理论，一方面组织学生参加生产劳动。校园里种植有蔬菜、花卉、果树等，还组织学生养兔、养蜂、养蚕、养猪、养鸡，从生产劳动中学习真知。

在他担任校长期间，致力于教育改革。根据形势需要，曾提出"为革命培养人才"，积极传播马列主义，树立学生的革命人生观。为实现这一目的，先后聘请了一批思想进步，学识渊博的教师。他们自编讲义，讲授唯物论辩证法、政治经济学和社会发展史。1929年2月至1930年5月，他还让图书馆订购了一批马列著作，让学生阅读，并亲自向学生推荐《家庭、私有制和国家的起源》《国家与革命》等书籍。1930年春天，河北省委巡视员冯温（后成为叛徒）来到大名第七师范，要求大名党组织准备武装暴动，攻占大名城，把红旗插到"七师"门口。他同晁哲甫、王振华等一起抵制了这一错误主张。因此，被开除党籍。他被开除党籍后，坚持"不同党闹对立"，决定辞职。1930年7月，河北省教育厅派张达夫任校长，推行国民党的一套教育方针，引起学生反对，学生发起挽谢驱张斗争，取得胜利。1931年春，他又回校主持工作。在校期间，坚持继续传播马列主义，掩护党组织的活动，把国民党统治下的一个教育机构，实际变成了中共地下党领导的一所学校，成为直南的一个革命策源地，教育培养了大批革命干部，如裴志耕、王维纲、王从吾、李大磊等。解蕴山、李尊荣等为革命牺牲，他们都为革命事业做出了重大贡献。1937年，七师校长王振华应广大师生要求，为谢台臣立了纪念碑。1945年5月，刘伯承、邓小平、宋任穷等路经大名，看到谢台臣纪念碑文，称他是一位革命教育家，并嘱当地政府对纪念碑妥为保存。1979年3月15日，中共中央组织部审查了谢台臣的历史，通知中共河南省濮阳县委"谢台臣同志1927年入党后，为党做了许多工作，1930年被执行左倾路线的直南特委开除党籍是错误的，因此，可以恢复谢台臣同志的党籍，承认他生前为中国共产党党员。"现在，谢台臣纪念碑保存完好，矗立在大名师范校园内，并建了碑亭，已列为大名县文物保护单位。

柴鸿儒

柴鸿儒（1903—1936），又名洪宇，大名县西未庄乡老堤南村人，红军师长。柴鸿儒出身贫寒，父亲中年早丧，随大哥读书识字。受大名省立七师革命思想的影响和南方革命浪潮的吸引，于1928年参加国民革命军，在连长魏孟贤（中共地下党员）培育下，政治觉悟逐渐提高。1929年秘密加入中国共产党。1931年2月15日，随魏孟贤领导驻六安的国民党第四十六师2个营起义，摧毁敌1个团部和2个旅部，与皖西红军会合，编入红四方面军。1933年6月，任三十军八十九师师长的柴鸿儒，率部参加了营渠战役和宣达战役，在粉碎敌"六路围攻"长达11个月的作战中，协同兄弟师反击二、三两路进犯之敌，取得很大胜利。在陕南战役中，该师与八十八师协同歼敌2个团和另2个团大部。1935年6月，红四方面军与中央红军在懋功会师后，八十九师参加了毛泽东主席亲自指挥并取得辉煌胜利的"包座之战"。1935年6月任红三十一军九十三师师长。为掩护方面军战略转移，在四川名山与敌军激战7昼夜，打退敌人十多次进攻，保证了全军安全转移。该师二七四团获“夜袭常胜军”称号。张国焘分裂红军，红四方面军南下遭到惨重损失后，被迫取消伪中央，同意再次北上，红军开始第二次长征。柴鸿儒的九十三师属中央纵队由徐向前率领，于1936年7月2日从炉霍出发先行北上。在毛儿盖，他率一个半团的兵力打退敌人的堵截。部队抵达甘肃岷州后，他奉命率部两次远距离奔袭抢占战略要地通渭县城，为三大主力红军会师会宁创造了条件。接着在该县境内作战，歼敌1300多人。10月上旬，一、二、四方面军胜利会师。

红军会师后，蒋介石增兵甘陕，妄图消灭红军。军委根据党中央“逼蒋抗日”的方针，决定给蒋进犯部队有力打击，指示四方面军西渡黄河作战。为掩护部队渡河，柴鸿儒率九十三师于1936年10月23日，会同九十一师，在会宁城东的高山上，给关麟征部二十五师七十五旅以迎头痛击，为红军在虎豹口渡河赢得了时间。27日，九十三师协同2个师，在会宁县慢牛坡设伏，掩护五军、九军、三十军和四方面军指挥部过黄河，阻击国民党关麟征二十五师，黄昏时接火，持续到深夜，战斗将要胜利结束时，他头部中弹，光荣牺牲，年仅33岁。在黄河西岸指挥作战的徐向前得到柴鸿儒牺牲的报告后，难过地说：“他是一位英勇善战的指挥员……”

1958年5月，他的遗骨移葬于邯郸晋冀鲁豫烈士陵园。为纪念他的丰功伟绩，甘肃省人民在他的牺牲地会宁县白草原慢牛坡建纪念碑一座。

呼品一

呼品一（1908—1938），原名庆朝，字品一，大名县金滩镇西乡（今红庙乡）大呼庄村人。幼年丧母，父亲呼九叙委托邻村一户贫苦人家哺养他成人。自幼上学，1924年高小未毕业即在大名考入国民军第三军军事学校，后入冯玉祥的国民军。1930年蒋冯阎中原会战，冯部兵败，呼品一等多人被杨虎城接收。他在杨虎城部先后任连长、营副、参谋、团副、营长等职。1934年在汉中秘密加入中共地下党。1936年参加了震惊中外的西安事变。1937年卢沟桥事变爆发，国共合作抗日，呼品一随杨部赵寿山师长率领的17师奔赴冀、晋抗日前线，先后参加了保卫保定、娘子关、太原等战役，后到晋西碛口参加部队整训。随后转战晋东南，在朱德总司令和彭德怀副总司令指挥下，对日军进行游击战争。1938年6月30日，部队奉命在豫北济源县封门口阵地堵截日本侵略军进攻，激战中，呼品一不幸中弹牺牲，时年31岁。呼品一牺牲时为杨虎城部第三十八军十七师九十七团第二营营长。1986年，经河北省人民政府批准，追认呼品一为革命烈士，当地领导和群众为他召开了追悼会。

陈镜三

陈镜三（1910—1942），名鉴明，字镜三，抗日战争时期，化名乃达。大名县万堤镇（原崔岳村乡）北苏庄村人，河北省立第七师范第7班毕业，1937年参加革命工作，1939年加入中国共产党，历任冀南三专署视察室主任，魏县抗日政府秘书，元城县抗日政府秘书，1942年8月，调任大名抗日政府副县长，到职不久牺牲。陈镜三早在七师读书期间，开始读马列著作，确立了革命人生观。七师学潮和“驱张（反动校长张达夫）斗争”中，是学生中的积极分子之一。七师毕业后，到大名一高任语文教师，向学生讲述鲁迅、郭沫若、茅盾等进步作家的作品，启发学生革命思想，深受进步青年爱戴和拥护。1937年“七七事变”后，大名被日本侵略军占领。陈镜三受党组织派遣，和李一帆、冯洋舟等一起，到丁树本、陈明韶的三旅政治部工作，为争取丁、陈接受党的统一战线，联合抗日做了大量的工作。那时，丁、陈对党派入人员暗中排斥和压制，陈镜三给予有理、有利、有节的反对和抵制。一次党派入之党员干部权屹夫的手枪被战士偷去，丁、陈责令“以军法论处”，陈镜三和李一帆得知后，共同面见丁树本，据理力争，权屹夫方免遇害。丁、陈反动以后，陈镜三和其他同志一起，按照党组织的要求撤回冀南三专署，在党领导下，积极投入艰苦卓绝的抗日斗争。

陈镜三一生热爱马列著作，勤奋好学，坚持理论联系实际。在恶劣的战争年代，每天在游击环境里奔波，仍坚持读毛主席的《论持久战》等著作。他在三专署任职期间，深入实际，做了大量调查研究，写了许多调查报告，对社会上少数人散布的“亡国论”“投降论”以及“抗战速胜论”，给予有力批驳；对广大群众的抗战热情给予有力支持。陈镜三立场坚定，爱憎分明。1941 年他在元城县抗日政府任秘书期间，寺庄村一户地主和一名佃户因一头牛发生纠纷，开始有人判断不公，偏袒地主，而佃户不服，向陈镜三告状。他经过调查，弄清事实真相后，严厉训斥那户地主，纠正了原判，为佃户申张了正义。陈镜三在抗日期间，经常教育家属掩护抗日工作人员和人民子弟兵，做抗战的模范家庭。抗日工作人员解蕴山、李大磊、张新亭、刘建农等同志，多次住到他的家里搞抗日工作。他的二伯父陈濂和弟弟陈鑫明因他参加抗日，被日伪宪兵队及汉奸以“共党家属”之名抓到县城及廉山庄炮楼坐牢。他对家属说：“为抗日救国，家里做点牺牲，值得！”陈镜三牺牲后，专署秘书主任王玉修曾作以下挽联悼念他：壮志未遂身先卒，留得血债再年销。

司景周

司景周（1912—1942），又名司宗文，大名县大名镇（原城关镇）马厂街人。在 1942 年参加对日本侵略军的十字岭反扫荡战斗中，不幸以身殉国，年仅 30 岁。司景周自幼在县城读书，1926 年夏考入河北省立七师。1929 年年初入党后，积极为党工作。在党的安排部署下，他以学生自治会平校部长身份，到农村开办平民学校和夜校，向农民进行社会主义远大前途的宣传教育。同时，他积极参加党的地下活动，在大名城内散发革命传单，对敌人震动很大。在七师学习期间，参加了著名的“驱张挽谢”斗争，并因此被开除学籍。1930 年 7 月，任共青团直南特委秘书长。1931 年年初，到“驱张挽谢”胜利后的七师任图书管理员，使图书馆成为党员秘密活动的据点。“七七事变”后，学校迁移，他负责押运学校的图书、仪器工作。1937 年 11 月，随晁哲甫举办华北军政干部培训班，一面工作，一面学习。毕业后，分配到八路军总兵站（总后勤部）工作。1940 年春，调任前方后勤部科长，直到牺牲。

解蕴山

解蕴山（1905—1943），又名解缙，大名县沙圪塔乡谢寨（又名解儿寨）村人。1923 年考入直隶省立第七师范。1927 年春加入中国共产党，1929 年为中共大名县委领导人之一，长期从事党的地下工作。抗日战争爆发后，在大名、广平、馆陶一带，发动和组织群众进行抗日救国斗争，历任大名、魏县抗日政府县长、冀南军区第二支队政委、冀南一专署专员等职。1943 年 5 月 26 日，在冀南魏县地区“反扫荡”战斗中牺牲，终年 38 岁。他考入“七师”后，学习积极，很快就接受了革命思想。1926 年冬，七师建立党组织，不久他便加入中国共产党，是较早的党员之一。入党后，认真研读马列主义书籍，积极发展党的组织，资助党的活动。1929 年他担任中共大名县委领导。同年冬，国民党为搜捕共产党员，派军队包围第七师范 5 昼夜，他临危不惧，坚定沉着地与敌人做斗争。

1937 年“七七事变”后，大名被日军侵占，一时敌伪横行，土匪四起，群众恐慌不安，他秘密组织抗日十人团，组建大（名）、广（平）、馆（陶）边区抗日救国会，进行抗日救亡活动。1937 年 8 月至 1938 年 3 月，他曾三次组织抗日武装。1938 年 5 月，建立了大名县第四区抗日自卫大队，随后又建立了抗日民主政府，被选为县长。1940 年，八路军进驻大名一带，他以四区大队为骨干，吸收三区大队和五区大队，组建了冀南军区抗日游击队第二支队，并任政委。八、九月间，建立大名、元城、魏县、漳河（由大名分为四个县）、临漳等抗日民主政权，并建立了党、政、军地区一级的领导机关。1942 年年初，调任冀南一专署专员。1940 年秋，土匪郭清以魏县北皋镇为据点，时常骚扰抗日根据地，成为一大祸患。他在冀南军区主力部队支援下，开展武装斗争，打击敌人，同时发动群众，团结开明士绅，并利用各种社会关系，争取郭清部下郭金堂等人反正，瓦解、打击了敌人，迫使郭清退缩至安阳边界。1942 年是敌后抗战最艰苦的岁月，一专署所辖各县，三里一据点、五里一炮楼，日伪加紧封锁抗日根据地，他组织群众开展抗日斗争，白天在大（名）、馆（陶）边区活动，夜晚率工作队到大名城北一带打击敌伪，成绩卓著，深受群众拥护。

1939 年春，冀鲁豫行署主任晁哲甫被捕，他利用关系做通敌伪亲属的工作，将晁哲甫营救脱险。凡与他在一起工作的人，对他均十分亲近。有一次住在一户患有哮喘病的贫农家里，房东怕影响他休息，躲到草屋去住。他知道后，让警卫员把自己的皮大衣送去，并煮了 2 个鸡蛋送去，天亮出发前，将仅有的一碗米留了下来。一次夜行军，警卫员从瓜田摘了 1 个西瓜给他解渴。他知道后说："我们在根据地遵守三大纪律八项注意，现在到敌占区，群众不了解我们，更应该特别注意，不能侵犯群众利益，否则敌人就会借机造谣诬蔑，挑拨群众和我们的关系。西瓜不能吃！"把西瓜退还给老百姓。

抗战时期，他与战士群众同甘共苦。他患眼疾，视力不佳，夜行军常常跌跤，但他从不骑马，每月和大家一样只领 2 元零花钱。解蕴山对群众内部之间这样那样的纠纷，总是出面调解。1938 年春，樊河道村与马时庄村之间发生矛盾，樊河道村的一个会道门首领带徒弟多人到马时庄，准备拼一死活。解蕴山闻讯后，深夜赶到马时庄，向两村群众反复讲明利害关系，避免了一场流血事件。解蕴山牺牲后，广大群众十分悲痛，冀南一专署在 1944 年 3 月 8 日召开大会悼念他。并制"文穆殉烈"匾额一块高高悬挂。群众中长期流传一首纪念他的歌谣：日寇侵略我冀南，披肝沥胆为抗战。壮志未酬身先卒，美名永垂在人间。

步　超

步超（1904—1944），女，原名步玉荷，又名步泽君，1904 年 11 月 7 日出生于大名县红寺村一个读书人家。父亲步殿英是清末秀才，为人正直，具有爱国思想，有 6 个子女，步超居长。步超幼年随父识字读书，1922 年与郭庄郭钦结婚，生一女孩。不久郭钦病逝，步超即寡居娘家。她向往自由，追求进步，在父亲的支持下，1934 年进入大名城内宏济桥女子简易师范，和女儿文秀同在一校读书。母女 2 人一个读师范，一个读小学，在当时传为美谈。毕业后到大名城南西崇町村（今属河南省南乐县）教书。抗日战争爆发后，回到城内家中，不久全家迁回红寺老家。1939 年春，经冯洋舟、韩培文介绍，步超离开父母和未成年的女儿，参加了抗日工作，到冀鲁豫抗日中学附设的政训班学习，毕业后分配到三专署，不久到肥乡县妇救会，先后在肥乡一区、四区任妇救会主任。

为适应工作需要，她刻苦学习政治理论，小包里经常有一两本抗战书籍和几张报纸，一有空就学，把一个个问题记在本子上。她注意改造自己，在艰苦危险的环境中表现坚定，勇往直前，那时都是夜间转移，甚至通宵工作，步超身体不好，但她无论白天黑夜，东村来西村去进行工作。到一区不久，全区 25 个村的妇救会组织就都建立起来，并积极组织开展各项支援抗战的活动，各村男女老少都认识她，敬爱她。1942 年，抗日战争进入残酷阶段，抗日武装力量转入地下。1943 年，步超被调到肥乡四区任妇救会主任，在被敌人四面包围的小西高村坚持地下工作。她一方面积极向敌人展开政治攻势，写标语、散传单、开会教育伪军家属，一方面领导群众护秋，藏粮、抗捐、断公路、割电线、挖地道，给敌人以狠狠打击，使小西高村成为肥乡城东的抗日堡垒村，步超被评为支前模范，受到县委表彰，并在全县推广她的工作方法。在大小西高、东营一带，群众都熟悉她，亲切地称她"大姐""大步"。敌人数次袭击小西高，群众都很好掩护了她。她在当时写给笑兰的信上说："我经常来往于大小西高，随时都可能和敌人遭遇，但是，我已经和这里的群众亲密得像一家一样，感到很保险。我吃的是糠菜，也不觉太苦，只是很难看到新书报，望你经常寄些给我。"

1944 年 6 月，由于叛徒告密，步超被捕。在押往肥乡县城的路上，她骂不绝口。到肥乡后，敌人让叛徒曹陶平给步超端饭劝降，她痛斥叛徒："你们身为中国人却忘了本，反过来吃中国人的血肉，出卖了你们的祖先，你们当汉奸吧，我决不跟你们去干那不是人干的事！"以死向敌人抗争。在押四天四夜没吃一口饭，没喝一口水。伪警备队长程廷臣亲自审问，要她说出党员、干部是谁，区领导在哪村，步超的头发被揪去大半，遍体鳞伤，几次昏死过去，只是怒目而视，始终一语不发。程廷臣又押步超去小西高，将群众召集在一起，声称："步超已供出谁是共产党，谁是八路军，谁是村干部，再不自首就让步超往外认！认出来统统枪毙！"步超在场外听到程的谎言，立刻高呼"不要上当"，刚喊出几个字，便被堵住了嘴，并遭到了毒打。回到肥乡，敌人对她施用了更加惨无人道的毒刑，捆绑、吊、打、轧、灌、夹，无所不用其极，步超始终不吐半个字。程廷臣又用软法，和步超拉老乡关系，遭到步超的痛骂。程廷臣恼羞成怒，用火烧她，用烧红的铁块烙她，她咬紧嘴唇，鲜血一滴滴从嘴角流下来，面对步超威武不屈的英雄气概，敌人束手无策。

敌人用尽各种手段，实在从步超身上得不到任何东西，于是下令把她活埋。敌人将步超推到坑里，问她："你写不写悔过书？给我们工作不？你要答应了就免你的死罪。"步超高呼"打倒汉奸卖国贼！打倒日本帝国主义！"喊声未停，敌人就向坑里埋土，当土埋过她胸口时，敌人还问："你答应不答应？只要你留下来，不再去那边（指抗日政府），就可以不死！"步超仍然高呼"打倒日本帝国主义！""中国共产党万岁！"直到声音渐渐听不到，泥土埋过她的头顶。肥乡四区的群众听到步超牺牲的消息，都流下了眼泪。肥乡县特追认步超为中国共产党党员，批准她生前的请求。《人山报》发表了悼念她的文章。

阎承之

阎承之（1877—1953），原名阎继善，字承之，大名县红庙乡东桥口（原南桥口）人。出身于世代书香之家，父亲阎清儒是清代秀才，他幼时聪明过人，7 岁读书，12 岁考中秀才。1911 年辛亥革命后，他考入天津丙级师范学堂，毕业后赴日本考察教育 1 年多，返回故里后全力倡导新学。1914 年出任城内高级小学校长，他所聘教师，资历较深且崇尚新学。他辛勤耕耘，凡事身体力行，对学生督导谨严，因与县长发生口角，引咎辞职。后由大名镇守使李长泰举荐，北上天津，先后任省教育厅主任科员、科长等职。他任职期间，热心教育，忠诚勤奋，业务娴熟，对法规章程以及诸多文件铭记不误，人多戏称他"阎章程"。他交游颇广，结友甚多，如保定二师肖汉三、邢台四师燕友三、大名七师谢台臣等，尤与谢台臣过从甚密。在创办七师、校址选定、学校发展上，他积极支持谢台臣的意见，并想法实现。他先后三次力荐谢台臣主校，为直南培育了大批人才，又支持在金滩镇创办大名简易师范。在省厅期间，廉洁奉公，不谋私利，反对请客送礼，曾募捐支持郭隆真的革命活动。1930 年冯品毅遇难后，向省厅提议发抚恤金 2000 元。后为生活所迫，在河北省女子师范学院（今河北师大前身）任一微职，直到解放。因年迈辞职，1953 年 4 月逝世。

张若名

张若名（1902—1958），女，字砚庄，别名珊陆。民族教育家杨堃（大名人）之妻。她出生在保定地区清苑县温仁村一个封建地主家庭。1916 年考入直隶北洋第一女子师范学校，学习期间，先后结识了邓颖超、郭隆真、刘清扬等一批有志青年。1919 年，积极参加“五·四”学生爱国运动，曾任天津学生联合会评议主席，并在“觉悟”杂志上发表论述妇女解放的文章，提出：“女子解放从女子做起，不要等着旁人去解放自己”。在从事爱国斗争中，曾与郭隆真一起被捕入狱。1920 年 11 月，与郭隆真一道赴法勤工俭学，加入共青团。与周恩来、郭隆真一起从事社会活动。1931 年年初回国，任北平中法大学教授。1937 年抗日战争爆发，中法大学停办，在家赋闲。后到《法文研究》月刊任编辑，并发表《法文直陈式之用法》。1948 年 5 月，应聘为云南大学中文系教授。中华人民共和国成立初期，加入中国民主同盟。1955 年 4 月，周恩来总理亲切召见她，张若名在国内执教 20 多年，为国家培养了大量人才。一生著述颇丰，主要有《法国象征派三大诗人》《漫谈小说的创作》《小说家创作的心理》《纪德的介绍》《欧洲现实主义的成就和缺点》《试论文学中典型性的创作过程》《中国儿童生活》《法文高级文法》等。1958 年，在云南大学的“交心”运动中，因受不公正待遇逝世，享年 56 岁。1963 年，在邓颖超同志关怀下，云南省委对她在“交心”运动中所受的不公正待遇作了甄别处理。

王天祥

王天祥（1906—1958），字瑞符，山东省单县王寨村人。幼年家贫，17 岁外出当兵，在国民党军队孙岳、陈春荣部任连长，参加了冯玉祥组织的平地泉战役。受吉鸿昌影响，思想进步，曾被捕入狱，在北平（今北京市）监狱中，结交共产党员刘子会，后经石敬亭营救出狱。“七七事变”后，参加抗日，被国民党军事将领孙殿英委任为支队长、副师长兼十一团团长。在他的部队中，有中共地下党员刘植岩、张盘石、罗兴州、董自托、乔世英等做政治工作。因此虽属国民党军建制，但实际上却是与共产党联系的一支抗日武装。孙殿英反共面目暴露后，他于 1941 年率所属 3000 人，出太行入平原，意与我冀鲁豫八路军会合，未遂，被高树勋收编。此后他到回隆一带，收编程道合、李成华、程希孟、杨法贤等武装，编成四个旅一个突击团，建成伪东亚同盟自治军，他任军长，军部和突击团进驻大名。他重视改造部队，伺机反正。1944 年 8 月，日军窥破机密。趁他去邯郸之机，强行解职，由刘琨任军长。党几经周折，将其营救到抗日根据地。1945 年 1 月，经冀南军区首长宋任穷等批准，协同三分区首长高厚良等策动大名起义。从 1945 年 1 月 16 日深夜零点开始，仅用 5 个多小时就拉出突击团，击毙伪军长刘琨、参谋长檀松甫、敌特吴寿彭和一部分日军，摧毁伪组织，吓跑伪县长苏正格。起义后，其部队改编为冀鲁豫抗日纵队，王天祥任司令员，参加抗日大反攻。后编入第二野战军，任三纵六旅旅长。1946 年 6 月加入中国共产党，先后参加晋冀鲁豫边区参议会、英模会。带领部队参加陇海大击破，杞东战役，歼灭国民党军整三师，活捉师长赵锡田。在解放定陶县城、消灭刘广信等战役战斗中，六旅起了主要作用。1948 年后，调晋冀鲁豫军区军政大学工作。后又任蒙绥军区察蒙分区副司令员，蒙绥军区干校副校长。1956年6月，任河北省体育运动委员会副主任，1958年病逝于保定，葬于邯郸晋冀鲁豫烈士陵园。

何广才

何广才（1905—1960），大名县西营镇村人，回族。自幼聪明好学。受其母影响，8岁时即到本村清真寺学经，由于家境贫寒，无钱请经，就借经抄写。20年中，所念过的经都是手抄本，《古兰经》，他抄写了3套，抄写经书达3箱之多。由于他刻苦学习，不耻下问，学问渐深。28岁时在天津清真寺挂幛（结业）。30岁始学中文，他孜孜不倦，夜以继日学习，经8年努力达到中学水平。38岁后又学中医，给不少穆斯林群众诊脉治病。他热爱国家，怜悯穷人，慷慨大方，深受穆斯林群众拥戴。他先后在本村、山东临清、河南、邯郸等地任阿訇，很有名望。1952年到邯郸市清真寺任阿訇，任市人大常委、市政协常委、省政协委员、中国伊协委员。1957年在北京受到毛泽东主席等国家领导人的接见，并合影留念。抗日战争中，曾配合八路军在本村组织“回兵连”。在临清任阿訇时，在寺设立八路军联络站，收藏保管宣传品。抗美援朝时，宣传发动回族群众支援抗美援朝，以身作则。积极参加三反、五反、工商业改造等运动。1958年被错划为“右派”，1960年病故。1978年恢复名誉。

宋慕雍

宋慕雍（1892—1961），原名兰田，大名县张铁集乡张集村人。出生于世代耕读之家，幼入私塾，聪慧颖异，不到半年就将《三字经》《千字文》等背诵书写不误。民国改私塾为学堂，所有新编初、高级小学课本，他过目领悟不忘。民国3年（1914）考入大名第一高小，勤奋攻读，名列甲等，为校长阎承之所器重，本应三年毕业，提前一年考入邢台省立四师。在四师前两年攻读数理，后两年专攻国文，成绩均优异，民国9年（1920）毕业后，应聘到大名一高任教，备课精细，讲述详尽，对学生循循善诱，关怀备至，从不怒形于色，深为学生爱戴。2年后调金滩镇一高任教，教课成绩斐然，附近学生和教师争先恐后听他讲课。20世纪30年代，大名成立县师，他应邀到校任教，勤奋工作不遗余力，一连三年多次受嘉奖。他怜恤贫苦学生，邻村任笑凡家贫嗜学，无力升学，他鼎力相助。他在七师时，有一次，王从吾散发传单被军警抓获，他挺身而出，掩护王从吾脱险。“七七事变”后，他返归故里，任张铁集中心小学教师。1946年，被元朝县县长李向哲特邀至北峰建立高小，他为招收学生费尽心血。抗日时期，县政府慰问信多出他手，鼓舞抗日斗争。晋冀鲁豫边区政府建立后，他当选参议员，后应邀到冀南一中（后改为临清一中）任教。在此期间，他多次获得嘉奖，并被选为临清人民代表。1957年被错划成右派分子，一年后摘掉右派帽子。这时，他已年近古稀，于是辞归故里，居家教子课孙，性耿直，规行矩步，从不说人是非。生活俭朴，不嗜烟酒，衣着朴素，粗茶淡饭，甘之如饴。

桂彦生

桂彦生（1877—1963），原名孔硕，大名县大街乡（原北门口乡）大桂村人。生于世代耕读之家，幼入私塾攻读，敏而好学，超越侪辈。参加晚清科试，授文林郎。后考入北洋师范理化专科，数理化成绩优异。辛亥革命后，他倡导新式教育，应聘为大名师范学堂教师后，历任大名县立第一高小教师、省立十一中学教员兼县教育科长。他热心办学，声名遐迩，曾两次受教育厅嘉奖。他有深厚的文化素养、渊博的专业知识，课堂讲述清晰，对学生要求严格，并千方百计借仪器为学生做实验。课余为优秀学生补习，并带动一、二名较差者。他重视品德教育。晚年任师范校长时，向学生说："人而无品等同行尸走肉，纵有才学也不足取。才学再优，品德不端，更增其不仁不义，其大奸大恶，更会败家祸国，古来不乏其人。我辈青年将为人师，师而无品，怎能称得起表率……"。他最看不起不务正业、奔走权势之门的人。他一生不吸烟，不喝酒，布衣布履，忠诚平易，更喜与人交谈。1937 年，日本侵略军侵占大名，他辞职回乡里。嗣后，到连庄抗日小学任教。他对学生讲述日寇侵华史，激发学生抗日救国热情。1945 年日本侵略者无条件投降时，他欣喜若狂，竟致夜不能入眠。中华人民共和国成立后，在本村当民校教师。后因年高，在家闲居。

王慕五

王慕五（1878—1963），原名树彬，字质夫，大名县张铁集乡翟滩村人。出生于世代耕读之家。从名塾师王子金读书，清末曾参加科举会试，未中。他反对旧八股，对倡导新学十分欣喜。后考入单级师范学堂学习，成绩优异。毕业后被乡村聘为教师。他讲述新政，为识者欢迎，教导有方，为生徒爱戴，誉满乡里，称赞他品端学优。1915 年被大名县公署聘为"劝学所"督导，经常为倡导新式教育而奔波于乡里。每逢学塾开学之际，他必亲自视察，讲述诱导改换新教材，有时背起新式课本去学塾兜售。在他的一再诱导下，大名县大多数村庄的私塾改称小学堂，放弃了读经，换成新式课本。1923 年，军阀混战，有些生徒一再请他出任大名县长之职。他说："我一生乐育群英，不愿涉足官场，因我既无逢迎折腰之习，又无解民倒悬之才，于人于己两无益，你们的盛情高谊，我是不能答应的。"为当时各界人士誉为笃实君子，开明正绅。1928 年任县教育局视学委员、督学，1931 年被委任为金滩镇第一完全小学校长。远近就学者车马盈门，波及魏县、南乐及山东莘县、朝城等县。1932 年，他多次呈请，协同省教育厅阎承之，在金滩镇创立"大名金滩镇简易师范学校"（附设于完小院内），培育了不少人才。1942 年冬，元城县县长张越特邀他前往南宫参加冀南行署会议，他以花甲之年徒步来去。归来后编写了许多抗日歌曲和顺口溜，教儿童唱诵，并捐粮、捐款，支援抗日，献出土地，分给群众。1949 年春，被特邀赴晋冀鲁豫边区政府参加会议。归来后，对各项新政策广为宣传，使之家喻户晓。

赵北源

赵北源（1917—1964），原名赵凤琴，曾用名南福增，大名县沙圪塔村人，后迁至大名城内马厂街。出身贫寒，11 岁开始读书。1931 年入省立七师附小学习，曾受教于裴志耕等。1932 年暑假小学未结业，借用南福增的毕业文凭考入大名七师，在中共党员任继宗影响下，开始阅读马列主义书刊，思想进步很快。1933 年加入中国共产党，在校内外积极从事地下革命活动，后被当局察觉，1934 年冬被开除学籍。1935 年春，经任继宗介绍，到肥乡县辛安镇，以当小学教师为掩护，任中共肥乡中心县委发行部副部长，从事党的地下工作，后引起敌人注意返回大名，为生活所迫，到外地谋生，1937 年 3 月，返回故乡。5 月，经解蕴山介绍，到北平通俗读物编刊社卖书度日。1938 年年初，打入敌人内部做伪军工作，从事传递情报、营救同志以及向城外送印刷品等重要工作。1938 年 7 月，到大名四区抗日大队，先后任民运干事、指导员。1940 年，任冀南一分区九旅二十六团营长，参加过百团大战。1940 年冬，先后任魏县县大队长、二十六团参谋长、漳河县县长和广（平）大（名）路南支队政委等职，为开辟和巩固大名、魏县、成安一带抗日根据地英勇战斗。1943 年参加了整风运动，在极左路线下遭到打击，经受了考验。1945 年 5 月回冀南三分区，先后任路南支队政委、二十六团政委，为解放成安、临漳等县城英勇奋战，立下新功。此后，在平汉战役、安阳北部剿匪和保卫回隆等战斗中，多处负伤不下火线，有七八块弹片留在身上，始终未能取出。解放战争时期，先后任冀南军区独立三旅十四团政委、晋冀鲁豫军区十纵队八十六团团长等职。1947 年随军南下大别山，为开辟山区根据地与敌连续苦战七个月，胜利完成任务。1948 年 7 月，率全团渡汉江，配合友军创建汉南根据地。1949 年春，在王宏坤指挥下，率一团官兵在花园战役中，歼灭江北守敌主力一个团，随后赴豫西剿匪。由于英勇善战，功绩卓著，升任第四野战军五十八军第一七三师副师长。中华人民共和国成立后，先后任中南军区第一舰队司令员、海军青岛基地参谋长、北海舰队参谋长、旅顺基地副司令员等职。1955 年被授予大校军衔，1964 年晋升为少将。由于战争年代受伤严重，再加上长期带病工作，积劳成疾，于 1964 年 8 月病逝于北京。

齐协恭

齐协恭（1911—1966），河北省冀县南齐庄村人。1932 年河北省天津市师范毕业后参加教育工作，1950 年加入中国共产党，同年调大名一中工作。历任冀县战委会宣传部部长、民教科科长、武城中学总务主任、大名一中教导主任、大名一中、二中副校长、党支部副书记等职。他重视学用结合。早年，在冀县教小学时，非常重视作业练习。1945—1950 年，在武城中学当总务主任时，响应党的“自力更生”号召，创建鞋厂、木工厂、烧炭厂、饲养场等，让学生学会实际技能，还千方百计增设体育器材和教学仪器。带领师生打坯、烧砖瓦、运木料，任期 3 年中盖教室 6 座。在大名一中工作期间，十分重视学生德、智、体全面发展，特别重视德育教育，经常教育学生为祖国社会主义建设刻苦学习，鼓励和帮助贫苦学生克服困难。他在教学管理上，敢于管理、善于管理，处处体现一个“严”字，他重视教学计划的制定，从起草、定稿、传达到执行，都亲自抓。重视各项规章制度的制定，上课、辅导、补课、作业批改、成绩考核等各个教学环节，总是紧抓不放。他知识渊博，既通文科，又通理科。他广泛听课，常以学生身份听课、提问，还早出晚归，查作业，促使教师认真教，学生勤奋学。他关心爱护培养青年教师成长，加强教师队伍建设。采用以老带新、以师带徒、参加函授、离职进修等方法，仅 1963 年送各类学校进修的教师就达 30 多名，各科均有业务尖子。他还善于总结经验，加以推广，1960 年，他代表学校出席了河北省文教群英会。他从严治校，使大名一中成为校风正、学风浓、升学率高的学校，在冀南享有盛誉。1964 年和 1965 年，高考升学率分别为 83%、87%，名列河北省第 2 名。他从事教育 34 年，在大名教学 16 个春秋，为大名培养了大批人才，为教育事业献出了毕生精力。

晁哲甫

晁哲甫（1894—1970），原名晁登明，又名晁蛰夫，原河北省清丰县（今河南省）六塔集村人，出生于一个破落地主家庭。1910 年考入大名直隶省立十一中学，在别人资助下读完中学。1916 年入保定高等师范读书，受辛亥革命的影响，思想比较进步。1923 年同谢台臣、王振华一起创立直隶省立第七师范学校（今河北省大名师范学校），任教务主任。1927 年春加入中国共产党，在党的领导下，积极宣传马列主义，发展党团组织，支持学生开展革命斗争，使七师成为直南革命策源地。他认真贯彻“以作为学”的教育主张，为革命培养了大批干部。“七七事变”后，七师流亡停办，先后任清南边东县委书记、直南特委统战部长。1941 年年初，当选为冀鲁豫边区行署主任，曾当选中共七大代表。1946 年和 1948 年先后任晋冀鲁豫边区政府教育厅长、华北人民政府教育部长。全国解放后，任平原省省长，山东省副省长兼山东大学校长、中共八大代表。他长期从事教育或兼管教育工作，曾亲自领导和组织制定华北解放区的教育计划方案，贯彻教育与生产劳动相结合，理论与实践相结合的方针，为国家培养了各种人才。他实事求是，联系实际，联系群众，谦虚谨慎，廉洁奉公，工作严肃认真，艰苦朴素，无任何不良嗜好。他热爱党，曾一次上交党费8000元。1970年在济南逝世。1987年5月，中共清丰县委员会、清丰县人民政府为他立碑，以资纪念。

李蕴珂

李蕴珂（1895—1971），又名李蕴成，大名县旧治乡（原殷李庄乡）李二牌村人。他出生在赤贫家庭，全家6口人过着啼饥号寒的生活。1917年夏，漳、卫两河并溢，庄稼颗粒不收。地主豪绅上门逼债，一家人死的死，逃的逃。奶奶临终前，躺在地上对他说："孩子，咱们一团火似的一家人，被地主逼得死的死、散的散，以后你要争口气，一定要为咱家报仇！"家里只剩他孤身一人，睡在地窖里，铺的是杂草，盖的是烂棉袄，靠编草葫芦换点吃的。他常说："我的遭遇就是旧社会的写照。"他编了一首顺口溜："穷人难，穷人难，既缺吃，又缺穿，五更起，半夜眠，睁开眼看着天，吃不饱穿不暖，一年四季受熬煎，不知啥时能改变？"他20岁到大名城内一家棉花店当工人，后棉店倒闭回家。1926年10月，七师党组织深入各村宣传"联合起来，共同斗争，反对一切苛捐杂税，打倒军阀，打倒土豪劣绅，迎接北伐革命军"，使他受到教育。1927年春，他协助许彤云（中共党员，烈士）组织召开活捉谢玉田为刘小辫（红枪会首领，被谢诱杀）报仇的动员大会。红枪会攻打大名城，他完成催运粮草、通讯联络的任务。在红枪会强大力量围攻下，冀南镇守使谢玉田晚上化装逃跑了。

1928年，他加入中国共产党，并先后任中共大名县委、大名中心县委委员、书记。他在殷李庄乡一至八排等村庄建立党支部，领导抢麦抢秋斗争，带领贫苦农民一晚上抢收地主十几亩麦子。由于漳河经常泛滥，土地变盐碱，县城周围旧治、大街、西关、南关、韩道、七里店、万堤等村颗粒无收，农民靠淋盐为生。但盐运使署严加禁止，并调来缉私队和国民党军镇压群众，盐民无法生活。1932年，在王从吾的领导下，他深入农村发动、组织、武装盐民，决定在大韩道动手打盐巡。他召集盐民负责人开会，组织7000余人的队伍，研究了战斗部署，并派人去魏县通知洋枪队（约100余人），到内黄、南乐联系援军，约定盐兵来犯，击钟为令，各路人马，一齐围攻。一天，盐兵洋枪队约100多人骑着自行车，扛着工具直奔大韩道，进村砸盐锅，闹得全村鸡飞狗叫，早有准备的盐民自卫队四面出击，把他们围得水泄不通，高喊道："盐狗子，快缴枪吧！"吓得盐兵双手抱枪一动不敢动。国民党政府县长程廷恒急忙调来一营军队增援，并到大韩道诱说盐民放人，那个营长喊道："不放人就开枪啦！"盐民回答说："我们也有枪"。大韩道村长推开程廷恒，大喊一声"砸钟！"盐民从四面八方冲上来，吓得敌人狼狈逃窜。从此，盐兵再也不敢为非作歹。1936年冬，他任直南特委委员。彰德（今河南省安阳市）特委会议后，他发动群众，成立武术团、儿童团、互助会，宣传抗日主张，开展抗日活动。后任三区区委副书记。在艰苦的环境中，创建人民武装挺进第一区队，积极开展抗日斗争。中华人民共和国成立后，历任中共大名县委委员，组织部副部长、副县长、政协副主席等职。曾当选为大名县第二、三、五、六届人民代表。

王振华

王振华（1899—1971），原名王文麟，字振华，原直隶省南乐县（今属河南省）古寺郎村人，出身于家风清廉的书香门第。12岁时考入直隶大名府官立中学堂（后改为直隶省立第十一中学），毕业后回乡边耕边读。后入保定高等师范学校学习生物，曾对达尔文进化论进行过深入研究。受五四运动影响，阅读了大量进步书籍，尤其是李大钊等人的著作，成为他走上革命道路的一个思想动力。1922年夏，保定高等师范学校毕业后，到南乐县元村高小任教，采用新的教学方法，讲授新的内容，宣讲革命道理，灌输进步思想。时间不长，校风大变，人心大振，充满生机。1923年，他和谢台臣一起创立省立七师，任训育主任。他赞同、支持“以作为学”和“师生打成一片”的教育主张，为造就社会有用人才而积极工作，是谢台臣校长办校的得力助手。1927年4月加入共产党，在党组织领导下，支持学生建立“反帝大同盟”，扩大“读书会”，通过党团员及其积极分子的大量活动，使七师逐步成为直南一个革命策源地。他曾捐助经费，营救同志，或作党的活动经费，而自己生活节俭。他在遭受不公正待遇，被开除党籍期间，仍为党积极工作，矢志不渝。1936年谢台臣逝世后，他任七师校长。1937年7月，他在七师院内为谢台臣建立了纪念碑。抗日战争初期，曾和晁哲甫、解蕴山一起举办抗日训练班。1937年11月大名沦陷后，师生南渡黄河，创办华北军政干部训练所，他任副所长。以后历任八路军抗战学校教育长、学院院长。1942年2月重新入党后，任太行联合中学校长、豫北学院院长。日本侵略军投降后，任华北大学教育长。1949年后，历任平原省教育厅长，中央教育部副司长，中央扫盲委员会办公室主任、文化部司长，中国自然博物馆馆长。在任期间多所建树。1971年7月病逝于北京。

沙梦弼

沙梦弼（1903—1972），回族，字德月，经名优素福。大名县南关二铺村人，生于阿訇世家。自幼随长辈在大名南关学经，先后在临清、天津、北京等地拜名师。1930年4月，在北京牛街挂幛。1930—1943年，先后在山东省鄄城、临清、黑家庄、河南省濮阳城里、邱县陈村、大名南关、山东省莘县张鲁镇等清真寺任教长。在此10余年中，他刻苦学习、努力钻研经文著作，克服种种困难，编写了一部《中阿词典》（未出版）。1938年，在邱县陈村，参加党领导的“回民抗日救国会”，任宣传股长。在极为困难的情况下，他深入到回族群众之中，宣传抗日救国主张，组织抗日武装。1943年在山东莘县张鲁集当阿訇时，任“回族抗日救国会”主任，他宣传群众，参加抗日活动。1952年任保定市清真寺阿訇，被选为人民代表。同年9月参加少数民族观礼团，赴北京参加国庆盛典大会。1953年参加全国伊斯兰教协会成立大会，当选伊协委员，同年参加以贺龙为团长的中国赴朝慰问团。1954年，当选为河北省人民代表，并被国家民委委任为广州市怀圣寺教长。他多次接待来自埃及、叙利亚、苏丹、印度、印度尼西亚、尼泊尔、巴基斯坦、也门等国家的穆斯林，为提高中国的国际威望，交更多的朋友，做了大量工作。

1955年6月，参加由郭沫若为团长的中国代表团，赴芬兰首都赫尔辛基，参加世界和平大会。7月，参加以达甫生阿訇任团长的中国穆斯林朝觐团，赴沙特阿拉伯觐见。出发前，受到周总理接见。尔后，1961年、1964年，他又两次率中国穆斯林朝觐团赴麦加圣地朝觐。曾任中国人民对外文化协进会理事、中国人民保卫世界和平委员会广州市分会副会长、广州市伊协主任，1962年，任中国伊斯兰教经学院副院长、中国伊协副主任，1964年当选为全国第三届人民代表大会代表。同年当选中国——阿富汗友好协会副会长。在京期间，他多次陪同刘少奇、周恩来、陈毅等国家领导人接见外宾。“文化大革命”期间受到不公正待遇，“文化大革命”后期，国务院宗教事务局为他落实政策，做出结论：“此人历史清楚，无问题，给予恢复职务”。1970年，他和丹彤以中国伊协负责人名义，最后一次陪周恩来总理接待了巴基斯坦总统叶海亚·汗。1972年病逝于北京，葬于北京西郊区回民公墓。

陶鲁政

陶鲁政（1915—1976），河南省南乐县杨村公社赫庄村人。出生在农民家庭，自幼读书。1938年9月加入中国共产党，1938年2月参加革命工作。历任南乐县救国会除奸员、巡视员、区委书记、县委组织部副部长、部长，卫河县委宣传部长，长垣县委组织部长、副书记，滑县县委副书记、高陵县委书记、长垣县委第二书记、第一书记，中央组织部财贸处干事、中央财贸部粮食处二级巡视员。1957年2月调大名县，先后任中共大名县委副书记，县委第三书记、县委书记处书记、县委副书记等职。抗日战争期间，他秘密组建赫庄村党支部，并任党支部书记，在极其艰苦的环境下，组织民众进行斗争。任除奸员时，多次为民除害，敌人对他恨之入骨，多次派兵围剿。1942年8月，敌人得知他在滑县白毛村，日伪头子王三柱派大批人马包围了该村，但他早已转移。敌人只找到他爱人的衣衫、鞋，用刺刀把衣服和鞋剁得粉碎，后又多次追剿未逞。他置生死于不顾，不间断地同日伪反动势力进行殊死斗争。他严于律己，宽以待人，从不让孩子用公家一本稿纸，因私事用车到老家探望老母，还按规定交纳车费。到食堂吃饭或到医院拿药，他总是与群众一样排队。无论干部或群众找他，总是面带笑容，热情接待，使人感到和蔼可亲。1960—1962年生活困难时期，他和爱人、老母都因营养不足患了严重的浮肿病，县委决定补给他30斤大麦面照顾老母，并派人送到住处。他发现后立即送回，并教育家人说："群众都在缺粮食吃，我们在关键时刻不能搞特殊，要和群众共患难，度灾荒，过难关！""文化大革命"中，他蒙受不白之冤，多次受到批判，身心受到摧残，但毫无怨言。此时，他患关节炎、肝炎、浮肿等疾病，但他从不间断工作。1974年年初，他患食道癌吃不好饭，睡不好觉，身体日见消瘦。他知道自己的时间不长了，便背着领导和家人，忍着巨大痛苦拼命地工作。1975年5月，病情已到中期，县委在50里外的营镇公社召开公社书记会议，他一个人骑自行车按时参加了会议，同志们深受感动。后病情恶化到吃不下饭，在领导和家属的强制催促下，1975年6月到石家庄住院治疗，终因癌扩散，医治无效，病逝于石家庄。在弥留之际，他再三对孩子们讲："听组织的话，不要给组织找麻烦，好好工作，要为党、为国家、为人民多做贡献"。

毛友田

毛友田（1915—1977），大名县埝头乡毛苏村人。省农业劳动模范。大名县科学种田带头人。自幼务农，1944年加入中国共产党。先后任毛苏村党支部书记、大苏村乡党总支副书记、埝头乡副乡长、埝头公社革委会副主任、大名县贫下中农协会副主任。1971年12月当选中共大名县委委员。30多年间，他带领全村群众，自力更生，艰苦奋斗，狠抓生产条件的改变，先后填平四沟八坑，动土11万多立方米，又改造盐碱地100余亩，扩大了耕地。添置了一批农机具，打井配套，学习科学，坚持科学种田，使粮食产量逐年提高。1976年亩产达730千克。使全村由穷变富。全村只有700亩耕地，每年却向国家贡献10万千克粮食。1958年12月，毛苏村被国务院命名为"全国农业社会主义建设先进单位"。1964年，被邯郸地区树立为农业战线20面红旗之一。

毛友田热爱科学技术，提倡科学种田，是大名县率先在村里建科技小组的人。在他的支持下，科技组与农业技术干部一起培育出"毛苏4号""毛苏5号"小麦优种，推广到县内外。1960—1965年，毛苏村一带发生小麦锈病，严重影响小麦生长。他亲自参加并组织开展锈病的防治，同技术人员一起摸清小麦锈病发生规律，总结出成套综合防治经验，在本县推广。1965年2月，邯郸专署、省农林厅在毛苏村召开防治小麦锈病现场会，会上他介绍了经验，会后向全省推广他们的经验。1964年，他被河北省委、省政府授予劳动模范称号。

他艰苦奋斗，廉洁奉公，常说“当干部要为群众谋利益，白吃白拿群众的东西，不是共产党的作风”。他平等待人，凡去该村工作的干部，不分领导同志或一般人员一律相待，不搞特殊招待，不搞请客送礼。因患鼻咽癌，医治无效，于1976年7月12日逝世。在石家庄市就医期间，他忍着病痛，走访省农办、省农业科学院，学习科学技术和外地增产经验，传回家乡指导生产。在生命垂危之际仍关心工作，对村干部说：“咱村亩产还没过吨，社会主义新农村没建成，我不行了，你们可不能歇劲啊！”他病故后，毛苏村党支部带领群众，遵照他的遗嘱，坚持科学种田，建设新农村不歇劲，该村是大名县首批科技示范村之一，多次被评为先进单位。他的事迹，至今为人传颂。

冯洋舟

冯洋舟（1907—1977），原名冯庆廉，字仰周，曾用名郭支鸿，刘克明，大名县万堤镇南冯庄村人。自幼读书，在胞兄冯品毅的直接影响下接受了革命思想。1927年2月加入中国共产党。历任大名县国民党党部监察委员（国共合作时期），北京文治中学共青团支部书记、京东共青团中心县委书记、上海中共中央交通局秘书、上海市工联秘书、河北民军第一路第四支队政治部主任、大名抗日救国会主任、冀南三分区、一分区文救会主任、冀南区总工会副主席，河北省总工会文教部部长，中国煤矿工会全国委员会生产部副部长等职。1934年4月，在上海工联工作时被英巡捕逮捕，并引渡到上海市公安局，在叛徒的指证下，惨遭酷刑拷打，昏死多次，坚贞不屈。后被作为政治要犯，押往南京中央陆军监狱，监禁多年。抗战爆发后，被释放，立即奔赴延安，参加抗日斗争。1937年10月，在清丰县与当地党组织一起，领导创建河北民军第一路第四支队（即清丰、南乐抗日四支队），协助冀南民众抗日救国会开展工作。同年12月，只身到大名创建大名抗日救国会，帮助地方同志建立第四区抗日游击大队——冀鲁豫边区保安队的政治部，任组织科科长，开展抗日统一战线工作。解放战争中，先后在大名市、邯郸市开展工作。1947年，动员1000多名青年参军，任新兵团政委，加入刘邓大军，为解放战争做出了贡献。“文化大革命”中遭受迫害。1977年8月31日，不顾70岁高龄，骑车去参加邯钢声讨“四人帮”大会，不幸遭车祸殉职。

第二节　人物补遗

史承恩

史承恩（？—1939），字又光，大名县满洲街人。清末有名诸生。幼年聪敏好学，苦研经书，志在科举。恰逢庚子年（1900）停科举，科名仕途已断。他以为“不为良相，则为良医。良相固难为，良医亦非易。”随后奋志学医达四十年之久，内经，难经及历代医家所著之丛书，遍为阅读。史承恩苦研济世纲目，金匮内女科等书，自愧天性不载莫窥奥秘，竟欲中止。又眼看许多青年女子因产病而夭亡者甚众，心实恻然，遂勉为其难，决心攻之，奋研不止。略有收获，便施治于女子产病，所治皆愈。由是史又光之名闻诸于世，被称为妇科良医。1926年，他年逾花甲，经众亲友相请，促其开馆授徒，遂在本街北头老爷庙内设帐教书，仍兼行医。求学者、请医者络绎不绝。后将学馆迁至家中。白昼教书，以诸子百家，五经四书为主，夜则传医，以神农本草，脉论医理主之。就学者百余人。史承恩性耿直，洁身自爱、凡登门求医者，不论贫富，均等对待，概不收“脉礼”费。患者病愈后携礼酬谢，若贫者则谢绝礼品，温语相慰，若富有者，则力拒之，亲朋厚友，碍于情面，则略留些微，以示领情而已。凡受惠者，莫不心怀感激之情，交口称赞医术超众，品高德昭。

1934 年夏，众亲友乡谊等为其悬挂两块金字巨匾，一曰：“品高行洁”，一曰：“德行丕奕”。众亲友皆劝其著书留世，史承恩则勉承众议，著有《产前产后要言—附瘟疫大略》，于 1936 年出版，广为流传，大多为懂医者或从医者所收藏，凡粗通医道者皆可参用，屡屡奏效。

史承恩待人谦和，处事公正，热心公益，无论贫民富户对他都很尊重。全街道民众都愿推举他为两街之长（满洲街、忠义街）。凡遇上边有小数派款时，数目不大的，他自解私囊，数目较大自力难承时，交公议处。遇有派差要夫时，则主张贫户出人力，富户出钱出物资助，公正处之，贫富皆服，乐从其命。遇有街坊邻里发生矛盾争吵，众劝不解时，史承恩一到，数语慰劝，双方即可罢争息斗，各自了事。故此去世后，众人怀念不已，很多人互相传说：“梦见了史承恩老先生，升为大名府城隍爷啦……”等等，一时众说纷纭，虽是无稽之谈，但也说明众人对史承恩的长思怀念之情。1939 年去世，葬于孔庄村，门生集资为他树“逊清诸生史公又光老夫子德教碑”。

王泽春

王泽春（1875—1937），大名县王村乡西王二庄村人，字雨农，人称王三官（排行老三），天津武备学堂毕业，中国同盟会会员。1937 年冬被日军杀害。王泽春 1901 年离开家乡赴天津小站入伍，不久转入天津武备学堂学习。1906 年任北京南苑陆军第六镇炮兵营哨长，1908 年移防安徽省安庆市。1911 年赴武汉参加辛亥革命，1912 年任安徽省安庆市北门外菱湖嘴第一师修械所所长，1913 年 7 月赴太湖县任炮兵管带。北伐战争前后，任安徽讨袁军炮兵营营长、安徽省陆军第一混成旅第一团团长等职，1927—1928 年任安徽省泗县县长。1937 年，因其长子王冠（第九军参谋长）在抗日前线与郝梦龄军长共同指挥忻口战役，被汉奸告密，王泽春冬天被日军枪杀于安徽省凤阳临淮关淮河滩上，至今不知遗骸下落。王泽春身在异乡，心系故里，一生为家乡办了诸多善事。1920 年冬，王泽春汇款，将位于县城东三里店村引河上年久失修的木桥修缮，新建桥被命名为“青石桥”。1920 年冬，王泽春出资，将本村二郎庙内的泥神像全部搬出庙院，改建、扩建为学校，着力解决基础教育承载力不足问题。1928—1929 年，大名持续旱灾，民不聊生。王泽春在安徽筹集 20 余万斤粮食运回大名，以王二庄为中心，向周围的陈庄、段庄、西店、前桥、后桥、圈里、李二庄、罗庄、蔡屯、东南屯等 11 个村庄发放。村民们自发为王泽春树《德政碑》4 块，详记其赈灾业绩。碑石于“文化大革命”中全部被砸碎。1987 年春，王二庄村民自发为王泽春修建衣冠冢。

吕秀兰

吕秀兰（1919—1940），女，出生在大名县一个贫苦农家，1934 年她 15 岁时，家乡发大水，父母为给吕秀兰找条活路，把她卖至井陉县庄子头村一户人家当童养媳。艰苦的生活，磨炼了她坚毅倔强的性格。抗日战争爆发后，常和男民兵一起外出打游击。20 岁时，任中队部妇女干事，不久被提升为区武委会妇女部部长，发动全村妇女做军鞋、组织妇女慰问伤病员。1939 年，任区妇救会武装部部长。1940年9月，在百团大战中，随平（山）、井（陉）、获（鹿）游击大队掩护八路军某部在完成井陉战场任务之后转移。战斗中负责指挥的三中队长牺牲，在关键时刻，吕秀兰担当起指挥重任。她带领战士们顽强战斗，打退敌人多次进攻。牵制敌人的任务完成，她带领幸存的几位战士下撤。但是，敌人已冲上山峰。在这危急关头，她纵身跳下悬崖，壮烈牺牲，随后其他五位战士也跳崖牺牲，谱写了一曲浴血阻敌、跳崖殉国的革命英雄主义壮歌。后来，她的故事被拍成电影《血色挂云山》。

于　阔

于阔（1919—1942），原名李朝仕，出生于大名镇岳庄村一个地主家庭。1937年抗日战争爆发后，他毅然辍学，参加了当地中共领导的抗日工作，不久被选送到延安抗日军政大学学习。1938年在校期间加入了中国共产党。1939年毕业后，坚决要求到条件艰苦的华北前线冀中军区工作，1940年春来到十分区地委机关，在宣传部任干事，这对于向往着火热斗争的他，显得有些不适应。在他的再三恳求下，地委决定让他到安次县工作，任一区区委书记。到安次时，正是环境异常残酷的时期，敌人频繁扫荡。县大队在大北市被三百多敌人包围，伤亡很重，各区小队所剩也不过三五个人，地方干部多数隐蔽了起来，个别不坚定分子还当了汉奸。敌人在“扫荡”的同时，还新建了不少据点，一部分村被敌所迫，相继建立伪保甲政权及保甲自卫团，到1941年春，各村普遍建立了这种伪组织，对抗日工作构成了很大威胁。于阔首先着手解决自卫团问题，大胆在日军据点东栗庄村召开伪乡、保长和自卫团长会议。会后，不少自卫团头头被拉了过来，也有那么一些死心塌地效忠于敌的汉奸，于阔对他们采取了镇压。干部和群众对抗战胜利真正有了信心，更明确了斗争方向。罗官屯董林昌是个“铁杆”汉奸，于阔出了个主意，通过邮局给董林昌写信，信的大意是：“你给我们送的子弹，药品收到了。”然后，于阔又通过在县城的敌工工作者，利用关系到日本宪兵队告发他。日本宪兵队立即把董林昌家包围，搜出了信件，借敌人之手，惩治了这个坏蛋。中马庄刘德元是自卫团的头头，看到抗日力量暂时薄弱，便威胁团丁不准与八路军往来，还经常往县城跑，向敌人报告抗日活动的信息，于阔安排了几个战士，在刘德元去县城的路上等候，待这汉奸回来时将其处死。随后，又连续处决了几个铁心给敌人办事的自卫团头头，为民除害，狠狠地打击了汉奸的嚣张气焰，汉奸听到于阔的名字都闻风丧胆。在消灭这些汉奸的同时，还在各村选派了可靠的人当自卫团头头，使自卫团组织牢牢地掌握在抗日政府手里。

1940年冬至1941年秋，通过使用“又拉又打”的斗争策略，凡是于阔工作过的地方，两面政权基本形成。于阔根据敌强我弱的实际情况，采取灵活机动的斗争方法，为十分区以后促进两面政权的形成做出了突出贡献。1941秋后，第三联合县成立，安次县划为一联区，地委决定任于阔为第一联区区委书记，安次的许多农村都留下了他战斗的足迹，大家形象地称他是“满天飞”。1942年2月12日，于阔和其他区干部到大占村堡垒户王晋家里，夜里十点，驻韩村据点的几十个伪军把这个堡垒户包围了。区长李桂芳等都迅速冲了出去。有一个叫杨凤桐的正在睡觉，于阔不忍心抛下他，将他唤醒时，敌人已经包围了他们。于阔见已经冲不出去了，就和杨凤桐与小杜与敌人展开了战斗。不料一颗子弹穿透了胸膛，于阔倒在了血泊中。当时，于阔的神志还清醒，他用尽最后一点力气翻了一下身，把枪和揣在腰里的文件包压在身下。于阔牺牲后，乡亲们说：“老于那骨头最硬，那才是真正抗日的呢！”

于阔曾说过：“我的家境并不贫寒，上大学我上得起，当纨绔子弟我有条件，为什么我要豁出命来抗日呢？这就是一个人要爱他自己的祖国，不能眼看着大好河山和父老姊妹们任人践踏。国难当头，每个人都应该保持民族气节，这是我们的责任哪！”

张玉斋

张鸿藻（1906—1973），字玉斋，清光绪三十二年（1906）5月生于大名县和固村的一个贫苦家庭。读过私塾，受五四新文化思潮影响，接受了民主思想。在教师王捷三引导下，阅读了大量的进步书籍和报刊。1924年毕业于大名第一高小。随后在学校参加了工作。1925年秋，在本村创办了第一所国民初级小学。期间积极宣传新文化运动的成果，传播民主革命的思想。1937年，抗日战争爆发，他的学校被迫停办。十余年间学生约150人，大部分受影响走上了革命道路。1938年秋，在大名老五区做抗日救亡工作。1939年年底，解蕴山组建大名县抗日政府，王捷三任五区区长，张玉斋为区助理。1940年5月，到元城抗日民主政府粮秣科工作。1942年，任一区区助理，后又到四区任区助理。他在实践中总结了很多工作经验，成为一名德才兼备的抗日干部，做了大量的抗日救亡工作，保护了家乡人民的生命和财产。1943年3月，张玉斋被派到冀南干校培训，培训期满，在干校做了一段工作。后来，回卫河东根据地途中，不幸被捕，敌人把他和高凤山押到曲周马庄碉堡里，逼迫他们承认是共产党，并说出党和抗日政府的机密。敌人打得他皮开肉绽，全身血肉模糊，右耳后面的脑骨被损伤。时值酷夏，敌人让他站在太阳下暴晒。火辣辣的太阳炙烤着伤口，疼痛难忍，由于几天没有吃饭，多次昏倒。后来伤口烂了，他强忍着非人折磨和敌人进行斗争。在马庄被审讯一个月后，转移到曲周看守所。在看守所里，敌人仍然每天拷问，每天只能吃二两豆皮。50多天后，被转移到石家庄南兵营。敌人多次审问，一无所获。2个月后，日本侵略者把他用轮船运到了日本煤矿当劳工。在日本煤矿，他们吃不饱，睡不好，工作量每天达15个小时。冬天被冻得浑身打颤，手脚都肿了，身体受不了繁重的劳动，加上头上有伤，常常头痛，不久病倒。日本人不让休息，就强忍着痛苦干活。煤矿里几乎没有安全设施，劳工受到炮震、石头砸，经常在生命线上挣扎，屡带血伤，劳工非死即残。1944年冬，张玉斋被石头砸在头上，几个同胞把他抬出来后，已血肉模糊，昏迷不醒，整整八天，幸亏精心照料才得以生存。抗战胜利后回到家乡。郭养之县长曾三次慰问，要其重新到县政府工作，无奈身体已残，已不能参加工作。郭县长高度评价了他在抗日政府所做的工作，问其要求，他说“现在国家很困难，我不要照顾，我干革命不是为了要报酬！”连一张残废证也没有向政府要。

王　冠

王冠（1897—1974），字雪生，大名县王村乡西王二庄村人，王泽春之子，国民革命军抗日将领，中将，农工民主党第一届中央委员。少年时代读私塾，1911年辛亥革命后，王冠先后在清河镇陆军第一预备军官学校、日本士官学校、保定陆军军官学校第九期、陆军大学七期学习。1927年陆军大学毕业后，国民革命军第二集团军总司令冯玉祥委任他为上校参谋，次年1月调任第二集团军官学校，任教育处处长兼二十八师参谋长。1929年，王冠被委任为军政部陆军署军衡司上校考绩科科长、军衡司司长，并参加了孙中山奉安大典。1934年春赴南京陆军大学兵学研究院学习，1935年4月毕业后任五十四师任少将参谋长，抗日战争爆发后调任第九军参谋长。王冠怀着誓死驱逐倭寇、保卫中华的决心，与第九军军长郝梦龄率部奔赴山西，参加了忻口战役。1937年10月16日，郝梦龄不幸壮烈殉国，王冠继续率领所部抗击日寇。数日后，奉阎锡山、卫立煌之命，护送郝梦龄灵柩至武汉。1938年1月调任第三战区长官部中将高级参谋，5月赴金华兼任战区国防工事主任委员，整修浙江沿海国防工事。8月调赴汉口兼任军事委员会点验委员。9月回屯溪，奉命点验新四军，晤见军长叶挺，副军长项英，支队长陈毅，叶挺托王冠向三战区司令长官顾祝同索求军需事宜，王冠十分赞扬叶挺艰苦卓绝的抗日决心，力谏顾祝同划拨抗日经费和物资。1939年1月，随第三战区长官部移至上饶皂头镇。3月赴福建视察国防工事、公路交通、点验第一00军陈琪的八十师和七十五师、新二十一师。8月调二十三集团军总部任参谋长。1941年11月奉命兼任福州警备副司令、代司令。1942年8月任闽浙赣三省边区绥靖指挥官。1943年10月调任建阳警备司令部司令。抗战胜利后，任第三战区第三接管组组长，赴浙江嘉兴接收日伪财产，接收日寇投降物资、整编伪军，时接收大员显赫一时，但王冠洁身自好，两袖清风，廉洁自律，深受好评。蒋介石为排除异己，复员王冠等32位将军。因王冠是何应钦日本士官学校的学弟，1946年7月任国防部部务委员，不再担任军中要职。解放军渡江之前，饶漱石力劝王冠勿去台湾，保其全家人身及财产安全。保密局长毛人凤派特务威胁王冠：你堂堂国防部部务委员，难道想和共军同流合污，背叛党国？王冠因参加农工民主党与章伯钧私交深厚，曾任该党第一届中央委员，就悄悄躲在上海亲戚家，未去台湾。中华人民共和国成立后，王冠作为战犯入狱，在抚顺战犯管训处关押10年后，被特赦返回长沙。著有回忆录《七十浮生历程》。

第三节　人物简介

狄仁杰

狄仁杰（607—700），字怀英，唐代并州太原人。武则天即位初年，他任地官侍郎同凤阁鸾台平章事，后为来俊臣诬害下狱，贬彭泽令。万岁通天年间（696年），契丹陷冀州，河北震动，遂提升狄仁杰为魏州刺史。前刺史害怕敌人攻城，强迫老百姓保护城池，修筑防御工事。他到任后，将所有老百姓放回种田，说："贼在远，何自疲民，万一虏来，吾自办之，何予若辈？"契丹听说狄仁杰到魏州的消息，很快退却了。老百姓很敬仰爱戴他，为他修建了生祠。后来祠堂毁没。宪宗元和中，田宏正镇守魏博，奏请朝廷重新修建了狄仁杰祠堂并立狄梁公祠堂碑。后祠堂毁没，碑现在大名县孔庄村北，为河北省文物保护单位。

李虚中

李虚中（762—813），字常容，魏郡（今河北大名）人。唐德宗贞元年间（785—804），科考顺利，中了进士。后来一直做到殿中侍御史。信道教长生不死之术。平时精研阴阳五行书，以人的出生年、月、日，按日辰天干地支，来推定他一生中的贵贱寿夭，吉凶祸福，后世把他推为星命之祖。世传《李虚中命书》三卷，署名鬼谷子撰，虚中注。

罗弘信

罗弘信（835—898），本名宗弁，字德孚。唐代魏郡贵乡（今大名县）人。善于骑马射箭，相貌威武雄壮。《新五代史》记载："弘信状貌奇怪，面色黑青"。为魏（博）裨将，掌管马牧。赵文玠死，众人拥立他，皇帝下诏升为知留后、再加封魏博节度使、检校司空同中书门下平章事。豫章郡公朱全忠镇压黄巢起义军，害怕罗弘信有二心，像兄弟一样对待他，罗弘信以为对自己厚爱，所以也真心对待朱全忠。升检校太师守侍中，封临清郡王。光化元年（898）卒，被追封为北平郡王，大名县大名镇（原七里店乡）康堤口村南有其父罗让碑。

寇　准

寇准（961—1023），字平仲，宋代华州下邽（今陕西渭南东北）人。太平兴国进士。景德元年（1004）任宰相，辽兵进犯中原，他反对王钦若等南迁的意见，极力主张抵抗，促使真宗亲自前往澶州（今河南濮阳）督战，与辽订立澶渊之盟。景德三年（1006）主持天雄军时，契丹使者经过大名，对寇准说“相公位重，何故不在中书？”寇准回答:“皇上以朝廷无事，北门锁钥非准不可耳”。不久，被王钦若排挤，罢去相位，知陕州。天禧三年（1019）恢复相位，四年又被丁谓排挤罢去相位，封莱国公。以后被贬为道州司马，再贬为雷州（今广东海康）司户参军，死于贬所。著作有《寇莱公集》。

张朝纲

张朝纲（生卒年不详），字近川，明朝元城（今大名）人。明嘉靖十九年（1540 年），以经魁中试，补陕西永寿县。邑民以猎禽畜牧为业，不耕不织，恒艰於衣食。朝纲深忧之。乃邀故乡之农夫、织女十数人，携农器纺具赴永，教以耕织，劝令垦田，种五谷、棉花，期年青葱遍野。又立学校，延师儒，让子弟就学，亲为讲解，民风大变。秩满将去，邑绅民赴抚署哀恳挽留，如是三。朝纲在永寿县任职最久，当地士子中巍科、登显士者，亦先后接踵。后因次子应凤调升陕西按察使，例宜回避，邑民闻之，仍晋省挽留，不许。回避离任，为此为其立生祠，设祭田百亩，邑民扶老携幼瞻拜，不期而迁者以万计，被祀永寿名宦、元城县、大名府乡贤。

西　秀

西秀（生卒不详），女，大名府城内人。崇祯某年，一兵匪头领，率众围城，声言城内某氏家有美女，愿得之后解围。某氏家人恐惧，百姓惶惶不安。西秀挺身而出说：“以一女而完一城，此不世之功也，愿请代之。”匪首得秀，府城解围。事过数年，有邑人在江南遇见西秀，询问乡里，互叙离乱始末，西秀说，被掳后与兵匪头领成婚，劝其改邪归正，官太平营守备。

成静兰

成静兰（生卒年不详），女，字纫秋，清代诗人，大名人，生长在世代官宦之家，明大学士成基命后裔，清代史学家、举人崔述妻，崔述官罗源知县，博通古今，夫妻相切磋，有如师友。著有《余吟》1 卷、《绣余吟》1 卷。1932 年亚东书店排印本《崔东壁遗书后编》中收其《爨余集》诗 34 首，为嫁后作；《绣余吟》为未出嫁时作，亦称《二余集》。

闪文绣

闪文绣（生卒年不详），字素公，回族，清代大名南关人。貌雄伟，胆略过人，康熙四十八年（1709）武进士，授二等侍卫转都司佥事，后官升河北镇总兵。居官 20 年，廉洁自持，革除陋规，以练兵核饷为务，戎政肃然。世宗在勤政殿召见他，因天气热，赐给他带翎藤帽和钱千金，升阶议政大臣。奉皇帝命令率四省车骑营西征。他与士兵同甘苦，共劳逸，士兵皆听命于他。由于长期劳累，死于军中，遗留下给皇帝的上疏，陈述方略，皇帝震惊，写祭文悼念他。

张　森

张森（1842—1905），清代大名县总管坟村人，生于道光二十二年（1842），同治四年（1865）组织大名县所属各地重新开挖三里引河；光绪十四年（1888）秋，漳河水泛滥，大名郡城东北一带一片汪洋，波及大名县境，张森带领被淹没各地甲长，乘船勘探险情，改挖白水潭引漳入卫，以消除水患，群众深感其美德，立碑记述他的善举，卒年63岁。

王建武

王建武（生卒年不详），大名县龙王庙镇王庄村人。自幼读书，北京高等师范体育系毕业。1924年曾任河北省立第七师范学校体育主任，兼任大名十一中学体育主任。在七师期间，经他修建了400米田径场、篮球场、组建了球队，带动了大名县城学校的体育活动，培养了一批体育骨干。他擅长篮球、跳高、跨栏等项目，曾参加过在日本举行的远东运动会跨栏比赛，并取得名次，为国增光。

刘长春

刘长春（1862—1940），字芳圃，人称“老芳子”，拳术教师，大名县赵站村人。自幼酷爱武术，精通大洪拳、二郎拳。在大名一带颇负盛名。20余岁即被聘为大名道台衙门武师。1890—1896年，赴东明县（今属山东省）拜少林田魁造大禅师习练佛汉拳，尽得佛汉拳真传。后又返任大名道台衙门武术教师，收徒传艺。苏士荣、杨怀礼尽出其门下，执教数年，辞职还乡。1930年，应大名国术研究社多次邀请，以69岁高龄，再度出任武术总教师，执数9年，1940年去世，享年78岁。大名至今流传着，他智取在东明称王称霸的“铁头僧”，婉言谢绝了国民党军骑兵师郭师长的邀请等故事。

任乐亭

任乐亭（1916—1940），又名任鸿宾，大名县旧治乡（原殷李庄乡）于夹河村人。自幼读书。1926年冬，就读于大名县第一完全小学。1932年结业后，入七师附小补习班。同年暑假考入省立七师。他聪颖过人，多才多艺，勤奋好学，经常接近进步同学，读进步书刊。1938年年末，他随解蕴山从事抗日救亡活动，每到一处刷标语，出壁报，印发宣传品。曾参与和主持举办多期小学教员培训班，讲抗日救亡道理，教唱革命歌曲，积极从事抗日工作。1939年6月，到三专署行政干部学校任大队长，积极负责，关心同志，受到称赞。1939年7月加入中国共产党。1939年9月，调永年县游击大队任队长。1940年夏，日伪扫荡永年县北部抗日根据地，他率县游击队英勇反击，不幸以身殉职，年仅24岁。

韩国保

韩国保（1914—1942），又名韩凤，大名县金滩镇郑寨村人。1933年夏，考入金滩镇乡师二班学习。学习时好打抱不平，常为弱者撑腰，因此，为学校当局忌恨。学生要求有自由读书的权利，遭学校当局拒绝，他便发起学潮，反对学校当局的封建思想统治，1936年夏，被学校开除。“七七事变”后，范筑先将军在山东聊城树起抗日旗帜，他毅然投考聊城政干校受训，1939年加入中国共产党，毕业后任政训员。聊城事变后，到范筑先纵队政治部任组织干事，后纵队编为八旅，任干部干事。1942年调武工队任政委，带领武工队在永年、肥乡坚持革命斗争，开辟了磁、肥新地区，对武工队活动有很多创造。1942年春，肥乡日伪军近千人包围小康堡，他不幸被捕，后英勇牺牲于肥乡县，年仅28岁。

潘玉林

潘玉林（生卒年不详），大名县大名镇人，自幼读书。1936年在北平一中读书。加入中国共产党，任该校党小组长。1937年抗日战争爆发后，受党派遣，去山东烟台、济南等地从事抗日工作。后又在聊城地区和鲁西北坚持游击战，打击日本侵略军。在山东省堂邑作政训员时，建立抗日武装，1年多的时间里，他冒着生命危险，到敌占区筹粮，以保证部队生活供应。后升任政治指导员、教导员，在鲁西北的潘庄战斗中英勇牺牲。

刘绍先

刘绍先（1895—1943），国民党军将领。学名培堂，字绍先，大名县大名镇（原城关镇）西大街人。自幼读书，先后在省立大名十一中、保定陆军学校学习，毕业后到杭州5省联军孙传芳部任职。1927年任5省联军总司令部骑兵团团长，在南京龙潭战役中，被北伐军击败，后到天津暂居。不久，应国民革命军第九军军长王金钰邀请，出任十八军参谋长，驻江西吉安。1932年春，被任命为四十三师师长。次年夏，升任第五军副军长（中将军衔），尚未到任，又调任庐山军官训练团团部办公厅主任。1938年，调任兰州戒严司令。不久，代理湖北省主席，兼任陈诚的总参议。1943年夏，因父亲病故，回四川万县奔丧，不久即病逝。

刘孟荣

刘孟荣（1926—1947），大名县沙圪塔乡西仲相固（西庄）人。出生于一个贫农家庭。兄弟姊妹6人，以他为长。幼时在小学读书，14岁时参加八路军，从事抗日活动，活跃在大名县北部、广平县东部和馆陶县西部。1944年参加中国共产党。1945年日本侵略军投降后，随刘伯承、邓小平大军南下大别山，任三纵队四旅教导员。在金龙山（徐州附近）战斗中牺牲。

李权衡

李权衡（1884—1961），字仲平，大名镇岳庄村人，后移住大名城内西大街。自幼读书，清末秀才。废科举后，考入北洋师范。毕业后回大名任教，后升任大名督学（教育局局长）、民众教育馆长。在任职期间，主张拆庙宇盖学堂，提倡妇女放足，自任天足会会长。他是国民党党员，曾任河北省广宗县县长。日本侵略军侵占大名后，他任维持会会长，后任日伪政府县长。他参加了民国23年（1934）《大名县志》的编修，性情灵活而机警善辩，1961年病故于大名。

张临安

张临安（1885—1965），名知睿，号惟沅。大名城内马厂街人，后迁居油坊街。家境贫寒，少入私塾苦读经书。弱冠之年即从事教育工作，先教义学（后改为学堂）。教汉语，颇受学生尊敬和爱戴。宣统元年（1909）拔贡，留京学部任职。中华民国建立后，在京某公馆任家庭教师。1920年后，赴山东济南讲学，在此期间曾晋谒康有为，并以师事之，1930年返回故乡。“七七事变”后，曾在县城内西大街教书，后任四维中学国文教师，为培养青年一代，发展桑梓教育，做出了一定贡献。1943

年，他应邀参加“康有为葬礼”，在某慈善团体讲学。建国后，因患偏瘫病，返归故里。时年已古稀，曾任大名县政协学习委员，1965年病故。

冯国书

冯国书（1901—1968），字善士，名医，大名县万堤镇（原崔岳村乡）南冯庄村人。出身于中医世家，他自幼随父学医。1919年开始行医，学识渊博。1949年参加工作，任元朝县金滩镇（今大名县金滩镇）供销社医生，1957年调任金滩镇医院医生，1961年调往大名县医院中医科，1968年在“文化大革命”中被迫害致死，享年67岁。他一生勤奋好学，精研经典名著，治方严谨，对中医内科和妇科有独到的见解。他医德高尚，一生中抢救过无数疑难危重病人，深受大名县医务界和人民的尊敬信赖。晚年积一生之经验，编著了《中医内科验方集》和《中医妇科验方集》各一册。

祖　斌

祖斌（1949—1971），大名县沙圪塔乡（原儒家寨乡）东仲相固村（东庄）人。1968年3月入伍，1970年9月加入中国共产党，历任战士、司机班副班长等职。1971年8月6日晨，他带领2名新战士去车库检查车辆，一台车的发动机失灵，在修理时，汽化器回头火花突然掉进车旁装满汽油的桶里，顿时油桶起火，严重威胁着库房、车辆和战友生命安全。他跃出驾驶室，命新战士快去叫人灭火，他直奔油桶而去，在搬移油桶时，双手被火烧烂，他用惊人的毅力，用胳臂把油桶移至5米以外。火扑灭了，库房、车辆、战友安全无恙，他却因烧伤面积过大，抢救无效，光荣牺牲，葬于邯郸晋冀鲁豫烈士陵园。中国人民解放军总后勤部党委为他追记一等功，大名县为他召开了庆功会，号召向他学习。

段子平

段子平（1893—1971），生于中医世家，大名名中医。1893年12月生于南乐县西街，早年就读于河北省省立大名初级中学校，并秉承家学学习中医，后在南乐、大名一边担任教师一边行医。1937年移居大名县城内西大街，1948—1951年先后任大名县中西医学研究会委员、大名县中西医药联合会委员兼秘书、大名县卫生工作协会委员兼秘书，大名县第一届政协委员，1951年赴石家庄学习深造。早在1951年，段子平就提出“检讨中医科学化问题”。“第一，中医须首先明瞭法定传染病以便管制疫情，达到预防为主、保证健康；第二，讲明西医诊断学结合中医诊断学使治疗原则渐趋一致；第三，折衷短长加以去取便可完成中医科学化的标准境地……”段子平擅长治疗中医内科、妇科，对再生障碍性贫血、白血病有独特疗效。新中国成立前后与大名著名书法家李鹤亭交好，二人常唱和笑话、打油诗不计其数，至今仍有多首还在大名文化人中间流传。段子平的五子段席珍、六子段建生均在大名行医，颇具口碑。

王家兴

王家兴（1906—1975），中医。原名王西林，字立业。大名县沙圪塔乡后于旺庄人。王家兴出身于中医世家，1925年开始从伯父学医，25岁开始行医，1951年参加工作，曾任大名县杨桥区卫生协会副主任。曾多次被评为地区卫生先进工作者。他有丰富的临床经验，对中医儿科尤为专长。对小儿麻疹及合并症治疗有独到之处。20世纪50年代，在捕灭大名境内的2次麻疹大流行中做出了突出贡献。

他医术高明，医德高尚，深受群众爱戴。他刻苦钻研医术，善于总结经验，写出了4.5万多字的资料和经验，其中为患者开的特效验方有8件被河北省卫生工作协会编入《麻疹中医防治方》，4件被河北省中医院编入《十万金方》第一集，5件被邯郸中医院编入《中医土方汇编》，遗存特效验方212件。

陈建文

陈建文（1938—1976），大名县红庙乡闫庙村人。自幼读书。1952年考入大名县初级中学（今大名实验学校处），1955年7月入伍，在部队学习无线电修理技术，后分配到国防科委酒泉基地（今酒泉卫星发射中心）工作，先后任技师、通信参谋、中队长、副营长等职，1965年加入中国共产党。长期从事国防科学试验工作，终因辛劳身患癌症，病逝于北京，年仅38岁，被追认为烈士。他长期战斗在戈壁沙滩上，在艰苦的环境中毫无怨言，为全国的卫星发射试验，为加强国防事业，贡献了毕生精力。

杨丕成

杨丕成（1919—1976），大名县金滩镇金北村人。回族。1937年入伍，1939年加入中国共产党。参加革命后，历任政治服务员、联络干事，连长，政治指导员，馆陶县大队副政委，十军直属政治处主任，二十八师炮兵团政委，北京军区后勤部后方工程建设部副部长，营房部副部长、政委，北京军区机关营建指挥部主任，天津警备区副政委等职。1976年7月病逝于北京，葬于八宝山革命公墓。

赵九畴

赵九畴（1890—1977），字锡范，绰号赵老锡先生。大名县铺上乡铺上村人。出身中医世家，少时读私塾，10年后从父习医，遍读中医著作，熟知中医知识。解放后被选为大名县人民代表。1951年加入大名县卫生协会并任卫生协会委员。他悉心脉学，精与辨证施治，特别是对妇科、伤寒、瘟病、肝炎、胃病、白血病、再障性贫血等疑难杂证，有丰富的治疗经验。在大名周边地区颇有声望。深受患者的拥戴和敬重，敬送“五世名家”“德追和缓”“万家生佛”等牌匾以示敬意。1956年，河北省卫生厅、河北省卫生协会派员对他进行专访，向其征求对全省中医工作的意见。

第二章　本志人物

第一节　人物传略

阎仪凤

阎仪凤（1910—1979），艺名青喜，大名县黄金堤乡郑时庄人，北方坠子（“化妆坠子”）发起人之一。他一生从事曲艺，以独特的绰号“破大锣”，在山东、河北、河南、山西等地的百姓心里，占据了独特的位置，而他的名字却鲜为人知。破大锣小时候家里很穷，以卖豆腐为生，十四岁产生了一种兴趣，就是听评词。当时的贫乏生活，能够听上段评词也是极大的精神享受。十六岁那年，广平县人杜学勤、杜学堂弟兄俩到他村里说书，破大锣偷偷拿钱买东西给他们，从家里拿吃的给他们。此事被其父亲知道，挨了打，问他为啥这样做，破大锣哭着说了自己的愿望，他要学艺。父亲经不住儿子的请求，经杜学堂同意正式拜师。师父带他一路串村说唱，来到大名龙王庙一带，又收女徒齐秀云，艺名青云。1937 年，日本侵略军入侵中国，杜学堂看时局有变，就仓促让他和师妹青云订婚完婚。之后，师傅便离开了他们。破大锣夫妇独撑门户，闯荡南北、拜能者为师。遇同行便做旁听，仔细揣摩他人的每一个眉眼、每一处脚手的动作，琢磨他人的音腔，结合自己的特长，终于掌握了一套高超的表演技艺。

破大锣，声腔如锣，嗓门大而不洪亮，但不失咬字清晰，在演唱技巧中，他能够十人给予十个特点，百人给予百种性格。他哭，能令观众潸然泪下；他笑，能使观众乐而开怀。观众往往在体味之后又忽然发现：破大锣的形象似乎在别的艺人身上有过，但从来没有见过。

齐秀云在技艺上，手眼身法步，唇喉齿牙鼻的功夫，也是千锤百炼，达到了炉火纯青的地步。在台下，他们是夫妇，在台上，他们能够进入各自角色而不露夫妇行藏。后他们陆续收徒十余名，1947 年解放战争时期，他们在山东临清等地销售进步书刊，宣传党的文艺方针政策。石家庄解放后，他们又风尘仆仆赶去，为新中国、新时代唱了一曲曲赞歌。获得新文化奖，随加入先进组织“新杂志联合会”。

1949 年，他们和师父在南宫成立剧团，为了艺术，破大锣卖了骡子、车，齐秀云卖了娘家仅有的地，又卖了 2 间房子和手上的金镏子。除此之外，他们还省吃俭用，积攒薪水。他们一点一点地添置剧团所应有的东西，为演好古装戏，他们先后 6 次到北京、苏州等地购置服装。直到他们排演神话小说“白蛇传”时，布景、灯光才全部配齐。一曲“白蛇传”获得观众的一致好评，有时要在一个地方连演三场。从此，破大锣、齐秀云剧团名声大振。后剧团归县曲协领导，老演员都陆续到石家庄等地重新组织剧团，他们俩又重新招收新学员，前后培养学生 100 余名。剧团解散后，他们继续从事演艺生涯，始终做文艺先锋。先后创作了《新旧社会对比》《热爱集体》《中学生下乡》等文艺作品。其中《新旧社会对比》荣获地区会演头等奖。并陆续改编了《儿女风尘记》《烈火金刚》《枫橡树》等 3 部革命战争、抗日战争时期的长篇小说，把革命英雄儿女的形象，以坠子书的形式，完美的奉献在观众面前。

破大锣夫妇识字不多，这给他们的创作和改编带来很大的困难。他们只有靠破大锣念一段，齐秀云思索一阵，哪该唱，哪该道白，再改编，然后靠画多半圈圈的 10 多岁的儿子给歪歪扭扭地记录下来，最后，他们再从这些圈圈里寻找他们需要的东西。

破大锣数十次以演出的方式慰问军烈属、革命干部，为人民留下一曲曲难忘的歌。

申镇中

申镇中（1910—1980），河北省大城县人，后落籍于大名城关镇东街。出生在贫农家庭。1940 年参加革命工作，1946 年加入中国共产党。在抗日战争时期，曾任大名县金滩镇区抗日游击队队长、元朝县抗日政府建设科长，二、五区区长，元朝、大名两县合并后，任县政府秘书、副县长、邯郸地区水利局副局长、大名县副县长，1966 年退休。他忠诚待人，性格豪爽，作风朴素，工作踏实。他长期分管水利工作，为大名县水利事业做出了卓越贡献。早在 1947 年，他带领元朝县民工参加“反蒋治黄，修复黄河金堤”工程，由于工程做得出色，获奖旗一面，上书“功在黄河”。中华人民共和国成立后，他一直分工抓水利建设，多次领导民工疏浚河道，修建堤防，年年领导防汛，经常战斗在抗洪抢险第一线。1963 年特大洪水期间，他带领驻邯部队一个营护守漳河北堤，昼夜坚守在现场，察看水情，每日向中央防总汇报水情。同时，他指挥部队从王胜滩用汽船向决口处运土，以缩小受灾面积。他多次跑遍全县各条河道和堤防，走遍了全县各个洼地和渠道，每项工程蓝图上都倾注了他的心血，每个水利工地上都有他的足迹。他刻苦学习，勇于实践，成为治水内行，人民称他是“水利县长。”

陈履桥

陈履桥（1897—1980），名登高，字履桥。大名县旧治乡（原殷李庄乡）李四牌村人。出生农民家庭，幼有大志，在私塾攻读，并从师学武。1912 年，以优异成绩考入河北大名省立十一中学。学习勤奋，成绩优异，常帮助体育老师上课，与同学们互教互学，在师生中享有威信。1916 年考入长沙岳云大学体育专科，擅长体操、舞蹈、撑杆跳，曾参加亚洲远东运动会，并取得名次。1921 年大学毕业后，先后在长沙中学、河南汲县女师任体育主任兼教师。1925 年到河北省立七师任体育主任。1935 年到江苏南通某校任体育主任。抗日战争爆发后，回归故里，先后在濮阳华美中学，大名四维中学任教。中华人民共和国成立后，先后在省立大名中学，大名县师范任教。1956 年在七师旧址恢复师范学校，他任体育主任兼教师，后改任总务主任。60 年如一日教书育人，为中华民族的体育事业献出了毕生精力。他的家庭，自 1917 年至 2005 年，全家有四代 23 人从事教育工作，堪称“教师世家”。

何基沣

何基沣（1898—1980），河北藁城人。1937 年 11 月曾率所部在大名血战日寇。1933 年春，何基沣赴喜峰口抗击日军，以战功升为第 110 旅旅长。卢沟桥事变前夕，率部驻守卢沟桥一带，多次挫败日军。1937 年 8 月初，何基沣升任 77 军 179 师师长，率部沿津浦线边打边撤，阻滞了日军的推进。11 月上旬，何基沣率部退守大名，与大举围攻的日军展开殊死搏斗。何基沣亲临大名城墙指挥作战，将士们视死如归，与敌人血战三天两夜，终因弹尽援绝而失守。何基沣悲愤已极，在被部下强拽上马撤出大名城后，拔枪自戕，不惜一死以谢天下。当时何基沣左胸中弹，倒在血泊中，幸得部属及时抢救方得脱险。以机智顽强的作战赢得时人赞誉，成为一代抗日名将。1938 年春，秘密赴延安，毛泽东去探望何基沣，赞扬了他抗日的功绩。何基沣向毛泽东详述了喜峰口、卢沟桥、大名府等各次战役，还应毛泽东的邀请在抗大作了一次报告。1939 年 1 月秘密加入中国共产党。1948 年 11 月，同张克侠一起，率领国民党第七十七军和第五十九军共 2 万余人，在贾汪、台儿庄驻地起义，为淮海战役的胜利做出了贡献。1948 年 12 月 10 日，毛泽东、朱德向在淮海战役中举行起义的国民党军第 3 绥靖区副司令官、中共地下党员何基沣、张克侠发出贺电，祝贺他们起义成功。中华人民共和国成立后，历任中国人民解放军第三十四军军长、南京警备司令部副司令员、华北行政委员会委员兼水利局局长，水利部副部长，农业部副部长等职。是第一、二、四届全国人民代表大会代表，中国人民政治协商会议第一、三届全国委员会委员和第五届全国委员会常务委员。1980 年病逝于北京。

周海元

周海元（1906—1980），又名汇川，大名县人，采煤工艺专家。1931 年毕业于天津北洋大学（今天津大学前身）采矿冶金系，随即在东北矿务局柴河金矿任帮工程师。翌年应聘至开滦矿务局唐山矿，开始在唐山市路北区工作、生活。曾为帮煤师，井下工程师。1948 年 5 月被擢升为开滦矿务局唐山矿第二副矿长。中华人民共和国成立后，历任林西矿第一副矿长，总工程师，唐山煤炭研究院副院长等职。1956 年加人中国民主同盟，先后当选为中国民主同盟河北省委员会委员，河北省政协委员，唐山市人民委员会委员、第三届全国人大代表、河北省采矿技术协会委员，唐山市科学技术协会委员、唐山市煤炭学会常务理事等。周海元在开滦工作期间，成功解决了急倾斜特厚煤层开采和长壁工作面机械化采煤等技术问题。在唐山煤炭研究院，始终坚持科学研究为生产建设服务的方向，经常带领科研人员深入井下调查研究，以解决生产中存在的技术问题。在周海元的组织领导下，该院先后完成水力采煤、重介质选烘，铁路与水下采煤等 27 项重大新技术的研究任务。这些新成果在煤炭生产中发挥了重要作用，受到党和国家领导人的重视。1958 年 9 月 1 日，刘少奇，周恩来到开滦唐家庄矿视察，对水力采煤全过程给予高度抨价。“文化大革命”中，周海元被强行加上“反动学术权威”的罪名，遭到政治迫害。1971 年恢复工作后，改任情报研究室副主任，负责领导《采煤技术》《矿井自动化》《矿山测量》《选煤技术》等期刊的编审工作。1979 年 3 月，党组织为其正式平反，恢复名誉。1980 年 12 月 26 日，因病于北京逝世，家人遵照遗嘱将其遗体献给了医疗事业。

贾培元

贾培元（1906—1984），字良辰，大名县张铁集乡司庄村人，幼读于私塾，勤奋好学，以优异成绩相继升入大名县立第一高小、河北省立七师，1930 年考入国立北平大学艺术学院专修科。毕业后，先后任教于山东省东平中学、大名县金滩镇乡村师范学校、清丰县简易师范。1944 年参加革命，1950 年加入中国共产党，历任元朝县抗日高小教师，元朝县师范教导主任，代理副校长，大名县初级师范副校长，大名师范副校长，校长等职。早在青年时代，他就背叛了地主家庭。在七师读书时，深受谢台臣办学思想影响，追求进步，积极学习马列主义，踊跃参加学校各种进步活动，树立了教育救国的抱负。抗日时期，积极参加抗日活动。平杰三被捕后，冒生命危险多次前往狱中探望，并妥善处理了党的文件资料。中华人民共和国成立后，一直教书育人。他知识渊博，在中文、政治、音乐、美术、书法等方面都有较高的造诣。在他先后任教的学校，校风端正，经他授课的学生，各科成绩优秀，深受学生爱戴。他生活简朴，在国家经济处于暂时困难时，因他是县内有数的几个高级知识分子，县委、县政府决定在生活方面给他特殊照顾，他拒不接受。在大名任职期间，自己赁房居住达 20 年之久，直到 1984 年去世前夕，留下的只是一床旧被和几箱书籍。

柴少白

柴少白（1940—1985），大名县西未庄乡老堤南村人。中共预备党员，中央电视大学英语专业毕业。他自幼勤奋好学，以优异成绩考入大名一中，在校多次被评为“三好学生”，在各门课程中，尤其爱英语。他热爱教育事业，在求学期间即立志当一名英语教师。高中毕业后，因“家庭问题”未能报考大学。回乡后坚持自学，先后当技术员、民办教师，多次评为模范。1977 年，参加母校举办的英语短训班，结业时成绩优异，被留校代课，后转为正式教师。他任教之后，先教初中、后教高中英语课，备课精细，讲授认真，1984 年，他送的毕业班高考成绩居全地区第一，他任班主任的班，多数学生成绩优秀，先后升入大中专院校。因劳致疾，仍坚持授课，后病情加重，1985 年 3 月 19 日上英语课时吐血不止，晕倒在课堂上，经多方抢救无效，于 4 月 15 日病逝于邯郸。师生闻讯，悲痛欲绝，前往吊唁者络绎不绝。外地学生，写来封封慰问信对其家属慰问。并捐款表示心愿。县直党委批准追认他为中共正式党员，当年被授予河北省“省园丁”，并荣记一等功。省、地报纸多次报道了他的感人事迹。

田辛甫

田辛甫（1911—1985），又名田宗仁，大名县杨桥镇樊河道村人，著名国画家，中共党员，曾任中国美术家协会理事，美协河北省分会主席，河北省文化局顾问。他自幼喜爱绘画。在七师求学期间，从师白寿章，主攻花鸟国画。抗日战争初期参加革命工作。1948 年，他创立了《冀南画报》，先后刊出 23 期，在群众中广为流传。中华人民共和国成立后，历任河北省文联美术部部长、省美工室主任、《河北画报》社总编辑等职。1954—1956 年，在中央美术学院学习素描和中国画。受过李苦禅指导，拜访过齐白石。他从画 50 年，创作了许多群众喜爱的国画、新年画等作品。他的创作以写意花鸟为主，兼画山水人物。他的花鸟画吸取吴昌硕、齐白石诸家之长。晚年形成自己的风格，以葫芦、柿子、藤萝、芦雁见长，人称“田葫芦”，具有茁壮朴实的田园之趣，他的作品曾先后在保定、石家庄等地以及中国美术馆展览。在他任职期间，曾数次回乡探亲，并在县城作画，举办画展，大名县不少美术工作者受教于他，许多人手中有他的作品，出版有《田辛甫画选》。

商萼楼

商萼楼（1894—1986），原名商荫棣，号萼楼。名医，大名县西医的开拓者和奠基人。河北省平山县城内人，后落籍大名。1917 年，考入国立北京医学专门学校，1921 年毕业后来大名，建立中国红十字会大名分会，并担任会长。1946 年，他当选冀鲁豫边区参议员和商业代表。同时，在大名创办医院，并兼任七师、五女师、十一中校医，任七师、五女师的生理卫生课。1947 年参加大名县医院工作，1956 年任大名县医院副院长，后当选大名县人大代表，1954 年当选河北省第二届人大代表，曾任大名县第 1 ~ 3 届政协副主席。1981 年政协恢复后，任县政协第四届常务委员。1981 年 11 月，当选县医学会名誉理事长。他对医术精益求精，在数十年的诊治病人中，一丝不苟，严肃认真。晚年仍孜孜不倦地工作于临床，除治病救人外，他坚持医学研究工作，先后在医学杂志上发表自己的经验和成果，并言传身教，为大名培养了一批医务人才，有的已成为名医。他医德高尚，在大名工作 65 个春秋中，挽救过无数的垂危病人，从不收礼受请。他生活节俭，慷慨而不挥霍，在抗美援朝捐献时，将自己仅有的积蓄捐献给国家。他热爱地方公益事业，1970 年大名县建化肥厂时，因资金不足，他捐献 2000 元予以资助。

罗洪章

罗洪章（1908—1986），大名县金滩镇金北村人，从小拾粪、拾柴、务农。1940 年，受栗汇川的指示，在金滩镇成立了抗日民兵组织——模范班，任班长。后又在金滩镇成立抗日联防大队，他任大队长，领导金北、金东、金南、北堤、宋庄等15个村的200多名民兵。他带领联防大队与南桥口炮楼的日伪军进行针锋相对的斗争。1942年3月的一个晚上，一河之隔的炮楼里突然增加6卡车日本侵略军，并马不停蹄地过河“扫荡”，他得知消息后，火速通知抗日民主政府，使敌人扑了空。1942年5月的一个早晨，炮楼里出动一个小队的日本侵略军和130名伪军，过河到金滩镇抢劫，1000多户群众的财产被抢、被砸。他带领28名民兵，利用熟习地形的有利条件，抄了敌人的后路，并用麻雀战迷惑敌人。当敌人进入伏击圈，他“砰、砰”两枪，顿时土枪、土炮声及呐喊声震天动地，敌人不知虚实，乱作一团，丢下60多头牲口和财物，窜回了炮楼。经过大小30多次战斗，有力地打击了敌人。老百姓敬佩他，亲切地称他“罗大队”；敌人憎恨他，画像悬赏买他的人头；共产党信任他，1943年吸收他为中国共产党党员。1945年3月16日，他带领金滩镇联防大队115名基干民兵，配合冠县县大队拔除了卫河西岸南桥口的大炮楼，击毙敌伪军100余名，俘虏200余名，缴获步枪200余支、机枪3挺、手枪5支、掷弹筒2个，并俘获伪营长石克荣。冀鲁豫边区、县抗联召开大会，授予他“杀敌英雄”称号。中华人民共和国成立后，他先后任金滩镇乡党总支书记、金滩镇党委副书记、金滩镇管理区书记、金北党支部书记等职。他重视民兵建设，金北民兵组织是省、地、县的先进单位。1960年金北民兵代表参加全国民兵会议，1964年他一家三代民兵参加了邯郸地区比武表演，1965年，他以特邀代表身份出席河北省第二届民兵代表大会。他把从敌人手中缴获的一支“三八式”步枪，作为传家宝经常教育子孙。他带领群众走社会主义道路，1955年在金北组织起“民族团结合作社”，是河北省比较早的民族社之一。他带领群众脱贫致富，在村东黄河故道建起了千亩林场，防风固沙，使沙荒变成良田，县政府命名为“七一千亩林场”。

杨富贵

杨富贵（1924—1986），大名县埝头乡杏现村人，战斗英雄。出生于一个贫苦农民家庭，自幼随父母靠讨要维持生活，从而产生了强烈的反抗压迫剥削的思想。1939年10月，年仅15岁时就参加了八路军，抗击日本侵略军。解放战争时期，随军挺进大别山，开辟新的根据地。他参加了著名的淮海战役，作战勇敢，获“战斗英雄”称号。他历任战士、班长、排长、中队长等职务。1941年加入中国共产党。在长达11年的枪林弹雨中，他英勇杀敌，曾五次负伤、六处挂彩，成为二等甲级残废，多次立功，三次获得“杀敌英雄”称号。1950年11月退伍回到故乡。1951年10月，由北峰区抽到工作队。1953年9月，回村任党支部书记，组织起全村第一个互助组，将残废金全部交出，为组里添置生产工具。后到前刘胜乡任秘书、党总支书记；1958年9月，任束馆大公社武装部副部长。1962年当选为县人大代表，是大名县第四届人大会议主席团成员。1963年2月，回乡任本乡副乡长、管理区副书记兼杏现村党支部书记。1969年任村党支部书记、革委会主任。在村工作期间，他领导群众制定了“植树造林锁风口，平整土地平沙丘，改良土壤找肥源，打井修渠水长流”的脱贫致富规划。经过连年艰苦奋斗，带领群众削平了100多个沙丘，填平了5条大沟，开挖了6条水渠，植树22万株。肥料增多了，土质起了变化，贫瘠土地变成了肥田沃土，粮食产量大幅度提高。使一个贫穷落后的村庄，变为一个拥有较大集体经济，富裕的农村，成为先进典型。他的模范事迹多次在国家级及省内外的报纸上刊登。1970年5月任大名县革委会副主任。1971年12月，在中共大名县第二次党代会上，当选为县委副书记。1982年1月9日，因病住院后，经河北省委批准，免职休息。后因病久治无效，病逝于家中。

赵明宇

赵明宇（1943—1986），河北省武清县（今属天津市）人。1943 年出生于天津市。1969 年 8 月，河北大学化学系毕业，到大名县杏现村接受“改造”。1971 年开始在杏现村任教。1980 年调往河北大名一中任教，1985 年任主抓教学业务的副校长。他生活清苦简朴，平易近人。他担任化学课，教课认真负责，对学生关怀备至，在得知自己身患绝症后，他背着同志和亲人，强忍疼痛继续工作，实在忍不住了，吃片药继续讲课，学生们看到他疼得满头大汗，不忍心再让他讲下去，可他不忍心离开讲台，在京治疗期间，仍关心教学工作。他的教学成绩优秀，组织高中学生参加全国化学竞赛，1984 年获邯郸地区第一名。地、县多次组织化学教师观摩他的化学课。连年被评为地、县文教系统先进工作者，模范教育工作者，优秀知识分子，1986 年被评为河北省“省园丁”。担任副校长后，除继续担任化学课外，还呕心沥血地制定了切实可行的治校方案，鼓舞了广大师生。他一生不抽烟、不喝酒，酷爱化学研究和俄文翻译。在做化学教学的同时，充分利用时间，广泛搜集积累资料，著书立说。仅 1982 年至 1985 年 3 年间，在《河北科技报》《化学教学》《知识就是力量》《地理知识》等报刊、杂志上，发表教学和科技方面的文章、译文 25 篇，3 万余字，内容涉及化学、物理、水文、地质、植物、天体、生理卫生等。他逝世后，中共大名县委追认他为中共正式党员。

安　明

安明（1906—1986），曾用名刘大风、刘介风。直隶省南乐县（今属河南省）人。1926 年 8 月，共产党员冯品毅到七师任教，积极传播马列主义，宣传中共主张，介绍北伐战争的大好形势。这时在黑暗中渴求真理的安明认识到“只有中国共产党才能救中国”。10 月，冯品毅将要离开七师，安明便积极主动地提出入党要求，经冯介绍，他和赵纪彬、李大山一起加入了中国共产党，后又吸收成润、吴益普为中共党员，成立了党、团两个特别支部，安明任党支部书记。这是大名一带最早的党组织，在整个直南、豫北地区也是建党较早的地方。中共大名特支成立后，积极开展革命宣传，并以扩大“读书会”为名，团结更多的同学参加革命活动。1927 年年初，党支部又发展了十几位同学入党。不久，谢台臣、晁哲甫、王振华也加入了党组织。七师成了共产党领导下的红色学校，直南的一个革命策源地。

1927 年年初，寒假期间，安明在家乡深入茅棚草舍，同贫雇农促膝谈心，经过一段时间的工作，发展刘峰等为中共党员，建立了南乐县第一个党支部——中共佛善村支部。学校开学后，安明、赵纪彬、李大山赴北京，同中共北方区委取得了联系。1927 年 4 月，中共北方区委批准安明到武汉农民运动讲习所学习。在这里，他不仅学到了马列主义理论和农民运动的经验，而且还学到一些军事知识，特别是聆听了毛泽东讲授的《湖南农民运动考察报告》，明确了斗争方向。结业后，顺直省委派他为省委特派员，负责指导大名以南各县的工作。10 月，在安明的主持下，成立了中共大名县委。以他为书记的县委工作很活跃，很扎实。冬季，县委机关迁到南乐县佛善村他的家中，1928 年年初，县委机关迁到大名七师。安明去天津向顺直省委汇报工作时，蔡和森同志曾称赞说：“这一带的工作是踏实有基础的。”

1929 年 4 月以后，安明先后担任邢台中心县委组织部长、书记、直南特委组织部长兼磁县县委书记，参与领导直南党的工作。对整个直南地区党的工作做出了很大贡献。“七七”事变后，他又担任临时直南特委书记，在大名沦陷前后动乱的日子里，奔赴南乐、清丰、濮阳、大名从事党的恢复和整顿工作。这时党的组织不仅得到了恢复整顿，而且又有了很大发展。安明还集中力量建立了中共领导下的直南第一支革命武装——第四支队，初步开创了直南豫北抗日游击战争的新局面。1937 年 10 月，第四支队开始在清丰古城集合时只有 60 余人，不久，发展到 1000 余人，成为中共领导下的一支坚强的武装力量，活跃在清丰、南乐、大名、濮阳、内黄、滑县等各县境内，打击日伪，保卫群众利益，开展了卫河两岸的平原游击战争。

安明敢于坚持原则，抵制和反对左的方针、政策，因此受到错误的处理和打击。但他仍安心工作，毫无怨言，表现了一个共产党员坚强的党性。“安明”这一名字，就是这一时期起的，意在“安心工作，久而自明”。担任太行五分区武委会主任期间，在日军多次“扫荡”的艰苦环境中坚持斗争。1945 年 10 月，八路军发起邯郸战役，在这次战役中，他负责五分区的战地后勤工作，出色地完成了各项支前任务，受到上级表扬。1947 年，他率领地方干部 100 余人，随刘邓大军挺进大别山，任麻西工委书记、三分区专员、豫皖苏七地委副书记等职，在开辟新区工作、保障前线供应方面，均做出了很大贡献。中华人民共和国成立后，历任河南省军区人武处处长、中南军区人武处处长、中共广州铁路局党委书记、广东省监委副书记、省纪委顾问、省顾问委员会委员、全国政协委员会委员。“文化大革命”中，安明身心倍受摧残，但始终坚持党性原则，坚持革命信念。1986年元月，在广州去世。

卢云发

卢云发（1921—1987），临西县尖庄乡卢庄村人。1954 年 9 月调往大名县工作，先后任公安局长、副县长等职。他幼年务农，1942 年加入中国共产党，1945 年参加革命工作。

卢云发参加工作之后，担任卫东县公安科战士、县政府通讯员，临清县公安局干事、副股长等职，是一个从基层逐步提拔起来担任领导工作的干部。他作风泼辣，勇挑重担，大胆负责。在任公安局长期间，遇有重大案件，身先士卒，亲自动手，参与侦破；在处理案犯时，务求件件证据确凿，定性准确，不放过一个坏人，不冤枉一个好人。担任副县长之后，遇有艰难任务时，他亲临现场，既当指挥员，又当战斗员。1963 年 8 月，大名遭受 300 年以来最大的洪涝灾害，卢云发负责领导卫河防汛工作。他想到卫河堤防的安全不仅关乎大名人民的切身利益，而且关乎津浦路和天津市的安全，责任重大。因此，他接受这个任务后，连夜冒雨赶赴现场。从洪水暴涨，到抗洪胜利 20 多天的时间里，他不管倾盆大雨，不论黑夜白天，一直和民工战斗在一起，哪里出现险情，他就到哪里指挥，向沿岸堤上的 3 万名民工发出“水涨堤高，人在堤在”的号召，并在 24 小时内将长达 85 华里的堤防加高 1 米。8 月 7 日，龙王庙桥南出现长达 800 米险工堤段内 5 个砖石大堤坍塌在水里，老堤冲刷完了，新堤筑起来。在行将决口，使土困难的紧急关头，在征得群众同意后，卢云发当机立断，下令推倒 81 间房屋，用房土筑起新堤，用旧房木料打起新坝，战胜了险堤，保证了大堤安全。卢云发虽然是农民出身，文化水平不太高。但他热爱知识分子，热爱有文化的青年干部。凡是有一技之长的人，他倍加爱护，善于团结他们一道工作。“文化大革命”期间，“造反派”说他“专爱给牛鬼蛇神打交道”，诬蔑知识分子是“牛鬼蛇神”，他拒不承认地说：“知识分子是革命的财富，团结他们一道工作是党的政策。”“文化大革命”后期，他曾担任过一段卫生局长。著名老中医冯国书，因出身地主被迫害而死。卢云发对此十分惋惜，他亲自主持，给冯平反，落实政策，受到知识界和人民群众的好评。1960 年国民经济暂时困难期间，政府办公室一名干事是个知识分子，政府重要文件及领导人讲话稿多出自他的手笔，工作十分繁重。家里孩子多，工资低，生活十分艰难。他看在眼里，疼在心里，亲手从粮食部门批给他 80 斤豆饼指标，使这个干部一家人度过了难关。县剧团的一位名演员，因待遇低，一度不安心工作，要求外调。他得知后亲自做工作，帮助她解决困难，使她在大名安下心来，从事戏剧艺术工作。许多知识分子把他当作“知心人”。

郭养之

郭养之（1909—1987），大名县红庙乡郭庄村人。1930 年在七师求学期间加入中国共产党，1938 年参加抗日工作。先后任大名县四区抗日救国会主任，元城县抗日民主政府教育科长，中共元朝县委社会部长、宣传部长，元朝县、大名县县长等职。郭养之长期在大名县从事革命工作，干部群众信任他、尊敬他，对他有深厚的感情。人们说起他来，无不亲切地说：“老养（这是人们对他的美称）为咱大名人民翻身求解放，过上好日子，绞尽了脑汁，出够了力气！”早在七师求学期间，他就一面学习，一面从事革命活动，创办农民夜校，对贫苦农民进行革命教育，发展中共党员，建立郭庄、任庄党支部，任支部书记。抗日战争爆发后，他满怀忧国忧民的一腔热血，于 1938 年参加抗日工作，在元城县抗日民主政府担任教育科长，在极端困难的条件下，先后在全县建立 8 处抗日高级小学，领导学生一面学习，一面开展抗日宣传活动，组织文艺宣传队，深入农村刷标语，演街头剧，说快板，扭秧歌，宣传抗战到底，宣传抗日胜利消息。在抗日祝捷会上与军民联欢，组织学生到后方医院去实习服务，为伤员送水喂饭，端屎端尿搞卫生。他常常和元城县抗日第一高级小学师生吃在一起，住在一起，打游击活动在一起，教育学生树立革命人生观，坚持抗战到底，使这所学校成了一支很有生气的宣传队和工作队。学生毕业后，绝大部分参加了革命工作。

抗日战争胜利后，他先后任元朝县、大名县县长。为医治战争创伤，使群众尽快富裕起来，他积极响应毛泽东主席关于“组织起来”的号召，领导群众成立互助组，合作社。1950—1953 年，郭养之在机关时，精心研究有关互助合作的方针和政策。下到农村去就搞调查研究，解决合作化工作中的问题。在会议上三句话不离本行，滔滔不绝地讲组织起来实行互助合作的优越性。人们说他是：“互助合作化迷”。在大名县委（郭养之是主要成员之一）的积极领导下，大名县的互助合作化运动成为全省乃至全国的先进县之一。涌现了张希顺、裴星辰、贾建明、任成修、晋学贤等一批全国互助合作化模范。

作为一县之长，在重大工作中他牢牢掌握党的方针政策。1952 年开展镇压反革命运动中，大名县有一个当过日伪县长的李 ××，属于应该镇压处决的范围。但此人任伪县长期间没有重大劣迹，没有民愤。他根据党的“可杀可不杀的不杀”，“不杀不足以平民愤，杀”的政策，主张不杀，提出尽量少杀人，并亲自向上级写出不杀此人的报告，上级在此报告上批示：“此主张是正确的”。

郭养之一生热爱马列著作。在抗日战争的游击环境里，他的文件包里经常装着《资本论》，转移到任何一个地方，夜间就借来油灯看书。在和平环境里，他不仅自己学习马列著作，而且经常给干部上马列主义课。他学识渊博，讲起来深入浅出、通俗易懂，在干部队伍中有“马列主义活字典”之称。他坚持理论联系实际，经常教育青年干部把有关知识和实践结合起来，这样学到的理论才算是真正的学问。郭养之从来不讲吃、不讲穿，冬季一件灰棉袄，一顶灰毡帽，夏天一身粗布衣，一双粗布鞋。“灰棉袄”几乎成了“老养的形象”。在担任县长期间，坚持自己动手搞工作总结和报告，一熬就是一个通宵，饿了让伙房拌一碗疙瘩汤，喝喝就行了。下农村去，到群众家吃派饭。他说：“这样才能知道群众的疾苦，才能更好地了解群众在想什么，在要求什么，做领导工作才有资本。”郭养之具有坚强的组织性和纪律性。1953 年 4 月，在所谓“大名事件”中，他受到错误处分，家属子女受株连，“文化大革命”中受到迫害，但他从不讲怪话，他背着沉重的“处分”这个包袱到秦皇岛搞“四清”，立场坚定，成绩突出，被评为“模范工作者”。他坚信党的正确，从不动摇。他的历史错案在 1986 年 6 月，组织上予以彻底平反，恢复名誉，恢复待遇。同年离休。

李大磊

李大磊（1910—1988），又名李方成，大名县沙圪塔乡（原儒家寨乡）南贾庄村人。自幼读书，1926 年暑期考入直隶省立第七师范学校。1927 年 3 月在校加入中国共产党，1927—1937 年，在大名、清丰、南乐、馆陶等地从事党的地下工作。抗日战争爆发后，在家乡组织民众，武装民众，建立抗日游击武装，打击日本侵略军。1938 年 7 月参加八路军，任大名城北区抗日游击队大队长。1940 年 3 月，任冀南军区第二支队司令员，指挥部队展开一系列破袭战、伏击战，配合主力重创日本侵略军。同年 8 月到北方局党校学习，1941 夏学习结束后，先后任冀南一分区二十六团政治处主任、冀南军区一分区政治部主任、副司令员。1943 年 3 月，任冀南一分区副司令员兼卫东支队司令员。这时期，由于日本侵略军大规模“扫荡”，斗争环境十分艰苦，他始终以高昂的抗日热情，带领部队坚持游击战争，寻机打击敌人。他所领导的抗日武装，在冀南地区很有影响。1944 年秋，任冀南三分区副司令员，不久赴平原分局党校学习。学习结束后，他率部参加了肥乡和成安战斗，同日伪军作战。

解放战争时期，任冀南军区九分区副司令员，1947 年解放安阳时，他率部攻击敌人机场，胜利完成歼敌任务。1948 年任华北野战军十四纵队四十二旅副旅长，相继参加豫北黄河大铁桥及获嘉、新乡一系列战斗，战功卓著。后任华北军区七十军二一 O 师副师长。

中华人民共和国成立后，1950 年 3 月调任华北军区炮兵司令部副参谋长，上海“二六大轰炸”后，奉命率部赴上海执行防空任务，先后任华东军区上海防空指挥所副主任、华东军区高炮三师师长、华东军区防空司令部副参谋长、华东军区空炮指挥所主任等职务。他在任务艰巨，责任重大的情况下，认真负责地完成了上级赋予的任务。1956 年后，先后任中国人民解放军武装力量监察部防空监察处主任监察员、军事科学院战争理论研究部古代兵法研究室主任、战争理论研究部顾问等职。他刻苦学习马列主义，毛泽东军事思想，努力钻研中国历代军事理论名著和中国军事历史，先后主持编写出版《中国历代战争战略问题》《吴子译注》《三略译注》《投笔肤谈译注》等。同时，在中国历代兵要地志军事制度、武器装备等军事历史学领域，广泛搜集资料，进行卓有成效的研究。1955 年，他被授予大校军衔，荣获二级独立自由勋章、二级解放勋章。1964 年晋升为少将军衔。

周抡园

周抡园（1899—1988），字岫生。大名县北峰乡前现城村人，出身于书香世家，自幼染翰临池，相传所画之猫可避鼠。曾为戊戌变法之赵累曾撰写的碑文中有：“登泰山而号曙光，众方沉酣于暗陬，其笑之狂也何嗟疑”，一时争相传颂。1916 年大名县一高毕业后，考入河北邢台师范学校，后留校任美术教师。1924 年考入国立北平大学艺术学院中国画系，师从萧谦中、萧厔泉习国画山水，此间刻苦并大量临摹故宫藏画，假期常去太行山中写生，体验生活，曾加入李大钊组织的“新燕社”活动。毕业后，受蔡元培之聘留校任教。这几年，举办个人画展多次，大量清新高雅的作品发表于晨报《星期画刊》。《湖社》和《艺林》杂志时常有介绍周的文章和作品登载。出版有《周抡园画辑》，由二萧作序和题写封面。萧厔泉赠诗一首："新知早识西来意，旧学争传吾道难。造化在心师在手，香光禅解我同参。画史千秋家法在，几人后起越前贤。良工九折头陀行，始觉拈花一粲然"。此时周抡园已名满京华。抗日战争爆发后，周抡园绝不当亡国奴，历尽艰辛，携妻带子辗转逃难到四川成都。后在四川南虹艺术专科学校、成都工艺美术学校任教和从事国画创作。此间，由地下党郑伯英（中华人民共和国成立后才知晓）于诗婢家举办个人画展多次。也在春熙路的青年会、少城公园的四川美协展厅举办多次个展，并加入四川美协，积极参与入川爱国知识分子的活动，还将50幅作品捐给河北水灾赈灾。这一时期的作品如《白山黑水》《南归雁群》《轻舟已过万重山》等无不表达爱国思绪，深感亡国之痛。1951年1月18日加入中国美术家协会，为首批会员。1956年5月后，先后在成都第二师范学校、十五中学、成都工艺美术学校、成都工艺美术研究所等工作。多次赴灌县、青城山、三峡、川西林区米亚罗等地写生，作品反映了新中国大好河山的风貌。《青城》《都江堰》为此时的代表作。1963年8月赴三峡写生时，只身往来于石栈险道之上，辛苦倍尝，然获稿甚多。稿中以淋漓的泼墨真实生动地再现了夔门天险、巫山十二峰的瑰丽风光。主要作品有《巫峡》《青城》《剑阁》《峨嵋》《三峡》等。20世纪70年代后，被聘为四川省诗书画院及成都画院画师、顾问，中国美术家协会四川分会理事，成都美协顾问。擅山水，精于水墨，笔墨淋漓浑厚，意境深远清雅；亦善重彩，清健绚丽，画面赏心悦目。作品多次入选全国及省、市美术作品展览，并被选送至英国、法国、美国、西德等国展出，为博物馆、艺术馆收藏。1988年8月18日至28日，由李可染题《周抡园山水画展》，刘开渠撰写展览《前言》，并由中国美术家协会、中国美术馆、四川美协、四川省诗书画院、成都画院主办的《周抡园山水画展》在北京中国美术馆举行。开幕式由中国美术馆馆长刘开渠主持，在京的美术界名流，各国驻华大使馆文化参赞暨相关领导出席开幕式，并参观了画展。著述有《山水基本画法》，出版《周抡园画辑》《周抡园山水画集》等。作品《杜甫诗意画》《巫峡》《秋山行旅》均收藏于中国美术馆。

高梦僧

高梦僧（1921—1989），大名县埝头乡高庄村人。幼年家境贫苦，向往革命。抗日战争期间加入农会，开展抗日活动。1943年加入中国共产党，翌年参加革命工作。曾任区委书记、县委农村工作部长、县委副书记、县政协主席等职。"文化大革命"期间，他受到迫害，但他坚信党，坚信组织，他说："胡乱批斗是暂时的，正义终久战胜邪恶"。"四人帮"倒台后，党组织为他恢复了名誉。他在县任职期间，长期主管农村工作。经常深入基层，到农村蹲点，搞调查研究，和基层干部群众打成一片，多方面听取群众意见，然后按上级指示精神，结合自己掌握的情况，说出个人意见，向县委汇报，再安排部署下面工作。20世纪60年代初贯彻"人民公社60条"，他带领工作组先后深入到上马头公社程庄村和束馆公社南街蹲点，在村一住就是几个月，同群众同吃同住同劳动，掌握第一手材料，有针对性地解决了大量实际问题，受到干部群众称赞，群众说："老八路又回来了！"他干工作不讲条件，不怕艰苦。1963年，大名遭受特大洪水灾害，他负责漳河堤防汛工作。洪水泛滥围村之后，他带领干部和救护船在段村公社抢救灾民。在倾盆大雨中，走一村救一村，他跳入水中，扶老携幼，一直坚持5天5夜不下战场，直到把群众都抢救至安全之处后才回县城。群众说："高书记真是咱救命的恩人哪！"他没有官气，不摆架子，平易近人。在县委主抓组织工作多年，从来不训人，不整人。找他办事的人很多，不论干部和群众，他都热情接待，按政策办事，令来访者满意。一生光明磊落，最反对“两面派”和搞阴谋诡计的人和事。中共十一届三中全会之后，他主抓落实政策，平反冤假错案。态度坚定，工作认真，对“文化大革命”中被冲击的一大批老干部，一个一个实事求是地予以平反，解放了一批革命干部，为大名县的拨乱反正做了大量工作。

权屹夫

权屹夫（1920—1989），大名县张铁集乡东劝善村人，1938年5月参加革命工作，并加入中华抗日民族解放先锋队，1939年8月加入中国共产党。抗日战争时期，先被派到国民党部队做统战工作，后相继任冀鲁中学（培训干部）队长、冀南三专署总务股股长，肥乡县一区区长。1942年5月任元城县三区区长，后任四区区长、冀鲁豫七专署秘书。1942年8月后，在本区、县坚持游击战争，一次次粉碎日伪的大扫荡。领导三区群众粉碎了地主武装夺取政权的阴谋，为巩固卫东抗日根据地做出了贡献。

1943年秋，组织各村民兵护秋，开展全民性藏粮活动，创造出双墙壁、假火炕、地洞、地窖等多种藏粮办法，使敌人得不到一粒粮食。他家是远近闻名的“堡垒户”，掩护了大批革命同志，为革命做出了重要贡献。在当地工作的同志就吃住在权屹夫家里。抗战胜利后，权屹夫家誉为抗日模范家庭，并颁发“抗日荣府”光荣匾一块。

1945年10月，冀鲁豫七地委从地委、专署、军分区抽调人员，组成赴东北干部团，权屹夫任干部团秘书。11月，权屹夫任中共辽西省康平县组织部部长。1946年1月开始，开展了“反奸清算”、创建根据地的斗争。权屹夫在县长、县委副书记、公安局长、保安团参谋长、区长等被杀害的情况下，不顾个人安危，率关内来的干部到一区东关屯村等地蹲点，扎根串联，发动广大贫苦农民向地主恶霸进行斗争。由于在创建根据地的工作中成绩卓著，1946年7月5日，辽西省委机关报《胜利报》载文表彰了权屹夫的模范事迹。

1946年9月，权屹夫率领的县、区干部、战士200多人和沈北支队政委、参谋长，13团副团长率领的部队，以及地委委员、地方武装等共1100余人，被敌人包围，失去了与上级的联系，形势万分危险。后通过开会讨论统一了认识，东渡辽河进行转移，以保存实力。9月19日，1100多人和500余匹战马，整整过了一夜渡过辽河，权屹夫和刘世昌、郭巩等才最后一船过河。到辽东省西丰县见到二分区司令员管松涛，借用他的电台向东北局报告了转移情况，并请示下一步行动。在西丰境内激战了一天，歼敌近200人。后到临江县进行休整，在临江西七道江找到了辽东省委书记肖华，决定向北进发。沿途除同饥寒做斗争外，还战胜了敌人无数次围追，终于翻过长白山，到达哈尔滨，东北局领导高岗、周桓、刘亚楼等亲自到火车站迎接。辽西省委书记陶铸专程从白城子乘火车赶赴齐齐哈尔迎接，并肯定他们进行转移保存实力的路线是完全正确的。从1946年9月东渡辽河，到1947年1月到达辽西省委所在地白城子，历时5个月，行程8，000里，纵横东北5省区16个县、旗、市，辽西省委、军区首长称：你们为党的事业保存了革命实力，选择的路线是完全正确的，是一次小的长征。1947年2月至1948年上半年，到达辽西—内蒙古东部大沁他拉，组成东进支队，权屹夫是东进支队康平中队负责人之一。辽吉一分区司令员赵东寰率领东进支队，在东北民主联军配合下，与敌人展开了拉锯战，夺回康平。在康平，权屹夫深入群众，调查研究，1947年4月25日，撰写《康平县沦陷后各阶层动态》，用以指导工作。是年8月初，组成4个工作队，分别由地委书记刘瑞森、专员宋广常、县委书记华子扬和权屹夫带领，开展群众工作，全面开展土地改革斗争。1948 年上半年，权屹夫等被选为康平县模范干部，先进事迹刊登在辽北省委机关报《胜利报》上。

1949年5月，权屹夫响应党的号召，参加第四野战军15兵团干部大队，从开原县出发南下。9月，权屹夫任弋阳县委书记兼县长，开展清匪反霸、镇压反革命和土地改革运动。

广州警备区原副司令员韩韬在权屹夫逝世时送的挽联对其一生做出了高度概括：五十年风雨北战南征忠于党国任劳任怨一身正气尽职斗邪恶；七十载岁月西奔东走诚以处世克勤克俭两袖清风甘为孺子牛。

蒋 华

蒋华（1905—1989），大名县埝头乡西马陵村人。唢呐吹奏老艺人。他生于唢呐世家。幼年家贫，随祖父、父亲流浪四乡，学会了吹唢呐的本领。遇灾荒年，无人雇佣他们，只好吹着唢呐沿街乞讨，勉强活命。十多岁靠勤奋好学，便成了一名很有名气的吹奏艺人，活跃在大名、魏县，河南省南乐县、范县，山东省莘县一带，深受群众喜爱。他虽为一名艺人，但爱憎分明。在抗日战争时期，拒绝为日军吹奏，发誓宁肯饿死也不为日本侵略军服务。对人民子弟兵和人民政府给予他的工作积极完成。一次，带领唢呐队蒙混敌人，掩护抗日政府县长李向哲过炮楼。元朝县抗日政府成立后，每逢县和龙王庙、金滩镇、马陵、王奉区（今属山东莘县）召开干部群众大会，他都带领孩子应邀到会吹奏，借以吸引群众，宣传党的政策，鼓舞人民抗日斗志。蒋华的 5 个儿子继承父业，均从事唢呐吹奏。长子文生，中华人民共和国成立后在大名县豫剧团当伴奏员，吹奏唢呐 20 多年。次子银山，在邯郸地区豫剧团工作，当过乐器伴奏队队长，1959 年随团进京演出，受到邓颖超、郭沫若的接见。三子蒋勤生，在肥乡县豫剧团工作；四子蒋四新，任大名豫剧团唢呐吹奏员。五子蒋保银，曾在部队文工团吹奏唢呐，后复员到地方当工人，仍在业余文工团吹唢呐。孙女不满 20 岁即能吹奏许多动人乐曲，且能连吹带唱，受到乡亲们的喜爱。在长期的艺术实践中，他们继承、改进、创新了许多曲牌。其中改进的老曲牌 40 余首，如“双笛”“洋鼓号”“马号”“扭秧歌”“小放牛”等。创作 20 余首，其中“三八调梆子台”“五子开门”“开幕序”“慢板娃娃腔”等为当地群众所喜爱。蒋华注意培养人才，先后亲手授徒 20 多名，分布于冀鲁豫三省交界方圆 500 余里，河南范县的郭可亭，南乐苑村的霍计章皆出其门下。蒋家吹奏的唢呐清脆悦耳，模仿惟妙惟肖，十分动人。曾多次被中央及省、地、县电台、电视台录音录像进行播放。蒋华一家上下五代人，前后 100 余年从事唢呐吹奏艺术，被誉为“唢呐世家”。

杨友云

杨友云（1908—1990），名奇峰，字友云。大名县西付集乡（原鲍庄乡）中户村人。中共党员。1925—1930 年就读于直隶省立大名第七师范学校。七师在中国共产党领导下，学潮迭起，他是积极的组织者和参与者。国民党军警围攻七师，抓捕共产党员和进步学生，他组织学生，成立武装纠察队，任总指挥，和敌人进行斗争，为此被捕入狱。出狱后，先后在南乐、清丰和大名高级小学任教。“七七事变”后，1938—1940 年，在丁树本、陈明韶组织的大名县抗日政府任职。1940—1941 年，在魏县抗日政府任粮秣科科长。1944—1947 年，在冀鲁豫边区任参议员驻元城县小组组长。1947—1948 年，先后任元朝县简师教导主任，一高校长兼师范副校长，新中国成立后，先后任中共大名县委办公室主任、县政府办公室主任、文教局局长、县政协副主席等职。

杨友云对工作极端负责。他长期任办公室主任，从事文字工作。县委、县政府的工作报告、经验总结，多出于他的手笔。对于材料的收集、整理、加工、提炼一丝不苟，字斟句酌。常常亲自带领办公室几个青年干部夜间加班，通宵不眠。那时，县委、县政府每周向地委或行署电话汇报，每次的汇报材料他坚持要加工整理文字，要有情况，有经验，内容充实，不得应付。工作材料整理好以后，在电话上逐字逐句地念。县委办公室由一名女同志担负电话汇报任务。每逢汇报时，他总是站到旁边听着，念错一个字，一个标点，他也随时加以纠正。参加革命工作以来，特别是新中国成立之后，在工作岗位上从来没有歇过一个星期日。他一生先后调动工作十几次，从来没有因工作调动借机休息。工作中每年请假没有超过3次，每次请假没有超过3天。他参加工作后，常常一年只在家过3天节假日，其他时间全部是在机关度过的。办公室的同志对他生前的出勤情况作过一次统计，几十年来出勤率每年平均达到97%。每次工作调动，都是头一天接到通知，第二天就赶到新岗位。领导征求他的意见时，他总是一句话："行，明天就走！"他一生几上几下，能官能民，从来没问过为什么。当旁人问他时，他总是说："这是组织上的事""是工作需要"。

他作风简朴、克己奉公。"文化大革命"后任县政协副主席，外出办事有坐车条件，但他坚持不坐小汽车。他给机关人员算了一笔账说："去邯郸一趟，坐公共汽车，往返只花3元6毛钱，坐小汽车司机补助加耗油花费就不知是几个3元6毛钱了。"在政协搞文史资料，去南乐调查，往返100华里，去莘县往返230华里，都是骑自行车。他的孙子杨江勇要求他在县城给自己找个工作，他以"领导干部不能以权谋私"拒绝。后来，杨江勇和一位女工谈恋爱，女方家长提出让老杨离休，让江勇接班，婚事方成。他决然回答说："孩子的事应由自己处理，不能拿老人离休，孙子接班为条件，那样影响不好！"女方家长悻然离去，孙子的婚姻之事也就此告吹。杨友云于1983年离休。他人退心不退，继续为革命做了许多力所能及的工作。他多次应邀为青年干部和学生作革命传统报告。还先后为党史和文史撰写史料10余篇。患病期间，仍关心国家大事和县里工作，被干部群众誉为"为革命奋斗大半生的老黄牛"。

侯顺德

侯顺德（1924—1990），鸡泽县东柳村人。1979年4月至1981年10月任中共大名县委书记。他到任时，"四人帮"已经垮台，中共十一届三中全会开过不久，党正在纠正农村工作中"左"的倾向，酝酿实行农业家庭联产承包责任制。那时，"左"的思想束缚着人们的头脑，对于分田到户，推行责任制束手束脚。老侯一面学习中央文件，一面深入农村调查研究，发现大名县人均分配收入只有36.5元，全县有17个无畜队、68个无井队、430个无电队，许多生产队吃粮靠国家、花钱靠贷款，全部家产抵偿不了国家贷款。他想：共产党领导群众闹革命为的是什么？不是要让人民过上好日子吗！几十年了，群众还穷得叮当响，有愧呀！于是，他根据中央文件精神，较早地提出让群众分小片荒，分自留地；后来，他又总结万堤公社万北大队第一生产队推行小包工，生产责任到劳力的经验，在全县推广，收到良好效益。随着形势的发展，他又大胆地提出"工农兵学商，农林牧副渔，不吃大锅饭，都搞责任制"的口号。这时，有人提出"这不是要复辟资本主义吗？"他回答说："推行责任制有利于提高群众的生产积极性，有利于生产，干吧，如果错了，就先处分我！"他不仅这样说，而且主持以县委名义，多次下发推行责任制的"红头文件"，并以个人名义向全县干部群众发出号召群众搞责任制的一封公开信，他在各种不同的大小会议上大声疾呼，放开手脚，大胆推行。不久，各种形式的生产责任制在全县各行各业普遍推开。

责任制推开之后，他又提出：作为一个领导干部，不仅要勇于负责，而且要善于负责，要给群众出主意，想办法，指出发展生产，由穷变富的门路来。他根据大名的土质、气候、水源等自然特点，提出“责任制、三扑楞、小城镇改造”作为全县工作的指导思想。“责任制”就是巩固和完善家庭联产承包责任制；“三扑楞”是根据大名的土质特点，第一扑楞是植树造林，第二扑楞是在卫东沙荒地上压荆条，第三扑楞是种花生和棉花等经济作物；“小城镇改造”就是要发展乡镇企业。这些主张切中大名要害，得到县委和全县人民的拥护。推行几年时间就收到显著成效：1979—1989 年，全县粮棉产量大幅提高，花生产量 2 年翻了四番，新购大拖拉机 130 余台、各种农业机械设备 2744 台、大牲口 1031 头，架高压线路 3143 华里。群众高兴地说：“推行责任制以后，戏没少看，集没少赶，亲没少串，但分的粮款比过去多得多，这里边有老侯一份功劳啊！”

林恒非

林恒非（1907—1991），名镇三。大名县万堤镇辛庄村人。出身农民家庭，学生时代接受革命思想，追求进步，投身革命。1929 年在省立大名七师学校加入中国共产党，组织领导了大名人民反“华洋义赈会”的斗争。以学校职员身份作掩护从事党的地下工作。

1928—1930 年，大名连续遭受水旱灾害，加上军阀混战，苛捐杂税，人民过着衣食无着、颠沛流离的苦难生活。美国教会和当地官绅，组建了一个“华洋义赈会”，会长是北关教会的钱牧师，副会长是国民党党员马星拱（一名马枢原）。他们以“义赈”之名，要从大名至馆陶修一条公路，声称出工给钱，占地“豁免银两”。然而，路修成后，不但出工没有给钱，而且占地不免负担，并且在修路时打骂群众，激起群众愤恨。中共大名中心县委认为：修路只对军阀混战调兵遣将有利，对农民毫无益处。因此，决定由林恒非负责，发动群众，展开斗争。林恒非接受任务后，组织党员、团员和被占地群众，于 1929 年农历腊月二十日，在县城北关一个破庙里召开大会，300 余名群众冒雪到会，林恒非登台讲话，揭露“义赈”假面目。提出“组织起来，要地价，免银子”，向“华洋义赈会”示威。会后，林恒非带领群众分两批向城内行进。行动被统治当局发觉，县长李荣谦、国民党县党部负责人金国栋带领军警，荷枪实弹，迎头赶来，将群众截住问“谁是负责人？”林恒非挺身而出说：“我！”并当场交给他们一张名片。李荣谦说：“年关将到，形势吃紧，地方不靖之时，你们几百人开会，这不是造反吗？”林恒非说：“这些人都是穷苦百姓，我本人是个穷职员，我们为了讨地价才集伙请愿，不违反法令，怎么能说是造反？”李荣谦威吓说：“回去吧，谁不回去就按造反惩办！”有些群众害怕散去了。林恒非意识到：这场斗争不仅是为农民争利益，而且具有反帝、反贪官污吏、土豪劣绅的意义，是教育群众，提高觉悟的好机会。所以，事后他又通知群众到城北付桥村西头树林内开会，向群众讲话说，反动县长的讲话是欺骗，是吓唬我们的，我们的行动是正义的，绝不能善罢甘休。会后议定，正月十五官府和“义赈会”还不丈量土地，不给钱，各被占地户拿上镐锹，到马星拱的老家（城北马时庄村）示威，提出的口号是：“打倒帝国主义走狗马星拱”“打倒华洋义赈会”等。由于林恒林领导群众坚持斗争，当局和“华洋义赈会”畏于人民的力量，过了几天，终于丈量了土地，付给被占地户部分资金，取得了斗争的胜利。为了阻止军阀混战来往调兵，1930 年春，林恒非领导群众，破坏了大名至馆陶的公路，烧掉了公路上的桥梁，万堤虽驻有警察，但未敢出动阻止群众的行动。林恒非一生先后在多处从事革命工作。1938 年受党组织派遣，打入国民党军高树勋部队任团政治处主任，军部参议；1939 年到冀鲁豫边区，先后任鲁北干校教务主任，政治处主任，华东邮电学校副教育长、副校长，邮电部邮电史编辑办公室副主任等职。林恒非一生热爱书法艺术，他的行书、草书气势奔放，潇洒雄劲，有游龙腾飞之势。早在大名七师工作时就被称为学校的“第一杆笔”。到北京工作后，他的作品多次在国家美术馆展出，深为书法界所称道。

王博亚

王博亚（1898—1992），著名中蜂专家。河北省大名县张铁集乡翟滩村人。他生于耕读世家，自幼读书。1928 年始做中蜂过箱试验，与蜂业结下不解之缘，1933 年做意蜂和中蜂过箱对比试验。1938 年参加革命工作，1940 年 6 月至 1942 年 9 月任元朝县实业科科长，1949 年任大名县农业科科长。1952 年，经多年采取媒介法、蒙导法及染色体学作指导，进行中意蜂杂交试验，由无性杂交过渡到有性杂交，获得成功，是全国养蜂史上一次突破性进展，震动了养蜂界。他发明的高仄式蜂箱（国际上又称王氏蜂箱），被推广到朝鲜、越南等国家。他有多部养蜂专著，《中蜂改良管理》1954 年由《中国养蜂》杂志社出版，1957 年《养蜂法》由山东省印刷发行，1959 年《本国蜂改良饲养》由农业出版社出版。晚年不顾年事已高，又撰写《年度阶段管蜂须知》《中蜂》2 部专著。此外，在 1958 年受农业部之邀，由他撰稿，“八一”电影制片厂拍摄了《中蜂改良新法饲养》，这是全国第一部养蜂方面的科教片，上映后轰动全国。

他一生热心养蜂技术普及工作，曾在省内外许多培训班讲课，编写了许多讲义和教材，晚年为大名县编写了《蜂产品生产技术》，在邯郸地区各县、省内外广为流传。一生培养了大批养蜂技术人才。1959 年，他参加了在杭州召开的“全国养蜂科技协作会议”，受养蜂界委托，担任“中国养蜂中心”研究组组长，负责华北、西北地区的养蜂指导工作。晚年积极组建养蜂群众组织，并应邀担任一定职务。他是河北省养蜂学会、《云南蜜蜂》杂志社和永年、馆陶、邯郸市等县市养蜂协会顾问。他参与了邯郸地区种蜂场的组建，并担任顾问。在他的倡议下，大名县养蜂研究会于 1985 年建立，在发展大名县养蜂事业，引导农民致富方面，起了重大作用。他是久负盛名的养蜂专家，1983 年山东省编纂的《山东省通志·农业·蜂》，把他列为山东省养蜂界前辈之一。

张希顺

张希顺（1913—1992），大名县金滩镇（原上马头乡）娘娘庙村人。自幼务农。1937 年参加革命，1938 年加入中国共产党。曾任上马头乡党总支委员、娘娘庙村支部委员、互助组组长、民兵指导员、初级农业合作社社长。抗日战争时期，他积极参加抗日活动，挖地道、站岗放哨，并以卖烧饼为掩护，负责从张铁集向杨桥传递情报、侦察敌情，掩护革命干部。在土地改革期间，他带头斗争地主恶霸，发展互助合作，发展生产，成绩显著，被评为劳动模范。

1951 年 6 月，他上书毛泽东主席，报告互助合作成绩，并响应号召，积极捐献，支援抗美援朝。同年 9 月，中共大名县委印发了《劳模张希顺的互助组》，介绍他的农业合作互助组发展概况和 1952 年的生产计划。10 月，在县劳模会上，被选为出席省劳模大会的劳动模范；县政府也印发了《张希顺互助组谷子生产情况的总结》，推广他的种植管理技术。12 月，经中共大名县委批准，把他领导的互助组第一批转为初级社。1952 年 7 月，省委派工作组经过典型调查，向全省介绍张希顺生产合作社“奖励劳动分红办法”。1952 年，缅甸代表团到该村参观访问。他多次出席省、地、县劳模大会，被授予河北省劳动模范称号，在出席全国劳动模范大会期间，受到毛泽东主席的亲切接见。1953 年，在所谓“大名事件”中受株连，受到错误处理，1980 年 9 月平反。

武丰秋

武丰秋（1939—1992），大名县龙王庙镇甘庄村人，1964 年参加工作，中国共产党党员。1964 年大名师范学校毕业后，被分配到邯郸市建新路小学任教。一干就是 19 年。1976 年，他 8 岁的儿子患了麻疹，后又转成肺炎，病情危急，家中连发三次电报，催他回家，他因忙于工作，写信嘱托爱人好好照料孩子，抓紧医治。当他忙完工作回到家，孩子已死亡。他的父亲瘫痪，母亲有病，家务重担全部落在他爱人身上，为此，贤惠的妻子忍痛辞去了民办教师职务，回家务农，照顾老小。武丰秋从不无故耽误学生一节课，全部精力用在教学上。1983 年，他调回大名老家任教，组织的关心，激起了他更高的工作热情。白天在学校尽职，晚上在父母床前尽孝。在教学上，武丰秋对自己有三条要求：教案要写够，课堂要讲透，作业严要求。特别是注意抓两头，对优秀生严格要求，对差等生倍加鼓励，除正常教学外，他还利用假日，把学生叫到家里补课。1992 年 1 月，龙王庙镇甘庄村响应上级号召，开展社会主义教育活动，禁赌博、破迷信。1 月 17 日，武丰秋按照村支部的通知，带领全校师生拆除村边神庙，运砖建校。下午一时许，一辆疾驰的“三马”车撞倒了一位骑自行车的妇女，而后又向运砖的学生冲来，学生高俊善正走到离“三马”两丈多远的地方，在这千钧一发之际，武丰秋冲上前去，把高俊善推开，自己却被“三马”车无情地撞倒，当场头破血流，抢救无效死亡。1 月 19 日，龙王庙镇党委、政府召开追悼大会，沉痛悼念他。1992 年 3 月 5 日，大名县文教局做出《关于深入开展向以身殉职的模范教师武丰秋同志学习的决定》。1993 年，武丰秋的事迹被载入由河北省教委师教处主编的《名师之花》，民政部追认武丰秋为革命烈士。

郭俊之

郭俊之（1912—1993），大名县红庙乡郭庄村人，1931 年参加革命工作，1937 年 12 月入伍，1938 年 12 月加入中国共产党，1966 年 1 月离职休养，副军职。郭俊之先后任临漳县县长兼武装部长，邯郸军分区副司令员，邯郸军分区政委，中共邯郸地委常委等职。青少年时，郭俊之就开始了中国共产党地下组织的宣传工作，积极参加党的外围组织和一些爱国救民的革命宣传活动。1938 年 2 月，郭俊之与十几位热血青年组织抗日救国会，担任宣传员，组织发动当地青年进行抗日活动。5 月，他在地下党组织的帮助下，成立抗日自卫队，担任队长。郭俊之无论是在极其艰难的地下政治武装斗争中，还是在抗日战争、解放战争的战场上，从参加地下武装暴动和百团大战，到解放战争时期的解放安阳、东西高台等战斗中，均充分显示了无私无畏、机智勇敢的顽强作风，多次荣立战功。

在抗日战争和解放战争时期，郭俊之英勇作战，注意对部队的管理教育，是一位出色的战斗员和组织指挥员。百团大战中，他奉命参加破击德石路，伏击敌人等一连串的战斗，出色地完成了各项任务。1941 年后，郭俊之开始从事武装部的工作，他积极参与地方武装的组织和训练，开展抗日武装斗争。1945 年，日本侵略军军投降后，他调任临漳县任县长兼县委副书记，开辟新区的工作。临漳是敌伪的“模范区”，汉奸、土匪猖獗，群众对党的政策缺乏了解，形势复杂，工作艰难，郭俊之与其他领导一起，克服种种困难，积极开展工作，组建县政府，成立了县大队，并兼任大队长。一方面发动群众，一方面开展对敌斗争，相继建立区、村各种基层组织，并在一些村庄建立了党组织，带领群众开展反奸清匪活动，领导群众开展减租减息反霸斗争。在此期间，他带领县大队，组织当地群众武装，打退了敌伪对县城的多次进攻，很快打开了工作局面，使临漳这个昔日敌伪的“模范区”，真正回到了人民手中。

中华人民共和国成立后，郭俊之积极参加社会主义革命和社会主义建设。在担任军分区领导工作期间，他坚持党性原则，严以律己，宽以待人，勤奋好学，工作处处以大局为重，团结群众，在工作中勇于承担责任，从不争功诿过，生活艰苦朴素，在群众中享有很高的威信。在历次政治运动中，他坚定不移地站在党和人民一边，光明磊落，刚直不阿。郭俊之虽多年任领导职务，但始终不忘生养他的家乡和战斗过的地方，十分关心党的事业和群众疾苦，经常与家乡人民保持密切联系，不断向党和政府反映群众呼声，始终保持了一位革命老战士，一名老共产党员的革命本色。离职休养后，他仍处处严格要求自己，十分关心党的建设和部队建设，一贯谦虚谨慎，诚意待人，从不以老党员、老革命自居，他对子女要求严格，教育和鼓励子女积极参加社会主义现代化建设，受到大家的好评。

成 润

成润（1910—1994），又名成滋、成瀚、成荣亭、成筱川，大名县城内北大街人。中国共产党早期党员。抗战时期，一直在冀鲁豫从事抗日活动。中华人民共和国成立后，担任水利部工程局局长。后曾在周恩来、邓颖超身边工作。幼入小学，后在城内高小读书。1923 年高小未毕业，借其兄文凭，考入直隶省立第七师范学校，被编入第三班。在校聪明活泼，勤快好学，师长与同学戏以“三弟”称呼。1926 年夏，共产党员冯品毅到七师任英语教师，他在冯品毅指导下阅读马列主义书刊，思想进步很快，深得冯品毅的喜爱。冯品毅在奉调离校前夕，发展了赵纪彬等 3 名中国共产党党员之后，成润找到冯品毅，迫切要求入党。经冯品毅同意，成润加入中国共产党。随之，七师建立党、团两个支部，成润任团支部书记。1927 年春，大名团县委建立，他任团县委书记。1928 年，他为中共大名县委主要负责人之一。因学校放假，许多党团员大都转入农村进行革命活动，他不仅与离校的同志保持联系，及时传递党的文件，还不断奔走各乡，为大名县党、团组织的发展做了大量工作。1929 年 3 月至 1930 年 5 月，是大名党组织发展经受严重考验的时期，他不仅是大名县委成员兼团县委书记，在校还担任学生自治会主席，积极领导并参加校内外一系列革命斗争。国民党对共产党员进行追捕，白色恐怖日益严重。他不仅是大名学联会主席，还借机与全县各校均有密切联系。为进一步推动大名学生运动，他通过发动五女师同学，进行反封建校长成仰渊的斗争，并取得了胜利。1930 年 5 月，他任大名行动委员会书记时，由于受“左”的思想影响，已红名在外，不宜在校存身，6 月离校调直南团特委工作，任团特委书记。此后，他不断深入直南的一些农村、学校、煤矿，发动群众进行革命斗争。1932 年至 1937 年 6 月，他先后在北平、河南等地从事地下党的活动，其间曾两次被捕入狱，都因敌人抓不到确凿证据被释放。“七七”事变后，他由北平转移到山东，到聊城专署政治部任民运科科长，为范筑先接受中共领导做了许多重要工作。1939—1940 年，他先在筑先纵队政治部工作，后任邱县县长、鲁西北专署民教科长，1941—1945 年，先后任鲁西、冀鲁豫行署粮食处处长、范县县长（兼任县大队长）、第八专署专员。1946—1947 年，他作为冀鲁豫解放区的代表，到南京、上海，在中共代表团领导下同国民党谈判黄河归故，进行针锋相对地斗争。1948 年后，他相继任华北财办、卫运河管理委员会主任。1950—1954 年，先后在华北水利委员会及水利部任水利工程总局局长、官厅水库工程局副局长。1954—1966 年，先后在水利部任设计管理局副局长、水电部规划局副局长。十年“文化大革命”期间，他和水利战线上的许多老干部一样遭受摧残，吃尽了苦头。“文化大革命”结束后，1978 年恢复了他的行政职务，先在水利部规划设计院任副院长，后为顾问。1983 年离职，享受副部级生活待遇。

邓丽君

邓丽君（1953—1995），女，原名邓丽筠，艺名邓丽君，另有外文名 Teresa Teng 等。原籍大名县大街乡邓台村人，生于台湾省云林县褒忠乡田洋村。邓丽君从小就对唱歌怀有浓厚兴趣，最早登台献艺是在 1963 年，参加“中华电台”黄梅调歌曲比赛，作为年龄最小的参赛者，以《访英台》获得冠军。1966 年，邓丽君加入中国台湾著名的“正声广播公司”第一期歌星训练班，进入正式体系学习歌唱技巧，师从颇负盛名的翁清溪。当年，邓丽君参加金马奖唱片公司的歌唱比赛，以一曲《采红菱》夺得冠军。邓丽君在出道之初，与其他女孩组成了“巧克力姐妹”，以活泼可爱的形象备受各界肯定。各类黄梅调、反串、地方戏曲，更是邓丽君的强项。1967 年 9 月，邓丽君推出第一张唱片《邓丽君之歌第一集——凤阳花鼓》。从那时起，正式以歌唱为职业。15 岁时应邀在中国台湾最具影响力和最受欢迎的电视歌唱节目《群星会》中表演。16 岁时应新加坡总统夫人邀请，出席在新加坡国家剧院举办的慈善演出。此后，她的歌唱生涯展开了国际运作。

1971 年 2 月至 1972 年 8 月，邓丽君在中国香港、新加坡、马来西亚、泰国和越南等地进行巡回演出。1973 年 6 月，受邀在新加坡国家剧院出席远东十大巨星慈善晚会，表明她在亚洲歌坛已占有一席之地。1974 年 3 月正式赴日发展，以专辑《空港》当选 1974 年“最佳新人歌星奖”等大奖，唱片总销量达 75 万张。此后，她的演唱事业在日本发展得一直比较顺利，同时在中国香港、东南亚等地都有大量演出。1979 年，邓丽君荣获台湾金钟奖“最佳女歌星奖”。1981 年，她的 5 张大碟在香港同时获得白金唱片奖，彻底征服香港歌坛。1983 年，邓丽君来到全球流行歌手的梦想之地—拉斯维加斯“凯撒皇宫”，她是首位在此签约演唱的华人。1987 年起，邓丽君逐渐淡出歌坛。

1980 年，邓丽君在“国父纪念馆”义唱，第二年，她在台湾进行劳军演出长达一个月，并制成专题片。20 世纪 80 年代后半期，大陆方面曾与邓丽君有过交往，希望她能到大陆演出，但未能如愿。一向热心公益事业的她，因身体不好，过世前 5 年谢绝了所有的商业演出，只为慈善募捐等演出。她与男友保罗过着半隐居式的生活。1995 年 5 月 8 日，邓丽君因哮喘病突发，猝逝于泰国清迈，长眠于台湾金宝山“筠园”。邓丽君在 30 多年的演艺生涯中，共演唱了 3000 多首中文、英文、日文等歌曲，逐步凭借精湛的歌艺、高贵的形象和坚韧的性格，享誉华人世界和日本社会，影响范围覆盖亚洲众多地区，成为 20 世纪歌坛中一颗璀璨的巨星，赢得了“有中国人的地方，就有邓丽君的歌声”的美誉。20 世纪 80 年代前后，曾在美加地区掀起“邓丽君流行歌曲热”，成为唯一登台美国林肯中心和首位登台洛杉矶音乐中心、拉斯维加斯凯撒皇宫的华人女歌手。曾四度受邀、三度出席日本红白歌会，更在 1984—1986 年三度蝉联日本有线大赏和全日本有线放送大赏双料冠军，成为唯一入选“日本大众音乐殿堂”的外籍歌手。1986 年被美国《时代周刊》评选为“世界七大女歌星”和“世界十大最受欢迎女歌星”之一，成为唯一同时获得两项殊荣的亚洲歌手，为华语乐坛的革新发展做出了重要贡献，也对大陆流行乐坛的启蒙发展起到积极的推动作用。邓丽君是华语流行乐坛和日语乐坛的天后巨星，也是亚洲的超级巨星，是中国流行乐坛无法绕开的一座高峰，是 20 世纪后半叶最负盛名的华语女歌手之一，在华人社会具有相当大的影响力，被称为天才歌手、演歌女王、华人最伟大的歌星、永恒的歌后等。

张　越

张越（1911—1995），馆陶县南馆陶镇人，1936 年 3 月，在北京师范大学参加民族解放先锋队。1937 年 7 月，受组织派遣到西北军工作，同年加入中国共产党。历任张家口 29 军体育教官、晋军 66 师政训处工作队队长。1938 年 5 月，赴延安抗大学习并任救亡处主任。1936 年 6 月起，历任中共北方局青委会干事、山西平顺基干自卫团决死独立营政治处主任、营长、冀南区行政公署民政处科长。1941 年年初，张越任漳河县县长。漳河县境基本就是原大名县的老二区，日伪活动猖獗，土匪横行。张越在恶劣环境中，怀着对革命必胜的信念，紧紧依靠群众，英勇地对敌展开斗争。同年夏，张越调太行山学习。1942 年 9 月，张越从太行山学习结束，到元城县（今大名县东部地区）接任县长。元城县的武装力量是卫东支队，张越兼任副司令员，正值元城县抗日战争最艰苦的岁月。一方面日伪军反复向根据地“扫荡”、抢掠、增修炮楼、公路；另一方面在冀鲁豫、鲁西北，尤其是冀南大范围发生历史上罕见的大旱灾，群众吃糠、吃菜、断粮、断炊普遍发生，挣扎在死亡线上，卖儿鬻女、饿死人事件触目皆是。张越发动灾民到黄河岸背粮，同时就地向囤积居奇的地主借粮。有些恶霸地主不满，勾结伪军包围张越所部，张越带领武装队伍顽强抵抗，在卫东支队帮助下多次击溃伪军。

1945 年 5 月 14 日，大名古城宣告解放。当时大名所处的战略地位很重要，为积累管理城市工作的经验，将大名列为解放较早的县城，因而建立大名市。张越被任命为市长，大名古城被敌蹂躏长达七年半之久，疮痍累累，百事待兴，市政府工作在张越领导下，大力恢复并发展工商业，镇压极少数作恶多端的敌特和汉奸，妥善安置烈军属，认真贯彻宗教信仰自由政策，取得了很大的成绩。1946 年春，大名县、大名市合并后，他先后任军调处安阳、永年、邯郸等地执行小组秘书、少校参谋、中校正代表，以及沟头、沧县救济总会分联会联络处主任。张越多次出入敌穴，不畏艰险，机智勇敢，有谋有智地同美代表偏袒的国民党一方进行有理、有利、有节地斗争。1948 年 11 月，张越调任华北人民政府民政部秘书室主任，发挥他的领导艺术、政策水平和组织才能。由战争转入和平、由乡村进入城市，他一直保持着一尘不染，两袖清风，淡泊名利的思想境界。

1949 年 12 月，张越由内务部调外交部。历任西欧和非洲司副司长，驻埃及大使馆政务参赞，又先后任驻索马里、苏丹、意大利三国大使，外交人员服务局局长兼党委书记。张越在外交战线几十年中，认真执行党的独立自主的和平外交路线，积累了丰富的外交工作经验。

张越视大名为第二故乡。利用长期在国外工作的有利条件，为大名发展，引用外资上项目献计献策，呕心沥血。凡是大名有什么问题找到他，他总是尽力而为。在耄耋之年，仍为大名发展而操劳奔波。

颜士达

颜士达（1904—1996），字闻若，清光绪三十年（1904）三月二十七日生于大名县旧治乡孔庄村，性耿介，嗜书法，以南宫碑（张裕钊体）书法饮誉乡里。少聪颖，爱诗书。及长，家道中落，为谋生计，经营笔墨纸砚。偶见《张裕钊大楷书法二种》及其手札，遂爱不释手，朝夕临摹，又问学于卢相之等乡贤，得其精髓。1936 年从军（国民党爱国抗日部队二十九军），因才学殊异，先后任该军军部和某团部文书上士，后任该军某团后勤部司务长,1949年由厦门返回故乡。时家中拮据，仍省吃俭用，购以笔墨纸砚，及有闲暇，笔耕不辍，书法精进，遐迩闻名。索书者日众，他不论高下，慷慨相赠。其作品被杨成武将军、岳岐峰书记等收藏。颜士达生于晚清，长于乱世，饱经历史沉浮和沧桑巨变，在其书法中亦可窥知一二。作书善用秃笔渴墨，如翎画沙，力透纸背，圆润而深入，呈刚劲朴拙、雅致天成之貌，又现孤独悲壮之气息。其书以二王、赵孟頫为基，揉之张廉卿笔意，用笔方圆兼备，以圆为主，结体修瘦，精气内敛，削尽冗繁，一任洒脱自然。其笔法无论勒努掠磔，皆为藏头护尾，浑圆劲健，深得廉卿遗韵；其行笔落笔含蓄入纸，继而重按，圆劲饱满；运笔则中锋疾进，急收回锋，美不胜收。其转折处提顿外拓参以方笔，使托肩略外突，方圆互参，各得其韵。用圆，强其厚度，丰其血肉；用方，增其峭拔，耀其神韵。寄情翰墨之余，作诗联，会文友，虽清贫亦自得其乐。为中原书画艺术研究会顾问，河北省书法家协会会员，多次参加省内外书法交流，并获全国农民书法大赛一等奖等。

孙行之

孙行之（1916—1996），原名孙瑜、孙佩瑾，大名县沙圪塔乡谢寨村人。16岁考入河北省立第七师范学校，在学校期间接受进步思想教育，并加入中国共产主义青年团。1938年6月，孙行之在广平县参加抗日救国会，同年8月加入中国共产党。先后担任大名县行政科长、区长、区委书记等。以治河为主要中心工作，经过发动群众，把漳河泛滥成灾的问题基本上解决。1947年1月，国民党三十二师一部和地主还乡团3万余人，从河南安阳出发，再次侵略大名。上级决定由孙行之立即组织干部和群众撤离县城，藏匿好相关设备，销毁所有文件，不给敌人留下任何有价值的东西。待全部安排好后，孙行之又和警卫员高俭逐个警告城里的地主：“我们这是临时主动撤退，随后我们就会打回来，谁要趁国民党的军队进攻之际办坏事，小心找你们算账！”当他撤到东城门时，敌人已占领了南关。事后，他被冀南三专署全区通报表扬和物质奖励，命名他为对敌斗争模范。1947年6月，孙行之担任大名市市长，在全市开展了增产节约、反对铺张浪费运动，并带领群众挖河、垒坝、修路，恢复生产。7月，冀南三分区各县连续掀起参军热潮。孙行之积极组织动员翻身农民踊跃参军，仅11月份大名市就有366名青壮年入伍，其中城南关130名回民组成一个回民连。为发展大名市城乡经济，在城内积极扶持私营、个体工商业，市政府主动退还了占用的私营工商业者房产，一时间各类商业、店铺、作坊等得以恢复发展；在城郊，提倡和帮助群众发展家庭副业，编罗筐、织土布、淋硝盐、制农具，活跃了城乡市场，促进发展了经济。为大打文化翻身仗，在全市各团体、农村中成立夜校，组织全市人民学习文化、增长知识、学习政治等。1947年，大名市政府投资在南大街建立民众教育馆，为市民提供书报阅览。1948年秋，组织成立大名市兴华豫剧团，经常开展文艺演出活动。1951年3月，孙行之调离大名市，先后担任邯郸地委办公室主秘书、专区供销社办公室主任、手工业联社副主任、手工业管理局党组书记、局长、中共大名县委副书记、邯郸地区轻工业局党组书记、局长、顾问等职。1961年，在邯郸专区手工业管理局长任内，他在全区建立邯郸铁锅、机制铁锅、峰峰义井砂货、永年杜家寺锄板、陈甫剪刀、大名草辫、孙甘店柳编、广平大小留旋货、肥乡赵云堡风箱、临漳刘家菜刀、曲周制鞋等11处名牌产品生产基地，奠定了全区轻工业发展基础。“文化大革命”期间，孙行之被关押长达两年，后平反恢复名誉，任命他为邯郸地区轻工业局党组书记、局长。重新工作后，孙行之更加忘我地工作，经常深入基层，到各县的工厂、车间调查研究，逐县逐项目制定恢复发展规划。孙行之识大体，顾大局，坚持原则，为人正直，办事公道，生活俭朴，廉洁奉公，保持了一个共产党人的优良传统和作风。1983 年 3 月离休，行政十三级，享受地专级待遇。

裴志耕

裴志耕（1907—1997），大名县杨桥镇西马头村人，少将军衔，1927 年参加中国共产党。土地革命时期，任中共大名县委书记、张家口地委书记。抗日战争时期，1938 年入延安抗大学习，后任冀鲁豫军区第 2 支队特派员，县独立团政治委员，冀鲁豫军区政治部地方武装科科长、武装动员部部长、第 6 军分区政治委员、中共巨南工委书记。解放战争时期，任晋冀鲁豫军区 1 纵 2 旅政治部主任，晋冀鲁豫军区独立 2 旅政治委员，第 11 纵政治部主任，第二野战军 17 军政治部主任。参加了邯郸、淮海、渡江、西南等战役。中华人民共和国成立后，任 11 军政治部主任，后调任空 5 军政治委员。1958 年 7 月突然被召到北京，参加空军党委常委扩大会议，这次会议部署了空军入闽。会议结束后，空军派专机回杭州，几天后，就和空 5 军军长谢斌率机关分队到达福建晋江罗裳山，开设指挥所。这时中央军委组建了福州军区空军领导机关，聂凤智任司令员，裴志耕任第一副政委。关于入闽作战，聂凤智和裴志耕认为：初战要慎重。只有首仗打掉了国民党空军的气焰，才能站稳脚跟。国民党空军未遭受过严重打击。要夺回制空权，非打几个大仗恶仗不行。领导干部要到第一线去，直接给部队进行动员教育。由于聂凤智和裴志耕指挥得当，入闽空军击落敌机 14 架，击伤 9 架。离开福建后，在空军学院担任副政治委员。1955 年被授予少将军衔。荣获二级独立自由勋章、一级解放勋章。1988 年 7 月被中央军委授予中国人民解放军一级红星功勋荣誉章。

杨　堃

杨堃（1901—1998），字象乾，又名杨赤民、杨念基，1901 年出生于大名城内大寺街，是全国著名的民族学家、民俗专家，一代学术宗师，中国民族学、民族识别的奠基人。杨堃出身书香门第，其父亲杨东升是当地有名的中医，年轻时携家眷从阎庄老家迁居大名府城。杨堃自幼就受到良好的启蒙教育，特别喜爱民间故事和历史读物。12 岁时由私塾转入大名县第二高等小学，15 岁时入大名中学就学。1919 年，五四运动爆发，他和同学们上街游行，抵制日货。他信奉“新学救国”的理念，认为西方的社会学或许是救治旧中国社会弊端的良方。1920 年，考入保定省立农业专门学校留法预备班。1921 年 8 月，他在预备班结业，赴法国里昂中法大学。一年后，转入里昂大学学理科。1925 年，他获普通数学、微积分、天文学 3 门课合格证书与里昂大学理科硕士学位。1926 年，他在法国著名汉学家古恒教授的指导下，在里昂大学哲学系攻读文科博士。

1923 年，经郭隆真介绍加入旅欧中国共产主义青年团，改名杨赤民，并且结识了名震京津的女界风云人物张若名。不久，国共第一次合作，他加入国民党，当选国民党驻法总支部里昂支部宣传委员。1926 年 9 月，他作为旅欧华人代表之一，到日内瓦国际联盟会所宣传北伐战争，拥护广州革命政府，反对北洋军阀政府。

1927 年国共合作破裂，他愤然退出国民党，专心攻读博士学位，不再从事政治活动。1928 年，他又举荐到巴黎民族学研究所，师从莫斯教授，进修民族学、民俗学、人类学。1930 年 5 月获得里昂大学文科博士学位，同时，与里昂中法大学同学张若名结婚。不久，张若名也获得了法国文学博士学位。

1931 年，杨堃和张若名顶着“中国第一对博士夫妻”的光环回到北平，轰动了社会，受到了学界的热烈欢迎。1931—1947 年，杨堃先后在河北大学、中法大学、北平大学、清华大学、北平师范大学、燕京大学任教，讲授社会学、社会进化史、普通人类学、民族学和当代社会学学说等课程，编写讲义及参考书约 200 万字。并陆续出版和发表了《中国现代社会学之派别及趋势》《家族研究史批评》《初民心理与宗教之起源》《语言与社会》《社会形态学是什么》《灶神考》《新疆的婚姻》《民族学与人类学》等一系列民俗和民族学论著，开创了中国社会学研究的新领域，奠定了中国早期民俗学、民族学的学术研究基础。

1947 年冬，杨堃夫妇应聘到云南大学执教，杨堃任社会学系教授兼系主任，张若名任中文系教授。当时，国共两党进入决战阶段，杨堃思想转变很大，秘密加入云南地下党领导的群众组织——“新民主主义者联盟”，并当选“新联”教授会小组长。中华人民共和国成立前夕，他们谢绝了里昂大学的聘请，毅然留在国内。

中华人民共和国成立后，杨堃全面深入地学习和研究马克思主义关于社会发展阶段的理论，致力于建设有新中国特色的民族和民俗学体系。他的学术思想更加全面成熟。1953 年，他转入云南大学历史系任教授，并任云南民族史研究室主任。1954 年，他参加云南省的民族识别工作。1955 年春，周恩来总理在参加万隆会议途中逗留昆明，登门拜访了他们夫妻，高度肯定了他对全国民族和民俗学所做的贡献，尤其是对他提出的几条民族识别标准，更是认为很有见地，很重要，很有实践价值。他对白族、彝族、佤族、哈尼族等进行民族调查研究，陆续发表《试论云南白族的形成和发展过程》《关于民族和民族共同体的几个问题》等论文，对民族识别理论起到了奠基作用。1957 年“反右”运动，他们一家受到严重冲击，张若名投江自尽，长子杨在道被错划为右派，关进劳教所。1966 年，他被打成“资产阶级反动学术权威”，挨打批斗，家被抄，他被下放农场劳动改造。尽管身处逆境，他昼思夜想的问题仍然是民族与民俗学。1978 年，经中共中央组织部部长胡耀邦批准，他到中国社会科学院民族研究所民族学室任研究员，同时还在中央民族学院、北京大学、北京师范大学授课。他在耄耋之年，全身心地投入民族与民俗学研究工作当中，相继出版了《民族与民族学》《民族学概论》《原始社会发展史》等专著，先后发表了《论人类起源学的几个问题》《试论原始社会的分期问题》《关于神话学与民族学的几个问题》《中国民俗学运动史略》《民俗学和民族学》《民俗学的历史》《论神话的起源与发展》《女娲考》等论文，还参加了《彝族通志》《中国大百科全书·民族卷》等的编写工作。

杨堃在 1951 年加入中国民主同盟。1984 年光荣地加入中国共产党。1987 年离休，但仍任中国社会科学院研究生院教授兼博士生导师。杨堃学贯中西，知识渊博，著作等身，是与吴文藻、费孝通齐名的社会学大师。他是全国民族识别理论的创始人，提出的民族识别标准成为我国民族划分的基本依据。他的《民族学概论》《社会学与民族学》等经典之作是全国著名大学和学术相关机构专业博士、硕士研究生的必读书目。

杨克礼

杨克礼（1929—1998），笔名杨克，大名县大名镇马厂街人。1947 年参加革命工作，1979 年 2 月加入中国共产党，大名县文化馆创建人之一，1978 年 12 月任大名县文化馆副馆长，1980 年 2 月任馆长，副研究馆员职称，1991 年离休。他出生在一个小商人家庭，少年丧父，在母亲的严格教育下，并受其胞兄杨克已的影响，幼年即喜爱书画艺术，少年时书法学习柳公权、赵孟頫，成年后尤喜行草书，常习读《兰亭序》《十七帖》《祭侄稿》等法贴。一生从事群众文化艺术事业，他为实现艺术抱负，笔耕不辍，博学多才，书法、绘画、摄影、展览筹备等无不涉猎，为提高艺术水平，20世纪60年代初期，先后两次参加省美术干部培训班进行系统学习，五六十年代就有100多幅连环画、漫画、国画和书法作品在省地级报刊上发表，1965年，年画《除锈尖兵》参加了华北年画展。七八十年代又多次在省部、市、县级书刊上发表连环画、组画和插图等作品。20世纪70年代初邯郸展览馆建成后，多次应邀担任大型展览的总谋划和总设计工作，由于他多才多艺，人品高尚，平易近人，受到邯郸地区及各县书画、摄影界人士的爱戴和尊敬。20世纪80年代以后，他先后当选县政协第5～8届政协委员、河北省美术家协会会员、河北省老年书画研究会会员、河北省群众文化协会会员、大名县美协主席、大名县摄影协会副主席、县文联顾问等。他一生刻苦研习书画、摄影艺术，在事业上以馆为家，以奉献为乐事，工作上兢兢业业；在生活上朴素节俭，胸襟坦荡，宽厚待人，德高气清，广交文化友人，团结广大书画爱好者为党的事业服务。在他主持文化馆工作和分管书画、摄影艺术工作期间，曾多次举办美术、书法、摄影、创作等各种艺术培训班，挖掘大名县民间文化艺术，培养出大批书法、绘画、摄影、演唱等艺术人才，为弘扬大名传统文化做出了重要贡献。多次当选邯郸地区宣传文化系统先进工作者，1987—1990年，连续四年荣获县直工委“优秀共产党员”称号。1991年后，仍离而不休，关注全县文化事业的发展，兼任县老年大学美术教师，团结和带领大名文化艺术界同仁，为大名和邯郸的文化艺术事业发展做出了贡献。

罗 杰

罗杰（1923—1999），朝鲜族人，吉林省延边自治州老头沟村人，广州中山大学毕业，大名一中教师，长期担任一中数学教研组组长。罗杰出身于农民家庭，由于贫困，上学较晚，靠给人家送报纸赚钱读书。但他学习刻苦，成绩优秀，小学毕业时，家乡的学生中就他一人考上了中学。后在做生意的叔父资助下，完成高中、大学学业。1951年他大学毕业，毅然参军，投入轰轰烈烈的抗美援朝运动中。他先后在保定军事师范学校、长春防空技校任教官。1956年转业后，他主动响应政府号召支援基层，到大名县一中任教。“文化大革命”中，被“造反派”打伤，1970—1972年，被下放到九里沟中学，1973年回到大名一中，直到退休。罗杰学识丰富，教学认真，成绩显著。他一直是大名一中的高三“把关”教师，被人们誉为“三角大王”。在教学教研活动中，他同老师们一道研究教材、教法，及时总结，推广教学经验，他所带的数学教研组，成为带动全校教学工作的旗帜。他的夫人郑贤淳老师讲：他回家就是改作业，备课，直到很晚才休息，家里事无暇过问。他的学生柴少白讲：“罗老师改的作业，我舍不得丢，一直保存着。”由于罗杰这一代人的共同努力，大名一中教学质量在全省名列前茅。在九里沟中学任教那几年，他所教的数学成绩经常是全县第一。他思想进步，言传身教影响着子女，培育出3个富有进取心的孩子，恢复高考后，分别考入国家重点大学，均有所成，二儿子罗红在固体物理研究方面显露头角，刚过而立之年就被美国纽约州立大学聘为教授、博士生导师。退休之后，他和老伴的日子过得很充实也很温馨，读书、阅报、看电视，旅游……

他喜欢养花和根雕艺术，在他的书架上，至今还摆放着他制作的一个个极富韵味的根雕：雄健的力士，飞奔的小鹿，旋转的芭蕾舞演员……似乎都透着灵气。晚年，罗杰仍然关心着祖国的发展，新中国诞辰50周年之际，重病中他满怀激情地守在电视前，一直看完国庆大典。半月后病逝。大名一中在学校礼堂召开了隆重的追悼大会。大名师范副校长张少逸在追悼会上深情地说：“一代名师走了！”他执教一生，积累了丰富的教学经验，撰有《三角习题解》书稿。

王洪钧

王洪钧(1869—1932)，字锡三，别号沽上散人，绰号“王二麻子”。祖籍湖北，祖上世代经营盐业，其先由湖北迁居天津塘沽，誉为“天津盐业八大家”之一。其祖父王兰运盐途经河北大名城南白水潭村，白水潭当时为御河畔天然码头，其父兄在此建大型储盐货场，继续以盐业为生。王洪钧出生于天津，早年就读于保定莲池书院，拜张裕钊为师苦习书道，先生天资卓越，融贯古今，卓然大家，1920年迁居大名。自兹，杏坛广设，课徒授业，为“张裕钊书体”书法在冀南地区的传播与发展创立了不朽的功勋。王洪钧对冀南地区“张裕钊书体”书法艺术的发展有着开山之功。继王洪钧之后，历经卢相之、李鹤亭、王乐同、李守诚等几代王门弟子的传承与推进，使得“张裕钊书体”书法艺术在大名县汇源成流、枝繁叶茂。王洪钧不仅碑帖互融，直至当今在冀南地区的影响力仍然十分巨大，书道人品妇孺皆知，交口称赞。

王乐同

王乐同（1920—2000），字悦民，大名县西未庄乡段村人。1950年参加工作，先后在段村小学、西未庄中学任教，1981年10月调入河北大名师范学校（今邯郸学院大名分院）任书法教师，1988年被评为高级讲师，同年退休。王乐同自幼酷爱书法，11岁时拜清末大书法家张裕钊再传弟子李鹤亭为师，开始了他一生为之奋斗的书法艺术生涯。他一生勤学苦练，笔耕不辍，先学颜真卿、柳公权，又转习戴彬元、华士奎、郑板桥诸体，后专攻张裕钊书体——南宫碑体，逐渐形成了其深厚古朴、苍劲饱满、雍容大方、筋骨内蕴的艺术风格，在用笔和书体结构上造诣很深，是冀南邯郸地区乃至全国著名的“南宫碑”书体传人。王乐同不仅是一位深受人们敬仰的书法名家，更是一位呕心沥血、辛勤耕耘的书法教育名家。1981年调入河北大名师范学校后，一直从事书法教学工作，言传身教，先后培养了6000余名优秀书法人才，并结合自己数十年的心得体会，撰写出《书法知识浅谈》和《张裕钊书体的笔法》等专业文章，著有《王乐同楷书〈滕王阁序〉》《王乐同书法集》，为继承和弘扬民族传统文化和书法艺术做出了重大贡献。王乐同的作品在国内和国际（特别是日本和东南亚）上很受欢迎。在国内大赛中，作品多次获奖，并被载入《河北省书法评展及百家墨迹选》等图书；多次被选送往日本、新加坡等国家和中国台湾、中国香港等地区展览和交流。其事迹及作品在《人民日报》《河北日报》《河北教育》《邯郸日报》等媒体登载，《中国现代书法界名人辞典》和《当代文艺家辞典》等辟有专条介绍。曾任中国书法家协会、河北省书法家协会和邯郸市书法家协会会员，邯郸市书法家协会副主席、大名县书协副主席、大名县政协委员、政协常委。

王从吾

王从吾（1910—2001），直隶省濮阳县（今河南省内黄县）宙化村人。1927年秋，经直隶省立第七师范学校学生赵纪彬、李大山介绍，加入中国共产党，从此投身革命事业。不久，他在后化村发展了一批农民入党，建立了党支部，王从吾任书记，是直南地区较早的农村党组织。1928年冬，王从吾领导农民协会开展了同民团团总蔡洪宾的斗争。他把十几个村的农民协会联合起来，选出代表，找蔡洪宾算他的贪污账。农民代表把民团包围了几天，最后把蔡洪宾扣押在县城，清算了贪污款，免除了杂捐。1929 年，直南一带的农民运动暂时处于低潮。为寻求新的斗争形式，王从吾考入直隶省立第七师范学校学习。后来，中共濮阳县委重新成立，王从吾任县委书记。这时，李立三的“左”倾思想开始渗入直隶省委工作中。张含辉同志的报告，引起了河北省委对濮阳硝河两岸农民协会武装的高度重视，直南特委也几次派人到濮阳，计划组织暴动。对此，王从吾认为濮阳硝河两岸的民众虽然组织起来了，但力量还很薄弱，举行武装起义的条件还不成熟，从而抵制了“立三路线”的贯彻执行。以后，直隶省委、直南特委又派人来，他们把县委变成行动委员会，实行军事编制，省委代表郝清玉亲自到濮阳搞武装暴动，由于脱离客观实际，最终导致流产。

1931 年冬，中共濮阳中心县委成立，王从吾任书记，领导内黄、濮阳、滑县、东明、长垣等县党的工作。1932 年，组织领导大名、濮阳、滑县、道口等地 10 万盐民斗争，任两河盐民联合会主席。1933 年，王从吾调任直南特委组织部部长，负责大名、清丰、南乐、成安等县的工作，他和特委的主要工作是开展武装斗争，组织民众进行革命，并提出了“分粮吃大户”的口号。抗日战争爆发后，在濮阳、内黄边地区组织抗日武装，兼任当地抗日武装第四支队政治部民运部部长。1936 年 3 月，王从吾在大名陆文灿家里开会，由于叛徒出卖被捕，关押在大名监狱里。1937 年秋，趁国民党 29 军从监狱中挑选“犯人”组成担架队之机，王从吾逃离监狱，回到了家乡。

1937 年 11 月，冀南、豫北一带相继沦陷，离乱笼罩着每一寸土地。王从吾和平杰三等与丁树本交涉，组成抗日民军第八大队。不久，大队被编入中共直南特委领导下的四支队，开赴抗日前线。1938 年秋，帮助鲁西南地方武装王道平部改编为八路军 115 师陇海支队。1939 年 2 月起，任中共冀南区党委委员、民运部部长，冀南区党委代表兼豫北地委书记。后任中共冀鲁豫区党委书记，八路军冀鲁豫第二支队政治部主任。1941—1945 年，在延安中共中央政策研究室工作（1943 年赴延安入中共中央党校第一部学习），任延安中共中央党校第一部组教科科长。1939 年，作为党的七大代表，奔赴延安并参加整风运动。在党的七大上，当选中共第七届中央候补委员。抗日战争胜利后，先后任中共晋冀鲁豫中央局常委、组织部部长。1946 年起，任中共冀南区党委书记兼冀南军区政治委员。1946 年冬，任晋冀鲁豫野战军第二纵队政治委员，领导冀南军民支援主力部队作战。1949 年 11 月至 1955 年 3 月任中共中央纪律检查委员会第一副书记。1950 年 3 月至 1952 年 3 月，任中共中央组织部副部长。1953 年 1 月至 1954 年 8 月，任华北行政委员会委员、人民监察委员会主任。1954 年 7—12 月，任中共中央华北地区工作部副部长。1954 年至 1978 年 3 月，相继当选政协第二届、三届、四届、五届全国委员会常务委员。在党的八大上，当选中央委员。“文化大革命”期间受迫害，被关押。1978 年 12 月至 1982 年 9 月，任中共中央纪律检查委员会副书记。1982 年 9 月至 1985 年 9 月，任中共中央纪律检查委员会常委、书记（当时设有第一书记）。1985 年 9 月中共全国代表会议、1987 年 11 月中共十三大分别增选、当选为中央顾问委员会委员。曾以代表身份参加中共十三大，以特邀代表身份参加中共十四大、十五大。

刘芝梅

刘芝梅（1934—2001），女，河南省新乡市黄屯村人，中共党员，中国戏剧家协会河北分会会员，著名豫剧表演艺术家，国家二级演员。大名县政协第三、四届常委。自幼生长在家乡一个农民家里。“七七事变”后，蒋介石要炸黄河花园口，黄河北岸的百姓纷纷向南岸逃奔，3 岁的刘芝梅与家人逃过黄河，随同难民潮在黄河南岸流浪。为生计所迫，学习河南坠子，1948 年春改学豫剧。受党指派，进入著名教育家周海水和著名表演艺术家罗兰梅的剧社，积极学习文化和革命道理，思想和文化都有很大提高。后加入豫剧著名演员李景萼、姚淑芳的剧社。16 岁即在安阳市艺华豫剧团领衔表演，成为河南豫剧向河北发展的开拓者之一。《穆桂英挂帅》《桃花庵》《秦香莲》《三拂袖》《凌云志》《麻疯女》《三上关》《红娘》《抬花轿》等，都是她的拿手好戏。1952 年受邀到大名县演出。1954 年将艺华剧团与大名县娃娃剧团合并为大名县豫剧团，她领衔主演并担任副团长，群众习惯称剧团为“刘芝梅剧团”。她积极排演《白毛女》《小二黑结婚》《朝阳沟》《王秀鸾》《地道战》等现代戏，带领大名县豫剧团北上京津，西上太行，东走济南。尤其在邯郸、安阳、聊城、临清等地区的群众中具有广泛而强烈的影响。刘芝梅从事艺术工作 30 多年，积累下了丰富的艺术经验。在豫剧艺术上的成就有四点：吐字清，唱功巧，嗓音清脆圆润，抑扬自如；行当宽，戏路广，善于准确刻画人物的内心世界；表演洗练凝重，庄谐俱佳，俊雅内含，细微生动；台上台下，艺德高尚。农民群众中流传着顺口溜“粜了粮食卖了鸡，也要看看刘芝梅的戏。”青年学生当中流传着“误了堂（课），误了睡，也要看看刘芝梅”。

张鹏起

张鹏起（1926—2001），天津静海人。自幼读书，酷爱体育，中华人民共和国成立之初，人才匮乏，张鹏起被河北省招聘为教师。1952 年担任邯郸黄粱梦中学（邯郸县一中前身）体育教师。1954 年，在一次撑杆跳课上作示范时不慎受伤，左肾切除。痊愈后，继续工作在教学一线。1956 年，调往大名一中任体育教师，后任教研组组长，他擅长单双杠、平衡木，因之，该项目成为大名一中体育教学中的亮点。为早出人才快出人才，他常常早晨五点带队训练，寒暑不辍，培养出一批批体育人才，其中 1 名学生考入北京体育学院。他多次主持校运会、县运会，多次组队参加省、市运动会。1958 年被错划为右派，被调到偏远贫困的田固小学任教。学校就他一名教师，各年级各门课他一人承担。他以校为家，吃住在学校。白天上课，晚上在昏暗的煤油灯下备课、批改作业到深夜。那时正是三年困难时期，即使忍饥挨饿，也没误过学生一节课。父亲临终也没见上一面，母亲病重只守了一天。第二天，他在母亲床前磕了几个头，含泪赶了回来。有一次，小女儿烫伤，他叫长子去请医拿药，也没停下课。后来，村里成立了俱乐部，每晚还在学校指导编排节目，多次带队参加公社、区、县的文艺汇演。农闲季节，每周日晚演出形成规律。“文化大革命”中，被“造反派”打伤，仍然照常上课。经常是上午挨斗，下午上课。调到安村中学后，他被停止工作，劳动改造，开荒种菜。生活上，他严于律己，宽厚待人。常常是困难留给自己，方便让给别人。他教育子女诚实守信，遵纪守法，拾金不昧。长子学军在县委大院捡到 5 元钱，他得知后叫学军把钱交给学校。在田固，一次下工归来，三子学利从挎篓里掏出 2 块红薯，他说公家的东西不能随便拿来自用。下午上工时，硬逼着学利把 2 块红薯交还生产队。1978 年，他调到万堤农业中学任教，一如既往地认真教书育人。他关心学生的成长，特别是对家庭贫困的学生，常常自掏腰包为其买笔买本，予以资助。有 1 名学生学习成绩挺好，因家庭贫困，家长几次催她辍学。他得知后，为她交了书费、学费。1984 年，这名学生如愿考上大名师范。对此，学生对他十分感激，逢人便说，没有张老师的资助和培养，就没有我的今天。

曹 红

曹红（1967—2002），汉族，大名县西未庄乡王军庄人。1986 年 9 月至 1988 年 1 月，参加云南老山前线对越作战，飞虎侦查大队光荣战士，一等功臣。1985 年 11 月自大名县参军入伍，属 38 集团军114师342教导团。1986年3月被选拔至38军直属侦察营侦察连，后编入38军侦查大队特侦一连文书班班长，同年9月赴云南老山前线，驻守于文山州有“南疆英雄边城”之称的麻栗坡县董干。曹红所在“特侦一连”荣记集体一等功，曹红本人先后参加“3801”“3805”伏击捕俘战斗以及“马崩行动”等多次战斗。1987年2月的“3801”侦察捕俘战中，曹红担任“第一捕俘手”。与其他捕俘队员在预定捕俘地段潜伏一昼夜后，因敌人发现我方行动，随即向我方开枪开炮，并实施包围，曹红为掩护战友撤出，果断逃出隐蔽处，将敌人火力吸引开。当曹红撤至安全地带后，得知还有战友被敌人火力压制在敌阵地下时，他三次冒着生命危险，只身返回敌阵地下接应战友，使全部突出敌人火力控制区，而后又帮助抢救伤员。在1987年10月21日的“马崩行动”中，积极请战，在中越边境“马崩”地区，亲手捕获越南安明县军指3营二等兵2名。在执行对越防御作战的13个月战斗中，曹红多次在抵近侦察、设伏、堵卡行动中，英勇顽强，不怕牺牲，获取对面敌阵地大量重要情报，为战斗胜利做出重要贡献，荣立个人一等功，并“火线入党”。1988年1月随部队撤离前线，回到内地受到表彰。同年，中共大名县委、大名县人民政府授予曹红“一等功臣”称号。1989年3月转业至大名县，安置于大名县烟草局工作。2002年农历三月五日，应邀去调解一件民事纠纷，途中遭遇车祸去世，年仅35岁。

第二节　人物简介

田振兴

田振兴（1926—1979），原名田春发，大名县大街乡北门口村人，主治医师。1938年参加八路军，在部队先后任卫生员、医生、团卫生队队长。1951年返乡，到大名县第二区诊所工作，1972年任县医院副院长，1975年任龙王庙医院院长，1976年赴唐山抗震救灾，任大名县医疗队副队长，1977年大名县截瘫疗养院建立，任副院长。田振兴是大名县较早的西医之一，擅长外科、内科，医疗水平较高，是大名县普通外科的开拓者。1955年，他成功地做了大名县第一例阑尾切除术，为大名县外科的发展做出了一定贡献。他对西医内科也有较高的诊疗技术，救治了无数的危重病人。

杨克己

杨克己（1927—1979），大名县大名镇马厂街人，1951年参加工作，曾任大名县供销合作社联合社财务总会计，文秘资料员。杨克己自幼聪慧，喜爱书画艺术，善楷、行、草等多种书体，常习读《兰亭序》《十七帖》《祭侄稿》等法帖，聪明好学多才多艺，早在20世纪50年代，他的书法艺术、写作能力、财会工作就是大名的佼佼者，受人称赞。从20世纪50年代初参加工作到70年代末病逝，为大名县机关、学校、企业、个人书写了大量匾牌和书法作品，还多次参与筹备大名县多种形式及内容的展览会并承担主要书写工作。在文化艺术宣传方面，早在20世纪50年代，就受到大名县人民委员会的表彰。后人将其及其弟作品集录为《杨氏伯仲书画流痕》。

张德安

张德安（1905—1979），绰号二疙瘩。大名县西付集乡后户村人，大名县医院中医外科医师。出身于四代中医外科之家，自幼随父学习，1920 年开始行医。1951 年被聘为户村联合诊所坐堂医生，1955 年调大名县马陵 7 区西付集卫生所工作。1956 年调大名县医院从事中医外科工作。是大名县首批中医外科带徒的骨干师资力量，为中医外科培养了大批人才。他继承祖传秘方，且善于总结经验，并进一步发挥，对痈、疔、疽等疮症的治疗有独特疗效。医好病人不计其数，在河北、山东、河南三省交界方圆几百里享有盛名。1956 年，张德安在河北省保定市中医经验交流会上，献出了几十方单、验、秘方。省汇编集锦，广为学传，是大名县中医外科唯一的名师。

李泽普

李泽普（1910—1979），原名李春雨，大名县龙王庙镇甘庄人，后落户于大名县旧治乡逻堤中村，生前系大名县医院中医科中医师。李泽普出身中医世家，自幼聪明好学。青年时期在本村边教书边随父学医。1954 年加入大名县卫生协会，并任三区（大名县城关区）卫生协会主任兼县卫生协会副主任。1956 年组织联合诊所，同年调入大名县医院中医科工作。1958 年被省中医研究院定为中医师。大名县一、二、三届政协委员，人大代表。李泽普医德高尚，技术精益，临床经验丰富，是大名县中医带徒的主要师资力量之一和大名县知名中医，1979 年病逝。

杨文玉

杨文玉（1919—1980），名兆轩，大名县营镇乡西营镇村人。回族，杀敌英雄。1937 年参加八路军，在一二九师三八六旅二十三团任班长、排长等职。1939 年加入中国共产党，在抗日战争中不怕牺牲，英勇杀敌，多次负伤。1944 年，在著名的馆陶县留庄、孩儿寨战斗中，他同日本侵略军和伪军进行殊死战斗，杀死 6 名日军，后因寡不敌众，纵身跳入火海，幸被战友救出，冀南军区授予他“杀敌英雄”称号。后转业回原籍，历任五区供销社主任，县供销社储运科长、县原棉加工厂厂长，1962 年在大名县燃料公司退休，1980 年病逝于本村。

柳　风

柳风（1905—1980），原名甄永安，字升平，曾用名陈慎铭。大名县沙圪塔乡儒家寨村人。早年在北京大学当过旁听生。1930 年在北京附近黄村组织暴动时加入中国共产党，次年参加大名县麦收暴动。1932 年被停止组织生活，同年在北方左翼作家联盟任出版委员。1933 年在天津以码头工人为掩护，进行地下工作。1937 年赴延安，担任过延安市政府教育科长、延安小学校长，《新中华报》校对、出版发行部经济部长，陕甘宁边区文协秘书，解放军干部教导团副队长等职。1946 年 8 月重新入党。1948 年后，任韩城师范学校校长，朝邑中学校长，大荔专署三科科长。1950 年任中共陕西省宣传部秘书。1951 年协助马健翎创建西北戏曲研究院，任秘书长。1954 年该院改为陕西省戏曲剧院后，任第一副院长。1957 年调省剧目工作室任主任。1979 年任陕西省戏曲剧院党委书记。1925 年，曾写过诗和小说，皆由海音书社出版。曾组织普罗诗社，参加《北方红旗》发行，编印过《前哨》等刊物。赴延安后，曾在茅盾主编的《文艺阵地》上发表小说《麦收》。在《新中华报》《边区工人》上发表的小说和诗歌有《妻的条件》《爱妻的逃亡》《乡下丫头》等，在省委宣传部工作时，写过反对一贯道的鼓书词《常二叔大破一贯道》。剧作主要有童话剧《金色鲤鱼》《两颗铃》（与人合作），出版有诗集《血在沸》《擎旗手》。此外，还编过《马健翎现代戏曲选集》，戏剧《王昭君》等。

杨仲光

杨仲光（1905—1980），回族，大名县营镇乡西营镇村人，出生于农民家庭，自幼务农。1944年4月加入中国共产党，1945年参加工作，先后任本区联防大队长、五区公安助理、土改工作队队长。1948年后，历任大名县公安局看守所所长、副股长、股长、公安局副局长、副县长等职。1958年任岳城水库兵团副司令员兼大名民工营党委书记，他在水库一直工作到1968年，他对民工体贴入微，带领的民工营是一个好集体，受到工区领导的称赞。1980年病故。

王金柱

王金柱（1925—1982），大名县埝头乡郭封固村人。自幼家贫，从原籍大名逃荒去山西，1935年2月，在山西省临汾曲亭镇参加红一方面军。1938年2月参加大亭战役，1950年参加抗美援朝战争。历任班长、排长、连长。1954年9月复员，回埝头乡郭封固村务农。1982年2月病故。

张松青

张松青（1965—1982），原名张培学，大名县大街乡张郭村人。1981年应征入伍。他自幼读书，立志学英雄。他赞赏青松的高洁坚贞，改名张松青。1977年10月的一天早晨，在上学路上，从水塘中救出一名5岁的落水儿童；1978年8月，用铁锹救下潘村一名触电儿童潘栋。入伍后，又三次抢救他人。1982年9月21日上午，他和六名战友，担负204号坑道半掘开式伙房扩修任务。这是一个险工段，沙石结构，塌方多。3名战友推车负责运沙石渣，他和一名战友负责出渣。工作中突然有人喊道："塌方了！"他看到两名战友身处险境，大喊一声"快！"猛扑过去，把两名战友推出险区中心。瞬间，坑道顶部沙石砸了下来，他被沙石埋住了。当战友把他从土中扒出时，他已窒息，经抢救无效，因公殉职，年仅17岁。牺牲后，他所在部队党委给他追记一等功，批准为烈士。北京军区授予他"舍己救人的优秀共青团员"称号。中共大名县委做出决定，在全县开展向"舍己救人的优秀共青团员张松青同志学习"活动，他的事迹编印成册，下发供群众学习。

王进忠

王进忠（1958—1982），大名县北峰乡刘庄村人。只读了4年书便辍学务农，他少言寡语，性格憨厚。入伍前多次被评为优秀民兵和五好社员，入伍后努力学习消防技术，在训练和扑灭大火中，一不怕苦，二不怕死，4年中先后8次受到大队和中队嘉奖。1982年11月22日晨，他所在的消防队接到市肉联厂冷库失火的报告，他和战友一起赶赴现场救火，他不怕浓烟和毒气，扑进火海，坚持战斗，被毒气夺去生命，年仅24岁。牺牲后，河北省公安厅批准他为烈士，中共承德市公安机关党委，追认他为中共党员，中华人民共和国公安部为他追记一等功。1983年1月15日，大名县政府发出《关于开展向一等功臣王进忠同志学习活动的通知》，号召全县群众向他学习。

成钰亭

成钰亭（1912—1982），现代翻译家。大名县大名镇玉带街人。曾用名成城、众志等。自幼读书，1927年入大名法文学校学习，1931年毕业，留校任教。后入法国巴黎大学，学习法国文学，1932年毕业。1933 年 1 月至 1939 年 12 月，在上海复旦大学任法文教授。1940 年至 1945 年 12 月，在上海法商白伦达开的红鸟书店供职。1946 年 1 月至 1954 年，任上海国英书店经理。1954 年 5 月至 1955 年 12 月，任上海平明出版社编辑部副主任。1955 年 12 月至 1958 年任上海新文艺出版社编辑，后到上海文艺出版社任编辑。1975 年 7 月离休，1982 年病故于上海。主要译作有《高康大》《论乔治·桑》《缪塞短篇小说集》《缪塞中篇小说集》《达拉斯贡城的达达兰》《童年》《巨人传》《卢贡大人》《巴黎的秘密》《列那狐的故事》，合译有《起义者》《蓬皮杜传》《阿斯旺群岛》等。

冉从龙

冉从龙（1914—1984），四川省达县冉家院人，自幼家贫。弟兄 8 人，有 5 人先后参加红军。他于 1933 年 7 月参加红军，1933 年 9 月加入中国共产党。曾任十一师连长，1934 年参加举世闻名的两万五千里长征，爬雪山、过草地，历尽艰险，到达陕北后被提升为独立团团长。1937 年秋，在任一二九师七九六团三营连长时，参加了歼灭日本侵略军“板垣师团”的战斗，12 月参加了河北省涉县响堂铺战斗，为夺取战斗胜利而受伤。1939 年到太行抗大分校学习 1 年。1940 年分配到元城县公安大队，任指导员代政委。1941 年调到冀南一分区，任第五股股长。1943 年 8 月离职休养，遂落籍大名县张铁集乡后寺庄村。1963 年调到大名县工商局，先后任金滩镇市管会、城关镇工商管理所所长，因病在大名镇逝世。

何泽芳

何泽芳（1915—1985），回族，大名县东营镇村人。中共党员，历任邯磁支队大队长、二野警卫团长，贺龙师部军训科科长。1958 年任宁夏回族自治区公安厅长等职。在抗日战争和解放战争时期，他英勇善战，一往无前，多次立功受奖，被人誉称“大胡子团长”。在社会主义革命和建设时期，他工作积极，任劳任怨，勤勤恳恳，忠于党，忠于人民。“文化大革命”期间，曾蒙受不白之冤，后平反昭雪。1985 年病逝于宁夏。

王克岳

王克岳（1937—1985），大名县西付集乡后杨村人。出生于农民家庭，曾被评为五好社员和模范民兵。1958 年积极报名参加岳城水库建设，在工地上忠心耿耿，埋头苦干，以坝为业，成绩显著。被岳城水库工程局命名为“红色标兵王克岳”。1960 年，他代表水库工地民兵，出席了在北京召开的全国民兵积极分子代表大会，见到毛泽东主席，在会上荣获一支半自动步枪。1968 年 8 月回本村务农，1985 年 4 月因病逝世。

陈国钧

陈国钧（1921—1986），又名陈国军，四川省平昌县元山乡人。1933 年 2 月加入工农红军，参加了二万五千里长征，历尽千辛万苦到达陕北革命根据地。1937 年加入中国共产党。抗日战争中历任勤务员、参谋、警卫班长、排长等职。1942—1944 年，在元城县大队任排长，1945 年在山东堂邑对日作战中负伤。1946—1947 年，在元朝县五区武委会任干事。1947 年因伤到元朝县休养，后落籍于大名县南李庄乡小湖村。1953 年病愈后，到县油脂公司任业务员，不久到县粮食局金滩镇粮站任副主任、主任。后因患癌症，病逝于北京军区总医院，享年 65 岁，葬于大名县小湖村。

郭伯约

郭伯约（1898—1986），字全三，号老俊。回族，金滩镇金中村人，系大名县著名的妇科老中医。自幼从学，后立志学医救民，潜心研究古籍经典，23 岁就成了当地有名的妇科医生。1957 年参加金滩镇金北回民联合诊所，1960 年，诊所与区医院合并，任该院中医妇科医生。1962 年响应国家号召支农返乡，继续坚持为人看病，84 岁时因患中风卧床不起，仍坚持口述处方，让孙媳代笔，为患者义诊，直至病逝。他凭借丰富的临床经验和扎实的理论功底，针对几十种妇科疾病，自创 100 余种验方，对调经、不孕、保胎和产前产后妇科病有独特的疗效。在周边县享有盛名。1953—1966 年连续当选为县人大代表。

宋玉山

宋玉山（1906—1988），山西省大同市人。1933 年在陕西米脂县参加陕西红军，在红二十六军军部当勤务员。中央红军长征到达陕北后，该部进行整顿，他被编入红二十五军团，1937 年被编入八路军一二九师骑兵团任排长。1938 年到抗大六分校学习一年零两个月，毕业后回团任副连长。1943 年调南下支队二十二团工作，因他当骑兵多年，改作步兵不适合，1944 年被分到元城县县大队任政委。后离休，遂落籍大名，先在张铁集乡后寺庄村，后移居城关镇。1988 年因病在城关镇逝世。他先后参加了濮阳焦虎集战斗和清丰县大寨遭遇战，取得胜利，受到杨勇司令员的称赞。离休后，乐于为人解难除忧，受到群众称赞。

任成修

任成修（1918—1988），大名县金滩镇北李庄村人。中国共产党党员。他带头走互助合作道路，他创办的农业生产合作社，被县批准建成大名县第一个初级社，1965 年又第一批转为高级社。他在 1951 年、1952 年被选为省级劳动模范。1953 年 4 月至 1958 年 4 月，任北李庄乡乡长。1956 年 4 月，参加了中共大名县第一次代表大会，1958 年 4 月至 1958 年 8 月任上马头乡副乡长。后回村任本村党支部书记，“文化大革命”中被夺权。“文化大革命”后期，任村党支部副书记、书记，1988 年因病逝世。

郜建功

郜建功（1909—1988），大名县金滩镇后消灾村人，名医。自幼读书，后教书。1934 年弃教从医。精通中医，擅长妇、内科。1947 年由私人行医转为参加县办益民药店。1949 年调任元朝县医院院长。元朝县、大名县拆并后，于 1951 年任大名县卫生协会副主任。1953 年当选省、县人民代表。1956 年当选为县政协委员。1958 年加入中国共产党，后任县医院中医科负责人，中医师，县医院党支部委员。20 世纪 60 年代被评为省级模范，1981 年离休，1988 年病逝于本村。郜建功战斗在医疗战线上 50 多个春秋，治愈众多病人，深受群众爱戴。他在医疗工作中博采众名医之长，整理了妇科辨证论治经验和方剂。他奖掖后进，授徒 20 余名。

喻体和

喻体和（1914—1990），大名县黄金堤乡黄金堤三村人。他出身中医世家，7 岁读私塾，12 岁开始学医，15 岁随祖父学中医，18 岁开始行医看病。擅长中医内科、妇科，在大名、广平、馆陶享有盛名，是大名县著名老中医之一。1946 年参加工作，1949 年加入中国共产党，1952 年任万堤区联合诊所所长，1958 年任 6 区（金滩镇）文卫部副部长兼医院院长，1962 年任大名县医院党支部委员兼精神病医院院长，1965 年任万堤医院院长。1981 年离休，是县政协第四届、第五届委员。

关志新

关志新（1938—1994），河北省张家口市人，大学学历。1962 年毕业于河北省中医学院医疗系，同年被分配到大名县医院中医科工作，曾任县医院中医科主任。1987 年晋升为副主任中医师。1984 年受命组建大名县中医院并任第一任院长。1987 年 7 月与县卫生局签订“院长任期目标承包责任制”，《邯郸日报》《河北日报》都刊登了该承包消息，1988 年，中共中央宣传部派人专程到大名了解卫生改革情况，并给予充分肯定。他从事中医工作 30 余年，对心脑血管疾病的辨证论治有独到的见解。系大名县第五、六、七、八届政协委员。

栗汇川

栗汇川（1915—1995），河北省广平县人。1940 年 7 月任元城县第一任县长，他是在抗日战争形势最恶劣的情况下到元城县开展工作的。他到任后，在大名县抗日县政府卫东办事处的基础上，组建了元城县抗日县政府，化名“李向哲”。他到任的第一件事，就是在刘鸣桐游击队的基础上组成县大队，后升为独立营，发动群众进行减租减息，人民生活得到不同程度改善。后到三地委工作。1949 年南下到湖南津市任市委书记兼市长，进行土地改革，三反五反，镇压反革命，私人工商业改造。1952 年任株洲 601 厂（苏联援建的项重点工程、硬质合金厂）党委书记兼厂长。20 世纪 60 年代初，任湖南省卫生厅厅长，对湖南全省的医疗卫生保健事业做出了很大成绩。“文化大革命”时受过冲击，经受了不公正待遇。但他胸怀坦荡，在落实政策后，调到冶金部长沙勘察设计公司任经理。1983 年离休，担任湖南省冶金厅顾问，受河北省委、邯郸地委、大名县委党史办的委托，以他为主和唐瑞亭、张鹤亭组成三人领导小组，召集邯郸地区南下在长沙的老同志，搜集整理党史资料。期间以实事求是的态度，根据当时客观历史的变迁进行评价。栗汇川一生艰苦奋斗、讲奉献，不求索取。在 20 世纪 40 年代与元城县人民共甘苦，到改革开放后的 20 世纪 90 年代，仍然艰苦朴素。

蒋国彦

蒋国彦（1922—1996），大名县龙王庙镇甘庄村人。主任医师，硕士研究生导师。1950 年毕业于中央大学——南京大学医学院。1950 年在北京医院工作，先后任住院医师、主治医师、主任医师、内分泌代谢疾病组组长。1986 年始，任硕士研究生导师、国家自然科学基金会资助的糖尿病科研课题组组长。1991 年，经国务院批准，享受政府特殊津贴。他是中华医学会糖尿病学会名誉委员；中华医学会内分泌学会委员、常务委员。1991 年任《中华内分泌代谢杂志》编委，1993 年任《中国糖尿病杂志》编委。他的主要学术论文和著作有《中国历代对于糖尿病的记载及贡献》《糖尿病知识》《糖尿病》《糖尿病乳酸性酸中毒》《实用糖尿病学》等。

杨少康

杨少康（1913—1997），大名县束馆镇南小丈村人。1940 年开始行医，1958 年毕业于河北省中医学院师资班，行医 40 余年，任冢北乡卫生院主治医师。对中医内科，尤其是对伤寒、破伤风、瘟病、肝炎等疾病的诊治有较深造诣。1960 获专署模范医师奖，1983 年获县政府大功奖，1986 年获全县农民教育工作一等奖。1978 年当选为县人大代表、县政协委员。

胡桂林

胡桂林（1927—1997），字国瑞，大名县大名镇北大街人。1940 年拜书法名家李鹤亭先生为师，学习书法。1945 年参加大名县教育工作，1968 年调县水利局工作至离休。1983 年大名县第一届书法学会成立时被选为理事。1984 年，被吸收为河北省书协会员、河北省老年书协会员。其作品多次参加省市展出，并作为礼品，由县政府赠送给美国、日本、韩国及中国港、澳、台客人。有作品集《桂林书法拾遗》。

李景芳

李景芳（1924—2000），大名县大名镇付桥村人，1947 年 10 月参军入伍，次年麦前南下，到河南省叶县编入中野三纵九旅特务营，先后参加了淮海战役、渡江战役、进军大西南战役。1949 年 4 月入党，同年年底，四川解放，军部、师部驻万县市，九十九团驻云阳县，李景芳被抽到万县市，组成警备司令部，负责治安保卫工作。历任战士、班长、连副指导员、区武装部长、县武装部科长。1950 年 3 月，参加云阳剿匪。暴乱平定之后，参加改编地方武装和清剿残匪、收缴枪支工作，取得很好效果。1966 年回大名，先后任公社代理书记、区副书记、县知青办副主任、劳人局副局长，1985 年 9 月离休，享受县级待遇。

叶洪海

叶洪海（1943—2005），大名县王村乡（原西店乡）柏村人。中国人民解放军一级英雄模范。1965 年入伍，次年加入中国共产党。曾任北京军区装甲兵第一师某连队饲养员。钻研养猪专业技术，拜群众为师，向专家请教，经反复实验，于 1968 年 6 月制成省粮易做的“中曲”发酵饲料，在军内外推广。1970 年 10 月被中央军委授予“模范饲养员”荣誉称号。后任坦克团后勤处助理员、副处长、副团长。著有《中曲发酵饲料》。先后 11 次受到毛泽东主席接见。系中共十大代表、第五届全国人大代表、全国劳动模范。1972 年后，周恩来总理点名公派其到阿尔巴尼亚等国传授“中曲”发酵饲料制作技术，此技术后被越南、毛里求斯等国家引进。

附　录

会谱　集市

大名县传统庙会会谱

表 18-1

农历时间	会址
正月初八	龙王庙高村
正月十五	北峰乡刘庄
正月二十八	埝头乡沙河路村
二月初一	沙圪塔乡郭鸭窝村
二月初二	铺上乡高寨村
二月初二	金滩镇消灾村
二月初八	龙王庙镇
二月初八	张铁集乡东小滩村
二月十一	北峰乡后北峰村
二月十二	王村乡东王二庄
二月十三	金滩镇石家寨村
二月十五	埝头乡大苏村
二月十五	沙圪塔乡儒家寨村
二月十八	旧治乡李三牌村
二月十八	杨桥镇西马头村
二月二十五	金滩镇娘娘庙村
二月二十五	张铁集乡普明滩村
二月二十八	张铁集乡官庄
二月二十八	西付集乡文集村

续表 18-1

农历时间	会址
二月二十八	旧治乡旧治村
三月初一	龙王庙镇曹口村
三月初一	红庙乡刘庄
三月初三	铺上乡高寨村
三月初三	北峰乡前丛善楼村
三月初三	大名镇北关村
三月初五	北峰乡后北峰村
三月初五	龙王庙镇石槽坊村
三月初八	孙甘店乡孙甘店村
三月初九	旧治乡未店村
三月初十	沙圪塔乡南贾庄
三月十一	王村乡西店村
三月十一	红庙乡阎庙村
三月十一	北峰乡前现城村
三月十二	沙圪塔乡西庄
三月十三	铺上乡蔡屯村
三月十五	杨桥镇胡马寨村
三月十五	王村乡王村
三月十五	张铁集乡刘店村
三月十五	孙甘店乡南李庄
三月十五	大街乡张郭村
三月十八	龙王庙（镇）村
三月二十	沙圪塔乡西司庄
三月二十	金滩镇窑厂村
三月二十四	万堤镇万堤村
三月二十八	杨桥镇北马头
三月二十八	西付集乡大寨村
三月二十八	束馆镇冢北村
三月二十八	大名镇东关村
三月二十八	黄金堤乡邢未村
四月初一	红庙乡宋庄
四月初二	万堤镇田六店村
四月初三	王村乡李凝村

续表 18-1

农历时间	会址
四月初四	龙王庙镇龙王庙村
四月初四	万堤镇张屯村
四月初四	王村乡西店村
四月初八	沙圪塔乡元寨村
四月初八	大街乡范村
四月初十	金滩镇顺道店村
四月十二	束馆镇胡气村
四月十二	旧治乡逯堤村
四月十二	万堤镇前屯村
四月十二	铺上乡兆固村
四月十四	红庙乡沈庄
四月十五	大名镇二铺村
四月十五	大街乡北门口村
四月十五	黄金堤乡南盘村
四月十七	杨桥镇杨桥村
四月十八	红庙乡横堤村
四月十九	王村乡王村
四月二十	沙圪塔乡后沙圪塔村
四月二十	沙圪塔乡前沙圪塔村
五月初五	束馆镇冢北村
五月十三	黄金堤乡黄金堤村
五月十四	旧治乡于夹河村
五月十五	北峰乡后北峰村
五月十八	龙王庙镇龙王庙村
五月二十五	金滩镇石家寨村
五月二十八	沙圪塔乡儒家寨村
五月二十八	红庙乡桥口村
六月初三	沙圪塔乡后辛寨村
六月初六	沙圪塔乡北贾庄村
六月初六	黄金堤乡黄金堤村
六月十五	北峰乡刘庄
六月二十一	西付集乡文集村
六月二十八	埝头乡大龙村

续表 18-1

农历时间	会址
六月二十九	沙圪塔乡儒家寨村
七月初七	旧治乡旧治村
七月初十	王村乡王村
七月十二	龙王庙镇龙王庙村
七月十五	旧治乡大韩道村
七月十六	金滩镇金滩镇村
七月二十八	金滩镇石家寨村
七月二十九	铺上乡铺上村
八月初一	金滩镇金滩镇村
八月初八	埝头乡杏现村
八月十八	埝头乡前刘胜村
九月十五	王村乡王村
九月十五	束馆镇冢北村
九月二十八	金滩镇顺道店
十月初一	金滩镇石家寨村
十月初七	束馆镇束馆村
十月初八	沙圪塔乡儒家寨村
十月十五	金滩镇娘娘庙村
十月十八	埝头乡沙河路村

2005 年大名县乡（镇）村集市一览表

表 18-2

乡　镇	集　址	集期（每月的农历）	规模
杨桥镇	杨桥村	二、七	大
王村乡	王村集	五、十	大
沙圪塔乡	儒家寨村	四、九	小
杨桥镇	北马头村	三、八	小
沙圪塔乡	和寨村	四、九	小
沙圪塔乡	元寨村	三、八	小
铺上乡	高寨村	五、十	小
万堤镇	万堤村	四、九	中
黄金堤乡	黄金堤村	二、七	小
大街乡	北门口村	一、三、六、八	小

续表 18-2

乡 镇	集 址	集期（每月的农历）	规模
金滩镇	金滩镇村	一、三、六、八	大
营镇乡	营镇村	三、五、八、十	小
张集乡	张集村	四、九	小
龙王庙镇	龙王庙村	三、六、十	大
孙甘店乡	孙甘店村	一、六	大
西付集乡	西付集村	一、六	中
束馆镇	束馆村	二、四、七、九	大
西付集乡	户村村	三、七	小
埝头乡	杏现村	四、九	中
埝头乡	埝头村	三、八	小
北峰乡	北峰村	一、六	小
龙王庙镇	北张村	一、六	小
北峰乡	丛善楼村	四、九	小
束馆镇	冢北村	三、八	小
大名镇	城关新市场	一、六	大

碑 铭

大唐狄梁公祠堂之碑

朝仪郎，行尚书虞部员外郎上柱国冯宿撰

户部郎中，充魏博等州节度副使，朝仪大夫，检校太子左庶子兼御史中丞赐紫金鱼袋胡证书并篆额

后，不可以独临，必诞生岳灵，扶既倾、系将绝，兹梁国狄公是以兴于天授之朝，蕴沉谋，奋奇节也；物，不可以终否，必继起邦杰，钦往绩，懋来功，兹沂国田公是以挺乎河朔之郊，创新祠、修旧典也。

初，梁公出牧于魏，实宜斯人，罔遂乞留，则深遗爱；阖境同立生祠，奉其神。畏威怀仁，如在乎上，祈恩徼福，亦若有答。洎胡起幽陵，毒痛中邦，腥膻遗余，渐渍甿俗，十六年于此矣。战血满野，忠魂归天，阶阯之容，隐嶙犹在。元和壬辰岁，我天子恢拓千古之不庭，凡在率土，罔不来服；维元侯保和一方之有众，举兹列城，表正多方，归职贡而奉官司，尊汉仪而秉周礼。凤鸣而枭音革，兰芳而棘刺死，醴涌而盗泉竭，庆飞而浊祲消，四郊廓清，万方丕变。然后辩正封疆，咨谋耋老，得是旧址，作为新祠。鸠材僝功，蒇事颁役，上下有度，东西惟序，披图以立仪像，据品以昭命数，不

僭不偪，经之营之，越十月五日，厥功成。沂国公于是乎请护军洎宾僚、将校、虎貔之群，撰吉而致飨焉。

先一日，执事设次于门西，设柔毛、翰音、腯肥、鲜之具以俟。诘朝公至，则改服于次，率护军等升拜，将校以下，序拜于堂下。公亲酌以奠，扬觯而言曰："昔者，皇风中微，阴沴勃兴，六宫弄其神器，万乘逊于房陵。生人之耳目尽迴，元老之肺肝弥固，蹈履虎尾，攘夺鲸口，薙除蔓草，扶持本枝。元良克正，万国以贞，秘策授，五王起，包复夏之大业于心术，贻安刘之永图于身后，再造唐室，时维梁公。顾不腆之是羞，获守兹土，实郡帅与三军之众逮，封内之黎老，勤请于天王。天王重违斯人而鉴厥诚，未及浃辰，而玺书、金印，命服、瑞节，一日骈至。且又颁非常之清问，下莫大之洪泽，马逐逐，车阗阗，野接迹，空驾肩。彼感心与喜气，固已翔九天而渗九泉。今所以靡遑宁居，思有上报，窃慕神之志义，景神之忠功，荐神于此堂，告神以微恳。至于修废继绝，兴仁树善，乃守臣之职，乌敢为名。"再拜而退。由是六州之人士，知狄公之崇德可享，而田公斯言可复也。《诗》云："维其有之，是以似之。"乃作铭曰：

奕奕新祠，于魏之疆。岩岩梁公，惠此一方。
其惠伊何，其人则亡。在昔通天，戎虏猖狂。
冲陷连城，势莫与亢。山东绎骚，骀藉跳梁。
顾是都会，孰能保障。天后召公，飞传靡遑。
至自彭泽，屹为金汤。以逸待劳，以柔摧刚。
缓赋宽役，勉农劝桑。外示无虞，内为之防。
虏则引归，岁获大穰。人荷公来，踊跃欢康。
人惜公迁，泣涕彷徨。援刀割肤，守阙上章。
终然莫克，讵可弭忘。众心欲成，经始斯堂。
立公仪形，荐此馨香。于以祝之，万寿无疆；
於以歌之，久久垂芳。追惟我公，寔邦之良。
岐嶷有闻，金玉其相。学以时习，闇然日彰。
文武是经，谟谋允臧。测圭知正，涵鼎难量。
硕大博厚，靖和端庄。逮使绝域，义声孔扬。
居忧致感，有鸟呈祥。昌于天理，决狱平当。
亟触龙鳞，骤探虎狼。西门沈巫，汲直开仓。
蜀守兴学，晋臣抚床。公兼有之，謇謇在旁。
宣威中权，论道上庠。慰荐幽仄，怀来暴强。
天授以还，燎火无光。蔼蔼本枝，困于斧斨。
下窒人愿，上迴天纲。拜洛受图，非刘而王。
后实当扆，唐迁于房。时惟正色，致身岩廊。
进持正色，中激刚肠。婪侈谋，将易储皇。
公陈不可，校短推长。血沥太阶，心祈彼苍。
长戈倒日，劲草横霜。一柱嶷然，四维重张。
帝拜元老，春归少阳。潜安爪牙，密布栋梁。

七日寝瘖，五贤兴唐。道优三仁，功茂一匡。
始终无愧，夷夏所望。维此魏邦，实维乐乡。
燕寇之后，中为战场。何人不鳏，靡室不丧。
祠宇煨烬，阶除墟荒。故老怀思，遗甿慨慷。
犹依封畛，时奠壶觞。否道既倾，圣历会昌。
元和御扆，天子垂裳。九夷八蛮，山梯海航。
礼备乐陈，执贽奉璋。思我怀人，寘彼周行。
是生沂公，忠顺激昂。剑久埋狱，锥能处囊。
道言愔愔，武烈洸洸。业尚管萧，化臻龚黄。
扫除雰霏，吊恤灾伤。尾断蜂虿，苗锄莠稂。
万夫归诚，有死无将。天子嘉之，霈泽瀼瀼。
龙节虎旗，玉佩金铛。班其庆赐，覃其潜翔。
沂公滋恭，扶服兢惶。愧负山岳，誓酬毫芒。
乃建新祠，媲彼某棠。亢其厦屋，缭以周墙。
吉蠲庶羞，容卫两厢。仰止何远，中心是藏。
地迴沙麓，河抱衡漳。刻勒丰碑，揭乎中央。

罗让碑

唐故魏博节度押衙，后军都知兵马使，银青光禄大夫，检校太子宾客兼御史大夫，赠工部尚书，长沙郡罗公神道碑铭并序

门吏，观察判官，权知掌书记，朝散大夫，检校左散骑常侍兼御史大夫，柱国，赐紫金鱼袋，公乘亿撰

门吏，观察支使，文林郎，检校尚书金部郎中兼御史中丞，赐紫金鱼袋，郑褒书并篆额

上即位之初，御便殿，顾谓侍臣曰："予小子纂承鸿绪，克荷丕训，兢兢业业，敢旷万机。凡关于理者，得以施行。"佥曰："都！"帝曰："俞！"于是诏有司："有大功大效者，不惟爵赏于一身，可以褒赠于三代。"我公仆射，以忠以孝，奉主安亲，既荷褒荣，爰依典实，得以葺修茔兆，建立丰碑，俯申孺慕之诚，仰答劬劳之旨。翌日，语及其事，召亿撰乎斯文。亿位忝宾从，职由奏记，操觚再拜，具以叙云：

盖闻辰象著明，列宿识尊卑之分；斗魁环转，万邦知启闭之门。不有周焉，何以彰公高启祚；不有晋也，何以明毕万开基。所以卜偃端蓍，罔失吉凶之数，延陵听乐，查分兴废之由；斯可跨赵蹑燕、通秦入洛。卫分疆畛，觜、参呈凌犯之淫；赵界陬维，毕、昴示福祥之庆。寔曰：大河之北，太行已东，曹孟德之称孤，将成霸业；袁本初之恃众，遽创雄图。都邑矜夸，不能越左思之赋；英豪擢逐，不能掩陈寿之书。今者则一管六州四十三县，山河形胜，封疆郁盘，有是祺祥，产我贤俊。

先府君尚书讳让，字修己。其先颛顼之后，受封于罗，因为著姓。晋有大夫勇；汉有梁相环；令则之轻财好施，名盖襄阳；君章之德行文章，声喧桂岭；我唐复有立言之尹正京邑，理化如神；绍权则显立周行，科名继世。莫非轩裳煜赫，簪绂蝉联，盖府君尚书之茂族，不其盛欤！不其伟欤！惟公

一源，分于大魏之人也。

公曾王父讳郁，皇平州刺史，工部尚书；王父讳秀，魏博节度押衙，左山河都知兵马使，兼御史大夫；烈考讳珍，魏博节度押衙，亲事厢虞侯。公少立奇节，倜傥不群，交结时豪，轻死重气。虽鸡鸣狗盗，靡间于交游，马圉牛医，不忘于礼敬。自此乡闾畏爱，遐迩依投。馨香飘郑国之兰，洁白莹蓝田之玉。常执谦柄，以崇德基；虽处宦门，故无嫌隙。落落乃混成之器，亭亭为不世之材。伏自河中令时，以公正直，致于肘腋；洎韩太尉日，以公谨愿，委之腹心。虽处上不骄，临下不暴。凡曰平昔交契，未尝暂忘。有郈氏分宫之仁，有氾毓字孤之义。屡移星琯，一致如斯。呜呼！乾符三年（876年）六月十一日，遘疾薨于宽仁坊之私第，享龄六十九。遂使白日藏耀，重云结阴，里巷停春，行路增叹。当年十一月二十四日，迁宅兆于贵乡县迎济乡蔡林，礼也。蒙恩，赠工部尚书。公平生所行之事，虽伐竹淇园，纪之莫极；琢石岯岭，赞之无穷。娶□□，广平郡宗城人，蒙恩，进封为广平郡夫人。有子二人，一人从立，早殒；一人即今我仆射，见任魏博节度使。

伏以我仆射生有奇表，衿灵豁如，硕量汪洋，吞江纳汉。鹰瞵鹗睬，岂惟命将之材；燕颔虎须，素有封侯之相。至于玉堂秘诀、金柜微言；黄石一编、太公三略，未尝不钻研度日、咀嚼移时。纵令冯邓复生，咸须敛衽；韩彭再出，敢不虚怀。加以天纵多能，妙于孤矢，悬涉屡中，断缕无疑。飞卫、甘蝇，是其俦也。

无何，蔡贼南下，郓寇东侵，中外惊扰，计无所出。我仆射先领六雄兵士南自新乡接战，后拥衙卒步射东至莘县交锋。我以奋发拗怒，掉臂先驱，枭鸷之徒应明弦而毙踣；豺狼之辈随利刃以纷披。不日，两道奔冲相次折北。我府底宁，内外相庆。自此，陈安据拢，咸歌壮士之风；李广临边，不乏将军之誉。而乃威加四境，气盖六州。崔洪可拟于张良，伯仁有方于乐毅。繇是韬光晦迹，匿影销声。其如卞玉至灵，莫隐山辉之象；隋珠希代，难藏川媚之容。前政乐王一旦大兴板筑，约河门旧堤，计百万人功，周八十余里，才经月余，修葺即备，怨嗟之苦，遍于六州。谓之“罗城”，应我罗氏，岂其天意符我人事者哉！

前副大使乐从训天资悖逆，常蓄异图，乃召亡命之徒五百余辈，出入卧内，号为“子将”，委以腹心，辄欲更易使衙，以觊非望。我天雄六镇，素推忠勇，咸遵正道，肯问邪谋，例皆割耳自明，要缧逆徒。乐从训有所疑忌，易服遁逃，止于近县。使司寻补充六州都指挥使。未几，兼令摄相州刺史。到任之后，般辇军器，取索缗钱，使命往来，交午涂路。一日，忽潜令部下亲信，掩将征马约数百蹄，欲充军用。阖府疑忌，时议沸腾。乐王自乞避位，忧愤一夕而薨。都将赵文玠权知留务事。其年二月八日，乐从训自相州与贼将王周、马武之徒，分领马步兵士三万余人，至十二日至我城下。蝟毛而起，豕突而来，中外搔然，未免疑惧。赵留后按兵不出，心怀携贰。众皆激怒，果致变更。监军使及大将、军人已下，比肩扣首，恳乞我仆射权知留务，连名具本陈奏。我仆射辞不获，遂上马慰安三军，无不鼓舞，讙呼填咽郛郭。

军人例乞死战，切齿愤然。聊遣旗将部领二千人出府南门，逆于贼阵。斩贼将张全素一人首级，其余毙者，不能纪极。贼徒遂退入元城故县，浃流狱犭矞，据于府北，使囤聚为巢穴。于是，百头万计、蚁聚蜂飞。公输子之云梯何曾蹈履，王僧辩之鼓吹不赉巡城。彼则纵之以强，我则示之以弱。洎二十二日，遣都将梁怀谨部领兵士三万人，直掩傍城，扫除贼垒。雷奔电闪，火烈风趋，未及期时，已闻败北。旋驱旋毙，存者几何？翌日，乃再命偏师剪屠逆孽。西邸浅口，南至内黄，信宿之间，失于漏网。我仆射遂于金波亭别立牙帐，谓执政曰：“此贼不去根本，犹恐滋蔓。”而乃举明士马，选练骁奇，誓曰："吾心不欺，有如皎月。"未逾顷刻，投状者数逾十万。遂于小毬场内一一阅视，无不鹰扬异状、虎攫奇姿。或镂锦为装，或分红作号，或盘槊舞剑，或彀弩牵弓，或驰马射箭，或超车较队。是日，乃令各分部伍，俱攘师徒。所谓：孙吴指顾，临轩见虎翼之形；翦起虚徐，俯砌识鱼丽之势。一战而霸，此之谓乎？有间者云："贼军已于洹水县屯集。不逾跬步，可以就擒。"三月二十六日，乃令都指挥使程公佐部领马步兵卒二万人于西路而入；次遣都阵后横巡拥阵使尹行方部领马步八千余人南面而入。则有大六雄、小六雄之劲卒，左山河、（右山河）之骁师，平难决胜之诸都步射、横冲之烈将，莫不磨牙恨齿、怒目张眸。骈骈阗阗，足以回天倒日；汹汹湧湧，足以覆海移山。至二十八日，进军逼于洹水县。两军合势，争路而前。贼将王周、马武之辈。领兇锋兵士三千余人逆我大军，未阵而遁。我军于是逾城越堑，拉朽摧枯，旌旗拂云，镫鼓动地。前进者熊罴貙犺，后来者虎豹咆哮。如萧王之破王寻，尸浮滍水；若武安之坑赵括，血溅长平。虽则大获俘馘，未知元恶所之。不信宿，有六雄副兵马使王元武者，斩乐从训首至于麾下。遂令枭悬于军门之栅，示其众也。我公仆射具状奏陈，寻有诏再三褒异，加工部尚书，权知魏博节度留后。是知逆于天者，未或不亡；顺于人者，未或不昌。则逆顺之理，昭然可验。是年七月，天子令二内臣掌旌节、恩诰相次而至，就加魏博节度观察处置等使，金紫光禄大夫，检校尚书右仆射，魏州大都督府长史兼御史大夫。

我仆射天资孝敬，神付聪明。守节俭以教人，敷惠和而煦物。调兵统众，慎狱缓刑，上自军旅，下及惸嫠，无不感其亭毒之恩，保乎生生之福者也。伏惟国朝故事，我府凡有更替，即除亲王遥统节度事，或逾数月，而后方降恩命。今我仆射以殊功解难，茂略济时，进疏才及于阙庭，幢节已交于道路。斯盖风云济会，鱼水相依。且齐王桓公，非夷吾不能致霸；越王勾践，非范蠡不可重兴。固知公台重臣必有先兆，至如仙翁告瑞，神将效灵，稊米不爽于毫厘，图画若合于符契，岂惟克谐城垒，吻合谣词。光武徇于蓟门，信都有神人之异；谢安阵于淝水，蒋山为甲士之形。

先尚书有女二人，长适王氏，知言，节度别奏；次适赵氏，袭经略副使。莫非柔情淑德，播于六姻，有光一宗，实异他族。令孙庆武，见任魏博节度副大使，金紫光禄大夫，检校左散骑常侍，魏州大都督府司马、知府事兼御史大夫，上柱国。素禀义方，生知礼训，性不好弄，志于经书。所谓：天上麒麟，人间鸑鷟，来祥灵石，出应明时。信乎李勃说《诗》已标既往，郑玄制《颂》复耀将来。而况紫绶承荣，彩衣袭庆，能执奉亲之志，无违就养之方。

我仆射治外以严，治内以肃，不以亲而辄违家范，不以爱而有紊藩条，克修父子之仪，以丕君臣之道。故得临人以敬，莅事以勤。虽云冲幼之年，颇得老成之誉。盖先尚书庆流后裔，泽及流芳，布葩菜之敷荣，注源流之广大。我仆射感深霜露，言念松楸，眇棠树以增悲，俯泉扃而结欷。今者奉命纪述，光显清芬。实以学寡燃糠，徒对生金之字；才非刻烛，敢言掷地之文？但以受顾殊常，叨恩不次，眄翠珉而益愧，想黄绢以怀惭，敢不力强挥毫。而乃铭曰：

猗欤尚书，生我魏土，济时以文，平难以武。

仁加乡党，德洽寰宇，嘉猷恢大，传于遂古。（其一）

尚书之英，为时挺生，温润玉洁，芬馥兰馨，

动不逾矩，居常诚盈，超今迈古，莫之与京。（其二）

钜鹿一郡，衡漳交游，寔曰胜概，应我通侯。

构厦为柱，浮川作舟，超然自得，可以优游。（其三）

太行巉巉，大河浩浩，中有明德，上符玄造。

旷世称贤，希代为宝，渊微无朕，孰可探讨？（其四）
逦迤关东，祥符魏中，晋方武子，蜀比文翁。
素履□□，□□□□，（伊）周作颂，则维其嵩。（其五）
魏曰大名，作我基趾，四十三县，百千余里。
金石显固，松篁擅美，枝叶蕃昌，无始无终。（其六）
於穆明德，与时为瑞，生有殊荣，殁有余贵。
虽享遐龄，不终厥位，穹□□□，□□□□。（其七）
□□□唐，硕臣崛起，□□□下，安定漳滨。
金剑报主，彩衣奉亲，当今史册，更纪何人。（其八）
天资间杰，神付英奇，彼之乱矣，我以整之。
除扫蛇豕，叱咤熊罴，挺此洪烈，以赞雍熙。（其九）
玄造推□，□□□□，□□□□，□□□□。
□□□将，士援夏王，神明契合，永以藩昌。（其十）

龙纪元年（889）岁次已酉 三月壬辰朔二十九日庚申建

马文操神道碑

大晋故金紫光禄大夫、检校尚书左仆射兼御史大夫、赠秘书监，博平郡马公神道碑铭并序

朝议郎、起居郎、充史馆修撰、赐绯鱼袋，臣贯纬奉敕撰

待诏、将仕郎、守太仆丞、赐绯鱼袋，臣高廷矩奉敕书

臣闻豫章之木，一人有庆，万国咸宁。巍乎焕乎之功，被洪荒之外；油然霈然之泽，流玄壤之中。无远不通，无幽不及。则有显如周，士杰比汉。臣思迁寿宫，泣奏明阙。览表既从于新卜，凝旒因想于故规，以为行成于先，是王政之首，名立于后乃国风之光，不有丝纶，何以表尔，不有铭颂，何以志之。乃遣微臣式扬懿绪。

公讳文操，生七年而后知。始知也，离披冷月，楚山之侧；华表之禽，历千载而后出，始出也，隐映疏烟，辽海之壖。及夫根盘地中，有桢有干，起乃法亘象元兮，构明王之殿；声警天外，为祥为祺，散乃法菊裳金衣兮，泛哲后之池。故养道者，养于丘园，行义者，行于乡党。或默或语，偃息户庭；优哉游哉，吟咏情性。莫不以善为钟鼓，以德作藩篱。立之于身，自成孝子；仕之于国，则曰忠臣。芬若椒兰，灿如金玉。所以纯精混乎天地，景福通之鬼神。有鳣落其家，四代皆居太尉；有鸠飞于室，七人俱至列卿。胤嗣繁昌，门阀兴启。今公也，始自祖祢，相沿兮汪汪洋洋；延及子孙，间出兮磊磊落落。轩冕既盛，勋业弥光。非其灵族灵苗，孰能与于此矣。

字守道。其先起于造父，周穆王赐以赵城。六国时，裔孙有名奢者，封马服君，因而氏焉。洎后汉已来，有唐之后，援则尚武，自扶风而陟将坛；周乃好文，起在平而提相印。其名焜耀，其功穹隆，已备简书，斯皆剪削。中令周始封高堂公。高堂，博平郡之邑也，有虞至姬属鲁，春秋初属齐、末属魏。公即高堂之后，今为广晋人也。

曾祖讳长荣。鸿硕自负，阔略不羁。蔡伯喈有书，书八千卷；郑康成每饮，饮三百杯。比期颉颃，天衢恢弘，帝道以璆、琳、琅玕之宝，自荐庙朝；取黼、黻、絺绣之华，首兴门户。旋属两河有乱，

中原用兵。金虎台边，号反侧之俗；铜驼陌上，降姑息之文。而乃遁以居贞蒙而养正。所神者，道神、李耳，谷神；所爵者，仁爵、孟轲、天爵。其歌也，谓沧浪可濯其足；其醉也，对泰山不见其形。因能在险如夷，处乱若治。有川则济，何必逐乎蛟龙；有陆则通，自不逢于兕虎。穷理知命，以尽天和。

祖遗俊，勇气慕于农山，射艺精于鲁圃。泬寥之外，弯弓而几落秋鸿；丛薄之中，饮羽而曾穿石兔。常思有用，终叹无时。然而克践中庸，匪逾大德。室多列女，世有义夫。棣萼芬华，不歇三荆之色；弦歌清越，长飘两巷之音。道既贞肥，人皆景慕。

考讳良佐。太羹不致，大音希声。动若塞翁，齐其倚伏；静如蒙叟，达彼浮休。鹖冠自保于丘中，龟纫远遗于身外。或朝游草阁，或暮宴竹林。红粒充盘，味周颙之早韭；黄花泛席，玩陶潜之素琴。诸侯之玉帛皆辞，天子之几杖乃授。怡怡然不知老之将至，故远近目为高士。总斯三哲，相继百年。思楚国先贤，谅为眇昧；觉陈留耆旧，何太寂寥。胤兴于公，其理明矣。

公即高士之长子也。混然伟器，昭彼令门。瑞雀上肩，其生有异；神人授手，所禀且奇。洎礼乐兼明，文武足用。天矫莫遏，有徐陵麒麟之称；昂藏可高，负赵岐鸿鹄之志。时以大国运衰中德，四方政启多门，每有出师，起良家子弟，因思折节，事列土诸侯。奋自麻衣，入趋玉帐。初授魏州经略副使，次迁右辕，遂历掌戎事，宠陪五校，声冠三军。诸葛亮之创铜牙，每多机巧；韦孝宽之坚玉璧，莫测权谋。当驰突之时，十矢齐发；及厎宁之后，一士不伤。人用以和，敌望而畏。后以功累奏，加至金紫光禄大夫、检校尚书左仆射。会唐天祐乙丑岁，公寓直戎府，以燧生亳社，焰亘吴宫，变忽起于萧墙，势莫防于豕窦。公临难无免，见义必为。挥矟鸣弦，毙数百辈，俄为流矢所伤，即以其年正月十六日，薨于州之依仁里私第。

于戏！断臂而卫社稷，大节非亏；饮头以灭渠魁，弘功未集。然君子所疾，世无所称。昔赵盾，晋上卿，反覆而不全至义；李斯，秦冢宰，僶俛而亦失纯诚。今公慨然以没王事，则生而奉亲也，始不失其孝；往而报主也，终不失其忠。求之古人，孰过于此！公以后唐末赠右领军大将军，今朝再赠秘书监。至矣！信所谓令闻令望，久而弥芳者也。

剡国太夫人王氏，宗分缑岭，派出淮流，自诞生伟人，践履艰运，有壁氏之闻。后其父而先其君，起漆室之忧，始于家而终于国。继光淑誉，是列名封，今则阳报之道昭，内协叔敖之德，省事之风著；外资胡广之名，克保令猷，淂为贤母。

公长子昭义军节度，泽、潞、辽、沁等州观察处置等使，特进检校太尉，充大都督府长史，食邑七百户全节。神珠生赤水之下，英玉来玄圃之中，李固龟文既彰奇称，张颢鹊印早契殊祥。始则以从唐氏于漳渍，对梁人于河上，勇而有礼，首居君子之营；重而且威，别振将军之令。故强敌多死，将兵而无异独行；大寇数奔，授矢而未尝再发。功成勿伐，战胜无骄。不喜大言，自比岸头之虎；长嫌商飚，有如鞲上之鹰。慎千钧之机，重百姓之命，动而必克，向则有成.是得名播旗常.官崇保傅.以次将而升上将，金钺宣威；从列郡而至列藩，油幢耀美。践扬重位，联翩几年。顺慈旨于北堂，堇鱼甘滑；极孝思于冬祀，黍稷馨香。

自国家以麟吐图书，睹其周灭，木成文篆，知我晋兴。大风起兮云飞，圣人作而物睹。时太尉分麾厌次，驻旆井陉.张耳推诚，先归汉祖；任光送款，首奉萧王.舍伪存真，开门解印。清洛之表，既寻散于征人：沧海之隅，遂载膺于廉牧.言亦出而千里斯应，化已行而三年有成。月照戍楼.警夜不闻于钲鼓；草生边路，眠春空见于马牛。朝廷以大布人谣，显加天秩。远降征黄之诏，渴见良臣；竟违借寇之章，促还明阙。礼既陈于陈玉，政独议于赐金。由是翼序九宾，肩随群后，睹在镐之饮，听有虞之歌，窈窕璇台，入则接天中之会；葳蕤羽盖，出则陪象外之游。复闻居宠若惊，以荣为畏。虽奕奕锡命，车服以庸；而恭恭礼仪，进退有度。诚至止君子，及不忒淑人，动有銮声，对如醇酒，非仲尼之圣，何以识萍实之甘；非简子之英，何以辨钧天之雅。其德既重，其名愈光，旋以承命，复郊出藩郧邑。食昴之彗，偶照灼于斗墟；嗜血之蛟，忽蜿蜒于梦泽，爰授兵柄，以讨贼营，属乎云结奇峰，星流大火．沙明欲烂，当农夫释耒之时；天广无阴，非战士搴旗之日。太尉密趋险路，首犯炎飙。履出生入死之危，振先声后实之利。衽席不寐，期好谋而成，组甲以行，见大敌则勇。人将薄我，我匪夺人。孙膑之奇，非万弩不发；曹刿之秘，待三鼓乃攻。高风起而箨自零，疾雷惊而耳莫掩。郧星夜散，不利辽人，走气朝分，乃擒蜀将。既寻，收烽火而尽获戈舡，一战济西。在昔之曾闻破竹，千年汉上，到今而方继沉碑。圣上始目献俘，俄令振旅。计功叙赏，虽褒五色之书；论德授官，载沃九霄之泽。式从安陆，移镇壶关．垄上闻鼙，则赵后躬耕之地；岭头驾驷，是穆王亲狩之邦。而复位进上公，秩升三事。妓八，钟肆，已早列于宠章，锦被，云屏，乃别膺于异数，昔周勃以丞相正拜，李以柱国兼司，非有大勋，孰膺至命？洎十乘将启，四牧，言驰，爰我名声，所过则国人如堵，服其威望，亦临而郡守前驱，富贵崇高，掩映前后，然而不夺县政，偏惜民时，卧羊鞟以无华，食麦饭而从俭，蒲鞭示耻，竹马表诚。仓公境中，人多画像；祖君部内，生欲立祠。信所谓期月不逾，风俗斯变，两随轩而风逐扇，蝗入海而虎渡河。大有告成，方协东封玉检；太行作固，永为北面金城。荷欤伟欤！言之者无以尽其美也。

乐安郡夫人齐氏，索标望族，早配贤侯，鸾鹤仙姿，克传家法，笙簧雅韵，永播闺风。

次子检校工部尚书充邢州马步军副都指挥使全罕，少而多力，晚乃知机，跨马如飞，咸疑著翅；遇龙则斗，几说烧须。所图功名，匪好游博。荆轲侠气，筋虽怒而不青；谢石雄姿，面欲滕而先白。官已荣于省座，寄复重于戎权。声协鸽原，翼光雁序。

第三子全铎，比通文史，亦善韬钤，双贯攫雕，早称能者，并擒搏虎。成谓智人，方绾禁兵，难留天寿，终于六军诸校。

公有孙三人，皆出于太尉，一曰令询，检校工部尚书，职在内廷。一曰令威，检校尚书右仆射，侍从戎府。一曰贤哥，则小字也，幼而未仕，英英瑞彩，历历寒光，演在清商，则神仙之至籁，郁乎香鬯，乃宗庙之灵茅，已能学剑求功，方可上书言搴。有以表公之地望，有以明公之家声。荥泽之源，上为沇而下为济；丹山之穴，紫曰凤而青曰鸾．增谱牒之华，壮缣缃之美，太尉谓天时既静，国步当平，事上则忠，奉先惟孝。蹈其霜露，恻君子之心；听彼蓼莪，动诗人之感．以公旧葬府垣之东，从昔年之宜也，傍枕川泽，密通水泉，访于鸿生，既有不终之戒；稽之懋典，恐成忘本之嫌。爰卜故间，载安重阜，即以天福五年岁在庚子十月壬戌朔十一日壬申，迁公于沙山乡德化里，袝其先茔、礼也。

玄庐内平，飞垄四起。朝光杲杲，协滕公鸣马之期；夕影森森，信陶氏眠牛之地，时也。咽边笳于隧路，锵楚挽于松庭。人赋白华，谓诸孤之且美；天啼大鸟，惜上善以不还。紫芝哗兮将生，昭乎神感；白兔驯兮莫去，光我皇风。足以见君君臣臣，穷至德要道之本；父父子子，极慎终追远之诚。日照月临，天长地久。臣学亏氏族，名窃史官，以大朝赏彼勋庸，将题周尹之颂；考其义烈，先旌左伯之碑。摭实去华。敬为铭曰：惟公之家，颛顼分葩。疏封造父，得姓赵奢。扶风伟望，首推名将。博平英风，近出良相。邈彼诸耋，而有高节。迹虽沉潜，道乃昭晰。不愚如愚，不拙若拙。积行闺门，散志薇蕨。一壑一丘，高谢王侯。咏之不足，乐以忘忧。或如应耀，或比庄周。宁曳龟尾，勿趋龙楼。

荐逢叔季，未尝忧畏。依止有神，处御可贵。黄衣童儿，既怀其惠。绣领丈夫，每呈乎瑞。缅公之贤，实籍其先。积善为庆，流液成泉。奋身白屋，耀迹红旃。精诚贯日，声响闻天。侯国失守，谋生二肘，发既冲冠，胆且如斗。嵇公溅衣，仇氏碎首。大节克彰，盛名不朽。懿哉梦熊，诞我卧龙。位光九牧，秩宠三公。安石内外，有芝兰风。仲乐出讨，有雷霆功，自临上党，道愈周广。劝俗带牛，归民负襁。搏无鸷虫，戎无伏莽。大朝其依，群方是仰。友于义光，贻厥谋长。六吕间奏，五色含章。非我大监，何以发祥。非我太尉，何以成昌。哲人久往，孝子长想。爰祔先茔，载安神壤。晚隧尘收，夜台月朗；生福邦家，殁荣乡党。下诏灵天，刻石松阡。龟趾镇地，璃首浮烟。桑田或变，陵谷自迁。高风茂烈；终古昭然。

天福六年（941 年）岁次辛丑五月庚申朔二十五日甲甲建

轶闻趣事

允济断案

张允济，青州北海人，隋大业中为武阳（今山东朝城县）令，务以德教训下，百姓怀之。元城县与其邻接，有人以牛依其妻家者。八九年牛孳产至 10 余头，及将异居，妻家不与。县司累政不能决，其人诣武阳，质于允济。允济曰："尔自有令，何至此也？"其人垂泣不止，具言所以。允济遂令左右缚牛主，以衫蒙其头，将诣妻家村中，云捕盗牛贼。召村中牛悉集，各问所从来处，妻家不知其故，恐被逮及，指其所诉牛，曰："此是女婿家牛也，非我所知。"允济遂发蒙，谓其妻家人，曰："此即女婿，可以牛归之。"妻家叩头服罪。元城县司，闻之皆大惭。

愿事雀项汉

魏人柴公以经义教里中，有女，后唐庄宗时备掖庭，明宗入洛，遣出宫。柴公夫妻往迎之，至鸿沟（即汴梁之汴渠），遇雨甚，逾旬不能前。女悉取装具，计值千万，分其半以与父母，令归魏，恚曰："儿见沟旁邮舍队长项黑为雀形者，极贵人也，愿事之。"问之，乃周祖郭威也，父母大恚，然终不能夺。他日语周祖曰："君贵不可言，妾有缗钱五百万，资君时不可失。"周祖因其资得为军司。柴公好独寝，人传其能司冥间事。一日晨起，大笑不已，妻问之，不对。柴公好饮，其妻逼令饮极，醉因漏言。曰："花项汉作天子矣。"其妻颇露之。

碑来悲来

杨师厚镇魏博，采巨石于黎阳，将纪德政，以铁车负载，驱牛数百以拽之，所至丘墓、庐舍悉皆毁坏。百姓望之，皆曰"碑来"。及碑石至，而师厚卒，魏人以为"悲来"之应。考此石到后，并未为师厚勒刻，许大碑材，未闻别用，想没于河水矣。

断馆陶案

何翁，馆陶人，有地二百余亩，年四十余无子，亦无近族。一女适同村吕廉，妪因无男儿，一意富其女，翁亦不之靳，数年遂穷，而廉反称富有，后妪生一子，名晚成，一夕翁抚儿，叹曰："小儿薄命，若早来，田产当日增，何至如此。"妪曰："人各有心，小女岂昧良者，得父母千金产，收养弱弟，于理则顺，于心则安，不必多此计较也。"

晚成十岁，翁妪相继殁。廉变卖其房舍作葬具，成归廉家，役同厮仆，无使怠积。五六年邻党多不平，为成言其致贫之故，成默识，操作怠于昔，廉忿责成，曰："汝幼失怙恃，糊口吾家，今懒惰如是，我岂有闲饭养闲人耶！"成具述前事颠末，廉怒持梃逐之，妇不之禁，成遂去，乞食四方。

一日，至大名县署前，役某怜之，使供奔走，成为言其事之始末，役云："张大老爷明断，必能了汝事。"张名维祺，号云嵋，山东胶州人，双目炯炯，断案如神，人方之包孝肃。张得控呈，以越境不问。役谓成曰："醉汉骂街，官所深恶，俟官公出回，汝可当其前，假醉骂，若责汝则以异县对。"成从之，果被捉。成曰："小人馆陶县人。"公曰："天下官管天下民，既犯法无论何县，皆得以法治之。"成曰："小人犯法，受责诚当，然有冤，责后乞为小人伸理。"袖中出呈状，公阅而宥之。

越三日，赴馆陶，具言大名获一巨盗，坚供该县人吕廉坐地分赃，买田地300余亩，急缴差役赴大名听审，廉大惧，邀乡绅邻右具保，馆陶县令曰："大名公文速于星火，必赴彼具状，方能了案。"众从之，具言吕廉清秀善良，并无窝留事，所买田产实系伊岳家周济，吕廉亦如此说。公令画押讫，拍案责廉，曰："尔得何氏财不为不多，坐视其子困乏，邈如秦越，殊属吝悭。今尔亲口承供，归家给何晚成田地百亩，勿使饥寒。"呼成与廉见面，廉赧赧不作一语，叩头而去。

公谓成曰："前日汝假装醉，吾知之。今日我假言贼供，汝知之。吾因汝事踌躇再三，设法相救，汝归家务必安分守业，不可负我苦心。"成感泣，两县民均传诵之。

古代诗文选

诗 选

魏郡别苏少府因北游

唐・李白

魏都接燕赵，美女夸芙蓉。
淇水流碧玉，舟车日奔冲。
青楼夹两岸，万室喧歌钟。
天下称豪贵，游此每相逢。

洛阳苏季子，剑戟森词锋。
六印虽未佩，轩车若飞龙。
黄金数百镒，白璧有几双。
散尽空掉臂，高歌赋还邛。
落魄乃如此，何人不相从。
远别隔两河，云山杳千重。
何时更杯酒，再得论心胸。

三君咏并序

唐·高适

开元中，适游于魏。郡北有故太师郑公旧馆，里中有故尚书郭公遗业，邑外又有故太守狄公生祠焉，睹物增怀，遂为三君咏。

（一）魏郑公徵

郑公经纶日，隋氏风尘昏。
济代取高位，逢时敢直言。
道光先帝业，义激旧君恩。
寂寞卧龙处，英灵千载魂。

（二）郭代公元振

代公实英迈，津涯浩难识。
拥兵抗矫征，仪节归有德。
纵横负才智，顾盼安社稷。
流落忽重陈，怀哉为凄恻。

（三）狄梁公仁杰

梁公乃贞固，勋烈垂竹帛。
昌言太后期，潜运储君策。
待贤开相府，共理登方伯。
至今青云人，犹是门下客。

同王元美泛舟卫河话别

明·谢榛

王郎乘舸下重滩，相送清樽一尽欢。
客路艰虞知己在，老年离合定期难。
月光初上孤帆落，秋气平分万木寒。
后夜登楼叹圆缺，回瞻北斗是长安。

夜发大名赠谢、顾二山人追别卫河

明·王世贞

月拥层城万堞开，天垂极浦片帆来。
如霞独赏长康句，似练还惊谢眺才。
拂袖中原堪落拓，曳裾公等重徘徊。
亦知为侠轻分手，明夜谁同酒一怀。

卫水归帆

明·刘遵宪

城头恣眺望，卫水正归舟。
一叶凭风下，孤帆来月流。
柳边堪倚擢，沙际见眠鸥。
顿有濠梁意，游鱼任拍浮。

过大名故城

明·李养正

立马荒野四望赊，夕阳片片缀残霞。
烟浮野墅人家少，河绕空城柳岸斜。
霜落堤穿狐卧窟，雨晴滩湿雁依沙。
行人莫听三更笛，吹尽当时满眼花。

题晚香堂

清·方观承

魏公为政地，来问晚香堂。
胜迹诗堪纪，斯人道不忘。
关河犹古郡，锁钥剩空墙。
五礼虚垂石，三贤远媲芳。
曾传莲泛绿，试待酒初黄。
企接邦千里，思倾酒一觞。
当时兼镇邺，何处屡移漳。
兴寄东篱远，心忧北敌长。
从谁评出处，亦复养柴桑。

过刘元城（安世）故里

清·方育盛

富贵已行云，文章似腐草。
所赖正气存，乾坤常颢颢。

刘公宋名儒，力学在年早。
从事司马光，一言终身宝。
自不妄语始，生死不颠倒。
应诏官谏议，许身辞母老。
匡扶心父心，抗疏舒怀抱。
目为“殿上虎”，疾恶似征讨。
严过屡改官，时忌窜海岛。
新州复梅州，微生几不保。
无意计子孙，惟不愧祖考。
元祐有全人，中天白日杲。
既卒且风雷，满室光旭扫。
生平垂史册，故里遗周道。
人即以地名，地以人名好。
下马看丰碑，元城字文藻。
高树挂斜阳，寒烟隐城堡。
游子心独伤，岂为羁旅恼。
我亦投荒人，归来仍枯槁。
槐公千秋名，不朽同钧造。

天雄怀古

清・孙郁

毕万遗封古大名，三州扼险土田平。
山川尽入秦东郡，锁钥曾传宋北京。
白露横空闻木叶，黄花遍地见秋耕。
残碑偃卧荒烟里，禾黍西风无限情。

天雄书院古柏

清・吴学炯

天雄书院古柏数株，离奇可爱，雪霁登上达楼纵观，青白殊色，招诸子赋诗，限用杜工部《古柏行》韵，和孔观察心一荫樾。孔，山东进士，康熙九年官道台。

幽院森森多古柏，挺然干霄盘孤石。
离奇葱茜自有香，倒插青泥深几尺。
已为天地栋梁才，未许群芳相妒惜。
曲叶纷披霜里青，直身孤立雪里白。
乍见日光峙阁东，欲依玉树问鲛宫。
乘高对此难成赋，竦然神气黛色空。
坚经幽幽皆本性，横斜落落不惊风。

如此古干谁能植，因知万物有神功。
凝寒箕踞倚画栋，精华欲借文章重。
佳容欲来纵眼观，佳景幽怀共吟咏。
不知深处有立鹤，今古能无见栖凤。
嗟哉造化自无私，历尽岁寒岂待用。

卫水归帆

清·姜贻缙

蒹葭两岸隐斜晖，欸乃声中一叶归。
千里人从沧海至，十里梦傍故园飞。
帆悬碧浪晴云散，蓬落沙滩夜雨微。
回首他乡天际远，孤舟聊系钓鱼矶。

魏博怀古

清·郜焕元

太行东来势莽汤，河流迴薄郁相向。
室壁星分甸卫高，沙麓一望平如掌。
毕万之封肇始启，大都名城鳞次起。
会盟当时遍周秦，祥异曾看记鲁史。
祖龙跋扈号雄才，展土拓疆此地来。
二十四城无坚壁，三川郡县一时开。
汉皇提剑逐鹿走，河山又见如反手。
魏豹城边万营屯，王莽堤下千杨柳。
从此形胜首冀州，袁曹战垒几经秋。
魏冉石虎太纵横，晋陵秦树成荒丘。
后来隋唐苦用兵，上游割据势必争。
朝廷自失节度使，藩镇始增牙校营。
魏博流传姓不一，甲马营中真人出。
彦卿自入河北朝，枢密欲戒周宗失。
咸平之间事有多，彍骑起掣六龙时。
宰相亲为锁钥门，至尊不惜孤注守。
我为魏博人欲问，魏博事断碣与碑。
丰碑土蚀前朝字，楼台犹是古陪京。
歌声不闻旧邸第，只今地属畿辅中。
股肱真似右扶风，但其休养报天子。
河北之镇至今雄，呜呼！河北之镇至今雄。

疏选

上真宗皇帝疏

宋・柳开

真宗即位，加如京使，归朝，命知代州。上言曰：国家创业将四十年，陛下绍二圣之祚，精求至治。若守旧规，斯未尽善。能立新法，乃显神机。臣以益州稍静，望陛下选贤能以镇之，必须望重有威，即群小畏服。又西鄙今虽顺从，心未可必，苟有翻覆，须得人制御，若以契丹比议，为患更深。何者？契丹则君臣久定，蕃、汉久分，纵萌南顾之心，亦须自有思虑。西鄙积恨未泯，贪心不悛，其下猖狂，竞谋凶恶，侵渔未必知足，姑息未能感恩，望常预备之。以良将守其要害，以厚赐足其贪婪，以抚慰来其情，以宽假息其念。多命人使西，入甘、凉，厚结其心，为我声援，如有动静，使其掩袭，令彼有后顾之忧，乃可制其轻动。今甲兵虽众，不及太祖之时人人练习，谋臣猛将则又悬殊，是以比年西北屡遭侵扰，养育则月费甚广，征战则军捷未闻。诚愿训练禁戢，使如往日行伍，必求访勇敢，指顾无纵于后先，失律者悉诛，获功者必赏。偏裨主将，不威严者去之。听断之暇，亲临殿庭，更召貔虎，使其击刺驰骤，以彰神武之盛。

臣又谓宰相、枢密，朝廷大臣，委之必无疑，用之必至当。铨总僚属，评品职官，内则主管百司，外则分治四海。今京朝官则别置审官，供奉、殿直则别立三班，刑部不令详断，别立审刑，宣徽司全同散地。大臣不获亲信，小臣乃谓至公。至如银台司，旧属枢密，近年改制，职掌甚多，加倍置人，事则依旧，别无利害，虚用变更。臣欲望停审官、三班，复委中书、枢密、宣徽院，银台司复归枢密，审刑院复归刑部，其繁细者，具革。

又京府大都，万方轨则，望仍旧贯，选委亲贤。今皇族宗子，悉多成长，但令优逸，无以试材，宜委之外藩，择文武忠直之士，为左右赞弼之任。

又天下州县官吏不均，或冗长至多，或岁年久阙。欲望县四千户已上选朝官知，三千户已上选京官知。省去主簿，令县尉兼领其事。自余通判、监军、巡检、监临使臣并酌量省减，兑虚费于利禄，仍均济于职官。又人情贪竞，时态轻浮，虽骨肉之至亲，临势利而多变。同僚之内，多或不和，嫌隙则致于倾危，患难则全无相救，仁义之风荡然不复。欲明有颁告谕，各使改更，庶厚风俗，永敦政本。

恭惟太祖神武，太宗圣文，光掩百王，威加万国，无贤不用，无事不知。望陛下开豁圣怀，如天如海，可断即断，合行即行，爱惜忠直之臣，体察奸谀之党。臣久尘著位，寝荷恩宠，辞狂理拙，唯圣明恕之！

论朋党疏

宋・刘安世

臣尝于史册之间，考前世已然之事，盖有真朋党而不能去，亦有非朋党而不能辨者，此实治乱消长之机，不可不察也。东汉之衰，奸人先以党事，诛戮禁锢天下之贤者，而在朝皆小人也。故汉以之亡，此所谓非朋党而不能辨者也。唐之季世，牛李之徒，迭进相毁，巧构倾覆，而善人君子，废斥无余，其所用者皆庸鄙不肖也，故唐以之乱，此所谓有朋党而不能去者也。盖君子之进则至公，引类以报国；小人之进则徇私，立党以固宠。虽世主深疾，臣下之背公成朋，而小人窥见间隙，乡愿闭匿其私，阳若可信，反指君子引类之公，以为有党，党之与类相似而不同，是非虚实，间不容发，辨之不早，遂生乱阶，此正人所以常被诬，而小人所以常得志也。祖宗远鉴历代之弊，择耳目之官，所以开众正之路，塞群枉之门，而近日士论稍有朋党之迹，奸人乘主上冲幼，陛下委任大臣之际，阴引邪匿，渐斥端士，孤朝廷之势，而蔽人主之聪，明盗刑赏之柄，以快群小之私意，此弊漫长，非国家云福也。臣愿陛下深览前史之戒，慎终如始，奖惜台谏，以养多士敢言之气，庶能破奸邪之谋，而消未形之变，天下幸甚！

文选

玄居释

西晋·束皙

束皙闲居，门人并侍。方下帷深谭，隐几而咍，含毫散藻，考撰同异，在侧者进而问之曰："盖闻道尚变通，达者无穷。世乱则救其纷，时泰则扶其隆。振天维以赞百务，熙帝载而鼓皇风。生则率土乐其存，死则宇内哀其终。是以君子屈己伸道，不耻干时。上国有不索何获之言，《周易》著跃以求进之辞。莘老负金铉以陈烹割之说，齐客当康衢而咏《白水》之诗。今先生耽道修艺，嶷然山峙，潜朗通微，洽览深识，夜兼忘寐之勤，昼骋钻玄之思，旷年累稔，不堕其志。鳞翼成而愈伏，术业优而不试。乃欲阖椟辞价，泥蟠深处，永戢琳琅之耀，匿首穷鱼之渚，当唐年而慕长沮，邦有道而反甯武。识彼迷此，愚窃不取。

若乃士以援登，进必待求，附势之党横擢，则林薮之彦不抽，丹墀步纨夸之童，东野遗白颠之叟。盍亦因子都而事博陆，凭鹢首以涉洪流，蹈翠云以骇逸龙，振光耀以惊沈鲻。徒屈蟠于陷井，眄天路而不游，学既积而身困，夫何为乎秘丘。

且岁不我与，时若奔驷，有来无反，难得易失。先生不知盱豫之谶悔迟，而忘夫朋，盍之义务疾，亦岂能登海湄而抑东流之水，临虞泉而招西归之日？徒以曲畏为梏，儒学自桎，囚大道于环堵，苦形骸于蓬室。岂若托身权戚，凭势假力，择栖芳林，飞不待翼，夕宿七娥之房，朝享五鼎之食，匡三正则太阶平，赞五教而玉绳直。孰若茹藿餐蔬，终身自匿哉！"

束子曰："居！吾将导尔以君子之道，谕尔以出处之事。尔其明受余讯，谨听余志。

昔元一既启，两仪肇立，离光夜隐，望舒昼戢，羽族翔林，蠛蠓赴湿，物从性之所安，士乐志之所执，或背丰荣以岩栖，或排兰闼而求入，在野者龙逸，在朝者凤集。虽其轨迹不同，而道无贵贱，必安其业，交不相羡，稷、契奋庸以宣道，巢、由洗耳以避禅，同垂不朽之称，俱入贤者之流。参名比誉，谁劣谁优？何必贪与二八为群，而耻为七人之畴乎！且道睽而通，士不同趣，吾窃缀处者之末行，未敢闻子之高喻，将忽蒲轮而不眄，夫何权戚之云附哉！

昔周、汉中衰，时难自托，福兆既开，患端亦作，朝游巍峨之宫，夕坠峥嵘之壑，昼笑夜叹，晨华暮落，忠不足以卫己，祸不可以预度，是士讳登朝而竞赴林薄。或毁名自污，或不食其禄，比从政于匣笥之龟，譬官者于郊庙之犊，公孙泣涕而辞相，杨雄抗论于赤族。

今大晋熙隆，六合宁静。蜂虿止毒，熊罴辍猛，五刑勿用，八纮备整，主无骄肆之怒，臣无牦缨之请，上下相安，率礼从道。朝养触邪之兽，庭有指佞之草，祸戮可以忠逃，宠禄可以顺保。

且夫进无险惧，而惟寂之务者，率其性也。两可俱是，而舍彼趣此者，从其志也。盖无为可以解天下之纷，澹泊可以救国家之急，当位者事有所穷，陈策者言有不入，翟璜不能回西邻之寇，平、勃不能正如意之立，干木卧而秦师退，四皓起而戚姬泣。夫如是何舍何执，何去何就？谓山岑之林为芳，谷底之莽为臭。守分任性，唯天所授，鸟不假甲于龟，鱼不借足于兽，何必笑孤竹之贫而羡齐景之富！耻布衣以肆志，宁文裘而拖绣。且能约其躬，则儋石之畜以丰；苟肆其欲，则海陵之积不足；存道德者，则匹夫之身可荣；忘大伦者，则万乘之主犹辱。将研六籍以训世，守寂泊以镇俗，偶郑老于海隅，匹严叟于僻蜀。且世以太虚为舆，玄炉为肆，神游莫竞之林，心存无营之室，荣利不扰其觉，殷忧不干其寐，捐夸者之所贪，收躁务之所弃，雉圣籍之荒芜，总群言之一至。全素履于丘园，背缨緌而长逸，请子课吾业于千载，无听吾言于今日也。”

记 选

素园记

清·李昌祚

大名郡城内之东南隅，前相国成文穆公第宅在焉。公崇祯已巳登政府，嗣引疾乞休，优游林下者六年。公殁未十年，今相国青坛先生及伾岚太史先后入翰苑、登政府。余小子得侍先生函丈数矣，又辱伾岚交好，独未一过千米中，私意公家园亭池馆、花石声伎之奉，当甲于海内，常欲游览登眺而未得也。

己亥夏，过大名访伾岚于家，相与饮酒论文，流连数日，乃引余游文穆公别业，所谓素园者而属余记之。园在第后，南北数十丈，而东西绵亘三、四倍，若画辋川焉。东倚城垣，城上特建两楼，盖形家为府治设，实若为素园翼震方也。城之下，近接一壑，广且深；第前衣带水，潆而注此，夹岸杨柳，旧名柳塘；塘之中，有静舫，塘西则园之东壁也。由巽门入，松柏为墙，花木茂密。一径中行，有敞庭，庭前牡丹、芍药间植。庭北有堂，文穆公题堂句：

卧云惊圣代，枕石谢苍生。因额曰“云石堂”，公行世诗文《云石堂全集》即此也。堂前双青桐，干霄拂云；堂东灌木数十本，有方亭，有曲廊，逶迤而南。折而东，依东壁为书屋，曰“深柳读书堂”，屋上为台，登台而柳塘、雉堞可眺也。

堂之西，有“禅悦堂”，堂前方沼，生菡萏；沼前有井，资灌溉，故禅悦堂联曰：源头通活水，初地涌青莲。自兹穿林而西，中有大湖，石浑厚崚嶒，傍夹数虬松，松石之北有楼，额曰“揽秀巢云”，石之南有轩，竹树掩映，六窗先生侍文穆公读书处也。由此而西，竹树丛荫忽而开霁，蔬畦平衍，中有池，池心有亭，题曰“八风亭”，董文敏书赠也。池之西，迢递曲折，土石相半为冈，冈之乾方，峰峦高耸，上有草亭，亭上西望，北府治射圃，西学宫壁水。俯视东南，则第宅亭榭，皆在水光树色间矣。然所构屋宇，不砻不斫，无世俗雕绘绮丽之态，其所觞客燕居之地，亦无诡石怪木，奇弁美箭之供。迄今数十年，虽后嗣鼎盛，而无所增华焉。

余为低回久之，尝读史，盛称李相德裕门第人文之盛，然元和以后，海内方疲于兵革，而德裕“平泉庄”周回数十里，天下瑰奇之花石，无不毕致，何其侈欤！文穆公致政里居，可以饰泉石之胜以自奉矣，而公泊然一无所营。二十年以来，海内多故，名园之荡为墟者，不知凡几，而公之素园犹然无改也。易履之初九曰：“素履往无咎。”列子曰：“太素者，质之始也。”公家相业得于索之，时义者为大，闻公之风者，亦可以感发兴起矣。

历代修志序

《大名县志》创修于明嘉靖知县朱湘，继修者有：明隆庆知县李本意，明万历知县李一鳌，清康熙知县顾咸泰，清乾隆知县张维祺，民国 23 年（1934）县长程廷恒。《元城县志》创修于清康熙知县陈伟，继修者有清同治知县吴大镛。现将历代修志序选录如下：

明隆庆邑进士山西参议杨守愚《大名县志》序

曰：隆庆岁丁卯元年（1567），朱瑞　（朱湘之字）公既作邑乘矣。越二年，已巳三年（1569），漳、卫涨溢，堤决城坏，志板亦冲泊无稽。时有议省大名入元城者，太素（本意别号）李公奋然起曰：“城虽壑，可襄也；宇虽圮，可葺也。忍邑自我废乎？”谋于乡士大夫，咸抗议不可，邑赖以不省焉。

抵今庚午四年（1570），邑务稍就矩，而志板流没，良可慨也。则被患之后营治一新，建置之制，提封之迹，果沿夫旧而无所异同欤？以学校秩祀，则起敝维新者多；以官师选举，则宦迹转蓬者多；以列传艺文，又有当继入而不可泯没者多。遂托张君东渔，师伊赵君，有莘来聘，开局于应龙书院，取旧志而增损之，公亦自临铅椠。凡两月事竣，又两月梓成。予伏读数过，叹曰：“是可与瑞　公之志并传矣！”公英明果断，振残破之邑而恢张之，固不特一志然也。

惟予与公以并县事，不克仰承上人，均被谴怒。是又受公之知，于患难中矣。今志成，乌可以不序。

明万历知县李一鳌《大名县志》序

曰：余不以时届“重光”（“尔雅”太岁在辛）、渊献（太岁在亥）之岁抄承乏大名，会征逐簿书，无寸晷暇，比蓐收（孟秋之神）。司辰，商风渐爽，少司马元石李公、选士张生洵缄邑志数帙示余曰：“此前明府赵公所甫，镌而未竟者也。”余受读再四，大抵提纲纂要星稠绮合，囊托载籍驰骋古今，洋洋乎诚大国之信史也，遂开局公署，鸠集剞人，凡三月而工竣，不僭为数语，弁其首。

窃考古者，列国诸侯守在四境，举境内而疆理之，载笔特书，具有图籍。故邑之有志，犹国之有史也。然匪博弗赅，匪慎弗精，匪公弗协，作者往往称难。

今司马才三长，业已狎主词盟，张生亦夙号博奥，而其间政治之因革，风俗之污隆，食货之盈缩，赋役之繁简，人物之臧否，又皆稽实亦于六曹，溯遗编于百氏，访遗纵于父老，付月旦于胶庠。

如所云博慎公者盖兼之。他日轩有采，持此以上陈规典，则日落月稀之感，或可以稍宽矣。

余又惟，今海内郡邑之志，不啻如林，独《彰德》《武功》称最。《彰德》以后渠崔先生（铣）重；《武功》以对山康先生（海）重。皆以尺幅铅椠之业，不朽千秋。司马公方将入秉枢衡，著述正未有艾，邑志直其一班尔。

异日者“大名”当以司马重，与后渠、对山两先生后先媲美。不辱在《彰德》《武功》之列。

亦尚与有荣哉。

明万历知县赵一鹤《大名县志》序

曰：郡邑之有志，所以表列宪章，征信今古，俾柄政者得奉而从事，固非以资格得竟其美者。

大名为邑独小，而枢毂中原，襟带齐鲁，拱为郡城，势雄三辅，亦要地也。

属者抗冲供输，每称力拙，重以河流不仁，隆庆之灾，荡析离居，腾议并省，大名几不邑矣，赖当事者力争，城社不移，其定倾存亡之功，不可忘也。

一鹤承乏宰官，受命饮冰间，取邑志读之。溯隆庆庚午迄今万历壬子，祀逾四十，代更两朝，损益典章，宁无可举？苟令湮灭，安用长人。

适少司马元石李公读礼里居，覃思著述，文献足征。不乃以续修为请，选士张洵宏览博物君子也。专事属草，凡浃岁告成，不得以卒业，则纲罗裁补，咸正无缺，讨论润色，视昔有加，允称良史，有光琬琰矣。遂付剞氏，未竣十之一二，偶以塞河筑堤，迁旁县令，挂冠还吴。

会今侯虹西李公，天才倜傥，百废俱兴。顾独轸念文献，急就杀青，令不微名，得附骥而益显也，实厚幸矣。

又独念大名既免河害，又焕编摩，稍稍慰不为民请命，为邑文之夙愿，即伏山林，又何憾焉。

乃辄序其颠末，若此。

清康熙知县顾咸泰《大名县志》序

曰：考大名为郡南首治，风尚近古。临偃堰以俯眺古河，登铜台而纵观晓嶂。其间牧堤夜月，古迹灵湫，览朝霞于菱岸，沐阴雨于莲池，沙堤远浦间，卫渚归帆志胜，清风、白水、纪村，快一水之中分，喜双城之对峙。翠柳扬新，青杨耸峻，环垣晴晖，遥堤古渡，以伟观也。方今圣天子敦崇文治，诏纂九土通志，颁檄海内，各裒邑乘，以备采集。泰承乏大名，凛凛知罪，自揣固陋，焉敢言文。顾以人文聚于地，国典因乎时，时际昌隆，地灵俞启。遴士开局，撷编授简。自明万历以来，俱旁搜博采，裁于古良史之载笔，请诸贤大夫之持衡，每集嘉懿，订正必严。宁简毋泛。宁守绳墨，毋侈恹奇，勉且慎，数阅月告成。卷凡二十，纲十有七，目四十有一，率旧以辑之，庶几斯世共谅焉。间尝拥武阳拱华岳，骑山香雪之区，古怀如晤。今书成，下备民风，上昭盛治，垂千秋之业，一统之全将见。宝善非侈白珩，《离骚》续诸《风雅》，既足答山川之灵，且以预轩之采，厥不美哉！

清康熙知县陈伟《元城县志》自序

曰：嗟乎，志之难也！非志之难也，志其始之难也。曷难乎？前代之书渺矣，荒焉而不足征，故老之传微矣，远也而莫之信。征矣信矣，所闻异词，所见殊旨，一人断而十百人且聚讼也，十百人进而一人且狐疑也。积之日月焉，经营夫岂崇朝；镜诸今古焉，参稽宁容或阙。而况于日食星陨、水凝石裂，动有阙乎天地；迁亳营洛，贡金求车，皆有系于朝廷。讵可漫然已哉，故曰：志之难也。作者之不轻，而行者期可久也。

不佞，承乏元城，下车问俗，索邑乘，曰无有。适奉功令，征修一统全志，早夜思维，恐怠废获戾。因搜郡志，摭拾成言，曰：质之简编也；询缙衿，网罗缺失，曰：补之谠论也；采耆旧，探讨遐广，曰：得之四隅也。图度极意，欣慨当心，自公退食之余，则以管城子从事，裒之、易之、芟之、存之，咸以适于用者为大，不敢以缘饰过情，徇名失实，为一邑羞，兹幸汇订成编，于星野年纪，悚天人之故；于田赋物产，恤井里之匮；于城池兵防，凛封疆之守；于宦业人物，俨典型之存。以至发潜德，阐幽光，欲使继往开来，师范后世，兢兢业业勿之苟焉。

孔子曰："托之空言，不如见诸行事。"不佞，有志而未逮者也。先籍是书与诸大夫，士共勉之，不敢曰始之难也，以解嘲也，盖其慎也，匪赘疣也。

清乾隆知县胶州张维祺重修《大名县志》序

曰：乾隆四十六年（1781）冬，余自肥乡移剧大名。大名自并魏移治府城，号称畿南冲要，而县志尚未裒合成书，文献之征，缺焉未备。余有志搜罗，下车之始，姑未遑暇。至四十九年（公元1784年），乃与乡缙绅讨论商榷，采取两县旧志，参互考订，益以后所见闻，汇辑为编。得图说二、表二、志七、传五，凡一十六编。而叙例列于卷首，杂记附于卷末者，不与焉。

五十年（1785）春正月，书成。会余迁河间同知，寻以挂误免官。而继为政者，休宁吴君之珩，自隆平移治兹县。吴君故以循良，名声三辅，而大雅擅文，所学俱有本原。及余相得，莫逆于心，因以志稿，属君订定，述所以为志之由，而质之吴君曰："往在肥乡官舍同年友会稽章君学诚，与余论修志事。章君所言，与今之修志者异。"

余征其说。

章君曰："郡县志乘，即封建时列国史官之遗，而近代修志诸家，误仿唐、宋州郡图经，而失之者也。周官外史掌四方之志注，谓若晋之《乘》，楚之《杌》，鲁之《春秋》是一国之史，无所不载，乃可谓一朝之史所取裁。

夫子作《春秋》，而必征百国宝书，是其义矣。若夫图经之用，乃是地理，专门按天官司会所掌书契、版图注版谓户籍，图为土地形象，田地广狭，即后世图经所由仿也。是方志之与图经，其体截然不同。而后人不辨其类，盖已久矣。"

余曰："图经犹可考乎？"

章君曰："古之图经，今不可见。间有经存图亡，如：《吴郡图经》、《高丽图经》之类，约略见于群书之所称引。如水经地志之类，不能得其全也。今之图经，则州县舆图，与六条宪纲之册，其散著也。若元、明之一统志书，其总汇也。散著之篇，存于官府文书，本无文理，学者所不屑道；总汇之书，则固地理专门，而人物、流寓、形胜、土产、古迹、祠庙诸名目，则因地理而类撮之，取供文学词章之所采用，而非所以为书之本意也。故形胜必用骈俪，人物节取要略，古迹流连景物，祠庙亦载游观，此则地理中之类纂，而不为一方文献之征，其皎然也。"

余曰："然，则统志之例非欤，阎氏若璩以谓统志之书，不当载人物者，其言洵足法欤？"

章君曰："统志创于元、明，其体本于唐、宋，质文损益，具有所受，不可以为非也。《元和郡县》之志，篇首各冠以图，图后系以四至八到，山川经纬之外，无旁缀焉，此图经之本质也。《太平寰宇》之记，则入人物艺文，所谓踵事而增华也。嘉熙《方舆胜览》，侈陈名胜古迹，游览辞赋，则逐流而靡矣。统志之例，补寰宇之剩义，删名胜之支辞，折衷前人，有所依据，阎氏从而议之，过矣。然而其体自有轻重，不可守其类纂名目，以备一方文献之全，甚晓然也。"

余曰："古之方志，义例何如？"

章君曰："三代封建与后代割据之雄，大抵国自为制，其体固不侔矣。郡县之世，则汉人所为，汝南先贤，襄阳耆旧，关东风俗，诸传记，固已偏而不备，且流传亦非其本书。今可见者，宋志十有余家，虽不能无得失，而当时图经纂类名目未盛，则史氏家法犹存，未若今之直以纂类名目，取为全志也。"

余曰："宋志十有余家，得失安在？"

章君曰："范氏之《吴郡志》，笔具剪裁；罗氏之《新安志》，意存著述，其尤善也。罗志芜而不精，范志短而不详，其所弊也。后人得著述之意者鲜矣，知剪裁者，其文削而不腴，其事郁而不畅。其所识解，不出文人习气，而不可通于史氏宏裁。若康氏《武功志》韩氏《朝邑志》，其显者也。何为文人习气？盖仿韩退之画记，而叙山川、物产，不知八书、十志之体不可废也。仿柳子厚先友记，而志人物，不知七十列传之例，不可忘也。然此犹文士，循名多弊也。等而下者，更无论矣。"

余曰："如君所言，修志如何而后可？"

章君曰："志者，志也。其事其文之外，必有义焉，史家著作之微旨也。一方掌故，何取一人著作？然不托于著作，则不能以传世而行远也；文案部籍，非不详明，特难乎其久也。是以贵专家焉，专家之旨，神而明之，存乎其人，不可以言传也。其可以言传者，则规矩法度，必明全史之通裁也。"

"明全史之通裁，当奈何？"

曰："知方志非地理专志，则山川、都里、坊表、名胜皆当汇入地理，而不可分占篇目，失宾主之义也。知方志为国史取裁，则人物当详于史传，而不可节录大略，艺文当详载书目，而不可类选诗文也。知方志为史部要册，则胥吏案牍，文士绮言，皆无所用，而体裁当规史法也。此则其可言者也。夫家有谱，州县有志，国有史，其义一也。然家谱有征，则县志取焉，县志有征，则国史取焉，今修一代之史，盖有取于家谱者矣。然其故实，始于误仿图经纂类之名目，此则不可不明辨也。"

噫！章君之言，余未之能尽也。然于志事，实不敢掉以轻心焉。二图，包括地理，不敢流连名胜，侈景物也；七志，分别纲目，不敢以附丽失伦，致涣散也；二表，辨析经纬，不敢以花名卯簿，致芜秽也；五传，详具事实，不敢节略文饰，失征信也。

乡缙绅不余河汉，勤勤讨论，勒为斯志，庶几一方之掌故，不致如章君之所谓，误于地理之偏焉耳。若求其志，而欲附于著作专家，则余不敏矣。

时乾隆五十年（1785）正月

知大名县胶州张维祺撰

清乾隆知大名县永安李棠《大名县志》序

曰：甲辰（1784）冬，余初任鸡泽，以公至大名，时宰大名者胶州云嵋张君，君以名进士，出为邑宰，鸿才硕学，游刃有余，酒间，语及修志，聆其议论，迥异时蹊，余心韪其言。

嗣补满城，去大名益远，志之成与否，无从过问。丁未（1787）冬，余由满城移调兹土，甫下车，即询张君所为志书，始知，书虽成而未授梓，而其稿亦随装而去，为怅然者久之。居无何，闻邑孝廉成君家尚存笔削遗本，取而读之，始星野，终杂记，括以图表，志传约而核，赡而有体，卓乎！作者之林，余复何间焉。

抑余更有感者，今之大名非昔之大名也。昔之大名自为一邑，今则并魏而附于郭，幅员寥阔，漳、卫经焉，河伯为灾，原当思患，则志地理，非徒夸形胜也，有经济焉；河北为古来用武之区，民情犷悍难驯，遗风未殄，又况地连三省，易于藏奸，则志风土，非徒侈货殖也，有转移焉；大名人文甲于他邑，自汉及今，名臣接踵，后先物望，稽之国史，则不无遗珠，采之家传，则不无溢美。况志与史异，史则兼书善恶，而志则惟善是录；史则备述一代，而志则仅记方隅。此中取去权衡，尤宜参酌，而其他芜者删，缺者补。不辞谫陋，而亲自操椠，盖原书不可见，所见者点窜残编，而复多未经点定之文，故与成君订定而成是书，是书成将以备轩之采，岂侈言著作云乎哉！

时乾隆五十四年（1789），岁次已酉，孟秋上浣

知大名县闽永安李棠撰

清同治知县吴大镛续修《元城县志》自序

曰：事固难于创始，迹每久而就湮，一篑之覆，经始之道也；而为山基之拾级而登，追纵之道也；而启后因之，前人创业之功，成于一日，延诸百年，固在继之者。况邑乘与国史相附丽，尤不可忽，修明之责属在有司，然非才、学、识兼优，不能胜其任。

元城之有志，自莆田陈君兰涯创之，遂克遗于今日。君以著作宏才，传不朽盛业，不可谓非一时遭际之隆矣。顾茫茫坠绪，而欲求既往之迹，于惝恍无凭之后，岂不汲汲乎难其任哉。迄今披前志而读之，补苴掇拾，存信去疑，具见陈君当日之苦心，固知创志之难于修志也明甚。

壬申（公元1872年）春，镛奉署元城，适逢大府奏修《畿辅通志》，饬各邑普修，以备采择。奉令之下，惶然、歉然、殷然交并于中，而责无旁贷，不获以不敏辞。溯自康熙迄今垂二百年，其间人事之变迁，物类之消长，多泯没而莫可稽，则远绍旁搜，张皇幽渺，讵可苟且将事，以贻此邑羞。

余愧无文，忝承宰篆，抗尘走俗之余亟亟于案牍，犹恐不逮，恶得如陈君躬自纪理，铢积寸累，由一篑以抵于成山，则今日之继前人，不有难于前人者在耶。虽然广厦犹赖夫众才，而巨典岂容以独任，合邑之仕绅谋焉，与李、王两广文廪生郭步庭辈，立分总之局，广征引之路，相率勤求，不留余力，以共济采缉，参稽之任。又有王君东麓，以直刺待选，养疴林泉，远嚣既久，闻之，欣然愿亲斯役，遂以总持之任，归之。夫修志者，辄几经寒暑勤苦而难成。今乃自季夏，竣于冬初，余喜得逢盛举，方虑无能为役，而奏功之速若此，诚诸君协助之力也。

稷篑可以成山，其信然欤。至与前志之异同，新颁之条格，因仍损益，具载例言，毋烦赘述。伏愿后之君子，念昔陈君创始之苦心，继而修之，如茂质滋华，月新岁盛，不特追踪前哲，而文成美备，不较优于今日之为哉！亦犹拾级而登，更上一层，必改观千里矣。

志此，以为之序。

民国23年（1934）县长程廷恒《大名县志》序

壬申（公元1932年）之冬，廷恒自正定移守大名，携带正定续编未定志稿。簿领余闲，每与康民、省三诸兄弟辈，埋头工作，费时半年，幸获成帙，邮还正定。虽不敢云有终始，亦自笑可为好事者矣。

正定志稿甫经告成，复搜罗大名府、县旧志，屡经兵燹，荡焉无存。大名地居冲要，唐以魏博雄都领节镇；宋倚北京重寄遏敌氛。

念时事之多艰，翻悠然而思古，所幸先我有人纂修旧志，迄民国18年止，此四、五年中，人事之变迁，政体之改革，纷纭扰攘，杌陧不安。益当淬砺精神。周咨博访。间有将旧稿纲目，删繁就简，藉撷精华，随得随录，以资獭祭。续貂之诮，其奚能免。

犹忆乙丑（公元1925年）、丙寅（公元1926年）年间，廷恒长龙江政厅，省令与金息侯先生会修省志，稿将成政局倏变，睽违南北，消息杳如。今则大好河山沦为异域，前尘在眼，常用抚然，可见文字因缘，固有前定。

此志旧稿，邑张孝廉步月、呼孝廉如春、范明经廉泉诸君，热心毅力，赞助居多．独惜癸酉（公元1933年）盛夏，步月孝廉遽归道山；甲戌（公元1934年）春，先兄康民及廉泉明经，又先后作古，尤使致恫乎！惟三君子不及亲见刊行也。

爰掳观感而为之序。

中华民国二十三年甲戌六月

1994年版《大名县志》序一

《大名县志》历经五载，脱颖而出。值此出版之际，谨向为《大名县志》付出大量心血的县志编辑，表示由衷的感谢。

大名自汉高祖十二年（公元前195年）建县始（时称元城县），已历时2000余年。曾作过三次国都，宋仁宗庆历二年（公元1042年）建为北京大名府，又是历家王朝郡、州、府、路、道治所所在地，有“枢毂中原，襟带齐鲁”之势，有“控扼河朔，北门锁钥”之称，曾是冀南政治、经济、文化的中心，历代人才辈出，功高德远，可歌可泣，誉满中国古今大地。因而大名素有人杰地灵的美誉。大名人民靠着特有的勤劳和智慧，谱写了灿烂的历史篇章。

早在20世纪20年代，直隶第七师范学校建立了中国共产党大名特支，领导周围20个县的革命斗争，成为直南革命策源地。在共产党领导下，大名人民掀起了如火如荼的革命斗争，先后有1500多名英雄儿女，洒热血抛头颅英勇牺牲。大名人民不惧强暴，不畏艰难，前赴后继，取得了一个又一个胜利，为推翻帝、官、封三座大山，建立新中国做出了卓越贡献。在社会主义革命和社会主义建设中，大名人民战天斗地，艰苦创业，各项事业都得到了很大发展。在十年内乱中，大名各方面都遭到了严重创伤。党的十一届三中全会后，全县人民坚决执行"一个中心，两个基本点"的基本路线，在全省率先实行家庭联产承包责任制，经济建设得到空前发展；特别是近几年来，县委、县政府从解放思想，更新观念入手，牢牢抓住经济建设这个中心，大胆改革，扩大开放，确定了符合县情的总体发展战略思路，制定了各项事业发展指标，并在全县深入开展争先进、上台阶活动，提出了开创性工作、开拓性前进的要求，极大地激发了全县人民建设家乡、振兴大名的热情，形成了解放思想，抢抓机遇，加速发展的大好形势。

新编《大名县志》正是在全县各项事业飞速发展中编纂而成的。它旗帜鲜明地记载着在中国共产党领导下，大名人民半个多世纪以来所创造的辉煌业绩。通过大量历史事实的记述，充分展示了共产党的核心领导作用，证明"没有共产党就没有今天大名"的真理。新县志浓墨重彩地记述了教育科技方面的工作，寓意就在于科教兴县。乡镇企业在县志中独立成章，详细记述了近几年来乡镇企业异军突起的态势。大名县是河北省回族较多的县之一，汉回和睦相处。新县志中详细记述了回族政治、经济、文化的发展，体现了党的民族政策。总之，新编《大名县志》融思想性、资料性、科学性于一体，观点明确，资料翔实，门类齐全，体例完备，具有鲜明的政治性、时代性、地方性，是大名县的一部综合性的百科全书，具有"资治、存史、教化"的作用。

"治天下者以史为鉴，治郡国者以志为鉴"，新编《大名县志》必将服务当代，惠及子孙，在大名县精神文明和物质文明建设中发挥巨大的作用。

中共邯郸地委委员　原中共大名县委书记　王光龙

1992 年 8 月

1994年版《大名县志》序二

新编《大名县志》脱稿付印，编委嘱我作序。我来大名工作时间不长，对大名的历史了解甚微，只是在志书的编写过程中，先后听过编委同志数次汇报，初稿写出后，又作了粗略浏览，感到这部志书的编写，不论在指导思想上，还是编章设计以及资料的收集和加工整理上，均付出巨大劳动。因而，达到了修志的目的和要求。对此，特予以祝贺！

大名旧有志书多种，现存者有明正德年间的《大名府志》及民国 23 年（1934 年）出版的《大名县志》。旧志记述了春秋战国以来大名的历史沿革、疆域变迁以及部分政治、经济、军事、文化的发展变化，具有一定的参考价值。然而，由于历史的局限性，旧志重人文，轻经济，重帝王将相，轻劳动人民。对某些历史事件和人物褒贬颠倒，还存有宣扬封建迷信、因果报应等等内容。对此，现在以历史唯物主义的观点予以订正，无疑是必要的。

历史是劳动人民创造的。然而在漫长的封建、半封建、半殖民地的旧社会，劳动人民的历史是遭受帝、官、封三座大山的压榨和剥削的历史。哪里有压迫，哪里就有反抗。因此，又是反压迫、反剥削的历史。对劳动人民的这段历史，以历史唯物主义的观点，客观地记述下来，是新志书应该和必须担负的任务。新编《大名县志》在这方面作了很大努力，下了功夫，这是可贵的。

大名县是一个具有光荣革命传统的老区。早在 1926 年就创建了中共大名特支。党组织的诞生，是大名划时代的历史变革。党组织诞生之后，在秘密时期先后领导人民掀起了不同规模、不同形式的农民、盐民、工人、知识分子的革命斗争，取得了一个又一个的胜利。1937 年至 1948 年，大名人民在党的领导下，同全国人民一道，进行了艰苦卓绝的 8 年抗日战争和 3 年解放战争，打败了日本帝国主义，推翻了蒋家王朝，建立了中华人民共和国，从此，大名人民当家做了主人。他们在党的领导下，进行了 40 年的社会主义革命和社会主义建设，走过了光辉曲折的道路。认真地写好这段历史，是新修志书的根本任务和目的。新编县志，较好地体现了这个要求。

通览新编《大名县志》，我认为编辑们在广泛调查研究，大量掌握资料的基础上，经过去粗存精，去伪存真，按照横排竖写的要求，以“志以致用”为目的，将大名的历史，纵贯始末，横及百科，从政治、经济、军事、文化、风俗民情、乡土轶闻等等，作了较为全面的记述，经验、教训寓于其中，具有鲜明的政治特点、地方特点、时代特点。同时，资料较为翔实，详略也较得当，这就为了解大名的历史，借以指导大名今后工作，提供了较为全面和可靠的依据。因此，志书的出版，对大名今后的物质文明和精神文明建设，必将发挥它应有的作用。

值此志书出版之际，我谨向全体编辑同志以及为编写志书提供资料的部门和同志，致以衷心的谢意。

大名县人民政府县长　汪金亭

1992 年 8 月

1994年版《大名县志》再版序言

大名历史悠久，闻名遐迩。春秋属卫，后属晋，战国属魏。汉高祖十二年（前 195）建县。自三国魏黄初二年（221）至民国 26 年（1937）“七七事变”的 1700 余年的历史中，三为国之都城，首为河北行政治所，更是历代郡、州、府、路、省、道、专区治所所在地，解放后一度设市，有“枢毂中原，襟带齐鲁”之势，“河朔雄镇”、“北门锁钥”之称，长时期为古黄河以北的政治、经济、文化中心。大名地灵人杰，名人辈出，人民勤劳智慧，谱写了光辉灿烂的历史华章，誉满神州大地。

大名乃革命老区，光照直南。20 世纪 20 年代，冯品毅在直隶七师播下革命火种，很快在直南 20 余县呈燎原之势，七师被誉为直南革命策源地。抗战时期，邓小平在善乐营（营镇）召开会议，指导冀南军民抗日；宋任穷、陈再道在卫东建立根据地，军民鱼水情深，有“小太行”之美誉；“四区抗日大队”更是屡撞日伪，战功赫然。在整个革命斗争年代，以郭隆真、冯品毅、柴鸿儒、解蕴山等为代表的 1500 多位大名英雄儿女，前赴后继，抛头颅，洒热血，英勇牺牲，为中华民族的解放和独立立下不朽功勋。新中国成立后，特别是党的十一届三中全会以来，大名人民在县委、县政府的领导下，开拓进取，艰苦创业，各条战线、各个领域都发生了翻天覆地的变化，取得了巨大的成就。

大名县修志工作起于明嘉靖年间，之后曾数度续修。1994 年出版的《大名县志》是大名历史上第七部县志，是大名县第一部社会主义新县志。其上限追溯至春秋时期，下限为 1990 年。该志书指导思想正确、观点鲜明、门类齐全、内容翔实、体例完备，是一部质量上乘的传世佳志，曾荣获河北省志书评比一等奖。

“治天下者以史为鉴，治郡国者以志为鉴。”为更好地发挥该县志的“资政、存史、教化”作用，使我们的决策更科学，更合大名实际，使大名更好、更快地发展，县委、县政府决定对1994年版《大名县志》进行再版。县委、县政府号召全县各级干部都要通读、细读、精读这部志书，爱我大名，知我大名，建我大名，为早日将大名建成三省结合部中心城市而贡献我们的最大力量。

大名县人民政府县长　武金良

2005年11月

大名古今方志

蒋林魁

古城大名，有七千年的文明史（大名赵鸭窝文化遗址，经国家考古队科学检测，确定为七千年前史前文化的重要遗址）。夏为观扈之国，商朝为都城（今称古殷城），周为魏国别都，秦汉至宋元，不但是历代的道、府、州、郡、军、路、大都督府等治所所在地，更是十五次大小朝廷的国都陪都。境内黄河、大运河、漳河纵横交错，沙麓山横亘南北。人文荟萃，名人辈出，帝后将相，文人雅士，一幕幕的历史大剧在这里上演，波澜壮阔，耀目苍茫，影响遍及九州四海。大名就像一座历史文化宝库，具备丰富深厚的历史资源与文化积淀，历代镇魏的太守县尊，皆把修志当为第一要务，代代传承。以现有资料统计，宋朝即创修《大名府志》，元代大德年间续修《大名府志》，朱明定鼎，洪武年间续修《大名府志》，永乐、正统、景泰、弘治、正德、成化、嘉靖、万历等都陆续修撰《大名府志》，清康熙、乾隆、道光、咸丰又相继续修《大名府志》，达十八部之多，另有《大名县志》《元城县志》等多部。

大名府志（18部）

宋《大名府志》　宋朝修撰。此部志书，在一部名叫《舆地纵谈》的元朝文人所作的杂记中，曾提到皇宋《大名府志》，舆地一门记载颇详。未见实物，修志者姓名与卷数皆不详。清乾隆张维祺《大名县志·序》引会稽章学诚之说曰："今可见者，宋志十有余家，虽不能无得失，而当时图经纂类名目未盛，则史氏家法犹存，未若今之直以纂类名目，取为全志也。"以此可知宋《大名府志》之梗概矣。

元大德《大名府志》　元大德年间修撰。此部志书，在一部名叫《舆地纵谈》的元朝文人所作的杂记中，曾提到元大德年间《大名府志》之体例门类沿袭皇宋《大名府志》，人物记载尤详。未见实物，修志者姓名与卷数皆不详。

明洪武《大名府志》　明洪武年间纂修，具体修撰年代、修纂者姓名、卷数、篇目具不详。《永乐大典》七千五百一十四阳字韵引，记载有洪武《大名府志》。《大明一统志》、嘉靖《大名府志》皆言有洪武《大名府志》。

明永乐《大名府志》　明永乐年间纂修。据吴骥《正统大名府志·序》称，明永乐间尝纂修府志，但属草创，较为粗略。但志书悉以永乐十六年礼部所颁定式为准。以此可知，《永乐大名府志》修纂于永乐十六年以后，按礼部所颁定式修纂。明正统初，李辂出守大名，逾年而百废俱兴。只是叹“文献不存，图志散轶，数百年之事，实泯然而不可考。”

明正统《大名府图志》 明正统六年（1441）以前刊刻。正统六年（1441）华益殿大学士杨士奇等编《文渊阁书目·旧志》中录有《大名府图志》一部，此书既归入暑字号第一厨书目旧志类，应刊刻于正统六年之前较久。具体修撰刊刻年代，修纂者姓名，卷数篇目具不详。

明正统《大名府志》 明李辂修，赵本、吴骥纂，明正统十年（1445）刻本。李辂，山西安邑县人，正统初以御史升大名知府，后加陕西参政掌府。赵本，山东东安县人，永乐九年（1411）举人。明正统间任大名府教授。《凡例》云：“永乐十六年礼部颁降志书凡例已有定式。”本志则“谨遵其次序”编纂而成。卷前分为序、图和目录；卷一分为建置沿革、分野、疆域、城池、里至、山川；卷二分为坊郭乡镇、里、屯、土产、贡赋、课程；卷三分为风俗、形势、户口、学校、廨舍、坛场、铺舍；卷四分为寺观、祠庙、城郭故址、堤堰、岩洞、景物；卷五为宦迹；卷六为人物；卷七分为诗、序；卷八为碑；卷九为记；卷十分为记、墓志铭；杂录补遗一卷。

明景泰《大名府志》 明景泰（1450—1456 年）年间修，具体修撰刊刻年代、修纂者姓名、卷数、篇目具不详。《河北通志稿·文献志·旧志源流》《大明一统志》、嘉靖《大名府志》中，皆言有景泰《大名府志》。

明成化《大名府志》 明成化二十年（1484）刊刻，修纂者姓名、卷数、篇目不详。《河北通志稿·文献志·旧志源流》有成化《大名府志》之记载。

明弘治《大名府志》 弘治十八年（1505），大名府东明知县唐锦修。见清黄虞稽著《千顷堂书目》，篇目不详。此府志只出有少量样本。唐锦（公元 1474 年 12—1555 年 4 月 12），生平以修志为己任，力主方志贵于实用。弘治八年（1495）以经学魁南畿，明年为进士，以时明推修《大明会典》。后授大名府东明县知县，“以安民为本，暇则勘校文籍，手不释卷，郡诸公咸遣子受学，因修《大名府志》十六卷”。

明正德《大名府志》 明韩福 、石禄修，唐锦纂，明正德元年（1506）刻本。韩福，西安卫籍天长人，明成化十七年（1481）进士，明弘治十一年（1498）知大名府。石禄，直隶滁州人，明弘治十七年（1504）继韩福知大名府。唐锦，松江府上海县人，弘治、正德间由进士知大名府东明县。本志成于明正德元年（1506），全书分为疆域志、山川志、田赋志、祠祀志、官守志、人物志、登用志、古迹志、文章志，卷首有大名府及所领各州县疆域图十二幅。

明嘉靖《大名府志》 明郑礼修，明嘉靖三十二年（1544）刊刻，卷数、篇目不详。清黄虞稽著《千顷堂书目》中载有《大名府志》一部。郑礼，大名府教谕，后升大名府同知。

明嘉靖《大名府志》 明潘仲骖纂修，嘉靖三十七年（1558）刻本。潘仲骖，字时乘，号天泉，浙江乌程（今湖州吴兴）人，嘉靖十三年（1534）甲午乡试中举，嘉靖二十年进士，任翰林院编修。嘉靖三十六年自刑部郎中被贬大名府粮马通判，修有《大名府志》。

明隆庆《大名府志》 明张师伊修，隆庆四年（1570）刊刻，卷数、篇目不详。张师伊，明代北直隶大名府张家潭村人，举人，嘉靖年间曾任黄州府通判。其既编纂《大名府志》又参加编纂《大名县志》。清黄虞稽著《千顷堂书目》中有隆庆四年《大名府志》的记载。

明万历《大名府志》 明潘仲骖纂修，赵慎修续纂修，万历十一年（1558）刊刻。大名知府赵慎修在嘉靖《大名府志》的基础上，又详考订正续纂修，万历十一年（1583）又重新刊刻。此志存卷十至卷二十九，内容包括故迹志、风俗志、乡物志、田赋志、徭役志、秩祀志、兵防志、马政志、职官志、艺文志等。潘仲骖，字天泉，吴兴人，进士，授编修，修志时任直隶大名府通判。赵慎修，胶州人，赐进士出身，明万历八年（1580）任大名府知府。

清康熙《大名府志》 清周邦彬修，郜焕元纂，康熙十一年（1672）刻本。此志依明嘉靖旧志重修。嘉靖志出于名手，故新志次序内容悉遵旧志，而稍作补充附于旧志后。修纂者以为"宦业、人物、艺文，古人所谓三不朽者"，故详于此三者。志前有明嘉靖旧志序与重修大名府志姓氏，周邦彬作凡例，目录残缺，仅存十七卷以下者，依次为马政志、职官谱、仕籍谱、宦业列传、人物列传、艺文新志。从正文查知十七卷以前的名目内容，但亦多模糊不能辨者。卷一分县图志及地理新志与星野新志、卷二古今沿革志、卷三至卷六境内年纪、卷七帝纪、卷八妃纪、卷九山志（川堤渠志附），卷十一为余风俗志，均不详（上海图书馆藏胶卷，重庆北碚图书馆、国家图书馆存有电子版）。2001年海南出版社康熙《大名府志》出版发行。

清乾隆《大名府志》 清朱瑛修，顾光纂，乾隆二十五年（1760）刊刻，内容分年纪、职官、选举、人物、艺文五门，依序分为职官、宦业、选举、封赠、恩荫、武科、武勋、懿行、仕迹、孝友、义行、忠烈、文苑、武功、方技、列女、流寓、艺文（诗附）、志余（附旧志三篇）十九类，五卷。其志以后又充实进了咸丰三年（公元1853年）刊刻的《大名府志》，故此五卷本府志流传绝少。《河北通志稿·文献志·旧志源流》，咸丰《大名府志》亦有记载，2006年上海书店影印清乾隆《大名府志》出版发行。

清道光《大名府志》 清武蔚文修，约道光二十七八年间刊刻，篇目不详。《清史稿·志一百二十一》卷一百四十六有武蔚文修《大名府志》六卷之记载。道光二十六年（1846）闰五月，武蔚文任大名府知府，即开始修撰《大名府志》六卷本，大约道光二十七八年间付梓印刷，量不是太大，今已难觅其踪。其志以后亦充实进了咸丰三年（1853）刊刻的《大名府志》。

清咸丰《大名府志》 清朱瑛等纂修，武蔚文续修，郭程先续纂，高继珩增补，咸丰三年（1853）刻本。全志二十八卷。卷首有新旧序二篇、凡例、目录、大名府全境舆图。卷末有武蔚文跋。正文二十八卷依序为星野、沿革、疆域、形胜、年纪、山川、河渠、风俗、方物、古迹、陵墓、城池、署廨、秩祀、寺观、桥梁、义冢、里甲、户役、田赋、仓储、盐课、学校、书院、义学、军政、镇堡、驿递、职官、选举、名宦、人物、流寓、列女、方外、外传、艺文（附十六目），清乾隆二十五年（公元1760年）修五卷依序为职官、宦业、选举、封赠、恩荫、武科、武勋、懿行、仕迹、孝友、义行、忠烈、文苑、武功、方技、列女、流寓、艺文（诗附）、志余（附旧志三篇）。

大名县志（10部）

《大名县图志》 明正统六年（1441）之前刊刻。正统六年（1441）华益殿大学士杨士奇等编《文渊阁书目·旧志》中载有《大名县图志》一部，此书既归入暑字号第一厨书目旧志类，应刊刻于正统六年（1441）之前较久。具体刊刻年代，修纂者姓名，卷数、篇目具不详。

明《大名县志》 明正统六年（1441）之前刊刻。正统六年（1441），华益殿大学士杨士奇等编《文渊阁书目·新志》中载有《大名县志》一部，此书即归于新志类，应刊刻于正统六年（1441）之前不久，具体刊刻年代，修纂者姓名，卷数、篇目具不详。

明嘉靖《大名县志》 明朱湘修，嘉靖四十四年（1565）刻本，卷数、篇目具不详。《河北通志稿·文献志·旧志源流》，亦见康熙《大名县志》之记载。

明隆庆《大名邑乘》 明朱湘修，赵来聘纂，隆庆元年（1567）刊刻，卷数、篇目具不详，《嘉靖大名县志》、康熙《大名县志》有记载。

明隆庆《大名县志》 明李本意修，张东渔、赵有莘、张师伊编撰，杨守愚序，隆庆四年（1570）刻本，篇目不详。《河北通志稿·文献志·旧志源流》有明确记载，提到该志。

明万历《大名县志》 明赵一鹤、李一鳌、李景元修，张洵纂，万历四十一年（1613）刻本，篇目不详，《河北通志稿·文献志·旧志源流》有记载。

清康熙《大名县志》 清顾咸泰修，清王逢五纂，康熙十五年（1676）刻本，凡二十卷，纲设十七，目四十有一（国家图书馆存有电子版）。

清乾隆《大名县志》 清张维祺、李棠纂修，乾隆五十四年（1789）刻本。此志分装两函十二册，计图说二，表二，志七，传五，凡一十六编，而叙例列于卷首，杂记附于卷末（原书存中国民族图书馆国家图书馆存有电子版）。

民国《大名县志》 民国程廷恒等修，洪家禄等纂，中华民国二十三年（1934）刻本，共分序、凡例、舆地、党务、自治、公益、建置、河渠、财政、教育、农工商、交通、兵警团、职官、人物、古迹、风土、物产、秩祀、宗教、祥异、艺文等二十一门，七十六类，三十一卷，近百万字，十六册分装两函。

《大名县志》（1994版） 中华人民共和国成立后第一部《大名县志》，新华出版社出版，大名县县志编纂委员会编，主编陈奇龄，常务副主编陈献德。志前有序、凡例、概述、大事记，全书正文计地理、经济、政治、文化、社会、人物等六编。1994年4月新华出版社第一次出版发行，2005年再版印刷。

元城县志（4部）

《元城县图志》 明正统六年（1441）以前刊刻。正统六年（1441）华益殿大学士杨士奇等编《文渊阁书目·旧志》中载有《元城县图志》一部，此书收入暑字号第一厨书目旧志类，应刊刻于正统六年之前，具体刊刻年代，修纂者姓名，卷数、篇目具不详。

明《元城县志》 明正统六年（1441）以前刊刻。正统六年（公元1441年）华益殿大学士杨士奇等编《文渊阁书目·新志》中载有《元城县志》一部，此书归入新志类，应刊刻于正统六年之前，具体刊刻年代、修纂者姓名、卷数、篇目具不详。

清康熙《元城县志》 清陳伟修，郭景仪纂，康熙十五年（1676）刻本。该志分六门五十五目，有图七幅，约六万二千余字，每目前均有序论，有的目后间有评论。藏于北京大学图书馆，并有胶卷。《中国地方志集成》中有《康熙元城县志》电子版，中国数字方志库有电子版。

清同治《元城县志》 清吴大镛修，王仲甡纂，同治十一年（1872）刻本，是在清康熙十五年（1676年）陈伟所修《元城县志》的基础上增补续修。正文分六门三十四目，约十四万字。南京大学图书馆藏书，国家图书馆存有电子版，《中国方志丛书》华北地方第209号有《同治元城县志》电子版，中国数字方志库有电子版。

索　引

目录索引

A

B

C

D

F

G

H

J

K

P

Q

R

S

T

W

X

Y

Z

人物索引

A

B

C

D

F

G

H

J

K

L

M

P

Q

R

S

T

W

X

Y

Z

编纂始末

《大名县志（1979—2005年）》是中华人民共和国成立后我县编纂的第二部社会主义新方志（首部志书由新华出版社1994年出版）。

本志编纂工作启动于2002年12月20日，根据上级统一安排，为体现改革开放以来所发生的深刻变化，上限为1979年，下限至2002年。2003年春，由于席卷全国的“非典”疫情暴发，为配合全县中心工作，县志编纂工作暂时中断。2006年，县委县政府再次启动县志编纂工作，并根据上级要求，将修志的下限延至2005年。由于各种因素的影响，二轮修志资料收集工作举步维艰，县志编纂工作几度陷入停滞状态。嗣后，省、市政府加大了志书编纂督查力度，志书编纂工作走上了快车道。

2010年6月，县方志办领导调整，杨达出任县地方志办公室主任。杨达上任后，在志书资料收集50%和部分章节编纂的基础上接力编纂。重新组建了老、中、青，专、兼、群相结合的三支县志编纂队伍。即：志书编纂队伍、基层供稿队伍、后勤保障队伍。明确了主编、副主编和各章责任编辑的责任，同时由县政府向修志编辑颁发了聘书。根据实际情况，对部分续志纲目进行了调整。并配备了必要的办公设备，购置了4台电脑、2台打印机，安装了3部办公电话。2011年2月，县政府印发了《关于进一步加强地方志工作的意见》，要求各单位明确主管地方志工作的副职及2名史志资料员。选调了2名会电脑操作、懂文字的年轻人员，充实地方志办公室工作力量。同时，建立了修志例会制度，及时解决修志中遇到的实际问题。经过不间断地编纂，2012年5月24日，召开了市级评审会。2016年1月22日，召开了省级评审会。会后，根据专家的评审意见，对志稿进行了进一步修改，并在此基础上，又专门聘请了邯郸市资深方志专家、市方志办原主任申凤鸣对志稿进行了通编。到2017年10月，基本具备了送审条件，2017年12月，《大名县志（1979—2005）》通过了省级终审，随后又进行了修改，于2018年年底，交付出版印刷。

这部志书，历经十六载，历经四任县委、县政府主要领导和冯克军、杨达、刘冰、韩付昌等四任方志办主任的不懈努力，始得圆满。其中有经验，也有教训：

一是修志必须得有韧劲。修志工作时间跨度长、工作量大，必须耐得住辛苦、艰苦和清苦，没有“千锤万凿出深山”的毅力，没有“百折不挠”“奔流到海不复还”的韧劲，是很难干好修志工作的。十五年来，有多少方志工作者彻底不眠，为修志工作加班加点！有多少供稿人翻箱倒柜、走家串户，为提供精准素材磨破了嘴、跑瘦了腿！有多少专兼职编辑呕心沥血，为修志工作熬红了双眼、熬白了头发！在此，我们要向已故的第一批参与志书编纂的贾志钧同志告慰，他没能看到志书的正式出版；要向热心志书编纂的退休干部、修志编辑冯春堂同志问安，他在瘫痪住院前还念念不忘志稿的修改；向坚持编纂到最后，以及在不同阶段参与编纂的各位编辑道一声辛苦，是你们的辛勤劳动、无私奉献和强大韧劲，成就了这本志书的最后圆满完成。

二是修志必须一鼓作气。修志工作千头万绪，而能否做到一鼓作气，则是决定修志工作效率高低的关键性因素。县志工作只所以进展迟缓，除各单位资料提供不及时、不全面、资料征集困难外，与县地方志办公室人员少且参与全县中心工作较多，拓展地方志工作层面过宽，志稿资料收集补充和编纂时断时续、时松时紧一定关系。这在今后的工作中，特别是在下一轮修志时应该予以改进。

三是选好用好修志队伍。县志从编纂工作到终审，经历了十五年的时间，其中修志遇到了这样或那样的困难，而编辑们未拿到过一分钱的稿酬和补贴，但他们仍然痴心不改，除因去世或身体原因不得不退出县志编辑或修改工作的2名人员外，没有一名主动放弃编辑责任，退出县志编辑工作的。无论本单位的工作多忙，修志例会一喊就到，承编章节字斟句酌、一丝不苟。即使被提拔成为领导干部，即使因年龄到线而退休，仍以县志编纂为已任，为县志编纂无私地奉献着自己的光和热，他们是新时代最广泛意义上的最美方志人。同时，通过建立老、中、青，专、兼、群相结合的县志编纂队伍，我们还干了许多以前想干却干不了的大事、实事。如成就了大名县河北省历史文化名城、四条省政历史文化街区和金滩镇历史文化名镇，创建运行了大名史志网，翻印和断注了民国《大名县志》，出版了系列地情文化丛书，创办了《大名府杂志》（季刊），促进了大名历史文化研究，特别是魏州和大名府这两个不能割裂的历史文化研究。更为重要的是，为大名县的文化旅游、文旅兴县储备了优秀人才，促进了方志工作进学校、进课堂、进社区，使全县地方志工作真正做到了走出一本书，开出一片天的效果。我们之所以取得如此丰硕的成果，就是利益于这支无私奉献的修志队伍。

在志书编纂过程中，我们得到了县委、县政府领导，得到了社会各界，特别是省市方志办的领导和专家，以及魏州文化研究会、大名县摄影协会等文史界、摄影界朋友们的支持与帮助，志书吸收了他们的许多研究成果及图片资料，向他们致以深深的谢意，向王俊法、蒋林魁、柴元魁等先生为志书提供资料表示衷心的感谢。

“人无完人，金无足赤。”在编纂《大名县志》的过程中，虽经艰苦努力，反复锤炼，因人少任重、学识有限，难免有疏漏讹误之处，敬请读者不吝赐教，俟再版时修订。

大名县志编辑部

2018年9月